深圳村落概览

宝安卷

第一辑

深圳市史志办公室 编

华南理工大学出版社
·广州·

图书在版编目（CIP）数据

深圳村落概览.第一辑，宝安卷/深圳市史志办公室编.—广州：华南理工大学出版社，2020.9
ISBN 978-7-5623-5833-6

Ⅰ.①深… Ⅱ.①深… Ⅲ.①村落-概况-深圳 Ⅳ.①K926.55

中国版本图书馆CIP数据核字（2018）第243360号

Shenzhen Cunluo Gailan · Di-yi Ji · Bao'an Juan

深圳村落概览·第一辑·宝安卷

深圳市史志办公室　编

出 版 人：卢家明
出版发行：华南理工大学出版社
（广州五山华南理工大学17号楼，邮编510640）
http://www.scutpress.com.cn　E-mail: scutc13@scut.edu.cn
营销部电话：020-87113487　87111048（传真）
责任编辑：王魁葵　阮嘉明
责任校对：刘绮雯
印 刷 者：深圳市金丽彩印刷有限公司
开　　本：889mm×1194mm　1/16　印张：69　字数：1577千
版　　次：2020年9月第1版　2020年9月第1次印刷
印　　数：1~5000册
定　　价：500.00元（含宝安卷、光明龙华卷）

版权所有　盗版必究　印装差错　负责调换

深圳市自然村落历史人文普查工作联席会议

召 集 人：吴以环（2015年12月—2020年8月）　　田　夫（2020年9月—）
副召集人：黄　玲（2015年12月—2017年12月）　　杨立勋（2018年1月—）
成　　员：各区分管地方志工作的负责人及以下单位负责人：
　　　　　市规划国土委、市教育局、市公安局、市民政局、市文体旅游局、市住房建设局、市统计局、市档案局、市政协文史委、团市委、市文联、深圳报业集团、深圳广电集团、深圳出版发行集团、市史志办

宝安区自然村落历史人文普查工作领导小组

组　　长：黄　敏（2015年12月—2017年9月）　　姚　任（2017年9月—）
副组长：姚　任（2015年12月—2017年7月）　　郭子平（2017年7月—2020年7月）
　　　　王立德（2020年7月—）
成　　员：蔡英权　孟锦锦　高荣望　魏剑彬　林更斌　赖志民　张春明　黄万钧
　　　　　龚建荣　林　戈　詹　辉　阮开江

新安街道自然村落历史人文普查工作领导小组

组　　长：高荣望
副组长：孙志刚　田　庄　周展明　李光华

西乡街道自然村落历史人文普查工作领导小组

组　　长：魏剑彬
常务副组长：赖志民
副组长：马　钧　邱一欢　梁　坚　徐　胜　张　鹏

福永街道自然村落历史人文普查工作领导小组

组　　长：林更斌
副组长：李立军　闫　虎　舒富桃

沙井街道自然村落历史人文普查工作领导小组

组　　　长：赖志民
副 组 长：黄晓瑜　陈　雄　张金龙　辛　逸　廖云山
成　　　员：党政办、宣传文化科、社会事务办、城建办、集体资产管理（财政）办、统计办、教育办、文体中心、机关后勤服务中心以及各社区相关负责人

松岗街道自然村落历史人文普查工作领导小组

组　　　长：张春明
常务副组长：陈泽强
副 组 长：柯　明　文凤英

石岩街道自然村落历史人文普查工作领导小组

组　　　长：黄万钧
副 组 长：王妍霞　杜俊平
成　　　员：党政办、宣传文化科、社会事务科、城建科、集体资产管理（财政）办、统计办、机关后勤服务中心、文体中心、农林水务科、教育办及各社区相关负责人

《深圳村落概览·第一辑·宝安卷》审查验收人员

初　　　审：**新安街道**
　　　　　　李光华　陈素谊　钟永澄　李邵平　许　鼎　章　黎　郭玉孙　黄国兴　黄达龙
　　　　　　卢桂环　梁树兴　李三义　林瑞洲　郭海鸿
　　　　　　西乡街道
　　　　　　马　钧　邱全东　周　慧　李　宣　刘梦楠　赖敏红
　　　　　　福永街道
　　　　　　李　飒　孙　明　流水波　许　东　瞿明光　黄世英　文锦佳　郭伟洪　陈亦斌
　　　　　　潘启财　梁永康　赵婉萍　林健忠　文碧姬　邓喜旺　文笑芳　苏剑康　文庆辉

    沙井街道

    潘翠雯　赖　旻　曾礼祥　潘慧茹　曾剑光

    松岗街道

    罗映平　张建利　孙　明　张锴生

    石岩街道

    李　意　毕爱杰　陈陆韵

复　　　审：赵玉萍　周　华　张　劲　蔡惠尧　周　军　程　建　孙　明　申　晨　何　囡
    张丽玲

终　　　审：黄　玲　王地久　林源昌　吴曾德　廖虹雷　莫小培　张春朗　许全军　蔡惠尧
    彭全民　周　军　朱　赤　孙　霄　孙　明　程　建　曲　文　傅碧红　吕　灿
    李　琼　杨　莹　张致富　梁　宇　徐　文　李彦姝　缪功达　廖子才　叶　斌
    梁希源　周　华　张　劲　岳　颖　黄瑞栋

《深圳村落概览·第一辑·宝安卷》编辑部

主　　　编：黄　玲（2015年12月—2017年12月）　　　杨立勋（2018年1月—）
副　主　编：王地久　周　华
特约审核：周　军　曲　文
责任编辑：周　华　张　劲　岳　颖　黄瑞栋　林吟专
编　　　务：张妙珍　郭　克　陈耀凌　张　龙　蓝贤明　张　伟　孙　铭

宝安区编辑部

主　　　编：黄慧锋
副　主　编：赵玉萍
编　　　辑：申　晨　何　囡　程　建　简慧霞　余思敏

编辑说明

一、本书是深圳市自然村落历史人文普查成果。根据广东省统一部署，本次普查以自然村为单位，按照"能查尽查"的原则，对境内现存自然村、"城中村"和虽已更名但普查内容基本清晰的原自然村（村名采用更名前的最后名称）进行全面普查。在此基础上，按统一体例编写各村简介，全面客观反映深圳现存村落可查的历史人文状况。

二、本书分两辑共8卷，根据全市各区（含大鹏新区、深汕特别合作区）地理位置和村落数量情况而设。第一辑包括宝安卷、光明龙华卷，第二辑包括福田南山卷、罗湖盐田卷、龙岗卷、坪山卷、大鹏卷、深汕卷。第一辑中的宝安卷收录了新安、西乡、福永、沙井、松岗、石岩6个街道116个村的简介；光明龙华卷收录了公明、光明、龙华、民治、大浪、观澜、观湖、福城8个街道184个村的简介。卷内设各区综述及各街道概述。

三、本书记述时间上限不限，尽量追溯到村落形成时，下限原则上为2015年12月31日，部分图片拍摄时间延至出版印制前。各村简介按照属地原则，记述至2015年底该村区域内的事物，不涉及权属关系。

四、2015年底时，深圳市设福田、罗湖、南山、盐田、宝安、龙岗等6个区，光明新区、坪山新区、龙华新区、大鹏新区等4个功能区，各区下设街道，各新区下设办事处。各新区下设的办事处为功能区设于街道的派出机构。本书各村简介，统一以"街道"指称各街道和办事处。但在区综述和街道概述，则按2015年底时当地实际工作习惯保留"新区"和"办事处"的称谓，"办事处"写为"街道（办事处）"，在各村简介中则省去"（办事处）"。

五、本书地图为用来标示村落分布和位置的示意图，其底图均有深圳市规划和自然资源局核发的审图号，由各区或街道分别组织制作和提供，制作时间和具体形式并不统一。各地图底图图幅内，关于区、新区，街道、办事处的称谓，反映的是该底图制图时所收资料的实际情况。各地图图幅下方的说明，相关称谓则与本书该部分文稿保持一致。如龙华街道（办事处）概述所附自然村落分布图，即写"龙华街道（办事处）自然村落分布图"。本书收录的地图由各区或街道委托专业制图公司编制，不作为权属争议依据。由于图书版面限制，本书部分地图比例尺已改变。

六、本书以自然村为记述实体，各街道、社区、自然村一般依当地约定俗成顺序排列。主要资料来源于广东省自然村落历史人文普查深圳市部分的普查成果，包括实地调查、部门供稿、史料摘录等。一些主管部门没有统计的数据，通过实地采访获得。因各村落保存的历史人文资源丰富程度不同，本书各村落简介内容、篇幅存在差异。

七、本书收录的人物为各村（含祖籍为该村或在该村出生、主要活动在外地的人员）历代志书中立传人物，有科举功名人物，当代人物中副县级（副团级）以上党政军领导干部、获省部级以上嘉奖人员、战斗英雄、经认定的烈士、高级技术职称人员、博士、博士后、有特殊技艺的人才、对本地发展有较大贡献或影响的各界人物。

八、本书收录的村落荣誉为省级以上机构授予，以村落为评比对象的历史人文方面的荣誉。

九、本书文字，除必要时使用繁体字外，一律使用国家规定的规范汉字。书中记述历史朝代、机构、官职、地名、人名，均依当时称谓。历史纪年加注公元纪年。

十、本书数字、标点按国家标准执行。计量单位采用法定标准，记述历史上的计量时，仍按当时的计量单位记载。

目 录 CONTENTS

宝安区综述 ··· 1

新安街道 ·· 3
　概　述 ·· 4
　安乐社区 ·· 6
　　安乐村 ·· 6
　翻身社区 ·· 9
　　翻身村 ·· 9
　甲岸社区 ·· 13
　　甲岸村 ·· 13
　上合社区 ·· 17
　　上合村 ·· 17

西乡街道 ·· 21
　概　述 ·· 22
　草围社区 ·· 24
　　草围村 ·· 24
　臣田社区 ·· 27
　　臣田村 ·· 27
　凤凰岗社区 ·· 30
　　凤凰岗村 ·· 30
　共乐社区 ·· 34
　　共乐村 ·· 34
　固戍社区 ·· 37
　　固戍村 ·· 37
　蚝业社区 ·· 41

蚝业村	41
河东社区	44
河东村	44
河西社区	48
河西村	48
鹤洲社区	51
鹤洲村	51
后瑞社区	54
后瑞村	54
黄麻布社区	57
黄麻布村	57
黄田社区	61
黄田村	61
径贝社区	65
径贝村	65
九围社区	68
九围村	68
劳动社区	71
劳动村	71
乐群社区	74
乐群村	74
流塘社区	78
流塘村	78
麻布社区	82
麻布村	82
南昌社区	85
南昌村	85
三围社区	88
三围村	88
铁岗社区	91
铁岗村	91
西乡社区	96

西乡村	96
盐田社区	100
盐田村	100
永丰社区	103
永丰村	103
渔业社区	106
渔业村	106
钟屋社区	109
钟屋村	109
庄边社区	111
庄边村	111
福永街道	**115**
概述	116
白石厦社区	118
白石厦村	118
凤凰社区	122
凤凰村	122
福围社区	127
福围村	127
福永社区	130
福永村	130
和平社区	134
和平村	134
怀德社区	137
怀德村	137
桥头社区	141
桥头村	141
稔田社区	145
稔田村	145
塘尾社区	148
塘尾村	148

新和社区	151
新和村	151
新田社区	154
新田村	154
兴围社区	157
兴围村	157

沙井街道 … 161

概　述	162
沙一社区	164
沙一村	164
沙二社区	167
沙二村	167
沙三社区	171
沙三村	171
沙四社区	174
沙四村	174
蚝一社区	178
蚝一村	178
蚝二社区	181
蚝二村	181
蚝三社区	184
蚝三村	184
蚝四社区	188
蚝四村	188
东塘社区	192
东塘村	192
菱塘社区	195
菱塘村	195
沙头社区	197
沙头村	197
辛养社区	200

辛养村	200
垦岗社区	**204**
垦岗村	204
衙边社区	**209**
衙边村	209
后亭社区	**214**
后亭村	214
大王山社区	**217**
大王山村	217
马安山社区	**220**
马安山村	220
步涌社区	**223**
步涌村	223
万丰社区	**228**
万丰村	228
共和社区	**233**
共和村	233
和一社区	**236**
和一村	236
和二村	238
民主社区	**240**
三间仔村	240
德丰围村	242
石围村	244
新桥社区	**247**
新桥村	247
上星社区	**252**
上星村	252
新二社区	**256**
新二村	256
上寮社区	**260**
上寮村	260

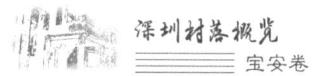

黄埔社区	264
黄埔村	264
南洞村	266
洪田村	269

松岗街道 ... 273

概 述	274
碧头社区	276
碧头村	276
东方社区	280
东方村	280
红星社区	285
红星村	285
洪桥头社区	289
洪桥头村	289
江边社区	293
江边村	293
朗下社区	297
朗下村	297
楼岗社区	300
楼岗村	300
罗田社区	304
罗田村	304
沙浦社区	309
沙浦村	309
沙浦围社区	314
沙浦围村	314
山门社区	318
上山门村	318
下山门村	322
松岗社区	326
松岗（山尾）村	326

花果山社区	329
花果山村	329
潭头社区	333
潭头村	333
塘下涌社区	338
塘下涌村	338
溪头社区	342
溪头村	342
燕川社区	346
燕川村	346

石岩街道 355

概　述	356
石龙社区	358
石龙村	358
水田社区	362
水田村	362
三祝里村	366
官田社区	369
官田村	369
黎光村	374
塘坑村	378
上屋社区	381
上下屋村	381
田心村	385
元径村	389
元岭村	392
坑尾村	396
龙腾社区	399
石岩老街村	399
上排村	403
下排村	407

径贝村	410
浪心社区	**414**
浪心村	414
砖厂村	419
料坑村	422
麻布村	426
罗租社区	**429**
罗租村	429
龙眼山村	434
塘头社区	**438**
塘头村	438
应人石社区	**442**
应人石村	442

宝安区综述

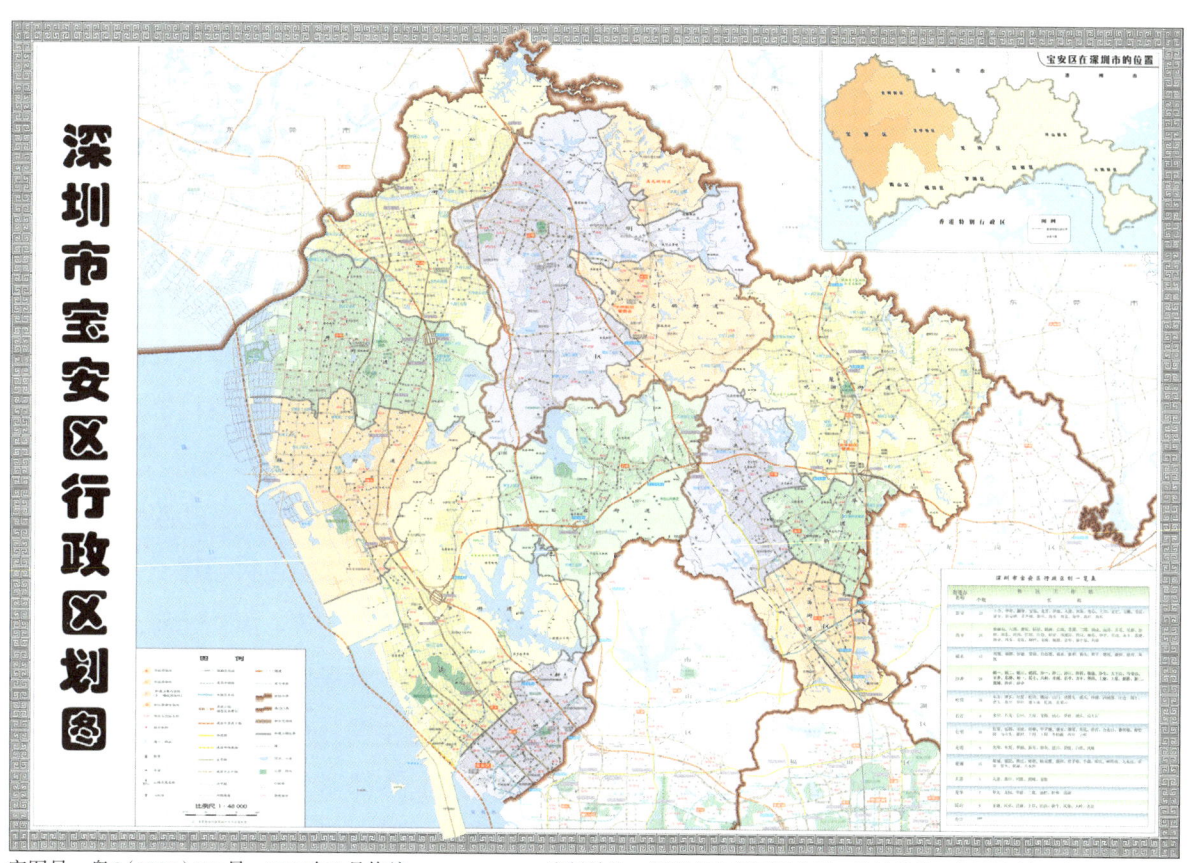

审图号：粤S(2007)054号　2013年8月修编　　　　编制单位：深圳市宝安区民政局　承编单位：深圳市易图资讯有限公司

宝安区行政区划图（由于本书版面限制，该地图比例尺已改变）

宝安区位于深圳市西北部，珠江口东岸，面积394.39平方千米（含境内岛屿，不含光明、龙华新区），辖6个街道，136个社区。先秦为百越地，秦汉分别属南海郡番禺县、博罗县。东晋咸和六年（331年）设宝安县，属东官郡。隋属广州、南海郡。唐至德二年（757年）属东莞县。明万历元年（1573年）析置新安县。清初曾因"迁海令"并入东莞县，很快复置。1914年改为宝安县原名。1979年1月，广东省委决定将宝安县改为深圳市；3月，国务院批复同意。1980年8月建立深圳经济特区，1981年10月以深圳市范围内特区外地域复置宝安县。1993年1月，宝安、龙岗两区成立（宝安县撤销）。2007年8月、2011年12月，宝安区范围内先后成立光明新区、龙华新区，为功能区（非行政区）。2010年7月，深圳经济特区扩展至全市。2015年末，宝安区（不含光明、龙华新区）管理人口518万人，常住人口286.33万人，户籍人口45.79万人。

宝安区地形以丘陵、台地及平原为主，可分为中部丘陵谷地区、北部台地丘陵区、西部滨海平原区、西南滨海台地平原区，地势中间高四周低，最高峰阳台山海拔587米。海岸线长45千米，中小河流有茅洲河、西乡河等。年平均气温23℃，年平均降水量1935.8毫米。2015年底，区内有宝安国际机场、大铲湾港、国道G107线、宝安大道等交通基础设施，有广深高速、机荷高速、沿江高速、南光高速、龙大高速等5条高速公路和地铁罗宝线、环中线，宝安国际机场与香港机场实现海陆联运，形成海陆空地铁立体交通网络。

历史上宝安经济以传统农业为主，改革开放后快速实现工业化、城市化，形成以战略性新兴产业为先导、电子信息产业为龙头、装备制造业和传统优势产业为支撑的产业结构，是深圳市的经济大区、工业大区和出口大区。2015年，宝安区（不含光明、龙华新区）生产总值2640.92亿元，国税、地税共470.01亿元。

宝安历史文化丰富，列入普查范围的自然村116个，基本已城市化，只有少数村落如凤凰村、浪心村、上山门村等保留了较多古村面貌。宝安文物古迹众多，省级文物保护单位有铁仔山古墓群、龙津石塔、新桥村曾氏大宗祠、乐群村绮云书室，市级文物保护单位有新桥村永兴桥、上合村黄氏宗祠、凤凰村文塔、固成村文昌阁、西乡村王大中丞祠、乐群村锦庭书室等。

宝安自古是移民地区，历史上几次移民潮形成了广府、客家两个主要民系，各具特点又相互交融。宋元时期北方战乱，士民南迁，很多广府村落始建于此时。凤凰古村始建于元代，文天祥侄孙文应麟举家迁此开村。广府文化有市级非物质文化遗产万丰粤剧等。清初迁海造成人口锐减，复界后政府招徕垦殖，粤东、粤北一些客家人陆续迁移至此，大多数客家村落始建于清朝初中期。广府村落主要分布在西部沿海平原和北部地区，客家村落主要分布在东南部丘陵和多山地区。东部的石岩街道除了浪心村1个村落属于广府民系，其他村落都属客家民系。"石岩客家山歌"和"应人石的传说"为省级非物质文化遗产项目。此外，清末民国时期，珠江三角洲一带番禺、顺德、东莞等地流离渔民陆续迁此临海搭棚，中华人民共和国成立后政府安排他们上岸居住，形成"基围人"村落。宝安也是侨乡，众多华侨身在海外，心系故园，纷纷回乡办学，修路，建祠堂、碉楼等。

宝安有众多红色历史文化印记。1925年4月，宝安县第二区农民协会在西乡乐群村绮云书室设立。1928年2月，中共宝安县委在松岗燕川村素白陈公祠召开第一次代表大会。抗日战争时期，在中共中央南方局组织领导下，邹韬奋、茅盾等300多位爱国民主人士和文化名人获营救从香港转移出来，有600多人通过阳台山抗日根据地进行隐蔽和安全转移。改革开放后，宝安区各村落经济社会快速发展，村落面貌、村集体和村民经济收入等发生了翻天覆地的变化。1978年12月，深圳第一家"三来一补"企业——香港怡高发热线圈厂落户石岩上屋村。

宝安知名人物：东晋孝子黄舒，其事迹最早记载于《南越志》，其故里清初被尊为"新安八景"之一"参山乔木"，当地民众还为其修建了祠堂和牌楼；西乡乐群村郑毓秀，我国第一位获博士学位的女律师，著名社会活动家和女权运动倡导者；新安上合村灶下人黄远，"左联"成员，参加八路军，1955年被授予少将军衔。

新安街道

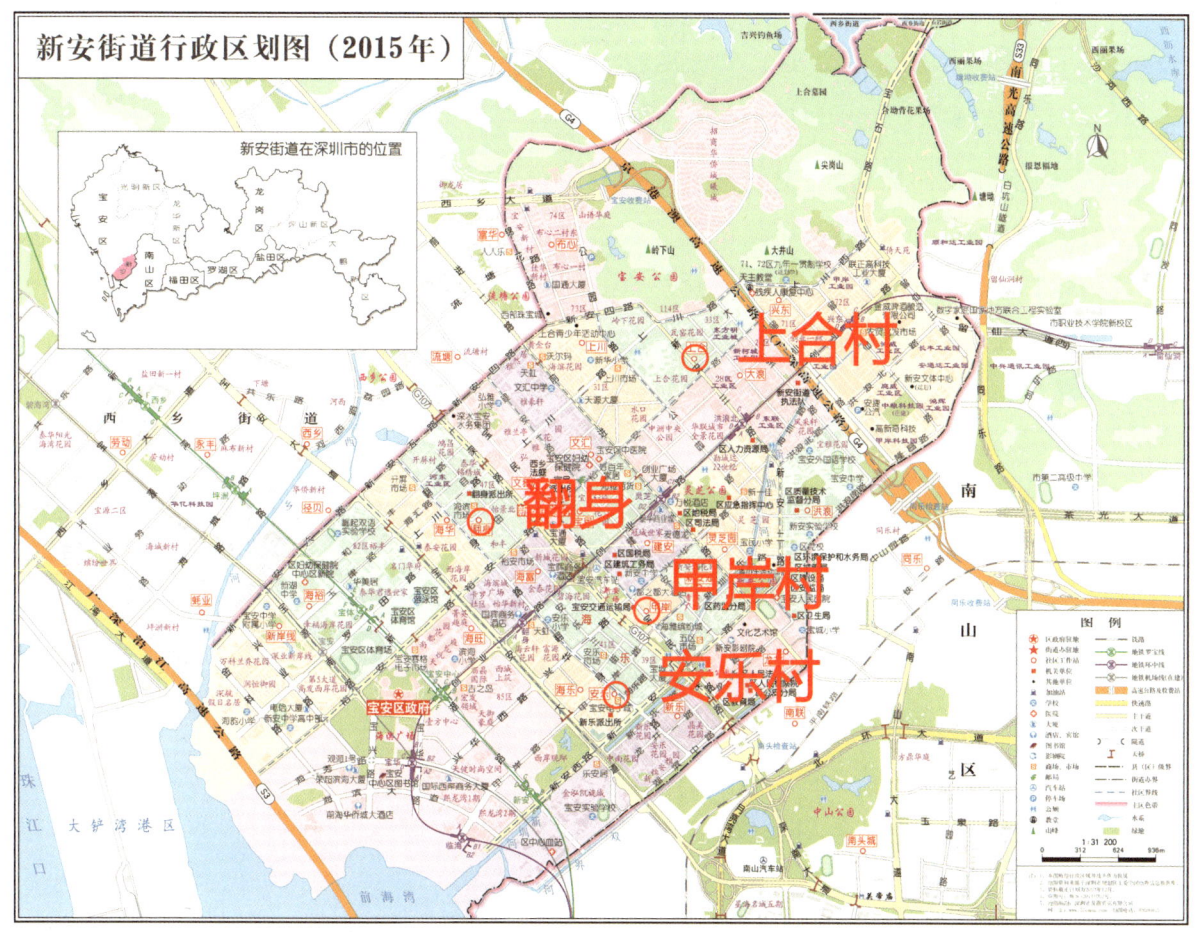

新安街道自然村落分布图（由于本书版面限制，该地图比例尺已改变）

概 述

新安街道位于深圳市宝安区东南部，珠江口东岸，北面与西乡街道、石岩街道接壤，东面、南面与南山区相连。面积30.9平方千米，辖22个社区。2015年末，常住人口43.45万人，户籍人口20.02万人。

辖区地貌沿海以平原为主，内陆主要为阶地。境内主要河流有新圳河、双界河，属珠江水系。年平均气温22℃，年平均降雨量1150毫米。

"新安"之名，源于明万历元年（1573年）从东莞县析置新安县，取"革故鼎新，去危为安"之意。1981年10月恢复宝安县建置时，此地规划为新县城，沿袭"新安"之名，又赋予了新建县城之义。

本地域明清时期属新安县。民国时期，属宝安县。中华人民共和国成立之初，属宝安县西乡、上川、八合、固戍、黄田联乡；1958年3月，属西乡乡；1958年10月，属超英公社；1959年，属南头公社；1960年，属西乡公社；1979年1月，属深圳市南头区西乡公社；1981年10月，规划为深圳市宝安县新县城；1985年4月，属新安镇；1993年1月，属深圳市宝安区新安镇；1994年1月，属新安街道。

区域传统经济以农业为主。改革开放后，从引进"三来一补"企业到街道兴办自营工业，再到积极发展第三产业和高新技术产业，接连实现了产业的升级换代。2015年末，新安成为宝安区首个税收过百亿元街道，全年实现国税、地税收入105.75亿元，地区生产总值481.86亿元，第三产业比重达到85.54%。

新安交通方便，有广深高速、国道G107线、宝安大道、宝石公路、广深沿江高速公路等与周边地区相连。

2015年底，新安街道列入普查范围的自然村有4个。世居村民为汉族，多属广府民系。甲岸村历史可追溯到元朝，上合村也在明朝初年建村。主要姓氏有黄、陈、郭、周、刘等姓。南宋时期，黄氏先人从中原辗转经福建邵武、广东南雄等地，南迁到深圳上梅林、下沙一带谋生；明初，部分黄氏先人再迁至南头古城附近即今新安街道。

新安街道有市级文物保护单位上合古建筑群，其中包括黄氏宗祠、大王古庙、西庄书室、云野书塾；黄氏宗祠占地面积805平方米，三开间二天井布局，前天井立一座四柱三间三式石构牌坊，是为纪念晋孝子黄舒而立，牌坊上匾额书"孝行流芳"。2015年宝安区新安街道在此基础上规划打造上合孝德园。区级文物保护单位有甲岸华光古庙、上合黄氏（黄龙山）古墓群、上合黄氏（牛城）古墓群。

新安街道的上川黄连胜醒狮舞形成于20世纪70年代初，舞狮流派为南狮，武术流派为洪拳分支，至20世纪90年代已发展出上川、河东、河西、盐田、蚝业、乐群、开屏、臣田共8支醒狮团，可同时出狮几十头，场面规模蔚为壮观，2012年2月，"上川黄连胜醒狮舞"被列入广东省非物质文化遗产名录。"老新安"传统小食丰富多彩，口感纯正。甲岸村、上合村有秀粉、裹蒸粽、炒米饼、艾茶果、油角、煎堆、汤米粉、盆菜等；翻身村、安乐村有基围虾、螃蟹蒸鸡蛋、发菜蚝豉、芋头糕等。上川橹罟方粽被列入宝安区非物质文化遗产名录。

新安街道代表性人物：上合村黄连胜，"上川黄连胜醒狮团"创始人，20世纪30年代后在中国香港以及荷兰、印度开过武馆，授徒上万人；上合村黄远，1955年被授予少将军衔。

安乐社区

安乐村

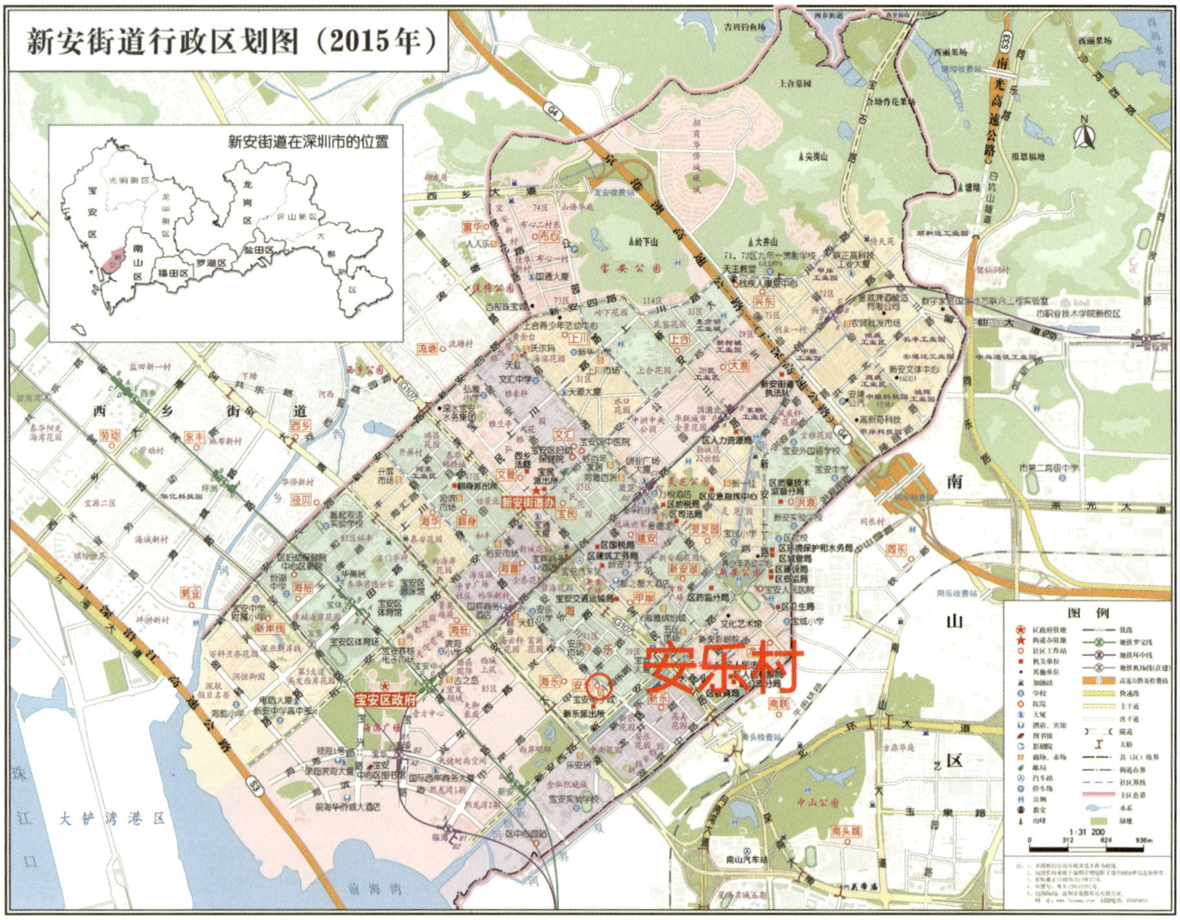

安乐村位置示意图（由于本书版面限制，该地图比例尺已改变）

安乐村，位于新安街道东南部，宝安区新中心区，距离新安街道办事处约1.5千米。面积约0.75平方千米。相邻自然村有翻身村、甲岸村。新圳河、双界河从村南面流过，石庙坑河从村西北面流过。

安乐村村民原来是流离于珠江三角洲地区的水上人家。民国时期，在宝安西部珠江口沿岸，生活着一批从东莞、南海、番禺、中山、顺德等地漂流到此的水上人家，在近海的田地周围修筑堤围，称"基围"，住在"基围"上的人就叫做"基围人"，旧时被蔑称为"水流柴"。1951年春，土改工作队来这里开展工作时，将这片土地命名为安乐村，意为安居乐业，沿用至今。

中华人民共和国成立之初，属宝安县西乡、上川、八合、固成、黄田联乡；1951年，属宝安县第一区翻身乡；1958年10月，属超英公社；1959年，属南头公社；1960年，属西乡公社；1979年1月，属深圳市西乡公社；1981年10月，属深圳市宝安县西乡公社；1983年7月，属宝安县西乡

◎ 安乐村村貌（肖伟强 摄于2012年）

区翻身乡；1985年4月，属新安镇翻身管理区；1986年10月，属新安镇翻身行政村；1992年12月4日，属新安镇安乐行政村；1993年1月，属深圳市宝安区新安镇安乐行政村；1994年1月，属新安街道安乐行政村；2004年7月，属新安街道安乐社区。

世居村民为汉族，广府民系，使用粤方言。村民主要姓氏有陈、周、何、黄、郭、梁等姓。

2015年末，户籍人口10343人，其中男性5274人，女性5069人；80岁以上29人，最年长者97岁（男）。祖籍该村的香港同胞103人。

中华人民共和国成立前，村民以打鱼捕捞、围垦造田种植水稻为主。中华人民共和国成立后，以围海造田种植水稻为主，兼有少量养殖业。20世纪60—70年代，该村曾是宝安县的产粮大村之一。改革开放后，村里经济工作重心开始转向招商引资和发展"三来一补"企业。1982年，村里开办第一家工厂——强光灯泡厂，生产节日灯饰。1992年12月，安乐自然村从翻身行政村分设，成立安乐村村民委员会，迎来快速发展时期。截至2015年底，安乐股份合作公司物业总面积15万平方米，总资产2.2亿元，净资产2亿元；2015年利润780万元，股东人均年分红3万元。村民主要收入来源为集体经济分红、房屋出租、工资性收入、商业经营、金融投资等。特色传统食品有油角、煎堆、基围虾、盲曹鱼、螃蟹蒸鸡蛋、糖环、炒米饼、咸肉粽、茶果、芋头糕、汤圆等。

安乐村毗邻国道G107线广深公路，有宝安大道、兴华一路、翻身路经过。

20世纪70年代通电，70年代末通电话，80年代初通自来水，80年代末实现全村村道水泥硬底化，90年代末通互联网。

2015年，村中有2所幼儿园，是安乐小学的招生片区。村中有2个篮球场、1个羽毛球场、3个

◎ 安乐村民花园（肖伟强 摄于2012年）

◎ 安乐翻身路商业街（李三义 摄于2011年）

文体广场、1个村民活动中心。另有安乐图书馆，藏书1.1万册。

该村的婚嫁习俗形成于民国时期。安乐村原住民以前大多靠捕鱼为生，"渔民娶亲"之日，全村不论男女长幼，都赶来为新人庆贺。最好的贺礼当属用彩纸剪成的成双成对的大鱼，意祝新人百年好合，吉庆有余。婚宴要摆"基围宴"，因为原住民旧时住房以茅棚为主，空间狭小，无桌凳摆酒宴客时，用稻草铺地当桌围坐，或露天而席，摆足九大鸡公碗菜肴，包括鸡鸭鱼肉、粉丝、萝卜等，用鸡公碗盛放，其中长粉丝为必备菜肴，寓意健康长寿。旧时交通不便，婚嫁喜庆时为顾及远途亲友，一般设宴3天，宾客自带被褥行李过夜。

过去，渔民出海前要到附近的庙宇祭祀，之后才扬帆出海。出海时，每只渔船都安置妈祖等神位，若遇风险便点烛、烧香，祈求庇佑。

代表性人物：

何狄有（1939—1997），曾任宝安县人民法院西乡法庭庭长、西乡镇委副书记。

陈全有（1943—），曾任深圳市粮食局副局长。

梁有根（1944—），曾任新安街道党工委副书记。

（资料填报：何志辉、梅淑兰；初稿撰写：李三义、梅淑兰；分纂：程建）

翻身社区

翻身村

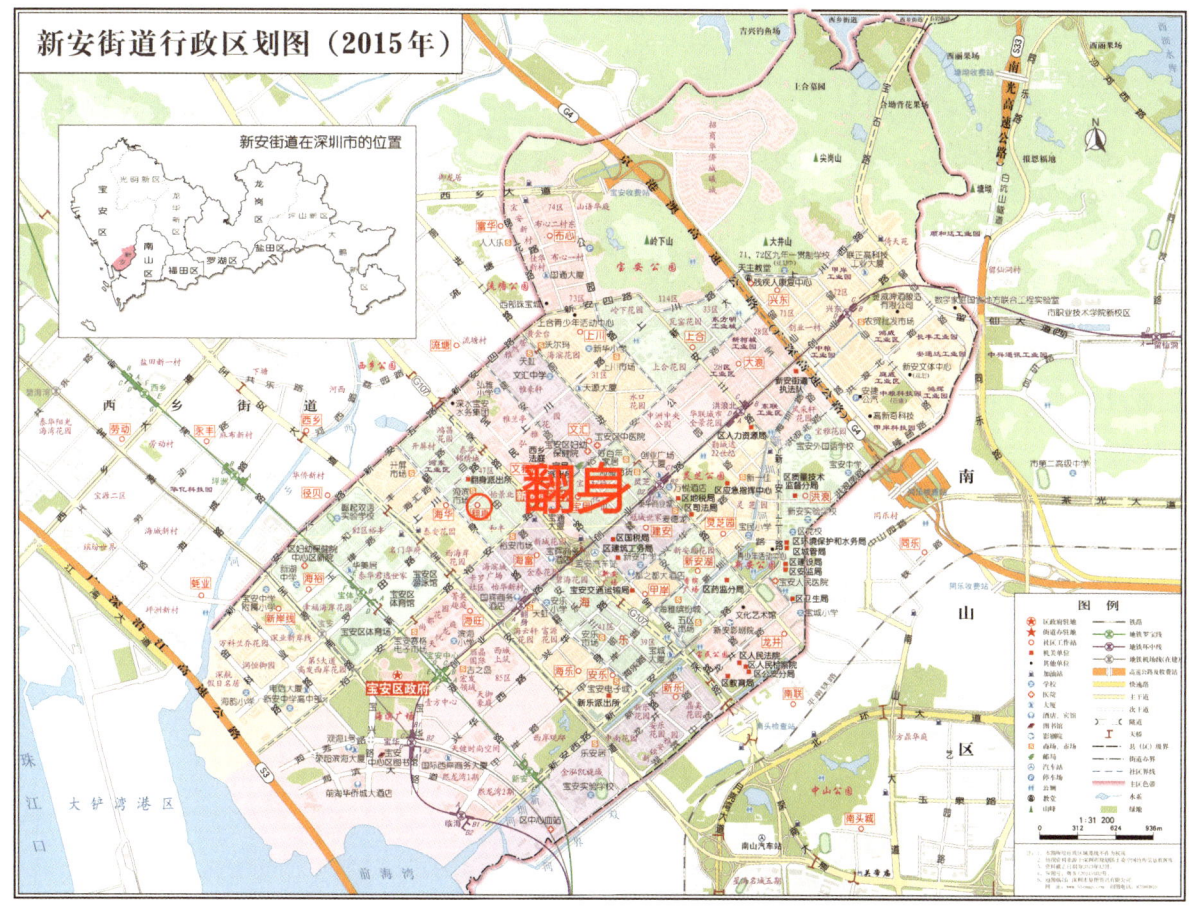

翻身村位置示意图（由于本书版面限制，该地图比例尺已改变）

翻身村，位于新安街道西部，距离新安街道办事处0.5千米。面积约0.8平方千米。相邻自然村有安乐村、甲岸村、上合村、西乡街道河东村。

二十世纪二三十年代起，来自广东中山、南海、东莞、番禺、顺德、惠州等地的海上渔民陆续在珠江口东岸滩涂（现翻身村一带，原小地名为刘家围、温家围、锦廷围、新云围、屋下围等）搭建茅屋，上岸聚居，开始围基造田，垦荒养殖，逐渐形成村落。中华人民共和国成立后，1951年，土改工作组进驻，了解到整个片区没有固定村名，征求村民意见后，取名"翻身"，寓意"翻身做主"。

中华人民共和国成立之初，属宝安县西乡、上川、八合、固戍、黄田联乡；1951年，属宝安县第一区翻身乡；1958年10月，属超英公社；1959年，属南头公社；1960年，属西乡公社；1979年1月，属深圳市西乡公社；1981年10月，属深圳市宝安县西乡公社；1983年7月，属宝安县西乡

◎ 翻身村村貌（肖伟强 摄于2016年）

◎ 翻身村粮食大丰收场面（何煌友 摄于20世纪70年代）

区翻身乡；1985年4月，属新安镇翻身管理区；1986年10月，属新安镇翻身行政村；1993年1月，属深圳市宝安区新安镇翻身行政村；1994年1月，属新安街道翻身行政村；2004年7月，属新安街道翻身社区。

世居村民为汉族，广府民系，使用粤方言。因人口来源地较为复杂，翻身村姓氏繁多，素有"百家姓"之说。原住居民主要有黄、郭、周、刘、何、冼、梁、黎、李、卢、霍、陈、冯、金、林、张、樊、钟、叶等姓。

2015年末，户籍人口1.01万人，其中男性5800人，女性4300人；80岁以上77人，最年长者104岁（女）。祖籍该村的香港同胞231人。祖籍该村的华人华侨9人，主要分布在美国、澳大利亚等国家。

传统经营为农业、捕捞、养殖。20世纪60年代，翻身人围海造田8000多亩，开沟挖河，引淡水排咸水，建成350多千米排灌自如的水利网，使这片昔日"涨潮水汪洋、水退一片荒"的烂海滩，变成"苦旱之年保丰收"的良田。1969年，全大队水田8100亩，平均亩产529千克；向国家提供商品粮5.6万担（约330万千克），平均每个劳动力提供商品粮2550千克，远远高于当时宝安县平均水平666.5千克，在当时引起很大轰动。1971年，《南方日报》刊发长篇报道《翻身大队学大寨，学了大寨大翻身》，翻身大队成为广东省"农业学大寨"的典型。

◎ 翻身村愉盛花园（肖伟强 摄于2016年）

◎ 翻身村文体设施（肖伟强 摄于2016年）

改革开放后，翻身村开始转向招商引资、发展"三来一补"企业。1980年，引进第一家"三来一补"企业——佳时电子厂。截至2015年底，翻身股份合作公司拥有厂房物业面积超过150万平方米，总资产9090万元，净资产3823万元。股东人均年分红4万元。村民主要收入来源为集体经济分红、房屋出租、工资性收入等。

特色传统食品有春节的油角、糖环、炒米饼、煎堆、谷围（年糕）、九层糕，端午节的

◎ 翻身股份合作公司（肖伟强 摄于2016年）

咸肉粽、茶果、芋头糕、汤圆等，中秋节的菱角、水煮花生、白鸡粥等。

国道G107线广深公路、创业一路、翻身路经过该村。深圳地铁5号线设翻身站，位于翻身村附近。60年代末通电与通电话，80年代通自来水，1993年实现全村村道水泥硬底化，90年代末通互联网。村中有新安翻身小学和翻身实验学校东校区2所小学，均设有6个年级，2015年共有在校学生2761人、教职工197人。有红苹果幼儿园和鸿昌幼儿园，在园幼儿共有526人，教职工共有63人。村里建有篮球场、乒乓球室、健身房、休闲公园、居民活动室等文体设施和场所。另有翻身社区图书馆，藏书5万册。

该村传统技艺有翻身开屏醒狮舞，形成于1992年。1992年翻身村自发成立了一支醒狮队，业余时间进行排练，逢主要节日，义务在村里进行表演。醒狮队常年保持30多人的规模，形成以承袭上合狮团"习武健身，提高狮艺"的宗旨，充分糅合传统舞狮与现代观赏需求相结合的醒狮艺术特色，狮团流派为南狮，武术流派为洪拳分支，现大小结合，刚柔相济，演出形式从平地、平台到高杆、高桩，具有较强的观赏性。

2004年2月，深圳市宝安、龙岗两区加快城市化进程，各项工作全面推进，"村改居"工作正式启动，同时启动股份制改造工作，将原村委会和村民小组集体经济组织的所有财产，等额折成股份，组建股份合作公司。

代表性人物：

郭炳权（1921—1994），1951年担任翻身乡第一任乡长；1956年被广东省政府授予"农业劳动模范"称号；同年，他作为代表出席全国劳模大会，获国务院奖励。

（资料填报：何金福、郭海鸿；初稿撰写：李三义、郭海鸿；分纂：程建）

甲岸社区

甲岸村

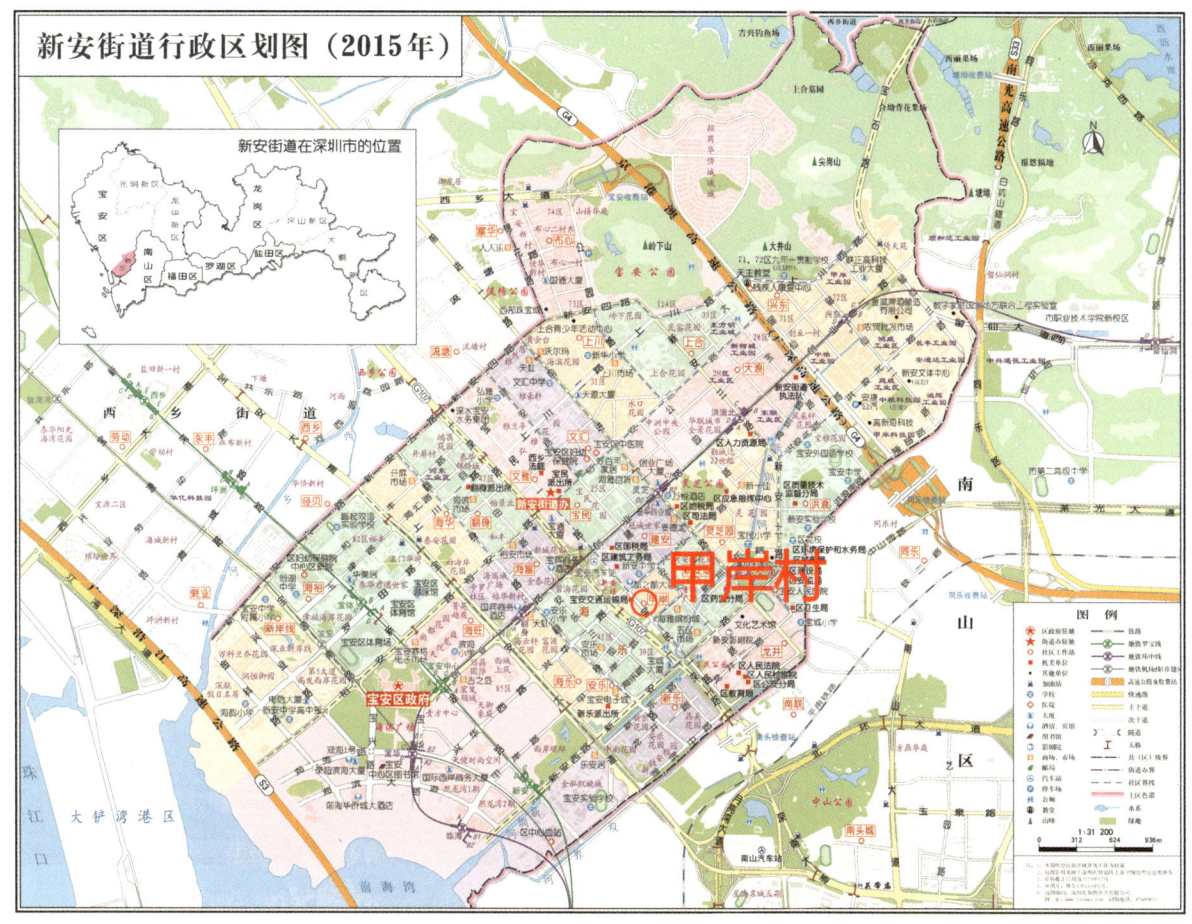

甲岸村位置示意图（由于本书版面限制，该地图比例尺已改变）

甲岸村，位于新安街道东南部，距离新安街道办事处1千米。相邻自然村有翻身村、安乐村、上合村。面积约0.3平方千米。新圳河、双界河流经村南面。

元至正年间（1341—1368年），黄氏先祖黄克绳携家人从香山县（今中山市）东岸村迁至宝安，发现甲岸一带靠山临海、资源丰富，且已有赵姓、麦姓人家居住在此，遂在赵、麦人家的东面搭屋住下来，慢慢开枝散叶、人丁兴旺，逐步拓荒造田，农耕与养殖并重，村落逐渐繁衍发展壮大。中山与宝安一水之隔遥遥相望，先祖为让后人谨记出处，遂把村落定名为"隔岸"，意为"一水两岸"。中华人民共和国成立后提倡汉字简化，隔岸村的"隔"和"甲"字在当地方言中读音几乎一致，且日常使用中"甲"比"隔"书写起来更简捷，因此村民把"隔岸"写成"甲岸"，沿用至今。

元朝至明万历元年（1573年），属东莞县；明万历元年至清朝，属新安县。1914年，属宝安

◎ 甲岸村村貌（黄淦忠 摄于2015年）

◎ 甲岸商业街（李三义 摄于2016年）

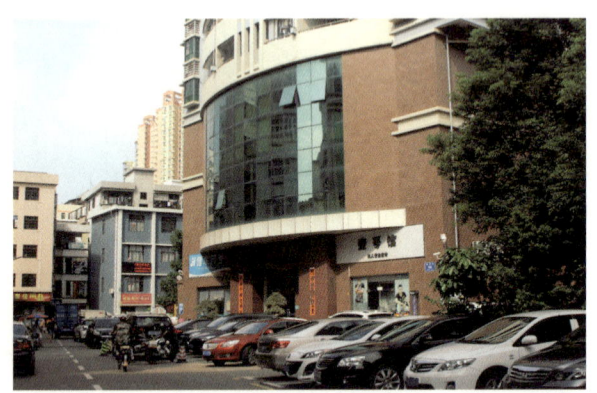

◎ 甲岸村民商住楼（李三义 摄于2016年）

县。中华人民共和国成立之初，属宝安县西乡、上川、八合、固戍、黄田联乡；1951年，属宝安县第一区八合乡；1958年10月，属超英公社；1959年，属南头公社；1960年，属西乡公社；1979年1月，属深圳市西乡公社；1981年10月，属深圳市宝安县西乡公社；1983年7月，属宝安县西乡区上合乡；1985年4月，属新安镇上合管理区；1986年10月，属新安镇上合行政村；1993年1月，属深圳市宝安区新安镇上合行政村；1994年6月，属新安街道甲岸行政村；2004年7月，属新安街道甲岸社区。

世居村民为汉族，广府民系，使用粤方言。村民主要为黄姓，占该村人口95%以上。

2015年末，户籍人口1896人，其中男性997人，女性899人；80岁以上20人，最年长者94岁（男）；海外留学3人。非户籍外来人口14044人。祖籍该村的港澳台同胞209人。祖籍该村的海外华侨2人。海外归侨1人。

甲岸村传统经济以农业为主，种植水稻、花生、甘蔗、番薯、芋头等，兼养殖鹅、鸭。1979

◎ 甲岸股份合作公司大楼（黄泠忠 摄于2015年）

◎ 甲岸村黄氏宗祠（李三义 摄于2016年）

年12月，甲岸村引进香港锦昌公司，开办甲岸灯泡厂，为新安第一家"三来一补"企业。2004年"村改居"，甲岸村村民变为居民，甲岸社区居委会成立，甲岸集体经济组织改制为股份合作公司，集体经济由公司管理。截至2015年底，甲岸股份合作公司建有厂房及配套物业22万平方米，总资产2.72亿元，净资产2.17亿元；是年股东435人，股东人均年终分红5.79万元。村民主要收入来源为房屋出租、集体经济分红、工资性收入、商业经营等。

该村毗邻国道G107线广深公路，宝民一路、建安一路、新圳西路经过。20世纪50年代通手摇式电话，60年代通电，80年代通自来水并实现全村村道水泥硬底化，90年代末通互联网。

甲岸村地处宝安区和新安街道商业中心，村中有甲岸幼儿园、育星幼儿园、图书室、文化广场、社康中心和星光之家老人活动中心等，是新安中学和新安湖小学的招生片区。

改革开放后，村民逐渐拆除旧民居，新建现代居民楼宅，现多为三层以上砖石水泥钢筋结构，传统民居消失。

甲岸村黄氏宗祠始建于明朝，重建于1989年，占地面积500平方米；坐北朝南，布局为三开间两进一天井，砖混木石结构，博古屋脊，灰青瓦覆盖。祠堂大门额"黄氏宗祠"。"黄克绳堂"牌匾为重建修复。祠堂中央神龛供奉黄氏先祖牌位。

华光古庙始建于明万历年间，后多次修缮，1996年重建，占地面积165平方米。

每年农历九月二十八的华光诞庆典是甲岸村村民一年一度的盛大节日，村里会请来粤剧团、醒狮团等演出助兴，在华光诞的前一天晚上，演员要扮演八仙在华光庙内祭拜。全村人一起吃大盆菜福宴。活动期间，海内外的黄氏宗亲都会尽可能赶回来参加盛会。

甲岸人祭祖的主要方式是祠堂祭祖和山坟祭祖。每逢农历初一、十五和所有传统节日，以及出生、婚嫁、入伙、祝寿等喜庆大事都会去祠堂祭拜。

甲岸村的出生礼仪形成于清朝。生男孩者会在第二年正月十五到黄氏宗祠开灯，当天抱着男婴到宗祠，点上特制的长灯笼并焚香祝祷，告慰祖先添丁之喜、氏族人丁兴旺。

婚俗礼仪形成于清朝。一般是由媒婆领着新郎和迎亲队伍抬着花轿敲锣打鼓迎娶新娘；娶亲时连续三天遍请亲朋好友吃盆菜，这连吃三日俗称"开厨、正厨、圆厨"。拜堂之后，要闹洞房，连闹两天俗称"会友"。

克绳剧社形成于清末至民国初期，基本都由该村人组成，主要演出粤剧类节目，曾在南头、西乡一带非常活跃，并在南头涌下搭戏台演出，在上合祠堂、西乡戏院演出，广受欢迎。

1950年3月的一天深夜，国民党残余摸进隔岸村征粮工作组所住的祠堂，把熟睡的周春发等6名征粮队员全部枪杀。10月，宝安县召开公审大会，对杀害6名征粮队员的梁洪和陈绍昌执行枪决。史称"隔岸事件"。

1981年10月，广东省委、省政府决定恢复宝安县建制。宝安县城建设初期，县政府基建投资经费紧张，甲岸村积极支持各建设项目。从1981年到1983年，甲岸村土地被全部征用。

2003年12月，甲岸村被广东省爱国卫生运动委员会评为广东省卫生村。

代表性人物：

黄云郁，清康熙年间（1662—1722年）升入廪例贡。

黄谷儒，清乾隆二十四年（1759年）列入己卯岁贡。

黄稳仲（1928—1947），1944年参加广东人民抗日游击队东江纵队，1947年10月在南头被捕，于后海机场就义，牺牲前为惠东宝人民护乡团三团战士。

（资料填报：黄玉棠、林瑞洲；初稿撰写：李三义、林瑞洲；分纂：程建）

上合社区

上合村

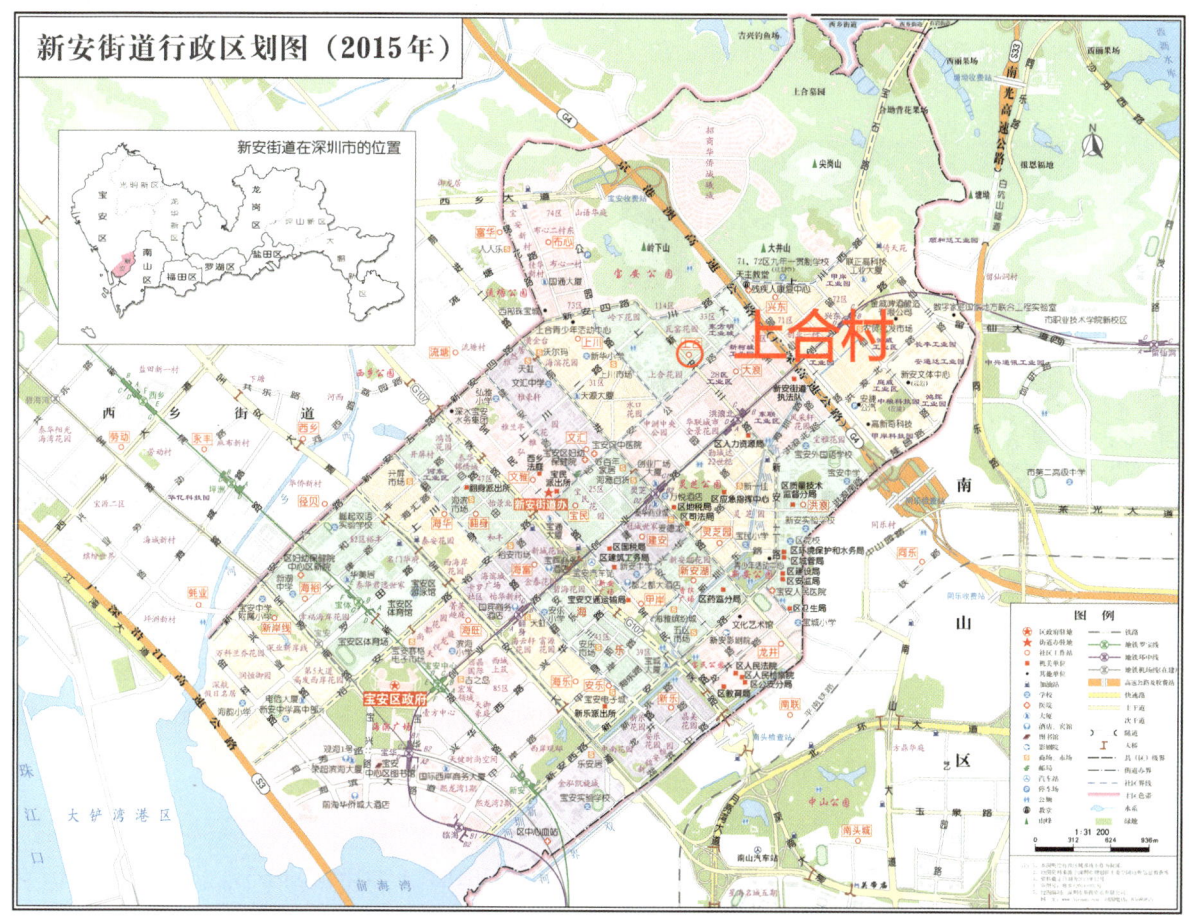

上合村位置示意图（由于本书版面限制，该地图比例尺已改变）

上合村，位于新安街道东北部，距离新安街道办事处约1.5千米。面积约0.59平方千米。相邻自然村有翻身村、甲岸村和西乡街道流塘村、庄边村。附近山岭有尖岗山、岭下山、大井山、猪嬷山，其中尖岗山最高，海拔202.9米。新圳河、双界河流经村东南面。

南宋时期，上合黄氏先人从中原辗转经福建邵武、广东南雄等地，南迁至现深圳上梅林、下沙一带谋生；明初，部分黄氏先人再迁至南头古城附近即今上合村址一带，繁衍发展，逐渐形成村落。

明初至万历元年（1573年），属东莞县；明万历元年至清朝，属新安县。1914年，属宝安县。中华人民共和国成立之初，属宝安县西乡、上川、八合、固戍、黄田联乡；1951年，属宝安县第一区八合乡；1958年10月，属超英公社；1959年，属南头公社；1960年，属西乡公社；1979年1月，属深圳市西乡公社；1981年10月，属深圳市宝安县西乡公社；1983年7月，属宝安县西乡区

◎ 上合村村貌（摄于2016年，上合村供稿）

◎ 上合花园（李三义 摄于2016年）

◎ 孝行流芳牌坊（李三义 摄于2013年）

上合乡；1985年4月，属新安镇上合管理区；1986年10月，属新安镇上合行政村；1993年1月，属深圳市宝安区新安镇；1994年6月，属新安街道；2004年7月，属新安街道上合社区。

世居村民为汉族，广府民系，使用粤方言。村民主要为黄姓。

2015年末，户籍人口4184人，其中男性2170人，女性2014人；80岁以上65人，最年长者102岁（男）。非户籍外来人口4.8万人。祖籍该村的香港同胞3200人、台湾同胞15人。祖籍该村的华人华侨100多人，主要分布在南美、北美、澳大利亚、欧洲等地。

上合村传统经济以农业为主，辅以少量的小型劳动密集型加工业。改革开放后，村里引进的第一家"三来一补"企业是上合圣诞装饰五金厂。截至2015年底，上合村已建有现代化厂房宿舍、商业大厦、商铺等物业37万平方米，驻村企业100余家。村集体总资产达16.07亿元，净资产达3.7亿元，2015年总收入1亿元，股东1568人，股东人均年终分红2.8万元。村民主要收入来源为集体经济分红、房屋出租、工资性收入、商业经营、金融投资等。

该村毗邻京港澳高速G4线，有新安三路、上川路、裕安二路、公园路经过。广深高速穿过村北，深圳市地铁5号线洪浪北站位于村南300多米处。1956年通电话，1970年通电，1983年通自来水，1988年实现全村村道水泥硬底化，1996年通互联网。

该村属于上合小学、上合幼儿园招生片区。2015年底，上合小学设有6个年级，25个班，在校学生1424人，教职工88人。上合幼儿园在园幼儿252人，教职工61人。村内还配备有上合篮球场、

◎ 西庄书室（李三义 摄于2016年）

◎ 黄连胜醒狮团参加新安街道春节活动（安琪 摄于2011年）

上合青少年活动中心等文体设施。另有公园以及上合社区图书阅览室，藏书1.3万册。

上合古村已经被整体拆除，进行旧村改造。保留有上合黄氏宗祠，始建于明代，后经多次修缮，1994年再次重修。祠堂占地面积805平方米，三开间三进二天井布局。前堂大门石匾书"黄氏宗祠"。前天井立一座四柱三间三段式石构牌坊，是为纪念晋孝子黄舒而立，牌坊上匾额书"孝行流芳"，为清道光至光绪年间修建。中堂屏风上挂"敦睦堂"木匾，旁边立有该村名女黄姑婆牌位。后堂设神龛。整个宗祠保留了各种壁画、灰塑、石雕、木雕等艺术装饰。其他传统建筑有西庄书室、云野书塾、大王古庙。1998年7月，以上4座建筑均被深圳市人民政府公布为市级文物保护单位。2015年宝安区新安街道在此基础上规划打造上合孝德园。

每年农历二月十五，上合村村民共聚于大王古庙前，举行"大王宝诞"庆典活动，开办大型盆菜盛宴，远在海外的乡亲都会回乡参加，宗亲好友齐聚一堂，共同祭拜大王爷，看醒狮表演，吃大盆菜。大盆菜由萝卜、猪皮、扣肉、鲜虾等十多样食物烹制后一层一层放在盆中做成，成为一代又一代上合人记忆中的美味。

该村的上川黄连胜醒狮舞，流派为南狮，武术流派为洪拳分支，动作以大起大落、勇猛刚烈著称，现大小结合，刚柔相济。创始人黄连胜（原名黄胜华），清光绪三十二年（1906年）生于宝安区新安街道上川村（上合村的一部分），少年学艺得高人指点，20世纪30年代后在中国香港以及荷兰、印度开过武馆，授徒上万人。1947年，黄连胜数次带领宝安醒狮团赴蛇口赤湾妈祖庙会，与各地醒狮团交流竞技。上川醒狮团于70年代初成形，经过刻苦训练，创下了名气，四周邻村请黄连胜去办团传艺，成立醒狮团分支，掀起舞狮热潮，带出了上川、河东、河西、开屏、盐田、蚝业6支队伍。至90年代，发展出上川、河东、河西、盐田、蚝业、乐群、开屏、臣田共8支团队，可同时出狮几十头，场面规模蔚为壮观。演出形式从平地、平台到高杆、高桩。90年代初，新安镇连续举办两届醒狮比赛，都是上川第一、河东第二。1997年香港回归欢送驻港部队、2007年7月1日深港西部大桥通车典礼都邀请了上川醒狮团前去表演助兴。2012年2月，"上川黄连胜醒狮舞"被列入广东省非物质文化遗产名录。

代表性人物：

黄展鹏，清嘉庆二十一年（1816年）丙子科武举。

黄丕扬，清嘉庆二十三年（1818年）戊寅恩科武举。

黄英杨，清嘉庆年间（1796—1820年）行伍，曾任中营把总。

黄升琪，清嘉庆年间行伍，曾任香山营把总。

黄超扬，清嘉庆年间例贡。

黄贞祥，清嘉庆年间例贡。

黄远（1911—1992），上合村灶下人，毕业于复旦大学，擅长英文和日文，"左联"成员。1937年参加八路军，同年加入中国共产党。1955年被授予少将军衔。先后荣获二级独立自由勋章、一级解放勋章、一级红星功勋荣誉章。

黄学（1924—1985），1944年参加广东人民抗日游击队东江纵队，后随东纵北撤，加入华东野战军两广纵队；1948年参加淮海战役负重伤，被认定为特等残疾军人，被授予"战斗英雄"称号。

（资料填报：黄学龙、欧阳枫、蔡秀文；初稿撰写：李三义、蔡秀文；分纂：程建）

西乡街道

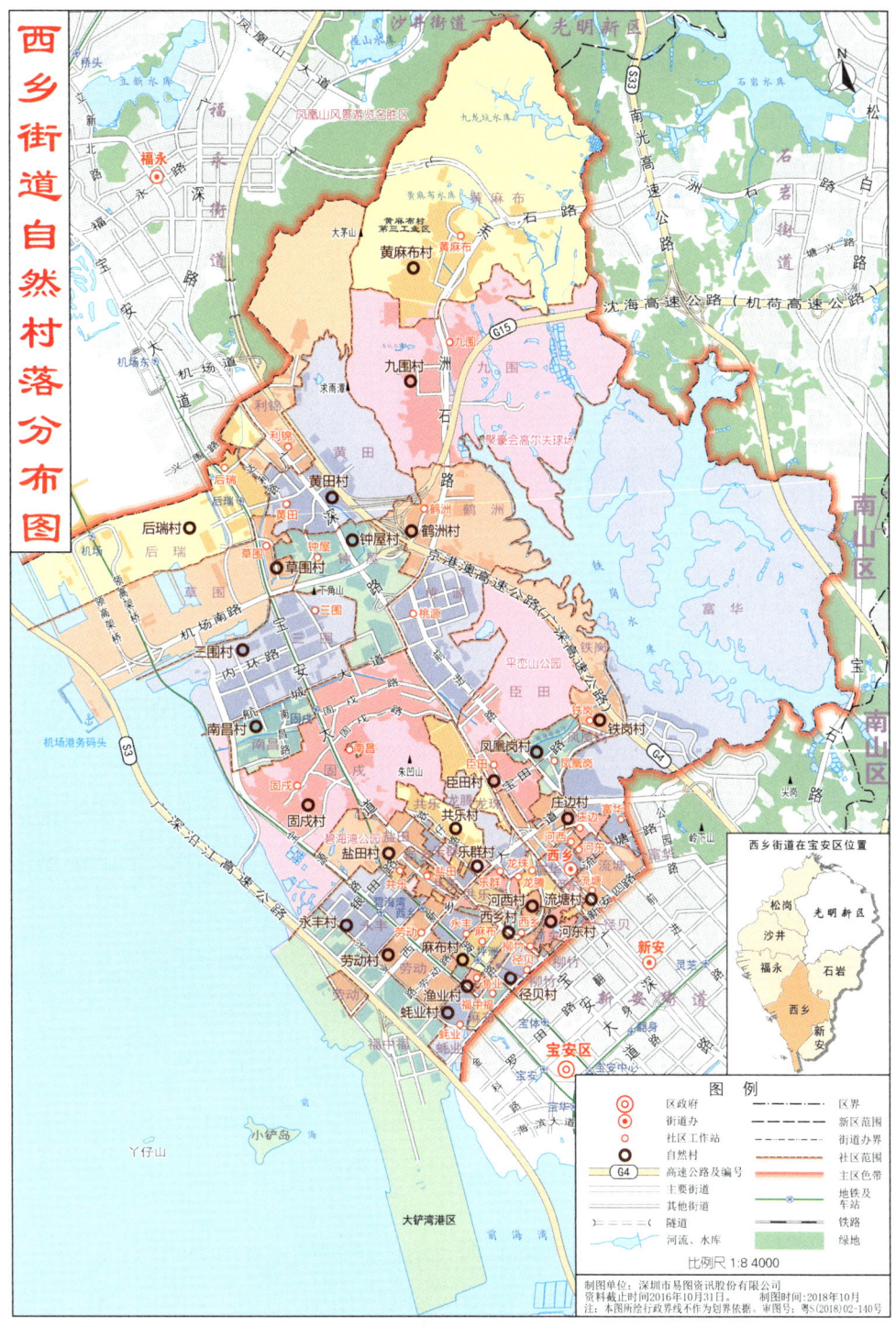

西乡街道自然村落分布图

概　述

西乡街道位于深圳市宝安区西南部，珠江口东岸，东南接新安街道，西北邻福永街道，东北连石岩街道，西南濒珠江口。面积104.17平方千米，辖33个社区。2015年末，常住人口约65.11万人，户籍人口14.06万人。

西乡街道地势东北高西南低，依山傍海。境内河流属珠江口水系，有大小河流10余条，其中西乡河为西乡街道境内最大河流，其次为发源于大茅山的九围河。年平均气温22℃，年平均降雨量1450毫米。

西乡街道因位于县城西面的城郊而得名。本地域明清时期属新安县。民国时期，属宝安县。中华人民共和国成立之初，属宝安县西乡、上川、八合、固戍、黄田联乡；1958年3月，属西乡乡；1958年10月，属超英公社；1959年1月，属南头公社；1961年7月，属西乡公社；1979年1月，属深圳市南头区西乡公社；1981年10月，属深圳市宝安县西乡公社；1983年7月，属西乡区；1985年4月，属新安镇；1993年1月，属深圳市宝安区新安镇；1994年1月，属西乡镇；2004年，属西乡街道。

改革开放之前，本土经济以农业种植业为主，主要种植水稻、花生、甘蔗等，粮食生产占据主导地位，同时也养殖淡水鱼、虾、蚝等，水产养殖业占有相当比例。改革开放后，西乡工业、商业、对外经济贸易发展迅速，逐渐实现工业化和城市化。2007年，西乡经济成功转型，第三产业产值在生产总值占比跃居国内第一位。2015年，西乡街道规模以上工业总产值782.4亿元；规模以上工业增加值158.1亿元；固定资产投资完成额为131.5亿元；社会零售消费品总额180.9亿元；出口总额79.3亿美元；国税、地税收入合计85.9亿元。

西乡的陆海空立体交通发达，国道G107线和广深高速纵贯其中，境内的宝安国际机场驰名中外。

2015年底，西乡街道列入普查范围的自然村有27个。居民为汉族，多为广府民系，使用粤方言。主要姓氏有姜、陈、梁、张、曾等姓。西乡街道有多个村的居民是基围人。其中草围村，200多年前这一带是一片海滩，后来滩涂逐年向陆地延伸而至现貌，原村民于清朝晚期陆续从广东顺德、东莞、番禺等地迁居于此，杂姓居住。

西乡现存自然村27个，大多始建于明清时期，有的可追溯到南宋时期，不仅具有浓郁的历史传统风貌、优美的自然生态环境、独具特色的人文景观，而且地域特色别具一格，有丰富多彩的物质与非物质文化遗产。有省级文物保护单位铁仔山古墓群、乐群村绮云书室，市级文物保护单位固戍村文昌阁、西乡村王大中丞祠、乐群村锦庭书室等。西乡北帝古庙每年都会举办"三月三"北帝诞庙会，有巡游、舞麒麟、舞狮、飘色表演、木偶剧、粤剧、大盆菜宴等多项活动，该北帝诞庙会被列入市级非物质文化遗产名录。

西乡有众多红色历史文化印记。1942年12月，广东人民抗日游击总队宝安大队和日伪军在黄田发生激烈战斗，击毙击伤敌军100余人，游击队牺牲17位战士。

西乡代表性人物：乐群村郑毓秀，是我国第一个女博士、女律师，第一位省级女政务官、省级地方法院女院长与审检两厅女厅长，参与制定中国第一部《民法》草案；固戍村姜启明，1943年加入广东人民抗日游击队东江纵队，从事税收工作，曾任神山分站站长，1949年牺牲。

草围社区

草围村

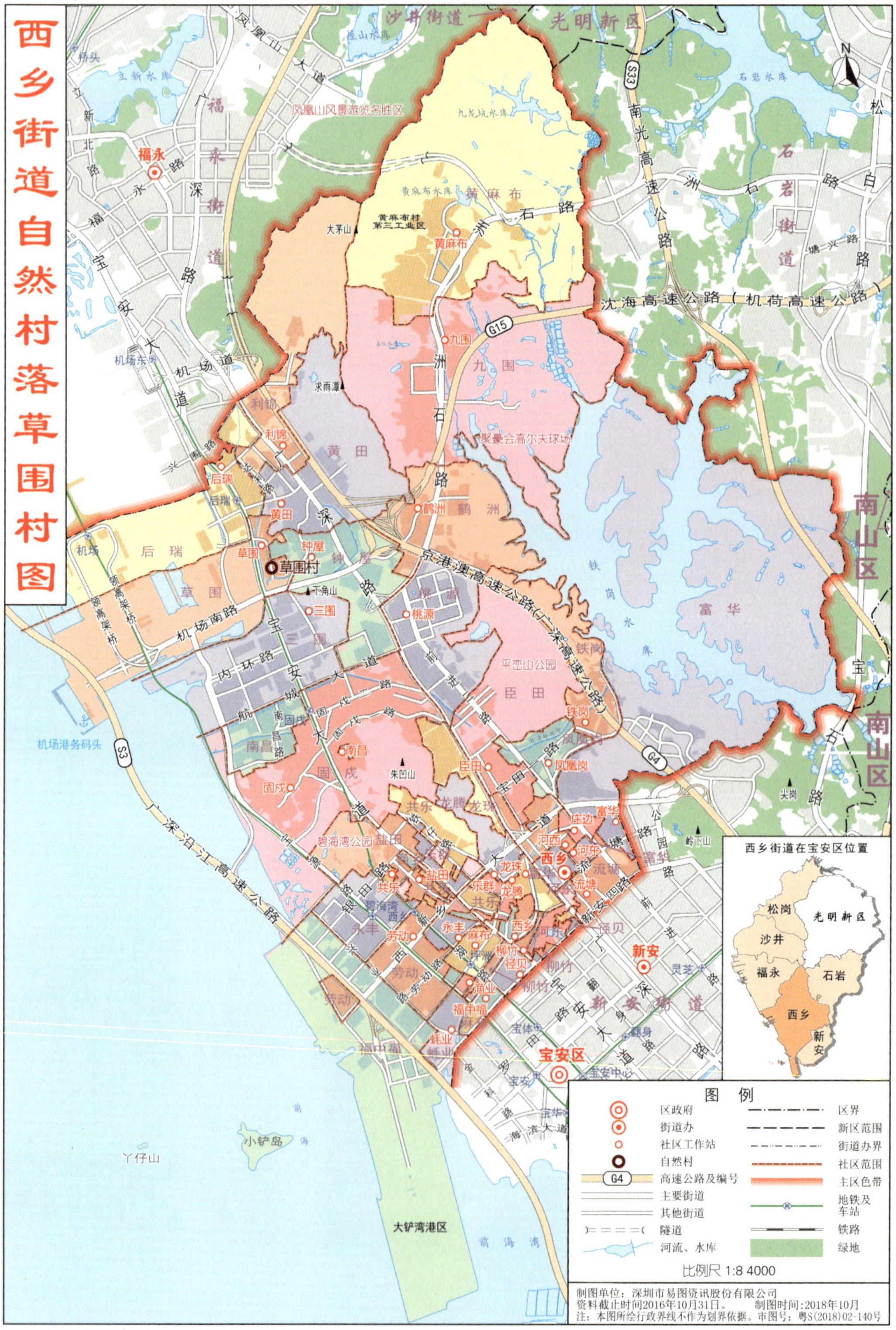

草围村位置示意图

西乡街道　草围社区　草围村

◎ 草围村村貌（赖敏红 摄于2016年）

草围村，位于西乡街道西北部，距离西乡街道办事处约6.68千米。面积约0.6平方千米。相邻自然村有黄田村、三围村、后瑞村。

原村民称为"基围人"。200多年前的草围一带是一片海滩，后来滩涂逐年向陆地延伸而至现貌。清末，草围村的原村民陆续从顺德、东莞、番禺等地迁居于此，杂姓居住，开始围田种植针草，中华人民共和国成立后因大规模种植针草而取名草围村。

中华人民共和国成立之初，属宝安县西乡、上川、八合、固戌、黄田联乡；1951年，属宝安县第一区黄田乡；1958年10月，属超英公社；1959年，属南头公社固戌大队；1960年，属西乡公社；1963年，属福永公社三围大队；1979年1月，属深圳市福永公社；1981年10月，属深圳市宝安县福永公社；1983年10月，属西乡镇三围行政村；1983年7月，属宝安县西乡区三围乡；1985年4月，属新安镇三围管理区；1986年10月，属新安镇三围行政村；1988年11月，属新安镇草围行政村；1993年1月，属深圳市宝安区新安镇；1994年1月，属西乡镇；2004年7月，属西乡街道草围社区。

世居村民为汉族，广府民系，使用粤方言。村民主要有陈、梁等姓。

2015年末，户籍人口464人，其中男性209人，女性255人；80岁以上30人，最年长者95岁（女）。非户籍外来人口16700人。祖籍该村的香港同胞80人。

传统经济以农业为主，主要种植水稻、针草等，同时也养殖淡水鱼、虾、蟹等。改革开放后建立开发区，招商引资，建立村股份公司。近几年来草围社区发展"三来一补"加工贸易，增大基础设施建设投入，经济较早年有了一定的发展。同时致力于改造村容村貌。村民主要收入来源为厂房出租、

◎ 草围村村委门口牌坊（赖敏红 摄于2016年）

◎ 草围村传统民居（赖敏红 摄于2016年）

◎ 居民活动（赖敏红 摄于2016年）

房屋出租、工资性收入、集体经济分红。

该村有国道G107线广深公路、宝安大道经过。20世纪80年代后通自来水、通电、通电话，1997年实现全村村道水泥硬底化，90年代末通互联网。

村内建有华文学校，设9个年级，44个班，2015年，在校学生约2200人，教职工123人。有幼儿园1所，在园幼儿250人，教职工30人。有篮球场供村民运动健身；草围村公园及老人活动中心方便村民休闲娱乐。

该村现有老旧民居7座，均在二十世纪七八十年代修建，为砖木和钢筋水泥混合结构。这些民居建筑架构为上下两层，一楼是大厅和厨房，中间为楼梯，二楼左右均为住房，前有走廊，走廊和天台围墙为镂空窗洞形式，在保证安全性的同时加强了美观性，并且通风效果良好。目前民居的建筑部分保存完整，已无人居住。

村里制定有《宝安区西乡镇草围村规章制度汇编》，于1995年10月编撰。村规民约由村民自己制定，利用村规民约来引导、约束村民，加强村级精神文明建设。

为营造尊老、敬老、爱老、助老的社会风气，每年九月重阳或者村里最年长寿星生辰时，该村开展以"温情老人节"为主题的活动，组织60岁以上老人聚餐、玩游戏并派发礼品，还为老人表演歌舞、古筝等精彩文艺节目。

（资料填报：林承慧；初稿撰写：赖敏红；分纂：程建）

臣田社区

臣田村

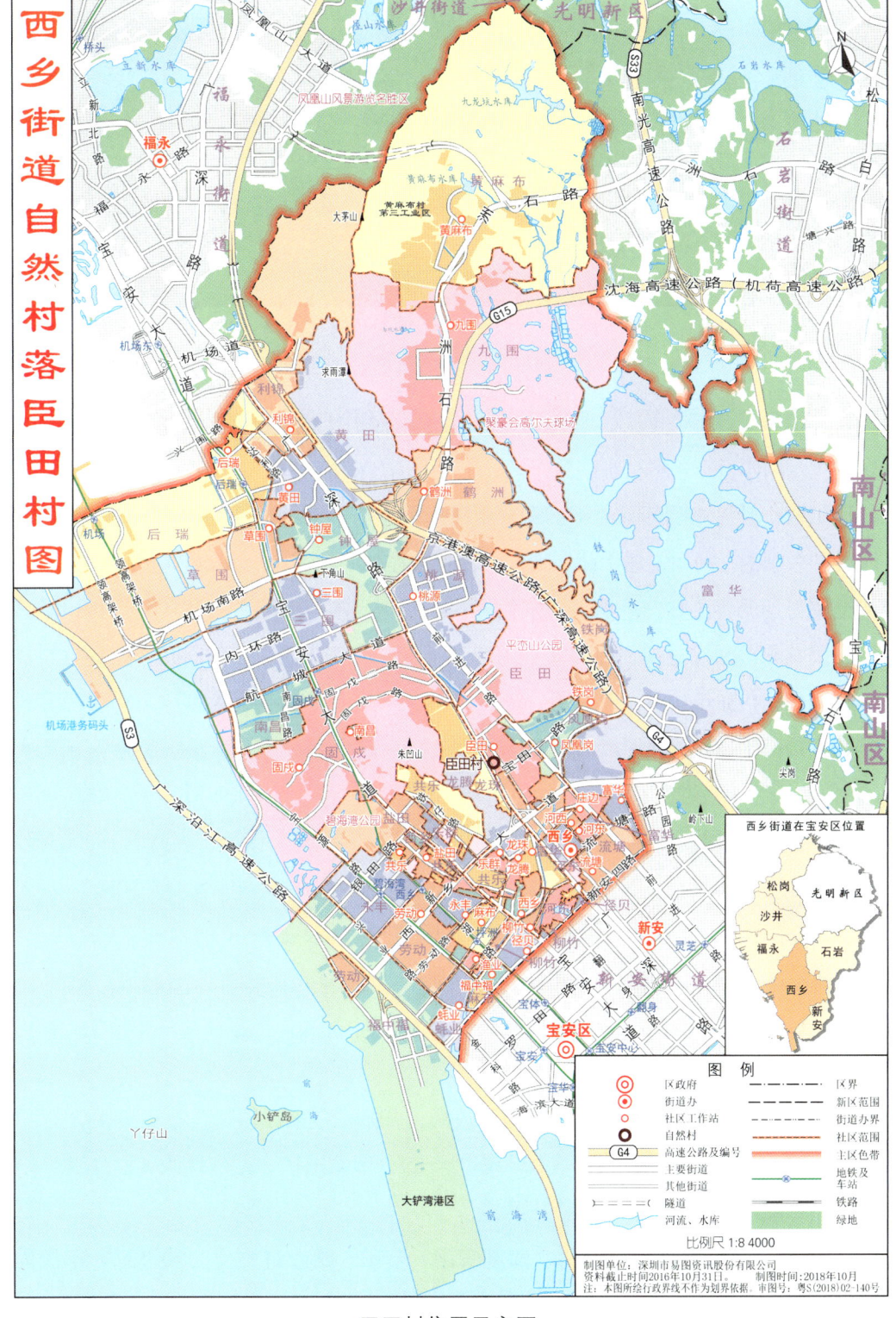

臣田村位置示意图

◎ 臣田村村貌（徐煜 摄于2016年）

臣田村，位于西乡街道南部，距离西乡街道办事处约1千米。面积约1.08平方千米。相邻自然村有凤凰岗村、河西村、乐群村、南昌村。

相传臣田村仇姓先祖明朝时由于不满皇帝作为，参与了谋反，被朝廷镇压，于是举家逃难南迁，先迁居广东顺德，最后定居于此。因仇氏先祖曾在朝中做官，所以取名臣田村。

建村至明万历元年（1573年），属东莞县；明万历元年至清朝，属新安县。1914年，属宝安县。中华人民共和国成立之初，属宝安县西乡、上川、八合、固戍、黄田联乡；1951年，属宝安县第一区新西乡；1958年10月，属超英公社；1960年，属西乡公社新西大队；1979年1月，属深圳市西乡公社；1981年10月，属深圳市宝安县西乡公社；1983年7月，属宝安县西乡区新西乡；1985年4月，属新安镇新西管理区；1986年10月，属新安镇西乡行政村；1993年1月，属深圳市宝安区新安镇；1994年1月，属西乡镇西乡行政村；1996年10月，属西乡镇臣田行政村；2004年7月，属西乡街道臣田社区。

世居村民为汉族，广府民系，使用粤方言。村民主要为仇姓。

2015年末，户籍人口678人，其中男性344人，女性334人；80岁以上23人，最年长者93岁（女）。非户籍外来人口约3.5万人。祖籍该村的香港同胞100人。祖籍该村的华侨20人，主要分布在澳大利亚和美国。

传统经济为农业，主要种植水稻。改革开放后，开办"三来一补"企业。现村集体主要经营物业管理、厂房出租。村民主要收入来源为商业经营、房屋出租、工资性收入、集体经济分红。特色传统食品有煎堆、茶果、白糖糕、艾果等。

国道G107线广深公路、宝民二路、前进二路、宝田一路经过该村。20世纪90年代实现"三通"（自来水、电、电话），2000年，臣田新村建成后通互联网并实现全村村道水泥硬底化。

◎ 平峦山公园（徐煜 摄于2016年）

◎ 仇氏先祖墓（孙明 摄于2016年）

◎ 臣田村一角（佚名 摄于2013年）

2015年，村内有臣田幼儿园，在园幼儿500人、教职工40人。村内有健身器材、篮球场、臣田居民活动中心等，还有臣田图书馆，藏书1万册。有铁仔山公园和平峦山公园。

传统民居为广府民居，现存3座。因臣田新村的建立，村民逐渐搬离老村。由于年久失修，传统民居逐渐坍塌。老村内绝大多数传统民居已被拆除，另建新楼，出租给外来人员，原村民已经不居住在内。

臣田村宗祠已经在"文化大革命"期间被拆除，后未恢复重建。臣田村仇氏祖墓为宝安区不可移动文物。每到清明，仇氏宗亲都会去仇氏先祖墓前祭拜开村先祖，由村中年长者主持祭祀活动。然后各家族再祭祀各自家庭祖先，最后集中聚餐。

（资料填报：赖敏红；初稿撰写：徐煜；分纂：程建）

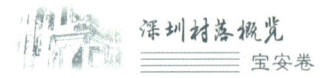

凤凰岗社区

凤凰岗村

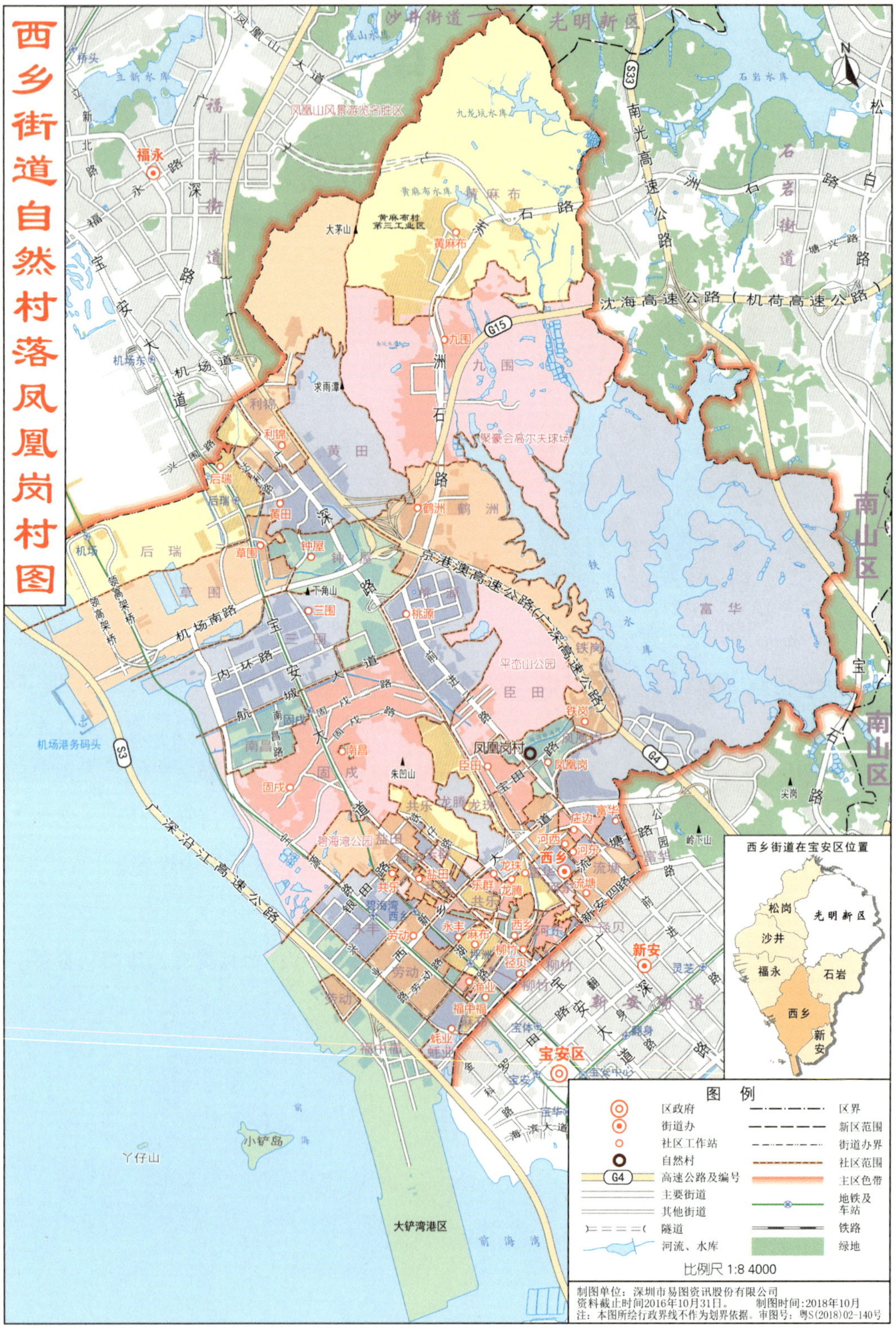

凤凰岗村位置示意图

◎ 凤凰岗村村貌（徐煜 摄于2016年）

凤凰岗村，位于西乡街道南部，距离西乡街道办事处约2.5千米。面积约2.5平方千米。相邻自然村有铁岗村、庄边村、臣田村。该村地处丘陵地带，背靠平峦山，南邻西乡河，地势较为平坦。

该村始建于清朝末年，因为当年港英政府禁止砍伐香港树木，导致原居住在香港新界莲麻坑村的张氏族人迁至此地，民国初年张姓、黎姓、邓姓等陆续从龙华阳台山迁移至此，逐渐形成村落。传说古时在村子后面的山上有一只五彩斑斓的鸟，形似凤凰，故取名凤凰岗村。曾用名新臣田村。

清朝，属新安县。1914年，属宝安县。中华人民共和国成立之初，属宝安县西乡、上川、八合、固戍、黄田联乡；1951年，属宝安县第一区新西乡；1958年10月，属超英公社；1960年，属西乡公社新西大队；1975年，属西乡公社凤岗大队；1979年1月，属深圳市西乡公社；1981年10月，属深圳市宝安县西乡公社；1983年7月，属宝安县西乡区凤岗乡；1985年4月，属新安镇凤岗管理区；1986年10月，属新安镇凤凰岗行政村；1993年1月，属深圳市宝安区新安镇；1994年1月，属西乡镇凤凰岗行政村；2004年7月，属西乡街道凤凰岗社区。

世居村民为汉族，客家民系，使用客家方言。村民主要为张、黎、邓、陈等姓。

2015年末，户籍人口1700人，其中男性

◎ 凤凰岗村幼儿园（徐煜 摄于2016年）

◎ 凤凰岗社区公园（徐煜 摄于2016年）

◎ 凤凰岗村传统民居（徐煜 摄于2016年）

805人，女性895人；80岁以上33人，最年长者95岁（女）。非户籍外来人口4.5万人。祖籍该村的香港同胞350人。祖籍该村的华人华侨50人，主要分布在美国和加拿大。

传统经济为农业，种植水稻。改革开放后，发展"三来一补"企业，20世纪80年代开始经济发展迅速。目前村集体股份公司主要经营厂房出租、房屋出租、物业管理等。村民主要收入来源为房屋出租、集体经济分红、金融投资等。特色传统食品有萝卜糕、年糕、盐焗鸡等。

前进二路、宝田一路经过该村。20世纪80年代末实现"三通"（自来水、电、电话），90年代末通互联网，2000年实现全村村道水泥硬底化。

◎ 黎氏碉楼（徐煜 摄于2016年）

凤凰岗村有小学2所，分别为凤岗小学和龙山学校，2015年共有51个班，2663名学生，196名教职工；幼儿园5所，在园幼儿近1000人，教职工30人。自2000年以来，凤凰岗村注重村民休闲娱乐活动，建起了篮球场、多个社区小广场、老年人活动中心和图书馆（藏书上万册）。同时，平峦山公园的建立，也成为凤凰岗村民健身娱乐的好去处。

当地传统民居为客家民居，现仅存7座，大多为民国后期建立的砖木瓦房，因年久失修，房屋破旧不堪，且处于其他村民自建高房中间，环境较差。现已无当地村民居住。

保存完好的传统建筑仅有2座碉楼，均修建于民国初期。一座碉楼处于闹市之中，周边村民自建楼房林立。碉楼高10米，3层，三合土结构，平面正方形，边长5米，墙体厚度0.8米，窗户开口小，外设铁板窗门，内有铁栅和窗扇。碉楼上部的四角建有燕子窝，碉楼各层墙上均有射击孔。

另一座碉楼为黎氏碉楼，高15米，5层，平面呈正方形，边长5米，窗户开口小，外设铁板窗门，内有铁栅和窗扇，墙上开设向前和向下的射击孔。

凤凰岗村民的传统技艺为客家麒麟舞，始于民国初期。原来主要是过年时"拜家门"，是春节期间重要的喜庆活动。春节期间的重要喜庆活动还有麒麟游花园和长棍等武术表演。"张东舞麒麟"被列入区级非物质文化遗产名录。

凤凰岗村有"七夕"可见七仙女的传说。

1995年，该村被中共广东省委、广东省人民政府评为广东省文明村。2012年10月被广东省爱国卫生运动委员会评为广东省卫生村。

（资料填报：赖敏红；初稿撰写：徐煜；分纂：程建）

共乐社区

共乐村

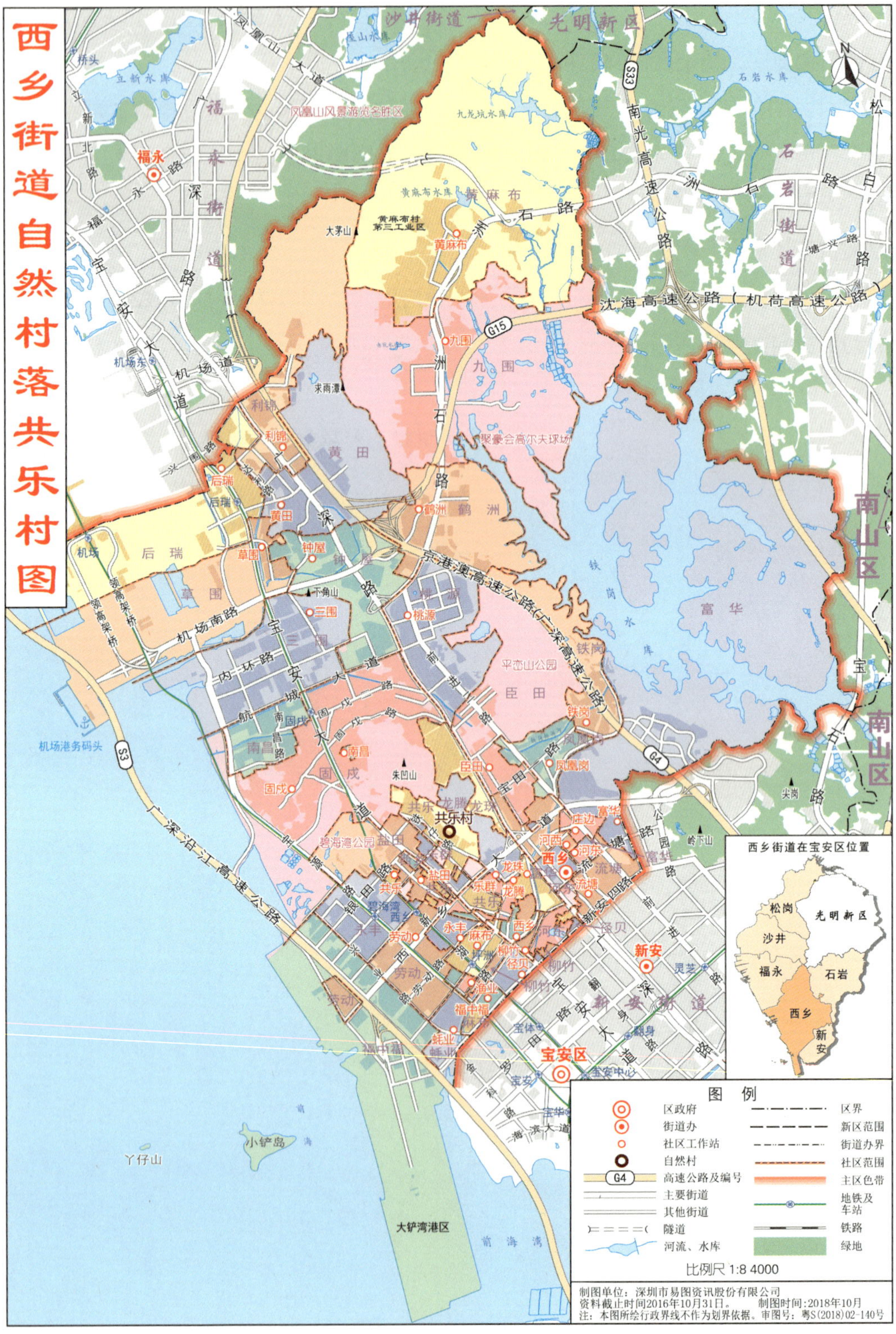

共乐村位置示意图

◎ 共乐村村貌（徐煜 摄于2016年）

共乐村，位于西乡街道南部，距离西乡街道办事处约2.5千米。面积约1.2平方千米。相邻自然村有乐群村、盐田村、固戍村。属沿海低丘陵区。该村始建于明代。

建村至明万历元年（1573年），属东莞县；明万历元年至清朝，属新安县。1914年，属宝安县。中华人民共和国成立之初，属宝安县西乡、上川、八合、固戍、黄田联乡；1951年，属宝安县第一区共乐乡；1958年10月，属超英公社；1960年，属西乡公社共乐大队；1975年，属西乡公社；1979年1月，属深圳市西乡公社；1981年10月，属深圳市宝安西乡公社；1983年7月，属宝安县西乡区共乐乡；1985年4月，属新安镇共乐管理区；1986年10月，属新安镇共乐行政村；1993年1月，属深圳市宝安区新安镇；1994年1月，属西乡镇共乐行政村；2004年7月，属西乡街道共乐社区。

世居村民为汉族，广府民系，使用粤方言。现主要有郑、陈、文、黄、徐等姓。

2015年末，户籍人口586人，其中男性284人，女性302人；80岁以上10人，最年长者92岁（女）。非户籍外来人口21100人。祖籍该村的香港同胞26人。

传统经济在古时以打鱼、盐业为主，近代以种植水稻、香蕉、荔枝等为主。改革开放后，村

◎ 碧海湾公园（徐煜 摄于2016年）

◎ 铁仔山公园（徐煜 摄于2016年）

集体经济从最初来料加工到后来的"三来一补"企业、民营企业，数量不断增多，规模不断扩大，发展为村经济的支柱产业。村民主要收入来源为房屋出租、村集体经济分红等。特色传统食品有大盆菜、煎堆、角仔、炸糖环、炒米饼、蒸圆笼糕。

西乡大道、宝安大道经过该村。20世纪80年代末完全实现"三通"（自来水、电、电话），90年代实现全村村道水泥硬底化及通互联网。

◎ 徐氏宗祠（徐煜 摄于2016年）

村内有共乐小学，设6个年级，24个班，2015年，在校学生1232人，教职工77人。幼儿园1所，为共乐幼儿园，在园幼儿253人，教职工30人。社区健康中心1个，医护人员10人。体育设施有篮球场、足球场、羽毛球场。

村内有碧海湾公园和铁仔山公园。碧海湾公园是一座环山公园，公园主体部分是一大一小两座山体，最高150多米，山脚下镌刻"碧海湾公园"的碑石迎风而立。铁仔山公园被誉为"城市休闲氧吧""市民健身乐园"，总占地面积127万平方米，是周边村民的休憩娱乐场所。

传统民居为广府民居，老村仍存30余间。在老村小区中，有一些传统民居仍旧有人居住。

村中有宗祠2座，为徐氏宗祠和罗氏宗祠。徐氏宗祠始建于清末，1993年徐氏宗亲共同捐资重建，占地面积200平方米。重建后为砖混结构，大门左右的对联为"南洲世德；东路家声"。重建的徐氏宗祠保留了原先的格局和风格。每到元宵节徐氏族人齐聚一堂吃盆菜、舞狮子，庆祝团圆。

罗氏宗祠始建于清朝，占地面积300平方米，因年久失修，已处于半坍塌状态，目前宗祠四周用水泥墙包围，已经难以看见全貌。

传说古代有一位仙姑，在升仙过程中，飞到共乐村上空时，不幸从天下掉下来摔死。当地村民为了纪念她，在她摔下来的地方建了仙姑庙，此后村中有未嫁女便在此庙修行。该庙在"文化大革命"期间被拆除，后在原址修建共乐小学。

代表性人物：

郑士忠，字延献，生于明成化年间（1465—1487年）。明成化二十二年（1486年）乡试中举，明弘治三年（1490年）中进士，任浙江丽水县知县，为官刚正廉洁，又能睦族恤邻，广受乡民爱戴。

（资料填报：赖敏红；初稿撰写：徐煜；分纂：程建）

固戍社区

固戍村

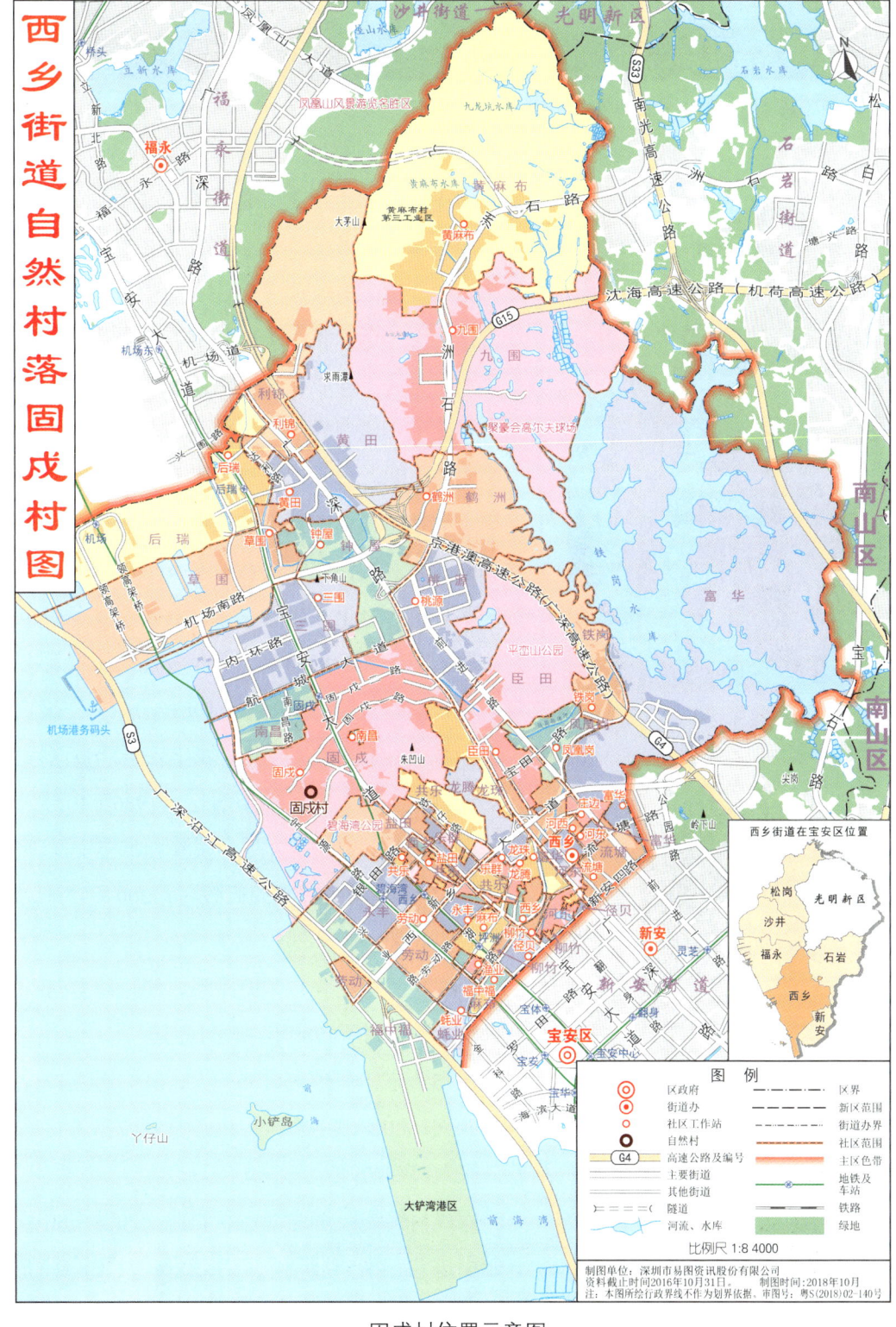

固戍村位置示意图

◎ 固戍村村貌（林承慧 摄于2016年）

◎ 文昌阁（林承慧 摄于2016年）

◎ 沙湾碉楼（林承慧 摄于2016年）

固戍村，位于西乡街道西部，铁仔山以西，距离西乡街道办事处约4.3千米。面积约9.8平方千米。相邻自然村有南昌村、共乐村、三围村。地形以丘陵为主。

始建于元至元元年（1335年），因姜姓六兄弟从山东和洲县迁此定居成村。因明初曾设固戍巡检司而得名固戍村。

元朝至明万历元年（1573年），属东莞县；明万历元年至清朝，属新安县。1914年，属宝安县。中华人民共和国成立之初，属宝安县西乡、上川、八合、固戍、黄田联乡；1951年，属宝安县第一区固戍乡；1958年10月，属超英公社；1960年，属西乡公社固戍大队；1979年1月，属深圳市西乡公社；1981年10月，属深圳市宝安县西乡公社；1983年7月，属宝安县西乡区固戍乡；1985年4月，属新安镇固戍管理区；1986年10月，属新安镇固戍行政村；1993年1月，属深圳市宝安区新安镇；1994年1月，属西乡镇固戍行政村；2004年7月，属西乡街道固戍社区。

世居村民为汉族，广府民系，使用粤方言。村民主要为姜姓。现村于1980年在原址重建。

2015年末，户籍人口3589人，其中男性1719人，女性1870人；80岁以上77人，最年长者97岁（女）。非户籍外来人口约25万人。

固戍村传统经济为渔业和农业。20世纪80年代初，开始引进"三来一补"企业，建设开发区，招商引资。现村中居民自建楼房大多出租。村民主要收入来源为工业生产、商业经营、工资性收入、集体经济分红、房屋出租。

宝安大道、航城大道、固戍一路、固戍二路经过该村。20年代80世纪末，通自来水、通电、通电话，90年代通互联网及实现全村村道水泥硬底化。

固戍村现有学校5所，分别为固戍小学、康园小学、文康小学、信兴学校、振兴小学，2015年在校学生6315人，教职工417人。幼儿园11所，分别为固戍幼儿园、沙边幼儿园、东山幼儿园、东华格林幼儿园2所、德欣幼儿园、碧湾幼儿园、晨曦幼儿园、固腾幼儿园、康园幼儿园2所，2015年在园幼儿共3228人，教职工共334人。此外，附近有铁仔山公园、荔枝山公园、海滨公园等休闲娱乐场所。有固戍社区图书馆，藏书5000册。

传统民居为广府民居，砖木石结构，硬山顶，灰瓦覆面，坐北朝南，墙体白灰。现遗留较为完整的传统民居有上百座，大部分保存较差，少部分有人居住。

文昌阁又名镇海文阁，始建于清朝，共3层，高约12米，阁身方形，边长4.2米。基座由花岗岩条石砌筑，阁身青砖垒砌。阁内有楼板和门洞，可登临观海。清同治十二年（1873年）、清光绪二十五年（1899年）、1934年后均曾重修，现保存完好。有"联登凤阁""更上一层""会极"3条石刻横匾，在文昌阁的一、二、三层的石门额上。文昌阁现为深圳市文物保护单位。

固戍村共有6座宗祠，现还在使用的有姜氏大宗祠，其余5座（佑文姜公祠、陶氏家祠、塘西祠堂、沙边祠堂、石街祠堂）已封闭。

姜氏大宗祠，大门楹联"祠对鳌峰直蹑鳌头而上；堂环虎石应对虎榜之先"，上方雕刻着"姜氏大宗祠"匾额，房梁上刻"二龙戏珠"图案。

佑文姜公祠，始建于清朝中期，后多次维修，三开间三进两天井，面阔12.88米，进深36.92米。清水砖墙，红砂岩墙裙，梁架为穿斗和抬梁相结合。

芳庸家塾，始建于清朝，原作为宗祠，后来改为家塾，为单层瓦房建筑，外墙白灰，抬梁式结构，现用铁栏封闭，无人使用。

沙湾碉楼，位于沙湾村163号后部，始建于清朝，碉楼的窗户比民居开口小，都有铁栅和窗

◎ 姜氏大宗祠内景（林承慧 摄于2016年）

◎ 芳庸家塾（林承慧 摄于2016年）

扇，外设铁板窗门。

固戍码头建于清代，旧址位于固戍村沙湾，于2006年4月宝安区文物普查时被发现。古码头现有店铺遗址20多家，碉楼1座。现存店铺等房屋最早为清朝中晚期建造，大多为清末民国时期建造。房屋布局前为门面店铺，中间为住房和洽商之处，后部为放置货物和餐饮之处。房屋建筑有青砖墙结构和钢筋混凝土结构两种。大多为2层，墙体和立柱楼梯为早期钢筋混凝土结构，灰瓦盖顶。该码头主要是进行鱼类批发的市场码头，据当地老人介绍，该码头早在清朝初年就有了，清朝末年至民国时期最为繁荣，"财记鱼栏"这一家店铺就拥有渔船500多艘，每天往来于香港、澳门和固戍码头之间，除批发销售渔民所捕的鱼之外，还往来海运大宗百货商品及当地土特产品。

◎ 佑文姜公祠（林承慧 摄于2016年）

明鳌湾墩（烟墩，军事设施）遗址，位于固戍与西乡之间一个露出海面的小山尖上，山高近100米，明洪武年间（1368—1398年）修建，可瞭望海面情况。20世纪50年代，其上部被改建成碉堡。

固戍村龙狮团成立于1978年，为非营利性社会团体。龙狮团以研究和发掘传统龙狮武术技艺为宗旨，研讨、传授民间龙狮技艺，培养新人。其舞狮表演深受群众欢迎，在各大比赛中屡获殊荣。

1995年7月，该村被广东省人民政府评为广东省安全文明小区。1998年11月，被广东省人民政府农业办公室评为广东省乡镇企业百强村。

代表性人物：

姜启明（1917—1949），又名姜明，外号"老姜"，出身贫苦。1943年，加入广东人民抗日游击队东江纵队，从事税收工作。1945年加入中国共产党。1946年东江纵队北撤时，经党组织安排，转移到香港。1947年12月，响应中共香港分局号召重回东宝，继续从事税收工作，先后任黄牛埔分站副站长、神山分站（代号艮中站）站长。1949年1月21日，姜启明及其他税收队员被国民党军队发现并跟踪，在东莞县茶亭与跟踪之敌激战，姜启明为保护队伍和税款引开敌人而牺牲。

姜树明（1925—1945），1943年参加广东人民抗日游击队东江纵队，1945年在东莞县霄边作战时牺牲。

（资料填报：林承慧；初稿撰写：赖敏红；分纂：程建）

蚝业社区

蚝业村

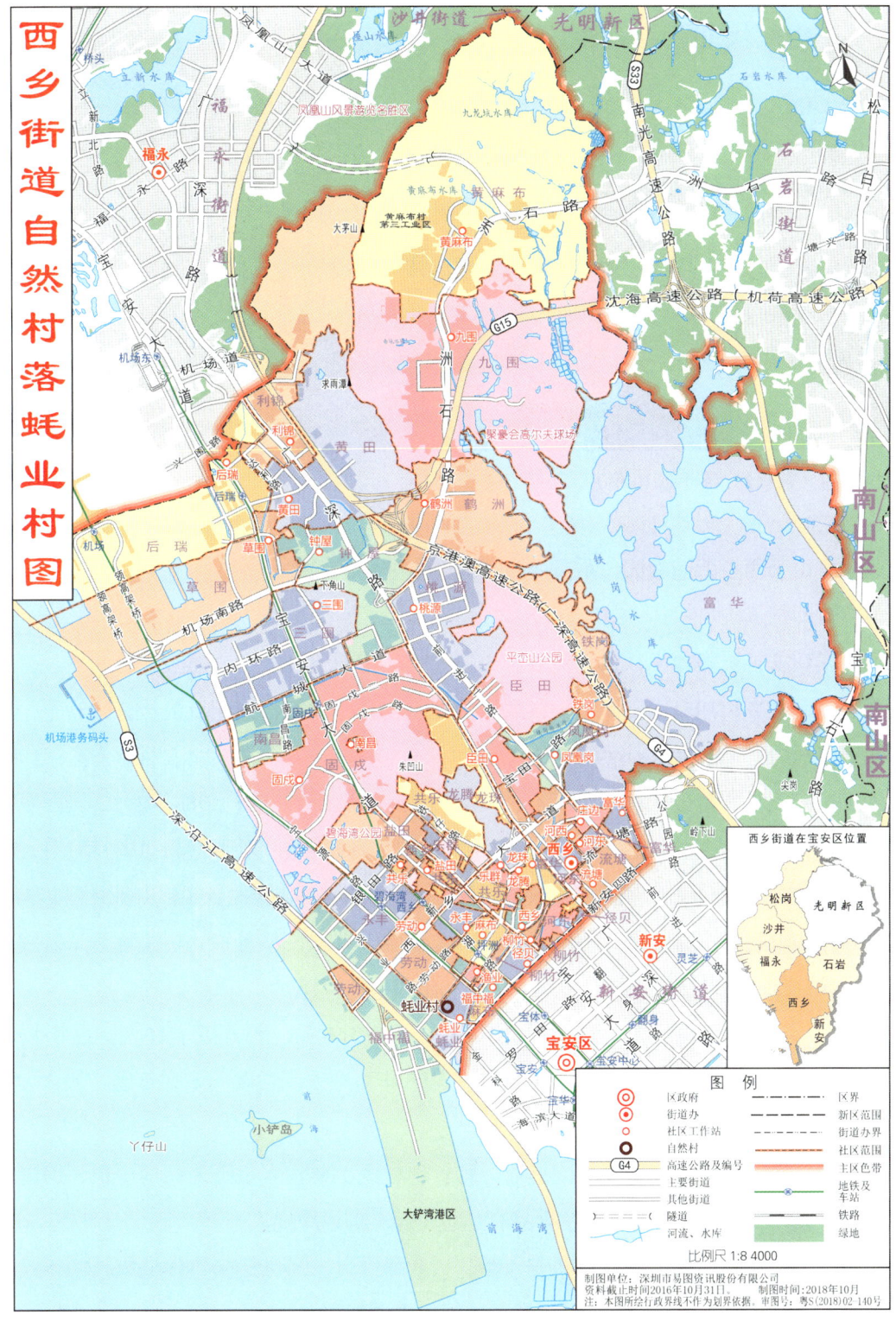

蚝业村位置示意图

◎ 蚝业村村貌（赖敏红 摄于2016年）

蚝业村，位于西乡街道南部，距离西乡街道办事处约2千米。面积约1平方千米。相邻自然村有渔业村、劳动村。

清朝，属新安县。1914年，属宝安县。中华人民共和国成立之初，属宝安县西乡、上川、八合、固成、黄田联乡；1951年，属宝安县第一区新西乡；1958年，属超英公社；1959年，属西海（蛇口水产）公社；1970年，属西乡公社蚝业大队；1979年1月，属深圳市西乡公社；1981年10月，属深圳市宝安县西乡公社；1983年7月，属宝安县西乡区蚝业乡；1984年2月，属西乡镇蚝业村；1985年4月，属新安镇蚝业管理区；1986年10月，属新安镇蚝业行政村；1993年1月，属深圳市宝安区新安镇；1994年1月，属西乡镇蚝业行政村；2004年7月，属西乡街道蚝业社区。

世居村民为汉族，广府民系，使用粤方言。主要姓氏有陈、曾等姓。村民称为"基围人"，多为清朝时从东莞、番禺迁移至此。中华人民共和国成立初期建村。

2015年末，户籍人口331人，其中男性166人，女性165人；80岁以上10人，最年长者93岁（男）。祖籍该村的香港同胞150人。祖籍该村的华人华侨13人，主要分布在英国、加拿大和澳大利亚。

蚝业村传统经营以养殖蚝为主，以渔业为辅。现村民主要收入来源为厂房出租、房屋出租、工资性收入、集体经济分红。特色传统食品有蚝豉（蚝干）、炸蚝。

该村毗邻广深沿江高速S3线，有新安六路、兴业路经过。20世纪60年代通电，70年代实现村道水泥硬底化，80年代初通自来水、通电话，90年代末通互联网。

◎ 蚝业村传统民居（赖敏红 摄于2016年）

◎ 蚝业村"三月三"北帝庙巡游活动（佚名 摄于2010年）

◎ "飞车姑娘"张敬爱特别报道（佚名 摄于2016年）

蚝业村教育和文体设施齐全。有坪洲小学，设6个年级，44个班，2015年在校学生2377人，教职工126人。有豪业华庭幼儿园，在园幼儿195人，教职工35人。文体设施有篮球场、豪业华庭广场活动中心和蚝业图书室等，图书室藏书约2万册。

传统民居为广府民居，多建于中华人民共和国成立后，现存约20座。均为砖木石结构，青瓦盖顶，三开间两进，硬山顶。大部分保存较差。

蚝业村醒狮队成立于1995年，属上川黄连胜醒狮团分支队伍。现有成员25人，教练黎迎军，习练黄连胜醒狮舞和南少林内家洪拳。除参加街道醒狮拜年、闹元宵和北帝庙"三月三"巡游活动之外，每逢新春佳节，醒狮队还组织社区拜年活动，平时亦经常参加各类开张、庆典表演等。1997年香港回归，曾参加欢送驻港部队演出；2000年获西乡街道醒狮比赛花式创意奖。

代表性人物：

张敬爱（1941—），参加修建深圳水库时年仅18岁，创造了一天运送54立方米土方的奇迹。她把手推车装满土后拉着下斜坡，由于车斗重，必须把整个人的重量压在两个车把上才能平衡，她干脆双脚离开地面，人连同车顺着斜坡往下飞奔，赢得"飞车姑娘"的美誉。曾任广东省人大代表，曾获"深圳市十大杰出青年"称号。

（资料填报：林承慧；初稿撰写：赖敏红；分纂：程建）

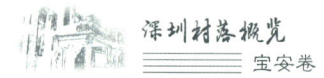

河东社区

河东村

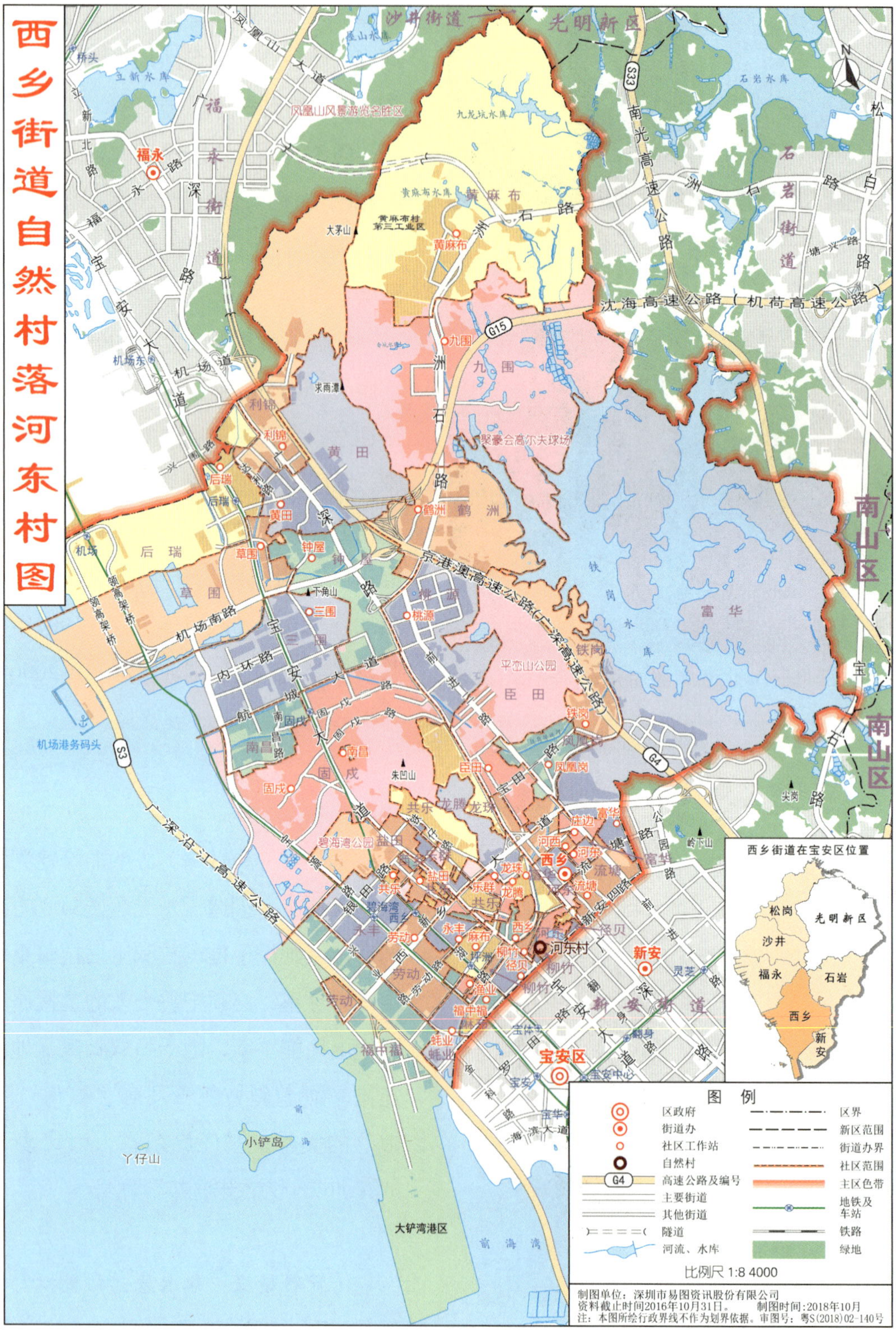

河东村位置示意图

◎ 河东村一角（徐煜 摄于2016年）

河东村，位于西乡街道南部，距离西乡街道办事处约1.5千米。面积约0.6平方千米。相邻自然村有河西村、径贝村、麻布村和新安街道翻身村。

河东村最早由江门附近的温氏先祖于明末率族人先南迁至乐群村附近，后于清初再迁至此。因为村落位于西乡河东岸，故取名河东村。现河东村是1980年之后拆除旧房重建而成。

清朝，属新安县。1914年，属宝安县。中华人民共和国成立之初，属宝安县西乡、上川、八合、固戍、黄田联乡；1951年，属宝安县第一区新西乡；1958年10月，属超英公社；1961年7月，属西乡公社新西大队；1979年1月，属深圳市西乡公社；1981年10月，属深圳市宝安县西乡公社；1983年7月，属宝安县西乡区新西乡；1985年4月，属新安镇西乡管理区；1986年10月，属新安镇西乡行政村；1993年1月，属深圳市宝安区新安镇；1994年1月，属西乡镇西乡村；1996年10月，属西乡镇河东行政村；2004年7月，属西乡街道河东社区。

世居村民为汉族，广府民系，使用粤方言。村民主要为温姓和冼姓，冼姓于1958年因修建铁岗水库，从库区迁移至河东村。

2015年末，户籍人口946人，其中男性445人，女性501人；80岁以上21人，最年长者93岁（男）；海外留学5人。非户籍外来人口2.8万人。祖籍该村的香港同胞300人、澳门同胞5人。祖籍该村的华人华侨10人，主要分布在美国、加拿大等。

传统经济以农业为主，主要种植水稻和蔬菜。改革开放后，村集体主要经营商业楼出租、厂

◎ 河东村传统民居（徐煜 摄于2016年）

◎ 温氏宗祠（佚名 摄于2016年）

◎ 温氏家祠（佚名 摄于2016年）

房出租。村民主要收入来源为房屋出租、集体经济分红。

国道G107线广深公路、宝安大道、新安五路、河东路经过该村。20世纪80年代实现"三通"（自来水、电、电话），1996年实现全村村道水泥硬底化，90年代末通互联网。

社区内有羽毛球场和篮球场及西乡公园供村民学习、娱乐和运动健身，有"妇女儿童之家"活动中心。另有河东社区图书馆，藏书3000册。

现在老村有30余座广府民居，大多为民国时期所建。均为砖木石结构，硬山顶两面坡。大多破旧不堪，极少住人。

村内有宗祠2座，为温氏宗祠和温氏家祠。温氏宗祠始建于清康熙年间（1662—1722年），重建于1995年，是温氏族人庆典、祭祀、议事、憩息之所，大门两侧有塾台，上立4根石檐柱。大门正上方有"温氏宗祠"牌匾，两侧有红木金漆对联"平原世泽昭历代祖功宗德；河东繁衍承万年子旺孙兴"。

河东温氏家祠的宗亲与温氏宗祠的宗亲分属两支。相传在清末时，外地另一支温氏宗亲的先祖来投奔河东的温氏宗族，并立温氏家祠。温氏家祠始建年代不详，门正上方有"温氏家祠"牌匾，两边有对联"堂势尊严昭奕代祖功宗德；孙枝蕃衍承万载春祭秋尝"。

清朝末期，香港实行开放的人口政策，温姓宗族形成了一种风气，年轻力壮的去香港打工赚钱，妇女儿童留守在河东村家里；也有的在香港安家，并在香港成立了温氏宗亲会。过去温姓在河东村是第一大姓，但目前在村居住的不超过10户人家。1995年香港温氏宗亲会出资重修了温氏宗

◎ 河东舞狮队表演（佚名 摄于2005年）

◎ 河东村古榕树（徐煜 摄于2016年）

祠。每年正月十五，温氏宗亲回西乡温氏宗祠进行祭祖活动。

河东村醒狮流行于20世纪60年代，因河东村民体质较弱，特意请黄连胜教授村民舞狮习武，以强身健体。河东舞狮一般为武术引路，在舞狮中展示一番徒手或器械的武术套路，而且舞狮性格狂野、凶狠，动作大起大落，为"武狮"风格。舞狮队成立后，获得过多项荣誉。

河东村有2棵大榕树，相传有350年的历史，为温氏宗族初到河东时所种，每年祭祖都会有人前来拜树。

玄坛古庙位于河东村古榕树旁，建于清朝末年。

代表性人物：

陈景中（1940—），1960年考入华南师范大学，是西乡镇第一个大学生。1983年后历任西乡镇副镇长、西乡镇党委副书记、西乡镇人大主席、调研员等职。

温铭池（1948—），宝安区本土作家。曾在《南方日报》《宝安日报》《广州文艺》《特区文学》等报刊发表作品，出版诗集《如此美丽的温柔》、散文集《人生谋略与赚钱高招》。

（资料填报：赖敏红；初稿撰写：徐煜；分纂：程建）

河西社区

河西村

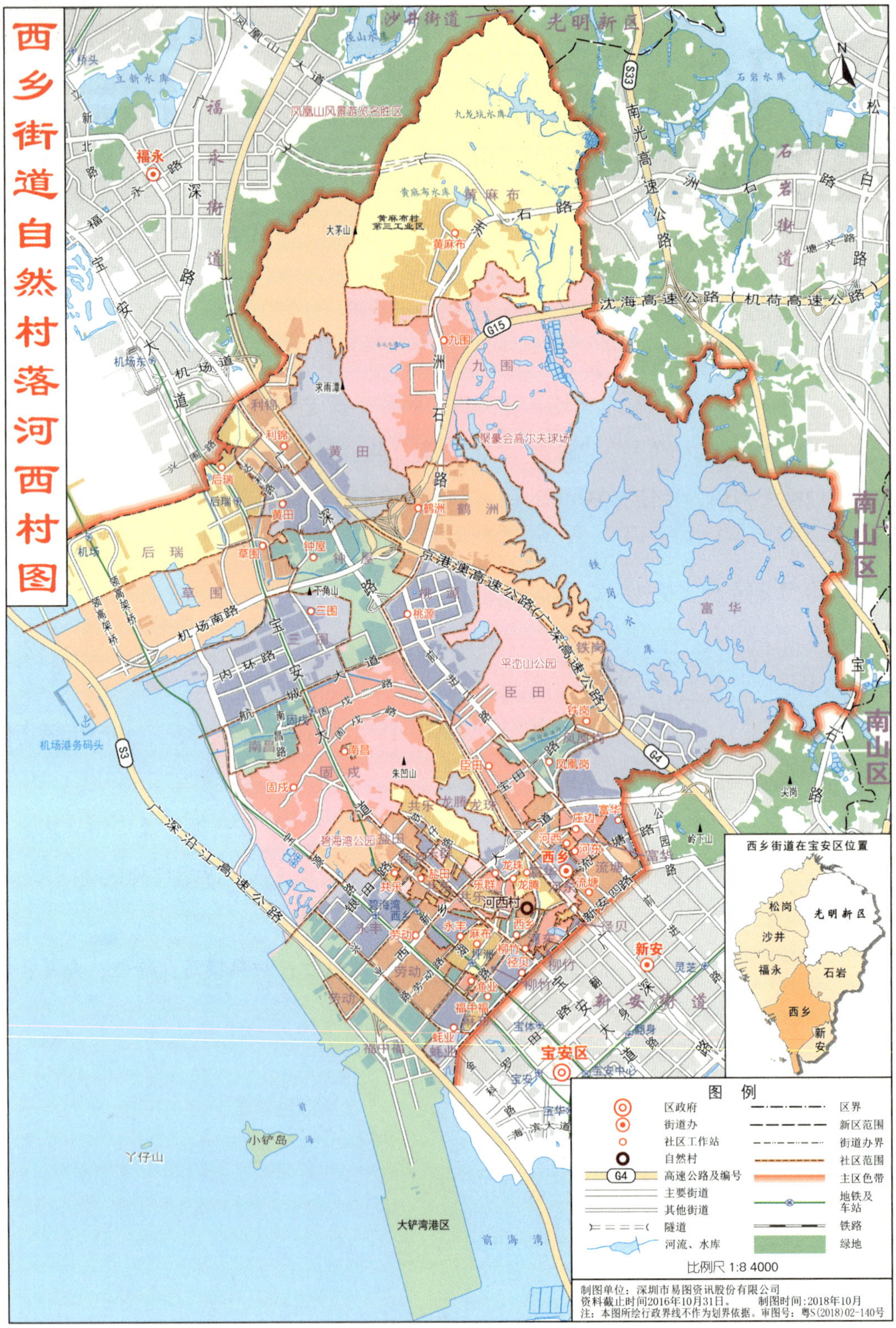

河西村位置示意图

◎ 河西村村貌（甘明彦 摄于2016年）

河西村，位于西乡街道南部，距离西乡街道办事处1千米。面积约1.7平方千米。相邻自然村有河东村、庄边村、乐群村、臣田村。因位于西乡河以西，取名河西村。1998年村民大多迁至新村金晖苑。村附近最高山为铁仔山，海拔204米。

五代、宋、元至明万历元年（1573年），属东莞县；明万历元年至清朝，属新安县。1914年，属宝安县。中华人民共和国成立之初，属宝安县西乡、上川、八合、固成、黄田联乡；1951年，属宝安县第一区新西乡；1958年10月，属超英公社；1961年7月，属西乡公社新西大队；1979年1月，属深圳市西乡公社；1981年10月，属深圳市宝安县西乡公社；1983年7月，属宝安县西乡区新西乡；1985年4月，属新安镇西乡管理区；1986年10月，属新安镇西乡行政村；1993年1月，属深圳市宝安区新安镇；1994年1月，属西乡镇西乡村；1996年10月，属西乡镇河西行政村；2004年7月，属西乡街道河西社区。

世居村民为汉族，广府民系，使用粤方言。村民主要有黄、陈、林等姓。黄姓族人早在五代时期就迁居到此。

2015年末，户籍人口1129人，其中男性532人，女性597人；80岁以上34人，最年长者93岁（男）。非户籍外来人口2.4万人。祖籍该村的香港同胞80人。

传统经济以农业为主，主要种植水稻。改革开放后，村集体经营厂房出租、物业管理等。村民主要收入来源为房屋出租、集体经济分红。传统食品有炸角仔（油角）、炸碌堆（煎堆）、大盆菜。

国道G107线广深公路、宝安大道、河西龙珠路经过该村。1988年实现全村村道水泥硬底化，20世纪90年代实现"三通"（自来水、电、电话），1998年通互联网。

村中有西乡小学，设6个年级，36个班，2015在校学生近2000人，教职工约120人。有金辉幼

◎ 河西村牌坊（徐煜 摄于2016年）

◎ 河西村春节醒狮表演（佚名 摄于2013年）

儿园，在园幼儿约200人，教职工26人。另设有篮球场、羽毛球场及室外小公园。同时在河西金晖苑修建了村民室内活动中心、金晖苑娱乐活动中心。村内设有河西图书室，藏书约1.2万册。此外还不定期举办各项文艺活动并定期为村民举办义诊。

河西村传统民居为广府民居，位于河西老村，仅几座保存完整，多用于门店出租，极少有村民居住。

河西醒狮队成立于1989年。每年大年初一都会举行醒狮表演，融武术、舞蹈、音乐等为一体。每年农历三月三北帝庙会都要举行舞狮巡游，从西乡公园出发，途经西乡桥、北帝古庙、真理街、巡抚街、鸣乐街、宝安大道，转入西乡步行街，最后回到西乡公园。

改革开放以来，河西村快速发展，中央、省、市领导多次对其调研视察。2000年7月24日，广东省领导李长春、张高丽等在河西村听取西乡镇依法治镇工作汇报。2001年8月24日，中华全国总工会副主席倪豪梅视察河西村工会的职工之家。2002年11月22日，全国人大常委会副委员长姜春云视察河西村。

（资料填报：赖敏红；初稿撰写：徐煜；分纂：程建）

西乡街道　鹤洲社区　鹤洲村

鹤洲社区

鹤洲村

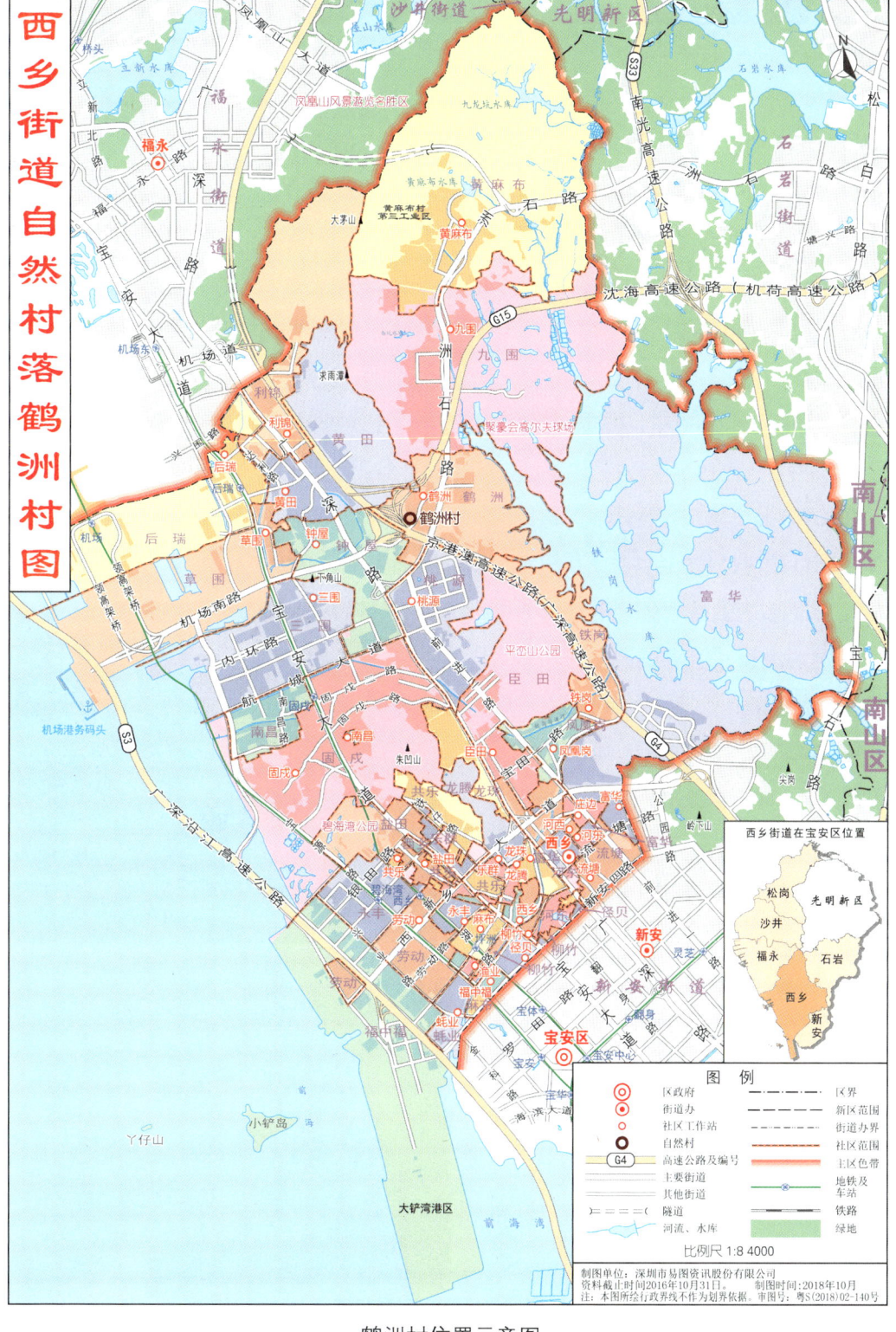

鹤洲村位置示意图

◎ 鹤洲村村貌（赖敏红 摄于2016）

鹤洲村，位于西乡街道中部，距离西乡街道办事处约5.8千米。面积约2.0平方千米。相邻自然村有钟屋村、九围村、黄田村。主要山岭有大岭山，海拔200米。村旁有钟屋排洪渠和铁岗水库，铁岗水库是深圳市重要的水源地。

鹤洲村始建于清朝。现村民主要是1958年从观澜、龙华、光明、布吉、西丽等地迁入的水库移民。因自然地形像鹤而取名鹤洲村。曾用名龟石坑，别名新围墙。现村于2006年在原址重建。

清朝，属新安县。1914年，属宝安县。中华人民共和国成立之初，属宝安县西乡、上川、八合、固戍、黄田联乡；1951年，属宝安县第一区黄田乡；1958年10月，属超英公社；1961年7月，属西乡公社新西大队；1979年1月，属深圳市西乡公社黄田大队；1981年10月，属深圳市宝安县西乡公社；1983年7月，属宝安县西乡区黄田乡；1985年4月，属新安镇黄田管理区；1986年10月，属新安镇黄田行政村；1993年1月，属深圳市宝安区新安镇；1994年1月，属西乡镇鹤洲行政村；2004年7月，属西乡街道鹤洲社区。

世居村民为汉族，客家民系，使用客家方言。村民主要有刘、杨等姓。

2015年末，户籍人口500人，其中男性240人，女性260人；80岁以上12人，最年长者98岁（男）；海外留学3人。非户籍外来人口约8万人。祖籍该村的香港同胞50人。祖籍该村的华侨15人，主要分布在美国、英国。

传统经济以种植业为主。主要农产品有荔枝。改革开放后，村集体经营方式逐渐变为厂房出租。现村民主要收入来源为房屋出租、工资性收入、集体经济分红。特色传统食品有茶角、角仔、油果等。

该村毗邻国道G107线广深公路，在京港澳高速G4线与沈海高速G15线的汇合处；有县道X253线洲石路经过。20世纪70年代通

◎ 郑南莆墓（赖敏红 摄于2016年）

电，80年代通自来水，1985年实现全村村道水泥硬底化，90年代通电话，90年代末通互联网。

村中有鹤洲学校，2015年，设9个年级，25个班，在校学生约1500人，教职工80人。有幼儿园2所，分别是鹤洲幼儿园和瓦歌幼儿园，2015年在园幼儿共300人，教职工共45人。有篮球场、青少年活动中心、图书室（藏书4000册）。

◎ 鹤洲村碉楼（赖敏红 摄于2016年）

鹤洲村碉楼被列为宝安区不可移动文物。修建于民国时期，高4层，清水砖墙，上部四角建有突出悬挑的"燕子窝"，碉楼四墙开设了向前和向下的射击孔。

该村范围内有郑南莆墓，为宝安区不可移动文物点，保存较为完整。郑南莆是宋朝宣教郎，娶南头仓前村畲族雷氏为妻，生仁、义、礼、智、信五子，子孙繁衍，后裔遍布今深圳市南山、福田、宝安以及东莞市、中山市和香港一带，因此该墓又称"五房坟"。

（资料填报：林承慧；初稿撰写：赖敏红；分纂：程建）

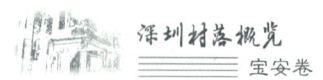

后瑞社区

后瑞村

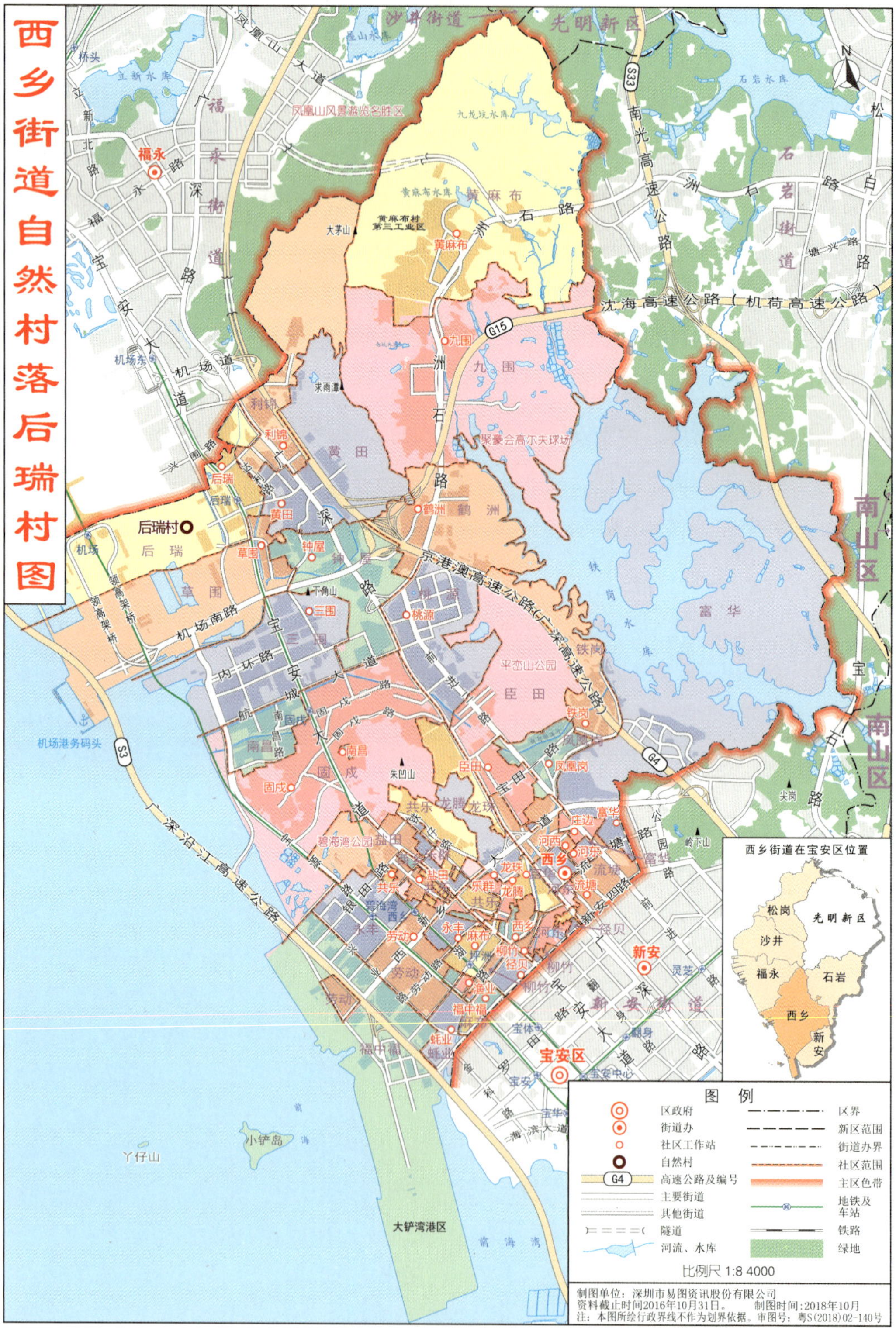

后瑞村位置示意图

◎ 后瑞村村貌（赖敏红 摄于2016年）

◎ 后瑞村传统民居（赖敏红 摄于2016年）

◎ 后瑞村古井（赖敏红 摄于2016年）

后瑞村，位于西乡街道西南部，距离西乡街道办事处约7.9千米。面积约0.44平方千米。相邻自然村有草围村、黄田村和福永街道兴围村。

该村村民称为"基围人"，于清末民国时期从珠江三角洲地带迁入当地。

清朝，属新安县。1914年，属宝安县。中华人民共和国成立之初，属宝安县西乡、上川、八合、固戍、黄田联乡；1951年，属宝安县第一区黄田乡；1958年10月，属超英公社；1959年，属南头公社固戍大队；1960年，属西乡公社；1963年，属福永公社三围大队；1979年1月，属深圳市福永公社；1981年10月，属深圳市宝安县福永公社；1983年7月，属宝安县福永区三围乡；1983年9月，属宝安县西乡区三围乡；1985年4月，属新安镇三围管理区；1986年10月，属新安镇后瑞行政村；1993年1月，属深圳市宝安区新安镇；1994年1月，属西乡镇；2004年7月，属西乡街道后瑞社区。

世居村民为汉族，广府民系，使用粤方言。村民主要有郭姓及陈姓。

2015年末，户籍人口680人，其中男性320人，女性360人；80岁以上25人，最年长者94岁（男）。非户籍外来人口2.7万人。祖籍该村的香港同胞200人、台湾同胞4人。

传统经济为种植水稻等，同时也养殖淡水鱼、虾、蟹等。改革开放后建立村股份公司。建有第一、第二、第三工业区和新瑞工业区。现村民主要收入来源为房屋出租、工资性收入、集体经

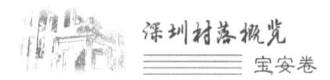

济分红。特色传统食品有油角、粽子、炒米饼和蒸粉。

该村毗邻国道G107线广深公路，有宝安大道、凯成一路经过。20世纪70年代通电，1983年通自来水，1986年通电话，1997年实现全村村道水泥硬底化，90年代末通互联网。

村中有新瑞幼儿园，2015年底在园幼儿300人，教职工40人。有篮球场1个，公园3个（后瑞村公园、一区公园、三区公园）及藏书15000册的后瑞图书馆。

老旧民居有15座，均为现代改建。钢筋水泥和红砖混合结构，2层，一楼一般是大厅和厨房，中间为楼梯，二楼左右为次间，设有走廊。部分房屋建筑保存完整，现无人居住。

后瑞村现存古井1口，建于民国时期。现外层用白色瓷砖围墙封闭，已无人使用。

（资料填报：林承慧；初稿撰写：赖敏红；分纂：程建）

黄麻布社区

黄麻布村

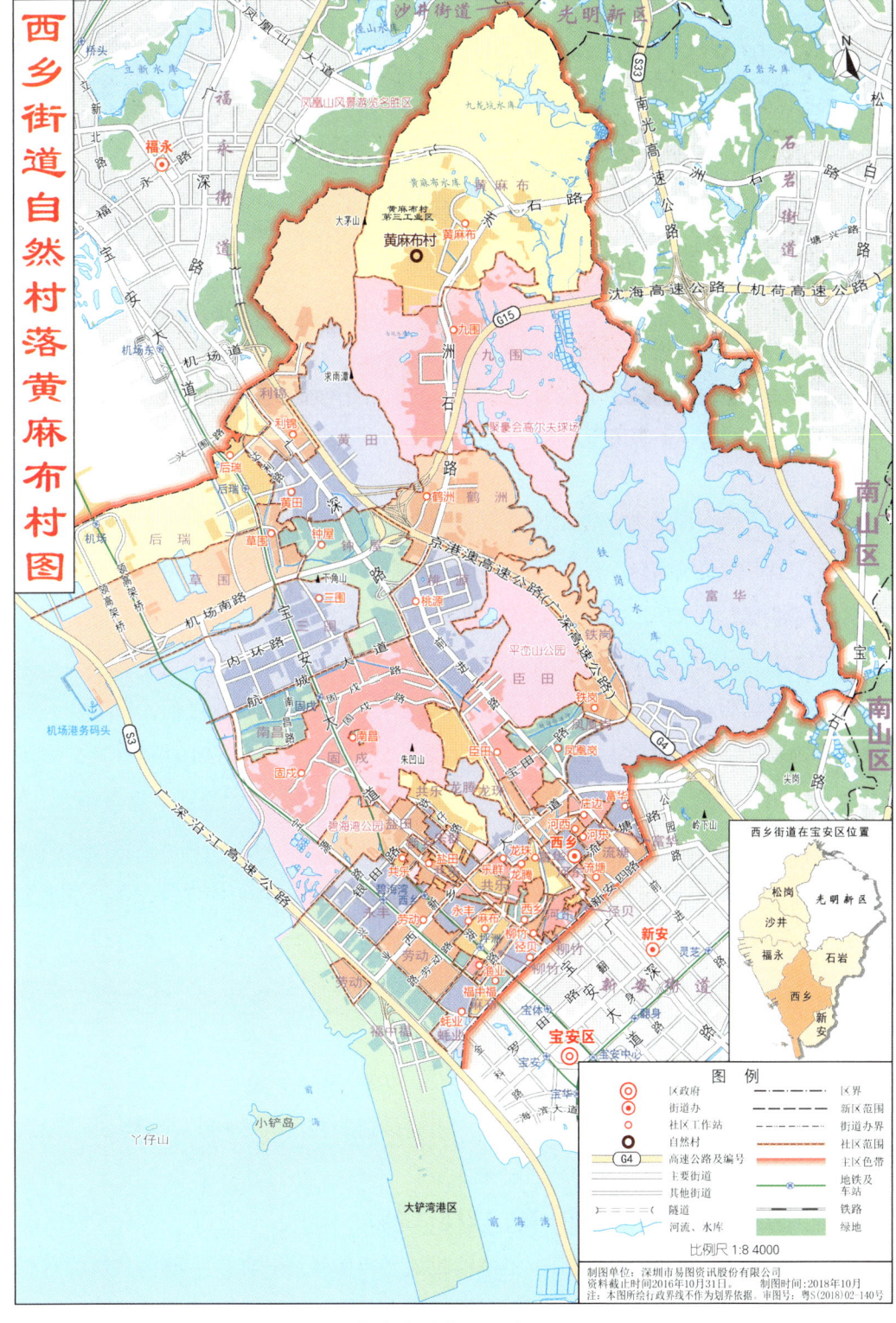

黄麻布村位置示意图

◎ 黄麻布村村貌（赖敏红 摄于2016年）

黄麻布村，位于西乡街道北部，距离西乡街道办事处12千米。面积约10.2平方千米。相邻自然村有九围村、福永街道凤凰村。村旁有凤凰山，海拔320米。主要河流为九围河、黄麻布河。附近有九龙坑水库和担水河水库，主要用于该村灌溉和作饮用水水源。

黄麻布村始建于明末。曾用名黄麻埔，后简化为黄麻布村。

明末至清朝，属新安县。1914年，属宝安县。中华人民共和国成立之初，属宝安县公明乡；1951年，属宝安县第三区九围乡；1958年10月，属光明公社九围大队；1979年1月，属深圳市石岩公社；1981年10月，属深圳市宝安县西乡公社；1983年7月，属宝安县西乡区九围乡；1985年4月，属新安镇九围管理区；1986年10月，属新安镇九围行政村；1992年7月，属新安镇黄麻布行政村；1993年1月，属深圳市宝安区新安镇；1994年1月，属西乡镇；2004年7月，属西乡街道黄麻布社区。

世居村民为汉族，客家民系，使用客家方言。村民主要有罗、冯、余等姓，其中罗姓于清朝从广州迁移至此地。

2015年末，户籍人口1100人，其中男性550人，女性550人；80岁以上22人，最年长者93岁（女）；海外留学2人。非户籍外来人口8万人。祖籍该村的香港同胞100人、澳门同胞2人。祖籍该村的华侨约100人，主要分布在新加坡、马来西亚。

传统经济以农业为主，主要种植水稻、荔枝、龙眼、柿子、沙梨等。改革开放后建立村股份公司。村民主要收入来源为房屋出租、工资性收入、集体经济分红。主要自然资源有温泉、金矿。特色传统食品有艾叶果、鸡屎藤果、客家黄酒。

◎ 豫章堂（赖敏红 摄于2016年）

◎ 黄麻布村碉楼（赖敏红 摄于2016年）

县道X253线洲石路、福州路经过该村。20世纪60年代通电，80年代通电话，90年代末通自来水、通互联网。

村中有黄麻布小学，设6个年级，32个班，2015年在校学生1670人，教职工97人。幼儿园4所，在园幼儿共895人，教职工共111人。有篮球场4个，并有会堂、黄麻布村公园及老人活动中心，另有黄麻布图书室，藏书约1万册。

传统民居为客家民居，现存约80座，修建于清朝。民居排列较为整齐，巷巷相连，四通八达。硬山顶、平脊、灰瓦覆顶，屋墙体用三

◎ 小佛庙（赖敏红 摄于2016年）

合土。村内有基督教堂1座、天主教堂1座、小佛庙1座。有碉楼3座，修建于清末民国时期。碉楼上部的四角一般都建有凸出悬挑的"燕子窝"，碉楼四墙开设了向前和向下的射击孔，以抵御外敌。

该村居委会门口立有一座牌楼，上书"黄麻布"三字，右下角书"豫章堂"。"豫章"是该村罗姓早年所居之地，在今江西南昌一带。汉景帝时，在南昌一带置豫章郡，环城广种豫章树（樟树）。黄麻布罗氏始祖罗珠公，字怀汉，汉惠帝时出仕，住豫章郡，人称豫章罗氏，后人遍布海内外。各地豫章罗氏后人为纪念先祖，不忘故乡，均建有豫章堂。

2000年5月，宝安区文物普查时在黄麻布村东大王黄田山发现一处新石器时代古文化遗址，总面积1500平方米。在地面调查中采集到磨制石斧1件、夹砂灰黑素面陶20余片，可辨器形有罐。由此可见，早在新石器时代黄麻布村一带就有人类活动。

黄麻布基督教堂位于尾背山，清光绪二十九年（1903年）始建，2003年10月拆旧教堂建新

堂，新堂于2006年9月12日启用，楼高30米，主体建筑4层，建筑面积1250平方米。

黄麻布天主教堂始建于1912年，1993年11月正式登记，占地面积约200平方米，建筑面积约100平方米。

清末民初时黄麻布村的教堂开办小学，1938年，牧师洪宝灵因为拒绝日军进入教堂骚扰，被日军杀害。

代表性人物：

罗乐宾，民国时期毕业于上海复旦大学医学专业，毕业后在南头创办了宝安县第一所现代医院。

（资料填报：林承慧；初稿撰写：赖敏红；分纂：程建）

黄田社区

黄田村

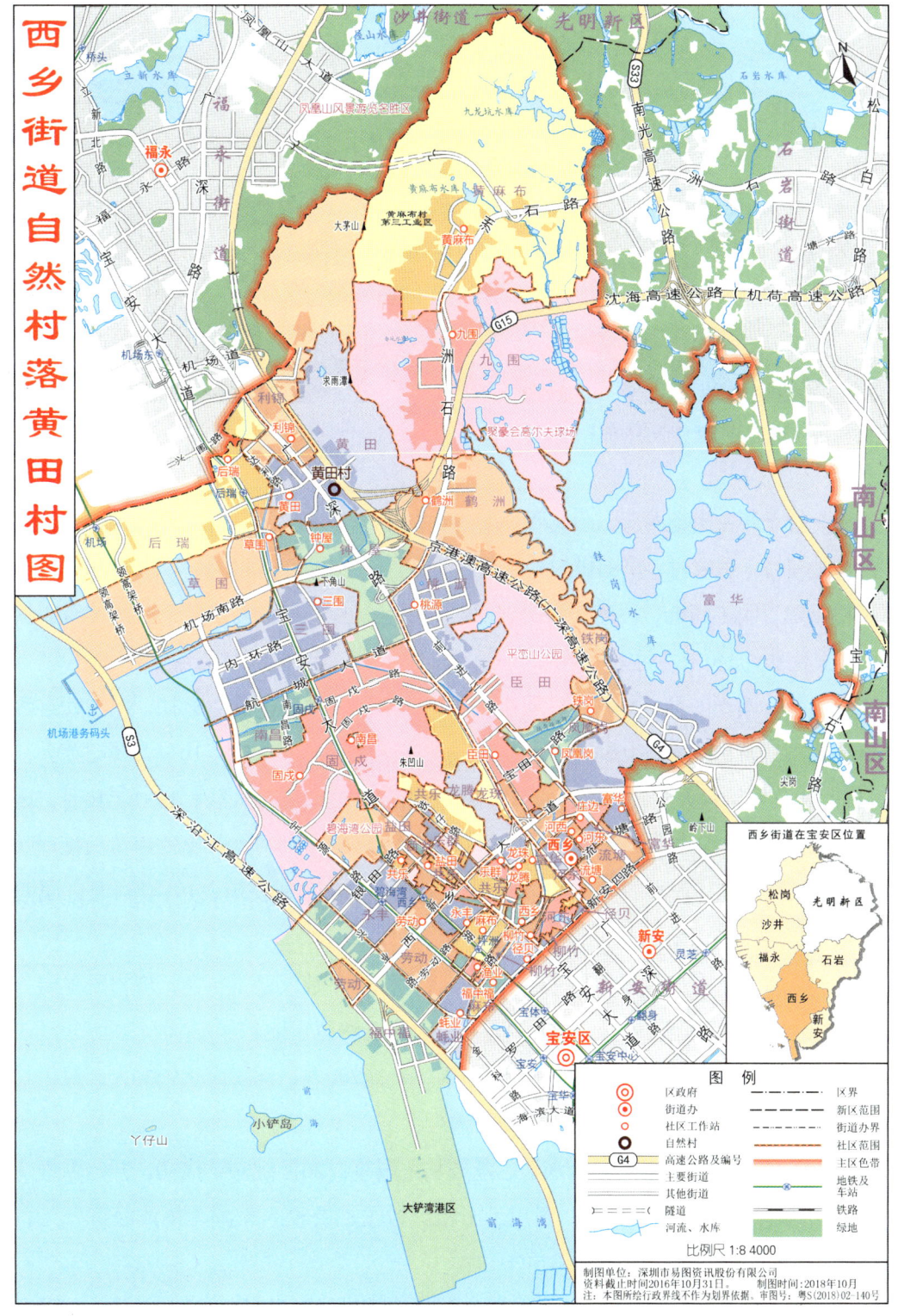

黄田村位置示意图

◎ 黄田村村貌（林承慧 摄于2016年）

黄田村，位于西乡街道西部，距离西乡街道办事处7.2千米。面积约3.8平方千米。相邻自然村有鹤洲村、钟屋村、后瑞村、草围村。

黄田村始建于明末清初，由南迁移民建村。曾用名林屋村。该村坐落于丘陵地带，村东有求雨坛（山），海拔约340米。村中现存1口鱼塘，塘边树木茂盛，供观赏与乘凉。

明末至清朝，属新安县。1914年，属宝安县。中华人民共和国成立之初，属宝安县西乡、上川、八合、固戍、黄田联乡；1951年，属宝安县第一区黄田乡；1958年10月，属超英公社；1961年7月，属西乡公社新西大队；1979年1月，属深圳市西乡公社黄田大队；1981年10月，属深圳市宝安县西乡公社；1983年7月，属宝安县西乡区黄田乡；1985年4月，属新安镇黄田管理区；1986年10月，属新安镇黄田行政村；1993年1月，属深圳市宝安区新安镇；1994年1月，属西乡镇；2004年7月，属西乡街道黄田社区。

世居村民为汉族，广府民系，使用粤方言。该村建村时姓氏已不可考，现村民主要为林姓，明末清初从福建莆田迁移至新安县，晚清时期从蔗园埔迁移至当地。

2015年末，户籍人口1300人，其中男性520人，女性780人；80岁以上约30人，最年长者93岁（男）。祖籍该村的港澳同胞约100人、台湾同胞3人。

传统经济以农业为主，主要种植水稻、荔枝和龙眼等。20世纪80年代初，开始引进"三来一补"企业。如今村民自建楼房林立，多用于出租。村民主要收入来源为集体经济分红、房屋出租、工资性收入等。传统食品有麻花和角仔。

京港澳高速G4线、国道G107线广深公路、深圳地铁1号线经过该村。90年代，实现全村村道

◎ 传统广府民居外貌（赖敏红 摄于2016年）

◎ 黄田村林氏宗祠（赖敏红 摄于2016年）

水泥硬底化，通自来水、电、电话、网络。

村中有黄田小学，2015年在校学生约1980人，专职教师115人。有黄田幼儿园，专职教师70人，在校学生1500人。广场公园面积2万平方米。有篮球场3个。

传统民居为广府民居，建于清朝，现存约50座，村前有半月池。民居建筑多为砖木石结构，高墙窄巷，部分保存完整，个别房屋两边山墙上筑镬耳墙，正立面之门为大门，水磨青砖墙面。现大多已成为危房，已砌墙封锁，无人居住。

黄田村保存较为完好的碉楼有3座，其中2座建于清末民初，清水砖外墙，均为3层。另1座建于民国时期，红砖砌筑，高2层。碉楼的墙体厚实坚固，窗口较小，安装有铁栅和窗扇，外设铁板窗门。有2座碉楼上部的四角建有凸出悬挑的"燕子窝"，碉楼四墙开设有向前和向下的射击孔。

◎ 黄田村碉楼（赖敏红 摄于2016年）

村中有林氏宗祠3座，均为砖木结构，花岗岩墙基，清水砖外墙；抬梁式结构，整体布局严谨，做工精细，梁枋上木、石雕刻精美。过去为林氏族人祭拜先祖用，现在已经封闭。

天后古庙，砖石木结构，门额匾书"天后古庙"。始建于清朝，硬山顶，灰瓦屋面，正脊两端博古装饰，封檐板雕刻花卉，抬梁式屋架，透雕雀替，木雕柁墩。供奉妈祖，祭祀时村民备香烛、斋碗祈福。

每年九月重阳，由村长组织60岁以上老人聚餐、吃大盆菜，举办游戏文艺活动并派发礼品，为老人表演歌舞、古筝等精彩文艺节目，形成一项尊老敬老的民间活动。

◎ 黄田村天后古庙（赖敏红 摄于2016年）　　◎ 老人参与重阳敬老活动（佚名 摄于2015年）

黄田战斗，1942年12月24日，搜剿广东人民抗日游击总队宝安大队的国民党军第一八七师1个团推进到黄麻布、蔗园埔一带。与此同时，广东人民抗日游击总队宝安大队短枪队在黄田公路上收税，驻南头日军发现后，出动日、伪军200多人向税站扑来。当时宝安大队第一中队第一小队正在黄田附近，在中队长黎崇勋、副中队长卢耀康指挥下，阻击日伪军，掩护税站人员撤退，中队长和两位班长负伤。战后，中队长带伤员和1个班到固戍附近隐蔽疗伤，政治指导员黄密、副中队长卢耀康、副指导员王天锡率领第一小队20多人，转移到黄田以西的基围休整。当晚总队部派组织干事李国玺到中队协助工作。国民党军队发现中队位置后，连夜出动包围黄田，双方发生了激烈的战斗。游击队据海堤奋起抗击，击毙击伤国民党军100余人，牺牲17位战士。事后，广东人民抗日游击总队政治部通令表彰黄田战斗的英雄，号召全体指战员学习黄密、卢耀康、王天锡、李国玺、梁松波（小队长）、黄发（机枪射手）、叶松善、叶良等17位勇士为民族解放不怕牺牲、英勇作战、坚贞不屈的革命精神。

黄田革命烈士纪念碑现存兴围路口后瑞工业区内，划归福永街道管理。

（资料填报：林承慧；初稿撰写：赖敏红；分纂：程建）

径贝社区

径贝村

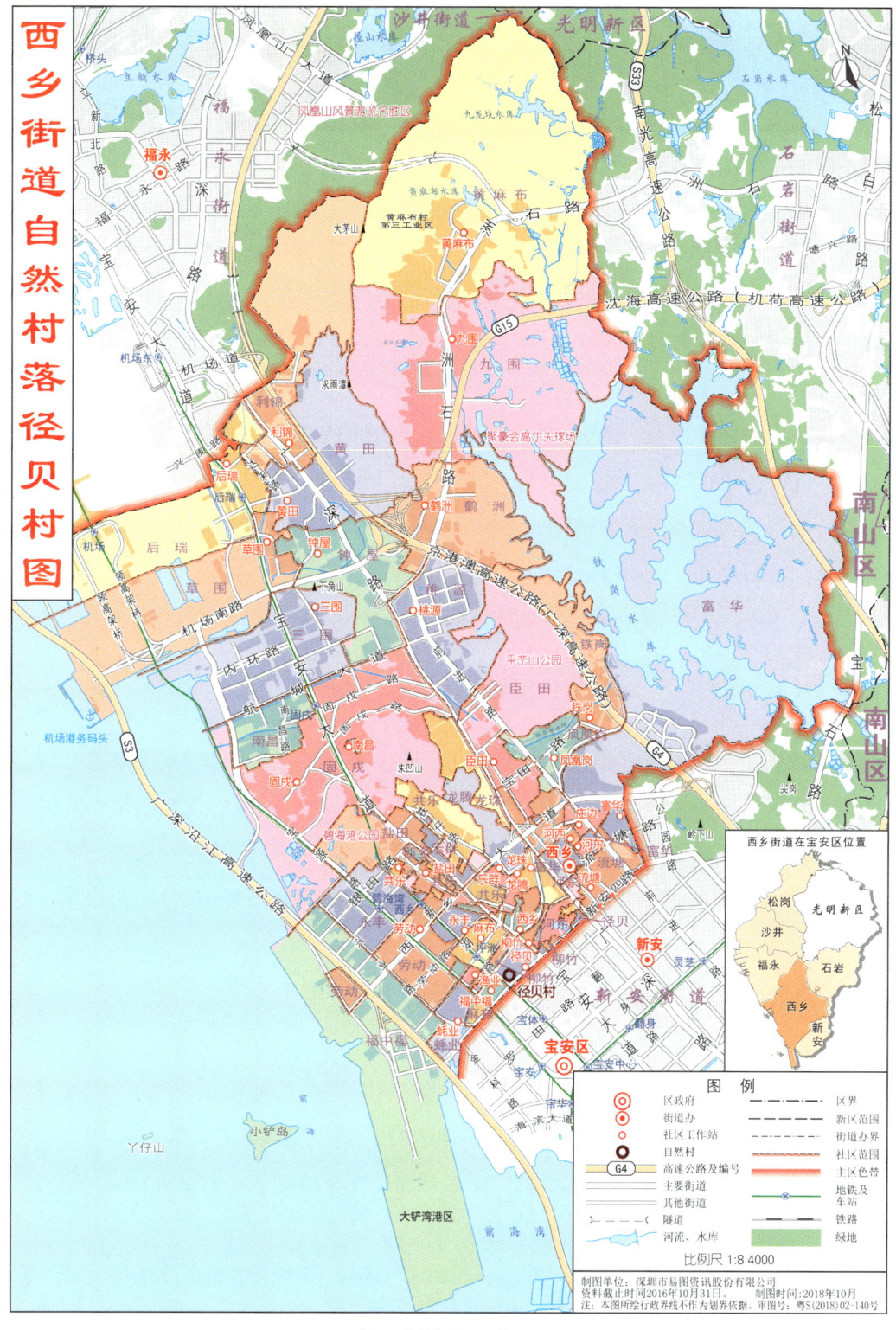

径贝村位置示意图

◎ 径贝村村貌（林承慧 摄于2016年）

径贝村，位于西乡街道南部，距离西乡街道办事处2千米。面积约0.8平方千米。相邻自然村有河东村、渔业村、西乡村、麻布村。

1958年，属宝安县西乡翻身大队；1979年1月，属深圳市西乡公社麻布大队；1980年，属径贝大队；1981年10月，属宝安县西乡公社；1983年7月，属宝安县西乡区麻布乡；1985年4月，属新安镇麻布管理区；1986年10月，属新安镇径贝行政村；1993年1月，属深圳市宝安区新安镇；1994年1月，属西乡镇；2004年7月，属西乡街道径贝社区。

世居村民为汉族，客家民系，使用客家方言。主要有钟、蔡、张等姓。其中钟姓在清朝末期从江西迁移至广东新安县石岩；1958年，修建石岩水库时，集体搬迁至此。

2015年末，户籍人口780人，其中男性429人，女性351人；80岁以上19人，最年长者98岁（女）。祖籍该村的香港同胞82人、台湾同胞6人。祖籍该村的华侨30人，主要分布在新加坡和马来西亚。

传统经济以农业为主，主要种植水稻，同时养鱼虾。改革开放后，村集体修建厂房出租。村民主要收入来源为集体经济分红、房屋出租、工资性收入。传统食品有客家茶果和鸡屎藤板。鸡屎藤是一种藤草植物，每年清明前后，人们上山将鸡屎藤采摘回来，洗净、捣碎，拌上糯米粉蒸熟，制作成甜鸡屎藤板，清香可口，风味独特。民间的说法，吃了清明鸡屎藤，清湿祛毒，夏天不会生疮。

宝安大道、新安六路经过该村。20世纪70年代通电，80年代通自来水，90年代通电话，90年代后期通互联网，2000年实现全村村道水泥硬底化。

1992年随着改革开放及发展"三来一补"企业，村民收入大幅增加，拆除旧屋重建，修建村民集资房及自建楼房。有径贝小学，设38个班，2015年在校学生1881人，教职工101人。有宝珍中英文幼儿园，在园幼儿350人，教职工35人。还建有径贝健身活动中心和径贝公园，供村民活动、健身。

径贝村传统民居为客家民居，现存20座。均坐北朝南，以木梁承重，墙体用三合土或砖，石条砌墙角，檐口或梁架上有木雕。

◎ 径贝小学（林承慧 摄于2016年）　　　　　◎ 径贝村老村一角（林承慧 摄于2016年）

该村有特色习俗舞麒麟。逢年过节，村中有麒麟舞表演，入村上街挨家挨户恭贺新年。麒麟为古代传说中的一种吉祥仁兽，客家人视之为吉祥物。麒麟分成头、尾两截，中间穿孔，舞者站在穿孔处将麒麟系在身上。舞麒麟集歌、舞、乐于一体，形成于清初，是客家人从北方带到南方来的一种民间艺术表演形式，以锣鼓加唢呐进行伴奏，具有长江以北地区花会的风格，是客家人世代相传的文化艺术。

相传钟氏先祖当年一家迁移，用一扁担担四个小孩南迁。有人告知钟氏先祖，扁担在哪里挑断了，就在哪里落脚。落脚之地必定风调雨顺，子孙繁衍，兴旺发家。钟氏先祖到达石岩时扁担刚好挑断，于是便在石岩落脚，果然后世繁衍兴盛。所以，径贝村的钟氏族人都会在每年春分时节来到石岩举行祭祖活动，祈求祖先保佑子孙后代繁荣昌盛。

（资料填报：林承慧；初稿撰写：徐煜；分纂：程建）

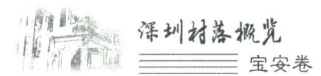

九围社区

九围村

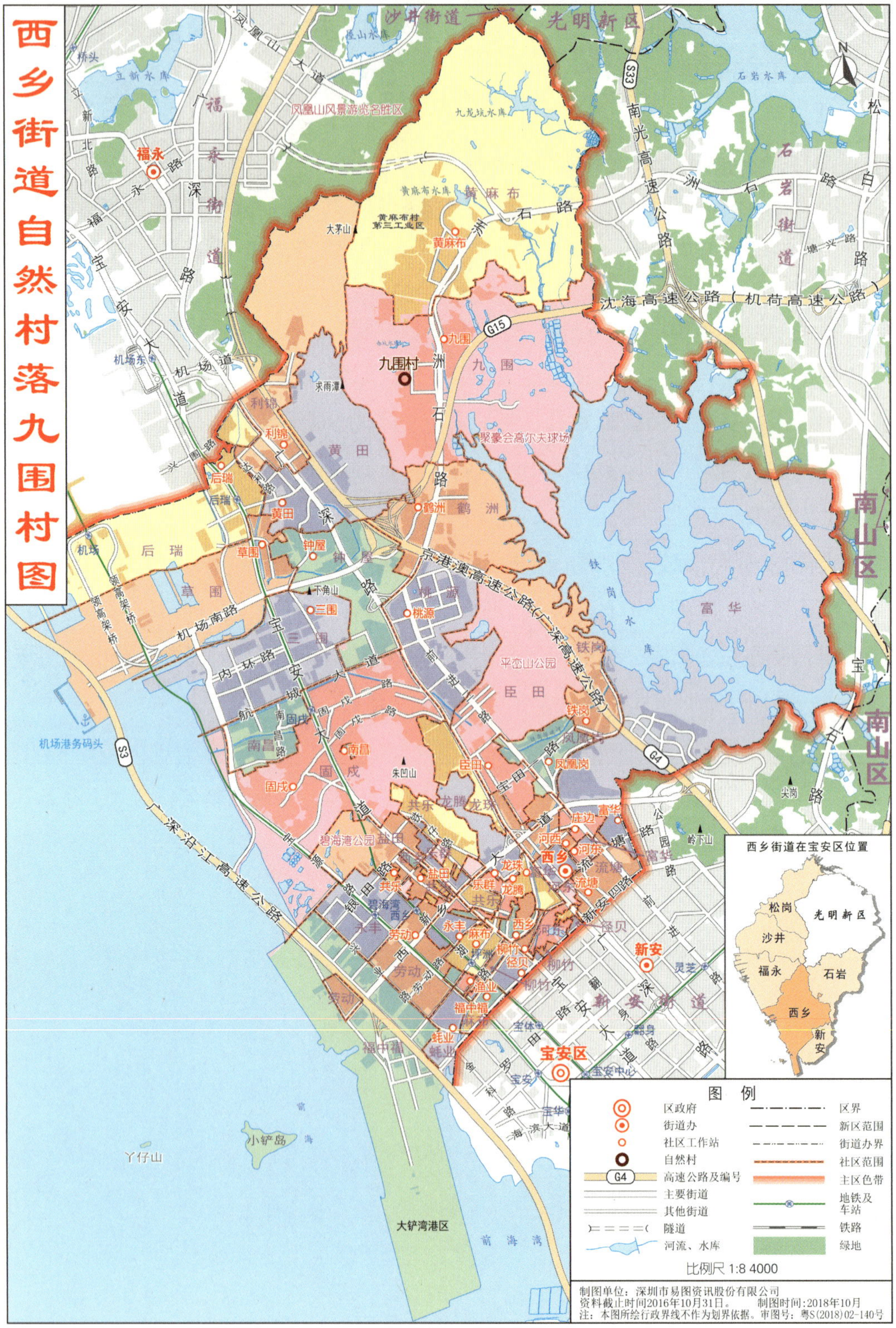

九围村位置示意图

◎ 九围村村貌（赖敏红 摄于2016年）

九围村，位于西乡街道西北部，距离西乡街道办事处8千米。面积约9.2平方千米。相邻自然村有鹤洲村、黄麻布村和石岩街道料坑村。地势平坦，附近最高山为求雨坛山，海拔325米。

九围村始建于清朝初期，刘氏先祖率族人南迁来此立村。由蔗园埔、勒竹角、黄麻布、料坑、塘头、亚婆髻、黄金洞、龙门村、下布9个乡村组成九围乡，故统称为"九围"。

清朝，属新安县。1914年，属宝安县。中华人民共和国成立之初，属宝安县公明乡；1951年，属宝安县第三区九围乡；1958年10月，属光明公社九围大队；1956年8月，属公明区石岩乡；1979年1月，属深圳市石岩公社九围大队；1981年10月，属深圳市宝安县西乡公社；1983年7月，属宝安县西乡区九围乡；1985年4月，属新安镇九围管理区；1986年10月，属新安镇九围行政村；1993年1月，属深圳市宝安区新安镇；1994年1月，属西乡镇；2004年7月，属西乡街道九围社区。

世居村民为汉族，客家民系，使用客家方言。村民主要有刘、周二姓。

2015年末，户籍人口790人，其中男性420人，女性370人；80岁以上18人，最年长者94岁（男）。祖籍该村的香港同胞60人。祖籍该村的华侨10人，主要分布在牙买加。

传统经济以农业为主，主要种植水稻、荔枝、龙眼。现从事厂房、房屋出租。村民主要收入来源为集体经济分红、房屋出租、工资性收入。

县道X253线洲石路经过该村。20世纪80年代末实现"三通"（自来水、电、电话），90年代通互联网，2015年实现全村村道水泥硬底化。

◎ 九围村传统民居（赖敏红 摄于2016年）

◎ 九围村观音庙（赖敏红 摄于2016年）

2002年，蔗园埔小学转制为民办学校，改名康桥书院，由拥有上市集团公司的马来西亚华裔企业家和教育家共同投资创办，是深圳市第一家引进外资办学的民办国际化学校，设有高中部、初中部、小学部。另有富源学校，2015年，两校共有教师435人，在校学生4800人。村中有九围幼儿园和富源幼儿园，共有教师105人，在园幼儿约1000人。有室内及室外活动中心各1个，面积100平方米；有篮球场2个；九围村图书馆于2000年7月设立，建筑面积300平方米，藏书10万册。

传统民居为客家民居，现存10余座，为排屋形制。有碉楼1座，始建于民国初期。碉楼高5层，墙厚1米多，用三合土夯筑而成。碉楼外墙开小窗，花岗岩条石窗框，铁窗门平面呈长方形。

◎ 九围村碉楼（赖敏红 摄于2016年）

南北长5.8米，东西宽4.75米。抗日战争时期，村民在此躲过日军的扫荡。现已成为九围村一带标志性建筑。

九围村观音庙位于村落中心一棵古老的大榕树旁，供奉观音菩萨，村民逢年过节前往烧香祭拜。

2000年深圳市进行第二次文物普查，在九围村东北高排凹山发现一处新石器时代遗址，面积约9000平方米。调查采集到较多素面夹砂灰、黑陶片。

（资料填报：林承慧；初稿撰写：赖敏红；分纂：程建）

西乡街道 劳动社区 劳动村

劳动社区

劳动村

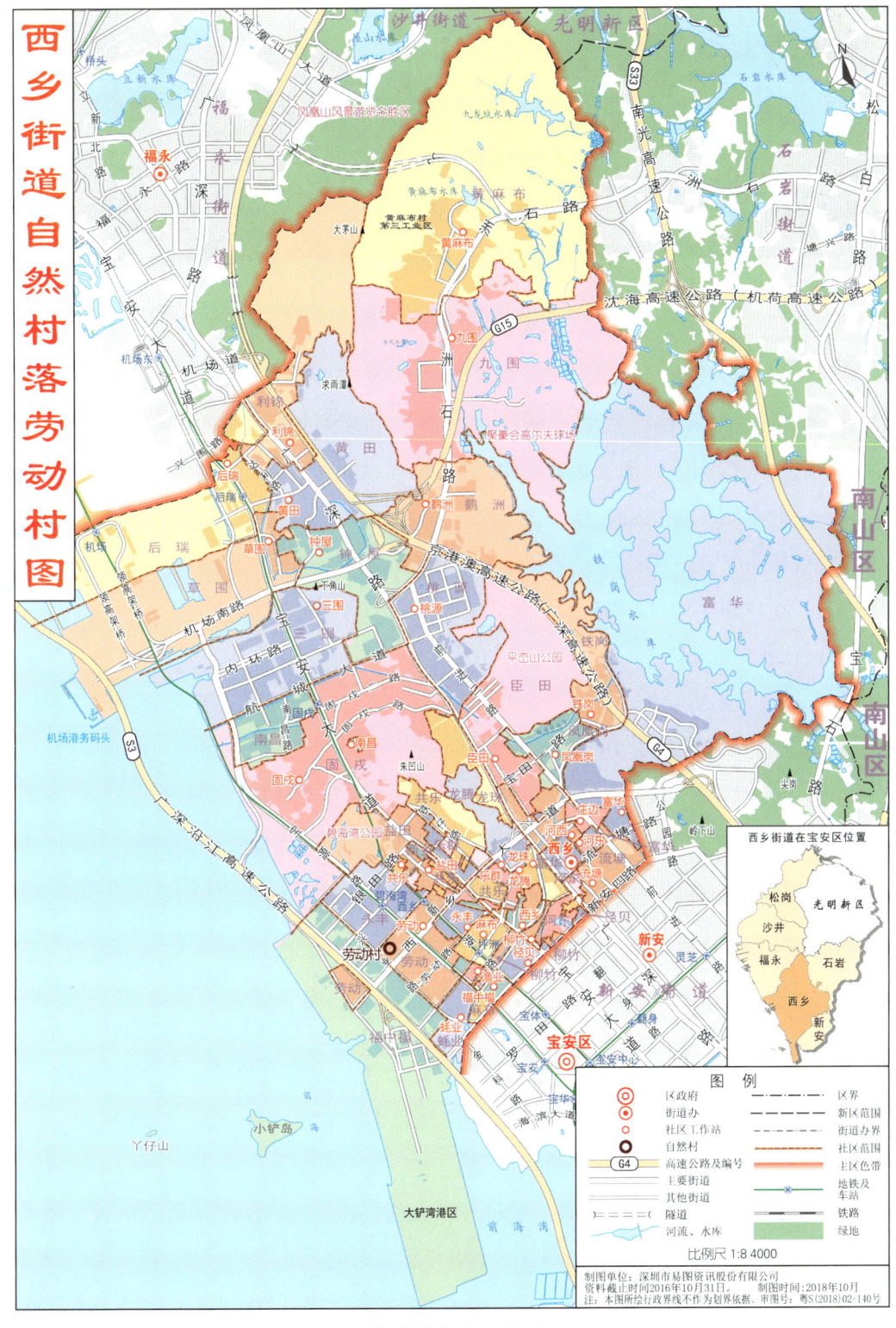

劳动村位置示意图

◎ 劳动村村貌（徐煜 摄于2016年）

劳动村，位于西乡街道西南部，距离西乡街道办事处3.5千米。相邻自然村有麻布村、永丰村、渔业村、蚝业村。西面临海。此地原来是珠江口东岸滩涂地带，后来将滩涂改造成咸水田。

劳动村居民原为疍家人，清末民国时期陆续迁来，以船为家，当地人称其为"基围人"或"水上人家"，中华人民共和国成立后上岸定居，取名劳动村。

中华人民共和国成立之初，属宝安县西乡、上川、八合、固戍、黄田联乡；1951年，属宝安县第一区翻身乡；1958年10月，属超英公社；1959年，属南头公社翻身大队；1960年，属西乡公社；1979年1月，属深圳市西乡公社；1981年10月，属深圳市宝安县西乡公社；1983年7月，属宝安县西乡区翻身乡；1985年4月，属新安镇翻身管理区；1986年10月，属新安镇翻身行政村；1992年12月，属新安镇翻身行政村；1993年1月，属深圳市宝安区新安镇劳动村；1994年1月，属西乡镇劳动行政村；2004年7月，属西乡街道劳动社区。

世居村民为汉族，广府民系，使用粤方言。主要有郭、黄、周等姓。

2015年末，户籍人口3185人，其中男性1671人，女性1514人；80岁以上14人，最年长者93岁（女）。祖籍该村的香港同胞30人。

改革开放前，劳动村以传统农业、渔业为主，工业几乎是空白。改革开放后，劳动村大力改善投资环境，筑巢引凤，招商引资，大办工业。至2003年，全村有各种类型企业160家，其中外商投资企业12家，"三来一补"企业20家，其他企业128家，是西乡街道工业企业最多的一个村。现集体经济以厂房、房屋出租为主。村民主要收入来源为集体经济分红、房屋出租、工资性收入。

该村毗邻广深沿江高速S3线，有西乡大道、新湖路经过。20世纪80年代中期通自来水、通电及实现全村村道水泥硬底化，1988年通电话，1998年通互联网。

村中有幼儿园3所，2015年底在园幼儿共1000人左右，教职工100人。有槟城西岸党群活动中

西乡街道　劳动社区　劳动村

心、海城星光老人之家、篮球场等文体设施，另有劳动村图书室，藏书1万册。

该村有F518时尚创意园，2007年12月7日建成，是深圳市和宝安区"十一五"规划的重点文化产业项目，总规划建筑面积达25万平方米。其中一期占地约6万平方米，建筑面积约14万平方米，总投入3.5亿元。园区以设计师与艺术家集聚为重点，以建立公共服务平台体系为核心，以创意项目孵化为亮点，最终形成以工业设计、平面设计、品牌策划、影视动漫、新媒体服务、建筑环境、创意产品孵化及艺术创作为一体的文化创意产业园区。

1994年11月23日，广东省副省长李兰芳由深圳市委常委、宣传部部长邵汉青陪同参观西乡镇劳动村。1994年12月6日，中宣部常务副部长徐惟诚视察该村。1995年2月7日，原中顾委常委、全国政协副主席刘澜涛及夫人视察该村。1995年5月4日，劳动村被深圳市确定为第一批"爱国主义教育基地"。1996年3月11日，获"广东省文明单位"荣誉称号。1997年12月，被评为"深圳市第三届文明单位"。

（资料填报：赖敏红；初稿撰写：徐煜；分纂：程建）

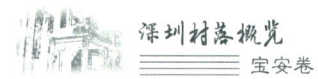

乐群社区

乐群村

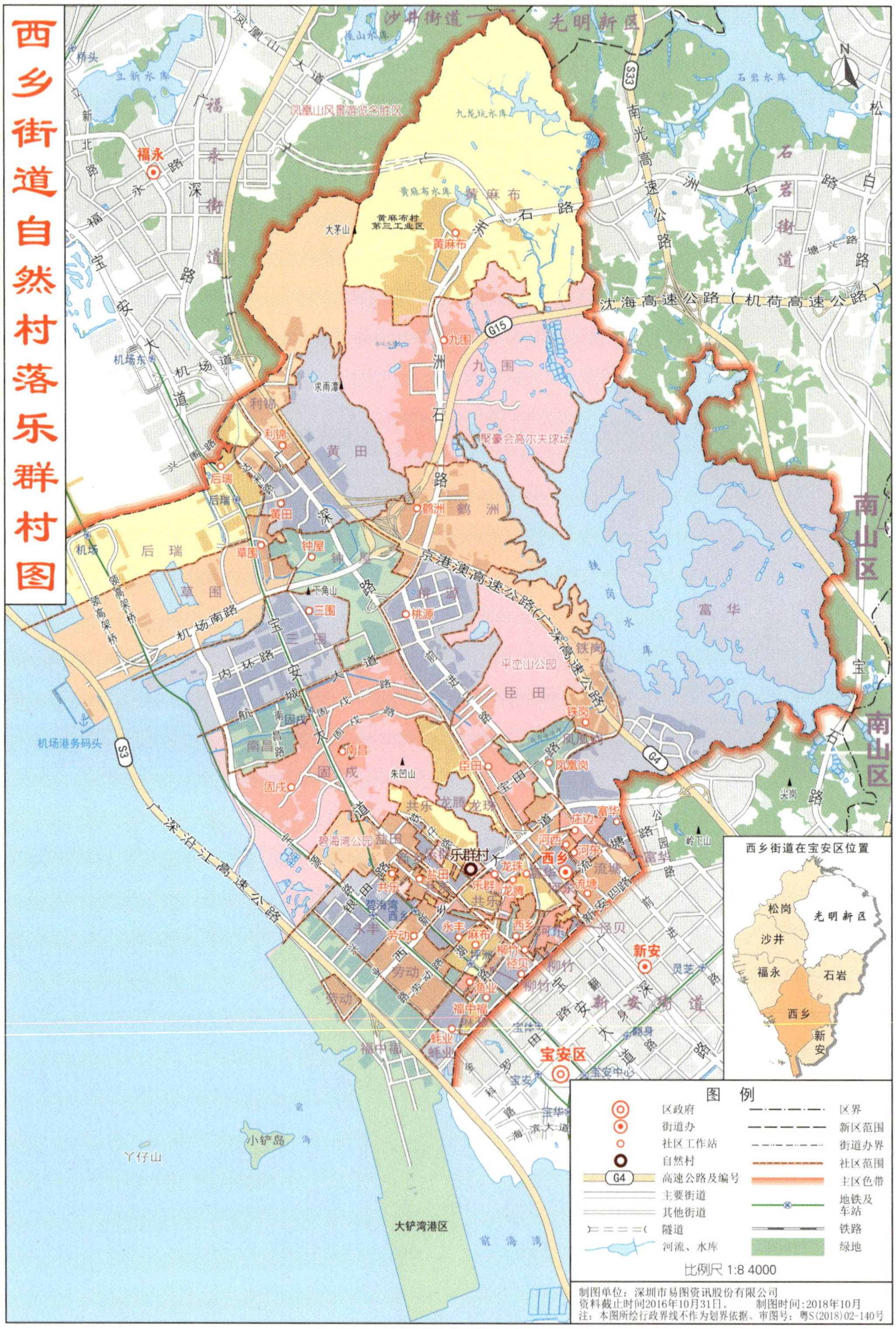

乐群村位置示意图

◎ 乐群村村貌（徐煜 摄于2016年）

乐群村，位于西乡街道南部，距离西乡街道办事处2.5千米。面积约2.8平方千米。相邻自然村有河西村、西乡村、共乐村、臣田村。该村地处丘陵平缓地带，北高南低，依山傍水，村北有铁仔山，海拔约200米。

乐群村由艇巷村、黄屋村、徐屋村、屋下村合并而成。

元朝至明万历元年（1573年），属东莞县；明万历元年至清朝，属新安县。1914年，属宝安县。中华人民共和国成立之初，属宝安县西乡、上川、八合、固戍、黄田联乡；1951年，属宝安县第一区共乐乡；1958年10月，属超英公社；1960年，属西乡公社共乐大队；1975年，属西乡公社；1979年1月，属深圳市西乡公社；1981年10月，属深圳市宝安县西乡公社；1983年7月，属宝安县西乡区共乐乡；1986年10月，属西乡镇共乐村；1985年4月，属新安镇共乐管理区；1986年10月，属新安镇共乐行政村；1993年1月，属深圳市宝安区新安镇；1994年1月，属西乡镇共乐行政村；2004年7月，属西乡街道乐群社区。

世居村民为汉族，广府民系，使用粤方言。村民主要有郑姓、黄姓、徐姓。其中郑姓是第一大姓，清代从河南迁至广东；民国时期从东莞迁移至此地。黄姓于元末明初迁至此。

2015年末，户籍人口1118人，其中男性650人，女性468人；80岁以上29人，最年长者101岁（女）。祖籍该村的香港同胞68人。祖籍该村的华侨32人，主要分布在美国。

传统经济为农业，主要种植水稻。现村集体主要经营物业管理、厂房出租、房屋出租等。村民主要收入来源为集体经济分红、工资性收入、房屋出租等。当地传统食品有大盆菜、茶果。

国道G107线广深公路、宝安大道、西乡大道、河西一坊路经过该村。20世纪80年代通自来水、通电、通电话，90年代实现全村村道水泥硬底化，90年代末通互联网。

◎ 郑氏宗祠（徐煜 摄于2016年）

◎ 郑氏宗祠内墙壁画装饰（徐煜 摄于2016年）

村中有共乐小学，共设6个年级，24个班，2015年底在校学生1230人，教职工80人。附近有铁仔山公园，有篮球场及老年人活动中心等。

传统民居为广府民居，现存20余座，多建于清朝，为砖木石结构，硬山顶，平脊，灰瓦覆盖，有的屋顶为船形脊。

郑氏宗祠，始建于清光绪四年（1878年），后经多次维修。祠堂为三开间三进两天井，由前中后三堂、四廊房及一跨院组成，墙体为花岗岩墙基，清水砖外墙，梁架为抬梁式。大门对联"门名通德思明德；世显乡贤裕后贤"。该宗祠建筑布局严谨，做工精细，梁枋架上木、石雕刻精美，壁画色彩艳丽。郑氏宗祠既作为宗祠使用，也是乐群村的老年人活动中心，每年重阳节郑氏族人都会在宗祠祭祖。

绮云书室，为省级文物保护单位。由港胞郑姚创建于清光绪十一年（1885年），是深圳历史上最大的私人书室建筑。过去该建筑占地面积3000多平方米，建筑物包括大门、围墙、前堂、中堂、后堂、东船厅、西书楼、明楼、花园、金鱼厅等。屋内的柱子都选用质地上乘的整根红木制作，历经百年依然坚固如初。书室里木雕、石雕、砖雕工艺精湛，图案精美，代表了当时建筑艺术的水平，被誉为"深圳的陈家祠"。目前绮云书室已成为西乡小学的国学学堂。

锦庭书室，位于绮云书室后侧，由香港爱国人士林钰斌的祖先于清光绪二十一年（1895年）建造，主体建筑保存完好，书室正厅墙基由花岗岩方形石条叠筑，室内的立柱、横梁、斗拱均选用质地上乘的整根红木制作，木雕、石雕、砖雕工艺精湛，图案精美。是深圳市文物保护单位。锦庭书室的前身是林家私塾。

当地民俗舞狮可追溯到清末。乐群舞狮队成立于中华人民共和国成立后，每到大年初一，舞狮队都会在广场上进行舞狮表演与村民共庆新年。

代表性人物：

郑毓秀（1891—1959），法文名苏梅，是我国著名的社会活动家、资产阶级女革命家和女权

◎ 锦庭书室（佚名 摄于2014年）

◎ 绮云书室（佚名 摄于2014年）

◎ 郑毓秀像（徐煜 摄于2016年）

运动倡导者；是我国第一个女博士、女律师，第一位省级女政务官、省级地方法院女院长与审检两厅女厅长。郑毓秀幼时在绮云书室读书，后入读天津崇实女校，清光绪三十年（1904年）东渡日本留学，次年加入同盟会。1911年回国参加辛亥革命，曾参与刺杀袁世凯的行动。1912年赴法国留学。历任国民党西山会议派第二届候补中央监察委员、江苏省政务委员会委员、国民党北伐东路军前敌总指挥部政治部"妇女运动委员会"委员、上海审判厅厅长、江苏地方检察厅厅长、上海临时法院院长兼上海法学院院长、国民政府立法院第一届立法委员，并被推举为"民法起草委员会"五名委员之一，参与制定中国第一部《民法》草案。1937年"七七事变"之后，开展支援、慰劳前方抗日将士的工作。后随国民政府迁往重庆，任立法委员兼教育部次长。1943年，出版英文回忆录《我的革命生涯——魏道明夫人自传》。1947年当选为上海市立法委员。1948年后移居美国。

（资料填报：赖敏红；初稿撰写：徐煜；分纂：程建）

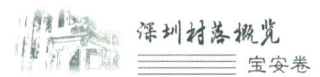

流塘社区

流塘村

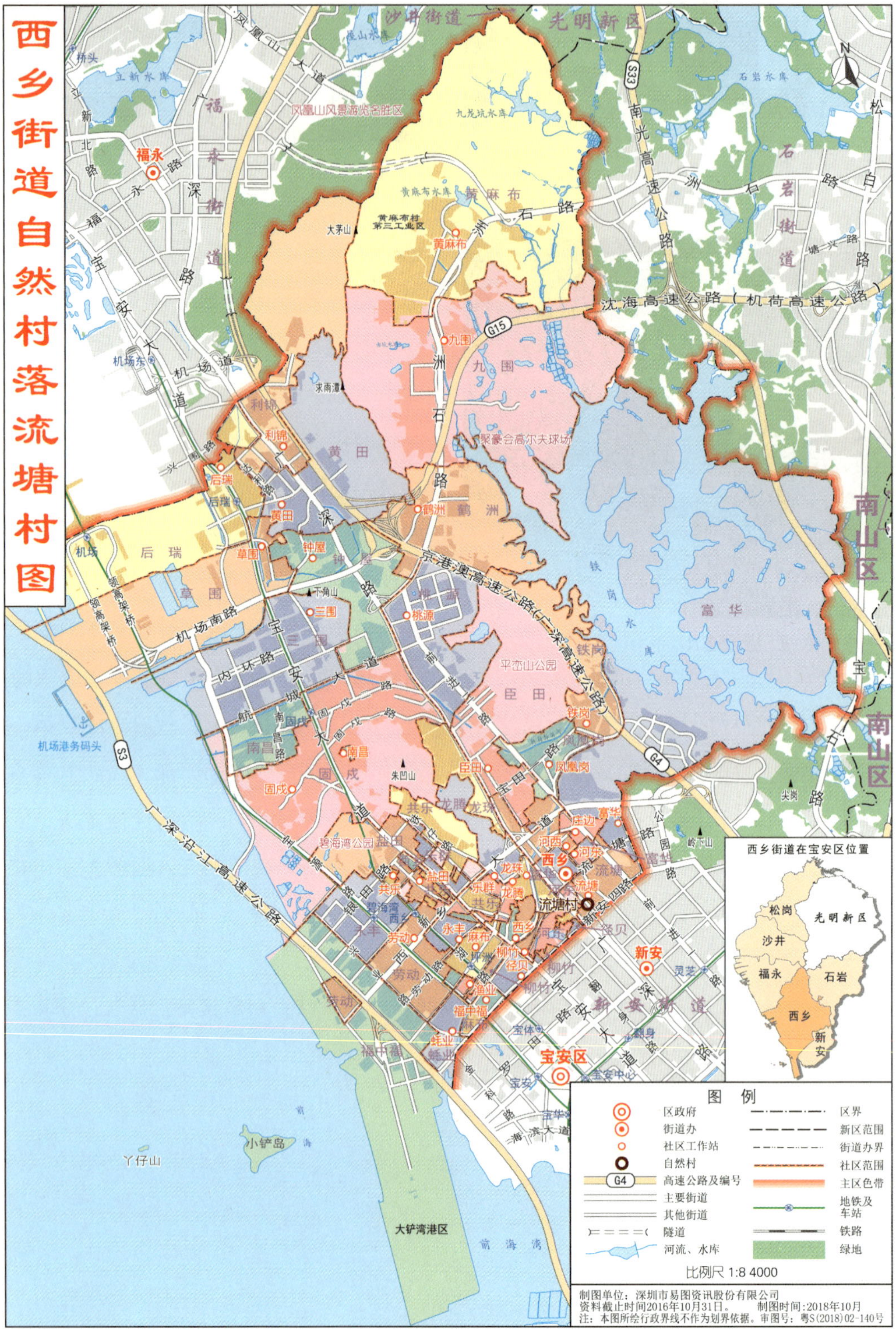

流塘村位置示意图

◎ 流塘村村貌（徐煜 摄于2016年）

流塘村，位于西乡街道南部，距离西乡街道办事处1千米。面积约0.7平方千米。相邻自然村有西乡村、庄边村和新安街道上合村。附近有流塘山，海拔500米。

流塘村始建于明朝，原村民居住地为流塘旧村，后村民将旧居拆除建流塘新村。

建村至明万历元年（1573年），属东莞县；明万历元年至清朝，属新安县。1914年，属宝安县。中华人民共和国成立之初，属宝安县西乡、上川、八合、固戍、黄田联乡；1951年，属宝安县第一区上合乡；1958年10月，属超英公社；1960年，属西乡公社麻布大队；1979年1月，属深圳市西乡公社；1981年10月，属深圳市宝安县西乡公社；1983年7月，属宝安县西乡区麻布乡；1986年10月，属西乡镇流塘村；1985年4月，属新安镇流塘管理区；1986年10月，属新安镇流塘行政村；1993年1月，属深圳市宝安区新安镇；1994年1月，属西乡镇流塘行政村；2004年7月，属西乡街道流塘社区。

世居村民为汉族，广府民系，使用粤方言。村民主要为刘姓。除原村民外，现有少数购房迁入户。

2015年末，户籍人口1800人，其中男性1080人，女性720人；80岁以上8人，最年长者90岁（女）。祖籍该村的港澳同胞300余人。

传统经济以农业为主，主要种植水稻。20世纪80年代初，开始引进"三来一补"企业。1995年，宝安区政府颁发《深圳市宝安区农村股份合作制暂行办法》，并在西乡镇的流塘村和松岗镇的燕川村开展农村股份合作制的规范试点工作，逐步引导农村股份合作制走上规范化、科学化

◎ 刘氏宗祠（徐煜 摄于2016年）

和制度化的轨道。1995年9月6日，西乡镇流塘村发起成立西乡镇流塘股份合作公司，总股本1.03亿元，总股份1268股，其中集体股40%，合作股60%。现村民主要收入来源为集体经济分红、工资性收入、房屋出租等。

该村毗邻国道G107线广深公路，有建安二路、宝民二路经过。20世纪30年代通电，50年代通自来水，80年代实现全村村道水泥硬底化，90年代通电话，90年代末通互联网。

该村有流塘小学，2015年底有教职工60人，在校学生1600人；有月亮星星第二幼儿园，教职工21人，在园幼儿221人；有社区健康中心，医务人员25人；有流塘公园，面积4万平方米。

1988年4月，在流塘西北富足山脚下发掘出22座东晋、南朝墓葬群，多为中、小型墓，其中编号M19的一座较大型墓构筑讲究，平面呈"中"字形，长7.6米，宽1.9米，分墓道（斜坡式）、前室、中室、后室和左右耳室六部分。出土青瓷器20件，其中酱黑釉瓷碗1件，独具特色。

该村传统民居为广府民居，现已基本拆除。现存刘氏宗祠、锦基苑、南野家塾、北帝庙4座传统建筑。

刘氏宗祠始建于清朝，重建于1991年，占地面积200平方米，大门上方有大理石匾额刻"刘氏宗祠"。现已不作宗祠使用，出租给企业作为办公用房。

◎ 流塘公园内石刻和石屋（徐煜 摄于2016年）

◎ 南野家塾（徐煜 摄于2016年）

◎ 流塘村北帝庙（徐煜 摄于2016年）

流塘旧村锦基苑位于西乡街道流塘旧村西区60号，建于1930年，为新加坡华人刘姓家人所建；坐北朝南，占地面积89.9平方米。共三层，为欧式风格，楼顶大平台建堡式瞭望台，东北角、西北角有碉堡，集住宅、休闲、防御于一体，具有较强的防御功能。二楼以上的房间几乎呈圆形，外墙呈浅黄色，窗下塑有五星和流苏图案。房内地面铺印花瓷砖，每层三个房间都有红木家具。为宝安区不可移动文物。

南野家塾，始建于1917年，重修于1991年，三开间两进布局。现作为社区的星光老年之家。为宝安区不可移动文物。

北帝庙位于西乡步行街，供奉北帝，即北方真武玄天上帝。庙前留出一块空地供节日里舞龙舞狮。农历三月初三（北帝诞辰日）北帝庙会，有花车游街，粤剧演出。

（资料填报：林承慧；初稿撰写：赖敏红；分纂：程建）

麻布社区

麻布村

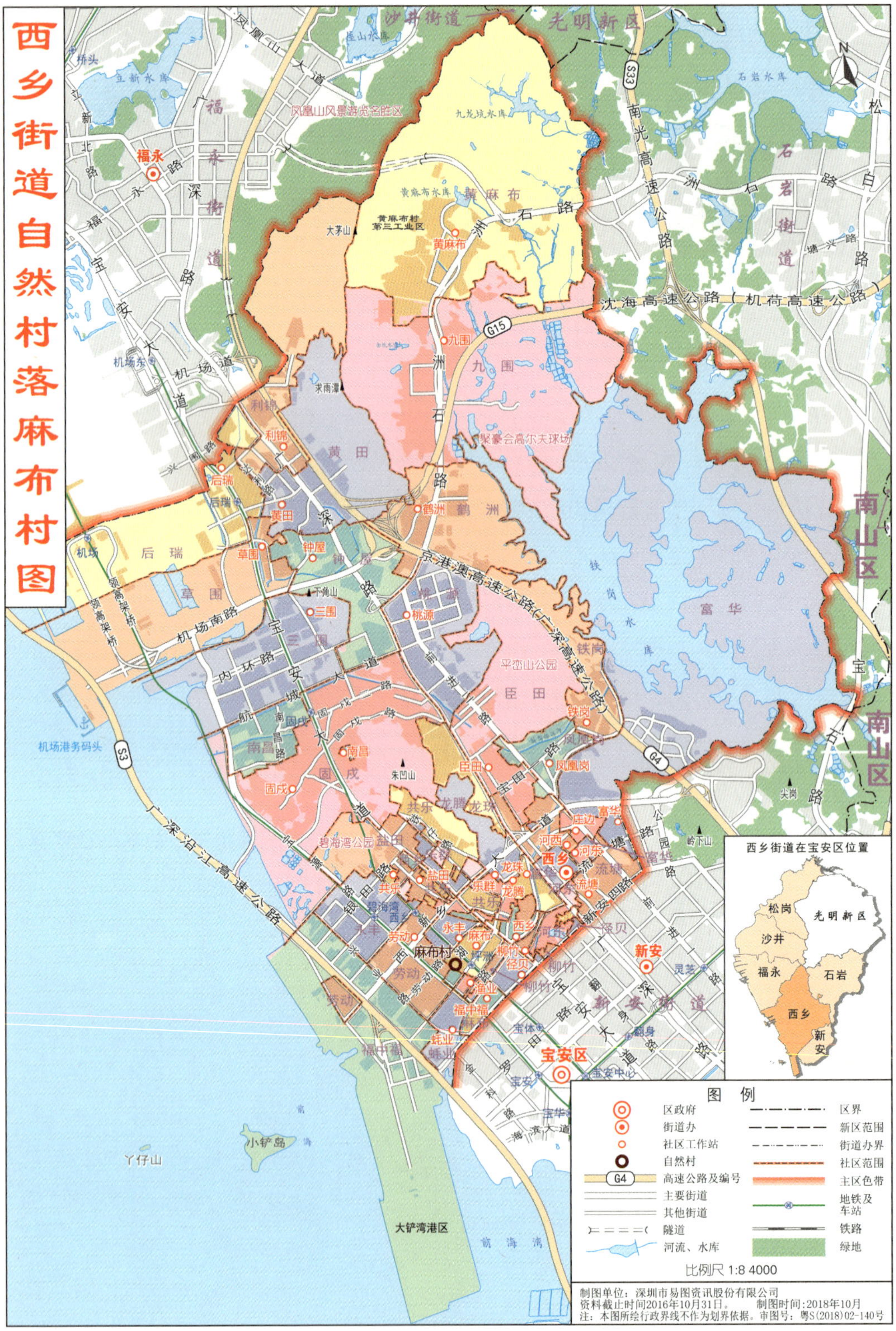

麻布村位置示意图

西乡街道　麻布社区　麻布村

◎ 麻布村村貌（林承慧 摄于2016年）

麻布村，位于西乡街道西南部，距西乡街道办事处约2千米。面积约0.5平方千米。相邻自然村有河东村、径贝村、劳动村、盐田村、渔业村。麻布村原是石岩乡的一个自然村，1958年初，因修建石岩水库搬迁到西乡翻身大队，成立一个生产小队。

1958年，属宝安县超英公社翻身大队；1960年，属西乡公社麻布大队；1979年1月，

◎ 麻布村传统民居（林承慧 摄于2016年）

属深圳市西乡公社麻布大队；1981年10月，属深圳市宝安县西乡公社；1983年7月，属宝安县西乡区麻布乡；1985年4月，属新安镇麻布管理区；1986年10月，属新安镇麻布行政村；1993年1月，属深圳市宝安区新安镇；1994年1月，属西乡镇麻布行政村；2004年7月，属西乡街道麻布社区。

世居村民均为汉族，客家民系，使用客家方言。村民主要有周、林二姓。

2015年末，户籍人口1195人，其中男性717人，女性478人；80岁以上36人，最年长者103岁（女）。祖籍该村的香港同胞113人、澳门同胞24人、台湾同胞36人。祖籍该村的华侨73人，主要分布在美国。

传统经济以农业为主，种植水稻等。现村集体经营厂房出租和房屋出租。村民主要收入来源为集体经济分红、工资性收入、房屋出租等。特色传统食品有客茶、油角、米饼。

宝安大道、新湖路、海城路、深圳地铁1号线经过该村。20世纪80年代末通自来水、通电、通电话，以及实现全村村道水泥硬底化，90年代末通互联网。

村中有宝宝幼儿园，2015年底有专职教师40人，在园幼儿301人。村落文体设施齐全，有篮球场、老人活动中心、藏书15000册的图书室。

传统民居为客家民居，建于50年代，现存约20座，部分保存完整。每座建筑长约30米，深11米，高9米，占地面积约270平方米。1958年因建设石岩水库，政府统一建设排屋分给村民居住。

◎ 麻布村牌坊（林承慧 摄于2016年）

排屋坐北朝南，巷巷相连，布局整齐。

舞麒麟是麻布村的传统民俗文化活动。相传在100多年前，有个叫周学武的青年，从小活泼好动，尤其喜欢武术，16岁便外出寻师学艺，后学成归来。回到麻布村，周学武将自己学到的本领加以改进演练，渐成今日的麒麟舞，他将舞麒麟的要领传授给村里的青年，组织成麒麟队。如今麒麟队队员已达40多人，村里组织大型活动、村民办喜事、逢年过节等，麒麟队都会进行义务表演，增加欢乐的气氛。

（资料填报：林承慧；初稿撰写：徐煜；分纂：程建）

南昌社区

南昌村

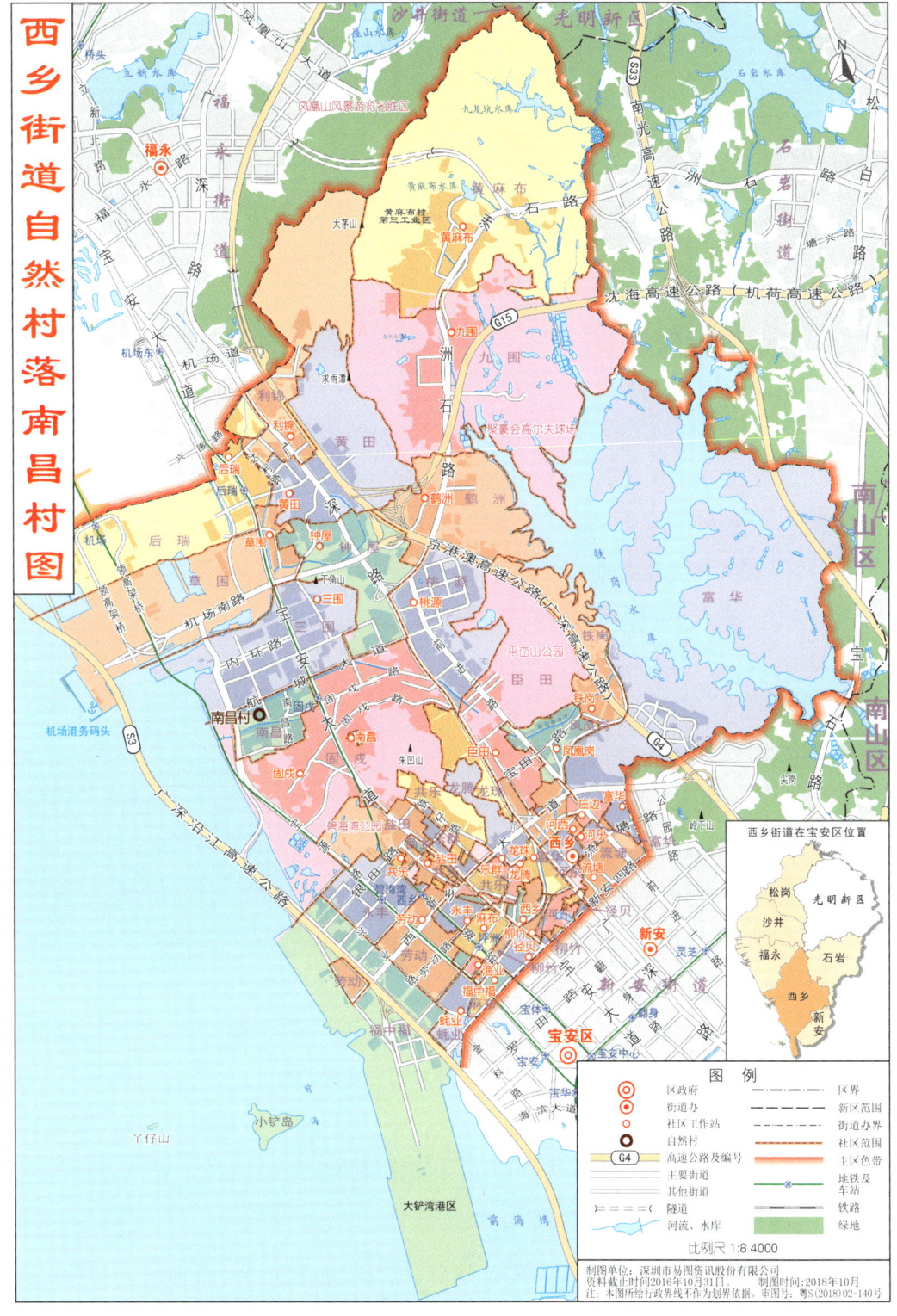

南昌村位置示意图

◎ 南昌村村貌（林承慧 摄于2016年）

南昌村，位于西乡街道西北部，距离街道办事处8千米。面积约3.62平方千米。相邻自然村有固戍村、三围村、臣田村。

据说在中华人民共和国成立前，当地有一位地主叫南昌，负责管理番禺、顺德、中山、东莞等各地过来的渔民，故取名南昌村。曾用名解放村。现村于1992年从南昌旧村搬至龙兴村和公园新村。

宋元至明万历元年（1573年），属东莞县；明万历元年至清朝，属新安县。1914年，属宝安县。中华人民共和国成立之初，属宝安县西乡、上川、八合、固戍、黄田联乡；1951年，属宝安县第一区固戍乡；1958年10月，属超英公社；1960年，属西乡公社固戍大队；1979年1月，属深圳市西乡公社；1981年10月，属深圳市宝安县西乡公社；1982年，属西乡公社南昌大队；1983年7月，属宝安县西乡区固戍乡；1985年4月，属新安镇固戍管理区；1986年10月，属新安镇固戍行政村；1993年1月，属深圳市宝安区新安镇；1994年1月，属西乡镇固戍行政村；2004年7月，属西乡街道固戍社区；2008年6月，属西乡街道南昌社区。

世居村民为汉族，广府民系，使用粤方言。村民姓氏有陈、何、梁、张、樊、石等姓。其中何姓、梁姓、张姓在北宋咸平年间（998—1003年）迁移至当地。

2015年末，户籍人口603人，其中男性278人，女性325人；80岁以上19人，最年长者95岁（女）；海外留学1人。非户籍外来人口5万人。祖籍该村的香港同胞65人。祖籍该村的华侨2人，分别居住在日本和加拿大。

传统经济以种植水稻为主，兼种其他农作物并围海养殖。改革开放后，主要发展工业、厂房出租及房屋出租，并且成立了社区股份合作公司，2011年末公司总资产为9896万元，2011年总收

◎ 南昌村传统民居（徐煜 摄于2016年）

◎ 南昌公园一角（徐煜 摄于2016年）

入1514万元，股东521人，分红3000元/股。村民主要收入来源为集体经济分红、工资性收入、房屋出租等。

宝安大道、航城大道、固戍路经过该村。20世纪70年代通电和电话，1987年通自来水，1993年实现全村村道水泥硬底化，90年代末通互联网。

南昌村设有党员活动室、图书室、多功能学习活动室等。另外还建有80平方米的计生服务室和生育文化中心、120平方米的星光老人之家、25平方米的社区信访调解室。南昌龙兴村有1000平方米的户外文体活动广场和南昌公园，内有篮球场、健身娱乐设施等。

◎ 南昌村口新牌坊（徐煜 摄于2016年）

传统民居为广府民居，现存68座。

（资料填报：林承慧；初稿撰写：徐煜；分纂：程建）

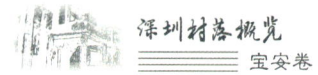

三围社区

三围村

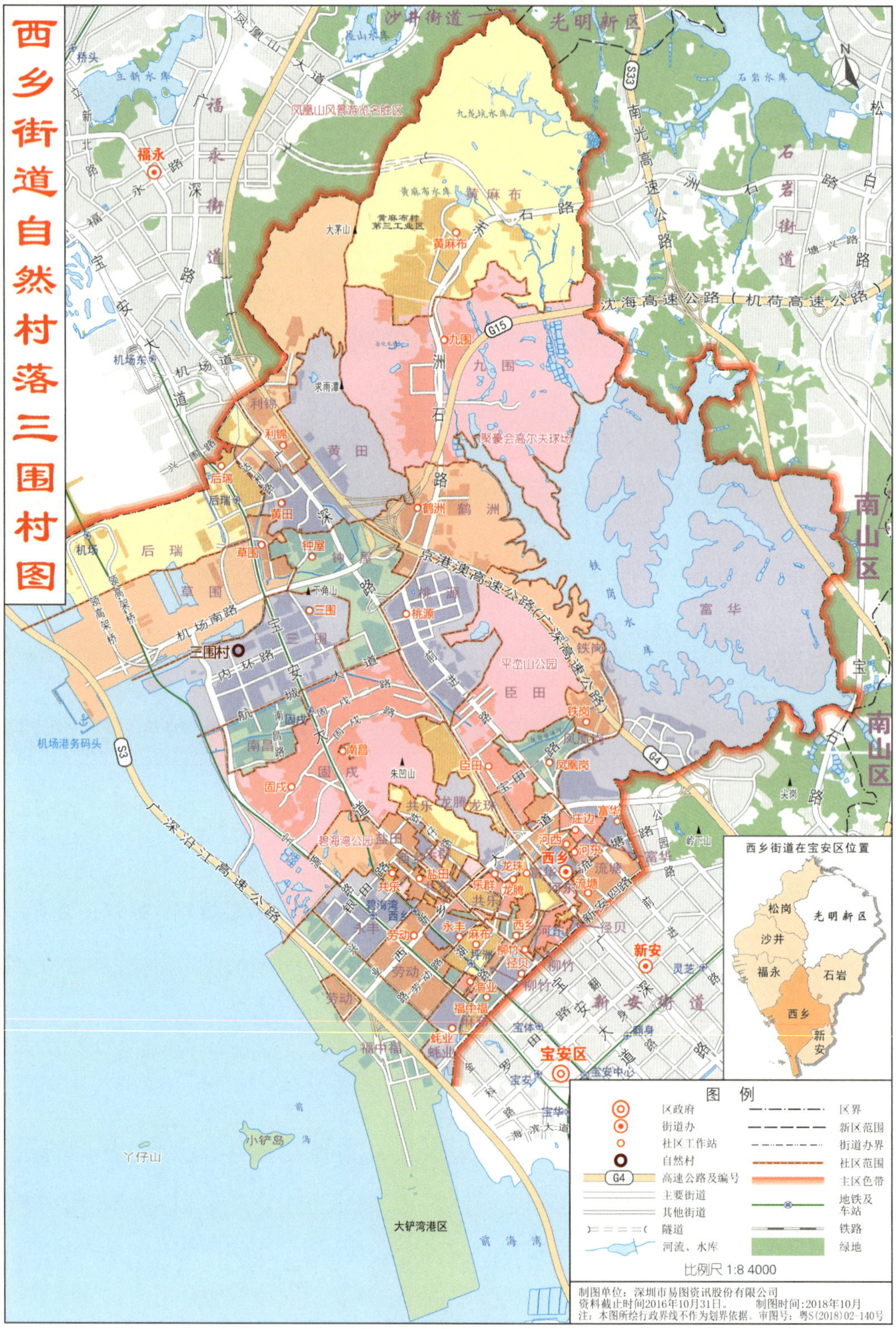

三围村位置示意图

◎ 三围村村貌（赖敏红 摄于2016年）

三围村，位于西乡街道西北部，距离街道办事处5千米。面积约2.7平方千米。相邻自然村有固戍村、钟屋村、南昌村、草围村。村旁有狮子山，海拔130米。

村民为"基围人"。三围村的原村民大部分于清末至民国时期从广东东莞、番禺等珠江三角洲地区搬迁过来定居，杂姓居住。现村于1980年在原址重建和扩建而成。因历史上由福围村、北围村和草围村组成一个村落而取名三围村，曾用名塘边村。

◎ 三围村传统民居（赖敏红 摄于2016年）

中华人民共和国成立之初，属宝安县西乡、上川、八合、固戍、黄田联乡；1951年，属宝安县第一区黄田乡；1958年10月，属超英公社；1960年，属西乡公社固戍大队；1963年，属福永公社三围大队；1979年1月，属深圳市福永公社；1981年10月，属深圳市宝安县福永公社；1983年7月，属宝安县福永区三围乡；1985年4月，属新安镇三围管理区；1986年10月，属新安镇三围行政村；

◎ 三围村古井（梁锡华 摄于2002年）

1993年1月，属深圳市宝安区新安镇；1994年1月，属西乡镇；2004年7月，属西乡街道三围社区。

世居村民为汉族，广府民系，使用粤方言。村民主要有陈、梁等姓。

2015年末，户籍人口680人，其中男性318人，女性362人；80岁以上35人，最年长者90岁（男）。非户籍外来人口3.5万人。祖籍该村的香港同胞80人。

传统经济以农业为主，主要种植水稻等农作物，同时养殖淡水鱼。改革开放后，村集体开始发展工业（引进"三来一补"企业），且与农业并存。现村民主要收入来源为房屋出租、工资性收入、集体经济分红。特色农产品有基围虾。

宝安大道、机场南路经过该村。1971年通电，1980年通自来水、通电话，20世纪90年代末通互联网，2015年实现全村村道水泥硬底化。

该村有华胜小学，设6个年级，31个班，2015年在校学生约1700人，教职工100人。华胜幼儿园，在园幼儿500人，教职工50人。三围村文体设施齐全，有篮球场2个，有三围村公园、社区活动中心及藏书1万册的阅读室。

传统民居为广府民居，现存1座，建于20世纪60年代。房主为当地人，于改革开放初期迁至香港居住。该民居属钢筋水泥和红砖混合结构，屋顶覆瓦片，建筑为上下两层，一楼是大厅和厨房，中间为楼梯，二楼左右有次间，设有走廊，部分保存完整，现无人居住。

三围村现存古井1口，建于民国时期，现用水泥封闭，无人使用。

（资料填报：林承慧；初稿撰写：赖敏红；分纂：程建）

铁岗社区

铁岗村

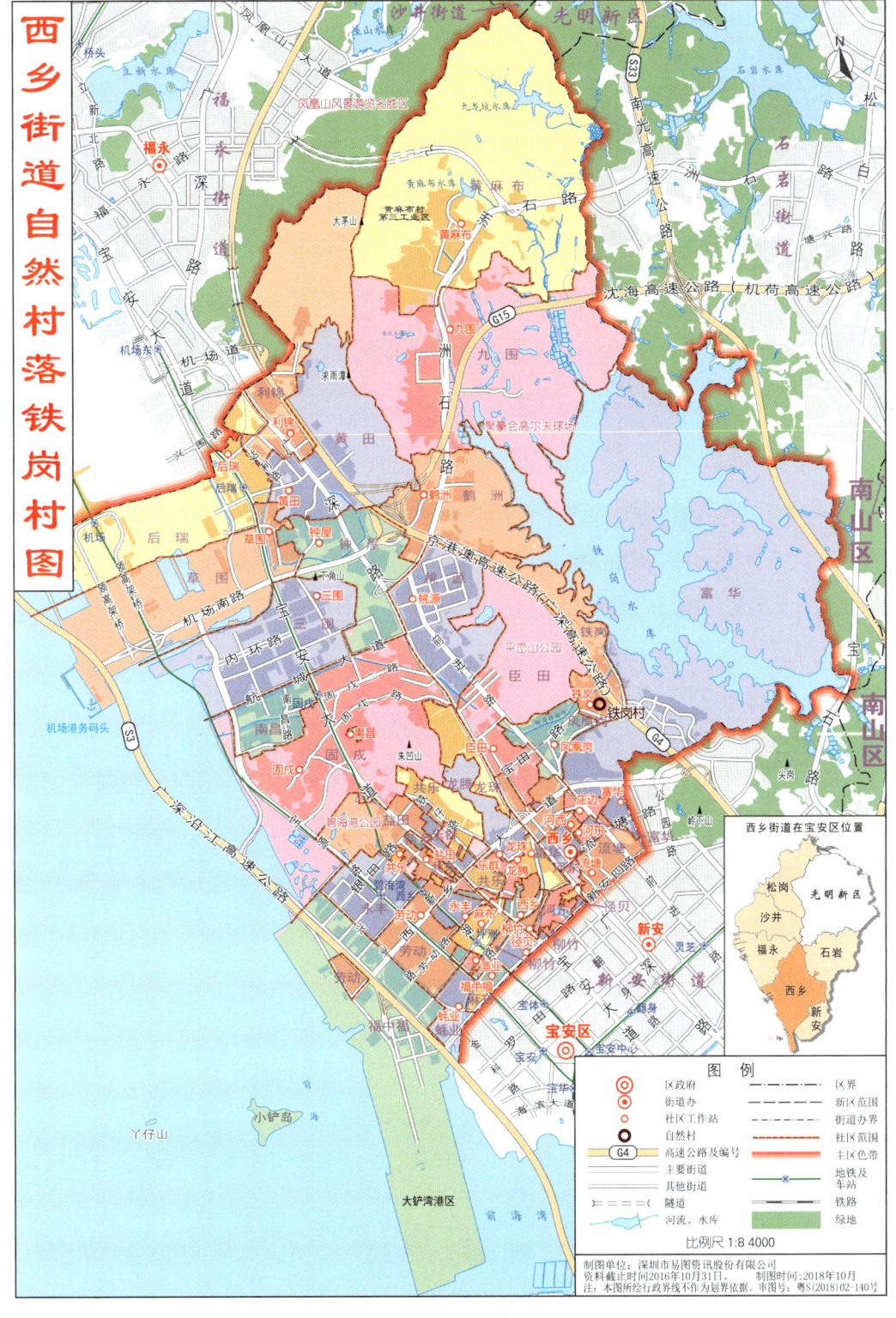

铁岗村位置示意图

◎ 铁岗村村貌（孙明 摄于2018年）

铁岗村，位于西乡街道北部，距离西乡街道办事处3千米。面积约0.75平方千米。相邻自然村有凤凰岗村。北靠铁岗水库，四面环山。属平原、丘陵相交地带。附近主要山岭为平峦山，海拔约240米。铁岗水库是深圳境内最大的水库。

铁岗村始建于清朝初期，由黄氏先祖云祖公率领族人南迁立村发展而成。现村于1980年原址重建。西乡河、铁岗水库排洪渠流经该村。

清朝，属新安县。1914年，属宝安县。中华人民共和国成立之初，属宝安县西乡、上川、八合、固戍、黄田联乡；1951年，属宝安县第一区新西乡；1958年10月，属超英公社；1960年，属西乡公社新西大队；1975年，属西乡公社凤岗大队；1979年1月，属深圳市西乡公社；1981年10月，属深圳市宝安县西乡公社；1983年7月，属宝安县西乡区凤岗乡；1985年4月，属新安镇凤岗管理区；1986年10月，属新安镇铁岗行政村；1993年1月，属深圳市宝安区新安镇；1994年1月，属西乡镇；2004年7月，属西乡街道铁岗社区。

世居村民为汉族，客家民系，使用客家方言。村民主要为黄姓。

2015年末，户籍人口583人，其中男性238人，女性345人；80岁以上12人，最年长者95岁（男）。非户籍外来人口26445人。祖籍该村的香港同胞46人。

传统经济以农业为主，种植水稻、龙眼、荔枝等。20世纪80年代初，开始引进"三来一补"企业。现村集体经济以厂房出租和物业管理为主。村民主要收入来源为集体经济分红、房屋出租。特色农产品有荔枝（桂味、妃子笑、糯米糍）、龙眼。特色传统食品有麻花、角仔。

京港澳高速G4线、宝田一路、水库路经过该村。20世纪80年代末通自来水、通电，90年代通

◎ 铁岗村村牌（徐煜 摄于2016年）

◎ 黄氏宗祠（徐煜 摄于2016年）

电话、通互联网，2004年实现全村村道水泥硬底化。有铁岗幼儿园，2015年底在园幼儿700人，教职工35人。有篮球场、足球场，有2座小型公园及凉亭供村民休闲娱乐，稍远处是平峦山公园，有村民活动中心和康乐中心（设在黄氏宗祠内）。

传统民居为客家民居，已经全部拆除。存有黄氏宗祠，始建于清光绪年间（1875—1908年），因年久失修，于2005年在原址重建。坐北朝南，硬山顶，抬梁式混穿斗式结构，花岗岩柱，砖瓦木梁。占地面积约700平方米，三开间三进两天井布局。重建后的黄氏宗祠作为康乐中心使用。

铁岗碉楼，始建于民国初期，为四层独立式夯土楼，高15.38米，长5.4米，宽4.7米，墙体厚度0.6—0.8米。碉楼的窗户开口小，内有铁栅和窗扇。碉楼上部的四角，建有突出悬挑的"燕子窝"，碉楼各层墙上设有射击孔。

2000年深圳市进行第二次文物普查，在铁岗水库周围发现一批新石器时代古文化遗址。

黄策捕鱼山山岗遗址位于铁岗水库范围内更鼓岭、三合水支流南岸，遗物暴露于山北坡，出土有粗红陶、灰陶、黑陶等陶片、陶器和石器，其中较完整的有粗黑陶罐（残）7件、红陶钵（残）1件，纹饰有曲折纹、方格纹、篦纹及夔纹等。出土石斧2件、石铲1件，文化类型属新石器时代晚期至青铜器时代。

蚌地山山岗遗址位于铁岗江雀薮自然村南、三合水支流两岸，高出河面50米，出土陶器、陶片以灰陶、红陶及夹沙粗红陶、夹沙粗黑陶为主，陶器纹饰以曲折纹最多，亦有蓝纹、雷纹、方格纹等。出土陶器有陶纺轮4件，粗黑陶豆2件；出土石器中，有肩石斧54件、石斧11件、肩石锛11件、石锛21件、石凿2件、石刀1件、石戈2件、石镞24件、敲砸器2件、石杵2件、雕石3件、石环22件、石管2件、半成品3件、残石器25件，以及青铜器时期的夔纹硬陶片等。文化类型属新石器时代至青铜器时代。

钓鱼山山岗遗址位于铁岗水库更鼓岭村西南面、三合水及其支流汇合处的南岸，高出河面约

◎ 铁岗碉楼（徐煜 摄于2016年）

30米。其东、西、南三面为绵延不断的山脉，东面50米处为黄策捕鱼山遗址。遗物在钓鱼山北坡暴露，分布范围南北长约50米，东西宽约30米。由于长期水土流失严重，地层保存不好。采集的陶片有夹砂粗红陶、夹砂粗黑陶、几何印纹软陶，还有夔纹陶片，纹饰以蓝纹、方格纹为多，也有曲折纹、条纹。器形可辨别的有罐。尚未发现石器。其文化类型应为新石器时代晚期至青铜器时代。

金坑山山岗遗址位于铁岗江雀薮村南、三合水两条支流之间的山坡，高出河面45米，遗物在金坑山的南坡暴露较多，山坡上部出土有灰陶、粗灰陶，火候较低；纹饰以方格纹为多，亦有弦纹；石器有石锛8件、石环1件、残石器4件，属新石器时代晚期遗址。山坡下部多见几何印纹灰硬陶片，亦有夹沙灰硬陶，纹饰以方格纹为主，还有旋纹、篦纹、夔纹，文化类型属新石器时代至青铜器时代。

三角山山岗遗址位于铁岗水库更鼓岭村西南约600米处的三角山上，出土有梯形石锛3件、长条形石锛1件；陶器及陶片以灰色、红色硬陶居多，还有泥质灰陶、红陶、夹沙粗黑陶、粗红陶，火候很高，器壁较厚，一般8—10厘米，最厚者达15厘米，为轮制和模制，有的器表还加饰了一层微微发光的淡黄色陶衣，花纹多为几何印纹、夔纹、雷纹、方格纹。器形可辨者有豆、罐、碗及器座等，以敞口及圈足底为多，敛口平底较少。出土陶器有豆10件、器座1件，文化类型属青铜器时代。

黄麒麟山山岗遗址位于铁岗水库三合水西北岸约250米处的黄麒麟山上，遗址高出河面约25米，出土遗物有灰陶、夹硬陶、夹砂粗灰陶、彩陶4种，以几何印纹占多数，亦有夔纹、雷纹、方格纹及其组合纹，以及少量重圈纹、篦纹，可辨器形有豆、罐，未发现石器，文化类型属青铜器时代。

槁寮山山岗遗址位于铁岗水库更鼓岭村东面的摘寮山北麓，出土有几何印纹灰硬陶及夔纹、雷纹、方格纹、重圈纹、篦纹陶片，可辨器形有方格印纹灰陶豆1件、罐口沿2件，石器有砺石1件、扁平残石环1件，文化类型属青铜器时代。

死妹山山岗遗址位于铁岗水库江雀薮村西面300米处的死妹山上，遗址高出河面约20米，遗物绝大部分为几何印纹灰硬陶、少量夹砂粗红陶，纹饰以雷纹、方格纹、夔纹为多，有少量双圈纹、篦纹、水波纹，器形可辨者有双耳罐、圈底皿等，文化类型属青铜器时代。

南下山山岗遗址位于铁岗水库新下布村西北600米处的南下山上，遗址高出河面25米，采集的遗物有灰陶、红陶、灰硬陶、夹砂粗黑陶等，几何印纹灰硬陶占多数，饰纹以米字纹为多，还有方格纹、水波纹等，器形可辨者有罐；出土石器有石英石箭头1件、残石片1件，文化类型属青铜器时代。

（资料填报：赖敏红；初稿撰写：徐煜；分纂：程建）

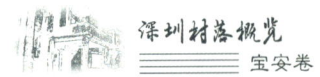

西乡社区

西乡村

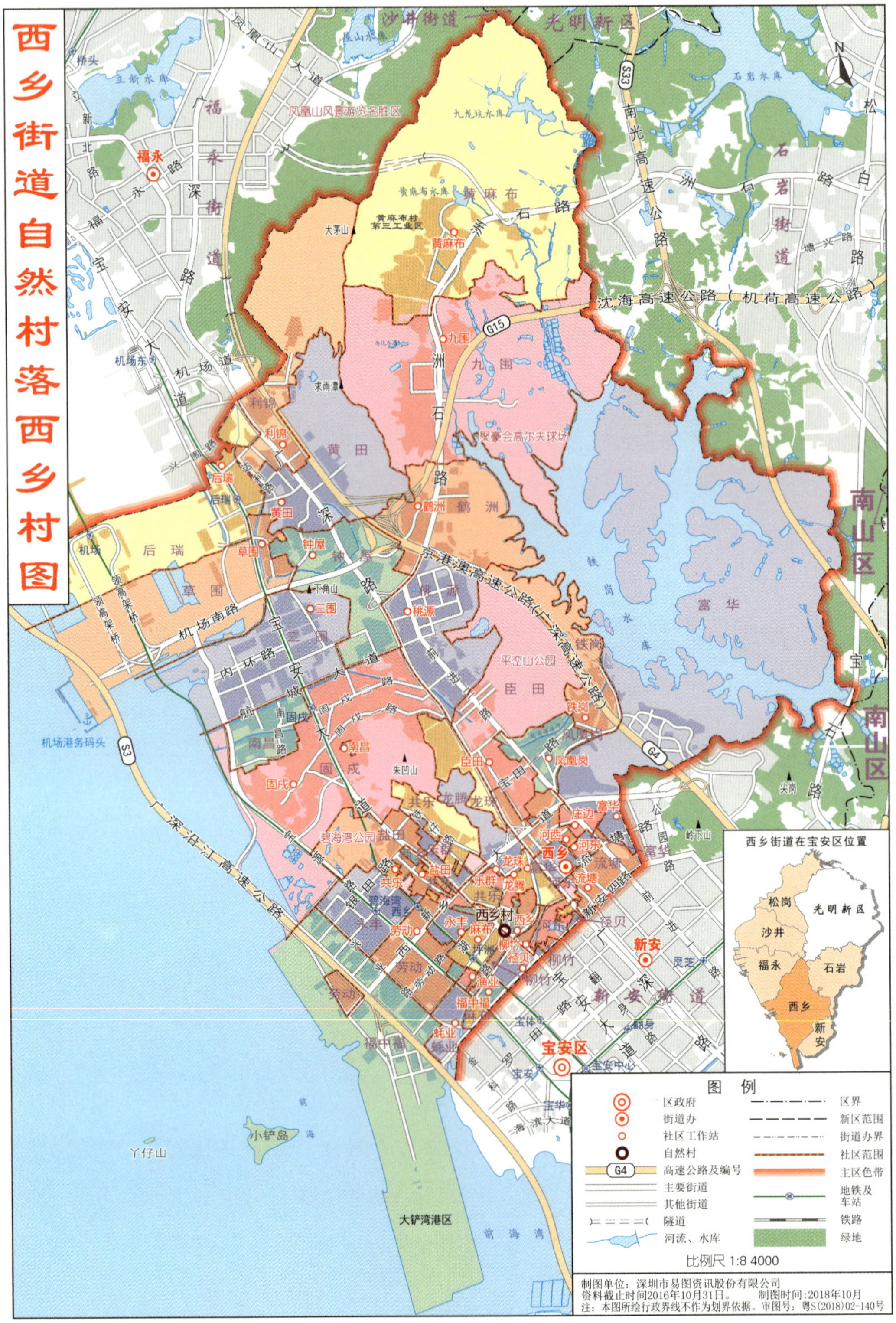

西乡村位置示意图

◎ 西乡村村貌（赖敏红 摄于2016年）

西乡村，位于西乡街道中心商业区，距西乡街道办事处约1千米。面积约1.3平方千米。相邻自然村有流塘村、径贝村、乐群村。地势平坦，西乡河流经村东南。

西乡村始建于清朝，因墟镇村民聚集（真理街）经商而形成。又因历史上位置处于新安县城（南头城）的西面而取名西乡村。

清朝，属新安县。1914年，属宝安县。中华人民共和国成立之初，属宝安县西乡、上川、八合、固戍、黄田联乡；1951年，属宝安县第一区新西乡；1958年10月，属超英公社；1960年，属西乡公社新西大队；1979年1月，属深圳市西乡公社；1981年10月，属深圳市宝安县西乡公社；1983年7月，属宝安县西乡区西乡镇；1983年9月，属西乡居民委员会；1985年4月，属新安镇西乡管理区；1987年2月，属新安镇西乡街道；1993年1月，属深圳市宝安区新安镇；1994年1月，属西乡镇；2004年7月，属西乡街道西乡社区。

世居村民为汉族，广府民系，使用粤方言。

2015年末，户籍人口8533人，其中男性4470人，女性4063人；80岁以上85人，最年长者90岁（男）。非户籍外来人口约2万人。祖籍该村的香港同胞约700人、澳门同胞15人、台湾同胞5人。祖籍该村的华侨约100人，主要分布在英国、加拿大。

传统经济以墟镇经商、零售经营为主。现村集体以商业经营为主。村民主要收入来源为工资性收入、房屋出租等。

国道G107线广深公路、宝安大道经过该村。20世纪80年代至90年代实现全村村道水泥硬底化，通自来水、通电、通电话、通互联网。

该村有宝贝星幼儿园和鸣乐幼儿园，2015年共有专职教师23人，在园幼儿400人；有西乡老人活动中心、西乡图书室，藏书约1万册。

传统民居为广府民居，建于清朝末期，现存3座，部分保存完整。砖木石结构，清水砖外墙，硬山顶，灰瓦覆面。其中一座修葺较好，尚有村民居住，其余两座为危房，现

◎ 王大中丞祠（赖敏红 摄于2016年）

◎ 三月三庙会（佚名 摄于2013年）

◎ 非物质文化遗产牌匾（佚名 摄于2013年）

◎ 北帝古庙（赖敏红 摄于2016年）

无人居住。

西乡村内有王大中丞祠、北帝古庙等历史古迹。王大中丞祠位于西乡墟西南端，建于清康熙年间（1662—1722年），当地百姓为纪念广东巡抚王来任而修建。王来任，正黄旗汉军，清康熙四年（1665年）任广东巡抚。冒死写下《展界复乡疏》，得康熙皇帝批准新安等地展界复乡，因操劳过度病逝。为纪念这位恩人，当地百姓合力修建了王大中丞祠，还把祠前的街道命名为巡抚街，故王大中丞祠又称巡抚庙。深圳、香港、番禺等地的百姓自发捐资兴建了多处王大中丞祠。

西乡村王大中丞祠为原宝安县第一批文物保护单位。整个建筑三开间三进，建筑面积408平方米，檐柱、过梁等构件用麻石做成，上有石雕，檐板雕刻花鸟草木、人物故事，屋脊用灰塑。大门两侧有一副阴刻在红麻石上的对联"巡粤表孤忠耿耿丹心奏牍两章留史册；抚民留善政元元赤子讴恩万载仰旌常"。

北帝古庙，位于西乡村真理街，始建于明万历年间，现代重建。最前端竖有影壁和牌楼，接下来是山门，山门以内为前殿，其后为大殿，再后为后殿及藏经楼等；庙内正厅供奉北帝，侧室供奉八仙和观音娘娘等。北帝全称北方真武玄天上帝，也称北极玄天上帝，明成祖加封为"北极镇天真武玄上帝"，人们取其头尾各一字，简称"北帝"。每年的农历三月初三，是传说中的北帝诞辰日，乡间都要隆重举行庆"北帝诞"的庙会活动，举办北帝巡游，有木偶戏及杂耍表演等，此民俗流传至今。西乡"北帝诞"庙会活动被列入深圳市非物质文化遗产名录。

西乡日军飞机场遗址位于西乡公路东北侧,建于1939年,可供战斗机和小型飞机使用。1944年秋,广东人民抗日游击队东江纵队发动秋季攻势,在乌石岩和黄田民兵的配合下捣毁该机场。

(资料填报:林承慧;初稿撰写:赖敏红;分纂:程建)

盐田社区

盐田村

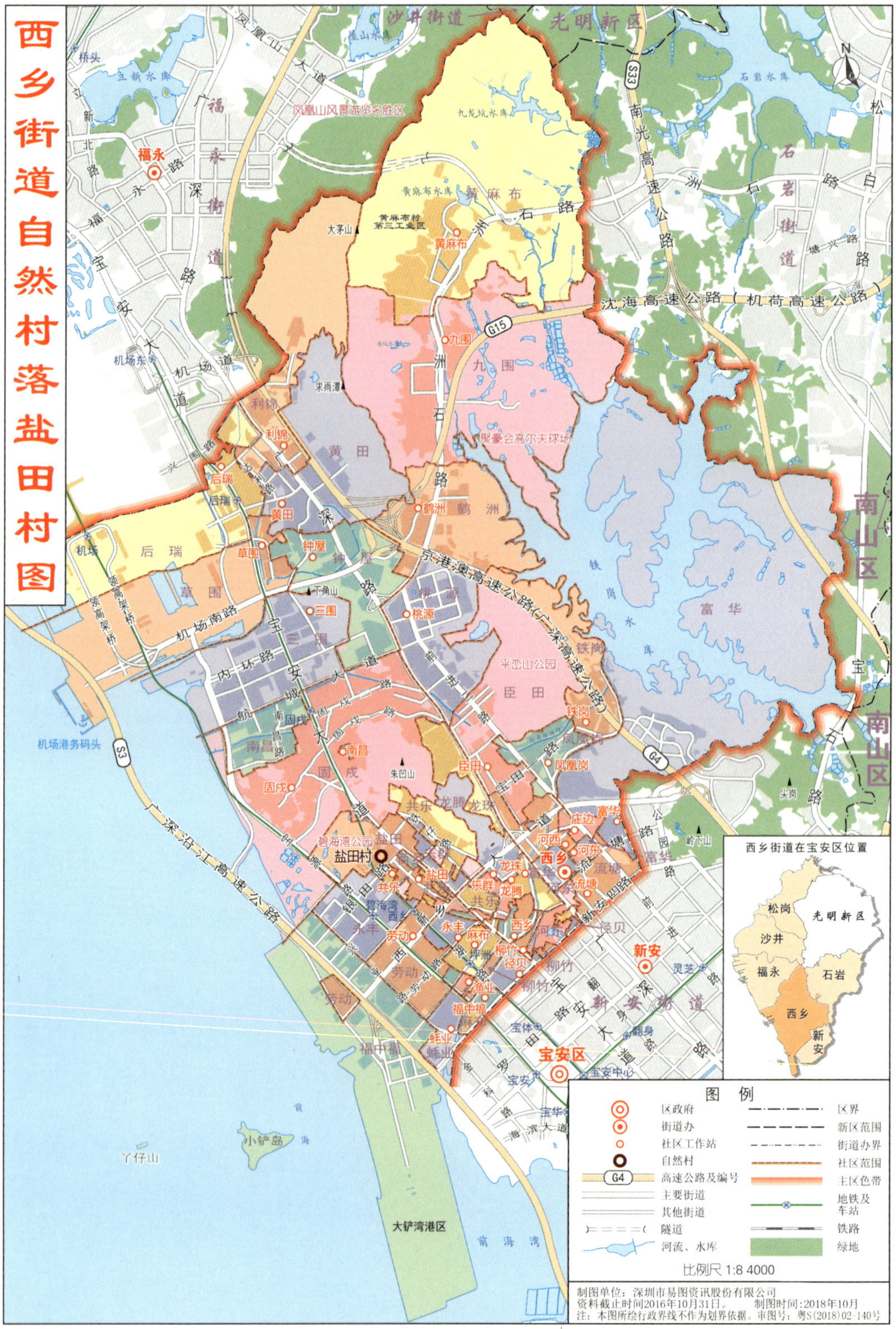

盐田村位置示意图

◎ 盐田村村貌（徐煜 摄于2016年）

盐田村，位于西乡街道西南部，距离街道办事处2.7千米。面积约0.6平方千米。相邻自然村有麻布村、共乐村、永丰村。

盐田村背依鳌山面朝大海，古代是宝安重要盐场之一，村民以冶盐为生，故称盐田村。传说海中有很多鳌鱼，这里过去有一个海湾，取名鳌湾村，后来改名为牛湾村，后归属盐田村。

明清时期，属新安县。1914年，属宝安县。中华人民共和国成立之初，属宝安县西乡、上川、八合、固戍、黄田联乡；1951年，属宝安县第一区共乐乡；1958年10月，属超英公社；1960年，属宝安县西乡公社共乐大队；1979年1月，属深圳市西乡公社；1981年10月，属深圳市宝安县西乡公社；1983年7月，属宝安县西乡区共乐乡；1985年4月，属新安镇共乐管理区；1986年10月，属新安镇共乐行政村；1993年1月，属深圳市宝安区新安镇；1994年1月，属西乡镇共乐行政村；1995年11月，属西乡镇盐田行政村；2004年7月，属西乡街道盐田社区。

世居村民为汉族，广府民系，使用粤方言。村民主要有岑、文、钟等姓。岑姓为第一大姓，明清时期从福永、凤凰迁移至此地。第二大姓氏为文姓，传说是文天祥后人，在明清时期从福永迁至此地。

2015年末，户籍人口880人，其中男性448人，女性432人；80岁以上14人，最年长者93岁（女）。非户籍外来人口5万余人。祖籍该村的香港同胞200多人、澳门同胞40人。

盐田村古代冶盐，近代以来以农业生产为主，种植水稻。20世纪80年代后村集体出租厂房、

◎ 盐田村牌坊（徐煜 摄于2016年）

◎ 洪圣宫（徐煜 摄于2016年）

办公楼和经营物业管理。村民主要收入来源为集体经济分红、工资性收入、房屋出租等。

宝安大道、西乡大道经过该村。20世纪90年代通自来水、通电、通电话，2001年实现全村村道水泥硬底化，2004年通互联网。村里有宝田幼儿园，2015年在园幼儿200人，教职工50人；有牛湾公园、盐田社区图书室，藏书2000册。

传统民居为广府民居，2015年底旧民居已经全部被拆除，村民搬进新建的统建楼小区。2002年建成盐田村牌坊。

村中有1座洪圣宫，始建于清朝，重建于1988年。据村中老人说，洪圣宫原先只供奉洪圣和天后圣母，后增祀观音菩萨。每年村民会举行一系列活动祭拜祈福。

20世纪90年代开发井湾山时，挖出大量的古代铜钱。

西乡过去有农历五月初五划龙舟的风俗，人称"扒龙船"。民间流传着一个"一鼓过三洲"的传说。"扒龙船"是要打鼓的，以鼓舞斗志，但当时鳌湾村没有鼓，怎么办？鳌湾海面上有个荒岛，岛上住着一头叫雷公兽的怪兽。雷公兽像牛，头上却没有角，吼声像打雷一样。后来，鳌湾村人把它捉住剥下皮做成一面鼓，抽出脚骨做成一根鼓槌。村里有个年轻人力气大被推选为打鼓人，俗称打鼓佬。五月初四晚上，打鼓佬的媳妇做了一个梦，梦见一条金龙在大榕树周围飞舞，丢下一片鳞甲变成一条金色的丝绸，金龙嘱咐她第二天"扒龙船"之前要用这根丝绸将打鼓佬和鼓绑在一起。第二天醒来发现身边果然有一根金色的丝绸，当她用金色的丝绸将打鼓佬和鼓绑在一起的时候，打鼓佬突然满面红光，手臂上的肌肉像山峰。"扒龙船"开始了，打鼓佬"咚"的一槌下去，五百里外都能听到，龙船像飞箭一样，一眨眼就过了西乡的三个洲——平洲、马鞍洲和大王洲。忽然天空惊雷闪电，海面上掀起巨浪，龙船被打翻了，海上只剩下漂浮的鼓和与鼓绑在一起的打鼓佬。

（资料填报：赖敏红；初稿撰写：徐煜；分纂：程建）

永丰社区

永丰村

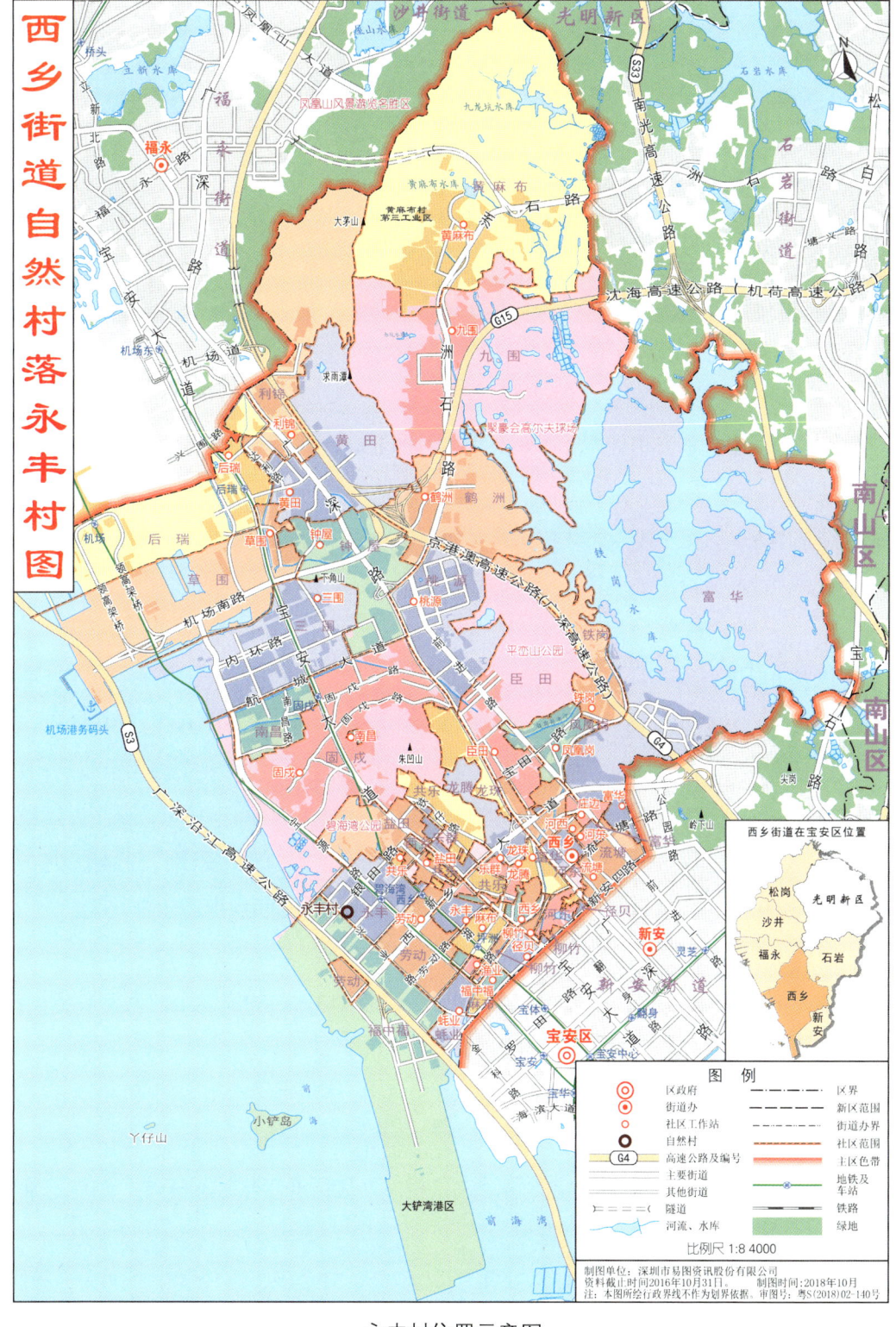

永丰村位置示意图

◎ 永丰村村貌（徐煜 摄于2016年）

永丰村，位于西乡街道办事处西部，距离街道办事处2千米。面积约1.8平方千米。相邻自然村有劳动村、盐田村。

村民为"基围人"，是中华人民共和国成立前后由珠江三角洲迁入当地的渔民和贫苦农民。该村原来处于沿海滩涂和入海河涌地带，没有地名，中华人民共和国成立后，取名永丰村，意为"永远丰收"。

中华人民共和国成立之初，属宝安县西乡、上川、八合、固戍、黄田联乡；1951年，属宝安县第一区上合乡；1958年10月，属超英公社；1959年，属南头公社翻身大队；1960年，属宝安县西乡公社；1979年1月，属深圳市西乡公社；1981年10月，属深圳市宝安县西乡公社；1983年7月，属宝安县西乡区翻身乡；1985年4月，属新安镇翻身管理区；1986年10月，属新安镇翻身行政村；1993年，属宝安县新安镇劳动村；1993年1月，属深圳市宝安区新安镇；1994年1月，属西乡镇劳动行政村；2004年7月，属西乡街道劳动社区；2011年6月，属西乡街道永丰社区。

世居村民为汉族，广府民系，使用粤方言。村民主要有梁姓、陈姓、郭姓。

2015年末，户籍人口9438人，其中男性4725人，女性4713人；80岁以上38人，最年长者103岁（女）。祖籍该村的香港同胞约20人。

传统经济以农业为主，主要农产品为水稻等。2015年，村集体经营厂房出租和物业管理。村民主要收入来源为房屋出租、集体经济分红。

宝安大道、西乡大道、新湖路、宝源路经过该村。20世纪80年代通自来水、通电、通电话，90年代实现全村村道水泥硬底化及通互联网。

该村有西湾小学和海港小学，2015年底共有6个年级、51个班，在校学生3000人、教职工160

◎ 阅读中心儿童阅览区一角（佚名 摄于2013年）　　◎ 永丰篮球场（徐煜 摄于2016年）

人。其中西湾小学始建于清光绪二十一年（1895年），是一所百年老校。现有幼儿园4所，分别为海湾明珠幼儿园、特蕾新幼儿园、宋庆龄幼儿园、乐怡幼儿园，2015年共有专职教师100人、在园幼儿1000人；其中宋庆龄幼儿园是由中国宋庆龄基金会授权，宋庆龄基金儿童教育发展有限公司在深投资举办的政府产权小区配套幼儿园。有篮球场和永丰社区公园。建有香缇湾阅读中心，藏书1万册，设置11个电子阅览席位，还有PDA体验区。

永丰村于2000年后全部拆迁老旧房屋，腾出公共用地进行开发，新建统建楼让永丰村民家家户户住上新楼房。

2013年该村被评为广东省卫生村。2014年被评为广东省宜居社区。

（资料填报：赖敏红；初稿撰写：徐煜；分纂：程建）

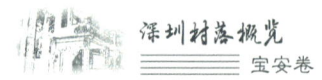

渔业社区

渔业村

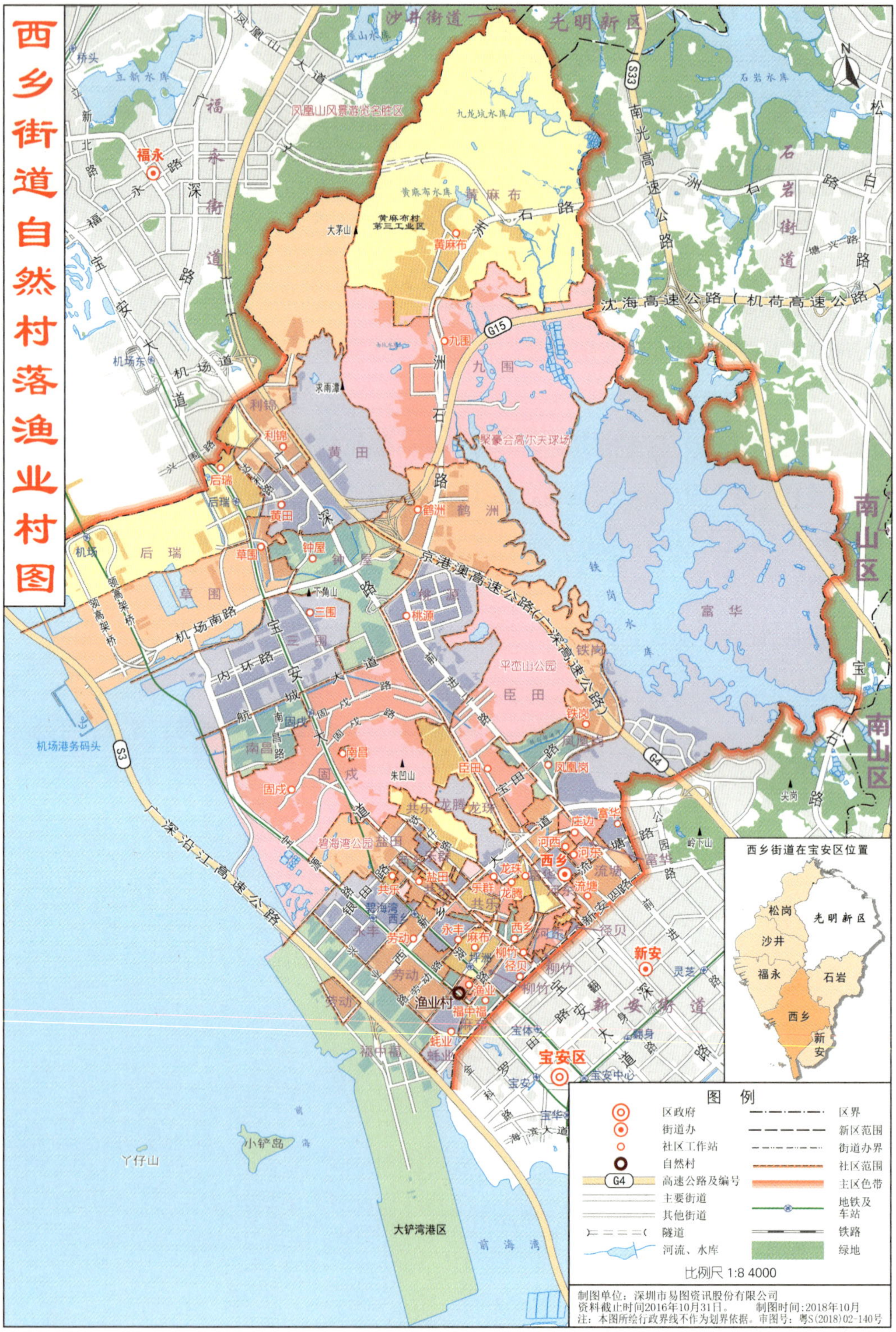

渔业村位置示意图

◎ 渔业村村貌（摄于2016年，渔业社区供稿）

渔业村，位于西乡街道西部，距离西乡街道办事处约4千米。面积约0.1平方千米。相邻自然村有麻布村、蚝业村、劳动村、径贝村。

早在清末民初，因为渔业村附近海面渔业资源丰富，村民以打鱼为生，来自珠江三角洲地带的渔民聚集在此地海边打鱼，之后卖到各地码头，故得名渔业村。

1966年，属宝安县西乡公社翻身大队；1979年1月，属深圳市西乡公社翻身大队；1981年10月，属深圳市宝安县西乡公社翻身大队；1983年7月，属宝安县西乡区翻身乡；1985年4月，属新安镇翻身管理区；1986年10月，属新安镇翻身行政村；1992年，属新安镇渔业行政村；1993年1月，属深圳市宝安区新安镇；1994年1月，属西乡镇渔业行政村；2004年7月，属西乡街道渔业社区。

世居村民为汉族，广府民系，使用粤方言。村民主要有黎、黄、李、陈、冯等姓。

2015年末，户籍人口423人，其中男性210人，女性213人；80岁以上10人，最年长者93岁（男）。非户籍外来人口6000人。

◎ 渔业村房屋建筑（徐煜 摄于2016年）

◎ 渔民交易（摄于1972年，渔业社区供稿）

◎ 渔民用船（徐煜 摄于2016年）

传统经济为渔业，现时村集体经营主要为厂房出租、物业管理。村民主要收入来源为房屋出租、集体经济分红。传统特色农产品有白花胶，是将白花鱼之鱼鳔晒干处理的食品，几乎家家户户都有。

新湖路、宝源路、海城路经过该村。1980年通自来水、通电，1990年通电话，20世纪90年代实现全村村道水泥硬底化，1999年通互联网。

村里修建有老年人活动中心，供该村居民娱乐活动。

村中现存最老的民居建于20世纪70年代，是渔业村村民刚刚上岸时由政府帮助修建的。

因是渔民居住地，渔业村有一些特定的民间习俗。据说小孩子在出生后都要用一根绳子一头绑在船的柱子上，另一头绑在孩子的腰上，以防止小孩掉进海里。中华人民共和国成立前，男捕鱼，女织网，渔民被视为"贱民"，禁止上岸，只能以船为家。渔民在出海前要到附近神庙祭祀后才扬帆出海；每只渔船都置有海神位，若遇风险便点烛、烧香、祈祷。中华人民共和国成立后，渔民逐渐在岸上建起房子，生活逐渐安定，祭祀海神习俗渐趋淡化。

2003年，该村被深圳市爱国卫生运动委员会评为深圳市卫生村。2004年，被广东省爱国卫生运动委员会评为广东省卫生村。

（资料填报：赖敏红；初稿撰写：徐煜；分纂：程建）

钟屋社区

钟屋村

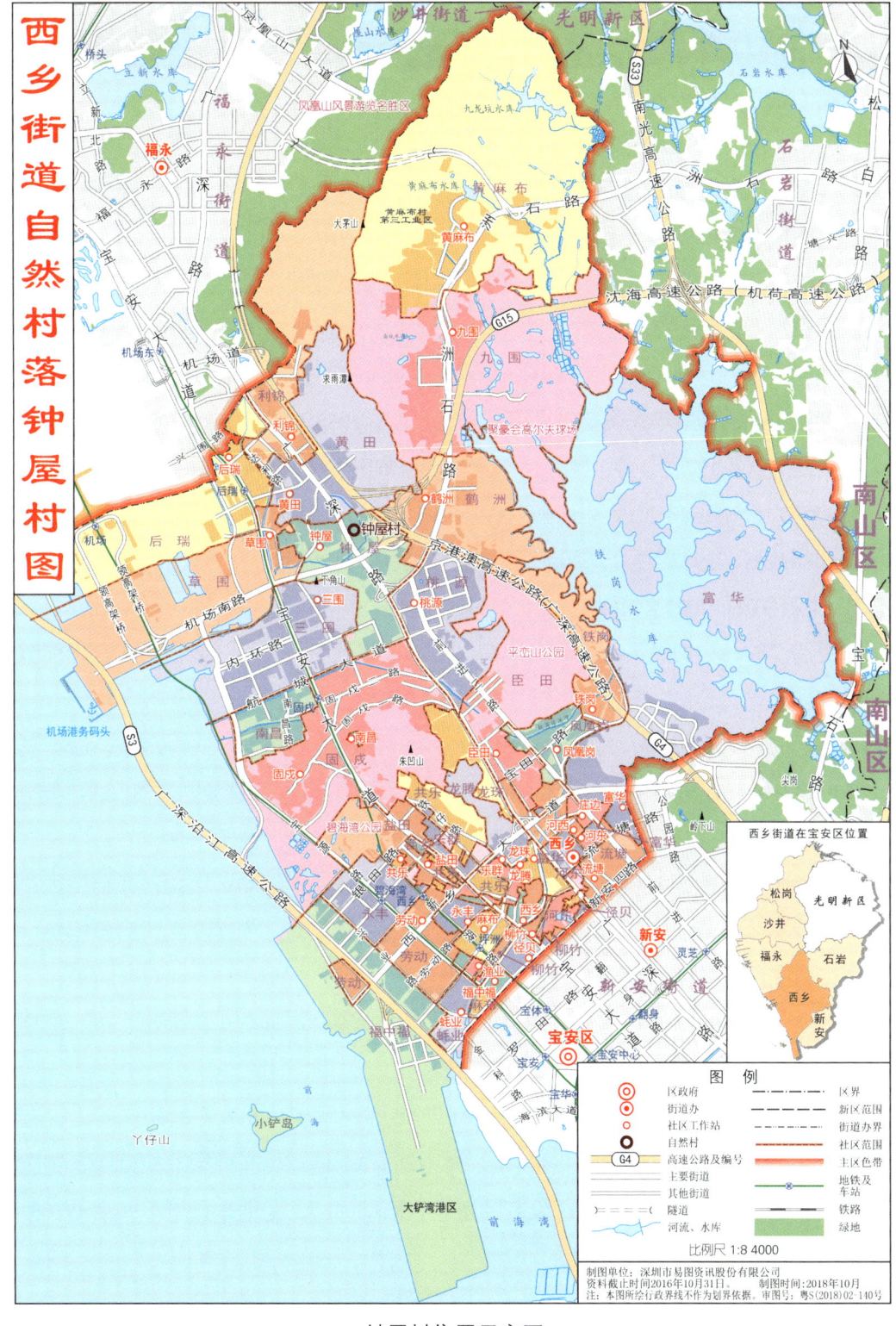

钟屋村位置示意图

◎ 钟屋村村貌（赖敏红 摄于2016年）

钟屋村，位于西乡街道西部，距离西乡街道办事处约7千米。面积约2.5平方千米。相邻自然村有鹤洲村、三围村、黄田村。

钟屋村始建于清朝初期，因钟氏祖先率领族人南迁在此立村而形成。现村于1980年在原村址周边重建。因钟姓人居多而取名钟屋村。该村坐落于求雨坛山麓西坡，村落东边有钟屋排洪渠。

清朝，属新安县。1914年，属宝安县。中华人民共和国成立之初，属宝安县西乡、上川、八合、固戍、黄田联乡；1951年，属宝安县第一区黄田乡；1958年10月，属超英公社；1961年7月，属西乡公社新西大队；1979年1月，属深圳市西乡公社黄田大队；1981年10月，属深圳市宝安县西乡公社；1983年7月，属宝安县西乡区黄田乡；1985年4月，属新安镇黄田管理区；1986年10月，属新安镇黄田行政村；1992年7月，属新安镇钟屋行政村；1993年1月，属深圳市宝安区新安镇；1994年1月，属西乡镇；2004年7月，属西乡街道钟屋社区。

世居村民为汉族，广府民系，使用粤方言。钟姓为该村第一大姓，清朝从河南迁移至广州番禺，后迁移至当地。

2015年末，户籍人口955人，其中男性476人，女性479人；80岁以上约20人，最年长者99岁（女）。非户籍外来人口2.3万人。祖籍该村的香港同胞约90人。祖籍该村的华侨8人，主要分布在美国。

传统经济以农业为主，主要种植水稻、荔枝、龙眼等。20世纪80年代初，开始引进"三来一补"企业。现村集体经营以厂房出租为主。村民主要收入来源为工资性收入、房屋出租、集体经济分红。特色传统食品有麻花、角仔、煎堆。

国道G107线广深公路、钟屋路经过该村。80年代末实现"三通"（自来水、电、电话），90年代末通互联网，2000年实现全村村道水泥硬底化。

村中有钟屋小学，设6个年级，25个班，2015年底在校学生1300人，教职工80人。有钟屋幼儿园，2015年专职教师53人，在园幼儿428人。村中建有3个篮球场和钟屋荔枝公园、钟屋新区公园，供村民及周边居民运动健身使用；设有钟屋老人活动中心，定期举行老年人活动；另有钟屋图书室，藏书4000册。

（资料填报：林承慧；初稿撰写：赖敏红；分纂：程建）

西乡街道　庄边社区　庄边村

庄边社区

庄边村

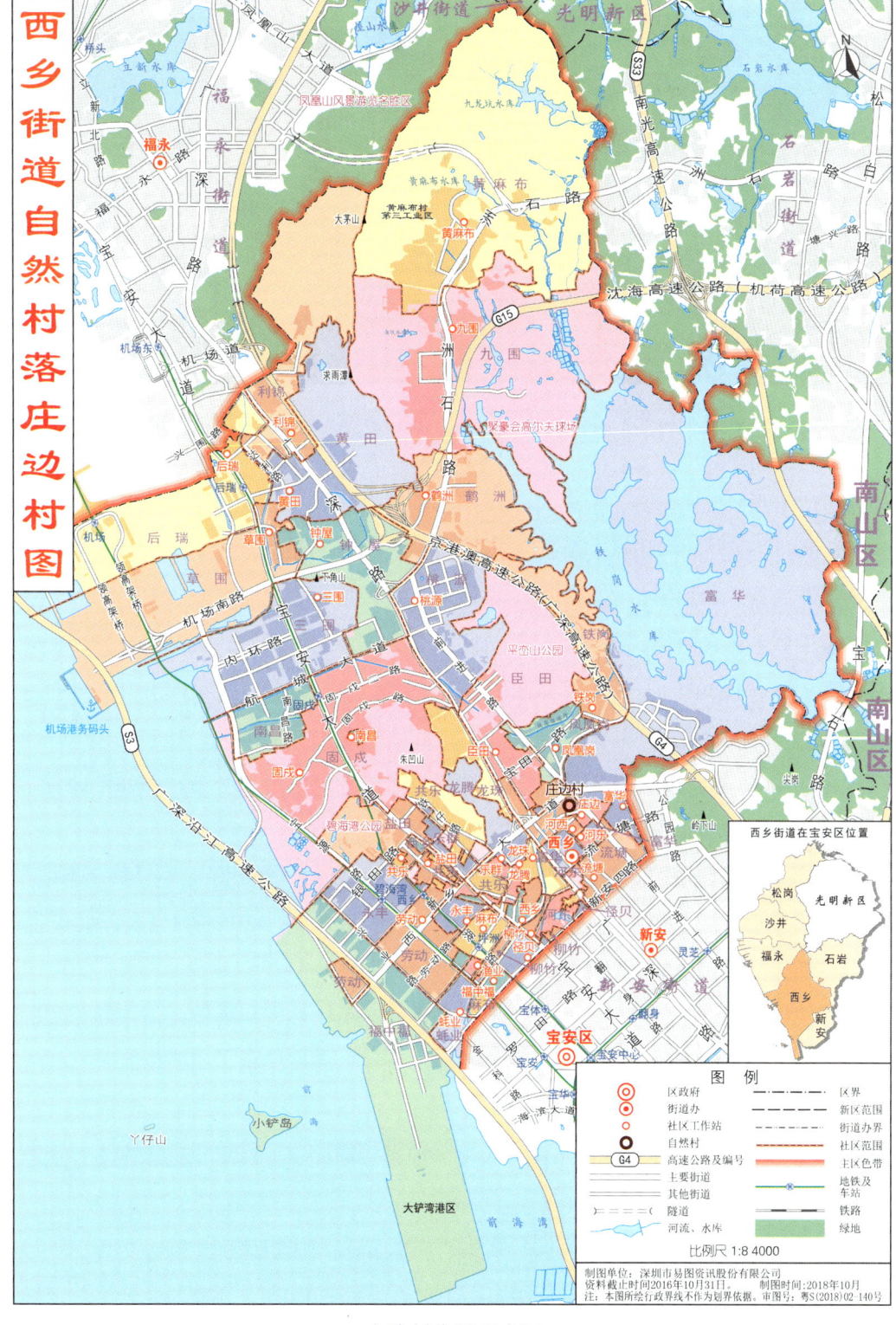

庄边村位置示意图

◎ 庄边村村貌（徐煜 摄于2016年）

庄边村，位于西乡街道南部，距离西乡街道办事处0.7千米。面积约0.7平方千米。相邻自然村有流塘村、河西村、凤凰岗村和新安街道上合村。该村于清朝形成。

清朝，属新安县。1914年，属宝安县。中华人民共和国成立之初，属宝安县西乡、上川、八合、固戍、黄田联乡；1951年，属宝安县第一区新西乡；1958年10月，属超英公社；1960年，属西乡公社新西大队；1979年1月，属深圳市西乡公社；1981年10月，属深圳市宝安县西乡公社；1983年7月，属宝安县西乡区新西乡；1985年4月，属新安镇西乡管理区；1986年10月，属新安镇西乡行政村；1993年1月，属深圳市宝安区新安镇；1994年1月，属西乡镇；1996年10月，属西乡镇庄边行政村；2004年7月，属西乡街道庄边社区。

世居村民为汉族，广府民系，使用粤方言。村民主要为黄姓，清朝从公明迁移至当地。

2015年末，户籍人口252人，其中男性131人，女性121人；80岁以上4人，最年长者89岁（男）。非户籍外来人口8500人。祖籍该村的香港同胞50人。

庄边村传统经济为农业，主要是种植水稻。20世纪80年代后，村集体经济主要为厂房出租、物业管理、开办企业。村民主要收入来源为集体经济分红、房屋出租、工资性收入。传统节庆食品有炒米糕、煎堆、年糕等。

该村毗邻国道G107线广深公路，有西乡大道、前进二路经过。80年代通自来水、通电、通电话，90年代实现村道水泥硬底化，2000年通互联网。

村内有金庄幼儿园。居委会所在的金庄园内有庄边公园，占地面积约1500平方米，内设凉亭、篮球场供村民休息娱乐。居委会内设有庄边社区图书馆，藏书5000册。还有星光老年人之家。

◎ 庄边公园（徐煜 摄于2016年）　　　　　　　　◎ 庄边篮球场（徐煜 摄于2016年）

传统民居是广府民居，20世纪90年代村中所有老旧房屋全部被拆除。

2010年，广东省委常委、深圳市委副书记、代市长王荣来庄边村指导调研，肯定了庄边村多年来的发展，鼓励村民勤劳致富。

2003年12月，庄边村被广东省爱国卫生运动委员会评为广东省卫生村。

（资料填报：赖敏红；初稿撰写：徐煜；分纂：程建）

福永街道

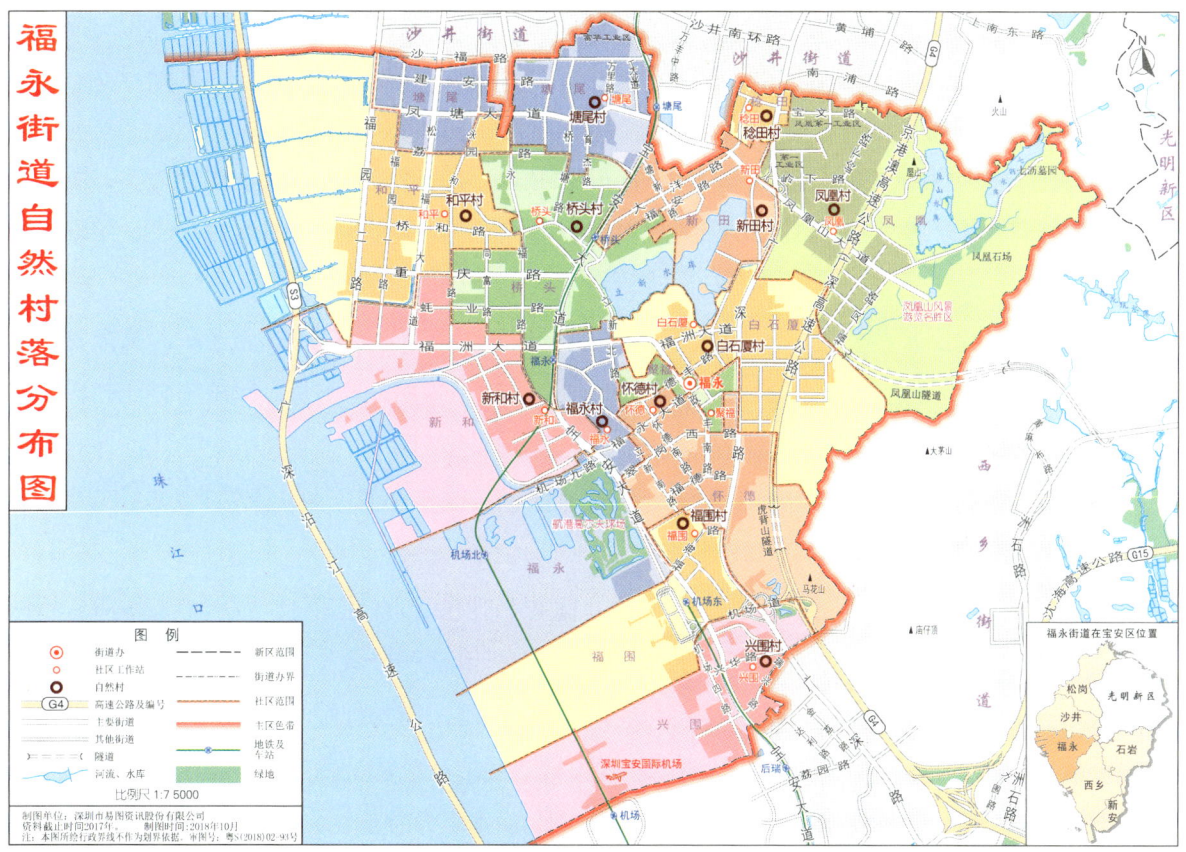

福永街道自然村落分布图

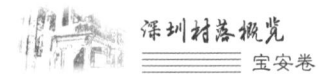

概　述

福永街道位于深圳市宝安区西部、珠江入海口东岸，南邻西乡街道，北接沙井街道，东连凤凰山，西濒珠江口东岸，面积66.2平方千米，辖13个社区。2015年末，常住人口50.48万人，户籍人口3.26万人。

福永地处深圳西部滨海平原台地，地势由东向西呈扇形倾斜入海，东部以山脉为主，西南部是冲积海积平原和台地。流经辖区主要河流有福永河和灶下涌河。年平均气温22.0℃，平均年降水量1700毫米以下。

本地域明清时期属新安县。民国时期，属宝安县。中华人民共和国成立之初，属宝安县松岗、沙井、新桥、雍睦、凤凰联乡；1958年3月，属福永乡；1958年10月，属超美公社；1959年1月，属沙井公社；1977年3月，属福永公社；1979年1月，属深圳市松岗区福永公社；1981年10月，属深圳市宝安县福永公社；1983年7月，属福永区；1986年10月，属福永镇；1993年1月，属深圳市宝安区福永镇；2004年，属福永街道。

传统经济以农业为主，主要种植水稻、甘蔗、龙眼、花生、荔枝等。自1978年起国家实行改革开放政策，福永首先在农村进行改革，农业经营上实行家庭联产承包责任制，农（渔）业自主生产多种经营随之出现，农业经济和多种经营得到快速发展。自20世纪80年代中后期起，福永农业经济的主导地位开始让位于工业。2015年，福永街道经济社会协调发展。全年实现规模以上工业总产值1245.38亿元，规模以上工业增加值299.01亿元、进出口总额189.25亿美元（两项均为宝安区各街道中第一），固定资产投资总额125.38亿元，社会消费品零售总额84.5亿元，国税、地税收入突破百亿大关（101.35亿元）。

福永街道地处穗、深、港黄金走廊的重要节点，拥有立体交通网络：宝安国际机场近在咫尺；广深高速、国道G107线、宝安大道、广深沿江高速公路、南沙快速路穿境而过；厦深铁路西沿线，深圳地铁1号线、10号线、11号线均在福永街道规划有出入口。

2015年底，福永街道列入普查范围的自然村有12个。世居村民为汉族，主要为广府民系，使用粤方言。姓氏较多，主要有文、李、陈、庄、梁、张等姓，多数源于中原地区。福永的古村落大多始建于宋元时期，这一时期由于北方常年战乱、民不聊生，一些士民大户不断南迁，部分散落于福永各地开村立业。

福永古村落传统民居保存比较完整的有凤凰村、桥头村、白石厦村、陈屋村等。保存下来的祠堂、书室，大多保留古建筑的原貌，具有较高的历史、学术和艺术价值。桥头村保留有1座中西合璧式碉楼（植利楼），富有时代特色。凤凰村的古建筑群保存较好，2005年被深圳市宝安区人民政府公布为文物保护单位，其中最为典型的建筑有凤凰塔（文昌塔）、茅山公家塾、顾三书室、麟圃书室、捷卿公家塾、松庄祖祠、文氏宗祠等。顾三书室始建于清光绪九年（1883年），1983年、1988年、2016年三次维修。凤凰塔俗称风水塔或文塔，位于凤凰古村东南道路入口处，始建于清嘉庆年间（1796—1820年），1991年重修，是深圳市塔阁类型建筑的代表作，1984年被公布为深圳市文物保护单位。

福永还保留许多本地特有的非物质文化遗产，凤凰民间故事"望烟楼传说"入选广东省第三批非物质文化遗产名录，凤凰民间传说"麻蓝仙印"被列入宝安区非物质文化遗产名录。富有岭南特色的省级非遗项目"福永醒狮舞"、凤凰村的"舞麒麟"、和平村的"女子舞龙"等项目，都值得发扬光大。

福永街道有光荣的革命传统。大革命时期，中共最初在怀德村一带发动群众，在梅桃松三公祠成立农民协会，建立党组织，支援省港大罢工，参与宝安农民暴动等。1928年，国民党火烧怀德梅桃松三公祠。2002年，怀德村建设怀德陈列馆，重修明清古建筑梅桃松三公祠和谦吾公家塾。

福永街道代表性人物：怀德村潘聪，1924年加入中国共产党，进入黄埔军校学习，1925年受党派遣从广州回福永周边开展土地革命，开展农民运动。同本村革命青年潘国华、潘满容等在怀德梅桃松三公祠成立农会组织，开展革命斗争，支持省港罢工等。

白石厦社区

白石厦村

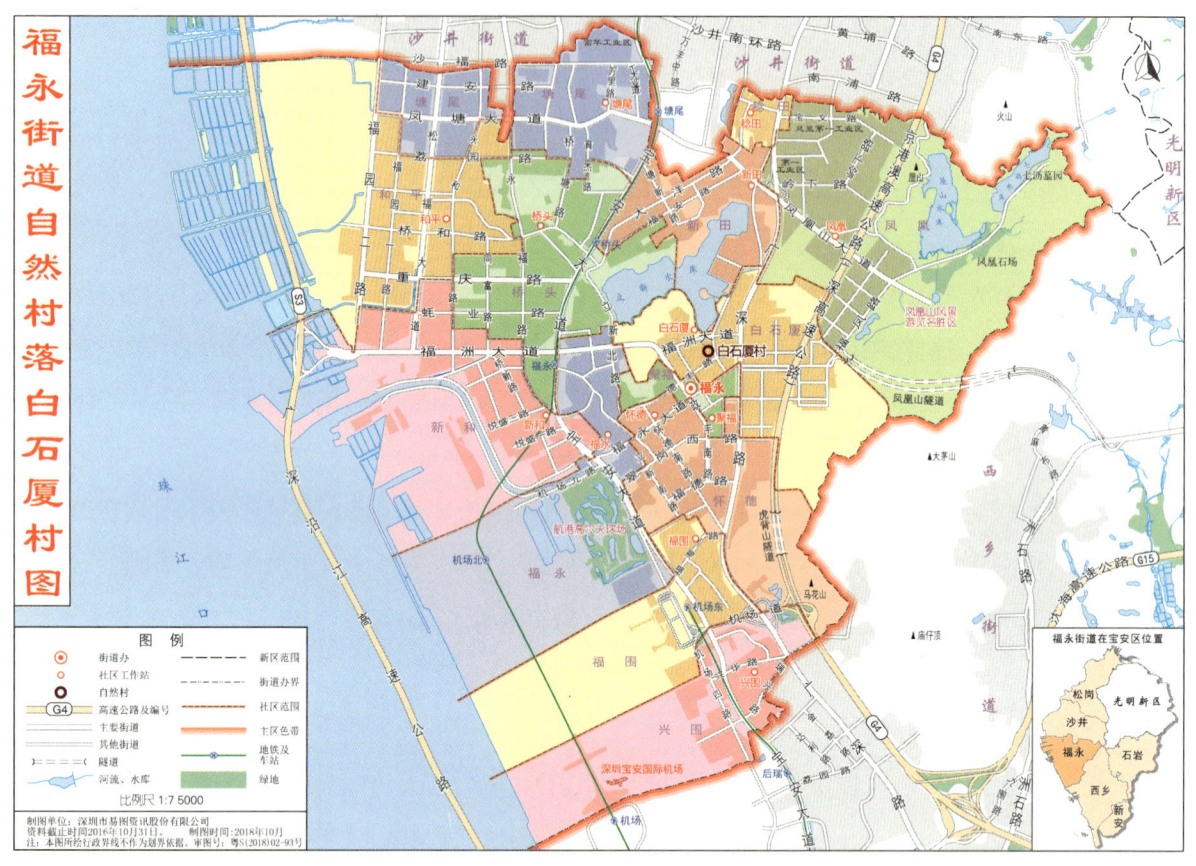

白石厦村位置示意图

白石厦村，位于福永街道中心区，距离福永街道办事处0.5千米。面积约4.8平方千米。相邻自然村有凤凰村、怀德村、桥头村。东依凤凰山，北临立新水库。附近凤凰山主峰大茅山海拔378米。村南有白石厦河。

古时此处是一片荒山野岭，在其半山腰有一突兀白色巨石，在附近居住的村民就以石为名，称此地为"白石下"。元代，文应麟携二子起东、起南迁往岭下村（今凤凰村）开基立村，长子起东（字若龙）居岭下，次子起南（字若凤）迁至白石下。起东次子仲实，出继起南，居白石下村。后人将白石下改为白石厦。

元朝至明万历元年（1573年），属东莞县；明万历元年至清朝，属新安县。1914年，属宝安县。中华人民共和国成立之初，属宝安县松岗、沙井、新桥、雍睦、凤凰联乡；1951年，属宝安县第四区福永乡；1958年10月，属超美公社；1959年7月，属沙井公社福永大队；1960年4月，属怀德大队；1961年7月，属松岗区福永公社；1963年1月，属沙井公社福永大队；1977年3月，属福

◎ 白石厦村村貌（黄永胜 摄于2018年）

永公社；1977年7月，属福永公社怀德大队；1979年1月，属深圳市福永公社；1981年10月，属深圳市宝安县福永公社；1983年7月，属宝安县福永区怀德乡；1986年10月，属福永镇白石厦行政村；1993年1月，属深圳市宝安区福永镇；2004年7月，属福永街道白石厦社区。

世居村民为汉族，广府民系，使用粤方言。村内除第一大姓文姓外，尚有蔡、刘、陈、林、陆、谢、余等7姓。

2015年末，户籍人口1284人，其中男性578人，女性706人；80岁以上32人，最年长者106岁（女）；海外留学归国人员3人。非户籍人口约106500人。祖籍该村的港澳台同胞266人。海外归侨4人。侨眷56人。

传统经济以农业、养殖业为主。主要种植水稻、小麦、花生、甘蔗、柑橘、橙、荔枝、龙眼等。1979年以后，实行家庭联产承包责任制，调动了全体村民的生产积极性，农业生产和多种经营得到长足发展，村民经济收入迅速增加。1984年，白石厦村利用旧祠堂办起第一家工厂——金银首饰厂。1987年以后，兴建西区工业区和东区工业区，到1998年底工业区面积为59.8万平方米。1999年村集体自建厂房。至2003年自建厂房达100万平方米，在注重发展工业的同时，白石厦村也注重发展商业，2003年，村集体建商铺达3000多间。村民主要收入来源为集体经济分红、工资性收入、房屋出租等。特色农产品为荔枝、龙眼、甘蔗、花生。传统食品有粽子、炒米饼、油角、煎堆、年糕等。

该村毗邻京港澳高速G4线，有国道G107线广深公路、福洲大道经过。20世纪80年代通自来水、通电、通电话，90年代通互联网及实现全村村道水泥硬底化。

该村的福兴小学和福民小学，有64个班级，2015年底在校学生3910人，教职工117人。还建有2所幼儿园，分别为白石厦中心幼儿园、童福幼儿园，共有在园幼儿1285人，教职工189人，班级

◎ 白石厦村牌楼（孙明 摄于2016年）

◎ 白石厦村石琚公祠（孙明 摄于2016年）

◎ 白石厦村文氏宗祠（孙明 摄于2016年）

◎ 白石厦村龙王庙（孙明 摄于2016年）

38个。

传统民居为广府民居，三开间三门，砖木石结构，清水砖外墙，花岗岩石条墙裙，木雕封檐板，檐下有彩色壁画，左右两侧门上有门罩，硬山顶、船形脊、碌筒灰瓦，博风处有彩色灰塑。改革开放后，大多数旧民居已被拆除，新建现代居民楼房。

村中有文氏宗祠、石琚公祠等。文氏宗祠位于白石厦古村西北部，现建筑为1986年重建，砖木石结构，三开间三进四廊房，清水砖墙，硬山式屋顶，正垂脊博古饰，石门、门匾为旧祠原物，匾刻阳文正楷"文氏宗祠"。前堂置屏风，中堂后设屏门，上方设木刻"正气堂"匾额，后堂靠墙设供桌神牌。三堂上方均有木雕枋。文氏宗祠为白石厦村文姓祭祖场所，现在为该村老人和醒狮队活动处。

石琚公祠紧邻文氏宗祠，坐北向南，清代建筑，清咸丰九年（1859年）重修，现代维修。建筑面积194.5平方米，为三开间两进一天井布局。大门门额阳刻楷书"石琚公祠 咸丰己未年重修"。为宝安区不可移动文物。该祠堂现由白石厦社区曲艺中心使用。

坐落于凤凰山右侧山脚下的龙王庙，是由白石厦村文氏族人在明朝时期所建。但至民国初年，因年久失修，古庙变为废墟。2000年，在原址上按原貌重建龙王庙。庙内供奉龙王、北帝、关帝等。

白石厦村北的立新水库南岸山顶有"求雨坛"。传说在很久以前，每遇天气干旱，就要到"求雨坛"去祭祀求雨。

村中文氏还留存有《昌化家谱》，由文日新撰修于1945年。

白石厦人祭祖的主要方式是祠堂祭祖和山坟祭祖。祠堂祭祖比较常见，农历每月初一、十五和重要传统节日，以及婚嫁、入伙等都要到祠堂祭祖。

◎ 2016年元宵节白石厦醒狮表演（孙明 摄于2016年）

该村有舞狮拜年的习俗，并接待外村的醒狮前来拜年。该村的醒狮舞被列入深圳市非物质文化遗产名录。

（资料填报：文锦佳；初稿撰写：孙明；分纂：程建）

凤凰社区

凤凰村

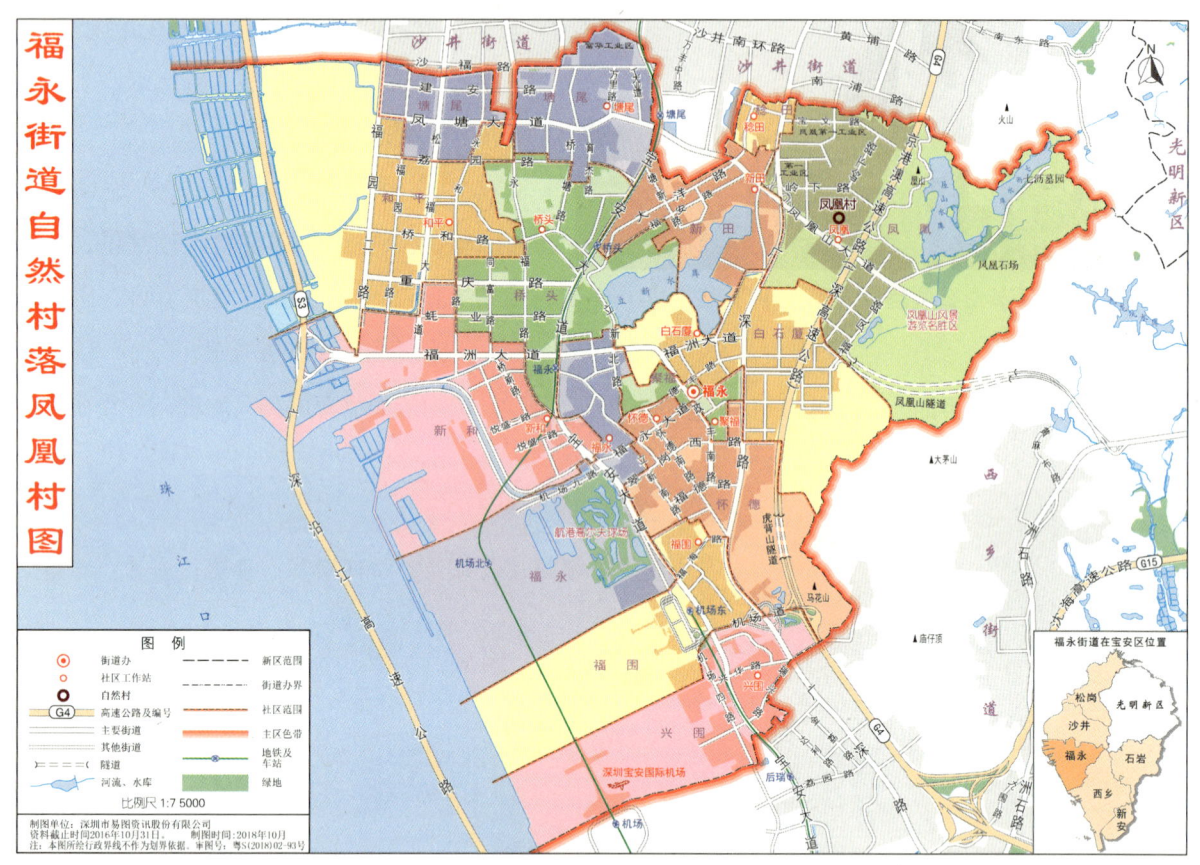

凤凰村位置示意图

凤凰村，位于福永街道东北部，距离福永街道办事处2.5千米。面积约10.7平方千米。相邻自然村有白石厦村、新田村、稔田村、沙井街道洪田村、西乡街道黄麻布村。东靠凤凰山麓，东边有凤凰山森林公园、屋山水库和七沥水库。流经该村的主要河流为福永河与灶下涌河。

村落形成于元代，文天祥之弟文璧的孙子文应麟举家迁至此地。原名岭下村。相传有凤凰飞过大茅山，见此山奇姿秀美，便栖息于山岩上，此岩故名凤凰岩，岩石后有凤凰洞，而山下村落也因此改为凤凰村。

元朝至明万历元年（1573年），属东莞县；明万历元年至清朝，属新安县。1914年，属宝安县。中华人民共和国成立之初，属宝安县松岗、沙井、新桥、雍睦、凤凰联乡；1951年，属宝安县第四区福永乡；1958年10月，属超美公社；1960年4月，属沙井公社凤凰大队；1961年7月，属松岗区福永公社；1963年1月，属沙井公社；1977年3月，属福永公社；1979年1月，属深圳市福永公社；1981年10月，属深圳市宝安县福永公社；1983年7月，属宝安县福永区凤凰乡；1986年10

◎ 凤凰村村貌（杨鹏 摄于2018年）

月，属福永镇凤凰行政村；1993年1月，属深圳市宝安区福永镇；2004年7月，属福永街道凤凰社区。

世居村民为汉族，广府民系，使用粤方言。文、李为该村的两大姓氏。

2015年末，户籍人口2161人，其中男性1030人，女性1131人；80岁以上89人，最年长者100岁（女）。海外归国人员3人。祖籍该村的港澳台同胞2000人。祖籍该村的华侨150人，主要分布在越南、马来西亚、泰国、法国等国。侨眷84人。

1987年以前，传统经济以农业、养殖业为主。1979年全村人口2121人（含新田村），主要种植水稻、小麦、花生、甘蔗、柑橘、橙、荔枝、龙眼、黄皮等。1979年以后，实行家庭联产承包责任制，调动了全体村民的生产积极性，农业生产和多种经营迅速发展，农民经济收入迅速增加。这期间，凤凰村与多家香港农产公司合作，开展规模种植，使该村农业生产达到新的水平。改革开放初期，办起了第一家外资企业——新宝塑料厂。1986年，开始规划建设第一个工业区，至1988年，已建设厂房4.56万平方米，引进10多家外资企业。与此同时，该村注重商业和第三产业的配套发展，形成了一个较系统的商业服务网络。村民主要收入来源为集体经济分红、工资性收入、房屋出租等。特色传统食品有粽子、茶果、大菜糕、谷围、糖不甩、薄撑、菜脯、花生糖、油角、煎堆、番薯糖水、芋头糕等。

该村毗邻京港澳高速G4线，有国道G107线广深公路、凤塘大道、凤凰大道经过。20世纪80年代通自来水、通电、通电话，90年代实现全村村道水泥硬底化并通互联网。

◎ 凤凰村顾三书室（孙明 摄于2008年）

该村凤凰小学设班级40个，2015年底在校学生2106人，教职工42人。金贝幼儿园开办于2005年，位于凤凰山森林公园入口处，2015年在园幼儿559人，教职工75人。福宁幼儿园开办于2015年，在园幼儿423人，教职工72人。

二十世纪八九十年代以来，该村建成一批篮球场、羽毛球场等体育设施，完善医疗站、老人康乐中心。1996年建成村级图书馆。2001年建成广场公园。

凤凰村的古建筑群保存较好，2005年被深圳市宝安区人民政府公布为文物保护单位。其中最为典型的建筑有凤凰塔（文昌塔）、茅山公家塾、顾三书室、麟圃书室、捷卿公家塾、松庄祖祠、文氏宗祠等。

顾三书室始建于清光绪九年（1883年），1983年、1988年、2016年三次维修。书室坐东南向西北，建筑面积512.7平方米。为三开间三进两天井布局，砖木石结构，清水砖墙，花岗岩石墙，内部墙壁上部有彩绘壁画。凤凰书院，位于凤凰山半山腰，由我国著名作家、诺贝尔文学奖获得者莫言亲笔题写院名，首任院长为当代著名文化学者刘梦溪。

凤凰塔俗称"风水塔"或文塔，位于凤凰古村东南道路入口处。始建于清嘉庆年间（1796—1820年），1991年重修，坐西北向东南。平面呈六边形，为六层砖石木结构楼阁，高约20米。塔基与第一层下半段用青麻石砌筑，塔檐用五层菱角牙子、七层平砖叠涩砌出。第一层正面用方门，二、三层用券门及左右方窗，四、五层用方窗，顶层正面用圆窗，原塔刹已被雷击毁。今存塔刹为1991年重修时所加。梯引攀至顶。塔门的联匾分别是：第一层"凤阁朝阳"；第二层匾为"开文运"，左右联为"地近舟山凭凤鬻；天明黄道任龙翔"；第三层匾为"经纬楼"，左右联

◎ 凤凰塔（孙明 摄于2016年）

◎ "凤舞"石刻（孙明 摄于2016年）

◎ 凤岩古庙（孙明 摄于2016年）

◎ 凤凰村文氏宗祠（孙明 摄于2016年）

为"凤云蟠五岭；金壁联三台"；第四层匾为"独占"；第五层匾为"直上"；第六层匾为"绮汉"。均为楷书阳文石刻，字体刚劲有力。塔边一股溪水绕塔往下流经桥头汇入珠江口。凤凰塔是深圳市塔阁类型建筑的代表作，1984年被公布为深圳市文物保护单位。

凤凰山景区坐落于福永镇东面凤凰山脉中段、大茅山东麓，海拔378米，方圆12平方千米，西眺珠江口，峰峦连绵，漫山树木葱茏，山溪浅流，幻石奇岩众多，古迹嵯峨，是宝安县历史名山胜地。

凤岩古庙建于明弘治元年（1488年），后经多次重修，20世纪90年代又重修，庙内供奉观音菩萨。

在凤岩古庙旁，有一处凤凰山石刻群，由"凤舞石刻""净瓶洒露""莺石点头""良极文公拜石""饭熟菜香""瓣香精舍"、明代进士郑文炳《秋日游凤凰岩》节选等碑刻及摩崖石刻组成，刻于明代至民国时期。"凤舞石刻"相传为明代凤岩古庙僧人用稻草蘸墨挥写，在天然花岗岩石上雕刻而成，高4.5米，底宽5.6米。"凤舞"两字为阳刻楷书，"凤"长1米，"舞"长1.8米、宽0.80米。"良极文公拜石"为花岗岩质，阴刻楷书，长1.4米，宽0.3米，厚0.12米。立碑主人文良极与南宋文天祥同辈，此石匾可能为当时的原物。"莺石点头"碑立于清康熙十五年（1676年），红砂岩质，阴刻楷书，残高0.5米，宽0.28米，厚0.15米。"净瓶洒露"碑为红砂岩质，阴刻楷书，落款"明弘治庚戌进士郑士忠题"。"饭熟菜香""净瓶洒露"等碑刻为附属文物。为宝安区现存的唯一一处摩崖石刻群。

舞麒麟相传已有千年历史，是一种融武术、舞蹈、音乐为一体的文体活动，也是凤凰社区的特色文化之一，每逢喜庆节日必有麒麟助兴，以示吉祥。凤凰麒麟武术馆的武术队主教练现由全国武术冠军李鸿峰担任，陈桂培、文乳明任麒麟队教练，100多名队员全部从凤凰社区的户籍居民中挑选。

望烟楼的传说是根据福永汉族民间传说整理而成，该传说讲述的是民族英雄文天祥的侄孙文应麟在福永体察灾情、乐善好施的事迹。传说文应麟于元大德年间（1297—1307年）到福永镇大茅山脚下开村立业，繁衍生息，家道日益殷实。他同情百姓遭遇，常常接济穷人。每到灾年，他便爬上凤凰山顶，看看山下村落各家各户烟囱是否冒烟，以判断其是不是断粮。如果看见山下某农户家烟囱没有冒烟，说明其家里已经断粮，就会派族人上门送粮，接济他们。老百姓对他感激万分，称他是大慈大悲的活菩萨。而他为了瞭望方便，在凤凰山巅搭建了一座临时的望烟台，傍晚就在望烟台上瞭望四周村落，以便及时了解民情，接济穷人。后人为纪念这位乐善好施、关心民众疾苦的义士，便在凤凰山顶临时搭建瞭望台的地方建了一座望烟楼。文应麟还在凤凰山上捐建了一座观音庙。2007年，"望烟楼传说"被列入宝安区非物质文化遗产名录。2009年7月，"望烟楼传说"被列入广东省第三批非物质文化遗产名录。传承人为文宝驹。

据《宝安民间文学集成》记载，"麻蓝仙印"传说距今已有700多年的历史，该传说记录抗元英雄文天祥的侄孙文应麟，在福永大茅山脚下，开村立业，其乐善好施、关心民众疾苦的善行义举，得到了观世音菩萨的认同，于是在现凤岩古庙右侧的大石头上留下了一组清晰的麻蓝印痕和两对三寸金莲的脚印，经文氏后人口口相传，附近的人都争先恐后前来观看，一时大茅山人声鼎沸，众多民众前来朝拜，成为远近闻名的"仙山"。白衣观音被文氏后人供奉在山洞里，石印被后人尊称为"麻蓝仙印"。麻蓝仙印的传说与历史名人文天祥联系紧密，是深圳地区文天祥事迹的承载地点。文应麟与凤凰山、凤岩古庙、试剑石、望烟楼等人文景观紧密相连，有较高的旅游开发价值。每年众多游客到凤凰山观光、休闲，在创造可观的经济价值的同时，也带来相当的社会效应。2014年7月，凤凰民间传说"麻蓝仙印"被列入宝安区非物质文化遗产名录。

代表性人物：

文璧，字世安，号文溪，又号东山。文天祥胞弟。南宋开庆元年（1259年）进士，任惠州太守。后降元，任临江路总管兼府尹。据说，其卸任后携妻儿和16名家丁潜至宝安松岗鹤仔园一带，开村立业，繁衍后裔。故此，宝安松岗及福永凤凰、白石厦一带的文氏均奉其为始祖。

文应麟，文璧之孙，文天祥侄孙。元代，从宝安松岗鹤仔园搬迁到福永大茅山脚岭下居住，开村立业，成为当今凤凰村、白石厦村、新田村文氏的开基之祖。

（资料填报：文敏聪；初稿撰写：孙明；分纂：程建）

福围社区

福围村

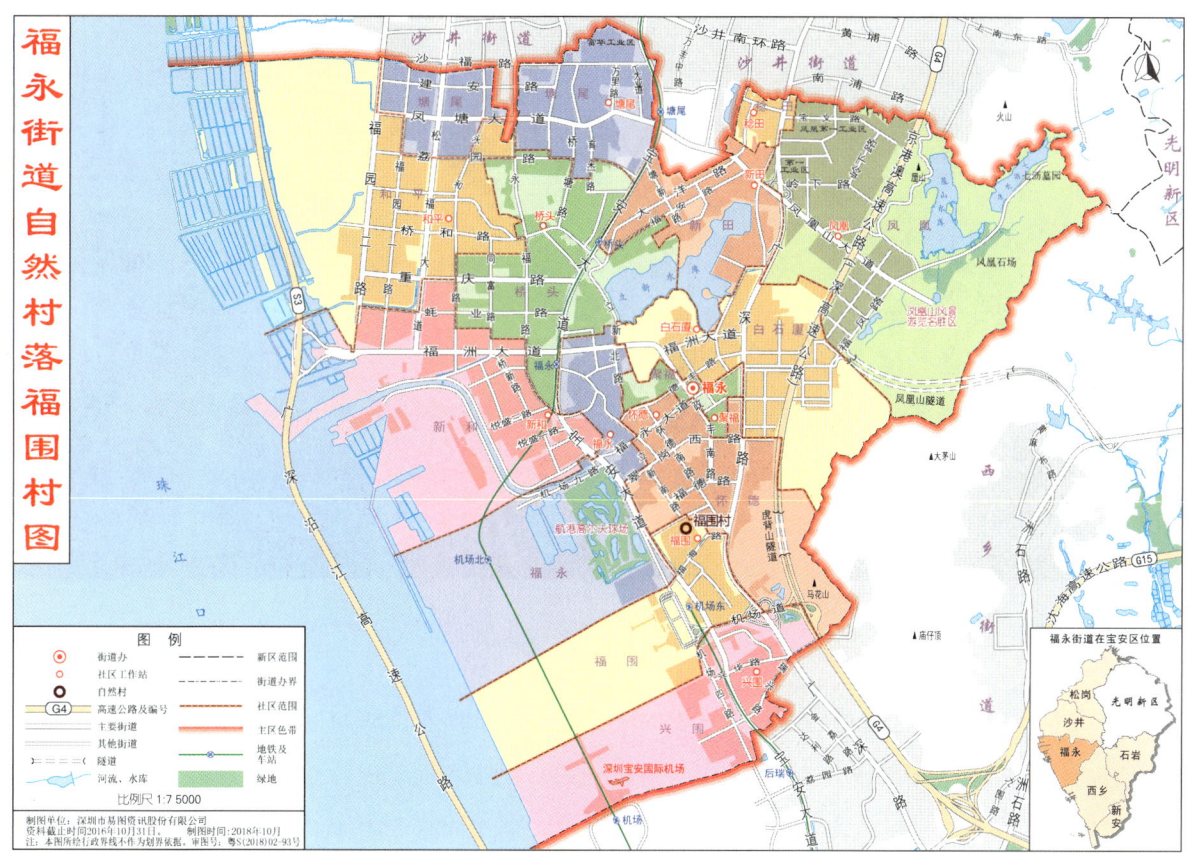

福围村位置示意图

福围村，位于福永街道南部，距离福永街道办事处2.5千米。面积约2.7平方千米。相邻自然村有怀德村、福永村、兴围村。

清朝至民国时期，此处居民没有土地，居无定所，或在船上，或居于河涌边临时搭建的茅棚内，被称为"水流柴"及"基围人"。当时他们所居之地被称为广山涌、下沙涌。1949年后，当地政府将原广山涌、下沙涌居民统一安置，形成下十围村。后改名福围村。

中华人民共和国成立之初，属宝安县松岗、沙井、新桥、雍睦、凤凰联乡；1951年，属宝安县第四区福永乡；1963年1月，属西乡公社三围大队；1979年1月，属深圳市福永公社三围大队；1980年11月，属兴围大队；1981年10月，属深圳市宝安县福永公社兴围大队；1983年7月，属宝安县福永区兴围乡；1986年10月，属福永镇下十围行政村；1993年1月，属深圳市宝安区福永镇；2004年7月，属福永街道福围社区。

世居村民均为汉族，广府民系，使用粤方言。常住人口中，以黄、陈、李姓居多。

◎ 福围村村貌（郑蒋馨 摄于2017年）

2015年末，户籍人口1116人，其中男性530人，女性586人；80岁以上33人，最年长者96岁（男）。非户籍外来人口约6万人。祖籍该村的港澳台同胞118人。

1949年之前，该村村民为渔民，以捕鱼、养虾为生。1949年后传统经济为农业、养殖业。主要种植水稻、小麦、花生、柑橘、橙、荔枝、龙眼和浅水养殖鱼、虾、蚝、蟹等。1979以后，实行家庭联产承包责任制，农业生产、水产养殖和其他多种经营得到迅速发展，农民经济收入迅速增加。1986年，下十围引进第一个外资厂——新艺家私厂，开始兴办工业。1988年以后，先后引进工厂36家，工业建设逐年发展，成为该村的主要支柱产业。1989年开始，深圳机场相继征用下十围农田3400亩。下十围村利用紧靠机场的区位优势，注重发展第三产业，兴建福海农贸市场，兴办商业街。村民主要收入来源为集体经济分红、工资性收入、房屋出租等。

该村毗邻国道G107线广深公路，有宝安大道经过。20世纪90年代实现"三通"（自来水、电、电话），现已通互联网并已实现全村村道水泥硬底化。

下十围小学有班级35个，2015年底在校学生1500人，教职工62人。幼儿园有2所，福围幼儿园，在园幼儿300人，教职工22人；下十围幼儿园，在园幼儿255人，教职工33人。另建有图书室，藏书1.3万册。有医疗站、福围长者家园、文化广场，建设多个篮球场、溜冰场、足球场。

该村传统民居为广府民居，现已全部被拆除。

村民的拜祭活动，在中华人民共和国成立前多是在船上进行，而中华人民共和国成立后则在

◎ 福围村下十围小学（孙明 摄于2016年）

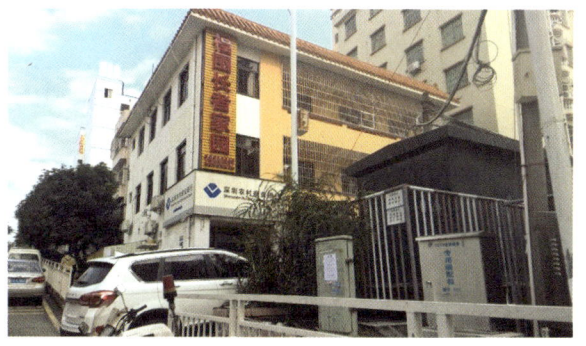
◎ 福围长者家园（孙明 摄于2016年）

◎ 福围社区办公大楼（孙明 摄于2016年）

家中进行。同样，中华人民共和国成立前的"基围人"只能在船上生活，生老病死、结婚生子都是在船上，去世后也只能施行水葬；中华人民共和国成立后才有了土葬和清明、重阳节在山坡祭祀祖先的活动；殡葬改革后，实行火化，仪式简化。

（资料填报：陈亦斌；初稿撰写：孙明；分纂：程建）

福永社区

福永村

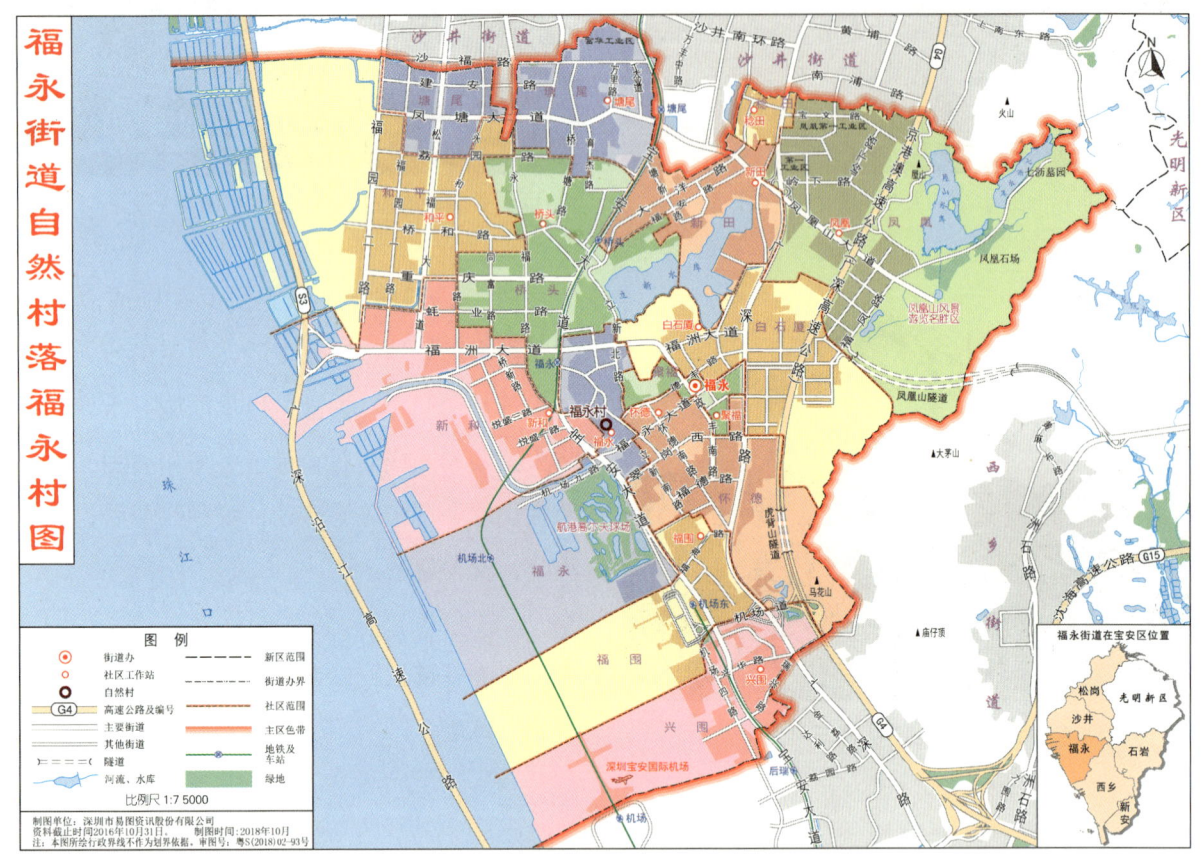

福永村位置示意图

福永村，位于福永街道中心区，距离福永街道办事处约1千米。面积约1.2平方千米。相邻自然村有怀德村、福围村、新和村。

古时，福永河称为怀溪，福永古村正处于怀溪入海口位置。该村形成于宋朝，由陈屋村、梁屋村、庄屋村三村组合而成，又称"三姓堂"或"三星堂"。元代初年，经三姓族人父老商议，以"永远幸福"之意而取名为"福永"。明清时期，这里有了渔港和货运码头，形成了繁华的鱼市和商品货物的集散地，并有了墟市。

宋元至明万历元年（1573年），属东莞县；明万历元年至清朝，属新安县。1914年，属宝安县。中华人民共和国成立之初，属宝安县松岗、沙井、新桥、雍睦、凤凰联乡；1951年，属宝安县第四区福永乡；1958年10月，属超美公社；1959年7月，属沙井公社福永大队；1961年7月，属松岗区福永公社；1963年1月，属沙井公社福永大队；1977年3月，属福永公社；1979年1月，属深圳市福永公社；1981年10月，属深圳市宝安县福永公社；1983年7月，属宝安县福永区福永乡；

◎ 福永村村貌（郑蒋馨 摄于2017年）

1986年10月，属福永镇福永行政村；1993年1月，属深圳市宝安区福永镇；2004年7月，属福永街道福永社区。

世居村民均为汉族，广府民系，使用粤方言。以陈、庄、梁姓居多。

2015年末，户籍人口1308人，其中男性641人，女性667人；80岁以上103人，最年长者108岁（女）。祖籍该村的港澳台同胞100多人。归侨1人。

改革开放前，福永村以传统的农业和水产养殖业为主。主要种植水稻、花生、甘蔗等，水产养殖以蚝业为主，其次为浅水鱼和虾、蟹。1979年以后实行家庭联产承包责任制，村民以种养业、第三产业为主，种植水果蔬菜，养殖"三鸟"、生猪，开发鱼塘养殖，发展创汇型农产品；第三产业方面利用中心区临街开设各种商店铺位，发展商业、服务业。同时，福永村引进"三来一补"企业，开始发展工业。建设工业区，引进外资企业进区办厂，形成该村的工业支柱产业并建设固成商业区。另外，福永村还保留有水产养殖场25公顷，年水产品产量80吨；种植水果（荔枝为主）面积415亩，年产量40吨。村民主要收入来源为集体经济分红、工资性收入、房屋出租等。

该村毗邻广深沿江高速S3线，有宝安大道、福永大道经过。2000年实现村道巷道水泥硬底化。该村的福永中心小学有34个班，2015年底在校学生1769人，教职工105人。有凤城花园幼儿园，在园幼儿168人，教职工35人；崛起第四幼儿园，在园幼儿239人，教职工39人。村中有文化广场北篮球场、文化广场西篮球场、村一队篮球场、村二队篮球场、福中工业园篮球场、福海A区篮球场并设置户外健身设施。还建起了星光老人之家、社区综合服务中心、文化广场等。

该村的广府传统民居建于清代，大多坐东向西，清水砖墙，石条墙裙、硬山屋顶、博古脊、碌筒灰瓦，正门檐下有彩色壁画，木雕封檐板。

村中现存5座宗祠。庄氏宗祠，始建于明洪武年间（1368—1398年），清道光五年（1825年）仲春重修，1986年再重修，砖木结构，清水砖墙，三开间二廊两进一天井。前堂七架梁、明

◎ 福永村老巷民居（孙明 摄于2016年）

◎ 福永村庄氏宗祠（孙明 摄于2016年）

◎ 福永村醒狮队（孙明 摄于2016年）

◎ 福永村陈氏宗祠（孙明 摄于2016年）

间正中辟门，宽1.75米，高3.1米。次间设塾台，梁枋上有木雕花草柁墩和斗拱。前堂次间设厢房，门内有二门式木屏风，天井两旁为卷棚顶廊房。后堂七架梁，后部正中设供桌。前堂架梁有木雕人物柁墩、花草耍头。后堂梁架有木雕柁墩，圆斗状瓜柱。前后堂屋顶为船形正脊、硬山顶、灰瓦覆盖。整座建筑保存较好。

梁氏宗祠，始建于明末，清道光七年（1827年）重修，1985年再重修，砖木石结构，两堂一天井二廊房。前堂明间正中设门，宽1.95米。石门匾上阳刻正楷"梁氏宗祠"。内次间上方有木雕枋，柁墩和斗拱结构，门内有屏风。天井两旁有卷棚顶廊房，檐上部有看脊，看脊上有彩色灰塑。后堂正中木雕枋上一斗三升结构，有动物柁墩。堂后部正中有供台。前堂顶为博古正脊，后堂顶为船形正脊，两堂均为硬山顶，灰瓦覆盖。

陈氏宗祠，始建于元代，明、清时期均有重修，1989年重建。砖木结构，三进三开间二天井，前有塾台，砖石木结构，清水砖墙，硬山顶，灰瓦覆盖，琉璃瓦剪边，中堂悬挂"怡善堂"匾，后堂摆放祖先牌位。前堂明间上方阳刻楷书石门匾"陈氏宗祠"为始建时原物。陈氏宗祠为福永村陈氏宗族祭祖场所，现亦为村民休闲活动的场所。

福永巡检司旧址就在福永墟东。福永墟北有福恩堂、斋堂、元侯庙、康元帅庙等建筑。正街的街尾是福永码头，码头前有观音庙和关帝庙。

福永村是著名的舞狮之乡，其醒狮舞形成于清乾隆年间（1736—1795年）。当时上岸的渔民常以竹、木、布或纸扎狮子，敲锣打鼓，翩翩起舞，或庆祝丰收，或祈求出海平安。后来每逢春节、元宵、端午、重阳等重要节日都表演舞狮和唱大戏，嫁娶迎亲、商铺开张等也都大张旗鼓地舞狮助兴。2007年，福永醒狮舞被列入广东省非物质文化遗产名录。

（资料填报：陈锐斌；初稿撰写：孙明；分纂：程建）

和平社区

和平村

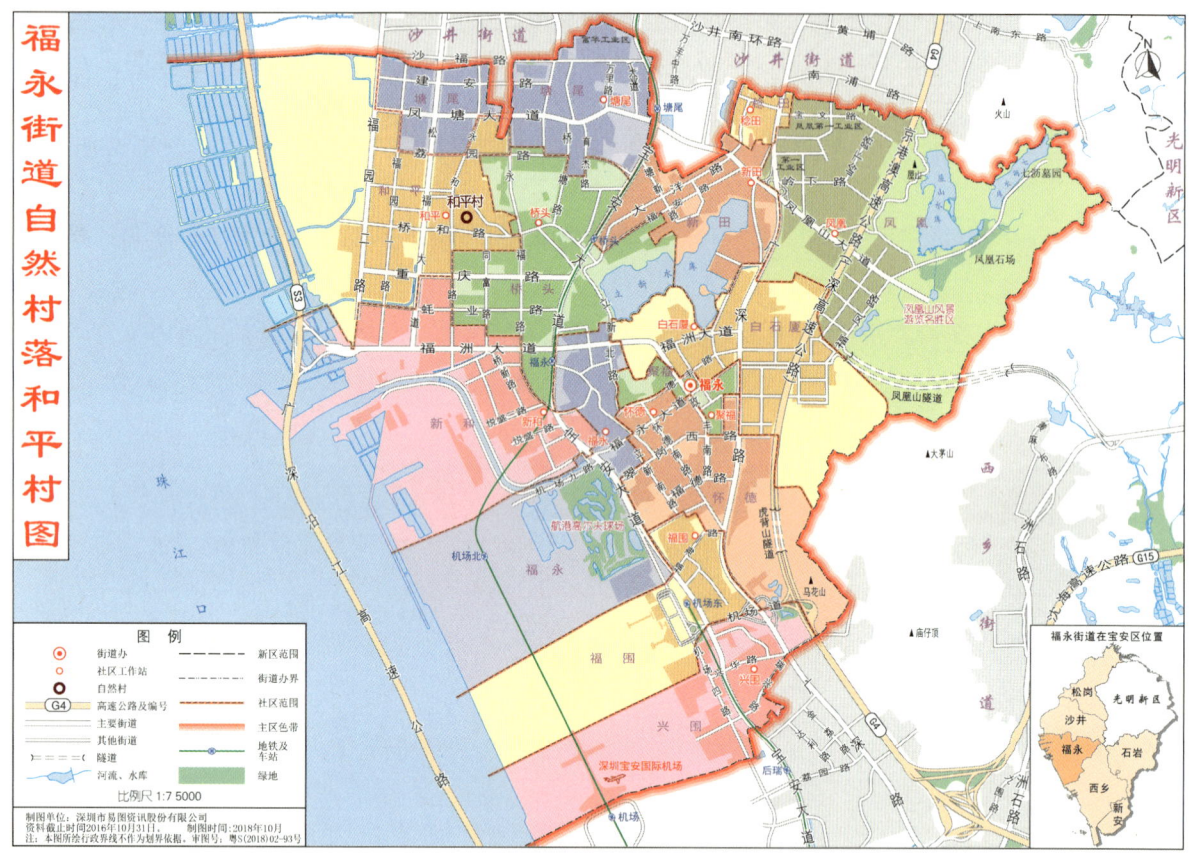

和平村位置示意图

　　和平村，位于福永街道西部偏北沿海地带，距离福永街道办事处约5千米。面积约9.8平方千米。相邻自然村有桥头村、新和村和沙井街道和二村。

　　古时这一带均为海边滩涂。1950年，同益涌、玻璃围、坳劲涌、四兴涌、潭仔涌、围头涌等多条涌的"基围人"集中搬迁上岸建村，取名和平村。

　　中华人民共和国成立之初，属宝安县松岗、沙井、新桥、雍睦、凤凰联乡；1951年，属宝安县第四区平塘乡；1958年10月，属超美公社；1960年4月，属沙井公社和平大队；1961年7月，属松岗区福永公社；1963年1月，属沙井公社和平大队；1977年，属福永公社和平乡；1979年1月，属深圳市福永公社；1981年10月，属深圳市宝安县福永公社；1983年7月，属宝安县福永区和平乡；1986年10月，属福永镇和平行政村；1993年1月，属深圳市宝安区福永镇；2004年7月，属福永街道和平社区。

　　世居村民为汉族，广府民系，使用粤方言基围话。常住人口中，以梁、陈、郭姓居多。

◎ 和平村村貌（彭露颖 摄于2016年）

2015年末，户籍人口1169人，其中男性532人，女性637人；80岁以上65人。非户籍外来人口约14万人。祖籍该村的港澳台同胞约500人。

1989年以前，该村传统经济以农业和养殖业为主。主要种植水稻，其次为小麦、花生等，水产养殖以鱼虾蟹为主。1979年，人均年分配350元。二十世纪六七十年代，和平大队一直为水稻种植高产区，当时将85%以上粮食卖给国家，成为全省卖余粮给国家最多的大队之一。1971年和平大队水稻种植面积10985亩，总产量12.63万担，上调国家商品粮7.86万担，平均每个劳动力提供商品粮2700千克，被评为全省农业学大寨先进单位，被树为全省农业学大寨的一面旗帜，"全国学大寨，广东学和平"，成为广东地区当时农业学大寨运动的一个样板村。

◎ 和平社区办公楼（孙明 摄于2016年）

◎ "和平世家"村民统建楼（孙明 摄于2016年）

◎ 20世纪70年代建的和平玻璃围村民住宅（孙明 摄于2016年）

◎ 和平村女子舞龙队参加元宵龙狮会（孙明 摄于2016年）

1979年以后，和平村实行家庭联产承包责任制。1979年6月，和平村第一个与香港元朗水产公司签订为期8年的来料养殖鱼虾蟹协议书，以后又相继与香港鸿德、合益、鸿利等多家水产公司合作水产养殖。

改革开放后，村中引进来料加工企业，发展工业，建设同富裕工业区。在注重发展工业的同时，和平村也注重发展第三产业。新建了综合农贸市场，商业铺位2000多个，较大型超市商场6个。村民主要收入来源为集体经济分红、工资性收入、房屋出租等。

该村毗邻广深沿江高速S3线，有宝安大道、松福大道、桥和路、凤塘大道、荔园路经过。1956年通电话，1965年通电，1985年通自来水，2005年通互联网，2006年实现全村村道水泥硬底化。

该村有和平中英文实验学校，设9个年级，2015年底在校学生3000人，教职工200人。有5所幼儿园，共有在园幼儿1694人，教职工241人。有和平图书馆、和平公园、篮球场、羽毛球场和影剧院。

2006年，由当地的女性居民和外来工作的女性组成了深圳市首支女子舞龙队。2012年曾代表深圳市参加广东省龙狮大赛，她们表演的《巾帼显英姿》女子规定套路荣获冠军，自选套路荣获亚军。

（资料填报：文碧姬；初稿撰写：孙明；分纂：程建）

怀德社区

怀德村

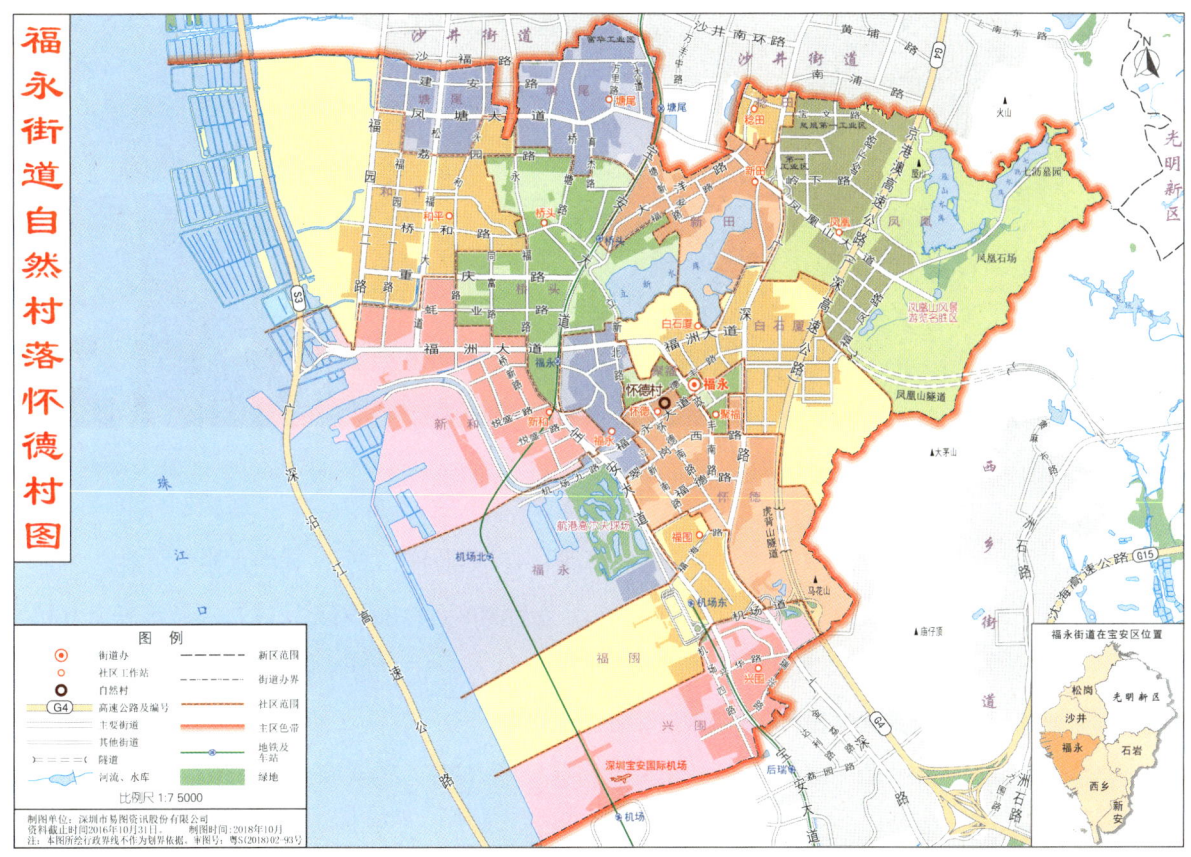

怀德村位置示意图

怀德村，位于福永街道中心区，珠江口东岸，距离福永街道办事处约0.8千米。相邻自然村有白石厦村、福永村、福围村。主要河流为福永河。

北宋之前，此处名龙堂。潘氏先祖潘仲鉴于南宋景定年间（1260—1264年）携族人迁至福永龙堂，开村立业，取名怀德村。

宋元至明万历元年（1573年），属东莞县；明万历元年至清朝，属新安县。1914年，属宝安县。中华人民共和国成立之初，属宝安县松岗、沙井、新桥、雍睦、凤凰联乡；1951年，属宝安县第四区福永乡；1958年10月，属超美公社；1959年7月，属沙井公社福永大队；1960年4月，属怀德大队；1961年7月，属松岗区福永公社；1963年1月，属沙井公社福永大队；1977年3月，属福永公社；1977年7月，属福永公社怀德大队；1979年1月，属深圳市福永公社怀德大队；1981年10月，属深圳市宝安县福永公社；1983年7月，属宝安县福永区怀德乡；1986年10月，属福永镇怀德行政村；1993年1月，属深圳市宝安区福永镇；2004年7月，属福永街道怀德社区。

◎ 怀德村村貌（彭露颖 摄于2017年）

世居村民为汉族，广府民系，使用粤方言。怀德村有不同姓氏37个，其中大姓为潘姓。

2015年末，户籍人口914人，其中男性406人，女性508人；80岁以上33人，最年长者100岁（女）；实际在村人口874人。祖籍该村的海外归国人员3人。非户籍外来人口4.7万人。祖籍该村的港澳台同胞571人。祖籍该村的华侨19人。侨眷21人。

传统经济以农业和水产养殖业为主。主要种植水稻、小麦、花生、甘蔗、柑、橙、荔枝、龙眼；水产以浅水养殖海鱼、虾、蟹等为主。

1979年后，实行家庭联产承包责任制，分田包干到户。1983年，怀德村与桥头村合作，办起了第一家企业——德利织染厂。建设翠岗工业园区、翠湖工业区、翠海工业区。在重点发展工业的同时，怀德村注重第三产业的发展，相继建设和引入福永家私城、福永名家私广场、金泰家私城、宝港家私城、福永家私博览中心等大型家私城，使福永拥有深圳面积最大的家私购物城。村民主要收入来源为集体经济分红、工资性收入、房屋出租等。

该村毗邻国道G107线广深公路、京港澳高速G4线，有政丰南路、怀德南路、翠岗西路、翠岗东路、洋西路、新塘路等经过。20世纪90年代实现"三通"（自来水、电、电话），2000年通互联网，2004年实现村内各巷道的硬底化建设。

◎ 怀德村潘氏宗祠（孙明 摄于2016年）

◎ 潘氏宗祠"十二禁"石碑（孙明 摄于2016年）

◎ 怀德醒狮舞术团（摄于2015年）

该村福永小学设41个班，2015年底在校学生2377人，教职工126人。有幼儿园2所，怀德第二幼儿园在园幼儿480人，教职工70人；万京曼科幼儿园在园幼儿269人，教职工39人。村属体育场有2个，分别为怀德村委球场、翠岗五区球场。有西门公园广场，西门公园、翠岗公园、望牛亭公园，怀德社区老人活动中心、怀德城市花园活动中心。有怀德村图书馆，藏书1.5万余册。还有怀德村史陈列馆。

该村现仍有9座广府传统民居，有人居住。传统民居为三开间两进一天井布局，砖木石结构，清水砖墙，硬山顶，船形脊，两面坡，碌筒灰瓦，有木雕封檐板，檐下有彩绘，左右两侧门上有门罩。

潘氏宗祠的堂名为怀德堂。据说始建于元至大元年（1308年），清乾隆四十五年（1780年）重修，现存建筑为1992年重修。三开间三进二天井二廊房，砖木结构，硬山式，灰塑船形正脊，琉璃瓦当，大门的明间以花岗石贴面，门匾"潘氏宗祠"为原物。整座建筑采用灰塑、石雕、木雕和彩绘等建筑装饰手法。前堂右厢房外墙上有一块清乾隆四十五年重修石碑，碑文内容有：禁止在祠堂开场聚赌，贮灰放粪，积木堆柴，养鸭绚牛，张缯打禾，脱门放车，锁踞长住，毁狮破鳌，教习拳棍，擅放农器，经布打磨，长放烂轿。倘敢拒谏抗违，将他物件经从掷出，本人及家长一并责罚，不许入祠。

村内还有始建于明代的梅桃松三公祠，清代重修，2002年再修。该祠坐北向南，占地面积500平方米，为三开间两进一天井布局，祠内有一石碑记载了梅、桃、松三兄弟的生平，被誉"孝子兄弟贤良千秋盛；敬母祠宗世代万年兴"。

另有始建于明末清初的谦吾公家塾，位于怀德村潘氏宗祠后面，清光绪年间（1875—1908年）重修，2002年重建；砖木石结构，三开间二堂一天井二廊房。堂前有红砂石檐柱，木雕花草封檐板。顶为博古正脊，脊中间灰塑花草。内外山墙上部有人物故事壁画。整座建筑保存尚好。

村民在祠堂内的活动较多，每月农历初一、十五和重要的传统节日，以及婚嫁、入伙、祝寿

◎ 怀德谦吾公家塾（孙明 摄于2016年）　　◎ 怀德村梅桃松三公祠（孙明 摄于2016年）

等喜庆事，人们都要到祠堂祭祀或摆酒。清明节和重阳节到山坟祭祖，所有族人都要参加。

自明清以来，怀德村就有醒狮武术队，舞狮比武之风延续700余年。民国时期，舞狮武术和赛龙舟已成为村里群众广泛参与的传统体育活动，并一直延续。

民主革命及抗日战争时期，怀德村一直是共产党领导开展革命斗争的地方。

2015年8月，怀德村被中央精神文明办评为"全国文明单位"。

代表性人物：

潘聪，1924年加入中国共产党，进入黄埔军校学习，1925年受党组织派遣从广州回福永周边开展土地革命，发动农民运动。同本村革命青年潘国华、潘满容等在怀德梅桃松三公祠成立农会组织，开展革命斗争，支持省港罢工。在他的影响下，怀德村相继有40多人参加了共产党领导的革命军队，投身革命武装斗争。为革命牺牲的就有20多位。潘国财、潘国佳等几家成为游击队的常住地、联络点和堡垒户。

潘国佳（1920—1949），1941年参加革命，共产党员。1949年8月，在布吉战斗中牺牲。牺牲前为中国人民解放军粤赣湘边纵队三团队长。

潘国财（1921—1946），与潘国佳是同胞兄弟。1941年参加革命，共产党员。抗日战争时期，为抗击日本侵略者和敌伪军队，他带动全村16人参加了游击队。他在怀德村的老家成为了游击队的堡垒户和可靠据点。1946年6月被叛徒出卖，在市桥石排山被捕后英勇就义，牺牲时为广东人民抗日游击队东江纵队中队长。

（资料填报：潘肖焕；初稿撰写：孙明；分纂：程建）

桥头社区

桥头村

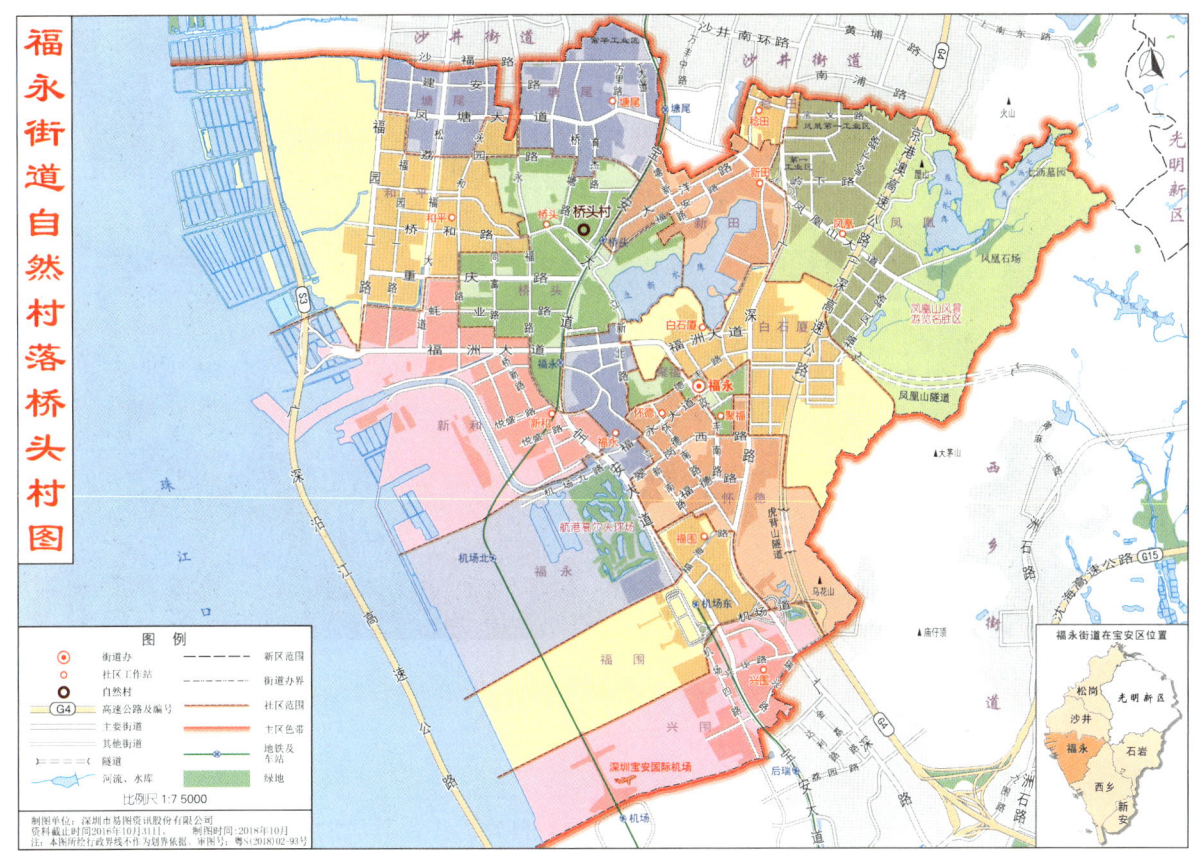

桥头村位置示意图

桥头村，位于福永街道西北部，距离福永街道办事处约2千米。相邻自然村有新田村、白石厦村、和平村、塘尾村、新和村。

北宋时期，林姓族人从福建莆田北螺村迁至广东东莞万江镇，后又迁至宝安黄田。南宋嘉泰年间（1201—1204年）从黄田迁至此处开村立业。因凤凰山的坳颈涌上有一座石桥，而该村位于石桥北头，故取名为桥头村。

宋元至明万历元年（1573年），属东莞县；明万历元年至清朝，属新安县。1914年，属宝安县。中华人民共和国成立之初，属宝安县松岗、沙井、新桥、雍睦、凤凰联乡；1951年，属宝安县第四区福永乡；1958年10月，属超美公社；1959年7月，属沙井公社；1961年7月，属松岗区福永公社；1963年1月，属沙井公社桥塘大队；1976年12月，属福永公社桥头大队；1979年1月，属深圳市福永公社；1981年10月，属深圳市宝安县福永公社；1983年7月，属宝安县福永区桥头乡；1986年10月，属福永镇桥头行政村；1993年1月，属深圳市宝安区福永镇；2004年7月，属福永街

◎ 桥头村村貌（摄于2016年，福海街道供稿）

道桥头社区。

世居村民为汉族，广府民系，使用粤方言。村民以林姓为主，其次为陈姓。

2015年末，户籍人口1494人，其中男性697人，女性797人；80岁以上55人，最年长者96岁（女）。祖籍该村的港澳台同胞70人。归侨1人。侨眷3人。

传统经济以农业和水产养殖业为主。主要种植水稻、小麦、花生、甘蔗、柑橘、橙、荔枝、龙眼等。改革开放后，该村引进来料加工厂，成立村农工商公司，合资开办德利染织厂，开发工业区。现时村集体经济以厂房出租和物业管理为主。村民主要收入来源为工资性收入、房屋出租、集体经济分红等。

该村毗邻国道G107线广深公路、宝安大道，有永福大道、桥和大道、重庆路、桥塘路、大洋路经过。20世纪60年代通电，90年代通自来水、通电话，2000年通互联网，2005年实现全村村道水泥硬底化。

村中有桥头小学，设36个班，2015年底在校学生1990人，教职工122人。有金蕾幼儿园、桥头幼儿园、鸿德幼儿园、欧兰特桥鑫幼儿园，在园幼儿共1258人，教职工304人。建有桥头文化广场（含舞台）和附属公园，2个篮球场、1个足球场、1个老人康乐中心、1个医疗站和1个狮子武术馆，还有桥头村图书馆。

◎ 桥头村传统民居（孙明 摄于2016年）

◎ 桥头村可隐林公祠（孙明 摄于2016年）

◎ 桥头村杨侯宫（孙明 摄于2016年）

该村现存建于清代或民国时期的20余座广府民居，坐北向南，砖木土结构，清水砖墙，硬山屋顶，船形脊，碌筒灰瓦覆盖。前墙及两外侧墙为青砖砌筑，后墙多为三合土夯筑，多数有彩色灰塑门罩，有的在院墙上部博风等处装饰有彩色灰塑，内容多为花鸟虫鱼、吉祥瑞兽等。

村内的可隐林公祠，始建于明代，清代重建，1992年重修。占地面积220平方米，为三开间两进一天井布局，前有塾台，砖木石结构，硬山顶，清水砖外墙，灰瓦覆盖，琉璃瓦剪边，前后两堂的屋脊都有博古装饰。2010年该祠被宝安区公布为不可移动文物点。

灶下陈氏宗祠，始建于清朝初年，清代后期重修。占地面积约300平方米，砖木石结构，三开间二进一天井，清水砖墙，硬山顶，正、垂脊有博古装饰，门上方灰塑阳文楷书"陈氏宗祠"。

始建于明代的振南林公祠，在清代重修，又于1988年重建。占地面积约220平方米，为三开间两进一天井布局，砖木石结构，硬山顶，清水砖墙，灰瓦覆盖，琉璃瓦剪边，前后两堂屋脊有博古装饰。

桥头村内有杨侯宫，始建于清朝初年，现代改建，三开间两进，占地面积约100平方米。

仿西式建筑植利楼又称林汝添别墅，修建于1934年，钢筋混凝土结构，清水砖墙。分别由主人居住楼房、附属楼房、佣人居所和大门、院墙等组成。为宝安区不可移动文物。

林氏祭祖活动主要在林氏祠堂内举行。农历每月初一、十五和重要节日祭祖，还有婚嫁、入伙、祝寿等喜庆事，都要到祠堂举办。每逢清明节和重阳节，则去山坟祭祖。

该村节庆活动有正月十五"烧大炮""补千天"、农历二月十九"观音诞"、三月二十三"妈祖节""祭祀龙王"、七月十四"鬼节"等。舞狮习俗始于清乾隆年间（1736—1795年）。

◎ 灶下陈氏宗祠（孙明 摄于2010年）　　◎ 桥头村醒狮舞（孙明 摄于2016年）

桥头醒狮团曾在各级别的活动表演和参加国内外的比赛中取得良好的成绩，2004年和2011年曾代表国家在马来西亚国际狮王争霸赛中取得佳绩。

代表性人物：

林剑锋（1936—），1982年后曾任宝安县副县长、宝安区第一届人大常委会主任、深圳市人大常委会委员。

（资料填报：林健忠；初稿撰写：孙明；分纂：程建）

稔田社区

稔田村

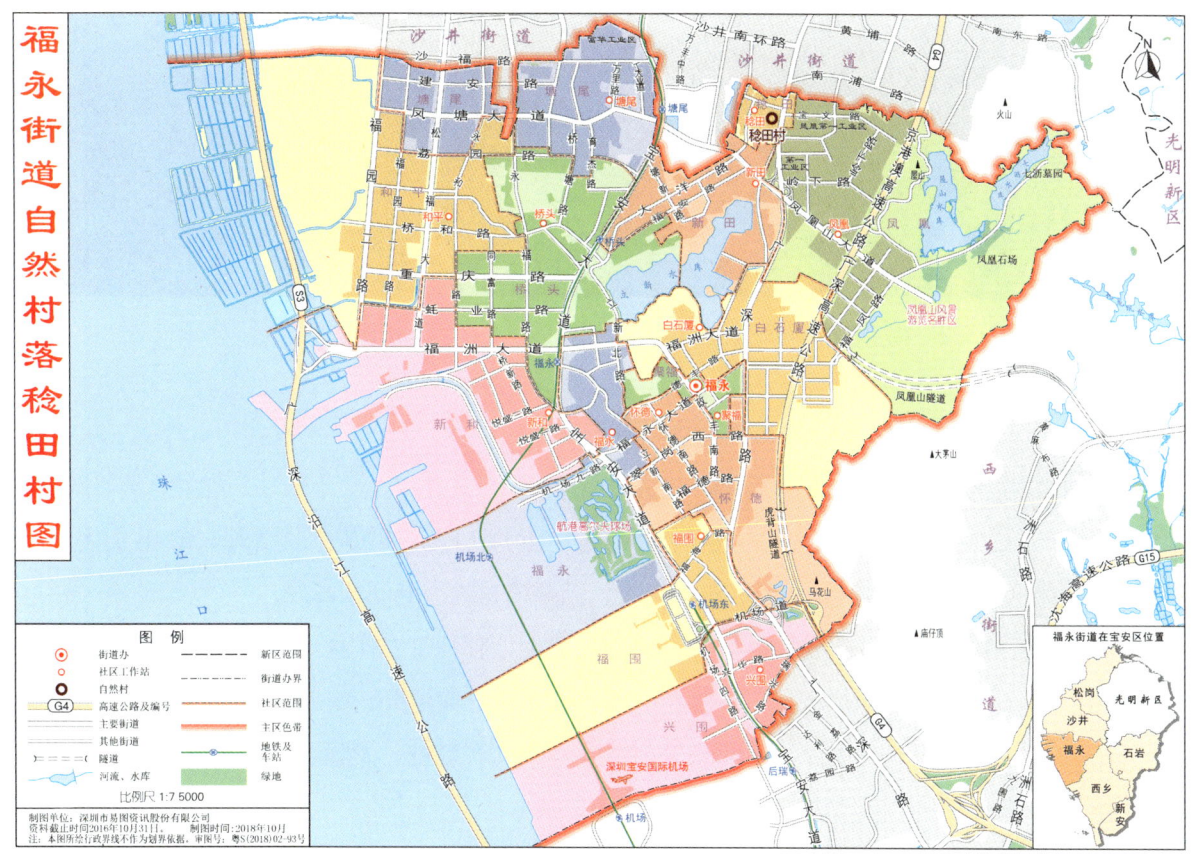

稔田村位置示意图

稔田村，位于福永街道西北部，距离福永街道办事处约4.3千米。面积约0.38平方千米。相邻自然村有凤凰村、塘尾村、新田村和沙井街道万丰村。

元大德年间（1297—1307年），文氏后人在距岭下村约500米处今稔田村一带开村立业，谓之新村。张、陆等姓于元朝末年迁徙至此定居，因此地有很多稔树，故村名为稔田村。明朝中期，苏姓先人从东莞太平苏屋也迁移到稔田定居。

元朝至明万历元年（1573年），属东莞县；明万历元年至清朝，属新安县。1914年，属宝安县。中华人民共和国成立之初，属宝安县松岗、沙井、新桥、雍睦、凤凰联乡；1951年，属宝安县第四区福永乡；1958年10月，属超美公社；1960年4月，属沙井公社凤凰大队；1961年7月，属松岗区福永公社；1963年1月，属沙井公社凤凰大队；1977年3月，属福永公社；1979年1月，属深圳市福永公社；1981年10月，属深圳市宝安县福永公社；1983年7月，属宝安县福永区凤凰乡；1986年10月，属福永镇凤凰行政村；1993年1月，属深圳市宝安区福永镇新田行政村；2004年7

◎ 稔田村村貌（彭露颖 摄于2017年）

月，属福永街道凤凰社区；2005年4月，属福永街道稔田社区。

世居村民为汉族，广府民系，使用粤方言。村民主要为文姓，其次为张姓、陆姓、苏姓等。

2015年末，户籍人口143人，其中男性69人，女性74人；80岁以上2人，最年长者84岁（男）；海外留学3人。非户籍外来人口1万多人。祖籍该村的香港同胞43人。

传统经济以农业为主，主要种植水稻、番薯、花生、甘蔗等农作物。改革开放后开始发展工业，新建厂房，引进外商和外企。村集体经济以厂房出租、商业经营等为主。村民主要收入来源为工资性收入、房屋出租、集体经济分红等。特色农产品有荔枝、龙眼、水稻、甘蔗等。特色食品有炒米饼、油角、煎堆、年糕、薄撑等。

国道G107线广深公路、凤塘大道、稔田大道经过该村。20世纪90年代初通自来水和通电话，90年代中期通互联网，2007年实现全村村道水泥硬底化。

该村小学生在凤凰村小学就读。有1所幼儿园，2015年末，在园幼儿53人，教职工15人。有文体公园、村民活动中心、文化活动室。

传统民居为广府式民居，三开间两进一天井布局，砖木石结构，清水砖墙。均为硬山顶、船

◎ 稔田社区办公楼（孙明 摄于2016年）

◎ 稔田村传统民居（孙明 摄于2016年）

◎ 稔田村文体公园（孙明 摄于2016年）

◎ 稔田村民统建楼（孙明 摄于2016年）

形脊、两面坡、碌筒灰瓦。有木刻封檐板，檐下有彩绘装饰，左右两侧门上有门罩。博风有彩色灰塑装饰。

文氏祭祖活动主要在凤凰村文氏祠堂内举行，农历每月初一、十五和重要节日祭祖，还有婚嫁、入伙、祝寿等喜庆事，大都在祠堂举办。拜山祭祖活动一年两次，时间为清明节和重阳节。

每逢农历二月十九观音诞，或农历四月初八佛诞日，有村民赶赴凤凰山观音庙祭拜。

稔田村的婚俗、葬俗都为广府民俗。婚俗隆重、繁琐而复杂，婚礼大致由婚前礼、正婚礼和婚后礼三部分组成。传统丧葬礼俗有报丧、入殓、吊唁、出殡、送山等环节。

（资料填报：陆毅民；初稿撰写：孙明；分纂：程建）

塘尾社区

塘尾村

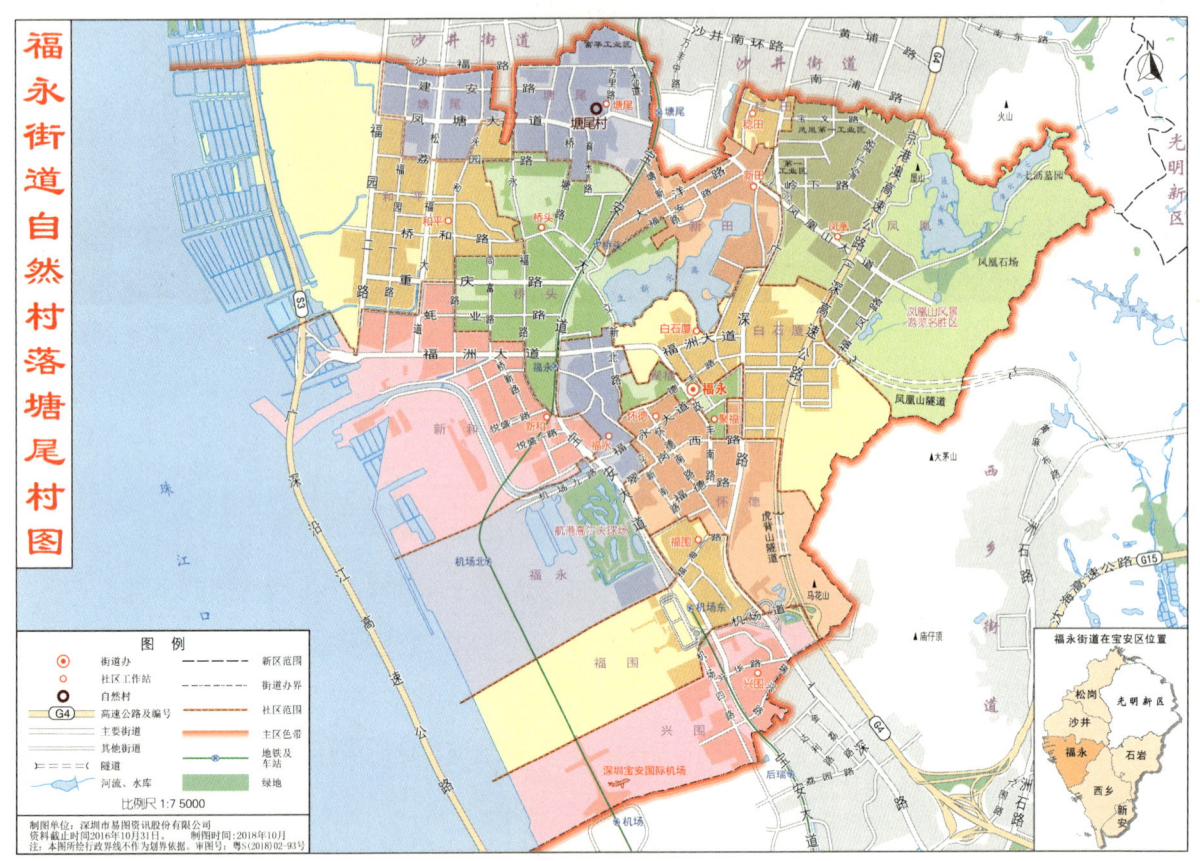

塘尾村位置示意图

塘尾村，位于福永街道西北部，坐落于珠江口东岸，距离福永街道办事处约5千米。相邻自然村有桥头村、稔田村和沙井街道大王山村。主要河流有灶下涌河。该村始建于南宋。

宋元至明万历元年（1573年），属东莞县；明万历元年至清朝，属新安县。1914年，属宝安县。中华人民共和国成立之初，属宝安县松岗、沙井、新桥、雍睦、凤凰联乡；1951年，属福永乡；1958年10月，属超美公社；1959年7月，属沙井公社；1961年7月，属松岗区福永公社；1963年1月，属沙井公社桥塘大队；1976年12月，福永公社塘尾大队；1979年1月，属深圳市福永公社；1981年10月，属深圳市宝安县福永公社；1983年7月，属宝安县福永区塘尾乡；1986年10月，属福永镇塘尾行政村；1993年1月，属深圳市宝安区福永镇；2004年7月，属福永街道塘尾社区。

世居村民为汉族，广府民系，使用粤方言。塘尾村主要姓氏为邓姓、林姓。南宋时，邓符协因宦游粤，迁居东莞岑田圭阁山下（今香港锦田），其重孙邓从光迁屏山，为屏山邓氏一世祖，至四世祖邓益逊自屏山迁至邓家萌（今沙井万丰）开村。邓益逊之重孙邓汲明（逸林）落户桥头

◎ 塘尾村村貌（郑蒋馨 摄于2017年）

村旁，逐渐形成塘尾村。林姓是桥头村林姓的一个分支。

2015年末，户籍人口1687人，其中男性787人，女性900人；80岁以上70人，最年长者103岁（男）；海外留学10人。非户籍外来人口12.8万人。祖籍该村的港澳台同胞420人。祖籍该村的华侨86人，主要分布在越南、新加坡等国。侨眷9人。

传统经济以农业、水产养殖业为主。主要种植水稻、小麦、花生、甘蔗、柑、橙、荔枝、龙眼等。改革开放后，塘尾村引进"三来一补"企业、兴建工业区。村民主要收入来源为集体经济分红、工资性收入、房屋出租等。

宝安大道、凤塘大道经过该村。20世纪60年代通电，80年代通电话，90年代通自来水、通互联网并实现全村村道水泥硬底化。2015年底，该村的万里（小）学校有36个班，在校学生1870人，教职工120人。有4所幼儿园，共有在园幼儿1008人，教职工152人。有8个体育场，1个村民

◎ 塘尾村公园（孙明 摄于2016年）

◎ 塘尾社区办公大楼（孙明 摄于2016年）

◎ 塘尾村邓氏宗祠（孙明 摄于2016年）

◎ 塘尾村武术馆醒狮队（孙明 摄于2016年）

活动中心，1座图书室（藏书2.5万册），1个社区健康服务站。并建有户外体育休闲设施、健身路径、儿童游乐园、菠萝山公园、十三区文体广场等。

该村现存10余座广府传统民居，为三开间两进一天井布局，砖木石结构，清水砖墙，硬山屋顶、船形脊、碌筒灰瓦，有木雕封檐板，檐下有彩色壁画，左右两侧门上有门罩，博风有彩色灰塑。多数民居已经过改建或加建。

村内的邓氏宗祠始建于明朝，重修于20世纪80年代初，1993年重建。占地面积500平方米，三开间三进两天井布局，砖木石结构，清水砖墙，硬山顶，覆盖灰瓦，琉璃瓦剪边，正脊、垂脊都有博古装饰，前有塾台，后堂供奉祖先牌位。宗祠大门对联为"南阳承世泽；东汉启勋名"。

该村有一些地方性的民俗活动，如正月十五"烧大炮""补千天"、农历二月十九"观音诞"、三月二十三"妈祖节""祭祀龙王"、四月初八"田密节"、七月十四"鬼节"等。

塘尾的醒狮历史悠久，形成于清嘉庆年间（1796—1820年），至清末、民国时期不断发展创新，逐渐形成独具特色的岭南舞狮中的重要流派，并传承至今，为深圳市第一批市级非物质文化遗产，邓锦平为塘尾村"醒狮"传承人，传承人邓应培为塘尾南狮武术馆馆长、总教练。1987年12月，塘尾村醒狮队被广东省首届民间艺术组织委员会评为"武术狮子表演团体总分第一名"。

1983年9月塘尾村白岗山基建施工时，在距地表40厘米处挖出一堆窖藏铜钱，在直径约25厘米的圆坑内，重52.5千克。其中有东汉五铢、新莽货泉、隋五铢、唐开元通宝、五代十国年号的钱币等，最多的还是宋代钱币，最晚的为元代至正通宝。

代表性人物：

邓桂洪（1962— ），历任福永镇副镇长，沙井镇党委副书记、镇长、党委书记，沙井街道党工委书记，宝安区政协主席。

（资料填报：李志成；初稿撰写：孙明；分纂：程建）

福永街道　新和社区　新和村

新和社区

新和村

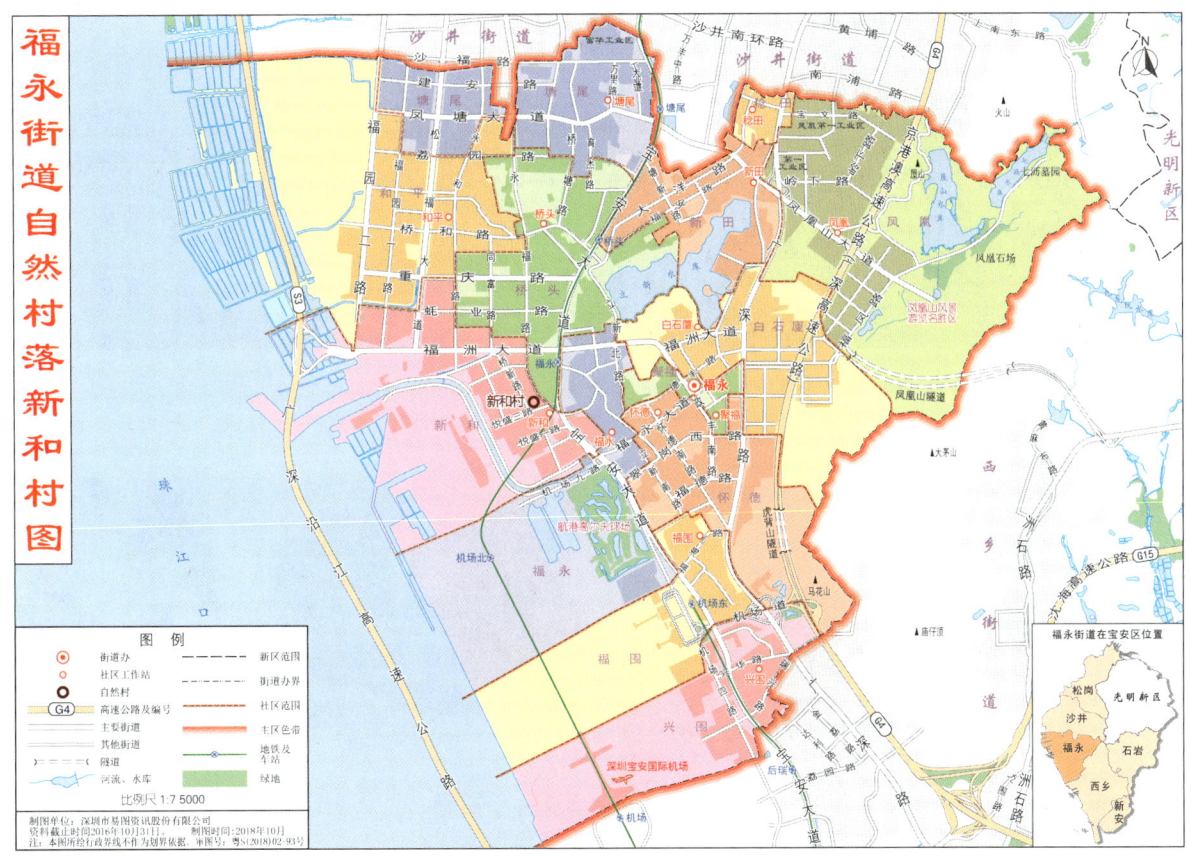

新和村位置示意图

新和村，位于福永街道西部，宝安国际机场北面，距离福永街道办事处约2千米。面积约7.8平方千米。相邻自然村有和平村、桥头村、福永村。该村始建于清末民初。

清末至民国时期，珠江三角洲一带番禺、顺德、东莞等地的流离渔民陆续到此居住形成一些小围村。1950年，政府将原在新和沿海一带海滩、涂地、涌地如孖庙涌、灶下涌、虾山涌、福永正涌等地的"基围人"集中搬迁至新建的村落，为纪念中华人民共和国成立后的新生活，大家希望能世代和平相处而取名新和村。

中华人民共和国成立之初，属宝安县松岗、沙井、新桥、雍睦、凤凰联乡；1951年，属宝安县第四区福永乡；1958年10月，属超美公社；1959年7月，属沙井公社；1961年7月，属松岗区福永公社；1963年1月，属沙井公社和平大队；1976年12月，福永公社新和大队；1979年1月，属深圳市福永公社；1981年10月，属深圳市宝安县福永公社；1983年7月，属宝安县福永区和平乡；1986年12月，属福永镇新和行政村；1993年1月，属深圳市宝安区福永镇；2004年7月，属福永街

◎ 新和村村貌（彭露颖 摄于2017年）

◎ 新和村福新小学（孙明 摄于2016年）

◎ 新和社区办公楼（孙明 摄于2016年）

道新和社区。

世居村民为汉族，广府民系，使用粤方言基围语。常住人口中，以陈、梁、张姓居多。

2015年末，户籍人口1378人，其中男性683人，女性695人；80岁以上44人，最年长者94岁（女）。祖籍该村的港澳台同胞421人。祖籍该村的华侨4人，主要分布在美国。

传统经济以种植水稻、番薯、花生、甘蔗、蔬菜及养殖基围虾、乌头鱼等为主，种植业、水产养殖业各占其收入的一半。改革开放后，村集体开始发展工业。村民主要收入来源为集体经济分红、房屋出租、工资性收入、商业经营等。

该村毗邻广深沿江高速S3线，有宝安大道、福永大道经过。1965年通电，1985年通自来水，1988年通电话，20世纪90年代末通互联网，2000年实现全村村道水泥硬底化。

该村的福新小学有35个班，2015年底在校学生1754人，教职工95人。有福海幼儿园、佳迪幼儿园、金明珠幼儿园、育童幼儿园共4个幼儿园，共有在园幼儿1240人，教职工157人。有2间星光

◎ 新和村民楼房（孙明 摄于2016年）

老年人之家，有篮球场、100平方米的社区生育文化中心、社区健康服务中心、新和文化活动室和图书室，藏书1.35万册。

现存传统民居为1950年建的广府民居，三开间、硬山顶、平脊、两面坡。

1990年5月，哥伦比亚农业部长带领的农业代表团，由该国驻华大使陪同，一行七人参观了福永镇新和水产养殖场。

2016年，该村被宝安区列入旧改项目。

代表性人物：

张执（1900—1944），曾任广东人民抗日游击队东江纵队第三大队中队长，1944年在福永战斗中牺牲。

（资料填报：郭敏儿；初稿撰写：孙明；分纂：程建）

新田社区

新田村

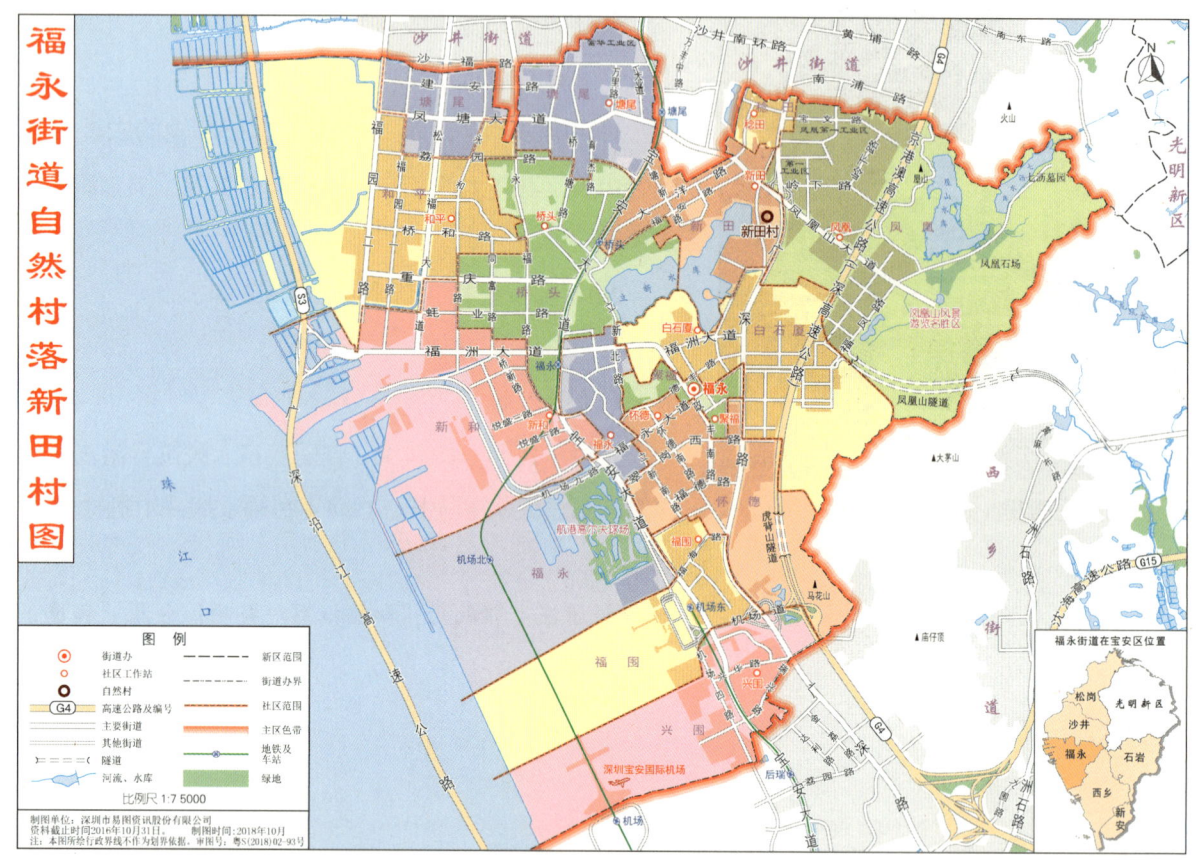

新田村位置示意图

新田村，位于福永街道西北部，距离福永街道办事处约2千米。相邻自然村有凤凰村、桥头村、稔田村。地势平坦，有小部分低洼地。曾用名凤凰墟，始建于民国时期。

民国时期，属宝安县。中华人民共和国成立之初，属宝安县松岗、沙井、新桥、雍睦、凤凰联乡；1951年，属宝安县第四区福永乡；1958年10月，属超美公社；1960年4月，属沙井公社凤凰大队；1961年7月，属松岗区福永公社；1963年1月，属沙井公社凤凰大队；1977年3月，属福永公社凤凰大队；1979年1月，属深圳市福永公社；1981年10月，属深圳市宝安县福永公社；1983年7月，属宝安县福永区凤凰乡；1986年10月，属福永镇凤凰行政村；1991年3月，属福永镇新田行政村；1993年1月，属深圳市宝安区福永镇；2005年4月，属福永街道新田社区。

世居村民为汉族，广府民系，使用粤方言。20世纪20年代，凤凰村文氏与其他几个姓氏在此地建凤凰墟。该村文姓占人口92%以上；其他有陈、张、伍、潘4姓，除陈姓为中华人民共和国成立前就已定居新田外，张、伍、潘等姓多为改革开放后才迁入。

福永街道　新田社区　新田村

◎ 新田村村貌（郑蒋馨 摄于2017年）

2015年末，户籍人口234人，其中男性103人，女性131人；80岁以上8人，最年长者91岁（女）；海外留学2人。非户籍外来人口3.5万人。祖籍该村的港澳台同胞200人。祖籍该村的华侨4人，主要分布在日本。

传统经济主要是农业生产，种植水稻、番薯、花生、蔬菜以及柑橘、橙、龙眼等。改革开放后，村集体开始开发工业区，建设工业厂房，建成新田工业区，建设商业一条街、超市、综合市场等。村民主要收入来源为房屋出租、集体经济分红、工资性收入、商业经营、金融投资等。特色节庆食品有粽子、炒米饼、油角、煎堆、年糕等。

国道G107线广深公路、凤塘大道、新田大道、大洋路、福瑞路经过该村。20世纪60年代通电，80年代通自来水、通电话，90年代实现全村村道水泥硬底化，2000年通互联网。

该村有新田、大洋童心2所幼儿园，2015年底，在园幼儿600人，教职工61人。有占地面积4000平方米的广场及篮球场、星光老年人之家、党员服务中心、社区健康中心、生育文化中心和警务室。另建有新田图书室。

村中现存2栋传统广府民居，都为三开间两进一天井布局，砖木石结构，清水砖墙。硬山顶、船形脊、碌筒灰瓦，有木刻封檐板，檐下有彩绘壁画，左右两侧门上有门罩，博风有彩绘装饰。

新田村文氏的祭祖活动主要在凤凰村文氏祠堂内举行，其祭祀的祖先为文天祥、文

◎ 新田村开发区（孙明 摄于2016年）

◎ 新田村居民统建楼小区（孙明 摄于2016年）

◎ 新田村老民居（孙明 摄于2016年）

壁，农历每月初一、十五和重要节日，还有婚嫁、入伙、祝寿等喜庆日，大多要到祠堂内举办活动。山坟祭祖活动一般是在清明节和重阳节举办。

每逢正月十五"烧大炮""补千天"、农历二月十九"观音诞"、七月十四"鬼节"等，都要举办各种活动，众多村民赶赴凤凰山观音庙祭拜。村中婚俗大致由婚前礼、正婚礼和婚后礼三部分组成。葬俗则有报丧、入殓、吊唁、出殡等程序。

1943年5月2日，广东人民抗日游击队宝安大队发动了反日伪福永攻坚战，当时日军碉堡就建在凤凰墟，经过30多分钟战斗，全歼伪警大队福永主力中队，俘敌30余人，缴获了6挺机枪、44支步枪。

（资料填报：文笑芳；初稿撰写：孙明；分纂：程建）

兴围社区

兴围村

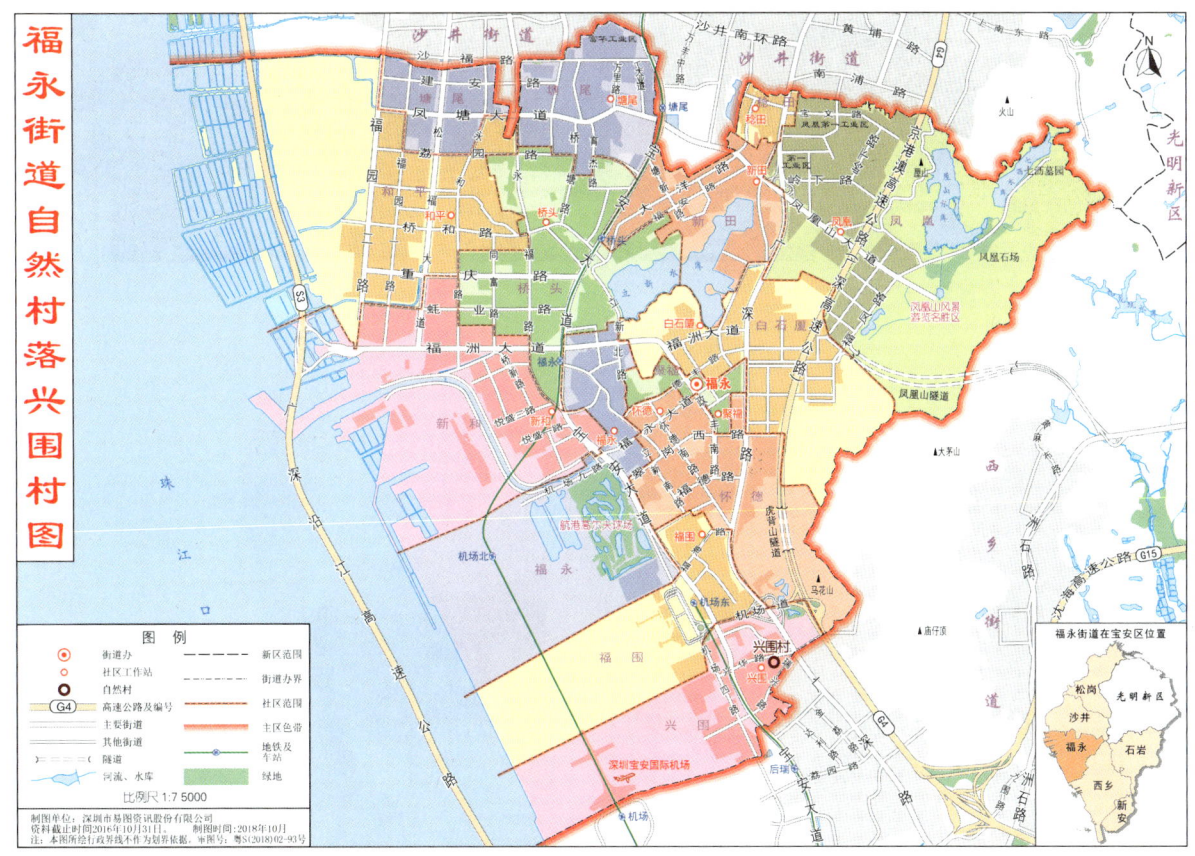

兴围村位置示意图

兴围村，位于福永街道南部，距离福永街道办事处约4千米。相邻自然村有福围村和西乡街道后瑞村。附近有企岗山，海拔186米。

清代，今兴围村一带江海滩涂区域的居民被称为"基围人"，其居住地被称为"下十围"，包括企岗涌、围仔涌、广生涌、下沙涌等。1949年后，这四涌统一由下十围涌管理，后来将企岗涌、围仔涌的居民安置在现兴围村一带。1968年至1971年，统一规划在现址建设新村。1980年，从下十围分出，取名兴围村。

中华人民共和国成立之初，属宝安县松岗、沙井、新桥、雍睦、凤凰联乡；1951年，属宝安县第四区福永乡；1963年1月，属西乡公社三围大队；1979年1月，属深圳市福永公社三围大队；1980年11月，属兴围大队；1981年10月，属深圳市宝安县福永公社；1983年7月，属宝安县福永区兴围乡；1986年10月，属福永镇兴围行政村；1993年1月，属深圳市宝安区福永镇；2004年7月，属福永街道兴围社区。

· 157 ·

◎ 兴围村村貌（郑蒋馨 摄于2017年）

世居村民为汉族，广府民系，使用粤方言。常住人口中，以黄、陈、李姓居多。

2015年末，户籍人口970人，其中男性478人，女性492人；80岁以上30人，最年长者92岁（女）。非户籍外来人口2.5万人。祖籍该村的港澳台同胞约1000人。

1949年以前，作为海上渔民，以捕鱼捉虾为生。改革开放前，以传统农业和养殖业为主。1979年，全村人口630人，主要种植水稻，兼种小麦、花生、柑橘、橙、荔枝、龙眼等，浅水养殖鱼、虾、蟹。改革开放后，该村引进了外资企业及"三来一补"企业；兴建工业区。商业店铺覆盖村内主要街道和巷道。村民主要收入来源为房屋出租、集体经济分红、工资性收入、商业经营、金融投资等。

国道G107线广深公路、宝安大道经过该村。20世纪60年代通电，70年代通自来水，90年代通电话并实现全村村道水泥硬底化，2000年通互联网。

村内有兴围小学，设33个班，2015年底在校学生1717人，教职工94人。有瑞华幼儿园，设15个班，在园幼儿450人，教职工61人。有篮球场、康乐设施、乒乓球室，还有深鹏百货广场、兴围革

◎ 兴围革命烈士纪念碑及碑文（孙明 摄于2016年）

福永街道　兴围社区　兴围村

◎ 兴围村仅存的旧民居（孙明 摄于2016年）

命烈士纪念碑公园。有4个村民活动中心、4个文化活动室。兴围图书馆藏书5050册。

中华人民共和国成立后，在此地建了革命烈士纪念碑，纪念1942年西乡黄田战斗中牺牲的17名烈士（事迹见西乡黄田村），现为爱国主义教育基地。

代表性人物：

黄金友（1947—），曾任龙岗区副区长、南山区副区长。

（资料填报：陈晓华；初稿撰写：孙明；分纂：程建）

沙井街道

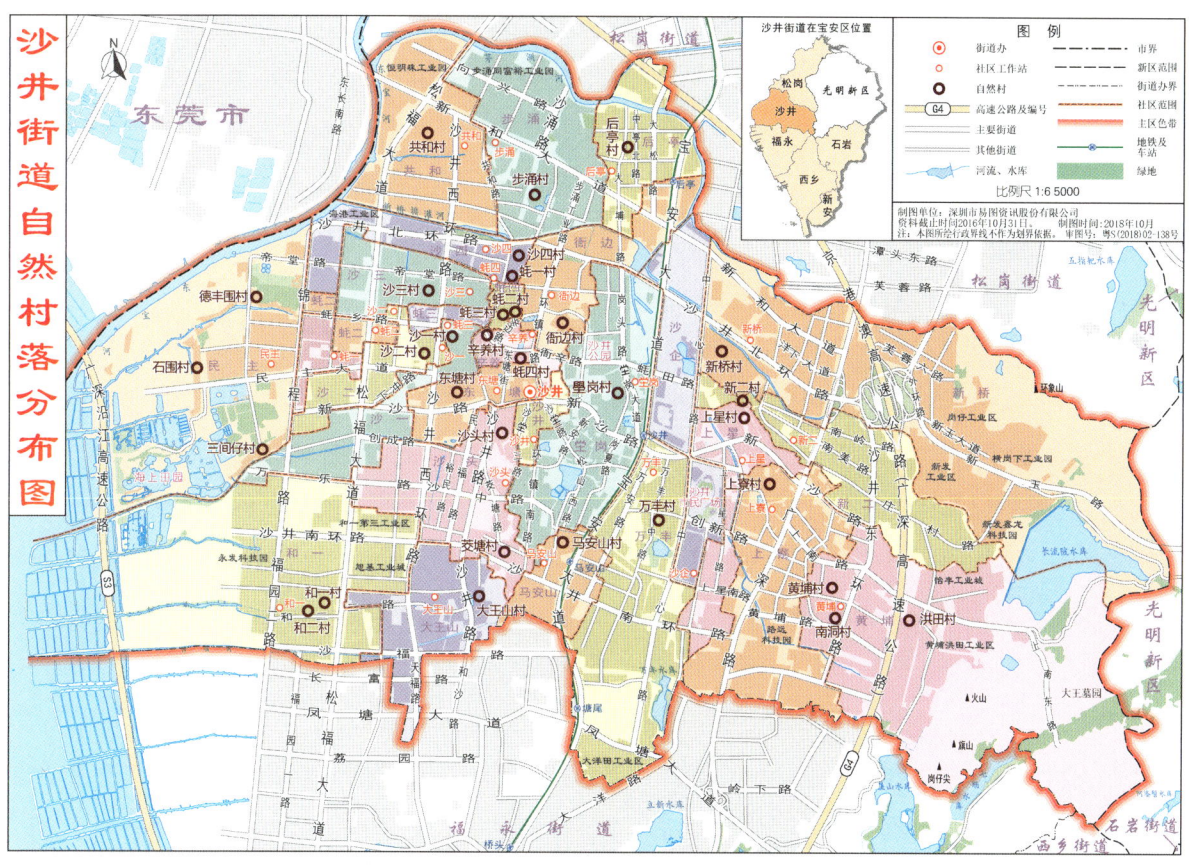

沙井街道自然村落分布图

概 述

沙井街道位于深圳市宝安区西北部，南接福永街道，北靠松岗街道，东邻光明新区公明街道，西临珠江口，面积64.91平方千米，辖29个社区。2015年末，常住人口58万人，户籍人口3.74万人。

地势由东向西倾斜入海，东西宽，南北窄，属深圳西部滨海平原、台地。境内河流属珠江水系，流经的主要河流有茅洲河、沙井河等，均注入珠江口。茅洲河发源于阳台山北麓，流经石岩、公明、松岗、沙井，从宵边渡口入珠江口矾石水道交椅湾河段。下游是东莞与宝安的界河，故称东宝河。沙井河发源于大茅山，流经沙井，汇入茅洲河，干流16.8千米，流域面积77.4平方千米。年平均温度22℃，年平均降雨量1200毫米。

当地入海河道多沙，掘井时水中沙很多，故名沙井。本地域明清时期属新安县。民国时期，属宝安县。中华人民共和国成立之初，属宝安县松岗、沙井、新桥、雍睦、凤凰联乡；1958年3月，属沙井乡；1958年10月，属超美公社；1959年1月，属沙井公社；1979年1月，属深圳市松岗区沙井公社；1981年10月，属深圳市宝安县沙井公社；1983年7月，属沙井区；1986年10月，属沙井镇；1993年1月1日，属深圳市宝安区沙井镇；2004年，属沙井街道。

传统经济以种植水稻、蔬菜等传统农业和渔业为主。改革开放以后，沙井充分利用濒临港澳的区域优势，优化产业结构，使第一、第二、第三产业都得到迅速发展，成为深圳市西部工业重镇。1985年被广东省批准为珠江三角洲经济开放区首批重点工业卫星镇。1985年，沙井万丰村以股份制形式向村民集资办企业，开中国农村股份合作经济之先河。2015年，沙井实现地区生产总值468.88亿元，规模以上工业总产值1254.68亿元，规模以上工业增加值294.68亿元，固定资产投资额62.31亿元，社会消费品零售总额103.93亿元，国税、地税收入69.14亿元。

沙井交通便捷，广深高速、广深沿江高速以及在建的深圳外环高速穿过辖区，深圳地铁11号线、穗深城际铁路在辖区设有站点。

2015年底，沙井街道列入普查范围的自然村有32个。世居村民为汉族，属广府民系，使用粤方言，主要姓氏有陈、曾、潘、冼、江、钟等，多为北方士族后裔。他们有的是在沙井为官，留居此地，如步涌的江氏，明建文二年（1400年）江西临江新淦人江纳流来此任盐使司，后定居下来。也有从附近迁来的，如万丰村的潘氏从福永怀德村分出，大王山陈氏从东莞北栅迁入，沙井的黎氏从东莞凤涌迁来。还有为避战乱举族迁来的，如新桥、上星、上寮、新二、黄埔的曾氏，东塘的曾氏，沙井大村的义德堂陈氏，辛养、衙边、壆岗、后亭、马安山的驸马房陈氏，沙头的钟氏和洪田的冼氏等。

沙井文物古迹有42处，其中区级以上文物保护单位8处，有省级文物保护单位、深圳现存最早的地面建筑龙津石塔。沙井传统建筑在新桥、步涌、洪田、辛养、万丰、上星、上寮、衙边等村落保留比较完整，数量较多且比较典型。沙井的村围式聚落具有较浓厚的广府围屋特点，有高大坚实的外墙，通常只有一个围门以供出入。其四角常立有碉楼，作用是瞭望、防卫、避难，中轴线上只有围门、纵巷和宗祠。围中房屋沿纵巷两侧对称排列，视围子大小和房屋多少，形成三横三纵或三横五纵的巷道。沙井地处沿海，受中外文化交流影响，也出现了带有中西合璧特征的近代建筑，如上星村的曾耀添宅、沙头的广居等。

沙井蚝乡文化的代表有粤剧粤曲、螳螂拳、足球、沙井金蚝节等。其中，荣根小学和沙井少儿粤剧艺术中心等被联合国教科文组织认定为"粤剧中国保护中心推广基地"；螳螂拳为深圳市非物质文化遗产项目；2016年沙井街道被宝安区委、区政府评为"宝安足球之乡"；沙井金蚝节作为广东省旅游文化节的重要组成部分，从2004年开始至2018年已连续举办15届。万丰的粤剧由来已久，2007年被列入深圳市非物质文化遗产代表名录。沙井螳螂拳（华林）功夫声名远扬，2015年被列入深圳市非物质文化遗产代表名录。

沙井代表性人物：沙井村陈朝举，宋学士文忠公陈襄之裔孙，师从朱熹，著有《乔迁集》行世；衙边村曾宋珍，南宋咸淳十年（1274年）进士。

沙一社区

沙一村

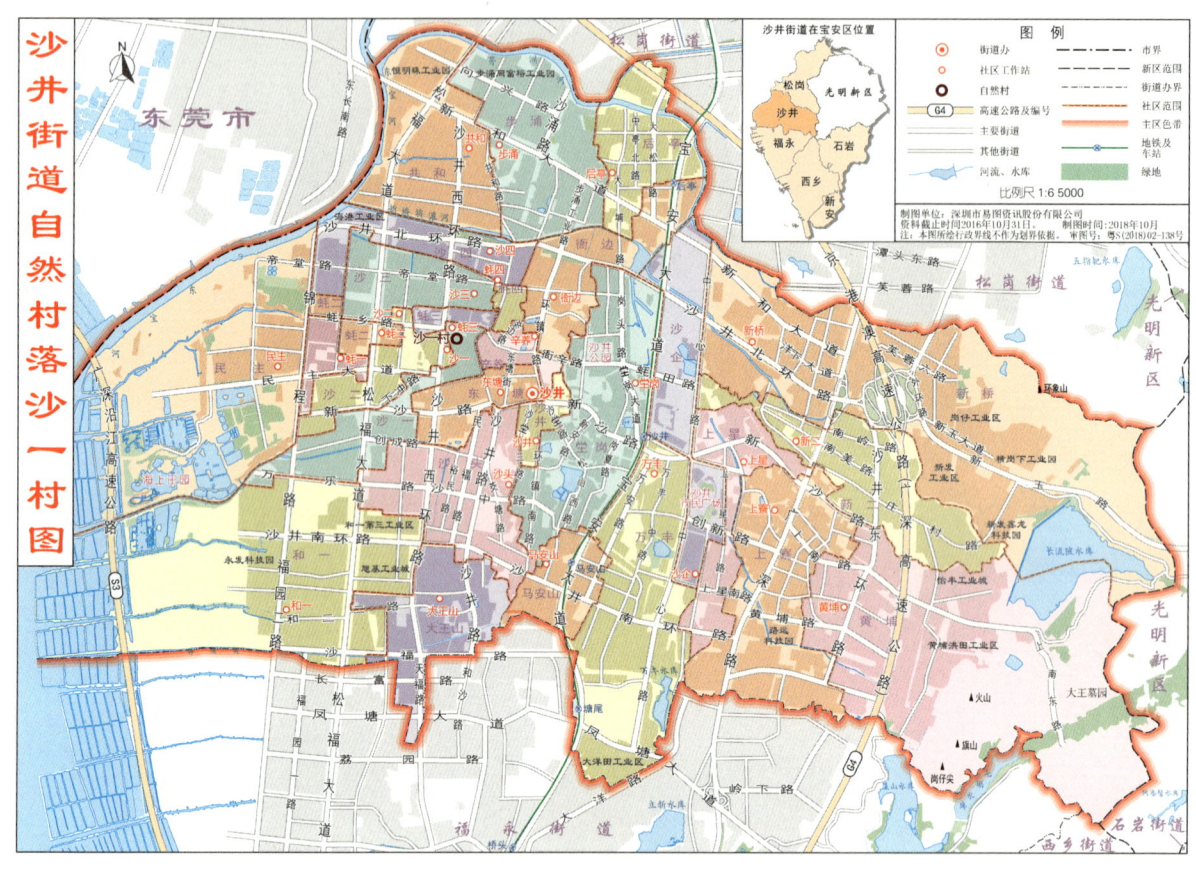

沙一村位置示意图

沙一村，位于沙井街道西部，距街道办事处约2千米。相邻自然村有东塘村、沙二村、蚝一村、三间仔村。

沙一村是沙井大村的一部分。沙井大村的主要姓氏是陈姓，据《宝安沙井陈氏族谱汇编》载，沙井陈氏奉北宋名臣陈襄（1017—1080）为太始祖，其先祖于唐末从光州固始（今河南固始）随王潮入闽，迁徙到福建侯官（今福建福州）。陈朝举（1134—1213），南宋淳熙年间（1174—1189年）进士，征授政议大夫。因金乱，辗转南迁，初至南雄珠玑巷，后立家归德场涌口里（今沙井衙边云林新村一带）。有三子，分别为陈康道、陈康适、陈康运。其后裔分布于沙井沙一、沙二、沙三、沙四、蚝一、蚝二、蚝三、蚝四、福永陈屋、松岗燕川、横岗荷坳、龙岗及东莞茶山等地。宝安松岗燕川陈康道房、沙井陈康运房奉陈朝举为一世祖，而横岗荷坳陈康适房奉陈朝举为始祖、陈康适为一世祖（始迁归善之祖）。宋末元初，陈康运房五世陈友亮从涌口转居沙井，为沙井开基之祖。

◎ 沙一村村貌（郑蒋馨 摄于2017年）

宋元至明万历元年（1573年），属东莞县；明万历元年至清朝，属新安县。1914年，属宝安县。中华人民共和国成立之初，属宝安县松岗、沙井、新桥、雍睦、凤凰联乡；1951年，属宝安县第四区沙井乡；1958年10月，属超美公社；1959年属沙井公社沙一大队；1963年属朝阳大队；1979年1月，属深圳市沙井公社；1981年10月，属深圳市宝安县沙井公社；1983年7月，属宝安县沙井区朝阳乡；1986年10月，属沙井镇沙一行政村；1993年1月，属深圳市宝安区沙井镇；2004年，属沙井街道沙一社区。

世居村民为汉族，广府民系，使用粤方言。

2015年末，户籍人口619人，其中男性285人，女性334人；80岁以上26人，最年长者100岁（女）。非户籍外来人口约1.5万人。祖籍该村的港澳台同胞431人。祖籍该村的华人华侨1人，居住在美国。

传统经济以种植水稻、红谷及蔬菜为主，养鱼为辅。改革开放后，村民主要收入来源为房屋出租、集体经济分红、金融投资。特色传统食品有炒米饼、茶果、油角（主要为年货）。

西环路和民主大道经过该村。1979年通电，1980年通自来水，1985年通电话，1988年实现全村村道水泥硬底化，1998年通互联网。

2015年，村内建有沙一村民幼儿园，在园幼儿约400人，教职工20人。设有沙一泰兴花园篮球场、沙一老年之家和沙一旧村图书室（藏书约1.5万册）。

该村传统民居为广府民居，入门为厨房，接着是天井，过了天井是正房，正房后部是卧室，卧室有楼廊。三合土墙，房顶以杉木为梁、桁、桷。以天井、明瓦和墙上开一小窗采光，卧室光线很暗。20世纪80年代以后，传统民居被拆，新建楼房。

◎ 榕波公家塾外观（肖俊 摄于2016年）　　◎ 榕波公家塾文物牌（肖俊 摄于2016年）

现存榕波公家塾，属区级不可移动文物，位于沙一村的东边，邻近东塘村，占地面积200平方米，始建于清朝，重修于2010年，砖木石结构，清水砖外墙，硬山顶，现经过修缮，保存完好。

蚝的生产是沙一村的特色技艺，形成于明清时期，被列入市级非物质文化遗产名录，主要包括开蚝和煮蚝油。沙井蚝养殖世代相传，生产技艺不断改进，从原始的自然捕捞逐步向排种放养、投石放养、堆石放养等生产方式演变。现在利用自然环境，自然采苗和人工育苗相结合，使用绳吊式养蚝。

陈氏族人于每年农历九月十三祭祖，前往陈朝举墓进行祭拜，除沙井陈氏族人外，龙岗区荷坳和宝安区松岗燕川同宗也会前往参加。

1997年，村里统筹新建的泰兴花园，成为全国最早的统建楼，当时该村因统建楼节约土地而被评为全国文明村。

1999年9月，被全国精神文明建设指导委员会评为全国创建文明村镇先进单位。2000年12月，被中央组织部、中央文明办评为全国文明村。2001年9月，被广东省人民政府评为文明村。

（资料填报：陈达明；初稿撰写：赖旻；分纂：程建）

沙二社区

沙二村

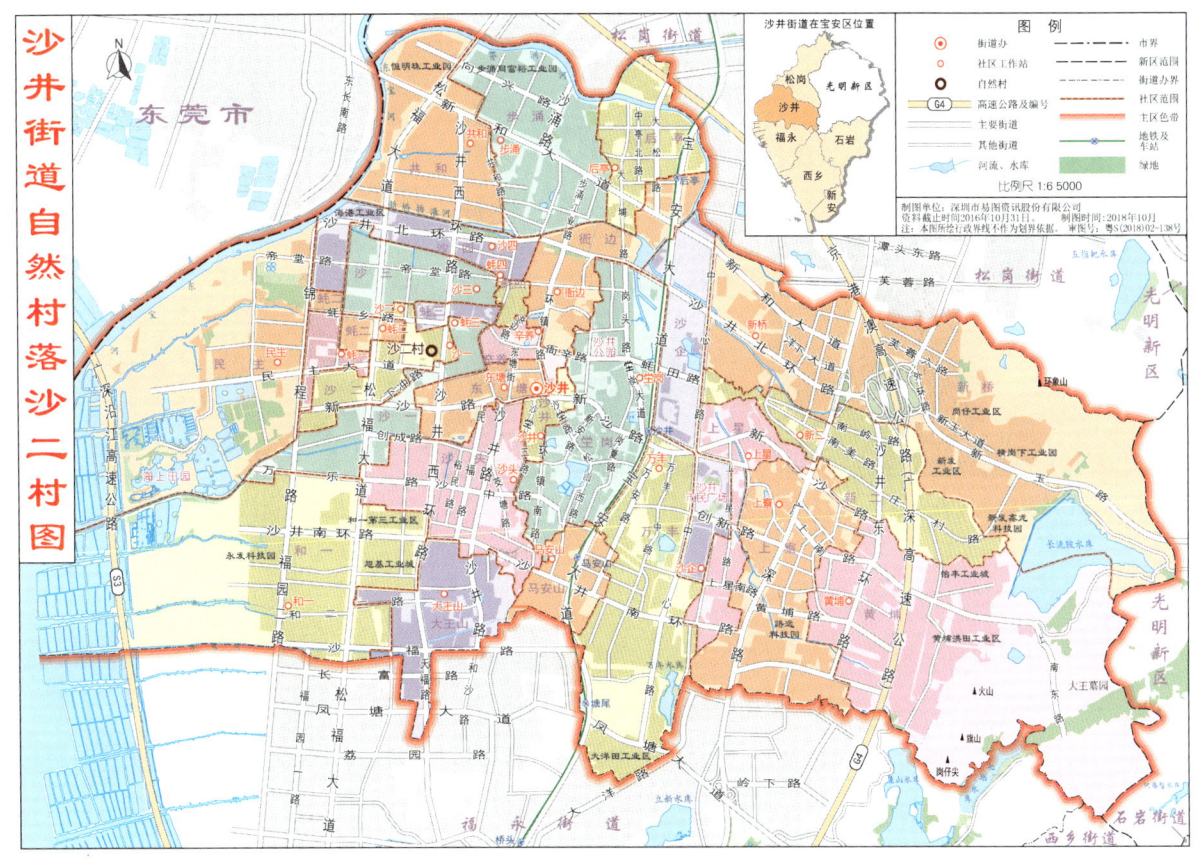

沙二村位置示意图

　　沙二村，位于沙井街道中部，距街道办事处约3千米。相邻自然村有沙一村、蚝一村、蚝二村、蚝三村。沙二村是沙井大村一部分。

　　宋元至明万历元年（1573年），属东莞县；明万历元年至清朝，属新安县。1914年，属宝安县。中华人民共和国成立之初，属宝安县松岗、沙井、新桥、雍睦、凤凰联乡；1951年，属宝安县第四区沙井乡；1958年10月，属超美公社；1959年属沙井公社沙二大队；1963年属朝阳大队；1979年1月，属深圳市沙井公社；1981年10月，属深圳市宝安县沙井公社；1983年7月，属宝安县沙井区朝阳乡；1986年10月，属沙井镇沙二行政村；1993年1月，属深圳市宝安区沙井镇；2004年，属沙井街道沙二社区。

　　世居村民为汉族，广府民系，使用粤方言。村民主要为陈姓。

　　2015年末，户籍人口513人，其中男性206人，女性307人；80岁以上24人，最年长者101岁（女）。非户籍外来人口约8000人。祖籍该村的香港同胞61人、台湾同胞2人。祖籍该村的华人华

◎ 沙二村村貌（何致友 摄于2017年）

侨人数不详，主要分布在美国和加拿大。

传统经济以水稻、红谷、蔬菜种植为主，养鱼为辅。改革开放后，村民主要收入来源为房屋出租、集体经济分红、金融投资。特色传统食品有炒米饼、茶果、油角（主要为年货）。

民主大道经过该村。1979年通电，1980年通自来水，1985年通电话，1988年实现村道水泥硬底化，1998年通互联网。

村内小学有立才实验学校和冠群实验学校，共设15个年级，100个班，2015年，在校学生共约6000人，教职工约300人；有立才幼儿园，在园幼儿约500人，教职工约50人。村中设有沙二新村篮球场、沙二新村活动室和沙二图书室，图书室藏书约5000册。

该村传统民居为广府民居，入门为厨房，接着是天井，过了天井是正房，正房后部是卧室，卧室有楼廊。三合土墙，房顶以杉木为梁、桁、桷。以天井、明瓦和墙上开一小窗采光，卧室光线很暗。20世纪80年代以后，传统民居被拆，新建楼房。

沙二村普通人家的祭祀习俗基本与附近村落（除了客家人和疍家人）大同小异。正月初一、初二、初三一般都择时（吉时）添香、烧元宝、点花烛，最后放鞭炮。正月会择日祈福（俗语说年头作福，年尾酬神），一般会请专人择时，有些人家为了省事自己查看"黄历"（称"通书"，当地人习惯叫作"通胜"）择日。当地人都有打牙祭的习惯，原每月的初二、十六都要加菜打牙祭。现在一般是正月初二开头牙（因正月初一吃斋），年尾十二月十六做尾牙，其余都省去了。还有人日、正月初八、十五元宵、十九要做薄撑，用米粉加南乳、炒花生或番薯煮熟拌成糊状用油煎成薄饼，意为纪念女娲补天，同时在大门框两边（当地人叫门夹）插上桃树

◎ 冠群实验学校（肖俊 摄于2016年）

◎ 舞狮道具（肖俊 摄于2016年）

枝和连叶片的大蒜。农历二月十九观音诞，煮斋菜拜观音。三月清明扫墓拜祭祖先。另外春分和秋分在家里蒸肉饼（加蛋）一碟，拜祭一些失散的祖先。五月初五端午节，裹粽子，有普通的米粽和碱水粽，还专门买一些食品如螃蟹、鸡蛋和苞粟（玉米）等，给小孩过节，叫卖粽奶；另外包一些特小的粽子，可以玩耍也可以吃。六月十九观音诞，煮斋菜。七月初七，食凉粉；据说当日用水泡凉粉留作药用，可清热解毒。七月十四鬼仔节。八月初三煮汤丸，俗称糖不甩。中秋节吃月饼和各式各样的水果，一定要吃柚子（当地称和辘）、柿子、杨桃、香蕉、菱角；给小孩吃的月饼仔约3厘米左右，还有猪笼饼（把饼做成猪的形状，配上一个竹丝编的小猪笼）。小孩用两个菱角做成玩具菱角车。九月初九重阳节，没有登高的习惯，但要扫墓，外出的人，尤其是香港的沙井人一般都要回乡扫墓。十二月十六尾牙，会吃一顿较为丰盛的饭菜。冬至的菜肴最为丰富，俗称"冬至大过年"。除夕晚送旧迎新，也是酬神的日子。有的家庭每天都上香三次，时间是在早、中、晚饭前。也有每天上香一次的，还有只在农历每月初一和十五上香的。

舞南狮是沙二村的特色民俗，多在喜庆的日子进行。如逢年过节、店铺开张、集会庆典等，村民会舞狮助兴。狮子用彩布条制作而成，每头狮子由两个人合作表演，一人舞头，一人舞尾。在锣鼓及音乐伴奏下，舞狮者要以各种招式来表现南派武功，舞动时以马步前行。狮头以戏曲面谱作鉴。

2004年5月，沙二村被深圳市宝安区人民政府评为文明村。2009年12月，被广东省爱国卫生运动委员会评为广东省卫生村。2011年11月，被广东省民政厅评为"六好"平安和谐社区。

代表性人物：

陈培（1935—），8岁时跟着族叔学习莫家拳，打下了深厚的根基，11岁跟随李崑山学螳螂拳，成为华林派第六代传人。1953年到香港，得到同门师叔伯陈广、曾纳通、陈应法等人的教导。后移居美国发展，1970年在美国波士顿开设了首家华林武馆。1980年移居佛罗里达州，并在奥兰多买地建造了华林总馆，取名为华林寺。1984年3月，陈培率领美国华林寺访问团拜访少林寺。1985年7月，第二次拜访少林寺归宗朝圣，拜少林寺释行正为师，正式成为少林寺第三十二代弟子。1992年9月率团参加在郑州举办的第三届中国国际少林武术节。1996年夏，他率领美国弟子40多人回故乡沙井祭祖，并在义德堂陈氏宗祠为乡亲表演。

（资料填报：陈晓敏；初稿撰写：赖旻；分纂：程建）

沙三社区

沙三村

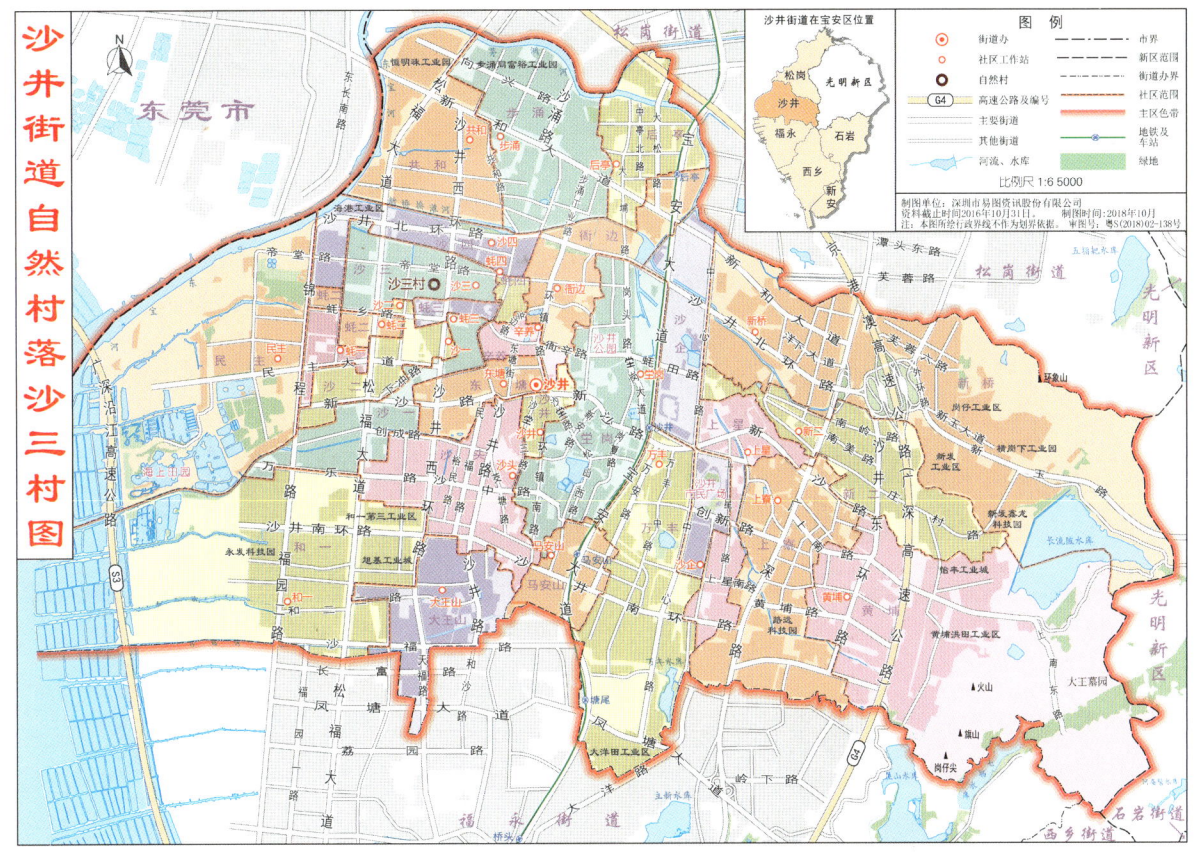

沙三村位置示意图

  沙三村，位于沙井街道西部，距街道办事处约1.1千米。相邻自然村有蚝四村、沙四村、蚝三村、辛养村。沙三村是沙井大村一部分。

  宋元至明万历元年（1573年），属东莞县；明万历元年至清朝，属新安县。1914年，属宝安县。中华人民共和国成立之初，属宝安县松岗、沙井、新桥、雍睦、凤凰联乡；1951年，属宝安县第四区沙井乡；1958年10月，属超美公社；1959年属沙井公社沙三大队；1963年属东风大队；1979年1月，属深圳市沙井公社；1981年10月，属深圳市宝安县沙井公社；1983年7月，属宝安县沙井区朝阳乡；1986年10月，属沙井镇沙三行政村；1993年1月，属深圳市宝安区沙井镇；2004年，属沙井街道沙三社区。

  世居村民为汉族，广府民系，使用粤方言。村民主要为陈姓。

  2015年末，户籍人口727人，其中男性362人，女性365人；80岁以上33人，最年长者98岁（女）。非户籍外来人口约2万人。

◎ 沙三村村貌（摄于2017年，沙井街道供稿）

◎ 昂积陈公祠（肖俊 摄于2016年）

◎ 暄丰公家塾（肖俊 摄于2016年）

◎ 静乐陈公祠（肖俊 摄于2016年）

传统经济以水稻、红谷、蔬菜种植为主，养鱼为辅，产量较低。改革开放后，村民主要收入来源为房屋出租、集体经济分红、金融投资。特色传统食品有炒米饼、茶果、油角（主要为年货）和粽子（端午节）。

沙井大街和西环路经过该村。1979年通电，1980年通自来水，1985年通电话，1988年实现全村村道水泥硬底化，1998年通互联网。村内设有篮球场（德馨园）和羽毛球场，建有沙三村活动中心和沙一旧村图书室藏书约2000册。

该村传统民居为广府民居。20世纪80年代以后，传统民居被拆，新建楼房。

村内现存昂积陈公祠和静乐陈公祠2座宗祠。昂积陈公祠，始建于清朝，占地面积100平方米，位于沙三村十三、十四巷之间，现为民居。静乐陈公祠，又名昂稔公家祠，始建于清朝，坐西向东，布局为三开间两进式，砖木石结构，位于沙三村十三巷、十四巷之间。门前绿树成荫，左侧扩建舞台，常有粤剧团的表演活动，是沙三、沙四村老人共用的文娱中心，名为康乐园。

现存暄丰公家塾，始建于清朝，重修时间不详，占地面积200平方米，坐落于沙三村十二巷、十三巷之间，三开间两进一天井布局，砖木石结构，硬山顶。

沙三村普通人家的年俗基本与沙井附近村落（除了客家人和疍家人）大同小异。

2004年5月，沙三村被宝安区人民政府评为文明村。2008年11月，被深圳市爱国卫生运动委员会评为深圳市卫生村。2009年9月，被广东省民政厅评为"六好"平安和谐社区。

（资料填报：陈骏聪；初稿撰写：赖旻；分纂：程建）

沙四社区

沙四村

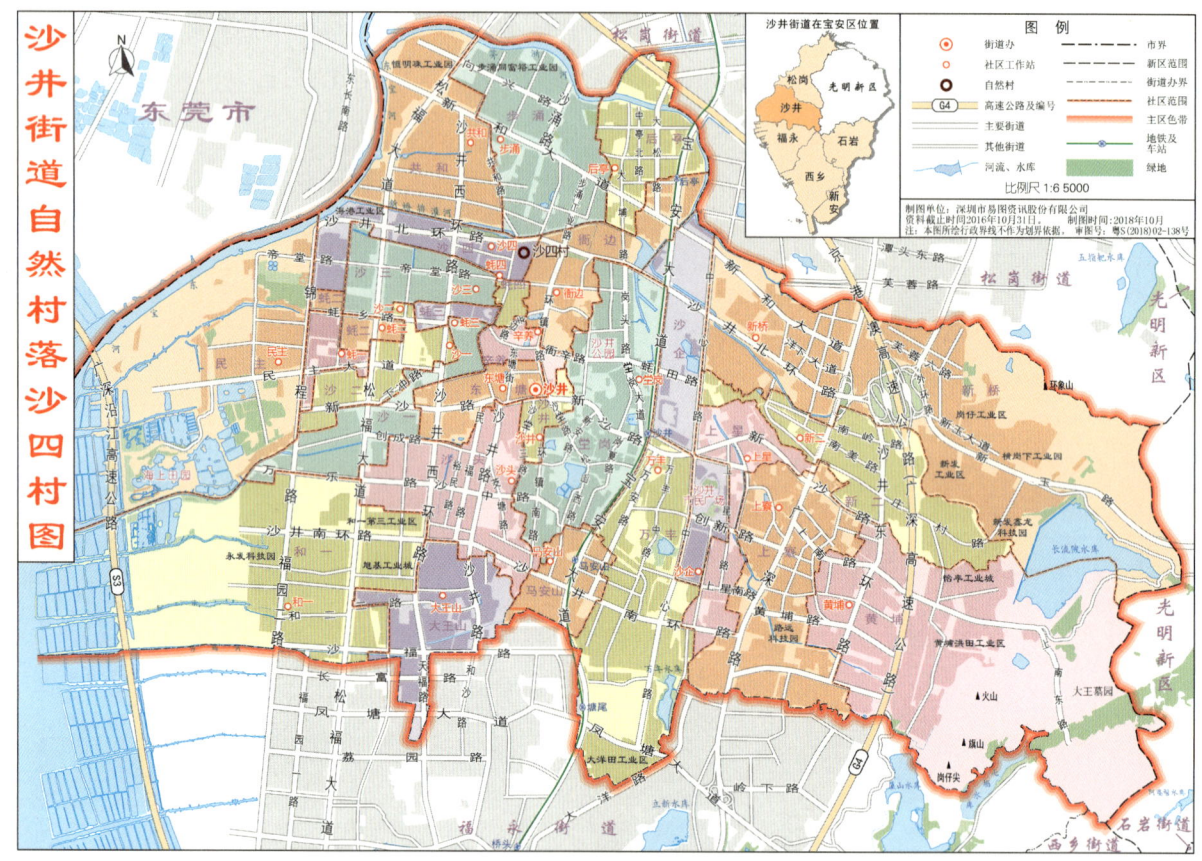

沙四村位置示意图

沙四村，位于沙井街道西部，距街道办事处约2千米。相邻自然村有蚝四村、沙三村、步涌村、衙边村。

宋元至明万历元年（1573年），属东莞县；明万历元年至清朝，属新安县。1914年，属宝安县。中华人民共和国成立之初，属宝安县松岗、沙井、新桥、雍睦、凤凰联乡；1951年，属宝安县第四区沙井乡；1958年10月，属超美公社；1959年，属沙井公社银星大队；1961年属沙四大队；1963年属东风大队；1979年1月，属深圳市沙井公社；1981年10月，属深圳市宝安县沙井公社；1983年7月，属宝安县沙井区朝阳乡；1986年10月，属沙井镇沙四行政村；1993年1月，属深圳市宝安区沙井镇；2004年，属沙井街道沙四社区。

世居村民为汉族，广府民系，使用粤方言。村民主要为陈姓。

2015年末，户籍人口750人，其中男性354人，女性396人；80岁以上31人，最年长者100岁（女）。非户籍外来人口约1.2万人。祖籍该村的港澳台同胞约300人。祖籍该村的华人华侨10人，

◎ 沙四村村貌（郑蒋馨 摄于2017年）

◎ 碧涧公家塾（肖俊 摄于2016年）

◎ 平冈公家塾（肖俊 摄于2016年）

主要分布在美国。

传统经济以农业为主、养蚝为辅，兼养鱼。改革开放后，村民主要收入来源为房屋出租、集体经济分红、金融投资。

北环路、西环路和松福大道经过该村。1958年通电，1980年通自来水，1986年通电话，1992年实现村道水泥硬底化，20世纪90年代末通互联网。

村内有粤文幼儿园，2015年末在园幼儿约300人，教职工28人；建有沙四村老干部活动室和四村公园，设有篮球场、羽毛球馆、室内足球场、游泳池、健身室和图书室（藏书约5万册）。

该村传统民居为广府民居，80年代以后，传统民居被拆，新建楼房。

村内现存碧涧公家塾、瑞丰公家塾和平冈公家塾。碧涧公家塾，修建于清朝，占地面积120平方米，位于沙四村九巷1号，俗称雪祖孖厅，与瑞丰公家塾相邻，坐东向西，现为民居。平冈公家

◎ 天后古庙（肖俊 摄于2016年）

◎ 观音天后庙（肖俊 摄于2016年）

塾，坐西向东，与徛边村相邻，修建于清朝，占地面积120平方米，现为民居。瑞丰公家塾，始建于清朝，占地面积120平方米。

围头井，被列为宝安区不可移动文物。围头井位于沙四村升平围，在天后庙与观音里牌坊之间，造型古朴大方，井台用六块花岗岩石砌成，井栏与井口均呈六边形，栏高0.4米，六角形井口对边宽0.65米，井底铺以石块。

村内有天后古庙、观音天后庙和沙四村圣帝宫。天后古庙，始建于清朝，主要供奉妈祖，1963年被拆建成戏院。2005年戏院成为危

◎ 围头井（肖俊 摄于2016年）

房而被拆除，建成街头的小公园。2011年，在当地社区要求及各界热心人士集资帮助下，重建此庙，并于2013年重建完成。新建古庙坐东向西，三开间三进两天井，每年农历三月二十三天后诞，有舞狮、祭拜等活动。

观音天后庙，始建于宋朝，重建于清朝，主要供奉观音。每年农历二月十九观音诞，周边村民会前往庙中烧香祭拜。

圣帝宫，始建于清中期，供奉土地公、土地婆。建筑为三开间两进一天井，砖木石结构。门口有"圣帝宫"红砂石匾一块，内墙刻有清道光、咸丰年间重修碑记。

升平围围墙，始建于宋朝，重建于清康熙年间（1662—1722年），被列为宝安区不可移动文物。

沙四村普通人家的年俗基本与沙井附近村落（除了客籍和疍家人）大同小异。沙四村有"自梳女"，形成于清朝，指女子通过一种特定的仪式——将辫子挽成发髻，表示永不嫁人，独自终老。自梳女一般住在姑婆屋，在大王庙旁边曾有一间妹仔间，专门接收未嫁或守寡女人入住。二

十世纪二三十年代,宝安区沙井曾有"自梳女"数百人,至2015年底,健在的不超过7人,年龄都在90岁左右,最大的已有百岁高龄。她们是深圳自梳女最后的代表。

2003年12月,该村被广东省爱国卫生运动委员会评为广东省卫生村。2004年5月,被宝安区人民政府评为文明村。2008年12月,被宝安区人民政府评为文明社区。

代表性人物:

陈葆祯(1887—1971),字素学,广东高等师范学校首届毕业生。曾任民国第一任内阁总理唐绍仪秘书,抗日战争期间回乡任沙井小学校长。后移居香港,创办达德学校。

(资料填报:陈建容;初稿撰写:赖旻;分纂:程建)

蚝一社区

蚝一村

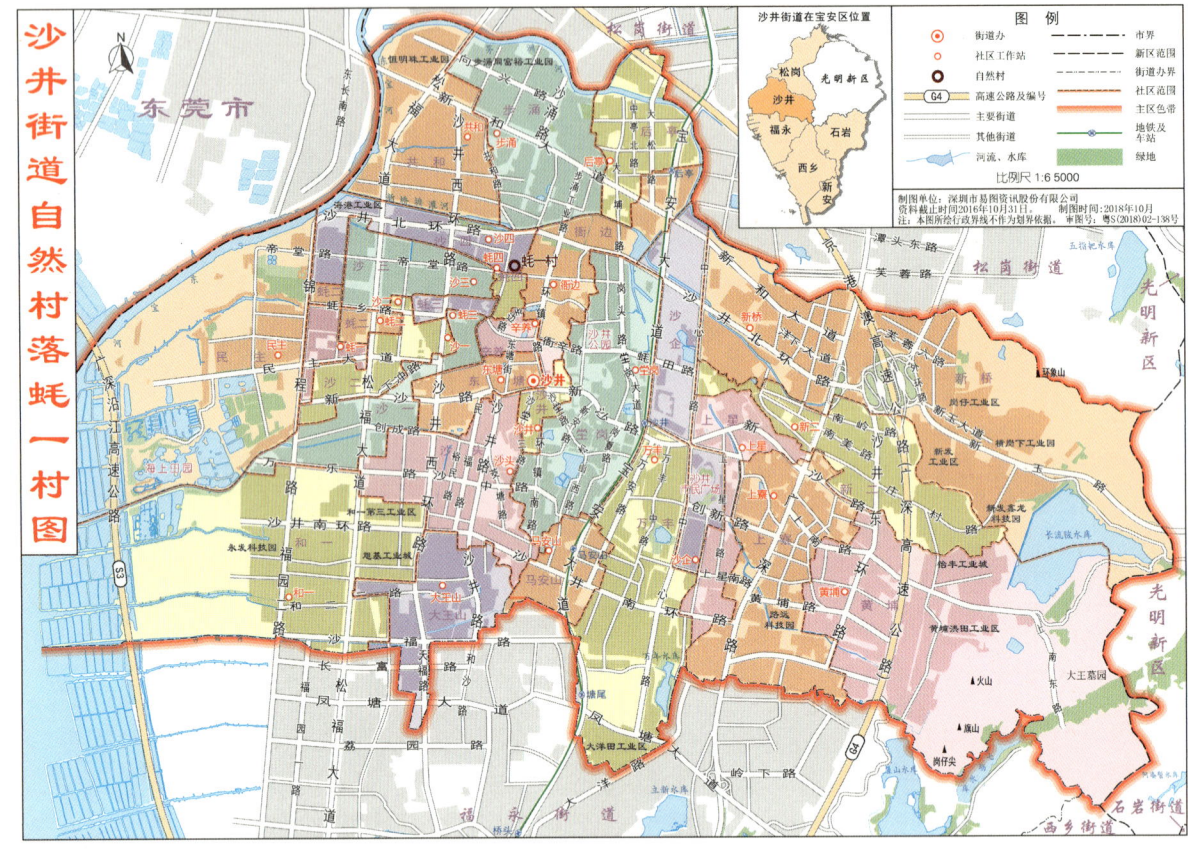

蚝一村位置示意图

蚝一村，位于沙井街道西北部，茅洲河东北岸边，距街道办事处约2千米。面积0.8平方千米。相邻自然村有沙一村、蚝二村、沙二村。地貌以沙田为主。

1992年，蚝业大队根据自愿原则，将村民按蚝业养殖和农业种植进行分配，其中愿意从事蚝业养殖的村民分配至蚝一村、蚝二村、蚝三村和蚝四村，愿意从事农业种植的分配至沙一村、沙二村、沙三村和沙四村，蚝一村由此而得名。

宋元至明万历元年（1573年），属东莞县；明万历元年至清朝，属新安县。1914年，属宝安县。中华人民共和国成立之初，属宝安县松岗、沙井、新桥、雍睦、凤凰联乡；1951年，属宝安县第四区沙井乡；1958年10月，属超美公社；1959年，属沙井公社蚝业大队；1959年，属西海蚝业公社；1961年，属沙井公社蚝业大队；1979年1月，属深圳市沙井公社；1981年10月，属深圳市宝安县沙井公社；1983年7月，属宝安县沙井区蚝业乡；1986年10月，属沙井镇蚝一行政村；1993年1月，属深圳市宝安区沙井镇；2004年，属沙井街道蚝一社区。

◎ 蚝一村村貌（何致友 摄于2017年）

世居村民为汉族，广府民系，使用粤方言。以陈姓为主。

2015年末，户籍人口1200人，其中男性576人，女性624人；80岁以上1人，89岁（男）；常年在城镇生活和打工300人。非户籍外来人口约1.8万人。祖籍该村的港澳台同胞约3000人。祖籍该村的华人华侨10人，主要分布在美国、马来西亚和加拿大。

传统经济以养殖沙井蚝为主。改革开放后，村民主要收入来源为房屋出租、集体经济分红、金融投资。特色农产品有沙井蚝、蚝豉和蚝油。特色传统食品有端午粽（如咸蛋肉粽、碱水粽）、油角、炒米饼和麻花（多为年货）。

锦程路、民主大道经过该村。1958年通电，1980年通自来水，1986年通电话，1992年实现全村村道水泥硬底化，20世纪90年代末通互联网。有篮球场6个、图书馆1个、游泳池1个、羽毛球场4个、老人活动中心1个、社区活动中心1个、工人活动中心2个，有不对外开放的小型公园4个。

该村传统民居为广府民居，入门为厨房，接着是天井，过了天井是正房，正房后部是卧室，卧室有楼廊。三合土墙，房顶以杉木为梁、桁、桷。以天井、明瓦和墙上开一小窗采光，卧室光线很暗。80年代以后，传统民居被拆，新建楼房。

沙井蚝田分布区域在深圳市沙井、福永、黄田、前海、后海和香港流浮山一带。沙井蚝业从宋代开始插杆养蚝，距今有1000多年历史，是世界上最早人工养蚝的地区。据沙井蚝民讲，最早养蚝是在璋澎（在今东莞市麻涌镇）一带。到了明代，养蚝已有相当的规模，养蚝的区域已南移

◎ 蚝一村古建筑（卿琼 摄于2016年）

◎ 开蚝人（卿琼 摄于2016年）

到东莞、新安交界一带，与龙穴洲相近。清乾隆年间（1736—1795年），取消盐场，以陈姓为主的沙井盐民利用石头、瓦片等养蚝，发展成沙井蚝业。在长期的发展过程中，沙井蚝业形成了打山口、流水定作息、集体协作等生产习俗和蚝壳砌墙、礼拜天后的生活习俗；有一整套成熟的养殖和加工技术，生产程序有种蚝、列蚝、搬蚝、散蚝、开蚝等。沙井蚝业社1956年被国家评为"模范合作社"，1957年被国家评为"全国劳模集体单位"。20世纪50年代，沙井蚝业派专家到辽宁、海南、湛江、新会等地传授放蚝技术。苏联、日本、越南等国水产专家纷纷到沙井考察。60年代，受水产部的委派，先后前往越南广宁省海防市传授养蚝技术。自1980年以来，蚝田污染严重，生产日渐式微，传统养蚝业解体，而今沙井蚝的异地养殖已获成功。

舞南狮是蚝一村的民俗，技艺同沙二村。蚝一村普通人家的年俗基本与沙井附近村落大同小异。每年农历九月十三祭祖日，陈氏族人前往陈朝举墓进行祭拜。

（资料填报：陈淦辉；初稿撰写：赖旻；分纂：程建）

蚝二社区

蚝二村

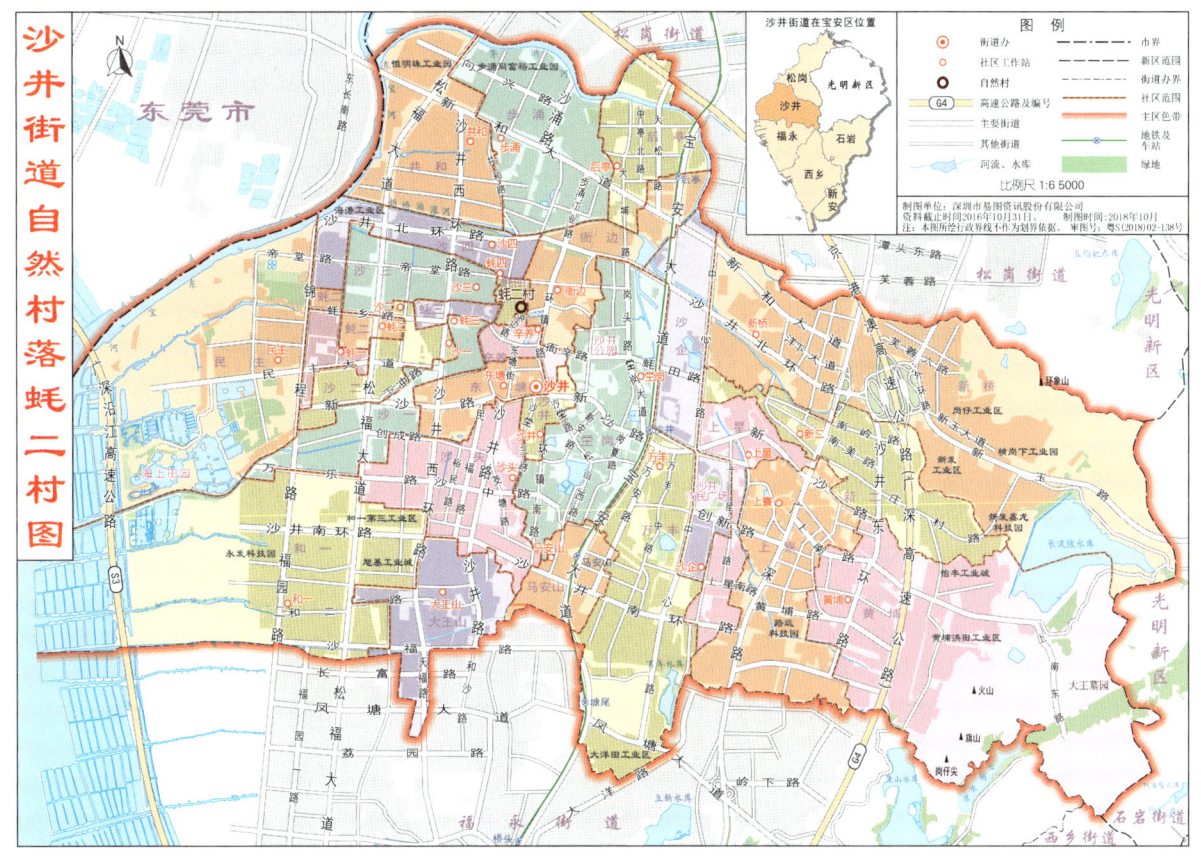

蚝二村位置示意图

蚝二村，位于沙井街道西北部，距街道办事处约2.5千米。相邻自然村有沙二村、蚝一村、蚝三村、石围村、德丰围村。

1992年，蚝业大队根据自愿原则，将村民按蚝业养殖和农业种植进行分配，其中愿意从事蚝业养殖的村民分配至蚝一村、蚝二村、蚝三村和蚝四村，愿意从事农业种植的分配至沙一村、沙二村、沙三村和沙四村，蚝二村由此而得名。

宋元至明万历元年（1573年），属东莞县；明万历元年至清朝，属新安县。1914年，属宝安县。中华人民共和国成立之初，属宝安县松岗、沙井、新桥、雍睦、凤凰联乡；1951年，属宝安县第四区沙井乡；1958年10月，属超美公社；1959年，属沙井公社蚝业大队；1959年，属西海蚝业公社；1961年，属沙井公社蚝业大队；1979年1月，属深圳市沙井公社；1981年10月，属深圳市宝安县沙井公社；1983年7月，属宝安县沙井区蚝业乡；1986年10月，属沙井镇蚝二行政村；1993年1月，属深圳市宝安区沙井镇；2004年，属沙井街道蚝二社区。

◎ 蚝二村村貌（何致友 摄于2017年）

世居村民为汉族，广府民系，使用粤方言。居民以陈姓为主。

2015年末，户籍人口850人，其中男性468人，女性382人；80岁以上10人，最年长者95岁（女）；海外留学2人。非户籍外来人口约7000人。祖籍该村的港澳台同胞约80人。祖籍该村的华人华侨人数不详，主要分布在美国、加拿大和印度尼西亚。

传统经济以养蚝为主。1980年以后，传统养蚝业逐渐解体，蚝田污染严重，生产日渐式微。而今沙井蚝的异地养殖已获成功。现村民主要收入来源为房屋出租、集体经济分红、金融投资。特色农产品有沙井蚝，但主要存在于1992年前，现所存无几。特色传统食品有沙井蚝、松糕和茶果。

沙三路、沙井大街经过该村。1965年通电，1981年实现全村村道水泥硬底化，1983年通自来水，1986年通电话，20世纪90年代末通互联网。

村中建有学府幼儿园，2015年，在园幼儿约6000人，教职工52人。设有蚝二篮球场、游泳池和蚝二活动中心。

该村传统民居为广府民居，入门为厨房，接着是天井，过了天井是正房，正房后部是卧室，卧室有楼廊。三合土墙，房顶以杉木为梁、桁、桷。以天井、明瓦和墙上开一小窗采光，卧室光线很暗。20世纪80年代以后，传统民居被拆，新建楼房。

洪圣古庙，2000年被沙井镇人民政府公布为镇级文物保护单位。始建于明清时期，重建于2012年，庙内供奉海神、洪熙大王，村民前往祭拜，祈求平安。

螳螂拳（华林）流行于沙井街道沙井大村，属于南传螳螂拳，发源于山东崂山华严寺，因南北语言差异，被沙井人误传为"华林寺"。30年代，山东崂山华严寺僧人李崑山在香港开馆授徒，沙井二村陈贺球、陈志广等人拜他为师习武。香港被日本侵略军占领后，李崑山避难来到沙

◎ 洪圣古庙及碑刻（卿琼 摄于2016年）

井，靠制售跌打损伤的药品为生。后来流落到广州北郊的龙归市（今龙归镇）。1947年，沙井地方上出现许多的青年社团，兴起舞龙、舞麒麟的热潮。冼稳重和陈照榜、陈稳志等人在石角头（今蚝二村）组织馀庆社，对外称宝安县沙井业余健身社，主要研习莫家拳。后来请李崑山为拳师。李崑山在沙井收的徒弟除了冼应登以外，还有曾乐通、冼应添、陈云青、陈云山、陈培等人。1957年，陈振兴、陈汉兴、冼润才、冼润华等人跟冼应登、冼应根习武。1957年，陈云青在香港创办山东华林派国术体育总会。1970年，陈云山到香港流浮山龙珠堂正式设馆授徒，学者甚众，被香港武术界列为山东华林派探腿门。1970年陈培在美国波士顿开设了首家华林武馆；1980年在奥兰多建造华林总馆华林寺；1985年7月，陈培归宗少林寺成为少林寺第三十二代弟子。2011年11月，冼润华参加深圳市第十三届传统武术节，其反车拳、燕青刀获老龄甲组第二名；2012年2月参加第二届粤港澳武术赛再获金奖。2015年螳螂拳（华林）被列入深圳市非物质文化遗产名录。

蚝二村普通人家的年俗基本与沙井附近村落大同小异。每年农历九月十三祭祖日，陈氏族人前往陈朝举墓进行祭拜。

（资料填报：陈家文；初稿撰写：赖旻；分纂：程建）

蚝三社区

蚝三村

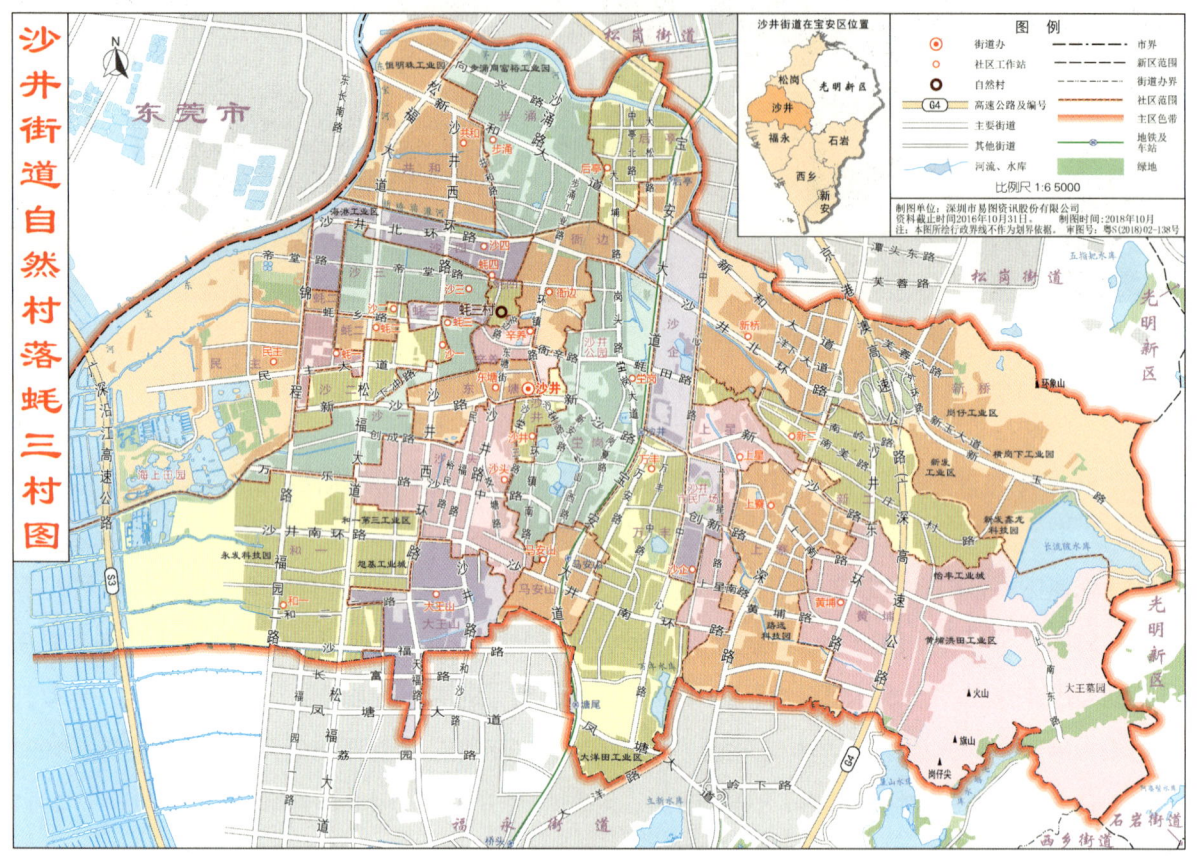

蚝三村位置示意图

蚝三村，位于沙井街道西北部，距街道办事处约2千米。相邻自然村有蚝二村、沙二村、沙三村、石围村、德丰围村。

1992年，蚝业大队根据自愿原则，将村民按蚝业养殖和农业种植进行分配，其中愿意从事蚝业养殖的村民分配至蚝一村、蚝二村、蚝三村和蚝四村，愿意从事农业种植的分配至沙一村、沙二村、沙三村和沙四村，蚝三村由此而得名。

宋元至明万历元年（1573年），属东莞县；明万历元年至清朝，属新安县。1914年，属宝安县。中华人民共和国成立之初，属宝安县松岗、沙井、新桥、雍睦、凤凰联乡；1951年，属宝安县第四区沙井乡；1958年10月，属超美公社；1959年，属沙井公社蚝业大队；1959年，属西海蚝业公社；1961年，属沙井公社蚝业大队；1979年1月，属深圳市沙井公社；1981年10月，属深圳市宝安县沙井公社；1983年7月，属宝安县沙井区蚝业乡；1986年10月，属沙井镇蚝三行政村；1993年1月，属深圳市宝安区沙井镇；2004年，属沙井街道蚝三社区。

◎ 蚝三村村貌（彭露颖 摄于2017年）

世居村民为汉族，广府民系，使用粤方言。居民以陈姓为主。

2015年末，户籍人口904人，其中男性426人，女性478人；80岁以上58人，最年长者92岁（1男1女）。非户籍外来人口约2000人。

传统经济以养沙井蚝为主。1980年以后，传统养蚝业逐渐解体，蚝田污染严重，生产日渐式微。而今沙井蚝的异地养殖已获成功。现村民主要收入来源为房屋出租、集体经济分红、金融投资。特色传统食品有端午粽（咸蛋肉粽、碱水粽）、油角、炒米饼和麻花（作为年货）。

松福路、西环路经过该村。1958年通电，1980年通自来水，1986年通电话，1987年实现全村村道水泥硬底化，20世纪90年代末通互联网。

村内有蚝业小学，设6个年级，18个班，2015年底在校学生约900人，教职工50人。有蚝沙幼儿园，目前在园幼儿约120人，教职工15人。村内建有丰泽园社区小区广场和丰泽园活动中心，设有游泳池、篮球场、网球场和图书室（藏书约1.5万册）。

该村传统民居为广府民居，入门为厨房，接着是天井，过了天井是正房，正房后部是卧室，卧室有楼廊。三合土墙，房顶以杉木为梁、桁、椽。以天井、明瓦和墙上开一小窗采光，卧室光线很暗。80年代以后，传统民居被拆，新建楼房。

现存宗祠有陈氏宗祠，位于沙井大街，始建于清道光年间（1821—1850年），曾作大规模重修，占地面积910.44平方米，宗祠前建石围墙，南北两侧各设院门；布局为五开间四进三天井，有前堂、中堂、后堂、后楼。中堂屏风上悬挂"义德堂"匾额，后堂设有神台。以方圆石柱承担梁架，屋顶船形脊，布局严谨。陈氏宗祠中有楹联"凤集高冈仁看文明天下；龙蟠沙井行将霖雨苍

◎ 陈氏宗祠（卿琼 摄于2016年）

◎ 沙井蚝文化博物馆（卿琼 摄于2016年）

◎ 祠内舞狮道具（卿琼 摄于2016年）

◎ 国务院奖状（钱淇锐翻拍自沙井蚝文化博物馆）

生"，书于清道光四年（1824年）；匾额"义德堂"书于清代。

沙井蚝文化博物馆，位于沙井大街342号，原为成立于1955年的沙井蚝厂，占地面积2万平方米，设有机房、锅炉煮蚝室及烘干车间、晒场，是当时广东省最大的蚝业加工厂。当时，沙井蚝厂所在的沙井蚝业生产合作社被评为"全国农业社会主义建设先进单位"，先进个人得到了进京被毛泽东主席亲切接见的机会。后在沙井蚝厂原址建立了沙井蚝文化博物馆，里面陈列着1958年由周恩来总理亲笔题字的"国务院奖状"，以及养蚝、制蚝设施等一批文物展品，2011年蚝文化博物馆被公布为宝安区文物保护单位。

蚝三村普通人家的年俗基本与沙井附近村落大同小异。每年农历九月十三祭祖日，陈氏族人会前往陈朝举墓进行祭拜。

2004年12月，该村被广东省人民政府评为广东省文明村。

◎ 义德堂牌匾及楹联（卿琼 摄于2016年）

代表性人物：

陈木根（1920—2009），1935年开始学习做蚝。1951年在村里做蚝。1957年被派往辽宁大连湾传授放蚝技术；1961年被邀请到暨南大学水产系并在深圳南头和蛇口的浅海试验站开展养蚝试验工作，负责指导暨南大学水产系的学生实习；1963年调到了南海水产研究所。1968年，受水产部的委派，前往越南传授养蚝技术、经验。1969年6月20日被越南民主共和国总理府授予援越养蚝专家友谊勋章。

陈锡桃（1945—2009），硕士研究生、高级经济师、高级会计师。1987年任深圳市财政局局长、党组书记。1995年当选为中共深圳市委委员。1999年被评为深圳市十佳人民最满意公务员。2000年6月任深圳市人大常委会副主任、党组成员。

（资料填报：陈贺辉；初稿撰写：赖旻；分纂：程建）

蚝四社区

蚝四村

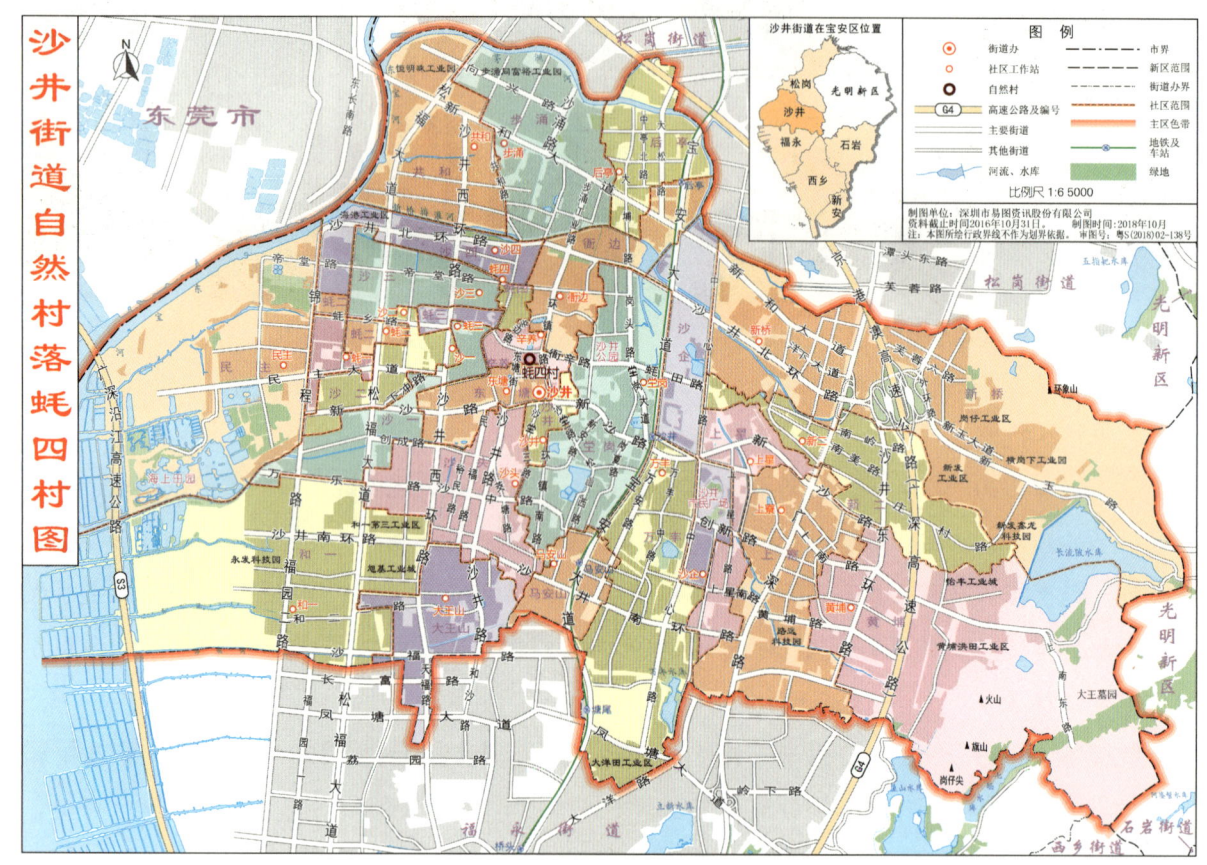

蚝四村位置示意图

蚝四村，位于沙井街道西北部，距街道办事处约2千米。相邻自然村有共和村、沙四村、沙三村、德丰围村。

1992年，蚝业大队根据自愿原则，将村民按蚝业养殖和农业种植进行分配，其中愿意从事蚝业养殖的村民分配至蚝一村、蚝二村、蚝三村和蚝四村，愿意从事农业种植的分配至沙一村、沙二村、沙三村和沙四村，蚝四村由此得名。

宋元至明万历元年（1573年），属东莞县；明万历元年至清朝，属新安县。1914年，属宝安县。中华人民共和国成立之初，属宝安县松岗、沙井、新桥、雍睦、凤凰联乡；1951年，属宝安县第四区沙井乡；1958年10月，属超美公社；1959年，属沙井公社蚝业大队；1959年，属西海蚝业公社；1961年，属沙井公社蚝业大队；1979年1月，属深圳市沙井公社；1981年10月，属深圳市宝安县沙井公社；1983年7月，属宝安县沙井区蚝业乡；1986年10月，属沙井镇蚝四行政村；1993年1月，属深圳市宝安区沙井镇；2004年，属沙井街道蚝四社区。

◎ 蚝四村村貌（郑蒋馨 摄于2017年）

世居村民为汉族，广府民系，使用粤方言。居民以陈姓为主。

2015年末，户籍人口1386人，其中男性640人，女性746人；80岁以上98人，最年长者92岁（女）。非户籍外来人口约3800人。祖籍该村的港澳台同胞约1200人。祖籍该村的华人华侨30人，主要分布在美国、菲律宾和英国。

传统经济为养殖沙井蚝。1980年以后，传统养蚝业逐渐解体，蚝田污染严重，生产日渐式微。而今沙井蚝的异地养殖已获成功。改革开放后，村民主要收入来源为房屋出租、集体经济分红、金融投资。特色传统食品有炒米饼（主要作为年货）。

沙井大街经过该村。1965年通电，1981年实现全村村道水泥硬底化，1983年通自来水，1986年通电话，20世纪90年代末通互联网。

村内建有蚝四公园、星光老年之家和蚝四社区阅览室（藏书1.5万册）。

该村传统民居为广府民居，入门为厨房，接着是天井，过了天井是正房，正房后部是卧室，卧室有楼廊。三合土墙，房顶以杉木为梁、桁、桷。以天井、明瓦和墙上开一小窗采光，卧室光线很暗。20世纪80年代以后，传统民居被拆，新建楼房。

龙津石塔位于蚝四社区桥东五巷。建于南宋嘉定十三年（1220年），俗称花塔公。石塔构件用粗砂岩雕凿而成，采用圆刀法雕凿。塔座平面是方形，长、宽均为0.56米，高0.29米。须弥座四角浮雕竹节角柱，正面刻宝相花万字。塔身为正方形，长、宽均为0.44米，高0.6米，正面有弧形佛龛，龛内浮雕半身佛像。佛像形貌为螺髻，长圆形脸，突眼，高鼻，小口，双耳垂肩，平胸细腹，身披

◎ 龙津石塔（卿琼 摄于2016年）

◎ 龙津石塔文物保护单位石碑（卿琼 摄于2016年）

◎ 蚝四居民委员会（卿琼 摄于2016年）

◎ 蚝四公园（卿琼 摄于2016年）

袈裟，所结手印相传为初佛光泽真言手印，神态慈祥逼真。塔身左右两面亦有弧形龛。左龛的上部有双手合十图像。右龛的上部为宝剑手，下刻阴文四行十六字初佛光泽真言。因年久风化，经文字迹模糊不清。1984年，当地群众在原塔基前重建塔座，将塔身等安放在塔座上。其侧放一葫芦形砂岩构件，疑为原塔顶。2015年龙津石塔被公布为广东省文物保护单位。

每年农历九月十三祭祖日，陈氏族人前往陈朝举墓进行祭拜。

2015年5月，该村被宝安区人民政府评为卫生村。

代表性人物：

陈淦池（1924—1998），蚝工出身。1953年冬发起创建宝安县第一个蚝业合作社，任社主任。1956年6月，沙井高级蚝业社成立，陈淦池任社主任。沙井蚝业社先后在1956年和1957年被评为全国"模范合作社"。陈淦池也先后被评为广东省劳动模范和全国劳动模范。1957年赴京领奖，与全国赴京参加劳模大会的劳模在中南海受到毛泽东、周恩来、陈云、邓小平、彭德怀、邓子恢等接见,并合影留念。1959年4月任西海水产公社党委副书记。1961年调任南头水产站站长,当选宝安县第四届人大代表、主席团成员。1964年任宝安县海肥厂厂长。1971年复任南头水产站站长。

(资料填报:陈健烽;初稿撰写:赖旻;分纂:程建)

东塘社区

东塘村

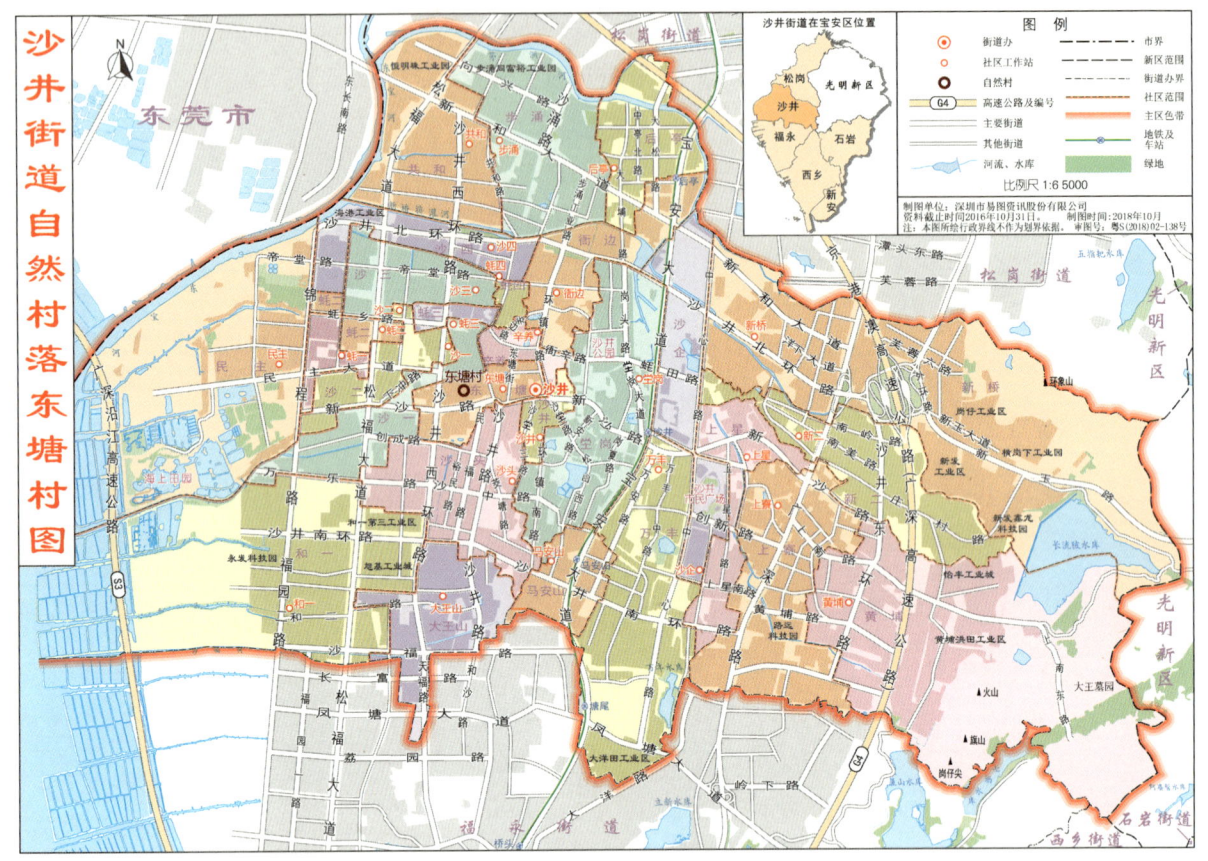

东塘村位置示意图

东塘村，位于沙井街道中部，距街道办事处约0.5千米。相邻自然村有沙一村、沙头村、辛养村。

该村由东山村和塘下村两村合并而成，取名东塘村。东塘村与沙井大村连成一片。始建于南宋，据《曾氏祖谱》记载，唐玄宗年间（712—756年）曾氏族人从江西赣州迁移至广东韶关；宋代因靖康之乱从韶关南下珠江三角洲后迁居沙井。

宋元至明万历元年（1573年），属东莞县；明万历元年至清朝，属新安县。1914年，属宝安县。中华人民共和国成立之初，属宝安县松岗、沙井、新桥、雍睦、凤凰联乡；1951年，属宝安县第四区东民乡；1958年10月，属超美公社；1959年，属沙井公社银星大队；1961年属东塘大队；1963年属朝阳大队；1979年1月，属深圳市沙井公社；1981年10月，属深圳市宝安县沙井公社；1983年7月，属宝安县沙井区朝阳乡；1986年10月，属沙井镇东塘行政村；1993年1月，属深圳市宝安区沙井镇；2004年，属沙井街道东塘社区。

◎ 东塘村村貌（彭露颖 摄于2017年）

世居村民为汉族，广府民系，使用粤方言。村民主要为曾姓。

2015年末，户籍人口441人，其中男性214人，女性227人；80岁以上18人，最年长者102岁（女）；实际在村人口424人；常年在城镇生活和打工15人；海外留学2人。非户籍外来人口约2万人。祖籍该村的港澳台同胞约2000人。祖籍该村的华人华侨5人，主要分布在越南和美国。归侨2人。

传统经济以海上运输、经商贸易、养蚝和农业种植为主，主要农作物有水稻、芭蕉、龙眼、荔枝等。改革开放后，村民主要收入来源为房屋出租、集体经济分红。特色农产品有沙井蚝。特色传统食品有煎堆、油果、炸糖丸和炒米饼。特色工艺品有竹箦制品。

新沙路、西环路、东塘街经过该村。1970年通电，1980年通自来水，1985年通电话，1988年实现全村村道水泥硬底化，20世纪90年代末通互联网。

村内建有东兴花园和东兴花园活动中心，设有篮球场和图书室（藏书约1000册）。

该村传统民居为广府民居，入门为厨房，接着是天井，过了天井是正房，正房后部是卧室，卧室有楼廊。三合土墙，房顶以杉木为梁、桁、桷。以天井、明瓦和墙上开一小窗采光，卧室光线很暗。80年代以后，传统民居大多被拆，新建楼房。

代表性民居"斋祠"建于明朝，占地面积120平方米，为砖木石结构，保存较差，已无人居住。

存有宗祠2座，分别为东塘曾氏大宗祠和润祖曾公祠。东塘曾氏大宗祠，始建于宋代，清道光年间（1821—1850年）重修扩建，2012年再次重建，占地面积800平方米。该宗祠为三开间三进两天井、砖木石结构，清水砖外墙，硬山顶，灰瓦覆面。

润祖曾公祠，始建于明朝，重建于2011年，占地面积400平方米，三开间二进一天井，砖木石结构。有书于清朝的楹联"天下斯文宗一贯；古今乔木第三家"，匾额"三省堂"，两者各地

◎ 斋祠（陈丽雯 摄于2016年）

◎ 曾氏大宗祠（陈丽雯 摄于2016年）

◎ 润祖曾公祠（陈丽雯 摄于2016年）

曾氏宗祠均有。

该村存有《曾氏祖谱》，修于清朝，由曾氏家族纂修。据《曾氏祖谱》所载，曾氏族人族规与家训有《祖例列后》和《从之祖条例》，均于南宋制定。

每年重阳节前后，村民前往曾氏大宗祠祭祖。东塘村普通人家的年俗基本与沙井附近村落大同小异。

据村中老人口述，1962年，村中共30余人出走香港；1979年，全村出走香港共300余人，基本上涵盖整村青壮年劳力，导致生产队生产瘫痪。

代表性人物：

曾伯由，为人慷慨，令乡人信服。元朝末年，岭南各地豪强纷纷打着举义灭元的旗号，曾伯由率乡兵占领归德盐场。当何真的义军来时，曾伯由归顺何真，使沙井地区免遭战火，受乡民的拥护。

（资料填报：曾志成；初稿撰写：赖旻；分纂：程建）

茭塘社区

茭塘村

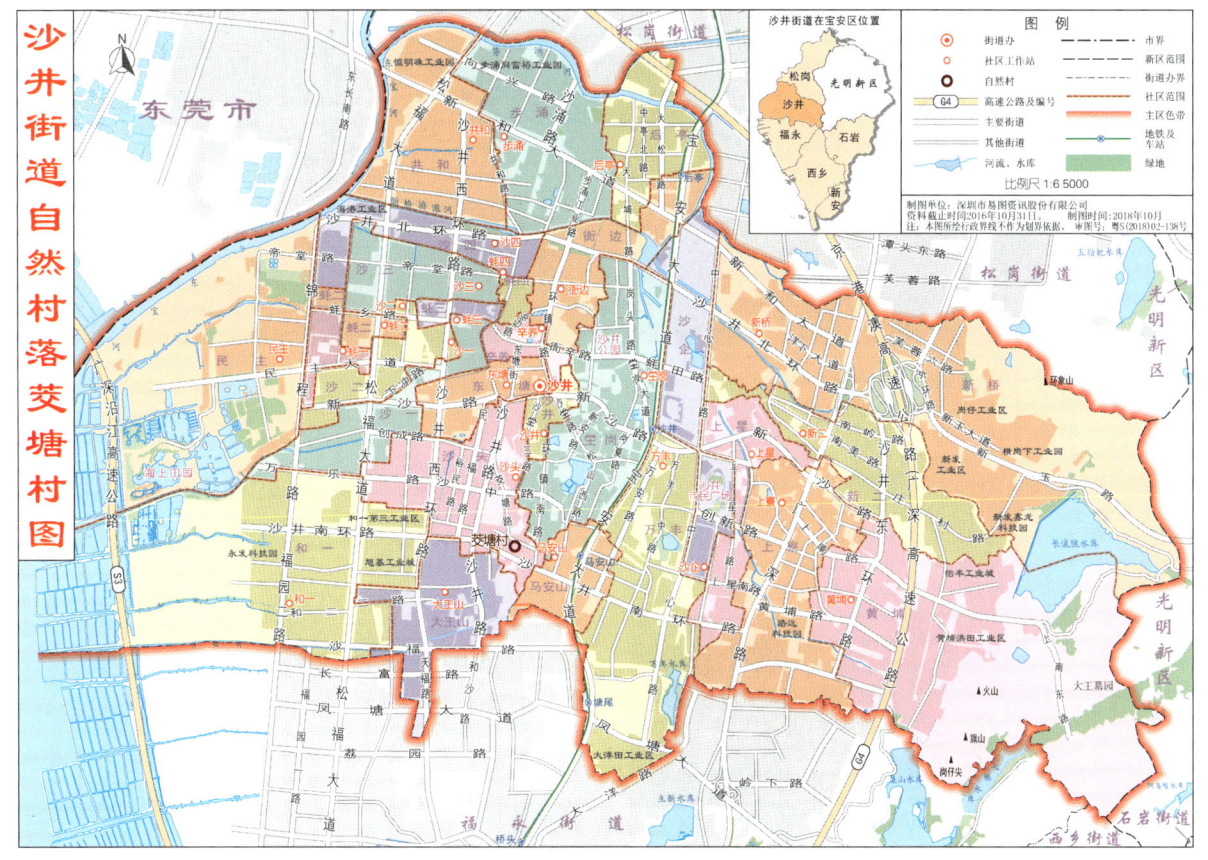

茭塘村位置示意图

茭塘村，位于沙井街道南部，距街道办事处约1千米。面积约0.4平方千米。相邻自然村有大王山村、马安山村、沙头村。

南宋末年，陈姓族人为避战乱从福建莆田迁至广东潮州，后从潮州迁移至当地，其后代在茭塘村繁衍生息。

宋元至明万历元年（1573年），属东莞县；明万历元年至清朝，属新安县。1914年，属宝安县。中华人民共和国成立之初，属宝安县松岗、沙井、新桥、雍睦、凤凰联乡；1951年，属宝安县第四区东民乡；1958年10月，属超美公社；1959年，属沙井公社银星大队；1959年，属沙井公社沙头大队；1979年1月，属深圳市沙井公社；1981年10月，属深圳市宝安县沙井公社；1983年7月，属宝安县沙井区沙头乡；1986年10月，属沙井镇沙头行政村；1993年1月，属深圳市宝安区沙井镇；2004年，属沙井街道沙头社区；2009年2月，属沙井街道茭塘社区。

世居村民为汉族，广府民系，使用粤方言。村民主要为陈姓。

·195·

◎ 茭塘村村貌（彭露颖 摄于2017年）

◎ 茭塘花园（陈丽雯 摄于2016年）

2015年末，户籍人口210人，其中男性97人，女性113人；80岁以上5人，最年长者95岁（女）；海外留学1人。非户籍外来人口约2万人。祖籍该村的港澳台同胞约400人。

传统经济以种植水稻、花生、玉米、香蕉、荔枝和饲养鸡、鸭、猪为主。改革开放后，村民主要收入来源为房屋出租、集体经济分红、工资性收入。村中特色传统食品有煎堆、油角和炒米饼。

南环路、茭塘路经过该村。1960年通电，1981年通自来水，1983年实现全村村道水泥硬底化，1985年通电话，20世纪90年代末通互联网。

村内有蓝天白云幼儿园，2015年在园幼儿200人，教职工60人。有篮球场、广场、茭塘公园、茭塘花园以及茭塘图书馆（藏书4000册）。

传统民居为广府民居。由于旧村改造，原有传统民居已全部被拆除。村中保存有《陈辛养村陈氏祖谱》，由陈锦祥于2012年纂修，族谱上记有"陈氏祖训"和"颍川祖训"。

（资料填报：黎宝欣；初稿撰写：赖旻；分纂：程建）

沙头社区

沙头村

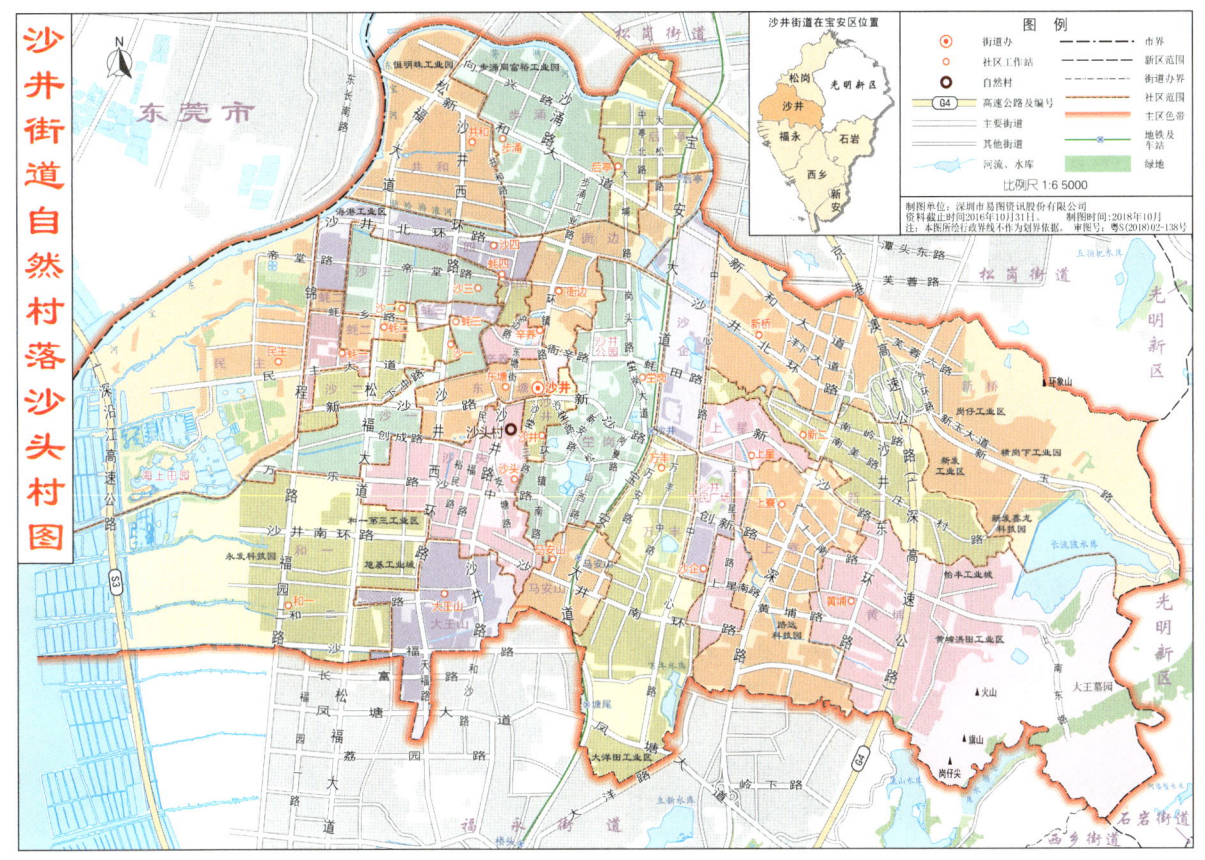

沙头村位置示意图

沙头村，位于沙井街道南部，距街道办事处约1千米。全村面积0.8平方千米，属于土地资源较稀缺、人口较密集的社区。相邻自然村有东塘村、茭塘村。因地处沙洲的南头而得名。始建于明朝。

建村至明万历元年（1573年），属东莞县；明万历元年至清朝，属新安县。1914年，属宝安县。中华人民共和国成立之初，属宝安县松岗、沙井、新桥、雍睦、凤凰联乡；1951年，属宝安县第四区东民乡；1958年10月，属超美公社；1959年，属沙井公社沙头大队；1979年1月，属深圳市沙井公社；1981年10月，属深圳市宝安县沙井公社；1983年7月，属宝安县沙井区沙头乡；1986年10月，属沙井镇沙头行政村；1993年1月，属深圳市宝安区沙井镇；2004年，属沙井街道沙头社区。

世居村民为汉族，广府民系，使用粤方言。村民主要为钟姓。

2015年末，户籍人口433人，其中男性203人，女性230人；80岁以上3人，最年长者90岁

◎ 沙头村村貌（郑蒋馨 摄于2017年）

◎ 沙头村大榕树（陈丽雯 摄于2016年）

◎ 宣玉钟公祠（陈丽雯 摄于2016年）

（男）；实际在村人口421人；海外留学2人。非户籍外来人口约4万人。祖籍该村的香港同胞约800人、台湾同胞10人。祖籍该村的华人华侨人数不详，主要分布在越南和新加坡。

传统经济以农业种植为主，养蚝为辅，主要农作物有水稻和水果，主要养殖家禽。改革开放后，村民主要收入来源为房屋出租、集体经济分红。沙头村特色农产品有沙井蚝。传统节庆食品有长形粽子、煎堆、油果和炒米饼。特色工艺品有竹篾编织的箩筐。

沙井路经过该村。1981年通电，1985年实现全村村道水泥硬底化及通自来水，1987年通电话，20世纪90年代末通互联网。

村内有立才幼儿园和金沙幼儿园，2015年在园幼儿497人，教职工78人。村中建有沙头村民活动中心和沙头图书馆，设有足球场和篮球场。

传统民居为广府民居，代表性民居为"广居"，建于1929年，占地面积100平方米，有南洋建筑风格，砖木石结构，清水砖外墙，硬山顶，灰瓦覆面，保存完好，仍有人居住。

◎ 传统民居（陈丽雯 摄于2016年）

宣玉钟公祠，始建于清朝，占地面积200平方米，为三间两进的砖木结构建筑，大门楹联为"琴传万载；笔播千秋"，书于清代。由于宣玉钟公祠为私人所有，故一直未作为村里公用宗祠使用。

沙头村原有一座关帝庙，位于今新百货大楼处，已拆除。

划龙舟是村中的传统民俗。

1979年该村青壮年200余人出走香港，农业生产受到很大影响。

（资料填报：钟贺荣；初稿撰写：赖旻；分纂：程建）

辛养社区

辛养村

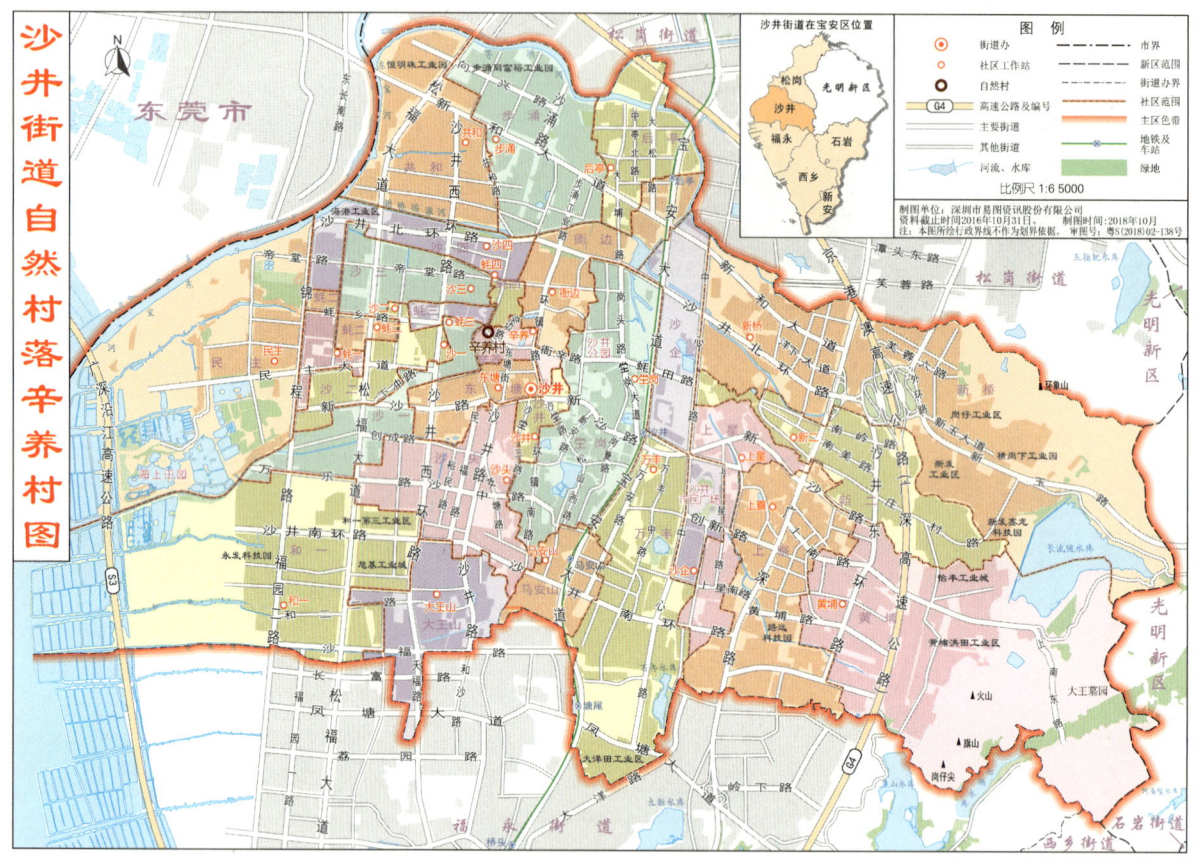

辛养村位置示意图

辛养村，位于沙井街道北部，距街道办事处约0.5千米。相邻自然村有衙边村、东塘村、沙三村。曾用名陈辛养、驸马祖、龙津堡、雍睦乡、五福堂、地官里。

该村村头有宗佑陈公祠，陈宗佑是明代人，字辛养，故取村名陈辛养村；后简称辛养村。该村始建于宋末元初，开村祖为陈梦龙之子陈宋恩，其后裔分居辛养、衙边、壆岗、后亭、马安山、灶下、南山等村。为归德（今沙井）陈氏一支，以陈俊卿为太始祖。陈姓为该村第一大姓。第二大姓为袁姓，清朝末年从松岗楼岗迁至此地。

宋元至明万历元年（1573年），属东莞县；明万历元年至清朝，属新安县。1914年，属宝安县。中华人民共和国成立之初，属宝安县松岗、沙井、新桥、雍睦、凤凰联乡；1951年，属宝安县第四区沙井乡；1958年10月，属超美公社；1959年，属沙井公社辛养大队；1963年，属沙井公社东风大队；1979年1月，属深圳市沙井公社；1981年10月，属深圳市宝安县沙井公社；1983年7月，属宝安县沙井区东风乡；1986年10月，属沙井镇辛养行政村；1993年1月，属深圳市宝安区沙

◎ 辛养村村貌（何致友 摄于2017年）

井镇；2004年，属沙井街道辛养社区。

世居村民主要是陈姓和袁姓，均为汉族，广府民系，使用粤方言。

2015年末，户籍人口550人，其中男性250人，女性300人；80岁以上12人，最年长者99岁（女）；实际在村人口536人；海外留学2人。非户籍外来人口约1万人。祖籍该村的港澳台同胞约60人。祖籍该村的华人华侨1人，居住在美国。

传统经济以农业种植与养殖为主，主要作物有水稻、花生、玉米、香蕉、龙眼和荔枝，养殖猪、鸭、鸡等。现村民主要收入来源为房屋出租、集体经济分红。村内特色农产品有石硖龙眼、芭蕉和荔枝。传统节庆食品有炒米饼、煎堆和油角。特色工艺品有竹篾编织的箩筐。

环镇路经过该村。1963年通电，1983年实现村道水泥硬底化并通自来水，1985年通电话，1998年通互联网。

村内有辛养幼儿园，2015年在园幼儿约300人，教职工30人。村中设有图书室，藏书约1.3万册。

该村传统民居为广府民居，入门为厨房，接着是天井，过了天井是正房，正房后部是卧室，卧室有楼廊。三合土墙，房顶以杉木为梁、桁、桷。以天井、明瓦和墙上开一小窗采光，卧室光线很暗。20世纪80年代后，传统民居多被拆，新建楼房。

◎ 辛养村传统民居（陈莉莉 摄于2016年）

◎ 陈氏大宗祠雍睦堂（陈莉莉 摄于2016年）

◎ 龙裔陈公家塾（陈莉莉 摄于2016年）

◎ 宗佑陈公祠（陈莉莉 摄于2016年）

◎ 乐淳公家塾（陈莉莉 摄于2016年）

存有陈氏大宗祠雍睦堂和宗佑陈公祠。陈氏大宗祠始建于清朝，重建于2007年，坐西向东，为三开间三进两天井布局，面阔12.7米，进深42.45米，占地面积540平方米。砖木石结构，清水砖墙，石墙基、墙角。前堂明间为红砂岩墙体。开凹斗式门，门额石匾书"陈氏大宗祠"。有对联"朝凤岭跨凤岗秀毓凤毛远绍千秋凤卜；宅龙津环龙穴祥征龙耳宠叨五色龙章"。大门两侧有塾台、石檐柱、石月梁、狮形柁墩，檐下有彩绘，木雕封檐板。前后天井两侧有廊房。石金柱，穿斗式与抬梁式混合梁架。前堂挂"户部主事"匾，落款"咸丰元年，臣陈桂籍恭承"。中堂挂"贡生"匾，落款"乾隆五十四年己酉拔贡，臣陈嵩龄恭承"。该宗祠规模较大，保存较完好，特别是其木雕、石刻、灰塑、彩绘等技艺精湛，梁架、斗拱、檐板及石雕构件用料考究，有确切纪年，文化内涵丰富，具有较高的艺术价值和历史价值。现仍作宗祠使用，为宝安区第四批不可移动文物。

宗佑陈公祠，始建于清朝，重修于2000年，占地面积158.56平方米，三开间两进一天井，砖木石结构。为宝安区不可移动文物，现仍作宗祠使用。

现存龙裔陈公家塾、乐淳公家塾和月樵公家塾，均始建于清朝，为宝安区不可移动文物。

村中存有《陈辛养村陈氏祖谱》，由陈锦祥于2012年纂修。祖谱收录有宋朝制定的"陈氏祖训"和"颍川祖训"。

舞南狮（又称醒狮）是该村的特色民俗。该村特色技艺为洪拳。洪拳起源于南少林寺，明末清初传入广东。辛养村洪拳为黄飞鸿一脉，由其得意弟子陈锦泉回老家辛养村养老时开馆授徒而在该村传承。

代表性人物：

陈桂籍，字月樵。清道光二十一年（1841年）进士，官至户部主事（正六品）。清咸丰六年（1856年）为牵制入侵广州的英军，陈桂籍组织新安练勇对香港采取灵活多样行动，骚扰英军后方基地。至清咸丰八年（1858年）一直坚持抗击英军。后陈桂籍在广州为官，殁后葬于广州白云山。

陈锦泉，又名陈殿标，黄飞鸿弟子，曾赴广西苏元春军门任教练。老年回辛养村养老，开馆授徒。

（资料填报：陈向东；初稿撰写：赖旻；分纂：程建）

壆岗社区

壆岗村

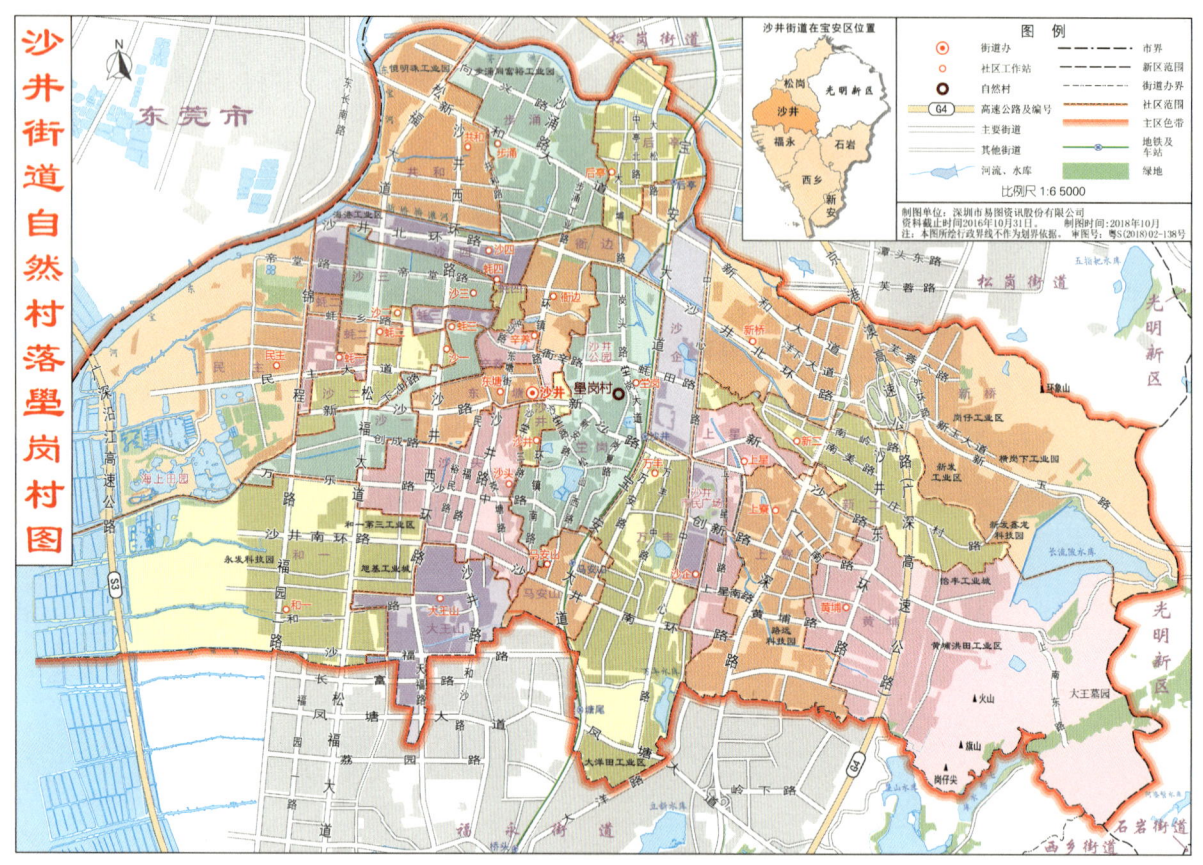

壆岗村位置示意图

壆岗村，位于沙井街道东部，距街道办事处约1千米。相邻自然村有衙边村、马安山村、万丰村、后亭村。

据族谱记载，该村始建于明代，由归德（今沙井）驸马房陈氏兄弟分家迁居此地而形成。"壆"是粤方言，有田埂、田基之意。因这里有绵延的山岗，形似一条高高的土壆，而村落依山岗而建，故取名壆岗村，曾用名壆头。壆岗是蟹形地。据20世纪50年代初统计，壆岗旧有土地7331亩，分布在西乡、黄田、三围、福永、塘尾、灶下、万丰、潭头、松岗等十多个地区，古人称"巨蟹出洞，鱼游鹤立"。

建村至明万历元年（1573年），属东莞县；明万历元年至清朝，属新安县。1914年，属宝安县。中华人民共和国成立之初，属宝安县松岗、沙井、新桥、雍睦、凤凰联乡；1951年，属宝安县第四区壆荫乡；1958年10月，属超美公社；1959年，属沙井公社壆荫大队；1977年，属壆岗大队；1979年1月，属深圳市沙井公社壆岗大队；1981年10月，属深圳市宝安县沙井公社；1983年7

◎ 壆岗村村貌（摄于2016年，沙井街道供稿）

月，属宝安县沙井区壆岗乡；1986年10月，属沙井镇壆岗行政村；1993年1月，属深圳市宝安区沙井镇；2004年，属沙井街道壆岗社区。

世居村民为汉族，广府民系，使用粤方言。村民主要为陈姓，是归德陈氏一支。七世祖宗顺，由沙井徙渡溪（今壆岗）。当时，已有黎、费、冼三姓在此居住，以黎姓最大。陈姓后来居上，黎、费、冼三姓后迁出。原来黎姓所建黎氏宗祠也成了"陈氏大宗祠"。清乾隆四十九年（1784年）重修陈氏大宗祠时，扩建了宗祠后堂来安置黎氏先人牌位，从此，壆岗成了宗顺后裔聚居地。

2015年末，户籍人口1771人，其中男性838人，女性933人；80岁以上83人，最年长者95岁（女）；实际在村人口1758人。非户籍外来人口约6万人。祖籍该村的港澳台同胞约3000人。祖籍该村的华人华侨约10000人，主要分布在越南和法国。归侨10人。

传统经济以农业为主，种植水稻、花生、甘蔗、玉米、香蕉、龙眼、荔枝，饲养鸡、鸭、猪。现村集体经济以物业租赁、厂房出租为主。村民主要收入来源为房屋出租、集体经济分红、金融投资、工资性收入等。

宝安大道、新沙路经过该村。1980年通电，1982年通自来水，1988年实现全村村道水泥硬底化，1992年通电话，2001年通互联网。

村内有壆岗小学，设6个年级，25个班，2015年，在校学生约1000人，教职工200余人。有壆岗幼儿园和爱博幼儿园，在园幼儿约1500人，教职工300余人。建有长360米文化长廊和壆岗村图书馆（藏书8万册）。还组建有标准足球队、醒狮队、电影队和壆岗粤乐社。

该村传统民居为广府民居，入门为厨房，接着是天井，过了天井是正房，正房后部是卧室，卧室有楼廊。三合土墙，房顶以杉木为梁、桁、桷。以天井、明瓦和墙上开一小窗采光，卧室光线很暗。20世纪80年代以后，传统民居被拆，新建楼房。

陈氏大宗祠位于壆岗村前路，原为黎氏宗祠，清乾隆四十九年（1784年）改建。坐西朝东，三开间三进二天井，面阔12米，进深35.18米，占地面积近430平方米。大门、中堂间联以亭台式廊房。中、后堂间联以卷棚顶廊房。大门正面呈凹斗状，基台、檐柱、墀头均为花岗石质面，明间正中辟门，门额上有行书"陈氏大宗祠"，右侧小字为"乾隆岁次甲寅三月吉旦"，门联"前面

◎ 壆岗幼儿园（陈莉莉 摄于2016年）

◎ 壆岗小学（陈莉莉 摄于2016年）

桥溪后面沙溪溪水长流涌出渡溪新气象；空中天马庭中禄马马群超拔迎来驸马旧家风"。中堂后金柱间有木屏风，上有"虞祐堂"牌匾。后厅金柱上有楹联"雍睦世家子孙发达开先绪；颍川堂上祖武传留启后人"。明间置供桌、牌位及陈氏祖谱，左右有对联"六龙怀念姻亲旧；五马近思世泽长"。

壆岗陈氏大宗祠规模大，保存较好，梁架、斗拱、檐板及石雕构件用料考究，工艺精湛，且有确切纪年，因此具有较高的艺术价值和历史价值。

智熙家塾位于壆岗村北帝路口，是祠塾合一的建筑，为壆岗越南华侨陈智熙所建。三开间两进一天井，朝向东北，面阔13米，进深33米，占地面积429平方米。前堂为硬山顶，碌筒灰瓦，博古脊，清水砖墙，花岗石砌角，有生起。门楼前堂墙裙叠四皮条石，檐口有彩绘，封檐板有福禄寿、人物、花草等雕刻图案，门匾阳文款"智熙家塾"，题款为"光绪戊申秋月谷旦"，落款"顺德陈敏章敬书"。山墙上有灰塑博风，内容有花草树木、蔬果、动物等。后堂为二层阁楼式，卷棚式屋顶，绿琉璃瓦剪边，碌筒陶瓦覆面，镬耳顶，封火山墙，二楼中为堂，两侧各有两间厢房。智熙家塾建于清光绪三十四年（1908年），是深圳市建筑年代最早的华侨建筑之一，是南洋特色与中国岭南特色相结合的、有着独特风格的家塾建筑。

因村民是由沙井辛养村迁移而来，故每年清明及农历九月初十会去辛养村陈氏大宗祠祭祖。

北帝庙位于壆岗村北帝路，供奉北帝，三开间三进，门楣石匾题有"北帝古庙"。相传农历三月初三是北帝的生日，每年都举行"北帝诞"活动。农历二月二十八，北帝"出位"、巡游，三月初二"复位"，活动期间场面热烈，鼓乐喧天，鞭炮齐鸣，舞狮舞龙，连日欢庆。

1979年，全村共300余人出走香港，约占村中人口三分之一，导致生产队生产瘫痪。

1995年，壆岗村委会被民政部授予"全国模范村委会"称号；1996年、1997年连续两年被广东省委、省政府授予"广东省文明单位"称号。

◎ 陈氏大宗祠虞祐堂（陈莉莉 摄于2016年）　　◎ 北帝庙（陈莉莉 摄于2016年）

代表性人物：

陈才茂（1861—1919），号智熙。幼时家境贫寒，青年时为了躲债，离乡背井到了越南。经同乡介绍，到建筑工地当泥水工。此时，法属殖民地越南海防也开始大规模的市政建设，陈才茂首批应招前往。陈才茂参与海防港口工程，赢得法国建筑师马隆上尉的信赖，先后成为管工、小包工、大包工。马隆邀请陈才茂合作经营建筑公司，接到的工程全部交给陈才茂承包。马隆公司发展迅速，成为北越有名的建筑公司。后来马隆携妻返回法国，将公司交给陈才茂。陈才茂接手公司后，以自己的名字命名。他买下红河两岸的大片土地，用约0.5平方千米土地造水塘储放木材，还建起了先进的机器锯木厂和水泥花砖厂，实行锯木机械化，生产时髦的花阶砖。后来，他还建起一个巨大的内河船坞修理船只。由于陈才茂的名气，人们逐渐将当地"广东街"改称"陈才街"。陈才茂善于团结华工，手下有一批能工巧匠和"土工程师"，保证其工程质量，还聘请法国律师为法律顾问，赢得法属殖民地当局和社会各界人士的信任，成为当时北越声名显赫的三大建筑师之一。他在北越竞争得标的工程主要有全越南总行政机构总督府、河内海防铁路海防段的路基、海防红河石堤、疏通红河河道、建造海防港仓库等。他热心于社会公益事业，主持东安堂，办起东安学校，为东莞、宝安的侨民子弟提供读书的场所。

陈梅生，原旅居高棉（今柬埔寨），16岁时奋发攻读法文，白天工作夜晚学习，四年学成。他从事建筑业，曾为当地政府机关的督造官。后到越南，见迪埠广邦教育落后，组建珠江学校，教育华侨子弟。平生热心公益，被各帮华侨公推为华侨经济联合会主席。1925年国民党改组时，倡设党分部于迪埠。1931年当选为安南总支部代表，出席国民党第四次全国代表大会。

陈其芬（1901—1996），陈才茂之子，毕业于岭南学校，是廖承志的同学，在法国与廖梦醒、冼星海等相识。曾在巴黎埃纳比克三合土建筑公司实习，后在克来威夫卫生城（La Cite Sanitarie de Clarivivre）工作，任建筑工程师。1936年回国，任南京市政府工务局技正。1936年经吴景奇、阮迭祖介绍加入中国建筑师学会，同年取得实业部技师登记证书。1937年赴越南，设计丽都戏院，后至柬埔寨任王国政府公共工程部顾问，协助中国和苏联专家根据热带条件进行建筑设计，曾获柬埔寨王国政府骑士级莫尼萨拉蓬勋章。1953年应廖承志邀请回国参加国宴，1970年回国，定居北京。

（资料填报：陈建平；初稿撰写：赖旻；分纂：程建）

衙边社区

衙边村

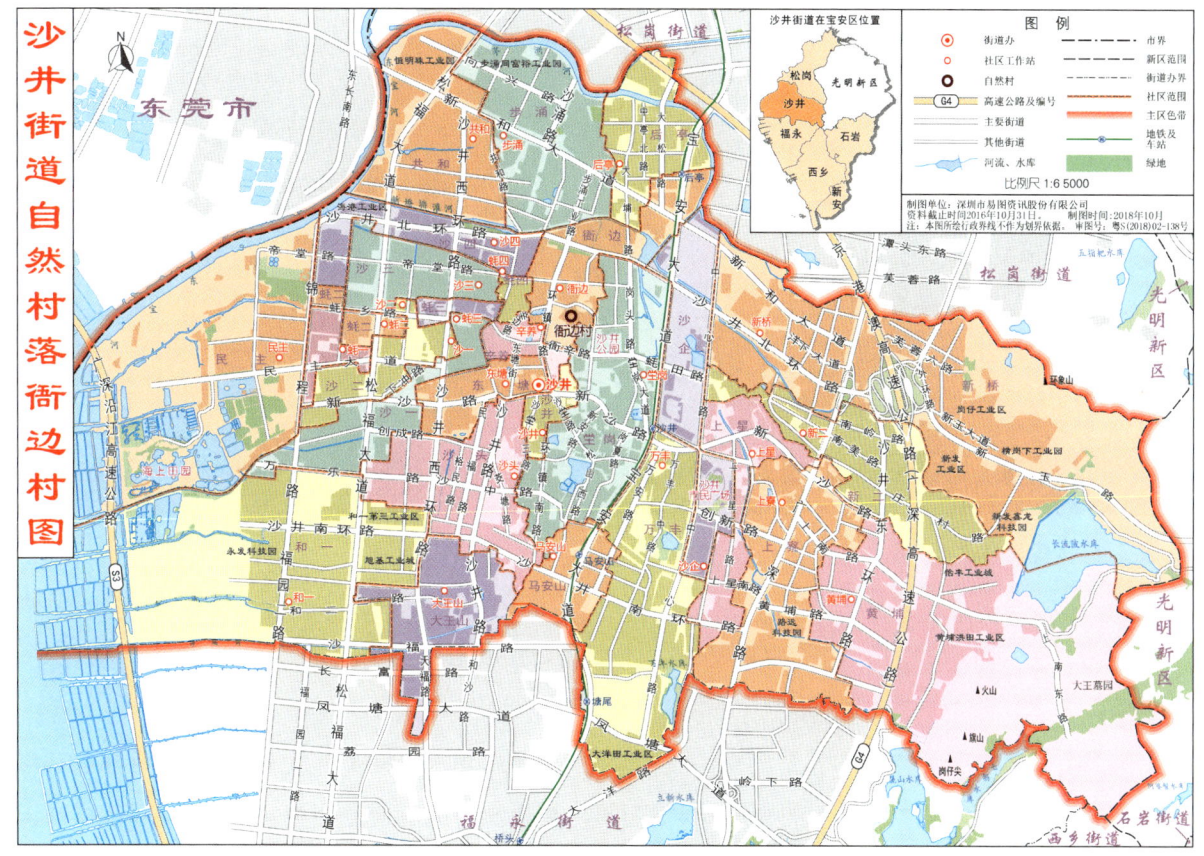

衙边村位置示意图

衙边村，位于沙井街道北部，距街道办事处约2千米。相邻自然村有沙四村、辛养村、步涌村、塱岗村。始建于明朝。因处于归德盐场衙署旁边而得名。因地处沙地的北尾，古名沙尾。衙边村与沙井大村连成一片。

建村至明万历元年（1573年），属东莞县；明万历元年至清朝，属新安县。1914年，属宝安县。中华人民共和国成立之初，属宝安县松岗、沙井、新桥、雍睦、凤凰联乡；1951年，属宝安县第四区涌边乡；1958年10月，属超美公社；1959年，属沙井公社衙边大队；1963年属东风大队；1979年1月，属深圳市沙井公社；1981年10月，属深圳市宝安县沙井公社；1983年7月，属宝安县沙井区东风乡；1986年10月，属沙井镇衙边行政村；1993年1月，属深圳市宝安区沙井镇；2004年，属沙井街道衙边社区。

世居村民为汉族，广府民系，使用粤方言。居民以陈姓和张姓为主，其中陈姓居民是归德（今沙井）陈氏一支，以陈俊卿为太始祖，其子陈应元为始祖，在江左生下陈梦龙。陈梦龙之

◎ 衙边村村貌（郑蒋馨 摄于2017年）

子陈宋恩，宋末来到此地，因见沙井民风淳朴，就安居下来。至陈梦龙七世孙因分家立村而形成村落。

2015年末，户籍人口658人，其中男性450人，女性208人；80岁以上50人，最年长者95岁（男）；海外留学10人。非户籍外来人口约5万人。祖籍该村的港澳台同胞121人。祖籍该村的华人华侨12人，主要分布在越南。

传统经济以农业为主，种植水稻、花生、玉米、香蕉、龙眼、荔枝，饲养鸡、鸭、猪。改革开放后，村民主要收入来源为房屋出租、集体经济分红。村中特色农产品有石硖龙眼和芭蕉，特色传统食品有炒米饼、煎堆和油角。

环镇路、北环路经过该村。1975年通电，1983年通自来水及通电话，1986年实现全村村道水泥硬底化，20世纪90年代末通互联网。

村内建有荣根学校，设6个年级，每个年级12个班，2015年在校学生3800人，教职工200人；衙边幼儿园，2015年在园幼儿约260人，教职工36人。

该村传统民居为广府民居，入门为厨房，接着是天井，过了天井是正房，正房后部是卧室，卧室有楼廊。三合土墙，房顶以杉木为梁、桁、桷。以天井、明瓦和墙上开一小窗采光，卧室光线很暗。20世纪80年代以后，传统民居被拆，新建楼房。

现存衙边陈氏大宗祠、德辉陈公祠、念冈祖祠、泉养祖祠和凤冈祖祠。衙边陈氏大宗祠，建于清朝，于1999年重修，占地面积550平方米，三开间三进两天井，砖木石结构。德辉陈公祠，建

◎ 陈氏大宗祠（陈莉莉 摄于2016年）

◎ 迎阳祖家塾（陈莉莉 摄于2016年）

◎ 念冈祖祠（陈莉莉 摄于2016年）

◎ 云溪井（陈莉莉 摄于2016年）

于清朝，于2007年重修，占地面积450平方米，三开间三进两天井，砖木石结构。念冈祖祠，始建于清朝，于1999年重修。存有恒足公家塾和迎阳祖家塾。恒足公家塾建于清朝，于1999年重修，占地面积150平方米；迎阳祖家塾建于清朝，于1999年重修。村附近还有陈朝举墓、云林仙井、云溪井等文物古迹。

陈朝举墓在云林新村，建于清朝，于1999年重修；原墓堂、享堂均为三合土夯成。正中立花岗岩墓碑一方，上刻"宋正议大夫野望陈公、诰封夫人晏氏大母之墓"。墓堂两侧各立一块《更修初迁祖野望公墓志》青石碑记。陈朝举（1134—1213），讳孔硕，字朝举，号野望，宋淳熙年间进士，征授政议大夫。因战乱，自洛阳辗转南迁，初至南雄珠玑巷，后立家归德场涌口里。其后裔分布于沙井、福永陈屋、松岗燕川、横岗荷坳、龙岗及东莞茶山等地。

村中存有云林仙井，井沿用石条围砌成正方形，井壁用石块及青砖垒砌，底铺青沙。清康熙《新安县志》载："云林仙井，在参里山侧。成化间，布政陈选爱其清冽。"相传该井能涌出美酒，后被一财主霸占，靠出售此美酒，发了横财。他贪得无厌，还奢望出酒又出酒糟，喂猪赚更多的钱。一仙翁云游至此，见财主贪婪，便吟"天高未为高，人心更为高，清水化美酒，又嫌猪无糟"的歌谣，此井便不再涌酒。

云溪井位于沙井镇沙井中学，是古云溪寺留存的唯一见证物。云溪寺是古代新安县著名的寺庙和风景名胜，始建于宋代。进士曾宋珍《云溪寺》诗云："溪水年年自浅深，山云日日半晴阴；溪山好处划开眼，看水看山悟此心"。清康熙年间（1662—1722年）改称万寿寺。该井井口、井台均由花岗岩砌筑，井壁砌以青砖。据传，旧时沙井墟的茶楼专门雇工人到云溪井汲取清泉，用来泡茶和制作其他清凉食品。当地村民又把云溪井称作"泡茶井"。

◎ 陈朝举墓（陈莉莉 摄于2016年）

代表性人物：

陈隽蕙，字仲芝，号瑶芊。为人潇洒磊落，轻财好义。清顺治十一年（1654年）中举，清顺治十八年（1661年）中进士。等待任官期间，适逢朝廷下令迁海，百姓流离失所，他挺身而出，率乡亲父老向官府请愿，官府为此特设归德场口子灶丁腰牌，乡亲得以凭腰牌出界晒盐谋生。后任河南卫辉府汲县知县，当地土地贫瘠，他廉洁爱民，百姓广颂其德。

陈景芳，字岭光，陈隽蕙裔孙。清乾隆六年（1741年）中举，乾隆十三年（1748年）中进士。自幼聪敏博学，且具胆识。当时县学宫一度被僧人占用，他毅然将僧人驱逐。

陈荣根（1907—2001），历任香港永安盛船厂、步升鞋业公司董事长，兼营房地产。1982年，陈荣根、区碧茵伉俪捐资在家乡兴建荣根学校，设有幼儿学前班、小学、初中和职业高中共25个教学班。校舍设计仿上海"南洋公学"四合院式布局，造型匀称优美。有教学楼、实验楼、办公楼、陈区碧茵礼堂、师生饭堂、教工住宅等楼房和400米标准运动场。还增设了语音室、电脑室、阶梯课室和图书馆。陈荣根还拨出专款购置铜管乐器，组建学生铜管乐队，并聘请武汉音乐学院专职老师任教。1994年，陈荣根被授予"深圳市荣誉市民"称号。

陈宏樟（1908—1996），曾用名陈深泉，又名樟，字以伟。1925年9月入读中山大学预科，1927年8月到南京中央军校第七期炮科学习。抗日战争时期参加台儿庄战役、长沙会战。1949年8月任国防部少将部员兼宝安县自卫队总队长，率部起义，并协助接收宝安县政府。中华人民共和国成立后曾任宝安县人民政府顾问。1950年2月出任宝安辛衙学校校长。著有《第四军参加第四次长沙会战经过》。

陈嘉言（1933—1982），1959年毕业于中山大学物理系，留校任教，历任技术物理教研室副主任、基础物理教研室副主任、引力物理研究室副主任,并任广东省计量与精密测量学会理事。1973年开始,转向引力波探测研究,建立引力物理研究室。1979年当选为中国引力与相对论天体物理学会副理事长,并被聘为第二届国际格罗斯曼会议顾问委员。1981年,应邀到澳大利亚进行学术访问,参与国际引力波研究合作。1982年4月9日,因公牺牲,被广东省人民政府追认为革命烈士。著名物理学家周培源在亲笔唁函中说:"陈嘉言是中国物理学界的骄傲。"

（资料填报：张志毅；初稿撰写：赖旻；分纂：程建）

后亭社区

后亭村

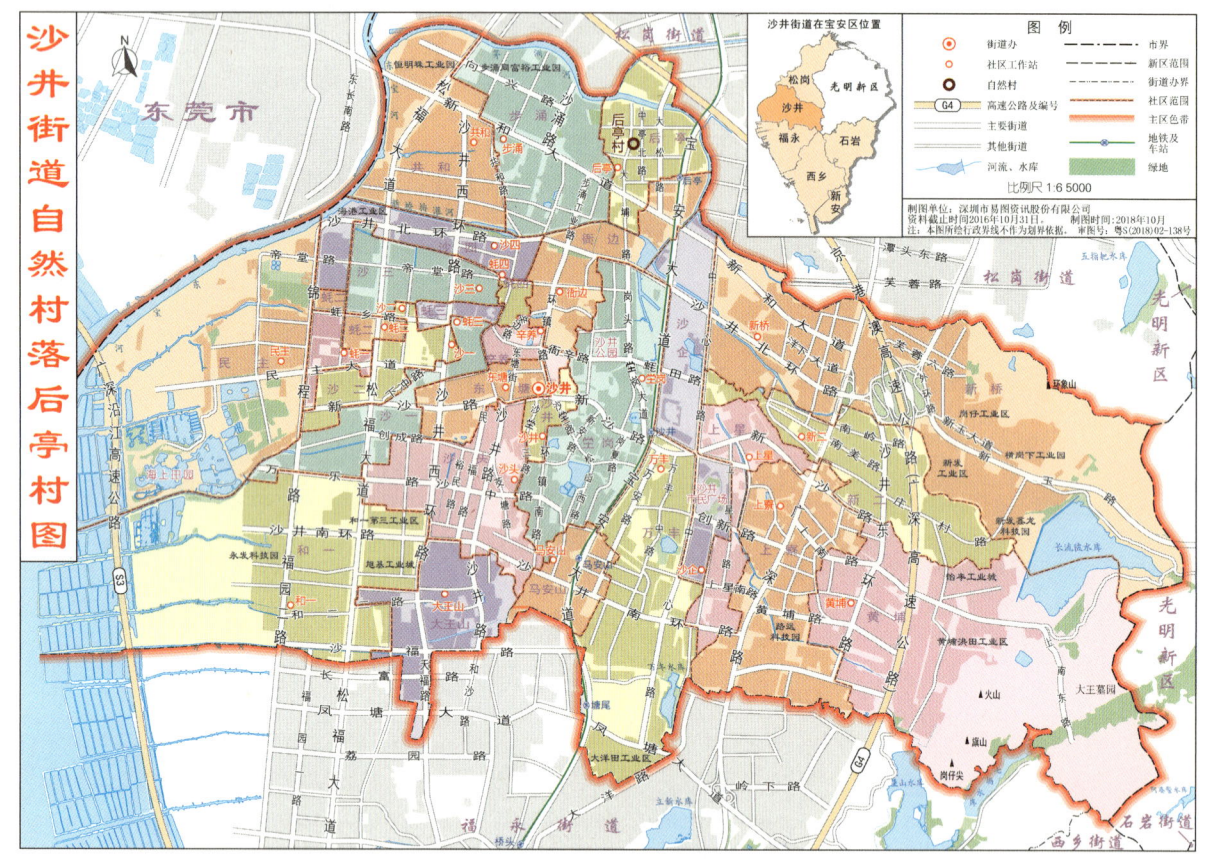

后亭村位置示意图

后亭村，位于沙井街道北部，距街道办事处约2.5千米。相邻自然村有步涌村、共和村、壆岗村和松岗街道江边村、红星村。深圳市第一大河茅洲河从该村东北部经过。明代初年，归德盐场曾在这里设后亭社，为十三社之一。

建村至明万历元年（1573年），属东莞县；明万历元年至清朝，属新安县。1914年，属宝安县。中华人民共和国成立之初，属宝安县松岗、沙井、新桥、雍睦、凤凰联乡；1951年，属宝安县第四区涌边乡；1958年10月，属超美公社；1959年，属沙井公社后亭大队；1979年1月，属深圳市沙井公社；1981年10月，属深圳市宝安县沙井公社；1983年7月，属宝安县沙井区步涌乡；1986年10月，属沙井镇步涌行政村；1987年，属沙井镇后亭行政村；1993年1月，属深圳市宝安区沙井镇；2004年，属沙井街道后亭社区。

世居村民均为汉族，广府民系，使用粤方言。村民主要有陈姓和徐姓。徐氏家族在中华人民共和国成立前从岗头村迁至此地，成为后亭村第二大姓氏。陈氏家族于南宋末年从福建莆田迁移

◎ 后亭村村貌（何致友 摄于2017年）

◎ 后亭社区文体中心（陈莉莉 摄于2016年）

◎ 后亭村篮球场（陈莉莉 摄于2016年）

至广东潮州，后又从潮州迁移至此地，其后代在后亭村繁衍生息，因莆田有村名为后亭，为了纪念故居，故取名后亭村。陈姓居民是归德（今沙井）陈氏一支，俗称驸马房。

2015年末，户籍人口401人，其中男性189人，女性212人；80岁以上11人，最年长者101岁（男）；实际在村人口342人；海外留学1人。非户籍外来人口达4.5万人。祖籍该村的香港同胞约1000人。

传统经济以农业为主，种植水稻、花生、玉米、香蕉、龙眼、荔枝，饲养猪、鸭、鸡等。改革开放后，村民主要收入来源为房屋出租、集体经济分红，2015年人均分红达6万元。村中特色农

◎ 图书馆（陈莉莉 摄于2016年）

产品有后亭油鸭（腊鸭）和花鱼制品。特色传统食品有炒米饼、煎堆和茶果。

宝安大道、新和大道和沙松路经过该村。1960年通电，1980年通自来水，1983年实现全村村道水泥硬底化，1985年通电话，1999年通互联网。

村内小学有北亭实验学校，设9个年级，27个班，2015年，在校学生1200人，教职工150人。有爱德幼儿园，在园幼儿293人，教职工45人。其他文体设施有篮球场、后亭社区居民文娱室、社区图书室，图书室藏书1000册。

后亭村由于实行旧村改造，传统民居已不存在。原有陈氏大宗祠也被拆除，于2016年下半年在原址重建。内存楹联"六龙怀念姻亲旧；五马追思世泽长"，匾额"源远流长"，均书于南宋。

该村陈氏每年清明和重阳去新桥祖坟祭祖。普通人家的年俗基本与沙井附近村落（除了客家人和疍家人）大同小异。

1979年全村共300余人出走香港。

（资料填报：刘敬川；初稿撰写：赖旻；分纂：程建）

大王山社区

大王山村

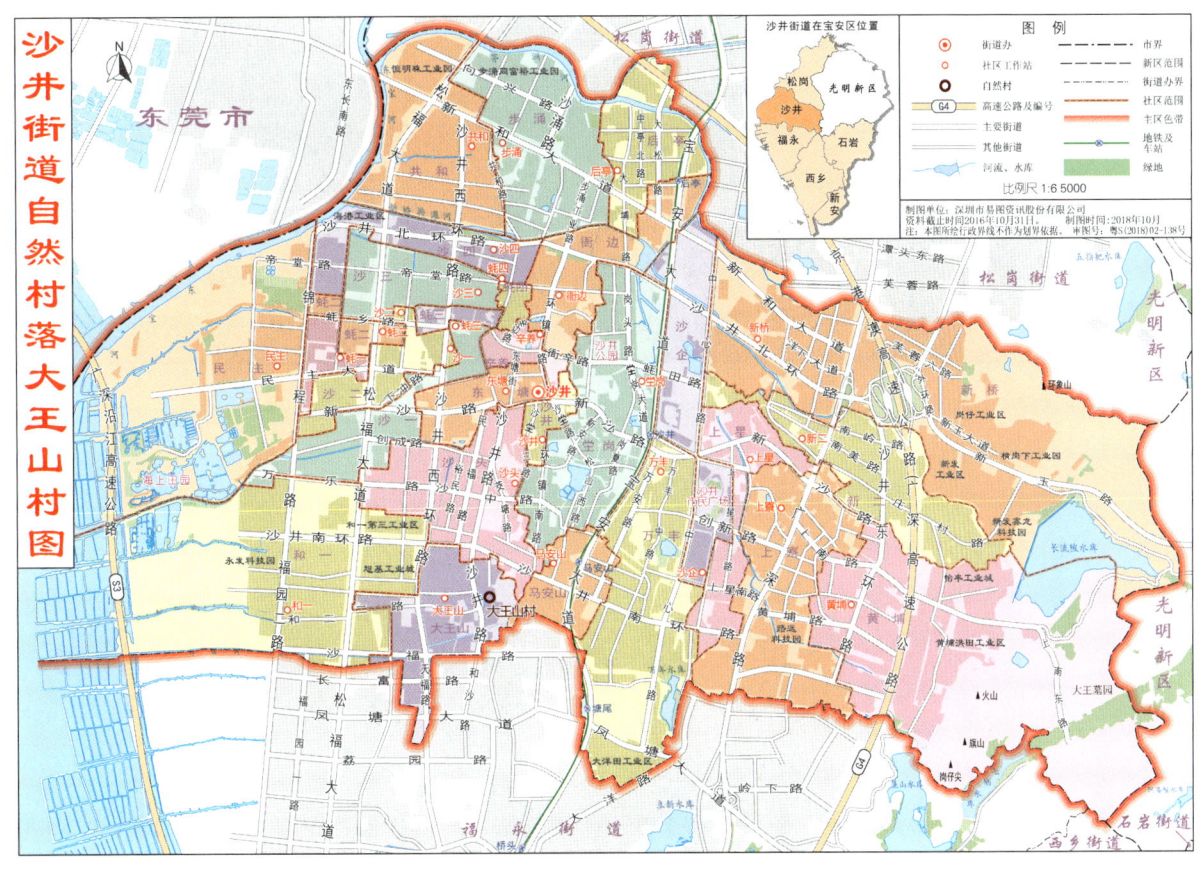

大王山村位置示意图

大王山村，位于沙井街道南部，距街道办事处约2.2千米。相邻自然村有马安山村、茭塘村和福永街道塘尾村。因大王公山而得名。

宋元至明万历元年（1573年），属东莞县；明万历元年至清朝，属新安县。1914年，属宝安县。中华人民共和国成立之初，属宝安县松岗、沙井、新桥、雍睦、凤凰联乡；1951年，属宝安县第四区东民乡；1958年10月，属超美公社；1959年，属沙井公社沙头大队；1979年1月，属深圳市沙井公社；1981年10月，属深圳市宝安县沙井公社；1983年7月，属宝安县沙井区沙头乡；1986年10月，属沙井镇大王山行政村；1993年1月，属深圳市宝安区沙井镇；2004年，属沙井街道大王山社区。

世居村民为汉族，广府民系，使用粤方言。村民主要为陈姓，南宋末从福建莆田迁移至广东韶关；明朝辗转从福永白岗村（该村已消失）迁移至当地。

2015年末，户籍人口335人，其中男性160人，女性175人；80岁以上17人，最年长者100岁

◎ 大王山村村貌（郑蒋馨 摄于2017年）

（女）；实际在村人口284人；常年在城镇生活和打工41人；海外留学2人。非户籍外来人口约28500人。祖籍该村的港澳台同胞约1000人。

传统经济以农业种植为主，主要作物有水稻、番薯、小麦、龙眼、荔枝、芭蕉和黄皮。改革开放后，村民主要收入来源为房屋出租、集体经济分红。特色传统食品有炒米饼、煎堆和茶果。

南环路、沙井路、兴业路经过该村。20世纪60年代通电，1984年实现村道水泥硬底化，1985年通自来水，1989年通电话，90年代末通互联网。

2015年设有社区服务中心、居委会办公室、调解室、党员活动中心、图书馆（藏书约3500册）、老人中心、生育文化中心、城市管理办公室等服务机构，还有沙井人民医院社区健康中心、童之星幼儿园、东山第一幼儿园、中英文学校等医疗教育服务机构，以及户外篮球场、公园、户外健身广场等居民休闲活动场所。村内建有大王山公园和大王山村民活动中心。

该村传统民居为广府民居，入门为厨房，接着是天井，过了天井是正房，正房后部是卧室，卧室有楼廊。三合土墙，房顶以杉木为梁、桁、桷。以天井、明瓦和墙上开一小窗采光，卧室光线很暗。80年代以后，传统民居被拆，新建楼房。

大王山陈氏大宗祠，始建于清朝，2016年重建，占地面积280平方米，三开间二进，砖木结构，内挂有匾额"宋本堂"，书于明朝。宗祠旁边曾经有康元帅庙，现已不存。

大王宫，据传始建于明朝，重建于2012年，内供奉大王山上的一块"神石"（据说是钟乳石）。相传大王之神是负责管理周边土地神的神，故化为一块神石默默守护周边土地。又有传言称，以前有一人占大王山为王，后捐官置地，屡行善事，周边村民对其尊敬有加，故称此山为大王公。中华人民共和国成立前，若遇旱情，当地居民多上此地求雨。

该村存有《沙井白岗陈氏祖谱》，于2006年由陈富球纂修。

◎ 沙井白岗陈氏族谱（陈丽雯 摄于2016年）　　◎ 大王宫神石（陈丽雯 摄于2016年）

每年清明前的周六，村民会前往东莞太祖联公墓进行拜祭。"赛龙船"是村中原有的传统特色民俗，过去每年农历五月初五，村民均会前往沙头池塘观看龙舟比赛，改革开放后，因沙头池塘被填平，无法再举办此类活动。

1979年全村共300余人出走香港。

（资料填报：陈洪发；初稿撰写：赖旻；分纂：程建）

马安山社区

马安山村

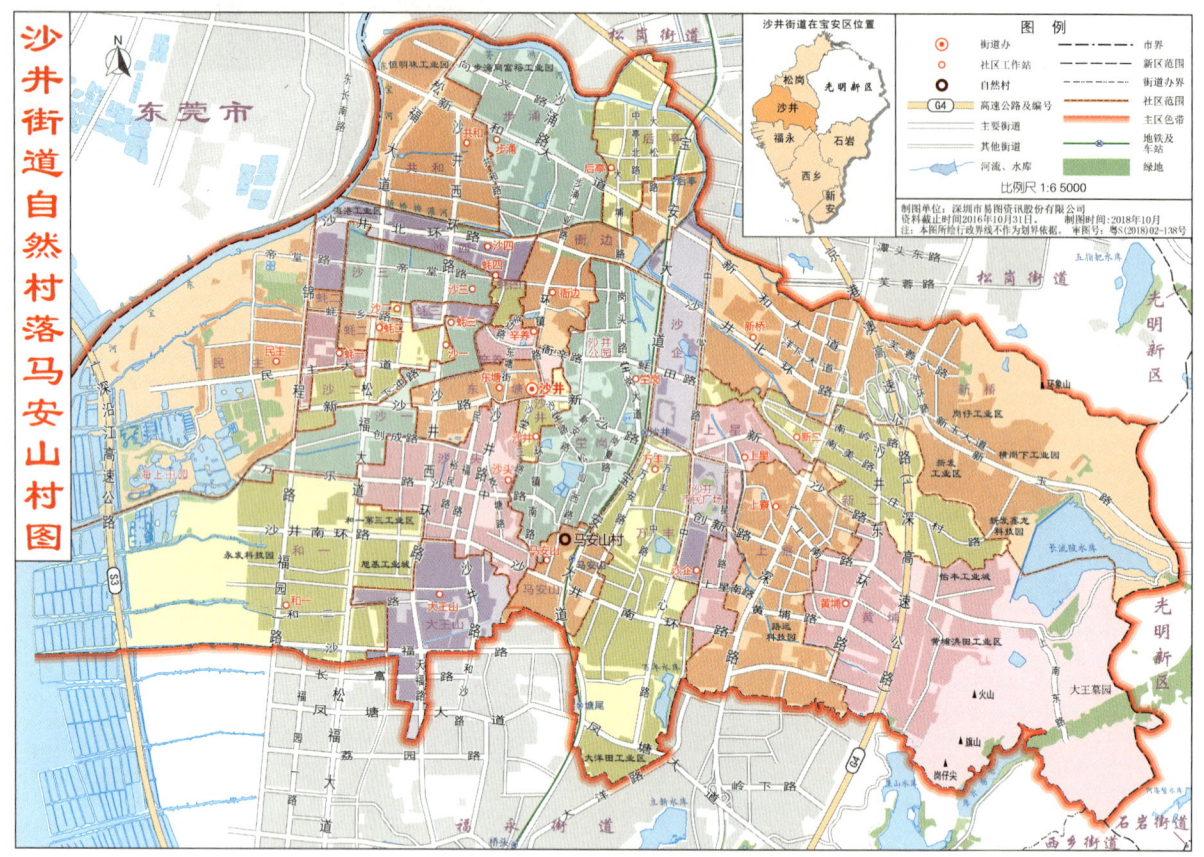

马安山村位置示意图

马安山村，位于沙井街道东南部，距街道办事处约1千米。相邻自然村有万丰村、茭塘村、大王山村、壆岗村。该村地貌以低山丘陵为主。曾用名马鞍山，因所在地有小山岗似马鞍形状而得名。始建于清朝中期。

清朝，属新安县。1914年，属宝安县。中华人民共和国成立之初，属宝安县松岗、沙井、新桥、雍睦、凤凰联乡；1951年，属宝安县第四区平塘乡；1958年10月，属超美公社；1959年，属沙井公社马鞍山大队；1979年1月，属深圳市沙井公社；1981年10月，属深圳市宝安县沙井公社；1983年7月，属宝安县沙井区沙头乡；1986年10月，属沙井镇马安山行政村；1993年1月，属深圳市宝安区沙井镇；2004年，属沙井街道马安山社区。

世居村民为汉族，广府民系，使用粤方言。村民主要为陈姓，是归德（今沙井）驸马房陈氏的一支。

2015年末，户籍人口487人，其中男性214人，女性273人；80岁以上26人，最年长者97岁

◎ 马安山村村貌（郑蒋馨 摄于2017年）

◎ 马安山股份合作公司（陈丽雯 摄于2016年）

◎ 篮球场（陈丽雯 摄于2016年）

（女）。非户籍外来人口约22万人。祖籍该村的港澳台同胞约72人。祖籍该村的华人华侨8人，主要分布在英国。

传统经济以种植水稻、花生、玉米、香蕉、龙眼、荔枝、石榴、萝卜和饲养鸡、鸭、猪为主。改革开放后，村民主要收入来源为房屋出租、集体经济分红。村中特色农产品有马安山萝卜和咸酸菜。特色传统食品有炒米饼、煎堆和油角。

宝安大道、南环路经过该村。深圳地铁11号线设有马安山站。1978年通电，1987年实现全村村道水泥硬底化，1988年通电话，1990年通自来水，20世纪90年代末通互联网。

马安山村建有开元实验学校，占地面积近1万平方米，建筑面积6000平方米。学校包括幼儿部、小学部和初中部。有教室30间，设有电脑室、阶梯教室、图书阅览室；有篮球场、排球场、田径场、器械场、儿童乐园等。2015年有教师45人，在校学生850人。有沙民幼儿园、和兴第一幼儿园，在园幼儿共约720人，教职工共113人。村内文体设施有篮球场、马安山社区活动中心。

◎ 马安山社区活动中心（陈丽雯于2016年）

马安山村公园位于马安山社区居委会前，1998年建成，总面积1公顷，有乔木70棵，灌木1000丛，年游客量2.16万人次。1999年，马安山公园园长吴祥德在公园内建起了"沙井镇第一人工湿地污水处理系统"，将公园里人工湖的湖水经湿地处理后返流入湖内，节约了定期更换湖水的费用。他们经常到海边、河边寻找新草，然后取回来做试验。经过不断尝试，已从十多种吸污量较大的草种中筛选了山棱草、芋头、红树等几种较适合人工湿地系统种植的草种。人工湿地的水处理面积只有60平方米，日出清水却达数十吨。2000年4月1日"深圳人工湿地学术交流研讨会"召开，与会专家专程考察了吴祥德的人工湿地工程。专家认为，吴祥德开创深圳民间建设人工湿地的先例。

马安山村传统民居为广府民居，现已全部被拆除。

（资料填报：陈懋颐；初稿撰写：赖旻；分纂：程建）

沙井街道　步涌社区　步涌村

步涌社区

步涌村

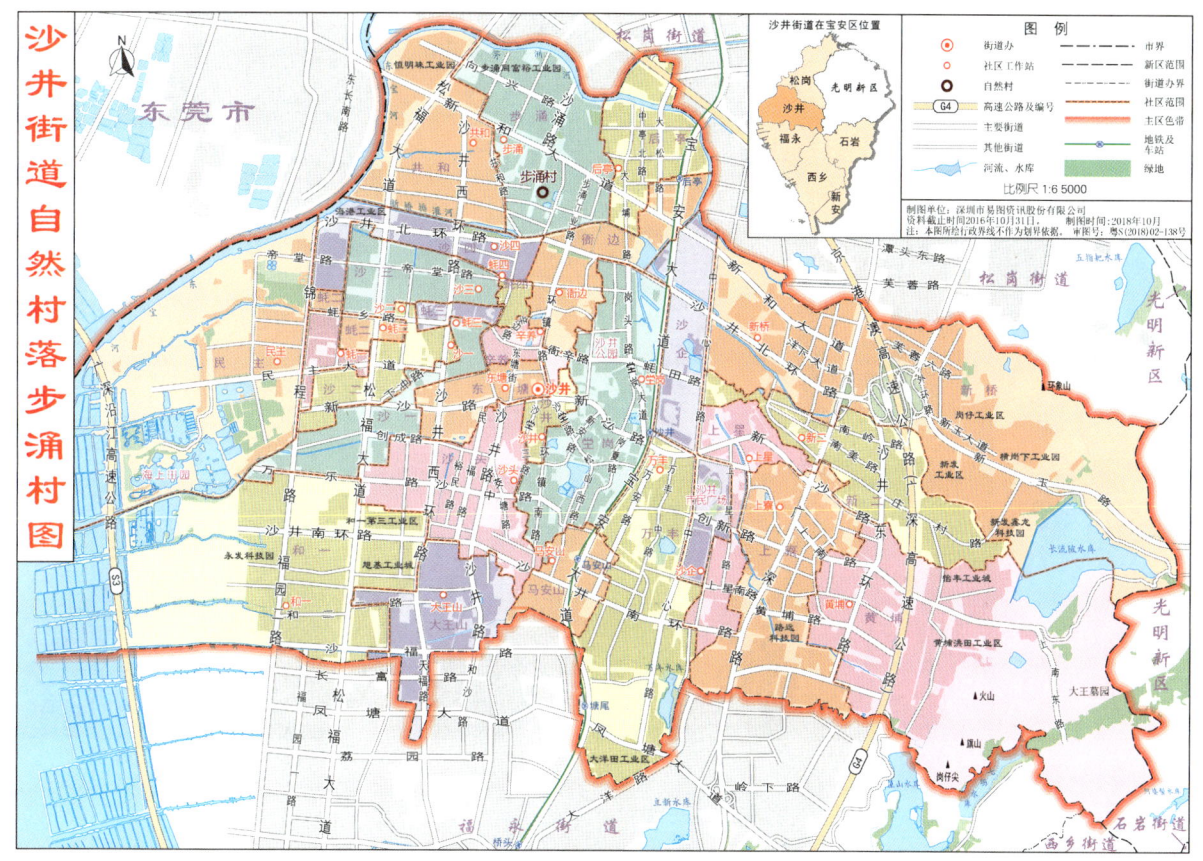

步涌村位置示意图

步涌村，位于沙井街道北部，距街道办事处约2.3千米。相邻自然村有后亭村、沙四村、共和村、衙边村。地处古茅洲河的入海口。

据族谱记载，步涌江氏三世祖江纳流（1373—1447），字遇贞，号百川，原籍江西临江府新淦县。明建文二年（1400年）职授盐使司来任。致仕后，购置土地七顷有余，建起数十间房屋，开基立村。步涌江氏以汉代江次翁为始祖，应该是济阳江氏的一支。

建村至明万历元年（1573年），属东莞县；明万历元年至清朝，属新安县。1914年，属宝安县。中华人民共和国成立之初，属宝安县松岗、沙井、新桥、雍睦、凤凰联乡；1951年，属宝安县第四区涌边乡；1958年10月，属超美公社；1959年，属沙井公社步涌大队；1979年1月，属深圳市沙井公社步涌大队；1981年10月，属深圳市宝安县沙井公社步涌大队；1983年7月，属宝安县沙井区步涌乡；1986年10月，属沙井镇步涌行政村，1993年1月，属深圳市宝安区沙井镇；2004年，属沙井街道步涌社区。

· 223 ·

◎ 步涌村村貌（彭露颖 摄于2017年）

世居村民为汉族，广府民系，使用粤方言。村民主要有江姓、樊姓。

2015年末，户籍人口966人，其中男性482人，女性484人；80岁以上48人，最年长者99岁（女）。祖籍该村的港澳台同胞384人。祖籍该村的华侨5人，主要分布在美国、澳大利亚等国。

传统经济以打鱼、种植水稻为主，后随着深圳城镇化的快速推进，房屋出租和村集体经济分红成为村民主要收入来源。特色传统食品有炒米饼（春节食品）和炸角（米粉包花生、芝麻、糖，用油炸）。

改革开放后，步涌村充分利用濒临港澳的区域优势，抓住特区建设的机遇，改善环境，外引内联，吸纳资金、技术、人才，经济突飞猛进，村容村貌发生了翻天覆地的变化。从1991年起，沙井镇开始进行农村股份制改造。步涌村先后成立了步涌股份合作公司和步联股份合作公司。步涌村现有五个工业区，投入使用的工业厂房30多万平方米，有50多家企业进驻，来此投资的客商来自中国香港、中国台湾地区以及美国、瑞士等国家。村民主要收入来源为房屋出租、集体经济分红。

北环路、新和路、环镇路（步涌工业路）经过该村。20世纪50年代村内有一台手摇电话，80

◎ 静菴江公祠（陈金州 摄于2016年）

◎ 宗汉公家塾（陈金州 摄于2016年）

年代末电话逐步普及。1963年通电，1992年通自来水，1993年实现村道水泥硬底化，1997年通互联网。

步涌教育起步较早，中华人民共和国成立前就在祠堂兴办小学，称步溪小学，后亭村及共和村的儿童都来此就读。中华人民共和国成立后改名步涌小学，基本上是完全小学，但也有因五六年级学生人数过少而个别年份到沙井小学就读五六年级的。1950年秋，沙井成立小学联校。沙井、雍睦、步涌、凤凰、新桥、万丰、壆岗等小学合并。原来一至三年级学生仍留该村原校上课，四至六年级集中在沙井小学（义德堂）上课。1997年9月该校并入荣根学校，步涌小学停办。2015年，村内有深圳市才华学校，设9个年级，31个班，在校学生约1550人，教职工约90人。有深圳鹏晖幼儿园，2015年在园幼儿约600人，教职工69人。村内建有步涌体育公园，设有篮球场、网球场、足球场和游泳池。村民活动中心有步涌新村综合会所。步涌图书馆，藏书约3500册。

该村传统民居为广府民居，入门为厨房，接着是天井，过了天井是正房，正房后部是卧室，卧室有楼廊。三合土墙，房顶以杉木为梁、桁、桷。以天井、明瓦和墙上开一小窗采光，卧室光线很暗。20世纪80年代以后，传统民居被拆，新建楼房。

现存宗祠有3座，分别为江氏大宗祠、静菴江公祠和江氏家祠。步涌古村落坐西北，朝向东南，江氏大宗祠是整个村落的中心。江氏大宗祠位于步涌村前，始建于明朝，1995年重修，占地面积500平方米。三开间三进两天井，砖木石结构，清水砖内墙，镬耳山墙，灰塑壁画，左右后面的墙体均用蚝壳混合蚝壳灰砌成，厚五六十厘米，外墙裸露的蚝壳整齐划一。江氏大宗祠先后被沙井镇、宝安区公布为文物保护单位，已成为深圳市乡村旅游的景点之一。

静菴江公祠位于步涌村后的西边，是江氏二房为纪念六世祖江静菴而建，俗称二房厅，坐东向西，面阔三间，硬山顶，抬梁与穿斗混合式梁架。由前堂、仪门、后堂等建筑组成，两天井两侧廊，面宽三间，明间辟门，门外两边次间前檐廊有塾台。大门上置石横额，上书"静菴江公祠"。正门往里有屏风。祠堂中部是天井，前后堂有廊房相连。静菴江公祠的右边是江氏家祠，始建于清朝，占地面积约200平方米。

◎ 江氏大宗祠（陈金州 摄于2016年）

◎ 关帝庙（陈金州 摄于2016年）

宗汉公家塾位于江氏大宗祠的北边，朝向与大宗祠相同，坐西北向东南，面阔三间，主体建筑为硬山顶，抬梁与穿斗混合式梁架，由前堂、后堂等组成，建筑之间以天井和廊房相隔。前堂大门门额上镶嵌着石匾，阳刻"宗汉公家塾"。前堂供奉祖先牌位，内设神龛。

关帝庙在步涌村的西边村口，坐西北朝东南，三开间两进，两进之间以廊房相通。硬山顶，碌筒灰瓦，琉璃瓦剪边，清水砖外墙，墙基和四周有角柱的花岗岩石条砌角，正脊、檐口有简单的灰塑及彩绘。门口正上方门额有一块四边花纹图案直竖写着"关帝古庙"四个字的石匾，两侧分别绘有桃园结义和朝皇壁画，大门两侧有一副木楹联"志在春秋功在汉；忠同日月义同天"，横批写着"万寿无疆"。庙内左右两侧有两座关帝牵马塑像，右为白马，左为红马，都用木栏杆围着。据介绍，原来这两匹马是没有栏杆围住的，传说，沙井大村做蚝的人与步涌村因一小事而产生误会，两村人之间相互械斗，事件越演越烈，历史上称之为"相杀"，从人斗进而发展到神斗，步涌村任凭两匹马头军到对头的蚝田乱踩乱踏，蚝民损失惨重，后来事件经调解得到和平解决，而步涌村主动给这两个马头军加上围栏以示不外出滋事。从此，双方和平相处。每年除夕及关帝生日，村民会自发组织祭拜活动。过去渔民出海前，也会前往祭拜，祈祷平安。在步涌村西口，关帝庙对面，还设有一个"活水回澜社"。民间传说，清朝，凡是外出谋生者，需在此祭拜之后再外出，以后不管漂泊到天涯海角都不会忘记家乡，能回乡认祖归宗。

黄舒墓在步涌村新河大道大田路口，坐南面北，清代的墓葬形式，三合土享堂地面，三合土散水，青砖墓壁，拜堂处显露出部分沙岩条块，墓碑为花岗岩质地，球状碑顶，碑额处浮雕云纹图案，碑文为"晋钦赐孝子乡贤始祖考参里黄公之墓"。

茅田站，原为明清时期茅洲河边的古驿站，位于宝安区沙井街道步涌社区步涌村北约1千米处的茅洲河边。

2008年，该村被广东省民政厅评为"六好"平安和谐社区。

◎ 黄舒墓（陈金州 摄于2016年）

代表性人物：

江振湍，又名振沛，字性之，号阳峰。生平刚直，好文学作诗词。所作《蹉海谣》反映盐民的生活，歌谣在盐民中流传，后被收入县志。年逾八旬，九乡通约举送冠带寿官。

江士元，字参宋，洒脱豪放，卓异不凡，过目成诵。曾就读于广州粤秀书院（位于今越秀区北京路越秀书院街），文章一出来就为人所传颂。清乾隆十七年（1752年）壬申恩科中举，清乾隆十九年（1754年）甲戌科进士。

江逢辰（1859—1900），字雨人，又字孝通，号密弇、密盦。曾学于丰湖书院、广雅书院。受梁鼎芬举荐，为清末名臣张之洞的幕僚。曾任教于湖北尊经书院。清光绪十一年（1885年）中举，清光绪十八年（1892年）中进士，任户部主事。清光绪二十一年（1895年），任会试弥封官，掌管粤册。著有《孝通诗集》《孤桐词》和《华鬘词》。江逢辰的旗杆石原立于江氏大宗祠前面，用一块条石制成，顶上雕刻成鼓形，正面刻有"光绪十八年壬辰科进士户部主事江逢辰立"的字样。

江恭喜，又名公喜。新安三合会的首领之一，江湖上人称"盲公喜"。清光绪二十六年（1900年），孙中山发动三洲田起义，江恭喜时任中路统兵司令。武昌起义爆发后，与邓荫南、卓凤康、何玉山等分别在新安组织起义。1923年追随孙中山北伐，后因积劳成疾解职归农。

江爱欢（1960—1974），少年先锋队队员。1968年就读于沙井步涌小学。1974年4月4日，为抢救步涌小学同学，不慎掉落河中，英勇地献出了生命。1974年6月1日，宝安团县委向全县青少年发出开展"向舍己救人江爱欢同学学习"活动的通知，并根据她的事迹及生前表现，追认她为中国共产主义青年团团员。

（资料填报：江智威；初稿撰写：赖旻；分纂：程建）

万丰社区

万丰村

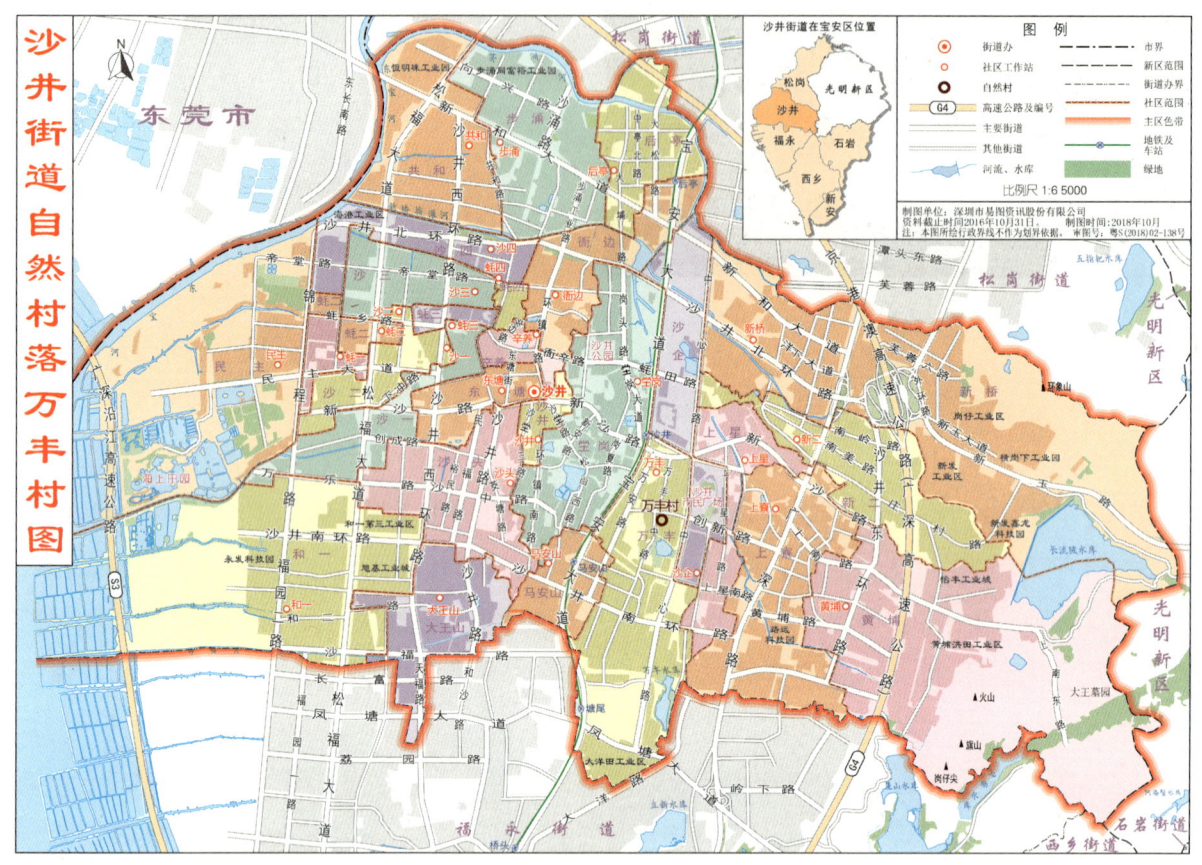

万丰村位置示意图

万丰村，位于沙井街道东南部，距街道办事处约1.6千米。相邻自然村有上星村、上寮村、塱岗村、马安山村和福永街道稔田村。

万丰村原称疍家萌墟。元代，元朗屏山的一支邓姓人家看中此地，迁到这里定居。随着人口繁衍，邓姓家族日益壮大，疍家萌就变成了邓家萌。据《宝安怀德潘氏族谱》记载，元末潘礼智迁邓家萌，惜无子，过继潘礼敬次子潘义察为嗣。当时村中邓姓、潘姓、叶姓、廖姓、莫姓、郑姓杂居，且常有姓氏之争。明万历年间，潘甲第改邓家萌为万家萌，意为潘氏后代兴旺发达，越发越多。后来，邓家的子孙迁到福永塘尾，其他姓氏也陆续迁往他处，万家萌成了只有潘姓的单姓村。清康熙元年（1662年）实行"迁界"，万家萌村民被迫背井离乡，外移他处。清康熙八年（1669年）始复界返乡。

元朝至明万历元年（1573年），属东莞县；明万历元年至清朝，属新安县。1914年，属宝安县塘涌萌乡。中华人民共和国成立之初，属宝安县松岗、沙井、新桥、雍睦、凤凰联乡；1951

◎ 万丰村村貌（何致友 摄于2017年）

◎ 万景楼大门（陈金州 摄于2016年）

◎ 万景楼内景（陈金州 摄于2016年）

年，属宝安县第四区塱蒗乡；1958年10月，属超美公社；1959年，属沙井公社塱蒗大队；1977年，属沙井公社万丰大队；1979年1月，属深圳市沙井公社；1981年10月，属深圳市宝安县沙井公社；1983年7月，属宝安县沙井区万丰乡；1986年10月，属沙井镇万丰行政村；1993年1月，属宝安区沙井镇；2004年，属沙井街道万丰社区。

世居村民为汉族，广府民系，使用粤方言。村民主要为潘姓。

2015年末，户籍人口2075人，其中男性960人，女性1115人；80岁以上81人，最年长者103岁（女）；常年在城镇生活和打工675人。非户籍外来人口约8万人。祖籍该村的港澳台同胞约2000人。祖籍该村的华人华侨25人，主要分布在澳大利亚、美国和英国。

传统经济为农业，主要作物为水稻和番薯，养殖生猪。现村民主要收入来源为工资性收入、集体经济分红。番薯是万丰村的特色农产品，有"万家蒗番薯，岭下芋头，沙井蚝"的说法。村内传统节庆食品有煎堆、炸虾片（面粉油炸）、炸油角（有花生糖馅）、米饼、粽子等。

20世纪80年代，万丰村在全国率先推行农村股份制，并在不断探索和完善的基础上，创造了被人们称为"万丰模式"的农村股份制经济。

1987年，宝安县委、县政府发出文件，要求全县学习推广万丰村的经验。1991年底，国务院发展研究中心中国企业评价协会在人民大会堂广东厅召开农村改革万丰模式研讨会。1992年12月25日，首都部分专家学者在人民大会堂举行"邓小平理论与中国农村及万丰实践研讨会"，对万丰模式及共有制给予充分肯定，认为"万丰模式既是现实的共有经济，又是开放性的市场经济，是农村发展商品经济和社会主义经济很好的模式。共有制是一种新型的所有制，它不同于公有制和私有制，是第三种所有制，具有杂交优势，值得学习、借鉴、

◎ 潘氏宗祠（陈金州 摄于2016年）

◎ 述冈祖祠（陈金州 摄于2016年）

推广"。

宝安大道、新沙路、南环路经过该村。1980年通电，1982年通自来水，1983年实现全村村道水泥硬底化，1990年通电话，2000年通互联网。

村内小学有金源学校，34个教学班，2015年，在校学生1700余人，教职工121人；万丰小学，25个教学班，在校学生1315人，教职工74人。村内有雨露幼儿园、万丰幼儿园和佳音幼儿园，在园幼儿1032人，教职工121人。村中建有万景楼和万丰图书馆，设有篮球场、羽毛球场和健身场；村内有万丰图书馆，藏书4170余册。

该村传统民居为广府民居，入门为厨房，接着是天井，过了天井是正房，正房后部是卧室，卧室有楼廊。三合土墙，房顶以杉木为梁、桁、桷。以天井、明瓦和墙上开一小窗采光，卧室光线很暗。20世纪80年代以后，传统民居被拆，新建楼房。

现存潘氏宗祠、述冈祖祠和钟冈公祖祠3座宗祠。潘氏宗祠，始建于明代，重建于清同治十三年（1874年），占地面积287平方米，三开间三进两天井，中堂正中设木质神龛。内有楹联"潘氏繁衍传万代；宗祠延续达兆年"；有匾额"赏戴蓝翎"，书于清同治五年（1866年）。为宝安区

◎ 圣学祖家塾（陈金州 摄于2016年）

◎ 陈侯古庙（陈金州 摄于2016年）

第四批不可移动文物。述冈祖祠，始建于清代，重建于1992年，占地面积185平方米，现仍作宗祠使用。钟冈公祖祠，始建于明代晚期，重建于清代，占地面积150平方米，砖木石结构。

现存私塾旧址圣学祖家塾，始建于清代，重修于1992年，为宝安区不可移动文物。

村中有陈侯古庙，始建时间不详，重修于1992年，主要供奉西汉开国功臣陈平，他因功先后受封为户牖侯和曲逆侯。

此外，万丰村还有宝安区不可移动文物邓益逊古墓（始建于明朝）和大钟山墓地（始建于南北朝）。

清明节、重阳节由村委组织村民，带上祭品、爆竹等物，先后到大钟山、福永白石厦祭拜祖先。点灯酒是该村的特色民俗。上年有男孩出生的人家，正月在家中大厅挂上一个灯笼或走马灯。正月初三之后，主家需带上用米酒一块煮好的姜醋鸡蛋猪脚，上门邀请亲朋好友到家里喝"点灯酒"。满月时摆满月酒，如今改为做百日，意味着长命百岁。

万丰的粤剧、粤曲由来已久。自明代以来就有深厚的社会基础。改革开放以来，尽管粤剧、粤曲面临新形势新问题，受到外来文化、流行思潮的冲击，但它在群众中的根依然存在，并表现出顽强的生命力。2007年万丰粤剧被列入深圳市非物质文化遗产名录。至2015年底沙井有万丰粤剧团和3个民间剧社。此外，荣根、蚝业、壆岗、万丰、黄埔小学也开展了"粤剧进校园"，对学生进行培训辅导并组织参加一些比赛活动，为推广和传承粤剧、粤曲做了有益的尝试。

1995年3月，万丰村被全国绿化委员会评为"全国造林绿化千佳村"。1998年11月，被广东省人民政府农业办公室评为"广东省乡镇企业百强村"。2004年3月，被广东省文化厅评为广东省民族民间艺术之乡（粤剧之乡）。

代表性人物：

潘楫（1502—?），号钟冈，邓家萌（今万丰）人，邑廪生，专治春秋，曾参加《东莞县志》的修纂，著有《钟冈诗集》《文房余稿》《监议》等书。他最大的成就是音乐研究，著有《律吕图说》一书，广东布政使司左布政使游应乾作序，对此书评价颇高。潘楫以其子潘甲第累赠乡进士文林郎。明万历四十二年（1614年）入祀县乡贤、文庙，成为深圳历史上著名的理学名贤。

潘甲第（1532—1628），字伯登，号肖冈，邓家荫（今万丰）人。潘楫之长子。明嘉靖三十七年（1558年）中乡试（举人），一举成名。初任保昌县教谕，转署海丰县教谕，后升湖广衡州耒阳县知县。任职耒阳县期间，前任遗留十余万斤粮的空额，由潘甲第承担责任，被降职改任福建都转运盐使司。后升任广西浔州府贵县知县。明万历四十六年（1618年），赐重宴鹿鸣。他在家乡大钟山下创建纪念黄舒的黄孝子祠，著有《遐方迩言》《宝安堂集》。

潘魁名（1707—？），万家荫（今万丰）人，天资聪颖，"聪记强识，过面不忘。"他"襟怀磊落，寄情山水"。执教于宝安各地，族人潘颖田、潘鉴蓉等人都是他培养出来的拔萃人才。潘魁名爱读书，亦爱藏书，除典籍之外，尚有不少"山水舆图，水贝抉乩"等杂书。清乾隆二十六年（1761年），他倾其所藏，在宝安县创设了赞廷书馆，当时曲江儒学教谕曾煜、陕西西乡县正陈振等都到宝安访问过赞廷书馆。

潘强恩（1944—），1981年底至2005年，担任万丰村党支部书记。1984年，在万丰村率先推行股份制，带领村民走上共同富裕的道路。1991年12月，被授予"广东省乡镇企业先进工作者""广东省乡镇企业科技工作先进个人"；被农业部授予"全国乡镇企业家"称号。1994年3月，被广东省人事厅、省乡镇企业局授予"1993年度广东省优秀乡镇企业家"称号。1994年5月，获"广东省劳动模范"称号。1994年6月，被广东省委授予"广东省第一线有突出贡献的共产党员"称号。1995年4月，获全国总工会授予"全国劳动模范"称号。业余爱好文学创作，出版的作品有《浴血青山》《浴血柔情》《侠胆柔情》《新桃源梦》《平民百姓家》《中国现代史演义》等。

（资料填报：潘泽超；初稿撰写：赖旻；分纂：程建）

共和社区

共和村

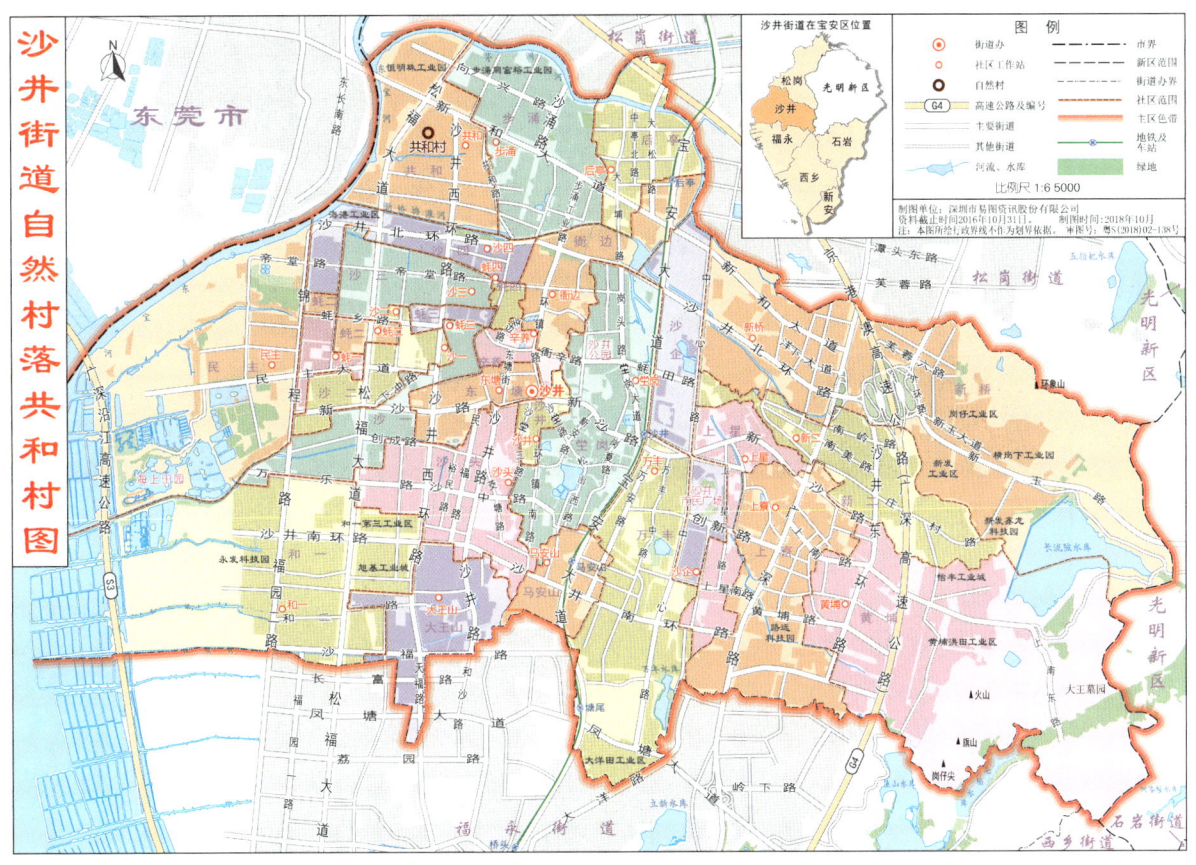

共和村位置示意图

共和村，位于沙井街道西北部，茅洲河东岸，与东莞市长安镇新民社区隔河相望，距沙井街道办事处约4.5千米。相邻自然村有步涌村、蚝四村、后亭村和松岗街道江边村。曾用名二社、五社。

村民原为"基围人"，清末民初从珠江三角洲一带地带迁徙而来。1951年实行土地改革，村民分得土地，取名共和村。

中华人民共和国成立之初，属宝安县松岗、沙井、新桥、雍睦、凤凰联乡；1951年，属宝安县第四区涌边乡；1958年10月，属超美公社；1962年，属沙井公社共和大队；1964年，属沙井公社民主大队；1979年1月，属深圳市沙井公社；1981年10月，属深圳市宝安县沙井公社；1983年7月，属宝安县沙井区步涌乡；1986年10月，属沙井镇共和行政村；1993年1月，属深圳市宝安区沙井镇；2004年，属沙井街道共和社区。

据村中老人口述，共和村在中华人民共和国成立前是海边滩涂地带，有大大小小的河涌、

◎ 共和村村貌（彭露颖 摄于2017年）

水沟，地广人稀，鱼虾众多，当地人主要靠打鱼为生，多居住于简易茅棚中，十余户人家成一个围。当时村民大多从外地迁入，姓氏多达五十几个，主要从广州、番禺和虎门等地迁入，迁入缘由不一，有的为投靠亲友，有的为逃难。1941—1951年，水上人家村落开始形成。

世居村民为汉族，广府民系，使用粤方言。村民主要有陈、黎、蔡、梁、郭、艾六姓。其中第一大姓为陈姓。第二大姓为黎姓，清朝从江西迁至广东东莞虎门；民国初期从东莞虎门迁至当地。

2015年末，户籍人口805人，其中男性387人，女性418人；80岁以上25人，最年长者96岁（女）；常年在城镇生活和打工350人。非户籍外来人口5.7万人。祖籍该村的港澳台同胞约130人。

传统经济以打鱼为主，种水稻为辅。20世纪90年代后村民开始养鲍鱼和鱼虾，种植奶香蕉、番石榴和小桃子。现村民主要收入来源为房屋出租、集体经济分红、工资性收入。特色农产品有水菱角、香芋和板栗。特色传统食品有白切鹅、炒米饼（作为年货）、油角和碌鹅。

松福大道、新和路、福和路经过该村。1963年通电，1990年通电话，1992年通自来水，1993年实现全村村道水泥硬底化，1997年通互联网。

村内小学有明德外语学校，设6个年级，90个班，2015年，在校学生约6000人，教职工约300人。有明德第二幼儿园，在园幼儿约540人，教职工72人。建有共和公园、共和礼堂和共和广场，设有篮球场、羽毛球场、健身场和共和图书馆（藏书约5万册）。

老旧民居大多修建于20世纪60—70年代，现存30座。村内有古桥，始建于60年代，重修于

◎ 深圳市明德外语实验学校（陈金州 摄于2016年）

◎ 共和村老旧民居（陈金州 摄于2016年）

2013年。

该村有1991年由唐冬眉纂修的《水上见炊烟》。《共和村村规民约》和《村规民约》，均于1991年11月30日制定。

"结婚上头"是共和村传统的结婚习俗。一般在大婚前一天晚上，男女各在自家举行"上头"仪式。通常要选择好时辰，先沐浴，以柚叶烧水洗身（柚叶据说可以涤除污秽），然后换上新内衣裤，在可见月光的窗边，由会福之人（俗称好命佬、好命婆，多为男女双方家族中的长辈，需父母健在，子女健在，夫妻和睦者）替其梳头，边梳边说出吉祥话"一梳梳到尾，二梳白发齐眉，三梳儿孙满地，四梳梳到四条银笋尽标齐"，并将扁柏和红头绳系于新娘新郎头上。最后，点燃龙凤烛，准备汤圆三碗（每碗九粒）。上头仪式完毕后，与家人同吃汤圆，分享喜悦。

（资料填报：黄任有；初稿撰写：赖旻；分纂：程建）

和一社区

和一村

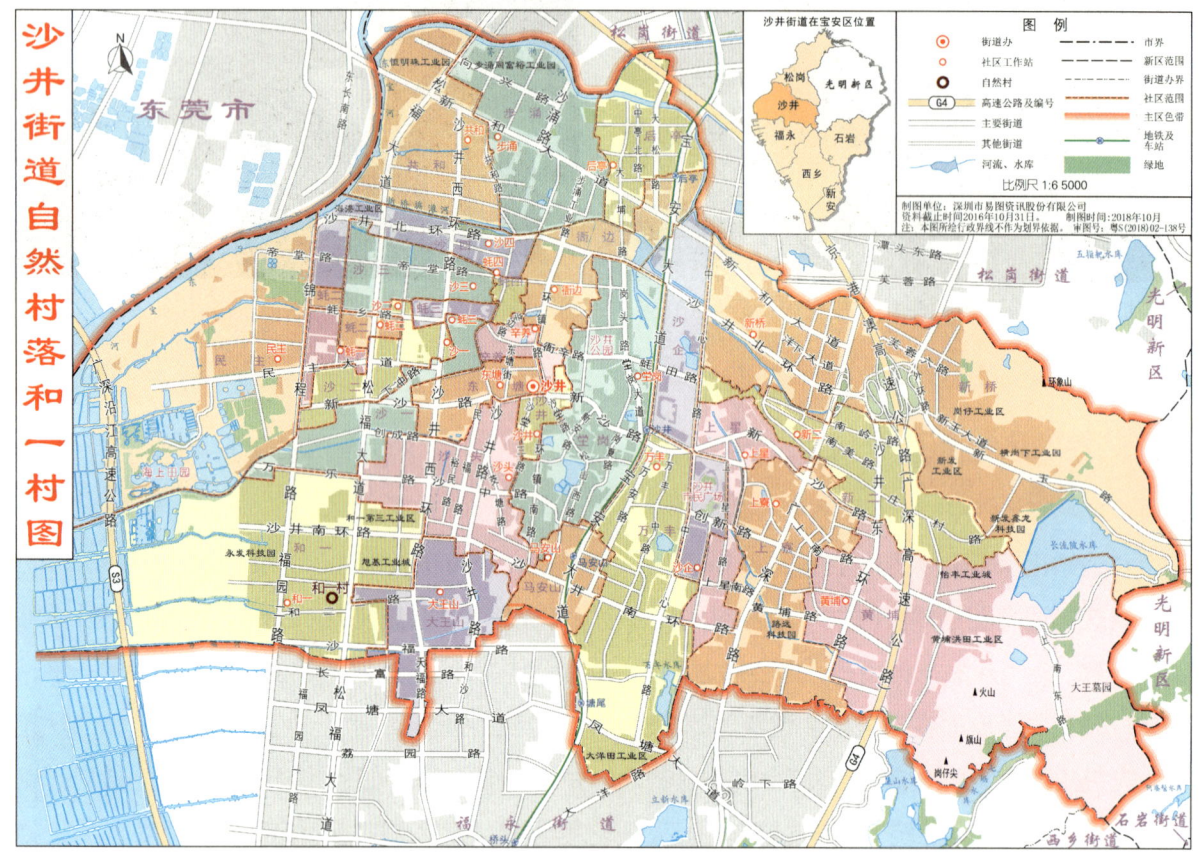

和一村位置示意图

和一村，位于沙井街道东南部，距街道办事处约5.6千米。相邻自然村有三间仔村、和二村。民国时期，珠江三角洲东莞、番禺等地的无地农民流离失所，因生活所迫迁移至此，中华人民共和国成立后建村，取名和平村。1980年和平大队分为和一、和二，和一村由此得名。

中华人民共和国成立之初，属宝安县松岗、沙井、新桥、雍睦、凤凰联乡；1951年，属宝安县第四区平塘乡；1958年10月，属超美公社；1960年4月，属沙井公社和平大队；1961年7月，属松岗区福永公社；1963年1月，属沙井公社和平大队；1977年，属福永公社和平乡；1977年7月，属福永公社和平大队；1979年1月，属深圳市福永公社；1981年10月，属深圳市宝安县福永公社；1983年7月，属宝安县沙井区沙头乡；1986年10月，属沙井镇和一行政村；1993年1月，属深圳市宝安区沙井镇；2004年7月，属沙井街道和一社区。

世居村民为"基围人"，汉族，广府民系，使用粤方言。该村为外来移民村，姓氏繁多，如张、陈、何、高、郭、黄等，其中张姓为第一大姓，1944年从东莞迁至沙井。

◎ 和一村村貌（何致友 摄于2017年）

2015年末，户籍人口341人，其中男性136人，女性205人；80岁以上16人，最年长者92岁（女）。非户籍外来人口约3万人。祖籍该村的港澳台同胞约50人。

传统经济以种植水稻、打鱼为主。改革开放后，村民主要收入来源为房屋出租、集体经济分红、金融投资。特色传统食品有炒米饼（年货）、茶果（清明食品）、粽子和糖不甩（农历八月十三食品）。

◎ 金贝幼儿园（肖俊 摄于2016年）

松福大道、锦程路经过该村。1958年通电，1980年通自来水，1986年通电话，1992年实现全村村道水泥硬底化，20世纪90年代末通互联网。

村内有金贝幼儿园与和兴幼儿园，2015年在园幼儿约800人，教职工70人。建有和一篮球场、网球场和村民活动中心。

传统民居为广府民居，由于旧城改造项目拆除重建，已无存。

（资料填报：张瑞荣；初稿撰写：赖旻；分纂：程建）

和二村

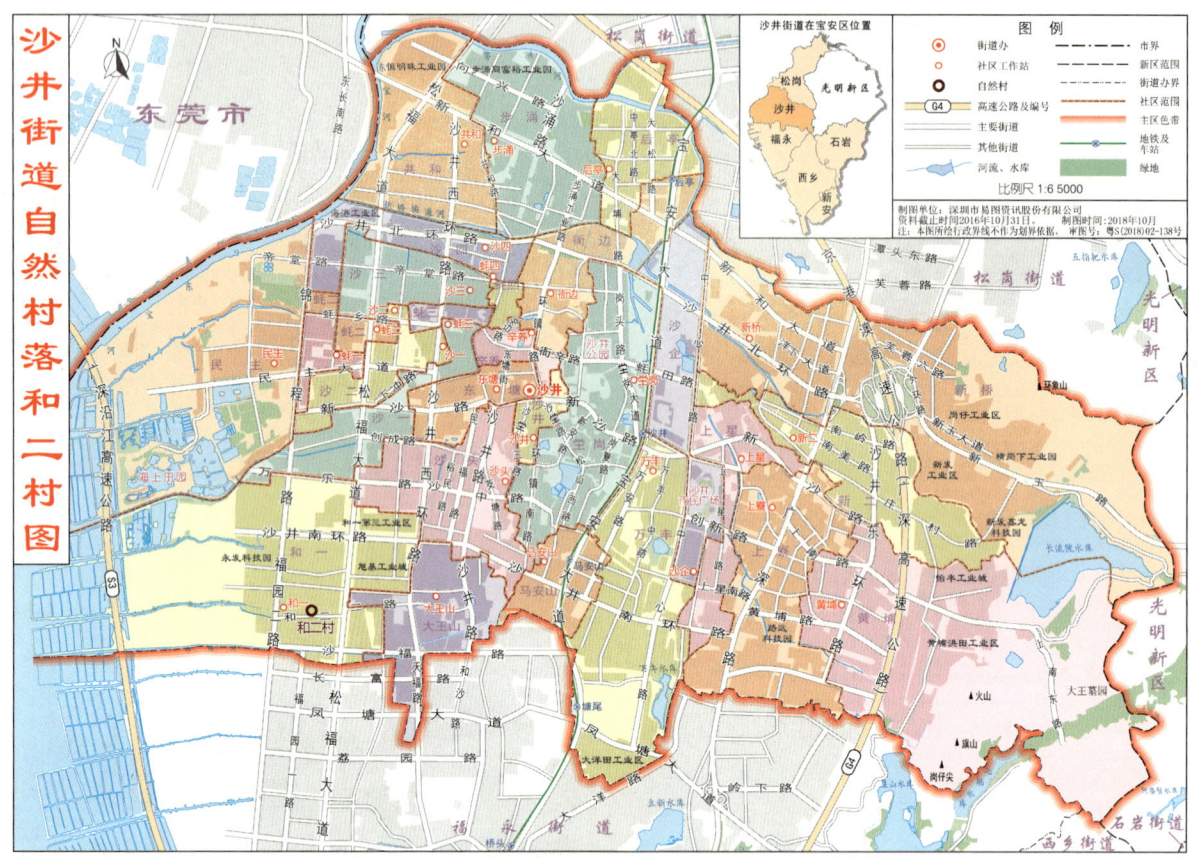

和二村位置示意图

和二村，位于沙井街道东南部，距街道办事处约5千米，相邻自然村有和一村、福永街道和平村。民国时期，珠江三角洲一带东莞、番禺等地的无地农民流离失所，因生活所迫迁移至此。中华人民共和国成立后建村，取名和平村，为和平大队一部分。1980年和平大队分为和一村与和二村，和二村由此得名。

中华人民共和国成立之初，属宝安县松岗、沙井、新桥、雍睦、凤凰联乡；1951年，属宝安县第四区平塘乡；1958年10月，属超美公社；1960年4月，属沙井公社和平大队；1961年7月，属松岗区福永公社；1963年1月，属沙井公社；1977年，属福永公社和平乡；1977年7月，属福永公社和平大队；1979年1月，属深圳市福永公社；1981年10月，属深圳市宝安县福永公社；1983年7月，属宝安县沙井区沙头乡；1986年10月，属沙井镇和一行政村；1993年1月，属深圳市宝安区沙井镇；2004年7月，属沙井街道和一社区。

世居村民为"基围人"，汉族，广府民系，使用粤方言。该村为外来移民村，姓氏繁多，如

◎ 和二村村貌（何致友 摄于2017年）

张、姜、黄等，其中张姓为主要姓氏，1944年从东莞迁至沙井。

2015年末，户籍人口460人，其中男性230人，女性230人；80岁以上17人，最年长者92岁（女）。非户籍外来人口约5万人。祖籍该村的港澳台同胞约100人。

传统经济以种植水稻、打鱼为主。改革开放后，村民主要收入来源为房屋出租、集体经济分红、金融投资。村中特色传统食品有炒米饼（年货）、茶果（清明食品）和粽子。

◎ 和民幼儿园（肖俊 摄于2016年）

松福大道、锦程路、沙福路、西环路经过该村。1958年通电，1980年通自来水，1986年通电话，1992年实现全村村道水泥硬底化，20世纪90年代末通互联网。

村内有和民幼儿园，2015年底在园幼儿约300人，教职工25人。还建有村民活动中心。

传统民居为广府民居，由于旧城改造，已无存。

（资料填报：张瑞荣；初稿撰写：赖旻；分纂：程建）

民主社区

三间仔村

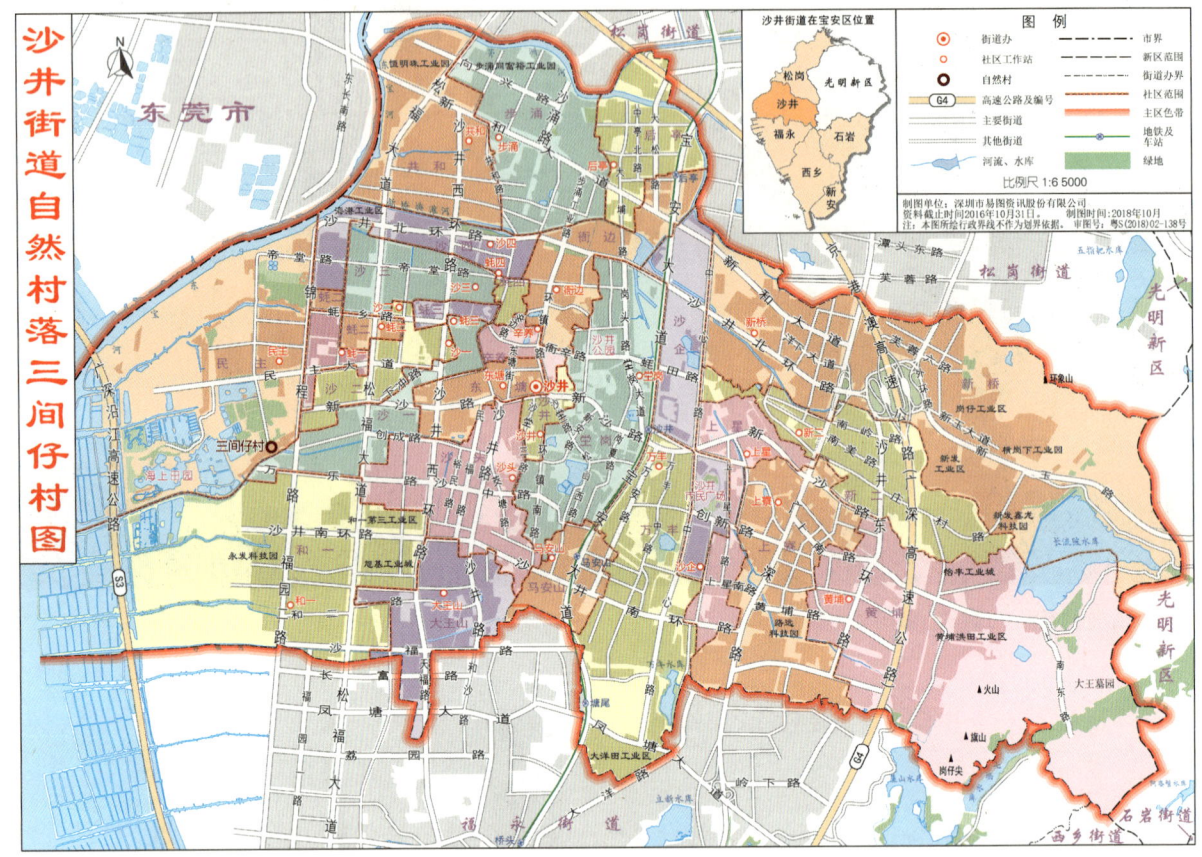

三间仔村位置示意图

三间仔村，位于沙井街道西部，东宝河东岸，沙井下涌北面，距街道办事处约3.5千米。相邻自然村有石围村、和一村、沙一村。

由于村东有一块田叫"三间田"，故得名"三间仔"。此地原是珠江东岸一片河涌纵横、人烟稀少的滩涂之地，自清末民初起，在珠江流域以捕鱼为生的"水上人家"陆续迁入。中华人民共和国成立初期建村。

中华人民共和国成立之初，属宝安县松岗、沙井、新桥、雍睦、凤凰联乡；1951年，属宝安县第四区东民乡；1958年10月，属超美公社；1959年4月，属沙井公社民主大队；1979年1月，属深圳市沙井公社；1981年10月，属深圳市宝安沙井公社；1983年7月，属宝安县沙井区民主乡；1986年10月，属沙井镇民主行政村；1993年1月，属深圳市宝安区沙井镇；2004年，属沙井街道民主社区。

世居村民为汉族，广府民系，使用粤方言。村民大都是来自五湖四海的"水上人家"的后

◎ 三间仔村村貌（摄于2016年，沙井街道供稿）

代，村内姓氏50余个，其中人数较多的为陈、黄、梁、郭、何和林姓。

2015年末，户籍人口471人，其中男性222人，女性249人；80岁以上17人，最年长者88岁（女）；实际在村人口400人；海外留学1人。非户籍外来人口约1万人。祖籍该村的港澳台同胞约400人。祖籍该村的华人华侨2人，分布在澳大利亚和新西兰。归侨1人。

传统经济包括养殖鱼虾、种植稻谷和甘蔗。改革开放后，村民主要收入来源为房屋出租、集体经济分红、工资性收入。特色农产品有甘蔗。传统（节庆）食品有煎堆、汤圆和油角（主要作为年货）。

◎ 三间仔村老居民房（陈金州 摄于2016年）

锦程路经过该村。20世纪60年代初通电，70年代末通自来水，80年代末实现全村村道水泥硬底化，90年代初通电话，90年代末通互联网。村内建有老人活动中心、篮球场和健身场所。

村中老旧民居多为二层，修建于60年代至70年代，砖混结构。

"结婚上头"是村中的传统民俗。结婚前一天晚上，男女双方各自在自己家里，由长辈为其梳头，并说一些吉祥话；同时需设下宴席宴请宾客，一般有钱人家宴请四餐，普通家庭宴请三餐，条件稍差的家庭宴请二餐。"基围人"嫁女儿多为晚上出门，根据路程远近确定出门时间，若路程较近，一般凌晨三四点出发，路程较远，则半夜12点出发。

2008年，三间仔村被广东省民政厅评为"六好"平安和谐社区。

（资料填报：陈广平；初稿撰写：赖旻；分纂：程建）

德丰围村

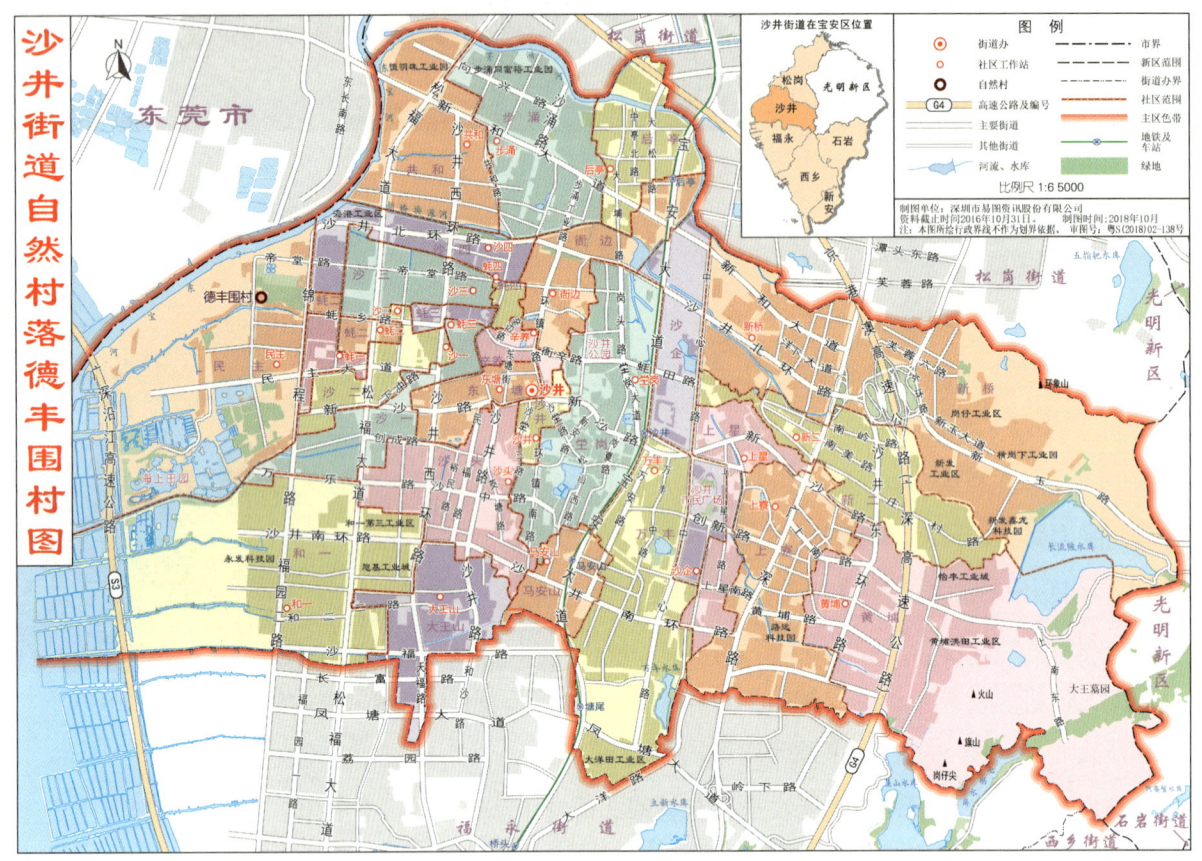

德丰围村位置示意图

德丰围村，位于沙井街道西部，东宝河东岸，距街道办事处约3.5千米。相邻自然村有石围村、蚝二村、蚝三村、蚝四村。

该地原是一片河涌纵横、人烟稀少的滩涂之地，清末民国初年，在珠江流域以捕鱼为生的"水上人家"陆续迁入，最迟的则在中华人民共和国成立前迁入，几户人家形成一个围。土地改革期间，将大丰围、水浸围和先学围三个围合并，形成一个小村，起名为德丰围村。

中华人民共和国成立之初，属宝安县松岗、沙井、新桥、雍睦、凤凰联乡；1951年，属宝安县第四区东民乡；1958年10月，属超美公社；1959年，属沙井公社民主大队；1979年1月，属深圳市沙井公社；1981年10月，属深圳市宝安县沙井公社；1983年7月，属宝安县沙井区民主乡；1986年10月，属沙井镇民主行政村；1993年1月，属深圳市宝安区沙井镇；2004年，属沙井街道民主社区。

世居村民为汉族，广府民系，使用粤方言。村民属于"基围人"，大都来自珠江三角洲地区，村内姓氏有50余个。

◎ 德丰围村村貌（彭露颖 摄于2017年）

2015年末，户籍人口410人，其中男性190人，女性220人；80岁以上13人，最年长者90岁（女）。非户籍外来人口约1万人。祖籍该村的港澳台同胞约350人。

传统经济以养殖鱼虾及种植稻谷和甘蔗为主。改革开放后，村民主要收入来源为房屋出租、集体经济分红、工资性收入。特色农产品有基围虾和甘蔗；传统节庆食品有煎堆、汤圆和油角（主要作为年货）。

◎ 德丰围河（陈金州 摄于2016年）

锦程路经过该村。20世纪60年代初通电，70年代末通自来水，80年代末实现全村村道水泥硬底化，90年代初通电话，90年代末通互联网。村内建有老人活动中心，设有篮球场。

传统民居为广府民居，现已无存。

有"结婚上头"的民俗（见共和村）。

（资料填报：陈广平；初稿撰写：赖旻；分纂：程建）

石围村

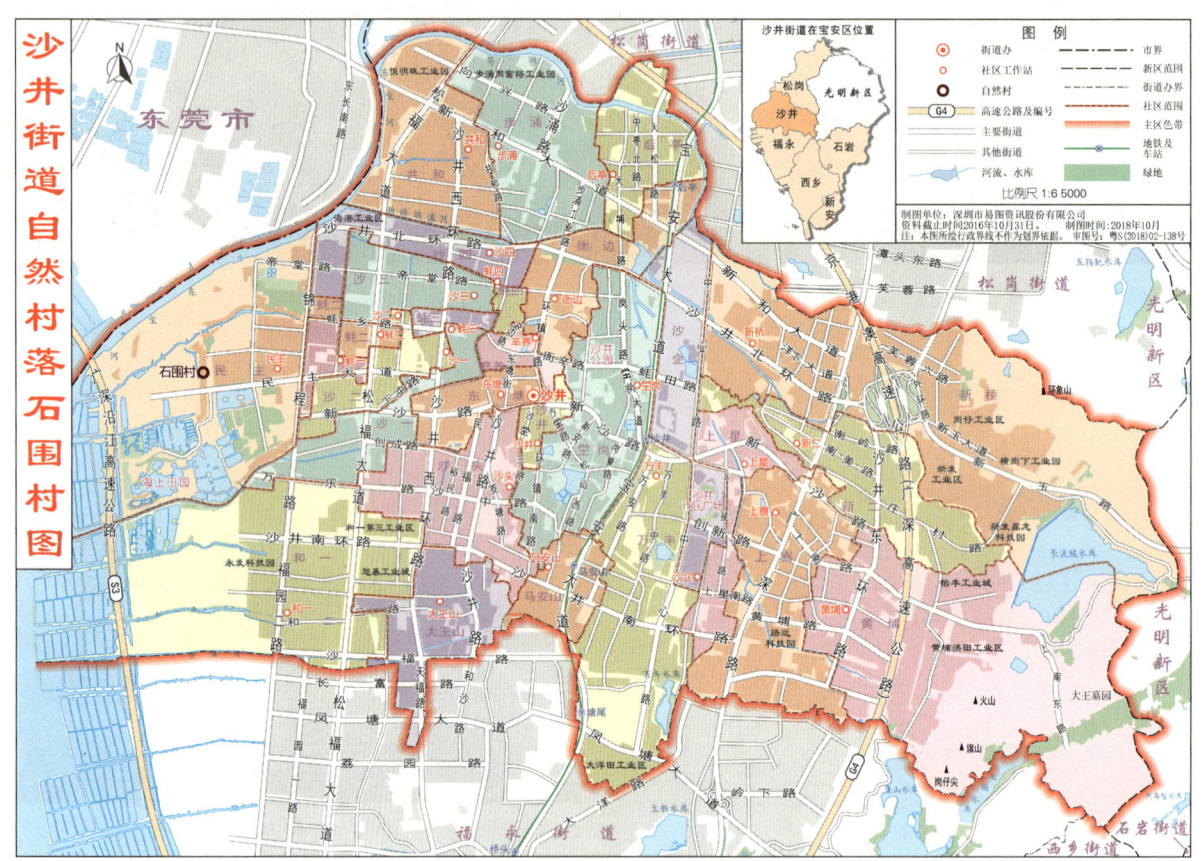

石围村位置示意图

石围村，位于沙井街道西部，东宝河东岸，沙井下涌北面，距街道办事处约3.5千米。相邻自然村有三间仔村、德丰围村、蚝二村、蚝三村。

这里原是一片滩涂之地，后被围海造田。为阻拦海水倒灌，用石块砌筑围基，故名石围。别称"六顷六"，指围田的面积。自清末民初起，在珠江流域以捕鱼为生的"水上人家"陆续迁入。中华人民共和国成立初期建村。

中华人民共和国成立之初，属宝安县松岗、沙井、新桥、雍睦、凤凰联乡；1951年，属宝安县第四区东民乡；1958年10月，属超美公社；1959年，属沙井公社民主大队；1979年1月，属深圳市沙井公社；1981年10月，属深圳市宝安县沙井公社；1983年7月，属宝安县沙井区民主乡；1986年10月，属沙井镇民主行政村；1993年1月，属宝安区沙井镇；2004年，属沙井街道民主社区。

世居村民为汉族，广府民系，使用粤方言。原村民为"基围人"，姓氏有50余个，其中人数较多的为梁、黄、陈和郭姓。

◎ 石围村村貌（郑蒋馨 摄于2017年）

2015年末，户籍人口450人，其中男性210人，女性240人；80岁以上16人，最年长者98岁（女）。均搬迁至民主新村。非户籍外来人口约5000人。祖籍该村的港澳台同胞约380人。

传统经济为种植水稻及打鱼。改革开放后，村民主要收入来源为房屋出租、集体经济分红、工资性收入。石围村特色农产品有基围虾。传统节庆食品有炸油角、煎堆和汤圆。

◎ 石围村居民老房（陈金州 摄于2016年）

民主大道经过该村。20世纪60年代初通电，70年代末通自来水，80年代末实现全村村道水泥硬底化，90年代初通电话，90年代末通互联网。

村内有民主幼儿园，2015年在园幼儿约400人，教职工约40人。建有民主社区公园和老人活动中心，设有篮球场、健身场所和民主社区图书馆（藏书约3万册）。

传统民居修建于60—70年代，多为二层楼房。该村有"结婚上头"的民俗。一般在大婚前一天晚上，男女各在自家举行"上头"仪式。通常要选择好时辰，先沐浴，以柚叶烧水洗身（柚叶据说可以涤除污秽），然后换上新内衣裤，在可见月光的窗边，由会福之人（俗称好命佬、好命婆，多为男女双方家族中的长辈，需父母健在，子女健在，夫妻和睦者）替其梳头，边梳边说出吉祥话"一梳梳到尾，二梳白发齐眉，三梳儿孙满地，四梳梳到四条银笋尽标齐"，并将扁柏和红头绳系于新娘新郎头上。最后，点燃龙凤烛，准备汤圆三碗（每碗九粒）。上头仪式完毕后，与家人同吃汤圆，分享喜悦。

据村中老人口述，抗日战争时期，日本军队入侵宝安一带，曾烧毁村中房屋，对石围人民犯下罪行。

1978—1979年，村中青壮年大都出走香港，对该村农业生产影响较大。

（资料填报：陈广平；初稿撰写：赖旻；分纂：程建）

新桥社区

新桥村

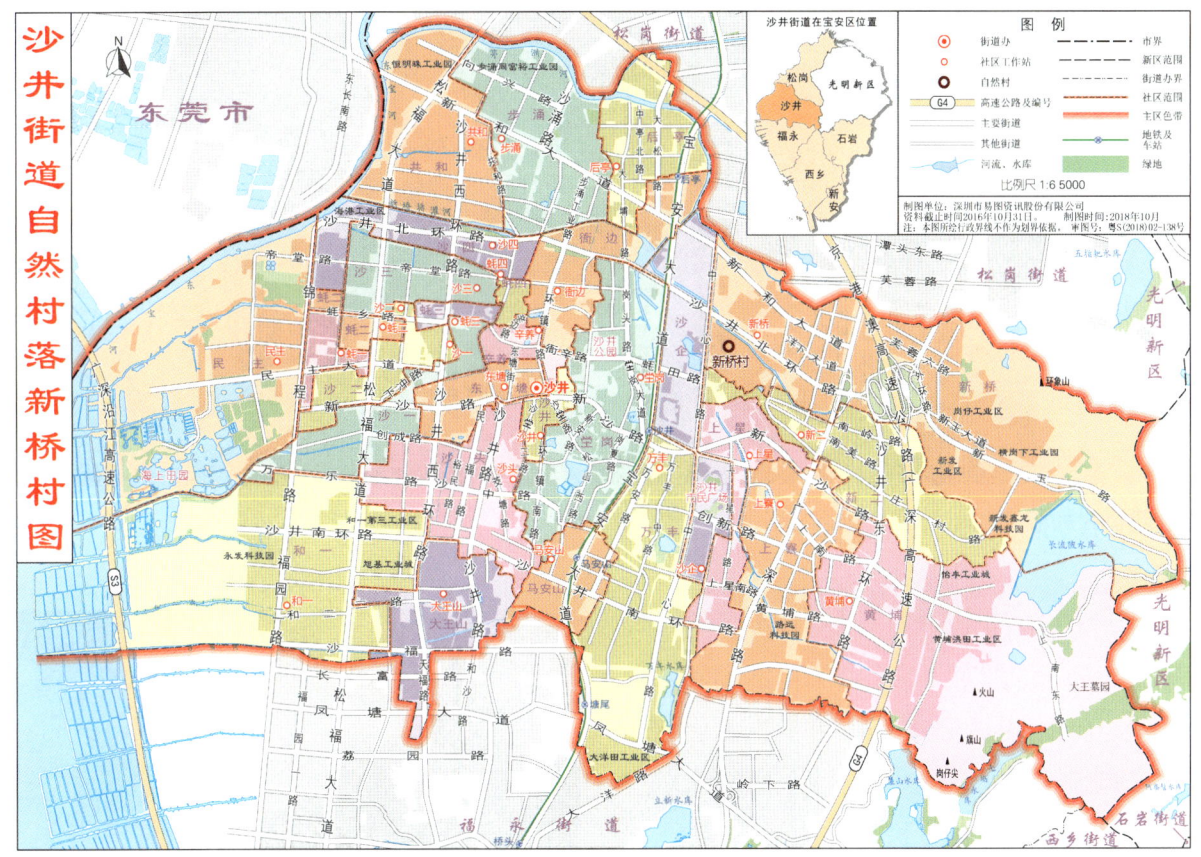

沙井街道自然村落新桥村图

新桥村位置示意图

新桥村，位于沙井街道东北部，距街道办事处约3千米。相邻自然村有新二村、上星村、洪田村和松岗街道潭头村。主要山岭有大头岗，海拔237.3米；芙蓉尾，海拔172米。主要河流有新桥河，发源于长流陂水库。

宋元至明万历元年（1573年），属东莞县；明万历元年至清朝，属新安县。1914年，属宝安县。中华人民共和国成立之初，属宝安县松岗、沙井、新桥、雍睦、凤凰联乡；1951年，属宝安县第四区上南乡；1958年10月，属超美公社；1959年，属沙井公社新桥大队；1979年1月，属深圳市沙井公社；1981年10月，属深圳市宝安县沙井公社；1983年7月，属宝安县沙井区新桥乡；1986年10月，属沙井镇新桥行政村；1993年1月，属深圳市宝安区沙井镇新桥行政村；2004年，属沙井街道新桥社区。

世居村民为汉族，广府民系，使用粤方言。村民主要为曾姓。据族谱记载，新桥曾氏发源于鲁西北武城。西汉末年，十五世祖曾据率家族南迁江西庐陵吉阳（今江西永丰县），后再迁赣州

◎ 新桥村村貌（何致友 摄于2017年）

西门，继迁广东南雄保昌珠玑巷；北宋末南宋初曾中美长子骥的五世孙仕行与仕贵从南雄珠玑巷徙羊城，其后兄弟分迁，并剖石为记，各持其半而去。仕行卜居番禺小龙，仕贵则南迁东莞县城，后迁归德盐场（今新桥村一带），立村定居。明代初年归德盐场曾在这里设新桥社，为十三社之一。

2015年末，户籍人口2776人，其中男性1309人，女性1467人；80岁以上103人，最年长者100岁（女）。非户籍外来人口约10万人。祖籍该村的港澳台同胞约3000人。祖籍该村的华人华侨约30人，主要分布在美国、澳大利亚、越南、马来西亚。

◎ 传统民居（刘爱粉 摄于2016年）

传统经济包括种植水稻及养鱼。改革开放后，村民主要收入来源为房屋出租、集体经济分红、工资性收入等。传统节庆食品有炒米饼、煎堆、菱角、月饼。

国道G107线广深公路、北环路经过该村。1993年实现全村村道水泥硬底化，20世纪90年代通自来水、通电、通电话，90年代末通网络。

村内有新桥小学，共6个年级，24个班，2015年，在校学生1352人，教职工80人。有明德幼儿园、阳光第二幼儿园、虹缤幼儿园，在园幼儿共1860人，教职工130人。建有篮球场、网球场、足

◎ 曾氏大宗祠（刘爱粉 摄于2016年）

◎ 永兴桥（刘爱粉 摄于2016年）

球场、乒乓球室、羽毛球馆、新桥公园。村民活动中心有景城花园会所、古乔曾公祠，并建有新桥图书馆，藏书5万册。

传统民居为广府民居，入门为厨房，接着是天井，过了天井是正房，正房后部是卧室，卧室有楼廊。三合土墙，房顶以杉木为梁、桁、桷。以天井、明瓦和墙上开一小窗采光，卧室光线很暗。80年代以后，传统民居被拆，新建楼房。

现存宗祠有9座，分别为曾氏大宗祠、古乔曾公祠、贯传公家祠、翠松公家祠、维鲁公家祠、藩北曾公祠（用作村治安队办公室）、延光公家祠（已空置）、塘面北二巷曾氏宗祠（已成为民居）、益孙曾公祠（已废弃）。

曾氏大宗祠位于大宗祠路，始建于清乾隆年间（1736—1795年），清嘉庆三年（1798年）扩建。坐西南朝东北，占地面积1050平方米，五开间三进，面阔21米，通深50米，由门楼、牌楼、中堂、后堂等组成。门楼与中堂之间为天井，天井中央建石牌楼一座。中堂前天井左右各建重檐歇山亭一座，后堂五开间，进深三间。石牌楼用花岗岩砌筑。立柱前后用抱鼓石相护，横额书写楷书"大学家风"四个大字。左刻"大清嘉庆三年戊午初冬之吉立"，右刻"堂下孙腾光拜题，应中敬书"小楷。两侧浮雕着袍服长须风度翩翩的人物和云鹤图案。次间左右檐额分别阳刻"体忠""行恕"。背面横匾"片石流辉""堂下孙煜拜题""堂下孙应中敬书""型仁""讲让"等字样。祠内墙壁均有人物故事壁画，大门悬挂"曾氏大宗祠"匾额，"天下斯文宗一贯；古今乔木第三家"对联一副。四周尚有分祠多间和观音天后古庙、桐轩书室、"风水池"等。曾氏大宗祠是深圳市现存的最大的一座宗祠建筑。1984年被公布为深圳市文物保护单位。2007年被公布为广东省文物保护单位。

观音天后古庙位于曾氏大宗祠右前方，三开间两进，门前有包园。始建时间不详，清道光年间（1821—1850年）重修。前殿供奉弥勒佛、韦驮、七姐、太元祖，中间天井有屋面覆盖，左右

◎ 观音天后古庙（刘爱粉 摄于2016年）

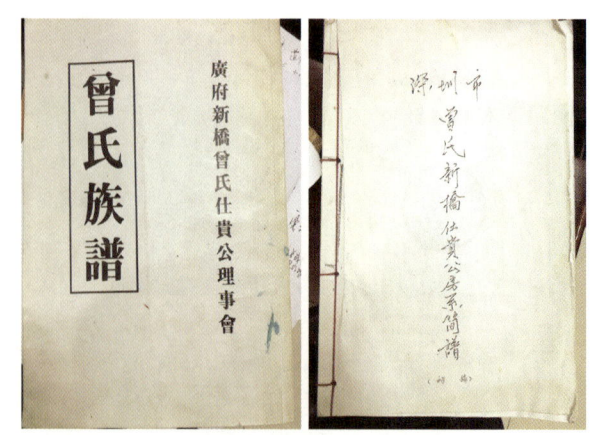
◎ 曾氏族谱（刘爱粉 摄于2016年）

供奉文、武财神，后殿供奉玉皇大帝、观音、天后。

永兴桥，全桥用花岗岩石砌筑，桥长50米，宽3.4米，三个桥洞。结构严谨，造型美观，桥栏有龙凤图案的浮雕。清康熙年间（1662—1722年），监生曾桥川在新桥村西的前溪上建了一座桥，日久倾颓。清乾隆五十年（1785年），武生曾大雄，钦赐翰林曾联魁，贡生曾腾光、曾应中等人倡议捐资重建。1984年永兴桥被公布为深圳市文物保护单位。

永兴桥下的新桥河与茅洲河相通，与珠江口相连，古代往来船只如梭，北桥头设有码头供船只停靠。桥东原有一墟市，叫清平墟，是当时松岗、石岩、沙井等地的贸易区。抗日战争爆发后，清平墟开始衰落，现在新桥村仍保存一间旧日当铺。桥东原有一座五层高的文塔，与永兴桥交相辉映，颇为壮观。60年代取砖建糖厂而被拆毁。

舞麒麟，从清初至20世纪80年代末一直盛行，新桥的舞法因从东莞传入，称为东莞麒麟。鼎盛时期附近各村（新桥、上寮、上星、新二、黄埔、南洞、长圳、玉律、塘家曾氏）均有一支队伍，每逢各村的喜庆日、祭祖及春节都会相互拜贺交流，一直到80年代末。90年代初开始兴起醒狮团队，成立新桥联合醒狮武术队。

据清嘉庆《新安县志》记载，从清康熙二年（1663年）曾太元癸卯恩科副榜，到清嘉庆二十四年（1819年）曾省己卯恩贡，新桥曾氏子弟共有34人取得了功名。

2010年，新桥村被广东省社区建设工作领导小组评为"六好"平安和谐社区。

代表性人物：

曾卢桐（1620—1647），字炎卿，新桥人，院试第一名，被誉为"文庠冠军"。与东莞翰林张家玉为同窗好友，明末参加张家玉军抗清斗争。东莞抗清失败，曾卢桐和张家玉一起逃到西乡，得到了陈文豹的拥戴，收复南头城。清顺治四年（1647年）农历四月，西乡遭到清军的围攻，百姓人人上阵助战，大胜清军。两个月后，清军攻陷南头城，乘势又围剿西乡，张家玉和陈文豹摆出"空城计",解了西乡之围。几天后,清军卷土重来,两天两夜的厮杀后,曾卢桐与陈文豹一同战死。

曾荣,其父曾天禄,曾任江南川沙营参将。曾荣以忠勇自负,由行伍历官至游击,常随左翼镇总兵黄提督、孙军门,巡洋捕盗,屡有战功,嗣署南澳、海门参将。福建贼船窜入境内,他率领舟师,一昼夜追剿八百余里,直到福建厦门灯火窖的地方,毙贼甚多。后来因捕盗出洋,遭遇暴风,属下力劝返航,曾荣喟然道:"贼匪就在前面,我们却因风而退,其如职守何?"结果,战船被暴风打翻,全船将士遇难。他死的时候才30余岁。他的上司念其屡著劳绩、奋不顾身,上奏朝廷为他请功,得到皇帝的优恤,照参将阵亡例,荫其子云骑尉世职。

曾恺,字泽西,曾卢桐之孙。虽家贫,但好学不倦。其学以静为主,能够终日端坐学习而无倦容。尤其重视奖掖后学,出自其门下的县中英才,为人处世多能保持庄严恭敬的态度。清乾隆二十七年(1762年)乡试中举。尚未出任官职就去世了。

曾煜,字挹川,新桥人。清乾隆三十九年(1774年)乡试中举,清乾隆五十二年(1787年)以教谕借补韶州府曲江县的训导。到任后,他以振兴当地的文风教育为己任,历任十三年,曲江县科名鹊起,皆是他教育的功劳。后卒于任上。曲江县令刘不晖为了表彰他,送"儒林宗匠"匾额。他的儿子曾殿传为诸生,孙子曾澜为廪生。

曾克齐(?—1949),绰号黑鬼齐,旅越华侨。清光绪二十八年(1902年)12月,孙中山遭到清政府通缉,逃到越南,与洪门的曾克齐相识。曾克齐将全部家产捐出,支持孙中山的革命活动。孙中山在越南建立兴中会分会,他为首批会员之一。1912年,随孙中山进京。曾任国民党广三铁路特别党部负责人。20世纪30年代曾任宝太公路顾问,据说宝太公路原设计经石岩到深圳,他建议修建松岗经沙井到南头的路段。1949年拒绝去台湾,在香港去世。

曾金泰(1927—1999),贫农出身,积极投身土改运动,任村农会会长,后任新桥乡乡长。于1953年冬创办宝安县第一个初级农业生产合作社——新桥农业生产合作社,被选为社长。1954年当选宝安县第一届人大代表,被选为主席团成员,并当选广东省第一届人大代表。1954年10月任宝安县第四区(后改上南区)副区长。1955年新桥农业生产合作社被评为广东省模范合作社,曾金泰被评为广东省农业劳动模范,出席省劳动模范大会。

曾汉良(1951—),曾任宝安区副区长、宝安区政协副主席。

(资料填报:曾国良;初稿撰写:赖旻;分纂:程建)

上星社区

上星村

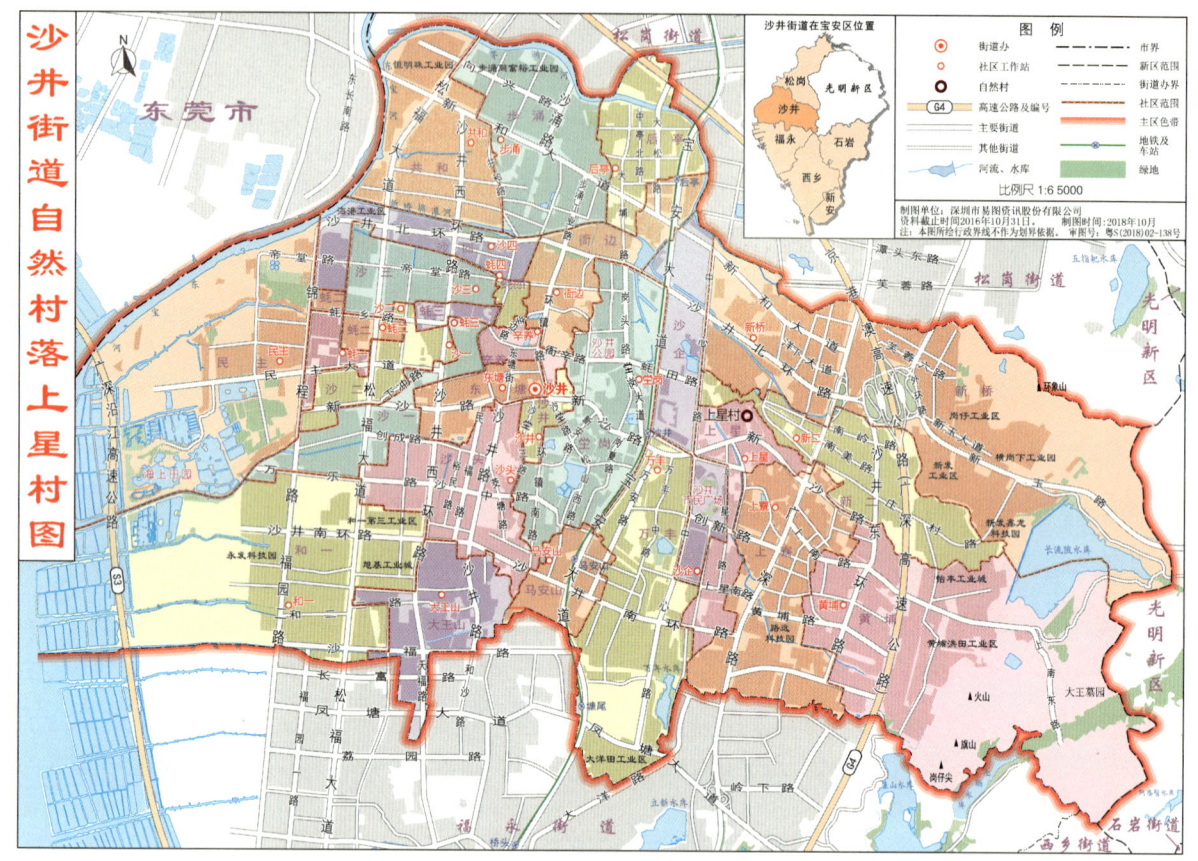

上星村位置示意图

上星村，位于沙井街道东南部，上寮河东边，距街道办事处约2千米。相邻自然村有新桥村、新二村、上寮村、万丰村。

该村曾用名龙头村，又名二房厅，原为新桥乡新桥二村。后来位于壆边的新桥村先使用新二村之名，新桥二村只得另选名字。由于大队部的大门上有一颗五角星，粤语"上星"与"上升"音相近，寓意村民生活蒸蒸日上，故取名上星村。

建村至明朝万历元年（1573年），属东莞县；明万历元年至清朝，属新安县。1914年，属宝安县。中华人民共和国成立之初，属宝安县松岗、沙井、新桥、雍睦、凤凰联乡；1951年，属宝安县第四区上南乡；1958年10月，属超美公社；1959年，属沙井公社上星大队；1979年1月，属深圳市沙井公社；1981年10月，属深圳市宝安县沙井公社；1982年，属沙井公社；1983年7月，属宝安县沙井区上南乡；1986年10月，属沙井镇上星行政村；1993年1月，属深圳市宝安区沙井镇；2004年，属沙井街道上星社区。

◎ 上星村村貌（何致友 摄于2017年）

世居村民为汉族，广府民系，使用粤方言。世居村民主要为曾姓。据《新桥曾氏族谱》记载，新桥曾仕贵第十四世孙曾应华（1487—1560），字德荣，号翠松，曾长寿长子，娶归德场木莲塘陈石岗的姐姐为妻，生了七个儿子：长子曾守仁（孔泽）、次子曾守义（孔芳）、三子曾守礼（孔谦）、四子曾守智（明可）、五子曾守恭（逊可）、六子曾守敬（寅可）、七子曾守权（孔宜）。曾守义（孔芳）居住在上星，为龙头村始祖。因其为新桥二房，又名二房村。

2015年末，户籍人口860人，其中男性403人，女性457人；80岁以上36人，最年长者96岁（男）；海外留学6人。非户籍外来人口约3万人。祖籍该村的港澳台同胞约300人。祖籍该村的华人华侨10人，主要分布在美国。

传统经济以农业种植与养殖为主。主要农作物为水稻，养殖鹅、鸭、鱼和猪等。改革开放后，村民主要收入来源为商业经营、工资性收入、房屋出租、集体经济分红。传统节庆食品有炒米饼、煎堆和糯米粉。

国道G107线广深公路、新沙路、河滨南路和上星路经过该村。1980年通电，1996年通自来水，1999年通电话，2002年通互联网、实现全村村道水泥硬底化。

村内有上星幼儿园，2015年，在园幼儿约200人，教职工约30人。还建有沙井中心公园，在上星体育公园设有篮球场、足球场、羽毛球场和网球场。另有上星图书馆，藏书约6000册。

传统民居为广府民居，入门为厨房，接着是天井，过了天井是正房，正房后部是卧室，卧室有楼廊。三合土墙，房顶以杉木为梁、桁、椽。以天井、明瓦和墙上开一小窗采光，卧室光线很暗。20世纪80年代以后，传统民居多被拆，新建楼房。现存曾耀添宅，位于新沙路149号，始建于民国时期，是一座中西合璧的混凝土结构三层楼房，坐东朝西，占地面积195.6平方米。类似传统民

◎ 曾耀添宅（刘爱粉 摄于2016年）

◎ 上星村传统居民（刘爱粉 摄于2016年）

居布局，有天井。只有一个大门，推拉铁栅门趟栊，底层对外不开窗，有较强的防卫功能。现为宝安区文物保护单位。

上星村由龙头村、仁居围和塱边村组成。龙头村始建于清朝，面积3000平方米，村中存有广府民居，砖木石结构，清水砖外墙，硬山顶，灰瓦。村中房屋排列整齐，街巷巷道井然，排水系统完整，建筑装饰丰富。和亭公祠位于上星村龙头二巷与三巷之间，始建于清咸丰年间（1851—1861年），占地面积200平方米，三开间三进，硬山顶，有斗拱。宗祠中有楹联"蠡斯衍庆；源远流长"。该宗祠现主要用作村民活动中心。

荫德别墅位于上星仁居围，建于清末，占地面积300平方米，建筑结构用大跨度砖栱取代传统明木结构梁架，为宝安区不可移动文物。怀翠曾公祠位于上星塱边村，始建于清光绪十五年（1889年），重建于2015年，占地面积270平方米。三开间三进二天井四厢房组成。该宗祠为纪念曾守义（字孔芳，号怀翠，为上星村始祖）而建。现存上星碉楼，始建于民国时期，为宝安区不可移动文物。怀乔公家塾，始建于清嘉庆年间。

村中原有东岳庙，始建于清朝，2002年重建时改为北帝宫，主要供奉北帝。

该村特色民俗有坐月子、点灯酒、结婚上头等。

民俗坐月子，当亲戚朋友家有产妇产后坐月子时，要送姜醋、鸡蛋、猪脚、生姜和醋等物作为贺礼。米酒驱寒，益于产妇，因而一般村民会首先将姜丝、瘦肉、猪肝加米酒煮，然后炒干又倒米酒，最终做出美食供产妇食用。

民俗点灯酒，家中若生了男丁，需办酒席，一般在第二年正月初五，请亲朋好友吃饭、喝酒，由于会在家中大厅挂上一个灯笼或走马灯，故称为"点灯酒"。

◎ 和亭公祠（刘爱粉 摄于2016年）

◎ 怀翠曾公祠（刘爱粉 摄于2016年）

◎ 北帝宫（刘爱粉 摄于2016年）

民俗结婚上头，结婚前一晚，需"上头"，即由长辈梳头。"上头"仪式要请专业的"婚婆"来进行，仪式进行后会摆一条新裤子在床上，寓意富贵。

据村中老人所述，农历七月初七庙会时，村民会先在庙中扎纸人，然后舞动纸人表演，并放炮，过程中若有人捡到掉下的纸人，则寓意这一年获得了好彩头，又名"抢炮"。纸人有多种，如观音、金花夫人、土地公等。此外，节庆日尤其是春节，村中有舞狮、舞龙、舞麒麟等表演，一般表演团队为20人左右，舞狮结束后还有武术表演。

代表性人物：

曾柳英（1947— ），曾任上星大队妇女主任。1995年春节，组织"爱心一族"到敬老院慰问孤寡老人。1998年，发起教育慈善捐款活动，为沙井教育基金筹得善款20万元。2000年5月，任"爱心一族"协会会长。2000年冬天，内蒙古发生雪灾，爱心一族协会组织捐赠御寒衣物6车，并组织捐款33万元为受灾地区修建沙井爱心学校3所。1996—1997年被评为沙井优秀义工；1998年被评为宝安区优秀人民代表；2000年4月，被评为深圳市、宝安区优秀人民调解员；2000年9月，被评为深圳市退休职工管理服务工作先进工作者；2000年11月，被评为宝安区关心下一代先进工作者；2000年12月，被评为深圳市五星级义工。深圳市第六届文明市民。

（资料填报：冯汝铭；初稿撰写：赖旻；分纂：程建）

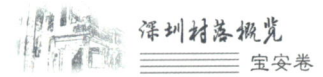

新二社区

新二村

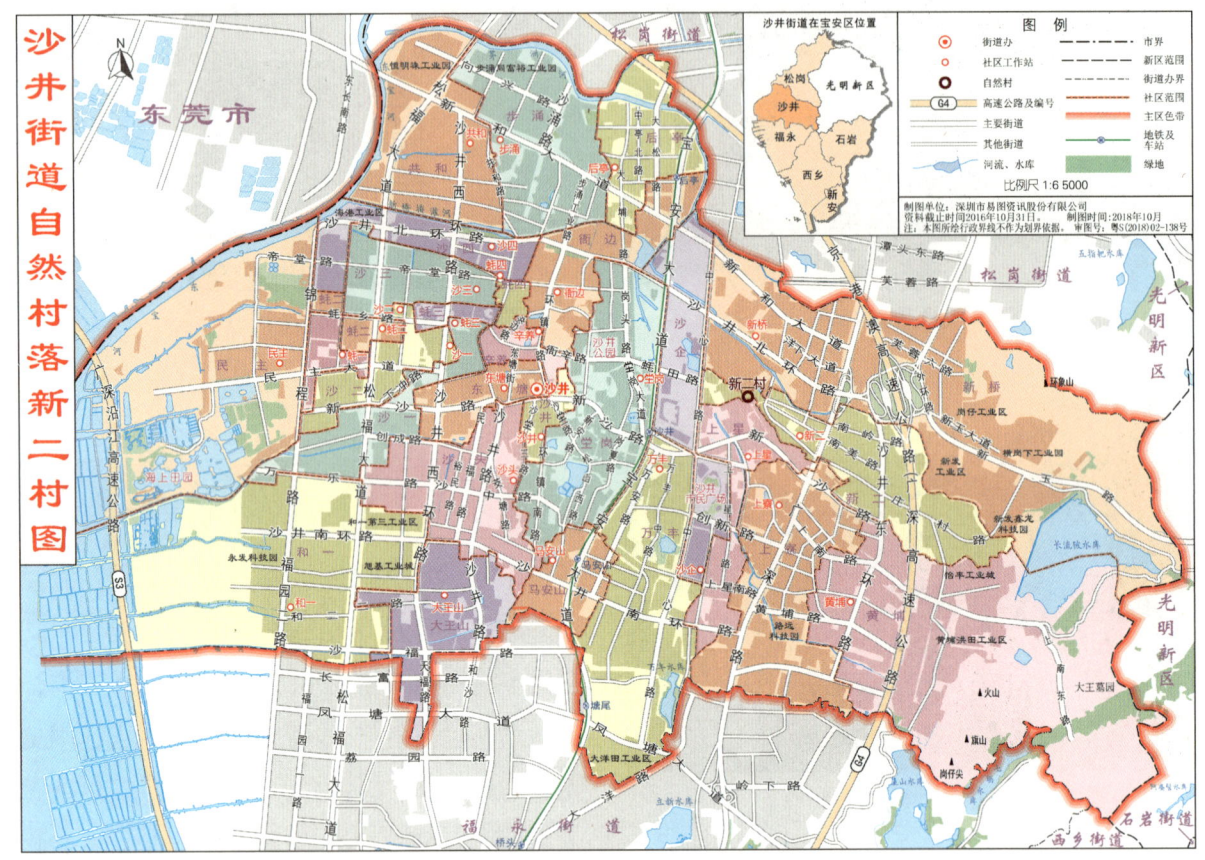

新二村位置示意图

新二村，位于沙井街道东部，距街道办事处约2千米。相邻自然村有新桥村、黄埔村、上星村。

1958年人民公社时期，新桥大队下设新一、新二和新三3个村民小组，"新二"村名由此而来。

建村至明万历元年（1573年），属东莞县；明万历元年至清朝，属新安县。1914年，属宝安县。中华人民共和国成立之初，属宝安县松岗、沙井、新桥、雍睦、凤凰联乡；1951年，属宝安县第四区上南乡；1958年10月，属超美公社；1959年，属沙井公社上星大队；1979年1月，属深圳市沙井公社；1981年10月，属深圳市宝安县沙井公社；1983年7月，属宝安县沙井区上南乡；1986年10月，属沙井镇新二行政村；1993年1月，属深圳市宝安区沙井镇新二行政村；2004年，属沙井街道新二社区。

世居村民为汉族，广府民系，使用粤方言。新二村原名塱边村，原村民主要为曾姓。据《新桥

◎ 新二村村貌（何致友 摄于2017年）

曾氏族谱》记载，曾应华（1487—1560）三子曾守礼（孔谦）、七子曾守权（孔宜）分到壆边（今新二村），为三房、七房的始祖。

2015年末，户籍人口675人，其中男性314人，女性361人；80岁以上24人，最年长者93岁（女）。非户籍外来人口约5万人。祖籍该村的港澳台同胞约350人。

传统经济以种植水稻、花主、甘蔗为主，兼发展渔业、牧业、林业。改革开放后，村民主要收入来源为工资性收入、房屋出租、集体经济分红。传统节庆食品有炒米饼等。

国道G107线广深公路、东环路、庄村路经过该村。20世纪80年代通自来水、通电，80年代末实现全村村道水泥硬底化，90年代通电话，90年代末通互联网。

村内有欣欣小学，设6个年级，29个班，2015年，在校学生1456人，教职工81人。有欣欣幼儿园，在园幼儿330人，教职工35人。村中建有新二社区公园和新二村文体中心，设有篮球场、羽毛球场、健身场所和新二图书室，藏书约3000册。

传统民居为广府民居，入门为厨房，接着是天井，过了天井是正房，正房后部是卧室，卧室有楼廊。三合土墙，房顶以杉木为梁、桁、桷。以天井、明瓦和墙上开一小窗采光，卧室光线很暗。20世纪80年代以后，传统民居多被拆，新建楼房。

存有新二古建筑群，建于清中晚期，主要包括东凡公祖祠、谦宜二祖祠、植嘉书室、康杨二圣庙，以及一批民居建筑等。为宝安区第四批不可移动文物点。

谦宜二祖祠，始建于清光绪二十五年（1899年），占地面积1150平方米，宗祠用抬梁木构架，为三开间三进两天井建筑。大门楹联"勋篪协韵；棣萼联芳"，中堂匾额"式好堂"，均书于清朝。相传，曾守礼和曾守权关系要好，两兄弟分住在不同的地方，但经常走动。有天晚上两人聚

◎ 传统民居（刘爱粉 摄于2016年）

◎ 植嘉书室（刘爱粉 摄于2016年）

◎ 谦宜二祖祠牌匾（刘爱粉 摄于2016年）

◎ 谦宜二祖祠内景（刘爱粉 摄于2016年）

会，天太晚，怕一人走路不安全，便相互护送对方回家，来来回回，一直到天亮。后人为了纪念两兄弟的情谊在塱边老村建"式好堂"。

康杨二圣庙始建于清道光二十七年（1847年），占地面积约180平方米，供奉康杨二圣。坐东朝西，三开间两进，花岗岩墙基，清水砖墙，硬山顶。现已废弃。

村中有传统祭祖活动，清明、重阳组织村民一起去上新桥大龙岗墓园祭祖，以前女性不能参与，现观念改变，女性也可参加。

有传统习俗点灯酒。家中若生了男丁，需办酒席，一般在次年正月初五那天，请亲朋好友来吃饭，由于会在家中大厅挂上一个灯笼或走马灯，故称为"点灯酒"。

村中嫁娶有结婚上头的习俗。结婚前一晚，需"上头"，即由长辈梳头。"上头"仪式会请专业的"婚婆"来进行，仪式进行后会摆一条新裤子在床上，寓意富贵。

代表性人物：

曾冠民（1919—2008），抗日战争时期，任热河军区十三团团长，参加了百团大战和攻打娘子关、盂县、西打、平山等战役。解放战争时期，历任冀热辽军区十三旅三十七团副团长，东北野战军第八纵队二十二师六十四团团长，四野四十五军一三三师三九七团团长、军司令部参谋等职，参加了围场、宁城、北票、杨仗子、平定堡、新立屯、辽沈、平津、衡宝等战役。中华人民共和国成立后，历任越南民主共和国人民军顾问，广西军区钦廉军分区副参谋长，空军航空兵某师参谋长、副师长，空军向塘基地主任，空军第八军副参谋长、参谋长、副军长，空军漳州指挥所政治委员等职。1980年进入中央党校学习，后任福州军区空军顾问（副兵团职）。1955年被授予大校军衔。曾荣获二级独立自由勋章、二级解放勋章和独立功勋荣誉勋章。

（资料填报：曾婉君；初稿撰写：赖旻；分纂：程建）

上寮社区

上寮村

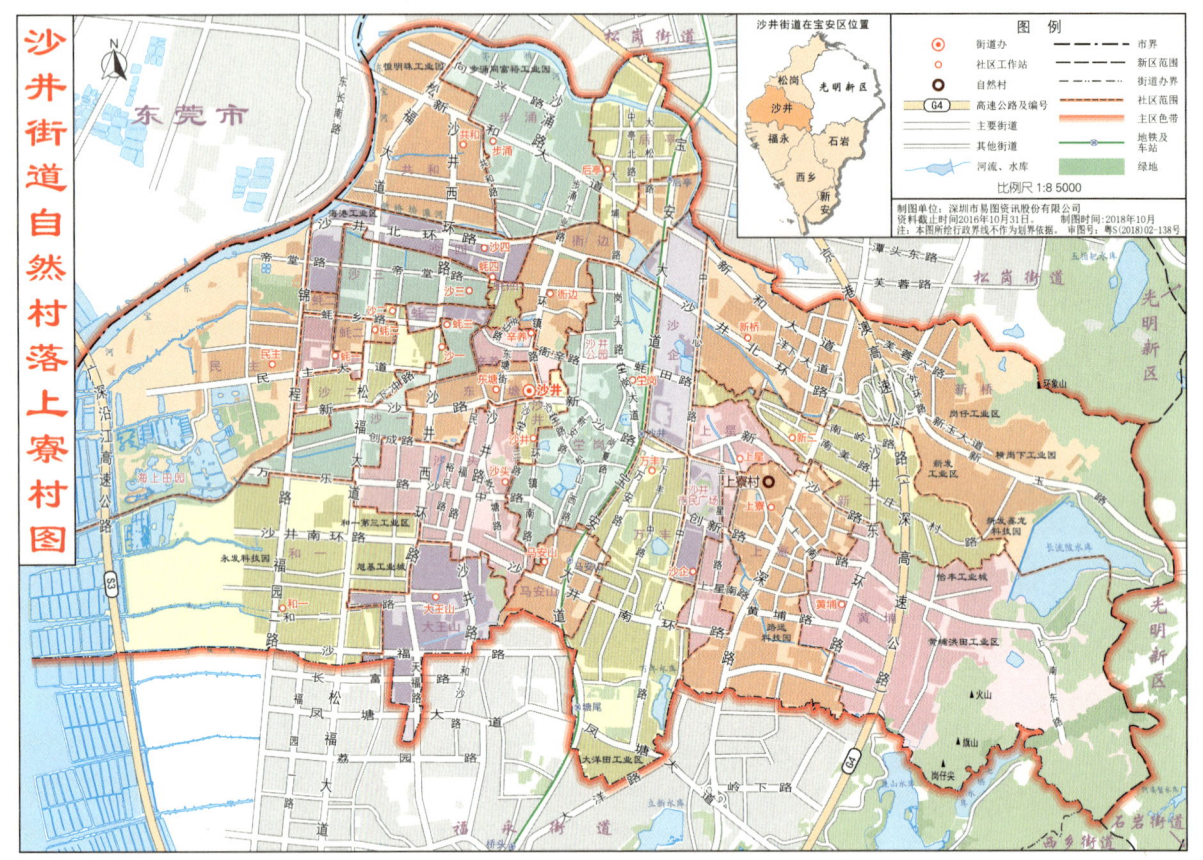

上寮村位置示意图

上寮村，位于沙井街道东部，距街道办事处约2.5千米。相邻自然村有黄埔村、南洞村、万丰村、上星村。

始建于明朝中期。据族谱记载，新桥曾氏始祖曾仕贵第十二代孙曾寿仁，初居新桥下西村（今新二村），因兄弟多，发展空间不够，迁到此地。后来，曾熙德携子孙到此地居住，先建"善庆围"后立村。上寮河发源于沙井屋山水库和七沥水库之间，自村南至村西流经该村，据说村西北原有一座石桥，叫永丰桥，后被埋在地下，地面尚有桥栏可见。

建村至明万历元年（1573年），属东莞县；明万历元年至清朝，属新安县。1914年，属宝安县。中华人民共和国成立之初，属宝安县松岗、沙井、新桥、雍睦、凤凰联乡；1951年，属宝安县第四区上南乡；1958年10月，属超美公社；1959年，属沙井公社上寮大队；1979年1月，属深圳市沙井公社；1981年10月，属深圳市宝安县沙井公社；1983年7月，属宝安县沙井区上南乡；1986年10月，属沙井镇上寮行政村；1993年1月，属深圳市宝安区沙井镇上寮行政村；2004年，属沙井

◎ 上寮村村貌（何致友 摄于2017年）

街道上寮社区。

世居村民为汉族，广府民系，使用粤方言。村民主要有曾、潘、阮姓。

2015年末，户籍人口1429人，其中男性689人，女性740人；80岁以上51人，最年长者98岁（女）。非户籍外来人口约5万人。祖籍该村的港澳台同胞约2000人。祖籍该村的华人华侨100人，主要分布在新加坡。

传统经济以种植水稻、红薯、甘蔗、花生和养鱼为主。改革开放后，村民主要收入来源为房屋出租、集体经济分红、工资性收入。上寮村现有工业区3个，楼盘小区3个，工厂企业35家（厂房面积30万平方米）。2015年社区规模以上企业17家，年产值亿元以上企业6家，产值32.36亿元。4家大型购物广场、598间商铺、5家酒店，上寮农贸批发市场是深圳西部最大的农贸批发市场之一。特色传统食品有炒米饼、煎堆、芝麻花生糖。正月十五，用爆米花加红糖做成禾花团，又叫香丸，亲友互相赠送，结缘化怨；正月十九，打薄撑；清明时，用花生、绿豆、米糕、艾叶做成茶果、松糕；农历七月十四，做糖糕；过年时，吃烧鹅。

20世纪20年代，宝太公路就经过上寮岗。现有国道G107线广深公路、创新路、新沙路经过该村。1963年通电，1988年通电话，1989年通自来水，90年代末通互联网，2002年实现全村村道水泥硬底化。

村中有健身场地、足球场、篮球场、上寮社区公园、上寮广场以及上寮图书馆（藏书1000册）。上寮学校的前身上寮小学是一所村办小学，创建于1990年，2011年转制成九年一贯制学校。占地面积25918平方米。2015年，设9个年级、41个班，2138名学生、教职工131人。上寮金贝幼儿园，2015年在园幼儿约360人，教职工45人。

传统民居为广府民居，入门为厨房，接着是天井，过了天井是正房，正房后部是卧室，卧室

◎ 熙德祖祠（刘爱粉 摄于2016年）

◎ 廷用曾公祠（刘爱粉 摄于2016年）

◎ 肖峰公家塾（刘爱粉 摄于2016年）

有楼廊。三合土墙，房顶以杉木为梁、桁、桷。以天井、明瓦和墙上开一小窗采光，卧室光线很暗。20世纪80年代以后，传统民居被拆，新建楼房。

村里存有3座祠堂、1座家塾、1座古庙、47处古民居。

熙德祖祠，为三开间两进，占地面积200平方米，为砖石木结构，清水砖墙，石墙裙、墙角，船形屋脊，两面坡，灰瓦顶。祠堂大门上方"熙德祖祠"四个字的落款时间是清咸丰元年（1851年）。大门有楹联"麒峰献瑞；象岭钟奇"，横批"万派朝宗"。

廷用曾公祠，始建于清康熙年间（1662—1722年），于2013年重修，占地面积200平方米，是宝安区第四批不可移动文物。

肖峰公家塾，三开间两进一天井，建于清光绪年间（1875—1908年）。

杨侯宫，坐西北朝东南，建于清光绪年间，三开间两进一天井布局，清水砖外墙，硬山屋顶。庙内供奉杨六郎。大门两侧刻有一副楹联："跣足科头默遣神兵扶宋主；披肝露胆宏道妙施助王师"，横联是"威灵显赫"。杨侯宫于1985年重修。每年正月初一、初二、初三，村民都会去拜祭。

村内另有一口水井，建造于中华人民共和国成立初期，于2011年重修，现仍在使用。

该村修有《上寮村志》，2005年曾礼谦编撰。

上寮舞狮形成于清朝末期，最初是由洪家拳和莫家拳传授。一队一般四五十人，一对狮子。舞狮活动一般在春节期间举行。每年重阳节，上寮村周边曾氏几千人在新桥村主事会的带领下，

◎ 杨侯宫（刘爱粉 摄于2016年）

去福永工业区等地舞醒狮、舞麒麟。2000年，上寮村舞狮队参加了全国舞狮比赛。

代表性人物：

曾柏蓝（？—1943），革命烈士，1943年参加广东人民抗日游击队东江纵队，同年在广东省宝安县沙井支前时牺牲。

曾兴三，1944年参加广东人民抗日游击队东江纵队，历任班长、排长。

曾创田（1947—1999），1965—1968年在宝安县劳动大学读农科，曾任沙井上星大队书记、沙井镇委副书记、镇长。

（资料填报：曾伟棠；初稿撰写：赖旻；分纂：程建）

黄埔社区

黄埔村

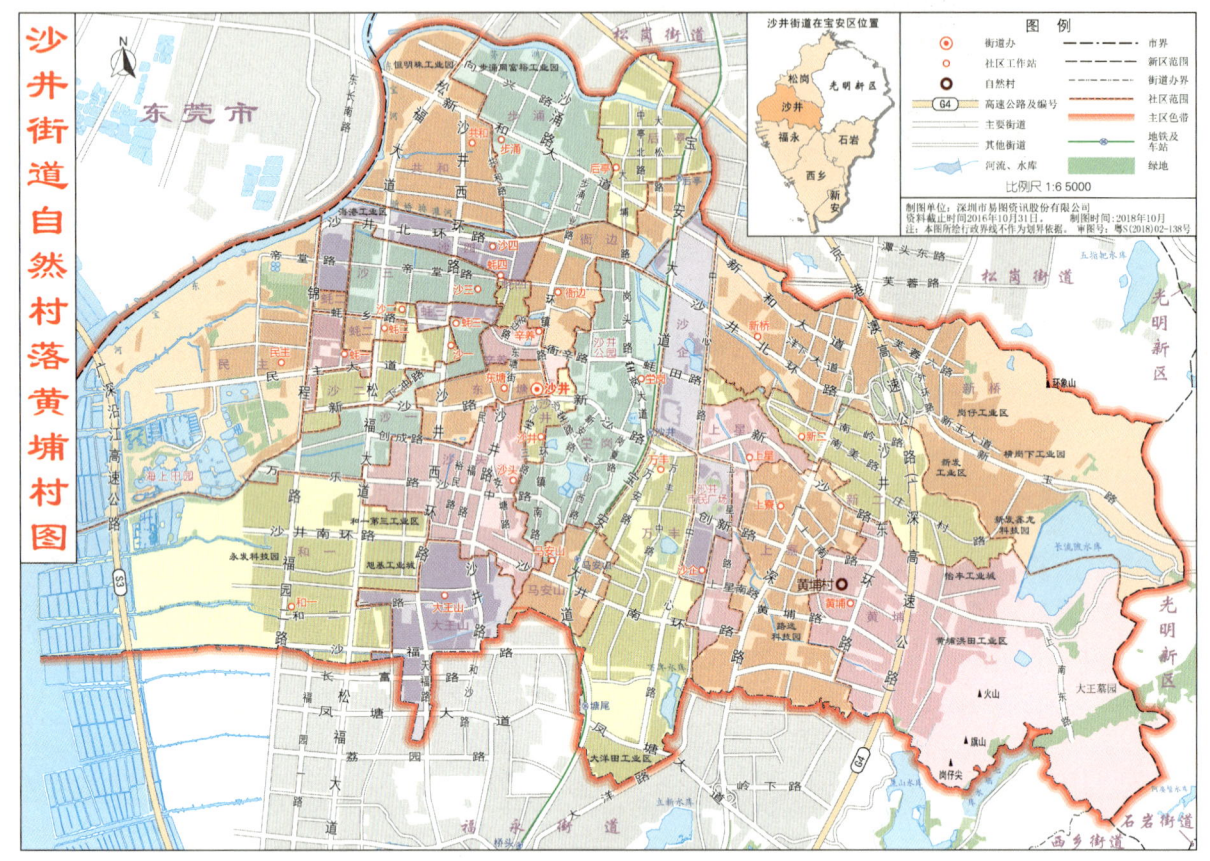

黄埔村位置示意图

黄埔村，位于沙井街道东部，距街道办事处约3.8千米。相邻自然村有洪田村、南洞村、新二村、上寮村。上圳河流经村南。村旁有长流陂水库。

该村始建于明代。原名"黄莆"，因黄莆涌而得名。该村村民为曾姓，是新桥曾仕贵后裔。曾仕贵十五世孙曾孔谦、曾孔宜为黄埔村立村之始祖。

建村至明万历元年（1573年），属东莞县；明万历元年至清朝，属新安县。1914年，属宝安县。中华人民共和国成立之初，属宝安县松岗、沙井、新桥、雍睦、凤凰联乡；1951年，属宝安县第四区上南乡；1958年10月，属超美公社；1959年，属沙井公社黄埔大队；1979年1月，属深圳市沙井公社；1981年10月，属深圳市宝安县沙井公社；1983年7月，属宝安县沙井区上南乡；1986年10月，属沙井镇新桥行政村；1993年1月，属深圳市宝安区沙井镇黄埔行政村；2004年，属沙井街道黄埔社区。

世居村民为汉族，广府民系，使用粤方言。村民主要为曾姓。

◎ 黄埔村村貌（摄于2016年，沙井街道供稿）

◎ 曾氏宗祠（刘爱粉 摄于2016年）

◎ 黄埔学校（刘爱粉 摄于2016年）

2015年末，户籍人口530人，其中男性248人，女性282人；80岁以上17人，最年长者93岁（女）。非户籍外来人口约4.5万人。祖籍该村的港澳台同胞约220人。祖籍该村的华人华侨4人，主要分布在美国和澳大利亚。

传统经济以种植水稻、花生、红薯、甘蔗和饲养鸡、猪为主。改革开放后，村民主要收入来源为房屋出租、集体经济分红、工资性收入。村中特色农产品有甘蔗，特色传统食品有煎堆和炒米饼。

京港澳高速G4线、国道G107线广深公路、上南路、东环路经过该村。1980年通电，1996年通自来水，1999年通电话，2002年通互联网、实现全村村道水泥硬底化。

黄埔学校创建于1950年，2015年有24个教学班，学生1173人。华贝幼儿园设9个班，在园幼儿339人，教职工44人。有篮球场、足球场、健身场、文体活动室以及图书馆（藏书1000册）。

传统民居为广府民居。现存曾氏宗祠，始建于清朝，占地面积300平方米，为三开间两进一天井布局，砖木石结构。宗祠内存有楹联"鼎甲家声；德贤世泽"。

（资料填报：曾锦文；初稿撰写：赖旻；分纂：程建）

南洞村

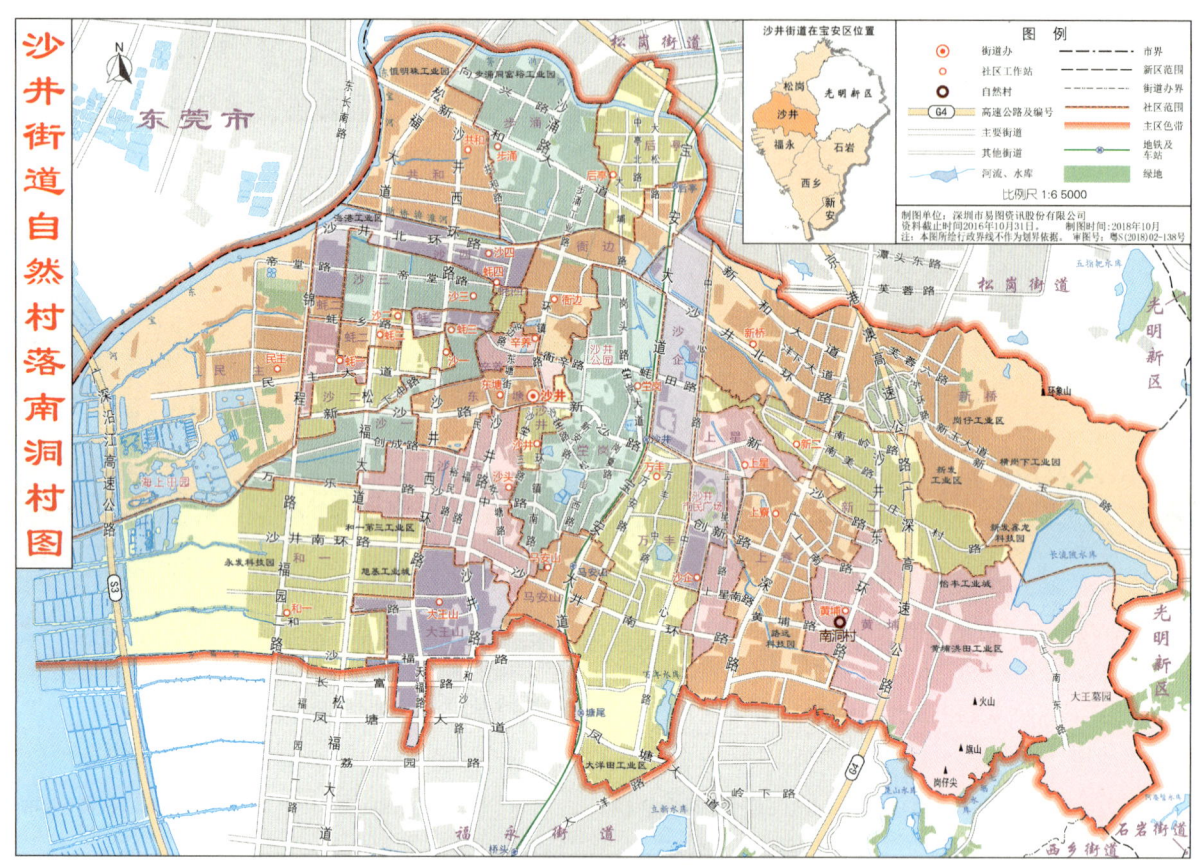

南洞村位置示意图

南洞村，位于沙井街道东部，距街道办事处约4.2千米。相邻自然村有黄埔村、洪田村、上寮村。上圳河流经村北。始建于明朝。

建村至明万历元年（1573年），属东莞县；明万历元年至清朝，属新安县。1914年，属宝安县。中华人民共和国成立之初，属宝安县松岗、沙井、新桥、雍睦、凤凰联乡；1951年，属宝安县第四区上南乡；1958年10月，属超美公社；1959年，属沙井公社黄埔大队；1979年1月，属深圳市沙井公社；1981年10月，属深圳市宝安县沙井公社；1983年7月，属宝安县沙井区上南乡；1986年10月，属沙井镇黄埔行政村；1993年1月，属深圳市宝安区沙井镇黄埔行政村；2004年，属沙井街道黄埔社区。

村民均为曾姓，是新桥曾仕贵后裔。均为汉族，广府民系，使用粤方言。

2015年末，户籍人口263人，其中男性113人，女性150人；80岁以上12人，最年长者98岁（女）。非户籍外来人口约3.5万人。祖籍该村的港澳台同胞约120人。祖籍该村的华人华侨5人，主要分布在

◎ 南洞村村貌（何致友 摄于2017年）

美国。

传统经济以种植水稻、花生、番薯、甘蔗和饲养鸡、猪为主。改革开放后，村民主要收入来源为房屋出租、集体经济分红、工资性收入。村中特色农产品有甘蔗。特色传统食品有煎堆和炒米饼。

该村毗邻京港澳高速G4线、国道G107线广深公路，有满寿路、黄埔路经过。1980年通电，1996年通自来水，1999年通电话，2002年通互联网、村道全部实现水泥硬底化。

村内有厚德小学，共有6个年级，12个班，2015年在校学生400人，教职工30人。村内有篮球场以及旧村公园，村里老人平常在老人院活动。

传统民居为广府民居，入门为厨房，接着是天井，过了天井是正房，正房后部是卧室，卧室有楼廊。三合土墙，房顶以杉木为梁、桁、桷。以天井、明瓦和墙上开一小窗采光，卧室光线很暗。20世纪80年代以后，传统民居多被拆，新建楼房。

现存升焕公家祠，属于区级不可移动文物，始建于清朝，占地面积200平方米，砖木石结构。黄埔东门楼，属于区级不可移动文物，始建于清朝。勤明公家塾，属于区级不可移动文物，始建于清光绪十四年（1888年），其壁画较为精致，壁画题材为隐士花草，灰塑为祥龙腾云图案。

传统民俗点灯宴，于每年正月初七，自家祭拜祈福，并请亲戚好友吃大盆菜。主要技艺有舞麒麟，在春节或重大活动时举行。此项活动形成于清朝末年，现在很少举行。

◎ 升焕公家祠（刘爱粉 摄于2016年）

◎ 勤明公家塾（刘爱粉 摄于2016年）

◎ 南洞老居民房（刘爱粉 摄于2016年）

代表性人物：

曾劲夫（？—1966），早年留学日本。回国后，在广东韶关参加抗日救亡工作。1943年，在东宝游击区工作，任宝二区联乡主任。他变卖家里的田地，为广东人民抗日游击队东江纵队筹集资金。1945年东宝行政督导处创办东宝中学，其任副校长。东宝中学停办后，撤到香港，其任新华南通讯社、南中通讯社社长。1948年加入中国共产党，后任东宝游击区东宝支队政委。1949—1950年先后任宝安县副县长、东莞县副县长。1956年以后，先后任华南师范学院、广州哲学社会科学研究所、暨南大学教授。

（资料填报：曾锦文；初稿撰写：赖旻；分纂：程建）

洪田村

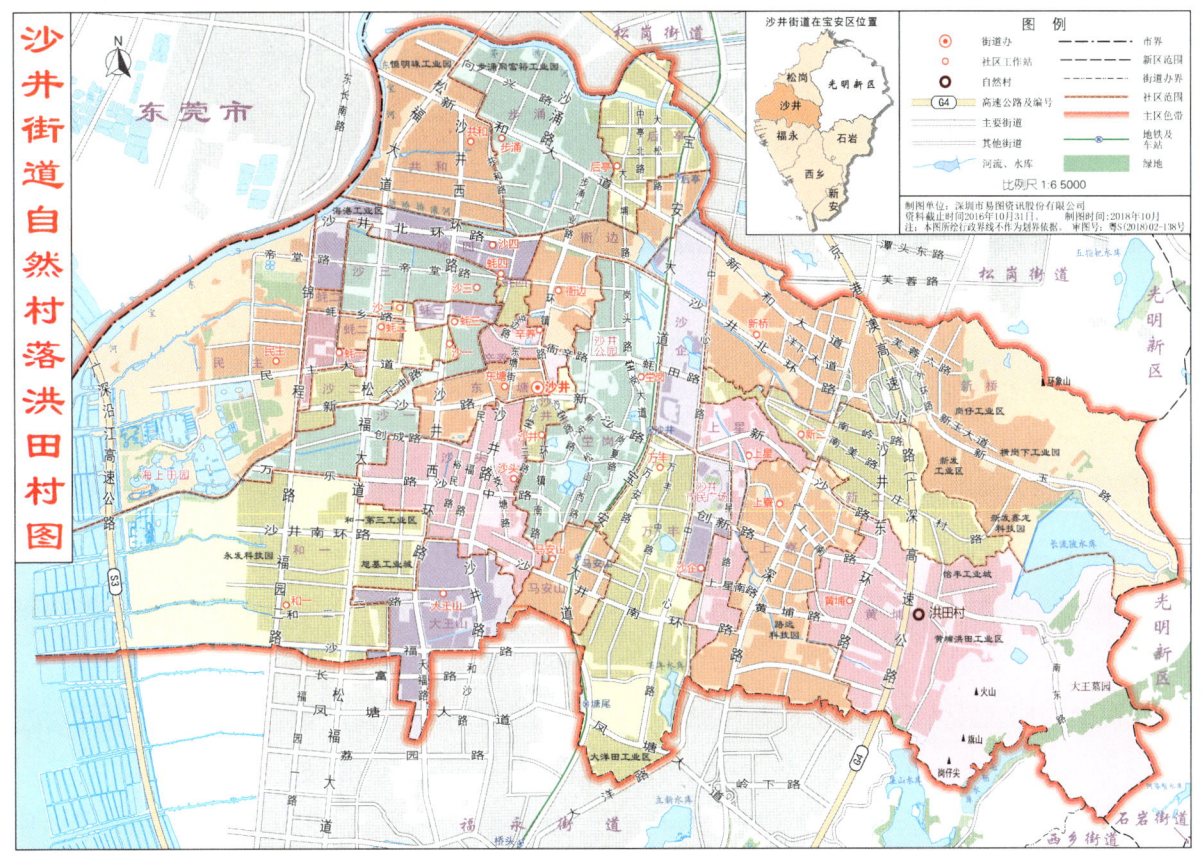

洪田村位置示意图

洪田村，位于沙井街道东南部，距街道办事处5.1千米。相邻自然村有新桥村、南洞村、黄埔村和福永街道凤凰村。地貌以丘陵低山为主，东边有望天狮山，海拔330米。附近有上圳河。

始建于明代中晚期，因冼氏族人从广州搬迁于此发展繁衍而形成。

明万历元年（1573年）至清朝，属新安县。1914年，属宝安县。中华人民共和国成立之初，属宝安县松岗、沙井、新桥、雍睦、凤凰联乡；1951年，属宝安县第四区上南乡；1958年10月，属超美公社；1959年，属沙井公社黄埔大队；1979年1月，属深圳市沙井公社；1981年10月，属深圳市宝安县沙井公社；1983年7月，属宝安县沙井区上南乡；1986年10月，属沙井镇黄埔行政村；1993年1月，属深圳市宝安区沙井镇黄埔行政村；2004年，属沙井街道黄埔社区。

世居村民为汉族，广府民系，使用粤方言。村民主要为冼姓。

2015年末，户籍人口177人，其中男性87人，女性90人；80岁以上4人，最年长者92岁（女）。非户籍外来人口约3万人。祖籍该村的港澳台同胞约600人。祖籍该村的华人华侨700人，

◎ 洪田村村貌（彭露颖 摄于2017年）

主要分布在日本、法国、英国、美国。

传统经济以种植水稻、甘蔗、番薯为主。改革开放后，村民主要收入来源为房屋出租、工资性收入、集体经济分红。

京港澳高速G4线、洪田路经过该村。1980年通电，1996年通自来水，1999年通电话，2002年通互联网、实现村道水泥硬底化。村内建有篮球场、健身场和洪田火山郊野公园，还建有景城花园会所。

洪田村分为老村和新村。老村存有冼氏宗祠，始建于清朝，1996年重修，布局为三开间两进一天井，占地面积约300平方米，砖木石结构，清水砖外墙，硬山顶两面坡。

新村在老村的南边，又叫洪田围，建于清末。围屋坐东朝西，后靠山冈，前有洪田围半月池。围内建筑由碉楼、民居、家塾、古井、古树等组成。围内房屋结构基本相似，单体建筑均为广府民居，呈三横三纵排列；碉楼位于中轴线北侧偏西，外围用三合土夯筑高大的围墙。整体布局严谨，宛如城堡。房屋主体为土、砖、木结构，主要承重墙体用三合土夯筑，外墙再用青砖将三合土墙包砌，俗称"金包银"。室内用简单的木作梁架，内墙用白灰抹面；小青瓦屋面，蝴蝶瓦口。

洪田围前面有一口古井，建于清光绪十七年（1891年）九月，井边用长短不一的石条铺成，井旁的地面上镶了一块石碑，碑文有些模糊。依稀可辨："光绪十七年九月"。现存私塾旧址文明祖家塾，始建于清嘉庆十年（1805年）。

村内有楹联"悲心广大法雨遍施三千界；福德圆融慈云普荫亿万家"，书于近代；匾额

◎ 冼氏宗祠（刘爱粉 摄于2016年）

◎ 文明祖家塾（刘爱粉 摄于2016年）

◎ 慈云阁（刘爱粉 摄于2016年）

"慈云阁"，书于近代，均存于洪田火山郊野公园。

建在火山山腰的慈云寺是一座古老的寺庙，又名慈云阁，始建于清乾隆年间（1736—1795年），距今已有200多年历史。明清时期南头到东莞的官道，经西乡、固戍、黄田、福永、岭下（今凤凰村），从此山下经过，然后经莲花径去莞城。来往的客人常到此寺歇脚、投宿，一度香火鼎盛。民国初年，随着宝太路的开通，慈云寺的庙宇也逐渐荒废失修，杂草丛生，只剩下残垣断壁，后重建。

清明、重阳期间，每户人家均须参加祭祖（主要是男丁一起去公明唐家村祭祖）；每年清明节后第一个星期天去广州番禺聚会，广州有两处较大的冼姓村落，沙井地区派代表约30人前去祭祖。

洪田村的传统民俗开灯酒，形成于清朝，上年生了男丁的人家，在正月初三到十五，自己选好日子，到祠堂挂灯，请亲朋好友参加灯宴。开灯宴的主人家称"灯头"。

抗日战争时期，广东人民抗日游击队东江纵队常在这一带开展抗日斗争，是游击队开辟的敌后游击据点。1944年，日军加紧对游击区的清乡，妄图消灭抗日武装。游击队为了不连累群众，采用"敌驻我扰，敌进我退"的游击战术，与敌人展开斗争，常常忍饥挨饿。有一次，20多名游击队员被困在火山上，七天六夜没有吃东西。幸亏被几位村妇上山砍柴发现，回家煮熟两担番薯，送上山来，才渡过这个难关。由于叛徒告密，日军纠集伪军，对游击区发动了大扫荡。游击队接到宝安西路片联乡办事处的命令，分三路撤退。突围中，一路在新桥与敌人交上了火，4名游击队员牺牲。另一路在万丰与敌人相遇，1名队员为了掩护战友转移，不幸中弹身亡，献出年轻生命。牺牲的5位队员被安葬在火山上。同年12月，游击队奉命攻打沙井。敌人凭着依山傍水的坚固工事，负隅顽抗。游击队员牺牲了20多人，其中有两名外籍人士，不知姓名，也被安葬到洪田火山。2006年，沙井街道办重修烈士墓葬，立碑纪念，同时将在沙井牺牲的另外20多位烈士的姓名铭刻在洪田烈士纪念碑上。

◎ 洪田七烈士墓（刘爱粉 摄于2016年）

代表性人物：

冼攀龙，字周翰，洪田（今属黄埔）人。领清康熙二十九年（1690年）庚午科乡荐，选授江南宁国府泾县知县，清康熙三十五年（1696年）丙子科江南同考试官，寻升太仓知州。

冼瑢（？—1748），字琼伍，洪田（今属黄埔）人。清雍正四年（1726年）丙午科领乡荐，挑发江苏知县，推辞不赴任。他励志上进，七试春闱，屡荐不受。清乾隆十三年（1748年）戊辰科会试，录入明通榜进士，未任而卒。

朱金玉（1922—1942），祖籍广东南海，生于越南西贡一个工人家庭。抗日战争爆发，毅然放弃学业，参加华侨回乡服务团，于1939年经香港到东江，参加了游击队。1942年春，奉命到洪田村做民运工作。1942年7月的一天，天还未亮，国民党军派兵闯进洪田村，朱金玉惦记住在陈景姑家新来的民运队员陈胜华的安全，去通知其转移，在去的路上被捕。朱金玉被押送到乌石岩墟。国民党军大队长黄文光和一名副官对朱金玉严刑拷打一个星期，一无所获，将她杀害。当地人民自发捐钱将她埋葬在石岩上排沙公坳牛湖窝。

（资料填报：曾锦文；初稿撰写：赖旻；分纂：程建）

松岗街道

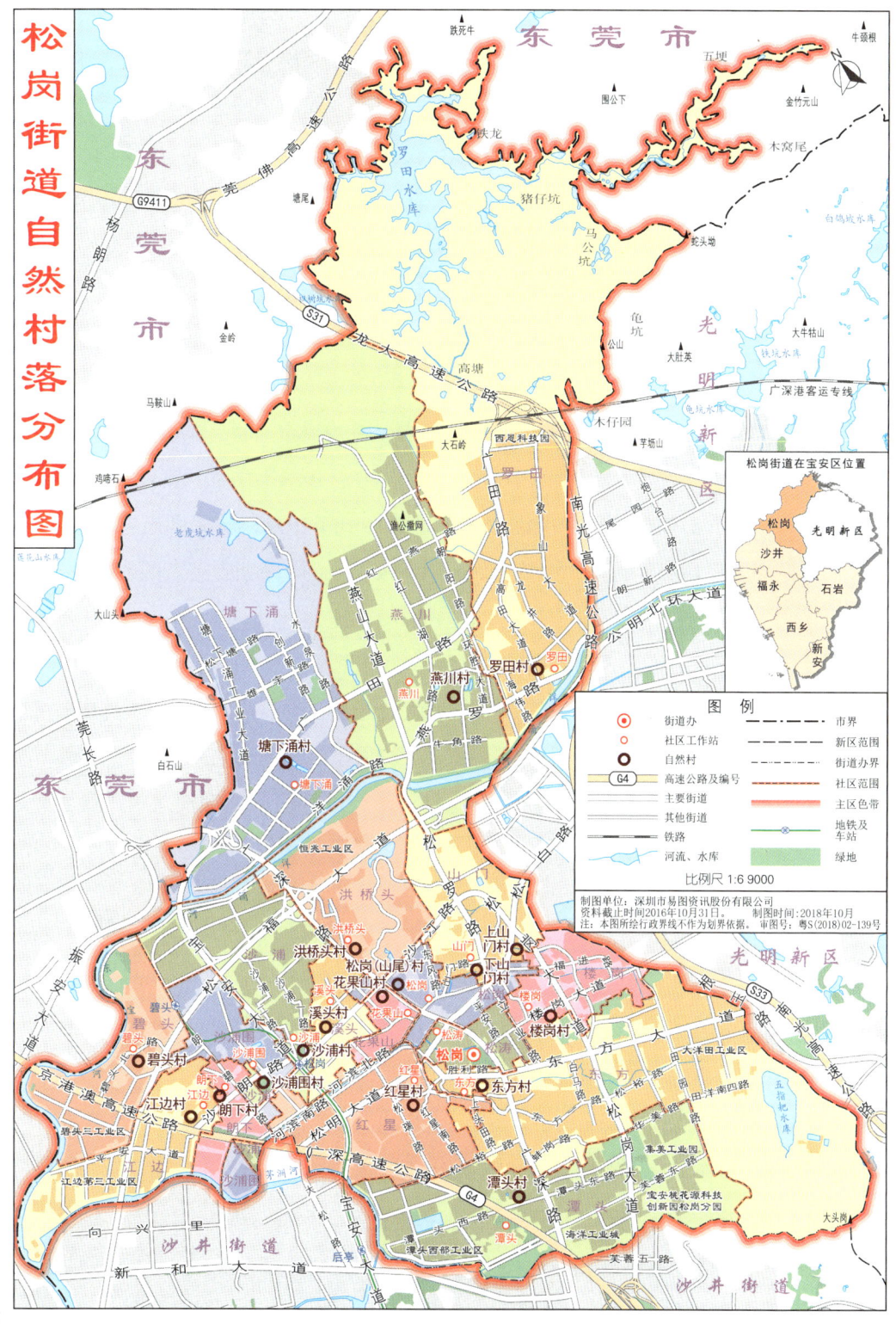

松岗街道自然村落分布图

概　述

松岗街道位于深圳市宝安区西北部，是深圳市的西北门户，南接沙井街道，东邻光明新区公明街道，西北与东莞市长安镇相邻，面积64.25平方千米，辖18个社区。2015年末，常住人口42.89万人，户籍人口2.92万人。

松岗地处丘陵地带，地势东北高，向西南倾斜，有红花岭、麒麟山、龟头山、大头岗等山峰，发源于阳台山西北的洋涌河从公明流入，自东往西经罗田、燕川、塘下涌、沙浦、碧头等村，与松岗河、茅洲河汇合后进入珠江口。年平均气温22℃，年平均降水量1818毫米。

松岗古称黄松岗。据清康熙版《新安县志》记载，南宋咸淳六年（1270年），一黄姓人士在一山冈建村，山上有松林，故名"黄松冈"，继而建墟，民国时期改名为松岗墟，成为"松岗"之名的由来。

本地域明清时期属新安县。民国时期，属宝安县。中华人民共和国成立之初，属宝安县松岗、沙井、新桥、雍睦、凤凰联乡；1958年3月，属松岗乡；1958年10月，属超美公社；1959年，属松岗公社；1979年1月，属深圳市松岗区松岗公社；1981年10月，属深圳市宝安县松岗公社；1983年7月，属松岗区；1986年10月，属松岗镇；1993年1月，属深圳市宝安区松岗镇；2004年，属松岗街道。

松岗传统经济以农业为主，主要种植水稻、花生、甘蔗等。北部的燕川、塘下涌、罗田等村盛产西瓜、菠萝、荔枝、柑桔，西南部冲积平原是鱼米之乡。改革开放后，大力引进外资，发展淡水养殖、养鸡和办胶花厂等，继而引进"三来一补"企业，后逐渐创新转型，发展高增值产业和服务业。2015年，松岗街道实现地区生产总值（GDP）309.9亿元，规模以上工业生产总值847亿元，社会消费品零售总额76.1亿元，固定资产投资54.2亿元，国税、地税收入56亿元，出口总额49.1亿美元。

松岗街道交通便利，国道G107线、松白路、南光高速、龙大高速、京港澳高速联通周边，深圳地铁11号线在辖区设有站点。

2015年底，松岗街道列入普查范围的自然村有18个。世居村民为汉族，属广府民系，通用粤方言。南宋中叶，宝安归德陈氏的一支陈友直定居燕川村。南宋末年，文天祥之弟后裔的一支避难至鹤仔园村（今松岗街道东方村、红星村）定居，并逐渐扩展到上山门、下山门、山尾、潭头等村。元末明初，蔡氏从福建莆田辗转韶关南雄珠玑巷，经东莞长安迁至今松岗地域。在此前后，曾氏、黄氏、赖氏、萧氏、沈氏等相继迁入，择地而居，形成众多村落。

至2015年底，松岗街道有4处古墓葬、1处窖藏等地下文化遗存，其中，沙浦围村的南宋铜钱窖藏是深圳地区第一次发现的数量多，品种、版别丰富的铜钱窖藏，在广东地区亦不多见。保存较好的地面古建筑群3处（塘下涌村老围、燕川村、上山门村老围）、古民居146座、宗祠和书室41座、庙宇3座、古井1口、炮楼3座、老围门3处（塘下涌村老围、潭头村老围、上山门村老围），其中，区级文物保护单位6处，区不可移动文物点40处。上山门村老围、塘下涌村老围是目前宝安区保存基本完好的广府式围村，燕川村、罗田村、潭头村的传统民居保存比较完整，尤以燕川村古民居建筑群具有鲜明独特的岭南建筑特色。沙浦村蔡学元进士第是深圳市现存唯一一座进士第。松岗还留存连接燕川村与东莞大岭山的古道"莲花径"。

松岗有国家级非物质文化遗产"松岗七星狮舞"、省级非物质文化遗产"赛龙舟"、区级非物质文化遗产"木器农具制作技艺"，以及塘下涌、罗田、洪桥头、沙埔等村的醒狮舞，形成较为完整的非遗项目体系和保护体系。松岗的木器农具制作技艺自清代以来执深圳地区行业之牛耳，文业成是该非遗项目（区级）第四代传承人。松岗街道每年在茅洲河举办龙舟大赛，各村龙舟队热情参与，成为街道一年一度重要的民俗和体育活动，影响日渐扩大。

在革命斗争时期，松岗街道涌现16名革命烈士，其中潭头村7名。现存革命建筑（革命遗址）有8处：素白陈公祠、泽培陈公祠、陈氏大宗祠、醒庵祖厅、陈氏乡贤祠、满容文公祠、东园文公祠、见松黄公祠，其中，中共宝安县第一次代表大会于1928年2月23日在燕川村素白陈公祠召开；中国共产党领导的全省第一个县一级抗日民主政权东宝行政督导处于1944年7月在燕川村陈氏大宗祠成立，其领导机构驻扎在燕川村泽培陈公祠。

松岗代表性人物：碧头村佘清，曾任清朝新安左营守备；燕川村陈细珍，宝安县第一批中共党员；山门村文琰森，"松岗七星狮舞"国家级非物质文化遗产代表性传承人。

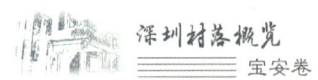

碧头社区

碧头村

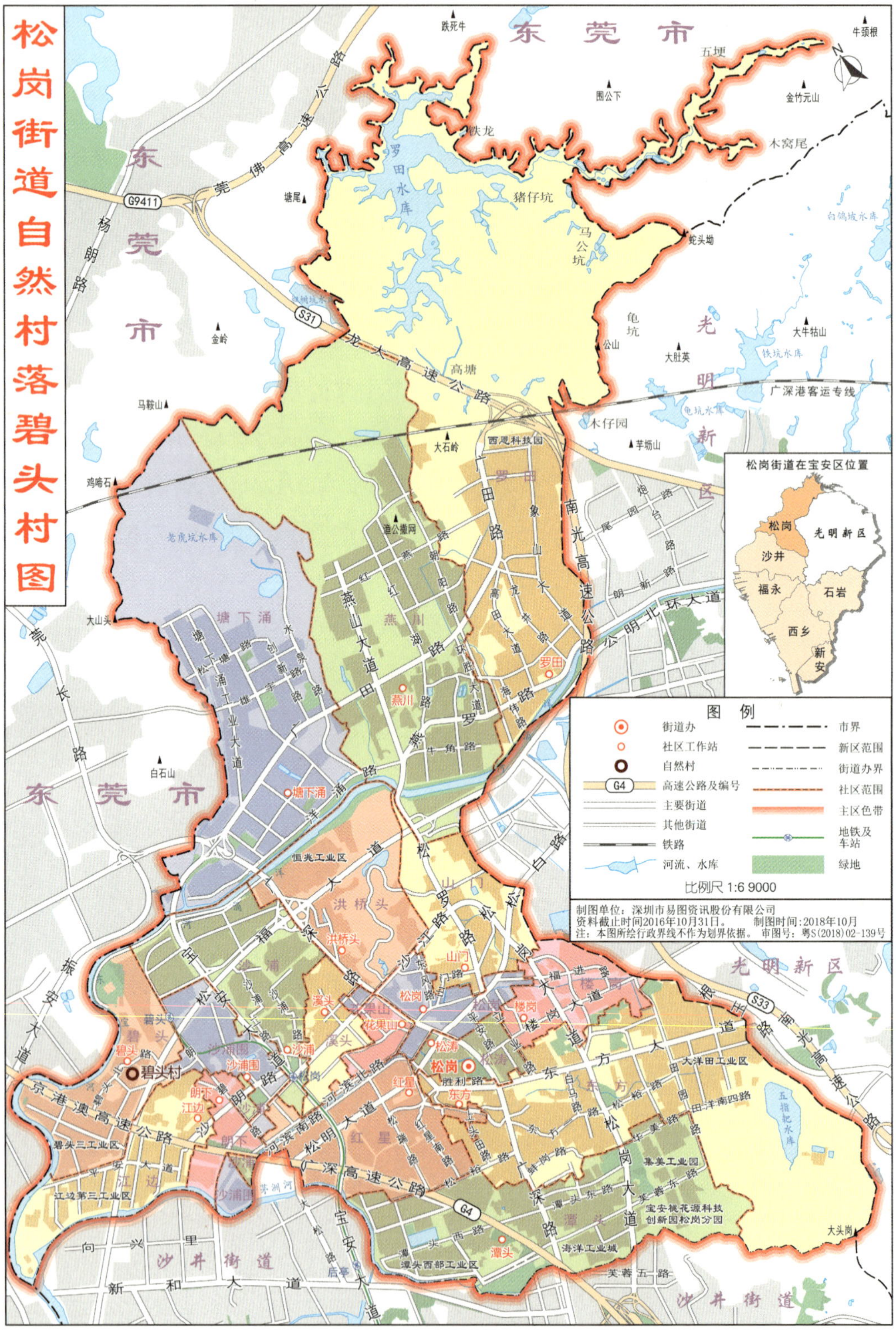

碧头村位置示意图

◎ 碧头村村貌（孙明 摄于2018年）

碧头村，位于松岗街道西部，距街道办事处5.1千米。相邻自然村有沙浦围村、朗下村、江边村和东莞市长安镇锦厦、霄边村。该村位于丘岗地带，村旁有许屋山，海拔35米。洋涌河流经该村西面、北面。

清朝初期，碧头村由佘屋、林屋、许屋、鲁屋等组成，因诸村靠近洋涌河，建有码头，是当时东莞、宝安两地最大的货物交易场，又名碧头墟，统称碧头。后受战乱等影响，佘屋、许屋、林屋、鲁屋等家族相继衰落，分散他处。清末至民国初年，蔡氏买入佘屋大围，由现公明街道迁入，形成以蔡、许、佘三大姓氏组成的村落，仍称碧头村。

清朝，属新安县。1914年，属宝安县。中华人民共和国成立之初，属宝安县松岗、沙井、新桥、雍睦、凤凰联乡；1951年，属宝安县第四区沙岗乡；1958年10月，属超美公社；1959年，属松岗公社江围大队；1978年12月，属江边大队；1979年1月，属深圳市松岗公社；1981年10月，属深圳市宝安县松岗公社；1983年7月，属宝安县松岗区江围乡；1986年10月，属松岗镇碧头行政村；1993年1月，属深圳市宝安区松岗镇；2004年，属松岗街道碧头社区。

世居村民为汉族，广府民系，使用粤方言。主要有蔡、许、佘、林、文、郭、钟、陈等姓。第一大姓为蔡姓，元明时期从广州迁移至东莞；清末从东莞迁移至宝安公明；清末至民国初年从公明迁至碧头村。第二大姓为许姓。第三大姓为佘姓。

2015年末，户籍人口651人，其中男性352人，女性299人；80岁以上31人，最年长者94岁（女）。非户籍外来人口约2.48万人。祖籍该村的香港同胞45人、澳门同胞1人。

◎ 碧头村碧泰园（孙明 摄于2016年）

◎ 浣浦楼（孙明 摄于2016年）

传统经济为农业，以种植水稻、甘蔗、香蕉为主，兼养蚝。改革开放后，村集体兴建厂房，招商引资，集体经济以厂房出租为主。村民主要收入来源为集体经济分红、房屋出租等。春节和端午节期间，有油角、腊鸭、濑粉、粽子等特色传统节庆食品。

京港澳高速G4线、宝安大道、松福大道、碧头路经过该村。1960年通电话，1964年通电，1993年通自来水，1998年通互联网，2010年实现村道水泥硬底化。

村里有碧头文武学校，共有9个年级，43个教学班，2015年在校学生2136人，教职工89人。有碧头幼儿园，在园幼儿416人，教职工48人。

村内有碧头足球场、碧头三工业区文化广场、碧泰园、碧头公园、老人活动中心、党群服务中心。另有碧头图书馆，藏书约5000册。

传统民居为广府民居，许多房屋墙壁使用蚝壳建造。20世纪90年代后，随着旧村改造，这些蚝壳墙的房屋相继被拆除。佘屋村内一座用砖石修筑围墙的围屋在1958年被拆除。许屋村许氏宗祠在"文化大革命"时期被拆除。浣浦楼、众圣宫、志达公家塾保存较好。

浣浦楼是一座碉楼，位于佘屋村，始建于民国初年，三层，高约9米，坐东南朝西北，平面为长方形，占地面积24平方米，砖木石结构，三楼正面墨书楷体"浣浦楼"。内部为木阁楼结构，有木梯连通，每层四壁开有方窗，供采光、瞭望、射击。楼顶正北、正南转角处各有一半圆形掩体，俗称"燕子窝"，其下端中央有一瞭望兼射击孔。该楼为宝安区不可移动文物。

众圣宫，清代建筑，门额书"众圣宫"。坐东南朝西北，单开间两进布局，由前殿、后殿组

松岗街道 碧头社区 碧头村

◎ 碧头村残存老民居（孙明 摄于2016年）

◎ 2016年松岗龙舟赛碧头村队荣获冠军（孙明 摄于2016年）

成，占地面积52平方米，砖木石结构。

众圣宫前有1口古井，建于清代，现代有维修，井口、井壁均为圆形，井壁使用砖石修筑而成，井水平面距地面1.3米，井口直径约1米。现仍在使用。

志达公家塾，始建于清代，有门额，为宝安区不可移动文物。

春节期间，村民燃放鞭炮，上香祭拜，以示赶走厄运，迎来财神爷，图个"五福临门"的好兆头。元宵节按习俗和族规，为两三岁的男童进行"点灯"仪式，确认为本族人，称为"入族"。每逢清明节、重阳节到祖先墓地祭祖。

每年端午节期间，该村组织村民参加松岗街道的赛龙舟活动，为村里重要的民俗文化活动。

传说碧头许屋村村民从唐朝开始打鱼养蚝，明清时期养蚝规模至盛，南到香港屯门、深圳湾、前海、后海一带，西至今珠海、澳门一带，北至虎门一带都是许屋村养蚝范围。当时沙井蚝民都是帮助许屋村养蚝的。清末，许屋村遭受海盗侵扰，蚝田流转到沙井蚝民手里，变成了沙井蚝。

代表性人物：

佘清，曾任清朝新安左营守备。

鲁学藻，清乾隆十四年（1749年）岁贡，升入京师国子监读书，后任四会训导。

许玉祥（1918—1948），又名许亚九，革命烈士。1947年参加惠东宝人民护乡团，任三团钢铁连的班长。1948年5月，在东莞县长口山战斗中牺牲。

（资料填报：蔡国昌；初稿撰写：张锴生；分纂：程建）

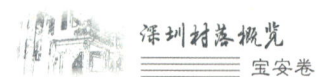

东方社区

东方村

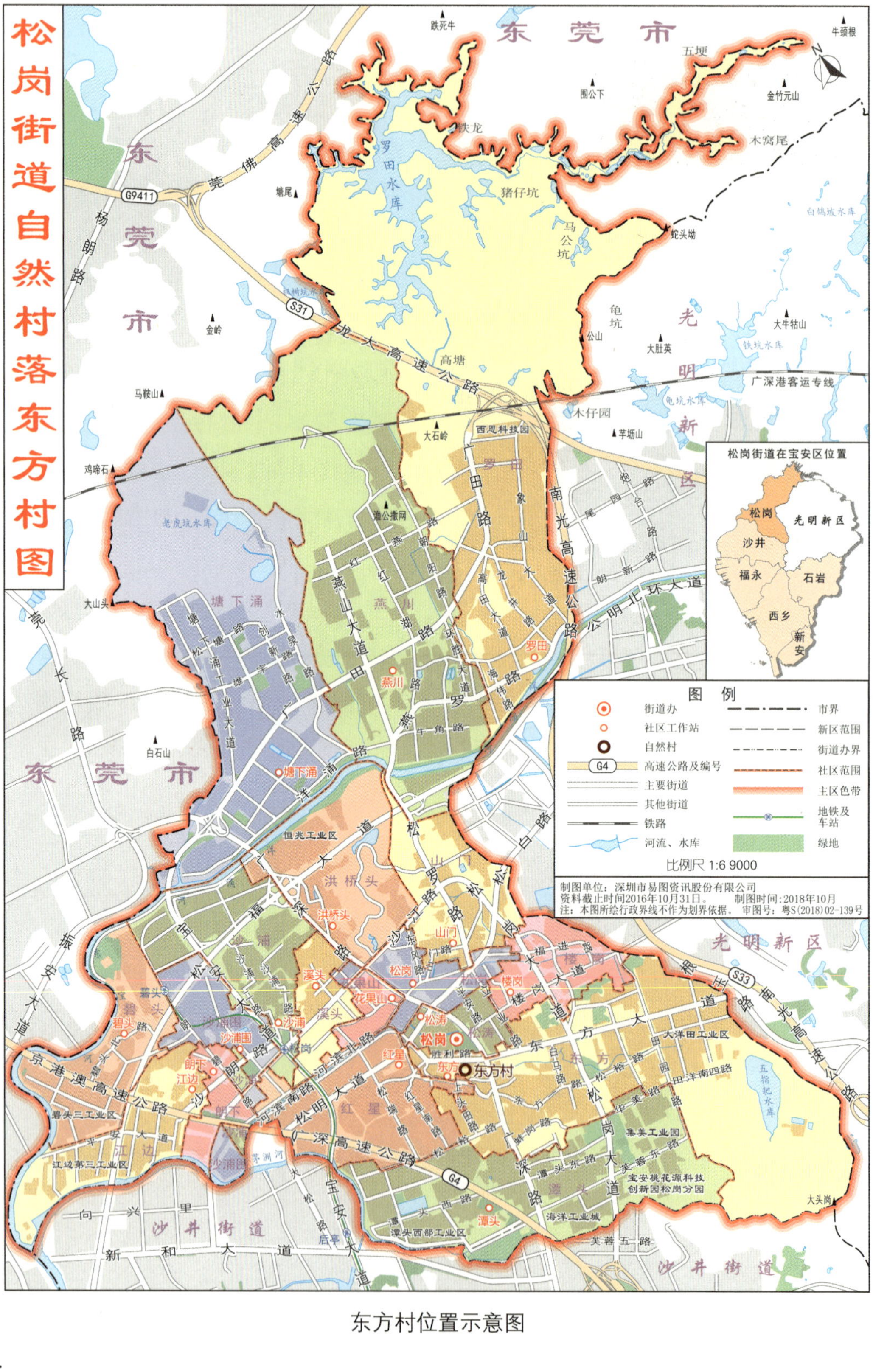

东方村位置示意图

◎ 东方村村貌（彭露颖 摄于2017年）

东方村，位于松岗街道中部，距街道办事处约0.2千米。相邻自然村有楼岗村、潭头村、松岗（山尾）村、松岗街道红星村等。该村处于平缓地带，村旁有五指耙山，海拔100米，建有五指耙水库。包括水围、东二、东三、东四、东六、东八、上报美、西山、上头田、南边头和蚌岗11个村民小组。

据族谱记载，元初，文天祥之弟文璧携三个儿子迁居宝安松岗鹤仔园，长子隆子生四子，其中长子文应麟迁往岭下（今福永凤凰村），其余三子留居于此。中华人民共和国成立后，鹤仔园改称报美（埔尾）村，分为两部分，村东称东坊村，村西称西坊村。1959年，西坊村成立西方大队；东坊村成立东方大队，即今之东方村。

宋元至明万历元年（1573年），属东莞县；明万历元年至清朝，属新安县。1914年，属宝安县。中华人民共和国成立之初，属宝安县松岗、沙井、新桥、雍睦、凤凰联乡；1951年，属宝安县第四区报岗乡；1958年10月，属超美公社；1959年，属松岗公社东方大队；1979年1月，属深圳市松岗公社；1981年10月，属深圳市宝安县松岗公社；1983年7月，属宝安县松岗区东方乡；1986年10月，属松岗镇东方行政村；1993年1月，属深圳市宝安区松岗镇；2004年，属松岗街道东方社区。

世居村民为汉族，广府民系，使用粤方言。村民主要有文、叶、陈、蔡、黄等姓。第一大姓为文姓，南宋时从江西吉州迁至广东惠州；元代从惠州迁移至当地。第二大姓为叶姓，南宋时从福建迁至广东南海；南宋末年从南海迁移至当地。第三大姓为陈姓，北宋时从福建迁至广东南雄珠玑巷；北宋末年从南雄珠玑巷迁移至当地。

2015年末，户籍人口2385人，其中男性1186人，女性1199人；80岁以上101人，最年长者100岁

◎ 东方小学（孙明 摄于2016年）

◎ 东方村文氏大宗祠（孙明 摄于2016年）

（女）；海外留学3人。非户籍外来人口8万多人。祖籍该村的香港同胞234人。

传统经济为农业，以种植水稻、荔枝、桂圆、柑、橙等为主。改革开放后，引进"三来一补"企业，兴建工业区。村集体经营主要为出租厂房或其他物业、开办工厂等。村民主要收入来源为集体经济分红、房屋出租等。特色传统节庆食品有茶果、米饼、粽子、松糕、油角、寿桃等。特色工艺品有竹编织品如簸箕、箩筐，木工制作产品如犁、风谷车等。

该村毗邻京港澳高速G4线。国道G107线广深公路、宝安大道、东方大道经过该村。1958年通电话，1965年通电，1978年通自来水，1985年实现村道水泥硬底化，1998年通互联网。

村里有东方小学，设6个年级，37个教学班，2015年在校学生1858人，教职工102人。有东方幼儿园，在园幼儿362人，教职工48人。村里建有篮球场、五指耙公园、东方社区服务中心、文天祥纪念馆等。另有东方图书馆，藏书2.3万册。

现存传统民居20余座，宗祠4座，古墓1座，书塾1座，庙庵2座。传统民居为广府民居，多数为三开间布局。明间辟凹斗门，两次间亦辟门，砖木石结构，石砌墙角，红砂石墙裙。主屋为硬山顶，船形正脊，灰瓦覆面。

文氏大宗祠位于该村东方大村三巷，始建于明洪武年间（1368—1398年）。清代晚期曾经修葺，现存建筑主体为清中期风格，祠内尚存部分明代石作构件。三开间三进布局，砖木结构，砖墙下部用条石垒砌，木作梁架有雕饰，整体风格简洁朴实。面阔13.7米，进深30.3米，占地面积415平方米。前堂大门两侧设塾台，门上石匾刻"文氏大宗祠"，门下有高大门枕石，门内有一屏风。前后出檐廊，封檐板雕有花卉人物瑞兽图案，廊梁架结点分别采用雕有动物、人物、花草的石柁墩、斗状和圆斗状瓜柱，前檐柱间连以石月梁枋，石柁墩斗拱承托檩椽，山墙上有素面红砂石墀头，船形正、垂脊，两次间内设耳房。天井两侧设廊房。中堂硬山顶，船形正、垂脊，碌筒瓦覆面，琉璃瓦剪边，镬耳式山墙，中堂后部有两道加墙，是文氏族人祭祖祈福、议理公事之处，中堂后墙两侧各有一边门通向后堂。后堂左右两侧无廊房，梁架系抬梁式与穿斗式相结合，结点用圆斗状瓜柱，其后部设二道加墙，硬山顶，船形正脊，碌筒瓦覆面，山墙亦为镬耳式。现

◎ 东方村传统民居（孙明 摄于2016年）

◎ 东方村龙舟队（孙明 摄于2016年）

改建成文天祥纪念馆，为宝安区不可移动文物。

叶氏宗祠始建于明代，2007年重修。坐南向北，占地面积430平方米，三开间三进二天井布局。现仍作宗祠使用。

集义堂始建于清代，1985年重修。坐北向南，占地面积350平方米，砖木石结构，清水砖墙，红砂岩石墙裙。现仍作宗祠使用。

文清祖祠始建于1914年，2001年重修。坐北向南，占地面积400平方米，三开间三进二天井布局。砖木石结构，清水砖墙，红砂岩石墙裙，硬山顶，前堂为博古脊，中、后堂为船形脊，两面坡，碌筒瓦覆顶。现仍作宗祠使用。

文应麟墓位于松岗东方村与公明楼村交界处，2003年，被公布为宝安区第二批文物保护单位。

允卿公家塾始建于清代，留有碑刻，凹斗式大门，石门框，门额书"允卿公家塾"。

北帝庙始建于清代，2012年重修。庙内供奉北帝。广善庵始建于1940年，1996年重建。庵内供奉"老佛爷"观音菩萨。村民在农历每月初一、十五及北帝诞前往北帝庙祭祀。惊蛰期间，广善庵内有祭祀"老佛爷"活动。

每年重阳节的第二个周末，文氏宗祠协会组织宗亲在文氏大宗祠祭祀，并前往江西吉安文天祥墓地祭祖。腊月期间（每四年一次），组织各地文氏宗亲共聚一堂，举行盆菜宴。每年重阳节后的第一个星期天，叶氏宗亲拜祭始祖叶道章，次日前往佛山市南海大圃颜峰，拜祭叶正简。

赛龙舟和醒狮是东方村村民主要的体育文化活动。赛龙舟集中在端午节期间举行，村里组织多支龙舟队，每支队伍约30名年轻人组成，以20—30米长的特制龙舟进行竞赛。

水围醒狮活动兴起于清乾隆年间（1736—1795年）。其狮头造型拟人化，富有地方特色。

代表性人物：

文应麟，字屏玉，文璧之孙，文天祥侄孙。元代，携二子起东、起南从宝安松岗鹤仔园迁往福永大茅山脚岭下（今凤凰村）居住，开村立业。长子起东（字若龙）居岭下，次子起南（字若凤）迁至白石下村（今白石厦村）。起东共生五子，次子仲实出继起南居白石下，三子仲时居岭下守业，另一子于新田置业开村，繁衍至今，形成凤凰村、白石厦村、新田村文姓宗族。

叶启明（1927—1945），革命烈士。1943年参加沙井自卫队，后为广东人民抗日游击队东江纵队战士。1945年6月，在公明合水口战斗中牺牲。

（资料填报：文锐根；初稿撰写：张锴生；分纂：程建）

红星社区

红星村

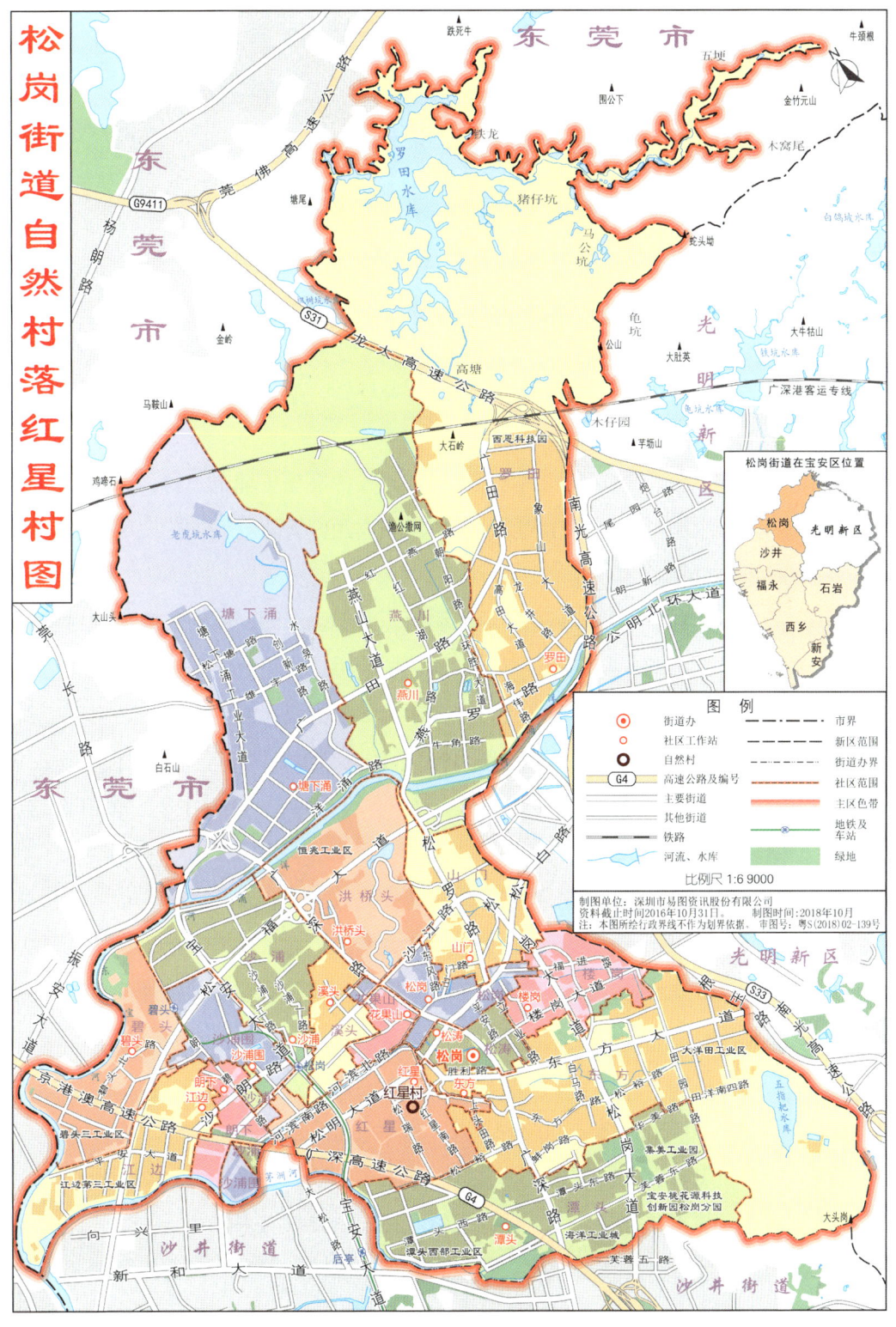

红星村位置示意图

◎ 红星村村貌（孙明 摄于2018年）

红星村，位于松岗街道中部偏南，距街道办事处约0.9千米。相邻自然村有东方村、潭头村、沙浦村和沙井街道后亭村。该村位于茅洲河东岸的平原地带，松岗河流经村西北面，在西面与茅洲河汇合进入珠江口。

该村原名鹤仔园。中华人民共和国成立后，鹤仔园改称报美（埔尾）村，村东称东坊村，村西称西坊村。1959年，东坊村成立东方大队，西坊村成立西方大队。"文化大革命"时期，西方大队改名为红星大队，即今之红星村。

宋元至明万历元年（1573年），属东莞县；明万历元年至清朝，属新安县。1914年，属宝安县。中华人民共和国成立之初，属宝安县松岗、沙井、新桥、雍睦、凤凰联乡；1951年，属宝安县第四区报岗乡；1958年10月，属超美公社；1959年，属松岗公社西方大队；1966年，属松岗公社红星大队；1979年1月，属深圳市松岗公社；1981年10月，属深圳市宝安县松岗公社；1983年7月，属宝安县松岗区红星乡；1986年10月，属松岗镇红星行政村；1993年1月，属深圳市宝安区松岗镇；2004年，属松岗街道红星社区。

世居村民为汉族，广府民系，使用粤方言。村民主要有文、温、叶、蔡、蒋、王、冼等姓。第一大姓为文姓，元代从惠州迁移至当地。第二大姓为温姓，北宋元符三年（1100年）从福建漳州迁移至广东白云山，宋末元初迁移至当地。第三大姓为叶姓，宋朝从福建迁移至广东台山，南宋末年从台山迁移至当地。

2015年末，户籍人口2558人，其中男性1291人，女性1267人；80岁以上87人，最年长者99岁（女）；海外留学1人。非户籍外来人口约10万人。祖籍该村的香港同胞213人。归侨8人。

传统经济为农业，以种植水稻、花生、甘蔗、番薯、荔枝、龙眼为主。改革开放后，传统种植业向工业生产转型，村集体投资建厂，招商引资。村民主要收入来源为工业生产、商业经营、工资性收入、集体经济分红、房屋出租等。特色农产品有荔枝、黄梅。特色传统食品有腊鸭、濑粉。

◎ 红星村老民居（孙明 摄于2016年）　　　　　◎ 声誉公家祠（孙明 摄于2016年）

京港澳高速G4线、宝安大道、松裕路、红星大道、松明大道经过该村。20世纪70年代通电，80年代通自来水、通电话和实现村道水泥硬底化，1998年通互联网。

村里有松岗第一小学，设6个年级，38个教学班，2015年在校学生1871人，教职工110人。有红星、崛起腾飞、崇文第二、崇文第三、宝贝、英艺等6所幼儿园，共有在园幼儿2232人、教职工263人。建有10个篮球场、8个村民活动中心，另有红星公园、蚝涌村公园。有红星社区图书室，藏书约6000册。

传统民居为广府民居，现存30余座，多为三开间，前天井后正房布局，正房次间后部有阁楼；现多有改建。代表性民居有红星西坊村83号，建于清代，坐东北向西南，三开间二进布局，砖木石结构，清水砖墙，花岗石墙裙，硬山顶，船形脊，红瓦覆顶。博风有彩色灰塑装饰，后部有阁楼。木质封檐板有雕花。

现存2座宗祠。声誉公家祠，始建于清咸丰十年（1860年）。占地面积162平方米，坐东北向西南，三开间二进布局，由前后堂、一天井、两廊房组成。砖木石结构，清水砖墙，花岗石墙裙。檐壁有人物故事山水花卉壁画。硬山顶，博古脊，碌筒灰瓦覆顶，绿琉璃瓦剪边，博风有灰塑。为宝安区不可移动文物。

无名祠堂，始建于清代，占地面积167平方米，坐东向西偏南，三开间两进，由前后堂、一天井、两廊房组成。砖木石结构，清水砖墙，条石砌墙角，石墙裙。檐壁有山水、花草等灰塑。硬山顶，平脊，碌筒红瓦覆顶，绿琉璃瓦剪边。现毁坏严重。

村中部有一口古井，建于清代，井口呈方形，使用花岗岩条石围砌而成，边长0.9米，现已用水泥和瓷砖重修过。井台高出地面0.1米，井壁呈圆形，用青砖砌筑，井水面距离地面1.5米。现已废弃不用。

每年重阳节的第二个周末，文氏宗亲参加文氏宗祠协会组织的文氏大宗祠祭祀活动，然后前往江西吉安文天祥墓祭祖。腊月期间（每四年一次），文氏宗亲举行盆菜宴。

红星村赛龙舟活动是松岗赛龙舟的组成部分。赛龙舟活动形成于清代。文氏家族为松岗赛龙

◎ 红星村龙舟队（孙明 摄于2016年）

◎ 红星村村委办公楼（孙明 摄于2016年）

舟活动赋予祭拜先祖的色彩，形成了一套完整的、规范的、严谨的仪式，影响扩展到港澳地区及东南亚。

代表性人物：

蔡树（1910—1944），红星村蚝涌人，革命烈士。1942年参加广东人民抗日游击总队，后为东江纵队战士，1944年在中山石岐牺牲。

文剑辉（1945—），香港同胞，松岗松乔酒店董事长，宝安区侨联副主席，20世纪80年代资助建设红星小学。

叶敏婷（1982—），2000年考上中山大学本科；2004年在北京大学攻读硕士；2008年在美国密歇根大学做博士后。

（资料填报：吴丽芳；初稿撰写：张锴生；分纂：程建）

洪桥头社区

洪桥头村

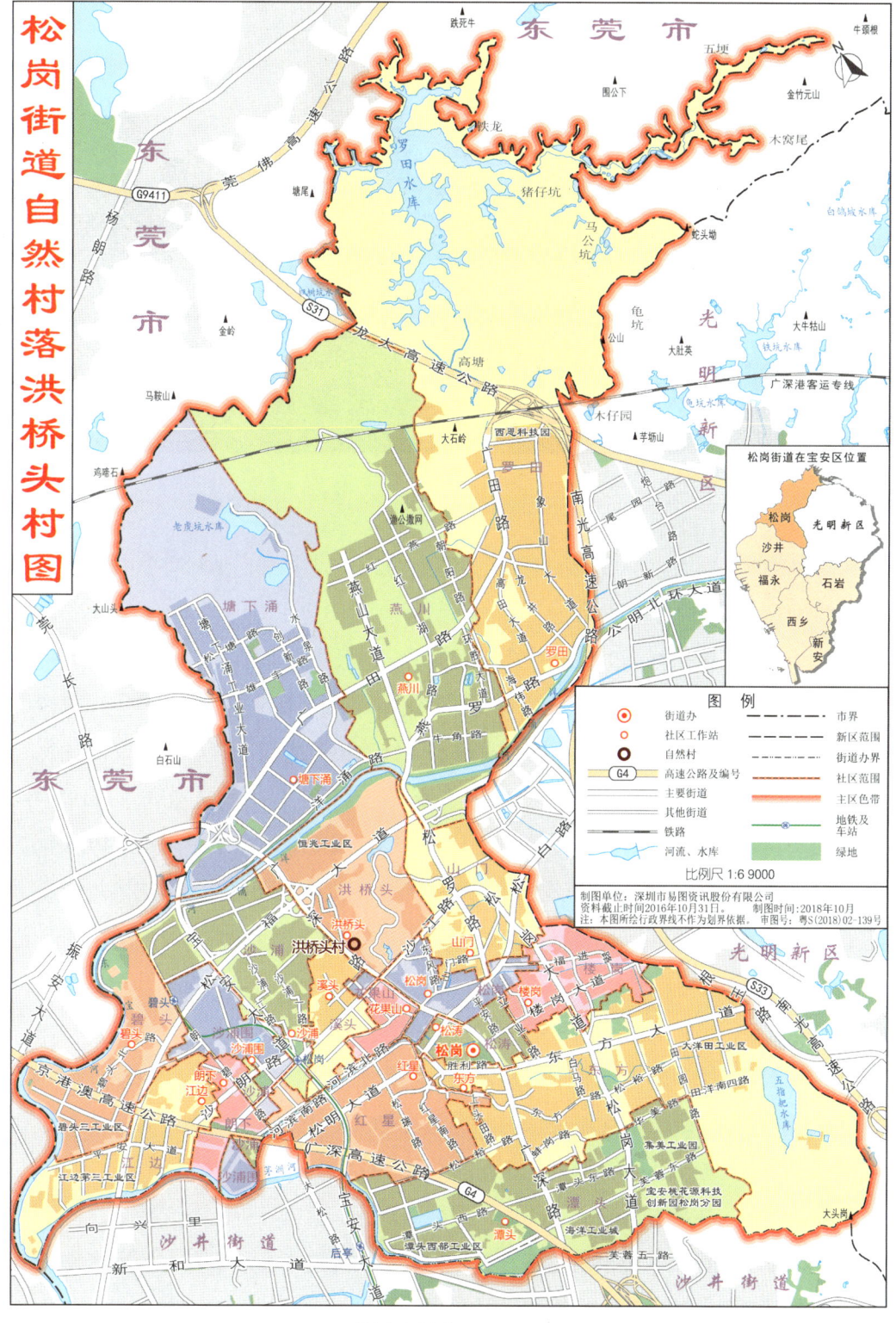

松岗街道自然村落洪桥头村图

洪桥头村位置示意图

◎ 洪桥头村一角（孙明 摄于2016年）

洪桥头村，位于松岗街道中部，距离街道办事处约2千米。相邻自然村有下山门村、松岗（山尾）村、溪头村、塘下涌村。洋涌河流经村北面。

该村始建于宋代。南宋祥兴二年（1279年）前后，洪氏先祖浦源公自敦煌迁徙南下并在此开基立村。村民多姓洪。村前设有洋涌河渡口，后来修有桥，村在桥头边，因而取名"洪桥头"。

宋元至明万历元年（1573年），属东莞县；明万历元年至清朝，属新安县。1914年，属宝安县。中华人民共和国成立之初，属宝安县松岗、沙井、新桥、雍睦、凤凰联乡；1951年，属宝安县第四区松岗乡；1958年10月，属超美公社；1959年，属松岗公社松岗大队；1978年12月，属洪桥头大队；1979年1月，属深圳市松岗公社；1981年10月，属深圳市宝安县松岗公社；1983年7月，属宝安县松岗区松岗乡；1986年10月，属松岗镇松岗行政村；1993年1月，属深圳市宝安区松岗镇；2004年，属松岗街道洪桥头社区。

世居村民为汉族，广府民系，使用粤方言。村民主要为洪姓。

2015年末，户籍人口423人，其中男性238人，女性185人；80岁以上14人，最年长者98岁（女）。非户籍外来人口2万多人。祖籍该村的香港同胞67人、台湾同胞3人。祖籍该村的华人华侨34人，主要分布在新加坡、荷兰等国。

传统经济为农业，主要种植水稻、花生，兼种植甘蔗、荔枝等特色农产品。改革开放后，该村招商引资，开办工业园区，出租物业等。村民主要收入来源为工资性收入、集体经济分红、房屋出租等。传统节庆食品有油角、米糕、炒米饼、腊鸭等。

松岗街道　洪桥头社区　洪桥头村

◎ 村巷（孙明 摄于2016年）

◎ 洪桥头村篮球场（孙明 摄于2016年）

国道G107线广深公路、松福大道、洪桥头路经过该村。1958年通电话，1965年通电，1978年通自来水，1985年实现村道水泥硬底化，1998年通互联网。

村里有一所生态幼儿园，2015年在园幼儿700人，教职工12人。村内建有篮球场、洪桥头公园、青年活动中心等。有洪桥头阅览室，藏书约1万册。

村内传统民居为广府民居，大多已被拆除，并新建居民楼房，或被改头换面，整体民居原貌不复存在。

清明节、重阳节，村民到祠堂、山坟祭祖扫墓的习俗形成于明清时期。重建的洪圣宫供奉洪圣大王。每年农历二月十三至十四，举办洪圣大王出位、出巡等活动，纪念洪圣大王诞辰。

端午节期间，村里约30名青年组成一支龙舟队，划特制的20—30米龙舟，多支队伍在湖泊或河中随击鼓声进行竞赛。

该村的醒狮活动颇具地方特色。武术醒狮队始创于1921年，其洪佛派拳术至今已传至第八代，传2万余人，遍布中国香港地区以及美国、德国、英国、泰国、日本等国家。

代表性人物：

洪照成（1865—1944），洪佛派拳术掌门人，人称"白毛照"，自幼习武。1921年，在香港开设洪佛派武术馆，至今传至第八代"用用堂"。洪佛派武术馆遍及中国香港以及美国、德国、英国、泰国和日本等国家和地区。

洪淦棠（1909—2014），当过私塾先生。"七七事变"后，参加粤港青年会随军服务团，任副团长，在广州协助抗战。广州沦陷后，随国民革命军第九集团军转战南昌、九江、潮汕。1944年，被分派到"军委会国际科"，专门搜集国际情报，尤其是日军情报。同时，担任参谋班的教官。1949年赴台湾。

洪恒基（1925—2003），1945年参加革命，次年加入中国共产党。曾在东北人民解放军第

◎ 洪桥头村洪圣宫（孙明 摄于2016年）

◎ 洪桥头村龙舟队（孙明 摄于2016年）

十三旅、第四野战军第八纵队二十二师、中国人民解放军第四十五军一三三师三九八团任营长。解放战争时期，参加过辽沈、平津、渡江、衡宝、广西等战役。1952年，随四十六军一三六师参加抗美援朝作战，先后三次参加攻打马踏里的战斗。1962年，晋升为少校军衔。1968年，在北京受到毛泽东等国家领导人的接见。1976年，转业到茂名石化公司，先后任厂长、经理、书记。

（资料填报：洪荣彪；初稿撰写：张锴生；分纂：程建）

江边社区

江边村

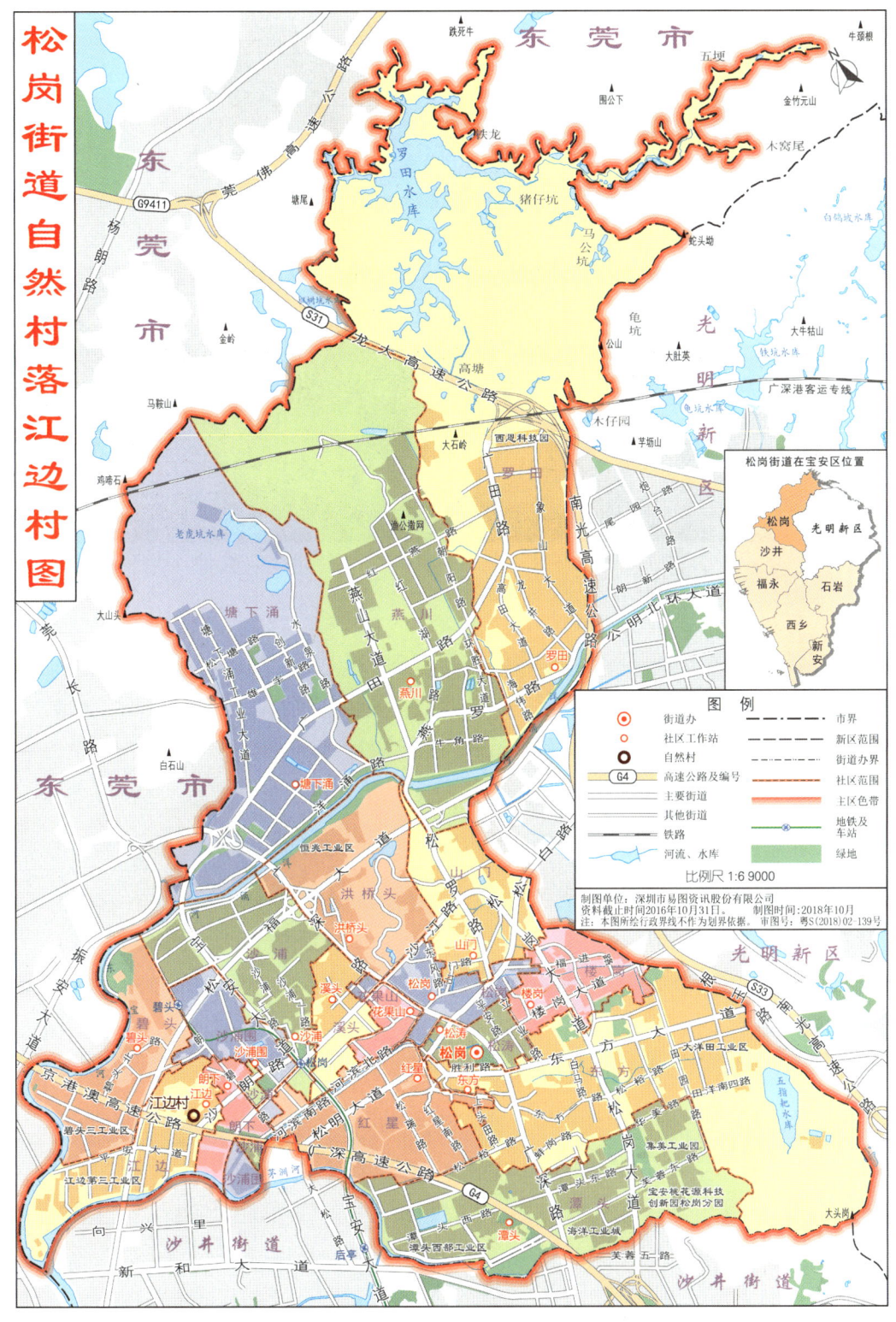

江边村位置示意图

◎ 江边村村貌（孙明 摄于2016年）

江边村，位于松岗街道西南部，距离街道办事处约2千米。相邻自然村有朗下村、碧头村和沙井街道后亭村、共和村（共和社区）、东莞市长安镇新民村。该村地处珠江东岸、濒临茅洲河，村旁有江边大山，又名后山，海拔60米。沙井河流经村西南面。

该村始建于明代。萧氏先祖于南宋淳熙年间（1174—1189年）从河南迁至广东南雄珠玑巷，再迁至东莞麻涌、霄边，明万历年间迁至该地定居。因靠近珠江而取名江边村。

明清时期，属新安县。1914年，属宝安县。中华人民共和国成立之初，属宝安县松岗、沙井、新桥、雍睦、凤凰联乡；1951年，属宝安县第四区沙岗乡；1958年10月，属超美公社；1959年，属松岗公社江围大队；1978年12月，属江边大队；1979年1月，属深圳市松岗公社；1981年10月，属深圳市宝安县松岗公社；1983年7月，属宝安县松岗区江围乡；1986年10月，属松岗镇江边行政村；1993年1月，属深圳市宝安区松岗镇；2004年，属松岗街道江边社区。

世居村民为汉族，广府民系，使用粤方言。村民主要为萧姓。

2015年末，户籍人口480人，其中男性245人，女性235人；80岁以上25人，最年长者101岁（1男1女）；海外留学2人。非户籍外来人口2万人。祖籍该村的香港同胞2000人。祖籍该村的华侨1人，居住在英国。

传统经济为农业，以种植水稻为主，兼种薯类、豆类、甘蔗、荔枝等作物和养猪、养家禽

◎ 江边村公园（孙明 摄于2016年）

◎ 萧氏宗祠（孙明 摄于2016年）

◎ 江边村龙舟队（孙明 摄于2016年）

等。改革开放初期，大部分耕地出租给外来人员经营渔业养殖。20世纪90年代开始，逐步发展工业。目前村集体主要经营物业和土地出租等。村民主要收入来源为工资性收入、集体经济分红、房屋出租等。春节期间，村民自制油角、炒米饼、煎堆，端午节期间自制粽子，中秋节期间自制月饼。

京港澳高速G4线、松福大道、沙江路经过该村。20世纪50年代通电，80年代通自来水、通电话，1998年通互联网，2000年实现村道水泥硬底化。

村内有崇文学校，设9个年级，36个教学班，2015年在校学生1750人，教职工102人。有崇文幼儿园，在园幼儿381人，教职工52人。村里建有篮球场2个，还有健身路径、健身室、乒乓球室、台球室等以及江边公园、江边居住区小广场公园，设有社区综合服务中心、社区老人活动中心等。有江边社区阅读中心，藏书4200册。

传统民居为广府民居，现存20座，多数为三开间布局。代表性民居有江边旧村163号民居，建于清代，占地面积106平方米，坐北向南，三开间两进，砖木石结构，清水砖外墙，硬山顶，船形脊，灰瓦覆面。前墙门楣处有彩色灰塑装饰，山墙上部有如意海草灰塑装饰。

萧氏宗祠，始建于清道光三十年（1850年），1984年重建。占地面积250平方米，坐北向南，砖和钢筋混凝土结构，三层仿欧式现代建筑，一层正厅门外延伸成为檐廊，一层正厅内设置祭拜萧氏祖先的神台。村委会曾使用祠堂作办公场所。

另有观音庙一座，始建于清代，1995年重建，供奉观音。

春节和春分期间，村民到祠堂祭拜祖先。元宵节按习俗和族规，为该村两三岁男童进行"点灯"，确认为本族人，称为"入族"。清明节期间，祭祖扫墓。冬至是一年中的四大节日之一，

◎ 江边村传统民居（孙明 摄于2016年）

家家户户杀鸡宰鹅备猪肉，祭拜祖先后围坐用餐，犹如过年，即所谓"冬至大过年"。

春节及观音诞期间，村民均前往观音庙参加祭祀活动。

江边村与松岗街道其他村一样，也有赛龙舟活动。

代表性人物：

萧林书（1935—），1953年参加中国人民解放军，曾参加对越自卫反击战。转业时为副师级军官。

萧树强（1942—），祖籍江边村，沙井中学毕业，1962年去香港，创办萧强记钢铁工程有限公司，号称香港轧铁大王。1980年回宝安，创办宝安工程有限公司。1980年投资500万元办养鱼场。1986年，建成松岗萧树强医院。2003年，深圳市侨办牵头组建香港深圳社团总会，萧树强被推选为筹委会主任。深圳总会于2004年在香港注册，萧树强任会长。萧树强是深圳市首届荣誉市民，市政协委员。在东莞、深圳松岗和沙井等地多次捐资支援家乡建设。

（资料填报：萧庆堂；初稿撰写：张锴生；分纂：程建）

松岗街道　朗下社区　朗下村

朗下社区

朗下村

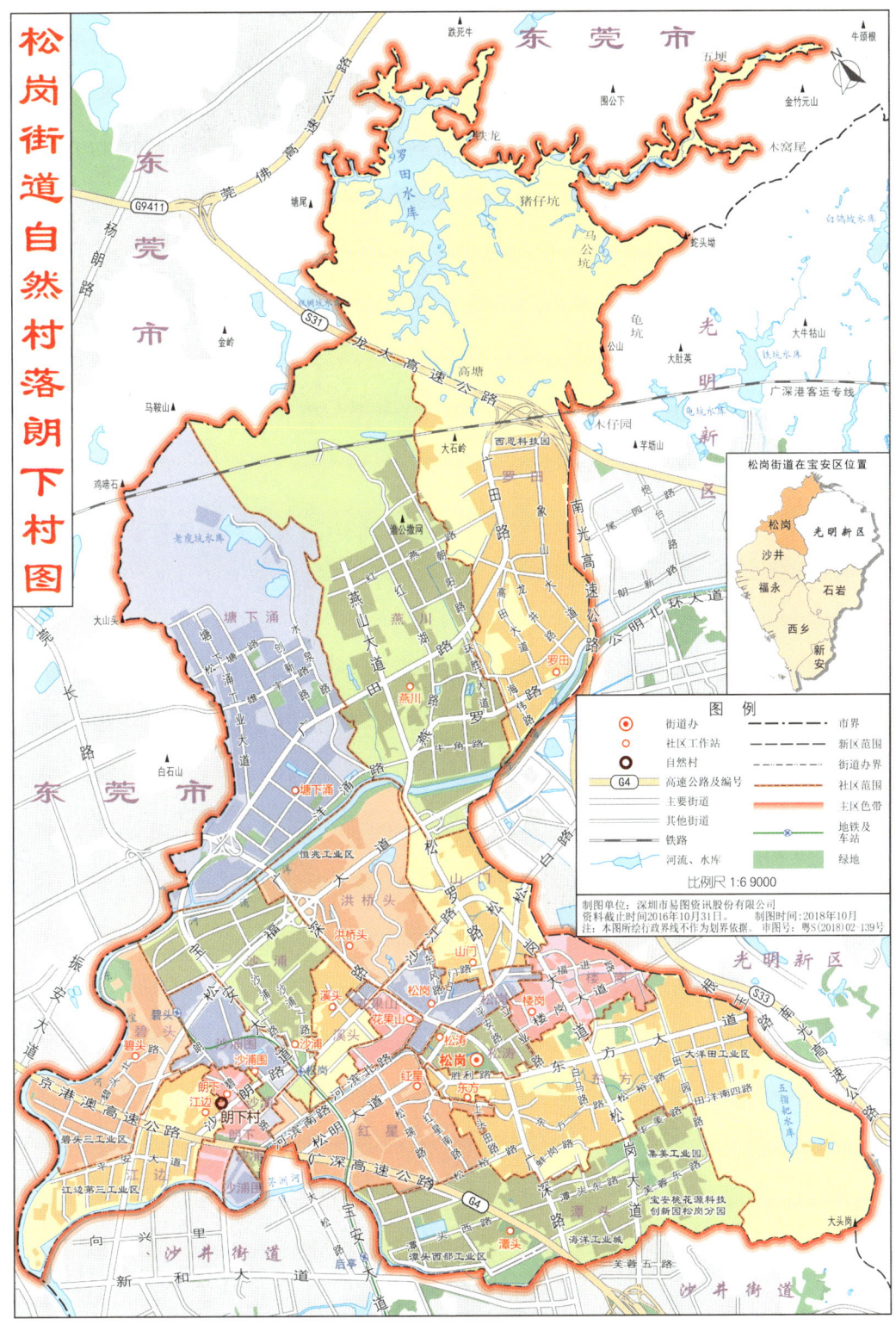

朗下村位置示意图

◎ 朗下村一角（孙明 摄于2016年）

朗下村，位于松岗街道西南部，距离街道办事处约4.5千米。相邻自然村有沙浦围村、沙浦村、江边村、碧头村。该村位于珠江口东岸平缓地带，村旁有葫芦山（原名英官山），海拔30米。

明代初年，沈氏先祖迁到当地开村立业，繁衍生息。朗下村实为"莨茄村"，朗下是"莨茄"的谐音字。莨乃莨草，即芦苇；茄即荷梗。二者皆湿地水生植物，因该村周边多生莨草、藕荷而取名莨茄村，后以谐音改为朗下村。

建村至明万历元年（1573年），属东莞县；明万历元年至清朝，属新安县。1914年，属宝安县。中华人民共和国成立之初，属宝安县松岗、沙井、新桥、雍睦、凤凰联乡；1951年，属宝安县第四区沙岗乡；1958年10月，属超美公社；1959年，属松岗公社江围大队；1978年12月，属江边大队；1979年1月，属深圳市松岗公社；1981年10月，属深圳市宝安县松岗公社；1983年7月，属宝安县松岗区江围乡；1986年10月，属松岗镇江边行政村；1993年1月，属深圳市宝安区松岗镇；1996年，属松岗镇朗下行政村；2004年，属松岗街道朗下社区。

世居村民为汉族，广府民系，使用粤方言。村民主要为沈姓。

2015年末，户籍人口2553人，其中男性1316人，女性1237人；80岁以上51人，最年长者96岁（女）；海外留学1人。非户籍外来人口约3万人。祖籍该村的香港同胞25人。祖籍该村的华侨华人3人，居住在加拿大。

传统经济为农业，主要种植水稻、薯类。改革开放后，引进外资企业。村集体投资建造工业区，转向经营工业生产、厂房出租、房屋出租。村民主要收入来源为工资性收入、集体经济分

◎ 朗下村传统民居（孙明 摄于2016年）

◎ 朗下村龙舟队（孙明 摄于2016年）

红、房屋出租。特色传统食品有松糕、薄撑、泥婆、青林蟹粥。竹编制品是村里的特色工艺品。

朗碧路、松兴路经过该村。1980年通电，1990年通电话，1993年通自来水，1996年实现村道水泥硬底化，1999年通互联网。

村里有蒙思幼儿园、中海蒙思幼儿园、雅之乐幼儿园等3家幼儿园。2015年，在园幼儿总共870人，教职工104人。建有3个篮球场，有朗下开发区公园、社区老人活动中心、朗下社区文化广场等。另有朗下社区阅读中心，藏书1000册，订阅刊物100多种。

传统民居为广府民居，坐北向南，大多为三开间两进，砖木石结构，硬山顶，灰瓦覆面。大多数民居已被拆除新建楼房。

该村主要宗族活动和习俗同江边村。

2009年3月，朗下村被广东省爱国卫生运动委员会评为广东省卫生村。2013年12月，被中共深圳市宝安区委员会评为文明社区。

（资料填报：文碧霞；初稿撰写：张锴生；分纂：程建）

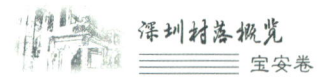

楼岗社区

楼岗村

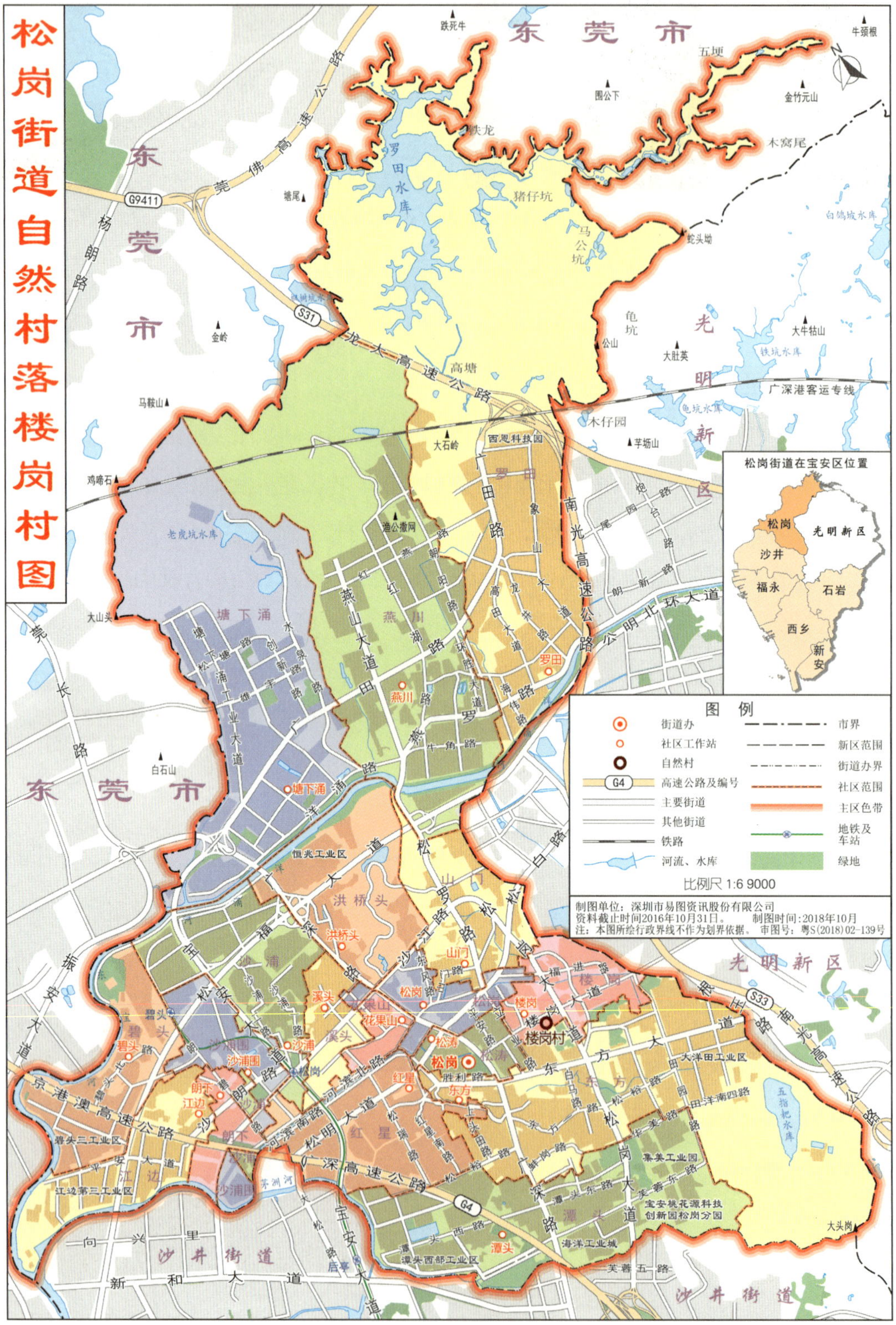

楼岗村位置示意图

松岗街道　楼岗社区　楼岗村

◎ 楼岗村村貌（孙明 摄于2018年）

楼岗村，位于松岗街道东南部，距离街道办事处约0.8千米。相邻自然村有东方村、上山门村、下山门村、松岗（山尾）村和光明区马田街道根竹园村。该村地处低矮丘陵地带，村旁有白龙岗山，海拔100米。

据族谱记载，楼岗村始建于元代。元延祐五年（1318年），袁氏先祖辕安十三世祖堡墟公由东莞茶山大巷坊迁居当地开基立业。

元朝至明万历元年（1573年），属东莞县；明万历元年至清朝，属新安县。1914年，属宝安县黄松岗乡。中华人民共和国成立之初，属宝安县松岗、沙井、新桥、雍睦、凤凰联乡；1951年，属宝安县第四区松岗乡；1958年10月，属超美公社；1959年，属松岗公社松岗大队；1978年12月，属楼岗大队；1979年1月，属深圳市松岗公社；1981年10月，属深圳市宝安县松岗公社；1983年7月，属宝安县松岗区松岗乡；1986年10月，属松岗镇松岗行政村；1993年1月，属深圳市宝安区松岗镇；1993年12月，属楼岗行政村；2004年，属松岗街道楼岗社区。

世居村民为汉族，广府民系，使用粤方言。村民主要为袁姓。

2015年末，户籍人口623人，其中男性331人，女性292人；80岁以上30人，最年长者95岁（女）。非户籍外来人口34700人。祖籍该村的香港同胞356人。祖籍该村的华侨华人6人，主要分布在东南亚。

传统经济为农业，种植水稻、番薯等粮食作物，少量种植花生、甘蔗、蔬菜等农作物和荔枝、龙眼等水果。改革开放后，村里转向经营土地及物业出租、

◎ 楼岗村传统民居（孙明 摄于2016年）

· 301 ·

◎ 楼岗村福进袁公祠（孙明 摄于2016年）

◎ 观音宫（孙明 摄于2016年）

◎ 楼岗村福全袁公祠（孙明 摄于2016年）

◎ 楼岗村龙舟队（孙明 摄于2016年）

房地产开发。村民主要收入来源为集体经济分红、房屋出租、工资性收入、商业经营等。

松岗大道、楼岗大道经过该村。1958年通电，1968年通电话，1978年通自来水，1999年通互联网和实现村道水泥硬底化。

村内有九年一贯制学校2所。华源学校，创办于2002年9月，2015年有学生1400多人，教职工79人，专职教师61人。东升实验学校，9个年级，32个教学班，2015年在校学生1450人，教职工92人。有幼儿园3所，其中，宝贝幼儿园在园幼儿300人，教职工34人；新海幼儿园在园幼儿150人，教职工24人；东升实验学校附属幼儿园在园幼儿200人，教职工15人。村里建有灯光球场、中心公园，2处星光老年之家，2015年有户外文体广场正在建设中。另有楼岗社区图书馆，藏书1.8万册。

传统民居为广府民居，大多坐西向东，砖木石结构，清水砖外墙，硬山顶，灰瓦覆面，屋脊多为平脊和船形脊。

现存宗祠2座。

福进袁公祠，始建于清代，1996年重修时外贴绿瓷砖；坐西向东，占地面积400平方米，为三开间两进一天井布局，砖木石结构，清水砖外墙，硬山顶，绿琉璃瓦覆盖，船形脊；前堂凹斗式大门，门额书"福进袁公祠"，大门两侧有对联"汝南世泽；柱石家声"，横批"兰桂腾芳"。

福全袁公祠，始建于清代，现代重修。坐西向东，占地面积400平方米，为三开间两进一天井布局，砖木石结构，清水砖外墙，硬山顶，绿琉璃瓦覆盖，船形脊；门额书"福全袁公祠"，大门两侧有对联"汝南世泽；柱石家声"，横批"兰桂腾芳"。

村北面有观音宫，始建年代不详，清同治十一年（1872年）重修。占地面积60平方米，坐西向东，单开间一进，砖木石结构，清水砖外墙，硬山顶，灰瓦覆面，已经废弃。门额红砂石匾书"观音宫 同治壬寅年秋月吉旦重修"，被列为宝安区不可移动文物。

毓永家塾，始建于清光绪六年（1880年），现代维修。坐西向东，占地面积87平方米，三开间两进。清水砖墙，条石墙角、墙裙，硬山顶，红瓦覆顶。门额石匾书"毓永家塾 光绪庚辰孟冬谷旦"。

该村主要宗族活动和习俗同江边村。

代表性人物：

袁润兴（1890—1944），革命烈士。1943年参加沙井乡自卫队，后为广东人民抗日游击队东江纵队战士，次年在潭头战斗中牺牲。

袁炜德（1973—），英国利物浦大学电子工程系博士后，是中华人民共和国成立后松岗首位公派留学生。

（资料填报：谢新友；初稿撰写：张锴生；分纂：程建）

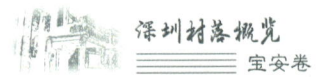

罗田社区

罗田村

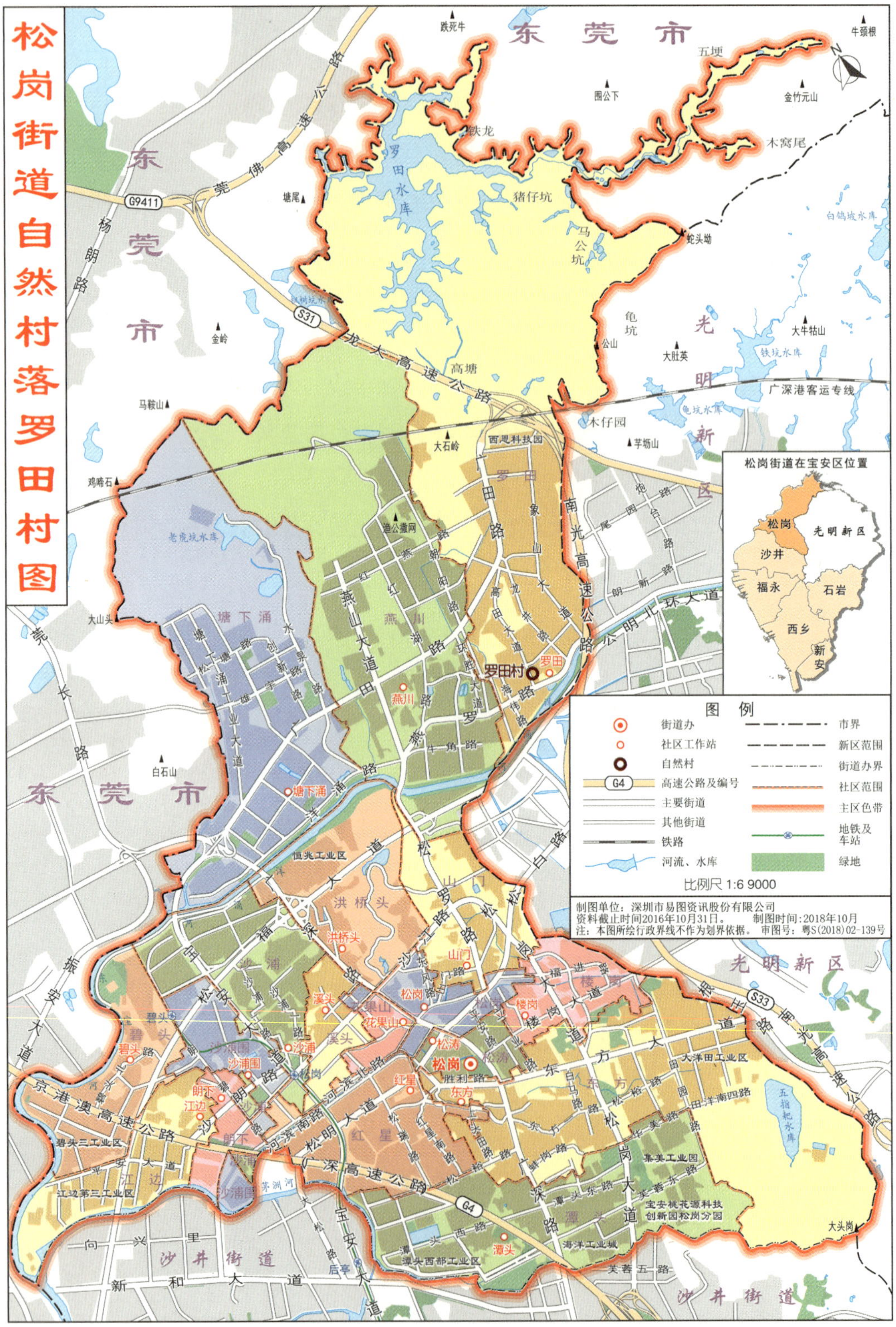

罗田村位置示意图

◎ 罗田村村貌（孙明 摄于2016年）

罗田村，位于松岗街道东北部，距离街道办事处约5千米。相邻自然村有燕川村和光明区公明街道李松蓢村、下村、合水口村。村旁有黄旗山，海拔约60米。洋涌河流经村南。

传说罗田本名"锣田"，当朝皇帝因故需赔偿赖氏先祖赖布衣一年的损失，诏令在一块叫黄旗岭的地方击锣传音，凡能听到锣音的地方，其田地一年的赋税收入赐予赖氏。后人为纪念此事，就称赖氏田宅所在地为锣田。罗田是锣田谐音转用。此外，有另一说法：村后有锣岭山，山岭前村叫锣田，后改成罗田。据族谱记载，北宋早期，罗田一带有曾姓人家居住。明代中期，赖氏先祖泰公从东莞樟木头围下迁至当地。

建村至明万历元年（1573年），属东莞县；明万历元年至清朝，属新安县。1914年，属宝安县黄松岗乡。中华人民共和国成立之初，属宝安县松岗、沙井、新桥、雍睦、凤凰联乡；1951年，属宝安县第四区燕塘乡；1958年10月，属超美公社；1959年，属松岗公社罗田大队；1979年1月，属深圳市松岗公社；1981年10月，属深圳市宝安县松岗公社；1983年7月，属宝安县松岗区罗田乡；1986年10月，属松岗镇罗田行政村；1993年1月，属深圳市宝安区松岗镇；2004年，属松岗街道罗田社区。

世居村民为汉族，广府民系，使用粤方言。村民主要为赖姓。

2015年末，户籍人口1261人，其中男性636人，女性625人；80岁以上44人，最年长者98岁（女）；实际在村人口1261人；海外留学2人。非户籍外来人口6万人。祖籍该村的香港同胞650

◎ 赖氏大宗祠（孙明 摄于2016年）

◎ 韦齐赖公祠（孙明 摄于2016年）

人。祖籍该村的华侨华人19人，主要分布在美国、法国、加拿大。

传统经济为农业，以种植水稻、番薯、花生、甘蔗等农作物为主。改革开放后，全村经济迅速发展。现在村集体以物业出租和厂房出租为主。村民主要收入来源为房屋出租、集体经济分红等。春节期间，村民自制茶果、油糍、割刀、薯生、薄撑、油角、松糕、寿桃、糖不甩、芋羹、咸煎饼、艾挞、鸡蛋角等特色传统节庆食品。

龙大高速S31线、燕罗路、广田路等经过该村。1964年通电，1987年通电话，1998年通互联网，2005年通自来水，2006年实现村道水泥硬底化。

1950年，该村建罗田小学，1999年，罗田、塘下涌、燕川3所小学合并为燕川小学。现村里有金色年华幼儿园，2015年在园幼儿约200人，教职工16人。村内建有篮球场2个，有河堤公园、罗田社区公园、文化广场、老人活动中心。另有罗田图书馆，藏书2万册。

传统民居为广府民居，横向有14排，纵向有15列，祠堂、水井分布其中。横巷道宽1.3米，纵巷道宽1.45米。建筑以三开间为主，前天井后正房布局，清水砖墙，条石砌墙角（个别用红砂石）；硬山顶，平脊（个别船形脊），碌筒红瓦覆顶，博风有灰塑。因民居改建较为严重，保存状况较差。

罗田村现存宗祠有4座。

赖氏大宗祠始建年代不详，清代晚期、1943年、2001年重修。坐北向南，三开间三进，由前中后三堂、两天井、四廊房组成，占地面积372平方米。砖木石结构，清水砖墙，红砂岩墙裙，凹斗式大门，大门正面以红砂岩砌筑。门额书"赖氏大宗祠"，大门两侧有对联"颍川遗族；罗水朝宗"。

韦齐赖公祠，亦称赖氏小宗祠，始建于明代，清代及2004年重修。坐北向南，三开间三进，由前中后三堂、两天井、四廊房组成，占地面积402平方米。清水砖墙，前堂正面明间用红砂砖砌成。麻石砌墙裙。前堂开凹斗式大门，红砖石门框，前檐下两侧设塾台。门额书"韦齐赖公祠"，大门两侧有对联"韦布家风旧；齐居气象新"。

超美公社燕塘营罗田连幼儿园旧址，原为一处祠堂。始建于清代，1958年曾为燕塘民兵营的

松岗街道 罗田社区 罗田村

◎ 超美公社燕塘营罗田连幼儿园旧址（孙明 摄于2016年）

◎ 超美公社燕塘营罗田连旧址（孙明 摄于2016年）

◎ 罗田村龙舟队（孙明 摄于2016年）

公共食堂；三开间两进布局，砖木石结构。是宝安区不可移动文物。另有槐竹公家祠。

历史建筑还有超美公社燕塘营罗田连旧址，始建于1958年，为当时的超美公社燕塘营罗田连的办公场所；坐北朝南，二层阁楼，砖木石结构。是宝安区不可移动文物。

每年在赖氏大宗祠举办祭祖活动。祭祀仪式中，各村宗亲代表轮流宣读祭文，现场有醒狮、麒麟舞助兴，锣鼓鞭炮声夹杂，宗祠内更是香火鼎盛，场面热闹。

该村有正月十五游村的习俗，形成于明清时期。元宵节当天，村民们抬着菩萨（神像）游遍全村大街小巷，祈祷全村吉祥平安。

该村的另一习俗是春节期间"出麒麟"。从正月初一到正月十五，全村敲锣打鼓舞麒麟。在该村舞完后，又到周围的村庄舞，而周围的村庄又来该村舞，相互交流表演，这就是"出麒麟"。

每年端午节期间，该村组织村民参加松岗街道的赛龙舟活动。

2008年6月12日至14日，深圳遭遇罕见的特大暴雨，局部地区日降雨量高达502毫米，导致许多道路严重积水、多处山体塌方，围墙倒塌，致6人死亡。当日该村的雨量达到350毫米，是该村百年一遇的特大暴雨。洋涌河罗田段大约600米河堤出现险情。全村党员干部、群众紧急出动，在河堤上筑起了一道长1000米、高0.9米、宽1米的防护带，使险情得到控制。

· 307 ·

代表性人物：

曾宋珍，字公聘，号罗溪，南宋淳祐九年（1249年）己酉科举人，南宋咸淳十年（1274年）甲戌科王龙泽榜第三甲进士，是深圳地区历史上第二位进士。授迪功郎（文官名，从九品），循州龙川县尉。其诗《云溪寺》载清康熙《新安县志》；文《魁星阁上梁文》载清康熙、嘉庆《新安县志》，《云溪寺舍田祠记》载《东莞县志》。

赖翔凤，清乾隆二十七年（1762年）武举人。

赖朝光、赖象森，为清嘉庆例贡（援例捐纳取得的贡生）。

赖寿彭（1913—1992），中共党员，广东人民抗日游击队东江纵队义务情报员。中华人民共和国成立后，先后担任燕塘乡长、宝安县第四区区长，后任深圳市农机厂支部书记、沙井镇镇委书记。

赖全泰（1936—），中共党员。从部队转业后，历任广州市海珠区公安局局长、看守所所长。退休后，返回罗田村教授太虚拳，并成立一支太虚拳队伍。

（资料填报：赖伟权；初稿撰写：张锴生；分纂：程建）

沙浦社区

沙浦村

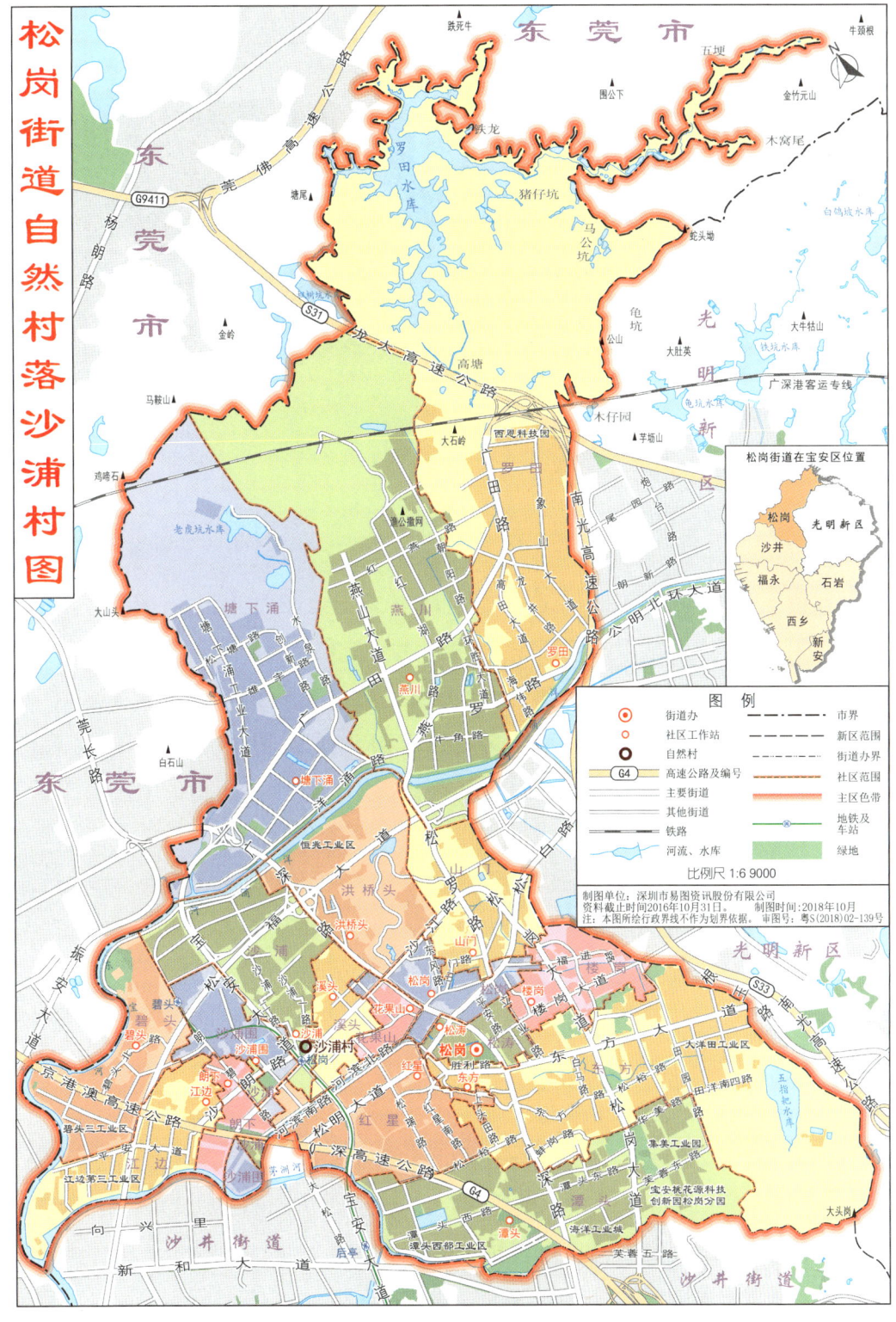

沙浦村位置示意图

◎ 沙浦村一角（孙明 摄于2016年）

沙浦村，位于松岗街道西南部，距离街道办事处约5千米。相邻自然村有溪头村、沙浦围村、朗下村、红星村（松岗街道）及东莞长安霄边村。村旁有松毛山，海拔20米。该村南部有松岗河，北部有洋涌河；沙落水由东向西，再由北至南贯穿全村，汇入松岗河。

该村始建于元末明初。蔡氏先祖于宋代从福建迁至广东东莞靖康场堂夏堡，元末明初再迁至当地开村立业。因该村地处沙滩丘岗地带，周围生长着水草，中间有沙岗的地方叫"莆"，而取名"沙莆村"，后改为沙浦村。

元朝至明万历元年（1573年），属东莞县；明万历元年至清朝，属新安县。1914年，属宝安县黄松岗乡。中华人民共和国成立之初，属宝安县松岗、沙井、新桥、雍睦、凤凰联乡；1951年，属宝安县第四区沙岗乡；1958年10月，属超美公社；1959年，属松岗公社沙溪大队；1979年1月，属深圳市松岗公社；1981年10月，属深圳市宝安县松岗公社；1983年7月，属宝安县松岗区沙溪乡；1986年10月，属松岗镇沙溪行政村；1990年12月，属松岗镇沙埔行政村；1993年1月，属深圳市宝安区松岗镇；2004年，属松岗街道沙浦社区。沙浦村由沙浦一村、沙浦二村组成。

世居村民为汉族，广府民系，使用粤方言。村民主要为蔡姓。

2015年末，户籍人口1280人，其中男性555人，女性725人；80岁以上57人，最年长者90岁（女）。非户籍外来人口25000人。祖籍该村的香港同胞265人、澳门同胞4人。

传统经济为农业，种植水稻、花生、甘蔗、番薯、荔枝、龙眼等，仅有少量的手工业作坊，

◎ 沙浦村传统广府民居（孙明 摄于2016年）

◎ 沙浦蔡公祠（孙明 摄于2016年）

◎ 沙浦村碧沙蔡公祠（孙明 摄于2016年）

限于农具加工、手工编织和作坊式的食品、蔗糖加工。改革开放后，村集体大力招商引资，发展工业，现以物业出租为主。村民主要收入来源为房屋出租、工业生产、商业经营、工资性收入、集体经济分红等。特色传统食品有春节腊鸭、濑粉、端午粽子等。

国道G107线广深公路、宝安大道、沙江路经过该村。1990年通电话，1993年通自来水，1994年通电，1996年通互联网，2005年实现村道水泥硬底化。

村内有一所沙溪小学，6个年级，33个教学班，2015年在校学生1800人，教职工80人。有沙溪幼儿园，2015年在园幼儿300人，教职工74人。村内建有综合运动场、篮球场、门球场、沙浦社区公园、沙浦老人活动中心。另有2个社区图书室，共藏书3.2万册，设有电子阅览室，并有社区健康医疗站等。

传统民居为广府民居，现存5间。代表性民居有沙浦二村118号，建于清代，建筑面积93平方米，坐北向南偏东20度，为四开间两进布局；砖木石结构，清水砖墙，花岗石墙裙，硬山顶，船形脊，碌筒灰瓦覆顶。

村内有宗祠3座。

沙浦蔡公祠，原名富祖蔡公祠，位于沙浦二村，坐北向南，西有蔡学元进士第，东有乐圃蔡公祠，是纪念蔡富祖、蔡氏开基先人和济阳堂上历代祖先的地方。沙浦蔡公祠为三开间三进两天井布局的砖木结构建筑，包括大门、左右前廊、中堂、左右后廊和后堂，面宽13.78米，进深35.1

米，建筑面积483.68平方米。建筑主要结构为砖墙、石柱础、木梁架、碌筒瓦等。在檐板、驼峰、梁头等上有木雕，正脊、垂脊、山墙上饰有灰塑，正墙及内墙上绘有彩绘等。大门石匾上刻"沙浦蔡公祠"5个大字，中堂号"济阳堂"。大门两侧有对联"一经世泽；四谏家声"。

碧沙蔡公祠位于沙浦一村，始建于清代，占地面积264平方米，坐南向北，三开间两进一天井，砖木石结构，清水砖外墙，硬山顶，两面坡，灰瓦覆盖。

乐圃蔡公祠位于沙浦蔡公祠东，坐北向南。大门上现存的红砂岩匾额为三块合成，原祠被拆，曾改成派出所，现为老人活动中心。

进士第，位于沙浦二村，由沙浦村清代进士蔡学元修建于清嘉庆十三年（1808年），20世纪60年代重修，坐北向南偏东，三开间两进一天井布局，门厅两次间有阁楼。占地面积330平方米，砖木石结构，清水砖外墙，硬山顶，红砂岩石墙裙，檐板雕刻花卉蝴蝶，门框使用红砂岩石条，门额阳刻正楷"进士第"。是深圳市目前发现的唯一一座进士第，为宝安区不可移动文物。

蔡学元进士碑（又称旗杆石），原有6块，清嘉庆十三年立，其中4块位于原来的乐圃蔡公祠大门前，碑上楷书阴刻"嘉庆戊辰科进士，钦取咸安宫官学教习蔡学元立"。为宝安区不可移动文物。另2块曾置于沙浦一村，现已不知所终。

大庙宫，位于沙浦蔡公祠东侧，始建于清代，现代维修，坐北朝南，一开间二进布局，建筑面积57平方米，砖木石结构，清水外墙。每逢农历初一、十五，或遇有重要事，村民都到庙里祭拜。现已废弃不用，损毁严重。

沙浦村松毛山东坡上有3座明墓，明四世祖妣萧氏、五世祖妣陈氏墓，坐西向东，清嘉庆元年（1796年）修。墓碑上刻"大明显四世祖妣萧氏孺人墓。显五世祖妣陈氏孺人仝墓。孺人萧氏乃兰庭公元配在右。孺人陈氏乃乔山公元配在左。金俱在穴上"，"奉祀十一世孙璉、邑庠射光、

◎ 蔡学元进士第、进士碑（孙明 摄于2016年）

邑贡生珽、十二世孙朝大、邑行淮等同立"。

明五世祖考妣蔡德谦夫妇、七世祖考光殿合葬墓,坐西向东,清嘉庆元年重修。墓护墙为席纹青砖,有墓志。明五世祖考妣蔡思兰、陈氏、文氏合葬墓,墓宽5米,坐西向东,清乾隆六年(1741年)重修。有墓志。清进士蔡学元墓位于沙浦一村后山仔(土名)上,坐北向南。

松岗霄边渡口,位于沙浦村后约1.5千米之洋涌河上,对岸为东莞长安镇霄边村,因地得名。为横水渡,始建于明朝,20世纪90年代废弃。

村里有醒狮队,每逢大年初一,醒狮队挨家挨户给村民拜年。

每年清明及重阳节,村民会到祠堂祭祖,到山坟扫墓。祭祖时,举行醒狮表演活动,全村聚餐吃大盆菜。此外,祭祖完后,村民组织起来先后前往广州番禺和东莞长安祭拜蔡氏先祖。

每年端午节期间,村里的龙舟队参加松岗街道的龙舟比赛。

2009年9月,该村被广东省人民政府评为"六好"平安和谐社区。

代表性人物:

蔡爱莲,清乾隆十三年(1748年)岁贡生,进入北京国子监。

蔡珍,字席聘,清乾隆二十一年(1756年)以《诗经》中举,执教新安县南头文冈书院10多年,门下优秀学生辈出。品行、文章均为全县人士所仰服。

蔡梅,清乾隆三十七年(1772年)岁贡生,进入北京国子监。

蔡珽,清乾隆四十五年(1780年)恩贡生,进入北京国子监。

蔡学元,字榕蒲,蔡珍次子。三岁能诵诗文,加上父亲的言传身教,学问不断长进。清乾隆六十年(1795年)举人,清嘉庆十三年(1808年)进士,授咸安宫官学教习。咸安宫官学是清雍正七年(1729年)为满人官宦子弟而设立的学习场所。蔡学元后来改任肇庆府教授(正七品),清嘉庆十八年(1813年)调任潮州府教授。因蔡学元高中进士,其父亲蔡珍诰赠文林郎。他在家乡修建了进士第,竖立了进士碑,保存至今。今深港两地仍保存一些关于他的历史文物,其中香港新界大埔田村存有蔡学元的4块进士碑;他于清嘉庆二十二年(1817年)所题"茂荆堂"匾额,仍悬挂在香港新界锦田水头村邓公祠中堂;他于清嘉庆二十年(1815年)书写的《重修赤湾天后庙记》,记述了明清时期海内外交流情况,现保存在深圳赤湾天后庙内;沙井街道围头六巷观音古庙内的《重修观音古庙碑记》,是蔡学元在清道光九年(1829年)所撰写;福永街道凤凰山上的"麻蓝仙印"石碑,是蔡学元所题。

蔡淮,清嘉庆九年(1804年)乡试中举。

蔡射光,于清嘉庆十五年(1810年)获赐副榜,成为贡生。

(资料填报:蔡国栋;初稿撰写:张锴生;分纂:程建)

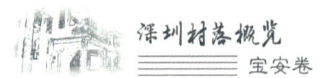

沙浦围社区

沙浦围村

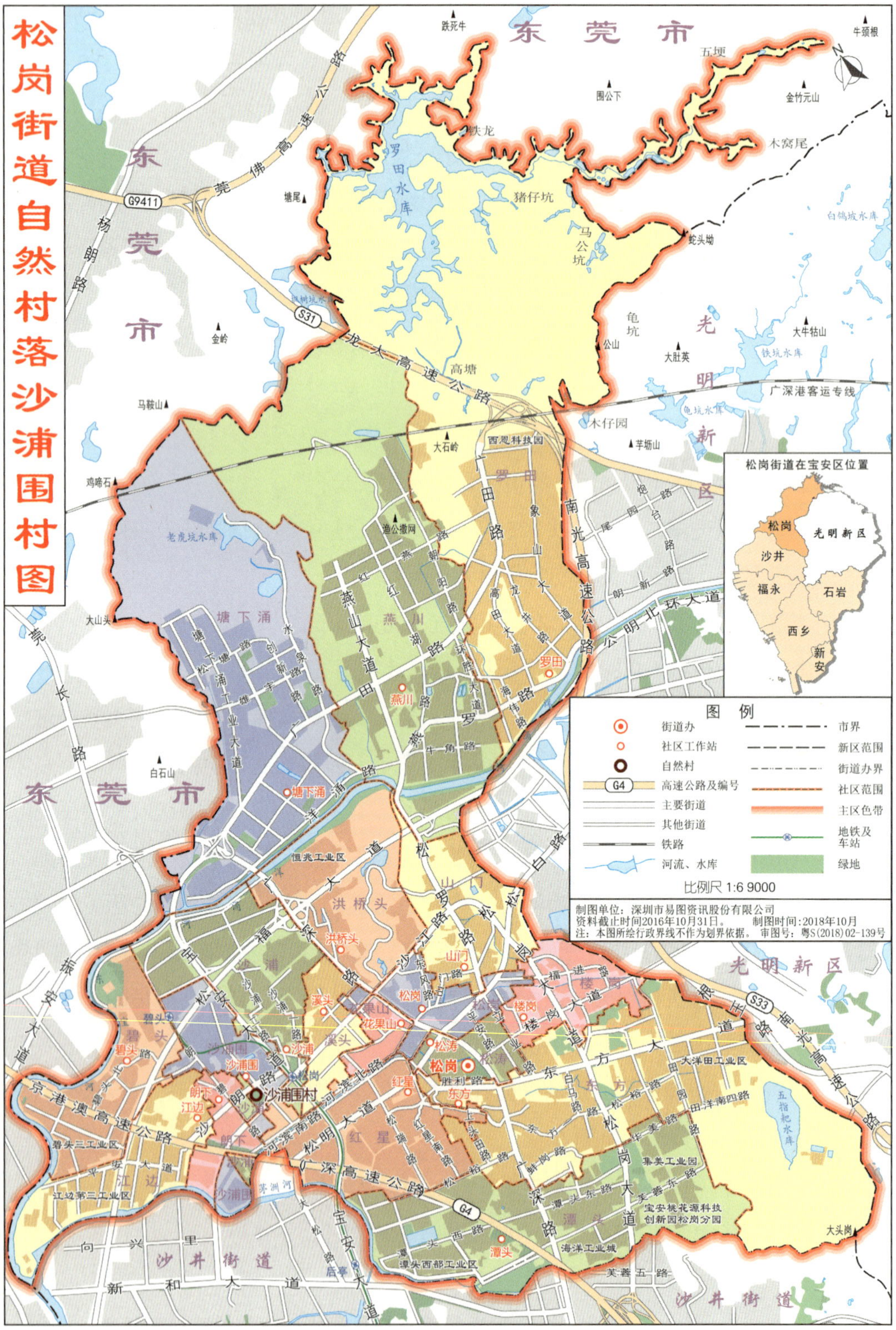

沙浦围村位置示意图

◎ 沙浦围村村貌（郑蒋馨 摄于2017年）

沙浦围村，位于松岗街道西南部，距离街道办事处约2千米。相邻自然村有沙浦村、朗下村、碧头村。该村处于河涌地带，村南有松岗河，村旁有月角山，海拔20米。

始建于清朝，该村蔡姓与沙浦村蔡姓同宗，因家族人口增长，另建新围而形成。

清朝，属新安县。1914年，属宝安县黄松岗乡。中华人民共和国成立之初，属宝安县松岗、沙井、新桥、雍睦、凤凰联乡；1951年，属宝安县第四区沙岗乡；1958年10月，属超美公社；1959年，属松岗公社沙溪大队；1979年1月，属深圳市松岗公社；1981年10月，属深圳市宝安县松岗公社；1983年7月，属宝安县松岗区沙溪乡；1986年10月，属松岗镇沙溪行政村；1990年12月，属松岗镇沙埔围行政村；1993年1月，属深圳市宝安区松岗镇；2004年，属松岗街道沙埔围社区。

世居村民为汉族，广府民系，使用粤方言。村民主要为蔡姓。

2015年末，户籍人口524人，其中男性251人，女性273人；80岁以上15人，最年长者95岁（女）。非户籍外来人口1.4万人。祖籍该村的香港同胞400人。祖籍该村的华侨1人，居住在瑞士。

传统经济为农业，种植水稻、蔬菜、甘蔗等。改革开放后，村集体兴建厂房，大力招

◎ 沙浦围牌坊（孙明 摄于2016年）

◎ 沙浦围旧村遗存（孙明 摄于2016年）

◎ 沙浦围村上帝古庙（孙明 摄于2016年）

◎ 沙浦围村委大楼（孙明 摄于2016年）

商引资，发展工业。现主要开办工业区、物业出租等。1982年引进第一家"三来一补"企业——绍荣花厂。村民主要收入来源为工资性收入、集体经济分红、房屋出租等。逢年过节，村民自制油角、炒米饼、煎堆、松糕、茶果等特色食品。

宝安大道、沙江路、松福路经过该村。1987年通自来水，1990年通电话，1994年通电，1996年通互联网，2005年实现村道水泥硬底化。

村里有全纳幼儿园，2015年在园幼儿300人，教职工74人。建有沙浦围社区篮球场、沙浦围公园。另有沙浦围社区图书馆，藏书6000册。

该村传统民居为广府民居，大多为坐北向南的清代建筑，三开间两进，砖木石结构，清水砖外墙，硬山顶，灰瓦覆盖。自修建宝安大道以来，民居多被拆除，现已所剩无几。

琼公家塾，始建于清代，20世纪90年代重修。

上帝古庙，始建于清代，2013年重修。庙内主要供奉北极玄天上帝、武财神赵公明元帅、土地神以及关平、周仓、护庙文武二神将。

1995年9月，沙浦围村村民在花果山发现南宋时期的窖藏铜钱，约2000千克，有汉五铢、新莽货泉、唐开元通宝、乾元通宝、五代十国周元通宝、南唐唐国通宝、前蜀通正元宝等，其中绝大多数为两宋钱币，最晚为南宋淳祐十二年（1252年）的淳祐通宝。这是深圳地区首次发现数量如此之多，品种、版别如此丰富的铜钱窖藏，原址现已建成楼房。

沙浦围村有醒狮队，每逢大年初一挨家挨户给村民拜年。

村民每年清明、重阳节到祠堂祭祖，到山坟扫墓。

每年端午节期间,村里的龙舟队参加松岗街道的龙舟比赛。

1997年,沙浦围村被中央文明办评为"全国村级达标图书馆村"。2009年3月,被广东省爱国卫生运动委员会评为广东省卫生村。

(资料填报:蔡孔华;初稿撰写:张锴生;分纂:程建)

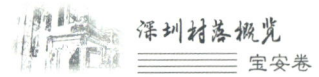

山门社区

上山门村

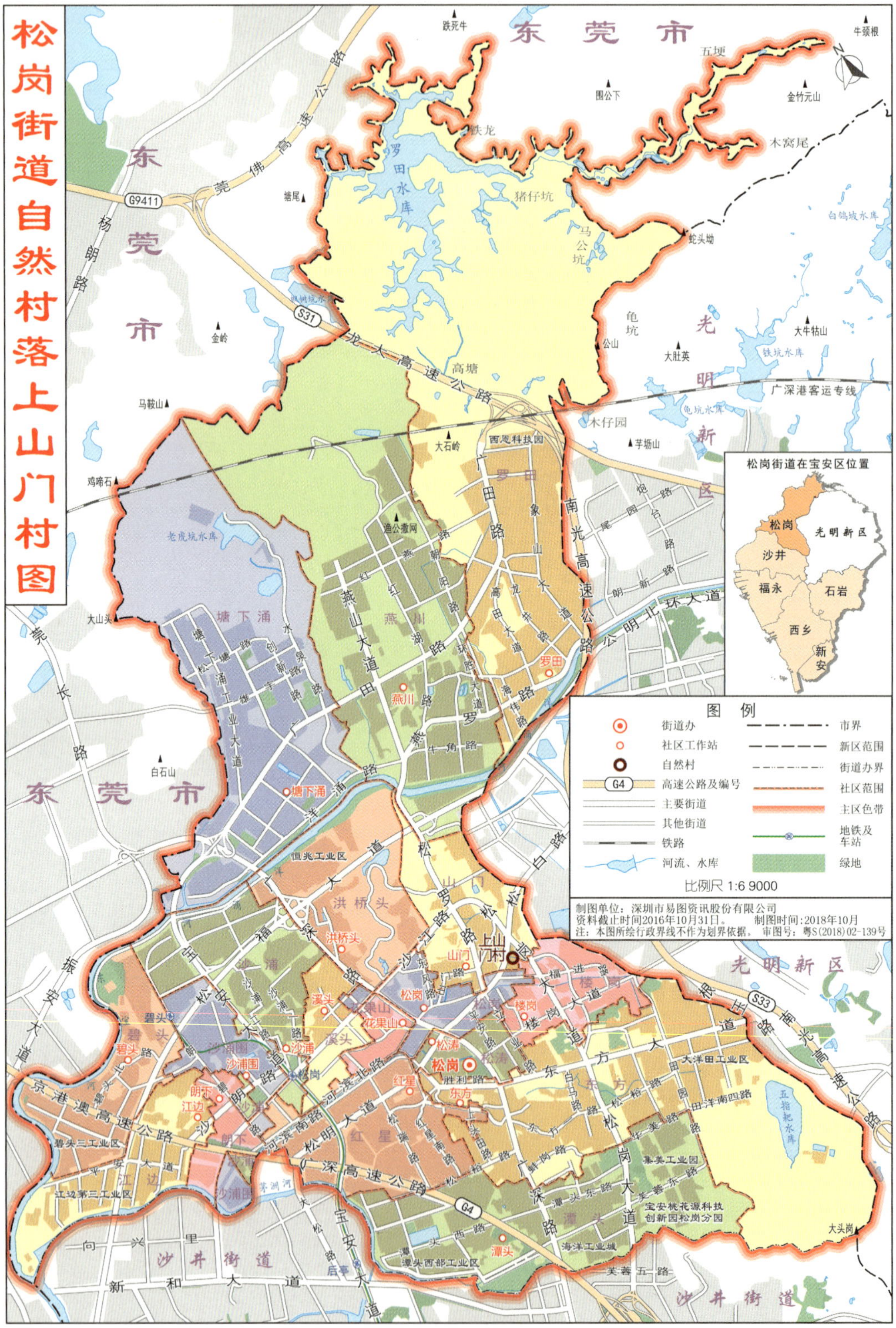

上山门村位置示意图

◎ 上山门村一角（孙明 摄于2016年）

上山门村，位于松岗街道东部偏南，距离街道办事处约2千米。相邻自然村有松岗（山尾）村、楼岗村、下山门村。村旁有白龙岗山，海拔100米。洋涌河流经村北部。

始建于南宋年间。此前，上山门村村民姓叶，后来，文氏后人分支迁居到当地，叶姓人家向外迁移，文姓宗族逐步发展繁盛，形成今天的上山门村。

村东边有一座白龙岗山，西边有一座龟山，两山相对，看上去像一扇山门，进入该村要经过这对山门，故名山门村。当地称东边的村庄为上山门村，西边的村庄为下山门村。

宋元至明万历元年（1573年），属东莞县；明万历元年至清朝，属新安县。1914年，属宝安县黄松岗乡。中华人民共和国成立之初，属宝安县松岗、沙井、新桥、雍睦、凤凰联乡；1951年，属宝安县第四区松岗乡；1958年10月，属超美公社；1959年，属松岗公社松岗大队；1978年12月，属山门大队；1979年1月，属深圳市松岗公社；1981年10月，属深圳市宝安县松岗公社；1983年7月，属宝安县松岗区松岗乡；1986年10月，属松岗镇松岗行政村；1993年1月，属深圳市宝安区松岗镇；1993年12月，属松岗镇山门行政村；2004年，属松岗街道山门社区。

世居村民为汉族，广府民系，使用粤方言。村民主要为文姓。

2015年末，户籍人口350人，其中男性130人，女性220人；80岁以上6人，最年长者88岁（女）；实际在村人口350人；海外留学1人。非户籍外来人口7514人。祖籍该村的香港同胞120人。祖籍该村的华侨1人，居越南。归侨1人。

传统经济为农业，种植水稻、花生、荔枝、龙眼和香蕉。改革开放后，村集体兴建厂房，招

◎ 上山门围村围门（孙明 摄于2016年）　　◎ 上山门围村内巷道、传统民居（孙明 摄于2016年）

商引资，集体经济得到极大发展。村民主要收入来源为工资性收入、房屋出租、集体经济分红、商业经营等。清明节期间，村民用艾草和糯米制成艾糍，是该村的特色传统食品。

松白路、燕罗大道经过该村。20世纪60年代通电话，70年代通电，80年代初通自来水，1992年实现村道水泥硬底化，1998年通互联网。

2015年，村里有社区篮球场、上山门公园、社区服务中心等。有山门社区图书馆，藏书3000册。

村中传统民居位于上山门围村内，为广府民居。上山门围村始建于明代，占地面积1万平方米，坐北向南，平面近似正方形。四周原有围墙，现存南墙及部分西墙。双层围门楼开在南墙正中，为进出围村的唯一通道，楼高5.6米，门高2.26米，上层阁楼开有小窗，墙裙用红砂石块砌筑，其上为清水砖墙。原围墙外有宽约8米的护围壕沟，现已被填平。围村内房屋以正对大门的巷道为界，分为东、西两部分，每部分前后各有6排房，每排有七开间即七个房间，共84间；每个开间面阔2.6—3.1米，进深6.13—6.33米，由1房1厅组成，砖木石结构，硬山顶，灰瓦覆面。围村四角原有4座角楼，现仅存东南角楼，为二层砖木结构，上部开有窗。2010年7月，上山门围村以"上山门古建筑群"被列为宝安区第四批不可移动文物。

每年清明、重阳祭祖是该村的重要传统活动。每年重阳节的第二个星期，村民在文氏宗祠协会组织下，赴松岗街道东方村文氏大宗祠祭祀，之后前往江西吉安文天祥墓地祭祖。每年年底，村民集中吃团年饭。

该村的赛龙舟活动形成于清朝。

传说上山门村东部的白龙岗山很有灵气，凡是走入白龙岗山的猛兽都无法逃出来。据村里老人说，在古代有三个女子上山挑柴，突遇一只老虎扑来，三人拼命逃跑，不小心跌落山下草田里，老虎想去追，但无论怎样也跑不出白龙岗山。

◎ 上山门村龙舟队（孙明 摄于2016年）

1944年冬季，驻扎在松岗旧墟的日军约30多人到上报美、楼岗等村抢粮食，抗日游击队闻讯后，由副大队长蔡森带领10多名队员前往拦击，双方在麒麟山附近发生枪战。日军两天后经山门村欲往公明抢粮食，又遇到游击队的阻击，双方在白龙岗山激战了一夜，日军死伤10多人，抢粮行动再告失败。

代表性人物：

文锡莲（1880—1983），祖籍山门村，嫁到燕川村，广东人民抗日游击队东江纵队战士。1944年，燕川成立广东省第一个县级抗日民主政权——东宝行政督导处，谭天度任主任。文锡莲秘密协助谭天度工作，负责东江纵队后勤管理，输送粮草。1945年，文锡莲发动农村妇女参加减租减税运动，将燕塘乡农民所交谷税和地税支援东江纵队。同年，文锡莲因组织宝安农民抗日会社，被驻宝安日军发现逮捕。敌人威逼她交出宝安农民抗日会社的名单，文锡莲宁死不屈。日军无奈，只好将她释放。

文洪磋（1916—2010），祖籍上山门村，中美国际集团有限公司董事长，香港赛马会会长，20世纪90年代支援家乡建设，出资修建松岗中学教学楼。1998年8月荣获深圳市荣誉市民称号。

（资料填报：文肖婵；初稿撰写：张锴生；分纂：程建）

下山门村

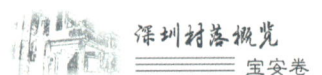

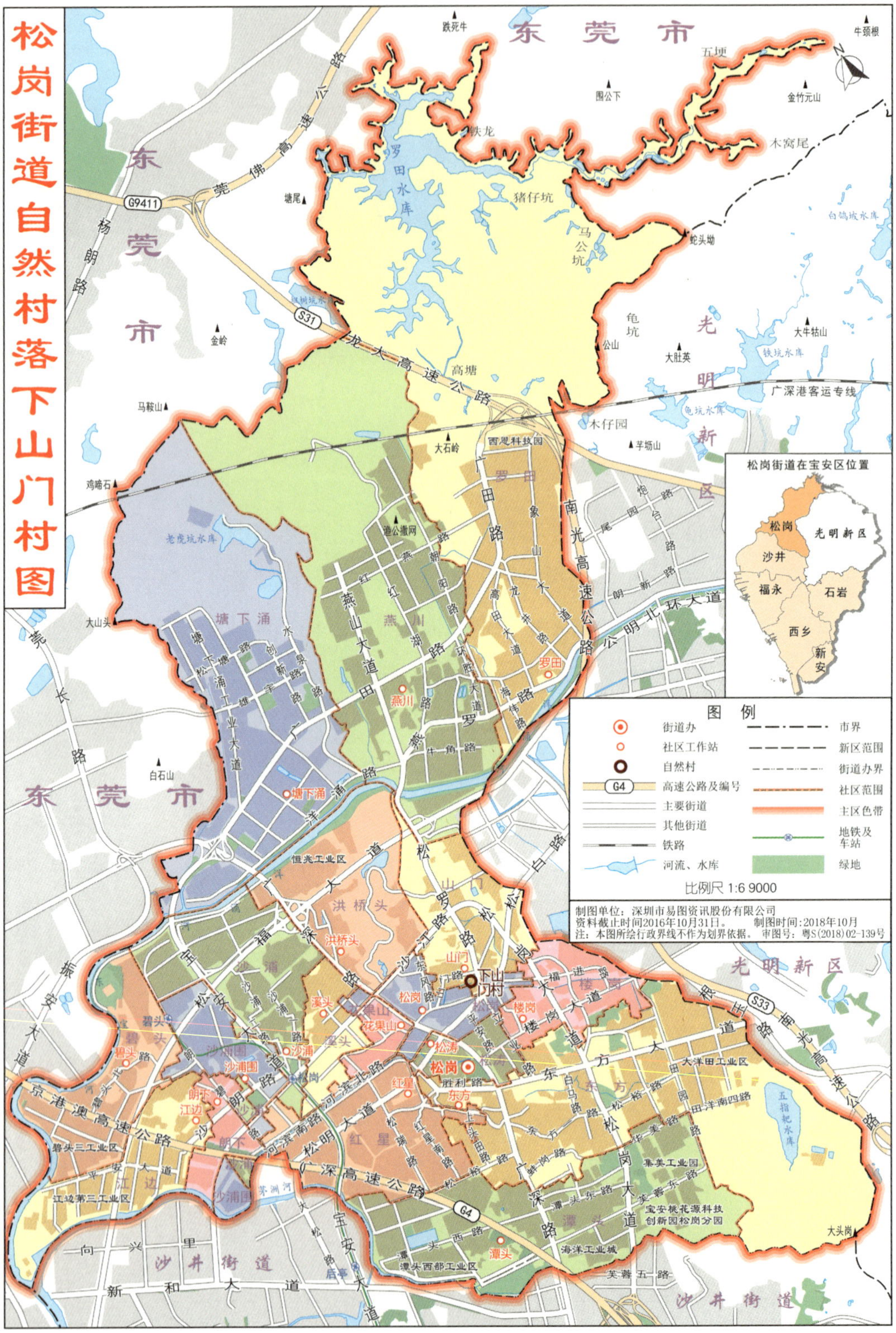

下山门村位置示意图

◎ 下山门村一角（孙明 摄于2016年）

下山门村，位于松岗街道南部偏东，距离街道办事处约1千米。相邻自然村有上山门村、楼岗村、松岗（山尾）村、洪桥头村。该村位于丘陵地带，村旁有白龙岗山，海拔100米。洋涌河从村东北部流过。

始建于南宋。800年前的下山门村人姓朱。后来，文氏后人进入山门村，不断发展壮大，朱姓族人逐渐迁离，山门村成为单一文姓的古村落。

村名由来见上山门村。

宋元至明万历元年（1573年），属东莞县；明万历元年至清朝，属新安县。1914年，属宝安县黄松岗乡。中华人民共和国成立之初，属宝安县松岗、沙井、新桥、雍睦、凤凰联乡；1951年，属宝安县第四区松岗乡；1958年10月，属超美公社；1959年，属松岗公社松岗大队；1978年12月，属山门大队；1979年1月，属深圳市松岗公社；1981年10月，属深圳市宝安县松岗公社；1983年7月，属宝安县松岗区松岗乡；1986年10月，属松岗镇松岗行政村；1993年1月，属深圳市宝安区松岗镇；1993年12月，属松岗镇山门行政村；2004年，属松岗街道山门社区。

世居村民为汉族，广府民系，使用粤方言。村民主要为文姓。

2015年末，户籍人口269人，其中男性125人，女性144人；80岁以上16人，最年长者95岁（女）；海外留学1人。非户籍外来人口6900人。祖籍该村的香港同胞130人、澳门同胞5人。

传统经济为农业，种植水稻、花生、荔枝、龙眼、香蕉等。改革开放后，村集体经济以物业出租、厂房出租为主。村民主要收入来源为工资性收入、房屋出租、集体经济分红、商业经营等。清明节的艾糍是该村特色传统食品。有竹椅、竹箩筐等特色编织品。

松白路、燕罗大道经过该村。20世纪70年代通电，1978年通电话，1985年通自来水，1990年实现村道水泥硬底化，1998年通互联网。

村里有陶园中英文实验学校，占地面积2.8万平方米，建筑面积2.2万平方米，9个年级，88个教学班，2015年在校学生3900人，教职工172人。有陶园幼儿园，在园幼儿387人，教职工27人。

村内传统民居为广府民居，大多为坐北向南，三开间两进，砖木石结构，清水砖外墙，墙角使用麻石条加固，硬山顶，灰瓦覆面，有博古脊，也有船形脊。

文氏大宗祠始建于清朝，清道光二十年（1840年）重修、2014年重建。宗祠占地面积200平方米，坐西向东，三开间两进一天井布局，砖木石结构，清水砖外墙，硬山顶，灰瓦覆面。门额小篆阳刻"文氏大宗祠"，大门两侧小篆阳刻对联"富贵祥光满；平安福泽多"。另外，有两座无名祠堂并排而立，位于文氏大宗祠前面，均为清代建筑，坐东向西，三开间两进一天井布局，硬山顶，灰瓦覆面，保存现状较差。

位于该村的松岗基督教堂始建于清咸丰十年（1860年），1997年重建。

文华楼，始建于1937年，1990年重修。该楼为中西合璧式建筑，坐北向南，高四层，砖木石加钢筋水泥混凝土结构。2011年，被列为宝安区不可移动文物。

村外河中有废弃古桥一座。村内现存日本侵华碉堡一座，是宝安区不可移动文物。

该村的赛龙舟活动形成于清朝。

每年重阳节的第二个星期，村民在文氏宗祠协会组织下，赴松岗街道东方村文氏大宗祠祭祀，之后前往江西吉安文天祥墓地祭祖。腊月期间（每四

◎ 下山门村文华楼（孙明 摄于2016年）

◎ 下山门村文氏大宗祠（孙明 摄于2016年）

◎ 日军侵华碉堡（孙明 摄于2016年）

◎ 七星狮舞传承人文琰森传授七星狮舞（孙明 摄于2015年）

年一次），村民赴东方村参加盆菜宴，与各地文氏宗亲共聚一堂。

七星醒狮是该村赫赫有名的体育和民俗活动。形成于清朝末年，成名于民国初期，在松岗等地流传有100多年。在南狮的技艺中，七星狮的难度非常大。"七星狮"分为黑、黄、白、红色醒狮，各色醒狮各有独到之处。虽为一种传统舞蹈，但其步法、造型、舞法与其他狮舞有较大区别。七星醒狮的音乐节奏为七点半鼓，即七拍半；其步法有骝马步、弓步、麒麟步、彪步、探腿步、偷弹步、狮子摇头步等；造型有狗形、鹤形、八马朝头、单蹄、伏虎形、老鹤形、飞星踢斗、举头不露面、三思而后行、高马步等；其舞法主要有蜈蚣形、螃蟹形、鲤鱼形、踩砂锅、蛇形、写书法，尤以与蛇舞堪称一绝；其主要套路有"采青""高台饮水""狮子吐球""踩梅花桩"等，其中"采青"是醒狮精髓。2009年1月，该村被命名为广东省非物质文化遗产保护村。2011年5月，七星醒狮以"松岗七星狮舞"的名称列入国家级非物质文化遗产名录。

七星醒狮的传承人文琰森（1938—），艺名文琰，祖籍宝安松岗山门村。文琰的哥哥早年在醒狮团打镲，受此影响，文琰自小对醒狮和武术产生了浓厚的兴趣，8岁时就随其兄在醒狮团边干活边学艺。1947年，刚满9岁的文琰正式拜"七星狮"传人焦贤为师，并在焦贤师傅门下苦练数十年，掌握了七星狮舞的各种套路和舞蹈动作，并熟悉伴奏鼓乐及锣、鼓、镲等各类乐器的应用。学成后，1968年去香港开设七星狮授教班，在桃园围、元朗、屏山、围村、流浮山下村等地广收弟子。1976年，文琰带着七星狮的绝技远赴英国、荷兰表演，把中国传统的民间舞艺推向了世界，其高徒文英纳也于1976年在英国成立武术馆并传授七星狮舞。1979年，文琰回到香港，又收学徒3000多人。1992年起，文琰主要在广东东莞市虎门、长安一带授徒，收了80多名学徒。还乡后，他曾在松岗山门、东方水围、沙浦、燕川、罗田、塘下涌等村收授学徒300多人，2006年2月文琰自筹资金7万多元在松岗街道成立了"山门文琰醒狮训练社"，先后培训来自广东及其他省份的3000多名弟子。他是国家级非物质文化遗产项目"松岗七星狮舞"的传承人，还是省级非物质文化遗产项目"赛龙舟"的代表性传承人。

（资料填报：文肖婵；初稿撰写：张锴生；分纂：程建）

松岗社区

松岗（山尾）村

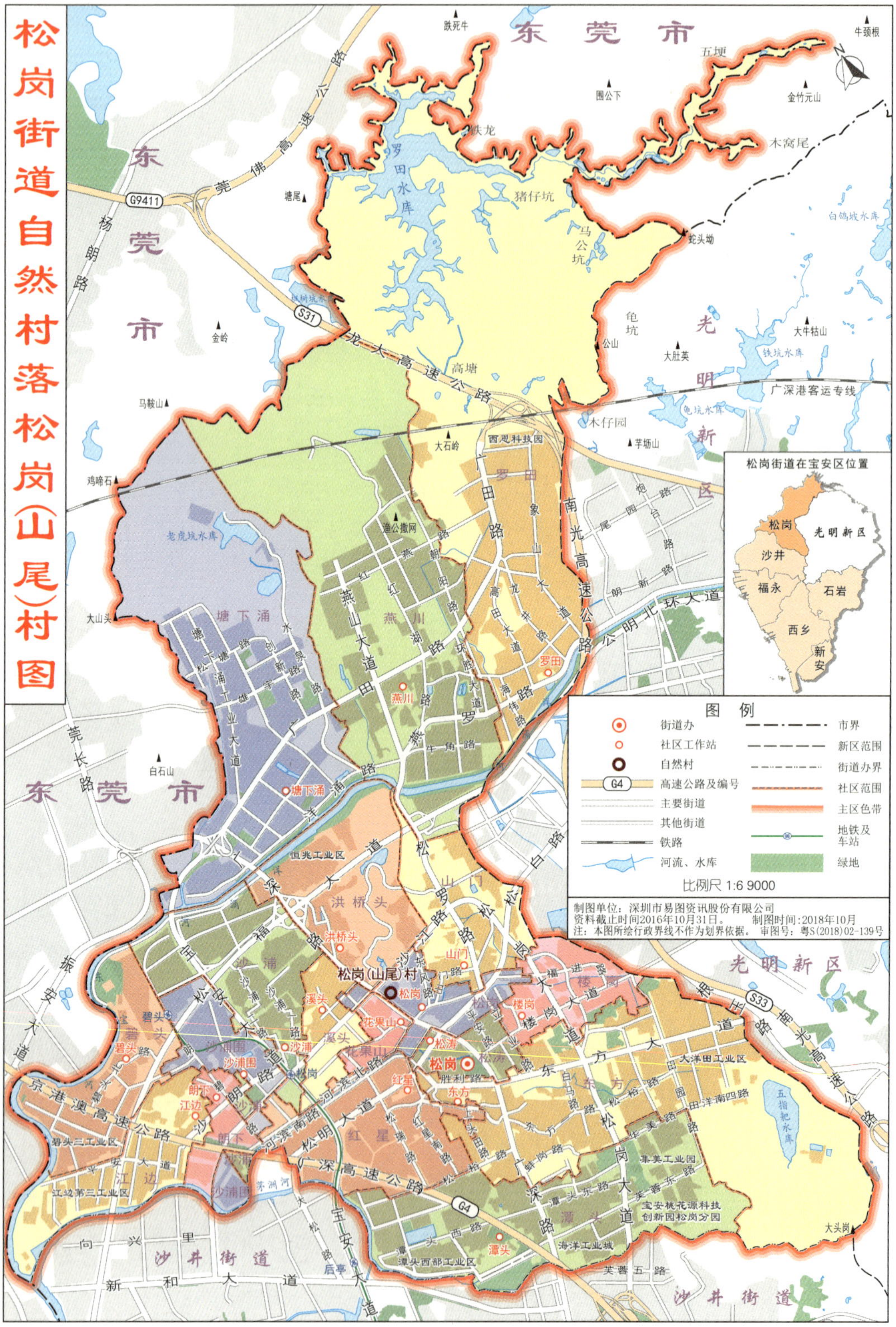

松岗（山尾）村位置示意图

◎ 松岗（山尾）村一角（孙明 摄于2016年）

松岗（山尾）村，位于松岗街道中部偏南，距离街道办事处约0.6千米。相邻自然村有上山门村、下山门村、花果山村、洪桥头村、东方村、楼岗村。

始建于宋元时期，曾称山尾村，后来人口繁衍，扩建后的新村叫东风村、山美新村，因靠近松岗旧墟，20世纪50年代改称松岗村。

宋元至明万历元年（1573年），属东莞县；明万历元年至清朝，属新安县。1914年，属宝安县黄松岗乡。中华人民共和国成立之初，属宝安县松岗、沙井、新桥、雍睦、凤凰联乡；1951年，属宝安县第四区松岗乡；1958年10月，属超美公社；1959年，属松岗公社松岗大队；1979年1月，属深圳市松岗公社；1981年10月，属深圳市宝安县松岗公社；1983年7月，属宝安县松岗区松岗乡；1986年10月，属松岗镇松岗行政村；1993年1月，属深圳市宝安区松岗镇；2004年，属松岗街道松岗社区。

世居村民为汉族，广府民系，使用粤方言。村民主要有文、陈、李等姓。第一大姓为文姓，第二大姓为李姓，南宋时从福建迁至广东南海；南宋末从南海迁至当地。第三大姓为陈姓，北宋时从福建迁至广东南雄珠玑巷；北宋末从南雄珠玑巷迁至当地。

2015年末，户籍人口1155人，其中男性653人，女性502人；80岁以上101人，最年长者100岁（女）；海外留学3人。非户籍外来人口8万多人。祖籍该村的香港同胞234人。

传统经济为农业，种植水稻、花生、甘蔗、荔枝、龙眼、柑、橙等。改革开放后，村集体兴建厂房出租或办厂。村民主要收入来源为集体经济分红、房屋出租等。春节期间，村民自制茶果、米饼、松糕、油角、寿桃等特色节庆食品。竹编织品（如簸箕、箩筐）、木工制作（如犁、风谷车）具有地方特色。

◎ 松岗村传统民居（孙明 摄于2016年）

◎ 轩堂二公祠（孙明 摄于2016年）

◎ 文氏宗祠大门（孙明 摄于2016年）

国道G107线广深公路、解放路经过该村。1958年通电话，1965年通电，1978年通自来水，1985年实现村道水泥硬底化，1998年通互联网。

村里有松岗中英文小学，6个年级，37个教学班，2015年在校学生1858人，教职工102人。有中心幼儿园，在园幼儿362人，教职工48人。建有篮球场、松岗公园、松岗社区服务中心。另有山美新村图书馆，藏书2300册。

传统民居为广府民居，多为三开间两进布局，砖木石结构，清水砖外墙，硬山顶，灰瓦覆面。

村内现有2座宗祠。

文氏宗祠始建于明代，占地面积299平方米；坐北向南，三开间两进一天井；砖木石结构，清水砖外墙，硬山顶。前堂有塾台，其上梁架节点有斗拱。门额红砂岩楷书阳刻"文氏宗祠"，明间彩色壁画有人物、故事、花卉等图案。大门两侧有对联"烟流世泽；正气家风"，横批"百子千孙"。2012年被列为宝安区不可移动文物。

轩堂二公祠，始建于清朝，占地面积195平方米。坐西向东，三开间两进一天井布局，砖木石结构，清水砖外墙；硬山顶，灰瓦覆面；前后屋均为船形脊，廊房脊为博古脊。门上石匾阳刻楷书"轩堂二公祠"。前檐有木雕花鸟图案，檐壁两侧有彩绘。大门两侧有对联"轩昂事业；堂泽诗香"，横批"兰桂腾芳"。2012年被列为宝安区不可移动文物。

松岗村文氏族人的宗族和民俗活动同山门村。

1998年11月，松岗村被评为广东省"乡镇企业百强村"。

（资料填报：文广轩；初稿撰写：张锴生；分纂：程建）

松岗街道　花果山社区　花果山村

花果山社区

花果山村

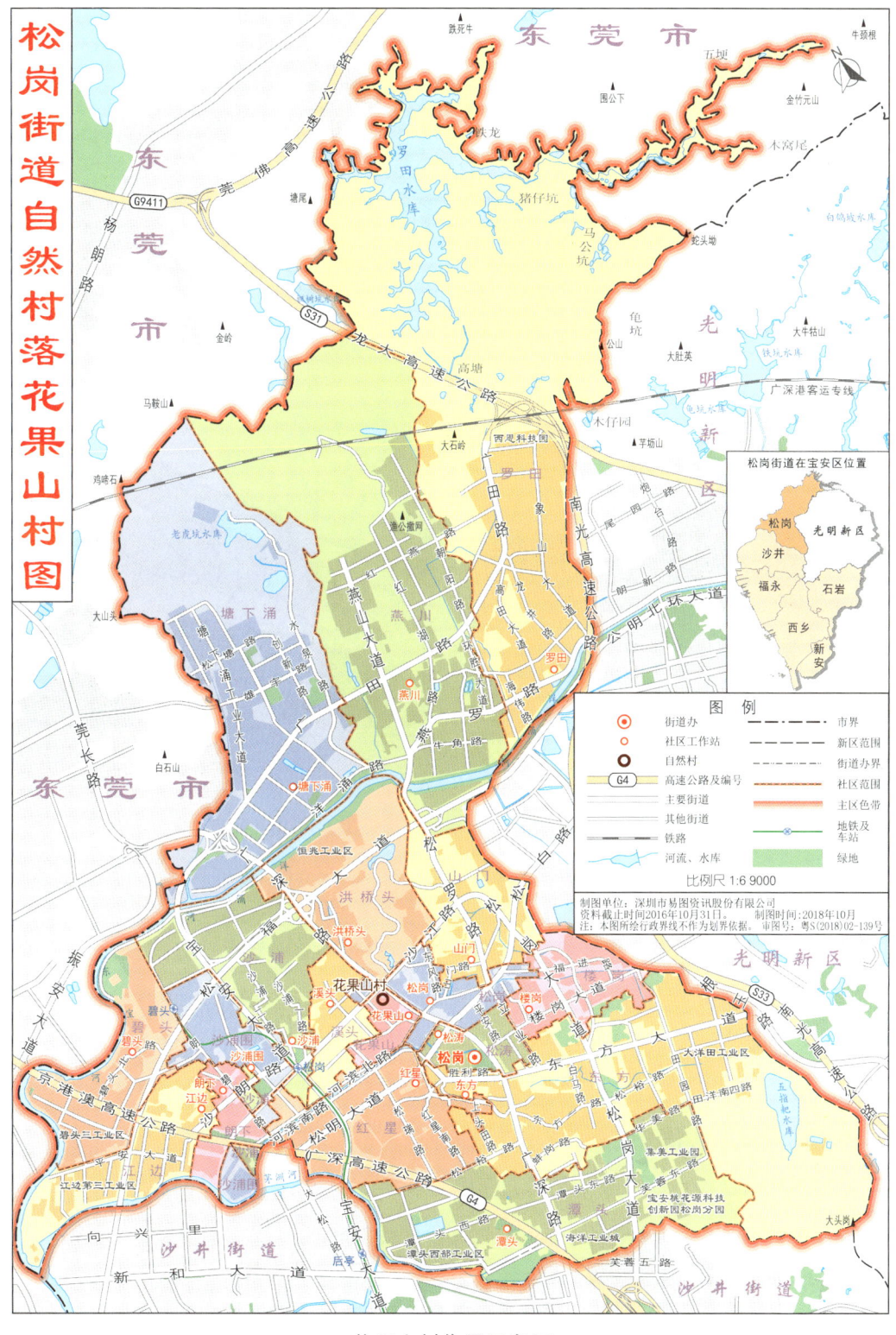

松岗街道自然村落花果山村图

花果山村位置示意图

◎ 花果山村村貌（郑蒋馨 摄于2017年）

◎ 花果山公园（孙明 摄于2016年）

◎ 花果山村一角（孙明 摄于2016年）

花果山村，位于松岗街道中部偏南，距离街道办事处约1千米。相邻自然村有溪头村、松岗（山尾）村。村旁花果山，海拔50米。松岗河流经村西南面。该村又称松岗老街。

该村所在地宋代有黄姓人家居住，南宋咸淳六年（1270年）始建墟市，因旁有长着松树的山岗，被称作黄松岗墟，又称松岗老街。

宋元至明万历元年（1573年），属东莞县；明万历元年至清朝，属新安县。1914年，属宝安县黄松岗乡。中华人民共和国成立之初，属宝安县松岗、沙井、新桥、雍睦、凤凰联乡；1951年，属宝安县第四区松岗乡；1958年10月，属超美公社；1959年，属松岗公社；1978年，属松岗公社松岗街道办事处；1979年1月，属深圳市松岗公社；1981年10月，属深圳市宝安县松岗公社；1983年7月，属宝安县松岗区松岗乡；1986年10月，属松岗镇松岗居民委员会；1993年1月，属深圳市宝安区松岗镇松岗居民委员会；2002年，属松岗镇花果山社区；2004年，属松岗街道花果山

松岗街道　花果山社区　花果山村

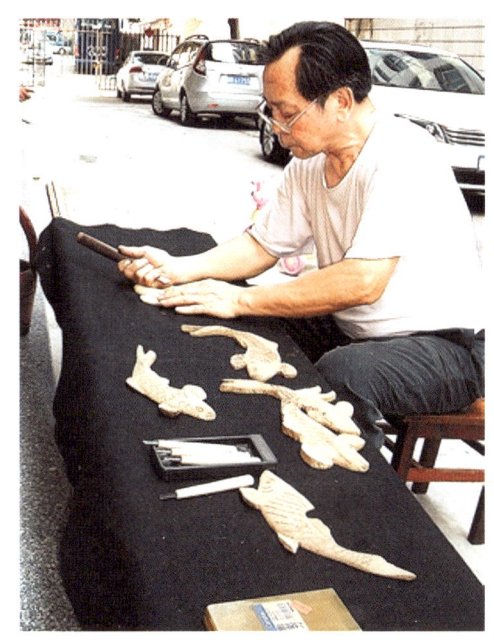

◎ 木器农具制作技艺代表性传承人——文业成（孙明 摄于2016年）

◎ 花果山村龙舟队（孙明 摄于2016年）

社区。

世居村民为汉族，广府民系，使用粤方言。现村内第一大姓为文姓。第二大姓王姓，元明时期从山西迁福建，再迁至广东增城棠村，后迁至东莞厚街；明代从厚街迁至该村。

2015年末，户籍人口1950人，其中男性1042人，女性908人；80岁以上44人，最年长者90岁（女）。非户籍外来人口14620人。

传统经济为农业，种植水稻、花生、甘蔗等。改革开放之后，村集体新建开发区，兴建厂房，发展工业，出租物业等。村民主要收入来源为房屋出租、集体经济分红等。村内祥兴饼店生产的炒米饼是较有名气的特色食品。

国道G107线广深公路、解放路经过该村。20世纪60年代通电，80年代中期通电话、通自来水，1985年实现村道水泥硬底化，1998年通互联网。

村里有松岗中心幼儿园，2015年在园幼儿346人，教职工51人。村内有篮球场、公园、社区服务中心等，另有花果山社区党群服务中心和图书室，藏书1800册。

松岗旧墟形成于清康熙年间（1662—1722年）。相传旧墟镇中心有一口大塘，塘中有一土墩，取名"中心墩塘"。塘的主人曾将塘出售，写卖契时，将"卖中心墩塘"写成"卖塘中心墩"，买方付钱后，卖方拒不交塘，后由此打了一场官司，卖方以"只卖中心墩，未卖塘"而赢了官司。旧墟主要围绕中心墩塘而建。

东风街的文园，清光绪年间（1875—1908年）建，前面是戏院，后面建有古庙。1944年冬，日本军队曾驻扎于此。日本投降后改设茶楼；1953年发动群众集资入股办供销社时，文园改作供销社仓库；1958年为超美公社办公地。

建设街的红楼仔，高3层，砖木结构，建于松岗桥头，1949年前做过碉楼，中华人民共和国成立之初为民兵营驻地。

该村文氏族人的宗族和民俗活动同山门村。

该村有舞醒狮的民俗活动。表演前，锣鼓擂响，舞狮人先耍南拳，称为"开桩"，之后，由两人分执狮子耍舞，另一人头戴笑面"大头佛"，手执大葵扇引狮登场。舞狮动作多以南拳

· 331 ·

马步为主,狮子动作有"睁眼""洗须""舔身""抖毛"等,主要套路有"采青""高台饮水""狮子吐球""踩梅花桩"等。

每年端午节期间,村民组织龙舟队参加街道举办的赛龙舟活动。

该村传统农具制作技艺,据调查考证始于清代前后。

代表性人物:

文业成(1945—),1962年,他在木器生产合作社跟随蒋水、文格两位师傅学艺,逐渐掌握了各类农具的制作工艺。蒋水是该项技艺有代表性的一支——公益隆木铺的第三代传人,文业成成为第四代传人。1964年,他进入松岗农具厂当木工师傅,开始收徒授艺。1974—1978年间,他在松岗各村担任农具维修传教师傅,为当地培养了一批农具维修木匠。他从事木器农具制作50多年,连续多年获得先进生产工作者称号,至今劳作不辍。他传授学徒20多名;能独立制作农具100多种,绘图编写制作技艺工序200份;收集各类传统农业生产工具、木制生活用具300多件,待组装农具100多件,最早的藏品是明代末年制作的。2015年6月,文业成被认定为宝安区第三批区级非物质文化遗产代表性项目"木器农具制作技艺"代表性传承人。

(资料填报:高燕;初稿撰写:张锴生;分纂:程建)

潭头社区

潭头村

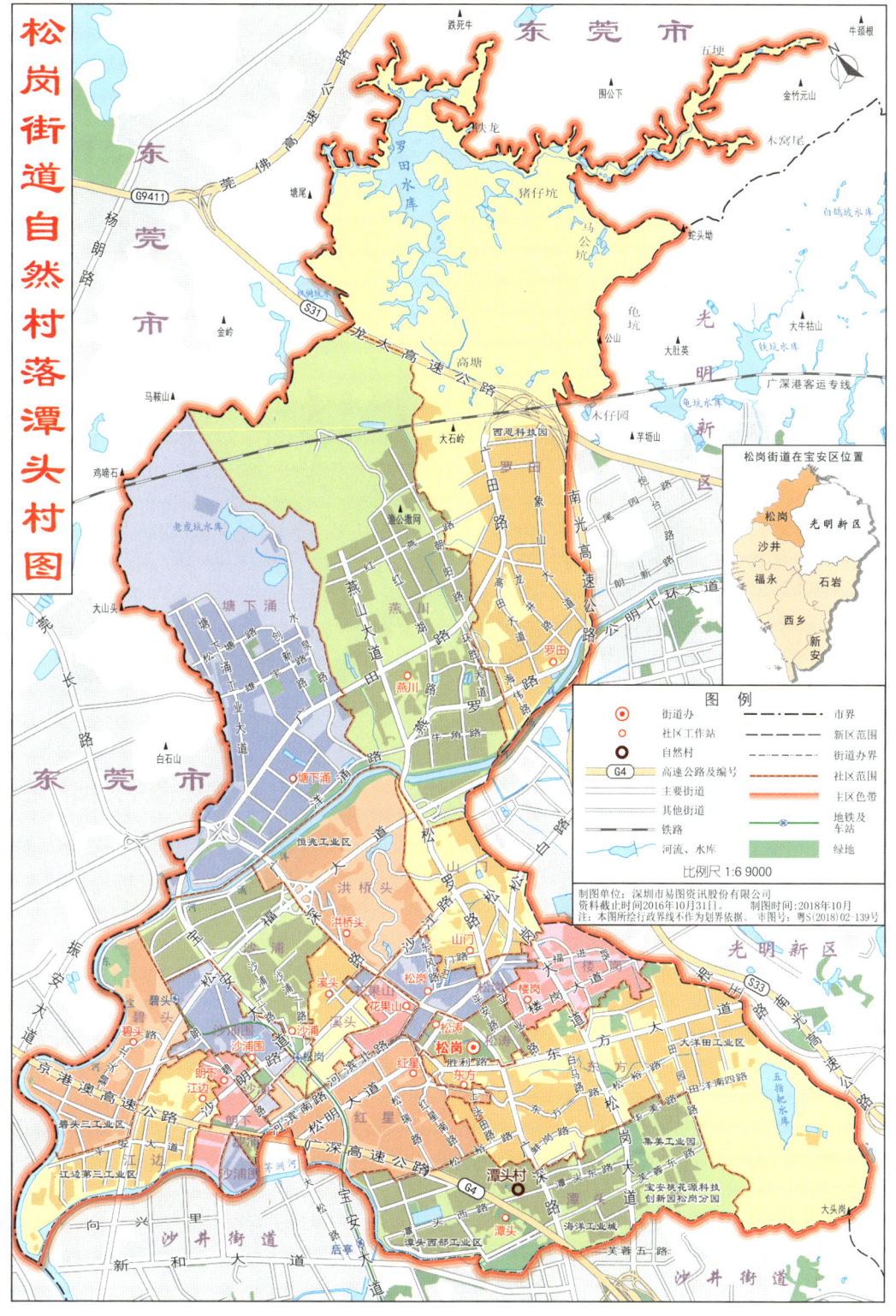

潭头村位置示意图

◎ 潭头村村貌（彭露颖 摄于2017年）

◎ 潭头村老围门楼（孙明 摄于2016年）

◎ 东园文公祠门匾（孙明 摄于2016年）

潭头村，位于松岗街道南部，距离街道办事处约3千米。相邻自然村有东方村、红星村（松岗街道）及沙井街道新桥村。村东面有大头岗山，海拔约150米。文阁涌、渡头河流经村西面。

始建于明代。文应麟后人文尚德分支迁至当地立村发展繁衍而形成。村前小河与沙井新桥河汇合而形成水潭，村落建于此潭上游，故称为潭头。

建村至明万历元年（1573年），属东莞县；明万历元年至清朝，属新安县。1914年，属宝安县黄松岗乡。中华人民共和国成立之初，属宝安县松岗、沙井、新桥、雍睦、凤凰联乡；1951年，属宝安县第四区报岗乡；1958年10月，属超美公社；1959年，属松岗公社潭头大队；1979年1月，属深圳市松岗公社；1981年10月，属深圳市宝安县松岗公社；1983年7月，属宝安县松岗区潭头乡；1986年10月，属松岗镇潭头行政村；1993年1月，属深圳市宝安区松岗镇；2004年，属松岗街道潭头社区。

世居村民为汉族，广府民系，使用粤方言。村民主要为文姓。

2015年末，户籍人口1273人，其中男性613人，女性660人；80岁以上52人，最年长者101岁

◎ 潭头村延龄公家塾（孙明 摄于2016年）

◎ 满容文公祠门额牌匾（孙明 摄于2016年）

（女）。非户籍外来人口6万人。

传统经济为农业，主要种植水稻、花生。改革开放后，村集体兴建厂房，建立工业园区，取得可观经济效益。村民主要收入来源为集体经济分红、房屋出租。村民在春节期间自制油角、炒米饼、糯米煎糕，端午节期间自制粽子等特色传统食品。

京港澳高速G4线、国道G107线广深公路经过该村。1971年通电，1979年通电话，1983年通自来水，1987年实现村道水泥硬底化，1998年通互联网。

村里有潭头小学，设6个年级，22个教学班，2015年在校学生990人，教职工62人。有潭头幼儿园，2015年在园幼儿437人，教职工42人。建有篮球场3个、潭头公园、潭头老人活动中心。另有潭头图书室，藏书1.3万册。

该村传统民居为广府民居，现存30余座。该村老围门楼为后围门，坐西南朝东北，门内左侧有一神龛。正面墙体为红砂石砌筑，其余为清水砖墙、硬山顶、船形脊、两面坡、红瓦覆顶。现存代表性民居有57号民居，建于清代，占地面积71平方米，坐北向南，砖木石结构，清水砖墙，花岗岩墙裙，硬山顶、平脊、两面坡、红瓦覆顶，博风有彩色灰塑装饰，内容有宝瓶、蝙蝠、书卷等。大门内凹，花岗石门框，封檐板雕刻花卉图案，门额有彩色壁画。

该村现存4座文氏宗祠。东园文公祠始建于清代，占地面积340平方米；坐北向南，三开间三进，由前中后堂、二天井、四廊房组成；砖木石结构，红砂石墙裙，凹斗式大门，红砂岩门框和门额。门额上阳刻楷书"东园文公祠"，前堂为博古脊，中堂为平脊，屋顶红瓦覆盖，是宝安区不可移动文物。

贵祖文公祠始建于清代，占地面积143平方米。坐北向南，三开间两进，由前后堂、一天井、二廊房组成。凹斗式大门。硬山顶，平脊两端博古装饰，屋脊上面有灰塑图案，灰瓦覆面，绿琉璃瓦剪边，博风有灰塑。

松月文公祠始建于清嘉庆二十五年（1820年），现代重修，占地面积234平方米。坐北向南，

◎ 松月文公祠（孙明 摄于2016年）

◎ 潭头村文氏古墓群（孙明 摄于2016年）

三开间三进，由前中后堂、二天井、四廊房组成。清水砖墙，条石砌墙裙。凹斗式大门，两侧有对联"烟楼世泽；正气家风"。硬山顶，船形正脊和垂脊、绿琉璃瓦覆顶。

满容文公祠始建于清代，占地面积488平方米；坐北向南，三开间三进，由前中后堂、二天井、四廊房组成，清水砖墙，红砂石砌墙角；红砂石门框。现仅存前后堂。

村内还有延龄公家塾，始建于清代，占地面积173平方米；坐北向南，三开间两进院落，由前后堂、一天井、二廊房组成。前堂开凹斗式大门，悬山顶、船形正脊和垂脊，两面坡，红瓦覆顶，绿琉璃瓦剪边。天井覆盖红瓦，绿琉璃瓦剪边。后堂大部分已改建。家塾东西两侧原各立有一石狗公（雕像），现已无存。

文氏古墓群位于该村史别坑坡地，面积1.3万平方米，为文氏七房之四子潭头村文氏先人墓地。年代从明成化年间（1465—1487年）至1922年，大多为清代墓。形制有灰砂夯筑墓、砖石墓和土坑瓮棺墓等，是宝安区不可移动文物。

村内有众圣宫，始建于清代，现已废弃不用。

该村的宗族和民俗活动同山门村。

2010年9月，该村被广东省民政厅评为"六好"平安和谐社区。2014年12月，被广东省爱国卫生运动委员会评为广东省卫生文明村。

代表性人物：

文尽善，清嘉庆例贡。

文鉴程（1896—1944），革命烈士。1943年参加沙井乡自卫队，1944年在白石岗战斗中受伤，转移到公明后牺牲。

文炳枝（1899—1944），革命烈士。1943年参加沙井乡自卫队，后为广东人民抗日游击队东江纵队战士。1944年在大头岗被捕，于沙井就义。

文宇（1906—1944），革命烈士。1942年参加抗日游击队，1944年在东莞县石马战斗中牺牲。

文海明（1908—1946），又名文润海，革命烈士。1943年参加东江纵队，1946年在沙鱼涌战斗中牺牲。

文金全（1910—1945），革命烈士。1944年参加沙井乡自卫队，后为东江纵队战士。1945年7月，在白石龙战斗中牺牲。

文造培（1918—1957），中共党员。1948年上半年，中共江南地区委员会对惠东宝人民护乡团进行整编，成立广东人民解放军江南支队。文造培奉命组建新桥武工队，任队长。1949年10月任松岗联乡党小组组长。

文派森（1920—1948），革命烈士。1942年参加广东人民抗日游击队，1948年在海丰县战斗中牺牲。

刘权（1924—1944），又名刘强，革命烈士。1943年参加东江纵队，为第五大队战士。1944年11月，在福永佛子坳战斗中牺牲。

（资料填报：文少霞；初稿撰写：张锴生；分纂：程建）

塘下涌社区

塘下涌村

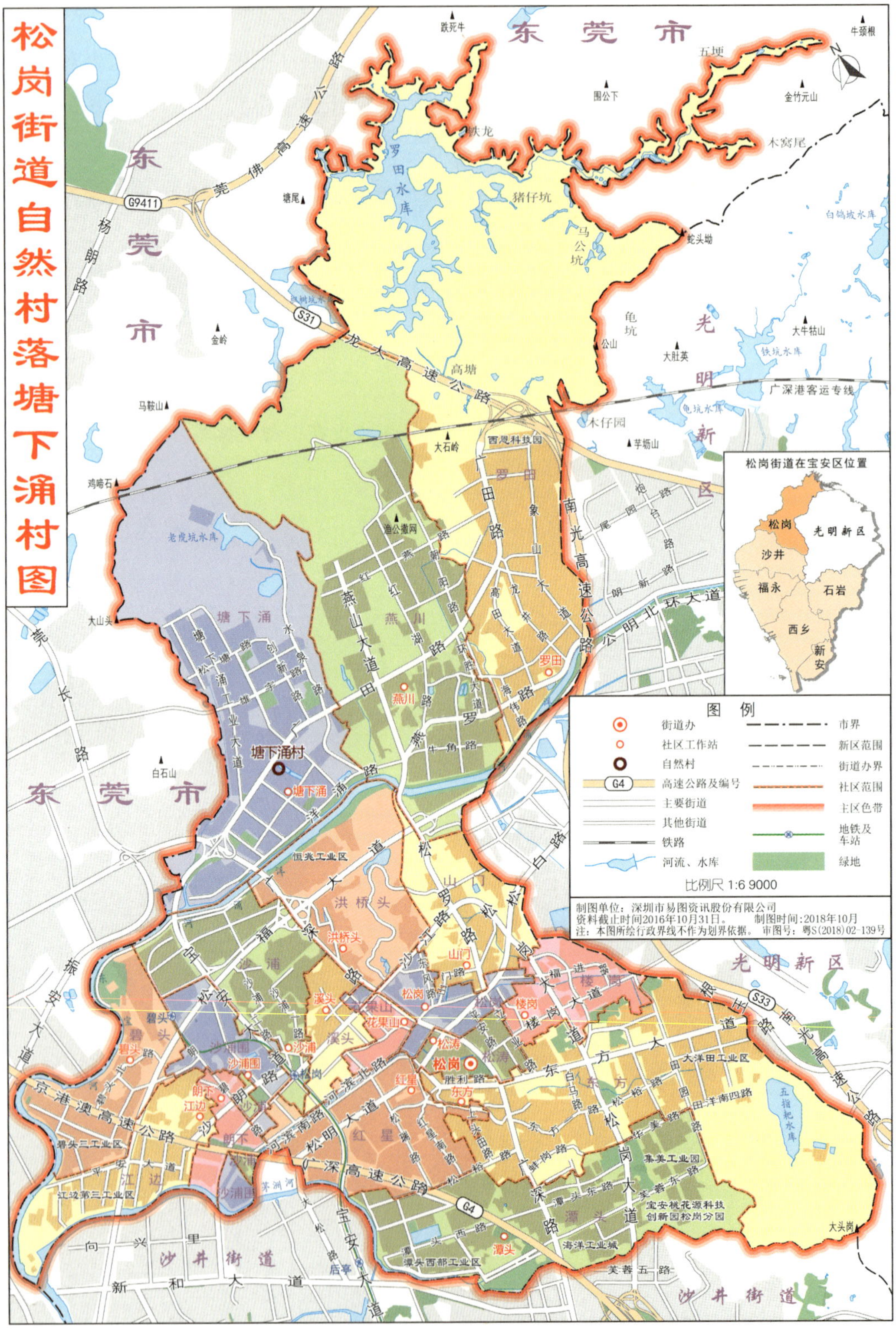

松岗街道自然村落塘下涌村图

塘下涌村位置示意图

◎ 塘下涌村村貌（孙明 摄于2016年）

塘下涌村，位于松岗街道中部偏西，距离街道办事处约4.5千米。相邻自然村有燕川村、洪桥头村、东莞市长安镇涌头村及大岭山镇杨屋村。该村东西两端地势较低、中间略高，形似一只往河涌爬行的龟。洋涌河（当地俗称茅洲河）发源于阳台山西麓，流经该村东南部。村附近有老虎坑水库。

明正德年间（1506—1521年），黄氏先祖黄龙崖至此地开村立业。

建村至明万历元年（1573年），属东莞县；明万历元年至清朝，属新安县。1914年，属宝安县黄松岗乡。中华人民共和国成立之初，属宝安县松岗、沙井、新桥、雍睦、凤凰联乡；1951年，属宝安县第四区燕塘乡；1958年10月，属超美公社；1959年，属松岗公社塘下涌大队；1979年1月，属深圳市松岗公社；1981年10月，属深圳市宝安县松岗公社；1983年7月，属宝安县松岗区塘下涌乡；1986年10月，属松岗镇塘下涌行政村；1993年1月，属深圳市宝安区松岗镇；2004年，属松岗街道塘下涌社区。

世居村民为汉族，广府民系，使用粤方言。村民主要为黄姓。

2015年末，户籍人口1840人，其中男性908人，女性932人；80岁以上80人，最年长者99岁（女）。祖籍该村的香港同胞252人、台湾同胞4人。

传统经济为农业，种植水稻、花生、甘蔗、橙、荔枝、龙眼等。改革开放后，村集体兴建厂房，出租物业，经济效益颇为可观。村民主要收入来源为集体经济分红、房屋出租。春节期间，村民自制茶果、油糍、割刀、薯生、薄撑、油角、松糕等传统食品。

国道G107线广深公路、广田路、燕塘路经过该村。1960年通电话，1964年通电，1993年通自

◎ 塘下涌村老围围门（孙明 摄于2016年）　　◎ 塘下涌村老围角楼（孙明 摄于2016年）

来水，20世纪90年代末通互联网，2010年实现村道水泥硬底化。

1950年，村里有塘下涌小学，1999年，塘下涌、罗田、燕川3所小学合并为燕川小学。2015年，村里有化雨小学，设6个年级，32个教学班，在校学生1320人，教职工76人。有化雨幼儿园，在园幼儿480人，教职工40人。建有文化广场、体育场、牛黄山公园、对面山公园、红围公园、星光之家老人活动中心等。另有社区阅读中心，藏书4000册。

传统民居为广府民居，老围现存约30座传统民居。老围又称田心围，建于清代。坐北朝南，长68.7米，宽65.2米，占地面积4479.24平方米。围门位于西南角，平脊，两面坡，红瓦覆顶，四周有围屋。围门旁有角楼，20世纪80年代重修，共二层，平面呈近似正方形，长5.9米，宽5.5米，高5.2米，占地面积32.45平方米。砖木石结构，清水砖墙，硬山顶，船形脊，灰瓦覆顶。为宝安区不可移动文物。

围中部以三开间建筑为基本单元，横向8排，纵向8列。上、下天街及第四排和第五排之间各有一横巷道贯穿东西，宽1.6米；9条纵巷道纵贯南北，宽1.2—1.5米。单元房为前天井、后正房格局，建筑风格、式样基本一致。其中较有代表性的，如塘下涌三村209号民居，建于清末民初，占地面积80平方米，三开间；大门有石框，门罩上有灰塑。砖木石结构，硬山顶，灰瓦覆面。塘下涌村三村259号民居，建于清末民初，占地面积100平方米，三开间；清水砖墙，红砂石砌墙角地脚；砖木石结构，硬山顶，灰瓦覆面。

老围内的民居大多已改建，屋内重新间隔，角楼后部亦已新建楼房。

老围西侧有月池，宽约70米。月池西面有一大一小两尊"文""武"石狗公（雕像），用玄武岩雕琢而成。"文"的石狗公为大，一般放在民宅门口，期望子孙读书成龙；"武"的石狗公为小，一般放在村口，传说有护卫村民的作用，均被列为宝安区不可移动文物。

村内现存2座黄氏宗祠。

勉耕黄公祠，始建于清末，1997年重修。占地面积667平方米，坐北向南，三开间三进两天井布局；清水砖墙，用条石砌墙角；凹斗式大门，大门有塾台，红砂石门框，门额书"勉耕黄公

松岗街道　塘下涌社区　塘下涌村

◎ 塘下涌勉耕黄公祠（孙明 摄于2016年）

◎ 塘下涌石狗公（孙明 摄于2016年）

◎ 塘下涌见松黄公祠（孙明 摄于2016年）

祠"；大门两侧有对联"勉贻垂世泽；耕读振家声"。檐壁有人物、山水彩绘。祠内有匾额"永思堂"。

见松黄公祠，位于勉耕黄公祠后面，始建于清代，1982年重修，占地面积171平方米，坐北向南；由前后堂、一天井、两廊房组成；砖木石结构，正面贴绿色瓷砖，其余为清水砖墙，用条石砌墙角；凹斗式大门，石门框，门额书"见松黄公祠"，大门两侧原有对联"江夏垂德源流远；三七遗芳世泽长"，现无存；前堂门外有一小院子，院两侧各有一门楼，院内有一口井。

每年清明和重阳节，村民到祠堂、祖坟祭祀先祖。重大节日期间，村民集中吃大盆菜。

赛龙舟和舞醒狮是村中主要的民俗活动。赛龙舟形成于清朝，流传至今。

代表性人物：

黄凤虬，明代岁贡，以秀才身份升入京师国子监读书。

曾千祺，清雍正元年（1723年）癸卯恩贡，以秀才身份升入京师国子监读书。

黄时进，清乾隆二十三年（1758年）戊寅岁贡，以秀才身份升入京师国子监读书。

黄云高、黄珠，均为嘉庆例贡，援例捐纳，取得入读国子监资格。

黄天妹（1914—1945），又名黄天，革命烈士。1940年参加抗日游击队，后为广东人民抗日游击队东江纵队中队长。1945年在宝安县一区剿匪战斗中牺牲。

黄金水（1925—1944），革命烈士。1943年参加广东人民抗日游击队东江纵队，担任小队长。1944年在东莞涌头东侧战斗中牺牲。

（资料填报：黄金基；初稿撰写：张锴生；分纂：程建）

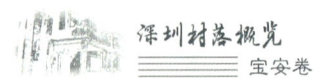

溪头社区

溪头村

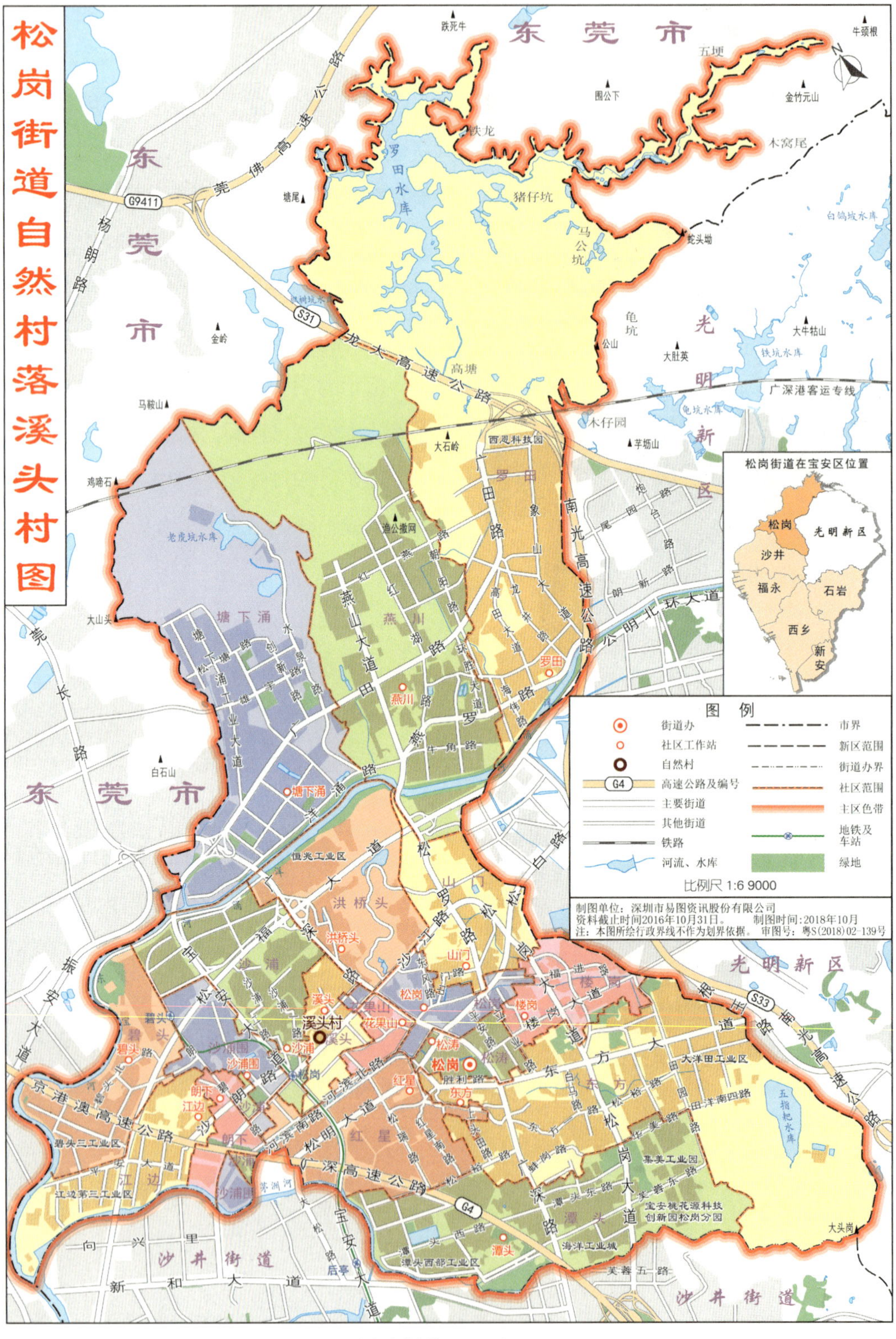

溪头村位置示意图

◎ 溪头村一角（孙明 摄于2018年）

溪头村，位于松岗街道中部偏南，距离街道办事处1.5千米。相邻自然村有洪桥头村、沙浦村、花果山村。村旁有东山（上山头）、西山（下山头）、东西山（滩碓山），海拔25米。松岗河流经村南面。

溪头村原名关涌。该村王氏祖先最早从山西迁至福建，又迁至广东增城棠村，之后迁到东莞厚街，清初迁至当地定居。该村有小溪与松岗河贯通，村居于小溪之头而取名溪头村。

清朝，属新安县。1914年，属宝安县黄松岗乡。中华人民共和国成立之初，属宝安县松岗、沙井、新桥、雍睦、凤凰联乡；1951年，属宝安县第四区沙岗乡；1958年10月，属超美公社；1959年，属松岗公社沙溪大队；1979年1月，属深圳市松岗公社；1981年10月，属深圳市宝安县松岗公社；1983年7月，属宝安县松岗区沙溪乡；1986年10月，属松岗镇沙溪行政村；1990年12月，属松岗镇溪头行政村。1993年1月，属深圳市宝安区松岗镇；2004年，属松岗街道溪头社区。

世居村民为汉族，广府民系，使用粤方言。村民主要为王姓。

2015年末，户籍人口820人，其中男性480人，女性340人；80岁以上25人，最年长者101岁（女）；实际在村人口640人；海外留学1人。非户籍外来人口26350人。祖籍该村的香港同胞98人、台湾同胞1人。祖籍该村的华侨1人，居瑞士。

传统经济为农业，种植水稻、香蕉、荔枝等。改革开放后，村集体兴建厂房，招商引资。村民主要收入来源为集体经济分红、房屋出租等。该村出产酸菜等特色农产品。春节期间，村民会自制油角、炒米饼、煎堆等特色食品。

国道G107线广深公路、沙江路经过该村。1990年通电话，1993年通自来水，1994年通电，1998年通互联网，2005年实现村道水泥硬底化。

村里有溪头幼儿园，2015年在园幼儿200人，教职工37人。建有青少年活动中心、足球场、休闲公园、老年人活动中心。溪头社区图书馆于1995年12月开馆，是当时深圳市最大的农村图书馆，藏书4000册。

◎ 溪头村传统广府民居（孙明 摄于2016年）

◎ 溪头村传统民居檐下壁画（孙明 摄于2016年）

◎ 溪头村王氏大宗祠（孙明 摄于2016年）

◎ 溪头村村委办公楼（孙明 摄于2016年）

传统民居为广府民居，现存10间，坐北向南，多数为三开间，清水砖外墙，硬山顶，灰瓦覆盖，屋脊大多为船形脊，有的山墙或门廊处上部有彩色灰塑，个别门厅屋檐下有彩色壁画。其中，位于该村东部的45号民居较有代表性。该民居建于清代，占地面积95平方米；博风处有彩色灰塑装饰，内容为宝瓶、书卷、瑞兽等；封檐板木刻花卉，檐下有彩色壁画，内容为人物、山水和花卉。溪头四区193号民居，建于清代，占地面积43.3平方米，坐北向南，两开间两进布局，砖木石结构，清水砖外墙，墙角使用条石加固；硬山顶，灰瓦覆盖。

王氏大宗祠，始建于清初，清道光二十九年（1849年）重修，1999年再次重修。占地面积380平方米，坐北向南，三开间三进两天井；砖木石结构，清水砖墙，红砂岩石墙裙，硬山顶；前堂为博古脊，中、后堂为船形脊，碌筒瓦覆顶。该祠门额"王氏大宗祠"，书于清朝。有"重修祖祠碑记"，立于清道光二十九年。大门两侧有对联"厚街支派；关涌源流"。是宝安区不可移动文物。

村里有醒狮队，每逢大年初一挨家挨户给村民拜年。

清明及重阳节，村民会到祠堂祭祖，到山坟扫墓。端午节期间，村民组织龙舟队参加松岗街道的赛龙舟活动。

溪头村在改革发展进程中，始终得到国家、省、市、区各级领导的关心和支持。1994年11月

26日，广东省人大常委会副主任方苞，珠海市委常委、斗门县委书记、县长苏泽群等视察溪头村。同年12月6日，中共中央宣传部常务副部长徐惟诚，中共中央宣传部出版局副局长宋镇玲等在市、区、镇领导陪同下视察溪头村。1995年10月26日，中共中央政治局委员、广东省委书记谢非在宝安区领导陪同下视察溪头村。同年12月3日，文化部图书馆司司长杜克、广东省文明办主任蓝红为溪头村图书馆开馆揭幕。1996年3月12日，中共中央宣传部常务副部长郑必坚在省、市、区有关领导陪同下到溪头村视察"两个文明"建设情况，并题词"当好人民公仆，建设文明新村"。

◎ 溪头村龙舟队（孙明 摄于2016年）

1997年，溪头村被中央文明办评为全国村级达标图书馆村。2009年3月，被广东省爱国卫生运动委员会评为广东省卫生村。

代表性人物：

王国斐，字恭其。参加清乾隆元年（1736年）乡试中举。北上途中患病，返家后病逝，年仅32岁。

（资料填报：王礼森；初稿撰写：张锴生；分纂：程建）

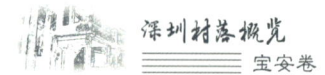

燕川社区

燕川村

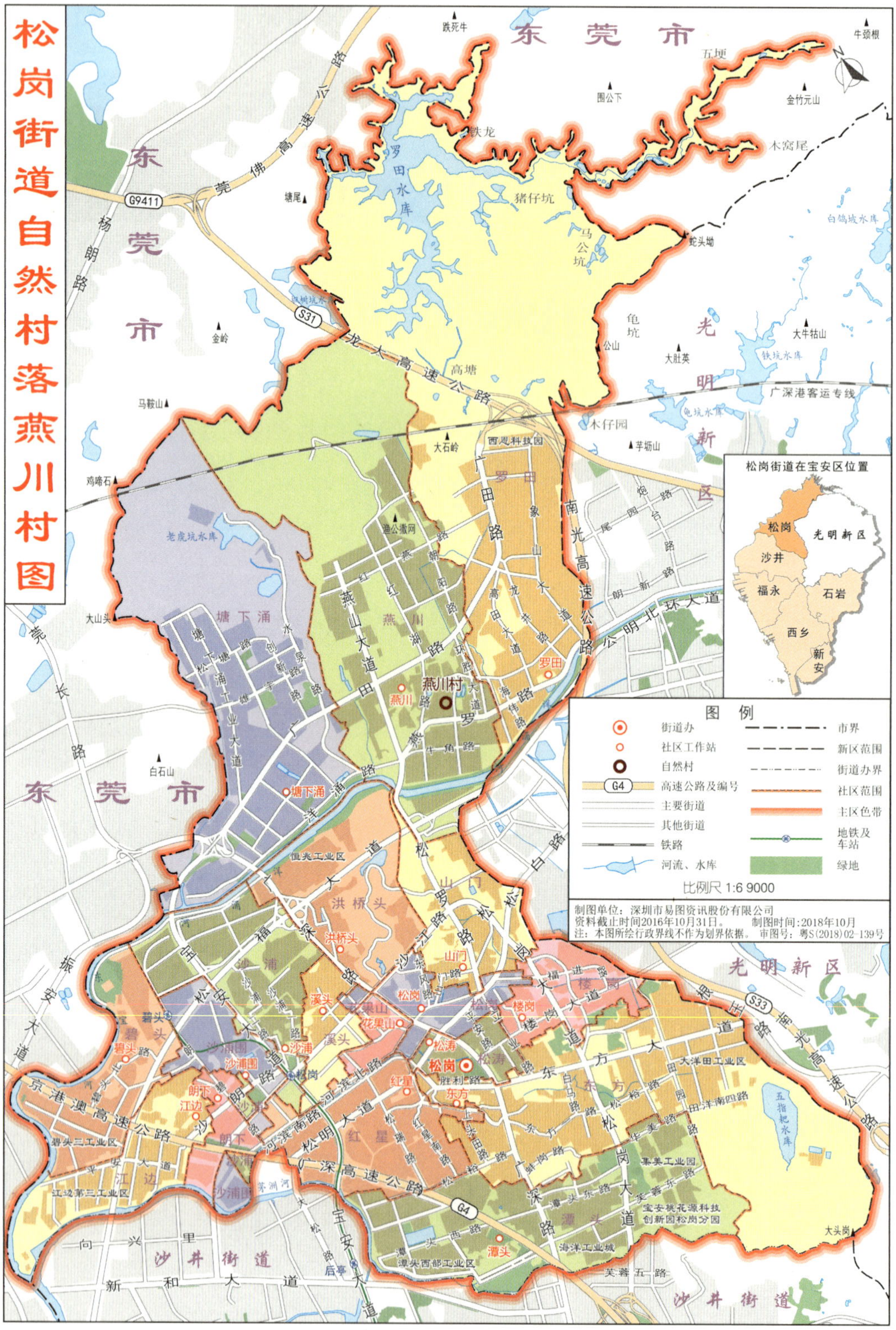

燕川村位置示意图

◎ 燕川村村貌（何致友 摄于2017年）

燕川村，位于松岗街道东北部，距离街道办事处约4千米。相邻自然村有罗田村、塘下涌村。该村北面隔罗田林场与东莞市大岭山镇相接。村内有金谷山、天鹅山、圆头岭、鹧鸪岭等，最高海拔约70米。洋涌河流经村南面。

该村陈氏奉陈朝举为一世祖。元代初期，五世祖陈友直开基燕川。据文献记载，燕川村原称"燕村"或"燕邨"。传说燕川得名是因村前有一河流，古名燕水（即今洋涌河），故名。当地有"三丫流埋归一丫，唔中状元中探花"的俗语。三丫分别指鹅公岭、莳禾叉、瓦窑，三丫分布有如燕子形。

元朝至明万历元年（1573年），属东莞县；明万历元年至清朝，属新安县。1914年，属宝安县黄松岗乡。中华人民共和国成立之初，属宝安县松岗、沙井、新桥、雍睦、凤凰联乡；1951年，属宝安县第四区燕塘乡；1958年10月，属超美公社；1959年，属松岗公社燕川大队；1979年1月，属深圳市松岗公社；1981年10月，属深圳市宝安县松岗公社；1983年7月，属宝安县松岗区燕川乡；1986年10月，属松岗镇燕川行政村；1993年1月，属深圳市宝安区松岗镇；2004年，属松岗街道燕川社区。

世居村民为汉族，广府民系，使用粤方言。村民主要为陈姓。

2015年末，户籍人口1482人，其中男性710人，女性772人；80岁以上57人，最年长者98岁（男）；实际在村人口1400人；海外留学11人。非户籍外来人口约10万人。祖籍该村的香港同胞约2000人、台湾同胞1人。祖籍该村的华人华侨16人，主要分布在澳大利亚、美国和加拿大。

传统经济为农业，种植水稻、花生、番薯、甘蔗等。改革开放后，村集体投资建厂，发展工业，目前以物业出租为主。村民主要收入来源为商业经营、工资性收入、集体经济分红、房屋出租。传统特色农产品荔枝、西瓜等较为有名。春节期间，村民均能自制茶果、油糍、割刀、薯

◎ 燕川村陈氏宗祠（孙明 摄于2016年）

◎ 燕川村处静陈公祠（孙明 摄于2016年）

生、薄撑、油角、松糕、寿桃、糖不甩、芋羹、咸煎饼、艾挞、鸡蛋角等特色食品。

南光高速S33线、广田路、松罗路经过该村。1965年通电，1970年通电话，1980年通自来水，1996年实现村道水泥硬底化，1998年通互联网。

2015年，村里有燕山学校、标尚学校，各有9个年级，共98个教学班，在校学生4865人，教职工295人。有燕川幼儿园、博蕾幼儿园、祥纹幼儿园、燕罗（国际）幼儿园，在园幼儿总共1096人，教职工总共169人。村里建有篮球场、足球场、羽毛球场、游泳池、燕川公园、文化广场、天鹅山公园、星光老年之家等。另开设燕景华庭图书室，藏书1.5万册。

该村历史遗存丰富，有古遗址、民居、宗祠、私塾旧址、碉楼、寺庙、墓葬、古井、驿道等。古遗址有4处，分别为禾窑口山遗址、大石寨山遗址、铁公坑山遗址和锦擎山遗址，均位于罗田水库库区，属新石器时代晚期并延续到春秋时期，遗物主要有陶片、石器。原址已经新建楼房，遗址无存。

该村传统民居为广府民居，现存60余间。其中二区28号民居较有代表性。该建筑坐北朝南，三开间两进布局，凹斗式大门，硬山顶，船形脊，碌筒灰瓦覆顶，门额有灰塑，砖木石结构、石砌墙裙墙角，清水砖墙。

村内现存代表性宗祠5座。陈氏宗祠，是燕川村陈氏总祠，始建年代不详，清光绪二十二年（1896年）重修，占地面积924平方米。宗祠坐北向南，为五开间四进三堂两横带后枕杠间布局，建造精美，布局严谨。大门两侧有对联"门环燕水；祠对麟峰"。中堂木柱有对联"颍水振家声肯构肯堂共沐古灵教泽；德邻绵世胄群昭群穆远承朝举宗风"。神龛前红砂岩石柱有对联"祠宇维新燕水源流滋大地；山川依旧麟峰日月照中天"。神龛有对联"燕翼绵长一脉三支承祖德；川流不息千秋万代荐宗功"，横批"祖德流芳"。后堂屏门石柱有对联"源洛阳本闽侯徙珠玑分布燕荷沙三派宗枝同竞秀；入枢密参政议擢科第友恭道适运一堂花萼永联辉"。1944年7月1日，广东人民抗日游击队东江纵队在此召开广东省第一个县一级抗日民主政权——东宝行政督导处成立大会，并将行政机关设于祠内。1949年至1982年，用作燕川小学校址。1999年3月，被宝安区人民政府公布为

◎ 燕川村守愚陈公祠（孙明 摄于2016年）

◎ 燕川村素白陈公祠（孙明 摄于2016年）

区级文物保护单位。2001年，辟为宝安抗日纪念馆主馆，是深圳市爱国主义教育基地。

处静陈公祠（俗称五房祠），始建于明末，清代重修，2006年重建，占地面积600平方米。宗祠坐西向东偏南，主体三开间三进。门匾"处静陈公祠"。祠旁为锦绣园，其前部原为见兰祖厅。大门两侧有对联"仁厚万世；义德千秋"，为旧联新书。中堂石柱有两副对联"处斯事事斯明明是明非明法典承吾祖德；静则思思则学学诗学礼学儒宗训我贤孙""仁厚以居其心博爱以达其道高风昭万古；义德而存其志好施而见其量美誉著千秋"。后堂石柱有对联"承先启后维贤维德克振箕裘光阀阅；继往开来思敬思孝虔将俎豆荐馨香"。神龛有对联"宗承颍水源流远；裔衍太丘世泽长"，横批"百世其昌"。锦绣园大门两侧有对联"一道长廊留雅座；满园佳景佐清谈"。

守愚陈公祠，又名乡贤祠，始建于明万历四十二年（1614年），清代重修，2006年由燕川村委出资重建，建筑面积520平方米。宗祠坐西向东偏南，三开间三进。门匾"守愚陈公祠"。大门两侧有对联"乡贤世泽；督学家声"，为旧联新书。中堂石柱有对联"郭北绕芳林高树连云纵目远山浮翠黛；祠前临艺圃繁花簇锦凝眸近水映嫣然"。神龛有对联"太丘德望传香远；颍水渊源奕世长"，横批"百世其昌"。神龛石柱有对联"千年旧物鉴古证今又焕栋梁天降福；一代新人腾蛟起凤重辉祠宇地生香"。后堂陈向廷肖像石柱有对联"事功从学术做来进士世家长焕彩；道德由文章炫出乡贤祠宇永留香"。当地传说，古代人们经过该祠时，武官须下马，文官须下轿。

素白陈公祠，是陈氏分支祠堂，始建于清后期，2000年维修，建筑面积213平方米。宗祠坐西向东偏南，为三开间两进一天井布局。门额红石匾书"素白陈公祠"。原大门两侧有对联"素风朴厚；白日精华"。原中堂石柱有对联"溯聿肇鸿基前代燕翼贻谋祖德宗功绵世泽；看重光进列后人凤毛济美文迎武要振家声"。1928年2月23日，中共宝安县委在此召开第一次全县党员代表大会。1999年3月，被宝安区人民政府公布为第一批重点文物保护单位。2000年，深圳市和宝安区文管办出资维修后，建成中国共产党宝安县第一次代表大会纪念馆，是深圳市党史教育基地、爱国主义教育基地、党员教育基地，宝安区青少年爱国主义教育基地、廉政教育基地。

泽培陈公祠，是燕川村陈氏泽培公房分祠堂，始建于1916年，2001年重修，建筑面积403平方米。宗祠坐北向南偏西，为三开间两进右侧一跨院加前大院围墙布局。石门框上匾书"泽培陈公祠"。1944年7月东宝行政督导处成立后，作为领导机构驻地，现仍保留督导处主任谭天度等人办公室及住处。1999年3月，被宝安区人民政府公布为第一批文物保护单位。2001年，深圳市和宝安区文管办出资维修后，辟为宝安抗日纪念馆分馆，是深圳市爱国主义教育基地。

◎ 燕川村泽培陈公祠（孙明 摄于2016年）

该村遗存的宗祠还有匠耕陈公祠、尚简祖厅、居简祖厅、兰轩祖厅、兰厅、介厅、洙潭祖厅、接溪祖厅、定初祖厅、清源祖厅、乐莘陈公祠、省庵祖厅、离门公厅、周停祖厅等，分布于村内各处。

私塾旧址现存7座，其中，大书坊曾是燕川陈氏最大的私塾。位于陈氏宗祠左侧，始建于清代，经民国时期及当代重修，建筑面积191平方米。坐北朝南，清水砖墙，木梁架，硬山顶，平脊。主要课室是两排长15米左右的房子，是燕川子弟就学的主要场所。现大书坊课室前面新贴瓷砖。其他如巽潮公家塾、秋亭公家塾、钦乾公家塾、伟俊公书塾、登元公书坊、莫景堂等规模较小，是支房系书塾。

现存1座碉楼，建于民国初期，三层，占地面积21平方米，坐北朝南，砖木结构。

寺庙以祥溪禅院最具代表性。祥溪禅院又名祥溪庵、和尚庵，位于燕川村东北角，原为白衣古庙，修建于明代，清康熙年间（1662—1722年）改建为佛教寺庙，清乾隆年间（1736—1795年）更名为祥溪禅院。2001年重建，总面积322平方米。该村明代进士陈向廷年少时曾写一联"千年古树为衣架；万里长江作浴盆"描述禅院景致。大门两侧有对联"佛旨幽玄传功德；禅机浩荡沾慈恩"。大殿有对联"佛殿辉煌人杰地灵千古迹；禅功浩荡民康物阜万家春"。院内供奉如来佛、观音菩萨、弥勒佛、韦驮尊天菩萨、土地神；立有4块碑刻，分别为清乾隆四十四年（1779年）的《重修祥溪禅院序》、清同治八年（1869年）的《祥溪庵重修序》、清光绪二十六年（1900年）《祥溪禅院田碑记》，此3块碑刻详述禅院兴废始末及其田亩和捐赠者等；还有2001年集资捐助名单碑刻。祥溪禅院遗址为宝安区不可移动文物。此外，该村还有禾花妈庙坛、石狗公庙坛、北帝庙、三界庙、龙女庙、文武庙等寺庙建筑。

燕川陈氏先祖墓葬保存较多，主要位于村内圆头岭山、鹅公岭山及松山墓园。其中，七世祖陈彦辉、蔡氏合葬墓建于明永乐三年（1405年），占地面积87平方米。陈向廷墓始建于明天启元年（1621年），半椭圆形，墓堂右侧立有墓志，墓碑长方形，两侧有对联"贪狼原气复；文曲应循环"。以上两墓均于2004年8月被列为宝安区不可移动文物。除此以外，还有九世祖陈荣斌、文氏合葬墓，陈富斌、庄氏合葬墓，陈让、方氏合葬墓，龙坑山义冢等。

村内尚有3口古井，均为圆形井口，圆形内壁，砖石结构，现仍在使用。

古驿道是2015年普查的新发现。该驿道以燕川村守愚陈公祠为起点，向北到达东莞大岭山，在康熙、嘉庆《新安县志》中称为"莲花径"。

燕川陈氏历代重视谱牒编修，留下不少有价值的家谱、族谱资料。明景泰元年（1450年），陈让主笔第一次修谱。明万历二十四年（1596年），陈大谏续修。进入清代后，燕川陈氏迅猛发展，支系繁多，出现多本私人私房所记家谱、系谱、房谱。民国初年，甘淡房修《民国燕川陈氏洙潭房谱》。1941年，有佚名抄本陈氏甘淡系并茂房《家谱》。1943年，有乡贤房《民国燕川陈氏国祐房谱》。1995年，陈俭燊修订松隐房二十一世镇汉房《陈门宗亲族谱》。同年，陈创业撰二十一世祖增富房家谱及手抄增富房旧谱。1996年，陈景仁撰竹峰房十八世相文房谱。同年，陈庆平等整理二十二世泽培房谱系。近年来，还有私人整理的接溪房陈本心家谱、兰轩房陈松芳家谱等。2011年7月，成立《深圳宝安德邻堂燕川陈氏族谱》五修谱编纂委员会，陈瑞明任主任，负责燕川陈氏五修谱的领导工作，聘请彭全民为主编，2013年12月完成。这是迄今为止收录燕川陈氏资料最多、入谱人数最多、最为翔实的地方谱牒，反映了燕川陈氏的历史风貌和世系源流。

每年农历八月二十三，在陈氏宗祠举行祭祖活动，这是燕川村最重要的宗族活动。当天，燕川、荷坳、沙井三大房宗亲代表齐聚陈氏宗祠祭祖。每年轮流由各村宗亲代表宣读祭文，燕川、沙井的醒狮，荷坳的舞麒麟现场助兴。

燕川村在民国时期流行"摆路"习俗。有的村民在离燕川村较远的地方耕种。在收割的时节，他们将稻谷挑回燕川，沿途有人摆糖水，供挑谷者喝。喝了糖水的村民要送些稻谷给"摆路"人。"摆路"也成为一种生意人的行当。

此外，燕川村还有赛龙舟的习俗。

燕川村不仅传统文化积淀深厚，也在深圳近代历史上发挥了重要作用。

1924年下半年，中共党员黄学增、龙乃武与何友逖到宝安县开展建党工作，在松岗燕川、公明楼村等地发展了宝安县第一批党员。1925年，燕川村成立党小组，陈细珍为组长。1928年2月23日，中共宝安县委在素白陈公祠召开第一次全县党员代表大会，到会党员代表19人，会上选出了中共宝安县第三届委员会，选出县委委员9人，候补委员3人。陈细珍被选为中共宝安县委候补委员。大会结束后，召开第一次常务会。这次大会通过了《提案大纲》，决定重新组织各级党组织，进一步发展党员；加强宣传工作，创办农民学校、夜校，翻印《红旗》《布尔什维克》等党内刊物；开展农民运动，成立士兵委员会和工人运动委员会；进行土地革命，开展抗租、抗捐、抗税斗争。1928年4月,县委制订"宝安暴动计划",并于4月下旬和5月初,在广东省委直接领导下,发动了三次武装暴动,有力打击了国民党的统治。

1944年开始,根据中共中央建立抗日民主政权、进行抗日根据地建设的指示精神,广东人民抗日游击队东江纵队在东莞、宝安地区建立多个区、乡、村抗日民主政权,在此基础上,7月1日,在燕川村成立广东省第一个县一级抗日民主政权——东宝行政督导处。谭天度(1893—1999)为主任,何鼎华、王士钊为副主任。督导处的成立大会在陈氏宗祠召开,行政机关设于祠内,领导机构设于泽培陈公祠。督导处下设政治、财经、民政、司法、宣教、税务6科以及武装部、政工队、新大众报社和警卫连等机构,管辖10个行政区,包括宝安4个、东莞5个行政区及梅(塘)长(安)塘(厦)区办事处,共43个乡政府、60多万人。1946年6月,东江纵队北撤,督导处停止运作。1995年8月11日,谭天度携夫人陈新重访阔别50年的东宝督导处旧址(泽培陈公祠)。

2002年1月,燕川村被广东省爱国卫生运动委员会评为广东省卫生村。2008年9月,被广东省社区建设工作领导小组评为"六好"平安社区。2010年9月,被广东省民政厅评为"六好"平安和谐社区。

代表性人物:

陈让(1423—1505),燕川陈氏十世祖,字克逊,号守愚。平生好学,擅作诗歌,著有《诗集》四卷。明景泰元年(1450年),主笔第一次修撰燕川陈氏族谱。明万历四十二年(1614年),经朝廷批准,入祀乡贤。

陈大谏,燕川陈氏十四世祖,字遂忠,号菊坪。明嘉靖四十三年(1564年)甲子科举人,名列第六。先后任湖广荆州通判、福建汀州府通判。明万历二十四年(1596年),主持第二次修撰燕川陈氏族谱。离任后居于家乡。死后以子向廷故,诰封户部郎中。

陈向廷(1570—1619),燕川陈氏十五世祖,陈让五世孙,陈大谏次子,字仪翔,号美用。明万历二十一年(1593年),以选贡身份进入北京国子监;明万历二十五年(1597年)中举;明万历二十六年(1598年)戊戌科赵秉忠榜第三甲进士。历任徽州府推官、抚州府推官,掌理刑名、赞计典;大理寺评事、左寺副,负责案件审理;户部福建司员外郎、广西司郎中。明万历四十三年(1615年)升任山东提学副使。著有《觉草梦》《百尺楼遗稿》七卷。

陈向荣,陈大谏三子,明万历三十七年(1609年)岁贡生。陈岳灵,清乾隆例贡生。陈岗灵,清乾隆例贡生。陈纬,清嘉庆例贡生。陈壮澜,清嘉庆八年(1803年)岁贡生。

陈细珍(1894—1947),1923年参加革命。1924年,在广州农民运动讲习所工作,同年加入中国共产党,是宝安县第一批中共党员。1925年,任燕川村觉小组组长、五区农民协会常委。在1928年2月23日召开的中国共产党宝安县第一次党员代表大会上,被选为候补委员。国民革命运动失败后到香港开展地下工作。1942年回燕川参加人民游击队；1944年，在东宝行政督导处负责减租减息工作。1947年3月，被国民党逮捕，押送至东莞虎门监禁。同年7月，在松岗白鸽山（即花果山）遭杀害。1983年5月，被民政部追认为革命烈士。

（资料填报：陈秋明；初稿撰写：张锴生；分纂：程建）

石岩街道

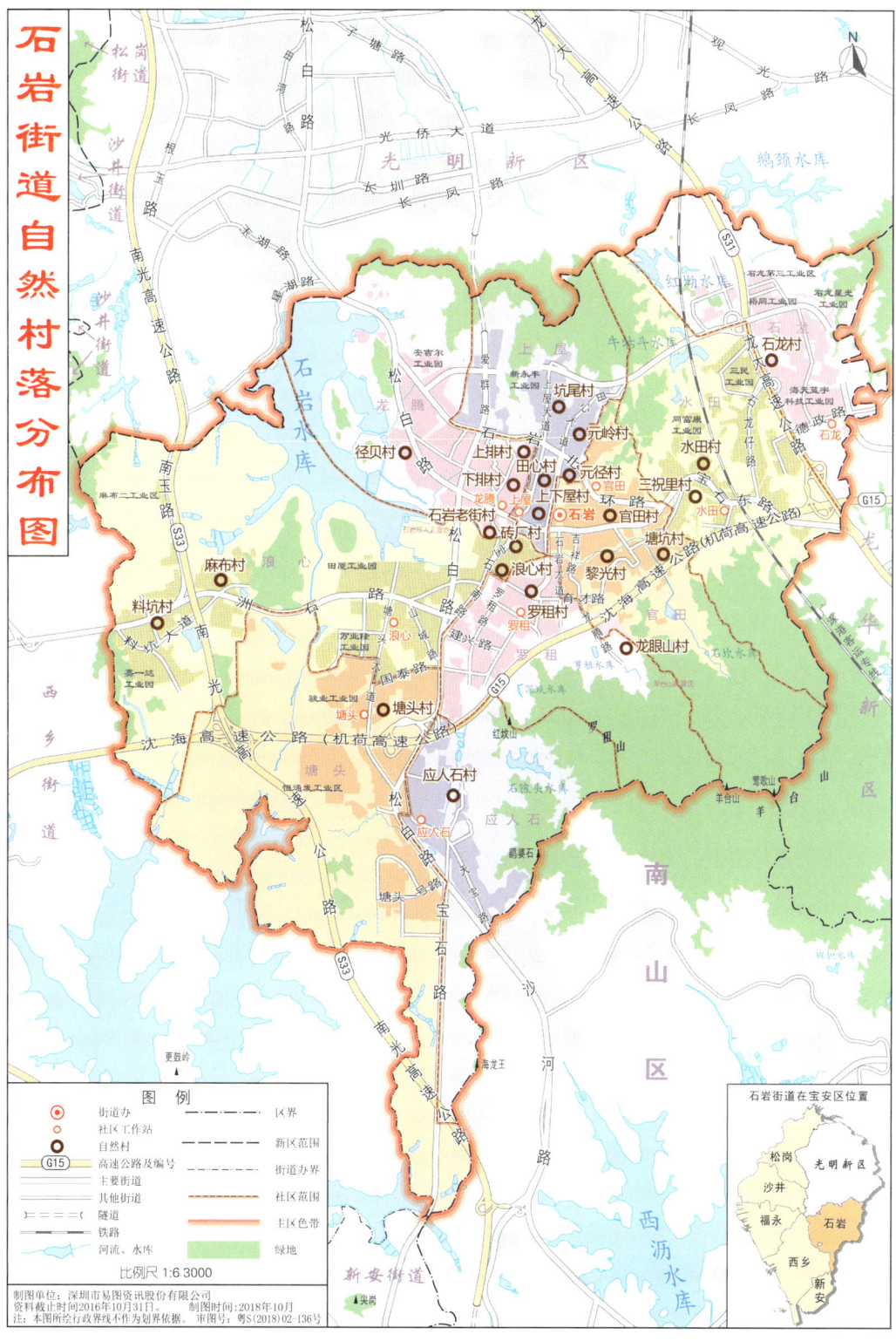

石岩街道自然村落分布图

概　述

　　石岩街道位于深圳市宝安区东部，西接西乡街道，东临龙华新区大浪街道，南邻南山区西丽街道，北接光明新区公明、光明街道，面积65.9平方千米，辖21个社区。2015年末，常住人口26.4万人，户籍人口1.79万人。

　　石岩地处丘陵地带，四面环山，西北镶嵌着美丽清幽的石岩湖，东南高耸着深圳西部第一高峰阳台山，主峰海拔587.3米；石岩河自东向西在域内流过。年平均气温22.4℃，年平均降水量1570毫米。

　　石岩原名乌石岩，因境内有一岩洞，洞内置一玉观音，中央有大石座，供奉者燃放鞭炮时将鞭炮掷其上，显褐色，故名"乌石岩庙"。旧墟也因而得名乌石岩墟。后改名石岩。

　　本地域明清时期属新安县。民国时期，属宝安县。中华人民共和国成立之初，属宝安县石岩乡；1958年10月，属超英公社；1959年，属南头公社；1961年7月，属南头区石岩公社；1963年1月，属南头公社；1975年8月，属石岩公社；1979年1月，属深圳市龙华区石岩公社；1981年10月，属深圳市宝安县石岩公社；1983年7月，属石岩区；1986年10月，属石岩镇；1993年1月，属深圳市宝安区石岩镇；2004年，属石岩街道。

　　传统经济以农业为主，主要种植水稻、龙眼、芒果、荔枝等，是原宝安县的主要产粮基地。改革开放后，各类企业纷纷进驻石岩，原村民不再从事农业生产，主要收入来源为集体经济分红、房屋出租，经营企业、商业。1986年，石岩镇被广东省命名为"工业卫星镇"。1993年，石岩镇有较大规模的工业区18个，有"三来一补""三资"企业311家，先后引进北大方正集团、长城计算机集团等，初步形成发展高新技术产业的良好集聚效应。高新技术产业产值在全镇国民经济中所占比例逐年提高，高新技术产业成为主导产业。2015年，石岩街道地区生产总值342.28亿元，实现规模以上工业总产值1137.33亿元，规模以上工业增加值219.46亿元，社会消费品零售总额59.20亿元，固定资产投资额47.55亿元，国税、地税收入51.86亿元，公共财政预算收入9.64亿元。

　　石岩交通便捷，机荷高速、南光高速、龙大高速、石观路、松白路形成了对外联系的交通网络。

　　2015年底，石岩街道列入普查范围的自然村有23个。世居村民为汉族，除了浪心村属广府民系外，其余均属客家民系，使用客家方言，主要姓氏有叶、曾、邓等。辖区村落大多始建于清朝初年，清初曾实行"迁界禁海"，其后又复界，清康熙十五年（1676年）后，从今河源、梅州、惠州等地招徕大批客家人到此开垦，形成了现在的村落布局。

　　至2015年底，石岩街道有47处不可移动文物点，其中古遗址6处、古墓葬4处、古建筑18处、近现代重要史迹及代表性建筑19处。浪心村、田心村古民居保存比较完整,水田村、罗租村、官田村、上排村古民居保存相对较好。辖区保存有22座祠堂、书室,大多保留古建筑的原貌,具有较高的历史和艺术价值。还保留14座碉楼,富有特色。

石岩本地特色的非物质文化遗产有客家山歌,石岩客家山歌对研究客家先民1000多年来的迁徙过程中,长期以来与迁入地原住民相融相处、取长补短,与南方各地的土语山歌互相影响与融合的历史具有十分重要的意义,对研究古代音乐及客家山歌音律艺术及客家语言特点具有一定的参考价值。2007年,"石岩客家山歌"被列入广东省非物质文化遗产名录。石岩的水田舞麒麟也很有特色,2015年被列入区级非物质文化遗产名录。

石岩人民有光荣的革命传统。大革命时期,中共领导的宝安县两次农民暴动都是首先在石岩起义。抗日战争时期,阳台山抗日根据地发挥了重要作用,特别是在营救香港文化名人行动中做出重大贡献,至今还保留有营救文化名人的龙眼山蕉窝遗址等。

石岩街道代表性人物:麻布村周振东,抗日游击队情报员;官田村叶挺芳,曾被授予中华人民共和国三级独立自由勋章、三级解放勋章。

石龙社区

石龙村

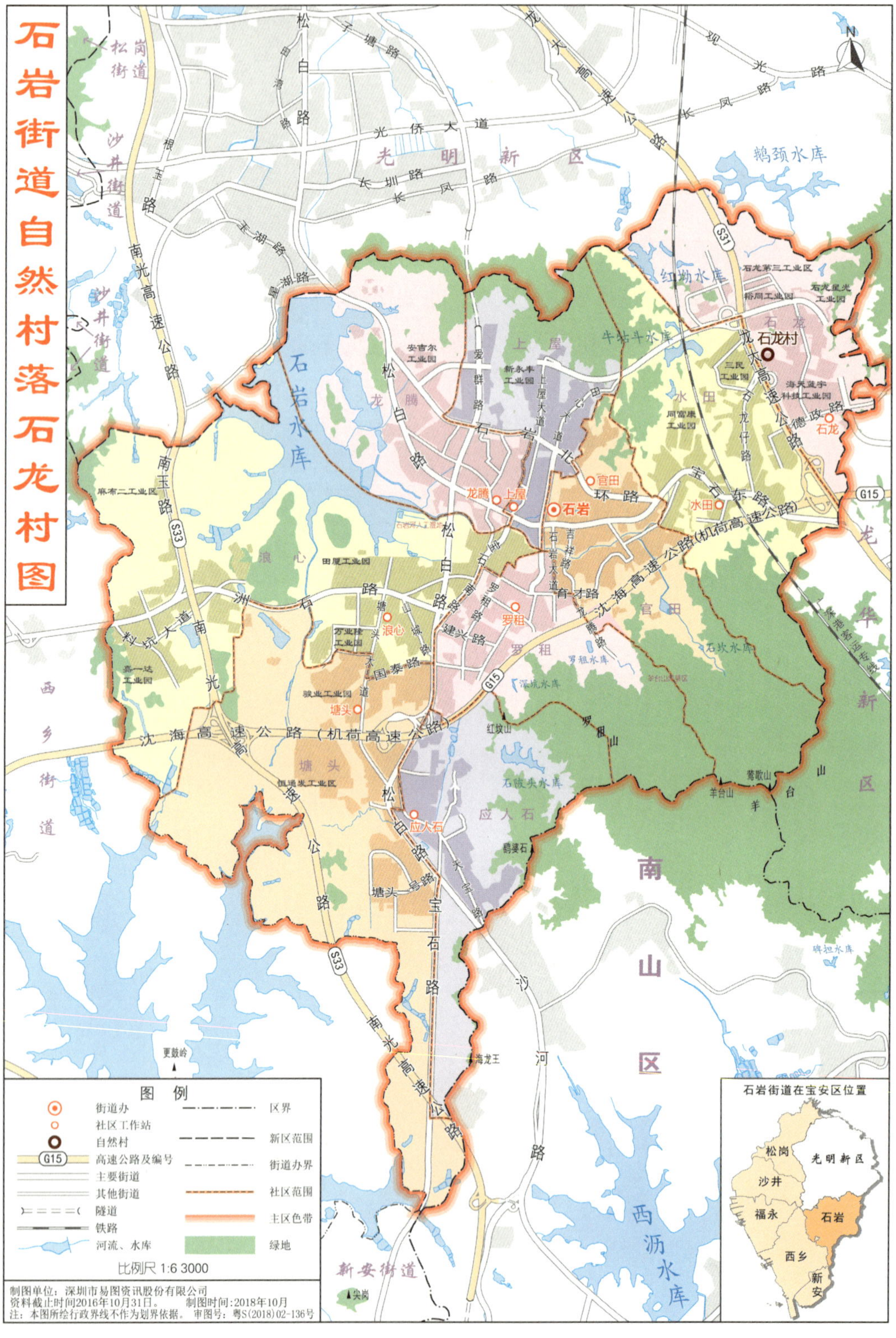

石龙村位置示意图

◎ 石龙村村貌（叶嘉麟 摄于2018年）

石龙村，位于石岩街道东北部，石岩河北岸，距离街道办事处约4.8千米。相邻自然村有水田村和大浪街道大船坑村、横朗村。因村后有大隆肚山，旧称石隆村，近代改称石龙仔。石岩河发源于石龙仔。牛牯斗水库位于石龙仔上游约800米处。

始建于清朝中晚期，现村于2000年在旧村周边新建和扩建居民楼房而形成。

清朝，属新安县。1914年，属宝安县乌石岩乡。中华人民共和国成立之初，属宝安县石岩乡；1951年，属宝安县第三区石岩乡；1958年10月，属超英公社；1959年，属南头公社水田大队；1961年7月，属南头区石岩公社；1963年1月，属南头公社水田大队；1975年8月，属石岩公社水田大队；1979年1月，属深圳市石岩公社；1980年，属石岩公社石龙仔大队；1981年10月，属深圳市宝安县石岩公社水田大队；1983年7月，属宝安县石岩区水田乡；1986年10月，属石岩镇水田行政村；1993年1月，属深圳市宝安区石岩镇水田行政村；2004年，属石岩街道水田社区；2008年，属石岩街道石龙社区。

世居村民为汉族，客家民系，使用客家方言。村民主要为叶、林两姓。第一大姓为叶姓，明末清初从江西迁至广东博罗；清康熙二十八年（1689年）从博罗鲇鱼阁（今博罗县龙溪镇苏村）迁至新安县乌石岩官田；清中晚期从乌石岩官田迁至当地。第二大姓为林姓，清朝中晚期从新安县龙华迁至当地。

2015年末，户籍人口342人，其中男性150人，女性192人；80岁以上12人，最年长者93岁（女）。非户籍外来人口11万人。祖籍该村的香港同胞41人。

◎ 石龙老村（孙明 摄于2016年）

◎ 石龙村口老榕树（孙明 摄于2016年）

◎ 石龙仔碉楼（孙明 摄于2016年）

◎ 石龙村村委办公楼（孙明 摄于2016年）

传统经济以农业为主，种植水稻、菠萝、荔枝、龙眼、柿子。现村集体经营工业开发区，厂房物业出租。村民主要收入来源为工资性收入、集体经济分红、房屋出租。特色传统（节庆）食品有鸡屎藤粄、格子粄、喜粄。

沈海高速G15线、龙大高速S31线、省道S359线、石观路、石龙大道经过该村。1960年通电，1980年通电话，20世纪80年代通自来水，1999年通互联网，2004年实现全村村道水泥硬底化。

村内有春天幼儿园，2015年在园幼儿270人，教职工32人。有篮球场、老人活动中心、党群活动室、图书室，藏书3000册。

传统民居为客家民居，现存8间。代表性民居有石龙碉楼右侧民居，建于清朝，占地面积150平方米，坐东北向西南，八开间单进深，砖木土结构。墙体使用三合土夯筑而成，硬山顶，灰瓦覆面。保存现状较差。

石龙仔碉楼，始建于民国初年，坐西朝东。碉楼平面呈长方形，高五层；土木结构，主体墙为三合土夯筑而成，南面、北面墙上各设两个红色鱼形排水口；平顶，护墙四面各开两处射击孔；外侧、拐角处饰红黑彩绘，东南、西北对角各设一射击掩体。为宝安区不可移动文物。

石龙仔新围仔遗址位于石岩河上游，两条河流交汇处，海拔60—70米的台地上，采集到较多的瓷片及少量陶片，地表及断面上遗物都比较丰富，有瓷碗底及铜钱等唐宋以来古文化遗物。瓷片底1件，灰胎，圈足较厚，外釉脱落，内施青绿釉到底，冰裂纹饰，质地较差，残高2.2厘米、底径4.5厘米。铜钱1枚，外圆内方，字迹模糊，依稀可辨为乾隆通宝，内径0.6厘米、外径2.2厘米、厚0.1厘米。

石岩叶子标墓，位于石龙村后山，始建于清朝，重建于清光绪年间（1875—1908年）。2015年重修，现为宝安区不可移动文物。

村中有《叶氏族谱》。每年清明节、重阳节，叶氏宗亲到先祖叶子标墓祭拜。林氏宗亲每年春节到水田林氏家祠举行祭拜仪式，吃大盆菜。舞麒麟拜家门，形成于清朝。春节等节日期间，水田村舞麒麟队伍来到石龙村表演，走家串户拜家门，每家都会赏红包以示吉利。

抗战时期，石龙仔是抗日游击队根据地，1943年9月30日，广东人民抗日游击总队指挥钢铁队在乌石岩附近的石龙仔伏击国民党军，歼敌一个排。

（资料填报：叶嘉麟；初稿撰写：汪焕儒；分纂：程建）

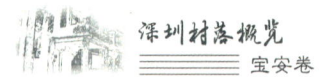

水田社区

水田村

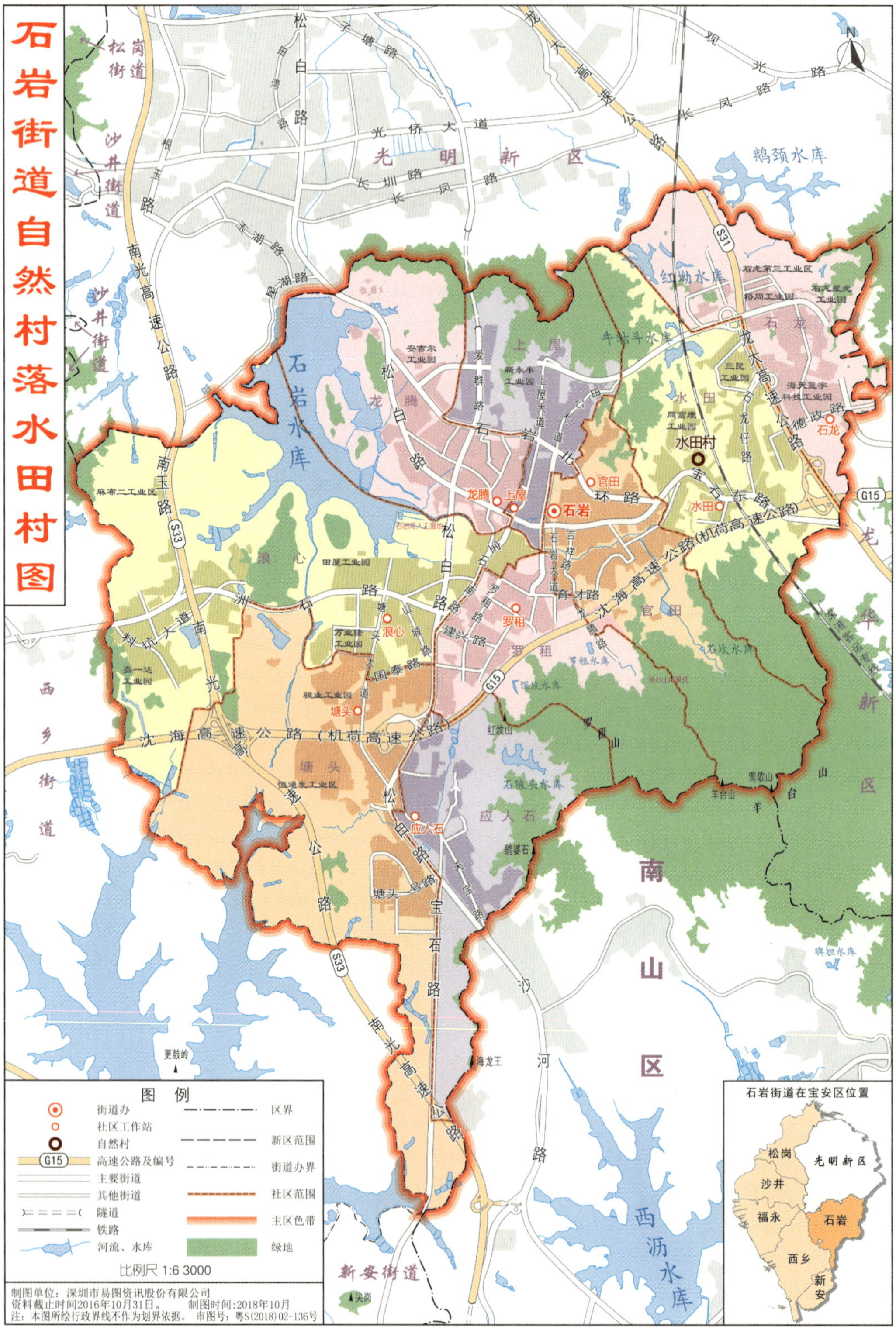

水田村位置示意图

◎ 水田村村貌（林志祥 摄于2018年）

水田村，位于石岩街道东北部，石岩河东岸，距离街道办事处约3千米。相邻自然村有石龙村、三祝里村和龙华区大浪街道横朗村。村周边都是水稻田，故名水田村，曾用名水黄田村，后来简化为现名。始建于清代，由刘、林、郑、邓等先祖相继来到当地定居，繁衍发展而形成。现村于1992年在原村址部分拆建及周边扩建而成。

清朝，属新安县。1914年，属宝安县乌石岩乡。中华人民共和国成立之初，属宝安县石岩乡；1951年，属宝安县第三区石岩乡；1958年10月，属超英公社；1959年，属南头公社水田大队；1961年7月，属南头区石岩公社；1963年1月，属南头公社水田大队；1975年8月，属石岩公社水田大队；1979年1月，属深圳市石岩公社；1981年10月，属深圳市宝安县石岩公社；1983年7月，属宝安县石岩区水田乡；1986年10月，属石岩镇水田行政村；1993年1月，属深圳市宝安区石岩镇水田行政村；2004年，属石岩街道水田社区。

世居村民为汉族，客家民系，使用客家方言。该村第一大姓为刘姓，明清从福建迁移至广东梅州，后从梅州迁移至当地。第二大姓为林姓，清朝时期迁移至当地。第三大姓为邓姓，清朝初期从梅县迁至石岩官田，后从石岩官田迁移至当地。

2015年末，户籍人口1010人，其中男性519人，女性491人；80岁以上17人，最年长者95岁（女）。非户籍外来人口约3.8万人。祖籍该村的香港同胞50人。祖籍该村的华人华侨10人，主要分布在美国、法国、斯里兰卡。

传统经济以农业为主，种植水稻、荔枝、花生、龙眼、芒果、黄皮等。现时村集体经营工业

◎ 水田刘氏宗祠（孙明 摄于2016年）

开发区及物业等。村民主要收入来源为集体经济分红、房屋出租、工资性收入等。特色传统（节庆）食品有春节油角、清明节鸡屎藤粄等。

沈海高速G15线、省道S359线、石观路、水田路经过该村。1960年通电，1980年通自来水，1991年通电话，1992年实现全村村道水泥硬底化，1998年通互联网。村里有水田实验小学，设6个年级，56个班，2015年在校学生3329人，教职工142人。有水田幼儿园。还建有篮球场、新村公园、老人活动中心以及水田图书室，藏书5000册。

传统民居为客家民居。大多为三合土夯筑墙体，少数使用青砖砌筑墙体，或使用麻石条加固墙角和墙裙；砖土木结构，相连成排，硬山顶，灰瓦覆面，平脊。

现存宗祠有4座。刘氏宗祠，始建于清朝晚期，重修于20世纪90年代；占地面积300平方米，坐东向西，三开间两进一天井，砖木石结构，前堂清水砖外墙，后堂及山墙为三合土夯筑而成；硬山顶，灰瓦覆面，船形脊。大门楹联"彭城世泽；禄阁家声"。现为宝安区不可移动文物。

林氏宗祠，始建于清光绪三十四年（1908年），占地面积200平方米，坐北向南，三开间两进，砖木石结构，清水砖外墙，硬山顶，灰瓦覆面。现仍作宗祠使用。

郑氏祠堂，占地面积78平方米，三间两廊；主堂为硬山顶；祠堂高居山中，古朴典雅。祠堂中间是郑氏祖先的牌位，左边供奉观音菩萨，右边供奉土地公。有对联"孝悌忠信能行此四者方为天地完人；士农工商得习其一焉便是吾家肖子"。

邓氏祠堂，于晚清时期建造，其规模与前面的三座祠堂相仿。水田老村的邓氏族人从广东梅县迁来，现在族人每年都要去梅县拜祖先。

水田碉楼，始建于清光绪三十二年（1906年），墙体使用三合土夯筑而成，基础使用青石块，五层，平顶，顶上天台后部建一两面坡顶棚屋，覆盖灰瓦。一层南向开门，二至五层东、南、西向开有小窗，窗口两侧有竖状射击孔，窗口上方有灰塑。东面墙上有一鸟身鱼头形排水孔。平顶的护墙外侧、拐角处饰红黑彩。顶部四面各有一瞭望台，瞭望台两侧各设一射击孔。

水田1932碉楼，始建于1932年，坐东向西，位于三开间民居的右后侧，为碉楼与民居连体建筑形式；高五层，土木结构，墙体使用三合土夯筑而成，木质楼梯；五层顶部正面装饰有灰塑图案，中间有"1932"字样。水田天主教堂，始建于清朝末年，重修于20世纪80年代。

红坳果场，原由石龙村出租给光明农场越南侨民种荔枝。1997年，由水田村委会筹资273万元，付清越南侨民青苗补偿费，收回果场。该果场占地面积2000亩，种植荔枝2.8万株、龙眼2000

◎ 水田林氏宗祠（孙明 摄于2016年）

◎ 水田碉楼（孙明 摄于2016年）

◎ 水田1932碉楼（孙明 摄于2016年）

◎ 水田麒麟队（摄于2016年，水田社区供稿）

株及少量其他果树。

2008年修建广州至深圳高铁，因高铁从该村中间穿过，村中许多古民居被拆除。

每年清明节、重阳节，村里各家族都要组织族人到祠堂、山坟祭拜祖先。

水田舞麒麟民俗距今已有200多年历史，已列入区级非物质文化遗产名录。水田麒麟队的武术表演用的是祖先自创的"武术拳"，打斗起来刚柔相济。尊祖训，此拳不传外村人。目前收集的六种水田麒麟舞传统打击乐曲富有地方民俗特色，有的为村民自创。水田麒麟队不仅在该村表演，还经常受邀去附近村落演出。

2003年1月，该村被宝安区政府评为文明卫生村。2007年6月，被宝安区政府评为文明卫生单位。

2015年，该村被宝安区列入旧村改造项目。

代表性人物：

刘天佑（1911—1946），中共党员，广东人民抗日游击队东江纵队班长，1946年在东莞县大岭山战斗中牺牲。

郑文华（1935—），1992年至1996年任广东省公安厅三处处长。

（资料填报：林文开；初稿撰写：汪焕儒；分纂：程建）

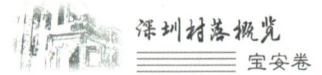

三祝里村

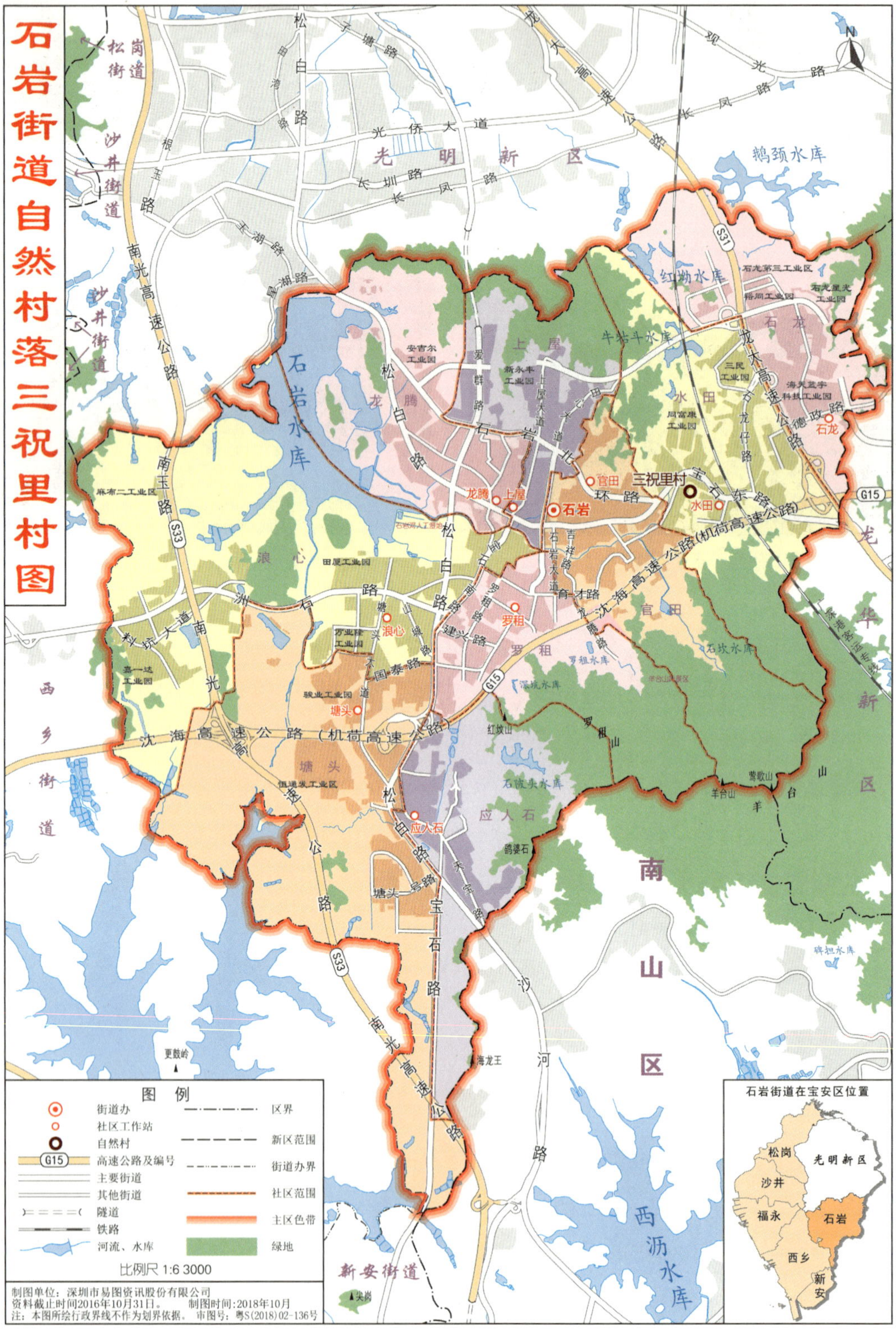

三祝里村位置示意图

◎ 三祝里村一角（孙明 摄于2016年）

三祝里村，位于石岩街道东部，石岩河南岸，距离街道办事处约3千米。相邻自然村有水田村、塘坑村。因距石岩古墟足三里路而得名，旧时曾称"三祝堂"。

始建于清代，由邓姓先祖与叶姓先祖从官田迁到当地开村立业，繁衍发展壮大而形成。现村于1992年在原村址拆建和周边扩建而成。

清朝，属新安县。1914年，属宝安县乌石岩乡。中华人民共和国成立之初，属宝安县石岩乡；1951年，属宝安县第三区石岩乡；1958年10月，属超英公社；1959年，属南头公社石岩大队；1961年7月，属南头区石岩公社；1963年1月，属南头公社石岩大队；1975年8月，属石岩公社石岩大队；1979年1月，属深圳市石岩公社；1981年10月，属深圳市宝安县石岩公社；1983年7月，属宝安县石岩区水田乡；1986年10月，属石岩镇水田行政村；1993年1月，属深圳市宝安区石岩镇水田行政村；2004年，属石岩街道水田社区。

世居村民为汉族，客家民系，使用客家方言。村民主要有邓、叶两姓。第一大姓为邓姓，元明时期从福建迁移至广东梅州；清初从梅州迁入石岩官田；清中期从官田迁移至当地。第二大姓叶姓，明清时期从江西迁移至广东博罗后迁入石岩官田；清中期从官田迁移至当地。

2015年末，户籍人口147人，其中男性78人，女性69人；80岁以上2人，最年长者85岁（女）；海外留学1人。非户籍外来人口约8000人。祖籍该村的香港同胞15人。

传统经济以农业为主，种植水稻、菠萝、梨、柿子等。现村集体经营为集体资产开发、物业管理、厂房出租等。村民主要收入来源为商业经营、工资性收入、集体经济分红、房屋出租。特色传统（节庆）食品有春节油角、鸡屎藤粄。

◎ 传统民居（孙明 摄于2016年）

◎ 三祝里村委办公楼（孙明 摄于2016年）

沈海高速G15线、省道S359线、石观路、阳台山路经过该村。1960年通电，1980年通自来水，1990年通电话、实现全村村道水泥硬底化，1998年通互联网。

村内建有篮球场、三祝里社区公园以及图书室，藏书3000册。

传统民居为客家民居，依山而建，现在保留2排，较好的民居有2座，均为三合土夯筑墙体，正面清水砖外墙，硬山顶，灰瓦覆面，平脊，正门有门罩。

基督福音堂，始建于清光绪二十八年（1902年），原为三开间砖木石结构，硬山顶，盖灰瓦，2007年拆除旧教堂之后在原址修建新教堂。

该村民俗大盆菜宴形成于清朝，至今流行，每年冬至，邀请全村60岁以上的老人吃大盆菜，孝敬老人，祭祖。舞麒麟拜家门，形成于清朝。在春节、元宵节等传统节日，邀请水田村舞麒麟队伍来到该村表演，走家串户拜家门，每家都会赏红包以示吉利。每年清明节、重阳节，村里各家族都要组织族人到祠堂、山坟祭拜祖先。

（资料填报：邓宇航；初稿撰写：汪焕儒；分纂：程建）

官田社区

官田村

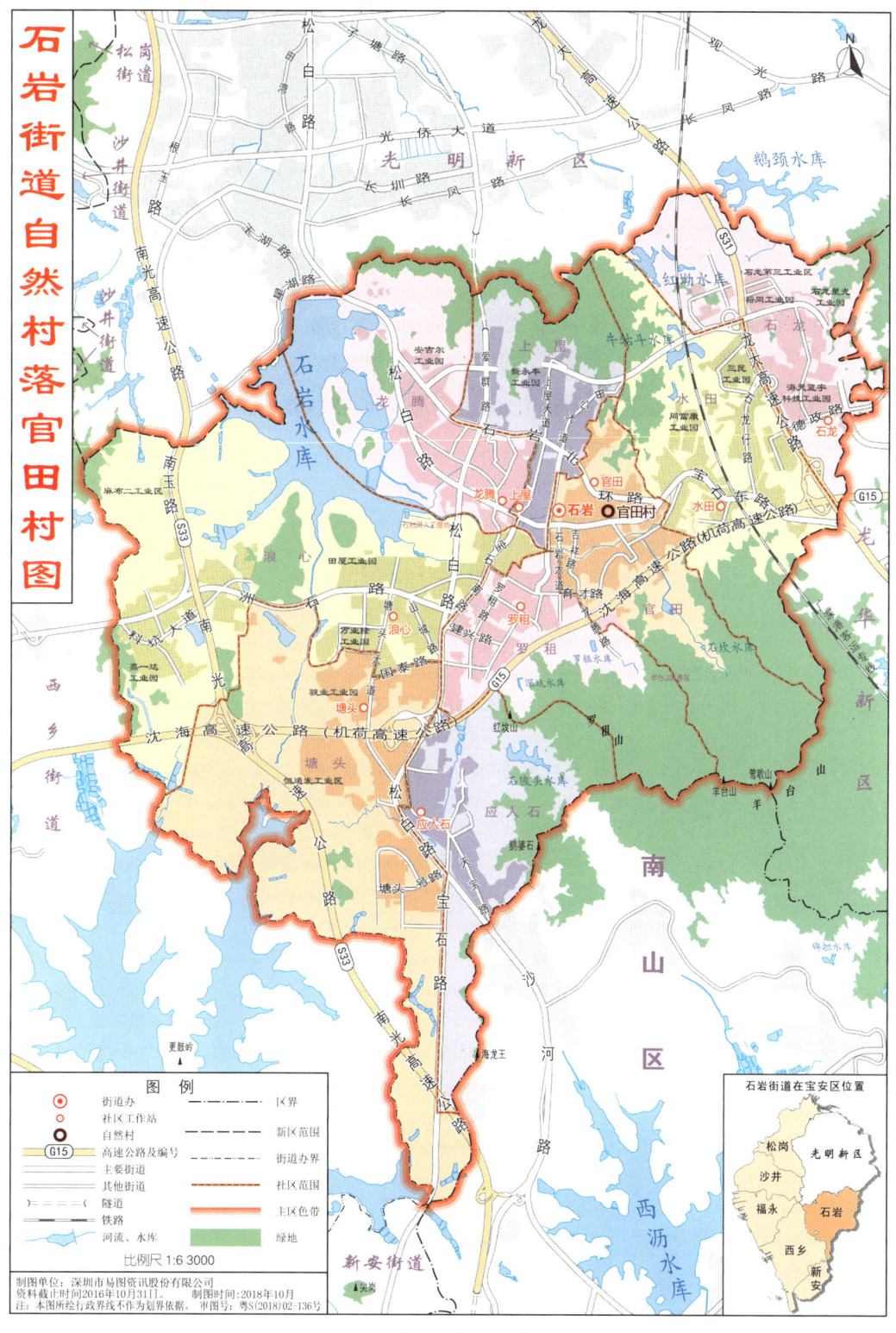

官田村位置示意图

◎ 官田村村貌（叶茂文 摄于2018年）

官田村，位于石岩街道东部，石岩河北岸，距街道办事处约0.5千米。面积约6.8平方千米。相邻自然村有黎光村、塘坑村、上下屋村。地处半丘陵地带。

清朝初期，叶、郑、黄、邱、邓姓官人流落至此安家立业，取名官田村，别名官田围。现村于1992年在原村址拆建和周边扩建而成。

清朝，属新安县。1914年，属宝安县乌石岩乡。中华人民共和国成立之初，属宝安县石岩乡；1951年，属宝安县第三区石岩乡；1958年10月，属超英公社；1959年，属南头公社官田大队；1961年7月，属南头区石岩公社；1963年1月，属南头公社官田大队；1975年8月，属石岩公社官田大队；1979年1月，属深圳市石岩公社；1981年10月，属深圳市宝安县石岩公社；1983年7月，属宝安县石岩区官田乡；1986年10月，属石岩镇官田行政村；1993年1月，属深圳市宝安区石岩镇官田行政村；2004年，属石岩街道官田社区。

世居村民为汉族，客家民系，使用客家方言。村民主要有叶、郑、黄、邱、邓等姓。第一大姓为叶姓，明末清初从江西迁移至广东博罗；清康熙二十八年（1689年）从博罗鲇鱼阁（现博罗县龙溪镇苏村）迁移至当地。相传400年前，石岩的官田堡人口稀少，只有大户人家刘太公，有一长工叶胜富甚得刘太公信任。有一日，大雨，胜富正在田里加坯，听得对面河边有女子喊："阿哥，拉我过河吧？"胜富接女子过了河。女子无依无靠，愿跟胜富回见刘太公，刘太公成全了他们的婚事，并叫人搭盖一屋。后来叶胜富渐渐财丁两旺，成为石岩叶姓的始祖。第二大姓郑姓，明末清初从江西迁移至广东东莞；清乾隆年间（1736—1795年）迁移至当地。第三大姓黄姓，明末清初从梅州迁移至东莞清溪；清康熙三十七年（1698年）从东莞清溪迁移至当地。

◎ 官田村新貌（孙明 摄于2016年）

◎ 官田叶氏宗祠（孙明 摄于2016年）

2015年末，户籍人口1286人，其中男性616人，女性670人；80岁以上58人，最年长者97岁（女）。非户籍外来人口约3万人。祖籍该村的香港同胞260人、澳门同胞5人。祖籍该村的华人华侨60人，主要分布在马来西亚。

传统经济为农业，以种植水稻为主，兼种植李子、沙梨、青梅、柿子、荔枝、龙眼、芒果、黄皮等，最出名的有阳台山沙梨、柿子，金竹园李子。现在村集体经营以厂房出租、物业出租为主。村民主要收入来源为集体经济分红、房屋出租、工资性收入。

◎ 官田洪圣宫（孙明 摄于2016年）

沈海高速G15线、省道S359线、宝石路、石观路、石岩大道经过该村。1960年通电，1980年通自来水，1990年实现全村村道水泥硬底化，1991年通电话，1998年通互联网。

1922年，官田村办起了静天学校（官田小学的前身），有学生130余人。2015年，官田学校有9个年级，40个班，在校学生2500人，教职工140人。有官田幼儿园和中心幼儿园，在园幼儿580人，教职工50人。村内还建有篮球场、大树林公园、星光老人之家；有官田图书室，藏书1000册。

传统民居为客家民居，现存10余间。具代表性的是官田老村287号民居，建于清末，占地面积127.7平方米；砖木石结构，清水砖外墙，硬山顶，灰瓦覆面；明间门上檐壁处饰花鸟、山水、诗词彩绘；门内天井较小，两侧各一廊房；廊顶部有绿琉璃宝瓶式围栏。

叶氏宗祠，始建于1913年，占地面积280平方米；砖木石结构，硬山顶，船形脊，灰瓦覆面；后堂内存有"叶氏宗祠"石匾，书于1913年。现为宝安区不可移动文物，做老人活动中心使用。

崇安第，始建于民国时期，坐北向南，主屋为三间二进布局，明间、两次间均开门。两次间

◎ 官田老村民居（孙明 摄于2016年）

◎ 官田崇安第（孙明 摄于2016年）

门上设门罩，门罩灰塑精美。门厅为平顶式，前墙上设女儿墙，明间女儿墙书"崇安第"，两次间女儿墙为镂空装饰。正房为硬山顶，素脊，灰瓦覆盖。明间后部设阁楼。正房后面是碉楼，四层，使用三合土夯筑而成，碉楼内为木质楼板、楼梯。现为宝安区不可移动文物。

村东有洪圣宫，始建于清同治年间（1862—1874年），庙内供奉洪圣公、洪圣母及关公。洪圣诞日，村民自发到古庙祭拜。1936年，经村民捐谷子110担进行第一次维修，至中华人民共和国成立之初已面目全非。1993年，村民及海内外同胞大力支持庙宇的修葺工作，共捐资50万元进行第二次维修，古庙旧貌换新颜。

官田古井，位于官田老路南侧，系清代所建。口径为1.30米，井口至水面为5米，水深4米，一直使用至2000年，后因村里兴修建筑而被封填。20世纪50年代，该村有一口较特殊的井，称为中心井，它位于官田老村的中间位置。另在村庄两头还各有一口井。官田村居民大多从两侧的井里取水饮用，而不曾从中心井里取水，据说是因为这口井是专供神祇。

每年清明节各姓组织族人到祠堂及山坟处祭拜祖先。

舞麒麟形成于清朝，距今有200多年的历史。每逢节日或重大庆典日，村里都要邀请麒麟队伍演出。石岩客家山歌，已经列入省级非物质文化遗产名录。

2008年，该村被深圳市人民政府评为安全文明小区村。

代表性人物：

叶九（1917—1942），1938年参加东宝边区人民抗日游击队。1942年在阳台山战斗中牺牲，时为抗日游击总队机枪射手。

叶挺芳（1918—1985），1938年入陕北公学，参加八路军。后参加抗美援朝作战，1953年被授予朝鲜民主主义人民共和国二级自由独立勋章。1955年被授予中华人民共和国三级独立自由勋章、三级解放勋章。1964年任南京军区后勤部第六十五兵站站长。

叶来福（1919—1949），1946年参加广东人民抗日游击队东江纵队。1949年到广州执行任务时牺牲，时为中国人民解放军两广纵队连级干部。

叶天送（1925—1943），1938年参加东宝边区人民抗日游击队。1943年在东莞霄边战斗中牺牲，时为抗日游击总队第五大队战士。

万璧辉（1927—2000），归国华侨，祖籍石岩镇官田村。曾任香港新界工商业总会副会长、宝安区侨联委员、石岩镇华侨港澳同胞投资者协会会长。1983年捐助修建官田小学、修建石岩中心小学及重修石岩慈石古庙。1984年捐资建设实华园。1988年捐资兴建香港西贡抗日英烈纪念碑。同年在石岩投资兴建两间厂房用来出租，收回投资成本后，把所赚利润皆用于石岩地区的公益事业。1991年与叶志辉共同捐资，兴建篮球场和购置学校扩班所需课桌椅。另在石岩街道开办了璧辉幼儿园。

叶云（1932—1949），1948年参加广东人民解放军江南支队三团四平武工队。次年7月在上排村战斗中牺牲，时为中国人民解放军粤赣湘边纵队三团宝安大队石岩武工队队员。

（资料填报：叶淑如；初稿撰写：汪焕儒；分纂：程建）

黎光村

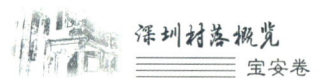

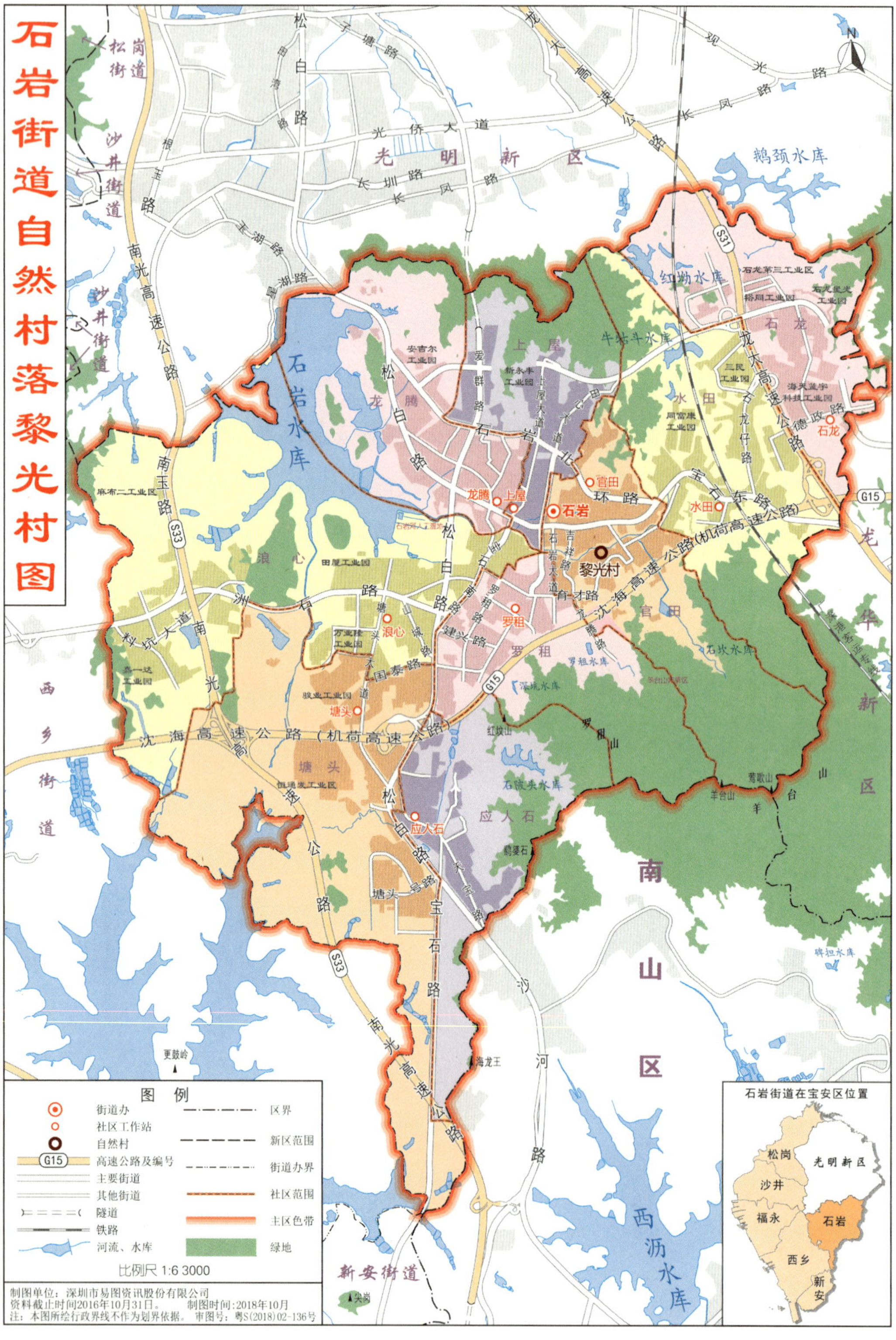

黎光村位置示意图

石岩街道　官田社区　黎光村

◎ 黎光村村貌（摄于2016年，深圳市华丰世纪房地产开发公司供稿）

　　黎光村，位于石岩街道东南部，石岩河南岸，距离街道办事处约1千米。相邻自然村有塘坑村、龙眼山村、罗租村、官田村。过去叫泥岗村，因当地话"泥岗"与"黎光"发音相同，"黎光"寓意黎明阳光到来，20世纪80年代改称黎光村。

　　始建于清朝初期，现村于2005年之后在旧村西侧较为平缓地带重建。

　　清朝，属新安县。1914年，属宝安县乌石岩乡。中华人民共和国成立之初，属宝安县石岩乡；1951年，属宝安县第三区石岩乡；1958年10月，属超英公社；1959年，属南头公社官田大队；1961年7月，属南头区石岩公社；1963年1月，属南头公社官田大队；1975年8月，属石岩公社官田大队；1979年1月，属深圳市石岩公社；1981年10月，属深圳市宝安县石岩公社；1983年7月，属宝安县石岩区官田乡；1986年10月，属石岩镇官田行政村；1993年1月，属深圳市宝安区石岩镇官田行政村；2004年，属石岩街道官田社区。

　　世居村民为汉族，客家民系，使用客家方言。村民主要为廖姓。其先祖于宋代从福建迁移至广东长乐（今五华）、兴宁，后迁东莞清溪；该村开基祖廖维新于清朝中期从东莞清溪迁移至当地。

　　2015年末，户籍人口451人，其中男性219人，女性232人；80岁以上21人，最年长者95岁（女）。非户籍外来人口1.1万人。祖籍该村的香港同胞120人。祖籍该村的华人华侨20人，主要分布在美国、马来西亚、新加坡。归侨1人。

　　传统经济以种植水果为主。现时村集体经营工业区开发、物业管理。村民主要收入来源为

·375·

◎ 老村民居门楣装饰（孙明 摄于2016年）

◎ 黎光村元贵家祠（孙明 摄于2016年）

◎ 黎光村永庆门（孙明 摄于2016年）

集体经济分红、房屋出租、工资性收入。特色农产品有沙梨、荔枝、龙眼、梅子、菠萝、柿子、李子等。特色传统（节庆）食品有春节油角、清明节鸡屎藤板、端午节粽子、十月糍粑板等。

沈海高速G15线、省道S359线、石观路、官田大道经过该村。20世纪60年代通电，1985年通自来水，1986年通电话，1995年实现全村村道水泥硬底化，1999年通互联网。

村内有黎光幼儿园，2015年在园幼儿260人，教职工35人。还建有黎光村篮球场、黎光公园、黎光老人活动中心，并有黎光图书馆，藏书1500册。

传统民居为客家民居。黎光老围依山势而建，坐南向北，南高北低，多数墙体使用三合土夯筑而成，少数使用清水砖墙；硬山顶，灰瓦覆面。黎光民居深受当地广府文化影响，融合了很多广府文化的元素。如黎光老围43号民居，正面门罩彩色灰塑装饰，华丽繁缛而又写实，与广府民居风格完全相同。

现存宗祠有2座。元贵家祠，始建于清朝末年，占地面积99平方米，三开间两进一天井，坐南向北，土木石砖建筑结构，木结构框架，硬山顶，灰瓦覆面。为宝安区不可移动文物。

廖氏宗祠，始建于清代，重建于1998年，坐南向北，占地面积130平方米，三开间两进一天井布局，砖混结构，仿古建筑，外墙贴红色瓷片，硬山顶，平脊，绿琉璃瓦覆面。

黎光碉楼，始建于1931年，坐南朝北，由一栋民居与一座碉楼组成，主墙体为三合土夯筑；高四层，内部木板隔层，每层之间有木梯相连；西面墙上开有排水口；顶部护墙四面各设一射击

◎ 黎光村麒麟队（摄于2015年，黎光村供稿）　　◎ 黎光村廖氏宗祠（孙明 摄于2016年）

掩体；为宝安区不可移动文物。黎光永庆门，始建于清代中期，重修于1997年，坐南朝北，单开间单进深；砖木结构，清水砖外墙；门额石匾上阴刻"永庆门"三字；为宝安区不可移动文物。

村中存有《廖氏族谱》，于清同治十三年（1874年）纂修，纂修者不详。

每年清明节组织族人到山坟祭拜祖先。有重阳节全村人吃大盆菜民俗。

该村舞麒麟形成于清朝，距今有200多年的历史。黎光麒麟队源自东莞清溪，清雍正年间（1723—1735年）随廖氏先祖带入，中间中断了30多年，2011年石岩街道办支持重新组建，村民廖剑明任教头，将传统打击乐乐曲嫁接广东粤剧的锣鼓曲调，音调优美，铿锵有力，乐感甚强。这两种打击乐曲的融合与众不同。黎光舞麒麟已被列入宝安区非物质文化遗产名录。

2004年2月，该村被深圳市委评为文明小区。

（资料填报：廖浩缘；初稿撰写：汪焕儒；分纂：程建）

塘坑村

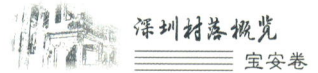

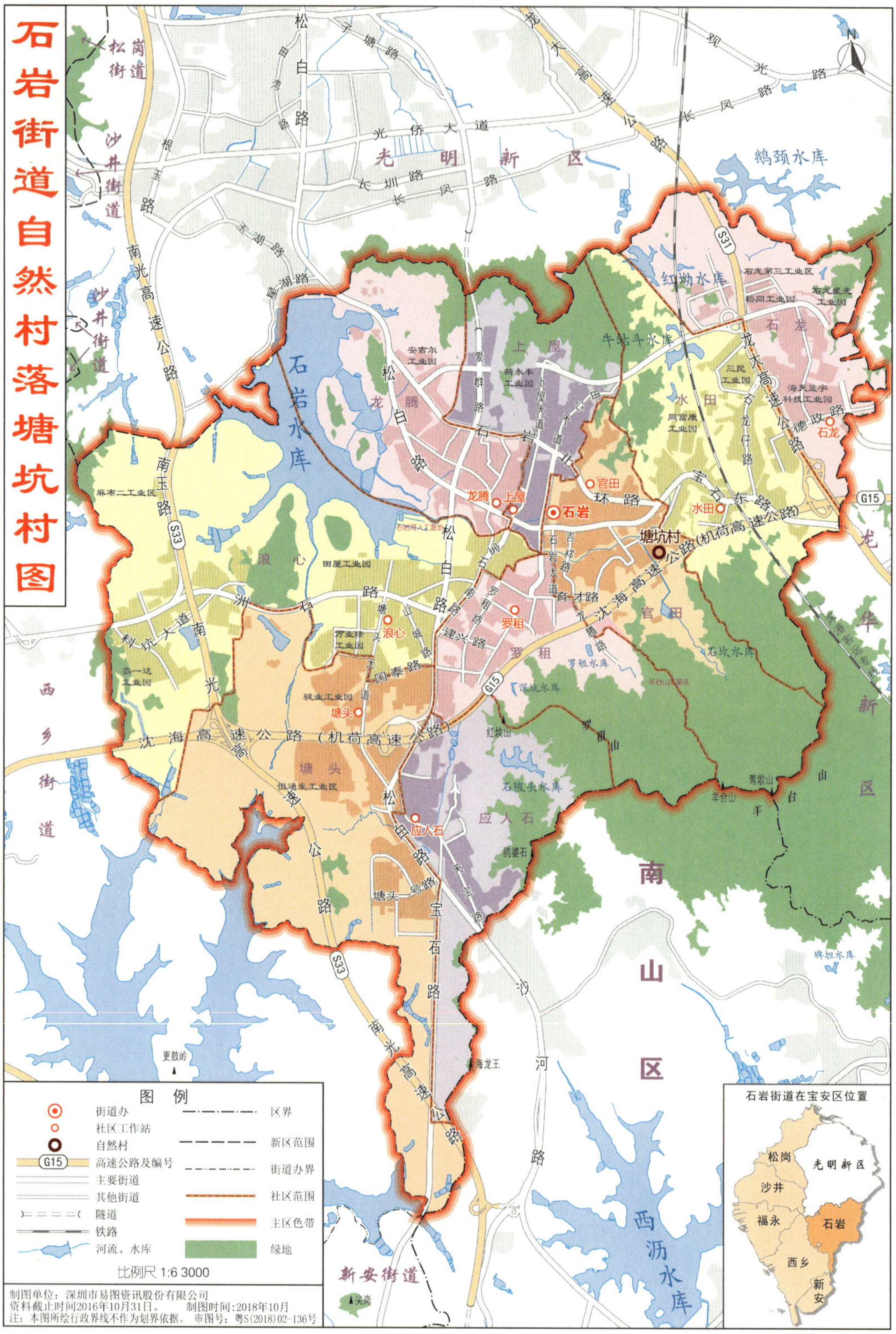

塘坑村位置示意图

石岩街道 官田社区 塘坑村

◎ 塘坑村村貌（何致友 摄于2017年）

塘坑村，位于石岩街道中部偏东，石岩河南岸，距离街道办事处约1.5千米。相邻自然村有三祝里村、黎光村、官田村。旧称塘坑围。

该村坐落于阳台山北面山坑口。始建于清初，因中原客家人吕氏、杨氏、曾氏、刘氏迁徙移居于此而形成。现村于1992年在旧村前面及周边重建。

清朝，属新安县。1914年，属宝安县乌石岩乡。中华人民共和国成立之初，属宝安县石岩乡；1951年，属宝安县第三区石岩乡；1958年10月，属超英公社；1959年，属南头公社官田大队；1961年7月，属南头区石岩公社；1963年1月，属南头公社官田大队；1975年8月，属石岩公社官田大队；1979年1月，属深圳市石岩公社；1981年10月，属深圳市宝安县石岩公社；1983年7月，属宝安县石岩区官田乡；1986年10月，属石岩镇官田行政村；1993年1月，属深圳市宝安区石岩镇官田行政村；2004年，属石岩街道官田社区。

世居村民为汉族，客家民系，使用客家方言观澜话。村民主要有刘、杨、曾、徐、吕姓。刘姓为第一大姓，明清之际从福建迁移至广东梅州兴宁；清初从梅州兴宁迁移至当地。第二大姓为杨姓，宋朝从江西迁移至广东东莞；清朝从东莞迁移至当地。第三大姓为曾姓，南宋从江西迁移至广东南雄珠玑巷；清朝从南雄珠玑巷迁移至当地。

2015年末，户籍人口350人，其中男性164人，女性186人；80岁以上16人，最年长者100岁（女）。非户籍外来人口7800人。

传统经济以农业为主，主要种植水稻、花生、荔枝、沙梨、柿子、龙眼、芒果、黄皮等。现

◎ 塘坑老村民居（孙明 摄于2016年）

◎ 塘坑幼儿园（孙明 摄于2016年）

◎ 塘坑村委办公楼（孙明 摄于2016年）

在村集体经营工业开发区、物业管理等。村民主要收入来源为集体经济分红、房屋出租、工资性收入等。特色传统（节庆）食品有春节圆笼粄、油角，清明节鸡屎藤粄，端午节粽子，农历十月糍粑粄。

省道S359线、宝石路、塘坑大道经过该村。1960年通电，1980年通自来水，1990年实现全村村道水泥硬底化，1991年通电话，1998年通互联网。

村内有塘坑幼儿园，2015年在园幼儿100人，教职工30人。还建有星光老人之家和塘坑图书室，藏书5000册。

传统民居为客家民居，墙体主要用青砖砌筑，也有土砖垒砌，硬山顶，灰瓦覆盖，现存不多，保存状况较差。

每年清明节、重阳节，村内各姓族人都会到山坟等地进行祭祀祖先的活动。民俗吃大盆菜形成于清朝，流行至今。每年冬至邀请全村60岁以上的老人吃大盆菜，孝敬老人。

（资料填报：袁玉光；初稿撰写：汪焕儒；分纂：程建）

上屋社区

上下屋村

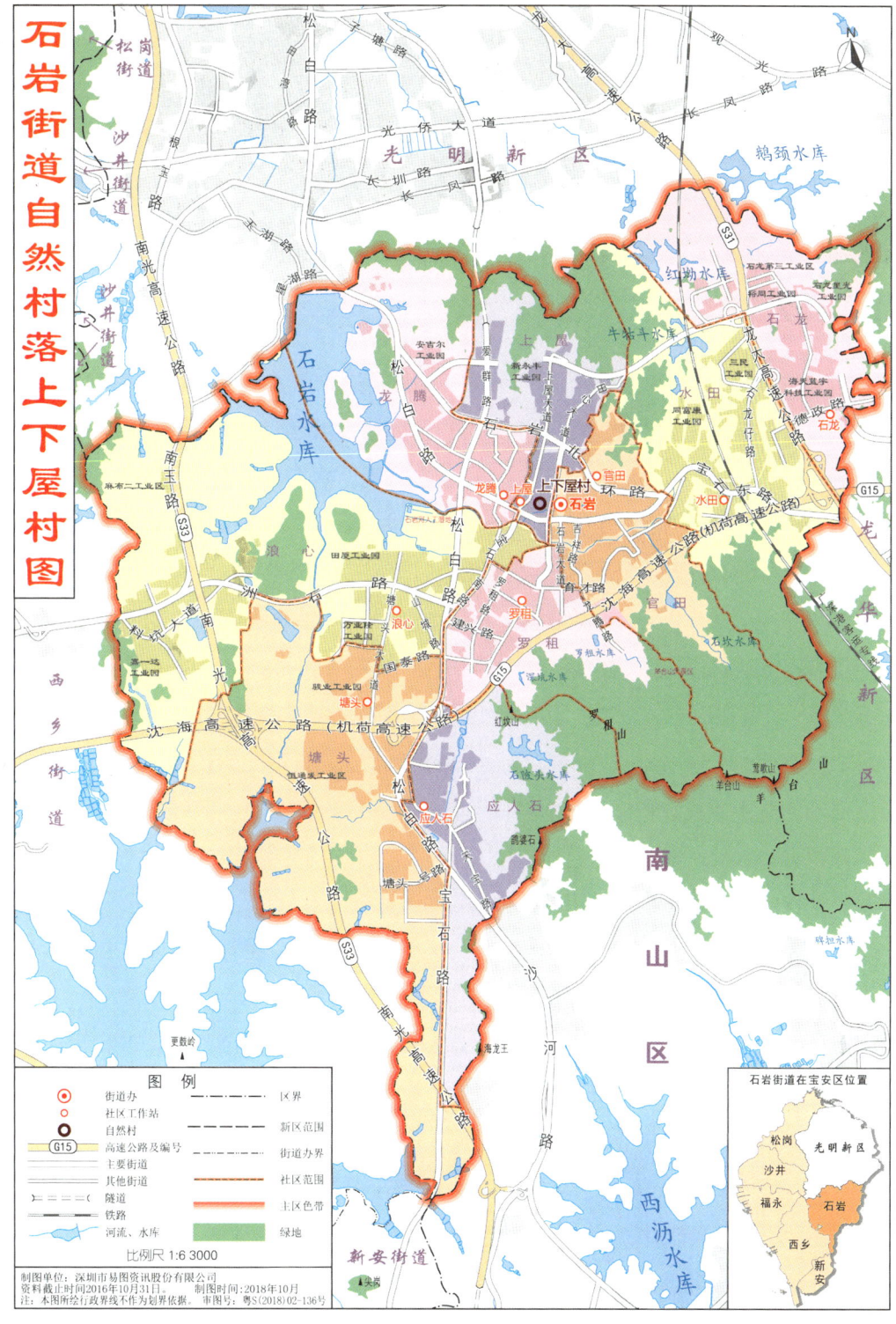

上下屋村位置示意图

◎ 上下屋村村貌（彭露颖 摄于2017年）

上下屋村，位于石岩街道中部，石岩河北岸，距离街道办事处约0.5千米。相邻自然村有石岩老街村、砖厂村、下排村、田心村、官田村。地处丘陵地带，地势北高南低。

该村旧时称上下石屋村。叶氏先祖叶胜富居住在官田，两个儿子秀辉和秀麟迁到该地，每人新建一间石屋。因上下各有一间石屋而得名上下石屋村，后简称为上下屋村。该村始建于清朝，现村于1992年在原村址部分拆建及周边扩建而成。

清朝，属新安县。1914年，属宝安县乌石岩乡。中华人民共和国成立之初，属宝安县石岩乡；1951年，属宝安县第三区石岩乡；1958年10月，属超英公社；1959年，属南头公社上屋大队；1961年7月，属南头区石岩公社；1963年1月，属南头公社上屋大队；1975年8月，属石岩公社上屋大队；1979年1月，属深圳市石岩公社；1981年10月，属深圳市宝安县石岩公社；1983年7月，属宝安县石岩区上屋乡；1986年10月，属石岩镇上屋行政村；1993年1月，属深圳市宝安区石岩镇上屋行政村；2004年，属石岩街道上屋社区。

世居村民为汉族，客家民系，使用客家方言。村民主要为叶姓。

2015年末，户籍人口1320人，其中男性689人，女性631人；80岁以上20人，最年长者90岁（女）。非户籍外来人口3.8万人。祖籍该村的香港同胞50人。

传统经济以农业为主，种植水稻、花生、荔枝、龙眼、芒果、黄皮等。现村集体经营工业开发区、物业出租等。村民主要收入来源为集体经济分红、房屋出租、工资性收入等。特色传统（节庆）食品有春节油角、端午节粽子。

省道S359线、石观路、石岩大道经过该村。1960年通电，1980年通自来水，1991年通电话，1992年实现全村村道水泥硬底化，1998年通互联网。

村中上屋小学设9个年级，28个班，2015年在校学生1500人，教职工90人。上屋幼儿园，在园幼儿300人，教职工33人。还建有上下屋老村篮球场、社区公园、星光老人活动中心，并有图书

◎ 香港怡高发热线圈厂旧址（黄洪洲 摄于2006年）

◎ 上屋叶氏宗祠（孙明 摄于2016年）

◎ 下屋叶氏宗祠（孙明 摄于2016年）

◎ 上下屋社区公园（孙明 摄于2016年）

室，藏书5000册。

村内传统民居为客家民居，现存6座，多为三合土夯筑墙体，连体成排，墙裙及墙角使用麻石条加固，硬山顶，灰瓦覆面，平脊；极少建筑装饰。保存状况一般，部分出租给外来打工者居住。

现存宗祠有2座。叶氏宗祠（上屋），始建于清代，2013年重建。占地面积300平方米，坐北向南，三开间两进一天井，砖木石及混凝土结构，清水砖外墙，硬山顶，灰瓦覆面；前堂博古脊，后堂船形脊。有楹联"祖德垂青史；基业万古长"，书写年代不详。

叶氏宗祠（下屋），始建于清代，2014年重建。占地面积200平方米，坐北向南，三开间两进一天井，砖木石及混凝土结构，硬山顶，绿琉璃瓦覆面；前堂博古脊，后堂船形脊。

村里每年清明节、重阳节会组织族人到祠堂、山坟处祭拜祖先。端午节家家户户都吃粽子。吃大盆菜的民俗形成于清朝，并流行至今。每年冬至，组织村人吃大盆菜，祭祖。舞麒麟形成于清朝，距今有200多年的历史。每逢节日或重大庆典日都要邀请麒麟队到村中表演。

1978年12月18日，上屋大队正式签订协议引进深圳第一家"三来一补"企业——香港怡高发热线圈厂，最初使用上屋大队办公楼作为厂址，后于1984年搬迁至上排村建新厂房。

代表性人物：

叶展胜（约1804—1834），乳名叶坤，绰号荷兰豆，他联络村中兄弟，雇请名师，开设武馆习武练拳，有"武秀才"之称。叶展胜广纳贤士，组织团练，保卫乡土。清道光十四年（1834年），叶展胜指挥攻打南头县衙。他将一部分兵力扮作入城经商者，作为内应，约好时间一同发起突然袭击。叶展胜率部下夺取县衙，攻陷后，开仓放粮，分给百姓。队伍稍作休整后，叶展胜决定经深圳墟攻打惠州。在深圳墟，他派人前往新界莲麻坑联络叶姓兄弟以扩大队伍的时候，遭到清兵拦截围攻，激战三日两夜，终因粮草供给不上，加上作战计划不周，队伍又未经过严格训练，最后战败。

郑木（1922—2004），原名郑木清。1942年1月参加广东人民抗日游击总队，先后在宝安大队任战士、情报员。1943年12月2日，在广东人民抗日游击队东江纵队宝安大队继续从事情报工作，活动于石岩、龙华、布吉、观澜一带。1946年，由于国内局势的变化，被迫撤到香港元朗从事地下工作。1947年下半年，回到家乡，参加了惠东宝人民护乡团，在护乡团第三大队情报总站宝安支站任情报员。12月下旬的一天，他在布吉岗头村金竹园情报站放哨时，发现敌人前来围剿，随即以枪声作信号，通知队员转移。在战斗中曾贵娇等6人牺牲，其他人员安全撤离。1948年3月，加入中国共产党，先后任广东人民解放军江南支队第三团侦察组组长、队长、情报中转站站长。1949年1月，任中国人民解放军粤赣湘边纵队东江第一支队第三团侦察队长，并立功3次，参与作战数十次，因受伤而留下终身脚疾。1949年10月，转业到宝安县公安局任政保股副股长、侦查股长，并荣立大功一次。此后，曾在龙门县公安局、连阳矿务局等单位工作。离休后多次协助民政部门认定革命烈士、寻找革命烈士墓地，受到深圳市、宝安区民政部门的好评。

（资料填报：叶莉妮；初稿撰写：汪焕儒；分纂：程建）

石岩街道 上屋社区 田心村

田心村

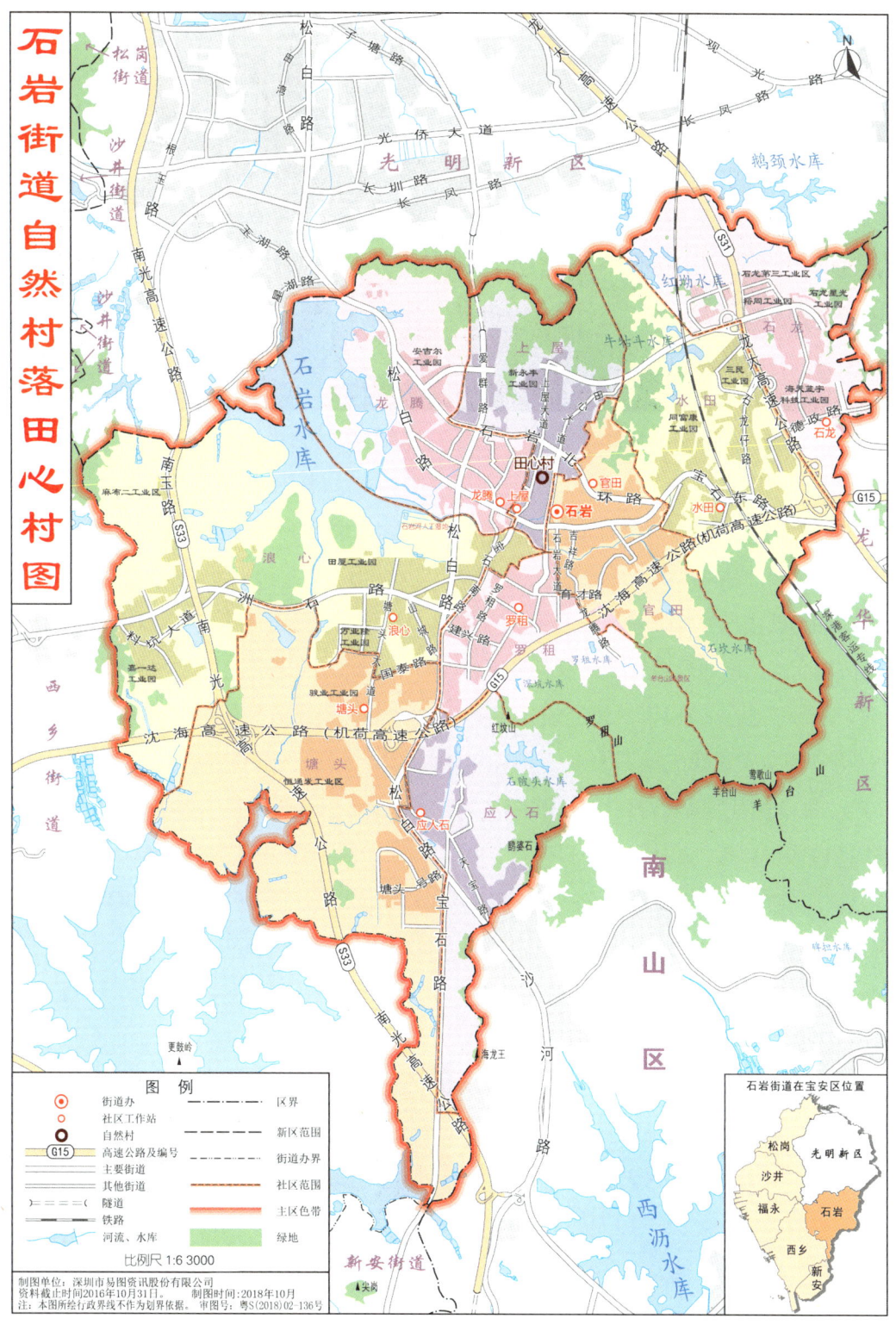

田心村位置示意图

◎ 田心村村貌（孙明 摄于2016年）

田心村，位于石岩街道中部偏北，石岩河北岸，距离街道办事处约0.5千米。相邻自然村有上下屋村、上排村、元径村。

清朝中期赵氏由广东潮阳全家搬迁到新安县乌石岩田心立村。现村于1992年在原村址拆建和在村周边扩建而成。因地形像船形曾取名逢标村，中华人民共和国成立后改名为田心村。

清朝，属新安县。1914年，属宝安县乌石岩乡。中华人民共和国成立之初，属宝安县石岩乡；1951年，属宝安县第三区石岩乡；1958年10月，属超英公社；1959年，属南头公社上屋大队；1961年7月，属南头区石岩公社；1963年1月，属南头公社上屋大队；1975年8月，属石岩公社上屋大队；1979年1月，属深圳市石岩公社上屋大队；1981年10月，属深圳市宝安县石岩公社；1983年7月，属宝安县石岩区上屋乡；1986年10月，属石岩镇上屋行政村；1993年1月，属深圳市宝安区石岩镇上屋行政村；2004年，属石岩街道上屋社区。

世居村民为汉族，客家民系，使用客家方言。村民主要为赵姓，清初从河南迁移至广东潮阳县，清朝中期从潮阳县迁移至当地。

2015年末，户籍人口365人，其中男性181人，女性184人；80岁以上14人，最年长者91岁（男）。非户籍外来人口11022人。祖籍该村的台湾同胞1人。祖籍该村的华人华侨

◎ 田心老村（孙明 摄于2006年）

◎ 田心"1948"楼（孙明 摄于2016年）

◎ 田心树善公家塾内部（孙明 摄于2005年）

◎ 田心村邻里节（孙明 摄于2016年）

◎ 田心树善公家塾（孙明 摄于2005年）

18人，主要分布在澳大利亚、加拿大。归侨1人。

传统经济以农业为主，种植水稻、青梅、荔枝、花生、龙眼、黄皮等。现村集体经营开发区、出租厂房等。村民主要收入来源为集体经济分红、房屋出租等。特色农产品有大米、荔枝、龙眼、黄皮等。特色传统（节庆）食品有清明节艾粄、端午节粽子。

省道S359线、石观路、田心大道经过该村。1960年通电，20世纪80年代年通自来水，1991年通电话，1992年实现全村村道水泥硬底化，1998年通互联网。

村内有田心幼儿园，2015年在园幼儿400人，教职工30人。还建有星光老人之家和图书室，图书室藏书1151册。

传统民居为客家民居，相连成排，与广府民居有明显区别。老村整体保存比较好，坐北向南，南北6排，5条巷道。代表性民居田心旧村四区2号，建于民国初期，占地面积121.52平方米，坐北朝南，三开间两进，墙体为三合土夯筑，硬山顶，平脊，灰瓦覆面。

赵氏宗祠，始建于清末民初，由一间民居改建而成。占地面积约40平方米；墙体为三合土夯筑，硬山顶，平脊，灰瓦覆盖，博风处装饰如意海草纹灰塑图案；内有楹联"金城世胄；玉尺家声"，书于清末民初。

田心"1948"楼，始建于1948年，坐北朝南，两开间布局。三合土、砖、石、木结构，墙体为三合土夯筑，硬山顶，房屋为两面坡，平脊，灰瓦覆盖，博风处装饰如意海草纹灰塑图案。天台上设女儿墙，女儿墙灰塑楷书修建年号"1948"，右开间屋顶正面女儿墙楷书"千祥云集""百福骈臻"和如意图案、如意花草。为宝安区不可移动文物。

现存私塾旧址树善公家塾，始建于清朝。坐北向南，三开间两进，墙体使用三合土夯筑而成，硬山顶，灰瓦覆面。前堂廊下梁架有木雕装饰，非常精美，内容有人物故事等。为宝安区不可移动文物。

村里每年清明节、重阳节等都要组织族人到祠堂、山坟祭拜祖先。重阳节组织族人去香港奇毅祖山坟处祭拜。

民俗舞麒麟，形成于清朝，并流行至今。

2008年，田心村被深圳市宝安区评为文明小区村。2015年8月，被评为宜居社区村。

2015年该村落被列入宝安区旧改、城市更新区项目。

代表性人物：

赵鉴芳（1921—1944），革命烈士。1943年参加广东人民抗日游击总队；1944年在东莞霄边战斗中牺牲，时为广东人民抗日游击队东江纵队一支队副班长。

赵福仁（1930—），1948年3月参加革命，在中国人民解放军粤赣湘边纵队三团当警卫员。1986年任深圳边防检查站站长、政委等职。

（资料填报：邹木英；初稿撰写：汪焕儒；分纂：程建）

元径村

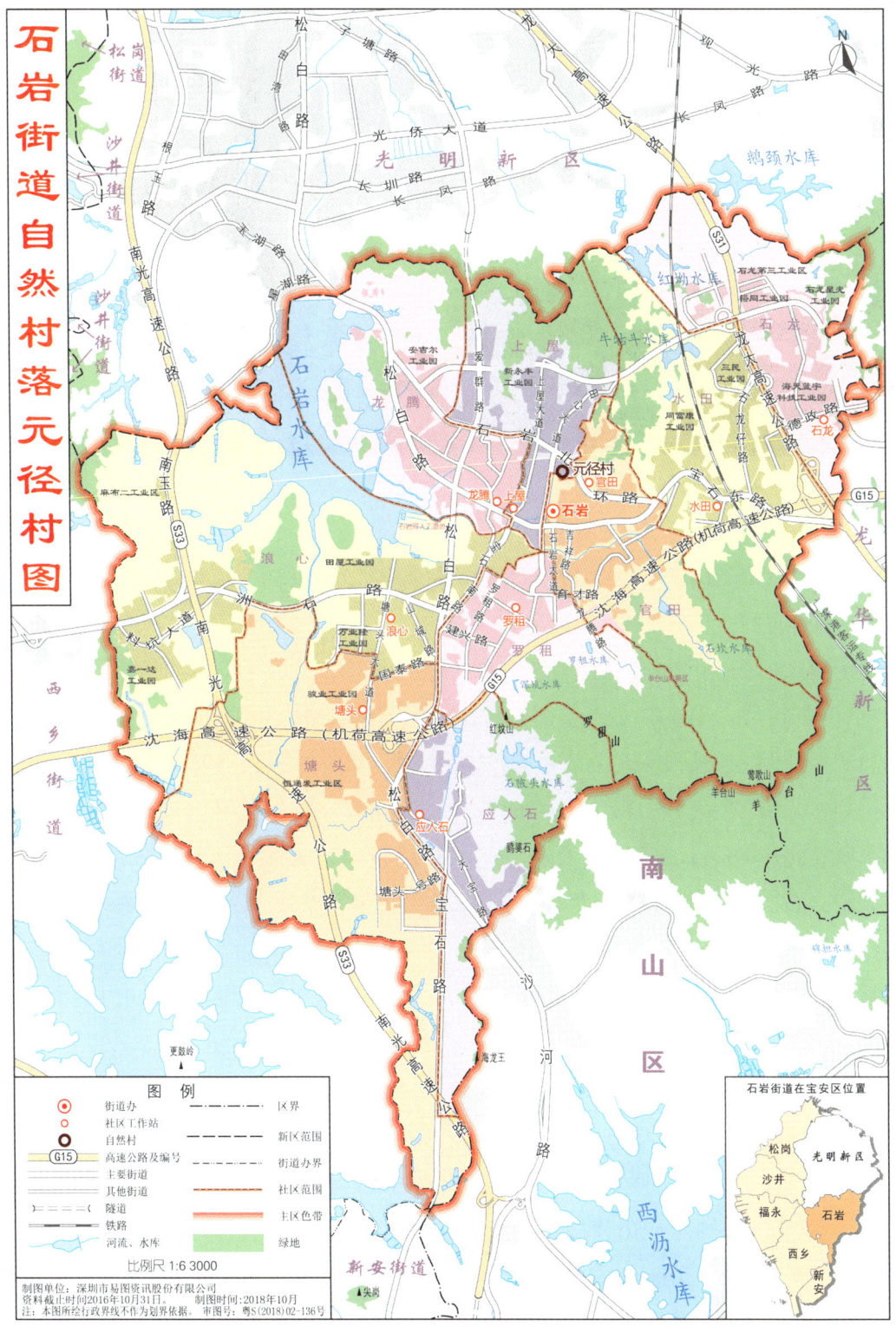

元径村位置示意图

◎ 元径村一角（孙明 摄于2016年）

　　元径村，位于石岩街道北部丘陵地带，距离街道办事处约0.5千米。相邻自然村有田心村、元岭村。旧名沙园仔村，后来改称元径村。

　　始建于清末。现村于1992年在原村址拆除旧屋，新建居民楼房以及周边扩建而形成。

　　清朝，属新安县。1914年，属宝安县乌石岩乡。中华人民共和国成立之初，属宝安县石岩乡；1951年1月，属宝安县第三区石岩乡；1958年10月，属超英公社；1959年，属南头公社上屋大队；1961年7月，属南头区石岩公社；1963年1月，属南头公社上屋大队；1975年8月，属石岩公社上屋大队；1979年1月，属深圳市石岩公社；1981年10月，属深圳市宝安县石岩公社；1983年7月，属宝安县石岩区上屋乡；1986年10月，属石岩镇上屋行政村；1993年，属深圳市宝安区石岩镇上屋行政村；2004年，属石岩街道上屋社区。

　　世居村民为汉族，客家民系，使用客家方言。村民主要为叶姓。清朝从上下屋村迁移至当地。其次为郑姓，清朝迁至当地。

　　2015年末，户籍人口126人，其中男性59人，女性67人；80岁以上3人，最年长者94岁（女）。非户籍外来人口约1万人。祖籍该村的香港同胞53人。

　　传统经济以农业为主，种植水稻、香蕉、荔枝、龙眼等。现村集体经营工业厂房出租、物业出租。村民主要收入来源为工资性收入、集体经济分红、房屋出租等。特色农产品有香蕉（最大产量）、荔枝。特色传统（节庆）食品有春节油角、端午节粽子等。

　　石岩北环路、田心大道经过该村。1960年通电，1984年实现全村村道水泥硬底化，1987年通

◎ 元径村贝贝幼儿园（孙明 摄于2016年）

◎ 元径碉楼（孙明 摄于2016年）

自来水，1992年通电话，1998年通互联网。

村内有贝贝幼儿园，2015年在园幼儿180人，教职工26人。体育设施有沙园老人活动中心。

传统民居为砖木石结构，墙体均使用三合土夯筑，硬山顶，灰瓦覆盖。近几年村民大多拆除旧屋新建居民楼房。代表性民居有元径老村15号民居，建于清末民初，占地面积80平方米，坐西向东。两开间两进。土、木、石结构，主体墙为三合土夯筑，墙裙、墙角处砌花岗石条。门罩装饰灰塑和彩绘。硬山顶，平脊，灰瓦覆面，博风灰塑海草纹图案。

元径碉楼，始建于民国时期。坐南朝北，平面呈长方形，长4.66米，宽4.2米，高三层；混合结构，主体墙为三合土夯筑，内部为木结构楼板、楼梯，顶部为钢筋混凝土浇筑。一层开一门一窗，二三层每层每面开一窗，窗上部有灰塑瓜果、蝙蝠图案，西面、东面墙设鱼形排水口。平顶，护墙四面各开一处射击孔。外侧、拐角处饰黑彩绘。东南、西北两角各设一射击掩体，俗称"燕子窝"。现为宝安区不可移动文物。

村中存有《叶氏族谱》，上下屋村、元径村叶姓于2014年共同纂修。

村里清明节、重阳节组织叶氏族人到上屋村的叶氏宗祠祭拜祖先。民俗吃大盆菜，形成于清朝，并流行至今。每年冬至组织全村人吃大盆菜，祭祖。

（资料填报：叶伟麟；初稿撰写：汪焕儒；分纂：程建）

元岭村

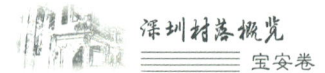

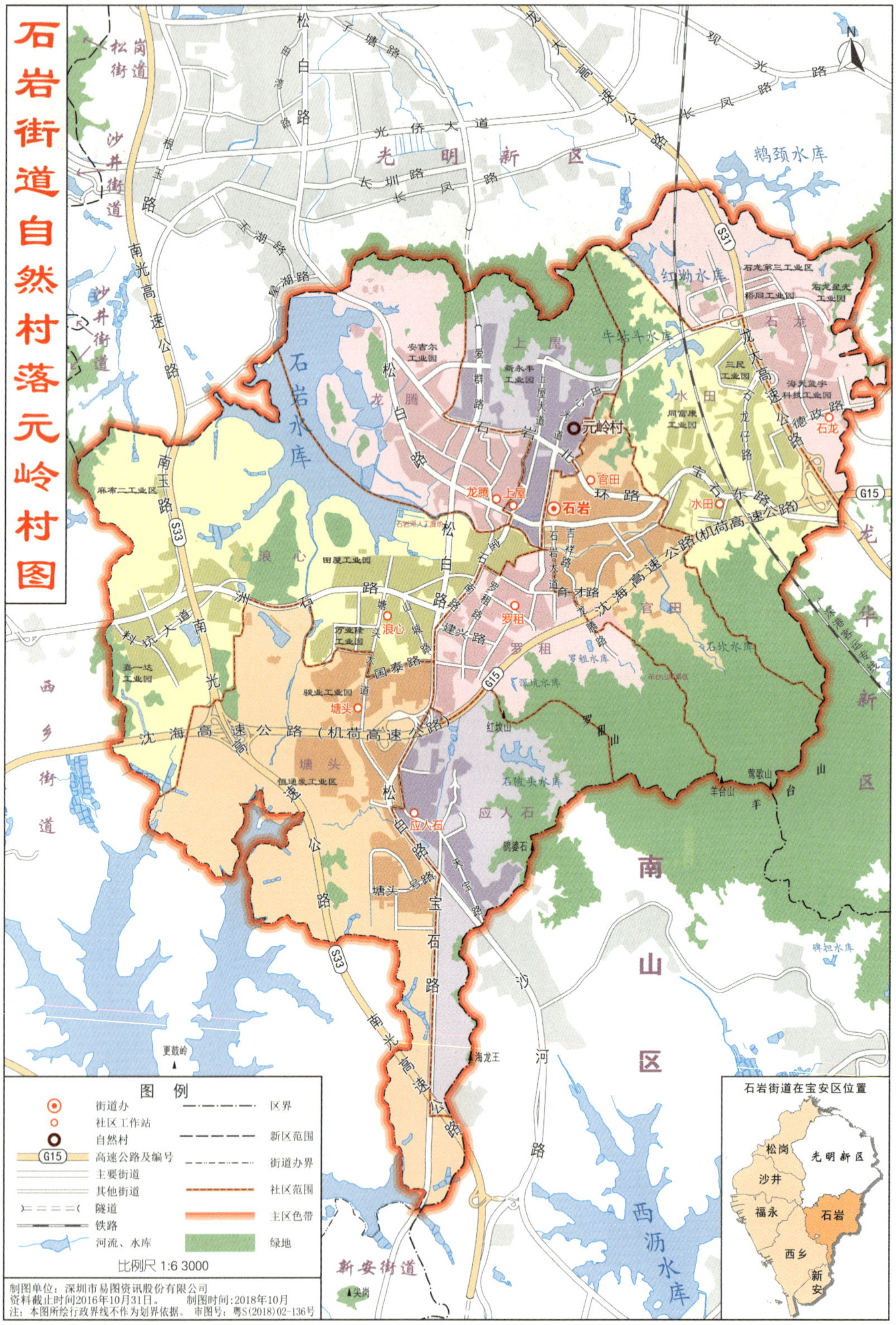

元岭村位置示意图

◎ 元岭村村貌（何致友 摄于2017年）

元岭村，位于石岩街道北部，距离街道办事处约1千米。相邻自然村有元径村、坑尾村。村背后有座圆头山岭，当地人称为园岭仔山，山岭前的村子就叫园岭仔村，后来改称元岭村。

清朝建村。1995年在原村址拆除旧村，新建元岭新村。

清朝，属新安县。1914年，属宝安县乌石岩乡。中华人民共和国成立之初，属宝安县石岩乡；1951年，属宝安县第三区石岩乡；1958年10月，属超英公社；1959年，属南头公社上屋大队；1961年7月，属南头区石岩公社；1963年1月，属南头公社上屋大队；1975年8月，属石岩公社上屋大队；1979年1月，属深圳市石岩公社；1981年10月，属深圳市宝安县石岩公社；1983年7月，属宝安县石岩区上屋乡；1986年10月，属石岩镇上屋行政村；1993年1月，属深圳市宝安区石岩镇上屋行政村；2004年，属石岩街道上屋社区。

世居村民为汉族，客家民系，使用客家方言。第一大姓为郑姓，明清时期从江西迁移至广东东莞；清乾隆年间（1736—1795年）从东莞迁移至官田后，再从官田分支到当地。

2015年末，户籍人口118人，其中男性65人，女性53人；80岁以上3人，最年长者85岁（女）。非户籍外来人口1.8万人。祖籍该村的香港同胞96人。

传统经济以农业为主，种植水稻、香番薯、花生、荔枝、龙眼、芒果、黄皮等。现集体经营以工业厂房出租、物业经营为主。村民主要收入来源为工资性收入、集体经济分红、房屋出租等。特色传统（节庆）食品有春节油角、端午节粽子和糍粑板。

◎ 元岭村篮球场（孙明 摄于2016年）

◎ 元岭村土地庙（孙明 摄于2016年）

◎ 元岭村麒麟队麒麟（孙明 摄于2016年）

◎ 元岭碉楼（孙明 摄于2016年）

石观路、石岩北环路、元岭大道经过该村。

村内有元岭幼儿园，2015年在园幼儿100人，教职工20人。还建有篮球场、星光老人之家和元岭图书室，藏书5000册。

元岭老村已经被全部拆除，新建居民楼房用于自住和出租。仅剩元岭碉楼。

元岭碉楼，始建于民国时期，坐西朝东，平面呈长方形，宽4.97米，长6.32米，高四层；混合结构，主体墙为三合土夯筑而成，内部为木结构楼板、楼梯，顶部为钢筋混凝土浇筑，平顶。碉楼正面一层开一门，护墙四面各开两处射击孔，四面各设一射击掩体。护墙外侧、拐角处饰红黑彩画。现为宝安区不可移动文物。

村内主要文献有《石岩文物图志》，石岩街道办于2007年纂修；《乌石岩往事》，黄毓明于2011年编撰。

村里有土地庙一座，供奉土地公。农历每月初一、十五及逢年过节村民在此上香祈求家宅平安。

舞麒麟，形成于清朝，并流行至今。元岭村自己组建有麒麟队伍。每逢节日或重大庆典日，村里就组织麒麟表演。麒麟队还常常被邀请到附近村落进行表演。

清明节及重阳节组织族人到山坟祭拜祖先。民俗吃大盆菜，形成于清朝，并流行至今。每年冬至全村人吃大盆菜，祭祖。

（资料填报：郑嘉威；初稿撰写：汪焕儒；分纂：程建）

坑尾村

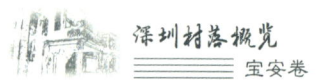

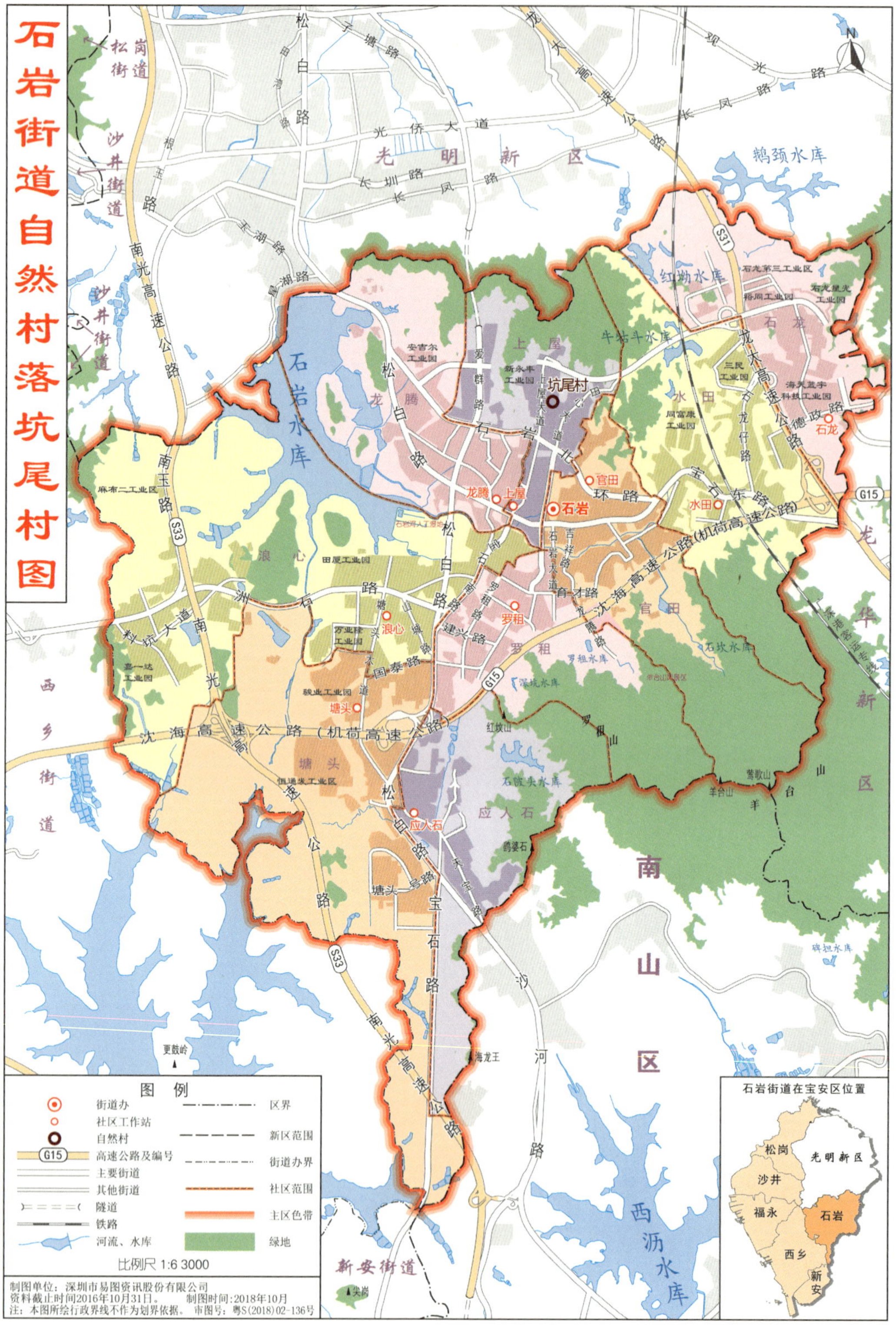

坑尾村位置示意图

◎ 坑尾村村貌（郑蒋馨 摄于2017年）

坑尾村，位于石岩街道北部，距离街道办事处约1千米。相邻自然村有元岭村、上排村。曾名大坑村。

清朝中期，周氏先祖南迁至当地立村。现村于1992年在原村址拆除旧村新建居民楼房而形成。

清朝，属新安县。1914年，属宝安县乌石岩乡。中华人民共和国成立之初，属宝安县石岩乡；1951年，属宝安县第三区石岩乡；1958年10月，属超英公社；1959年，属南头公社上屋大队；1961年7月，属南头区石岩公社；1963年1月，属南头公社上屋大队；1975年8月，属石岩公社上屋大队；1979年1月，属深圳市石岩公社上屋大队；1981年10月，属深圳市宝安县石岩公社；1983年7月，属宝安县石岩区上屋乡；1986年10月，属石岩镇上屋行政村；1993年1月，属深圳市宝安区石岩镇上屋行政村；2004年，属石岩街道上屋社区。

世居村民为汉族，客家民系，使用客家方言。村民主要为周姓，清朝初年周姓先祖从福建迁移至广东长乐（今五华），后迁徙至惠东县；清朝中期从惠东县迁移至当地。因为地势低洼，村子经常发洪水，村民害怕之余便渐渐迁移出去。原来的大村逐渐人丁稀少，成了现在不足100人的小村。

◎ 坑尾村篮球场（孙明 摄于2016年）

◎ 坑尾村办公大楼（孙明 摄于2016年）

◎ 坑尾村街景（孙明 摄于2016年）

◎ 坑尾老村碉楼（孙明 摄于2016年）

2015年末，户籍人口98人，其中男性58人，女性40人；80岁以上3人，最年长者90岁（女）。非户籍外来人口1.5万人。祖籍该村的香港同胞26人。祖籍该村的华人华侨4人，居住在新加坡。

传统经济以农业为主，种植水稻和水果。现村集体经营以房屋出租为主。村民主要收入来源为工资性收入、房屋出租等。特色农产品有荔枝、龙眼、青梅等。特色传统食品有春节油角、端午节粽子。

石岩北环路、坑尾大道经过该村。1979年通电，1988年通自来水，1993年通电话，2001年通互联网，2002年实现全村村道水泥硬底化。

村内有篮球场，坑尾村办公大楼中有村民活动中心。

坑尾村传统民居为客家民居，砖木石结构，墙体大多是三合土夯筑而成，现已全部拆除，新建村民楼房。

坑尾老村碉楼始建于民国时期。平面呈长方形，宽4.25米，长5.1米，高三层。土木结构，主体墙为三合土夯筑而成，内部为木结构楼板、楼梯；平顶，护墙四面各开两处射击孔；外侧、拐角处饰红黑彩绘。现为宝安区不可移动文物。

舞麒麟，形成于清朝，并流行至今。春节期间麒麟队伍走村串户，在开阔地表演，村民都要准备红包，图吉利。

清明节、重阳节时，村民各自到祖宗山坟处祭拜祖先。该村有吃大盆菜的民俗，形成于清朝，流行至今。每年冬至组织全村人吃大盆菜，祭祖。

（资料填报：周建民；初稿撰写：汪焕儒；分纂：程建）

龙腾社区

石岩老街村

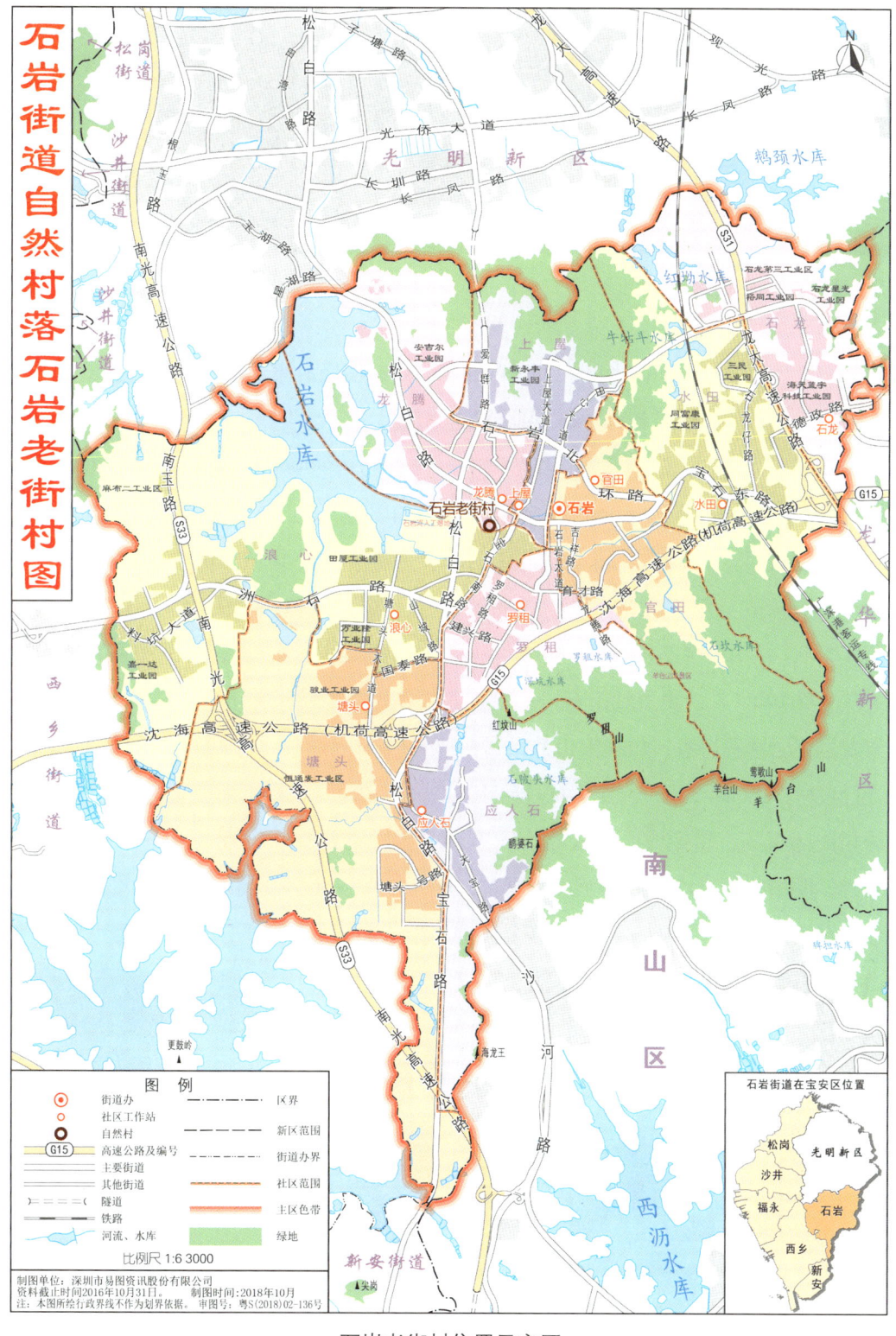

石岩老街村位置示意图

◎ 石岩老街村村貌（何致友 摄于2017年）

石岩老街村，位于石岩街道中部，石岩河北岸，距离街道办事处约1千米。相邻自然村有砖厂村、上下屋村、浪心村。曾用名石岩墟，别名石岩老街。

清嘉庆时期形成墟市，延续至20世纪80年代一直是石岩的中心，80年代后期镇政府迁出后，石岩墟成为纯商业街。现村于90年代之后在原址拆建和周边扩建而成。

清朝，属新安县。1914年，属宝安县乌石岩乡。中华人民共和国成立之初，属宝安县石岩乡；1951年，属宝安县第三区石岩乡；1958年10月，属超英公社；1959年，属南头公社上屋大队；1961年7月，属南头区石岩公社；1963年1月，属南头公社上屋大队；1975年8月，属石岩公社上屋大队；1979年1月，属深圳市石岩公社；1981年10月，属深圳市宝安县石岩公社；1983年7月，属宝安县石岩区石岩乡；1986年10月，属石岩镇石岩行政村；1993年1月，属深圳市宝安区石岩镇石岩行政村；2004年，属石岩街道石岩社区；2008年2月，属石岩街道龙腾社区。

世居村民为汉族，客家民系，使用客家方言。村民主要有叶、刘、廖、曾、张等姓。第一大姓为叶姓，明清时期从江西迁移至广东博罗；清初从博罗迁移至当地。第二大姓为刘姓，汉代从中原迁移至广东平湖；清朝从平湖迁移至当地。第三大姓为廖姓，宋代从福建迁移至广东长乐

◎ 乌石岩革命烈士纪念碑（黄洪洲 摄于2016年）

◎ 乌石岩古寺内乌石岩（孙明 摄于2016年）

◎ 石岩老街明星楼（孙明 摄于2016年）　　◎ 乌石岩古寺（孙明 摄于2016年）

（今五华）；清朝迁移至当地。

2015年末，户籍人口3200人，其中男性1856人，女性1344人；80岁以上77人，最年长者95岁（男）；海外留学4人。非户籍外来人口8600人。祖籍该村的香港同胞16人。祖籍该村的华人华侨5人，居住在新西兰。

传统经济为商业贸易。现村集体经济为商业经营、商铺出租、物业出租等。1978年之后，石岩村引进第一批"三来一补"企业——利时电子厂、联生工程五金厂、凯盈电子厂，给石岩村的经济发展注入新的活力和生机。村民主要收入来源为商业经营、工资性收入、房屋出租等。特色传统食品有春节圆笼粄、油角，清明节鸡屎藤粄，端午节粽子，农历十月糍粑粄。

宝石南路、松白路、石岩大道经过该村。1960年通电话，1990年通自来水，1990年通电，1993年实现全村村道水泥硬底化，2000年通互联网。

村内有石岩中心小学，设年级6个，班级26个，2015年在校学生1000人，教职工75人。有新鹏幼儿园、崛起幼儿园，2015年在园幼儿共800人，教职工共63人。还建有老街篮球场、老街群众舞台、老街公园、村民活动中心、石岩社区星光老年人之家，并有图书阅览室，藏书1200册。

古墟传统建筑主要有骑楼商铺及客家民居等。现在，骑楼商铺大多被拆除新建临街商铺楼房。

明星楼，始建于民国时期，坐南朝北，平面呈长方形，面阔8.87米，进深15.28米，砖混结构，高三层，每层设有檐廊，一层内部已经改建成商铺出租。现为宝安区不可移动文物。

村内存有《石岩文物图志》，石岩街道办于2007年纂修；《乌石岩往事》，由黄毓明于2011年编撰。

乌石岩古寺，始建年代不详，历史上屡建屡毁，至清道光二十年（1840年），重修为慈石寺。古寺大门有楹联"石洞天成龙吐珠圆昭胜迹；寺门地僻僧敲钟韵著声灵"及匾额"慈石古寺"，书写时间不详。供奉观音菩萨，佛诞日、观音诞辰日举行祭祀活动，平时也有群众到古寺内祭拜。

乌石岩古寺后部有乌石岩革命烈士纪念碑，立于20世纪80年代。为宝安区不可移动文物。

清明节、重阳节各家族组织族人拜山祭祖。

舞麒麟，形成于清朝，流行至今。每逢重大节日或庆典，都要请麒麟队伍进村表演。

抗日战争时期，乌石岩古寺是抗日游击队的秘密联络站。广东人民抗日游击队东江纵队情报员（中共党员）陈慧清，以和尚身份为掩护开展地下工作。

1991年10月6日，石岩地区遭受几十年罕见的特大暴雨袭击，大部分地区水浸严重。水田村、石岩老街沿石岩河两岸水浸1米多深，经济损失达2亿元。

（资料填报：廖靖伦；初稿撰写：汪焕儒；分纂：程建）

上排村

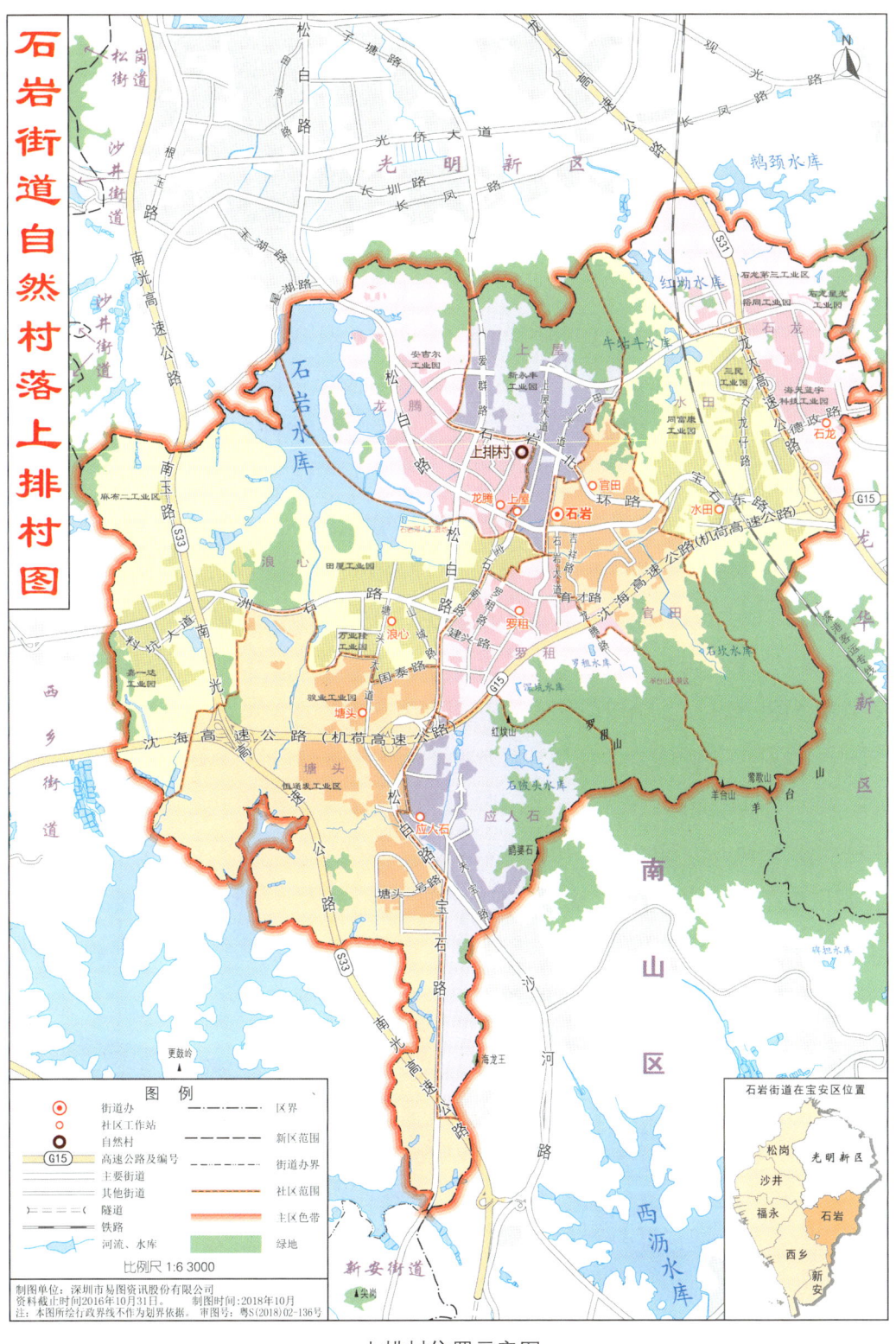

上排村位置示意图

◎ 上排村村貌（赵仲辉 摄于2018年）

上排村，位于石岩街道北部，距离街道办事处约1.8千米。相邻自然村有田心村、下排村、径贝村、坑尾村。因在山岗北部高处，原名上岭排村，后来改称上排村。

始建于清朝中期。现村于1992年在原村拆建之地周边地带扩建而成。

清朝，属新安县。1914年，属宝安县乌石岩乡。中华人民共和国成立之初，属宝安县石岩乡；1951年，属宝安县第三区石岩乡；1958年10月，属超英公社；1959年，属南头公社上屋大队；1961年7月，属南头区石岩公社；1963年1月，属南头公社上屋大队；1975年8月，属石岩公社上屋大队；1979年1月，属深圳市石岩公社上屋大队；1981年10月，属深圳市宝安县石岩公社；1983年7月，属宝安县石岩区上屋乡；1986年10月，属石岩镇上屋行政村；1993年1月，属深圳市宝安区石岩镇上屋行政村；2004年，属石岩街道上屋社区；2008年2月，属石岩街道龙腾社区。

世居村民为汉族，客家民系，使用客家方言。村民主要为赵姓。赵姓先祖清初从河南迁移至广东潮阳；清朝中期从潮阳迁移至当地。上排村赵姓和田心村的赵姓同宗。

2015年末，户籍人口526人，其中男性237人，女性289人；80岁以上19人，最年长者91岁（女）。非户籍外来人口9048人。祖籍该村的香港同胞300人。

传统经济为农业，主要种植水稻、花生、荔枝、柿子、沙梨、龙眼、黄皮等。现村集体经营

◎ 上排新村牌坊（孙明 摄于2016年）

◎ 上排赵氏宗祠（孙明 摄于2016年）

◎ 上排中心广场（孙明 摄于2016年）

◎ 上排旧村围门（孙明 摄于2016年）

◎ 上排旧村碉楼（孙明 摄于2016年）

工业厂房出租、物业出租等。村民主要收入来源为工资性收入、集体经济分红、房屋出租、金融投资等。特色传统（节庆）食品有清明节鸡屎藤板，端午节粽子、萝卜板，农历十月糍粑板。

宝石路、石岩北环路经过该村。1990年通电、通电话和通自来水，1993年实现全村村道水泥硬底化，2000年通互联网。

村内建有两个篮球场，还有上排公园、上排星光老人之家、上排中心广场和上排党群服务图书室，藏书4274册。

传统民居为客家民居，现保存有5排，坐西向东，大多为三合土夯筑墙体，硬山顶。

上排旧村围门，始建于清代中晚期。坐西朝东，单开间单进深，面阔3.8米，进深6.5米，平面呈凹字形，硬山顶，素脊，灰瓦覆面；土木结构，两侧山墙为三合土夯筑而成。现为宝安区不可移动文物。

赵氏宗祠，始建于1932年，占地面积257.64平方米，坐西向东，土、木、石结构，主体为三合土夯筑，墙裙、墙角、立柱使用花岗石；木结构梁架，前堂三开间，明间辟门，门额书"赵氏宗祠"；檐壁有彩绘，门两侧设塾台，塾台上各立两根方形石檐柱，两檐柱之间连石月枋；硬山顶，灰瓦面。内有楹联"上苑风和瑞卜丰亨欣有象；排峰日暖祥祯履泰乐无疆"，书于1932年。

存有上排碉楼，始建于民国时期，坐北朝南，平面呈长方形，高三层，土木结构，主体墙为三合土夯筑，内部为木结构楼板、楼梯。现为宝安区不可移动文物。

清明节各房族人到祠堂、村后山的先人山坟处祭拜，重阳节组织族人到香港奇毅祖山坟处祭拜。民俗大盆菜，从清朝流行至今。每年冬至邀请全村60岁以上的老人吃大盆菜，孝敬老人，祭祖。

2008年，该村被深圳市人民政府评为安全文明小区村。

（资料填报：赵仲辉；初稿撰写：汪焕儒；分纂：程建）

下排村

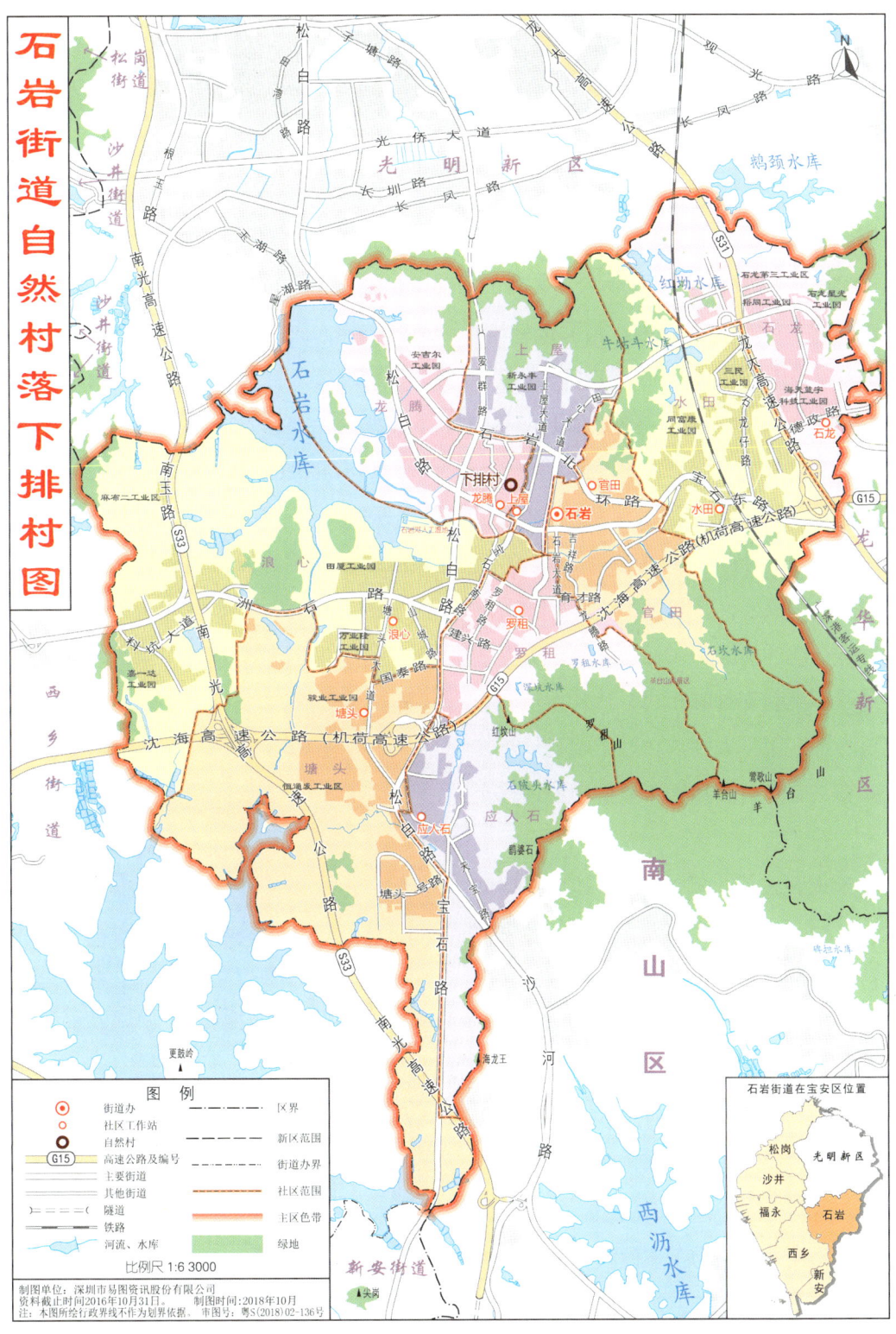

下排村位置示意图

◎ 下排村村貌（罗汉妮 摄于2018年）

下排村，位于石岩街道中部偏北，石岩河北岸，距离街道办事处约0.8千米。相邻自然村有上下屋村、上排村。因在山岗南部低处，原名下岭排村，后来改称下排村。

清朝，属新安县。1914年，属宝安县乌石岩乡。中华人民共和国成立之初，属宝安县石岩乡；1951年，属宝安县第三区石岩乡；1958年10月，属超英公社；1959年，属南头公社上屋大队；1961年7月，属南头区石岩公社；1963年1月，属南头公社上屋大队；1975年8月，属石岩公社上屋大队；1979年1月，属深圳市石岩公社上屋大队；1981年10月，属深圳市宝安县石岩公社；1983年7月，属宝安县石岩区上屋乡；1986年10月，属石岩镇上屋行政村；1993年，属深圳市宝安区石岩镇上屋行政村；2004年，属石岩街道上屋社区；2008年2月，属石岩街道龙腾社区。

世居村民为汉族，客家民系，使用客家方言。村民主要有罗、周、林姓。第一大姓为罗姓，清朝初期从福建迁移至广东长乐（今五华），清朝中期从长乐迁移至当地。第二大姓为周姓，清初从惠东迁移至新安县麻布村；1950年从麻布村迁移至当地。第三大姓为林姓，清初从惠东迁移至新安县麻布村；1950年从麻布村迁移至当地。

2015年末，户籍人口210人，其中男性98人，女性112人；80岁以上6人，最年长者95岁（男）；海外留学2人。非户籍外来人口11083人。祖籍该村的香港同胞39人。祖籍该村的华人华侨8人，居住在马来西亚。

传统经济以商贸为主。村民从深圳当地用箩筐挑农产品到香港贩卖，再从香港挑商品回当地贩卖。现村集体经营厂房出租、物业出租等。村民主要收入来源为工资性收入、集体经济分红、房屋出租等。特色传统（节庆）食品

◎ 下排村村委办公楼（孙明 摄于2016年）

◎ 下排老村民居（孙明 摄于2016年）

有清明节鸡屎藤粄，端午节粽子、萝卜粄，农历十月糍粑粄。

宝石路、宝石西路、下排路经过该村。1968年通自来水、通电，1989年通电话，1993年实现全村村道水泥硬底化，1998年通互联网。

村内有星光老人之家和下排党群服务室图书室，藏书1500册。

传统民居为客家民居，多数为三合土夯筑墙体，硬山顶，灰瓦覆面，平脊。大多数村民拆除老民居，新建居民楼房用于出租。

村内有1棵古榕树，树围3米，枝叶稀少，树龄约200年。其下有土地庙，供奉土地公，村民逢年过节上香，祈求家宅平安。

大盆菜民俗形成于清末，流行至今，中秋节或者元宵节，村里举办邻里节，邀请全村60岁以上的老人吃大盆菜，孝敬老人。

（资料填报：罗汉妮；初稿撰写：汪焕儒；分纂：程建）

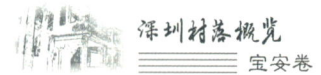

径贝村

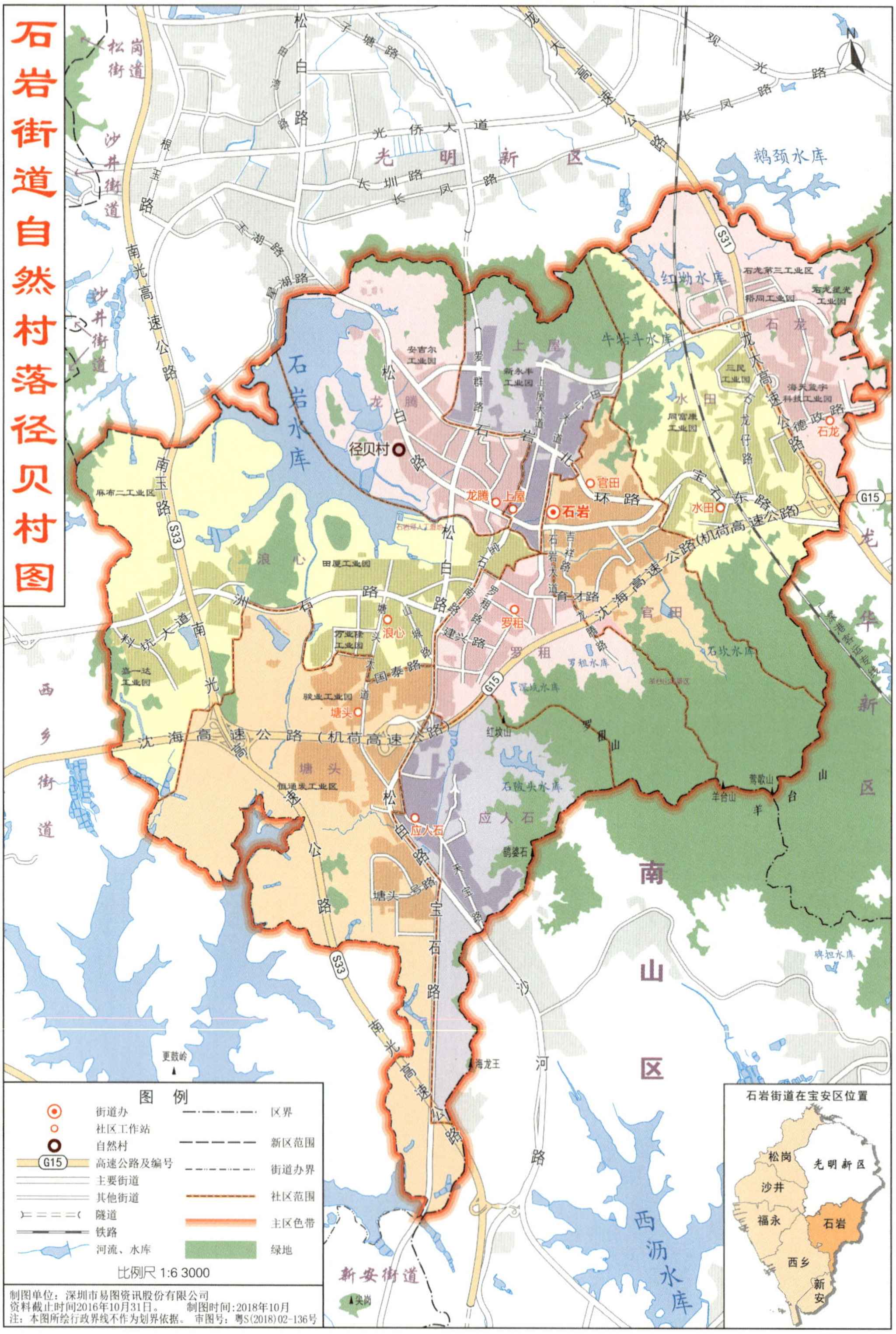

径贝村位置示意图

◎ 径贝村一角（孙明 摄于2016年）

径贝村，位于石岩街道西北部，距离街道办事处约2千米。相邻自然村有上排村和光明区公明街道红星村。石岩水库位于村西面。

该村旧时称"径背围"，清朝时先民用石块修建一条石路，叫"石路径"，村落位于石路径的背面而得名"径背"，后改称"径贝"。1958年修建石岩水库时，把淹没区内一部分村民迁至西乡建新村，也叫径贝村；2006年，石岩水库修建污水处理厂，原山岗高处村民再次向东迁徙约1千米至东部靠近松白路处建新村，即现在的径贝村。

清朝，属新安县。1914年，属宝安县乌石岩乡。中华人民共和国成立之初，属宝安县石岩乡；1951年，属宝安县第三区石岩乡；1958年10月，属超英公社；1959年，属南头公社上屋大队；1961年7月，属南头区石岩公社；1963年1月，属南头公社上屋大队；1975年8月，属石岩公社上屋大队；1979年1月，属深圳市石岩公社上屋大队；1981年10月，属深圳市宝安县石岩公社；1983年7月，属宝安县石岩区上屋乡；1986年10月，属石岩镇上屋行政村；1993年，属深圳市宝安区石岩镇上屋行政村；2004年，属石岩街道上屋社区；2008年2月，属石岩街道龙腾社区。

世居村民为汉族，客家民系，使用客家方言。第一大姓为钟姓，清代从福建迁移至广东梅州，再从梅州迁移至当地。第二大姓为单姓，唐宋时期从山东迁移至广东博罗；清代从博罗迁移至当地。

2015年末，户籍人口176人，其中男性79人，女性97人；80岁以上10人，最年长者93岁（女）。非户籍外来人口6459人。祖籍该村的香港同胞30人。

◎ 径贝新村村委办公楼（孙明 摄于2016年）

◎ 径贝村篮球场（孙明 摄于2016年）

◎ 20世纪50年代建的径贝村旧屋（孙明 摄于2016年）

传统经济以农业为主，种植水稻和水果。现村集体经营以工业厂房出租、物业出租为主。村民主要收入来源为工资性收入、集体经济分红、房屋出租等。特色农产品有荔枝、龙眼、芒果、黄皮等。特色传统节庆食品还有圆笼粄（又叫年隆粄）、清明节鸡屎藤粄、端午节粽子、十月糍粑粄。

松白路、径贝路经过该村。村内1970年通电，1990年通电话、通自来水，1993年实现全村村道水泥硬底化，2000年通互联网。

村内建有径贝社区公园，供村民娱乐活动。还建有星光老人之家和党群服务室。

传统民居为客家民居。现在该村还保留一部分20世纪50年代从石岩水库淹没区内迁徙而来时修建的旧村房屋，相连成排，砖混墙体，硬山顶，灰瓦覆盖。2006年迁徙时，政府修建新村楼房，村民均搬迁至新村楼房。

◎ 径贝村综合市场（孙明 摄于2016年）

该村有径贝老村猪场遗址、径贝老村遗址、麻布果场遗址等古文化遗址。

径贝老村猪场遗址位于石岩河北岸山岗，海拔高度为39—43米，地势坡度平缓，分布面积约2万平方米，青铜文化陶片采集约1000平方米。唐宋以后文化遗址较多，采集到大量的泥制灰陶、灰褐陶片，以素面为主，纹饰主要有菱纹、方格纹、复合纹饰。陶器器型有罐等，但时代较晚。

径贝老村遗址位于石岩湖南半岛上，径贝老村后山岗，海拔39.5—57.8米，地势坡度不大，面积约1万平方米。采集到较多泥制灰、灰褐陶片及石器、玉环等。陶片纹饰主要有方格纹、旋涡纹、菱纹等，陶器器型有罐等。磨制石器有石铲、石斧、石镞、石凿、石锛等。

每年清明节、重阳节，族人要到山坟祭拜祖先；冬至邀请全村60岁以上的老人吃大盆菜，孝敬老人。

抗日战争时期，径贝村是游击区。1941年8月15日晨，日军300人从南头向乌石岩北进，到罗租后，兵分两路，一路向径贝、玉律、长圳进犯，一路向乌石岩进犯。广东人民抗日游击队第五大队和抗日自卫队分两路抗击来犯之敌。进犯乌石岩之日军指挥官中弹毙命。在径贝，双方激战一天，日军伤亡20余人，窜回南头。

代表性人物：

钟永恩（1891—1928），1926年参加农民协会，宝安县第四区农民协会负责人，1928年3月在南头城西门就义。

钟福财（1916—1948），又名钟亚仔，1947年参加惠东宝人民护乡团，1948年7月在沙井受伤后转往石㘵医院过程中牺牲。

（资料填报：梁方梅；初稿撰写：汪焕儒；分纂：程建）

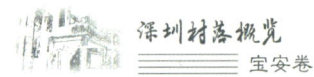

浪心社区

浪心村

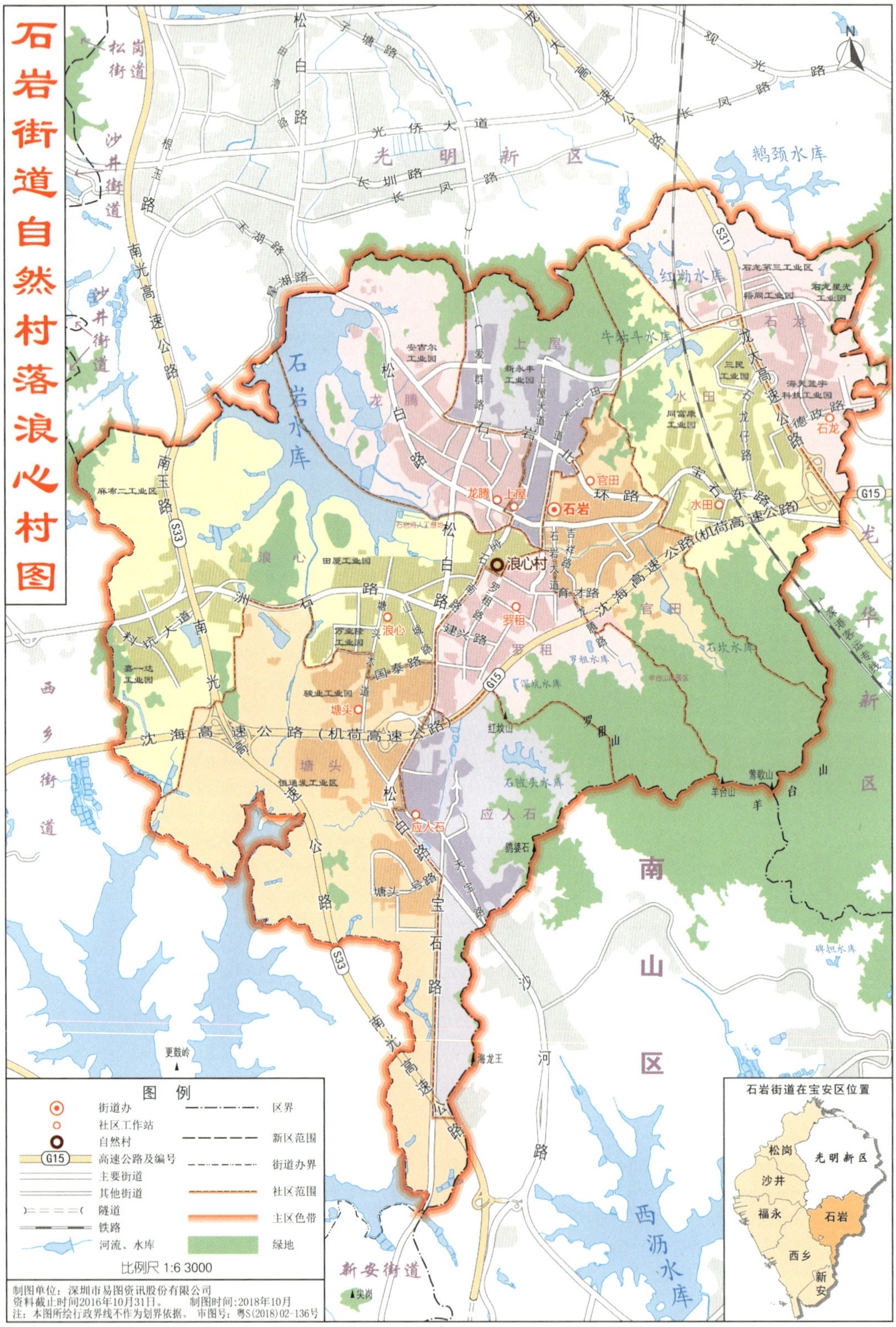

浪心村位置示意图

◎ 浪心村村貌（摄于2016年，石岩街道供稿）

浪心村，位于石岩街道中部，距离街道办事处约1千米。相邻自然村有罗租村、石岩老街村、砖厂村。因该村原长满滚基草，原名蒗心村，后来改为浪心村。

该村始建于南宋。现村于1986年之后在原址部分拆建、周边扩建而成。

宋元至明万历元年（1573年），属东莞县；明万历元年至清朝，属新安县。1914年，属宝安县乌石岩乡。中华人民共和国成立之初，属宝安县石岩乡；1951年，属宝安县第三区石岩乡；1958年10月，属超英公社；1959年，属南头公社上屋大队；1961年7月，属南头区石岩公社；1963年1月，属南头公社上屋大队；1975年8月，属石岩公社上屋大队；1979年1月，属深圳市石岩公社；1981年10月，属深圳市宝安县石岩公社；1983年7月，属宝安县石岩区石岩乡；1986年10月，属石岩镇石岩行政村；1993年，属深圳市宝安区石岩镇石岩行政村；2004年，属石岩街道浪心社区。

世居村民为汉族，广府民系，使用粤方言。村民主要为袁、曾、刘姓。第一大姓为袁姓，北宋时期从今江苏南京迁移至广东东莞后迁松岗楼岗；清初从松岗楼岗迁移至当地。第二大姓为曾姓，南宋从江西迁移至广东南雄珠玑巷后迁东莞；清朝初年从东莞归德盐场新桥里（今沙井）迁移至当地。第三大姓为刘姓，汉代从中原迁移至广东平湖；南宋从平湖迁移至当地。

2015年末，户籍人口410人，其中男性194人，女性216人；80岁以上16人，最年长者105岁（女）。非户籍外来人口约1.4万人。祖籍该村的香港同胞61人。祖籍该村的华人华侨6人，主要分布在加拿大、美国、法国。归侨1人。

传统经济为农业，种植水稻、花生、荔枝、龙眼、芒果、黄皮等。现村集体经营工业开发

◎ 浪心老村（孙明 摄于2005年）

◎ 浪心村水围围门（孙明 摄于2016年）

区、物业管理等。村民主要收入来源为集体经济分红、房屋出租、工资性收入等。特色传统节庆食品有春节油角、清明节鸡屎藤粄、端午节粽子、农历十月糍粑粄。

沈海高速G15线、宝石路、罗租大道经过该村。1960年通电，1980年通自来水，1990年实现村道水泥硬底化，1991年通电话，1998年通互联网。

有启迪幼儿园，2015年在园幼儿200人，教职工30人。还建有浪心公园、星光老人之家，并有浪心图书室，藏书5000册。

传统民居为广府民居，现存30余座，总占地面积1.1万平方米。坐东向西，横向12排，纵向5列，每排房屋之间有1米多宽的巷子隔开。民居大多为三开间两进深，砖木石结构，清水砖外墙，硬山顶，灰瓦覆面、船形脊；保存较好。2005年被宝安区定为不可移动文物。

浪心村水围围门，建于清代，占地面积300平方米，坐北向南，现在仅保留围村大门及门左侧一段围墙，大门二层，砖木石结构，清水砖外墙，门外二层阁楼上面开有两个观察射击孔。

现存宗祠3座。袁氏宗祠，又名绍基堂，始建于清光绪二十五年（1899年），占地面积257.58平方米，坐东向西，三开间三进两天井，砖木石结构，清水砖外墙，硬山顶。大门两侧有楹联"汝南世泽源流远；石岩家声奕叶长"。前堂内墙上镶嵌有修建袁氏宗祠的碑记，立于清宣统元年（1909年）。少华袁公祠，始建于清光绪二十二年（1896年），占地面积306平方米，坐东向西，三开间两进一天井，砖木石结构，清水砖外墙，硬山顶。两祠堂均为宝安区不可移动文物。另一处为熙寰公家祠，已废弃。

私塾（学堂）旧址有序西书室，始建于清嘉庆年间。为宝安区不可移动文物。

曾氏碉楼，建于20世纪30年代，墙体使用青石块修建，原来碉楼为四层，抗日战争期间毁掉

◎ 浪心村袁氏宗祠（孙明 摄于2016年）

◎ 浪心村少华袁公祠（孙明 摄于2008年）

◎ 序西书室（孙明 摄于2016年）

一层，剩下三层。大门向西，平顶，顶部使用钢筋混凝土结构。

石岩粮仓，建于1952年。两座圆形粮仓并列，两粮仓之间修建连接通道，砖混结构，平面圆形，顶部伞盖形。保存完好。

每年清明节、重阳节，各宗亲组织族人到山坟祭拜祖先。冬至组织全村人吃大盆菜。

2016年，该村被宝安区列入工业区旧改更新项目。

代表性人物：

袁梦鸿（1903—1975），毕业于唐山交通大学，后留学美国。1932年4月1日任广州市工务局局长。1934年12月24日任国民政府铁道部沧石铁路工程局局长。1939年4月，铁道部在宜山设立黔桂铁路工程局，袁梦鸿任局长兼总工程师，主持修筑黔桂铁路，对黔桂线进行全线勘察测绘，制定了干线走向和火车站分布方案。1941年3月15日，中印公路测勘队成立，交通部路政司司长袁梦鸿任队长。这条线最后因工程过于艰巨而被否决，在云南省图书馆还收藏着由袁梦鸿、陈思诚撰写的《中印公路测勘总报告（附蓝图）》。1943年5月31日袁梦鸿任交通部技正。1946年，湘桂铁路管理局、黔桂铁路工程局合并，成立湘桂黔铁路工程局，袁梦鸿任局长兼总工程师，负责原拆轨路段的复轨及未完工程的建设。1949年赴台湾。

袁耀鸿（1910—2003），早年在广州学建筑工程，并经营建筑业。20世纪20年代转营戏院。后被香港利氏家族聘请主持利舞台戏院，又相继经营多家戏院。1938年为蔡楚生、司徒慧敏投资拍摄抗战影片《游击进行曲》《血溅宝山城》。1948年联合利氏家族投资创办南国影业公司，任总经理，拍摄《珠江泪》《羊城恨史》《冬去春来》等影片。1952年配合粤语片清洁运动，与几家戏院合作组成排映新联、中联、光艺、华侨四大影业公司的爱国粤语片院线。80年代任香港联艺公司董事长，为香港利舞台戏院业主。后常与国内文艺界进行文化艺术交流，为推动两地文艺的发展做出贡献。曾当选广东省第四届、第五届、第六届政协常务委员。

刘富稳（1947—），1965年任附城公社社长，后调到蛇口公社担任党委副书记，1979年参与招商局蛇口工业区筹建工作，1999年担任宝安区委政法委副书记。

（资料填报：张宝旭；初稿撰写：汪焕儒；分纂：程建）

砖厂村

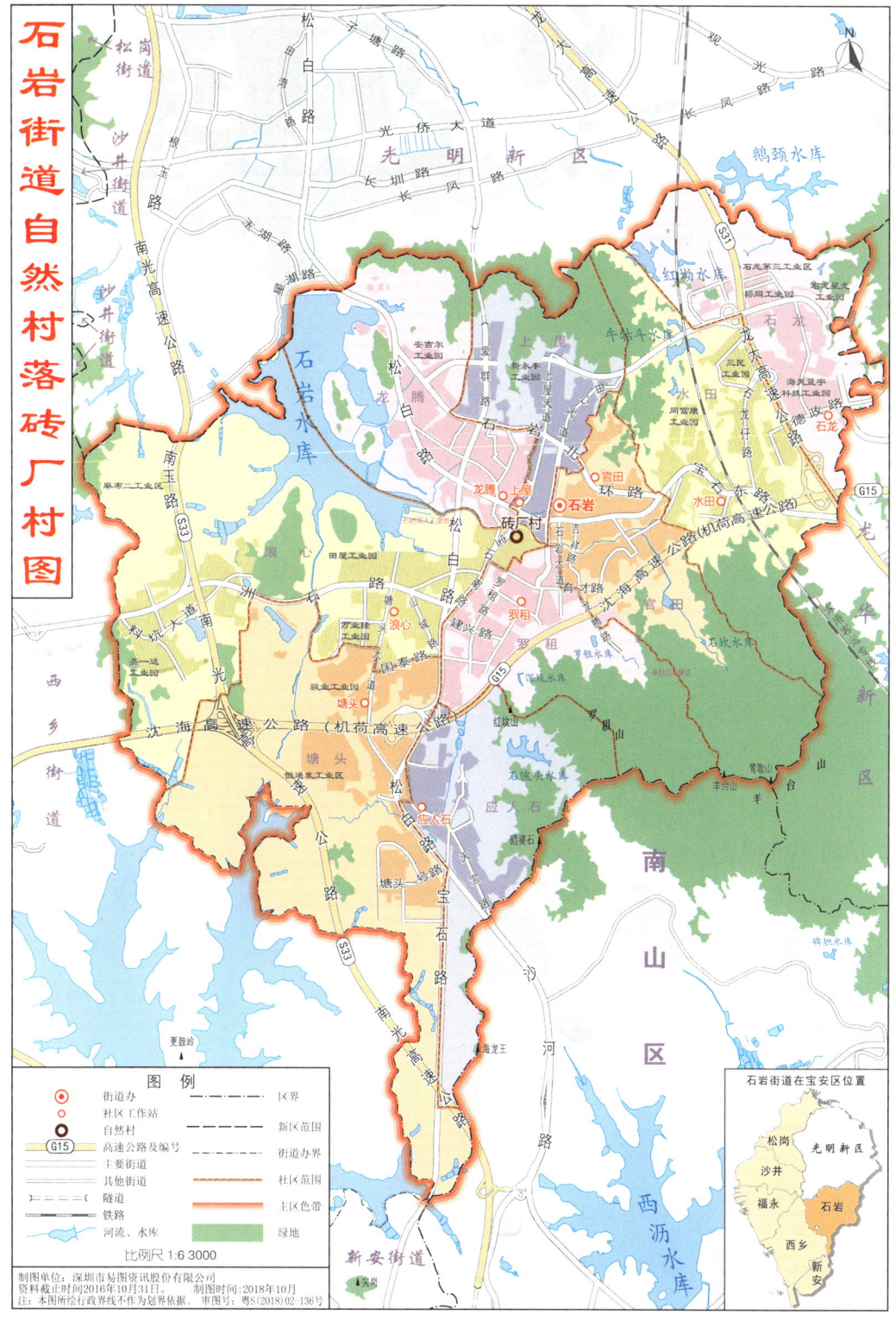

砖厂村位置示意图

◎ 砖厂村村貌（钟怡文 摄于2018年）

砖厂村，位于石岩街道中部，石岩河南岸，距离街道办事处约1千米。相邻自然村有罗租村、浪心村、石岩老街村、上下屋村。

该村于清朝立村，原名瑞尾围，1958年因修建石岩水库全村整体搬迁至现在石岩河南岸、罗租岭西坡地带。由于搬迁后，村以烧制砖瓦为生而取名砖厂村。现村于1990年在原地拆除砖厂新建以及在老村周边扩建而形成。

清朝，属新安县。1914年，属宝安县乌石岩乡。中华人民共和国成立之初，属宝安县石岩乡；1951年，属宝安县第三区石岩乡；1958年10月，属超英公社；1959年，属南头公社上屋大队；1961年7月，属南头区石岩公社；1963年1月，属南头公社上屋大队；1975年8月，属石岩公社上屋大队；1979年1月，属深圳市石岩公社；1981年10月，属深圳市宝安县石岩公社；1983年7月，属宝安县石岩区石岩乡；1986年10月，属石岩镇石岩行政村；1993年，属深圳市宝安区石岩镇石岩行政村；2004年，属石岩街道浪心社区。

世居村民为汉族，客家民系，使用客家方言。村民主要有曾、钟、蔡、何四姓。曾姓为第一大姓，南宋从江西迁移至广东南雄珠玑巷，后迁东莞再迁石岩瑞尾围；1958年从石岩水库瑞尾围迁移至当地。第二大姓为钟姓，明清时期从福建迁移至广东梅州；清朝从梅州迁移至径贝村；1958年从石岩水库径贝村迁移至当地。第三大姓为蔡姓，清朝迁移至径贝村；1958年从石岩水库径贝村迁移至当地。第四大姓为何姓，清朝迁移至广东观澜君子布村；1958年从观澜君子布村迁移至当地。

2015年末，户籍人口242人，其中男性107人，女性135人；80岁以上9人，最年长者93岁（女）。非户籍外来人口3550人。祖籍该村的香港同胞110人。祖籍该村的华人华侨7人，主要分布在美国、牙买加。归侨1人。

传统经济主要为开办砖厂生产砖瓦、陶制品等。现村集体经营主要为厂房出租、物业管理。村民主要收入来源为工资性收入、集体经济分红、房屋出租等。

宝石路、砖厂路、石泉大道经过该村。1960年通电，1982年通电话，1985年通自来水，1992

◎ 砖厂村新村（孙明 摄于2016年）

◎ 建于1958年后的砖厂村老村（孙明 摄于2016年）

◎ 砖厂老村传统民居（孙明 摄于2016年）

◎ 砖厂村村委办公楼（孙明 摄于2016年）

年实现全村村道水泥硬底化，1998年通互联网。

村内建有罗租岭公园和星光老年人活动中心。

传统民居为客家民居，均修建于1958年之后，较为简易，相连成排，位于罗租岭西坡，依山势而建，坐东向西，形成简单实用的联排房屋，一排10余间。砖木结构，硬山顶，灰瓦覆面。

各姓氏族中长辈每年清明节、重阳节组织同宗族人到祠堂、山坟等地祭拜祖先。

该村端午节游龙舟水等习俗形成于清朝，流行至今。端午节带上熟鸭蛋到河里游龙舟水，体力不支时吃蛋补充能量。

村民烧制砖瓦（陶制碗盆等）的技艺形成于1958年至1985年。

代表性人物：

蔡奕祥（1914—2005），砖厂高级技术员。1958年开始把烧砖技术传授给村人，带领全村人依靠烧制砖瓦生产经营，改善生活。

（资料填报：蔡幸生；初稿撰写：汪焕儒；分纂：程建）

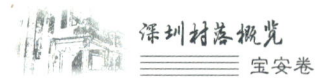

料坑村

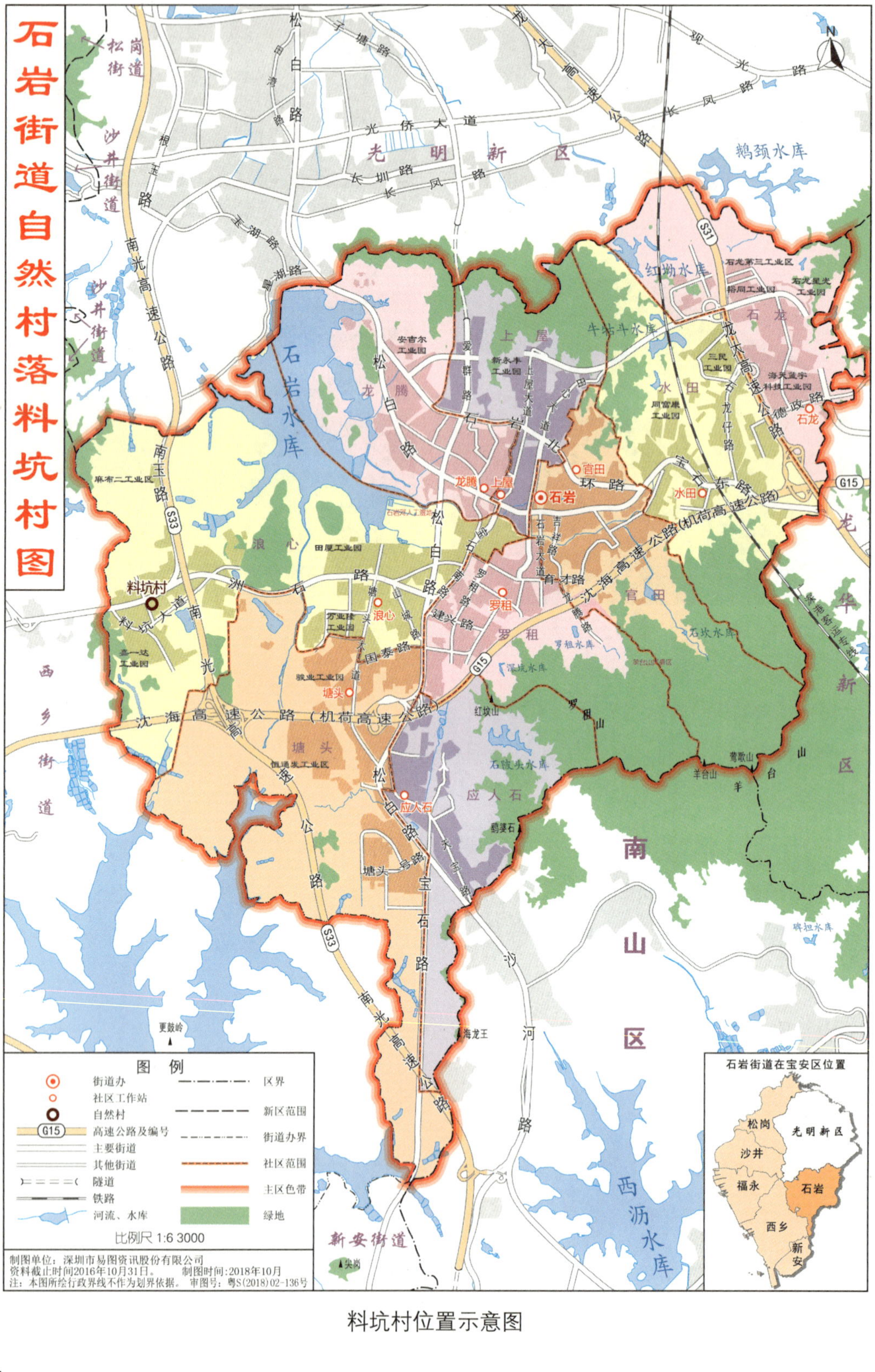

料坑村位置示意图

◎ 料坑村村貌（摄于2016年，石岩街道供稿）

料坑村，位于石岩街道西部，距离街道办事处约6千米。相邻自然村有麻布村和西乡街道九围村。

因当地人称山坳为"坑"，最早是廖氏夫妻逃荒至此山坑耕种，故村名为廖坑围。后来陈氏、张氏于清乾隆年间（1736—1795年）迁移至此，廖氏迁往他处，村名改为料坑村。自1992年之后，村民在原村址北部规划建设新村，并陆续在老村周边新建和扩建形成现在村落。

清朝，属新安县。1914年，属宝安县乌石岩乡。中华人民共和国成立之初，属宝安县石岩乡；1951年，属宝安县第三区石岩乡；1958年10月，属超英公社；1959年，属南头公社上屋大队；1961年7月，属南头区石岩公社；1963年1月，属南头公社上屋大队；1975年8月，属石岩公社上屋大队；1979年1月，属深圳市石岩公社；1981年10月，属深圳市宝安县石岩公社；1983年7月，属宝安县石岩区石岩乡；1986年10月，属石岩镇石岩行政村；1993年，属深圳市宝安区石岩镇石岩行政村；2004年，属石岩街道浪心社区。

世居村民为汉族，客家民系，使用客家方言。村民主要有陈、张、蔡、成等姓。第一大姓为陈姓，明清时期从福建迁移至广东长乐（今五华）；清乾隆年间从长乐迁移至当地。第二大姓为张姓，清乾隆年间从长乐迁移至当地。第三大姓为蔡姓，清朝从长乐迁移至径贝村；中华人民共和国成立前夕从径贝村迁移至当地。

2015年末，户籍人口162人，其中男性82人，女性80人；80岁以上3人，最年长者96岁（女）。非户籍外来人口28383人。祖籍该村的香港同胞20人。祖籍该村的华人华侨100人，主要

◎ 料坑新村（孙明 摄于2016年）

◎ 料坑老村碉楼（孙明 摄于2016年）

◎ 料坑体育馆（孙明 摄于2016年）

◎ 料坑千禧文化广场（孙明 摄于2016年）

分布在新加坡、加拿大和越南。

传统经济以农业为主，种植水稻和水果。现村集体经营以工业厂房出租、物业出租为主。村民主要收入来源为工资性收入、集体经济分红、房屋出租等。特色农产品有荔枝、龙眼、芒果、黄皮等，特色传统（节庆）食品有春节油角、清明节鸡屎藤粄、端午节粽子、农历十月糍粑粄。

沈海高速G15线、南光高速S33线、县道X253线洲石路、料坑大道经过该村。1970年通电，1980年通电话，1998年通互联网，2004年实现全村村道水泥硬底化，2010年通自来水。

村中料坑学校，有9个年级，42个班级，2015年在校学生2280人，教职工112人。有料坑幼儿园，2015年在园幼儿200人，教职工25人。村内建有料坑篮球场、料坑体育馆（可容纳3000人）、料坑社区公园和料坑千禧文化广场。还有料坑图书馆，藏书1000册。

村中有料坑人工湿地，是九围排污工程的重要组成部分，是为解决料坑村未纳入截污系统污水出路问题而建设。

传统民居为客家民居，砖木石结构，大多数墙体使用三合土夯筑而成，硬山顶，灰瓦覆盖。民居建筑相连成排，代表性民居有村西南石墙民居，建于民国时期，坐西北向东南，为单开间两

◎ 1968年9月宝安县轻骑队在料坑村县五七干校劳动锻炼（摄于1968年，深圳市本土文化艺术团供稿）

层房屋，墙体使用麻石块砌筑，硬山顶，灰瓦覆面。前墙正面瓦面上砌筑女儿墙，女儿墙两端凸起，正中装饰五角星灰塑。

料坑老村碉楼，始建于民国时期，坐西北朝东南。平面呈长方形，高三层，土木结构，主体墙为三合土夯筑而成。顶为平顶，设女儿墙，外饰一周黑色带。东角、西角各设一射击掩体，俗称"燕子窝"。东南、东北两面墙上各开一处排水口。现为宝安区不可移动文物。

村民每年清明节、重阳节都要到山坟祭拜祖先。民俗吃大盆菜，形成于清朝，流行至今。每年冬至组织全村人吃大盆菜，祭祖。

1968年，宝安县革命委员会在料坑村开办宝安县五七干校，要求全县干部和知识青年接受革命教育。

2003年5月3日，料坑村发生山体滑坡，泥沙从山坡上冲下，将工地的围墙冲倒，紧邻围墙而建的工棚当即被压塌，正在睡觉的50多名建筑工人被压在下面，造成3人死亡，13人受伤。

料坑村有"篮球第一村"的美誉。每年9月，举办篮球赛。2015年料坑村将参加省市篮球比赛获奖总奖金提高到20万元，创下了深圳业余篮球赛总奖金的最高纪录。

（资料填报：陈赞科；初稿撰写：汪焕儒；分纂：程建）

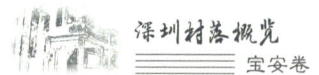

麻布村

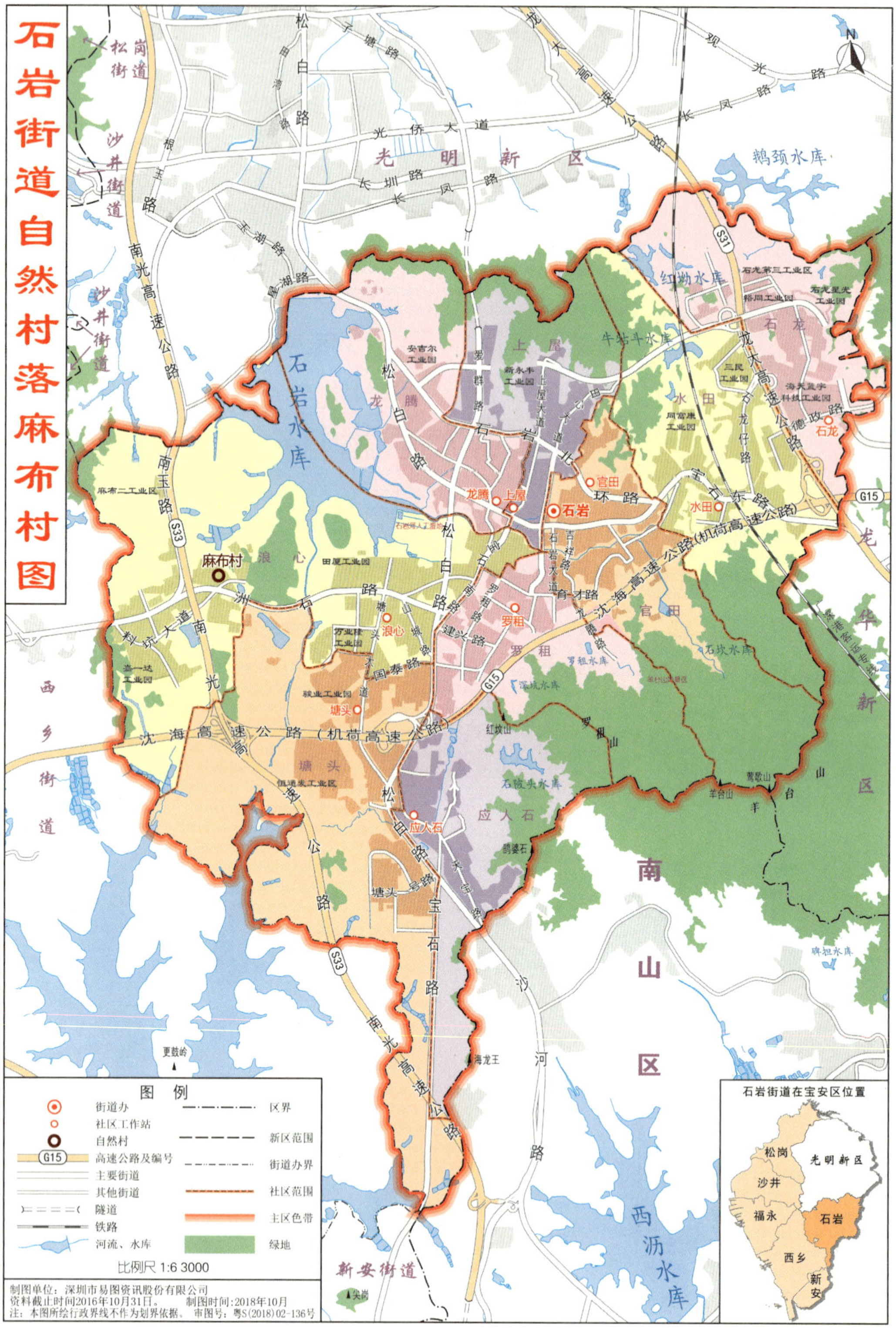

麻布村位置示意图

◎ 麻布村村貌（摄于2016年，麻布村供稿）

麻布村，位于石岩街道西部，石岩水库西南岸，距离街道办事处约4千米。相邻自然村有料坑村。因周氏先祖于村周围河边、山坡种植黄麻、剑麻，长势旺盛，故取名麻布村。

1958年修建石岩水库，村民从淹没区搬迁到西乡新建麻布村，由于当地耕地不足，1961年部分村民迁回洲石路旁现在村址。2000年之后，新建别墅式麻布新村，村民搬迁至新村居住，老村废弃。

清朝，属新安县。1914年，属宝安县乌石岩乡。中华人民共和国成立之初，属宝安县石岩乡；1951年，属宝安县第三区石岩乡；1958年10月，属超英公社；1959年，属南头公社上屋大队；1961年7月，属南头区石岩公社；1963年1月，属南头公社上屋大队；1975年8月，属石岩公社上屋大队；1979年1月，属深圳市石岩公社；1981年10月，属深圳市宝安县石岩公社；1983年7月，属宝安县石岩区石岩乡；1986年10月，属石岩镇石岩行政村；1993年，属深圳市宝安区石岩镇石岩行政村；2004年，属石岩街道浪心社区。

世居村民为汉族，客家民系，使用客家方言。村民主要为周姓。宋代从陕西迁移至广东惠东、长乐（今五华）；清乾隆年间（1736—1795年）从惠东、长乐迁移至当地。

2015年末，户籍人口37人，其中男性17人，女性20人；最年长者76岁（女）。非户籍外来人口约1.8万人。祖籍该村的香港同胞3人。

传统经济以农业为主，主要种植水稻和水果。现在村集体经营工业厂房出租、物业出租。村民主要收入来源为工资性收入、集体经济分红、房屋出租等。特色农产品有黄麻、荔枝、龙眼等。特色传统食品有春节的油角、端午节的粽子。

县道X253线洲石路、麻布大道经过该村。1970年通电，1980年通电话，1998年通互联网，

◎ 麻布老村客家民居（孙明 摄于2016年）

◎ 麻布村村委办公楼（孙明 摄于2016年）

◎ 麻布新村（孙明 摄于2016年）

2004年实现全村村道水泥硬底化，2010年通自来水。

传统民居为客家民居，现留有2排20余间，均为三合土夯筑墙体，硬山顶，覆盖灰瓦，民居相连成排，较为简易，目前均已破败不堪。现在出租给外来人员居住，村民已全部搬迁至洲石公路旁的麻布新村居住。

民俗吃大盆菜，形成于清朝，流行至今。村里在春节或元宵节以及冬至，组织全村人吃大盆菜。每年清明节、重阳节组织族人到山坟祭拜祖先。

麻布村是当年广东人民抗日游击队东江纵队活动的区域，很多村民参加了抗日游击队。

代表性人物：

周振东（1893—1941），1939年参加广东人民抗日游击队第二大队。1941年10月在公明楼村牺牲，时为抗日游击队情报员。

周庆云（1922—1942），1941年参加广东人民抗日游击总队，后任宝安大队副班长。1942年在阳台山战斗中牺牲。

（资料填报：周敏；初稿撰写：汪焕儒；分纂：程建）

罗租社区

罗租村

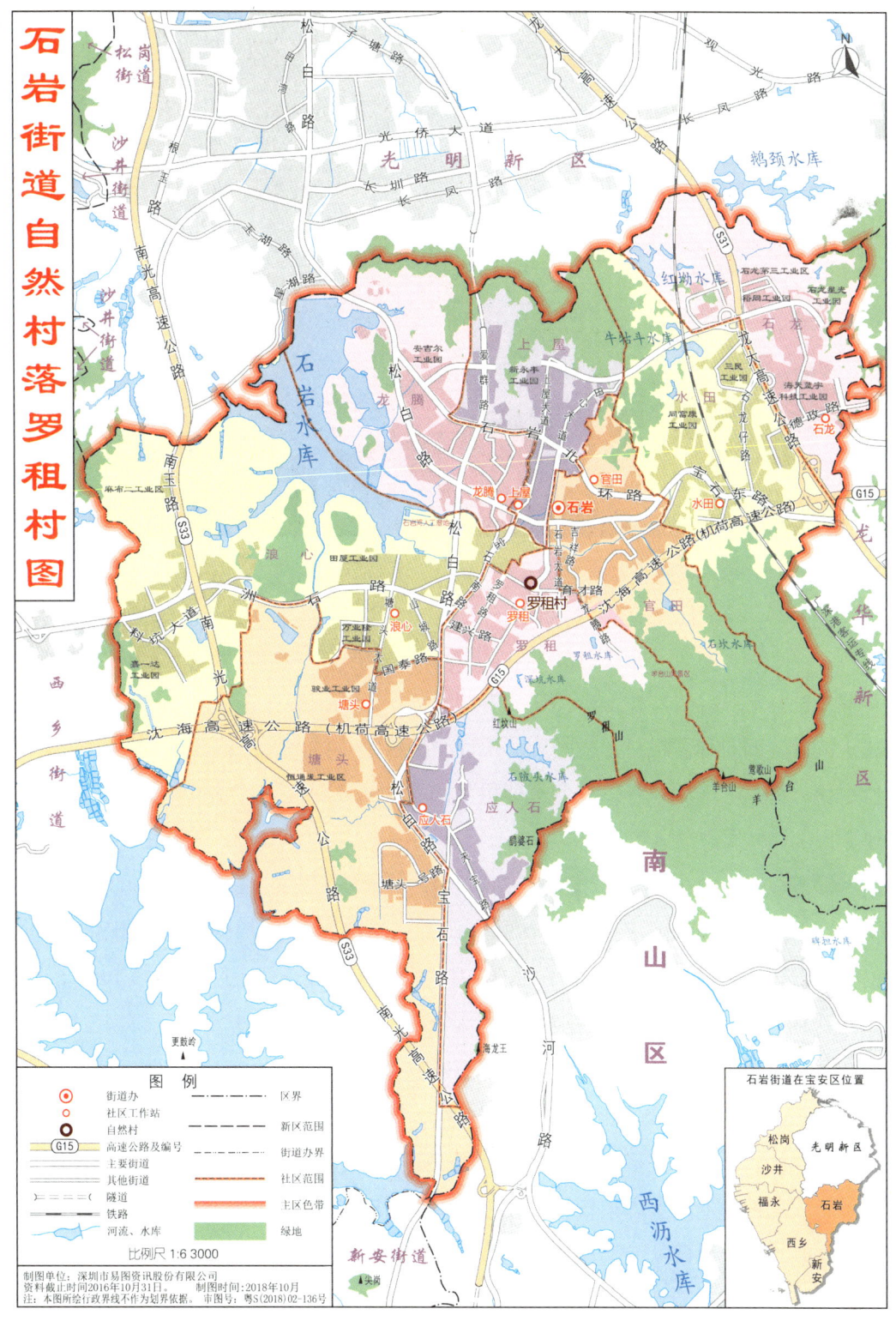

罗租村位置示意图

◎ 罗租村村貌（孙明 摄于2005年）

罗租村，位于石岩街道中部，阳台山西北坡下、石岩河南岸，距离街道办事处约1千米。相邻自然村有黎光村、龙眼山村、浪心村、砖厂村。

始建于清朝。旧时称箩租村，村民为了生计而租耕浪心村人的土地，交租时以房屋的栋梁为计算单位，每一栋梁收一箩稻谷，故名"箩租"，后改名"罗租"。现村于1992年之后在原村址部分拆建，大部在村周边扩建而成。

清朝，属新安县。1914年，属宝安县乌石岩乡。中华人民共和国成立之初，属宝安县石岩乡；1951年，属宝安县第三区石岩乡；1958年10月，属超英公社；1959年，属南头公社上屋大队；1961年7月，属南头区石岩公社；1963年1月，属南头公社上屋大队；1975年8月，属石岩公社上屋大队；1979年1月，属深圳市石岩公社；1981年10月，属深圳市宝安县石岩公社；1983年7月，属宝安县石岩区石岩乡；1986年10月，属石岩镇石岩行政村；1993年，属深圳市宝安区石岩镇石岩行政村；1996年7月，属罗租行政村；2004年，属石岩街道罗租社区。

世居村民为汉族，客家民系，使用客家方言。主要有廖、张、曾、黄、何、李等姓。第一大姓为廖姓，宋代从福建迁移至广东长乐（今五华）；清康熙十年（1671年）从长乐迁移至当地。第二大姓为张姓，唐宋时期从河南光州（光县）迁移至广东韶关，后于明代迁至东莞；清代初期从东莞迁移至当地。第三大姓曾姓，南宋从江西迁移至广东南雄珠玑巷，后迁至东莞；清朝初期

◎ 罗租村传统民居（孙明 摄于2016年）

◎ 廖氏家祠（孙明 摄于2005年）

◎ 罗租廖氏宗祠（孙明 摄于2016年）

从东莞迁移至当地。

2015年末，户籍人口1439人，其中男性700人，女性739人；80岁以上95人，最年长者95岁（女）；海外留学5人。非户籍外来人口48561人。祖籍该村的香港同胞21人。祖籍该村的华人华侨4人，主要分布在澳大利亚、美国。

传统经济为农业，主要种植水稻、花生、荔枝、龙眼、芒果、黄皮、沙梨、柿子等。现村集体经营工业开发区、物业出租等。村民主要收入来源为集体经济分红、房屋出租、工资性收入等。阳台山有着丰富的动植物资源，生长着国家一级保护植物桫椤以及其他珍贵树种，如野生樟树、土沉香等。特色传统食品有春节油角、清明节鸡屎藤板、端午节粽子、农历十月糍粑板。

沈海高速G15线、罗租大道经过该村。1960年通电，1990年实现全村村道水泥硬底化，1991年通电话，1998年通自来水、通互联网。

村内有罗租小学，设年级6个，班级24个，2015年在校学生1351人，教职工75人。有罗租幼儿园，2015年在园幼儿255人，教职工31人。还建有罗租社区篮球场、罗租岭公园、街心公园、罗租老人活动中心，并有罗租图书室，藏书4000册。

传统民居为客家民居，现存30余间。代表性民居有罗租村3区61号，建于清朝，占地面积110平方米，坐北向南，三开间两进布局，三门三户，砖木石结构，清水砖外墙，山墙及后墙部分墙体为三合土夯筑，墙裙、墙角使用麻石条加固。硬山顶，灰瓦覆面。门上部有门罩，保存较好。

廖氏宗祠，坐北向南，整体五开间，土、石、砖、木结构，墙体大部分使用三合土夯筑而成，两端形成小阁楼。该祠堂位于村口，地势开阔，抗日战争时期曾作为王作尧领导的抗日游击队邱柏秀中队的驻扎地。中华人民共和国成立前后用作罗租小学校址，20世纪60年代罗租村将此

◎ 罗租关帝庙（孙明 摄于2016年）

◎ 罗租碉楼（孙明 摄于2005年）

改建成大队礼堂。现祠堂内还保存一块"廖氏家祠"石匾。2009年，廖氏家祠被拆除重建廖氏宗祠。现在的廖氏宗祠占地面积300平方米，三开间两进，砖混结构，仿古建筑形式，硬山顶，绿琉璃瓦覆面。

罗租关帝庙，始建于清朝，民国时期重修；三开间两进布局。为宝安区不可移动文物。

罗租碉楼，建于民国时期，坐西向东，由一座二层主体楼房和一栋附属碉楼组成，中西结合的建筑。主体楼房二层，三开间，主楼、碉楼墙体均使用三合土夯筑而成。碉楼平面呈正方形，顶部女儿墙有灰塑装饰。现在碉楼已经倒塌。

每年元宵节，村里会举办一场以元宵为主题的社区邻里节，引导居民走出家门，猜谜、表演、玩游戏，与街坊共度元宵佳节。吃大盆菜形成于清朝，延续至今，春节前的冬至邀请全村60岁以上的老人吃大盆菜，孝敬老人。每年腊月二十八在廖氏宗祠祭祖及吃团圆饭，期间进行募捐活动，捐款主要用于维护宗祠及日常的支出。

舞麒麟形成于清朝，流行至今。

罗租村曾是阳台山抗日根据地重要据点。1940年王作尧领导的广东人民抗日游击队第五大队建立了以石岩罗租村为中心的抗日根据地。当时，王作尧率领的两个中队，分别驻扎在罗租村的廖氏宗祠和罗租书室内。

代表性人物：

何运才（1919—1948），1944年5月参加广东人民抗日游击队东江纵队，任二团一连一排副排长、支委。在逊母口战斗中，他带一个班打反击，迅速占领前沿阵地，缴获冲锋枪一挺、美式步枪一支，背下一名伤员，荣立二等功。1946年6月，北撤山东。1948年6月28日，在豫东战役攻击杞县范庄时，他带领一个班的战士追击敌人，在距敌30米处，被敌人子弹射中，因伤势过重而牺牲。

马史（1923—1944），惠东县白花镇新墟街向南坊人，广东人民抗日游击队东江纵队三中队指导员。1944年12月19日，驻扎在罗租抗日根据地的东江纵队第三支队和第一支队的一部分队员，在当地民兵的配合下，袭击沙井的敌伪据点。战斗持续半个多小时，歼敌数十人。马史率队突击，中弹牺牲。战友们把他的遗体安葬在罗租岭上。

廖虹雷（1946—），中国作家协会会员，著有《老街》《热土流苏》《深圳民间节俗》《深圳民间熟语》《深圳风物志·风土人情卷》等一系列专著。曾担任深圳市人民政府台湾事务办公室助理巡视员、深圳市本土文化艺术研究会会长、广东省民俗文化研究会副会长。

（资料填报：廖运年；初稿撰写：汪焕儒；分纂：程建）

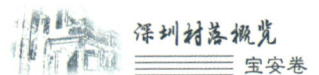

龙眼山村

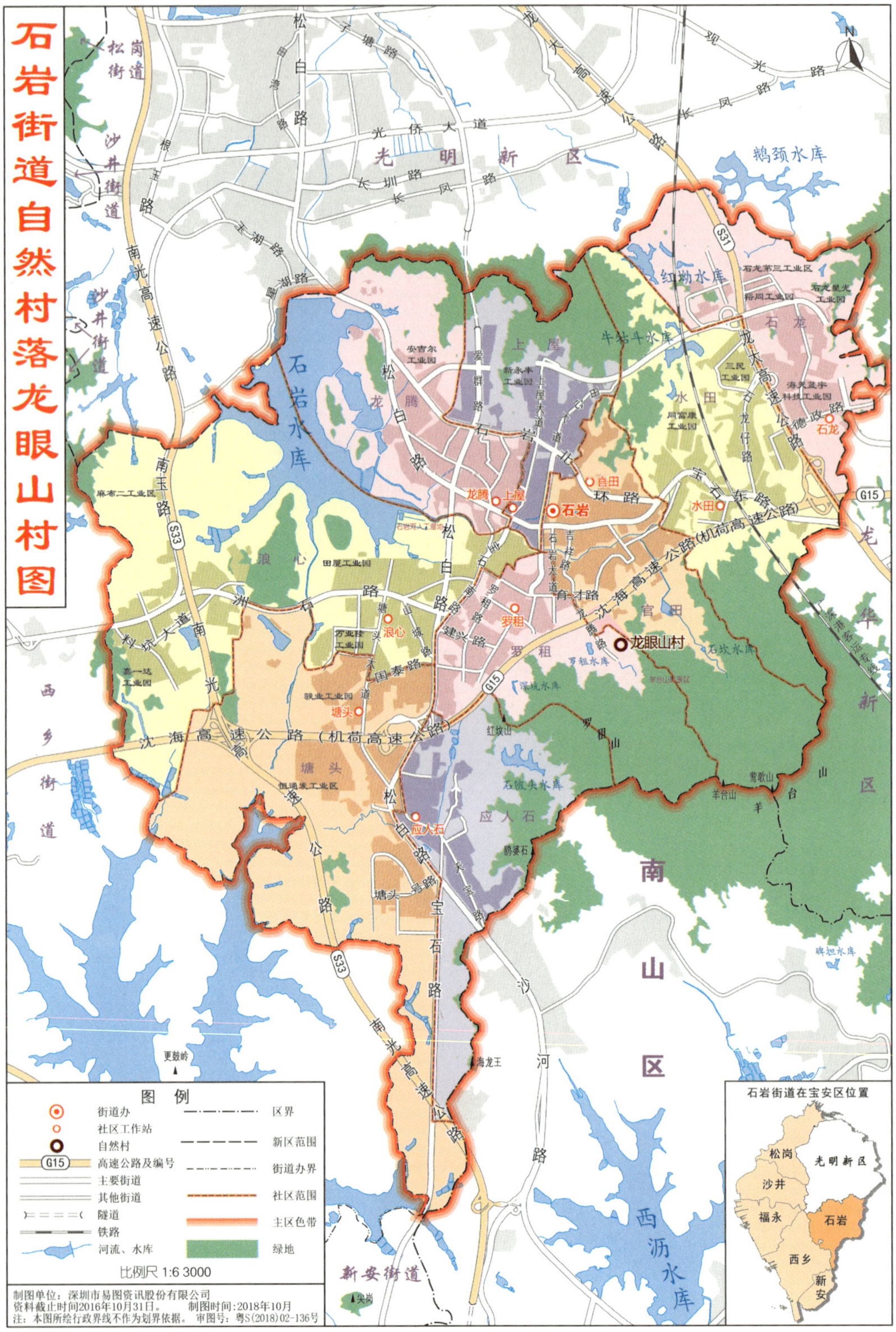

龙眼山村位置示意图

当地民兵的配合下,袭击沙井的敌伪据点。战斗持续半个多小时,歼敌数十人。马史率队突击,中弹牺牲。战友们把他的遗体安葬在罗租岭上。

廖虹雷(1946—),中国作家协会会员,著有《老街》《热土流苏》《深圳民间节俗》《深圳民间熟语》《深圳风物志·风土人情卷》等一系列专著。曾担任深圳市人民政府台湾事务办公室助理巡视员、深圳市本土文化艺术研究会会长、广东省民俗文化研究会副会长。

(资料填报:廖运年;初稿撰写:汪焕儒;分纂:程建)

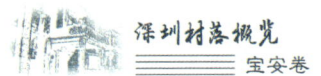

龙眼山村

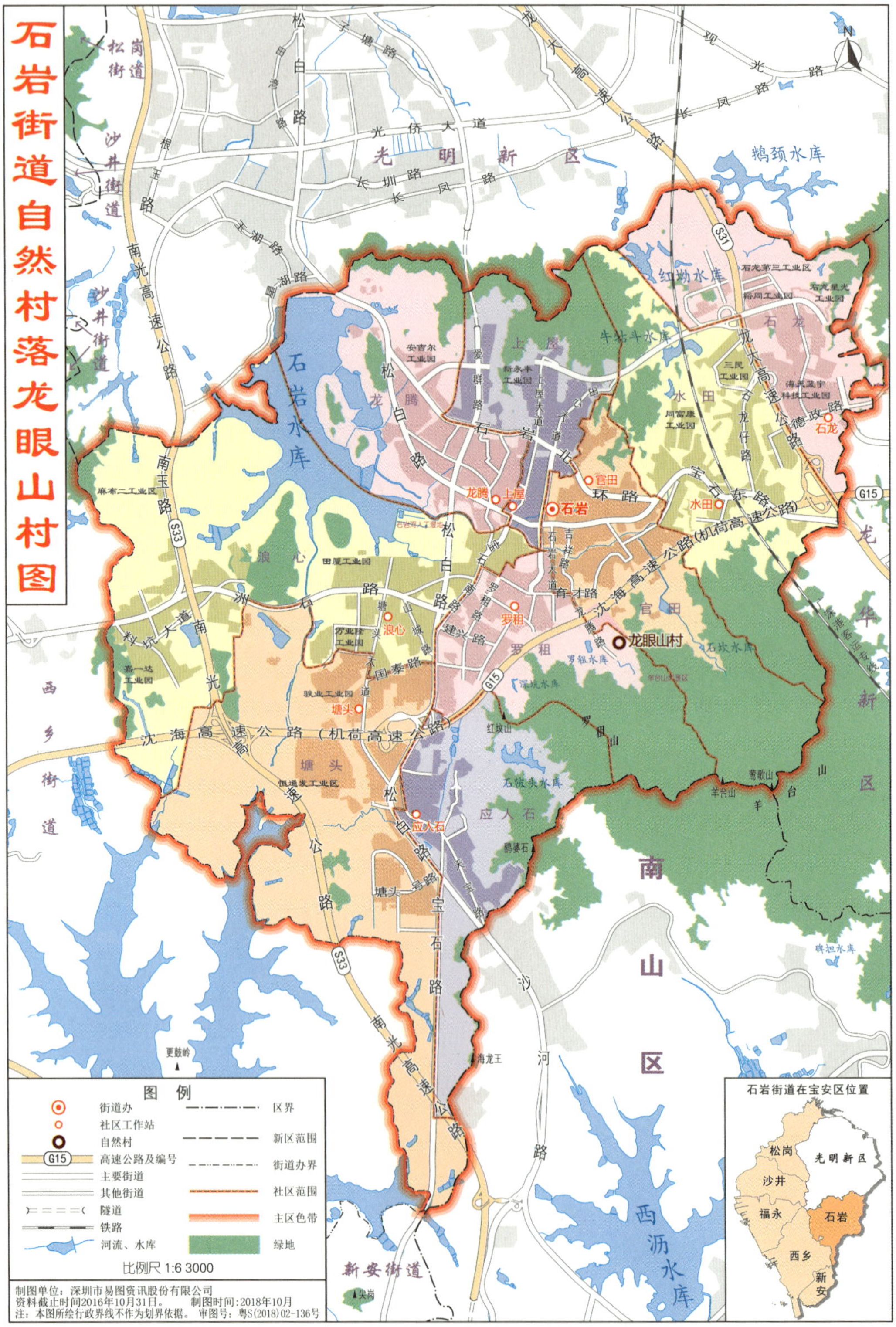

石岩街道自然村落龙眼山村图

龙眼山村位置示意图

◎ 龙眼山村村貌（谢志萍 摄于2018年）

龙眼山村，位于石岩街道东南部的阳台山山坳中，距离街道办事处约2千米。相邻自然村有罗租村、黎光村。村东、南、西均靠阳台山。

该村始建于清代。曾称龙眼村，因从阳台山发源的一条溪流蜿蜒流经村落，溪边山坡上种满龙眼树而得名。2005年，老村拆除，修建阳台山登山广场，现村于老村北部丘陵平缓地带统一规划重建别墅新村。

清朝，属新安县。1914年，属宝安县乌石岩乡。中华人民共和国成立之初，属宝安县石岩乡；1951年，属宝安县第三区石岩乡；1958年10月，属超英公社；1959年，属南头公社上屋大队；1961年7月，属南头区石岩公社；1963年1月，属南头公社上屋大队；1975年8月，属石岩公社上屋大队；1979年1月，属深圳市石岩公社；1981年10月，属深圳市宝安县石岩公社；1983年7月，属宝安县石岩区石岩乡；1986年10月，属石岩镇石岩行政村；1993年，属深圳市宝安区石岩镇石岩行政村；1996年7月，属罗租行政村；2004年，属石岩街道罗租社区。

世居村民为汉族，客家民系，使用客家方言。村民主要为谢姓，明末清初从福建汀州府永定县迁移至广东龙华大船坑村；清嘉

◎ 龙眼山村老村原貌（孙明 摄于2005年）

◎ 龙眼山谢氏宗祠（孙明 摄于2016年）

◎ 龙眼山新村登山广场牌楼（黄洪洲 摄于2016年）

◎ 龙眼山革命烈士墓（孙明 摄于2016年）

庆年间（1796—1820年）从龙华大船坑村迁移至当地。

2015年末，户籍人口95人，其中男性50人，女性45人；80岁以上8人，最年长者94岁（男）。非户籍外来人口1500人。祖籍该村的香港同胞35人。祖籍该村的华人华侨6人，主要分布在马来西亚等东南亚国家。

传统经济为农业，主要种植水稻、青梅、柿子、龙眼、沙梨等。现村集体经营工业区开发、物业管理等。村民主要收入来源为集体经济分红、房屋出租、工资性收入等。特色传统食品有春节油角、清明节鸡屎藤粄、端午节粽子、农历十月糍粑粄等。阳台山有丰富的动植物资源，生长着国家一级保护植物桫椤以及其他珍贵树种如野生樟树、土沉香等。

沈海高速G15线、龙腾路、罗租大道经过该村。1960年通电，1980年通自来水，1990年实现全村村道水泥硬底化，1991年通电话，1998年通互联网。

谢氏宗祠，始建于清嘉庆二十年（1815年），重建于2006年；坐南向北，占地面积88平方米；三开间两进布局，砖混结构，仿古建筑形式，外墙贴仿砖瓷片，硬山顶，绿琉璃瓦覆面，船形屋脊。

村中存有《谢氏族谱》，编纂者不详，于1924年纂修。

龙眼山村每年清明节、重阳节组织族人到山坟祭拜祖先，春节前的冬至组织全村人吃大盆菜。

传统习俗舞麒麟形成于清朝，流行至今。

龙眼山村是抗战时期广东人民抗日游击队东江纵队设立的交通站和秘密接待站。1942年初参与中国共产党领导的营救滞留香港的文化名人的接待活动。关于中国文化名人大营救见本书白石龙村。

2006年，该村被列入阳台山郊野旅游区规划。

代表性人物：

谢平（1926—1944），1940年参加抗日游击队地下工作。1944年9月在石岩牺牲。

（资料填报：谢军；初稿撰写：汪焕儒；分纂：程建）

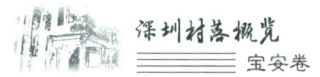

塘头社区

塘头村

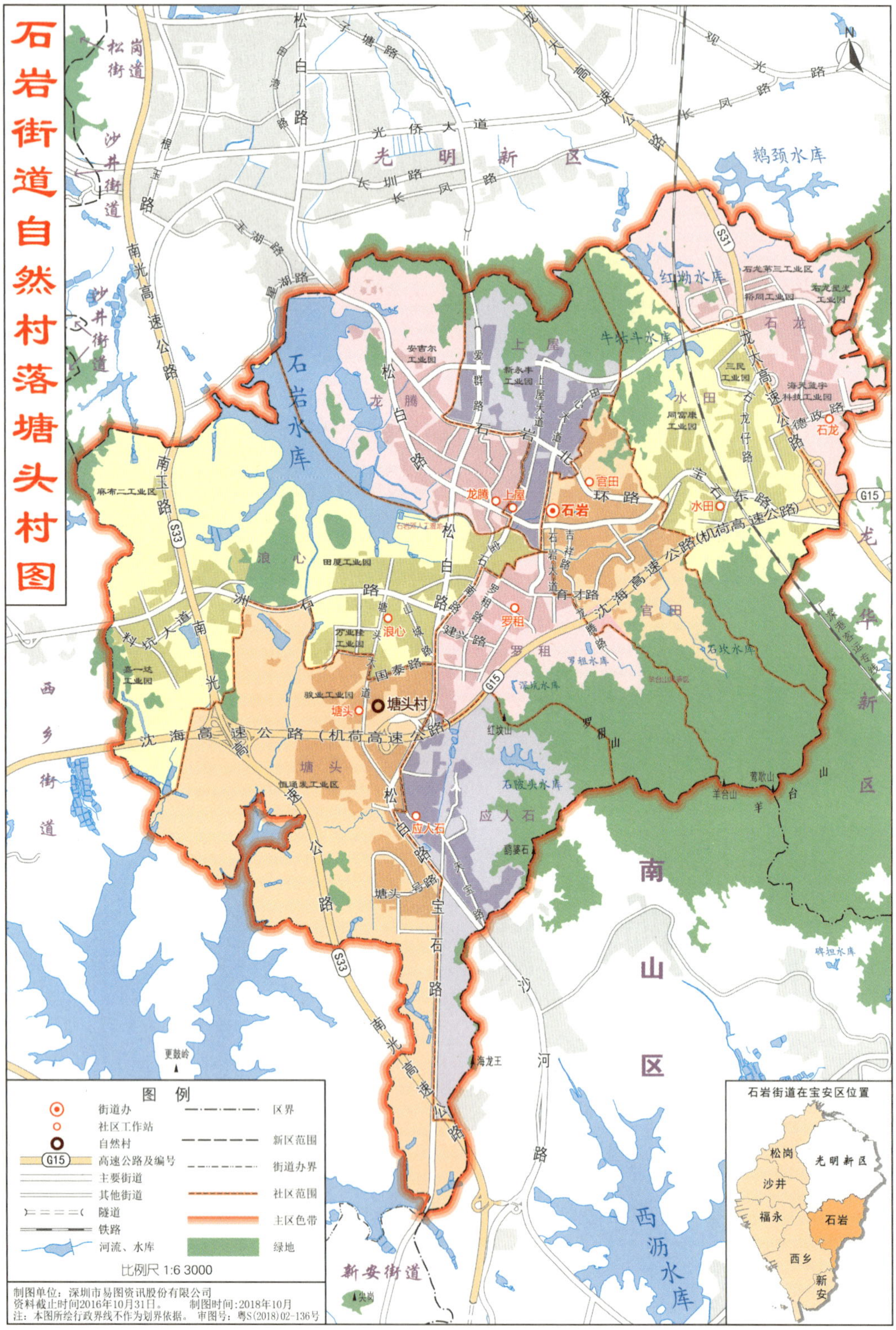

塘头村位置示意图

◎ 塘头村村貌（彭露颖 摄于2017年）

塘头村，位于石岩街道南部，距离街道办事处约6千米。相邻自然村有应人石村。

塘头老村位于铁岗水库上游，和尚岗（和尚岩）岭下，1958年修建铁岗水库，把淹没区的村民搬迁至现深圳市区福田白石洲，建塘头新村；1994年铁岗水库扩容，该村剩余村民被纳入老村旁边的移民村。1999年，老村旁边的移民村整体搬迁至2千米外在高坳山顶规划建成的新村，新建居民别墅，老村废弃。

清朝，属新安县。1914年，属宝安县乌石岩乡。中华人民共和国成立之初，属宝安县石岩乡；1951年，属宝安县第三区石岩乡；1958年10月，属超英公社；1959年，属南头公社白芒大队；1961年7月，属南头区石岩公社；1963年1月，属南头公社上屋大队；1975年8月，属石岩公社上屋大队；1979年1月，属深圳市石岩公社；1981年10月，属深圳市宝安县石岩公社；1983年7月，属宝安县石岩区塘头乡；1986年10月，属石岩镇塘头行政村；1993年，属深圳市宝安区石岩镇塘头行政村；2004年，属石岩街道塘头社区。

世居村民为汉族，客家民系，使用客家方言。村民主要有池、邓、刘、陈、邹等姓。池姓为第一大姓，明朝从福建汀州上杭县迁移至广东梅州；清康熙年间（1662—1722年）从梅州迁移至当地。邓姓为第二大姓，元明时期从福建迁移至广东梅州；清初从梅州迁移至当地。刘姓为第三大姓，明清时期从福建迁移至广东梅州；清初从梅州迁移至当地。

2015年末，户籍人口826人，其中男性478人，女性348人；80岁以上15人，最年长者91岁（男）；海外留学1人。非户籍外来人口约2.8万人。祖籍该村的香港同胞80人。祖籍该村的华人华侨8人，主要分布在美国、马来西亚。

传统经济以种植水稻、水果、花生等为主。现在集体经营以建设工业开发区、物业出租、厂

◎ 塘头新村（孙明 摄于2016年）

◎ 塘头村池氏宗祠（孙明 摄于2016年）

◎ 塘头村健身公园（孙明 摄于2016年）

◎ 塘头村村委办公楼（孙明 摄于2016年）

房出租为主。村民主要收入来源为集体经济分红、房屋出租、商业经营等。自然资源主要有矿泉水，铁岗水库水下有高岭土矿。特色农产品有荔枝、龙眼、芒果等。特色传统（节庆）食品有春节圆笼粄、年糕，冬至萝卜粄，端午节粽子，清明节鸡屎藤粄。

沈海高速G15线、南光高速S33线、松白路、塘头大道经过该村。村内1950年通电，1963年通电话，1990年通自来水，1997年实现全村村道水泥硬底化，1999年通互联网。

村内有塘头小学，设年级6个，班级36个，2015年在校学生2000人，教职工92人。另有塘头双语幼儿园，2015年在园幼儿420人，教职工36人。还建有塘头新村篮球场、健身路径、塘头新村公园、塘头老人活动中心，并有塘头图书馆，藏书3万册。

池氏宗祠，始建于清朝，重建于1997年。占地面积300平方米。三开间两进一天井，砖、钢筋、水泥结构，硬山顶，绿琉璃瓦覆盖；后堂用于祭祀祖先；仍作宗祠使用。祠内有碑刻"池氏宗祠碑记"，大门两侧有楹联"金岗献瑞；笔架钟灵"。

塘头老村后山岗墓葬，始建于清道光十二年（1832年），为宝安区不可移动文物。

古驿道遗迹和尚岗位于塘头老村东侧山岗之上。古村因修建铁岗水库而废弃。现仅存老村中一段土路及一些老村房屋的残垣断壁。村中及村西土路宽4米余，村东一段土路宽2米左右。村中麻石条道路南北向长300多米，村南土路长约1千米，村北土路长约300米。现在仅作铁岗水库监管中队安全巡查之用。

村内有土地庙，始建于清朝，重建（重修）于2000年，供奉土地公、观音菩萨。村民不定时前来祭拜。

《塘头村乡规民约》于1993年制定。

大年初一村民多吃斋。每年重阳节，全村池姓族人到东莞清溪祭拜先祖池钦四郎，祭祀时奉上烧猪、果品等，燃放鞭炮，敬香。回村后全村吃大盆菜。

传统习俗舞麒麟形成于清朝，流行至今。塘头村舞麒麟在清代至民国时期非常兴盛，还教会了附近的麻布等村舞麒麟。舞麒麟表演完成后还要表演武术。石岩客家山歌，被列入省级非物质文化遗产名录，传承人为塘头村人池官华。

相传，开村始祖池维祥兄弟三人，于清朝康熙年间带领全家每人肩挑两箩筐行李从福建汀州上杭县南迁，路过塘头村时，大哥池维祥的箩筐绳子断了，他对两位弟弟说：我就在此地安家了，你们继续向前走吧。大哥池维祥在塘头老村立村之地发展形成塘头村。两个弟弟继续向前，走到西乡附近安居下来。

2000年，该村被广东省爱国卫生委员会评为广东省卫生村。

2015年，塘头村被宝安区列入工业区改造项目。

代表性人物：

池正发（？—1945），塘头村人，1945年参加广东人民抗日游击队东江纵队。同年在东莞县霄边战斗中牺牲。

（资料填报：池锦良；初稿撰写：汪焕儒；分纂：程建）

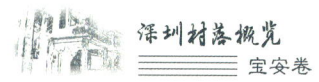

应人石社区

应人石村

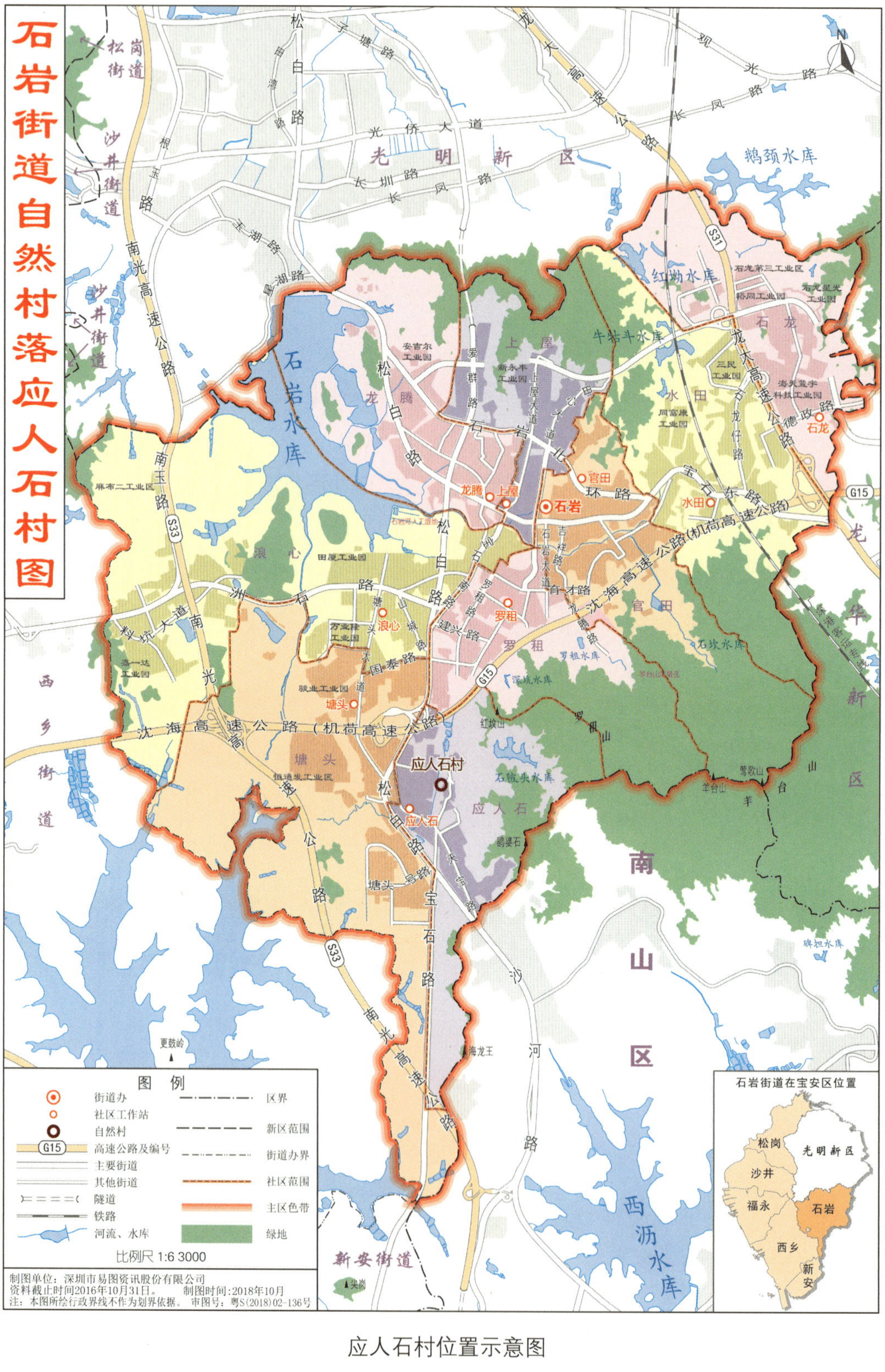

应人石村位置示意图

石岩街道　应人石社区　应人石村

◎ 应人石村村貌（孙明 摄于2005年）

应人石村，位于石岩街道南部，应人石河东岸，距离街道办事处约5千米，由过去的应人石和新围仔两个小村组成。相邻自然村有塘头村、南山区西丽街道白芒村。村东面是阳台山。该村山地多、平地少，居铁岗水库上游，属二级水源保护区。

始建于明末清初，现村于1992年在原村址拆建和周边扩建而成。相传此村原有一块岩石，人们讲话时有回声，村落因该岩石而得名应人石村。

明清时期，属新安县。1914年，属宝安县乌石岩乡。中华人民共和国成立之初，属宝安县石岩乡；1951年，属宝安县第三区石岩乡；1958年10月，属超英公社；1959年，属南头公社白芒大队；1961年7月，属南头区石岩公社；1963年1月，属南头公社上屋大队；1975年8月，属石岩公社上屋大队；1979年1月，属深圳市石岩公社；1981年10月，属深圳市宝安县石岩公社；1983年7月，属宝安县石岩区塘头乡；1986年10月，属石岩镇塘头行政村；1993年，属深圳市宝安区石岩镇应人石行政村；2004年，属石岩街道应人石社区。

世居村民为汉族，客家民系，使用客家方言。村民主要有刘、蔡两姓。第一大姓为刘姓，明清时期从福建迁移至广东梅州兴宁；清朝初期从梅州兴宁迁移至当地。其次为蔡姓，清朝中期迁此。

2015年末，户籍人口449人，其中男性225人，女性224人；80岁以上13人，最年长者95岁（女）；海外留学1人。非户籍外来人口约9.8万人。祖籍该村的香

◎ 应人石村传统民居（孙明 摄于2016年）

· 443 ·

◎ 爱庭刘公祠（孙明 摄于2016年）

◎ 应人石村村委办公大楼（孙明 摄于2016年）

港同胞约100人。祖籍该村的华人华侨27人，主要分布在新加坡、加拿大。

传统经济以农耕为主，种植水稻、花生、黄豆、番薯。现经营工业开发区，发展工业经济。村民主要收入来源为工资性收入、集体经济分红、房屋出租等。特色农产品有荔枝、龙眼、大蕉（香蕉）、菠萝。特色传统食品有春节油角，清明节鸡屎藤粄、糍粑粄，端午节粽子。特色工艺品有手工竹编箩筐等。

沈海高速G15线、南光高速S33线、松白路经过该村。村内1970年通电，1980年通电话，1986年实现全村村道水泥硬底化，1989年通自来水，1998年通互联网。

村内有应人石育才学校，设9个年级，46个班，2015年在校学生2500人，教职工126人。有金星幼儿园、德聪幼儿园、育才幼儿园，2015年在园幼儿共800人，教职工共60人。运动休闲设施有新村广场、3个篮球场、幼儿园羽毛球场、1条健身路径、沙岭公园、新村公园、星光老年人之家、长者家园。还有应人石党群服务室、文韬党群服务室，藏书4000册。

该村传统民居为客家民居，由于受到广府文化影响，祠堂建筑、民居建筑布局、装饰艺术等都融入了广府文化。房屋建筑多为三开间，墙体使用三合土夯筑而成，硬山顶，灰瓦覆面。

现存宗祠有2座。爱庭刘公祠，始建于清代，重修于2015年。占地面积130平方米。坐东向西，为三开间两进一天井布局，前堂正面清水砖外墙，2015年维修时外墙贴上瓷片，硬山顶，灰瓦覆面，黄琉璃瓦剪边。现为宝安区不可移动文物。

刘氏声振祠，始建于清代，占地面积283平方米；坐北向南，三开间两进一天井布局，前堂正面清水砖外墙，山墙使用三合土夯筑而成，硬山顶，灰瓦覆面，前堂博古脊。大门的对联为"彭城世泽；禄阁家声"。中华人民共和国成立前后该祠曾作为小学使用，现为宝安区不可移动文物。

石陂头水库位于应人石村，1973年3月建成。集雨面积1.4平方千米，总库容98万立方米，正常库容80万立方米。主坝为均质土坝，最大坝高22米，坝顶长120米，坝顶宽4米，溢洪道宽3米。

◎ 应人石公园（孙明 摄于2016年）

◎ 刘氏声振祠（孙明 摄于2016年）

1998年对内外坝坡重新整治。属深圳市小型水库。

村民每年到宗祠祭祀祖先，到山坟祭拜祖先。民俗端午节游龙舟水、重阳节登山，形成于清朝，流行至今。

应人石传说，被列入省级非物质文化遗产名录。相传，很久以前，阳台山下住着一对夫妻，丈夫叫刘善，妻子叫张勤，貌美，引起同村好色财主垂涎。为将张勤占为己有，财主设计强迫刘善去有毒蛇猛兽出没的阳台山深处采长生不老药。行前夫妻约定，妻子每天傍晚呼喊丈夫的名字。前三天丈夫应了，后来只听到山间回音。妻子冒险去山中寻找，夫妻俩再没有回来。全村人到山上找他们，只看到两块人形的大石头相对而立。人们称之为应人石。

该村的石岩客家山歌被列入省级非物质文化遗产名录。

村民有传统竹编技艺，形成于清朝至民国时期，一些村民利用山边生长的竹子，自制箩筐等家庭日常使用的器具。

代表性人物：

刘源仔（1913—1948），又名刘耀元。1941年参加抗日游击队，1946年随广东人民抗日游击队东江纵队北上山东，1948年12月病故，时为两广纵队三团通讯连连长。

（资料填报：刘家豪；初稿撰写：汪焕儒；分纂：程建）

深圳村落概览

第一辑

光明龙华卷

深圳市史志办公室 编

华南理工大学出版社
SOUTH CHINA UNIVERSITY OF TECHNOLOGY PRESS
·广州·

图书在版编目（CIP）数据

深圳村落概览.第一辑，光明龙华卷/深圳市史志办公室编.—广州：华南理工大学出版社，2020.9
ISBN 978-7-5623-5833-6

Ⅰ.①深… Ⅱ.①深… Ⅲ.①村落–概况–深圳 Ⅳ.①K926.55

中国版本图书馆CIP数据核字（2020）第250830号

Shenzhen Cunluo Gailan · Di-yi Ji · Guangming Longhua Juan

深圳村落概览·第一辑·光明龙华卷

深圳市史志办公室　编

出 版 人：卢家明
出版发行：华南理工大学出版社
　　　　　（广州五山华南理工大学17号楼，邮编510640）
　　　　　http://www.scutpress.com.cn　E-mail: scutc13@scut.edu.cn
　　　　　营销部电话：020-87113487　87111048（传真）
责任编辑：王魁葵　郭军方
责任校对：刘绮雯
印　刷　者：深圳市金丽彩印刷有限公司
开　　本：889mm×1194mm　1/16　印张：69　字数：1577千
版　　次：2020年9月第1版　2020年9月第1次印刷
印　　数：1～5000册
定　　价：500.00元（含宝安卷、光明龙华卷）

版权所有　盗版必究　印装差错　负责调换

深圳市自然村落历史人文普查工作联席会议

召 集 人：吴以环（2015年12月—2020年8月）　田　夫（2020年9月—）
副召集人：黄　玲（2015年12月—2017年12月）　杨立勋（2018年1月—）
成　　员：各区分管地方志工作的负责人及以下单位负责人：
　　　　　市规划国土委、市教育局、市公安局、市民政局、市文体旅游局、市住房建设局、市统计局、市档案局、市政协文史委、团市委、市文联、深圳报业集团、深圳广电集团、深圳出版发行集团、市史志办

光明新区自然村落历史人文普查工作领导小组

组　　长：周子友
副 组 长：王崇峰　李永辉
成　　员：胡汝林　王　毅　刘晓鹏　郭　峰　张辉群

龙华新区自然村落历史人文普查工作领导小组

组　　长：黄启键　韩　荡
副 组 长：赖　锋　赵广锐　黎　建　刘雪莲　王吉春
成　　员：贝济标　曾无非　刘　斌　孙仲勇　陈龙兴　李友华　王汝津　杨东辉　张雄汉
　　　　　陈贤彪　吴金明　浦文浩　戴一川　梁　嘉　孔繁昌　罗汉青　冯　瑞

公明街道自然村落历史人文普查工作领导小组

组　　长：张辉群
副 组 长：黄少宽　胡在礼　林继童　黄文胜　张柳珍　许劲舟　刘国富　翁影清

光明街道自然村落历史人文普查工作领导小组

组　　长：麦雄光
副 组 长：马秋生　林开梓　周楚顺　林济群　黄丽雅

龙华街道自然村落历史人文普查工作领导小组

组　　　长：龙雄辉
副　组　长：柯盈华

民治街道自然村落历史人文普查工作领导小组

组　　　长：陈智谦
副　组　长：宋　岩
成　　　员：黎明君　全昌恒

大浪街道自然村落历史人文普查工作领导小组

组　　　长：王建文
副　组　长：孙劲峰　陈　川　叶法清
成　　　员：杨桂瑶

观澜街道自然村落历史人文普查工作领导小组

组　　　长：文伟强
副　组　长：耿　容
成　　　员：陈德兵　彭盛芳　耿　容　张炽超　杨吉青　黄坤鹏　解明旺　翁伟宏　张劲松
　　　　　　吴国斌　陈幼深　张国辉　陈易灵

观湖街道自然村落历史人文普查工作领导小组

组　　　长：叶　晖
副　组　长：李　涛
成　　　员：李羿轩　陈月媚　曾丽磷　陈绮雯　曹红飞　陈少霞

福城街道自然村落历史人文普查工作领导小组

组　　长：熊　帅
副 组 长：田伟宏
成　　员：詹小波　谢庆华　罗镜浓　许桂香　杨雄伟　蔡汉宾

《深圳村落概览·第一辑·光明龙华卷》审查验收人员

初　　审：公明街道
　　　　　陈伟灵　余　亮　黄建凯　张柳珍　陈昌云　王德恩　曾五定　曾旺发　陈达平
　　　　　麦国康
　　　　　光明街道
　　　　　周　坤　吴　敏　张瑞军　唐朝钦　林济群　游植辉　魏佳涌
　　　　　龙华街道
　　　　　柯盈华　周小华　许琼雅
　　　　　民治街道
　　　　　刘　斌　陈智谦　付　妍　熊锦麒　全昌衡
　　　　　大浪街道
　　　　　杨桂瑶　朱　赤　印婷婷　钟欢欢
　　　　　观澜街道
　　　　　耿　容　黄木有　钟运明　沈海强　谢官福　陈玉宏　杨容兴　解明旺　翁伟宏
　　　　　张劲松　吴国斌　陈幼深　张国辉　陈易灵
　　　　　观湖街道
　　　　　林圣渊　陈玉虎　王德恩　王　婷　张嘉玲　廖　熔　郑雅芳
　　　　　福城街道
　　　　　蔡汉宾　黄木有　钟运明　沈海强　谢官福　陈玉宏　杨容兴　罗厚颂　叶德润
　　　　　莫礼云　莫日桂　张添平　谢丁福　曾真华　何秀松　廖观雄　杨多福　邓汉息
　　　　　邓伟国　张观强　陈章博　黄建平

复　　审：光明新区
　　　　　周子友　王崇峰　李永辉　王晓杰　张陇得　宋　巍　黄　伟　黄凯旋　童伯祯
　　　　　陈远忠　梁佩珊　朱国阳　康良麒　谢剑锋　游植辉　李　兵　吴广坤　刘江涛

　　　　　陈昌云　王　伟　孙祥洪　陈　瑛
　　　　龙华新区
　　　　　赖　锋　刘贵凭　林劲松　刘富华　周　华　黄瑞栋　张　劲　岳　颖　朱　赤
　　　　　王德恩　陈为民　黄木有　谢为民　王　婷

终　　　审：黄　玲　王地久　林源昌　吴曾德　廖虹雷　莫小培　张春朗　许全军　蔡惠尧
　　　　　彭全民　周　军　朱　赤　孙　霄　孙　明　程　建　曲　文　傅碧红　吕　灿
　　　　　李　琼　杨　莹　张致富　梁　宇　徐　文　李彦姝　缪功达　廖子才　叶　斌
　　　　　梁希源　周　华　张　劲　岳　颖　黄瑞栋

《深圳村落概览·第一辑·光明龙华卷》编辑部

主　　　编：黄　玲（2015年12月—2017年12月）　　　　杨立勋（2018年1月—）
副　主　编：王地久　周　华
特约审核：周　军　曲　文
责任编辑：周　华　张　劲　岳　颖　黄瑞栋　林吟专
编　　　务：张妙珍　郭　克　陈耀凌　张　龙　蓝贤明　张　伟　孙　铭

光明新区编辑部

主　　　编：周子友
副　主　编：王崇峰　李永辉
编　　　辑：周国斌　黄　伟　黄凯旋　王　婷

龙华新区编辑部

主　　　编：黎　建　刘雪莲　王吉春
副　主　编：刘贵凭　韩新星
编　　　辑：林劲松　刘富华　梁思伟　顾淑霞　郝　帅

编辑说明

一、本书是深圳市自然村落历史人文普查成果。根据广东省统一部署，本次普查以自然村为单位，按照"能查尽查"的原则，对境内现存自然村、"城中村"和虽已更名但普查内容基本清晰的原自然村（村名采用更名前的最后名称）进行全面普查。在此基础上，按统一体例编写各村简介，全面客观反映深圳现存村落可查的历史人文状况。

二、本书分两辑共8卷，根据全市各区（含大鹏新区、深汕特别合作区）地理位置和村落数量情况而设。第一辑包括宝安卷、光明龙华卷，第二辑包括福田南山卷、罗湖盐田卷、龙岗卷、坪山卷、大鹏卷、深汕卷。第一辑中的宝安卷收录了新安、西乡、福永、沙井、松岗、石岩6个街道116个村的简介；光明龙华卷收录了公明、光明、龙华、民治、大浪、观澜、观湖、福城8个街道184个村的简介。卷内设各区综述及各街道概述。

三、本书记述时间上限不限，尽量追溯到村落形成时，下限原则上为2015年12月31日，部分图片拍摄时间延至出版印制前。各村简介按照属地原则，记述至2015年底该村区域内的事物，不涉及权属关系。

四、2015年底时，深圳市设福田、罗湖、南山、盐田、宝安、龙岗等6个区，光明新区、坪山新区、龙华新区、大鹏新区等4个功能区，各区下设街道，各新区下设办事处。各新区下设的办事处为功能区设于街道的派出机构。本书各村简介，统一以"街道"指称各街道和办事处。但在区综述和街道概述，则按2015年底时当地实际工作习惯保留"新区"和"办事处"的称谓，"办事处"写为"街道（办事处）"，在各村简介中则省去"（办事处）"。

五、本书地图为用来标示村落分布和位置的示意图，其底图均有深圳市规划和自然资源局核发的审图号，由各区或街道分别组织制作和提供，制作时间和具体形式并不统一。各地图底图图幅内，关于区、新区，街道、办事处的称谓，反映的是该底图制图时所收资料的实际情况。各地图图幅下方的说明，相关称谓则与本书该部分文稿保持一致。如龙华街道（办事处）概述所附自然村落分布图，即写"龙华街道（办事处）自然村落分布图"。本书收录的地图由各区或街道委托专业制图公司编制，不作为权属争议依据。由于图书版面限制，本书部分地图比例尺已改变。

六、本书以自然村为记述实体，各街道、社区、自然村一般依当地约定俗成顺序排列。主要资料来源于广东省自然村落历史人文普查深圳市部分的普查成果，包括实地调查、部门供稿、史料摘录等。一些主管部门没有统计的数据，通过实地采访获得。因各村落保存的历史人文资源丰富程度不同，本书各村落简介内容、篇幅存在差异。

七、本书收录的人物为各村（含祖籍为该村或在该村出生、主要活动在外地的人员）历代志书中立传人物，有科举功名人物，当代人物中副县级（副团级）以上党政军领导干部、获省部级以上嘉奖人员、战斗英雄、经认定的烈士、高级技术职称人员、博士、博士后、有特殊技艺的人才、对本地发展有较大贡献或影响的各界人物。

八、本书收录的村落荣誉为省级以上机构授予，以村落为评比对象的历史人文方面的荣誉。

九、本书文字，除必要时使用繁体字外，一律使用国家规定的规范汉字。书中记述历史朝代、机构、官职、地名、人名，均依当时称谓。历史纪年加注公元纪年。

十、本书数字、标点按国家标准执行。计量单位采用法定标准，记述历史上的计量时，仍按当时的计量单位记载。

目 录 CONTENTS

光明新区

光明新区综述 ·· 3

公明街道（办事处）··· 5
 概　述 ·· 6
 田寮社区 ·· 8
  田寮村 ·· 8
 塘尾社区 ·· 12
  塘尾村 ·· 12
 将石社区 ·· 16
  将围村 ·· 16
  新围村 ·· 20
  石围村 ·· 24
  塘下围村 ·· 28
  大围村 ·· 32
  南庄村 ·· 35
  上石家村 ·· 38
  下石家村 ·· 42
 上村社区 ·· 45
  东边头村 ·· 45
  上輋村 ·· 48
  下輋村 ·· 51
  元山村 ·· 54
  上南村 ·· 58
  下南村 ·· 61

永南村	64
永北村	68
下村社区	72
下村	72
楼村社区	76
楼村	76
西田社区	81
西田村	81
合水口社区	85
上屯村	85
中屯村	89
下屯村	94
薯田埔社区	98
薯田埔村	98
玉律社区	102
玉律村	102
长圳社区	107
长圳村	107
李松蓢社区	111
李松蓢村	111
塘家社区	116
张屋村	116
曾屋村	120
马山头社区	124
马山头村	124
根竹园社区	128
根竹园村	128
东坑社区	132
东坑村	132
红星社区	136
红星村	136
甲子塘社区	140

甲子塘村 ………………………………………………………………………………… 140

光明街道（办事处） ………………………………………………………………… 143
　概　述 …………………………………………………………………………………… 144
　迳口社区 ………………………………………………………………………………… 146
　　迳口村 …………………………………………………………………………………… 146
　白花社区 ………………………………………………………………………………… 151
　　白花洞村 ………………………………………………………………………………… 151
　东周社区 ………………………………………………………………………………… 156
　　木墩村 …………………………………………………………………………………… 156
　碧眼社区 ………………………………………………………………………………… 160
　　碧眼村 …………………………………………………………………………………… 160
　圳美社区 ………………………………………………………………………………… 164
　　圳美村 …………………………………………………………………………………… 164
　新羌社区 ………………………………………………………………………………… 169
　　羌下村 …………………………………………………………………………………… 169
　　新陂头村 ………………………………………………………………………………… 173
　凤凰社区 ………………………………………………………………………………… 177
　　凤凰村 …………………………………………………………………………………… 177
　　红坳村 …………………………………………………………………………………… 180

龙华新区

龙华新区综述 ………………………………………………………………………… 187

龙华街道（办事处） ………………………………………………………………… 189
　概　述 …………………………………………………………………………………… 190
　清湖社区 ………………………………………………………………………………… 192
　　清湖村 …………………………………………………………………………………… 192
　三联社区 ………………………………………………………………………………… 196
　　弓村 ……………………………………………………………………………………… 196
　　狮头岭村 ………………………………………………………………………………… 200

山咀头村	203
华联社区	206
河背村	206
墩背村	209
老围村	212
郭吓村	215
牛地埔村	217
油松社区	220
上油松村	220
下油松村	223
水斗老围村	226
水斗新围村	229
松和社区	232
共和村	232
瓦窑排村	235
伍屋村	238

民治街道（办事处） 241

概　述	242
民新社区	244
白石龙村	244
横岭村	247
民强社区	250
东边村	250
向南村	253
塘水围村	256
水尾村	259
樟坑村	262
民治社区	265
沙吓村	265
沙元埔村	268
上芬社区	271

东一村	271
东二村	274
西头村	277
龙屋村	280
龙塘社区	283
简上村	283
龙塘村	286
民乐社区	289
民乐村	289
大岭社区	292
松仔园村	292
新牛社区	295
牛栏前村	295

大浪街道（办事处） 299

概　述	300
下岭排社区	302
下岭排村	302
上岭排社区	305
上岭排村	305
上早禾社区	309
上早禾村	309
下早禾社区	312
下早禾村	312
黄麻埔社区	315
黄麻埔村	315
浪口社区	318
浪口村	318
罗屋围社区	322
罗屋围村	322
石凹社区	325
石凹村	325

水围社区 ··· 329
　　水围村 ··· 329
新围社区 ··· 333
　　新围村 ··· 333
下横朗社区 ··· 337
　　下横朗村 ··· 337
上横朗社区 ··· 340
　　上横朗村 ··· 340
陶吓社区 ··· 343
　　陶吓村 ··· 343
龙胜社区 ··· 346
　　龙胜村 ··· 346
赤岭头社区 ··· 349
　　赤岭头村 ··· 349
鹊山社区 ··· 352
　　鹊山村 ··· 352
元芬社区 ··· 355
　　元芬村 ··· 355
谭罗社区 ··· 358
　　谭罗村 ··· 358
三合社区 ··· 361
　　三合村 ··· 361
赖屋山社区 ··· 363
　　赖屋山村 ··· 363

观澜街道（办事处） ··· 367
概　述 ··· 368
新澜社区 ··· 370
　　万安堂村 ··· 370
　　围仔村 ··· 374
　　吓呃村 ··· 377
　　大布巷村 ··· 379

三栋屋村	383

桂花社区 … 386

贵湖塘村	386
新石桥村	389
放马埔村	392
赤花岭村	394
庙溪村	396
蚌岭村	398
大沙河村	401
企坪村	403
大湖村	406

库坑社区 … 409

库坑中心村	409
新围村	412
水围村	415
围仔村	417
凹背围村	419
陂头吓村	421

黎光社区 … 424

黎光村	424

牛湖社区 … 427

牛湖老村	427
坳顶村	430
俄地吓村	433
木头湖村	436
方埔村	438
吓围村	440
石马径村	443

君子布社区 … 446

老围村	446
田心村	449
凌屋村	451

龙兴村	454
张屋村	457
大水田社区	460
大水田村	460

观湖街道（办事处） ... 463

概　述	464
樟坑径社区	466
上围村	466
下围村	470
长坑村	473
白鸽湖村	476
松元厦社区	479
大布村	479
福楼村	483
河南村	486
上围村	489
太兴村	493
向西村	496
中心村	499
新田社区	502
谷一村	502
谷二村	505
吉坑村	508
老一村	511
老二村	514
老三村	516
老四村	519
牛轭岭村	522
田心村	525
元一村	528
元二村	531

元三村	534
观城社区	536
陈屋村	536
大和村	539
大屋村	542
东王村	545
福田村	548
河东村	551
河西村	554
马圳老一村	557
马圳老二村	560
田寮村	563

福城街道（办事处） 565

概　述	566
福民社区	567
长湖头村	567
丹坑村	570
狮径村	574
悦兴围村	577
冼屋村	580
茜坑社区	583
江围村	583
南木輋村	586
武馆村	589
松元围村	592
茜坑老村	595
茜坑新村	598
田背村	601
竹村	604
章阁社区	607
章阁村	607

塘前村	610
大水坑社区	613
大水坑村	613
桔岭老村	616
桔岭新村	619
新塘村	622

光明新区

SHENZHEN GUANGMING XINQU

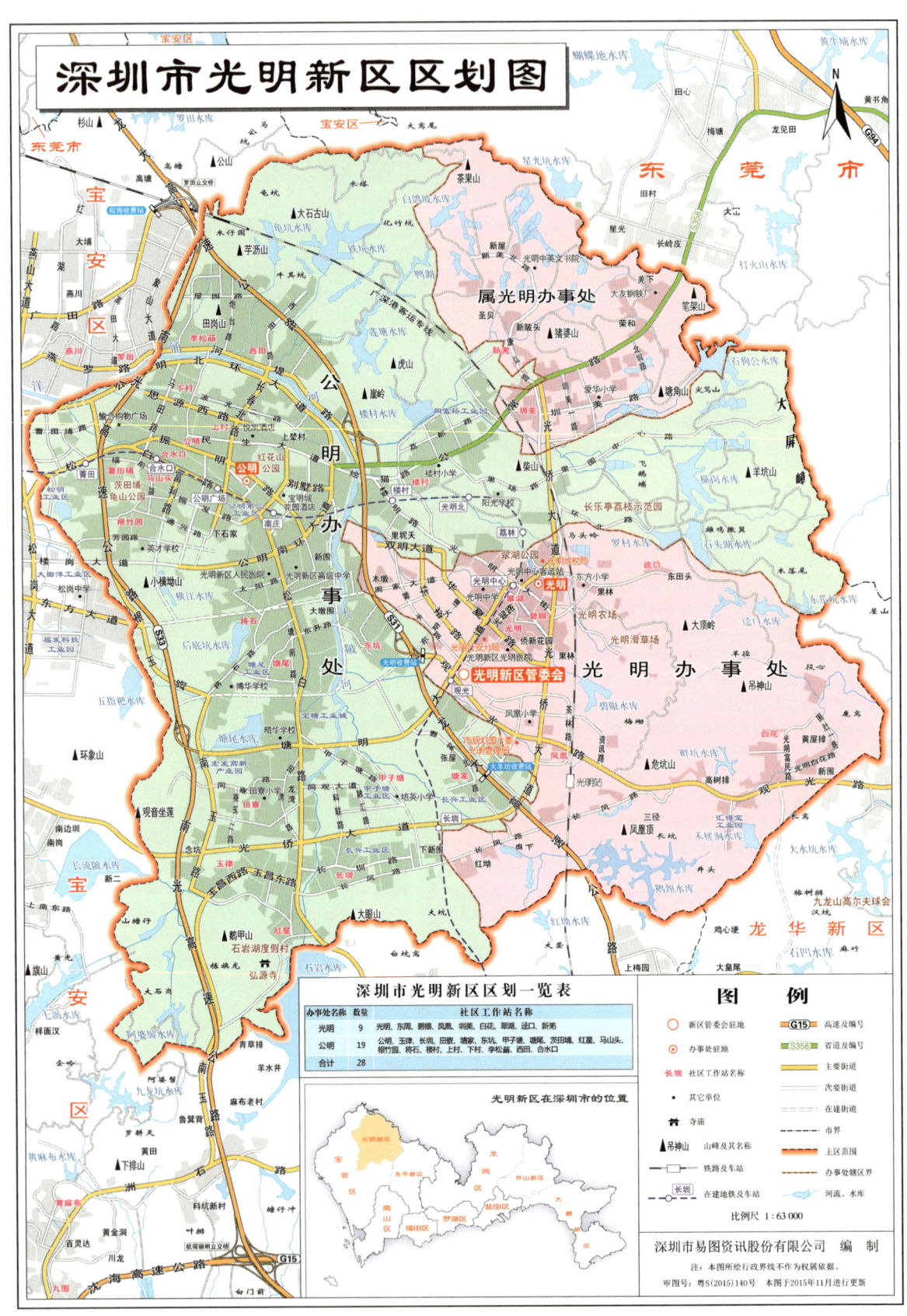

光明新区区划图（由于本书版面限制，该地图比例尺已改变）

光明新区综述

光明新区位于深圳市西北部，东与龙华新区相邻，西南与宝安区相连，北与东莞市接壤。辖区总面积156.1平方千米，辖2个街道（办事处），28个社区。

先秦为百越地。秦属南海郡番禺县。汉属南海郡博罗县。东晋咸和六年（331年）属东官郡宝安县。隋属广州、南海郡。唐至德二年（757年）属东莞县。明万历元年（1573年）属新安县。1914年，属宝安县。1979年1月，广东省委决定将宝安县改为深圳市；3月，国务院批复同意。1980年8月建立深圳经济特区。1981年10月，以深圳市范围内特区外地域复置宝安县。1993年1月，属深圳市宝安区。2007年8月，光明新区正式成立，为功能区（非行政区），辖公明、光明2个街道（办事处）。2010年7月，深圳经济特区扩展至全市。2015年末，光明新区管理人口123万人，常住人口53.12万人，户籍人口6.18万人。

光明新区地势平缓，属低山丘陵地貌类型，一般海拔高度为40—90米。主要河流有茅洲河，属珠江水系，由东向西流经境内。年平均气温23.4℃，年平均降雨量1803.3毫米。2015年底，区内有高铁枢纽光明城站，有龙大高速、南光高速2条高速公路。

传统经济以农业、畜牧业为主。1958年，国家在广深沿线建设一批副食品生产基地，光明农场随之诞生，大力发展奶牛养殖。20世纪80年代初，整体奶牛养殖规模最大时接近1.5万头。同一时期，还办起了养鸽场、养猪场，并成为"中国最大的鲜奶出口企业""亚洲最大的鸽场""中国第一个现代化养猪场"。2015年，光明新区是国家新型城镇化综合试点、国家绿色生态示范城区、国家绿色建筑示范区、国家低影响开发雨水综合利用示范区、国家循环化改造示范园区、外贸转型升级专业型示范基地、社区基金会国家级试点等七大国家级示范试点。2015年，光明新区生产总值671亿元，国税、地税收入97.3亿元。

光明新区2015年列入普查范围的自然村44个，基本已城市化，仅少数村落如楼村、圳美、上村等保留了较多古村面貌。楼村现存旧民居约100座、宗祠5座、私塾旧址2间。光明新区文物古迹丰富，区级文物保护单位有公明老墟、楼村古窑、合水口麦氏大宗祠、下村东宝中学旧址（朴国陈公祠）、楼村文起东古墓、李松蓢村陈东澜古墓、碧眼村麦氏古墓群。

光明新区世居村民主要有广府、客家两个民系，各具特点又相互交融。现存广府村落最早始建于宋代，如公明水贝村陈氏，南宋时立村。清初"迁界禁海"造成人口锐减，复界后政府招徕垦殖，客家村落大多建于这一时期。新区拥有非物质文化遗产线索130多条，涉及民间文学、饮食文化、节庆文化、传统民俗、归侨风俗等各方面。"陈仙姑的故事"被列入深圳市首批非物质文化遗产名录。玉律村舞麒麟、楼村濑粉被列入区级非物质文化遗产名录。

光明新区有众多红色历史文化印记。辛亥革命期间，中国近代民主革命家廖仲恺曾在楼村从事革命活动，在琬璧公家塾召开秘密会议。1925年，中共宝安县党组织创建人黄学增、龙乃武在琬璧公家塾建立党小组，党小组长陈义妹在琬璧公家塾整训农民起义队伍，改编农民自卫队，组织武装暴动。广东人民抗日游击队东江纵队建立的抗日革命政权东宝行政督导处在该区下村创办东宝地区第一所抗日民主学校——下村东宝中学。白花洞村在抗日战争和解放战争时期是阳台山革命根据地的重要军需基地。

光明新区历史人文代表性人物：合水口村麦锦琮，清嘉庆十九年（1814年）甲戌科武进士，曾赞助经费编修嘉庆《新安县志》；水贝村陈国泰、陈泽富，清咸丰年间（1851—1861年）将领；楼村陈义妹，宝安县第一批共产党员，任党小组组长，在楼村一带发展党员，发动群众参加革命；白花洞村周来友，参加广东人民抗日游击总队，曾任观澜乡中共党组织负责人，1945年作战时牺牲。

公明街道(办事处)

公明街道(办事处)自然村落分布图(由于本书版面限制,该地图比例尺已改变)

概　述

公明街道（办事处）位于深圳市光明新区西部，东邻光明街道（办事处），南边和西边与宝安区石岩街道、松岗街道相连，北接东莞市黄江镇。面积100.3平方千米，辖19个社区。2015年末，常住人口约45.74万人，户籍人口3.51万人。

公明地处丘陵地带，地貌以冲积平原为主。横贯公明境内的洋涌河，由东向西，经松岗流入珠江口。年平均气温23.2℃，年平均降雨量1766.3毫米。

明清时期，本地域先后建有周家村墟、白龙岗墟、永长墟、凤和墟等墟市。1929年，在楼村武举人陈海神、合水口村麦晓孙的倡议下，在合水口与上村交界处建公平墟，取意"买卖公平"。1931年改名公明墟，取"公道光明"的含义，公明也因此而得名。

本地域明清时期属新安县。1914年，属宝安县。中华人民共和国成立之初，属宝安县公明乡；1958年，属光明公社；1959年，属松岗公社；1960年，属公明公社；1979年，属深圳市松岗区公明公社；1981年，属深圳市宝安县公明公社；1983年，属公明区；1986年，属公明镇；1993年，属深圳市宝安区公明镇；2004年，属公明街道；2007年，属深圳市光明新区公明街道（办事处）。

传统经济以农业为主，主要种植水稻、薯类、花生等。改革开放后，先后建起万亩荔枝园、千亩无公害蔬菜基地、千亩花卉基地、无土栽培示范基地。在发展建设粮食、养殖、水果、蔬菜这四大农产品生产基地的同时，大力兴建工业园区，积极引进外资，工业企业数量迅速增加。2015年，辖区内工业企业2000多家，规模以上工业企业总产值达168.96亿元。

公明交通便捷，有松白路、公常路和南光高速、龙大高速等经过辖区。

2015年底，公明街道（办事处）列入普查范围的自然村有35个。世居村民为汉族，除红星村属客家民系以外，其他均属广府民系，使用粤方言，主要姓氏有麦、陈、曾、张、梁等姓。明洪武十四年（1381年），麦氏十六世祖从南雄珠玑巷迁居今公明田寮村，至今已有600多年。随后有梁、曾、周等姓先祖从东莞等地迁入，择地而居，形成村落。客家村落周氏先祖于元皇庆、延祐年间（1312—1320年）由广东长乐（今五华）迁居今宝安石岩，1958年因修建石岩水库从石岩搬迁至此。

至2015年底，公明仅少数村落如楼村、上村等保留了较多古村面貌。区域内保存较好的宗祠、庙宇、家（私）塾旧址等共有72座，古井5口，炮楼1座和一批传统民居。除红星村为客家民居，其余均为广府民居，大多建于清代和民国时期。广府民居一般为两开间一进、三开间一进或两开间两进、三开间两进不等，墙体为砖、石和三合土混筑而成，外用灰沙覆盖，内用木梁顶住横梁，青瓦盖顶。区级文物保护单位有公明老墟、楼村古窑、合水口麦氏大宗祠、下村东宝中学旧址（朴国陈公祠）、楼村文起东古墓、李松蓢村陈东澜古墓、碧眼村麦氏古墓群。

"陈仙姑的故事"被列入深圳市首批非物质文化遗产名录，2015年改编为粤剧，在光明新区范围巡演。玉律村舞麒麟、楼村濑粉被列入区级非物质文化遗产名录。"食姜醋""开灯"等民俗文化已有约500年的历史，节日庆典的醒狮表演传承至今也有100多年的历史，均成为当地百姓日常生活的一部分。"公明烧鹅""公明腊肠""大盆菜"等食品则是本地有名的特色佳肴。

公明历史人文代表性人物：合水口村麦锦琮，清嘉庆十九年（1814年）甲戌科武进士，曾赞助经费编修嘉庆《新安县志》；水贝村陈国泰、陈泽富，清咸丰年间（1851—1861年）将领；楼村陈义妹，宝安县第一批共产党员，任党小组组长，在楼村一带发展党员，发动群众参加革命。

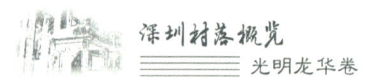

田寮社区

田寮村

田寮村位置示意图（由于本书版面限制，该地图比例尺已改变）

◎ 田寮村村貌（叶东舒 摄于2016年）

田寮村，位于公明街道南部，距街道办事处6.4千米。相邻自然村有甲子塘村、长圳村、玉律村、塘尾村。地处深圳北部丘陵谷地，村西方向有大头岗山，海拔150米。东北面有洋涌河（公明段俗称茅洲河）。

始建于明弘治十七年（1504年）。据《田寮麦氏族谱》记载，十世祖麦蓬康与叶友贤相善，见叶友贤在今龙湾处有耕寮一座，就从塘尾搬迁过来与叶氏同寮而居，并渐渐把耕作区域调换过来，形成村庄。因村庄为麦、叶两姓同寮而居形成，故名同寮村，后改名田寮村。

建村至明万历元年（1573年），属东莞县；明万历元年至清朝，属新安县。1914年，属宝安县。中华人民共和国成立之初，属宝安县公明乡；1951年，属宝安县第四区玉塘乡；1952年，属第七区玉塘乡；1956年，属公明区东周乡；1958年3月，属公明乡；1958年10月，属光明公社；1959年，属松岗公社；1960年，属公明公社玉塘大队；1979年1月，属深圳市公明公社田寮大队；1981年，属深圳市宝安县公明公社田寮大队；1983年，属宝安县公明区玉塘乡；1986年10月，属公明镇田寮村；1993年1月，属深圳市宝安区公明镇田寮行政村；2004年，属公明街道；2007年，属深圳市光明新区公明街道；2015年，属公明街道田寮社区。

世居村民为汉族，广府民系，使用粤方言。村民主要有麦姓、叶姓、吴姓。据《田寮麦氏族谱》记载，南宋咸淳十年（1274年），一世祖麦必荣从南雄迁至东莞靖康乌沙桥东；明洪武十四年（1381年），六世祖麦守信带儿子麦盛秋从东莞靖康乌沙桥东迁至东莞周家村（大围）；明宣德元年（1426年），八世祖麦乐善从周家村（大围）迁至周家村（塘尾）；明弘治十七年（1504年），十世祖麦蘧康从周家村（塘尾）迁至当地。据《叶氏族谱》记载，其先祖从宝安蚌岗迁至宝安白沙埔；明弘治十七年，叶友贤从宝安白沙埔迁至当地。据《吴氏族谱》记载，清乾隆六十年（1795年），吴氏先祖从新安周家村（下石家）迁至新安白石洲；1930年，从白石洲迁至当地。

2015年末，户籍人口1035人，其中男性504人，女性531人；80岁以上43人，最年长者91岁（男）。非户籍外来人口12万人。祖籍该村的香港同胞1300人。

传统经济主要种植水稻、薯类、花生、豆类等。改革开放后，村集体经济以建设工业开发区、物业出租、厂房出租为主。村民主要收入来源为集体经济分红、房屋出租、商业经营、工资性收入等。村内特色农产品有桂味荔枝、糯米糍荔枝、石硖龙眼。特色传统（节庆）食品有松糕、咸肉粽、煎堆等。村中有两棵国家三级古榕树，树龄均约120年。

松白路、根玉路经过该村。20世纪70年代通电，90年代实现全村村道水泥硬底化、通自来水、通电话，20世纪末通互联网。有田寮小学，共6个年级，26个班，2015年在校学生1379人，教职工73人；田寮幼儿园，2015年在园幼儿565人，教职工55人；还有田湾篮球场、龙湾篮球场、公

◎ 传统民居（曾五定 摄于2016年）

◎ 元伯麦公祠（曾五定 摄于2016年）

◎ 辉山公家塾（曾五定 摄于2016年）

◎ 朴齐麦公家塾（曾五定 摄于2016年）

◎ 田湾古井（曾五定 摄于2016年）

园篮球场、田寮公园、田寮老人活动中心、龙湾老人活动中心、田寮图书馆（藏书1.5万册）等。

传统民居为广府民居，现存110座。旧民居大多建于民国时期和20世纪50—70年代，一般为一进三开间或一进两开间，也有单间单门的；青砖砌墙，青瓦覆顶。现民居整体破旧，其中保存较好的租给外来务工人员居住。

村内现存元伯麦公祠、麦承启祖祠、南园麦公祠。其中，元伯麦公祠始建于清代，占地面积400平方米；麦承启祖祠始建于明代，重修于清代、民国时期，占地面积400平方米；南园麦公祠始建于清光绪十五年（1889年），占地面积400平方米。三处公祠的建筑特色相同，均为三开间两进布局，砖瓦结构，清水砖外墙，红砂岩墙裙，硬山顶，灰瓦覆面。元伯麦公祠和麦承启祖祠为一般不可移动文物。

现存私塾旧址有田湾辉山公家塾和朴齐麦公家塾，皆始建于清代。现保存不好，均闲置。

存有田湾古井，始建于清代，保存较好。

村里现存手抄本《田寮麦氏族谱》，纂修于1997年。

该村传统婚嫁习俗形成于清代。旧时，如若家中有多个兄妹，则须哥哥先结婚，然后弟、妹才能娶嫁，长幼顺序不能错乱。若是弟、妹先婚，则须在弟、妹的洞（闺）房门上挂一条哥哥的裤子，让弟、妹从裤子底下钻过去，以示长幼有序。

代表性人物：

梁汉球（1929—1946），革命烈士，1945年4月参加广东人民抗日游击队东江纵队，次年在攻打沙井战斗中受伤，在惠阳牺牲。

麦咸苏（1934—），广东人民抗日游击队东江纵队战士，曾在石岩一带打游击；中华人民共和国成立后历任村长、松岗区委干部等职。

（资料填报：麦杰华；初稿撰写：曾五定；分纂：王婷）

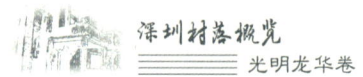

塘尾社区

塘尾村

塘尾村位置示意图（由于本书版面限制，该地图比例尺已改变）

◎ 塘尾村村貌（叶东舒 摄于2016年）

塘尾村，位于公明街道中部，距街道办事处4千米。相邻自然村有东坑村、田寮村、石围村、将围村、甲子塘村。村北有黄昏山，海拔120米；村东北面有洋涌河（公明段俗称茅洲河）；村内有大冚水库，有面前塘、鱼种塘等水塘。

始建于明宣德元年（1426年），开村时因村前有口大水塘，村落在水塘尾端，而取名塘尾村。曾用名周家村。

建村至明万历元年（1573年），属东莞县；明万历元年至清朝，属新安县。1914年，属宝安县。中华人民共和国成立之初，属宝安县公明乡；1951年，属宝安县第四区东周乡；1952年，属第七区东周乡；1956年，属公明区东周乡；1958年3月，属公明乡；1958年10月，属光明公社；1959年，属松岗公社；1960年，属公明公社；1979年1月，属深圳市公明公社塘尾大队；1981年，属深圳市宝安县公明公社塘尾大队；1983年，属宝安县公明区塘尾乡；1986年10月，属公明镇塘尾村；1993年1月，属深圳市宝安区公明镇塘尾行政村；2004年，属公明街道；2007年，属深圳市光明新区公明街道；2015年，属公明街道塘尾社区。

世居村民为汉族，广府民系，使用粤方言。村民主要为麦姓，与田寮村麦姓同源同宗。

2015年末，户籍人口1764人，其中男性747人，女性1017人；80岁以上65人，最年长者102岁（女）；实际在村人口1504人；常年在城镇生活和打工260人。非户籍外来人口约3.8万人。祖籍该村的香港同胞310人。祖籍该村的华人华侨8人，主要居住在加拿大。

传统经济以农业为主，主要种植水稻、薯类、甘蔗等，特色农产品有桂味荔枝、糯米糍荔

◎ 碉楼（陈庆 摄于2016年）　　◎ 乐善麦公祠（曾五定 摄于2016年）

枝。改革开放之后开始建设工业区，招商引资，现村集体经济以厂房出租和物业管理为主，另有少量商铺和商业等。村民主要收入来源为集体经济分红、房屋出租、商业经营、工资性收入等。特色传统（节庆）食品有松糕、咸肉粽、煎堆等。

松白路、将石路经过该村。20世纪70年代通电，90年代通电话、通自来水和实现全村村道水泥硬底化，20世纪末通互联网。村中有光明新区实验学校，设6个年级、42个班，2015年在校学生2313人、教职工162人；有塘尾幼儿园，2015年在园幼儿251人、教职工33人。村中有塘尾足球场、村委篮球场、塘尾公园、塘尾广场、塘尾村民活动中心以及塘尾图书馆（藏书1.5万册）等。

传统民居为广府民居，现存120座。旧民居以一个巷子为中轴，宗祠是整个村落的核心，民宅在宗祠和巷子两侧，院落彼此相邻，现多已破败。20世纪80年代中期，村民逐渐从民居中搬出，其中保存较好的租给外来务工人员居住。

现存祠堂有乐善麦公祠、仰逢麦公祠、行义麦公祠。乐善麦公祠始建于明代，重修于清代，占地面积400平方米，现保存完好；仰逢麦公祠始建于清代，占地面积133.78平方米，现保存完好；行义麦公祠始建于清代，占地面积350平方米。乐善麦公祠、仰逢麦公祠、行义麦公祠的建筑特色相似，均为三开间两进布局，砖瓦结构，清水砖外墙，红砂岩墙裙，硬山顶，灰瓦覆顶。乐善麦公祠和仰逢麦公祠为未定级不可移动文物。

村中还有碉楼和古井，碉楼始建于民国时期，古井始建于清代（因安全问题现已封存）。现存寿山公家塾，始建于民国时期。村内有北帝公庙和永歆禅院，均建于清代。

村中有《麦氏族谱》手抄本复印件，原稿纂修于1918年。

每年清明节，村民备办"三牲"（鸡、鱼、猪肉）和香烛、茶、酒等祭品，集体到鹰山墓园祭祖。

舞醒狮习俗形成于20世纪60年代，后数次中止。1990年开始，村中又重组醒狮队，队员为该

◎ 寿山公家塾（陈庆 摄于2016年）

◎《麦氏族谱》（陈庆 摄于2016年）

村村民。每逢村中有喜事或节日，都要请醒狮队来庆祝。

该村婚俗：结婚前一天，新婚家族成员及亲戚会集中吃饭，进行系列祭拜祖宗活动。第二天早上男方去女方家迎接新娘，若请醒狮队，则需醒狮队先行。从前为轿子迎亲，后改为拖拉机迎亲，现在是轿车迎亲。

塘尾村流传着"神像自请戏班"的传说。据说从前村内每年的农历三月初三都要在北帝公庙前搭台演大戏（粤剧）。有一年，村里筹不到钱，决定不请戏班子。可谁知，戏班子却不请自来。村里人感到奇怪，便问戏班班主是怎么回事。原来，竟然是庙中崔、罗、邓、窦四位神像去把他们请来的。

永歇禅院的来历也有一段传说。清代，将围村有个麦姓财主的女儿嫁到今下村，因家婆虐待而自尽，财主选在塘尾村建了这座禅院，安置女儿灵位。

代表性人物：

麦太（麦泰）（1932—1949），革命烈士，1948年4月参加惠东宝人民护乡团三团，担任三团金虎队事务员，1949年8月在龙华大坎窝战斗中牺牲。

麦志坚（1932—1948），革命烈士，1947年12月参加惠东宝人民护乡团，担任小队长，1948年7月24日在花县石岭墟林边战斗中牺牲。

（资料填报：麦金祥；初稿撰写：曾五定；分纂：陈庆）

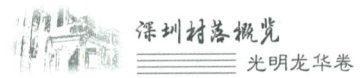

将石社区

将围村

将围村位置示意图（由于本书版面限制，该地图比例尺已改变）

◎ 将围村村貌（叶东舒 摄于2016年）

将围村，位于公明街道东南部，距街道办事处2千米。相邻自然村有塘尾村、上石家村、下石家村、石围村、塘下围村、大围村。

始建于明成化二十年（1484年）。将围村过去叫将军围，别称将军村，源于该村在清康熙至咸丰年间出过2户共5位将军，其中一户是麦世球，其祖孙三代皆为将军，另一户则是麦胜福、麦庆父子，后简称将围村。

建村至明万历元年（1573年），属东莞县；明万历元年至清朝，属新安县。1914年，属宝安县。中华人民共和国成立之初，属宝安县公明乡；1951年，属宝安县第四区东周乡；1952年，属第七区东周乡；1956年，属公明区东周乡；1958年3月，属公明乡；1958年10月，属光明公社；1959年，属松岗公社；1960年，属公明公社；1979年1月，属深圳市公明公社将石大队；1981年，属深圳市宝安县公明公社将石大队；1983年，属宝安县公明区将石乡；1986年10月，属公明镇将石村；1993年1月，属深圳市宝安区公明镇将石行政村；2004年，属公明街道；2007年，属深圳市光明新区公明街道；2015年，属公明街道将石社区。

世居村民为汉族，广府民系，使用粤方言。村民主要为麦姓与何姓。麦姓与大围村麦姓同源

◎ 村中一角（曾五定 摄于2016年）

◎ 传统民居（曾五定 摄于2016年）

同宗。

2015年末，户籍人口298人，其中男性145人，女性153人；80岁以上10人，最年长者96岁（女）；实际在村人口275人；常年在城镇生活和打工23人。非户籍外来人口1.5万人。祖籍该村的香港同胞15人。

传统经济以农业为主，主要种植水稻、薯类、花生等。改革开放后，开始引进"三来一补""三资"企业，主要生产电子产品、玩具、手袋等。现以厂房、商铺出租和物业管理为主。村民主要收入来源为集体经济分红、房屋出租、商业经营、工资性收入等。特色农产品有桂味荔枝、糯米糍荔枝。特色传统（节庆）食品有松糕、咸肉粽、煎堆等。

松白路、周家大道经过该村。20世纪70年代通电，90年代通电话、通自来水和实现全村村道水泥硬底化，20世纪末通互联网。村内有博雅幼儿园，2015年在园幼儿225人，教职工42人。还建有旧村老人活动室等。

传统民居为广府民居，现存28座，多建于清代和民国时期，部分建于20世纪50—70年代。其中126号住宅，建于清代，占地面积300平方米。

村内现存麦氏上高厅宗祠和麦氏鲤鱼公祠。上高厅宗祠始建于清代，占地面积350平方米；鲤鱼公祠始建于清代，占地面积300平方米；均较破败，不作宗祠使用。

村里的西洋楼，始建于清同治十一年（1872年），重建于1940年，为祖籍该村的华侨所建。1949年前历经战火洗礼，1949年后曾作学校使用。现整体破败，闲置，为未定级不可移动文物。

麦公家塾（花厅），始建于清代，现整体破败，闲置。村中保留有麦氏八世祖乐善麦公祠和清咸丰年间（1851—1861年）麦胜福武进士"将军屋"旧址。乐善麦公祠内一块清乾隆四十四年（1779年）立的碑记《题助乡课引》记载：该乡自古有筹资重教奖学之设，鼓励弟子读书习艺，考取功名。

另有古井1口，位于旧村北部，始修于清末。该井砖石结构，平面为圆形，直径0.8米，井口外部用青石围成正方形，边长1.1米，井内上部用青石围砌，下部用红砖围砌。

每年的清明及重阳节期间，村民到公明鹰山墓园祭祖，族人抬着金猪，备置酒水、果品，鸣

◎ 西洋楼（曾五定 摄于2016年）

放鞭炮祭奠先人。

醒狮迎亲习俗形成于20世纪60年代。结婚前一天开始，男方家族成员集中吃饭、祭祖；第二天早上前往迎接新娘，醒狮队先行，迎亲队伍随后。接回新娘后，狮子放置家中三天，于祠堂点睛，点睛人须为村中德高望重之长者。

端午节这天，家家户户包粽子，然后到祠堂祭拜祖先，之后将粽子投入洋涌河（公明段俗称茅洲河）中，以纪念屈原。将围村人还有端午节带着小孩去水塘洗澡的习俗，洗澡前在水塘中投入粽子、鸡蛋，让鱼虾吃饱，祈佑小孩健康成长。

与将围村相邻的塘尾村，有座永歆禅院，传说它的来历源自将围村麦姓。

2004年，将围村实行农村城市化，由传统小村落转变为城市化社区。

代表性人物：

麦隆，因其孙麦棐，受赠怀远将军。

麦世球，麦隆之子。清康熙二年（1663年）武举人，清雍正元年（1723年）逢其中举一甲子（60年），朝廷赏赐"重宴鹰扬"（重赴鹰扬宴）。后因其子麦棐的功绩，被诰封怀远将军（从三品武官）。

麦棐，字泽先，麦世球之子。清康熙二十九年（1690年）武举人；次年中武进士。历任四川会川军民卫掌印守备、浙江衢州协中营都司、江南提标后营游击、松江协镇（副将，从二品武官）等官职。

此外，还有麦胜福、麦庆"父子将军"。

（资料填报：何秀坚；初稿撰写：曾五定；分纂：陈庆）

新围村

办事处名称	数量	社区工作站名称
光明	9	光明、东周、碧眼、凤凰、圳美、白花、翠湖、迳口、新羌
公明	19	公明、玉律、长圳、田寮、塘家、东坑、甲子塘、塘尾、茨田埔、红星、马山头、根竹园、将石、楼村、上村、下村、李松蓢、西田、合水口
合计	28	

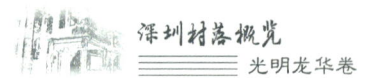

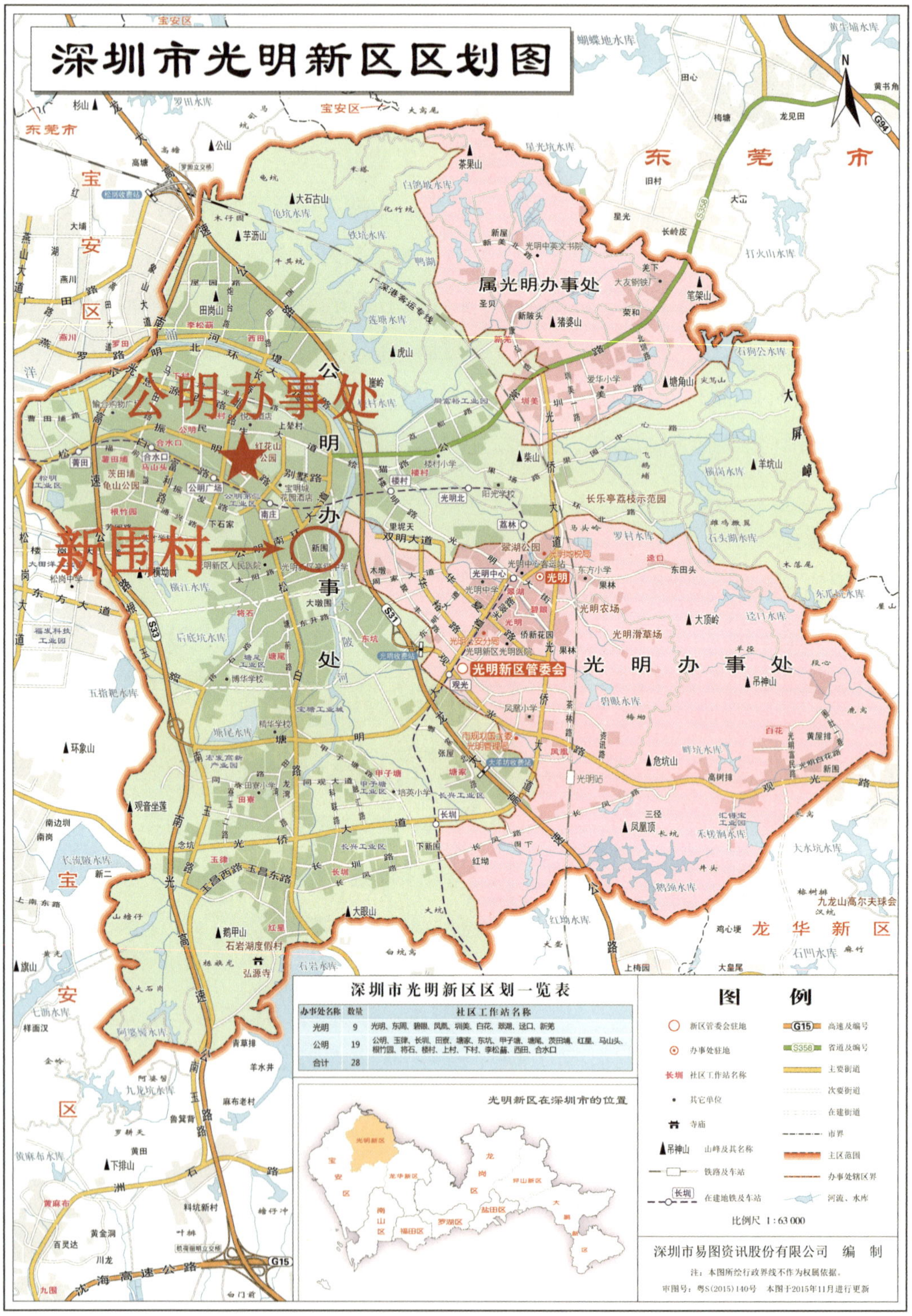

新围村位置示意图（由于本书版面限制，该地图比例尺已改变）

◎ 新围村村貌（叶东舒 摄于2016年）

新围村，位于公明街道东部，距街道办事处2千米。相邻自然村有大围村、东坑村、上石家村、下石家村、南庄村。位于深圳北部平地，原村内有一山岗，高30米，现已推平。洋涌河（公明段俗称茅洲河）在村东北面。

始建于清咸丰年间（1851—1861年），麦姓十七世祖麦仿万举家迁居此处，将周边凹陷处作为池塘，西边设一出入牌坊，村落周围修上厚厚的围墙及厚重的铁门，并为村落取名"新围"。

清朝，属新安县。1914年，属宝安县。中华人民共和国成立之初，属宝安县公明乡；1951年，属第四区东周乡；1952年，属第七区东周乡；1956年，属公明区东周乡；1958年3月，属公明乡；1958年10月，属光明公社；1959年，属松岗公社；1960年，属公明公社；1979年，属深圳市公明公社将石大队；1981年，属深圳市宝安县公明公社将石大队；1983年，属公明区将石乡；1986年，属公明镇将石村；1993年，属深圳市宝安区公明镇将石行政村；2004年，属公明街道；2007年，属深圳市光明新区公明街道；2015年，属公明街道将石社区。

世居村民为汉族，广府民系，使用粤方言。村民主要为麦姓，与大围村麦姓同源同宗。

2015年末，户籍人口252人，其中男性115人，女性137人；80岁以上10人，最年长者95岁（女）；实际在村人口214人；常年在城镇生活和打工36人；海外留学2人。非户籍外来人口1.8万人。祖籍该村的香港同胞15人。

◎ 传统民居俯瞰（叶东舒 摄于2016年）

◎ "永幹休光"门楼（曾五定 摄于2016年）

◎ "六房家塾"牌匾（曾五定 摄于2016年）

传统经济以农业为主，主要种植水稻、薯类、花生等。改革开放后，村里引进"三来一补""三资"企业，开始工业化进程，现有少量的工业、商业。村民主要收入来源为集体经济分红、房屋出租、商业经营、工资性收入等。特色农产品有桂味荔枝、糯米糍荔枝。特色传统（节庆）食品有松糕、咸肉粽、煎堆等。

龙大高速S31线、松白路经过该村。20世纪70年代通电，90年代通电话、通自来水和实现全村村道水泥硬底化，20世纪末通互联网。村里注重环境卫生，有垃圾收集站，一天两次清扫垃圾。有村委篮球场、社区公园等。

传统民居为广府民居，现存30座。80年代中期，村民陆续从传统民居中搬出，现民居大部分破败，其中保存较好的租给外来务工人员居住。

村中现保存完好的传统建筑有"永幹休光"门楼，建于清咸丰年间。"永"是永远、永久之意；"幹"为从事、营求；"休光"指盛美的光华，亦比喻美德、勋业。"永幹休光"是对子孙后代的一种寄望，希望后人能永远营求、成就美德或勋业。该门楼与村落的围墙连为一体，是进出村的通道。门楼占地面积约120平方米，分上下两层，上层放哨，用于站岗、住人；下层由巨大的花岗岩石砌成，配上厚实的铁门，用于防护。2014年被列为不可移动文物。

六房家塾，始建于清末，为麦仿万后人中第六房家族所有。为砖木结构，保存现状完好，已闲置。

1941年，一小队日军进村抢劫，因为没有重武器，攻不破村里的围墙，只好撤走。1943年，一队国民党地方部队欲进入该村搜寻广东人民抗日游击队东江纵队战士，也被挡在水塘外面。现门楼墙壁还留有多处弹痕。

该村原有风俗"拿瓦",即重阳祭祖后,村民带回两块写有"仿"字的瓦。据传,麦仿万在不惑之年逝世,谢世之前,他一心想着的还是儿孙,如何让他们守住"永幹休光"。于是他在东莞市大朗镇境内的坟墓周围放置若干写有"仿"字的瓦,让后人每年重阳扫墓后每人带两块回来,添到各家的屋顶上,以遮风挡雨,庇荫万代;同时让后辈们学会奉先思孝,赡养父母。"拿瓦"风俗在1949年后渐渐淡化。2004年后,村民又组织前往墓地祭拜,但不再有人拿瓦。

(资料填报:麦敬文;初稿撰写:陈庆;分纂:曾五定)

石围村

石围村位置示意图（由于本书版面限制，该地图比例尺已改变）

◎ 石围村村貌（叶东舒 摄于2016年）

石围村，位于公明街道南部，距街道办事处3千米。相邻自然村有将围村、塘尾村、塘下围村。位于深圳北部丘陵谷地，附近有三级山，海拔200米；村中有后底坑水库。

始建于明宣德元年（1426年），由麦氏八世祖麦耕隐开村，因建造的围子稳如磐石而得名。曾用名磐石围。

建村至明万历元年（1573年），属东莞县；明万历元年至清朝，属新安县。1914年，属宝安县。中华人民共和国成立之初，属宝安县公明乡；1951年，属宝安县第四区东周乡；1952年，属第七区东周乡；1956年，属公明区东周乡；1958年3月，属公明乡；1958年10月，属光明公社；1959年，属松岗公社；1960年，属公明公社；1979年1月，属深圳市公明公社将石大队；1981年，属深圳市宝安县公明公社将石大队；1983年，属宝安县公明区将石乡；1986年10月，属公明镇将石村；1993年1月，属深圳市宝安区公明镇将石行政村；2004年，属公明街道；2007年，属深圳市光明新区公明街道；2015年，属公明街道将石社区。

世居村民为汉族，广府民系，使用粤方言。村民主要为麦姓。

2015年末，户籍人口716人，其中男性336人，女性380人；80岁以上38人，最年长者99岁（女）；实际在村人口698人；常年在城镇生活和打工15人；海外留学3人。非户籍外来人口约3万人。祖籍该村的香港同胞150人。祖籍该村的华人华侨30人，主要居住在美国。

传统经济以农业为主，主要种植水稻、薯类、花生等。改革开放后，引进"三来一补""三资"企业，现村集体主要经营厂房出租、物业管理。村民主要收入来源为集体经济分红、房屋出租、商业经营、工资性收入等。特色农产品有桂味荔枝、糯米糍荔枝、石硖龙眼。特色传统

（节庆）食品有松糕、咸肉粽、煎堆等。

松白路、将石路经过该村。20世纪70年代通电，90年代通电话、通自来水和实现全村村道水泥硬底化，20世纪末通互联网。有石围篮球场、老人活动中心、全民广场等。

传统民居为广府民居，多建于清代和民国时期，部分建于20世纪50—70年代。主要建筑特色是三开间，前天井后正房布局，砖木结构，三合土夯筑而成。80年代中期，村民陆续从围屋中搬出，现大部分旧屋已破败，保存较好的租给外来务工人员居住。

◎ 传统民居（陈庆 摄于2016年）

村内有耕隐麦公祠，始建于明代，重建于清代，三开间两进一天井布局，大门两侧有对联"珠玑衍派；宿国流芳"。现仍作公祠使用，兼作老人娱乐中心。

现存建于清代的凡伯公家塾和菊亭公家塾，因保存不好，均已闲置。

◎ 耕隐麦公祠（陈庆 摄于2016年）

醒狮技艺从60年代开始，由村中老人带领年轻人练习。醒狮队在节日喜庆时进行表演，场面热闹非凡，现已解散。

醒狮迎亲习俗形成于60年代。自新人结婚的前一天开始，男方家族成员就集中开饭、祭祖；第二天早上去迎接新娘，醒狮队先行，新郎随后。接回新娘后醒狮要放置家中三天。

每到端午节这天，家家户户都包粽子，先来到祠堂祭拜祖先，接着把粽子投入洋涌河（公明段俗称茅洲河）中纪念屈原。这一天，村民还有带着小孩去水塘洗澡的习俗。先在塘中投入粽子、鸡蛋让鱼虾吃饱，祈佑小孩健康成长。近年来，随着洋涌河水逐渐干枯，河水变脏，这一习俗才渐渐消失。

村中流传着关于麦铁杖神勇善战的传说。耕隐麦公祠大门两侧的对联"珠玑衍派；宿国流芳"说的就是麦姓始祖麦铁杖。据《麦氏族谱》记载，麦铁杖（538—612），南雄百顺人，隋唐十三位猛将之一，官至隋右屯卫大将军。隋大业八年（612年），隋炀帝率大军出兵辽东征战高句丽，麦铁杖被任命为大军先锋，战死沙场。隋炀帝诏其节高义烈，身殒功存，赠光禄大夫、宿国公、谥武烈。

村里流传着石围村开基立村的掌故。据说明洪武十四年（1381年），麦氏六世祖麦守信带着儿子麦盛秋，从东莞靖康乌沙桥东到东莞周家村开村，在现今大围村养鸭。后麦盛秋大儿子乐善在塘尾开村，另一儿子耕隐在石围开村。

（资料填报：麦卫康；初稿撰写：陈庆；分纂：曾五定）

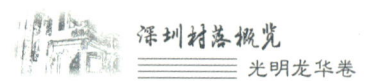

塘下围村

塘下围村位置示意图（由于本书版面限制，该地图比例尺已改变）

公明街道　将石社区　塘下围村

◎ 塘下围村村貌（叶东舒 摄于2016年）

塘下围村，位于公明街道南部，距街道办事处3千米。相邻自然村有大围村、将围村、石围村、上石家村、下石家村。

始建于明弘治十五年（1502年），因麦姓十一世祖麦元珍从塘尾迁居该地建围而形成。因建村始祖是从塘尾村迁来，其村地势低，又在塘尾村下面，而得名塘下围。

建村至明万历元年（1573年），属东莞县；明万历元年至清朝，属新安县。1914年，属宝安县。中华人民共和国成立之初，属宝安县公明乡；1951年，属宝安县第四区东周乡；1952年，属第七区东周乡；1956年，属公明区东周乡；1958年3月，属公明乡；1958年10月，属光明公社；1959年，属松岗公社；1960年，属公明公社；1979年1月，属深圳市公明公社将石大队；1981年，属深圳市宝安县公明公社将石大队；1983年，属宝安县公明区将石乡；1986年10月，属公明镇将石村；1993年1月，属深圳市宝安区公明镇将石行政村；2004年，属公明街道；2007年，属深圳市光明新区公明街道；2015年，属公明街道将石社区。

世居村民为汉族，广府民系，使用粤方言。村民主要为麦姓、何姓、董姓。1980年，何姓人从南海迁移至当地；董姓人从云浮迁移至当地。

2015年末，户籍人口79人，其中男性42人，女性37人；80岁以上3人，最年长者88岁（女）；实际在村人口64人；常年在城镇生活和打工15人。非户籍外来人口6000人。祖籍该村的香港同胞

◎ 村办公楼（陈庆 摄于2016年）

◎ 传统民居（陈庆 摄于2016年）

◎ 周家大道（陈庆 摄于2016年）

◎ 重宴雪峰公祠牌匾（陈庆 摄于2016年）

30人。祖籍该村的华人华侨5人，居住于马来西亚。

传统经济以农业为主，主要种植水稻、薯类、花生等。改革开放后，开始引进"三来一补""三资"企业，现村集体经营厂房出租。村民主要收入来源为集体经济分红、房屋出租、商业经营、工资性收入等。特色农产品有桂味荔枝、糯米糍荔枝。特色传统食品有松糕、咸肉粽、煎堆等。

松白路、周家大道经过该村。20世纪70年代通电，90年代通电话、通自来水和实现全村村道水泥硬底化，20世纪末通互联网。村中有垃圾收集站，一天两次清扫垃圾。

传统民居为广府民居，现存15座，多建于清代及民国时期，也有部分建于20世纪50—70年代。80年代中期，村民陆续从传统民居中搬出，现大部分房屋已破败，其中保存较好的租给外来务工人员居住。

该村现存重宴雪峰公祠，始建于清代，占地面积200平方米，牌匾"重宴雪峰公祠"，书于清代。系为纪念出生于该村的怀远将军麦世球（号雪峰）而建。现公祠已破败，作为危房封存。

村里保存有《塘下围麦氏族谱》，是如今公明街道麦姓人仅存的一部老族谱。近年来，经过麦森妹老人的辛苦补充，已成为一部较为完整的族谱。

代表性人物：

麦森妹（1937—），乡镇企业管理人员，1957年参加工作，改革开放后从事乡镇企业管理工作。1992年获评为"广东省优秀统计人员"，1995年获评为"全国乡镇企业系统优秀统计工作者"。

麦家星（1982—），1998年考入北京大学，2008年获北京大学金融博士学位。

（资料填报：麦淦球；初稿撰写：陈庆；分纂：曾五定）

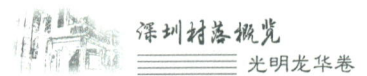

大围村

大围村位置示意图（由于本书版面限制，该地图比例尺已改变）

◎ 大围村村貌（叶东舒 摄于2016年）

大围村，位于公明街道东南部，距街道办事处3.1千米。相邻自然村有东坑村、将围村、新围村（将石社区）。因建围之处四周是水，中间为一个大土墩而得名大墩围村，后简称大围村。位于深圳北部丘陵谷地，洋涌河（公明段俗称茅洲河）从村东北流过。

始建于明洪武十四年（1381年），因麦氏六世祖麦守信带儿子麦盛秋在此养鸭，后建围而形成村落。因当初围子较小，生存空间受到限制，后人很快向塘尾、石围、田寮、将围、塘下围等地迁移，开枝散叶。祖庙与宗祠也随着向塘尾、石围两个中心区域转移。

建村至明万历元年（1573年），属东莞县；明万历元年至清朝，属新安县。1914年，属宝安县。中华人民共和国成立之初，属宝安县公明乡；1951年，属宝安县第四区东周乡；1952年，属第七区东周乡；1956年，属公明区东周乡；1958年3月，属公明乡；1958年10月，属光明公社；1959年，属松岗公社；1960年，属公明公社；1979年1月，属深圳市公明公社将石大队；1981年，属深圳市宝安县公明公社将石大队；1983年，属宝安县公明区将石乡；1986年10月，属公明镇将石村；1993年1月，属深圳市宝安区公明镇将石行政村；2004年，属公明街道；2007年，属深圳市光明新区公明街道；2015年，属公明街道将石社区。

世居村民为汉族，广府民系，使用粤方言。

◎ 大围幼儿园（曾五定 摄于2016年）

◎ 村委大楼（曾五定 摄于2016年）

2015年末，户籍人口85人，其中男性41人，女性44人；80岁以上2人，最年长者90岁（女）。非户籍外来人口12000人。祖籍该村的香港同胞16人。祖籍该村的华人华侨4人，主要居住在美国。

传统经济以农业为主，主要种植水稻、薯类、花生、甘蔗，少数村民上山砍柴补贴家用。改革开放后，引进"三来一补""三资"企业，开始工业化进程。现村集体主要经营厂房出租、物业管理。村民主要收入来源为集体经济分红、房屋出租、商业经营、工资性收入等。特色农产品有桂味荔枝、糯米糍荔枝。特色传统（节庆）食品有松糕、咸肉粽、煎堆等。

松白路、周家大道经过该村。20世纪70年代通电，90年代通电话、通自来水和实现全村村道水泥硬底化，20世纪末通互联网。有大围幼儿园，2015年在园幼儿333人，教职工45人。建有大围篮球场。

传统民居为广府民居，现存8座。80年代中期，村民陆续从传统民居中搬出，现大部分民居破败，保存较好的租给外来务工人员居住。

村中原有一座公祠，始建于明代，重建于清代，位于村口，三开间两进布局，砖石木结构，柱、梁有花鸟人物图案木雕。1949年后曾作学校使用，改革开放前作为村会议场所。后失火，整体倒塌，如今只剩一个墙角和约200平方米地基。墙脚下面置有土地公神龛，农历每月初一、十五，有村民前来祭拜。

老村后门原有座天后宫，供奉天后娘娘。于1949年初倒塌。

该村特色民俗有"哭嫁"和"哭丧"（见塘家社区张屋村）。

（资料填报：麦伟聪；初稿撰写：曾五定；分纂：陈庆）

南庄村

南庄村位置示意图（由于本书版面限制，该地图比例尺已改变）

◎ 南庄村村貌（叶东舒 摄于2016年）

南庄村，位于公明街道东部，距街道办事处1.5千米。相邻自然村有上辇村、新围村（将石社区）、下石家村、楼村、光明街道木墩村。

始建于清同治五年（1866年），麦姓祖先从将围村及茅洲山村迁居此处而形成。因此处原有一个三姓村，麦姓先人来到这里后，在三姓村的围墙南面开村而得名南庄。

清朝，属新安县。1914年，属宝安县。中华人民共和国成立之初，属宝安县公明乡；1951年，属宝安县第四区东周乡；1952年，属第七区东周乡；1956年，属公明区东周乡；1958年3月，属公明乡；1958年10月，属光明公社；1959年，属松岗公社；1960年，属公明公社；1979年1月，属深圳市公明公社将石大队；1981年，属深圳市宝安县公明公社将石大队；1983年，属宝安县公明区将石乡；1986年10月，属公明镇将石村；1993年1月，属深圳市宝安区公明镇将石行政村；2004年，属公明街道；2007年，属深圳市光明新区公明街道；2015年，属公明街道将石社区。

世居村民为汉族，属广府民系，使用粤方言。主要姓氏有麦姓（麦姓有两支，一支为将围麦姓，另一支为茅洲山麦姓）和张姓。将围麦姓于清同治五年从新安周家村将围迁移至当地。茅洲山麦姓于清同治五年从新安周家村茅洲山迁移至当地。据《张氏族谱》记载，北宋时期，祖先从福建福清迁移至广东东莞篁村；明洪武年间（1368—1398年），从篁村迁移至楼村；1936年，从楼村迁移至当地。

2015年末，户籍人口250人，其中男性110人，女性140人；80岁以上26人，最年长者95岁

◎ 传统民居（曾五定 摄于2016年）

◎ 古榕树（曾五定 摄于2016年）

（女）；实际在村人口233人；常年在城镇生活和打工15人；海外留学2人。非户籍外来人口4万人。祖籍该村的香港同胞5人。

传统经济以农业为主，主要种植水稻、薯类、花生等。改革开放后，开始建设工业区，引进"三来一补""三资"企业，现村集体主要经营厂房出租、物业管理。村民主要收入来源为集体经济分红、房屋出租、商业经营、工资性收入等。村中有一棵国家三级古榕树，树龄约120年。特色农产品有桂味荔枝、糯米糍荔枝、广柑、脐橙、石硖龙眼。以前，村内有一种名叫蒲桃的果树，为常绿乔木，树干高大，叶子宽阔，果子似桃又似苹果，味道酸甜，颇受人喜爱。蒲桃为该村独有水果，果实成熟时节，周边的小孩们经常过来摘取。后随着工业化进程，几个小山头被推平，蒲桃树也随之消失。特色传统（节庆）食品有年糕、煎堆、糖不甩、姜醋等。

松白路、公明东环大道经过该村。20世纪70年代通电，90年代通电话、通自来水和实现全村村道水泥硬底化，20世纪末通互联网。建有南庄篮球场、村民健身房等。

传统民居为广府民居，现存约20座，大多建于民国时期和20世纪50—70年代。旧民居一般为一进三开间或一进两开间，也有少数为单开间。一般为青砖青瓦，两面坡屋顶。现大部分旧居已破败，无人居住。

1949年前村落外有一道护村墙，墙高约1.8米，厚0.3—0.4米，墙体由三合土夯筑而成。抗日战争时期，一小股日军途经该村，试图强行进入，因村外有这道异常坚固的护村墙而未能得逞。由于经过炮火的轰炸，加之年久失修，后该护村墙损毁。

1999年6月18日，"1999年深圳（公明）荔枝交易会"在该村示范产品交流中心规划地举行。此次交易会历时21天，销售荔枝近万吨。

代表性人物：

麦寿喜（？—1942），革命烈士，抗战时期参加抗日游击队，在龙华战斗中牺牲。

（资料填报：曾丽芳；初稿撰写：陈庆；分纂：曾五定）

上石家村

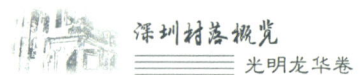

上石家村位置示意图（由于本书版面限制，该地图比例尺已改变）

◎ 上石家村村貌（叶东舒 摄于2016年）

上石家村，位于公明街道南部，距街道办事处2.5千米。相邻自然村有将围村、新围村（将石社区）、塘下围村、下石家村、马山头村。

始建于明洪武年间（1368—1398年），因分村而形成。原名石家村，吴姓先祖从广州增城迁到当地开村。1963年前后从石家村中分出上石家生产队，得名上石家。村东南有上石家中心河流过，附近有建于1955年的杨柳坑水库。

建村至明万历元年（1573年），属东莞县；明万历元年至清朝，属新安县。1914年，属宝安县。中华人民共和国成立之初，属宝安县公明乡；1951年，属宝安县第四区东周乡；1952年，属第七区东周乡；1956年，属公明区东周乡；1958年3月，属公明乡；1958年10月，属光明公社；1959年，属松岗公社；1960年，属公明公社；1979年1月，属深圳市公明公社将石大队；1981年，属深圳市宝安县公明公社将石大队；1983年，属宝安县公明区将石乡；1986年10月，属公明镇将石村；1993年1月，属深圳市宝安区公明镇将石行政村；2004年，属公明街道；2007年，属深圳市光明新区公明街道；2015年，属公明街道将石社区。

世居村民为汉族，广府民系，使用粤方言。村民主要为吴姓和麦姓。吴姓先祖于明洪武年间从广州增城迁移至当地。麦姓先祖于清同治五年（1866年）从沙井后亭迁居当地。

2015年末，户籍人口285人，其中男性135人，女性150人；80岁以上9人，最年长者101岁（女）；实际在村人口250人；常年在城镇生活和打工35人。非户籍外来人口9500人。祖籍该村的香港同胞26人。

传统经济以农业为主，主要种植水稻、薯类、花生、荔枝、龙眼等。改革开放后引进"三来

◎ 村口（曾五定 摄于2016年）

◎ 悦田吴公祠（曾五定 摄于2016年）

一补""三资"企业，现村集体主要经营厂房出租、物业管理。村民主要收入来源为集体经济分红、房屋出租、商业经营、工资性收入等。特色农产品有桂味荔枝、糯米糍荔枝。特色传统（节庆）食品有松糕、咸肉粽、煎堆等。

上石家路、公明南环大道经过该村。20世纪70年代通电，90年代通电话、通自来水和实现全村村道水泥硬底化，20世纪末通互联网。

◎ 吴登仔墓碑（曾五定 摄于2016年）

村中有精英幼儿园，2015年在园幼儿259人，教职工32人。还建有篮球场、乒乓球室等。

传统民居为广府民居，现存28座。多为一天井一正房格局，泥砖结构，屋顶覆青瓦，墙体为三合土夯筑。80年代中期，村民逐渐从旧民居搬出，大部分民居已破旧，少有人居住，其中保存较好的租给外来务工人员居住。

村中现存悦田吴公祠，始建于明代，重修时间不详。位于老村中心位置，占地面积300平方米，前面有半月池。两进三开间，木柱砖墙。现破败严重，已闲置。上石家炮楼，始建于民国时期，砖石结构，为未定级不可移动文物。文华公家塾，始建于清代，重修时间不详。据村民讲述，60年代出生的村民还在里面读过书。为砖瓦构造，保存状况完好，现出租给一位外乡人做店面。

公明鹰山墓园现存一块碑，上刻"大明处士仰松吴公登仔伯之墓"，系明弘治年间（1488—1505年）家族中侄晚辈们为吴登仔竖立的。由于风化，墓碑上文字多剥落，只能辨识部分内容。

该村有"开灯"习俗，又名生子标香，形成于明代，在每年正月初八举行。上年生有男丁的人家，拿一根竹竿挂上红布，到祠堂焚香点烛，将茶酒供果等摆在桌上供奉先祖。焚香后，点燃灯笼挂在祠堂前面，然后摆酒席，请众人吃大盆菜，常通宵达旦。有钱的人家抢着标头香，请粤剧大戏班子演大戏，以此祝贺添丁，祈求多生男孩。此习俗在1949年后逐渐淡化，至今已消失。

◎ 上石家炮楼（曾五定 摄于2016年）

派姜醋汤习俗形成于清代。凡是家中添男添女，满月后会购置猪脚、鸡蛋、甜醋和姜等制成姜醋汤，派送给亲戚朋友，分享幸福甜蜜，祝福孩子健康成长。

每年清明、重阳节，村里会组织村民前往鹰山墓园祭祖。村民们抬着金猪，备置酒水果品，在墓园鸣放鞭炮、祭奠。

每年正月十五游龙庭，抬菩萨过供，扛旗、敲锣打鼓，每家需派出一男丁参加，祈求子孙平安，风调雨顺。

代表性人物：

吴桃（1917—2006），又名吴要桃，广东人民抗日游击队东江纵队战士，参加过抗日战争和解放战争。

（资料填报：吴启光；初稿撰写：曾五定；分纂：陈庆）

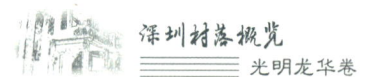

下石家村

下石家村位置示意图（由于本书版面限制，该地图比例尺已改变）

公明街道　将石社区　下石家村

◎ 下石家村村貌（叶东舒 摄于2016年）

下石家村，位于公明街道南部，距街道办事处2.3千米。相邻自然村有将围村、新围村（将石社区）、南庄村、塘下围村、上石家村、上屯村。

始建于明洪武年间（1368—1398年），吴姓先祖从广州增城迁居当地开村，至清乾隆六十年（1795年），吴姓相继迁往今南山区白石洲等地，后麦姓陆续迁入。此地原名石家村，1963年前后分为上石家和下石家生产队，而得名下石家。

建村至明万历元年（1573年），属东莞县；明万历元年至清朝，属新安县。1914年，属宝安县。中华人民共和国成立之初，属宝安县公明乡；1951年，属第四区东周乡；1952年，属第七区东周乡；1956年，属公明区东周乡；1958年3月，属公明乡；1958年10月，属光明公社；1959年，属松岗公社；1960年，属公明公社；1979年1月，属深圳市公明公社将石大队；1981年，属深圳市宝安县公明公社将石大队；1983年，属宝安县公明区将石乡；1986年10月，属公明镇将石村；1993年1月，属深圳市宝安区公明镇将石行政村；2004年，属公明街道；2007年，属深圳市光明新区公明街道；2015年，属公明街道将石社区。

世居村民为汉族，广府民系，使用粤方言。

村民主要为麦姓，1916年，相继从新围村、茅洲山村、合水口村迁入当地。下石家村立村村民为吴姓，清乾隆六十年（1795年），村民与官府发生冲突，有五户村民被官府强行驱逐出村，迁至当时生存环境十分恶劣的今南山区白石洲村。同时，官府对留居在原地的村民百般欺压，导致吴姓村民陆续迁往他处。至民国初年，该村吴姓村民多迁走，而麦姓村民渐渐补充进来，形成

◎ 村道（曾五定 摄于2016年）

◎ 下石家村一角（曾五定 摄于2016年）

"吴姓走麦姓来"的现象。

2015年末，户籍人口104人，其中男性50人，女性54人；80岁以上3人，最年长者89岁（男）。非户籍外来人口9000人。祖籍该村的香港同胞12人。

传统经济以农业为主，主要种植水稻、薯类、花生等。改革开放后引进"三来一补""三资"企业，现村集体主要经营厂房出租、物业管理。村民主要收入来源为集体经济分红、房屋出租、商业经营、工资性收入等。特色农产品有桂味荔枝、糯米糍荔枝。特色传统食品有松糕、咸肉粽、煎堆等。

松白路、公明南环大道经过该村。20世纪70年代通电，90年代通电话、通自来水和实现全村村道水泥硬底化，20世纪末通互联网。村里有苹果幼儿园，2015年在园幼儿264人，教职工36人。有村委篮球场。

传统民居为广府民居，现存18座。自80年代中期起，村民逐渐从旧民居搬出，旧民居中部分保存较好的，租给外来务工人员居住。

丧葬风俗形成于清代。村里只要有老人过世，全村人不管是否同家族，也不论关系亲疏远近，都会自动放下手里活计，帮忙烧茶、接客、扫路、抬棺、放爆竹等，一直将老人送到山上安葬。为了表示哀悼，大家会把这些白事的上菜单设成单数，一般都出七道菜且均为素菜，其中豆腐为必上的一道菜。

每年清明、重阳节，村民分别前往鹰山公墓祭祖。农历每月初一、十五，部分村民在家置办果供祭拜。

该村有吃大盆菜的习俗。每年年底，村里举行集体聚餐，宴请该村老人、邻村亲友和投资该村的各行业老板。除了请专业厨师制作盆菜供客人享用，还要派发数额吉利的红包。

（资料填报：曾瑞玲；初稿撰写：曾五定；分纂：陈庆）

公明街道 上村社区 东边头村

上村社区

东边头村

东边头村位置示意图（由于本书版面限制，该地图比例尺已改变）

· 45 ·

◎ 东边头村村貌（叶东舒 摄于2016年）

东边头村，位于公明街道西北部，距街道办事处1.8千米。相邻自然村有永南村、永北村、上南村、下村。

始建于明嘉靖七年（1528年）前后，由水贝陈北庄后代子孙从上村陈氏家族中分支而形成。东边头原叫塘鱼围，村民多以养鱼、打鱼为生。1961年成立大队时更名东边头村，因地处上村东南边而得名。

建村至明万历元年（1573年），属东莞县；明万历元年至清朝，属新安县。1914年，属宝安县。中华人民共和国成立之初，属宝安县公明乡；1951年，属宝安县第四区水朗乡；1952年，属第七区水朗乡；1956年，属公明区公明乡；1958年3月，属公明乡；1958年10月，属光明公社；1959年，属松岗公社；1960年，属公明公社；1979年1月，属深圳市公明公社上村大队；1981年，属深圳市宝安县公明公社上村大队；1983年，属宝安县公明区上村乡；1986年10月，属公明镇上村；1993年1月，属深圳市宝安区公明镇上村行政村；2004年，属公明街道；2007年，属深圳市光明新区公明街道；2015年，属公明街道上村社区。

世居村民为汉族，属广府民系，使用粤方言。村民主要为陈姓。据资料记载，陈氏先祖自南宋绍兴年间（1131—1162年）从江西赣州石城县迁移至广东东莞县七都塘派村；南宋宝祐三年

◎ 民生大道（冯辉豪 摄于2016年）

（1255年），从塘派村迁到水贝村，之后又迁到上村；明嘉靖七年（1528年）前后，由上村迁移至当地。因人口发展迅速，上村分为多个自然村，东边头村是其中之一。

2015年末，户籍人口148人，其中男性71人，女性77人；80岁以上4人，最年长者96岁（男）。非户籍外来人口8000人。祖籍该村的香港同胞15人。

传统经济以农业为主，主要种植水稻，兼种豆类、薯类、花生和甘蔗，以及蔬菜、荔枝、龙眼等，养殖鸡、鹅、鸭、鱼、猪、牛等。改革开放后，村里开始招商引资，建设工业区，引进"三来一补"企业和"三资"企业，主要涉及电子产品生产、印刷等行业。现村集体经济以厂房、商铺出租和物业管理为主。村民主要收入来源为集体经济分红、房屋出租、工资性收入、商业经营等。

民生大道经过该村。1964年通电，1989年通自来水，1993年通电话，1996年通互联网，1999年实现全村村道水泥硬底化。该村与上村社区其他自然村共用公明第二小学（位于元山村）、金苹果幼儿园（位于永南村）。

北庄陈公祠，始建于清乾隆四十一年（1776年），占地面积约200平方米。砖木结构，青砖外墙，灰瓦覆顶，琉璃瓦剪边，主体建筑保留清代特色。由于年久失修，现已荒废。

保存有《水贝陈氏族谱》和《陈氏家谱序》，分别由陈伟光、陈福珍编纂，编纂年代不详。

该村与元山、上南、下南、永南、楼村等村共用陈仙姑庙（位于元山村）。每年正月二十三，村民及香港同宗携带金猪、水果、寿桃饼等，鸣锣敲鼓前往拜祭。

村中特色民俗舞狮形成于20世纪60年代。每逢节日和喜事，舞狮队都前往庆贺。娶亲时，请舞狮队去接新娘，舞狮师傅祝福道贺，增添喜气。接新娘时，一路吹吹打打，甚是热闹，入村时舞狮队先行，新人随后。20世纪80年代，舞狮队解散。

（资料填报：陈达平；初稿撰写：冯辉豪；分纂：冯辉豪）

上蔡村

上蔡村位置示意图(由于本书版面限制,该地图比例尺已改变)

◎ 上輋村村貌（叶东舒 摄于2016年）

上輋村，位于公明街道东北部，距街道办事处1.6千米。相邻自然村有南庄村、下輋村、元山村。地处红花山北麓，红花山海拔90米。

始建于清康熙五年（1666年），因姚氏祖先率族人从东莞柑桔岭迁此繁衍生息而形成。根据村里老人讲述，传说皇帝巡视民间，来到今下輋村这个地方下了輋车，巡视到今上輋村的地方，坐上輋车。故此地取名上輋村。

清朝，属新安县。1914年，属宝安县。中华人民共和国成立之初，属宝安县公明乡；1951年，属宝安县第四区水朗乡；1952年，属第七区水朗乡；1956年，属公明区公明乡；1958年3月，属公明乡；1958年10月，属光明公社；1959年，属松岗公社；1960年，属公明公社；1979年1月，属深圳市公明公社上村大队；1981年，属深圳市宝安县公明公社上村大队；1983年，属宝安县公明区上村乡；1986年10月，属公明镇上村；1993年1月，属深圳市宝安区公明镇上村行政村；2004年，属公明街道；2007年，属深圳市光明新区公明街道；2015年，属公明街道上村社区。

世居村民为汉族，广府民系，使用粤方言。村民以姚姓为主。

2015年末，户籍人口306人，其中男性144人，女性162人；80岁以上9人，最年长者93岁（男）；实际在村人口285人；常年在城镇生活和打工21人。非户籍外来人口2万人。祖籍该村的香港同胞30人。

传统经济主要种植水稻、花生、甘蔗、土豆、豆角、番薯等，养殖鸡、鸭、鹅、鱼及牲畜等，有部分村民从事小商品经营。现集体经营以房屋和厂房出租为主，兼有一些商业经营。村民主要收入来源为房屋出租、集体经济分红、商业经营、工资性收入等。特色农产品有桂味荔枝、石硖龙眼。特色传统（节庆）食品有濑粉。特色技艺有编织竹篮、谷箩、鱼篓，现已失传。

◎ 上辇村一角（冯辉豪 摄于2016年）

民生大道经过该村。1967年通电，1990年通自来水，1993年通电话，1996年通互联网，1999年实现全村村道水泥硬底化。该村与上村社区其他自然村共用公明第二小学（位于元山村）、上村幼儿园（位于元山村）。另有上辇老人活动中心、红花山公园等休闲活动场所。

现存萃松公家塾，始建于清代。

每年重阳节后的第二个星期日，村中姚姓族人带上金猪、三牲等供品到东莞龙见田拜祖坟，放好祭品后，烧香、点烛、鸣放鞭炮、跪礼、还愿等。回村之后祭品按每人一份分配。

20世纪60年代，该村组建醒狮队，聘请来自东莞企石镇的师傅教该村年轻人练习舞狮，学习武术。在春节期间进行醒狮表演活动。表演时，会有探桩、上桩、飞桩、采青、回桩等一系列高难度动作，舞狮者用跳跃、翻腾等动作表现狮子憨态可掬的模样和神态。在现场喧闹的锣鼓声中，还要进行耍剑、耍刀、耍棍、打南拳等武术表演。醒狮队维持几年时间后就解散了。

代表性人物：

姚世华（1962—2008），历任松岗镇委副书记、镇长，宝安区计划统计局局长，宝安区副区长、党组成员，宝安区委常委、常务副区长、党组成员、党组副书记。

（资料填报：陈达平；初稿撰写：林卫雄；分纂：冯辉豪）

下辇村

下辇村位置示意图（由于本书版面限制，该地图比例尺已改变）

◎ 下辇村村貌（叶东舒 摄于2016年）

下辇村，位于公明街道北部，距街道办事处1千米。相邻自然村有上辇村、元山村、上屯村。始建于明嘉靖七年（1528年），由陈鱼屏第四子分支迁入当地而形成。下辇村村名由来见上辇村。

建村至明万历元年（1573年），属东莞县；明万历元年至清朝，属新安县。1914年，属宝安县。中华人民共和国成立之初，属宝安县公明乡；1951年，属宝安县第四区水朗乡；1952年，属第七区水朗乡；1956年，属公明区公明乡；1958年3月，属公明乡；1958年10月，属光明公社；1959年，属松岗公社；1960年，属公明公社；1979年1月，属深圳市公明公社上村大队；1981年，属深圳市宝安县公明公社上村大队；1983年，属宝安县公明区上村乡；1986年10月，属公明镇上村；1993年1月，属深圳市宝安区公明镇上村行政村；2004年，属公明街道；2007年，属深圳市光明新区公明街道；2015年，属公明街道上村社区。

世居村民为汉族，广府民系，使用粤方言。村民主要为陈姓。据陈姓族人讲述，南宋绍兴年间（1131—1162年），陈姓先祖从江西赣州石城县迁移至广东东莞县七都塘派村；南宋宝祐三年（1255年），迁移至水贝；明嘉靖七年，水贝陈姓后代迁至当地。

2015年末，户籍人口167人，其中男性77人，女性90人；80岁以上5人，最年长者87岁（女）；实际在村人口137人；常年在城镇生活和打工30人。非户籍外来人口6000人。祖籍该村

◎ 村口牌坊（冯辉豪 摄于2016年）

◎ 被高楼包围的旧民居（叶东舒 摄于2016年）

的香港同胞30人。

传统经济主要种植水稻、花生、番薯以及各种蔬菜等，养殖鸡、鹅、鸭、鱼及牲畜等，小部分村民从事小商品经营。改革开放后，开始建设工业厂房，招商引资，发展工业生产。现以集体厂房和商铺出租、物业管理为主，兼有一些商业经营。村民主要收入来源为集体经济分红、房屋出租、工资性收入、商业经营等。特色工艺品有竹篮等竹编制品。

民生大道、下辇路经过村边。1965年通电，1988年通自来水，1992年通电话，1996年通互联网，1999年实现全村村道水泥硬底化。村里文体设施齐全。该村与上村社区其他自然村共用公明第二小学（位于元山村）。另有朝阳幼儿园，2015年在园幼儿325人，教职工26人；还有下辇灯光球场、老人活动中心、红花山公园等。

该村传统民居为广府民居，现存20座，大多建于民国时期和20世纪50—70年代。旧民居结构一般为一进三开间或一进两开间，青砖砌墙，青瓦覆盖。

该村与元山村共用的鱼屏陈公祠，位于上村社区元山村。与上南、下南、东边头、元山等村共用陈仙姑庙（位于元山村），每逢正月二十三仙姑诞期，村民集体用金猪、水果、寿桃饼等祭拜陈仙姑。祭拜时人头攒动，锣鼓喧天，分外喜庆。在香港的族人都会回来参加祭拜活动。

每逢重阳节后的第一个星期，族中老人按血缘关系组织族人祭拜祖坟。

20世纪60年代，村中传统婚嫁一般要有舞麒麟祝贺，接新娘时麒麟先行，新郎跟随其入村口，完成各项礼俗之后，婚嫁仪式才算圆满。1980年初开始，村里自己组建麒麟队，在春节、婚嫁、诞期等喜庆日进行表演祝贺。1989年后，村中麒麟队解散。

（资料填报：陈达平；初稿撰写：林卫雄；分纂：冯辉豪）

元山村

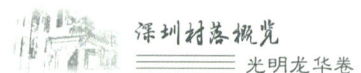

元山村位置示意图（由于本书版面限制，该地图比例尺已改变）

◎ 元山村村貌（叶东舒 摄于2016年）

元山村，位于公明街道西北部，距街道办事处0.5千米。相邻自然村有上辇村、下辇村、上南村、下南村、上屯村。位于深圳北部丘陵谷地，村中有红花山，海拔约90米。洋涌河（公明段俗称茅洲河）由东往西流经该村。村内有莲塘水库。

始建于明万历十六年（1588年）前后，由陈鱼屏四子在新安水贝定居繁衍生息发展而形成。因水贝旧村处有座山，名元山，故称元山村。

明清时期，属新安县。1914年，属宝安县。中华人民共和国成立之初，属宝安县公明乡；1951年，属第四区水朗乡；1952年，属第七区水朗乡；1956年，属公明区公明乡；1958年3月，属公明乡；1958年10月，属光明公社；1959年，属松岗公社；1960年，属公明公社；1979年，属深圳市公明公社上村大队；1981年，属深圳市宝安县公明公社上村大队；1983年，属公明区上村乡；1986年，属公明镇上村；1993年1月，属深圳市宝安区公明镇上村行政村；2004年，属公明街道；2007年，属深圳市光明新区公明街道；2015年，属公明街道上村社区。

世居村民为汉族，广府民系，使用粤方言。村民主要有陈姓、梁姓。陈姓源流见东边头村。梁姓先祖在1949年前从顺德迁至当地。

2015年末，户籍人口436人，其中男性203人，女性233人；80岁以上12人，最年长者90岁（女）；实际在村人口336人；常年在城镇生活和打工100人。非户籍外来人口3.1万人。祖籍该村的香港同胞50人。

传统经济以农业为主，主要种植水稻、番薯、荔枝等，养殖鸡、鸭、鹅、鱼等，有少部分村民从事小商品经营。现村集体主要经营厂房出租、物业管理。村民主要收入来源为集体经济分

◎ 鱼屏陈公祠（冯辉豪 摄于2016年）

◎ 择善堂（冯辉豪 摄于2016年）

◎ 陈仙姑庙前牌坊（冯辉豪 摄于2016年）

◎ 上村幼儿园（冯辉豪 摄于2016年）

红、房屋出租、商业经营、工资性收入等。特色传统食品有公明腊肠、金环火腿月饼。特色工艺品有竹篮等。

松白路、公明北环大道、长春北路经过该村。1964年通电，1990年通自来水，1993年通电话，1996年通互联网，1999年实现全村村道水泥硬底化。该村有公明第二小学，设6个年级，38个班，2015年在校学生2009人，教职工112人；还有上村幼儿园。村里还建有元山篮球场、村民活动中心、老年活动中心、狮山公园等。

现存鱼屏陈公祠，又称敦睦堂，始建于清代，民国时期重修，1990年再重修。三开间两进，由前后二堂、一天井、两廊房组成。春台公家塾（又名择善堂），始建于清乾隆三十一年（1766年），三开间两进一天井布局，前堂平脊，两端有博古饰。鱼屏陈公祠和择善堂均为未定级不可移动文物。

村内还有文昌古井一口，建村时已有。

该村现存《陈氏家谱序》和《水贝陈氏族谱》。

每年正月二十三仙姑诞，众多外出的族人均回来参加村中拜祭仙姑的活动。逢年过节，村民会到宗祠举行祭祀活动。重阳节之后到立冬之间，族中老者会组织村民集体祭祖坟。

陈仙姑庙，于清朝末年修建，2004年重建，占地面积约1200平方米，供奉陈端和仙姑。仙姑庙为青瓦屋顶，入门口处有木雕横梁。庙内有一天井，正殿设有仙姑像，两侧各有厢房。庙内有对联"德道十年人不信；放香百日众无疑"。陈仙姑庙为元山村与上南、下南、永南、楼村等村共用，每逢春节、元宵节、正月二十三、中秋节，村民都会到庙里点烛、焚香、求签，许愿、祭拜。

◎ 公明第二小学（冯辉豪 摄于2016年）

据说，"陈仙姑"原名陈端和，是公明水贝村（现公明上村）人。旧时水贝村的大沚河（现洋涌河）河水泛滥，瘟疫盛行。陈端和不顾家人反对，只身到东莞、增城一带求医问药，搜集、整理了许多药方，为不少村民医治了流行的疾病，因而深受乡亲们喜爱和敬佩。

据民间传说记述，陈端和升天成仙后，向天帝诉说大沚河河神罪状，天官封她为大沚河新河神。从此村里再也没有发生水灾，乡亲安居乐业。乡亲们为了颂扬她舍己为众、不畏艰难的情操与品德，为她修建了一座仙姑庙。

2007年，"陈仙姑的故事"被列入深圳市第一批非物质文化遗产名录。

舞麒麟的习俗形成于20世纪60年代。1963年村里组办麒麟队，请来师傅给村中年轻人传授舞麒麟技艺。几度中断，又于1975年、2000年重组。现麒麟队已解散。

麒麟迎亲习俗形成于20世纪60年代。过去，村民结婚前一天开厨，祭祖宗。第二天早上去接新娘，麒麟队先行，新郎跟随入村口。麒麟于祠堂里点睛、祭祖，点睛人须为村中德高望重之人。接完新娘之后，麒麟要在家中放三天。

（资料填报：陈达平；初稿撰写：林卫雄；分纂：王婷）

上南村

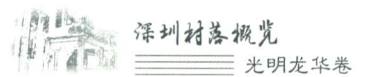

上南村位置示意图（由于本书版面限制，该地图比例尺已改变）

◎ 上南村村貌（叶东舒 摄于2016年）

上南村，位于公明街道西北部，距街道办事处0.5千米。相邻自然村有下南村、元山村、永南村、东边头村、西田村。位于红花山丘陵谷地以北，村附近有红花山（海拔90米）、莲塘水库，村东北有洋涌河（公明段俗称茅洲河）。

始建于明嘉靖七年（1528年）前后，由陈梅溪长子陈一水定居当地繁衍生息发展而成。原称南庄围，1958年成立公社，称南庄围生产队；1961年，南庄围拆分为两个生产队，根据地理位置以南庄围河沥为界，因村位于河沥上游而得名上南，下游为下南。

建村至明万历元年（1573年），属东莞县；明万历元年至清朝，属新安县。1914年，属宝安县。中华人民共和国成立之初，属宝安县公明乡；1951年，属宝安县第四区水朗乡；1952年，属第七区水朗乡；1956年，属公明区公明乡；1958年3月，属公明乡；1958年10月，属光明公社；1959年，属松岗公社；1960年，属公明公社；1979年1月，属深圳市公明公社上村大队；1981年，属深圳市宝安县公明公社上村大队；1983年，属宝安县公明区上村乡；1986年10月，属公明镇上村；1993年1月，属深圳市宝安区公明镇上村行政村；2004年，属公明街道；2007年，属深圳市光明新区公明街道；2015年，属公明街道上村社区。

世居村民为汉族，广府民系，使用粤方言。村民主要为陈姓。陈姓源流见东边头村。

2015年末，户籍人口100人，其中男性52人，女性48人；80岁以上2人，最年长者92岁（女）。非户籍外来人口8000人。祖籍该村的港澳同胞50人。

传统经济以种植水稻为主，兼种蔬菜和养猪、养鸡。现村集体经营主要为厂房出租和物业管

◎ 延龄陈公祠（冯辉豪 摄于2016年）

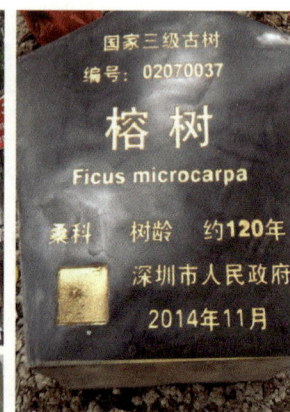
◎ 古榕树、国家三级古树保护牌（冯辉豪 摄于2016年）

理。村民主要收入来源为房屋出租、工资性收入、集体经济分红等。延龄陈公祠不远处路旁有一棵古榕树，树龄约120年，为国家三级古树。

长春北路、下南二路、元山路经过该村。20世纪80年代初通自来水、通电，1993年通电话，1996年通互联网，1999年实现全村村道水泥硬底化。该村与上村社区其他自然村共用公明第二小学（位于元山村）、上村幼儿园（位于元山村）。

该村传统民居为广府民居，现存38座。代表性民居有南庄围，建于民国时期和20世纪50—70年代，占地面积4480平方米。老村旧民居多为一天井一正房，土、木、砖结构，屋顶覆青瓦，少数为三合土夯筑墙体，现仍有人居住。

延龄陈公祠，建于1914年，占地面积216平方米，三开间两进一天井布局。公祠门口立有两根石檐柱，有对联"星联奎碧；辉映门庭"，门上方有"延龄陈公祠"牌匾；内有木雕、壁画。该公祠为未定级不可移动文物。

每年春节、元宵、正月二十三、中秋节，该村村民会祭拜陈仙姑，到仙姑庙（位于元山村）进香、许愿等。

上南村村民吃大盆菜习俗自古有之。每年农历十二月二十八在延龄陈公祠祭拜后，族人一起吃大盆菜，象征阖家团圆，满堂吉庆。

哭嫁习俗流行于清末。女子出嫁时要唱哭嫁歌，是该村传统民俗（详见塘家社区张屋村）。

代表性人物：

陈国泰（1812—1866），振威将军，清咸丰年间（1851—1861年），台湾动乱，皇帝派陈国泰出兵平乱；后来四川、辽东又有动乱，皇帝又派陈国泰出兵，陈国泰举荐陈泽富任副先锋，随后出兵四川、辽东等地平定动乱。

（资料填报：陈达平；初稿撰写：林卫雄；分纂：冯辉豪）

公明街道　上村社区　下南村

下南村

下南村位置示意图（由于本书版面限制，该地图比例尺已改变）

◎ 下南村村貌（叶东舒 摄于2016年）

下南村，位于公明街道西北部，距街道办事处0.5千米。相邻自然村有上南村、元山村、永南村、西田村。东南面有红花山，海拔90米。洋涌河（公明段俗称茅洲河）流经村东北。

始建于明嘉靖七年（1528年）前后，因陈梅溪长子陈一水定居于此，繁衍生息发展而形成。村名由来见上南村。

建村至明万历元年（1573年），属东莞县；明万历元年至清朝，属新安县。1914年，属宝安县。中华人民共和国成立之初，属宝安县公明乡；1951年，属宝安县第四区水朗乡；1952年，属第七区水朗乡；1956年，属公明区公明乡；1958年3月，属公明乡；1958年10月，属光明公社；1959年，属松岗公社；1960年，属公明公社；1979年1月，属深圳市公明公社上村大队；1981年，属深圳市宝安县公明公社上村大队；1983年，属宝安县公明区上村乡；1986年10月，属公明镇上村；1993年1月，属深圳市宝安区公明镇上村行政村；2004年，属公明街道；2007年，属深圳市光明新区公明街道；2015年，属公明街道上村社区。

世居村民为汉族，广府民系，使用粤方言。村民主要为陈姓。陈姓源流见东边头村。

2015年末，户籍人口171人，其中男性81人，女性90人；80岁以上12人，最年长者92岁（女）。非户籍外来人口1.5万人。祖籍该村的香港同胞28人、澳门同胞23人。祖籍该村的华人华侨10人，主要居住于美国。归侨6人。

传统经济以种植水稻、花生为主，兼种蔬菜和养殖猪、鸡等，有部分村民从事小商品经营，或外出做建筑工。现村集体经济以厂房和商铺出租、物业管理、商业经营为主。村民主要收入来

◎ 传统民居（冯辉豪 摄于2016年）

◎ 下南二路（冯辉豪 摄于2016年）

源为房屋出租、集体经济分红、商业经营、工资性收入等。特色农产品有桂味荔枝、糯米糍荔枝。特色传统（节庆）食品有粽子、濑粉、烧鹅等。

下南二路、水贝路经过该村。20世纪80年代初通自来水、通电，1993年通电话，1996年通互联网，1999年实现全村村道水泥硬底化。该村与上村社区其他自然村共用公明第二小学（位于元山村）。另有春蕾幼儿园，2015年在园幼儿295人，教职工45人。

传统民居为广府民居，现存38座。大多建于清代和民国时期，部分建于20世纪50—70年代，旧民居错落有致，均为砖瓦结构。

陈仙姑庙位于元山村，为下南与上南、永南、东边头、元山等村共用。

村民每年正月二十三前往陈仙姑庙祭拜。十二月二十八在延龄陈公祠祭拜及吃大盆菜。

舞麒麟兴起于1944年，由陈宜兴创立。每年正月初二，麒麟队挨家逐户给村民拜年，村民会给二尺标布以示吉祥，同庆佳节。拜年后，麒麟队在村中进行武术表演，有刀、枪、剑、棍、板凳、莫家拳等，然后大家一起吃大盆菜。

1963年，舞麒麟由拜年、庆贺衍生出麒麟迎亲的新习俗，并流传至今。村民娶亲前一天，开厨宴请族人，亲戚好友欢聚一起吃饭祭拜祖宗，并请来麒麟队。第二天麒麟队随新郎一起前往迎娶新娘，且新娘需跟随麒麟进入村口，方可入新郎家中。

代表性人物：

陈仲轩（1916—1960），民国时期中山大学法学院社会系毕业，抗战胜利后，两度出任宝安县立第一初级中学（南头中学前身）校长，带领师生在废墟上重建。中华人民共和国成立初期，多次前往海外募捐，并变卖家产及妻子的金银首饰用于学校重建。

陈树妹（1916—1942），革命烈士，1938年参加东宝边区游击队，任小队长；1942年8月在东莞县石龙战斗中牺牲。

（资料填报：陈达平；初稿撰写：林卫雄；分纂：冯辉豪）

永南村

永南村位置示意图（由于本书版面限制，该地图比例尺已改变）

◎ 永南村村貌（叶东舒 摄于2016年）

永南村，位于公明街道西北部，距街道办事处0.6千米。相邻自然村有上南村、下南村、东边头村、永北村、西田村。坐落于红花山北面，洋涌河（公明段俗称茅洲河）从村边流过，莲塘水库为该村主要水源。

始建于明嘉靖七年（1528年）前后，由陈梅溪长子陈一水及后裔定居发展而形成。原村名为永康围。1961年，以永康围十房祠堂及永康路为界，以南北方位定名，取永康围的"永"字，将永康围分为永南、永北两个生产队，得名永南村。

建村至明万历元年（1573年），属东莞县；明万历元年至清朝，属新安县。1914年，属宝安县。中华人民共和国成立之初，属宝安县公明乡；1951年，属宝安县第四区水朗乡；1952年，属第七区水朗乡；1956年，属公明区公明乡；1958年3月，属公明乡；1958年10月，属光明公社；1959年，属松岗公社；1960年，属公明公社；1979年1月，属深圳市公明公社上村大队；1981年，属深圳市宝安县公明公社上村大队；1983年，属宝安县公明区上村乡；1986年10月，属公明镇上村；1993年1月，属深圳市宝安区公明镇上村行政村；2004年，属公明街道；2007年，属深圳市光明新区公明街道；2015年，属公明街道上村社区。

世居村民为汉族，广府民系，使用粤方言。村民主要为陈姓。陈姓源流见东边头村。

2015年末，户籍人口195人，其中男性95人，女性100人；80岁以上7人，最年长者93岁（女）。非户籍外来人口1万人。祖籍该村的香港同胞40人。

◎ 永康路（冯辉豪 摄于2016年）　◎ 传统民居（叶东舒 摄于2016年）

传统经济以种植水稻为主，兼种红薯、蔬菜，另有生猪养殖，有部分村民从事商业经营。现村集体经营主要为房屋出租及少量商业经营。村民主要收入来源为房屋出租、工资性收入、商业经营、集体经济分红等。特色农产品有糯米糍荔枝、桂味荔枝、石硖龙眼。特色传统（节庆）食品有端午节粽子、中秋节松糕。

永康路、下南二路经过该村。20世纪80年代初通自来水、通电，90年代初通电话，1999年实现全村村道水泥硬底化，20世纪末通互联网。该村与上村社区其他自然村共用公明第二小学（位于元山村）。另有金苹果幼儿园，2015年在园幼儿390人，教职工56人。

传统民居为广府民居，现存80座，大多建于清代与民国时期，也有部分建于50—70年代。以一个巷子为中轴，民宅建在巷子两侧，宗祠是整个村落的中心。民居多为三开间一进，或两开间一进；墙体一般为砖石和三合土夯筑；房顶为两面坡，青瓦覆盖。80年代中期，村民陆续从古旧的民居中搬出，现民居大部分已破败，其中保存完好的主要租给外来务工人员居住。

勤道公祠，建于清末，三开间两进，一天井、两廊房结构；曾作为学堂使用，现已划归私人所有，不再作宗祠使用。永南老村曾有一口古井，名永南古井，立村之时就有，当时永南、永北和附近的居民都到此井打水饮用；现已被填埋废弃。

每年清明、重阳，村中族人集体祭拜祖墓。

该村耍新郎和闹洞房风俗形成于清朝末年。该村迎亲一般在晚上8点钟左右开始，新娘过门不得超过晚上10点钟。由男家抬花轿，媒人领路带新郎和几个后生前往迎亲，还要挑着猪头、鸡、酒、米、饼和果品等随同。迎亲时，新郎和迎亲的人都要被新娘同村的姐妹们戏弄耍闹。第一关，姐妹们守候在新娘家门口的路旁，向新郎和伴郎扔果子，连挑礼品的、抬花轿的也不放过；第二关，姐妹们用竹竿或竹棍守在新娘家大门口，等候新郎进门时便打。大家以此为乐故意拖延时间，媒人见闹得差不多了，便出面劝说，让男方把新娘抬走。把新娘抬回男家后，村中小伙子

◎ 金苹果幼儿园（冯辉豪 摄于2016年）

◎ 勤道公祠（冯辉豪 摄于2016年）

就来闹洞房，男方亲人不许出来劝阻。新娘要开箱发柑、果、饼、食品等。小伙子用线穿着水果悬挂在新郎和新娘中间戏弄两人。新郎和新娘不准同床睡觉，新郎只许睡板凳。闹洞房要连续三个晚上，让新娘新郎无法安睡。新娘子过门第三天，要给公公婆婆请安，端水给二老洗脸，端茶给二老喝。公公婆婆要给儿媳一个红包（或礼物）。

（资料填报：陈达平；初稿撰写：林卫雄；分纂：冯辉豪）

永北村

永北村位置示意图（由于本书版面限制，该地图比例尺已改变）

◎ 永北村村貌（叶东舒 摄于2016年）

永北村，位于公明街道西北部，距街道办事处1千米。相邻自然村有永南村、下村、东边头村、西田村。村北有洋涌河（公明段俗称茅洲河）流过，还有莲塘水库。村名由来见永南村。

建村至明万历元年（1573年），属东莞县；明万历元年至清朝，属新安县。1914年，属宝安县。中华人民共和国成立之初，属宝安县公明乡；1951年，属宝安县第四区水朗乡；1952年，属第七区水朗乡；1956年，属公明区公明乡；1958年3月，属公明乡；1958年10月，属光明公社；1959年，属松岗公社；1960年，属公明公社；1979年1月，属深圳市松岗区公明公社上村大队；1981年，属深圳市宝安县公明公社上村大队；1983年，属宝安县公明区上村乡；1986年10月，属公明镇上村；1993年1月，属深圳市宝安区公明镇上村行政村；2004年，属公明街道；2007年，属深圳市光明新区公明街道；2015年，属公明街道上村社区。

世居村民为汉族，广府民系，使用粤方言。村民主要为陈姓。

2015年末，户籍人口121人，其中男性58人，女性63人；80岁以上2人，最年长者84岁（女）。非户籍外来人口5000人。祖籍该村的香港同胞20人。

传统经济主要种植水稻、花生、番薯、甘蔗等，兼种蔬菜及荔枝、龙眼，养殖鸡、鹅、鸭、鱼及牲畜等。现村集体经营以工业厂房出租为主。村民主要收入来源为工资性收入、商业经营、

◎ 永北村口（冯辉豪 摄于2016年）

◎ 永北办公楼及老人活动中心（冯辉豪 摄于2016年）

◎ 慈水陈公祠（冯辉豪 摄于2016年）

◎ 鳌峰陈公祠（冯辉豪 摄于2016年）

集体经济分红、房屋出租等。特色农产品有桂味荔枝。特色传统（节庆）食品有春节松糕。特色工艺品有松糕格、风柜、鱼篓、谷筛等。

公明北环大道、水贝路经过该村。1964年通电，1992年通电话，1996年通互联网，1998年通自来水，1999年实现全村村道水泥硬底化。该村与上村社区其他自然村共用公明第二小学（位于元山村）、金苹果幼儿园（位于永南村）。村中股份合作公司办公楼内设有上村永北老人康乐中心，供村中老人休闲娱乐。

传统民居为广府民居，现存15座，多建于清末民初，部分建于20世纪50—80年代。

慈水陈公祠位于该村，为永南、永北共有，建于清末，坐南向北。三开间两进，前后二堂，一天井，二廊房。宗祠大门刻有对联"绍传先业；光接德星"。

鳌峰陈公祠，建于清代，占地面积约180平方米，三开间二进一天井格局，灰碌筒瓦，为未定级不可移动文物。

记载该村世系的族谱有《水贝陈氏族谱》，由陈伟光编纂，编纂年代不详；《陈氏家谱序》，由陈福珍编纂，编纂年代不详。

正月二十三陈仙姑诞，香港陈氏同宗回村与村民一起参加拜祭，是村中较隆重的拜祭活动。

正月初一、正月十五和农历八月十五,村民都会备金猪、水果、寿桃饼等祭品及线香、蜡烛前往陈仙姑庙祭拜。

每年清明和重阳节集体到祠堂祭祀祖先。

永北村聘请师傅传授舞麒麟技术,组织队员进行反复练习,在节庆时日进行舞麒麟表演。

(资料填报:陈达平;初稿撰写:林卫雄;分纂:冯辉豪)

下村社区

下村

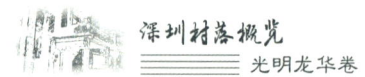

下村位置示意图（由于本书版面限制，该地图比例尺已改变）

◎ 下村村貌（叶东舒 摄于2016年）

下村，位于公明街道西北部，距街道办事处1千米。相邻自然村有西田村、李松蓢村、永北村、下屯村、松岗街道罗田村。村北有洋涌河（公明段俗称茅洲河）流过，还有西田水库。

始建于南宋宝祐三年（1255年），因陈氏五世祖陈文达从东莞迁到公明水贝村开基立围而形成，是原水贝村所在地。1952年，水贝村土地改革时，以永北和东边头为界，也即以永北水渠为界，将水贝村一分为二，东边为上村，西边为下村。

宋元至明万历元年（1573年），属东莞县；明万历元年至清朝，属新安县。1914年，属宝安县。中华人民共和国成立之初，属宝安县公明乡；1951年，属宝安县第四区水朗乡；1952年，属第七区水朗乡；1956年，属公明区公明乡；1958年3月，属公明乡；1958年10月，属光明公社；1959年，属松岗公社；1960年，属公明公社；1979年1月，属深圳市松岗区公明公社下村大队；1981年，属深圳市宝安县公明公社下村大队；1983年，属宝安县公明区下村乡；1986年10月，属公明镇下村；1993年1月，属深圳市宝安区公明镇下村行政村；2004年，属公明街道；2007年，属深圳市光明新区公明街道；2015年，属公明街道下村社区。

世居村民为汉族，广府民系，使用粤方言。村民主要为陈姓、文姓、温姓。陈姓源流见东边头村。

2015年末，户籍人口1300人，其中男性549人，女性751人；80岁以上57人，最年长者93岁（男）；实际在村人口1000人；常年在城镇生活和打工295人；海外留学5人。非户籍外来人口4万人。祖籍该村的香港同胞200多人。祖籍该村的华人华侨3人，分别居住于美国、新西兰、加拿大。

传统经济以农业为主，种植水稻、荔枝等农作物，养殖畜禽及鱼类。现村中以厂房出租和村

◎ 村巷（冯辉豪 摄于2016年）　　◎ 东宝中学旧址（朴国陈公祠）（冯辉豪 摄于2016年）

民房屋出租为主。村民主要收入来源为集体经济分红、房屋出租、工资性收入等。

南光高速S33线、公明北环大道经过该村。1970年通电，1988年通自来水，1991年通电话，1998年实现全村村道水泥硬底化，1999年通互联网。村里有下村小学，共6个年级，24个班，2015年在校学生1285人，教职工73人；有下村幼儿园，2015年在园幼儿116人，教职工12人。另有灯光球场、广场健身室、公园、社区老人活动中心、社区文化活动中心以及社区图书馆（藏书1万册）等。

传统民居为广府民居，现存100座。代表性民居有贻燕围，建于清咸丰年间（1851—1861年），占地面积300平方米，属于一个"小围"，四周原有一圈水塘，东北有门楼，用红砂岩砌筑而成；内有对联"贻谋千载远；燕益万年长""康侯德宅；贝水长流"。现为未定级不可移动文物。

村内现存朴国陈公祠、泰宇陈公祠和乔庄公祠3座宗祠。朴国陈公祠始建于清代，占地面积800平方米，砖木结构，祠堂朝北，前、中、后堂均为抬梁式屋架，有七架梁，塾台正下方有花草等图案；为区级不可移动文物。泰宇陈公祠建于清代，占地面积120平方米，坐南朝北，前堂明间设门，次间设须弥座塾台，为三开间二进砖木结构。乔庄公祠始建于清代，现为未定级不可移动文物。朴国陈公祠和泰宇陈公祠现均不再作宗祠使用。

下村小学内一排三间相连、占地面积约1300平方米的古旧建筑是东宝中学旧址。1944年冬，为培养抗日干部、组织学生投身抗日救国，广东人民抗日游击队东江纵队决定创办东宝中学。学校由三间相连的陈氏祠堂组成，这是东宝地区第一所抗日民主学校。据资料记载，建立东宝中学时，三座祠堂被修饰一新，中间的祠堂命名为"高尔基室"，左右两边分别命名为"鲁迅室"和"韬奋室"。东宝中学于1945年2月正式开办，名誉校长是东江纵队司令员曾生。同年4月10日，在此召开国事座谈会，共商抗日大事。抗日胜利后，内战危机一触即发，1945年10月，东宝中学停办。1956年9月，东宝中学恢复办学；1960年9月，东宝中学更名为公明中学；后公明中学迁走，这里改为下村小学。东宝中学旧址（朴国陈公祠）既有文物价值，又是具有革命传统教育意义的红色景点。2004年8月，被公布为宝安区第一批不可移动文物。

下村现保存有《陈氏家鉴》，其早前版本由宋代陈福珍纂修，后由陈祖泽重编于1968年。另有《陈氏宗亲族谱》，由世界陈氏宗亲总会陈治河、陈林辉共同编纂于1994年，内有陈氏祖训："明明我祖，仰绎斯旨，读书为重，克勤克俭……"

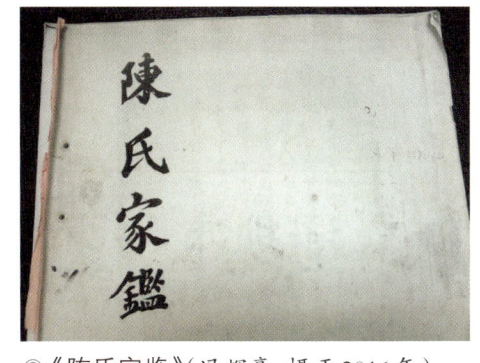
◎《陈氏家鉴》（冯辉豪 摄于2016年）

陈姓村民生子添丁后，次年正月初十要到村中宗祠入契开灯，报上新添男丁家长姓名及新添男丁的姓名、出生日期，男丁自此记入陈姓族谱，成为陈姓族人一员。

村中曾有一座北帝庙，始建于清代，供奉华光公。每逢正月十五，村民都会去庙里点烛、烧香、跪拜。现北帝庙已毁。

1949年前，把每年农历五月初五定为牛生日。有牛的家庭要给牛做生日，以报答它的恩情。当天，无论农事多忙也不能牵牛耕地，让牛休息一天，要割新鲜草料让牛吃饱；还要让一名小孩穿上新衣，为牛捉净身上的虱子或蚂蝗。

村民有制作金猪的技艺，形成于1941年后。制作金猪先从选取猪苗开始，挑选毛重40—45千克的猪苗，再分五道工序进行制作，即宰猪、清洗、风干；配料、吊晾；烧炉、吊烤；刺孔、揩油、贴纸；察色、闻香、适时。从开始宰猪到金猪制作完成需要三个小时。

下村于2000年10月被评为广东省卫生村，2014年8月被评为广东省宜居社区。

代表性人物：

陈九畴，明代进士，曾任南京凤阳县尹；为官清廉，待人宽厚，关心贫困百姓。任职期间，断案公正，平反错案，筑河堤修水渠利商民，倡导修学堂私塾，获民众称颂。

陈泽富，相传清咸丰年间（1851—1861年），水贝村（今上村社区上南村）陈国泰到台湾平乱有功，被封为振威将军，后来朝廷派陈国泰去征讨四川起义军时，他因自己年事已高，便推举陈泽富任副先锋；陈泽富当时只是个把总，被封为镇台，跟随陈国泰出兵四川凯旋后，被加封为武显将军。陈国泰和陈泽富平定四川以后，辽东又发生农民起义，他们再一次奉旨征讨且旗开得胜；为表彰他们的功劳，朝廷赐予"武显将军"牌匾和两对石狮，被分别安放在陈国泰和陈泽富府邸门前，之后移到水贝村的祠堂门前。现在，这两对石狮一对在下村的村口摆放，另一对在下村健身中心摆放。

（资料填报：张日飞；初稿撰写：林卫雄；分纂：冯辉豪）

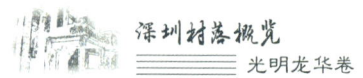

楼村社区

楼村

楼村位置示意图（由于本书版面限制，该地图比例尺已改变）

◎ 楼村村貌（叶东舒 摄于2016年）

楼村，位于公明街道东部，距街道办事处3千米。相邻自然村有南庄村及光明街道圳美村、木墩村、新陂头村、迳口村。位于洋涌河（公明段俗称茅洲河）东岸冲积平地和丘陵谷地，村后有逶迤秀丽的庭日祖山，左右两边有横陂河和新溪河环抱，汇入前面的洋涌河。过去这几条河为村民生产和生活的主要水源，改革开放后受到附近工厂污染，河水不宜使用。村落附近原有长坑水库、东瓜水库、罗村水库、石头湖水库、横岗水库。其中东瓜水库、罗村水库、石头湖水库、横岗水库由深圳市政府征收合并成一个大水库，命名为公明水库，作为全市战备水源。

该村始建于明代，陈氏先祖铭祖、应祖从水贝村（今上村社区）迁居至此而形成。建村时此地四周都是村庄，唯独此处没有，故取名"漏村"，意为被漏掉无人建屋居住的村，后来村民认为此名不雅，改称楼村。

建村至明万历元年（1573年），属东莞县；明万历元年至清朝，属新安县。1914年，属宝安县。中华人民共和国成立之初，属宝安县公明乡；1951年，属宝安县第四区碧楼乡；1952年，属第七区碧楼乡；1956年，属东周乡；1958年3月，属公明乡；1958年10月，属光明公社；1959年，属松岗公社；1960年，属公明公社；1979年1月，属深圳市公明公社楼村大队；1981年，属深圳市宝安县公明公社楼村大队；1983年，属宝安县公明区楼村乡；1986年10月，属公明镇楼村；1993年1月，属深圳市宝安区公明镇楼村行政村；2004年，属公明街道；2007年，属深圳市光明新区公

◎ 旧村内的麻石巷（陈庆 摄于2016年）

◎ 陈氏六房厅祠堂（陈庆 摄于2016年）

明街道；2015年，属公明街道楼村社区。

世居村民为汉族，广府民系，使用粤方言。村民主要有陈姓和张姓。张姓先祖于北宋时期从福建福清迁移至广东东莞篁村；明洪武年间（1368—1398年）迁至此地。陈姓于南宋时期从江西赣州石城县迁至广东东莞县七都塘派村，再迁至水贝村；明代从水贝村迁此。陈姓迁来时，张姓已在此定居，尚未形成独立村落。陈氏迁来后，由于人口发展壮大而形成村落。

2015年末，户籍人口4500人，其中男性2240人，女性2260人；80岁以上114人，最年长者98岁（女）。非户籍外来人口15万人。祖籍该村的港澳台同胞1510人。

传统经济以农耕为主，主要种植水稻、薯类、花生等以及荔枝、龙眼等水果。改革开放以后，村民种植优质荔枝，享有"中国荔枝第一村"的美誉。1988年6月28日，深圳首届荔枝节开幕，楼村万亩荔枝园迎来国内外来宾。村里大力开展招商引资发展工业。现村集体经济以荔枝、蔬菜种植和工业厂房出租为主。村民主要收入来源为集体经济分红、房屋出租、商业经营、工资性收入等。

该村毗邻广深港高速铁路。龙大高速S31线、省道S358线公常路、乡道Y027线经过该村。20世纪70年代初通电，90年代通电话、通自来水和实现全村村道水泥硬底化，20世纪末通互联网。村里有楼村小学，共6个年级，34个班，2015年在校学生1620人，教职工110人；有博雅幼儿园，2015年在园幼儿225人，教职工42人；有楼村图书馆、楼村文体中心、东方娱乐中心、老年活动中心、三月风活动中心等。

传统民居为广府民居，现存约100座，大多建于清朝和民国时期。一般为三开间一进，或两开间一进，墙体用青砖砌成，也有用三合土夯筑，房顶为平脊，两面坡，青瓦覆盖。80年代中期，村民陆续从老屋搬出，现大部分房屋破败，保存较好的主要租给外来务工人员居住。

该村现存有五房厅、六房厅、廷养二公祠、廷美祖祠堂、植德堂等5座宗祠。其中，五房厅始建于明代，占地面积300平方米，系楼村至今保存得比较完整的一座祠堂；每年正月初一到二十，五房族人都在这里相聚、点灯、舞麒麟，进行武术表演。六房厅始建于明代，占地面积250平方米。廷养二公祠始建于清代，占地面积250平方米。廷美祖祠堂与植德堂均始建于清代，占地面积各80平方米，为未定级不可移动文物。

现存陈氏琬璧公家塾和陈氏绚材公家塾（花厅），均建于清代，是两座用青砖砌成的连体古建筑。据宝安史料记载，辛亥革命期间，中国民主革命先驱廖仲恺曾在楼村从事革命活动，于琬璧公家塾内召开秘密会议，在宝安大地点燃民主革命之火。1925年，中共宝安县党组织创建人黄学增、龙乃武在琬璧公家塾建立党小组，党小组长陈义妹在琬璧公家塾整训农民起义队伍，改编农民自卫队，组织武装暴动。抗日战争时期，陈义妹加入了广东人民抗日游击队东江纵队。琬璧公家塾和绚材公家塾均为未定级不可移动文物。

◎ 陈氏琬璧公家塾（陈庆 摄于2016年）

还存有元代古窑遗址，位于流浮井山下的荔枝林中。古窑长7.15米，宽3.5米。2004年，宝安区文物考察队在此挖掘清理出一座古窑，从窑中出土了瓷盆、罐、碗、钵、碟、盘、壶、盏、器盖等十几种瓷器碎片，少部分为宋代的器皿，90%以上为元代的陶瓷器。

2004年，楼村元代古窑与文起东古墓均被确定为区级文物保护单位。

村里有《陈氏族谱》，由陈植林于2010年纂修，记载所属房头陈氏世系源流；有《楼村志》和《村民手册》，由楼村社区分别于2009年和2002年编纂和制定。

濑粉制作技艺形成于清朝末年。每年正月二十、中秋节，家家户户都自制濑粉。楼村濑粉具有爽、滑、脆的口感，楼村濑粉制作技艺被列入区级非物质文化遗产名录，传承人为陈容娣。

烧猪又名"烧金猪"，始于20世纪80年代。是村民陈正祥、陈灼森兄弟的特色技艺。其制作的烧猪具有色泽金黄鲜亮、皮脆、香味淳绵、食而不腻等特点。

该村醒狮习俗形成于20世纪50年代。在公明一带较早成立醒狮队，醒狮表演将舞蹈、杂技、武术融为一体，龙精虎猛，村民百看不厌。

代表性人物：

陈义妹（1887—1948），1925年成为宝安县第一批共产党员，任第五区楼村党小组组长，在楼村一带发展党员，发动群众参加革命。

陈刚友（1891—1935），曾任孙中山的警卫员，历任团长、宝安县长、广九铁路石龙段段长、广州市建设厅厅长等职。

陈善宝（1905—1948），革命烈士，1946年参加中共地下工作，担任惠东宝人民护乡团三团情报员，1948年5月8日在公明红花岭山被国民党杀害。

陈灿辉（1924—1947），革命烈士，1945年参加广东人民抗日游击队东江纵队，为惠东宝人民护乡团三团一大队铁鸟队战士，1947年3月在东莞县古村战斗中被捕牺牲。

陈裕林（1929—1949），曾用名陈启林，1948年3月参加惠东宝人民护乡团三团平西队，1949年3月在樟阁马迹径战斗中牺牲。

陈炎（1930—），1978年任佛山市经济委员会主任，1979年任中共佛山市委常委，1983年任佛山市副市长。

（资料填报：陈桂斌；初稿撰写：陈庆；分纂：曾五定）

西田社区

西田村

西田村位置示意图（由于本书版面限制，该地图比例尺已改变）

◎ 西田村村貌（叶东舒 摄于2016年）

西田村，位于公明街道西北部，距街道办事处3千米。相邻自然村有上南村、下南村、永南村、永北村、下村、李松蓢村。村西北有松山，村南有洋涌河（公明段俗称茅洲河）流过，村东北有西田水库。

始建于清嘉庆二十四年（1819年），由谢姓先祖从广东南雄珠玑巷迁到此地开基立围而形成。因村东有一叫大田的村，村落虽小，但村民彪悍，经常骚扰周边村民。在周围村庄村民的合力抵制下，大田村的村民无法立足，四散而走。剩下的少数村民便和下村分居出来的部分陈姓村民一起移居到原大田村的西部立围，西田之名由此而来。

清朝，属新安县。1914年，属宝安县。中华人民共和国成立之初，属宝安县公明乡；1951年，属宝安县第四区碧楼乡；1952年，属第七区碧楼乡；1956年，属东周乡；1958年3月，属公明乡；1958年10月，属光明公社；1959年，属松岗公社；1960年，属松岗区公明公社；1979年1月，属深圳市公明公社下村大队；1981年，属深圳市宝安县公明公社西田大队；1983年，属宝安县公明区下村乡；1986年10月，属公明镇西田村；1993年1月，属深圳市宝安区公明镇西田行政村；2004年，属公明街道；2007年，属深圳市光明新区公明街道；2015年，属公明街道西田社区。

世居村民为汉族，广府民系，使用粤方言。村民主要为陈姓、谢姓、吴姓。陈姓始祖于清

◎ 西田水库（叶东舒 摄于2016年）

◎ 西田居委会办公地（叶东舒 摄于2016年）

◎ 西田老村（西田社区供稿）

◎ 允彩陈公祠（冯辉豪 摄于2016年）

同治年间（1862—1874年），从水贝村迁移至当地。谢姓先祖于唐末至宋初，从福建迁移至广东南雄珠玑巷；清嘉庆二十四年，从南雄珠玑巷迁移到当地。吴姓先祖于明洪武年间（1368—1398年）从广州增城迁移至南山白石洲村；清道光十六年（1836年）从南山白石洲村迁移至西田村。

2015年末，户籍人口387人，其中男性177人，女性210人；80岁以上16人，最年长者96岁（女）；实际在村人口357人；常年在城镇生活和打工30人。非户籍外来人口3.7万人。祖籍该村的香港同胞6人。

传统经济以农业为主，主要种植水稻、番薯、花生以及荔枝等农作物，兼养殖畜禽及鱼类。2004年实行农村城市化。现以集体工业厂房出租和村民个人房屋出租为主，辅以一些商业经营。村民主要收入来源为集体经济分红、商业经营、房屋出租、工资性收入等。特色农产品有桂味荔枝、石硖龙眼；特色传统（节庆）食品有清明茶果、春节年糕。特色工艺品有谷箩等，现已失传。该村有古树两棵。其中一棵为古榕树，位于西田村松山口，树龄220年以上，树干需5人才可合抱。另一棵为古木棉树，树龄120年。两树均为国家三级古树。

龙大高速S31线、河堤路、西田路经过该村。1967年通电，1988年通电话，1991年通自来水，

1994年实现全村村道水泥硬底化，1996年通互联网。该村与相邻自然村共用下村小学（位于下村）。另有西田社区星光老人之家、西田社区图书馆（藏书1万册）、社区篮球场、羽毛球场、西田公园等。

传统民居为广府民居，现存30座，多建于清末民初时期，部分建于20世纪50—70年代。旧民居大多为青砖瓦房，三开间一进或两开间一进格局。

村内现存允彩陈公祠，始建于清同治三年（1864年），占地面积200平方米。三开间两进、一天井、两廊房组成，青砖砌成，平脊两端加博古饰（一侧已损毁）。该公祠曾作为私塾，是村中孩童受教育场所，村中老人多数在此私塾听过老先生讲课。现已不作祠堂使用，是未定级不可移动文物。

村里保存有《陈氏家鉴》，纂修者和纂修时间不详。乡规民约有《西田村村规民约》，制定于1998年。

村民每年清明节、重阳节拜祖坟，祭祖先。正月十五举行菩萨过供，村民杀公鸡备烧猪拜祭。村民结婚时，新郎新娘一起拜祭。

该村三年一次的"打醮"习俗形成于清朝末年，一般在农忙告一段落的农历十一月或十二月举行。相当于"拜忏"或"打大番"。打醮时，场地立一根高高的竹竿，上挂一盏灯，一匹白布自高处垂下，场地中央摆设八仙桌，放五牲供品和食品，制作纸旗纸马，扛旗人10—20个。打醮时宣读祭文，诵读佛经，祈求平安。仪式结束前要施食，把米饭、酒、果、饼等撒向天空。

过去，村里有一座三省公庙，始建于清代，供奉三省公与菩萨。村民每逢清明节、重阳等节日到庙里摆上各种供品祭拜，祈求子孙后代平安幸福、村里风调雨顺。该庙在"文化大革命"期间被拆除。三省公庙的传说一直在村民中口口相传。据说，很早以前，有三节木头顺着村前的大沘河（今洋涌河）漂下来，有一位老人把这三节木头捞起来，见木头形状古怪，而且漂浮在一起，于是便叫来村民商量，择个好地方和吉日良辰，在旧村水口处，建一间庙宇，把三节木头当成"三省公"与菩萨一起供奉起来。

西田村曾发生过重大墙体坍塌事故。2002年，该村在古草萌建厂房，9月2日墙体建至约3米高时，遇上台风"杜鹃"吹袭，墙体坍塌造成16人罹难。

2000年12月，西田村被评为"全国造林绿化工作千佳村"。

（资料填报：黄水云；初稿撰写：林卫雄；分纂：冯辉豪）

合水口社区

上屯村

上屯村位置示意图（由于本书版面限制，该地图比例尺已改变）

◎ 上屯村村貌（叶东舒 摄于2016年）

上屯村，位于公明街道西北部，距街道办事处约1.5千米。相邻自然村有中屯村、下石家村、元山村、下辇村。东北面有红花山，南面有尖岗山，红花山海拔90米。

始建于明永乐二十一年（1423年），由麦彦嘉之子九世祖麦南溪从东莞乌沙迁至公明合水口开基立围，麦南溪之子十世祖麦松涧在此繁衍生息而形成。明初，曾经有将军带兵在此屯田驻扎，根据地理位置分上、中、下三屯，该村为上屯。

建村至明万历元年（1573年），属东莞县；明万历元年至清朝，属新安县。1914年，属宝安县。中华人民共和国成立之初，属宝安县公明乡；1951年，属宝安县第四区公明乡；1952年，属第七区公明乡；1956年，属公明区公明乡；1958年3月，属公明乡；1958年10月，属光明公社；1959年，属松岗公社；1960年，属公明公社；1979年1月，属深圳市公明公社合水口大队；1981年，属深圳市宝安县公明公社合水口大队；1983年，属宝安县公明区合水口乡；1986年10月，属公明镇合水口村；1993年1月，属深圳市宝安区公明镇合水口行政村；2004年，属公明街道；2007年，属深圳市光明新区公明街道；2015年，属公明街道合水口社区。

世居村民为汉族，广府民系，使用粤方言。村民均为麦姓。

◎ 松涧麦公祠（冯辉豪 摄于2016年）　　　　　　◎ 梅南麦公祠（冯辉豪 摄于2016年）

2015年末，户籍人口755人，其中男性359人，女性396人；80岁以上37人，最年长者96岁（女）；实际在村人口517人；常年在城镇生活和打工227人；海外留学11人。非户籍外来人口2.03万人。祖籍该村的香港同胞180人。

传统经济以农业为主，主要种植水稻、薯类、花生、荔枝、龙眼等，养殖畜禽及鱼类，种植西洋菜等蔬菜，是原宝安县的蔬菜主产区。现以集体工业厂房出租和村民个人房屋出租为主，兼有商业经营。村民主要收入来源为集体经济分红、商业经营、房屋出租等。特色传统（节庆）食品有清明茶果、农历七月十四松糕、八月十五濑粉和月饼。

松白路、振明路经过该村。1964年通电，1982年通电话，1989年通自来水，1997年实现全村村道水泥硬底化，2001年通互联网。该村与合水口社区其他自然村共用公明第一小学（位于上屯、中屯），设6个年级，37个班，2015年在校学生2036人，教职工119人；合水口幼儿园（位于上屯、中屯），在园幼儿492人，教职工53人；云彩幼儿园（位于下屯），在园幼儿310人，教职工42人；以及老年人活动中心，合水口社区图书馆（藏书1.2万册），合水口社区篮球场、足球场，合水口公园，合水口文化广场，祠堂前公园等。

传统民居为广府民居，现存220座。代表性民居有茂客老宅，建于清代，占地面积120平方米；两开间一正房一天井布局，用青砖和灰砂砌成，屋顶覆灰瓦。

现存宗祠4座，分别是松涧麦公祠、梅南麦公祠、茂客麦公家祠、下俊麦公祠，均始建于清代，占地面积分别为187平方米、120平方米、360平方米、120平方米。4座宗祠均为三开间两进一天井格局。其中松涧麦公祠、梅南麦公祠、茂客麦公家祠为未定级不可移动文物。

村里还有两口始建于清代的古井，上屯429号房前古井及麦太房前古井。有建于清代的春山家塾和松熙公家塾。

村内现存有《麦氏族谱》，由麦氏族人纂于明代末年。乡规民约有《上屯村居民公约》，制定于2000年。

村里有正月十五游龙庭习俗。游龙庭即抬菩萨"过供"，麦氏族人每家派出一男丁，扛旗、

◎ 茂客老宅（冯辉豪 摄于2016年）

◎ 茂客麦公家祠（冯辉豪 摄于2016年）

敲锣打鼓，祈求平平安安，风调雨顺。

重阳节后第一个星期日组织族人拜祖先。合水口上屯、中屯、下屯三个自然村以及薯田埔村、马山头村、根竹园村、光明碧眼村的麦姓族人参加，先拜完麦氏大宗祠，再到光明碧眼麦氏古墓群祖墓地拜祭。

开灯习俗形成于明朝，每年正月初八举行。上年生男丁的家庭，先拜祠堂，然后家人拿着一根竹竿挂上红布，从祠堂走到文庙集合，跑到孟八宫庙，再回到祠堂吃饭，最后回

◎ 麦太房前古井（冯辉豪 摄于2016年）

到各自公祠写上男丁的名字。开灯时，通常以大盆菜及米饭、蔬菜、三牲肉等作为拜祭祖宗的供品。

食姜醋汤的习俗形成于清代。家中生了小孩，会购置猪脚、鸡蛋、甜醋和姜等做成姜醋汤，满月后派送给亲戚朋友，希望家族孩子健康成长，甜甜蜜蜜。

舞麒麟形成于民国初期，原村中也有懂得舞麒麟技艺的师傅，为了精进技艺，当时还从外村请来师傅教授村中青年舞麒麟技艺。麒麟舞动时，先要表现出麒麟的威猛姿态，出洞之后绕场一圈，对观众行礼三次，然后舔身，接着表演踢青、引青、采青、吐青等一系列动作，极具观赏性。

2002年，该村被评为广东省卫生村。

（资料填报：麦智星；初稿撰写：林卫雄；分纂：冯辉豪）

中屯村

中屯村位置示意图（由于本书版面限制，该地图比例尺已改变）

◎ 中屯村村貌（叶东舒 摄于2016年）

中屯村，位于公明街道西北部，距街道办事处约1.6千米。相邻自然村有上屯村、下屯村、薯田埔村。

始建于明永乐二十一年（1423年），因麦彦嘉之子九世祖麦南溪从东莞乌沙迁居合水口开基立村后，其长子十世祖麦合溪在此定居而形成。明初，曾有将军带兵在此屯兵驻扎，根据地理位置分上、中、下屯，该村得名中屯。

建村至明万历元年（1573年），属东莞县；明万历元年至清朝，属新安县。1914年，属宝安县。中华人民共和国成立之初，属宝安县公明乡；1951年，属宝安县第四区公明乡；1952年，属第七区公明乡；1956年，属公明区公明乡；1958年3月，属公明乡；1958年10月，属光明公社；1959年，属松岗公社；1960年，属公明公社；1979年1月，属深圳市公明公社合水口大队；1981年，属深圳市宝安县公明公社合水口大队；1983年，属宝安县公明区合水口乡；1986年10月，属公明镇合水口村；1993年1月，属深圳市宝安公明镇合水口行政村；2004年，属公明街道；2007年，属深圳市光明新区公明街道；2015年，属公明街道合水口社区。

世居村民为汉族，广府民系，使用粤方言。村民均为麦姓。

◎ 麦氏大宗祠（叶东舒 摄于2016年）

◎ 汲基麦公祠（麦素芬 摄于2019年）

2015年末，户籍人口586人，其中男性277人，女性309人；80岁以上19人，最年长者95岁（女）；实际在村人口479人；常年在城镇生活和打工98人；海外留学9人。非户籍外来人口1.35万人。祖籍该村的香港同胞120人。

传统经济以农业为主，20世纪80年代该村是深圳主要的农产区，盛产水稻、甘蔗、红薯、木薯等。西洋菜为该村远近闻名的农产品，其销售收入是村里主要的经济收入之一。改革开放后，工业经济在村内得到极大发展。现村集体经营以建厂房出租为主，还有少量商业经营。村民主要收入来源为房屋出租、集体经济分红、工资性收入等。特色传统食品有茶果、松糕、濑粉等。

松白路、振明路经过该村。1964年通电，1982年通电话，1989年通自来水，1997年实现全村村道水泥硬底化，2001年通互联网。该村与合水口社区其他自然村共用公明第一小学（位于上屯、中屯）、合水口幼儿园（位于上屯、中屯）、云彩幼儿园（位于下屯）；以及老年人活动中心，合水口社区图书馆（藏书1.2万册），合水口社区篮球场、足球场，合水口公园，合水口文化广场，祠堂前公园等。

传统民居为广府民居，现存260座。代表性民居有柏溪路134号民居，建于清代，占地面积100平方米。旧民居为三开间一进，房顶为两面坡，建筑材料为砖石和木料等。

现存宗祠8座，主要宗祠为麦氏大宗祠和悦东公祠。麦氏大宗祠，始建于明末，是合水口三村（上屯、中屯、下屯）乃至周边的薯田埔、马山头、根竹园、碧眼、白芉沥等六个社区麦氏家族的总祠。该祠在清代有维修，并分别于清宣统三年（1911年）、1997年重修。占地面积1133平方米，建筑面积938平方米。现存主体结构为清代风格，但保留了明代建筑布局和部分明代建筑构件。麦氏大宗祠有门联"长江源远；古柏根深"。宗祠的四柱三间三段式石牌楼上写着"宿国流芳"，意为纪念被隋炀帝封为"宿国公"的始祖麦铁杖。宗祠中堂有对联"铁杖千古垂名；宿国百世流芳"。宗祠后堂有一长联"南溪源远流长一脉三支支支盛；古柏根深叶茂千秋万代代代兴"，其中"一脉三支"指的是麦铁杖生有三子，长子孟才，次子仲才，三子季才。宗祠前堂顶梁有楹联"合水口氏族裔蕃衍联芳竞秀祖风重光远；聚英堂脉派贯流长须贻同气宗亲木本源"。

◎ 悦东公祠（冯辉豪 摄于2016年）

◎ 圣章公家塾（麦素芬 摄于2019年）

据深圳市文物保护单位确认，麦氏大宗祠是深圳市现存建筑年代最早、建筑规模最大的祠堂建筑之一，建筑中保留了明代以来各个历史时期的信息，对于研究深圳地区传统建筑的发展演化具有较高的价值。2004年，麦氏大宗祠被认定为宝安区第一批不可移动文物。

悦东公祠始建于清代，占地面积160平方米，为三开间两进一天井格局。门口有红石砖墙，屋檐有木雕花饰，整座宗祠古朴雅致。现存宗祠还有：后富公祠、汲基麦公祠、东冈祖公祠、荔庵祖祠、云巢祖祠、殿周公祠。村中还存有圣章公家塾、孔器公家塾、玉镜书室。其中，悦东公祠、汲基麦公祠、后富公祠、圣章公家塾为未定级不可移动文物。

村中有《麦氏族谱》，为麦氏宗族于明朝末年纂修；有《中屯村居民公约》，于2012年制定。

中屯村村民每年重阳节后第一个星期日上午，先祭拜麦氏大宗祠，再到麦氏古墓群（位于碧眼社区灯盏窝）祭拜先祖。

该村耍新郎和闹洞房习俗，源于清末，详见上村社区永南村。

上一年生小孩家庭在正月初八、初九要举行祠堂点灯和走标仪式，把小孩名字写进族谱里。

2002年，该村被评为广东省卫生村。

代表性人物：

麦锦琮，清嘉庆十九年（1814年）武进士，候任营守备（从四品）；清嘉庆二十四年（1819年），新安县修县志时，麦锦琮赞助经费。

麦植福（1918—），抗日战争爆发后，参加中国共产党领导的抗日救亡工作，成立香港工人群青社，组织工人罢工、游行；1941年12月，回东江参加广东人民抗日游击队；20世纪50—60年代，曾任佛山市委纪律检查委员会副书记。

麦耀全（1919—），1941年11月，在公明乡合水口村从事乡村抗日民主政权建设，任三乡乡长；1945年在香港组织工会，领导工人罢工、游行。

麦荣（1921—），1954年5月在宝安农机厂工作，1956年9月加入中国共产党，同年被评为宝安县劳动模范；1959年，被评为全国劳动模范；同年10月18日，赴北京参加全国群英会，受到周恩来总理接见。

麦泰琛（1924— ），1944年参加中共香港地下组织，1945年任惠东宝边区区长、武工队队长；20世纪70年代，曾任广州市人大农业与农村委员会及华侨外事民族宗教事务委员会副主任。

麦炳佳（1943— ），曾任宝安区沙井镇党委书记，宝安区人大常委会党组副书记、副主任。

（资料填报：麦智星；初稿撰写：林卫雄；分纂：冯辉豪）

下屯村

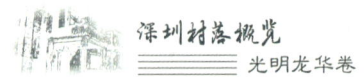

下屯村位置示意图（由于本书版面限制，该地图比例尺已改变）

◎ 下屯村村貌（冯辉豪 摄于2016年）

下屯村，位于公明街道西南部，距街道办事处0.7千米。相邻自然村有中屯村、薯田埔村、马山头村、下村、松岗街道罗田村。

始建于明永乐二十一年（1423年），由麦彦嘉之子九世祖麦南溪从东莞乌沙迁居合水口开基立村，其三子十世祖麦环青在下屯定居繁衍生息而形成村落。村名由来见上屯村。

建村至明万历元年（1573年），属东莞县；明万历元年至清朝，属新安县。1914年，属宝安县。中华人民共和国成立之初，属宝安县公明乡；1951年，属宝安县第四区公明乡；1952年，属第七区公明乡；1956年，属公明区公明乡；1958年3月，属公明乡；1958年10月，属光明公社；1959年，属松岗公社；1960年，属公明公社；1979年1月，属深圳市公明公社合水口大队；1981年，属深圳市宝安县公明公社合水口大队；1983年，属公明区合水口乡；1986年10月，属公明镇合水口村；1993年1月，属深圳市宝安区公明镇合水口行政村；2004年，属公明街道；2007年，属深圳市光明新区公明街道；2015年，属公明街道合水口社区。

世居村民为汉族，广府民系，使用粤方言。村民主要为麦姓。

2015年末，户籍人口908人，其中男性449人，女性459人；80岁以上28人，最年长者97岁（女）；实际在村人口759人；常年在城镇生活和打工140人；海外留学9人。非户籍外来人口3.39万人。祖籍该村的香港同胞约200人、台湾同胞1人。

传统经济以农业为主，盛产水稻、甘蔗、红薯、木薯等。其种植的西洋菜远近闻名，销售收入为当地主要经济收入。改革开放后，随着"三来一补""三资"企业的引进，工业经济在村内得到极大发展。现村集体经营以厂房出租和商业投资为主。村民主要收入来源为房屋出租、商业经营、集体经济分红等。特色传统（节庆）食品有茶果、松糕、濑粉等。

◎ 老围旧居（冯辉豪 摄于2016年）

松白路、振明路、柏溪路经过该村。1964年通电，1982年通电话，1989年通自来水，1997年实现全村村道水泥硬底化，2001年通互联网。该村与合水口社区其他自然村共用公明第一小学（位于上屯、中屯）、合水口幼儿园（位于上屯、中屯）、云彩幼儿园（位于下屯）；以及老年人活动中心，合水口社区图书馆（藏书1.2万册），合水口社区篮球场、足球场，合水口公园，合水口文化广场，祠堂前公园等。

传统民居为广府民居，现存320座，大多建于清代与民国时期。广府民居风格多以一个巷子为中轴，民宅在巷子两侧，宗祠是整个村落的中心。其民居规格一般为三开间一进，或两开间一进；房体建筑一般为砖石和三合土夯筑，房顶为两面坡、青瓦覆盖。该村代表性民居为老围（又名水围），建于明末，现只剩下古围墙。随着村民生活条件的改善，新建楼房的增多，老村许多传统民居被遗弃荒废，只有少数仍出租给外来务工人员居住。

村内现存兰所麦公祠，始建于清代，占地面积120平方米，现一半被拆毁，一半被封住，已不作宗祠使用。现存麦坚公家塾，始建于清代。

村中存有《麦氏族谱》，由麦氏宗族纂修于明朝末年；有《下屯村居民公约》，下屯居委会制定于2012年。

该村有孟八宫庙，供奉孟公公。过去每年正月十五，村民都备上金猪到庙祭拜，祈求风调雨顺，五谷丰登，人兴财旺。现孟八宫庙已用砖封住，不再使用。

下屯村村民在每年重阳节后第一个星期日上午，先到麦氏大宗祠祭拜，再到碧眼麦氏古墓群祖墓地集合，合水口、薯田埔、马山头、根竹园、碧眼五个社区麦姓人一起祭拜。

添丁的一系列仪式源自明正德年间，村中新添男丁家庭，要按照习俗做三件事情。小孩满月日，用姜醋煮猪脚和蛋送给亲人朋友吃，以示喜庆幸福；第二年正月初八在宗祠开灯（点灯），用大盆菜祭拜祖先，告诉祖先新添男丁的名字；第二年正月初九走标记名字，即当天各家灯头到祠堂集中，手举竹竿，上面挂着红布，一起从上屯文庙跑到下屯孟八宫庙。村民认为，哪家灯头最先到达终点，祖先就最先庇佑哪家新添男丁平安吉祥，节节高升。因此各个灯头都不甘落后，奋勇奔跑，到达终点后，再回到各自祠堂把新添男丁的名字写上族谱，正式成为家族新成员。

要新郎和闹洞房的习俗形成于清朝末年。该村和邻近一带村庄的新郎迎娶新娘时，女家姐妹都要对新郎进行戏弄：在新郎快到家门的路边，扔生果子打新郎；拿着竹竿或竹棍守在大门口，专打新郎和迎亲的人，以此制造欢快气氛。"闹洞房"包括刁难新郎新娘俩人，要新郎当着众人面拳打新娘，嬉戏吵闹，不让新郎新娘睡觉等，要连续闹三个晚上。

2002年，下屯村被评为广东省卫生村。

（资料填报：麦智星；初稿撰写：林卫雄；分纂：冯辉豪）

薯田埔社区

薯田埔村

薯田埔村位置示意图（由于本书版面限制，该地图比例尺已改变）

◎ 薯田埔村村貌（叶东舒 摄于2016年）

薯田埔村，位于公明街道西部，距街道办事处约2千米。相邻自然村有中屯村、下屯村、根竹园村、马山头村。

始建于明代中期，合水口始祖麦南溪次子麦松涧的第六子麦甘泉迁居至此发展繁衍而形成。最初名为德福庄，因种植番薯收成很好，而改称薯田埔。薯田埔曾有过学埔、龙岗墟、和凤岗、上田螺吓、下田螺吓、龟山等10多个名称。

建村至明万历元年（1573年），属东莞县；明万历元年至清朝，属新安县。1914年，属宝安县。中华人民共和国成立之初，属宝安县公明乡；1951年，属宝安县第四区公明乡；1952年，属第七区公明乡；1956年，属公明区公明乡；1958年3月，属公明乡；1958年10月，属光明公社；1959年，属松岗公社；1960年，属公明公社；1979年1月，属深圳市公明公社马田大队；1981年，属深圳市宝安县公明公社马田大队；1983年，属宝安县公明区马田乡；1986年10月，属公明镇薯田埔村；1993年1月，属深圳市宝安区公明镇薯田埔行政村；2004年，属公明街道；2007年，属深圳市光明新区公明街道；2015年，属公明街道薯田埔社区。

世居村民为汉族，广府民系，使用粤方言。村民主要为麦姓。

2015年末，户籍人口1241人，其中男性626人，女性615人；80岁以上51人，最年长者96岁（男）；实际在村人口1131人；常年在城镇生活和打工100人；海外留学10人。非户籍外来人口4万人。祖籍该村的香港同胞250人。祖籍该村的华人华侨3人，居于美国。

传统经济以种植水稻、薯类、豆类为主，兼种蔬菜和养殖猪、鸡、鸭、鹅、鱼等，有小部分村民从事小商品经营。现村集体经营以厂房出租为主。村民主要收入来源为集体经济分红、房屋

◎ 甘泉麦公祠（冯辉豪 摄于2016年）

◎ 马田小学（冯辉豪 摄于2016年）

◎ 村口牌坊（冯辉豪 摄于2016年）

◎ 传统民居（冯辉豪 摄于2016年）

出租、工资性收入等。

松白路、公明西环大道经过该村。1964年通电，1990年通自来水，1993年通电话，2002年通互联网，2004年实现全村村道水泥硬底化。该村有马田小学，设6个年级，30个班，2015年在校学生1560人，教职工89人；有贝贝幼儿园，2015年在园幼儿715人，教职工110人。村内有老人活动中心、足球场、龟山公园、篮球场、羽毛球场、网球场、社区青少年服务中心、社区图书室（藏书1万册）等。

传统民居为广府民居，现存250座。代表性民居建于清代，占地面积120平方米，一天井一正房布局，砖木结构，墙体由三合土夯筑而成。

村内现存甘泉麦公祠，始建于清代，1947年重修，2001年重建。坐南向北，占地面积400平方米，为三开间两进一天井格局。祠堂中间为中堂，中央挂牌匾"德源堂"；船形正脊与垂脊。该公祠曾为私塾，现为未定级不可移动文物。

村口有牌坊，仿罗浮山寺庙牌楼结构，牌坊上刻"薯田埔"。

村里存有《麦氏族谱》，由麦宗麟、麦咨岳编纂于2001年。族规"铁杖公遗训"：唯诚与孝，尔其勉之。家规：敬祖宗，孝父母，友兄弟，睦族党，隆祀典，守坟茔，守礼法，务本业，崇节俭，珍家谱。

该村每年正月十五有游龙庭活动。

村中有"九代穷问佛祖"的神话传说。从前村里有青年名叫九代穷。有一天，九代穷上山砍柴，被山鹰叼走衣衫，镰刀也丢失了，一位老翁帮他找回并指点他去西天问佛祖：为什么自己这么穷？听说九代穷要上西天问佛祖，乡邻们也纷纷让他代问一些问题。经过多次磨难，他终于见到佛祖。九代穷向佛祖咨询了别人的问题，却忘记了自己要问的问题。回来后，九代穷还像往常一样生活。不知不觉中，他慢慢过上了富裕生活，从中得出一个道理：为别人着想为别人办事，其实也是为自己。

该村于2014年8月被评为广东省宜居社区。

代表性人物：

麦庆泉（1949—），出生于日本，曾任深圳罗湖区侨联主席、龙岗区副区长、市侨联主席兼外事办副主任、广东省侨联副主席等，为广东省第八、第九、第十届人大代表。

（资料填报：麦柱华；初稿撰写：林卫雄；分纂：冯辉豪）

玉律社区

玉律村

玉律村位置示意图（由于本书版面限制，该地图比例尺已改变）

◎ 玉律村村貌（叶东舒 摄于2016年）

玉律村，位于公明街道东南部，距街道办事处约8.1千米。相邻自然村有田寮村、长圳村、红星村（公明街道）。地处深圳北部丘陵谷地，境内有大髻婆山、大头角山、乌云顶山、华盖山等山岭，有石岩水库、玉律温泉。

始建于南宋绍定年间（1228—1233年），因莫姓九世祖莫逐安由东莞茶山迁移至此，开辟出最初的村庄玉勒村。明嘉靖二十二年（1543年），曾姓十四世祖曾德贵，从宝安新桥迁移此处居住。清嘉庆《新安县志·卷之二·舆地图》有玉勒村，属福永司管辖村庄。由此推算，由"玉勒"改为"玉律"应是在清嘉庆之后。

宋元至明万历元年（1573年），属东莞县；明万历元年至清朝，属新安县。1914年，属宝安县。中华人民共和国成立之初，属宝安县公明乡；1951年，属宝安县第四区公明乡；1952年，属第七区公明乡；1956年，属公明区公明乡；1958年3月，属公明乡；1958年10月，属光明公社；1959年，属松岗公社；1960年，属公明公社；1979年1月，属深圳市公明公社玉律大队；1981年，属深圳市宝安县公明公社玉律大队；1983年，属宝安县公明区玉塘乡；1986年10月，属公明镇玉律村；1993年1月，属深圳市宝安区公明镇玉律行政村；2004年，属公明街道；2007年，属深圳市光明新区公明街道；2015年，属公明街道玉律社区。

世居村民为汉族，广府民系，使用粤方言。村民主要为曾姓和莫姓。据《莫氏族谱》记载，唐大中年间（847—860年），莫氏祖先从河北巨鹿迁至东莞茶山；南宋绍定年间，九世祖莫逐安从东莞茶山迁至当地。

2015年末，户籍人口919人，其中男性413人，女性506人；80岁以上46人，最年长者98岁（男）。非户籍外来人口约9.7万人。祖籍该村的香港同胞367人、澳门同胞5人。祖籍该村的华人华侨16人，主要分布在美国和澳大利亚。

传统经济以农业为主，主要种植水稻、薯类、花生、荔枝、龙眼等，自然资源有玉律温泉。改革开放后，村里开始招商引资，建设工业区。现村集体经营以厂房出租、物业管理为主。村民主要收入来源为集体经济分红、房屋出租、商业经营、工资性收入等。特色农产品有桂味荔枝、糯米糍荔枝、石硖龙眼、黄皮、象牙芒果、吕宋芒果。特色传统（节庆）食品有烧猪、烧鹅、牛耳朵（炸面食）、大盆菜等。

光侨路、玉昌西路、根玉路经过该村。20世纪70年代通电，90年代通自来水、通电话和实现全村村道水泥硬底化，20世纪末通互联网。有玉律小学、玉律幼儿园、玉律大公园、玉律三四区公园、旧村老人活动中心、新村老人活动中心、玉律广场、玉律图书馆、玉律足球场、篮球场、羽毛球场等。村里建有垃圾收集站，有卫生保洁员每天两次清扫垃圾。

传统民居为广府民居，现存110座，大多建于清代与民国时期。一般为三开间一进，或两开间一进，砖石和三合土夯筑；房顶为两面坡，青瓦覆盖。80年代中期，村民陆续从老屋中搬出，现大部分民居已破败，其中保存完好的主要租给外来务工人员居住。

该村现存为德贵曾公祠，始建于清末，重修于1989年，占地面积215.7平方米。坐西南向东北，三开间两进一天井布局，砖石木结构。前堂两侧有对联"源通沂水；脉接武城"，意指曾姓源流以及关于始祖曾子的掌故，后堂安放祖宗牌位。

在一段较长时间里，莫姓人曾改姓曾，曾、莫同为一家。

现存有曾氏《俊扬公家族族谱》，原稿纂修于民国时期。"文化大革命"期间，曾姓族人担心族谱被毁，由曾氏族人曾继承将此族谱带去了香港。1990年，曾耀天（香港）、曾林福（香港）将其转交到该村曾锦成手中，并由曾锦成续修完善。

村内有玉墟宫，始建于清代，扩建于2015年，供奉北帝。其相关祭祀活动有正月初八的生子标

◎ 德贵曾公祠外观（陈庆 摄于2016年）

◎ 玉墟宫（曾五定 摄于2016年）

◎ 德贵曾公祠封檐板雕花（陈庆 摄于2016年）

◎ 玉律温泉（何煌友 摄于1981年）

香、农历三月初三的北帝诞庆。弘源寺，始建于清嘉庆年间（1796—1820年），被石岩湖温泉度假村收购之后，于1999年改建，供奉释迦牟尼、文殊菩萨、普贤菩萨等，为旅游观光景点。

该村的玉律温泉为明清时期新安八景之一。传说哪吒协助姜太公打败商纣王之后，又协助他安定周朝的天下。一天南巡，哪吒行至宝安上空，见天气炎热，瘴气过重，当地百姓患有多种疮疾，于是从昆仑山摘来百种草药，以风火轮的火力熬汤，倒入今玉律村所在的地界，给大家治病。从此，有了"玉勒汤泉"（玉律温泉）。《深圳市地名志·第六章·文化地名篇·名胜古迹》记载："玉勒汤湖：玉律古称玉勒，汤湖即温泉。玉勒汤湖位于石岩水库附近的玉律村西。清初屈大均在《广东新语》中写道：'新安有汤井，在玉勒村，秋冬常有烟气'。温泉含有硫磺等矿物质，能治疗皮肤病。明万历九年（1581年），广州府海防同知周希尹命砌以石，砌筑汤湖，方便人们沐浴，列为新安八景之一。"

据传，辽东铁岭人李可成在清康熙九年（1670年）从保昌来新安任知县，得知本县有名泉"玉勒汤泉"，很感兴趣。时值初冬，南国乍寒还暖。李可成一行经乌石岩到了玉勒温泉，见到那湖井之水清澈漫溢，碧光粼粼、云烟袅袅、热气腾腾。李可成浴后，撰"新安八景"之"玉勒汤泉"诗一首："泉沸山椒出大津，烟腾云绕石粼粼。探幽何处无眷辇，解愠还须问水滨。宛向浴沂温似玉，仿来修里胜于春。愿将共涤尘氛去，时捧汤盘诵日新"。时至今日汤泉依然喷涌，据勘测每天流量可达680吨，泉眼最高温度达67摄氏度，冬天人们可以露天洗澡。据有关部门检测，玉律温泉泉水富含硫与偏硅酸，还有锂、镁、钙、锰、碘、硼、溴、氟等20多种矿物质和微量元素。

该村现在的温泉池已改造为长4米、宽3米，造型特别的椭圆形泉池，四周有围墙。新池还保存了旧池的几块条石，围墙内增加了两个新池，平时将温泉机房多抽出来的泉水放出来，让村中老少可以在晚上洗温泉澡。1980年，在其后山东南石岩水库边兴建了石岩湖温泉度假村。

每年正月初六，约20名曾姓村民前往番禺小龙村，参与康公诞庆祭祀活动；每年霜降后的第一个星期六，200余名曾姓村民前往新桥象山大龙岗一世祖墓等地祭祀。

该村曾有生子标香的习俗，形成于明代。村民添男丁后，于次年正月初八到北帝庙焚香点烛，将茶酒供果等摆在桌上供奉。焚香后，点亮灯笼挂在庙堂前，并设大盆菜宴，恭请亲朋，常通宵达旦。旧时，有钱人家抢着标头香。标头香须演添丁戏，即请粤剧大戏班子在庙前演大戏，以祝添丁，祈求多生男孩。此习俗在中华人民共和国成立后逐渐淡化，至今已消失。

舞麒麟形成于清末。最初从沙井传来，队员少则二三十人，多则五六十人。新春佳节、乔迁等重大喜庆，都会舞麒麟助兴。演出时，队员身着队服，手执刀、矛、棍、剑、叉等武术道具，踩着锣鼓点舞动麒麟。"玉学麒麟、律法至上"口号，是他们在练习和表演过程中，对锣鼓、唢呐、表情、动作的整体要求。该村舞麒麟被誉为深圳少有的传统艺术表演项目，被列入区级非物质文化遗产名录。

醒狮形成于清末，与舞麒麟一道从沙井传来。醒狮在"文化大革命"期间曾中断，1986年重组后又再次沉寂。至20世纪90年代重新组建醒狮队，队员有38人，以套路表演和高桩表演为主，配合武术表演。玉律醒狮属于中国狮舞中的南狮，刚柔并济。每逢节庆或有重大活动，必有醒狮助兴，增加欢乐祥和的气氛。玉律小学开设了武术兴趣班，醒狮队走进学校，每周给兴趣班的孩子培训两次。

玉律村还有大髻婆山的传说。远古时候，村内有一对年轻人，男的叫阿山，女的名思君，两人青梅竹马，常被人夸作天造地设的一对。后来二人结成了如意眷属。不想天有不测风云，阿山被官府强征从军，从此杳无音信。思君每天都爬到村庄背后高高的山上，向着远方眺望。等啊等，盼啊盼，一晃数十年过去了，还是没有看到阿山的影子。为了寄托自己的情思，每过去一年，思君就在自己的发髻上面插入一枚铜簪。当头上的铜簪插到44枚，思君已有61岁，变成了一个大髻婆，在山顶上面忧郁而死。村民将这座山取名为大髻婆山，将山中的一个大岩洞称为阿髻婆洞。

1925年5月，建立福永（含玉律）中国共产党党小组。

中华人民共和国成立初期，该村成立"星星"农业合作社，成为广东省第一个示范点。1954年，"星星社"的成功经验向全省乃至全国推广。

1976年，约300名村民分别从蛇口、皇岗、沙尾、梧桐山等地出走香港，在整个公明公社出走人数最多，其中2人遇难。

代表性人物：

曾灿辉（1918—1942），烈士，1942年6月参加抗日游击队，同年冬在福永三围战斗中牺牲。

曾兆明（1923—1943），曾用名曾太爷，烈士，1941年8月参加抗日游击队，1943年11月在新桥收税时被捕，后于石岩就义。

（资料填报：曾旺发；初稿撰写：曾五定；分纂：陈庆）

公明街道 长圳社区 长圳村

长圳社区

长圳村

长圳村位置示意图（由于本书版面限制，该地图比例尺已改变）

◎ 长圳村村貌（叶东舒 摄于2016年）

长圳村，位于公明街道东南部，距街道办事处约8千米。相邻自然村有玉律村、田寮村、甲子塘村、公明街道红星村、光明街道红坳村。村旁有大雁山、大坑山、白鸡岽山等，最高海拔250米。村旁有红坳水库，村西有洋涌河（公明段俗称茅洲河）。

始建于明崇祯年间（1628—1644年），因曾姓十九世祖曾景楼从宝安新桥下西村迁居当地而形成。立村之时，后面的山上有长丰庵，由于香火旺盛形成一个颇有名气的墟镇，叫长镇墟。后来随着胜景不再，墟镇消失。因村旁有茅洲河，"镇"又与"圳"谐音，遂改称为长圳村。

明清时期，属新安县。1914年，属宝安县。中华人民共和国成立之初，属宝安县玉塘乡；1951年，属宝安县第四区玉塘乡；1952年，属第七区玉塘乡；1956年，属东周乡；1958年3月，属公明乡；1958年3月，属公明乡；1958年10月，属光明公社；1959年，属松岗公社；1960年，属公明公社；1979年1月，属深圳市公明公社长圳大队；1981年，属深圳市宝安县公明公社长圳大队；1983年，属宝安县公明区玉塘乡；1986年10月，属公明镇长圳村；1993年1月，属深圳市宝安区公明镇长圳行政村；2004年，属公明街道；2007年，属深圳市光明新区公明街道；2015年，属公明街道长圳社区。

世居村民为汉族，广府民系，使用粤方言。村民主要有曾姓、陈姓。1912年，陈姓先祖从新安沙井茭塘迁移至当地。

2015年末，户籍人口702人，其中男性382人，女性320人；80岁以上28人，最年长者95岁（男）。非户籍外来人口6万人。祖籍该村的香港同胞18人。

◎ 村口牌坊（陈庆 摄于2016年）

◎ 长圳小学旧址（陈庆 摄于2016年）

◎ 传统民居（陈庆 摄于2016年）

◎ 二创公祠（陈庆 摄于2016年）

传统经济以农业为主，主要种植水稻、薯类、花生、荔枝、龙眼等。改革开放后引进"三来一补""三资"企业。现村集体经营水厂、少量商业、厂房出租和物业管理。村民主要收入来源为集体经济分红、房屋出租、商业经营、工资性收入等。特色农产品有桂味荔枝、沙梨等。特色传统（节庆）食品有炒米饼、煎饼、糖不甩、油角仔、煎堆等。

松白路、长凤路、东长路经过该村。20世纪70年代通电，90年代通自来水、通电话和实现全村村道水泥硬底化，20世纪末通互联网。村里有长圳小学，共6个年级26个班，2015年在校学生1339人，教职工73人；有长圳幼儿园，2015年在园幼儿495人，教职工52人；有篮球场、网球场、羽毛球场、长圳公园、长圳老人活动中心、长圳图书馆（藏书1.1万册）等。

传统民居为广府民居，大多建于清代和民国时期，现大部分民居已破败，其中保存较好的主要出租给外来务工人员居住。

村里现存二创公（三多堂）曾姓祠堂，建于清代，占地面积400平方米，因年久失修现已破败，闲置不用。

每年正月初六，组织村民20人左右前往番禺小龙村，参与康公诞辰庆典；每年霜降后的第一个星期六，组织200余人前往新桥象山大龙岗，祭拜一世祖曾仕贵等先祖。

村中曾有长丰庵，始建于明万历四十四年（1616年）。传说村民最初选择在一个叫高椅仔的地方动土建庙，正要奠基之时，忽然看到村背后山上的岩洞冒出青烟，于是村民改在此处修建。明崇祯六年（1633年），知县邬文明扩建长丰庵的文昌阁、佛阁，完善长丰庵中的八景，即石洞禅宫、云梯天阁、石榻风云、松台月照、仙人真迹、先朝遗刹、普渡仙航和菖莆石涧，也因此奠定了长圳墟在新安、东莞地区的繁荣鼎盛。传说长丰庵里常年点灯，被村民称为智慧之灯。长丰庵已于1958年拆除，现只有少数村民于正月十五、农历三月初三、七月初七等几天上山祭拜。旧时，村民于每年农历二月十九的观音生诞以及其他月份的十九诵经；于正月十五、八月十五、腊月十五结缘；于三月初三、七月初七进行祈愿求福、菩萨过供等。

长圳村原有菩萨过供习俗。正月初一这天，村民敲锣打鼓去长丰庵里把菩萨接到该村祠堂，供大家祭拜，祈求新的一年风调雨顺，大富大贵。然后再把菩萨抬起，由60岁以上的老者扶着，去每家每户游走，接受斋供，赐给吉祥。1949年后这项活动基本消失。

舞麒麟形成于1949年。此前该村有舞凤麟的习俗，其凤冠比后来的麒麟头要大，舞动起来吃力又不好看。1949年开始变成流行的舞麒麟。该村的麒麟为黑颈麒麟，非常凶猛，能打善斗，对技艺的要求极高。先时各种节庆活动都会舞麒麟，场面十分火爆活跃，后由于后备力量不足，目前仅用于迎娶新娘和欢送新兵入伍。

代表性人物：

曾宝有（1915—1949），革命烈士，1949年3月参加武工队，担任粤赣湘边纵情报站站长，同年7月7日在麻布村被捕就义。

曾东（1915—1948），革命烈士，惠东宝人民护乡团三团情报员，1948年6月突围时牺牲。

（资料填报：曾家进；初稿撰写：陈庆；分纂：曾五定）

李松蓢社区

李松蓢村

李松蓢村位置示意图（由于本书版面限制，该地图比例尺已改变）

◎ 李松蓢村村貌（叶东舒 摄于2016年）

李松蓢村，位于公明街道西北部，距街道办事处2千米。相邻自然村有西田村、下村、松岗街道罗田村。地处深圳北部丘陵地带，附近有象山，海拔约100米，其余为小山丘。村内有龟坑水库。村南面有洋涌河（公明段俗称茅洲河）流过。

始建于明正统元年（1436年），由梁实斋第十一代孙梁元琮及其四个儿子梁清佑、梁清柞、梁清真、梁清泰从东莞县常平镇板石村到此拓荒开基而形成。因建村时村后群山层叠，小山长满青松，山脚种有许多李子树，山前则是大片长满荒草的低蓢地，所以初时叫松李蓢村，后来改称李松蓢村。

建村至明万历元年（1573年），属东莞县；明万历元年至清朝，属新安县。1914年，属宝安县。中华人民共和国成立之初，属宝安县玉塘乡；1951年，属宝安县第四区玉塘乡；1956年，属东周乡；1958年3月，属公明乡；1958年10月，属光明公社；1959年，属松岗公社玉律大队；1960年，属公明公社；1979年1月，属深圳市公明公社下村大队；1981年，属深圳市宝安县公明公社下村大队；1983年，属宝安县公明区下村乡；1986年10月，属公明镇李松蓢村；1993年1月，属深圳市宝安区公明镇李松蓢行政村；2004年，属公明街道；2007年，属深圳市光明新区公明街道；2015年，属公明街道李松蓢社区。

世居村民为汉族，广府民系，使用粤方言。村民主要有梁姓、何姓、叶姓。梁姓先祖于南宋绍兴三年（1133年）从中原迁移至广东南雄珠玑巷，后迁至东莞常平板石村，又于明正统元年迁移至当地。何姓和叶姓于1939年从顺德迁到当地。

2015年末，户籍人口1082人，其中男性513人，女性569人；80岁以上98人，最年长者97岁

（男）；实际在村人口985人；常年在城镇生活和打工96人；海外留学1人。非户籍外来人口5.1万人。祖籍该村的香港同胞100人。祖籍该村的华人华侨5人，居住在美国。

传统经济以农业为主，种植水稻、花生、薯类、豆类、荔枝等，养殖鸡、鹅、鸭、鱼、猪、牛等。改革开放后开始招商引资，建设工业区。现时经营以集体厂房出租和物业管理为主。村民主要收入来源为集体经济分红、房屋出租、商业经营、工资性收入等。特色农产品有桂味荔枝、石硖龙眼、沙葛等；特色传统（节庆）食品有年糕、谷围、煎堆等。特色工艺品有谷箩、泥箕，现已失传。

龙大高速S31线、河堤路、屋园路经过该村。1964年通电，1989年实现全村村道水泥硬底化，1990年通自来水，1993年通电话，20世纪90年代末通互联网。村里有李松蓢小学，共6个年级，18个班，2015年在校学生906人，教职工53人；有凯奇幼儿园，2015年在园幼儿625人，教职工70人；还有篮球场、文化公园、星光老人之家、社区图书馆（藏书3万册）等。

传统民居为广府民居，现存160座。较古老的有李松蓢东区34号民居，建于清代，占地面积50平方米，砖木结构，一天井一正房布局，正房为前厅，后房设有阁楼。

村里现存梁氏宗祠和梁氏焕贤家祠。

梁氏宗祠，始建于明代，重修于1998年，占地面积约650平方米；为三开间三进两天井四廊门组成，砖木结构，前低后高，前堂正中辟门，中堂后部有屏门，后堂明间有神龛，供奉牌位。宗祠大门有对联"原分板石；派衍松溪"，内有匾额"崇桂堂"；宗祠内有对联"安晋高尚承俎豆；定开基淡作蒸尝"，"松江岐山罗衍群峰皆献瑞；蓢水源流世代万派尽朝宗"（屏风联），"承先启后祖德永不朽；源远流长世代出英贤"（宗祠神龛对联），"崇宗敬祖儿孙孝；桂树开花福寿添"（崇桂堂联）。是未定级不可移动文物。

梁氏焕贤家祠，始建于明代中期，1998年重修，占地面积100平方米，为三开间两进一天井布局，砖木结构。

村内有李松蓢古井，始建于明末，重修于1983年，砖石结构，井口平面近似四方形。

◎ 梁氏宗祠（梁荣高 摄于2018年）

◎ 传统民居（冯辉豪 摄于2016年）

现存怀榕公家塾和茂兰堂书室，均建于清代。还有陈东澜古墓，为元山村陈氏祖先之墓，始建于明代，为区级文物保护单位。

该村于明成化二十二年（1486年）曾开设有一个邮铺，坐北向南，占地面积约60平方米，位于梁氏宗祠西侧。该村还有一条古驿道，是李松蓢村至东莞县城传递邮件、信件的重要途径。李松蓢古驿道沿燕川、土田、东莞赤岗，通至东莞县城，现古驿道路段已不复存在。

村中有族谱《李松蓢谱志》，由梁励书主编，梁淦林副主编，于2004年纂修。20世纪80年代，该村还制定有村规民约。

村中原有洪圣庙，始建于明朝中期。洪圣庙内除了供奉南海广利洪圣大王外，还供奉开耕教主神农帝、五显灵官华光大帝、北方真武大帝（北帝）、玄天上帝、大慈大悲观世音菩萨、护国庇民忠义仁勇关圣帝君、天后元君、正玄坛赵公元帅、都天致富财帛星君、功名利禄文昌星君、医灵大帝、金花普主、惠福夫人等。过去，村民一般在春节、元宵、清明、重阳等节日到庙里拜祭，其中正月十五元宵节的祭拜最为隆重，有抬菩萨过供、游龙庭等活动，由族中年岁较高的长者主持祭典，选青壮年抬龙庭。先要在神案前点烧香烛，所用的供品有金猪（烧猪）、鸡、酒、饼、水果、糕点等。祭典仪式开始，首先吹唢呐奏乐，鸣锣敲鼓。奏乐过后，主祭人穿上长衫，率领众人上香、下跪、叩首。然后宣读祭文，祈祷全村在新的一年中风调雨顺，平安发财，添福添丁。祭拜过后便请菩萨上龙庭，再把龙庭抬到村中祠堂去过供，最后抬回庙中安座。1952年，该庙被取缔。

族人集体到祠堂祭祀，是李松蓢村敬宗念祖最为隆重的仪式，经常为集体大祭。过去一般是春节祭祖，遇有子孙考中科举，或晋升官爵，也可开祠特祭。祭祀时，全族成年男子都要参加，即使外出读书、谋生，或散居村外的

◎ 石狗公像（陈瑛、麦敏 摄于2015年）

◎ 邮铺旧址（冯辉豪 摄于2016年）

族人，每年或隔一两年，回村参祭一次。每次祭前，均要清扫宗祠，张灯结彩，贴上对联，并按祭规备好各式祭品。祭祀时，按辈分依次行跪拜礼。

家祀即家庭祭祀，过去，很多梁家正厅都设置神龛，或用大红纸写上各种神佛的名号，或挂上神佛的彩印画像，前面放置一个香炉，农历每月初一、十五和逢年过节，焚香侍奉。家祀中，供奉最为普遍的是大慈大悲观世音菩萨，福、禄、寿星君，关圣帝。厨房敬祀灶神，大门口供奉门官，居家神桌台下面则有自家住居土地公。

过去有舞狮（醒狮）习俗。流行于20世纪60—80年代。村民结婚前一天开厨，请家族人集中吃饭，并拜祖宗；第二天早上去接新娘，舞狮队先行，迎亲队跟随入村口。现已不再开展。

村里还有拜石狗公习俗。石狗公像造型奇特，其边上摆放着十二生肖和各路神仙的小塑像。村民农历每月初一、十五都去上香祭拜，祈求小孩聪明，家人平安。村里还流传着关于石狗公的传说：从前，只要用布在石狗公身上擦一擦，再给小孩擦身，小孩就不会得天花。

清咸丰十年（1860年），村民响应保家护国的号召，组织人员抵制英军侵略，他们在虎门、珠江口岸结盟阻击英军登陆，体现出村民的爱国主义精神。

自明朝始祖迁至此地拓荒开村至清光绪三十三年（1907年）的400多年间，该村出了34名秀才；民国时期，村中出了5名大学生。

代表性人物：

梁汝林（1920—1946），革命烈士，1939年参加东宝人民抗日游击队，抗战胜利后，留在部队继续坚持游击战，任东莞犀牛陂税站税收员，1946年2月在东莞被国民党抓捕，在狱中牺牲。

梁继成（1933—），1950年考入中山大学工学院建筑系本科，未满一年，即于1951年加入中国人民志愿军，参加抗美援朝作战，曾立三等功两次，获军功章两枚，回国后在沈阳军区空军部队工作；1963年转业到广州市供销合作总社，曾任该社职工教育处处长，获"1992年度全国语言文字先进工作者"称号。

（资料填报：梁荣高；初稿撰写：林卫雄；分纂：冯辉豪）

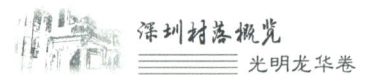

塘家社区

张屋村

张屋村位置示意图（由于本书版面限制，该地图比例尺已改变）

◎ 张屋村村貌（叶东舒 摄于2016年）

张屋村，位于公明街道东部，距街道办事处约10.1千米。相邻自然村有曾屋村、甲子塘村、东坑村、光明街道红坳村。

张姓先祖于明洪武年间（1368—1398年）从东莞篁村迁至今公明元山村。刚到那里时，鸡不鸣，狗不叫，先人们认为不宜居住，于是又迁移至此地。因是张姓人开基立围，故名张屋村。

建村至明万历元年（1573年），属东莞县；明万历元年至清朝，属新安县。1914年，属宝安县。中华人民共和国成立之初，属宝安县公明乡；1951年，属第四区东周乡；1952年，属第七区东周乡；1956年，属东周乡；1958年3月，属公明乡；1958年10月，属光明公社；1959年，属松岗公社塘家大队；1960年，属公明公社；1979年1月，属深圳市公明公社塘家大队；1981年，属深圳市宝安县公明公社塘家大队；1983年，属宝安县公明区玉塘乡；1986年10月，属公明镇塘家村；1993年1月，属深圳市宝安区公明镇塘家行政村；2004年，属公明街道；2007年，属深圳市光明新区公明街道；2015年，属公明街道塘家社区。

世居村民为汉族，广府民系，使用粤方言。村民主要有张姓、黄姓、陈姓等。张姓先祖北宋从福建福清迁移至广东东莞篁村；明洪武年间（1368—1398年），从东莞篁村迁移至公明元山村，后迁至当地。黄姓先祖于南宋祥兴二年（1279年）从南雄迁移至惠阳水东，后又自惠阳水东迁东莞市桥，再迁今西乡黄田；明嘉靖二十七年（1548年）从西乡黄田迁至今公明东坑；1932年，从公明东坑迁至当地。陈姓先祖于南宋绍兴年间（1131—1162年）从江西赣州石城迁至广东东莞七都塘派村；南宋宝祐三年（1255年）从塘派村迁至水贝，后分迁至元山村；1951年从元山

◎ 村中一角（陈庆 摄于2016年）

◎ 传统民居（陈庆 摄于2016年）

村迁至此地。

2015年末，户籍人口270人，其中男性138人，女性132人；80岁以上5人，最年长者94岁（女）。非户籍外来人口约2万人。祖籍该村的香港同胞20人。

传统经济主要种植水稻、薯类、花生、豆类等。改革开放后引进"三来一补""三资"企业，主要生产电子产品、服装、五金、手袋等劳动密集型产品。现村集体经营厂房出租、物业管理和经营少量的工业、商业产品。村民主要收入来源为商业经营、工资性收入、集体经济分红、房屋出租等。特色农产品有桂味荔枝、糯米糍荔枝、石硖龙眼。特色传统（节庆）食品有松糕、茶果、糖不甩等。

龙大高速S31线、塘家北路经过该村。20世纪70年代通电，90年代通自来水、通电话和实现全村村道水泥硬底化，20世纪末通互联网。该村与曾屋村共用文体设施。

传统民居为广府民居，现存12座，大多建于清末、民国时期。80年代中期，村民陆续从传统民居中迁出，其中少数保存较好的租给外来务工人员居住。

村中原有张氏宗祠，由于年久失修，宗祠已经倒塌，只剩下一个约200平方米的地基。该村与曾屋村共用芝兰书室（位于曾屋村）。

每年清明节、重阳节，陈姓族人前往宝园墓地祭祖。

过去，每年农历八月十五之前，村里会派出青壮年前往松岗，用公鸡车接来粤剧戏班子，搭上精心布置的戏棚，连续演戏四夜，夜夜要演通宵，直至第二天早上6点收场。该活动被称为"神工艺戏"。到了农历八月十五中秋之夜，村民在月亮出来时摆出月饼、瓜果等食品，全家团聚赏月。"神工艺戏"于1949年后取消，中秋夜全家团聚赏月却是越发隆重了。

哭嫁习俗形成于清代。出嫁女要哭自己、哭父母、哭姐妹、哭哥嫂等，表现一种难舍难分的感恩之情。中华人民共和国成立后，提倡移风易俗，出嫁女不再唱哭嫁歌了。现今村里的妇女闲暇时会唱起昔日的出嫁歌，作为一种文化娱乐。

哭丧习俗形成于明清时期，又叫唱"老人歌"，道士做法事时所唱。为让逝去的老人得到安息，庇佑儿孙亲人；同时用唱腔冲淡悲哀的气氛，让亲人节哀顺变。1949年后，"哭丧"延续一段时间后就慢慢淡化了。

张姓先人从中原一路迁徙而来，流传下一些传说与掌故。张姓先祖每次迁村时，都用两个箩筐挑着两个水罐，水罐在哪里炸裂，就在哪里建屋定居。

2002年5月29日，张屋村所属的塘家社区（含曾屋村、张屋村），被深圳市人民政府批准设立公明镇同富裕工业园，用地面积97万平方米，30个欠发达村受益。

（资料填报：曾伟强；初稿撰写：曾五定；分纂：陈庆）

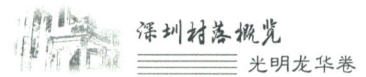

曾屋村

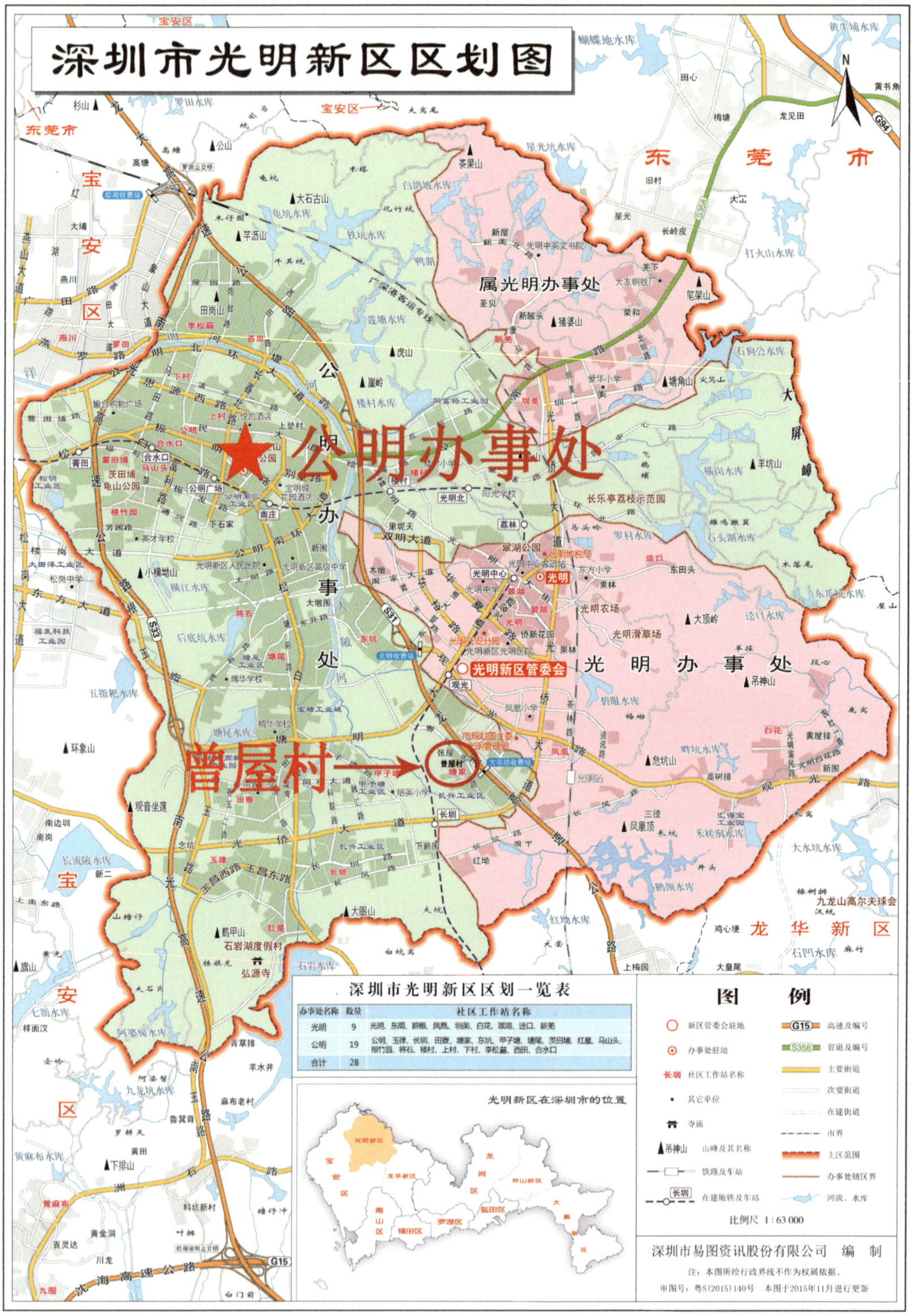

曾屋村位置示意图（由于本书版面限制，该地图比例尺已改变）

◎ 曾屋村村貌（叶东舒 摄于2016年）

曾屋村，位于公明街道东南部，距街道办事处约10.1千米。相邻自然村有甲子塘村、张屋村、光明街道红坳村。

始建于南宋隆兴元年（1163年），由唐姓先祖唐黎炳从紫金迁居到此开村。明万历年间，曾姓先人先后分四支从沙井新桥迁入。清康熙二年（1663年），蔡姓从松岗沙浦迁入。民国时期，由于战乱，村落周围其他的围子被炸毁，黄、陈等姓又一同进入建围，形成当下格局。该村曾名为唐家村，后来因曾姓人居多，改称曾屋村。

宋元至明万历元年（1573年），属东莞县；明万历元年至清朝，属新安县。1914年，属宝安县。中华人民共和国成立之初，属宝安县公明乡；1951年，属宝安县第四区东周乡；1952年，属第七区东周乡；1956年，属东周乡；1958年3月，属公明乡；1958年10月，属光明公社；1959年，属松岗公社塘家大队；1960年，属公明公社；1979年1月，属深圳市公明公社塘家大队；1981年，属深圳市宝安县公明公社塘家大队；1983年，属宝安县公明区玉塘乡；1986年10月，属公明镇塘家村；1993年1月，属深圳市宝安区公明镇塘家行政村；2004年，属公明街道；2007年，属深圳市光明新区公明街道；2015年，属公明街道塘家社区。

世居村民为汉族，广府民系，使用粤方言。村民主要有曾姓、叶姓、唐姓、蔡姓。

2015年末，户籍人口390人，其中男性176人，女性214人；80岁以上5人，最年长者90岁（女）。非户籍外来人口1.5万人。祖籍该村的香港同胞46人。祖籍该村的华侨1人，居住于加拿大。

传统经济以农业为主，主要种植水稻、薯类、花生等。水稻分为早、晚两季，早稻在清明前

◎ 镇廷曾公祠（苏锷嘉 摄于2019年）

◎ 芝兰书室（陈庆 摄于2016年）

◎ 古榕树（陈庆 摄于2016年）

后插秧，小暑、大暑时节收割；晚稻在大暑后、立秋前插秧，霜降后收割。改革开放后，引进"三来一补""三资"企业，开始工业化进程。现村集体经营厂房出租、物业管理和经营少量工业、商业产品。村民主要收入来源为集体经济分红、房屋出租、商业经营、工资性收入、金融投资等。特色农产品有石硖龙眼、桂味荔枝、糯米糍荔枝。特色传统（节庆）食品有年糕、姜醋、煎堆、糖不甩等。村内有6棵树龄皆在120年以上的国家三级古树，分别是笔管榕1棵，榕树5棵。其中3棵榕树，村民说它们的实际树龄在400年以上，1949年以前它们各抱着一棵老荔枝树，后来老荔枝树被它们"吃"掉，于是村民称它们为"会吃树的树"。笔管榕，别名"假香樟"，一年落叶四次，长叶四次，更替很快，传说它原来也抱着一棵四季生香的香樟树，后来香樟树也被它"吃"掉。

龙大高速S31线、塘家北路、塘兴路经过该村。20世纪70年代通电，90年代通自来水、通电话和实现全村村道水泥硬底化，20世纪末通互联网。该村有青苹果幼儿园，2015年在园幼儿270人，教职工43人；金色童年幼儿园，2015年在园幼儿200人，教职工20人。有塘家社区图书馆（藏书1万册）、篮球场、塘家公园、塘家社区老年活动中心、老年文体活动室等。这些文体设施与张屋村共用。

传统民居为广府民居，现存约90座，大多建于清末至民国时期。80年代中期，村民陆续从传统民居中搬出，部分保存较好的租给外来务工人员居住。

村中现存镇廷曾公祠、冠元蔡公祠，皆建于清代，占地面积200平方米，均为三开间两进一天井，清水砖墙。另老村西南角有碉楼，建于民国时期，原高五层，因为破旧，拆除三层后剩下两层。还有保存完好的芝兰书室，始建于清光绪十七年（1891年），重修于2009年。

曾姓族人的传统活动很多。每年正月初六，组织10人左右前往番禺小龙村，参加康公诞辰庆典；每年霜降过后的第一个星期六，组织几十人前往新桥象山大龙岗墓群祭奠祖先；清明节、重阳节，前往宝园墓地祭祖。

代表性人物：

曾少洪（1919—），1941年参加广东人民抗日游击队，参加了抗日战争和解放战争；2007年10月，被中共深圳市委授予"共产党员纪念勋章"。

（资料填报：曾伟强；初稿撰写：曾五定；分纂：陈庆）

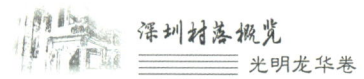

马山头社区

马山头村

马山头村位置示意图（由于本书版面限制，该地图比例尺已改变）

◎ 马山头村村貌（叶东舒 摄于2016年）

马山头村，位于公明街道西部，距街道办事处约2.5千米。相邻自然村有上石家村、根竹园村、薯田埔村、下屯村。村外有龟山（海拔30米），有横坑水库、马头坑水库。

始建于明万历三十六年（1608年），由麦氏十三世祖麦清泉从薯田埔迁居此地而形成。立村之时，村后有一小山头，村东也有一小山头，两山头连起来看像一匹骏马向村中飞奔而来，而村落刚好位于"马头"位置，故名马山头。

明清时期，属新安县。1914年，属宝安县。中华人民共和国成立之初，属宝安县公明乡；1951年，属宝安县第四区公明乡；1952年，属第七区公明乡；1956年，属公明区公明乡；1958年3月，属公明乡；1958年10月，属光明公社；1959年，属松岗公社；1960年，属公明公社；1979年1月，属深圳市公明公社马田大队；1981年，属深圳市宝安县公明公社马田大队；1983年，属宝安县公明区马田乡；1986年10月，属公明镇马山头村；1993年1月，属深圳市宝安区公明镇马山头行政村；2004年，属公明街道；2007年，属深圳市光明新区公明街道；2015年，属公明街道马山头社区。

世居村民均为汉族，广府民系，使用粤方言。村民主要为麦姓。麦氏源流及迁徙史见田寮社区田寮村。

2015年末，户籍人口670人，其中男性335人，女性335人；80岁以上32人，最年长者102岁

（女）；实际在村人口500人；常年在城镇生活和打工170人。非户籍外来人口3万人。祖籍该村的香港同胞300人。祖籍该村的华侨1人，定居于越南。归侨1人。

传统经济为农业，主要种植水稻、甘蔗、花生、番薯等，兼种植果树，养畜禽等。现村集体主要经营工业厂房、宿舍配套出租，村民有私人房屋出租，部分外出打工。村民主要收入来源为房屋出租、工资性收入、集体经济分红等。特色农产品有桂味荔枝、石硖龙眼等。特色传统（节庆）食品有粽子、糖环等。

富利南路、马山头路经过该村。1988年通电，1992年通自来水，1993年通电话，1996年通互联网和实现全村村道水泥硬底化。村内有华星幼儿园，2015年在园幼儿400人，教职工50人；另有篮球场、健身路径、星光老人之家、社区图书馆（藏书2万册）等。

现存广府民居218座。代表性民居为马山头路61号住宅，建于民国时期，占地面积120平方米。老村内旧民居一般为一天井一正房布局。

◎ 清泉麦公祠（冯辉豪 摄于2016年）

◎《麦氏族谱志》（冯辉豪 摄于2016年）

该村现存清泉麦公祠，始建于清代，重修于1948年和2000年，占地面积180平方米。该祠为三开间两进一天井布局，青砖青瓦，红柱雕檐；祠堂大门口有对联"始兴启瑞；宿国流芳"；内有匾额"明泽堂"。清泉麦公祠曾经作为村内学堂。

村中存有《麦氏族谱志》，由麦氏族人纂修于明朝末年。

1962年5月，马山头村村民30人同时出走香港。从此持续不断，改革开放前三年最为严重。1979年，出走到香港的村民有200人之多，村中青壮年劳动力严重缺失，许多家庭只剩下老人和小孩。

该村所属马山头社区2010年被评为广东省"六好"平安和谐社区。

代表性人物：

麦启华（1925—），1942年参加广东人民抗日游击总队，投身抗日，解放战争时期任营长；1972—1974年，受中央派遣到巴基斯坦援助当地建设糖厂，担任专家组组长。

麦启麟（1927—），1942年参加广东人民抗日游击总队。中华人民共和国成立后曾任广州市白云区卫生局副局长。

（资料填报：麦胜波；初稿撰写：林卫雄；分纂：冯辉豪）

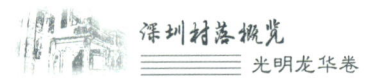

根竹园社区

根竹园村

根竹园村位置示意图（由于本书版面限制，该地图比例尺已改变）

◎ 根竹园村村貌（叶东舒 摄于2016年）

根竹园村，位于公明街道东南部，距街道办事处约3千米。相邻自然村有马山头村、薯田埔村。

始建于明朝。据说，早期根竹园为李姓村民居住的村庄，后合水口麦姓二房夫人带其二子麦超元迁移至此。麦姓迁入后发展很快，李姓逐步迁走，此村就成为以麦姓为主的村庄。当时麦超元为改善环境，在村前屋后广种竹子。自此，村中竹林茂盛，遂取名根竹园。

建村至明万历元年（1573年），属东莞县；明万历元年至清朝，属新安县。1914年，属宝安县。中华人民共和国成立之初，属宝安县公明乡；1951年，属宝安县第四区公明乡；1952年，属第七区公明乡；1956年，属公明区公明乡；1958年3月，属公明乡；1958年10月，属光明公社；1959年，属松岗公社；1960年，属公明公社；1979年1月，属深圳市松岗区公明公社马田大队；1981年，属深圳市宝安县公明公社马田大队；1983年，属宝安县公明区马田乡；1986年10月，属公明镇根竹园村；1993年1月，属深圳市宝安区公明镇根竹园行政村；2004年，属公明街道；2007年，属深圳市光明新区公明街道；2015年，属公明街道根竹园社区。

世居村民为汉族，广府民系，使用粤方言。村民主要为麦姓，均为合水口麦氏的后代。

2015年末，户籍人口191人，其中男性81人，女性110人；80岁以上2人，最年长者80岁（男）；实际在村人口171人；常年在城镇生活和打工20人。非户籍外来人口1.5万人。祖籍该村的香港同胞30人。

传统经济以种植业为主，以养殖畜禽及养鱼为辅，少数村民从事商业经营。主要种植水稻、

◎ 根竹园花园（冯辉豪 摄于2016年）

◎ 根竹园食堂旧址（冯辉豪 摄于2016年）

◎ 传统民居（冯辉豪 摄于2016年）

甘蔗、花生、番薯、豆角、土豆及蔬菜等，养殖鸡、鸭、鹅、鱼等。现村集体以工业厂房出租为主，兼有少量商业经营，部分村民外出打工。村民主要收入来源为房屋出租、集体经济分红、工资性收入、商业经营等。

特色传统（节庆）食品有春节年糕、端午节粽子。

公明西环大道、马园路、芳园路经过该村。1964年通电，1988年通自来水，1993年通电话，1996年通互联网，2001年实现全村村道水泥硬底化。该村有金宝宝幼儿园，2015年在园幼儿350人，教职工54人；另有社区篮球场、社区公园、社区图书馆（藏书5000册）等。

传统民居为广府民居，现存20座。马园路7号民居，建于清代，占地面积70平方米，为一天井一正房布局，屋顶覆青瓦。

在根竹园旧村有一栋刻着红星的根竹园食堂，这是人民公社时期留下来的老建筑。1959年，马田大队建起了根竹园大食堂。当时整个马田大队的人都在一个食堂吃饭，所需粮食、肉、菜等都是各生产队自己生产的。老食堂如今已成危房。

每年重阳节前后该村麦氏村民到光明碧眼麦氏大宗祠拜祭祖先，奉上金猪、水果等，点燃香烛、放鞭炮。

添男丁的人家必须于次年的正月初四在祠堂开灯，备办三牲（鸡、鱼、肉）、果、饼等供品祭拜祖宗，由祠堂里的"礼生"告知祖先谁家添丁，并报上男丁家长姓名和男丁姓名及出生日期。男丁家人从初四开始，每天上午到祠堂上香、添油，一直到元宵节。这段时间，香、灯不能熄。到元宵节那天，把彩灯挂在祠堂的副梁上，称作"挂灯"，男丁自此入族谱。

1977年，根竹园生产队有10多人出走香港，当时村中青壮年劳动力锐减，全生产队只剩下15个劳动力，原来的两个生产队也因此合并为一个生产队。

2011年，根竹园村组建醒狮队。

（资料填报：麦柱滨；初稿撰写：林卫雄；分纂：冯辉豪）

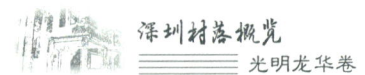

东坑社区

东坑村

东坑村位置示意图（由于本书版面限制，该地图比例尺已改变）

◎ 东坑村村貌（叶东舒 摄于2016年）

东坑村，位于公明街道东南部，距街道办事处约5千米。相邻自然村有甲子塘村、塘尾村、张屋村、新围村（将石社区）、大围村、光明街道木墩村。洋涌河（公明段俗称茅洲河）流经村西。

始建于明嘉靖二十五年（1546年），由钟氏太祖打铁匠从东莞寮步移居此地繁衍生息而形成。因村落周围地形都是小山包，从高处望去有一个个小坑，且地处洋涌河东岸，故取名东坑。

建村至明万历元年（1573年），属东莞县；明万历元年至清朝，属新安县。1914年，属宝安县。中华人民共和国成立之初，属宝安县公明乡；1951年，属宝安县第四区东周乡；1952年，属第七区东周乡；1956年，属公明区东周乡；1958年3月，属公明乡；1958年10月，属光明公社；1959年，属松岗公社；1960年，属公明公社；1979年1月，属深圳市公明公社东坑大队；1981年，属深圳市宝安县公明公社东坑大队；1983年，属宝安县公明区东塘乡；1986年10月，属公明镇东坑村；1993年1月，属深圳市宝安区公明镇东坑行政村；2004年，属公明街道；2007年，属深圳市光明新区公明街道；2015年，属公明街道东坑社区。

世居村民为汉族，广府民系，使用粤方言。村民主要有钟、黄两姓。据《钟氏族谱》记载，钟氏先祖于南宋末年从韶关南雄迁移至广州萝岗，后从广州萝岗迁移至东莞寮步；明嘉靖二十五年，从东莞寮步移居当地。据《黄氏族谱》记载，黄姓先祖于南宋末年从南雄迁移至惠阳水东，后自惠阳迁至东莞市桥，居住五代后，黄思实举家迁至东莞椎山（今宝安区椎山）；明嘉靖二十七年（1548年），黄翠崖从西乡黄田迁居当地。

2015年末，户籍人口745人，其中男性360人，女性385人；80岁以上18人，最年长者96岁（女）。祖籍该村的香港同胞50人。祖籍该村的华人华侨5人，主要居住于美国、加拿大。

传统经济以农业为主，主要种植水稻、木薯、红薯等，村中还有各种工匠和手艺人，以修屋建房和为村民打造家具、理发等为生。现时村集体经济以经商、建房出租、开办工厂等为主。村民主要收入来源为商业经营、工资性收入、集体经济分红、房屋出租等。特色农产品有糯米糍荔枝、桂味荔枝和石硖龙眼。特色传统节庆食品有元宵节糖不甩、端午节粽子、茶果等。传统风味小吃"糖不甩"是旧时相亲特定礼仪小吃，旧时男婚女嫁比较保守，当媒婆带男青年到女方家相亲，如果女方家长同意这门亲事，便煮糖不甩招待男方。当男方看到端上桌的糖不甩，即知这门亲事"甩"不了了。

松白路、东长路、龙大高速S31线经过该村。1975年通电，1992年通电话、通自来水，1995年实现全村村道水泥硬底化，1998年通互联网。村里有东坑幼儿园，2015年在园幼儿140人，教职工24人；有公明博艺幼儿园，在园幼儿386人，教职工63人。有东坑社区篮球场、健身路径、东坑公园、东坑老人活动中心、东坑村图书室（藏书1万册）。

传统民居为广府民居，现存30座。20世纪80年代中期，村民逐渐从传统民居搬出，现整体破旧，有些保存较好的租给外来务工人员居住。

村内现存钟氏宗祠和翠崖黄公祠。钟氏宗祠始建于清代，重建于1999年，占地面积380平方米。翠崖黄公祠始建于清代，重修于2000年，占地面积420平方米。

现存方一家塾，始建于清代，重修于1999年。另有康圣宫，始建于清代，供奉康圣，门口有对联"一庙神灵皆显赫；各人净手可焚香"。村民于添丁日和结婚日前往祭拜。

该村历史上曾有宗族纷争。400多年前，钟、黄两姓原为好兄弟，后因农田急用水，钟、黄两姓产生矛盾。中华人民共和国成立后，在党和政府直接领导和关怀调解下，两姓兄弟又重归于好，并于1998年8月制定《东坑村村规民约》。时至今日，钟、黄两姓同心同德，携手共进。

东坑村村规民约：要遵纪守法，履行义务；要相信科学，反对迷信；要弘扬美德，尊老爱

◎ 钟氏宗祠（冯辉豪 摄于2016年）

◎ 翠崖黄公祠（冯辉豪 摄于2016年）

◎ 康圣宫（冯辉豪 摄于2016年）

◎ 2013年盆菜宴（摄于2013年，东坑社区供稿）

幼；要彼此谦让，互相尊重；要艰苦创业，科技兴村；要礼貌待人，热情好客；要男女平等，优生优育；要美化环境，爱护公物；要诚信为人，热心为公。

该村有每逢春节到宗祠祭拜祖先，清明、重阳节祭拜祖墓的传统。村中钟、黄两姓都有祠堂"点灯"习俗。该习俗流行于清初，新添男丁家庭，次年必须于点灯日在祠堂举行"点灯"仪式，祭拜并告知祖先。灯期从正月初三到正月十五，期间不能熄灯。点灯仪式结束后，男丁才得到家族承认并记入族谱。

东坑村吃大盆菜的习俗距今有400多年的历史。2012年，东坑村重拾古已有之的盆菜宴习俗。每年农历十二月中旬举行盆菜宴。近年，每次盆菜宴有1200多人参加，开120多席。

2014年12月，东坑村被评为"全国综合减灾示范社区"。

代表性人物：

钟镜明（1922—1943），曾用名钟镜铭、钟玉薄，1941年参加广东人民抗日游击队，成为侦察员，1943年4月在东莞县长山口战斗中负重伤，后转移到江面田牺牲。

黄木寿（1924—2006），参加过抗美援朝作战，获得过多项荣誉与奖章。

黄国梁（1982—），博士学位，中山大学中山医学院副教授。

（资料填报：黄永聪；初稿撰写：林卫雄；分纂：冯辉豪）

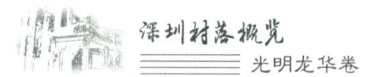

红星社区

红星村

红星村位置示意图（由于本书版面限制，该地图比例尺已改变）

◎ 红星村村貌（曾五定 摄于2016年）

◎ 村口门楼（曾五定 摄于2016年）

红星村，位于公明街道南部，距街道办事处约8.5千米。相邻自然村有玉律村、长圳村。

红星村的前身为麻布村，在现今的石岩湖底，全村人皆姓周，其祖先于元皇庆、延祐年间（1312—1320年）由长乐县（今五华县）迁居此地成村，因在河边的山坡上广种苎麻，用于织布，故取名麻布村。1958年，因修建石岩水库，将原宝安县石岩乡麻布村的一部分搬迁到现在的位置，原地名红坎头，后改名红星村。1995年，红星村从长圳村分出，成为独立行政村。

1958年，属宝安县沙井公社；1960年，属公明公社玉塘大队；1979年1月，属深圳市公明公社长圳大队；1981年，属深圳市宝安县公明公社长圳大队；1983年，属宝安县公明区玉塘乡；1986年10月，属公明镇长圳村；1993年1月，属深圳市宝安区公明镇长圳行政村；1995年11月，属红星行政村；2004年，属公明街道；2007年，属深圳市光明新区公明街道；2015年，属公明街道红星社区。

世居村民为汉族，客家民系，使用客家方言。村民均为周姓。

2015年末，户籍人口183人，其中男性86人，女性97人；80岁以上6人，最年长者96岁（女）；实际在村人口147人；常年在城镇生活和打工36人。祖籍该村的香港同胞13人。

传统经济以种植水稻、薯类、花生、豆类等农作物为主。改革开放后，引进"三来一补""三资"企业。现村集体经营厂房出租和少量的工业、商业产品。村民主要收入来源为集体经济分红、

◎ 村办公楼（曾五定 摄于2016年）

◎ 传统民居（陈昌云 摄于2017年）

◎ 红星文化广场（曾五定 摄于2016年）

房屋出租、商业经营、工资性收入、金融投资等。特色农产品有桂味荔枝、糯米糍荔枝。特色传统（节庆）食品有粄饭、松糕、咸肉粽、煎堆等。

松白路经过该村。20世纪70年代通电，90年代通电话、通自来水和实现全村村道水泥硬底化，20世纪末通互联网。该村有星辉幼儿园，2015年在园幼儿400人，教职工45人；有篮球场、红星文化广场、红星村老人活动中心、村民健身室、红星图书室（藏书1万册）等。

1958年，为了灌溉便利，开始修建石岩水库，麻布村村民从淹没区整体搬迁，分成三组：一组迁往西乡，一组迁往石岩，一组留在原地，迁往村西北面的山坡上。留在原地山坡上的村落先定名红坎头村，后改为红星村，属公明乡长圳大队。红星村总面积为2000平方米，建筑占地面积为1900平方米，有50间客家民居，多数为平房。

《红星村族谱》为周姓族谱的一部分，是关于红星村周姓一系的复印件。村中有《绿野明珠——红星村纪事》，沈仁宽、陈永纂修于2015年。

每年重阳节，村里三房周姓村民中，大房和二房的后人自发组织前往石岩料坑、石岩小学等地祭祖扫墓。

过冬至也叫"过冬年"。村民要杀鸭，吃猪肉、牛肉、做米果、煮汤圆，过去富裕的人家要吃鹿茸、人参补冬。一些生意人或公务繁忙者也会想方设法抽空回家备食过冬至。

客家山歌是该村的传统文化，现已启动申报非物质文化遗产，传承人为周长发、周常娣。该村的客家山歌歌词基本上是四句和五句七字体，第一、二、四句押韵。往往是即席而唱，脱口而出，唱得情深意切，男女对唱是其典型形式。客家山歌唱腔丰富，节奏自由富有变化，演唱艺术上，继承赋、比、兴的传统手法，常用直叙、比喻、双关、歇后、夸张、叠字等手法。山歌种类繁多，有山歌号子、爱情山歌、尾驳尾、戏谑歌、虚玄歌、逗歌、猜谜、哀歌等。

2006年8月，该村被广东省人民政府认定为"革命老区"。

代表性人物：

周秀（1922—1945），革命烈士。1943年参加广东人民抗日游击队东江纵队，1945年在东莞县霄边战斗中牺牲。

周志辉（1934—2012），1950年参加抗美援朝作战，1959年参加西藏平叛，1960年转业到那曲地区安多县，曾任安多县副县长，那曲地区财政局副局长、党组副书记等，1980年担任中国银行深圳支行行长。

（资料填报：曾五定；初稿撰写：曾五定；分纂：陈庆）

甲子塘社区

甲子塘村

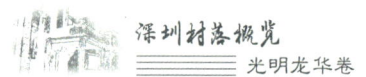

甲子塘村位置示意图（由于本书版面限制，该地图比例尺已改变）

◎ 甲子塘村村貌（叶东舒 摄于2016年）

甲子塘村，位于公明街道东南部，距街道办事处约6千米。相邻自然村有东坑村、长圳村、田寮村、塘尾村、张屋村、曾屋村。洋涌河（公明段俗称茅洲河）从村西面流过。

始建于清同治七年（1868年），麦氏祖先麦应茂、麦应培、麦应寿三兄弟从石围迁居当地而形成。原村名为鸭子塘，居民为陈姓人。后陈姓人搬去沙井衙边村，麦姓人迁入，觉得鸭子塘名字不好听，便改名为甲子塘。

清朝，属新安县。1914年，属宝安县。中华人民共和国成立之初，属宝安县公明乡；1951年，属宝安县第四区玉塘乡；1952年，属第七区玉塘乡；1956年，属公明区东周乡；1958年3月，属公明乡；1958年10月，属光明公社；1959年，属松岗公社；1960年，属公明公社；1979年1月，属深圳市公明公社甲子塘大队；1981年，属深圳市宝安县公明公社甲子塘大队；1983年，属宝安县公明区玉塘乡；1986年10月，属公明镇甲子塘村；1993年1月，属深圳市宝安县公明镇甲子塘行政村；2004年，属公明街道；2007年，属深圳市光明新区公明街道；2015年，属公明街道甲子塘社区。

世居村民为汉族，广府民系，使用粤方言。村民主要为麦姓。许姓人口不多，于1950年从市区搬运站迁居至当地。

2015年末，户籍人口375人，其中男性178人，女性197人；80岁以上13人，最年长者90岁（女）。非户籍外来人口3万人。祖籍该村的香港同胞40人。

传统经济以农业为主，种植水稻、薯类、花生等。改革开放后，引进"三来一补""三资"企业，开始工业化进程。现村集体经济为厂房出租、物业管理和经营少量的工业、商业产品。村民主要收入来源为集体经济分红、房屋出租、商业经营、工资性收入等。特色农产品有桂味荔枝、糯米糍荔枝。特色传统（节庆）食品有松糕、咸肉粽、煎堆等。

松白路、甲子塘大道、同观路、东长路经过该村。20世纪70年代通电，90年代通自来水、通电话和实现全村村道水泥硬底化，20世纪末通互联网。村里有甲子幼儿园，2015年在园幼儿210人，教职工30人；培真幼儿园，在园幼儿298人，教职工41人；培英幼儿园，在园幼儿343人，教职工48人。建有篮球场、老人活动中心、甲子塘广场、甲子塘社区公园、甲子塘图书室（藏书1万册）等。

◎ 甲子塘公园一角（陈庆 摄于2016年）

传统民居为广府民居，现存15座，整体破败。80年代中期，村民逐渐从传统民居搬出，其中保存较好的租给外来务工人员居住。

村内原有一座碉楼，建于民国时期。据村民讲述，民国时期，时局混乱，经常受到周边村庄及土匪骚扰，常发生耕牛、粮食被盗现象。于是村民集资在村西南建起碉楼，并花钱买来七九步枪和强光照射灯。20世纪末，该碉楼被拆除。

每年清明节、重阳节，村民以家族或家庭为单位，前往宝山公墓祭祖扫墓，个别在鹰山公墓祭祖。祭品主要包括苹果、橘子、蔬菜、喜饼和肉类等五大类，寓意五位高升。供品摆放讲究"茶前酒后""鱼左肉右"。祭祖的祭品必须要有"三牲"，即鸡、猪、鱼。"三牲"均先做熟，再放入筐里挑到墓地。现今村民改为提前两天定做一头小烧猪，场面更加隆重。

部分村民于农历每月初一、十五在家中烧香拜祭。

食姜醋汤民俗形成于清代，每当族人家中添了小孩，用猪脚、鸡蛋、甜醋和姜等制成姜醋汤，满月后派送给亲戚朋友，希望孩子能够健康成长，今后的日子甜甜蜜蜜。

（资料填报：麦福成；初稿撰写：曾五定；分纂：陈庆）

光明街道(办事处)

光明街道(办事处)自然村落分布图(由于本书版面限制,该地图比例尺已改变)

概 述

光明街道（办事处）位于光明新区北部。本地域分为南北两片，南片区东邻观澜，南接大浪与石岩，西靠公明，北依公明楼村；北片区东、北与东莞市黄江镇接壤，西、南与公明相连。面积55.8平方千米，辖9个社区。2015年末，常住人口7.38万人，户籍人口2.67万人。

光明地貌以丘陵为主，东、南、北三面高丘环绕，中部为缓坡低丘陵，西部为冲积平原并与珠江口岸低平的滨海平原连成一片。年平均气温23.2℃，年平均降雨量1758.6毫米。

光明街道（办事处）前身为光明农场，1958年由华南农垦总局、中国人民银行广东省分行、广东省民族事务委员会、广东省外事办、华南亚热带科学研究所5单位组建。建场时因与公明接壤，取名光明农场，寓意前景光明。

本地域明清时期属新安县。1914年，属宝安县。中华人民共和国成立之初，属宝安县公明乡；1958年，属广东省国营光明农场；1979年，属广东省光明华侨畜牧场；1981年，属深圳市宝安县；1988年，属深圳市管理；1993年，属深圳市宝安区；1999年，光明农场实行政企分设，属深圳市宝安区光明街道；2002年，光明街道和光明农场实现最终分离，光明农场撤销建制，成立深圳光明集团；2007年，属深圳市光明新区光明街道（办事处）。

传统经济以农业为主，主要农作物有水稻、豆类、花生等。1958年，国家在广深沿线建设一批副食品生产基地，光明农场随之诞生。最初以种粮为主，是广东省主要产粮基地。1973年，农场引进5头良种奶牛，从此，光明农场开始大力发展奶牛养殖。同一时期，还办起了养鸽场、养猪场，并成为"中国最大鲜奶出口企业""亚洲最大鸽场""中国第一个现代化养猪场"。改革开放后，积极引进"三资"企业。2015年，辖区内工业企业有700多家，规模以上工业企业总产值67.72亿元。

光明交通便利，有高铁光明城站，公常路、光侨路和南光高速、龙大高速等经过辖区。

2015年，光明街道（办事处）列入普查范围的自然村有9个。世居村民为汉族，除白花洞村属客家民系以外，其他均属广府民系，使用粤方言，主要姓氏有黄、周、麦、吴、陈等姓。黄姓南宋时从福建迁至广东南雄珠玑巷，元朝后期从珠玑巷迁至今光明迳口村。客家村落白花洞村周氏，清光绪年间迁徙至此。1958年成立光明农场时，凤凰村、红坳村划归光明农场，20世纪70年代后期，安置在光明农场的越南归侨主要居住在凤凰村、红坳村。

至2015年底，光明仅少数村落如迳口村、白花洞村等保留了较多古村面貌。区域内保存较好的宗祠、家（私）塾旧址、庙宇等共11座，古井4口，炮楼6座，古墓群1处和一批传统民居。除白花洞村为客家民居，其余均为广府民居，大多建于清代和民国时期。广府民居一般为两开间一进、三开间一进或两开间两进、三开间两进不等，墙体为砖、石和三合土混筑而成，外用灰沙覆盖，内用木梁顶住横梁，青瓦盖顶。

光明有中原文化、岭南文化和归侨文化的交融，有广府民俗、客家民俗和越南民俗的交汇，有客家山歌、归侨山歌的交响。当地有糖环、煎堆、炒米饼、濑粉等特色传统食品，越南归侨、侨眷有越南肠粉、越南春卷、越南长粽、越南扣肉、五彩糯米饭等越南风味食品。当地原村民端午节吃粽子，归侨、侨眷春节吃粽子；当地原村民正月初一过大年，归侨、侨眷正月初一则要吃斋，正月十一才散年；当地原村民清明节、重阳节拜山祭祖，归侨、侨眷农历一月、七月、十二月祭拜老爷。

光明历史人文代表性人物：迳口村黄保全，清光绪二年（1876年）乡试第一名解元，清光绪三年（1877年）二甲进士，赐武进士出身，三等带刀侍卫（正五品）；白花洞村周来友，参加广东人民抗日游击总队，曾任观澜乡中共党组织负责人，1945年作战时牺牲。

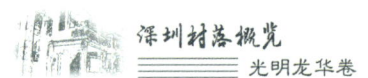

迳口社区

迳口村

迳口村位置示意图(由于本书版面限制,该地图比例尺已改变)

◎ 迳口村村貌（叶东舒 摄于2016年）

迳口村，位于光明街道东部，距街道办事处3.5千米。相邻自然村有白花洞村、碧眼村、公明街道楼村。坐落于深圳北部丘陵地带，周边有大顶岭、大屏嶂山，最高海拔350米；主要河流为洋涌河（公明段俗称茅洲河），从村东面流过。附近有公明水库，即原迳口水库，位于茅洲河上游，在原迳口水库、横江水库和石头湖水库的基础上扩建而成，正常蓄水位59.7米，正常库容量1.42亿立方米，水库总库容量1.48亿立方米，是深圳库容量最大的水库，担负着向深圳西部宝安区、光明新区各水厂供水及调蓄任务。

始建于元朝后期，黄氏先祖为躲避战乱带族人由南雄珠玑巷迁至此地。因村旁大屏嶂山与东莞分隔，有一条通往东莞的唯一道路而取名迳口村。1985年编撰的《深圳市地名志·光明华侨畜牧场——厂场、站、居民点、自然村名称》记载：迳口，据说700年以前，有个人骑马路过山路径口处跌倒，就在附近建村定居，故名。1998年该村搬至迳口新村。

元朝至明万历元年（1573年），属东莞县；明万历元年至清朝，属新安县。民国时期，属东莞县塘下新美乡。中华人民共和国成立之初，属东莞县第八区新美乡；1958年，属宝安县光明公社（其中的广东省国营光明农场）；1959年，属光明（农场）公社；1961年，属广东省国营光明农场；1979年1月，属深圳市光明华侨畜牧场农林业队；1981年，属深圳市宝安县光明华侨畜牧场农林业队；1993年1月，属深圳市宝安区光明华侨畜牧场；1999年，属光明街道；2007年，属深圳市光明新区光明街道；2015年，属光明街道迳口社区。

世居村民为汉族，广府民系，使用粤方言。主要姓氏为黄姓。南宋时从福建迁移至广东南雄珠玑巷；元朝后期从珠玑巷迁移至该地。

2015年末，户籍人口295人，其中男性125人，女性170人；80岁以上8人，最年长者91岁（男）。非户籍外来人口2000人。祖籍该村的香港同胞约200人、澳门同胞30人。祖籍该村的华人华侨20人，主要分布在美国、英国、加拿大等国。

传统经济以农耕为主，种植水稻、花生、木薯、番薯、豆类等，山坡种植果树，主要有荔枝、龙眼等，养殖鸡、鸭、鹅、猪、羊、牛等。现村内土地98%处于生态控制线范围内，很多产业不适宜发展。现村民主要收入来源为房屋出租、工资性收入、商业经营等。特色农产品有荔枝、龙眼、菜干。传统食品有糖环、煎堆、油角、松糕、艾糍粑、濑粉等。该村有树龄170年的榕树两棵、龙眼树一棵，2014年被确定为深圳市三级古树。

光侨路、迳口路经过该村。20世纪60年代通电，70年代末通电话，80年代通自来水，2000年通互联网，2005年实现全村村道水泥硬底化。村内有迳口文化公园、老人活动中心、迳口社区图书室（藏书5000册）。

传统民居为广府民居。现存有迳口旧村，房屋大多建于清朝和民国时期，部分建于20世纪50—70年代，占地面积3万平方米，有150间房屋，保存基本完好，仍有人居住。旧民居一般为两开间一进、三开间一进或两开间两进、三开间两进不等，墙体为砖、石和三合土混筑而成，外用灰沙覆盖，内用木梁顶住横梁，青瓦盖顶。

黄氏大宗祠，相传始建于元末明初，重修于清朝，再修于2014年。面阔9.2米，进深13.6米，占地面积200平方米，原为三间三进，2014年重修后为三开间两进；由前后两堂、一天井、两廊房组成；清水砖墙，条石砌墙角；凹斗式大门，两侧有塾台；梁架为穿斗式与抬梁式相结合；硬山顶，平脊和船形脊。宗祠正门两侧刻有门联"祖德永垂千秋盛，宗枝长衍万代昌"，门额上书"黄氏大宗祠"。前堂有牌匾"维则堂"。后堂供奉黄氏先人牌位。祠堂保存3块牌匾，也叫功名匾。其中一块刻有"钦点御前侍卫府"字样，两边有"光绪二年丙子解元丁丑科会试"和"臣黄保全恭承"的上下题款。另两块功名匾上写着"旨赏戴蓝翎"，两边有"光绪二十四年六月吉日奉"和"臣黄镜光恭承""臣黄鹏骞恭承"的上下题款。原本黄氏大宗祠内共有8块牌匾，保存下来的3块均为当时雕制，因年久有些破损。2014年翻修祠堂时，将3块功名匾进行修补。中华

◎ 迳口旧村（王婷 摄于2016年）

◎ 黄氏大宗祠（王婷 摄于2016年）

◎ 迳口碉楼正面和侧面（王婷 摄于2016年）　　◎ 村口的古榕树（王婷 摄于2016年）

人民共和国成立后，黄氏大宗祠多次被改作他用，曾作过生产队的仓库、生产作坊和开会学习场所。

迳口碉楼，建于民国时期，为未定级文物保护单位。门窗、木楼梯和顶部均毁弃，只剩四周墙壁。

迳口古井，位于黄氏大宗祠门口右前方，多次维修，现已封存。

◎ 迳口麒麟队（摄于2013年，迳口社区供稿）

2006年，东莞黄氏族谱编委会纂修《黄氏族谱》。族谱记载有《遣子诗》："骏马登程往异方，任从胜地立纲常。吾思异境犹吾境，汝在他乡则故乡。朝夕莫忘亲命语，春秋须荐祖宗香。漫云富贵由天定，三七男儿当自强。"

每逢清明、重阳，黄氏族人集体到祠堂祭祖。祭祖时，备上三牲（鸡、鱼、猪）、水果和香烛、冥币、鞭炮等，由族中长者或辈分较高者首先上香，然后族人依次，并行三拜之礼，再烧冥币、焚香烛、放鞭炮。祭祖完毕，族人分吃金猪。

添丁点灯习俗形成于清朝。上年出生男丁的家庭要在黄氏大宗祠内摆酒并"点灯"。即春节期间在大祠堂祭祀厅点起油灯，一直到正月十五，期间灯不能灭。点灯仪式后，男丁入族谱。

舞麒麟习俗，形成于明朝。新中国成立以来，由于种种原因，舞麒麟一度终止。2012年，在光明街道办事处和相关业务部门的指导下，迳口村重建麒麟队。有43名队员，其中最年长的69岁，最小的只有10岁。2012年5月12日，麒麟队动员大会在黄氏大宗祠举行。

20世纪40年代，迳口村是广东人民抗日游击队东江纵队麦敬堂团部驻地。团部当时驻扎在黄氏大宗祠，部队在宗祠前修整练兵。迳口、圳美、楼村、黄江都有青年参加东江纵队，队伍不断壮大。1946年东江纵队北撤前，麦敬堂部与国民党徐东来部在迳口进行过两次激烈战斗。迳口平火垄一战从下午4时打到晚上8时；马石迳一战从早上8时一直打到晚上9时。成功阻击了国民党军队向东江纵队的进攻。

2015年12月该村被评为广东省宜居社区（村）。

代表性人物：

黄保全，清光绪二年（1876年）乡试第一名（解元），清光绪三年（1877年）二甲进士，赐武进士出身，三等带刀侍卫（正五品）。

黄志雄（1958—），祖籍该村，1981年加入香港警队，任督察，1995年任毒品调查科警司，2002年任香港警察总部高级警司及机场警区指挥官，2014年任香港警务处副处长。

（资料填报：陈莲欣；初稿撰写：黄杰云；分纂：王婷）

白花社区

白花洞村

白花洞村位置示意图（由于本书版面限制，该地图比例尺已改变）

◎ 白花洞村村貌（叶东舒 摄于2016年）

　　白花洞村，位于光明街道东南部，距街道办事处约9千米。相邻自然村有凤凰村、碧眼村、迳口村、福城街道大水坑村。坐落于深圳北部丘陵地带，周边有梅坳山、吊神山，最高海拔288米。村内的白花河为观澜河支流，河长17.32千米，流域面积36.28平方千米。村周围有4座水库，鹅颈水库、禾差润水库、畔坑水库、吊神山水库。

　　建于清光绪年间（1875—1908年），周氏先祖周礼茂夫妇率四个儿子由惠州迁徙至此，开荒垦田，聚族而居。因此处地形如木桶，易守难攻，得名洞，加之满山开遍白花，先祖认为白花遍山代表男丁兴旺，且又是由惠州白花镇迁徙而来，为感念故土，取名白花洞村，又名白花村。

　　清朝，属新安县。1914年，属宝安县。中华人民共和国成立之初，属宝安县观澜乡；1952年，属宝安县第三区观澜乡；1956年，属观澜区库坑乡；1958年，属红色公社；1959年，属观澜公社白花大队；1960年，属布吉区观澜公社；1977年，属广东省国营光明农场；1979年1月，属深圳市光明华侨畜牧场农林业队；1981年，属深圳市宝安县光明华侨畜牧场农林业队；1993年1月，属深圳市宝安区光明华侨畜牧场；1999年，属光明街道；2007年，属深圳市光明新区光明街道；2015年，属光明街道白花社区。

　　世居村民为汉族，客家民系，使用客家话。村民主要有周姓、黄姓、杨姓。第一大姓为周姓，原居福建，后迁至广东惠州白花镇，清光绪年间迁至该地。

　　2015年末，户籍人口926人，其中男性433人，女性493人；80岁以上20人，最年长者96岁

（女）；实际在村人口830人；常年在城镇生活和打工96人。非户籍外来人口12650人。祖籍该村的香港同胞66人。祖籍该村的华人华侨约1000人，主要分布在澳大利亚、新加坡、荷兰等国。

传统经济以农耕为主，粮食作物有水稻、薯类、豆类等，还有花生、甘蔗等，山坡种植荔枝、龙眼、梨、枣等。该村划入光明华侨畜牧场后，村民成为畜牧工人。改革开放后，逐步发展工业区，由农牧业转向工业，以厂房出租为主要收入来源，并自办商业、商铺等。现村集体经营主要有厂房出租、商铺租赁等。村民主要收入来源为工资性收入、商业经营、房屋出租、集体经济分红等。

毗邻广深港高速铁路。观光路、富民大道、白花大道经过该村。20世纪60年代末通电、通电话，80年代通自来水，2000年通互联网。

村中建有童童乐幼儿园、白花社区公园、篮球场、健身场、老人活动中心、文体广场、文体公园、邻里服务中心、社区图书室等。还组建了篮球队、舞蹈队，成立了摄影协会等文体组织。

传统民居为客家民居。现保存较好的民居在老屋区，现存60座，大多建于清末和民国时期，也有少数建于二十世纪五六十年代。民居单元房为两开间或三开间，少数为单开间。墙体多为青砖和三合土夯筑而成，门框和墙裙均用麻石，内部用木梁承重，房顶为青瓦覆盖。现大多已无人居住。村里还有一口古井，井台似围肚，人称围肚古井。

周氏宗祠，位于白花洞村围肚片区二排西侧，坐南朝北，占地面积约100平方米，三开间两进一天井，面阔10.4米，进深8.64米，祠堂内前堂小后堂大，层次分明。祠堂大门两边雕刻有门联"汝高世德常兴业；南宗枝茂长发家"，正上方有"周氏宗祠"四字匾额。后堂供奉祖先牌位，堂内用木柱顶住横梁，横梁上有精美的木雕。祖先牌位两侧刻着"凤起岐山鸣圣代；遂开廉水毓文人"楹联。周氏宗祠经过多次修葺，现保存完好。每逢春节、中秋节、重阳节、农历每月初一、十五等，村里周氏族人会到此点灯上香，纪念先祖。

绍岐祖祠，位于白花洞村围肚片区前排，坐南朝北，三开间两进，面阔7.4米，进深12.1米，占地面积约120平方米。前堂门檐壁有人物彩绘，大门上有"绍岐祖祠"匾额，右书"绍廉汝学"，左边"岐凤朝阳"。1988年重修，2014年被公布为光明新区不可移动文物。

◎ 老屋区民居（宋子晴 摄于2016年）

◎ 绍岐祖祠（宋子晴 摄于2016年）

◎ 白花碉楼（宋子晴 摄于2016年）

◎ 白花洞革命烈士纪念碑（宋子晴 摄于2016年）

◎ 围肚古井（宋子晴 摄于2016年）

村内现存5座碉楼，为白花碉楼、马池田碉楼、围仔碉楼和2座开围（围肚）碉楼。5座碉楼依山环村而建，构成一个可相互照应的碉楼群。白花洞村碉楼均建于清朝末期，属中西合璧式建筑，外观呈四方立柱形，西式雕花屋檐，中式庭院、门楣，5—6层，高约20米，占地面积80—100平方米。采用土木结构，顶层呈雨披形。三合土墙体下宽上窄，底层宽约1米，顶层宽0.4米，呈梯形。大门是进入碉楼的唯一通道，多设双重铁门。每层设有门窗，木梯沿后墙而置。碉楼围基周边有附属建筑，风格各异，依主人喜好而建。

白花碉楼底层长5.4米，宽7.95米，占地面积约43平方米，5层楼，高约20米。马池田碉楼及其附属建筑为华侨周玛龙所建。据周玛龙儿子周永欣讲述，其父周玛龙于1934年从印度尼西亚回到马池田，花500块大洋买下一块地皮，动工兴建碉楼及附属房屋，次年落成。周家自1935年搬入新居至今，落成时添置的家具依旧完好。一只挂在墙上的进口机械时钟，已经走过了80个春秋，从未停摆。正厅和偏厅上面各有一条雕花杉木，上面分别刻着"奕世其昌""百千子孙"字样，名为"子孙桁"。碉楼及附楼外墙表面用石灰浆抹平，装修艺术很具特色。附楼两个门上分别镂刻的"福寿康宁"和"天降吉祥"的门额，为当时特地从上海请来的书法家所书。柱头、檐屏上雕龙画凤，门上方墙壁所绘的鹿、花鸟、人物、山水等图案栩栩如生，象征着吉祥如意、五谷丰登、福禄寿全。

天后宫（原为天后堂），始建于清朝末期，重修于2011年。供奉妈祖。每年农历三月二十三为妈祖诞辰日，九月初九为妈祖升天日，村民前往祭拜。

喝鸡酒习俗形成于清朝。村里生孩子的家庭在小孩出生后的第12天请邻里喝鸡酒、猪脚醋。鸡酒，是村民用自家酿的糯米酒和鸡一起煮制而成；猪脚醋则是用猪脚、鸡蛋和醋一起煮成。

添丁点灯习俗形成于民国时期。上年生男丁的家庭正月十二在祠堂、家里点灯，有钱的人家会请村里的族人吃饭，以此来庆祝家族再添男丁。

结婚聘礼习俗形成于民国时期。结婚时，男方过礼给女方必须要准备三样聘礼：猪肉、油豆腐、鸡。到了女方家里，接到新娘后，便一起去祠堂祭拜。

白花洞是革命老区，广东人民抗日游击队、惠东宝人民护乡团等人民武装曾在此同日军、国民党顽军进行过战斗，很多烈士在这里为国捐躯。1992年12月，白花洞村民倡议捐资修建白花洞革命烈士纪念碑。纪念碑底座为一正方形平台，四周有矮墙相护，碑高6米，四方体水泥结构，背面有汉白玉碑文，记载着周来友、徐马连、谢马春、周和金、肖金、黄锡良、叶强、关汉芝、周全和、谢马春、刘新友、吴汉生等烈士的名字。

　　2003年，白花洞村被评为广东省卫生村和广东省生态示范村。

代表性人物：

　　徐马连（1920—1948），1942年参加广东人民抗日游击总队，1948年2月，在岗头仔同国民党军队战斗中牺牲，时为护乡团三团一大队平湖武工队队员。

　　周来友（1921—1945），1941年起参加抗日活动；1942年2月，加入广东人民抗日游击总队；1944年，担任观澜乡中共党组织负责人；1945年，国民党在东宝地区展开"扫荡"，11月，周来友在与敌作战时寡不敌众，身中数弹牺牲。

（资料填报：张明清；初稿撰写：邱玉凤；分纂：王婷）

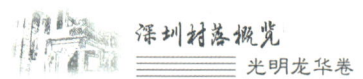

东周社区

木墩村

木墩村位置示意图（由于本书版面限制，该地图比例尺已改变）

光明街道　东周社区　木墩村

◎ 木墩村村貌（叶东舒 摄于2016年）

木墩村，位于光明街道西部，距街道办事处约4千米。相邻自然村有碧眼村及公明街道南庄村、东坑村、楼村。坐落于深圳北部丘陵地带，多为低山、平缓台地和阶地丘陵。周边有牛山、猫山、铁山岗等山峰。水资源丰富，上陂边河位于村东；周围有大沙河、南庄、新围大墩三个水库。

木墩村旧围始建于元朝。据称，立村之时，旧围后山形似一头卧地的大象，故最初称为象岭村。后来村民认为旧围一棵高大的乌木乃神树，能够保住这一带平安，于是村民用乌木墩之名代替象岭。

元朝至明万历元年（1573年），属东莞县；明万历元年至清朝，属新安县。1914年，属宝安县。中华人民共和国成立之初，属宝安县公明乡；1951年，属宝安县第四区东周乡；1952年，属第七区东周乡；1956年，属公明区碧楼乡；1958年，属宝安县光明公社（其中的广东省国营光明农场）；1959年，属光明（农场）公社；1961年，属国营光明农场；1979年1月，属深圳市光明华侨畜牧场农林业队；1981年，属深圳市宝安县光明华侨畜牧场农林业

◎ 古民居小巷（王婷 摄于2016年）

◎ 旧村古民居（王婷 摄于2016年）

◎ 良简公家塾（王婷 摄于2016年）

队；1993年1月，属深圳市宝安区光明华侨畜牧场；1999年，属光明街道；2007年，属深圳市光明新区光明街道；2015年，属光明街道东周社区。

世居村民为汉族，广府民系，使用粤方言。村民主要有黄、曾、吴、陈、麦等姓。黄姓乃第一大姓，其先祖由福建迁入广东南雄，南宋末年，再经南雄迁入惠阳水东，后从惠阳水东迁至东莞市桥；在市桥居住5代后，黄锦之世孙黄思实举家迁到新安县椎山（现宝安椎山）；元朝，黄氏先祖黄翠崖由西乡黄田迁至此地。曾姓为第二大姓，从公明周家村迁入。吴姓系第三大姓，1949年从公明石家村迁至该地。

2015年末，户籍人口663人，其中男性331人，女性332人；80岁以上69人，最年长者96岁（女）。非户籍外来人口19142人。祖籍该村的香港同胞约300人。祖籍该村的华人华侨约100人，主要分布在加拿大、美国、英国、丹麦等。

传统经济以农耕为主，主要种植水稻、花生、豆类、林果和蔬菜等，家庭养殖鸡、鸭、猪、牛等。20世纪80年代初，光明华侨畜牧场在此建有木墩奶牛场，村民大部分为奶牛场职工。现村民主要收入来源为房屋出租、商业经营、工资性收入等。村内有一棵树龄120年的枣树，枝繁叶茂，枝头挂满果实，为国家三级古树。

龙大高速S31线、聚丰路、周家大道经过该村。1965年通电，20世纪70年代末通电话，1984年通自来水，2002年通互联网，全村村道已全部实现水泥硬底化。

村里在70年代初曾办有木墩小学，1985年撤销并入东周小学。现在的东周小学位于华厦路与光明大道交叉口西北侧，为光明新区下辖的公立学校，建校于1985年8月，占地面积31000平方米，建筑面积13000平方米，2015年末，有6个年级，35个班，在校学生1685人，教职工100人。另有红苹果幼儿园、亲亲贝儿幼儿园，在园幼儿共有799人，教职工133人。村中有篮球场、健身路径、木墩公园、老人活动中心、生育文化中心等，建有社区图书室，藏书4500册。

传统民居为广府民居。现存代表性民居有木墩古村落，大部分房屋建于清朝和民国时期，部分建于20世纪50—70年代。村落坐西南朝东北，前后9排，东西13列，前后排之间巷宽1.2米，左右列巷宽1.05米。旧民居单元房为三开间，一般面阔10.5米，进深9.5米左右，但大多已隔为三门三

◎ 村内古井（王婷 摄于2016年）

◎ 翠崖黄公祠（王婷 摄于2016年）

户，每户各有一天井、一正房（单开间），房的后部有阁楼。门开于正中，红砂石门框，上有门罩，两侧门略低于中门。个别有门楼，为两面坡、平脊、灰瓦覆顶。过去，木墩村建房有不成文的规定，以翠崖黄公祠为核心，祠堂中间房屋是17行瓦，两边分别是11行。以祠堂为中心，左右两边民居每一排房屋分别为每间15行、11行、9行瓦排列。村民都是按这种规格建房。2015年，这些房屋保存基本完好，部分仍有人居住。

村里的翠崖黄公祠，位于木墩旧村253号，始建于清代，1988年重修。三开间两进一天井两廊房布局，前后两堂。祠堂外新建院落门上有门联"江夏祖宗千秋盛；翠崖子孙万代兴"，上刻"百世其昌"。祠堂凹斗式正门上方有"翠崖黄公祠"匾额。每年的清明节、重阳节，木墩村、上沙村、下沙村黄氏后裔聚集在沙井中学附近云林的祖墓祭祖。

良简公家塾为旧时专供族人孩子读书的场所。黄良简是黄翠崖后代。翠崖黄公祠和良简公家塾也是族人添丁点灯的地方。添丁点灯习俗形成于清朝。每年正月初四至十五，上年生了男丁的家庭在祠堂举行点灯仪式，由长者主持。点灯结束后，上年出生的男丁可入族谱。2014年，黄氏族人对良简公家塾进行了重修，现为木墩股份公司办公室。

木墩古井，始建于明朝，重修于1983年。井沿用石条围砌成八边形，每边长0.37米，口径为1.02米。现保存完好，井口有不锈钢围栏。

传说古时候，木墩村有个黄仙姑，会施神法。每遇干旱，村民都会请黄仙姑祈雨。后来，村民在龙湾村兴建黄仙姑庙堂，每年农历四月初四黄仙姑生日，木墩村及周围村庄的人都去庙里进香祭拜。

代表性人物：

黄贺安（1918—1945），革命烈士，1945年参加广东人民抗日游击队东江纵队，同年10月在公明战斗中牺牲。

（资料填报：黄柏辉；初稿撰写：黄德明；分纂：王婷）

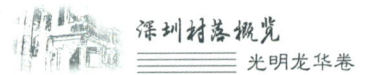

碧眼社区

碧眼村

碧眼村位置示意图（由于本书版面限制，该地图比例尺已改变）

◎ 碧眼村村貌（叶东舒 摄于2016年）

碧眼村，位于光明街道中心区，距街道办事处约1.5千米。相邻自然村有木墩村、白花洞村、迳口村。坐落于公明盆地内，村旁有大顶岭山、碧溪河和碧眼水库。

始建于明万历十一年（1583年），麦氏先祖携家眷落户碧眼村荣昌围，开荒造田，繁衍生息。碧眼旧村所在的后山，原有一眼清泉自石中涌出，终年不绝，泉水在山下形成潭，潭水如眼睛一般清澈透明，滋润村民生产、生活，故名碧眼村，又名碧楼。现泉水已不见。20世纪50—60年代，村里修建碧眼水库。

明清时期，属新安县。1914年，属宝安县。中华人民共和国成立之初，属宝安县公明乡；1951年，属宝安县第四区公明乡；1952年，属第七区公明乡；1958年，属宝安县光明公社（其中的广东省国营光明农场）；1959年，属光明（农场）公社；1961年，属国营光明农场；1979年1月，属深圳市光明华侨畜牧场农林业队；1981年，属深圳市宝安县光明华侨畜牧场农林业队；1993年1月，属深圳市宝安区光明华侨畜牧场；1999年，属光明街道；2007年，属深圳市光明新区光明街道；2015年，属光明街道碧眼社区。

世居村民为汉族，广府民系，使用粤方言。村民主要有麦姓。南宋嘉定三年（1210年），麦姓先祖从广东南雄珠玑巷迁入东莞德福庄（今公明街道薯田埔）；明万历十一年（1583年）前后迁移至该地。

2015年末，户籍人口374人，其中男性153人，女性221人；80岁以上11人，最年长者94岁（女）。非户籍外来人口1.1万人。祖籍该村的香港同胞约100人。祖籍该村的华人华侨10人，主要分布在美国、加拿大等国。

◎ 碧眼社区文体广场（王婷 摄于2016年）

◎ 传统民居（王婷 摄于2016年）

传统经济以农耕为主，种植水稻、花生、甘蔗、豆类、薯类和林果等，养殖鸡、鸭、猪、牛为辅。改革开放后，村内先后兴办大宝鸽场、卫武光明生物制品有限公司、滑草场、大捷达厂、碧眼社区文体广场、高尔夫球会、南粤美食园等8家企业。现村集体经营房屋出租管理、娱乐、餐饮等。村民主要收入来源为工资性收入、商业经营、房屋出租等。

光侨路、光明大街、碧园路、河心北路经过该村。20世纪60年代末通电，70年代末通电话，1980年通自来水，2000年通互联网，2003年实现全村村道水泥硬底化。建有市政公园、碧眼社区公园、篮球场、门球场、气排球场、健身路径、老年人活动中心、文体广场、碧眼社区图书阅览室（藏书5025册）、碧眼幼儿园（2015年在园幼儿216人，教职工31人）等。

传统民居为广府民居。碧眼旧村以麦氏祖祠为中心，有南北纵巷，东西横巷，巷巷相连互通。现存房屋大多建于清末和民国时期，部分建于20世纪50—70年代，保存现状基本完好，仍有人居住。旧民居多为三开间或两开间，少数有单开间。墙体多为三合土夯筑或土砖砌成，外面用灰沙粉刷，墙角青砖或青石砌成，房顶为两面坡青瓦覆盖。

现存有麦氏宗祠（议事厅），始建于明末清初，1996年重修。祠堂占地面积500平方米，为两进一天井格局（前堂、天井、后堂）。前堂是族人议事的地方，后堂供奉历代祖先的牌位。新修建的祠堂白砖碧瓦。原来麦氏宗祠大门正对着一口池塘和一排古树，近年池塘被填，改成了体育运动场地。

碧眼村灯盏窝岭上有麦氏古墓群，始建于元朝，清康熙年间重修。墓群坐东北向西南，共6座，分布于3个点，呈品字形分布，其中4座墓分布在岭的中上部，一字形排列。墓群占地面积约2500平方米，墓葬地面建筑有拜台、祭台、墓堂及护墙；地下筑有墓穴，每座墓平均长11.9米，宽9.3米。麦氏古墓保留较多的明代遗物与遗制，如墓葬的拜台与祭台上保留明代红砂岩石基础。从整个墓葬形制来看，虽经清代重修，但明代风格未变。2005年，麦氏古墓群被列为宝安区文物保护单位，后列入光明新区不可移动文物。2008年初，因广深港铁路从麦氏古墓右侧经过，为配合国家铁路建设，经协商后麦氏子孙同意将十一世祖麦甘泉夫妇墓穴从原址向内移至现址。墓地有

◎ 麦氏宗祠（王婷 摄于2016年）

◎ 麦氏古墓群（王婷 摄于2016年）

碑刻"十一世梅兰公墓"，立于明代。

每年重阳节后的第一个星期日，碧眼、合水口、薯田埔、马山头、根竹园五村的麦氏宗亲均相约前往古墓群举行祭祖仪式。祭祖结束众人一起聚餐，吃烧猪。

2006年8月，村民梁励书纂修《碧眼麦谱》。族谱内记有"麦氏族训"：麦氏族人笃志励行；为臣尽忠，为子尽孝；以诗书立门户，以勤俭兴产业，以忠信孝悌为重。"麦氏家规"：敬祖宗、孝父母、友兄弟、睦族党、隆祀典、守坟茔、守礼法、务本业、崇节俭、珍家谱。

特色民俗有孩子满月送姜醋汤，形成于民国时期。家中生孩子，用猪脚、鸡蛋、甜醋和姜制成姜醋汤，满月后派送给邻里亲朋，寓意孩子健康成长，甜甜蜜蜜。

（资料填报：刘金明；初稿撰写：麦国伟；分纂：张嘉玲）

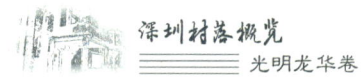

圳美社区

圳美村

圳美村位置示意图（由于本书版面限制，该地图比例尺已改变）

◎ 圳美村村貌（叶东舒 摄于2016年）

圳美村，位于光明街道北部，距街道办事处4千米。相邻自然村有新陂头村、公明街道楼村。主要山岭有大屏障山、大马山，最高海拔约250米。

始建于清朝。据2011年重修的遗爱陈公祠门前所镌刻的《遗爱祖族谱》记载，"圳美村建村已有两百多年历史，从公明水贝楼村分支到圳美。"圳美村名的来历有两种说法。一是因村落位于原新安县和东莞县交界处，正好在两县交界中间位置，"正好"意同"正美"，而取名镇美村；后来村民为了书写方便，简化为圳美村。另一说法是，村落位于山塘河涌的下游（当地称河涌为"圳"），故得名"圳尾"，后取谐音为"圳美"。

清朝，属东莞县。民国时期，属东莞县塘下新美乡。中华人民共和国成立之初，属东莞县第八区新美乡；1958年，属宝安县光明公社（其中的广东省国营光明农场）；1959年，属光明（农场）公社；1961年，属国营光明农场；1979年1月，属深圳市光明华侨畜牧场农林业队；1981年，属深圳市宝安县光明华侨畜牧场农林业队；1993年1月，属深圳市宝安区光明华侨畜牧场；1999年，属光明街道；2007年，属深圳市光明新区光明街道；2015年，属光明街道圳美社区。

世居村民为汉族，广府民系，使用粤方言。村民主要有陈姓、文姓、袁姓等。第一大姓为陈姓，从江西石城迁移至广东公明上村、下村，清朝从楼村迁移至该地。第二大姓为文姓，原居越南，后迁移至广东白坭镇，1958年迁至该地。袁姓，从松岗流岗迁移至该地。

2015年末，户籍人口2806人，其中男性1380人，女性1426人；80岁以上40人，最年长者87岁（女）。非户籍外来人口约4000人。祖籍该村的香港同胞约80人。越南归侨200人。

20世纪80年代以前，圳美属光明农场北片区，传统经济以农业和养殖业为主，种植水稻、甘蔗、花生，养殖鸡、鸭、猪、奶牛等。当时，圳美有稻田2400亩，甘蔗地600多亩，花生200多亩。1973年，国家农垦部部长王震为光明农场送来了五头良种奶牛，农场开始发展奶牛养殖。1981年，建立圳美奶牛场，有奶牛700多头；1988年，圳美奶牛场奶牛发展到约2600头，属光明农场最大的奶牛场。由于规模较大，圳美奶牛场被分为北山奶牛场和南山奶牛场。为了适应光明新区的建设发展，2015年10月，北山奶牛场外迁至惠州博罗（2016年5月，圳美奶牛场整体外迁惠州龙门）。1983年，村内成立林果公司，主要种植荔枝等水果。1992年开始，随着工业园陆续建立，村集体主要经营为厂房出租和物业管理等。村民主要收入来源为商业经营、房屋出租、工资性收入、集体经济分红等。特色农产品有甘蔗、玉米、牛奶。

公常路、光侨路经过该村。1965年通电，20世纪70年代通电话，1970年实现全村村道水泥硬底化，1982年通自来水，2002年通互联网。2015年，村里有爱华小学，6个年级，22个班，在校学生1036人，教职工66人；有金色阳光幼儿园，在园幼儿326人，教职工47人。圳美村内有篮球场、圳美公园、圳美老人娱乐室、圳美社区图书馆（藏书5000册）。

传统民居为广府民居。老村现存房屋150间，大多建于清朝和民国时期。旧民居单元房多为两开间和三开间，门开于正中。墙体一般为青砖砌成，白灰勾缝，麻石墙裙。内有木梁承重，顶住横梁。房顶为两面坡、平脊、灰瓦覆盖。现保存基本完好，有人居住。

遗爱陈公祠，始建于清朝初期，2011年族人集资重修，为未定级不可移动文物。祠堂采用硬山顶式的建筑风格，三开间两进中天井，祠堂内前堂小后堂大，层次分明，堂内用木柱顶住横梁，顶端有雕刻和彩画。祠堂刻有楹联"遗恩吉祥子孙接；爱聚恩酬万福来"。祠堂大门有对联"陈氏万年善德福；遗爱子孙世代传"。祠堂大门已斑驳，大门两边墙壁上记载有圳美陈氏家族数百年的历史。

◎ 圳美老村巷（王婷 摄于2016年）

◎ 德淳书室（王婷 摄于2016年）

◎ 遗爱陈公祠旧照（摄于2011年，圳美社区供稿）

◎ 革命烈士纪念碑（王婷 摄于2016年）

德淳书室，始建于清乾隆初年。相传，苏东坡被贬岭南做官期间，周游岭南吟诗游学，来到现圳美所在地（当时此处尚未建村），但见此处山清水秀，在此饮水稍做歇息，不料经书坠入水中，爱书如命的苏东坡就在古泉旁边晒经书，此事被当地仰慕苏东坡的文人传开。到了清乾隆初年，为了纪念苏东坡，激励子孙崇文好学，陈氏十七世祖就在苏东坡饮水晒书地附近建了一所书院，并用儿子陈德淳的名字命名为德淳书室。

德淳书室为三开间三进中天井布局，清水砖墙，条石砌墙角墙裙。书室年久失修。后堂有一个大缸，专供文人学士来此烧香许愿。书室的第二进小院在当时是科举秀才读书的地方，只有科考举人、秀才才能进入院子，门口的两个阁楼供他们居住。书室的第三进院子，上了台阶是一个私塾先生坐堂的大厅堂。革命战争年代，中共游击队曾在德淳书室内印刷报纸、传单。中华人民共和国成立后又先后成为乡公所、农村合作社办公地。2014年6月，德淳书室被光明新区列为不可移动文物，并立牌保护。

圳美古井，位于遗爱陈公祠前。古井原有青石板做成的井台，因年代久远石板长了青苔，容易打滑，后来就修了一圈水泥井台。据村民讲述，古井水既甘甜，又清凉。过去没有冰箱，夏天用它来浸泡水果，凉爽可口。现仍有村民用此井水煮茶。

2011年，陈氏族人陈天成编修了《遗爱祖族谱》；2015年，陈氏后裔陈有良编修了《学上陈氏八九连修族谱》。

每逢清明、重阳，陈氏子孙都在遗爱陈公祠祭祖。祭拜前备以三牲、水果、酒和香烛、冥币等，祭拜时要"以世次为先后，以年龄为行列，犹如雁序。"祭拜结束后由族内德高望重之人将猪肉分给前来祭祖的族人，并集体聚餐。农历每月初一、十五，春节、中秋节等节日，陈氏族人到祠堂点灯上香，纪念先祖。过去，村里只要有大事，全村人都会到祠堂里聚集共同商议；村民娶妻嫁女也会在祠堂里大摆酒席；老人去世，棺材停在祠堂后堂，亲人和乡亲都会来到祠堂绕着棺材烧香磕头。

结婚习俗形成于民国时期。男女结婚时，男方要送喜饼、甜酒给女方，设酒宴、吹唢呐、敲锣打鼓、抬花轿迎娶新娘。中华人民共和国成立后，迎亲习俗改为拿一面锦旗，上写"婚姻自由"，男女双方各拿一边。

添丁习俗形成于清朝。小孩满月日，用姜醋煮猪脚和糯米酒鸡蛋送给亲人朋友，以示喜庆。第二年正月初八生男孩的家庭在自家房屋厅堂挂上灯笼，然后到祠堂点灯，点完灯后，手举竹竿，上面挂一块红布，其他想生男孩的家庭就出钱买这块布讨吉利，亲人们也一起呐喊助威，场面非常热闹。

◎ 遗爱陈公祠（王婷 摄于2016年）

抗日战争时期，广东人民抗日游击队东江纵队抗击日伪军，展开对敌斗争。在白花洞、迳口禾托山、大马山、长山口等几次激烈战斗中，烈士们用鲜血和生命谱写可歌可泣的战斗篇章。1965年4月，光明新美学校收集部分烈士遗骸葬于圳美村大马山脚下，并立碑纪念。2007年在原址重修扩建革命烈士纪念碑。

1962年，圳美接纳了广州来的第一批知青；1963—1966年，又先后接纳40多名知青；1973—1975年，又有广东省科技局、省体委和广州警备区司令部等单位的189名知青来到圳美，成为圳美大队劳动生产的生力军。

（资料填报：刘珍生；初稿撰写：陈笑群；分纂：王婷）

新羌社区

羌下村

羌下村位置示意图（由于本书版面限制，该地图比例尺已改变）

◎ 羌下村村貌（叶东舒 摄于2016年）

羌下村，位于光明街道东北部，距离办事处约8千米。相邻自然村有新陂头村。主要河流有蒲江河，在村西北。

始建村时，名为蚌下村。据传建村数年后，村人认为"蚌下"不雅，遂改名为羌（音姜）吓村。另据1950年土改时村民土地房产所有证存根显示，该村当时名为羌吓村，可能是后来为了书写方便，将"羌吓"简化为"姜下"，进而形成现在的名字"羌下"。村名还有另一说法，据1985年编撰的《深圳市地名志·光明华侨畜牧场厂场、站、居民点、自然村名称》记载："羌下，据说建村时此地长满了茂密的山姜，前人砍山姜建村定居，故名。"

明清时期，属东莞县。民国时期，属东莞县塘下新美乡。中华人民共和国成立之初，属东莞县第八区新美乡；1958年，属宝安县光明公社（其中的广东省国营光明农场）；1959年，属光明（农场）公社；1961年，属国营光明农场；1979年1月，属深圳市光明华侨畜牧场农林业队；1981年，属深圳市宝安县光明华侨畜牧场农林业队；1993年1月，属深圳市宝安区光明华侨畜牧场；1999年，属光明街道；2007年，属深圳市光明新区光明街道；2015年，属光明街道新羌社区。

世居村民为汉族，广府民系，使用粤方言。村民有胡、刘等姓。现人数最多的为胡姓，明朝末年，胡姓先祖带族人从江西迁至东莞寮步村，又从寮步村迁至该地开基立村。胡姓有族谱手抄本。第二大姓为刘姓，清朝从梅州兴宁迁移至该地。

2015年末，户籍人口275人，其中男性163人，女性112人；80岁以上10人，最年长者96岁

（女）；实际在村人口170人；常年在城镇生活和打工100人；海外留学5人。非户籍外来人口4500人。祖籍该村的香港同胞103人。祖籍该村的华人华侨5人，主要居住在澳大利亚。

传统经济以农业种植为主，主要种植水稻、薯类、豆类和花生、甘蔗等，山上种有荔枝、龙眼等，养殖鸡、鸭、猪、牛等。改革开放后，逐步招商引资，建设工业区，出租厂房，经济开始转型，走上农工商共同发展道路。村民主要收入来源为房屋出租、工资性收入、农业生产、集体经济分红、商业经营等。该村村民至今仍保持有制作松糕、盘菜、糖环、炒米饼、碌鹅、研笼（即年糕）等特色传统食品的习俗。在旧村口水塘后边，耸立着一棵枝繁叶茂的榕树，经专家鉴定约有120年树龄。为国家三级古树。为了保护此树，2012年，村里在树四周修了水泥围栏，立了3根水泥柱支撑着3个较大的树杈。

公常路、羌下一路经过该村。20世纪70年代通电，1993年通自来水，1996年通电话，2002年通互联网，2005年实现全村村道水泥硬底化。

传统民居为广府民居，现存较好的羌下旧村，有旧民居300多间，大多建于清末和民国时期，部分建于20世纪50—70年代。绝大部分已拆旧建新，只剩余少数旧时建筑，保存现状基本完好，仍有人居住。旧民居单元房多为两开间和三开间，一般面阔8—10米，进深5—6米，有的两开间和三开间已隔为两门两户和三门三户，门开于正中，个别有门楼，房顶为两面坡、平脊、灰瓦覆顶。旧村内原有一祠堂，70年代拆除，建成两幢平房。

◎ 村民陈松娣20世纪50年代初的土地证存根（新羌社区供稿）

◎ 村口的古榕树（宋子晴 摄于2016年）

◎ 祠堂旧址（宋子晴 摄于2016年）　　　　　◎ 旧村前的风水塘（宋子晴 摄于2016年）

旧村前有3个水塘，占地面积约10亩。据村民讲述，这3个水塘是建村时修筑的，用于调节村里四季气温及灌溉农田。

添丁点灯习俗形成于清朝。过去村里有祠堂，生男孩的家庭，次年正月初一在祠堂点灯。设盆菜宴，摆9个大碗，备办三牲、果、饼等供品拜祭祖先和土地公，然后报上男丁家长的姓名、该男丁的姓名和出生日期，以确定上年出生男丁人数。此习俗在60年代终止。

喝鸡酒习俗形成于清朝。村里生孩子的家庭在小孩出生后的第12天请邻里喝鸡酒、猪脚醋。鸡酒，是村民用自家酿的糯米酒和鸡一起煮制而成；猪脚醋则是用猪脚、鸡蛋和醋一起煮成。

结婚聘礼习俗形成于民国时期。过去结婚时，男方过礼给女方必须要准备三样聘礼：猪肉、油豆腐、鸡。到了女方家里，接到新娘后，再一起去祠堂祭拜。

（资料填报：梁亚福；初稿撰写：苏维冲；分纂：王婷）

新陂头村

新陂头村位置示意图（由于本书版面限制，该地图比例尺已改变）

◎ 新陂头村村貌（叶东舒 摄于2016年）

新陂头村，位于光明街道北部，距街道办事处约7千米。相邻自然村有羌下村、圳美村、公明街道楼村。周边有猪婆山、骑相公山等。附近有新陂头河、新陂头河北支、新陂头河南支等水系。

建村于明朝末年，原名"龙湖围"。因村落周围湖塘、河汊较多，水源丰富，故得此名。但水多为患，水灾不断，后村民在河的上游修筑一条堤坝，锁住河水，一可减少水灾，二可灌溉农田。因村落位于坝头，既临水，又靠坡，而更名新陂头村〔"陂"（bēi）指池塘、水边、水岸、山坡、斜坡等〕。此河也随之取名新陂头河。

明清时期，属东莞县。民国时期，属东莞县塘下新美乡。中华人民共和国成立之初，属东莞县第八区新美乡；1958年，属宝安县光明公社（其中的广东省国营光明农

◎ 新陂头村背后的猪婆山（宋子晴 摄于2016年）

◎ 茅洲河支流及灌溉农田的渡槽（宋子晴 摄于2016年）

◎ 陂头旧村（宋子晴 摄于2016年）

场）；1959年，属光明（农场）公社；1961年，属国营光明农场；1979年1月，属深圳市光明华侨畜牧场农林业队；1981年，属深圳市宝安县光明华侨畜牧场农林业队；1993年1月，属深圳市宝安区光明华侨畜牧场；1999年，属光明街道；2007年，属深圳市光明新区光明街道；2015年，属光明街道新羌社区。

世居村民为汉族，广府民系，使用粤方言。村民主要有梁姓、陈姓。梁姓于明末从韶关珠玑巷迁移至该地。陈姓从水围村移至此地。

2015年末，户籍人口576人，其中男性353人，女性223人；80岁以上15人，最年长者92岁（女）；实际在村人口421人；常年在城镇生活和打工150人；海外留学5人。非户籍外来人口约1.5万人。祖籍该村的香港同胞约160人。祖籍该村的华人华侨约100人，主要居住在越南等国。

传统经济以种植稻谷、甘蔗、水果等为主，养鸡、鸭、鱼、猪、牛、羊等为辅。20世纪60年代，新陂头大队是光明农场的一个农村队，1964—1966年间开始接纳新围学生大队、沙河分场知青，1975年又有广州下乡知青插队。改革开放后，开始建设新陂头工业区、瑞兴工业楼等。1983年，兴建新陂头奶牛场，至2015年末，奶牛存栏量达1800头，年产牛奶6000吨，是晨光乳业重要的奶源生产基地之一。现集体经济以厂房出租、物业管理和商业经营为主。村民主要收入来源为商业经营、工资性收入、房屋出租、集体经济分红等。

省道S358线公常路、光侨北路经过该村。20世纪70年代通电，80年代通电话，1986年通自来水，1989年实现全村村道水泥硬底化，2002年通互联网。有新羌社区公园、老人活动中心、新羌社区图书室（藏书3000册）等。村内有红湖幼儿园，2015年在园幼儿232人，教职工25人；有新羌幼儿园，2015年在园幼儿312人，教职工32人。

传统民居为广府民居。现存陂头旧村民居150座，大多建于清朝至民国时期，部分建于20世纪50—70年代。旧民居单元房多为两开间和三开间，门开于正中，个别有门楼，房屋前、左右外墙均开窗。墙体一般为砖、石和三合土夯筑，也有些全部由土砖砌成。有些房屋外墙于近年进行了

◎ 土砖墙（宋子晴 摄于2016年）

◎ 废弃的大众厅（宋子晴 摄于2016年）

刷白。内有木梁承重，顶住横梁。房顶为两面坡、平脊、灰瓦覆顶。保存现状基本完好，部分房屋出租给外来务工人员。

村内有宗祠"大众厅"，建于民国时期，占地面积100平方米。因村里姓氏众多，大众厅为几个姓氏联合兴建的宗祠，故得此名。过去，村里谁家有红白喜事都来大众厅祭拜祖宗。也因为是联合兴建的祠堂，没有专人负责管理、维修，导致后来大众厅被废弃。

新陂头村有祭祖、添丁点灯、喝鸡酒和结婚聘礼习俗。

2010年11月，新陂头奶牛场被农业部授予"奶牛标准化示范场"称号。2011年5月，成为国家第四批"学生奶奶源示范基地"。

2012年12月该村被评为深圳市卫生村。

（资料填报：梁亚福；初稿撰写：苏维冲；分纂：王婷）

光明街道　凤凰社区　凤凰村

凤凰社区

凤凰村

凤凰村位置示意图（由于本书版面限制，该地图比例尺已改变）

◎ 凤凰村村貌（叶东舒 摄于2016年）

凤凰村，位于光明街道南部，距街道办事处约5千米。相邻自然村有白花洞村、红坳村。村旁有爆石山和奶头山，南面有红坳水库。

始建于1958年，因附近的一座山头朝东，尾朝西，左右南北延伸，如凤凰展翅飞翔，遂以山形命名。1958年为解决一些下放干部的劳动锻炼和安置问题，成立光明农场（场部设在新围）。"大跃进"之后，广州将"大跃进"期间进入市内的一些闲散民工、企业精简人员都安置在光明农场。20世纪60年代中期，这片地域和宝安县的一个示范场组建"五七大队"。后光明农场归原广州军区接管，又安排部队一些转业干部和军人当作业区、中队领导，凤凰成为农场的第三作业区第三中队（简称"三区三队"）所在地，以后渐成规模，称为"凤凰大队"。1992年与红坳合并为"凤凰果场"，后果场的荔枝树相继被征收，果场解散，凤凰村和红坳村分开。

1958年，属宝安县光明公社（其中的广东省国营光明农场）；1959年，属光明（农场）公社；1961年，属国营光明农场；1979年1月，属深圳市光明华侨畜牧场农林业队；1981年，属深圳市宝安县光明华侨畜牧场农林业队；1993年1月，属深圳市宝安区光明华侨畜牧场；1999年，属光明街道；2007年，属深圳市光明新区光明街道；2015年，属光明街道凤凰社区。

20世纪70年代后期凤凰村接纳和安置了近千名归侨和侨眷。华侨从越南先到广西，从广西东兴中转站再到光明农场，在此安家落户。凤凰村来自越南的归侨约占户籍人口的70%。凤凰村属多姓村民居住村，有朱姓、陈姓、黄姓、周姓和李姓等，其中朱姓在凤凰村人数最多，1978年10月从越南迁移至凤凰村。

世居村民为汉族，广府民系；越南归侨祖先是广西人，使用粤方言和广西艾话。

2015年末，户籍人口993人，其中男性516人，女性477人；80岁以上28人，最年长者101岁

（女）；实际在村人口740人；常年在城镇生活和打工253人。非户籍外来人口2300人。祖籍该村的华人华侨15人，主要分布在美国、加拿大、澳大利亚、新西兰等国。

过去，凤凰村是集体化农业，传统经济以种植水稻、甘蔗、玉米、荔枝、龙眼、树菠萝等为主。现集体经济以经营厂房出租为主，村民主要收入来源为工资性收入、房屋出租、集体经济分红、商业经营等。

龙大高速S31线、光侨路、长凤路、凤凰村一巷经过该村。1958年通电，20世纪60年代通电话，90年代通自来水，2002年通互联网，2004年实现全村村道水泥硬底化。

逢年过节，大部分村民会制作越南春卷、越南长粽（过端午、春节）、越南肠粉、五彩糯米饭、越南扣肉等具有越南特色的传统食品，深受当地人欢迎。

◎ 当年知青居住点（王婷 摄于2016年）

据归侨居民讲述，包粽子是他们过年最典型的特色习俗，主要有两种含义，一是因为"粽"和"中"音近，取"功名得中"之意，二是因为敬重祖宗。因此，煮熟的粽子从除夕开始就放在神台上祭拜祖宗，到正月初十才会取下来。粽子里以绿豆粉、猪肉及红蓝叶为辅料，其中红蓝叶具有增色提香之效。有些人家还要放上香菇、香肠、虾米、咸蛋等。越南归侨包的六角粽是他们传统的粽子，其特点为个头大、笋叶多、裹缠紧、捆绑密、馅料多、池味少，既增色，又添香。肠粉是一种用米做成的广东小吃，因其皮薄如猪肠状，所以叫肠粉。越南肠粉与当地肠粉的最大不同，在于制作技术上的差别：前者是布拉式肠粉，将米浆置于布上蒸成；后者则是更为常见的抽屉式肠粉。两者的馅料做法也不同，越南肠粉将馅料剁碎之后爆炒，炒熟炒香之后，直接卷进薄皮里；当地肠粉则需把生馅料放入抽屉中蒸熟。

◎ 凤凰村道（王婷 摄于2016年）

（资料填报：刘金明；初稿撰写：麦国伟；分纂：张嘉玲）

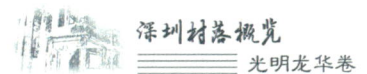

红坳村

红坳村位置示意图（由于本书版面限制，该地图比例尺已改变）

◎ 红坳村村貌（叶东舒 摄于2016年）

红坳村，位于光明街道西南部，距街道办事处约6千米。相邻自然村有凤凰村（光明街道）及公明街道长圳村、曾屋村、张屋村。南面有红坳水库。

建村于1957年。当时，宝安县将此地作为宝安县农业示范地，称为"青年农庄"。1958年，成立广东省国营光明农场，将其划归光明农场，称红坳大队。红坳村的村名来历与地理环境有关。因附近有一红山坳，筑有红坳水库，人们便称此村为"红坳村"。

1958年，属宝安县光明公社（其中的广东省国营光明农场）；1959年，属光明（农场）公社；1961年，属国营光明农场；1979年1月，属深圳市光明华侨畜牧场农林业队；1981年，属深圳市宝安县光明华侨畜牧场农林业队；1993年1月，属深圳市宝安区光明华侨畜牧场；1999年，属光明街道；2007年，属深圳市光明新区光明街道；2015年，属光明街道凤凰社区。

20世纪70年代后期，红坳村接纳和安置了数百名归侨和侨眷，约占户籍人口的70%。村民姓氏繁多，有陈、付、黄、刘、李等姓，其中，陈氏为村中大姓。据归侨陈姓村民讲，他们的祖先清朝时由广西博白县去了越南，到越南已经繁衍了八代。

世居村民为汉族，广府民系；越南归侨祖先是广西南部客家人，村民使用粤方言和广西艾话。

2015年末，户籍人口502人，其中男性268人，女性234人；80岁以上12人，最年长者97岁（女）；实际在村人口393人；常年在城镇生活和打工109人。非户籍外来人口8500人。

传统经济以种植甘蔗、水稻为主。1992年红坳大队与凤凰大队合并为"凤凰果场"，转种玉米、荔枝等。果场解散后又分开。现以厂房出租和物业管理为主，村民主要收入来源为工资性收入、房屋出租、集体经济分红等。

长圳路经过该村。1958年通电，60年代末通电话，1991年通自来水，2002年通互联网，2004年实现全村村道水泥硬底化。建有红坳广场（内设健身路径）、红坳户外文化公园、红坳村活动中心、红坳村图书室（藏书8300册）。

1974年广州军区后勤部下属单位出资，在红坳大队建起一栋两层红砖结构的"知青楼"，主要供给军区后勤部和广东邮电局知青居住。每层8间房，有4人一间，也有8人一间，睡的是双层铁架床，一栋楼可住五六十人。1978—1979年，知青大规模返城，空置下来的知青楼被政府分给归侨居住。知青楼现由来自外地的务工者租住。

1986年，红坳村越南归侨居民修建升平庙。此庙面积不大，是越南归侨活动的集聚之地。升平庙两侧门联是"升平圣德普施千载福，庙貌神恩常保万年安"。自1986年始，每年正月、农历七月、十二月全体归侨

◎ 红砖知青楼（张嘉玲 摄于2016年）

◎ 升平庙（张嘉玲 摄于2016年）

村民都会带上猪头、鸡等祭祀品到升平庙祭拜老爷，祭拜结束后每家分一碗粥。2015年以后，每年农历七月不再祭拜，改为每年年头和年尾两次祭拜（意在年头许愿、年尾还愿）。

红坳村归侨中很多人的祖先生活在广西中越边境，那里的人被称为"艾人"。广西"艾人"中曾流传一种习俗，人们在"七夕"的中午采集些雨水，收藏起来，日后如果有人中暑，就用七夕水来解暑、解热毒。传说七夕这天织女的眼泪化成"七夕水"洒向大地，造福人间。随着现代生产发展，雨水受到不同程度的污染，采集"七夕水"的习俗也渐渐淡化。

逢年过节，大部分村民会制作越南春卷、越南长粽（过端午、春节）、越南肠粉、五彩糯米饭、越南扣肉等具有越南特色的传统食品。

越南扣肉用的是上好的五花猪腩肉，辅料是梅菜、沙姜、蒜头、五香粉、南乳、柠檬汁和蜜糖。制作过程很讲究，先刮净五花腩皮上的余毛，放进沸水煮约20分钟，取起泡冷水数分钟，沥干后切割成方块，每方块要用梅花针密插皮层，涂上蜜糖放入沸油炸至皮呈焦黄色，肉略变淡黄即可。取起再用冷水漂洗浮油，然后切成小块，把每块肉按皮向下肉向上的方式排放在碗里；将辅料洗净去皮一起捣烂拌匀，在每碗扣肉上面覆盖约3汤匙羹，接着把一碗碗扣肉排置蒸笼里，慢火蒸

30—40分钟即成。

五彩糯米饭摘取不同植物的果实和叶子，煮熬成汁分别放入糯米浸泡五小时，然后捞起糯米隔水蒸熟，将不同颜色的糯米饭盛放在一个盆里，便成了彩色的糯米饭，是逢年过节或祭拜神祇时的供品。

红坳村地处光明农场最南端，曾先后归属于农场南片、五七大队、凤凰分场。红坳村从1962年至1974年先后接纳了四批知识青年共170多人。

1962年春，光明农场迎来了第一批广州知青40多人，集中安排在红坳示范农场工作；1965年，从东周队调入和从潮汕招入的知青约50名被分配到红坳；1966年9月，30名广州知青来到红坳；1974年12月，广州军区系统50名知青到红坳插队落户。

2015年12月20日11时40分，红坳渣土受纳场发生滑坡事故，造成73人死亡，4人下落不明，17人受伤（重伤3人，轻伤14人），33栋建筑物（厂房24栋、宿舍楼3栋，私宅6栋）被损毁、掩埋，90家企业生产受影响，涉及员工4630人。事故造成直接经济损失8.81亿元（2016年7月15日，国务院调查组公布了事故的调查结果，事故直接原因是：红坳渣土受纳场没有建设有效的导排水系统，受纳场内积水未能导出排泄，致使堆填的渣土含水过饱和，形成底部软弱滑动带；严重超量超高堆填加载，下滑推力逐渐增大，稳定性降低，导致渣土失稳滑出，体积庞大的高势能滑坡体形成了巨大的冲击力，加之事发前险情处置错误，造成重大人员伤亡和财产损失）。

◎ 五彩糯米饭（转载于2012年版《光明风情》）

◎ 越南归侨在制作扣肉（转载于2012年版《光明风情》）

◎ 红坳渣土受纳场"12·20"滑坡事故事发地现场照片（摄于2015年，凤凰社区供稿）

（资料填报：周亚三；初稿撰写：于伟；分纂：张嘉玲）

龙华新区

LONGHUA XINQU

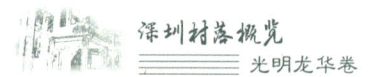

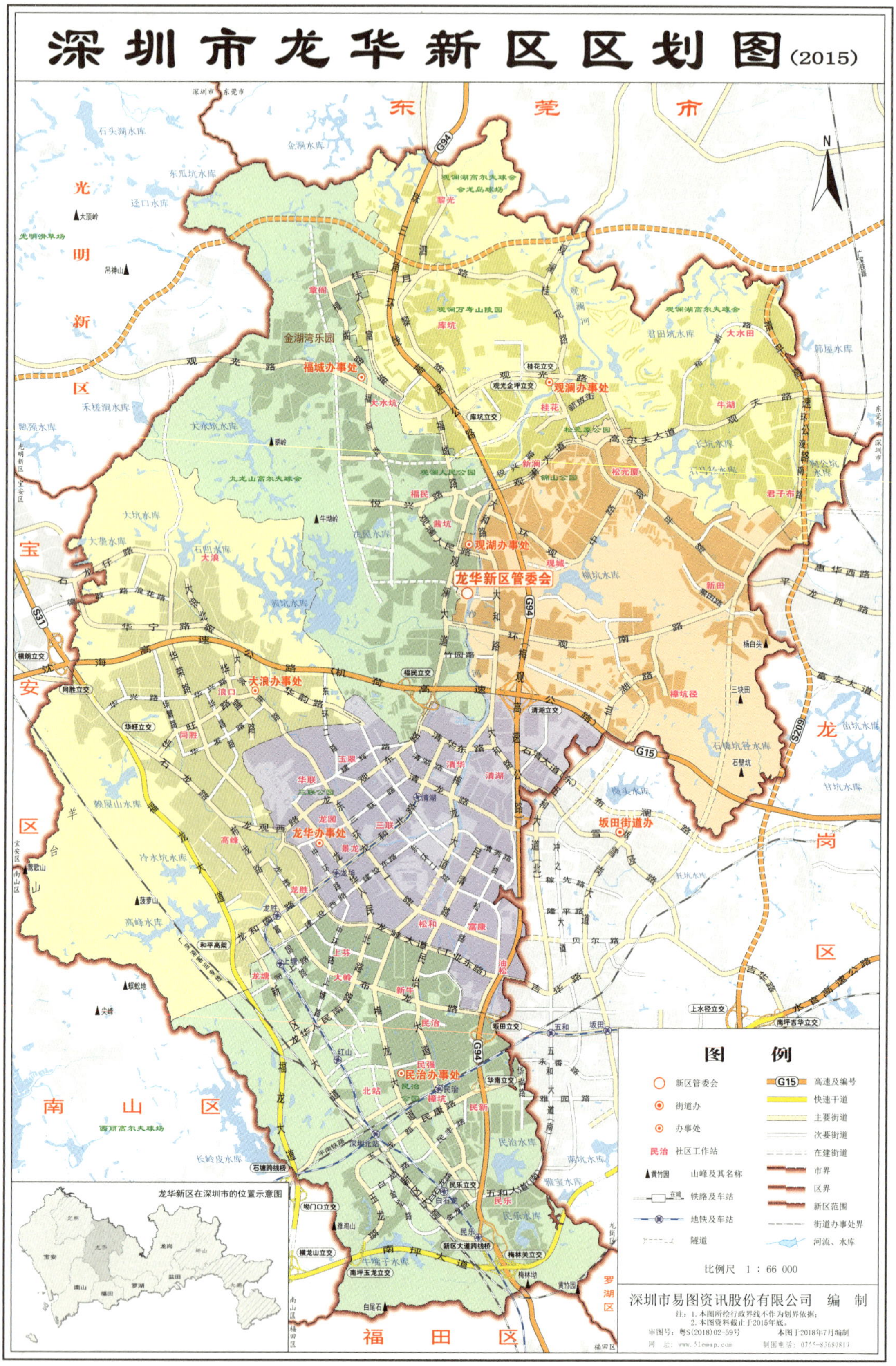

龙华新区区划图（由于本书版面限制，该地图比例尺已改变）

龙华新区综述

龙华新区位于深圳市北部，东连龙岗区，南接福田区、罗湖区、南山区，西靠宝安区、光明新区，北邻东莞市。面积175.58平方千米，辖6个街道（办事处），100个社区。

先秦为百越地。秦属南海郡番禺县。汉属南海郡博罗县。东晋咸和六年（331年）属东官郡宝安县。隋属广州、南海郡。唐至德二年（757年）属东莞县。明万历元年（1573年）属新安县。1914年，属宝安县。1979年1月，广东省委决定将宝安县改为深圳市；3月，国务院批复同意。1980年8月建立深圳经济特区。1981年10月，属深圳市宝安县。1993年1月，属深圳市宝安区。2011年12月，龙华新区成立，辖龙华、大浪、民治、观澜4个街道（办事处）；2015年4月28日，观澜街道（办事处）拆分为观澜、观湖、福城3个街道（办事处）。2015年末，常住人口151.15万人，户籍人口20.29万人。

龙华新区地势南、西、北三面为山地，中东部是丘陵平原，阳台山位于境内西南面；有大脑壳山以及共和后山、飞鹅岭等山丘，境内有油松河、上芬水、横朗河、龙华河、观澜河、大船坑水等河流，均蜿蜒向北流入东江。年平均气温22℃，年平均降雨量1800毫米。

传统经济以农业为主，主要种植水稻、薯类、甘蔗、花生、地瓜、黄豆等。改革开放后，开始引进"三来一补"企业，1996年前后，引进了以富士康为代表的大型先进制造企业，工业化也由此步入快车道。2003年，深圳市政府将宝安区龙华镇石凹片区1.46平方千米的土地规划为大浪服装产业集聚基地，从"深圳制造"到"深圳创造"，大浪时尚小镇已成为世界观察深圳服装产业发展的一扇窗口。2011年，华南地区最大的综合铁路交通枢纽深圳北站建成通车，龙华进入高铁时代。2015年，龙华新区生产总值1636亿元，国税、地税收入305.90亿元。

龙华新区历史文化悠久，2015年列入普查范围的自然村140个。龙华有丰富的人文资源，其中白石龙教堂建于1927年，如今扩建为中国文化名人大营救纪念馆，是广东省和深圳市中共党史教育基地；还有清湖廖氏祖墓、三界庙、观澜古寺等大量文化古迹。2007年观湖街道（办事处）樟坑径社区舞麒麟被列入广东省非物质文化遗产名录。2011年大船坑舞麒麟被列入国家级非物质文化遗产名录。

世居村民为汉族，多为客家民系，客家村落125个；少数为广府民系，广府村落15个。使用客家方言、粤方言。广州府张氏于宋朝迁入观澜长湖头村。谢姓客家人在中原第二次大南迁时，经福建迁广东程乡（今梅县）；清康熙年间（1662—1722年）再迁龙华大船坑，从此定居于此地，延续至今。龙华也是华侨之乡，侨胞数量以观澜、观湖、福城为多，主要侨居地为南美、东南亚等地。

龙华新区是一块具有光荣革命传统的热土。清光绪二十四年（1898年），钟水养、黄远香、陈义等在龙华乌石岗发动反清起义。1911年，龙华人卓凤康、何玉山、吴兆祥等人率众响应武昌起义，攻占新安县衙，光复新安县。1924年，中共党员黄学增、龙乃武发动龙华农民成立农民协会，组织农民自卫军。阳台山在抗日战争时期是重要的抗日根据地。龙华白石龙村，在1942年是广东人民抗日游击队总部常驻地，香港文化名人大营救行动中，是文化界和民主人士从香港脱险后，回内地的第一站。1942年，广东人民抗日游击队第三大队长曾生和杨康华等驻点章阁村发展部队。抗日战争和解放战争时期，章阁村是游击部队的重要基地之一，在革命战争年代先后发生过两次重大战役，被定为"章阁游击战区"。1947年3月，惠东宝人民护乡团三团设在观澜君子布村，这支人民武装在惠东宝地区开展游击战，有力地打击了国民党地方势力。

龙华历史人文代表性人物：大浪横朗村钟水养（1864—1901），早年到檀香山谋生，期间加入三合会和兴中会，与孙中山在美国旧金山相识并成为知己。清光绪二十四年（1898年）返乡后被推选为洪门首领，提出"反清灭洋"的口号，率先在乌石岗起义，攻打南头城，参加三洲田起义。起义失败，在檀香山含恨而终。民治白石龙村蔡耀，大革命前期白石龙交通站负责人。大布巷村黄生，曾任广东人民抗日游击队东江纵队观澜武工队副队长，是广东抗战时期著名的"三条黄"之一。

龙华街道（办事处）

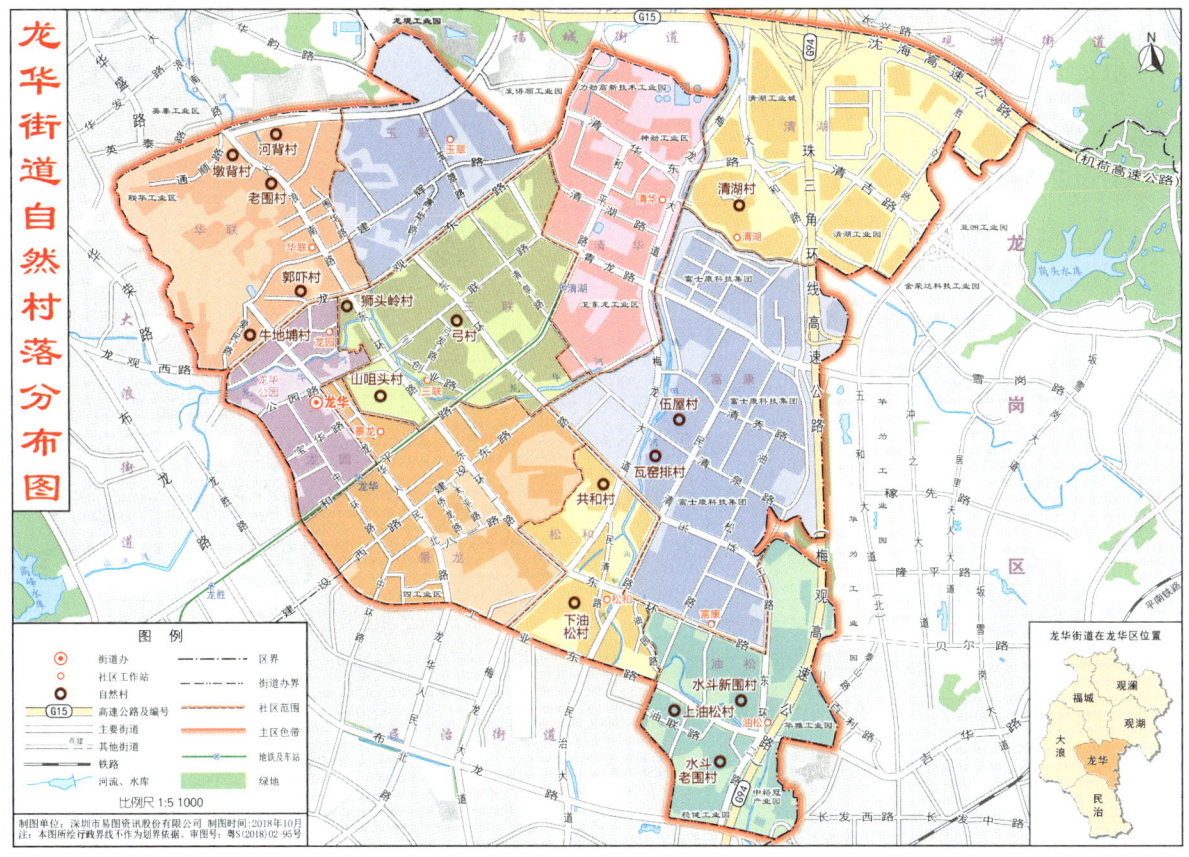

龙华街道（办事处）自然村落分布图

概　述

龙华街道（办事处）位于深圳市龙华新区南部，东与龙岗区坂田街道接壤，南邻民治街道（办事处），西接大浪街道（办事处），北与观湖、福城街道（办事处）相连。面积19.18平方千米，辖20个社区。2015年末，常住人口39.48万人，户籍人口6.9万人。

地形以山地、丘陵、平原为主，有共和后山、飞鹅岭等山丘，有观澜河、大浪河、龙华河、油松河、坂田河等河流。年平均气温22℃，年平均降雨量1800毫米。

清同治年间，从梅县、东莞等地迁来的客家人发起建墟，墟址在"龙岗顶"，称龙华墟，龙华之名也沿用至今。

本地域明清时期属新安县。1914年，属宝安县。中华人民共和国成立之初，属宝安县龙华乡；1958年，属红色公社；1959年，属观澜公社；1975年，属龙华公社；1979年，属深圳市龙华区龙华公社；1981年，属深圳市宝安县龙华公社；1983年，属龙华区；1986年，属龙华镇；1993年，属深圳市宝安区龙华镇；2004年，属龙华街道；2011年，属深圳市龙华新区龙华街道（办事处）。

传统经济以农业为主，主要种植水稻、薯类、甘蔗、花生、地瓜、黄豆等。改革开放后，引进"三来一补"企业，逐渐转型为先进工业、高新技术企业，并逐步形成以电子资讯业为龙头的高科技产业群。2015年，规模以上工业企业163家，规模以上工业总产值达407.97亿元。

龙华交通发达便利，有纵横交错的现代城市道路网络，珠三角环线高速G94线、沈海高速G15线，龙观大道、布龙路、龙华人民路、东环二路、龙华和平路等经过辖区。

2015年底，龙华街道（办事处）列入普查范围的自然村有16个。世居村民为汉族，有广府民系、客家民系，使用粤方言、客家方言。主要姓氏有廖、游、赖、张、卓、郑、周、卢、冯、苏、伍等姓。元泰定二年（1325年），廖氏六世祖由龙门县迁移至清湖村。明朝中后期，游姓从东莞寮步良边迁至楼溪游松；清乾隆年间，由游松老围迁镇乾围（即上油松村）。明正德十一年（1516年），赖氏先祖从赖屋山村迁至郭吓村。清朝，苏、张、周姓从虎门、博罗等地迁入。

传统民居有广府民居和客家民居，主要分布在清湖村、油松村、水斗村、共和村、老围村、牛地埔村。现保存较好的建筑有清湖村廖氏宗祠、上油松村游氏家祠、郭吓村赖氏宗祠、牛地埔村郑氏宗祠，以及清湖村元珠家塾、老围大门、民国时期碉楼，上油松村振声书室、梧轩书室、古井等。其中，清湖村廖氏宗祠始建于明朝中期，原为三开间两进一天井两廊房格局，2011年重建后改为五开间三进两天井四廊房，现仍作宗祠使用，为宝安区文物保护点。

传统技艺有舞麒麟、舞狮、客家山歌。三界庙为宝安区不可移动文物，三界庙的故事被列入深圳市非物质文化遗产名录。清湖舞麒麟被列入区级非物质文化遗产名录。

龙华历史人文代表性人物：清湖村廖兴有，惠东宝人民护乡团三团一大队战士；弓村卓凤康，曾任龙华抗日民主乡政府乡长；弓村周振熙，曾任龙华抗日民主乡政府乡长；弓村周俊修，抗日游击队战士；山咀头村周奎，广东人民抗日游击队东江纵队五虎队战士；共和村游仁春，曾任惠东宝人民护乡团三团坂田税站税收员；共和村游森，曾任龙华乡乡长兼武工队队长。

清湖社区

清湖村

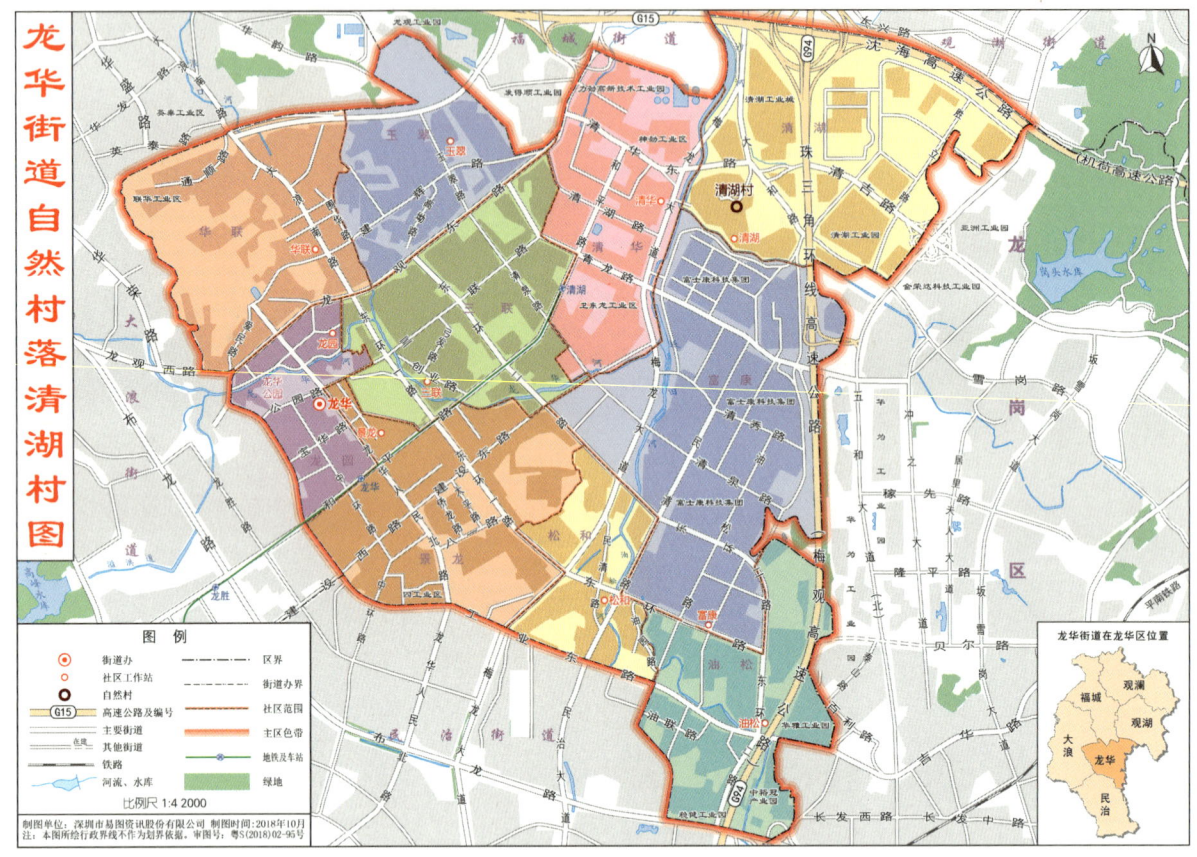

清湖村位置示意图

清湖村，位于龙华街道东北部，距街道办事处约3千米。相邻自然村有弓村、伍屋村。南面有飞鹅岭等山，观澜河自西南向东北贯穿全村。

始建于元泰定二年（1325年），因村中有一天然湖泊，清澈见底、清净如镜，因此取名清湖。又因村民以廖姓为主，也称廖氏村。

元朝至明万历元年（1573年），属东莞县；明万历元年至清朝，属新安县。1914年，属宝安县。中华人民共和国成立之初，属宝安县龙华乡；1958年，属红色公社；1959年，属观澜公社；1975年，属龙华公社；1979年，属深圳市龙华区龙华公社；1981年，属深圳市宝安县龙华公社；1983年，属宝安县龙华区青松乡；1986年，属龙华镇清湖行政村；1993年，属深圳市宝安区龙华镇；2004年，属龙华街道；2011年，属深圳市龙华新区龙华街道清湖社区。

世居村民为汉族，广府民系，使用粤方言。村民主要有廖姓。据《廖氏族谱》记载，南宋庆元年间（1195—1200年），一世祖廖坚自江西宁都迁移至广东增城，立籍西林都，其子廖平善迁

◎ 清湖村村貌（赵称心 摄于2018年）

居龙门；元泰定二年，六世祖廖明德携长子光道、次子光迪由龙门县迁移至该地。

  2015年末，户籍人口3100人，其中男性1600人，女性1500人；80岁以上60人，最年长者98岁（女）；实际在村人口2940人；常年在城镇生活和打工160人。非户籍外来人口约12万人。祖籍该村的香港同胞约300人。

  传统经济以农业为主，初时养鸭、捕鱼，后种植水稻、薯类、甘蔗等。改革开放后，引进"三来一补"企业。现村集体经营以物业出租为主。村民主要收入来源为集体经济分红、房屋出租、工资性收入等。村中有一棵大榕树，树龄306年，为国家二级古树。

  梅观高速G94线、沈海高速G15线、省道S359线龙观大道经过该村。20世纪60年代通电，80年代通自来水，90年代通电话并实现全村村道水泥硬底化，20世纪末通互联网。

  村中有清湖小学，设6个年级，32个班，2015年在校学生2563人，教职工159人。还有清湖幼儿园，在园幼儿380人，教职工34人；花半里幼儿园，在园幼儿350人，教职工22人。有篮球场2个以及清湖文体公园、清湖社区党群服务中心、宝湖居党群服务微站。有清湖劳务工图书馆，藏书万余册，期刊250多种。

  传统民居为广府民居，现存50多座。古民居一般由正门、天井、主房及阁楼组成，一般进深两间，80年代中后期，村民逐渐从旧民居搬出，现整体破旧，有些保存较好的租给外来务工人员居住。

  现存廖氏宗祠，始建于明朝中期，原三开间两进一天井两廊房格局，2011年重建后改为五开间三进两天井四廊房，现仍作宗祠使用，有对联"崇公肇世采；德泽耀龙门"。2004年被宝安区

◎ 清湖旧貌（转载于2001年版《龙华史志》）

◎ 传统民居（廖广进 摄于2016年）

◎ 廖氏宗祠（廖广进 摄于2016年）

◎ 元珠家塾（摄于2008年，清湖社区供稿）

评为区级文物保护点。

村内存有元珠家塾、老围大门、碉楼。元珠家塾，始建于清朝中期，是廖氏十四世祖之书室，为三开间两进一天井格局，有对联"元公传世彩子孙思拜逢秋喜庆；珠祖永流芳后裔念祭共聚华堂"，现作为廖氏分支祠堂使用。老围大门，始建于明洪武二十七年（1394年），现围门及围门楼阁保存完好。碉楼，始建于民国初期，楼高18.5米。

村中有三界庙，始建于明代，清道光十二年（1832年）重修，2011年重建。三界庙现存清道光年间（1821—1850年）《重修三界庙碑》，民国时期木匾一块，上刻"赫声濯灵"四字。旧时每年正月十五，村民都要在庙前观看木偶戏表演。2008年，三界庙被公布为宝安区不可移动文物，三界庙的故事被列入深圳市非物质文化遗产名录。

廖氏祖墓位于飞鹅岭，坐东向西，二世祖、乐善祖、十世祖三座墓茔并峙。其中二世祖墓碑立于清康熙三十五年（1696年），被列为宝安区不可移动文物点。

村内有《广东廖氏坚公族谱》，廖锦洪等纂修于2001年。有《廖氏家训》，清嘉庆十五年（1810年）重修。

每年农历九月初九，村民在家中祭拜祖先；农历九月初十，在廖氏宗祠集体祭拜祖先，吃大盆菜。

舞麒麟技艺，约形成于三百年前，每逢农历新年和喜庆节日进行表演，通常以农村晒场、空地

◎ 三界庙（廖广进 摄于2016年）

◎ 大榕树（廖广进 摄于2016年）

为表演场地，中华人民共和国成立后中止。2013年清湖村重新组建麒麟队，有队员30人。

有民谣两则："飞鹅戏水翻波浪，阳台峪内育金刚，七仙美女游湖乐，孕育马留创业王。""飞鹅戏水翻波浪，水浸马头金鸡啼。大船出海鱼朗口，猛虎归山跳高墙。狮子滚球将军箭，双龙吐珠结寺堂。"

2002年2月，国家主席江泽民在清湖视察了富士康21世纪资讯科技工业园。

代表性人物：

廖兴有（1925—1948），1947年参加惠东宝人民护乡团三团一大队，在东莞县梅塘战斗中牺牲。

廖汉标（1935—2012），1981年任深圳特区食品集团总经理、党委书记，1987年任香港中旅集团董事、副总经理及深圳华侨城建设指挥部副主任（主持工作）、党委副书记，1990年任南油集团副董事长、总经理、党委书记。

（资料填报：廖广进；初稿撰写：刘家胜；分纂：柯盈华）

三联社区

弓村

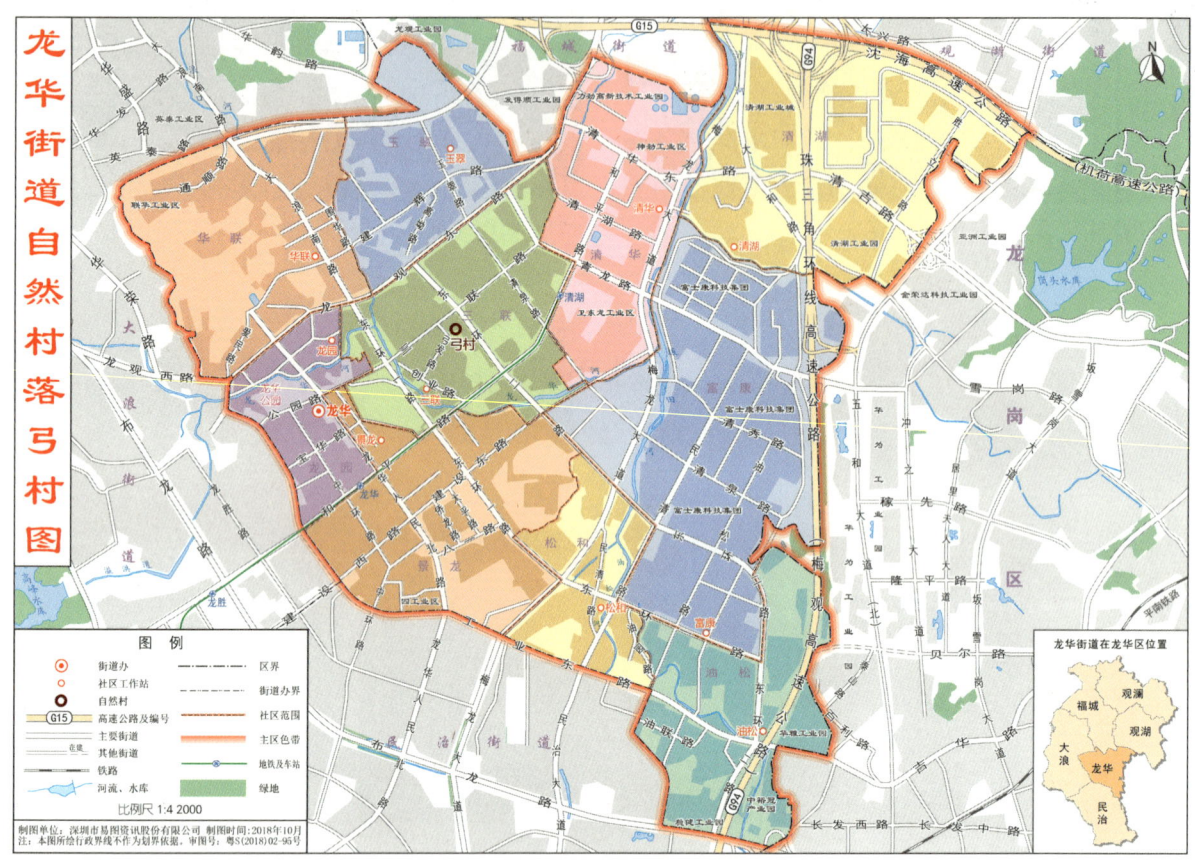

弓村位置示意图

弓村，位于龙华街道中部，距街道办事处0.5千米。相邻自然村有清湖村、山咀头村、狮头岭村。西南面有龙华河。

传说清康熙年间（1662—1722年），卢氏先祖到此开村，因此处地势形状如弓，故取名弓村；另一种说法为谐音龚村。

清朝，属新安县。1914年，属宝安县。中华人民共和国成立之初，属宝安县龙华乡；1958年，属红色公社；1959年，属观澜公社；1975年，属龙华公社；1979年，属深圳市龙华区龙华公社；1981年，属深圳市宝安县龙华公社；1983年，属宝安县龙华区三联乡；1986年，属龙华镇三联行政村；1993年，属深圳市宝安区龙华镇；2004年，属龙华街道；2011年，属龙华新区龙华街道三联社区。

世居村民为汉族，客家民系，使用客家方言。村民主要为卢姓、周姓、卓姓。卢氏最早定居该地，南宋时从江西赣州迁至广东；清康熙年间迁至清湖，清湖廖氏祖先廖马留将其安排在

◎ 弓村一角（摄于2016年，弓村社区供稿）

弓村。周氏先祖早年迁福建、江西等地，后迁至广东长乐（今五华）；清道光年间（1821—1850年）周茂全由东莞凤岗嶂吓迁至山咀头，后在弓村购入田地，建屋定居。卓氏于明洪武二十一年（1388年）从福建莆田迁至广东长乐（今五华）；十二世祖卓华锦于清康熙年间从长乐（今五华）迁至新安县石岩水田村，再至龙华阳台山；卓华锦长子卓维金于清乾隆年间（1736—1795年）迁居弓村。

2015年末，户籍人口296人，其中男性114人，女性182人；80岁以上19人，最年长者94岁（女）；实际在村人口235人；常年在城镇生活和打工61人。非户籍外来人口约3.5万人。祖籍该村的香港同胞11人。

传统经济以农业为主，主要种植水稻等。1983年，村民将村内土地全部集中，统一租给香港企业种植蔬菜。20世纪90年代开始建设工厂，引进"三来一补"企业。1992年，建成弓村工业区，主要生产五金、机电等劳动密集型产品。现大力发展各类商贸产业，包括购物、娱乐、餐饮、办公等。现村集体经营以物业出租为主。村民主要收入来源为集体经济分红、房屋出租、工资性收入等。

省道S359线龙观大道经过该村。60年代通电，90年代通自来水、通电话，1991年实现全村村道水泥硬底化，1996年通互联网。村中有垃圾转运站。

村中有龙华第二小学，设6个年级，32个班，2015年在校学生1392人，教职工85人。有龙华二

◎ 弓村社区公园（卓智聪 摄于2016年）

小幼儿园，在园幼儿580人，教职工46人；锦绣御园幼儿园，在园幼儿390人，教职工38人；"美丽365"幼儿园，在园幼儿300人，教职工42人。有弓村社区公园、弓村文体广场、星光老人之家、弓村党群服务V站。有三联社区图书馆，藏书1.2万余册。

村中存有《周氏族谱》《卓氏族谱》。《周氏族谱》为村中周氏族人于2002年编纂。《卓氏族谱》为狮头岭村卓氏族人于2015年编纂。

每逢春节、中秋等重要节日，家家户户杀鸡、鸭、鹅、猪等过节。春节必备传统食品有圆笼粄、米饼、糖环、大盆菜等，还会自制糯米酒。元宵节做汤圆，端午节包粽子，冬至做萝卜粄。

特色民俗有传统婚嫁仪式，形成于1949年之前。结婚前先过礼，过礼为钱、糕点、米饼等。结婚时用花轿接新娘，并一路敲锣打鼓，中华人民共和国成立后则改为骑自行车去迎娶，现在都是婚庆车队。双方亲戚先选好迎亲日子及出发、返回时辰，迎亲回来不能超过中午12点，并且要求原路返回。新郎去到新娘家时要塞红包"叫门"，直到伴娘满意为止。迎亲回来后举行拜堂仪式，随后宴请宾客，新郎新娘给亲戚敬茶。

村中有将军射雄鹰、"打死鸭"塅（地名）等传说。站在村前远望阳台山上的雄鹰咀，可见其气势雄伟，犹如雄鹰展翅。相传有一将军见雄鹰飞来，拉弓搭箭，对准雄鹰矢射而去。旧时，弓村有龙华粮仓之称，养鸭是农家副业，插完秧后20天左右，农民就将鸭子放进水田，任由鸭子啄食。有一年清湖人在弓村田段里插秧较迟，禾苗幼嫩，被大群鸭子啄食，清湖人将入田的鸭子全部打死，弓村人见自己的鸭子被打死，便与清湖人争论，起初动口相骂，后动起武来，连狮头岭、山咀头的人都参与进来，一场民间械斗一触即发。地方官员出面调解，使这场一触即发的民间恶斗得以平息，并定下规约，言归于好，弓村门前的田段因此得名"打死鸭"。

弓村是革命老村，涌现出了一大批革命先辈，有英勇捐躯的两任龙华乡长卓凤康、周振熙，还有周俊修、周吉、周向荣、周巩民等。

1937年12月，弓村组织抗日自卫队；1939年4月，建立了"白皮红心"的龙华乡政府，开展抗日活动；1940年初，中共东莞中心县委派沈浮在龙华一带活动，在弓村发展了周家祥、周立祥、卓友、卢根生等5名党员，建立了弓村党小组，组织当地群众支援抗日游击队的活动；1940年底，弓村成立了党支部，有党员7人，支部书记周家祥；1941年2月成立中共龙华区委，县委妇女部长、龙华区委书记赵学在弓村活动，并建立了弓村妇女会；1941年农历八月十五，广东人民抗日游击队第五大队在弓村、牛地埔、狮头岭与日军展开激战，毙伤日军30余人；1941年8月中旬到9月初，国民党顽军到龙胜堂、弓村等地搜捕中共地方党政干部，广东人民抗日游击队第五大队将其击退；1942年5月，弓村妇女会组织了"挑担队"，负责掩护部队，进行后勤保障工作；1945年10月初，龙华乡成立武工队，负责人为周吉、何富儒，有队员10多人，帮助部队掩藏武器、物资、文件；1951年，弓村党支部成立。

2015年，该村举办邻里节千人盆菜宴活动。

代表性人物：

卓凤康（1886—1942），出生于牙买加，清光绪二十八年（1902年）加入同盟会，清宣统三年（1911年）四月，与周振熙秘密发动和组织龙华、乌石岩两地民众近千人声援广州黄花岗反清起义，十月，率领龙华农民武装进攻新安县城南头取得胜利；1935年投身抗日救亡运动，1938年任龙华乡乡长，组织抗日自卫队；1939年8月，带领龙华乡抗日自卫队，参加火烧南头沙河大涌桥战斗；1941年，成立龙华乡民主政府，任乡长；6—7月，率龙华乡抗日自卫队配合广东人民抗日游击队，在望天湖一带两次袭击日军，打死打伤日军数十人；8月，配合广东人民抗日游击队作战，毙伤窜犯牛地埔之敌40多名；1942年，在龙华弓村被国民党军抓捕后牺牲。1949年，人民政府追认他为革命烈士。

周振熙（1898—1945），1939年初，协助东宝边区游击大队建立各村抗日自卫队，同年加入中国共产党；1941—1943年，周振熙带领抗日自卫队配合广东人民抗日游击总队，参加反"扫荡"斗争；1942年底，任龙华乡乡长；香港沦陷后，动员群众安置中共党组织从香港营救回来的文化名人和爱国人士，在龙华乡建立救济会，救济饥民；主持修建龙华东段灌溉渠，使大面积单造田变成双造田；动员和组织农民把旱田改种小麦、高粱和谷子；1945年12月，因公去龙华牛地埔，途中突遇国民党军围捕牺牲。

周俊修（1926—1944），1943年参加广东人民抗日游击队东江纵队，在东莞大岭山战斗中负伤转移到惠州罗浮山时牺牲。

（资料填报：卓智聪；初稿撰写：刘家胜；分纂：柯盈华）

狮头岭村

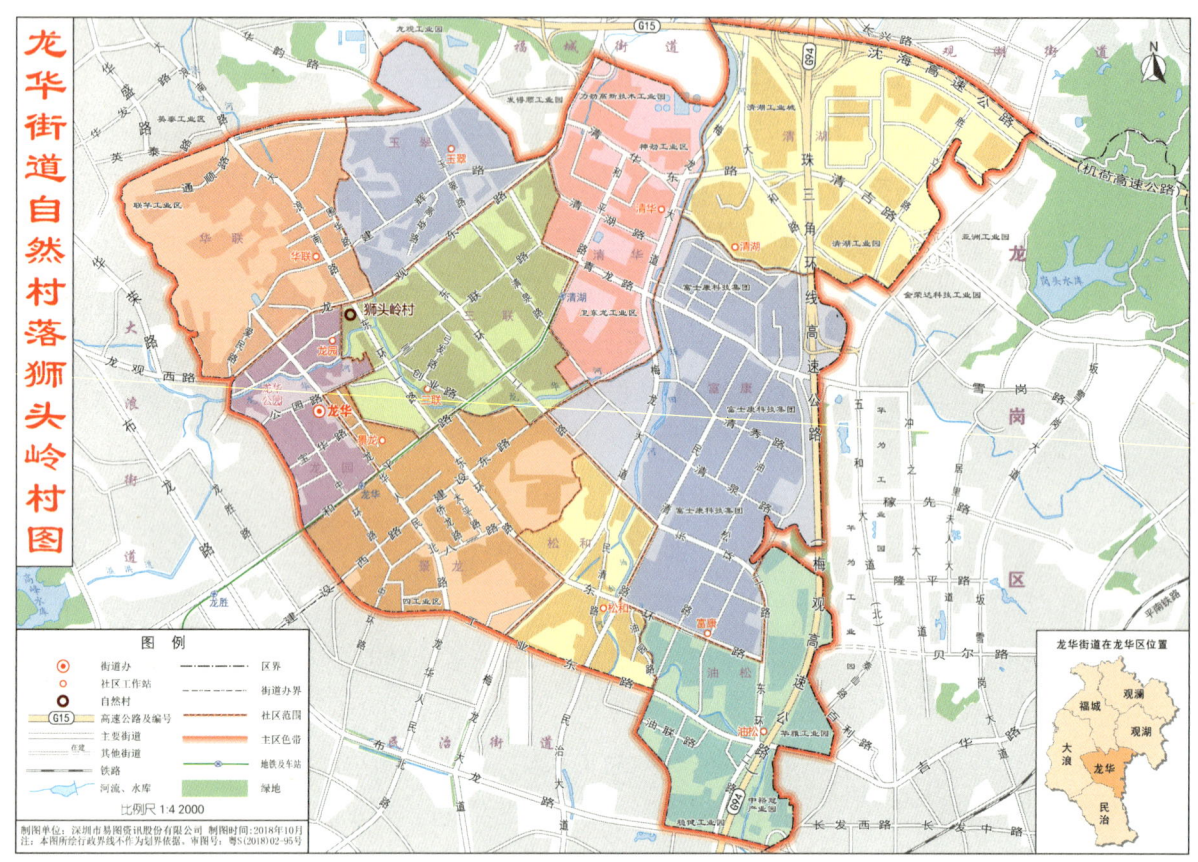

狮头岭村位置示意图

狮头岭村，位于龙华街道中部，距街道办事处约1千米。相邻自然村有山咀头村、弓村、郭吓村、牛地埔村。大浪河、龙华河在村中交汇。

始建于清乾隆年间（1736—1795年），卓氏先祖到此开村，据村中老人所述，因村后山形似狮子滚球，故得名狮头岭村。

清朝，属新安县。1914年，属宝安县。中华人民共和国成立之初，属宝安县龙华乡；1958年，属红色公社；1959年，属观澜公社；1975年，属龙华公社；1979年，属深圳市龙华区龙华公社；1981年，属深圳市宝安县龙华公社；1983年，属宝安县龙华区三联乡；1986年，属龙华镇三联行政村；1993年，属深圳市宝安区龙华镇；2004年，属龙华街道；2011年，属龙华新区龙华街道三联社区。

世居村民为汉族，客家民系，使用客家方言。主要姓氏为卓姓。据族谱记载，卓氏先祖在西晋永嘉年间（307—313年）从河南固始迁至福建莆田；明洪武二十一年（1388年）从福建莆田迁

◎ 狮头岭村一角（卓志连 摄于2016年）

至广东长乐（今五华）；十二世祖卓华锦于清康熙年间（1662—1722年）从广东长乐（今五华）迁至新安县石岩水田村，再至龙华阳台山；卓华锦之子卓维城、卓维富、卓维胜在清乾隆年间分居狮头岭村。

2015年末，户籍人口400人，其中男性230人，女性170人；80岁以上14人，最年长者96岁（男）；实际在村人口350人；常年在城镇生活和打工50人。非户籍外来人口约4000人。祖籍该村的港澳同胞8人。

传统经济以农业为主，主要农作物有水稻等。1983年，全村80%的田地被征收，从此村里不再进行农业生产。2003年，建立工业区，引进企业，主要生产五金、精密仪器、包装材料等产品。现村集体经营以物业出租为主。村民主要收入来源为集体经济分红、房屋出租、工资性收入等。特色传统（节庆）食品有鸡屎藤粄、花生猪肉咸粽、萝卜粄等。村中有古朴树一棵，树龄157年，为国家三级古树。

◎ 大浪河、龙华河在村中交汇（卓志连 摄于2016年）

◎ 三联永恒学校（卓志连 摄于2016年）

◎ 古朴树（颜佳佳 摄于2018年）

省道S359线龙观大道经过该村。20世纪70年代通电，90年代通电话、通自来水、实现全村村道水泥硬底化，20世纪末通互联网。

村中有龙华三联永恒学校，设9个年级，65个班，2015年在校学生3604人，教职工246人。有三联永恒幼儿园，在园幼儿360人，教职工72人。建有篮球场。

村民每年均会自发前往阳台山芋荷堂祖祠拜祭。2015年底，狮头岭村联合墩背村、弓村在原宗祠旧址上重建卓氏宗祠，占地面积约60平方米，为二进式格局，前堂为休息室，中间为天井，后堂供奉卓氏祖宗牌位，作为龙华卓氏宗祠使用。

村中卓氏族人于2015年编纂《卓氏族谱》。

1941年农历八月十五，广东人民抗日游击队第五大队在狮头岭、弓村、牛地埔与日军展开激战，日军死伤30余人。

（资料填报：卓志连；初稿撰写：刘家胜；分纂：柯盈华）

山咀头村

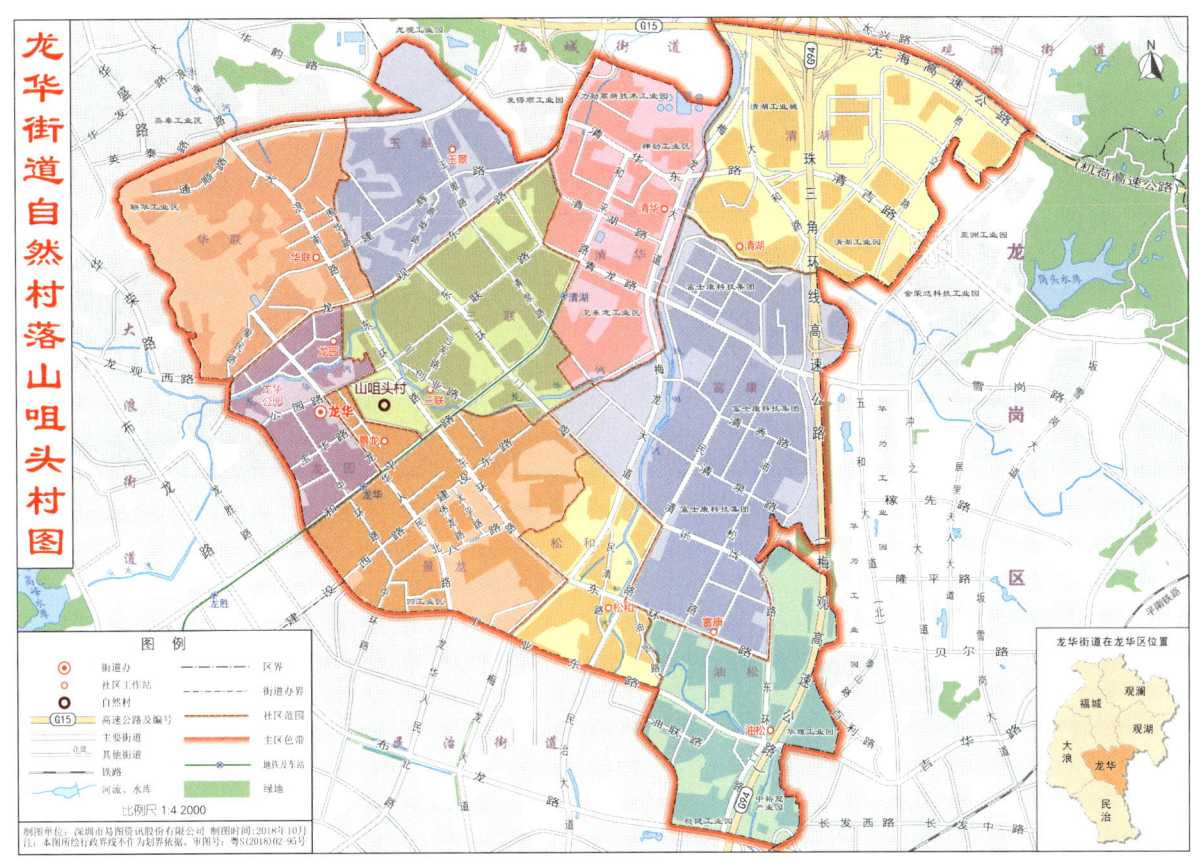

山咀头村位置示意图

山咀头村，位于龙华街道西部，距离街道办事处约0.3千米。相邻自然村有弓村、狮头岭村。始建于清道光年间（1821—1850年），周氏先祖到此开村，因后山种满小板栗树，地方方言中板栗树叫作咀仔树，故取名山咀头；另一说因村中山形像咀（同"嘴"），便得此名。

清朝，属新安县。1914年，属宝安县。中华人民共和国成立之初，属宝安县龙华乡；1958年，属红色公社；1959年，属观澜公社；1975年，属龙华公社；1979年，属深圳市龙华区龙华公社；1981年，属深圳市宝安县龙华公社；1983年，属宝安县龙华区三联乡；1986年，属龙华镇三联行政村；1993年，属深圳市宝安区龙华镇；2004年，属龙华街道；2011年，属龙华新区龙华街道三联社区。

世居村民为汉族，客家民系，使用客家方言。村民主要有周姓、陈姓。据《周氏族谱》记载，周氏先祖早年迁至福建、江西等地，后迁至广东长乐（今五华）；清道光年间周茂全由东莞凤岗嶂吓迁至山咀头。北宋末年，陈氏后裔陈魁率族人93人移居福建宁化、上杭，至其曾孙二

◎ 山咀头村一角（周瑞聪 摄于2016年）

郎、三郎迁至广东梅州，后迁移至该地。

2015年末，户籍人口326人，其中男性169人，女性157人；80岁以上28人，最年长者82岁（男）；实际在村人口226人；常年在城镇生活和打工100人。非户籍外来人口约3.2万人。祖籍该村的香港同胞60人。

传统经济以农业为主，主要种植水稻、花生、地瓜等，兼养猪、鸡、鸭等。改革开放后，农耕土地逐渐转型为建设厂房、宿舍楼等用于出租，引进"来料加工"企业，包括印刷厂、电子厂等。现村集体经营以物业出租为主。村民主要收入来源为集体经济分红、房屋出租、工资性收入等。特色传统食品有圆笼粄、萝卜粄、米饼、鸡屎藤粄、花生猪肉咸粽等。

省道S359线龙观大道经过该村。20世纪60年代通电，1991年通自来水、通电话，1995年实现全村村道水泥硬底化，1996年通互联网。

◎ 居委会大楼（周瑞聪 摄于2016年）

◎ 村中厂房（周瑞聪 摄于2016年）

村中有小精灵幼儿园，2015年在园幼儿466人，教职工21人。有老人活动中心、星光老年之家、村口小广场。

该村特色技艺有舞狮。形成于中华人民共和国成立初期，村民在农闲时节业余娱乐，每逢佳节或集会庆典，都以舞狮助兴。每头狮子由两个人合作表演，一人舞头，一人舞尾，在锣鼓伴奏下，做出狮子的各种形态动作，踏着鼓点乐声，摇头摆尾，威风凛凛。舞狮的同时还有人表演功夫。演奏的乐器主要为笛、锣、鼓、钹等，没有曲谱。

1951年，中共山咀头村党支部成立，支部书记周详，共有党员5人。

代表性人物：

周奎（1919—1945），1943年参加广东人民抗日游击队东江纵队，1945年12月在海丰县吉隆战斗中牺牲。

（资料填报：周瑞聪；初稿撰写：刘家胜；分纂：柯盈华）

华联社区

河背村

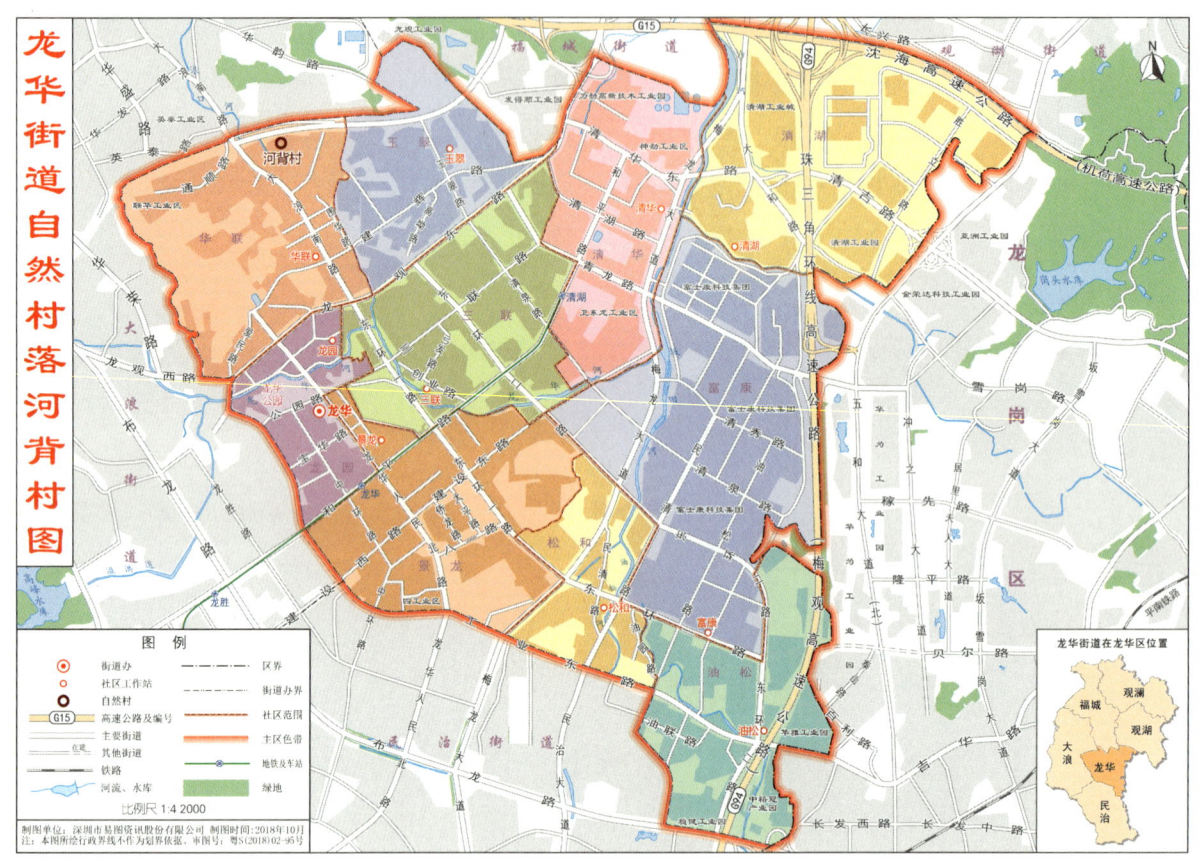

河背村位置示意图

河背村，位于龙华街道西北部，距街道办事处约3千米。相邻自然村有墩背村、老围村。大浪河自西北向东南从村中穿过。

始建于清嘉庆年间（1796—1820年），张文华次子张祖旺自老围村越过大浪河在河背处围地定居，故称河背村。

清朝，属新安县。1914年，属宝安县。中华人民共和国成立之初，属宝安县龙华乡；1958年，属红色公社；1959年，属观澜公社；1975年，属龙华公社；1979年，属深圳市龙华区龙华公社；1981年，属深圳市宝安县龙华公社；1983年，属宝安县龙华区三联乡；1986年，属龙华镇三联行政村；1993年，属深圳市宝安区龙华镇；2004年，属龙华街道；2011年，属龙华新区龙华街道华联社区。

世居村民为汉族，客家民系，使用客家方言。村民主要为张姓。清康熙年间（1662—1722年），张化孙由福建上杭迁至广东梅州、惠州、韶关等地；清乾隆年间（1736—1795年），张文

◎ 河背村一角（张志强 摄于2016年）

◎ 河背综合办公大楼（摄于2016年，河背村供稿）

华迁至新安县龙华老围村；清嘉庆年间，张祖旺迁移至该地定居。

2015年末，户籍人口200人，其中男性90人，女性110人；80岁以上10人，最年长者90岁（女）；实际在村人口150人；常年在城镇生活和打工50人。非户籍外来人口约6000人。祖籍该村的香港同胞14人。祖籍该村的华人华侨约100人，主要居住在马来西亚。

传统经济以农业耕种和养殖为主，主要农作物有水稻、生姜、剑麻等，养殖猪、鸡、鸭等。改革开放后，村中大力发展工业。现村集体经营以工业为主。村民主要收入来源为集体经济分红、房屋出租等。特色传统（节庆）食品有鸡屎藤粄、艾粄、花生猪肉粽子、萝卜粄、糍粑、甜粄等。

坂雪岗大道经过该村。20世纪70年代末通电，80年代通自来水，90年代通电话并实现全村村道水泥硬底化，2000年通互联网。幼儿园有华联幼儿园，2015年在园幼儿450人，教职工36人。有篮球场、星光老人活动中心、党群服务中心。

◎ 大浪河从村中穿过（张志强 摄于2016年）

◎ 华联幼儿园（张志强 摄于2016年）

◎ 舞麒麟照片（张志强 摄于2016年）

该村传统习俗基本保留客家传统，如春节舞麒麟。河背村麒麟队始建于民国时期，称"龙华镇三联宗亲麒麟队"，号"清河"，20世纪60年代起因故停办，1996年重新组建清河麒麟队。每年春节期间麒麟队会到各地拜年表演，平日邻里乡亲嫁娶迎亲、新宅落成等民间活动，都会邀请麒麟队前来庆贺。

河背村盛行客家山歌。由于靠近大浪街道（办事处），河背村的山歌与大浪山歌较为相似。最早的山歌有七言四句和七言五句两种，没有固定的文字限制，主要抒发情感；后来发展为通过借物抒情，表达爱情；再后来出现了公益性质的山歌。现在村里会唱山歌的人已经很少。

（资料填报：张志强；初稿撰写：刘家胜；分纂：柯盈华）

墩背村

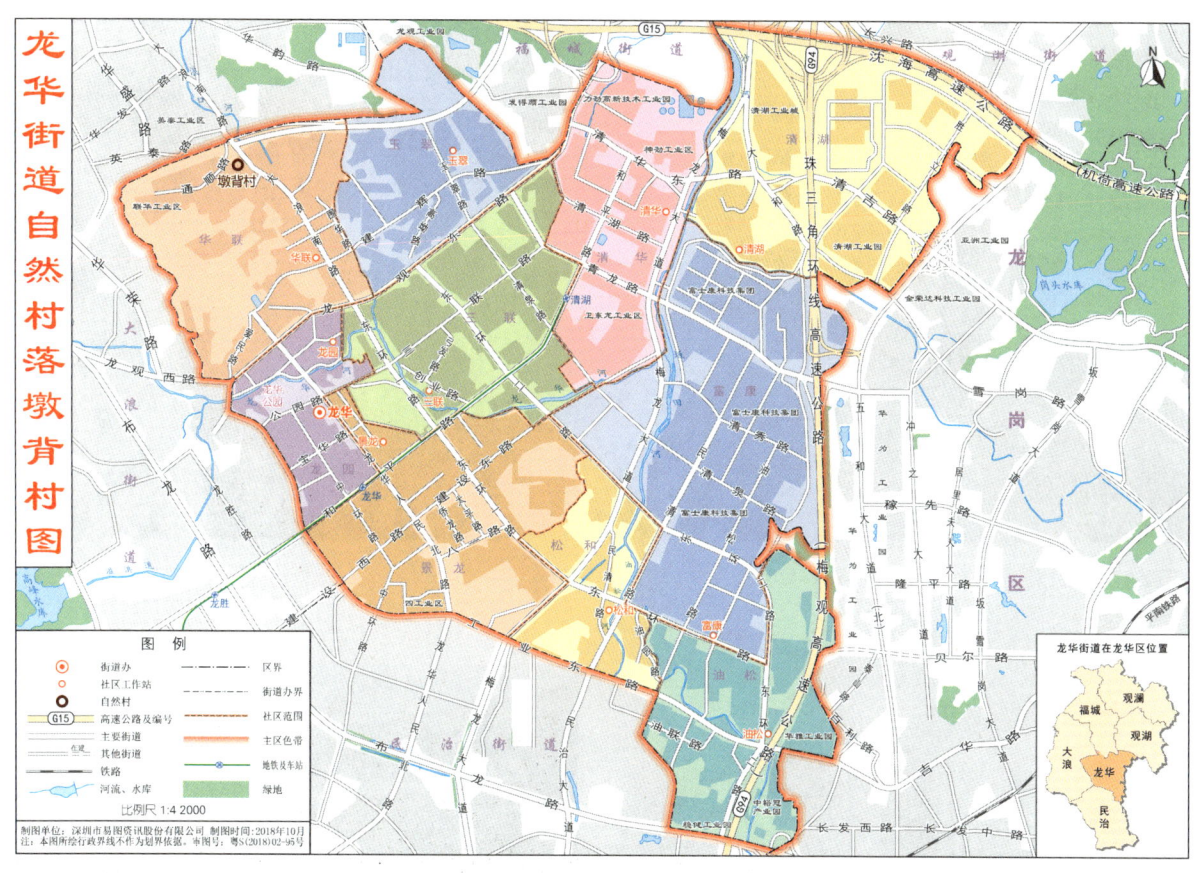

墩背村位置示意图

墩背村，位于龙华街道西北部，距街道办事处约1.6千米。相邻自然村有河背村、老围村。

始建于清乾隆年间（1736—1795年），卓氏先祖到此开村，因村落位于土墩的背面，因此得名。

清朝，属新安县。1914年，属宝安县。中华人民共和国成立之初，属宝安县龙华乡；1958年，属红色公社，1959年，属观澜公社；1975年，属龙华公社；1979年，属深圳市龙华区龙华公社；1981年，属深圳市宝安县龙华公社；1983年，属宝安县龙华区三联乡；1986年，属龙华镇三联行政村；1993年，属深圳市宝安区龙华镇；2004年，属龙华街道；2011年，属龙华新区龙华街道华联社区。

世居村民为汉族，客家民系，使用客家方言。村民主要为卓姓。据族谱记载，卓氏先祖在西晋永嘉年间（307—313年）从河南固始迁至福建莆田；明洪武二十一年（1388年）从福建莆田迁至广东长乐（今五华）；十二世祖卓华锦于清康熙年间（1662—1722年）从长乐（今五华）迁至新安县

◎ 墩背村村貌（陈敏瑜 摄于2016年）

◎ 村内商场（陈敏瑜 摄于2016年）

◎ 墩背学校（陈敏瑜 摄于2016年）

石岩水田村，再至龙华阳台山；其子卓维和、卓维贵于清乾隆年间分居此地。

2015年末，户籍人口100人，其中男性43人，女性57人；80岁以上5人，最年长者87岁（女）；实际在村人口76人；常年在城镇生活和打工24人。非户籍外来人口约1.1万人。祖籍该村的香港同胞80人。祖籍该村的华人华侨约150人，主要分布在马来西亚、新加坡、南美洲等地。

传统经济以农业为主。20世纪80年代末期，村民逐渐转向外出务工。90年代中期，村中土地被征收或转让，用于建厂收取租金。2000年以后，村民建房用于出租。现村集体经营以工业为主，主要从事皮具制作、制衣行业。村民主要收入来源为集体经济分红、房屋出租、工资性收入等。

龙澜大道、大浪南路经过该村。70年代通电，80年代通自来水，90年代实现全村村道水泥硬

◎ 重修祠堂（陈敏瑜 摄于2016年）

底化，1992年通电话，2002年通互联网。村中有墩背学校，设9个年级，28个班，2015年在校学生1645人，教职工64人。有星光老人活动中心。

村内存有《五华卓氏族谱》，五华卓氏族谱编修理事会纂修于2013年。村内卓氏族人每年自发前往阳台山祠堂拜祭。2015年底，由墩背村、弓村、狮头岭村三村联合成立宗祠重修负责小组，在原宗祠的旧址上重建卓氏祠堂。

1992年，墩背旧村发生洪灾，大部分房屋崩塌。1995年，村民迁入墩背新村。

（资料填报：陈敏瑜；初稿撰写：刘家胜；分纂：柯盈华）

老围村

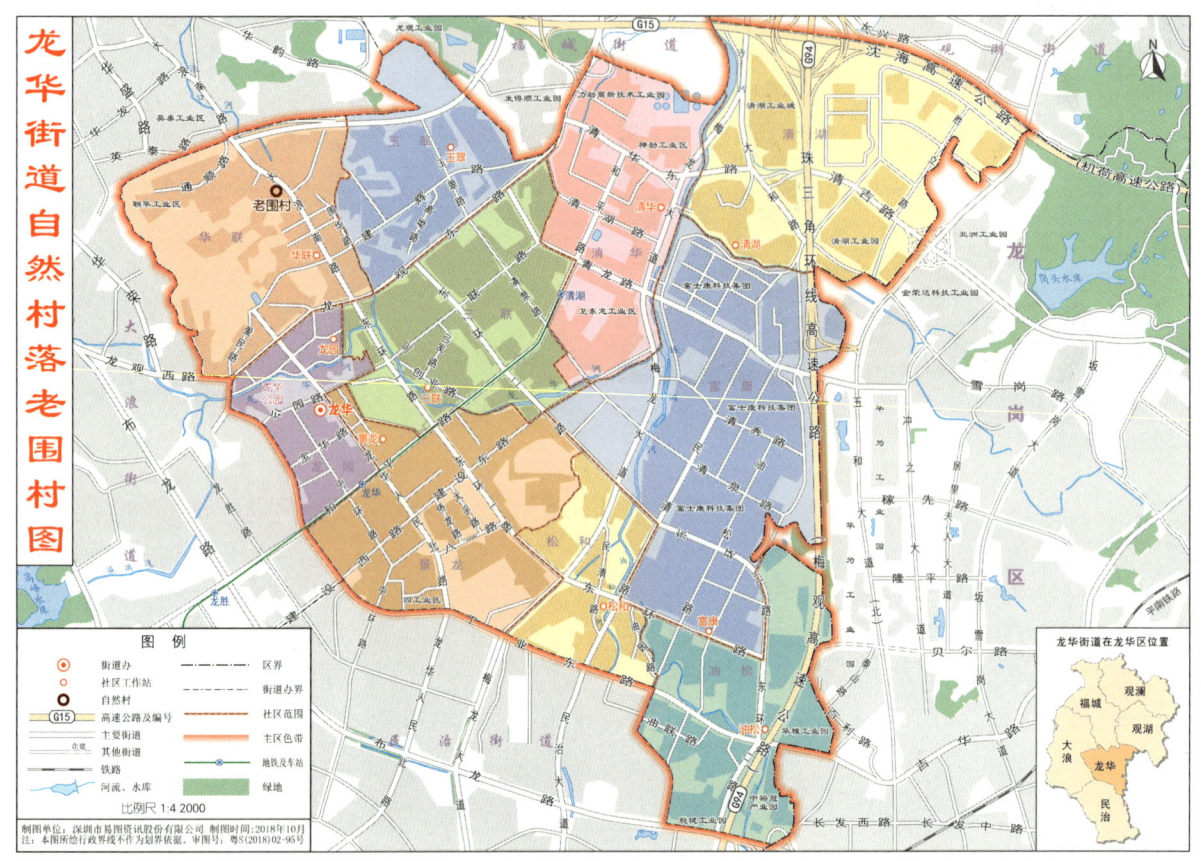

老围村位置示意图

老围村，位于龙华街道西北部，距街道办事处约1.5千米。相邻自然村有河背村、墩背村、郭吓村。始建于清乾隆年间（1736—1795年）。

清朝，属新安县。1914年，属宝安县。中华人民共和国成立之初，属宝安县龙华乡；1958年，属红色公社；1959年，属观澜公社；1975年，属龙华公社；1979年，属深圳市龙华区龙华公社；1981年，属深圳市宝安县龙华公社；1983年，属宝安县龙华区三联乡；1986年，属龙华镇三联行政村；1993年，属深圳市宝安区龙华镇；2004年，属龙华街道；2011年，属龙华新区龙华街道华联社区。

世居村民为汉族，客家民系，使用客家方言。主要姓氏为张姓。清康熙年间（1662—1722年），张化孙由福建上杭迁至广东梅州、惠州、韶关等地；清乾隆年间，张文华迁至该地。

2015年末，户籍人口400人，其中男性170人，女性230人；80岁以上12人，最年长者98岁（女）；实际在村人口200人；常年在城镇生活和打工200人。非户籍外来人口约9000人。祖籍该

◎ 老围村村貌（张容容 摄于2016年）

◎ 老围综合办公楼（张容容 摄于2016年）

◎ 老围工业区（张容容 摄于2016年）

村的香港同胞28人。祖籍该村的华人华侨7人，主要分布在东南亚。

传统经济以农业为主，主要农作物有水稻等，兼饲养猪、鸡、鸭等家畜家禽。20世纪80年代末期，将田地出租给香港商人用于种菜、开塘养鱼。90年代初期，建厂建房，多为来料加工、皮具、制衣行业。2000年以后，多建房出租。现村集体经营以工业为主。村民主要收入来源为集体经济分红、房屋出租、工资性收入等。特色传统（节庆）食品有鸡屎藤粄、艾粄、花生猪肉粽、萝卜粄、糍粑、甜粄、大盆菜等。

沈海高速G15线经过该村。20世纪70年代末通电，80年代通自来水，90年代通电话、实现全村

◎ 传统民居（张容容 摄于2016年）

村道水泥硬底化，2000年通互联网。有村委篮球场和星光老人活动中心。

传统民居为客家民居，现存100座。总占地面积8000多平方米，房屋规范整齐，统一朝西南方向，称"三排屋"，多为土木结构，墙面为泥砖构造，部分重修房屋则以红砖砌墙。现房屋保存较好，主要出租给外来人员居住或用来堆放杂物。

该村特色民俗有丧葬习俗，形成于1949年之前，主要包括治丧、下葬、祭祖等环节，还有三个方面的礼仪：逝者子孙或同村村民要为其洗澡，后须由村中老人帮其穿上寿衣、寿鞋、寿帽；出殡送葬前须由村中40岁以上的男性到墓穴处山顶画符念咒，之后才能抬棺下葬；整个仪式由村委会安排村民协助完成。逝者下葬后的第三天，亲戚好友要备好门红、豆腐到丧家探望，祝福丧家红旺吉利，称"逻红"，当地人叫"谢客"；丧家设宴招待，以示感谢。殡葬改革后实行火化，仪式简化。

（资料填报：张容容；初稿撰写：刘家胜；分纂：柯盈华）

郭吓村

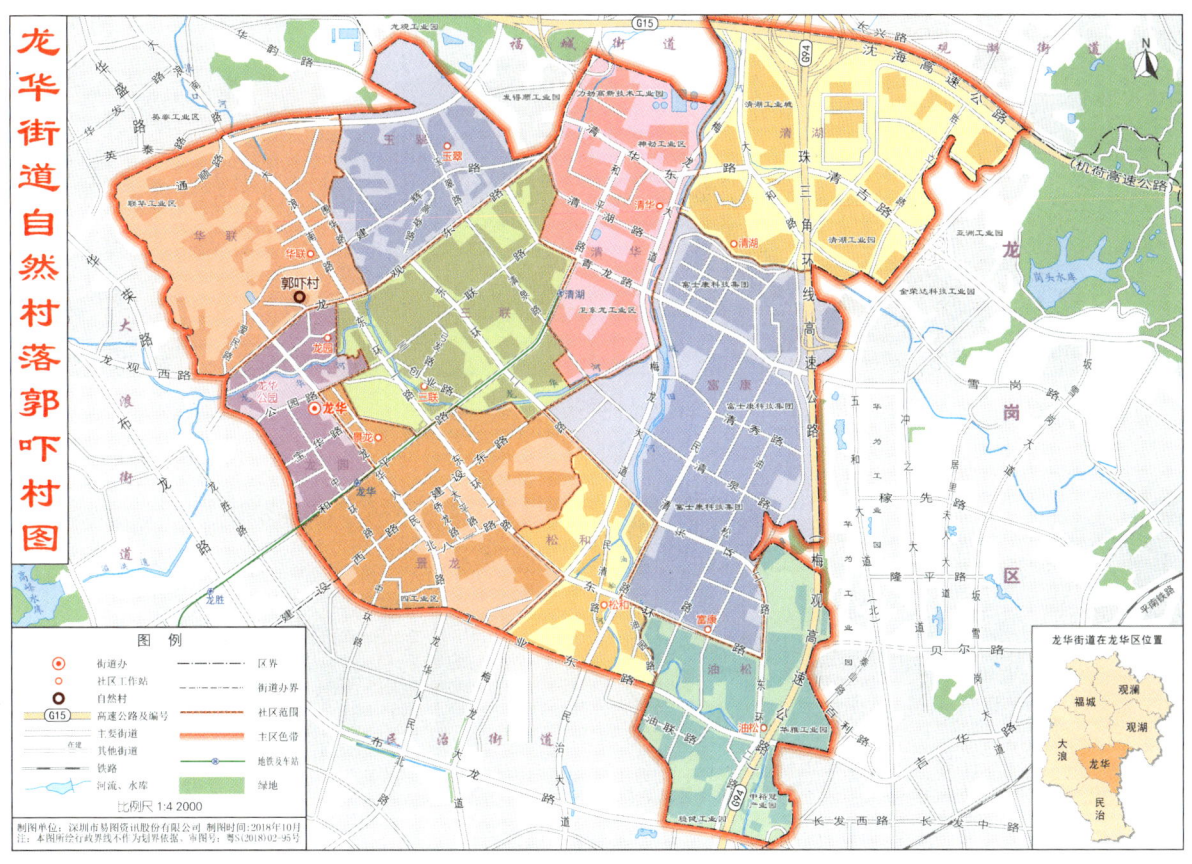

郭吓村位置示意图

郭吓村，位于龙华街道西北部，距街道办事处约0.7千米。相邻自然村有狮头岭村、牛地埔村、老围村。北面有后山，海拔100米。

始建于明正德十一年（1516年），赖氏先祖到此开基，因该地处于连绵成片山地之下，故取名郭吓；也有方言谐音"脚下"一说。

建村至明万历元年（1573年），属东莞县；明万历元年至清朝，属新安县。1914年，属宝安县。中华人民共和国成立之初，属宝安县龙华乡；1958年，属红色公社，1959年，属观澜公社；1975年，属龙华公社；1979年，属深圳市龙华区龙华公社；1981年，属深圳市宝安县龙华公社；1983年，属宝安县龙华区三联乡；1986年，属龙华镇三联行政村；1993年，属深圳市宝安区龙华镇；2004年，属龙华街道；2011年，属龙华新区龙华街道华联社区。

世居村民为汉族，广府民系，使用粤方言。村民主要为赖姓。赖氏先祖于明正德十一年从赖屋山村迁至此地。

◎ 郭吓村村貌（翟婷婷 摄于2016年）

◎ 三联公园（翟婷婷 摄于2016年）

◎ 赖氏宗祠（摄于2019年，龙华街道供稿）

2015年末，户籍人口216人，其中男性90人，女性126人；80岁以上4人，最年长者94岁（女）；实际在村人口124人；常年在城镇生活和打工92人。非户籍外来人口约5000人。祖籍该村的香港同胞33人。

传统经济以农业为主。改革开放后，村民多以种菜为主。20世纪90年代，开始发展工业，多为电子厂、加工厂等，村民转型以务工为主。现集体经济主要为工业生产等。村民主要收入来源为商业经营、工资性收入、集体经济分红、房屋出租等。特色传统（节庆）食品有大盆菜等。

省道S359线龙观大道经过该村。80年代通自来水、通电、通电话，90年代实现全村村道水泥硬底化、通互联网。村内有篮球场、三联公园、郭吓新村党群服务中心、郭吓户外文体广场。

现存赖氏宗祠，始建于明代，2012年重修，占地面积约200平方米，保存完好，仍作宗祠使用。春节期间的正月初二、初三和十五，村民会到宗祠拜祖先。该村特色民俗有传统婚嫁仪式。

（资料填报：翟婷婷；初稿撰写：刘家胜；分纂：柯盈华）

牛地埔村

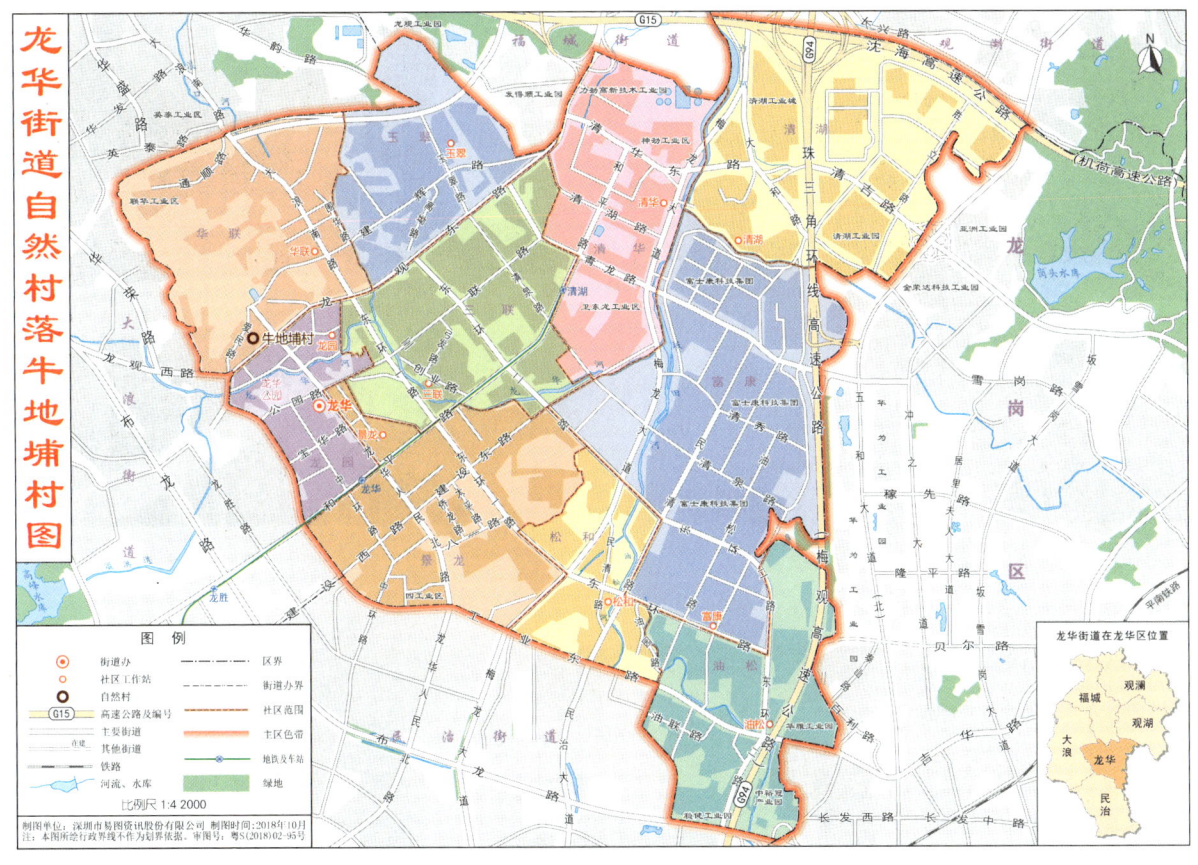

牛地埔村位置示意图

牛地埔村，位于龙华街道西北部，距街道办事处约1千米。相邻自然村有郭吓村、狮头岭村。西面有清窝岭、牛角窝、牛寮窝、乌石岗、阎公坑、大上塘等山，最高海拔120米。始建于清康熙年间（1662—1722年），郑氏先祖到此开村。

清朝，属新安县。1914年，属宝安县。中华人民共和国成立之初，属宝安县龙华乡；1958年，属红色公社；1959年，属观澜公社；1975年，属龙华公社；1979年，属深圳市龙华区龙华公社；1981年，属深圳市宝安县龙华公社；1983年，属宝安县龙华区三联乡；1986年，属龙华镇三联行政村；1993年，属深圳市宝安区龙华镇；2004年，属龙华街道；2011年，属龙华新区龙华街道华联社区。

世居村民为汉族，客家民系，使用客家方言。村民主要为郑姓。明朝时，郑氏家族由闽南迁入广东潮州，再迁入今深圳坪地；清康熙年间，由郑庭礼率族人移居下梅林，郑庭礼二子郑子美迁移至该地。

◎ 牛地埔村一角（陈娟 摄于2016年）

2015年末，户籍人口300人，其中男性130人，女性170人；80岁以上10人，最年长者85岁（女）；实际在村人口203人；常年在城镇生活和打工97人。非户籍外来人口约4000人。祖籍该村的香港同胞100人。祖籍该村的华人华侨约50人，主要分布在特立尼达和多巴哥、英国、美国、马来西亚等国。

◎ 星光老年之家（陈娟 摄于2016年）

◎ 龙丰学校（陈娟 摄于2016年）

传统经济以农业为主，主要农作物有水稻、木薯、甘蔗等。2003年，村里建立后山工业区，入驻企业以小型加工厂为主，主要生产电子产品、模具和五金等。现村集体经营以工业为主。村民主要收入来源为集体经济分红、房屋出租和工资性收入等。特色传统（节庆）食品有圆笼粄、鸡屎藤粄、艾粄、粽子等。

◎ 传统民居（陈娟 摄于2016年）

◎ 郑氏宗祠（陈娟 摄于2016年）

省道S359线龙观大道经过该村。20世纪80年代通自来水、通电、通电话，90年代实现全村村道水泥硬底化并通互联网。

村中有龙丰学校，设9个年级33个班，2015年在校学生1330人，教职工85人；有龙丰幼儿园，在园幼儿447人，教职工56人。有老人活动中心、星光老年之家。

传统民居为客家民居，现存10座。90年代，村民逐渐从传统民居搬出，现整体破旧，有些保存较好的租给外来务工人员居住。

现存郑氏宗祠，始建于40年代，1989年重修，占地面积约100平方米，宗祠内有对联："金殿表公侯令德世扬光史策；玉堂登宰相正人功著振家声"。现仍作宗祠使用。春节等重要节日村民会来此拜祭。有古井，现已废弃。

旧时大浪村民到龙华墟赶集都须经过牛地埔草埔坝。当年龙华的群众集会都在草埔坝里举行。共产党领导下的粤赣湘边纵队，每个季度都会在草埔坝召开一至两次群众大会，向群众宣传革命形势及党的方针政策，还会开展文艺演出。1948年10月，粤赣湘边纵队第三团团长麦定堂在草埔坝作报告，分析了当时的革命形势，号召游击区人民要团结一致，为解放宝安县做好准备。中华人民共和国成立前夕，中国新民主主义青年团龙华团组织在草埔坝举办过三次新团员入团宣誓仪式。

清光绪二十四年（1898年），钟水养、黄远香、陈义等在龙华乌石岗发动反清起义。

1941年，牛地埔村建立了妇女会，妇女会平时帮助游击队采购柴米油盐蔬菜，战时送饭上前线、接运伤病员等。

1941年，广东人民抗日游击队在乌石岗伏击日军，打死打伤日本兵各一人。

1941年10月5日，日军向龙华进犯，广东人民抗日游击队在狮头岭、弓村、牛地埔与日军激战，最后把日军围困在牛地埔附近，毙伤日军30余人。

1948年9月17日，龙华武工队夜袭龙华国民党联防队在牛地埔村祠堂的营房，歼敌40余人。

（资料填报：陈娟；初稿撰写：刘家胜；分纂：柯盈华）

油松社区

上油松村

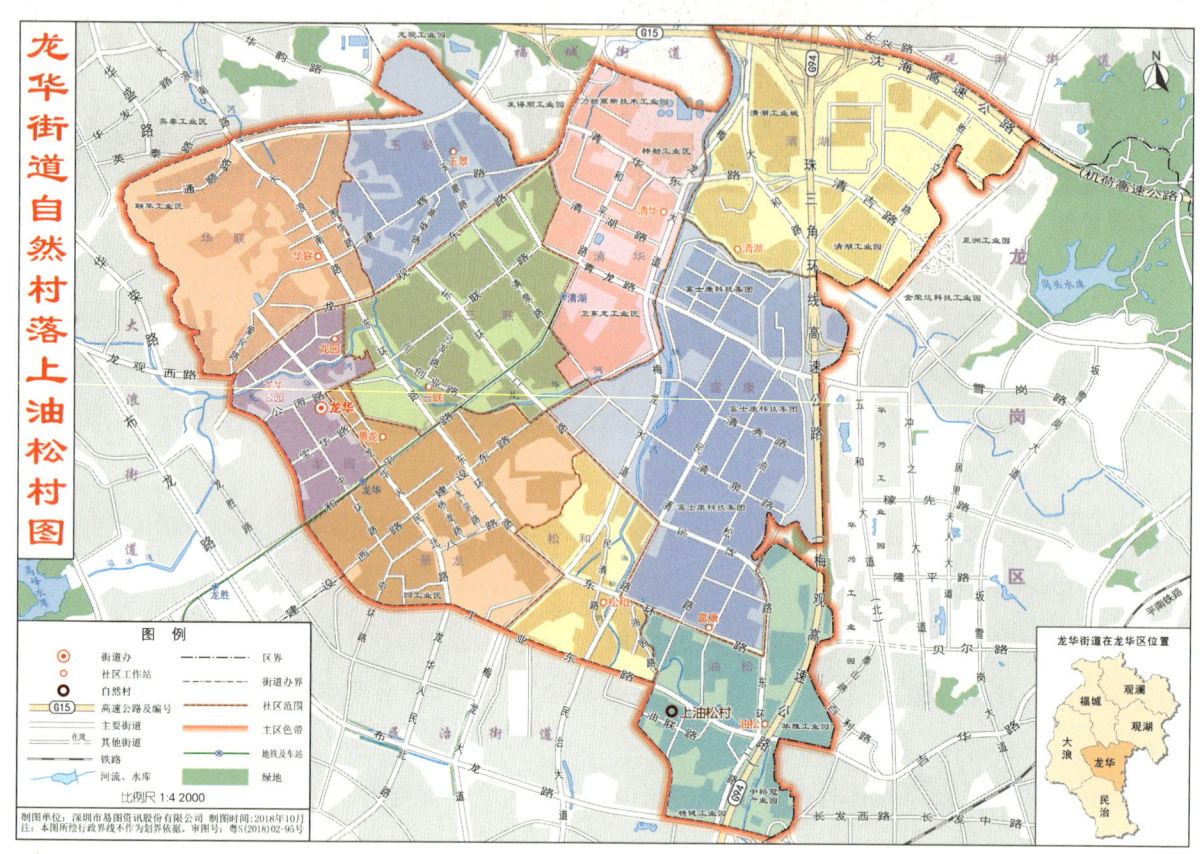

上油松村位置示意图

上油松村，位于龙华街道南部，距街道办事处约3.5千米。相邻自然村有下油松村、水斗老围村、民治街道牛栏前村。民治河和油松河在村中汇合，村北有坂田河自东向西流过。

始建于清康熙年间（1662—1722年），游氏十五世祖游自超与房兄从油松老围迁此建镇乾围，因该地楼溪河经长期冲刷而形成无数涌沥，称为游涌，谐音为游松，村民在溪流上游安居乐业，便得此名，后演化成上油松。曾用名镇乾围。

清朝，属新安县。1914年，属宝安县。中华人民共和国成立之初，属宝安县龙华乡；1958年，属红色公社；1959年，属观澜公社；1975年，属龙华公社；1979年，属深圳市龙华区龙华公社；1981年，属深圳市宝安县龙华公社；1983年，属宝安县龙华区青松乡；1986年，属龙华镇油松行政村；1993年，属深圳市宝安区龙华镇；2004年，属龙华街道；2011年，属龙华新区龙华街道油松社区。

世居村民为汉族，广府民系，使用粤方言。村民主要为游姓。南宋绍定二年（1229年）从福建泉州迁移到东莞员头山等地；明朝中后期，从东莞寮步良边迁至楼溪游松；清康熙年间迁海复界

龙华街道　油松社区　上油松村

◎ 上油松村村貌（陈宛湘 摄于2016年）

◎ 村口牌坊（陈宛湘 摄于2016年）

后，从油松老围迁建镇乾围，即今上油松村。

2015年末，户籍人口320人，其中男性165人，女性155人；80岁以上20人，最年长者93岁（女）；实际在村人口270人；常年在城镇生活和打工50人。非户籍外来人口约2.5万人。祖籍该村的香港同胞70人左右。

传统经济以农业为主，主要农作物有水稻、花生、甘蔗等，同时发展林、牧、副、渔等多种经营，兴办榨油、制糖等加工业。改革开放后，开始引进"三来一补"企业。现村集体经营以物业出租为主。村民主要收入来源为集体经济分红、房屋出租、工资性收入等。特色传统（节庆）食品有煎堆、沓饼、炒米饼、糖丸、油角（角仔）、鸡屎藤粄、水糍、茶果、松糕等。有古枫香树1棵，树龄206年，为国家级二级古树。

布龙路经过该村。20世纪60年代通电，80年代末通自来水，90年代初通电话，90年代实现全村村道水泥硬底化，2000年通互联网。

有深圳市展华实验学校，设9个年级，91个班，2015年在校学生4446人，教职工381人；有展华幼儿园，在园幼儿608人，教师44人。有体育场1个、篮球场2个、羽毛球场1个、社区公园1个。有村民活动中心、社区党群服务中心、老年星光之家。有社区图书室，藏书5000余册。

传统民居为广府民居，现存33座。总占地面积8689平方米，建筑面积4284平方米，排列井然有序，房屋大多为花岗岩石条墙角、墙裙，青砖砌墙，灰瓦覆顶，大门门额上有门罩。20世纪80年代，村民逐渐从传统民居搬出，现整体破旧，有些保存较好的租给外来务工人员居住。

◎ 大王爷庙（陈宛湘 摄于2016年）

◎ 游氏家祠（陈宛湘 摄于2016年）

现存游氏家祠，始建于清乾隆年间，清嘉庆五年（1800年）、1992年重修，为两进三开间中天井，家祠内有碑记，立于清嘉庆五年，现保存完好。现存振声书室、梧轩书室。振声书室有篆体"永垂基业"四字雕花屏风。

现存有《游松游氏族谱》，游氏族人游康福等于2009年纂修。村民于每年春节、端午节、中秋节和冬至拜祠堂、拜大王爷和拜门楼。族人婚娶、男丁满月、点灯等也要到祠堂拜祭。

大王爷庙，供奉大王爷，每逢春节、清明、端午、中秋、冬至等节日或者娶妻、生子等重大喜庆，村民前往参拜。特色民俗有传统婚嫁仪式和添丁点灯仪式。

◎ 传统民居（陈宛湘 摄于2016年）

1941年6月17日，驻宝安南头日军400余人进犯油松，广东人民抗日游击队第五大队大队长王作尧命令第一中队在坂田、油松坳设伏，击毙日军大佐1名，日军死伤30余人；同年7月7日，日军纠集南头、沙头角、深圳、布吉驻军400余人，分三路"扫荡"望天湖、龙华，广东人民抗日游击队第五大队第一中队和重机枪中队在油松坳设伏，毙伤敌军10余人；同年8月13日，日军再次纠集千余兵力分南、西两路进犯龙华根据地，黄高扬等组织民兵配合主力，分两路击溃了日军的进犯，保卫了龙华抗日根据地。

代表性人物：

游焯容（1917—？），曾任佛山纺织品公司总经理、深圳陶瓷进出口公司经理。

（资料填报：陈宛湘；初稿撰写：刘家胜；分纂：柯盈华）

下油松村

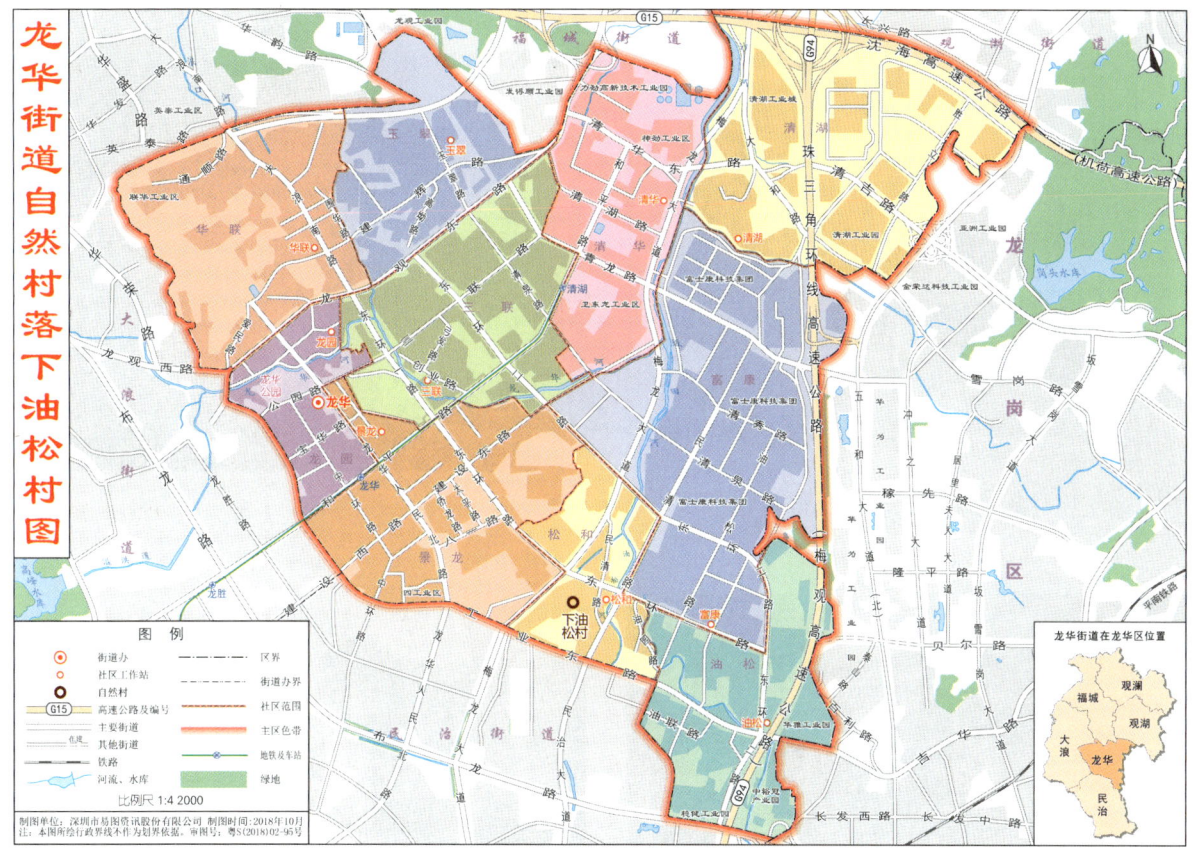

下油松村位置示意图

　　下油松村，位于龙华街道南部，距街道办事处约2.7千米。相邻自然村有上油松村、水斗新围村、共和村（松和社区）、民治街道牛栏前村。民治河、油松河在村中汇集。始建于清乾隆年间（1736—1795年），游氏十七世祖游赤君由油松老围迁此建永昌围，因该地楼溪河经长期冲刷而形成无数涌沥，称为游涌，谐音为游松，村民在溪流下游安居乐业，便得此名，后演化为下油松。

　　清朝，属新安县。1914年，属宝安县。中华人民共和国成立之初，属宝安县龙华乡；1958年，属红色公社；1959年，属观澜公社；1975年，属龙华公社；1979年，属深圳市龙华区龙华公社；1981年，属深圳市宝安县龙华公社；1983年，属宝安县龙华区青松乡；1986年，属龙华镇油松行政村；1993年，属深圳市宝安区龙华镇；2004年，属龙华街道；2011年，属龙华新区龙华街道油松社区。

　　世居村民为汉族，广府民系，使用粤方言。该村主要有游姓、孙姓、吴姓。游姓，南宋绍定二年（1229年）从福建泉州迁移到东莞员头山等地；明朝中后期，从东莞寮步良边迁至楼溪游

◎ 下油松村一角（游月媚 摄于2016年）

◎ 村口牌坊（游月媚 摄于2016年）

◎ 松和小学（游月媚 摄于2016年）

松；清乾隆年间，由油松老围迁建永昌围，即今下油松村。孙姓，1961年从潮阳迁至下油松。吴姓，1981年从兴宁迁至下油松。

2015年末，户籍人口130人，其中男性80人，女性50人；80岁以上10人，最年长者93岁（女）；实际在村人口128人；海外留学2人。非户籍外来人口约13500人。祖籍该村的香港同胞22人。

传统经济以农业为主，主要种植水稻，兼养猪、鸡、鸭等。20世纪80年代末期，开始引进"三来一补"企业和外商独资企业。现村集体经营以物业出租为主。村民主要收入来源为集体经济分红、房屋出租、工资性收入等。特色传统（节庆）食品有煎堆、沓饼、炒米饼、糖丸、油角、盆菜、鸡屎藤粄、水糍、茶果、松糕等。

布龙路经过该村。60年代通电，80年代末通自来水，90年代初通电话，1993年实现全村村道水泥硬底化，2000年通互联网。

◎ 油松河（游月媚 摄于2016年）

村中有松和小学，设6个年级36个班，2015年在校学生2008人，教职工120人；有松和幼儿园，在园幼儿450人，教师31人。有篮球场和星光老年之家。有社区图书室，藏书2000余册。

传统民居为广府民居，现存10余座。80年代，村民逐渐从传统民居搬出，现整体破旧，有些保存较好的，租给外来务工人员居住。

存有《游松游氏族谱》，游康福等纂修于2009年。村民在每年春节、端午节、中秋节和冬至拜祠堂、拜大王爷和拜门楼。族人婚娶、男丁满月、点灯等要到上油松村游氏家祠拜祭。

该村特色民俗有婚嫁仪式和添丁点灯仪式。

代表性人物：

游灿林（1930—），曾任广东省郁南县人民医院副院长、院长，宝安县卫生局副局长、党支部书记，宝安区沙井医院副院长。

（资料填报：游月媚；初稿撰写：刘家胜；分纂：柯盈华）

水斗老围村

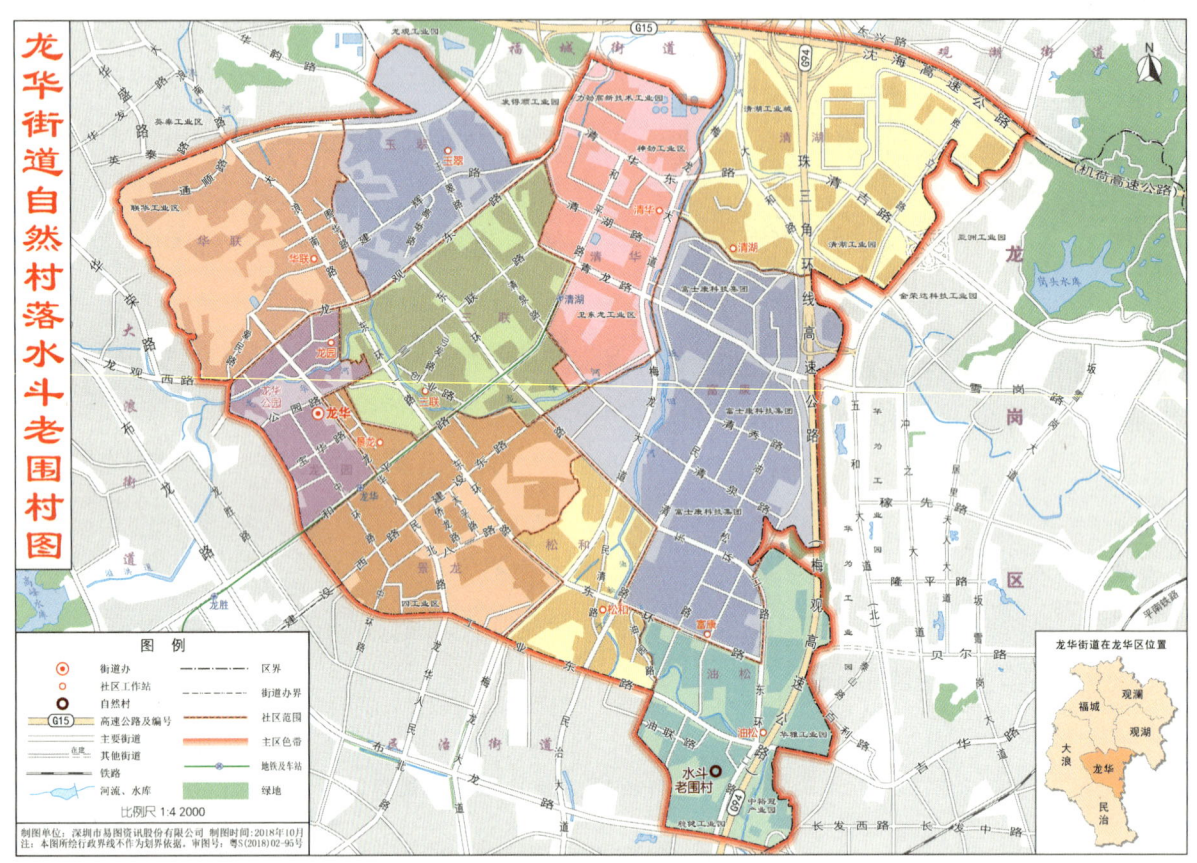

水斗老围村位置示意图

水斗老围村，位于龙华街道南部，距街道办事处约3.8千米。相邻自然村有上油松村、水斗新围村。坂田河自南向北从村中穿过。始建于清康熙年间（1662—1722年），因处于河流交汇处呈漏斗形状而得名水斗村，1960年因生产队经营需要，分为水斗老围、水斗新围两个大队，后改名水斗老围村。

清朝，属新安县。1914年，属宝安县。中华人民共和国成立之初，属宝安县龙华乡；1958年，属红色公社；1959年，属观澜公社；1975年，属龙华公社；1979年，属深圳市龙华区龙华公社；1981年，属深圳市宝安县龙华公社；1983年，属宝安县龙华区青松乡；1986年，属龙华镇油松行政村；1993年，属深圳市宝安区龙华镇；2004年，属龙华街道；2011年，属龙华新区龙华街道油松社区。

世居村民为汉族，客家民系，使用客家方言。村民主要为苏姓、冯姓。苏氏先祖苏民仰早年自南雄珠玑巷迁至东莞莞城豪岗，再迁至虎门国母村；清康熙年间，苏俊亮之子苏万兴随母自虎

◎ 水斗老围村一角（苏耀中 摄于2016年）

门国母村迁至水斗村。宋末元初，福建上杭冯氏子孙南迁广东惠州鸭仔渡，清乾隆年间（1736—1795年），从惠州鸭仔渡迁至水斗村。

2015年末，户籍人口300人，其中男性165人，女性135人；80岁以上8人，最年长者95岁（女）；实际在村人口270人；常年在城镇生活和打工30人；海外留学1人。非户籍外来人口约3万人。祖籍该村的香港同胞32人。祖籍该村的华人华侨1人，居住在加拿大。

传统经济以农业为主，主要农作物有水稻、花生、地瓜、甘蔗等，兼养猪、禽类等。1985年，开始引进"三来一补"企业。20世纪90年代，兴建集体厂房、宿舍用于出租。现村集体经营以物业出租为主。村民主要收入来源为集体经济分红、房屋出租、工资性收入等。特色传统（节庆）食品有圆笼粄、米糍、喜粄、鸡屎藤粄、猪肉粽子、糍粑等。

梅观高速G94线、布龙路经过该村。60年代通电，1991年通自来水、通电话，1998年实现全村村道水泥硬底化及通互联网。2015年，全村有健身场所3个。有村民活动中心、星光老年之家。有社区图书馆，藏书1.5万册。

传统民居为广府民居，现存40多座。建于20世纪50—60年代，占地面积约5000平方米，主要建筑为砖瓦房、麻石砖房，多为砖木结构，房屋排列整齐，间距较小，以条石为基，墙体用砖石砌成，屋顶覆青瓦，窗户多而小，房与房之间建有排水沟渠。自1985年新村建成后，村民陆续搬出老村，曾出租给外来务工人员居住，现整体破旧，已无人居住。

村中有古井一口，有100多年历史，现已废弃；90年代建有简易围墙；2015年，村委会对古井进行重修，加以保护。2015年，重修土地庙，供奉井头伯公、沙坛伯公、门楼吓伯公。庙外有对联一副"庙小神通大；天高日月长"。村民过年、过节、娶亲、生小孩等重要日子都会前往祭

◎ 传统民居（苏耀中 摄于2016年）

◎ 村工业区（苏耀中 摄于2016年）

拜，供奉鸡鸭等。

该村特色民俗有客家婚俗。

村民生小孩后，女方家会送鸡，男方家做糯米酒，小孩满月时办满月酒。旧时老人去世大多土葬，子孙轮流守夜、上香，给逝去的老人盖"子孙被"，按选定时辰入葬，子孙后辈排队送葬，抬棺上山安葬。

村中传说，云浮旁边有座山，客家人称为鸡公山，井里的水是从那边流下来的，下油松那口井和村里这口井是连通的，如果水斗老围村的井水变浑浊了，下油松那口井的水也会变浑浊，在水斗老围的井里打水时水桶的回音可以在下油松听得到。

（资料填报：苏耀中；初稿撰写：刘家胜；分纂：柯盈华）

水斗新围村

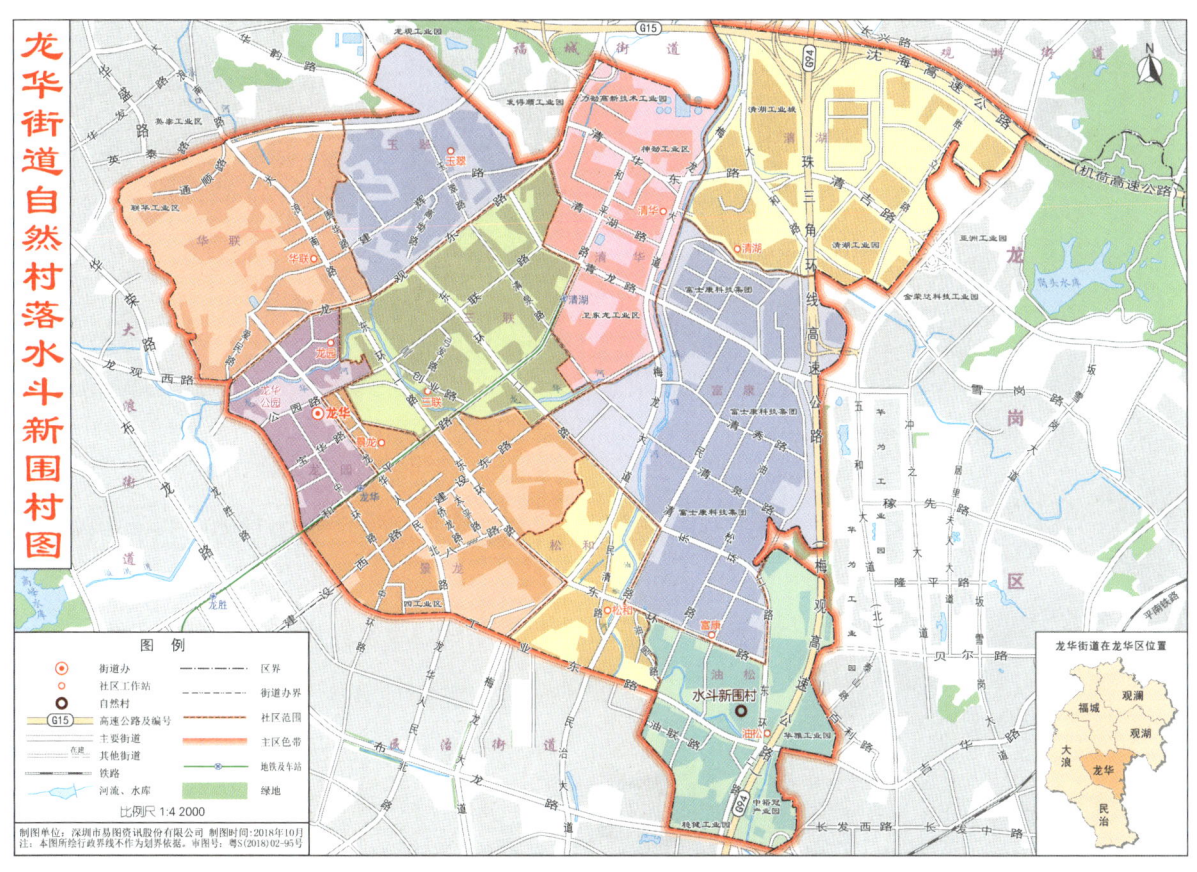

水斗新围村位置示意图

水斗新围村，位于龙华街道南部，距街道办事处约3.8千米。相邻自然村有下油松村、水斗老围村。坂田河在村南面自东向西流过。始建于清康熙年间（1662—1722年），其得名见水斗老围村。

清朝，属新安县。1914年，属宝安县。中华人民共和国成立之初，属宝安县龙华乡；1958年，属红色公社；1959年，属观澜公社；1975年，属龙华公社；1979年，属深圳市龙华区龙华公社；1981年，属深圳市宝安县龙华公社；1983年，属宝安县龙华区青松乡；1986年，属龙华镇油松行政村；1993年，属深圳市宝安区龙华镇；2004年，属龙

◎ 坂田河从村南面流过（苏笑群 摄于2016年）

◎ 水斗新围村一角（颜佳佳 摄于2018年）

◎ 水斗新围股份合作公司大楼（苏笑群 摄于2016年）

华街道；2011年，属龙华新区龙华街道油松社区。

世居村民为汉族，客家民系，使用客家方言。主要有冯姓、苏姓。宋末元初，福建上杭冯氏子孙南迁至广东惠州鸭仔渡；清乾隆年间（1736—1795年），迁至水斗村。苏氏祖先苏民仰早年自南雄珠玑巷迁至东莞莞城豪岗，再迁至虎门国母村；清康熙年间，苏俊亮之子苏万兴随母自虎门国母村迁至水斗村。

2015年末，户籍人口350人，其中男性160人，女性190人；80岁以上11人，最年长者86岁（女）；实际在村人口330人；常年在城镇生活和打工20人。非户籍外来人口约4万人。祖籍该村的香港同胞30人。

传统经济以农业为主，主要农作物有水稻、花生、地瓜、甘蔗等，兼养猪、禽类等。1986年，开始引进"三来一补"企业。20世纪90年代，兴建集体厂房、宿舍用于出租，主要从事五金、玩具、汽修、汽配等。现村集体经营以物业出租为主。村民主要收入来源为集体经济分红、房屋出租、工资性收入等。特色传统（节庆）食品有圆笼粄、米糍、喜粄、鸡屎藤粄、猪肉粽子、萝卜粄等。

梅观高速G94线经过该村。20世纪60年代通电，1991年通自来水、通电话，1998年实现全村村道水泥硬底化并通互联网。村中有水斗星幼儿园，2015年在园幼儿304人，教职工28人；阳光花蕾幼儿园，在园幼儿297人，教职工25人；东山书院第二幼儿园，在园幼儿144人，教职工16人。有星光老人活动中心。有水斗新围图书馆，藏书1万册；水斗新围劳务工图书馆，藏书5000余册。

村中有伯公庙（又称土地庙），供奉伯公、伯婆和财神爷。每年农历二月初二为伯公诞辰，村民前来烧香奉祀，祈求风调雨顺，五谷丰登。

（资料填报：苏笑群；初稿撰写：刘家胜；分纂：柯盈华）

松和社区

共和村

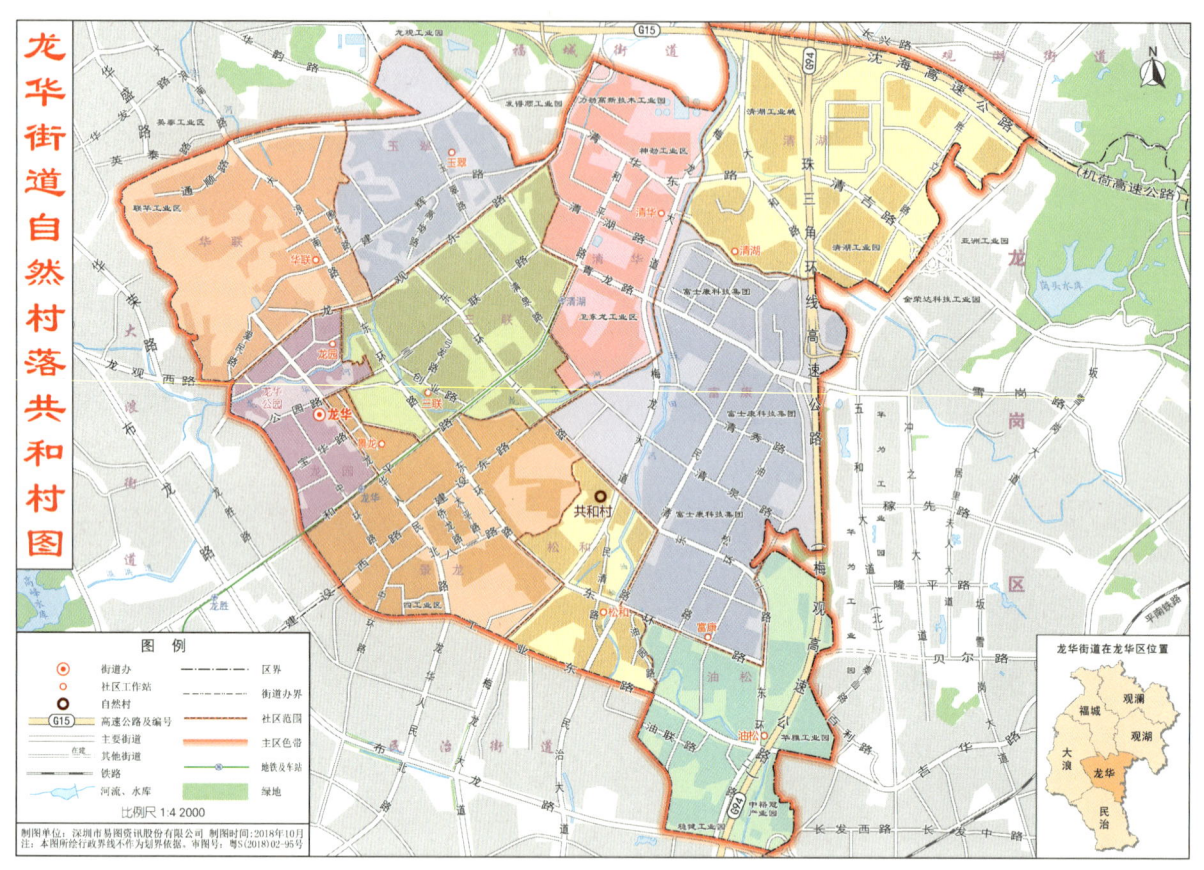

共和村位置示意图

共和村，位于龙华街道东南部，距街道办事处约3千米。相邻自然村有瓦窑排村、下油松村。村西面有共和后山，海拔80米。东面有观澜河。始建于清乾隆年间（1736—1795年），曾用名国钦围。

清朝，属新安县。1914年，属宝安县。中华人民共和国成立之初，属宝安县龙华乡；1958年，属红色公社；1959年，属观澜公社；1975年，属龙华公社；1979年，属深圳市龙华区龙华公社；1981年，属深圳市宝安县龙华公社；1983年，属宝安县龙华区青松乡；1986年，属龙华镇油松行政村；1993年，属深圳市宝安区龙华镇；2004年，属龙华街道；2011年，属龙华新区龙华街道松和社区。

世居村民为汉族，广府民系，使用粤方言。村民主要为游姓，南宋绍定二年（1229年）从福建泉州迁移到东莞员头山等地；明朝中后期，从东莞寮步良边迁至楼溪游松；清乾隆年间，从油松老围迁此。

◎ 共和村一角（余玉峰 摄于2016年）

◎ 传统民居（余玉峰 摄于2016年）

◎ 街心公园（余玉峰 摄于2016年）

2015年末，户籍人口350人，其中男性164人，女性186人；80岁以上6人，最年长者94岁（女）；实际在村人口260人；常年在城镇生活和打工90人。非户籍外来人口约8000人。祖籍该村的香港同胞13人。

传统经济以农业为主，主要农作物有水稻、花生、地瓜等，兼养猪、鸡、鸭等。改革开放后，开始引进"三来一补"企业。20世纪90年代，建设厂房、宿舍楼等用于出租。现村集体经营以物业租赁、厂房出租为主。村民主要收入来源为集体经济分红、房屋出租、工资性收入等。村中特色传统（节庆）食品有煎堆、鸡屎藤板、炒米饼、萝卜粄、艾粄、茶果等。

乡道Y156线东环二路经过该村。60年代通电，80年代末通自来水，90年代初通电话，90年代实现全村村道水泥硬底化，2000年通互联网。有街心公园、社区党群服务中心、星光老年之家。

有图书阅览室，藏书15000册。

传统民居为广府民居，现存171座。总占地面积2.95万平方米，建筑以砖木结构为主，房屋排列整齐，间距较小，不开窗或窗户小，房与房之间还建有排水沟渠。该村居民在1993年后逐渐从老屋搬迁，现在老屋主要租给外来务工人员居住。

村内有《游松游氏族谱》，游康福等纂修于2009年。村民在每年春节、端午节、中秋节和冬至到上油松村拜祠堂。族人婚嫁、男丁满月、点灯等也要到祠堂拜祭。

代表性人物：

游仁春（1889—1947），1947年，任惠东宝人民护乡团三团坂田税站税收员，同年9月在坂田被捕就义。

游森（1900—1948），1941年参加抗日游击队，1942年任龙华乡副乡长，1948年5月任龙华乡乡长兼武工队队长，同年11月在石坳被捕，于观澜就义。

游寿如（1925—2010），曾任沙井公社书记，南头公社党委副书记、社长，深圳市生产资料公司经理，深圳石矿进出口公司经理。

游锦润（1938—），1982年任宝安县法院院长，1989年任宝安县委常委、政法委书记，1993年任龙岗区人民法院院长。

（资料填报：余玉峰；初稿撰写：刘家胜；分纂：柯盈华）

瓦窑排村

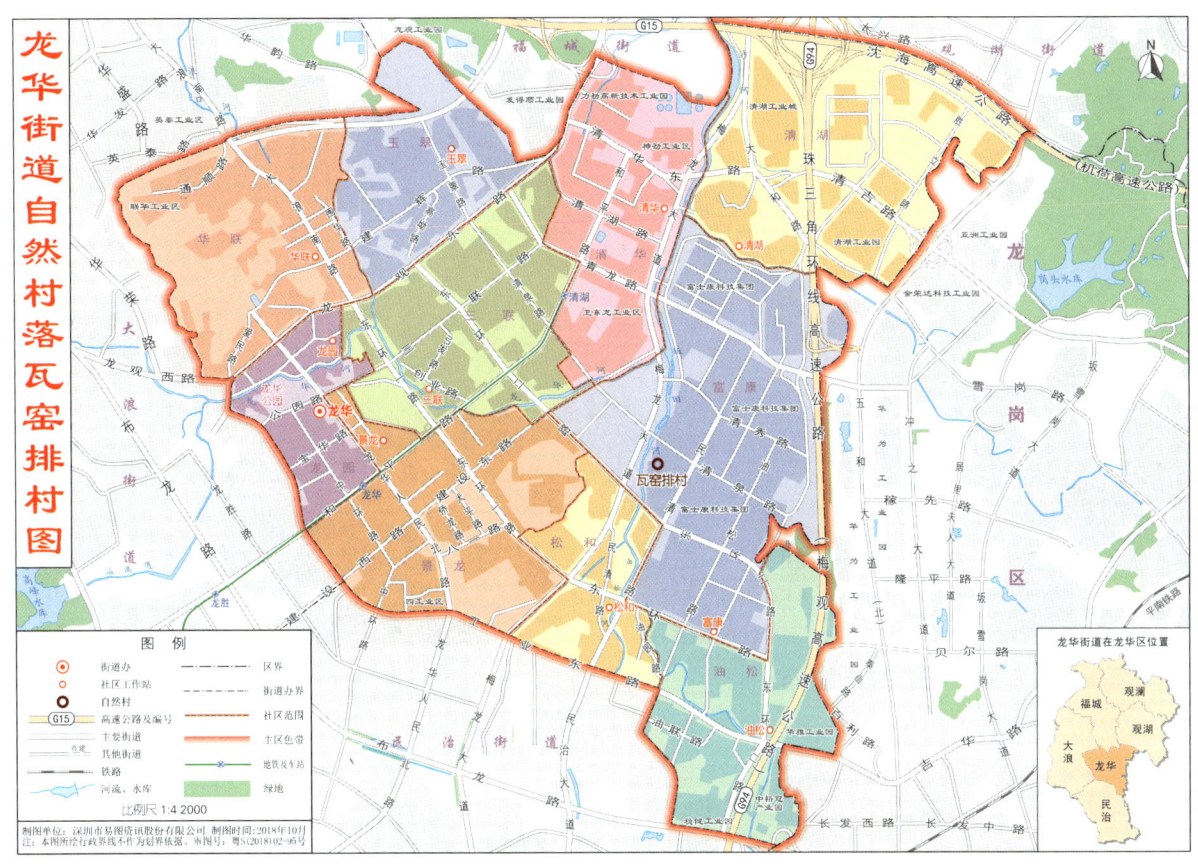

瓦窑排村位置示意图

瓦窑排村，位于龙华街道中部，距街道办事处约3.2千米。相邻自然村有共和村（松和社区）、伍屋村。西面有观澜河。始建于清乾隆年间（1736—1795年），张氏先祖在此立村。据村中老人所述，因村头、村尾有烧制青砖、瓦、碗的窑，且地势两边高中间低像个竹排，故取名瓦窑排村。

清朝，属新安县。1914年，属宝安县。中华人民共和国成立之初，属宝安县龙华乡；1958年，属红色公社；1959年，属观澜公社；1975年，属龙华公社；1979年，属深圳市龙华区龙华公社；1981年，属深圳市宝安县龙华公社；1983年，属宝安县龙华区青松乡；1986年，属龙华镇油松行政村；1993年，属深圳市宝安区龙华镇；2004年，属龙华街道；2011年，属龙华新区龙华街道松和社区。

世居村民为汉族，客家民系，使用客家方言。村民主要为张姓，明洪武年间（1368—1398年）从福建迁移至广东博罗；清乾隆五十八年（1793年）从博罗迁移至当地。

◎ 瓦窑排村一角（张秋团 摄于2016年）

◎ 瓦窑排党群服务站（张秋团 摄于2016年）

◎ 社区篮球场（张秋团 摄于2016年）

2015年末，户籍人口200人，其中男性74人，女性126人；80岁以上2人，最年长者94岁（女）；实际在村人口180人；常年在城镇生活和打工20人。非户籍外来人口约7000人。祖籍该村的香港同胞5人。

传统经济以农业为主，主要种植水稻、甘蔗、番薯等。改革开放后，引进"三来一补"企业。20世纪90年代，建设厂房、房屋等出租。现村集体经营以物业租赁、商业贸易为主。村民主要收入来源为房屋出租、工资性收入和集体经济分红。特色传统（节庆）食品有圆笼粄、炸糖环、米饼、炸油角等。

乡道Y156线东环二路经过该村。20世纪60年代通电，80年代末通自来水，90年代通电话，1999年实现全村村道水泥硬底化，2000年通互联网。

有社区篮球场、瓦窑排党群服务站、星光老年之家、东源阁党群服务微站。有社区图书室，藏书4000册。

（资料填报：张秋团；初稿撰写：刘家胜；分纂：柯盈华）

伍屋村

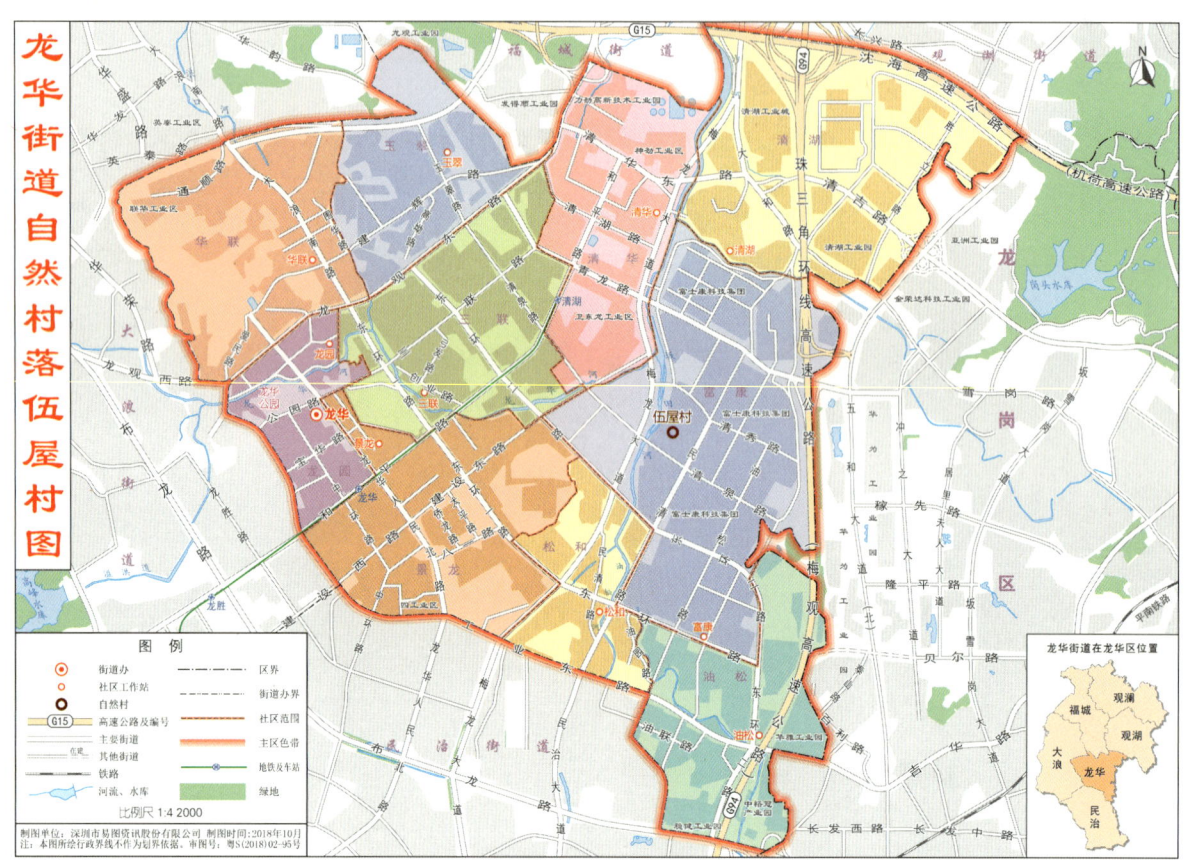

伍屋村位置示意图

伍屋村，位于龙华街道东部，距街道办事处约3千米。相邻自然村有瓦窑排村、清湖村。西北面有观澜河。始建于清雍正（1723—1735年）或乾隆年间（1736—1795年），伍氏先祖迁移至此建村，因村民全部姓伍，故取名伍屋村。

清朝，属新安县。1914年，属宝安县。中华人民共和国成立之初，属宝安县龙华乡；1958年，属红色公社；1959年，属观澜公社；1975年，属龙华公社；1979年，属深圳市龙华区龙华公社；1981年，属深圳市宝安县龙华公社；1983年，属宝安县龙华区青松乡；1986年，属龙华镇油松行政村；1993年，属深圳市宝安区龙华镇；2004年，属龙华街道；2011年，属龙华新区龙华街道松和社区。

世居村民为汉族，客家民系，使用客家方言。村民主要为伍姓。据《伍氏族谱》记载，明弘治年间（1488—1505年），一世祖伍兆凤从广州增城新塘迁至东莞平溪（现深圳平湖）伍屋围；清雍正或乾隆年间，伍氏后人迁至当地。

◎ 伍屋村村貌（伍新强 摄于2016年）

◎ 村中一角（伍新强 摄于2016年）

◎ 伍屋股份合作公司大楼（伍新强 摄于2016年）

2015年末，户籍人口150人，其中男性70人，女性80人；80岁以上12人，最年长者92岁（女）；实际在村人口108人；常年在城镇生活和打工42人。非户籍外来人口约1.3万人。祖籍该村的香港同胞25人左右。

传统经济以农业为主，主要种植水稻、花生、黄豆、地瓜、生姜等。1988年，村民已不再种植粮食作物，土地主要出租用于种菜、养鱼、养鸭、养鹅等。1993年，修建厂房、宿舍楼、商业楼等用于出租。现村集体经济主营房屋出租、商住房出租等。村民主要收入来源为房屋出租、工资性收入、集体经济分红等。特色传统（节庆）食品有米饼、米籖（音chǎn）、糖环、炸豆腐等。

梅龙大道经过该村。20世纪60年代通电，1995年通自来水、通电话，1996年实现全村村道水泥硬底化，1998年通互联网。有新富龙幼儿园，2015年在园幼儿400名，教职工50人。有篮球场、伍屋党群服务站、星光老年之家。有社区图书馆，藏书约5000册。

存有《中华伍氏族系分史传》，伍富容于2006年纂修。

清明节、重阳节,伍氏族人到祖宗墓地拜山祭祖。旧时伍屋村伍氏子孙每年都要到龙岗平湖伍屋围祠堂祭祀祖先,诞下男丁要到祠堂挂灯。"文化大革命"期间,由于种种原因两村之间不再往来。2014年,两地重新建立联系,伍屋村伍氏族人重阳节去龙岗平湖伍屋围村参加伍屋围伍氏宗亲祭祖活动。2015年10月,伍屋村伍氏族人参加平湖伍屋围举行的立围520周年庆典活动。

(资料填报:伍新强;初稿撰写:刘家胜;分纂:柯盈华)

民治街道（办事处）

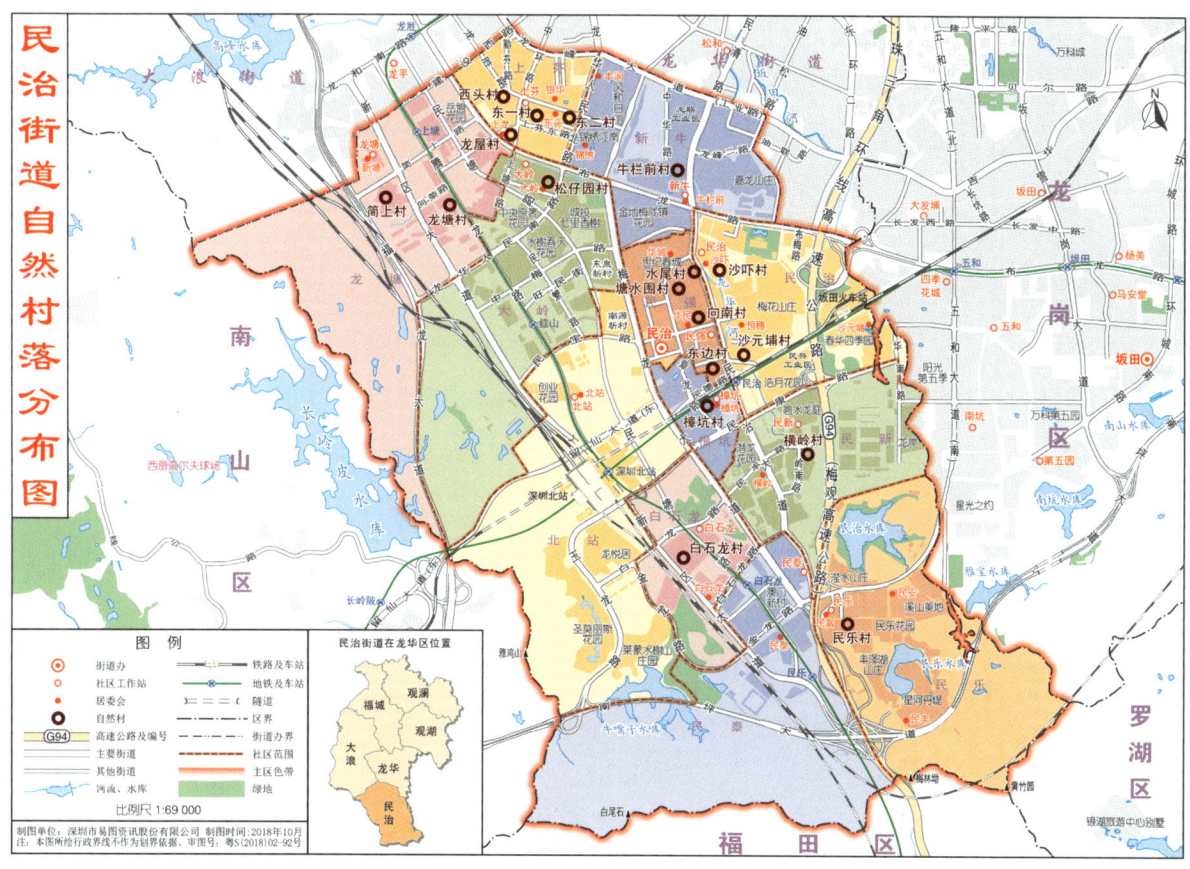

民治街道（办事处）自然村落分布图

概 述

民治街道（办事处）位于深圳市龙华新区南部，东接龙岗区坂田街道，南邻福田区梅林街道，西靠南山区桃源街道，北连大浪街道（办事处）与龙华街道（办事处）。面积30.69平方千米，辖21个社区。2015年末，常住人口32.35万人，户籍人口约9万人。

民治地处北回归线以南，辖区山水秀丽，拥有大脑壳山等一批"城市氧吧"，有油松河、牛咀水、上芬水等河流。年平均气温22℃，年平均降雨量1926毫米。

本地域明清时期属新安县。1949年，属宝安县。中华人民共和国成立之初，属宝安县民治乡；1958年，属红色公社；1959年，属观澜公社；1961年，属龙华公社；1979年，属深圳市龙华区龙华公社；1981年，属深圳市宝安县龙华公社；1983年，属龙华区；1986年，属龙华镇；1993年，属深圳市宝安区龙华镇；2004年，属龙华街道；2006年，属民治街道；2011年，属深圳市龙华新区民治街道（办事处）。

传统经济以种植水稻为主，砍柴、烧炭、竹编等为副业。改革开放后，民治在家庭联产承包责任制的基础上，改变小农经济的落后状态，发展市郊型农业经济，并创建了农村股份制企业，走上了工业化和城镇化发展道路。2015年，规模以上工业总产值171.8亿元，规模以上工业增加值31.59亿元，固定资产投资102.94亿元，社会消费品零售额46.69亿元，外贸出口总额28.05亿美元、进口总额3.77亿美元。

民治交通便利。深圳北站坐落于民治街道（办事处）辖区，距离市中心区9.3千米，占地面积122万平方米，建筑面积59万平方米，是将广深港3地以及厦深铁路、轨道交通、公共交通等连为一体的大型综合交通枢纽。2015年高铁连通的主要城市有北京、西安、郑州、武汉、长沙、厦门、福州、上海、南昌、桂林、南宁等。2015年，新彩隧道正式开通，从深圳北站出发15分钟即可达福田中央商务区。规划有地铁6号线、坂银通道、皇岗路改造、南坪快速延长等建设项目。

2015年底，民治街道（办事处）列入普查范围的自然村有18个。世居村民为汉族，有广府民系、客家民系，使用粤方言、客家方言。主要姓氏有詹、张、邓、卢、苏、吴、刘、钟、邱、何、郭、黄、陈等姓。原沙吓、老围、水尾、包宜围、向南、塘水围等村的张姓有同一祖先，于南宋时期由中原南迁至福建宁化县，辗转于明末清初从广东长乐（今五华）迁入；水尾、东边、沙元埔村的邓姓有同一祖先，源于河南，因南宋战乱向长江以南迁移后，辗转于明末清初从今广东梅县、五华迁入；卢姓祖先由福建迁入；苏姓祖先来自广东南雄；吴姓祖先来自江苏无锡梅里村，北宋末年迁入广东南雄，南宋前期迁入东莞、归善等地，横岭与白石龙村的吴姓有同一祖先。

传统民居有广府民居和客家民居，横岭村和樟坑村还有大片保存基本完好的传统民居。始建于明朝中期的詹氏宗祠（民治街道祠堂路东二市场对面），系詹氏先祖在上芬定居后择地而建，是东一、东二、龙塘、西头、龙屋、简上等村詹姓族人共用宗祠。整体风格古朴雅致，集雕刻、绘画、书法装饰于一体。区级文物保护单位有中国文化名人大营救纪念馆等。

民治民俗民风的主要特色是广府、客家文化互相兼容。这里仍延续着"添丁点灯"等风俗；清明节、重阳节祭祖后分食金猪。这里有白石龙的"皇帝田"，望天湖一带的"望天海螺山"，上芬一带"深山密林处，无水捉鲜鱼"等传说。节日庆典的木偶戏、舞麒麟在民治有上百年的历史，是与当地百姓生活息息相关的传统文化。民治人所喜爱的传统美食有酿豆腐、盐焗鸡，特色传统（节庆）食品有煎堆、圆笼粄、米饼、糖环、甜粄、大盆菜等。

民治曾是阳台山抗日根据地的中心，白石龙等村在香港文化名人秘密大营救行动中发挥了重要作用。1942年1月，中共南方工委副书记张文彬在白石龙天主教堂主持召开东江军政干部会议，决定将广东人民抗日游击队改编为广东人民抗日游击总队，史称"白石龙会议"。广东人民抗日游击总队的司令部设在白石龙村后果园里的"小白楼"，广东人民抗日游击队在这里建立了兵工厂、后方医院、税站、《前进报》社以及交通总站。1942年，日军进入香港之际，在周恩来指示下，大批滞留香港的中国文化名人、爱国人士秘密转移到白石龙村。

民治历史人文代表性人物：民乐村何九，曾担任民乐村抗日自卫队队长；樟坑村邓云英，是民治最早的共产党员之一，抗日战争时期曾任中共樟坑村支部书记；樟坑村邓富友，1943年任东江纵队某班班长，同年任队长，在东莞霄边战斗中牺牲。

民新社区

白石龙村

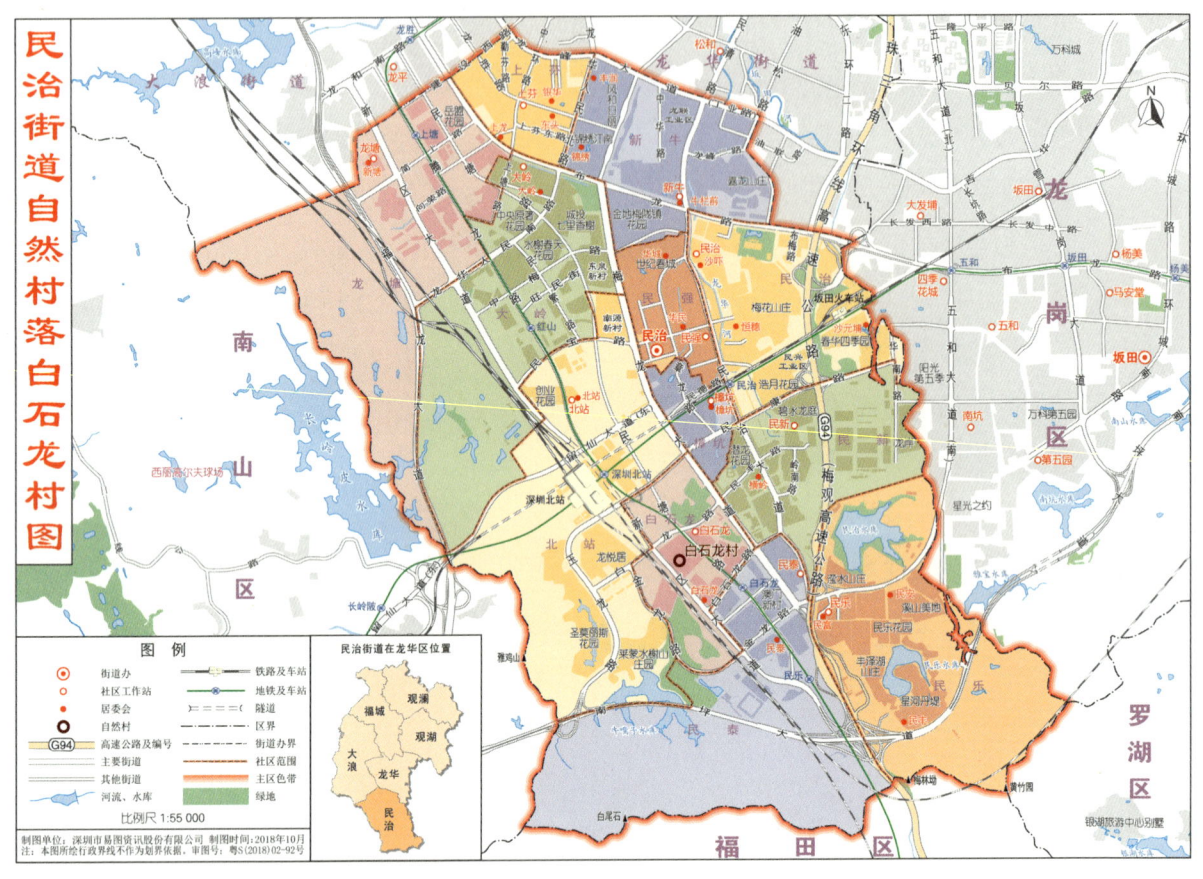

白石龙村位置示意图

白石龙村，位于民治街道南部，距街道办事处约2.9千米。相邻自然村有民乐村、横岭村、樟坑村。坐落于西面的阳台山、丫髻山（海拔263米）与南面的白眉石（海拔347米）、梅林坳山交汇的山坳里，小山众多，现大多被推平。担水坑河、马屎湾河（现均为暗河）在村东流过。因村边的铁流坑山山脊上有一条白色的石英矿矿脉，宛如一条从天上飞下来的巨龙卧于此地、气象不凡而得名。曾用名金埔岭。始建于明末，因蔡氏两兄弟由东莞逃荒至此而立村。现村于1992年在原村附近新建。

明清时期，属新安县。1914年，属宝安县。中华人民共和国成立之初，属宝安县民治乡；1958年，属红色公社；1959年，属观澜公社；1961年，属龙华公社；1979年，属深圳市龙华区龙华公社；1981年，属深圳市宝安县龙华公社；1983年，属宝安县龙华区民治乡；1986年，属龙华镇民治行政村；1993年，属深圳市宝安区龙华镇；2004年，属龙华街道；2006年，属民治街道；2011年，属深圳市龙华新区民治街道民新社区。

◎ 白石龙村村貌（张琴 摄于2016年）

世居村民为汉族，广府民系，使用粤方言。全村有蔡、吴、刘、罗、胡等十多个姓氏。第一大姓蔡姓，其先祖于南宋末由福建汀州迁入广东南雄，后迁东莞；明末清初由东莞迁入此地。第二大姓吴姓，于南宋前期迁入东莞，清朝从石涌迁入当地。

2015年末，户籍人口265人，其中男性115人，女性150人；80岁以上10人，最年长者97岁（女）；实际在村人口216人；常年在城镇生活和打工49人。非户籍外来人口39853人。祖籍该村的香港同胞约80人、澳门同胞约10人。

传统经济以种植水稻为主，种果树、砍柴、烧炭为辅。山上有野生药材黄菊、山楂、枸杞、土茯苓、金银花等。现村集体经营以物业出租为主。村民主要收入来源为集体经济分红、房屋出租、工资性收入等。特色传统节庆食品有春节的大盆菜、煎堆、糖木瓜，端午节的灰水粽，清明节的茶果、鸡屎藤粄等。

毗邻广深港高速铁路，民丰路、民塘路、白石龙路经过该村，深圳地铁4号线设有白石龙站。20世纪60年代通电，1978年建成牛咀水库、通自来水，1987年实现全村村道水泥硬底化，90年代通电话，90年代末通互联网。

该村有东星小学，设6个年级，28个班，2015年在校学生1439人，教职工60人；有东星幼儿园、白石龙幼儿园，在园幼儿分别为330人、335人，教职工分别为39人、49人。有白石龙图书馆，藏书约2万册。有老年活动中心、白石龙篮球场。

传统民居为广府民居，现存60座，已破败。

◎ 村中一角（张琴 摄于2016年）

◎ 中国文化名人大营救纪念馆（张琴 摄于2016年）

白石龙天主教堂，始建于1929年，重修于2010年；系三开间单门结构白墙、灰瓦平脊的传统建筑，前墙开三个小窗。2003年11月，宝安区人民政府将白石龙教堂遗址列为第二批区级文物保护单位。2005年，教堂扩建为白石龙"中国文化名人大营救纪念馆"，该馆现已成为"广东省中共党史教育基地""深圳市中共党史教育基地""龙华新区爱国主义教育基地""宝安区中小学生校外教育基地"。

白石龙村一直延续着添丁点灯的习俗，过去曾有"卖地点灯"的旧习。村民自民国时期流传下来烧炭技艺。砍来的柴放土窑里，烧到一定火候关窑、封土，即成木炭。

村里流传一则关于"皇帝田"的传说。相传，南宋灭亡前，末代皇帝及其臣子曾一度隐匿在金埔岭（白石龙）村后山的一片密林中种田。因此这片山地被称为皇帝田。

1924—1927年大革命时期，白石龙建立中共宝安县委秘密交通站。1940—1942年，广东人民抗日游击武装的指挥部和秘密交通总站设于白石龙刘鸣歧、刘鸣周家的小白楼，并在村后丫髻山麓的山坑密林里建立后方医院、兵工厂、被服厂、粮站、报社、情报站、税务总站、后方办事处和电台等。白石龙成为宝安阳台山抗日根据地的中心。在广东人民抗日战争史上具有重要历史意义的东江军政干部会议在白石龙天主教堂召开。1942年，日军占领香港之际，在周恩来指示下，由廖承志主持，把滞留香港的中国文化名人、爱国人士邹韬奋、茅盾、戈宝权等300多人秘密转移到白石龙，该村成为文化名人和民主人士从香港脱险后在内地游击区停留的第一站。

代表性人物：

蔡耀（1884—1948），大革命前期白石龙交通站负责人，曾组织该村建立农民自卫军，1927年参与红色交通线的建立，是白石龙一带最早的农民协会会员之一。

刘鸣周（1915—1995），清末秀才刘宝真之子，1945年8月担任宝安县民兵大队副大队长，作为代表赴南头接受日伪投降；中华人民共和国成立后，曾任宝安县公安局长、广东省公安厅副厅长等。

（资料填报：张琴；初稿撰写：张琴；分纂：陈为民）

横岭村

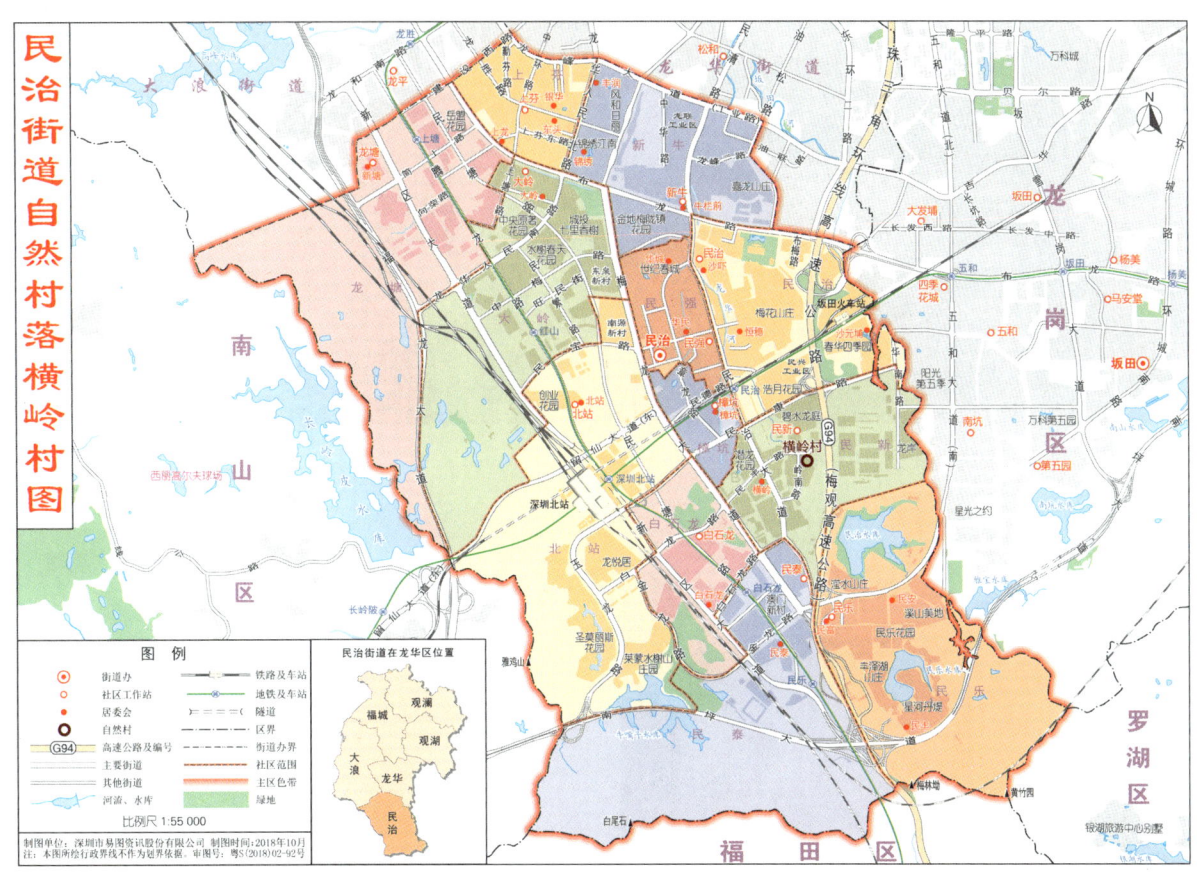

横岭村位置示意图

横岭村，位于民治街道东南部，距街道办事处约2.4千米。相邻自然村有民乐村、白石龙村、沙元埔村、樟坑村。村旁坐落着民治水库，村内油松河穿境而过。因村旁横亘一条从梅林坳一直延伸到坂田的山岭而得名。始建于明朝。明清时期，吴、卢、苏、李4姓先祖来到这里，立新围仔、新屋、发牛坑三村，1989年三村合并称横岭村。现村为1993年在原村附近重建形成。

建村至明万历元年（1573年），属东莞县；明万历元年至清朝，属新安县。1914年，属宝安县。中华人民共和国成立之初，属宝安县民治乡；1958年，属红色公社；1959年，属观澜公社；1961年，属龙华公社；1979年，属深圳市龙华区龙华公社；1981年，属深圳市宝安县龙华公社；1983年，属宝安县龙华区民治乡；1986年，属龙华镇民治行政村；1993年，属深圳市宝安区龙华镇；2004年，属龙华街道；2006年，属民治街道；2011年，属深圳市龙华新区民治街道民新社区。

世居村民为汉族，广府民系，使用粤方言。村民主要有卢、苏、吴、李等姓。卢姓为该村第

◎ 横岭村村貌（张琴 摄于2016年）

◎ 吴氏宗祠（张琴 摄于2016年）

一大姓，其祖先从福建迁至广东韶关，清初从韶关迁至当地。第二大姓为苏姓，明初从广东南雄迁移至东莞豪岗，明朝后期从东莞豪岗迁移至当地。第三大姓为吴姓，北宋末年从江苏无锡梅里村迁移至广东南雄，南宋前期迁往东莞石涌；清康熙年间（1662—1722年）从东莞石涌迁移至当地。第四大姓为李姓，南宋末年从福建迁移至广东长乐（今五华）；明朝从长乐迁移至当地。

2015年末，户籍人口251人，其中男性112人，女性139人；80岁以上4人，最年长者91岁（女）；实际在村人口180人；海外留学6人。非户籍外来人口46025人。祖籍该村的香港同胞120人。祖籍该村的华人华侨7人，主要居住在美国。

传统经济以种植水稻为主，兼种番薯、甘蔗、花生、龙眼、荔枝等，特色农产品有苎麻、柠檬、黑橄榄等。改革开放后建起横岭工业区。村民主要收入来源为集体经济分红、房屋出租、工资性收入等。自然资源较为丰富，附近山上有石英矿，还有野黄菊、山楂、枸杞、石蟾蜍、金银花等中草药。特色传统（节庆）食品有春节的煎堆、米饼、糖环，清明节的鸡屎藤粄，端午节的灰水粽，冬至的萝卜糕等。

梅观高速G94线、民治大道、民丰路、民康路经过该村。1967年通电，1978年通自来水，20世纪90年代通电话，90年代中期实现全村村道水泥硬底化，2001年通互联网。

◎ 横岭村办公大楼（张琴 摄于2016年）

村中有行知实验小学，设3个年级，10个班，2015年在校学生470人，教职工34人；潜龙学校（含小学、初中），设9个年级，86个班，其中，小学36个班、初中50个班，2015年在校学生2450人，教职工171人；有星星幼儿园、兴茂幼儿园、潜龙花园幼儿园，2015年在园幼儿分别为460人、382人、280人，教职工分别有46人、54人、33人。有篮球场和老年活动中心。横岭图书室，藏书1500册。

传统民居为广府民居，现存约100座，保存基本完好。代表性民居为横岭新围仔35号屋，一开间两进，三合土墙，木横梁，灰瓦平脊，内有阁楼。

现存吴氏宗祠，始建于清朝，1978年重修。占地面积150平方米。系三开间两进一天井格局。红色大门，正门上方刻有"吴氏宗祠"匾额。后堂摆放祖宗牌位。现仍作宗祠使用。

现存有《苏氏族谱》，1932年纂修；《吴氏族谱》，于清朝纂修。

每年重阳节，吴姓族人先在家中祭拜自家已故亲人，然后集体去祖墓祭拜祖先。之后有"太公分猪肉"，集体聚餐。

该村吴姓族人有添丁点灯的习俗。

在抗日战争时期，一旦敌人进犯，横岭村村民便迅速打铜锣或吹螺号通知，使游击队和村民及时做好抗击或转移准备。

代表性人物：

李燕芬（1980—），该村第一位研究生，中山大学研究生毕业后在外资银行工作。

（资料填报：张琴；初稿撰写：张琴；分纂：陈为民）

民强社区

东边村

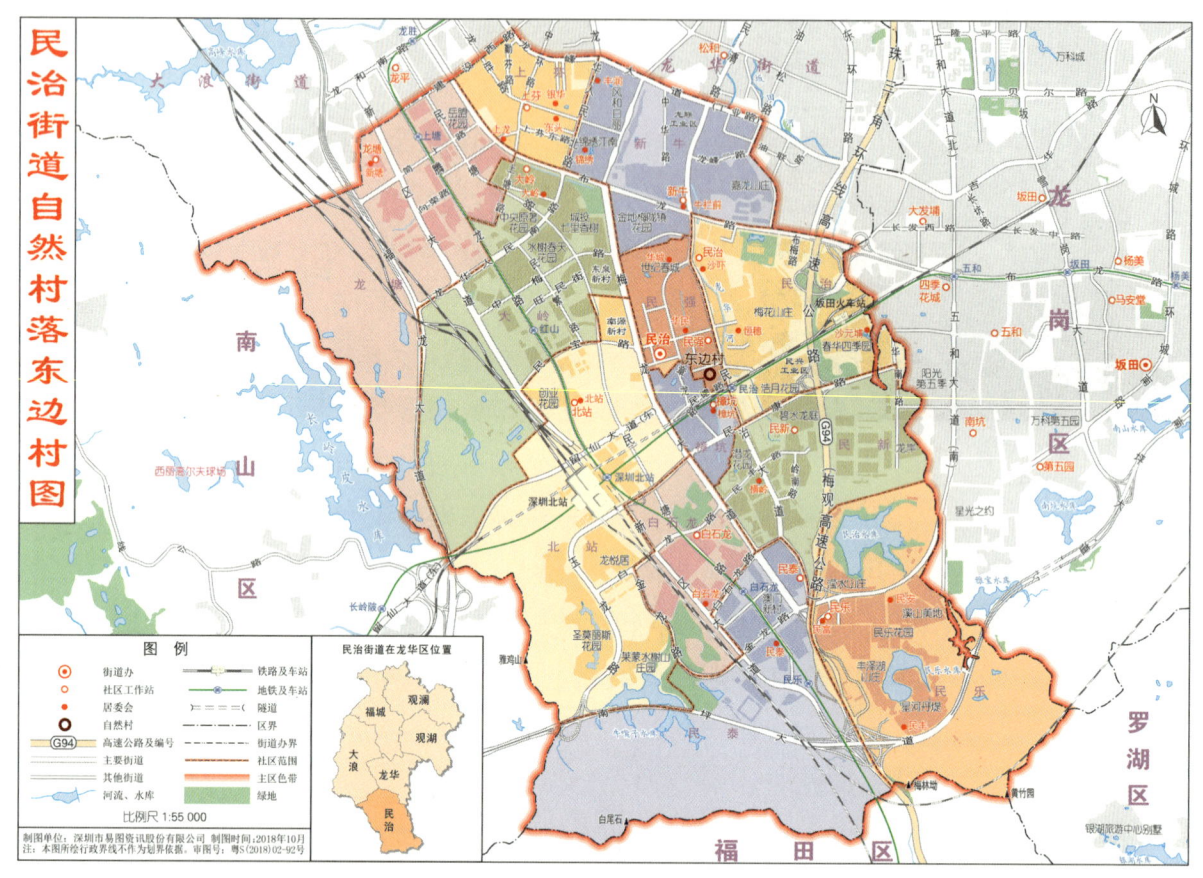

东边村位置示意图

东边村，位于民治街道东部，距街道办事处0.2千米。相邻自然村有向南村、沙元埔村、樟坑村。村落原处于四周是山、中间低洼的小盆地。现小山已全部推平。民治河从村东流过。

始建于清朝中期，邓氏先人从东莞雁田迁此立村。现村是1993年在原村西南500米处新建而成。因坐落于民治当年一条主要道路（大致是现在团结路的位置）的东边而得名。曾与向南村合并为东南村。"文化大革命"期间还与向南、沙元埔合并为"三忠队"。与水尾、沙元埔、向南、沙吓、塘水围及牛栏前统称为望天湖。

清朝，属新安县。1914年，属宝安县。中华人民共和国成立之初，属宝安县民治乡；1958年，属红色公社；1959年，属观澜公社；1961年，属龙华公社；1979年，属深圳市龙华区龙华公社；1981年，属深圳市宝安县龙华公社；1983年，属宝安县龙华区民治乡；1986年，属龙华镇民治行政村；1993年，属深圳市宝安区龙华镇；2004年，属龙华街道；2006年，属民治街道；2011年，属深圳市龙华新区民治街道民新社区。

◎ 东边村一角（郭顺 摄于2016年）

世居村民为汉族，客家民系，使用客家方言。村民主要为邓、张2姓。第一大姓为邓姓，宋朝从福建迁移至广东梅县，清朝中后期从梅县迁移至长乐（今五华），后又从长乐迁移至当地。

2015年末，户籍人口116人，其中男性32人，女性84人；80岁以上3人，最年长者94岁（女）；实际在村人口79人；常年在城镇生活和打工37人。非户籍外来人口12904人。祖籍该村的香港同胞约100人。祖籍该村的华人华侨约30人，主要居住在马来西亚。

传统经济以种植水稻为主，兼种龙眼、荔枝、番薯、木薯、芋头、香蕉、甘蔗、花生、柑橘、沙梨等，农闲时还用竹子编箩筐、鸡笼，制作腐竹等。现村集体经营9栋工业厂房、一个工业区、一栋商住楼。村民主要收入来源为集体经济分红、房屋出租、工资性收入等。传统特色（节庆）食品有春节的年糕、米饼、油角、糖环，清明节的艾粄、鸡屎藤粄，端午节的灰水粽、甜粽，冬至的萝卜糕等。

民治大道、民旺路、团结路经过该村。20世纪60年代通电，80年代通自来水，90年代实现全村村道水泥硬底化并通电话，2001年通互联网。村内有东边幼儿园，2015年在园幼儿280人，教职工45人；民治幼儿园，在园幼儿450人，教职工61人。

传统民居为客家民居，现已无存。

清明节是东边村一年一度的祭祖日。邓姓村民带祭品到大浪祖墓祭拜，然后"太公分猪肉"。

该村有除夕夜洗"大吉水"的习俗。在洗浴的水中加入橘子皮、柚子树叶、樟树叶、"旺草"等，洗完后，穿新衣，发红包。村民认为除夕夜洗"大吉水"寓意大吉大利。

村中流传着一则关于"望天海螺山"的传说。很久以前，有一只大海螺爬上岸，来到东边村

◎ 东边村俯瞰（郭顺 摄于2016年）

◎ 东边村办公楼（郭顺 摄于2016年）

的山头迟迟不归，后来化作巨石，此山便得名"望天海螺山"。站在山头往下看，水波渺渺，像一个美丽的湖泊，该地区因而被统称为望天湖。

代表性人物：

邓才（1919— ），1940年继承祖业，在东边村经营德和杂货店，1942年搬至香港继续经营；广东人民抗日游击队经常以杂货店为据点采购生活和军用物资运回根据地，许多共产党员和游击队员在国民党发动"大清剿"时到此隐蔽，还在此建立秘密联络站。

（资料填报：郭顺；初稿撰写：郭顺；分纂：陈为民）

向南村

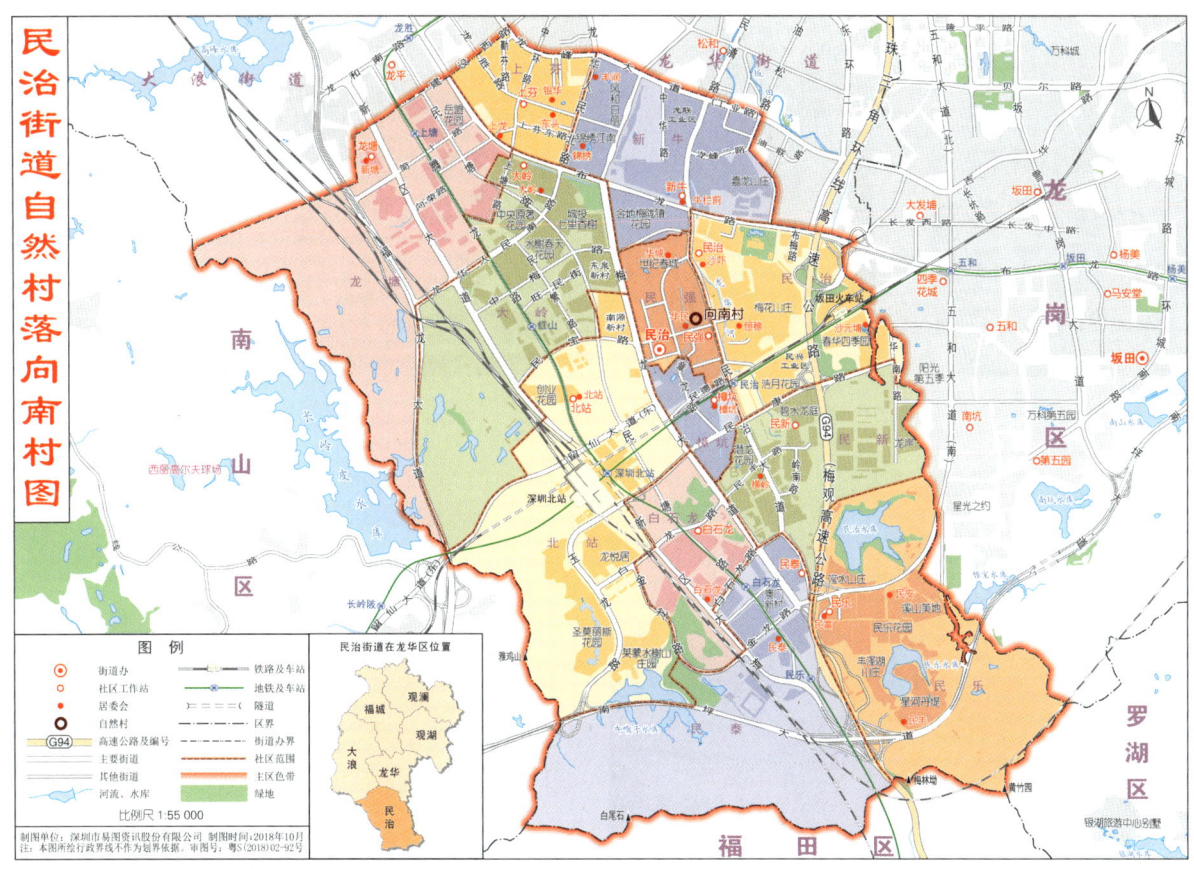

向南村位置示意图

向南村，位于民治街道东部，距街道办事处0.5千米。相邻自然村有沙吓村、水尾村、沙元埔村、东边村。坐落于东西南三面是山，向北开阔的小盆地之中。原村中小山众多，现全部推平，地势平坦。村东有民治河。

始建于清朝，因张氏两兄弟从沙吓分迁至此而形成。现村于1993年在原址重建。因村里所建房屋朝向全部向南而得名。曾与东边村合并为东南村。与水尾、东边、沙吓、塘水围、沙元埔及牛栏前统称为望天湖。

清朝，属新安县。1914年，属宝安县。中华人民共和国成立之初，属宝安县民治乡；1958年，属红色公社；1959年，属观澜公社；1961年，属龙华公社；1979年，属深圳市龙华区龙华公社；1981年，属深圳市宝安县龙华公社；1983年，属宝安县龙华区民治乡；1986年，属龙华镇民治行政村；1993年，属深圳市宝安区龙华镇；2004年，属龙华街道；2006年，属民治街道；2011年，属深圳市龙华新区民治街道民新社区。

◎ 向南村一角（邓芳 摄于2016年）

◎ 向南村办公楼（邓芳 摄于2016年）

世居村民为汉族，客家民系，使用客家方言。村民主要为张姓，南宋时从福建宁化迁至广东长乐（今五华），清朝从长乐迁至当地。

2015年末，户籍人口201人，其中男性92人，女性109人；80岁以上3人，最年长者94岁（男）；实际在村人口170人；海外留学7人。非户籍外来人口14532人。祖籍该村的香港同胞约100人。祖籍该村的华人华侨约200人，主要居住在马来西亚。

传统经济以种植水稻为主，兼种番薯、玉米、甘蔗、龙眼等。改革开放后，村里陆续建起8栋工业厂房，4栋宿舍楼。现村集体经营以物业出租为主。村民主要收入来源为集体经济分红、房屋出租、工资性收入等。特色传统食品有春节的年糕、米饼、油角、糖环，农历四月初八佛诞日和七月十四鬼节的手粉，清明节的艾粄、鸡屎藤粄，端午节的灰水粽，冬至的萝卜糕等。

梅龙大道、民治大道、民兴路、民旺路经过该村。20世纪60年代通电，80年代通自来水，90年代实现全村村道水泥硬底化及通电话，2001年通互联网。村内有民治小学，设6个年级，39个班，2015年在校学生2203人，教职工119人；六一小学（含初中），设9个年级，65个班，在校学生4030人，教职工172人；有绿色摇篮幼儿园和民治幼儿园，在园幼儿均为450人，教职工分别为60人、61人。建有华民社区图书室，藏书1000册。

传统民居为客家民居，现存6座，保存状况基本完好。

◎ 向南村牌坊（邓芳 摄于2016年）

村内现存《民治村史》，张新平于2004年纂修。

"不砍河边树，不打三春鸟"是该村约定俗成的村规。原民治河两岸的榕树和荔枝树是村民俗称的"风水树"，从不乱砍滥伐；平时村民不准随便抓鸟。

除夕夜村里有洗"大吉水"的习俗（见东边村）。

村民还有竹编技艺。村民砍下竹子后剖成篾条，按一定规格编成凉帽、箩筐、鸟笼等生产生活用品。

代表性人物：

张美华（1928—1967），中华人民共和国成立后民治乡第一任书记、首任乡长，1961年当选为中共宝安县委委员，1966年调广东省委工作。

张仕元（1948—），改革开放初期先后担任民治乡书记和民治村书记。1975年，担任民治乡书记，按照上级"两管五改"指示，发动群众开展管饮水、管粪便处理和改水井、改厕所、改炉灶、改牲畜圈养、改排污沟渠等卫生防疫工作，把民治改造成卫生文明的村庄；1986年，担任民治村书记，带领村民共同致富，发动群众集资建起民治小学。

（资料填报：邓芳；初稿撰写：邓芳；分纂：陈为民）

塘水围村

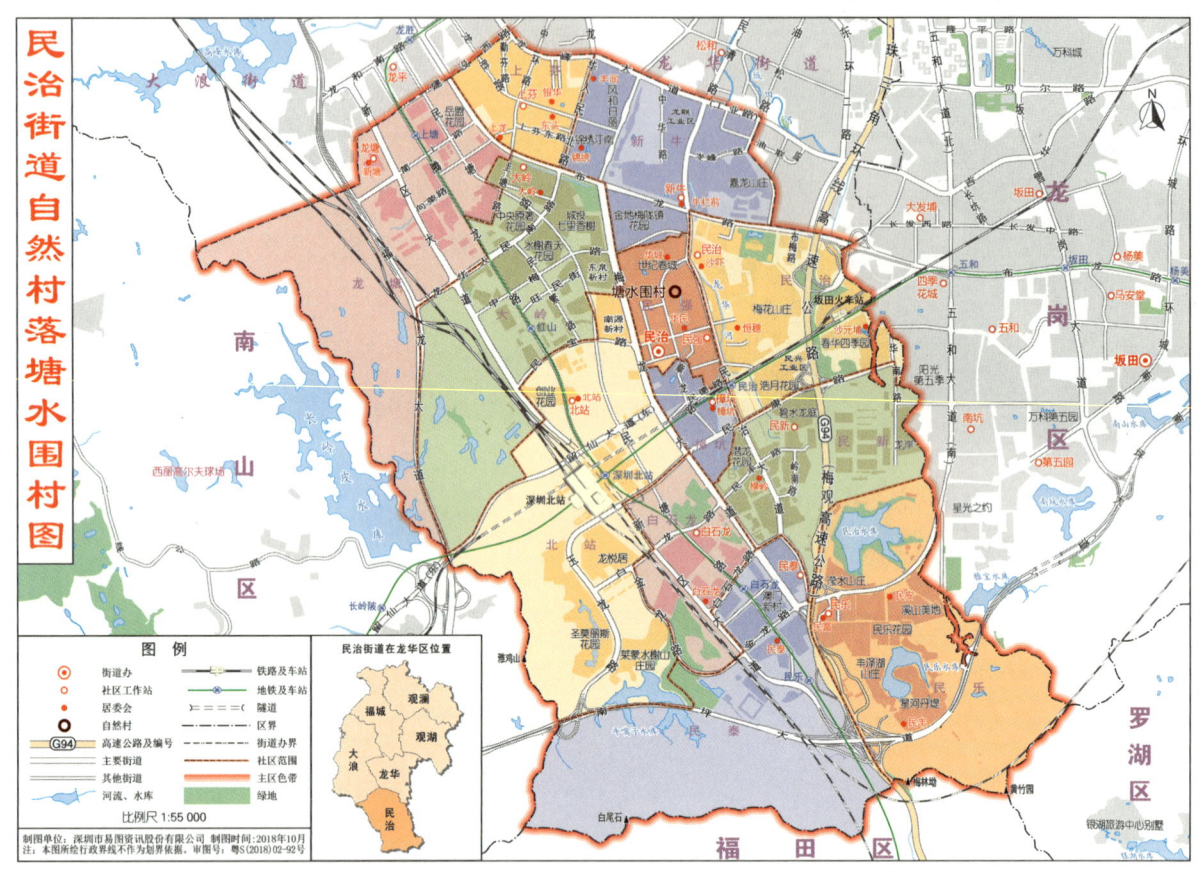

塘水围村位置示意图

塘水围村，位于民治街道东北部，距街道办事处0.2千米。相邻自然村有沙吓村、水尾村。位于东西南三面环山，中间相对低洼的丘陵中的小盆地。民治河在村东流过。因原老村旁边有个很大的坑塘，村落建在坑塘的旁边而取名塘水围。曾与水尾、东边、向南、沙吓、沙元埔及牛栏前统称为望天湖。始建于清朝，因张氏兄弟从沙吓分村移居该地而形成。现村于1994年在原村旁重建。

清朝，属新安县。1914年，属宝安县。中华人民共和国成立之初，属宝安县民治乡；1958年，属红色公社；1959年，属观澜公社；1961年，属龙华公社；1979年，属深圳市龙华区龙华公社；1981年，属深圳市宝安县龙华公社；1983年，属宝安县龙华区民治乡；1986年，属龙华镇民治行政村；1993年，属深圳市宝安区龙华镇；2004年，属龙华街道；2006年，属民治街道；2011年，属深圳市龙华新区民治街道民强社区。

世居村民为汉族，客家民系，使用客家方言。村民主要为张姓，南宋时从福建宁化迁移至广东长乐（今五华），清朝从长乐迁移至当地。

民治街道 民强社区 塘水围村

◎ 塘水围村村貌（林庆炜 摄于2018年）

2015年末，户籍人口116人，其中男性32人，女性84人；80岁以上3人，最年长者94岁（女）；实际在村人口70人；常年在城镇生活和打工46人。非户籍外来人口24342人。祖籍该村的香港同胞约100人。祖籍该村的华人华侨约100人，主要分布在美国、加拿大等国。

传统经济以种植水稻为主。改革开放后，建起14栋工业厂房及宿舍楼等。现村集体经营以物业出租为主。2015年底，村物业升级改造，由工业物业改为居住、商业性质，目前正在更新单元规划编制。村民主要收入来源为房屋出租、工资性收入、集体经济分红等。特色传统食品有春节的油角、糖环，农历四月初八佛诞日和七月十四鬼节的手粉，清明节的艾粄、鸡屎藤粄，端午节的灰水粽，冬至的萝卜糕等。

民治大道、民兴路、民旺路、民治民福北路经过该村。20世纪60年代通电，80年代通自来水，90年代实现全村村道水泥硬底及通电话，2001年通互联网。村内有民治浩源第十幼儿园，2015年在园幼儿390人，教职工55人。

传统民居为客家民居，现存1座，已破败。

塘水围除夕夜有洗"大吉水"的习俗（见东边村）。

塘水围村民几乎家家户户都会酿酒，先把糯米蒸熟，待其冷却至30℃时，掺进酒曲，然后用棉絮包好待其慢慢发酵，7天后即成清醇甘美的酒酿。

民国时期，该村建立龙腾书室（后改为龙腾小学），是当时望天湖规模最大的学堂，曾是望天湖一带文化教育中心。在抗日战争时期，广东人民抗日游击总队副总队长王作尧率领部队挺进望天湖，该校又成为培养革命骨干的摇篮。

代表性人物：

张宗伟（1913—1979），1946年在中共党组织安排下任东莞县第四区观澜乡第九保保长，以此公开身份与国民党周旋，为巩固解放区做出贡献；1949年任中共望天湖支部书记和望天湖村村长。

张连兴（1927—），1940—1944年积极参加为抗战做宣传的革命歌曲演唱活动，1945年参加民兵，曾担任秘密交通运输任务，到新界元朗为游击队转运军需用品。

（资料填报：郭顺；初稿撰写：郭顺；分纂：陈为民）

水尾村

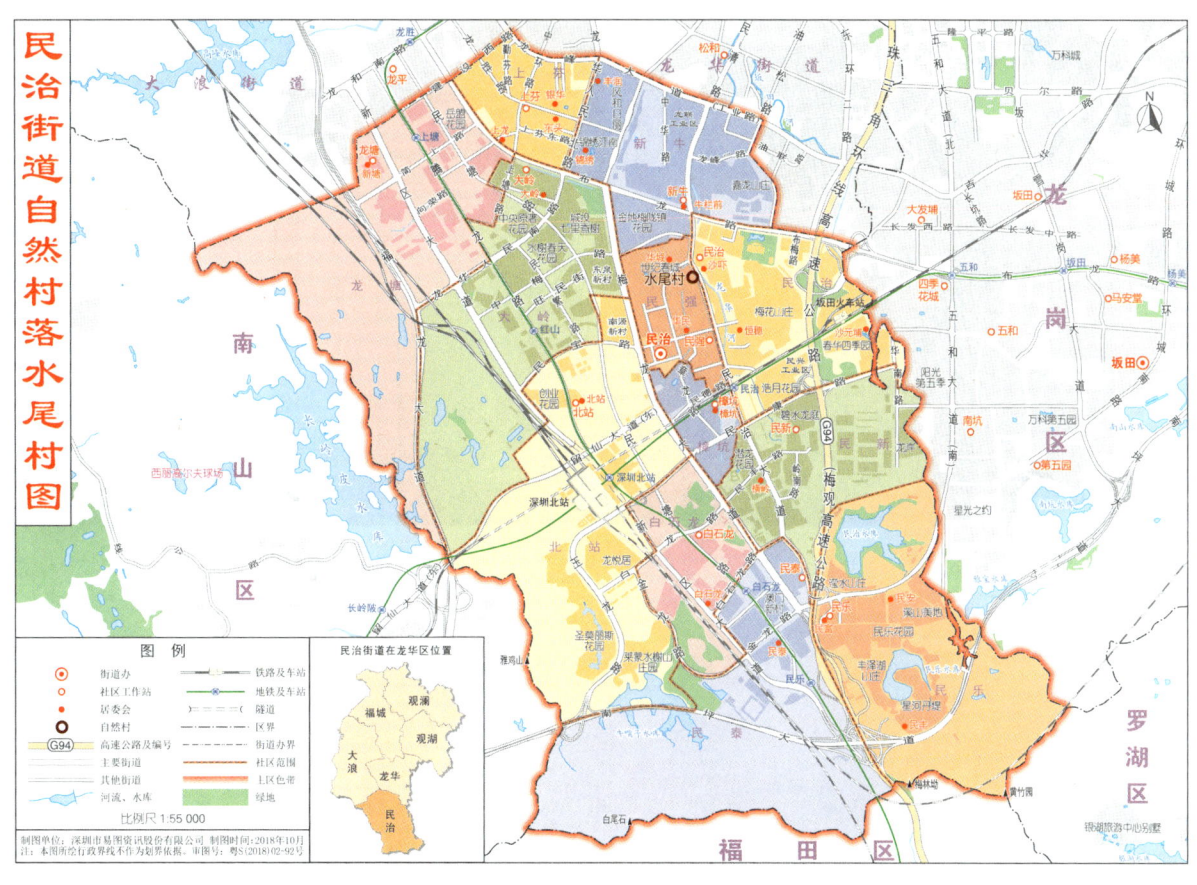

水尾村位置示意图

水尾村，位于民治街道北部，距街道办事处0.9千米。相邻自然村有沙吓村、塘水围村、牛栏前村、向南村。坐落于东西南三面环山，中间相对低洼的丘陵中的小盆地内。村东有民治河流过。

始建于清朝。因张氏、邓氏先祖先后从广东长乐（今五华）和梅县到此立村而形成。现村于1993年在原址重建。水尾村因是樟坑河（民治河支流）流经的最末尾一个村而得名（现村由原来的水尾、包宜围两村合并而成）。曾与东边、向南、塘水围、沙吓、沙元埔及牛栏前统称为望天湖。

清朝，属新安县。1914年，属宝安县。中华人民共和国成立之初，属宝安县民治乡；1958年，属红色公社；1959年，属观澜公社；1961年，属龙华公社；1979年，属深圳市龙华区龙华公社；1981年，属深圳市宝安县龙华公社；1983年，属宝安县龙华区民治乡；1986年，属龙华镇民治行政村；1993年，属深圳市宝安区龙华镇；2004年，属龙华街道；2006年，属民治街道；2011

◎ 水尾村一角（郭顺 摄于2016年）

◎ 水尾村办公楼（郭顺 摄于2016年）

年，属深圳市龙华新区民治街道民强社区。

世居村民为汉族，客家民系，使用客家方言。

2015年末，户籍人口117人，其中男性56人，女性61人；80岁以上6人，最年长者87岁（女）；实际在村人口117人。海外留学3人。非户籍外来人口16979人。祖籍该村的香港同胞约50人。祖籍该村的华人华侨17人，主要分布在马来西亚、英国、挪威等国。

传统经济以种植水稻为主，兼种番薯、甘蔗、花生、大豆、蔬菜等。改革开放后，陆续建起工业区、写字楼和其他物业。现村集体经营以物业出租为主。村民主要收入来源为集体经济分红、房屋出租、工资性收入等。传统特色节庆食品有春节的大盆菜、糖环、糖木瓜，农历四月初八（佛诞日）和七月十四（鬼节）的手粉，端午节的灰水粽，

◎ 村中凉亭（郭顺 摄于2016年）

清明的茶果、鸡屎藤粄，冬至的萝卜糕等。

民治大道、民治民福北路经过该村。20世纪60年代通电，80年代通自来水，90年代实现全村村道水泥硬底化及通电话，2001年通互联网。有篮球场、健身器材、星光老人之家等。

传统民居为客家民居，现已无存。

该村民国时期有请"木偶戏"剧社到村演出的民俗。每年正月初一到十五，在沙吓一片收割后的空地上，用木头、竹竿搭成戏台，由广东五华等地来的木偶戏班演出，连续数日。据说搭台的那块田，在木偶戏演出的几天内不能犁田。开演前，要到坳背接祖宗神牌（太王爷），接神牌的人必须是当年结婚的新郎；要燃香，在香台上插桃花；散戏时，要放爆竹一天，全村人吃白米饭和咸猪肉。

该村村民擅长竹编技艺。

代表性人物：

张子修（1912—1993），早期为抗日游击队培养的骨干，后任民治抗日民主乡乡长，在保障游击队粮食供应、发动减租减息运动、组织生产等方面做了大量工作；中华人民共和国成立后，曾任宝安县副县长，负责组织笔架山水库和铁岗水库的建设。

邓仕琪（1920—？），1943年参加广东人民抗日游击队东江纵队；1945年转移到香港继续秘密开展革命活动，后回民治负责惠东宝人民护乡团、望天湖情报站工作，以开药店和教书为掩护进行革命活动；中华人民共和国成立后，曾任深圳建设局副局长。

（资料填报：郭顺；初稿撰写：郭顺；分纂：陈为民）

樟坑村

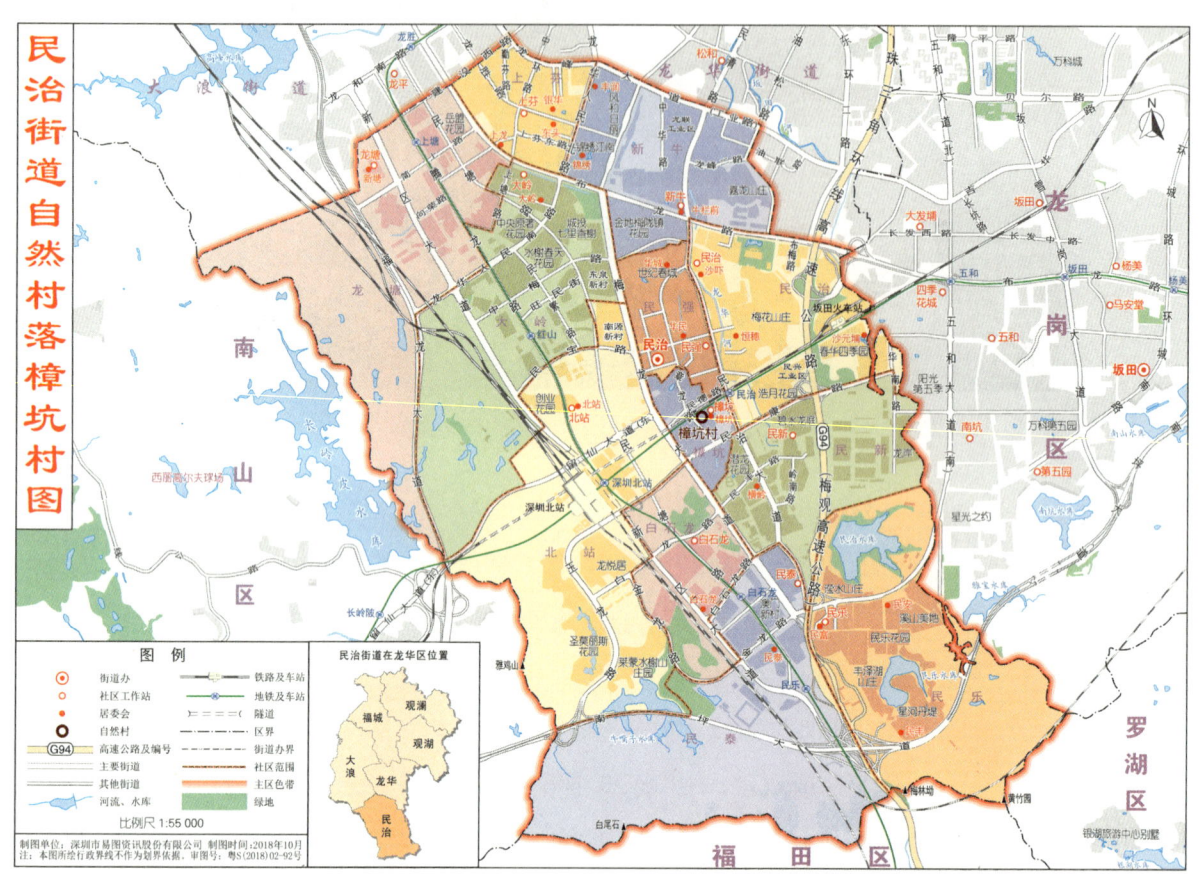

樟坑村位置示意图

樟坑村，位于民治街道南部，距街道办事处0.5千米。相邻自然村有东边村、横岭村、白石龙村。坐落于丫髻山和梅林坳山向东北延伸的丘陵地带，地势相对较低。

始建于清朝，主要姓氏为邓姓，系邓氏先祖邓日耀从归善大鹏王母围村分迁至此而形成。1992年于原村附近重建。

清朝，属新安县。1914年，属宝安县。中华人民共和国成立之初，属宝安县民治乡；1958年，属红色公社；1959年，属观澜公社；1961年，属龙华公社；1979年，属深圳市龙华区龙华公社；1981年，属深圳市宝安县龙华公社；1983年，属宝安县龙华区民治乡；1986年，属龙华镇民治行政村；1993年，属深圳市宝安区龙华镇；2004年，属龙华街道；2006年，属民治街道；2011年，属深圳市龙华新区民治街道民强社区。

世居村民为汉族，客家民系，使用客家方言。

2015年末，户籍人口369人，其中男性166人，女性203人；80岁以上16人，最年长者93岁

◎ 樟坑村村貌（罗爱云 摄于2016年）

（男）；实际在村人口335人；海外留学2人。非户籍外来人口58845人。祖籍该村的香港同胞约100人。祖籍该村的华人华侨100—200人，主要居住在马来西亚。

传统经济以种植水稻为主，兼种番薯、甘蔗、荔枝等，农闲时用竹子编箩筐、鸡笼等。改革开放后，陆续建起16栋厂房及其他物业。现村集体经营以厂房出租为主。村民主要收入来源为房屋出租、集体经济分红、工资性收入等。特色传统节庆食品有春节的大盆菜、油角，冬至的茶果，端午节的灰水粽，清明的鸡屎藤粄等。

梅龙大道、民治大道、民德路经过该村。20世纪60年代通电，80年代通自来水，90年代实现全村村道水泥硬底化及通电话，2001年通互联网。村内有樟坑幼儿园，2015年在园幼儿35人，教职工10人。有樟坑图书室，藏书1万多册。有星光老人之家和健身器材、篮球场。

传统民居为客家民居，现存约100座，大都建于清咸丰年间（1851—1861年）。具代表性的是老村69号民居，两开间两进，砖土木结构，灰瓦平脊，内有阁楼。村内有清朝古井，2012年重修，并用一米多高的围墙保护起来。

邓氏族人每年清明节祭祖。

村民有制糖技艺：制糖至少用三口大铁锅，甘蔗榨汁倒进第一口锅，加热熬煮、蒸发到一定程度后倒入第二口……依此越煮越稠，即将熬成时加少许石灰粉，冷却成糖。

村民有除夕夜洗"大吉水"习俗（见东边村）。

樟坑与长岭陂交界处（留仙大道和福龙路交叉口）曾有一"鲤鱼石"，后修路被炸毁，村中流传着它的传说。相传有一雄一雌两条鲤鱼精，从南头海里顺大沙河北游。所到之处，旱地变湖水，湖水变汪洋。当游到"雷公惊"（现民乐村）时，听说此处"连上天的雷公都非常害怕"，

◎ 传统民居（罗爱云 摄于2016年）

就不敢再往前了。可刚回游到樟坑与长岭陂交界处，突然一声惊雷，两条鲤鱼精都变成石头，即"鲤鱼石"。

日军侵占期间，樟坑村多家房屋被炸毁，村民被残杀。1941年三四月间，民治乡抗日民主政府成立大会在樟坑举行，樟坑培根小学和樟坑果园成为革命活动的重要据点。1942年1月，中共宝安县委由赤岭头移驻樟坑田螺坑。在县委的直接领导下，中共樟坑支部组织村民开展对从香港归来的文化名人的安置和保卫工作。解放战争时期，樟坑曾是惠东宝人民护乡团的情报总站、税务总站及军需物资供应的重要基地。

代表性人物：

邓云英（1919—1945），革命烈士，抗日战争时期曾任中共樟坑村支部书记，1942年，因遭国民党顽军追捕被上级组织安排以教书做掩护，继续革命活动；次年，任广东人民抗日游击队东江纵队钟煜明中队指导员；后在带领一个战斗中队与敌人争夺浮桥时牺牲。

邓富友（1919—1944），革命烈士，1943年任东江纵队班长，同年冬调任队长；在东莞霄边战斗中牺牲。

（资料填报：罗爱云；初稿撰写：罗爱云；分纂：陈为民）

民治社区

沙吓村

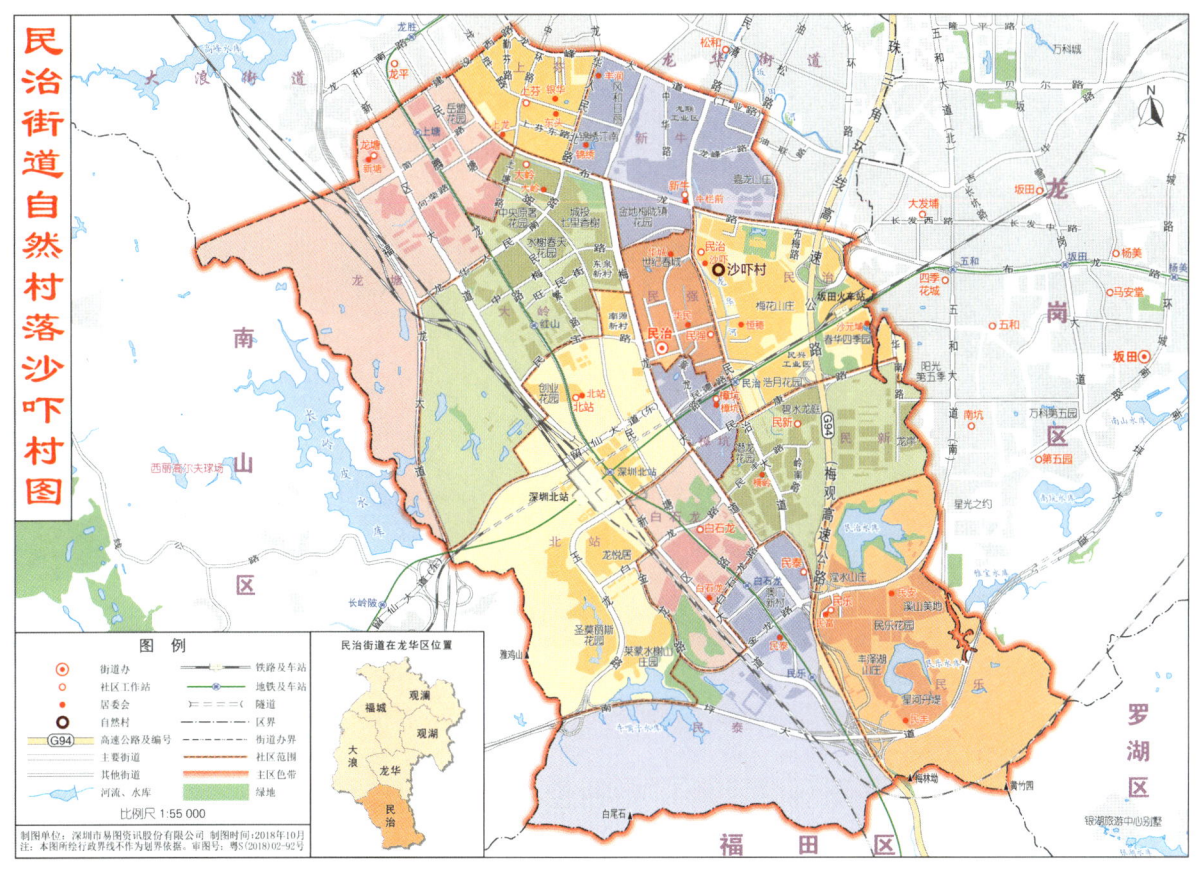

沙吓村位置示意图

沙吓村，位于民治街道东北部，距街道办事处1.3千米。相邻自然村有牛栏前村、水尾村、塘水围村、沙元埔村、向南村。

始建于清朝，因先祖张氏三兄弟从长乐（今五华）到此立村而形成，现村于1993年在原地重建。因该村地处民治河旁边，在望天湖地区地势最低，每当雨天，泥沙俱下而取名沙下，后成沙吓。现村为原沙吓、老围两村合并而成。曾与水尾、东边、向南、塘水围、沙元埔及牛栏前统称为望天湖。

清朝，属新安县。1914年，属宝安县。中华人民共和国成立之初，属宝安县民治乡；1958年，属红色公社；1959年，属观澜公社；1961年，属龙华公社；1979年，属深圳市龙华区龙华公社；1981年，属深圳市宝安县龙华公社；1983年，属宝安县龙华区民治乡；1986年，属龙华镇民治行政村；1993年，属深圳市宝安区龙华镇；2004年，属龙华街道；2006年，属民治街道；2011年，属深圳市龙华新区民治街道民治社区。

◎ 沙吓村村貌（郭顺 摄于2018年）

世居村民为汉族，客家民系，使用客家方言。第一大姓为张姓，南宋时由中原南迁至福建宁化，清初从广东长乐（今五华）迁至当地。

2015年末，户籍人口182人，其中男性87人，女性95人；80岁以上7人，最年长者96岁（男）；实际在村人口182人。非户籍外来人口17575人。祖籍该村的香港同胞25人。祖籍该村的华人华侨10人，主要居住在荷兰。

传统经济以种植水稻为主，兼种番薯、甘蔗、花生、龙眼、荔枝和蔬菜。现村集体经营以工业区、商住楼、酒店等物业出租为主。村民主要收入来源为集体经济分红、房屋出租、工资性收入等。特色传统节庆食品有春节的大盆菜、油角、糖环、糖木瓜，端午节的灰水粽，清明节的茶果、鸡屎藤粄，农历七月十四鬼节的手粉等。

布龙路、民治大道经过该村。20世纪60年代通电，80年代通自来水，90年代实现全村村道水泥硬底化及通电话，2001年通互联网。村内有健身器材、篮球场、羽毛球场、网球场等。

传统民居为客家民居，已无存。

沙吓老围原有张、邓、钟、邱4个姓氏的祠堂，部分被日军焚毁；残存部分在"文化大革命"时期分给村民居住，现已拆除。

沙吓村一直延续着重阳节集体祭祖活动。每年重阳节，村民带供品去西丽祖墓祭拜，然后回

◎ 村口门楼（郭顺 摄于2016年）

◎ 王爷庙（郭顺 摄于2016年）

村里分猪肉，最后聚餐。

该村曾一度流行木偶戏（见水围村）。村民大多有酿酒技艺。

相传有一年发洪水，从别处飘来一香炉，正好在一棵大榕树前搁浅，村民就奉这棵大榕树为大王爷。一次日军大扫荡，在横岭村杀害几个人，还烧毁100多间房子，连过路卖鸡的人都不放过。村民当时藏在山沟里，日本兵在沟旁的高处走来走去，孩子们在山沟下面吓得直哭，村民感到大事不妙，当时恰巧有乌鸦在头顶飞过，日本人以为是乌鸦在叫。村民侥幸躲过一劫。2002年村民在原榕树的位置修建一座王爷庙，农历每月初一、十五，有村民到庙中烧香祭拜，祈求平安。

（资料填报：郭顺；初稿撰写：郭顺；分纂：陈为民）

沙元埔村

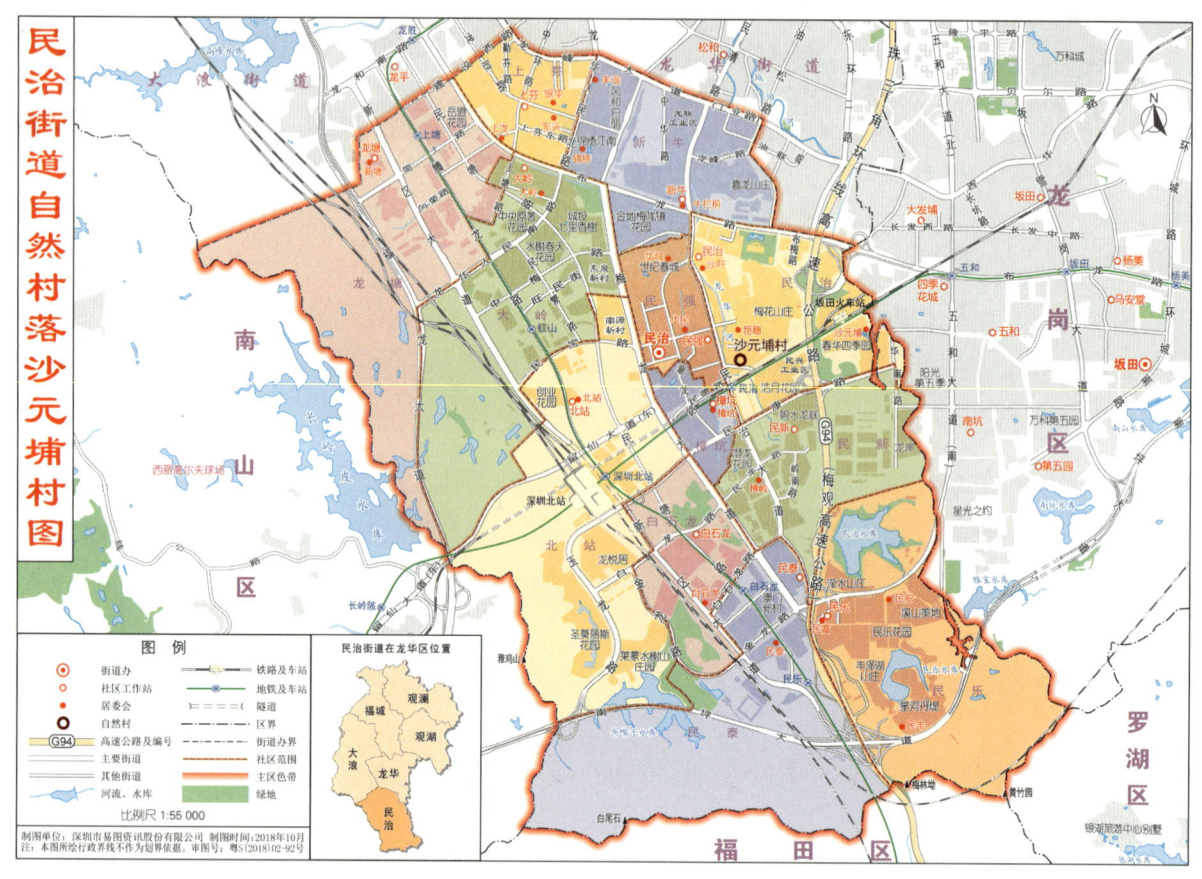

沙元埔村位置示意图

沙元埔村，位于民治街道东北部，距街道办事处约1千米。相邻自然村有沙吓村、向南村、东边村、横岭村。民治河从村西流过。始建于清朝中期。因土壤肥沃且靠近河流，邓氏先祖从梅州迁到该地而形成村落。现村于1993年在原址重建。曾用名沙园埔。"文化大革命"期间与东边、向南合并为"三忠队"。曾与水尾、东边、向南、沙吓、塘水围及牛栏前统称为望天湖。

清朝，属新安县。1914年，属宝安县。中华人民共和国成立之初，属宝安县民治乡；1958年，属红色公社；1959年，属观澜公社；1961年，属龙华公社；1979年，属深圳市龙华区龙华公社；1981年，属深圳市宝安县龙华公社；1983年，属宝安县龙华区民治乡；1986年，属龙华镇民治行政村；1993年，属深圳市宝安区龙华镇；2004年，属宝龙华街道；2006年，属民治街道；2011年，属深圳市龙华新区民治街道民治社区。

世居村民为汉族，客家民系，使用客家方言。村民主要为邓姓，与水尾村、东边村的邓姓为同一宗族，源于河南，因宋代战乱向长江以南迁移，清朝中期从广东嘉应州迁移至当地。

◎ 沙元埔村一角（郭顺 摄于2016年）

2015年末，户籍人口75人，其中男性36人，女性39人；80岁以上3人，最年长者90岁（女）；实际在村人口47人；常年在城镇生活和打工28人。非户籍外来人口18378人。祖籍该村的香港同胞约10人。

传统经济以种植水稻为主，兼种番薯、花生、甘蔗、龙眼、蔬菜等。改革开放后，建起工业区、商住楼等，现村集体经营以物业出租为主。村民主要收入来源为集体经济分红、房屋出租、工资性收入等。

特色传统食品有春节的米饼、油角、糖环，清明节的艾粄、鸡屎藤粄，端午节的灰水粽，冬至的萝卜糕，农历四月初八佛诞日的手粉等。

梅观高速G94线、民治大道经过该村。20世纪60年代通电，80年代通自来水，90年代实现全村村道水泥硬底化及通电话，2001年通互联网。村中有民治萌思幼儿园，2015年在园幼儿180人，教职工33人。

传统民居为客家民居，现已无存。

抗日战争时期，日军多次对该村"扫荡"，村民房屋多被焚毁。

村东北角有一处仿古建筑——民治村史馆，于2005年8月16日落成。占地面积7455平方米，建筑面积759平方米。面宽约9间，两头为工作室，正前有19级台阶，台阶两旁是文化墙浮雕。外墙为展示民治历史变迁及风俗文化的浮雕。馆内展示反映大民治地区历史变迁的照片、实物。

当地有全村人共食团年饭的习俗。春节前，村民和原籍该村的香港宗亲聚在一起，共食大盆菜。

◎ 沙元埔村村口（郭顺 摄于2016年）

◎ 民治村史馆（郭顺 摄于2016年）

该村有"不砍河边树，不打三春鸟"的族规。有"勤耕苦读"的传统。有除夕夜洗"大吉水"的习俗。

磨豆腐是沙元埔人传统的家庭手工技艺，几乎家家户户都会。一般用石磨把浸泡过的黄豆磨成浆，倒入容器里加热，将卤水徐徐加入搅拌，最后把已凝结的浆水倒进特制容器，挤压出水分就做成豆腐。

（资料填报：郭顺；初稿撰写：郭顺；分纂：陈为民）

上芬社区

东一村

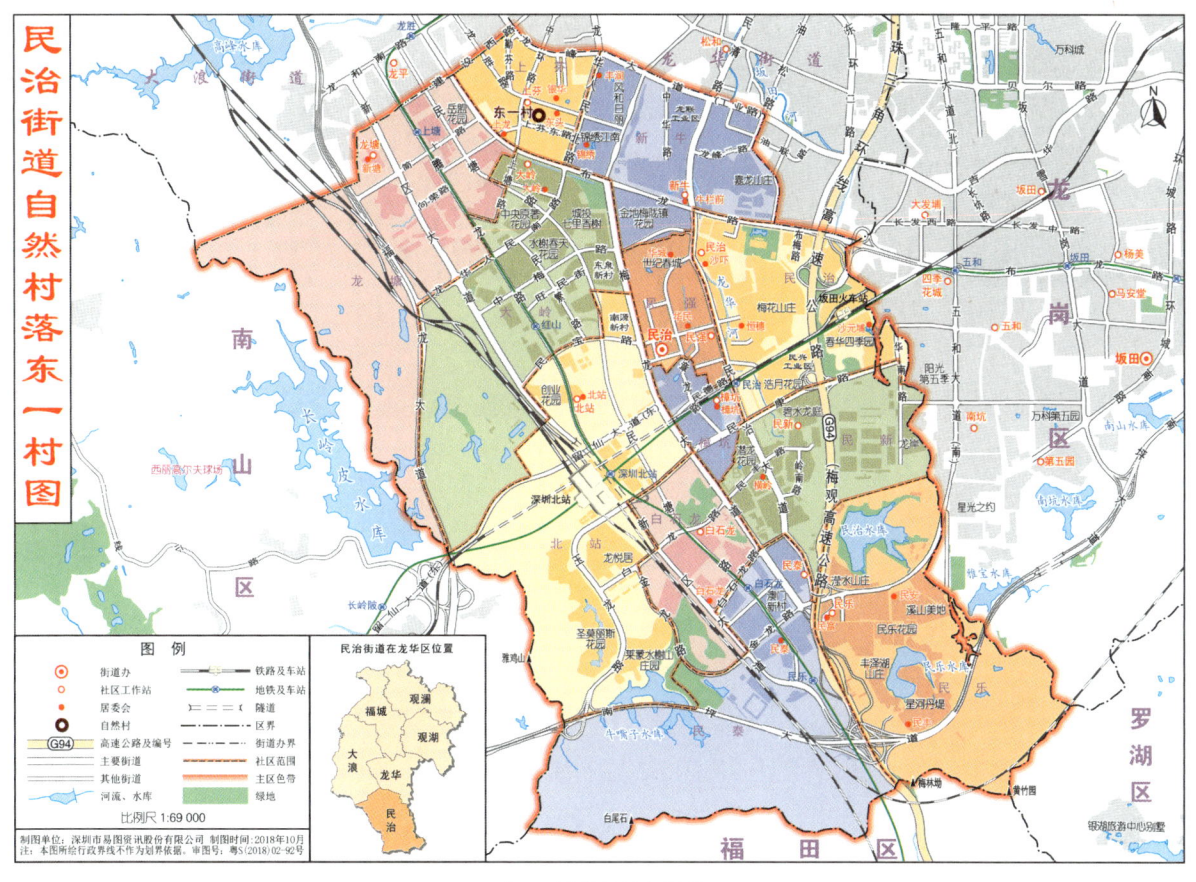

东一村位置示意图

东一村，位于民治街道西北部，距街道办事处3.2千米。相邻自然村有东二村、西头村、龙屋村。东一村因1991年东头村一分为二而得名。别名上芬一队。

詹氏先祖詹念馀从东莞坝头南迁至龙华上芬后，其三个儿子分出建立东头村。1991年东头村划为两个居民组，第一居民组于1993年在原址重建而形成东一村。

建村至明万历元年（1573年），属东莞县；明万历元年至清朝，属新安县。1914年，属宝安县。中华人民共和国成立之初，属宝安县民治乡；1958年，属红色公社；1959年，属观澜公社；1961年，属龙华公社；1979年，属深圳市龙华区龙华公社；1981年，属深圳市宝安县龙华公社；1983年，属宝安县龙华区龙胜乡；1986年，属龙华镇龙胜行政村；1989年，属龙华镇上塘行政村；1993年，属深圳市宝安区龙华镇上塘行政村；2004年，属龙华街道；2006年，属民治街道；2011年，属深圳市龙华新区民治街道上芬社区。

村民主要为詹姓。詹氏先祖自明洪武三年（1370年）从江西波阳（鄱阳）赴广东东莞任县

◎ 东一村村貌（邓芳 摄于2016年）

令，后定居篁村，后族人在篁村北约一千米处立新村即坝头村；明正德元年（1506年）从东莞坝头迁至上芬，后分村迁移至当地。

世居村民为汉族，广府民系，使用粤方言。

2015年末，户籍人口152人，其中男性60人，女性92人；80岁以上4人，最长者94岁（男）；实际在村人口97人；常年在城镇生活和打工52人；海外留学3人。非户籍外来人口15932人。祖籍该村的香港同胞8人。

传统经济以种植水稻为主，兼种龙眼、荔枝、番薯、甘蔗、花生等，农闲时编箩筐。现村集体经营以房屋出租为主，包括村集体物业如厂房、工业园等出租。村民主要收入来源为房屋出租、集体经济分红、工资性收入等。该村有一棵国家三级古树小叶榕，树龄125年。特色传统节庆食品有春节的大盆菜、年糕、煎堆、油角、米饼，冬至的茶果，端午节的灰水粽，清明的鸡屎藤粄等。

布龙路经过该村。20世纪70年代通电，80年代通自来水，90年代通电话，2001年通互联网。村内有银泉幼儿园，2015年在园幼儿320人，教职工50人。有东一村篮球场。

传统民居为广府民居，现无存。

现存詹氏宗祠，始建时间不详，1999年重修。占地面积约260平方米，是东一、东二、龙塘、西头、龙屋、简上等村詹姓族人共同供奉的宗祠。祠堂坐北朝南，清水砖墙、灰瓦覆顶、船型屋脊，房檐是绿色琉璃瓦，系三开间两进一天井格局。前堂正门两边有塾台，台上有檐柱支撑前檐；檐柱与墙壁间有额枋横贯。进门2米处是一道屏风，两边是廊房，祖宗牌位供奉在后堂。

上塘社区居委会于2005年纂修《上塘村史》。2002年7月10日，村委制订的《村规民约》经村

◎ 东一村新居（邓芳 摄于2016年）

◎ 詹氏宗祠（邓芳 摄于2016年）

民会议通过。

每年春节，詹氏族人去詹氏宗祠祭拜，清明节、重阳节还要到大浪龙山墓园祭祖拜山。

东一村有添丁点灯的风俗。

村中流传着"深山密林处，无水捉鲜鱼"的传说。当年詹氏先祖自东莞坝头经清湖到上芬，一路越走越臭，到山上一看：满山头都是白茫茫一片臭"鱼山"。于是，上芬人总想把这些鱼清除干净，但怎么也清不完。原来此处树木参天，树冠栖息着无数野白鹭、灰鹭。每到夜幕降临，成群的鹭鸟从海滩叼鱼喂小鹭，所以每天早上都能在大树底下捡到许多鱼，吃不完就拿去集市上卖。

代表性人物：

詹创远（1923— ），擅编竹器，如捕鱼器具、簸箕等农业生产和生活用具。

（资料填报：邓芳；初稿撰写：邓芳；分纂：陈为民）

东二村

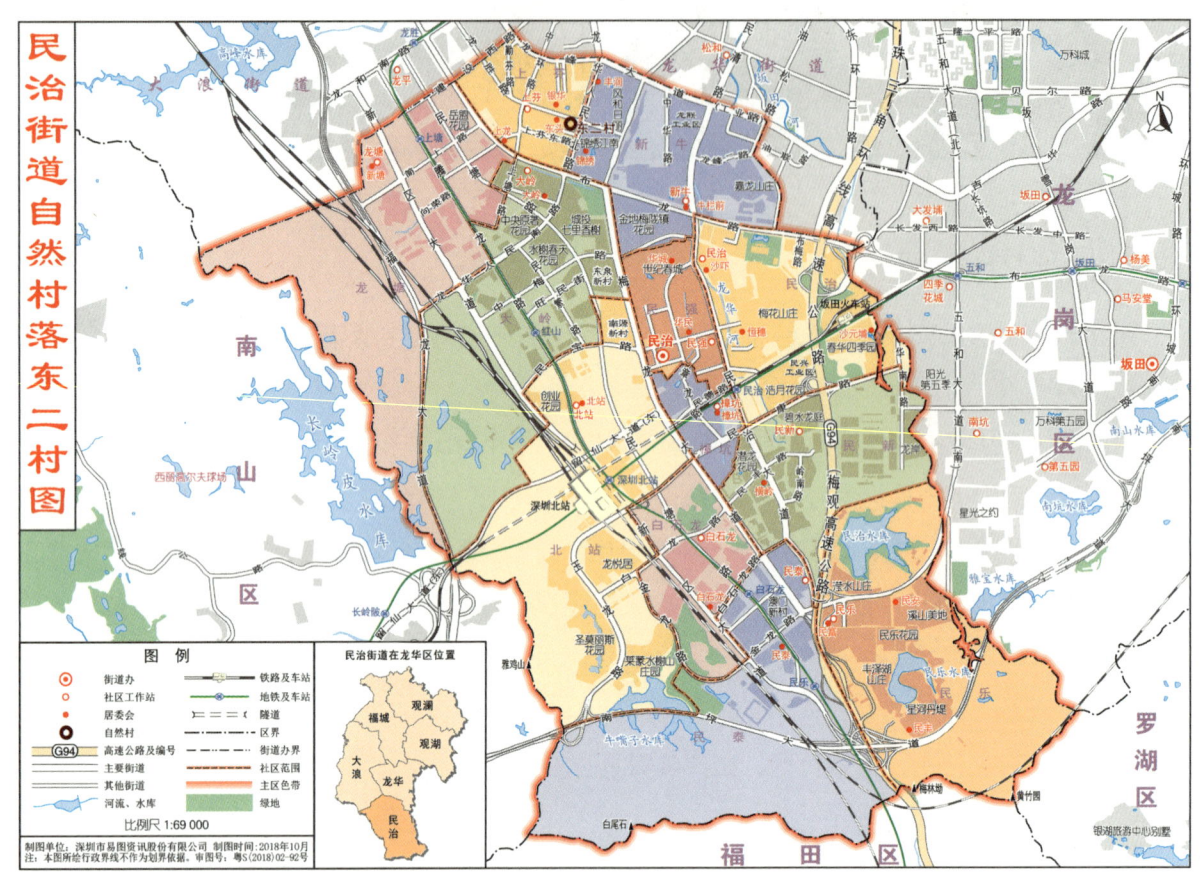

东二村位置示意图

东二村，位于民治街道西北部，距街道办事处2.5千米。相邻自然村有东一村、西头村、龙屋村。

詹氏先祖詹念馀从东莞坝头南迁至龙华上芬后，因族人增多，其三个儿子分出建立东头村；1991年东头村一分为二成东一村和东二村。现村于1993年在村旁新建而形成。

建村至明万历元年（1573年），属东莞县；明万历元年至清朝，属新安县。1914年，属宝安县。中华人民共和国成立之初，属宝安县民治乡；1958年，属红色公社；1959年，属观澜公社；1961年，属龙华公社；1979年，属深圳市龙华区龙华公社；1981年，属深圳市宝安县龙华公社；1983年，属宝安县龙华区龙胜乡；1986年，属龙华镇龙胜行政村；1989年，属龙华镇上塘行政村；1993年，属深圳市宝安区龙华镇上塘行政村；2004年，属龙华街道；2006年，属民治街道；2011年，属深圳市龙华新区民治街道上芬社区。

世居村民为汉族，广府民系，使用粤方言。第一大姓为詹姓。詹氏先祖自明洪武三年（1370

◎ 东二村一角（邓芳 摄于2016年）

年）从江西波阳（鄱阳）赴广东东莞任县令，后定居东莞篁村，随着人口的增长，后人在篁村北约一千米处立新村即坝头村；明正德元年（1506年）从东莞坝头村迁至上芬，后分村迁移至当地。

2015年末，户籍人口230人，其中男性97人，女性133人；80岁以上4人，最年长者91岁（女）；实际在村人口151人；常年在城镇生活和打工75人；海外留学4人。非户籍外来人口16311人。祖籍该村的香港同胞约10人。

◎ 东二村综合市场（邓芳 摄于2016年）

传统经济以种植水稻为主，兼种龙眼、荔枝、番薯、甘蔗、花生等；农闲时用竹子编箩筐。现村集体以房屋出租为主。村民主要收入来源为集体经济分红、房屋出租、工资性收入等。传统食品有春节的大盆菜、年糕、煎堆、油角、沓米饼，清明节的鸡屎藤粄，端午节的灰水粽，冬至的茶果等。

布龙路、龙华人民路、龙胜路经过该村。20世纪60年代通电，80年代通自来水，80年代后期通电话，90年代实现全村村道水泥硬底化，2001年通互联网。有东二村篮球场。

传统民居为广府民居。现存2座，位于东头老村詹氏宗祠隔壁。

村内现存《上塘村史》，系上塘社区居委会于2005年纂修。2002年7月10日，制定《村规民约》。

每年除夕，詹氏族人都去宗祠祭拜，摆上祭品，上香、点蜡烛、烧纸钱、放鞭炮，祈求祖先保佑子孙兴旺、福寿安康。

东二村有祭祖拜山的风俗。祖上添丁点灯的风俗也一直延续至今。

代表性人物：

詹金英（1937—1979），曾任深圳第二轻工业局局长。

温群娣（1929—），1944年，年仅15岁时参加"小鬼队"，并配合上级领导策反伪军官黎林；机智勇敢地为游击队带路，攻打土匪在冼沙村的据点，活捉匪团长并缴获大批枪支弹药；2015年，荣获纪念抗日战争胜利70周年金质纪念章。

（资料填报：邓芳；初稿撰写：邓芳；分纂：陈为民）

西头村

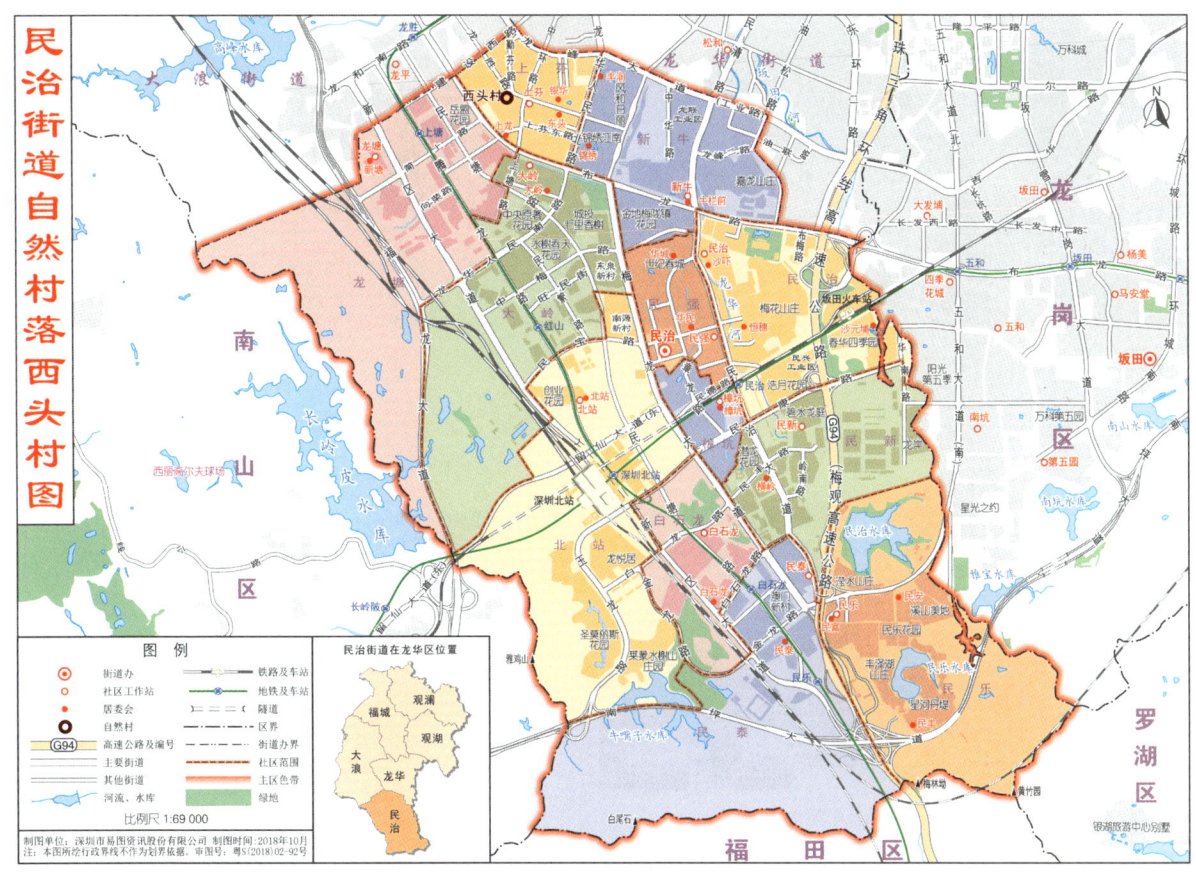

西头村位置示意图

西头村，位于民治街道西北部，距街道办事处约3.2千米。相邻自然村有东一村、东二村、龙屋村。坐落于阳台山以东的丘陵地带，地势相对周围比较高。附近有海拔587米的阳台山。始建于明朝中期，因上芬詹氏族人增多，詹俊仟、詹斐、詹世禄分村到此而形成。1992年现村于原址重建。西头村因地处上芬老村的西面而得名。曾用名上芬三队。

建村至明万历元年（1573年），属东莞县；明万历元年至清朝，属新安县。1914年，属宝安县。中华人民共和国成立之初，属宝安县民治乡；1958年，属红色公社；1959年，属观澜公社；1961年，属龙华公社；1979年，属深圳市龙华区龙华公社；1981年，属深圳市宝安县龙华公社；1983年，属宝安县龙华区龙胜乡；1986年，属龙华镇龙胜行政村；1989年，属龙华镇上塘行政村；1993年，属深圳市宝安区龙华镇上塘行政村；2004年，属龙华街道；2006年，属民治街道；2011年，属深圳市龙华新区民治街道上芬社区。

世居村民为汉族，广府民系，使用粤方言。村民主要为詹姓，明洪武三年（1370年）从江西

◎ 西头村村貌（罗爱云 摄于2016年）

◎ 综合市场（罗爱云 摄于2016年）

波阳（鄱阳）迁至广东东莞篁村；明正德年间（1506—1521年）从东莞坝头村迁移至上芬后分村迁至当地。

2015年末，户籍人口155人，其中男性83人，女性72人；80岁以上3人，最年长者87岁（女）；实际在村人口90人；常年在城镇生活和打工65人。非户籍外来人口22183人。祖籍该村的香港同胞29人，台湾同胞1人。

传统经济以种植水稻为主，兼种番薯、玉米、花生等。现村集体经营以物业出租为主。村民主要收入来源为工资性收入、集体经济分红、房屋出租等。村内有一棵国家三级古树。特色传统（节庆）食品有春节的大盆菜、煎堆、油角、糖木瓜，端午节的灰水粽，清明节的茶果、鸡屎藤粄等。

布龙路、龙胜路、景龙中环路经过该村。20世纪60年代通电，80年代通自来水，90年代实现全村村道水泥硬底化及通电话，2001年通互联网。村内有上塘小精灵幼儿园，2015年在园幼儿450人，教职工58人；皓源第九幼儿园，在园幼儿300人，教职工40人。有篮球场、健身器材、西头公园、上塘公园及上芬星光老人之家、图书室等。十多年前组建村篮球队，在上塘股份有限公司组织的下辖7个自然村参加的每年年末的篮球比赛中，西头村获得过冠军、亚军。

传统民居为广府民居。现存1座。保存状况基本完好。

现存《上塘村史》，由上塘社区居委会于2005年纂修。2002年7月制定《村规民约》。

西头村历史上每年正月十五元宵节举行统一的宗族活动。届时，村民抬着大金猪，备齐香烛、纸钱等祭品，敲锣打鼓前往宗祠，并在祠堂屏风前祭拜、许愿，然后按男丁分派金猪，隆重热闹。

西头村延续小年夜"送灶神"的习俗。民间传说这一天是灶神上天向玉帝报告一年来各家善恶行为的日子,为使灶神多说好话,村民在这一天祭拜。送灶神之时,各家焚香点烛,献上祭品,还要将填写好自家地址的镪纸焚烧,祭拜。

当地民间还有制糖技艺。

(资料填报:罗爱云;初稿撰写:罗爱云;分纂:陈为民)

龙屋村

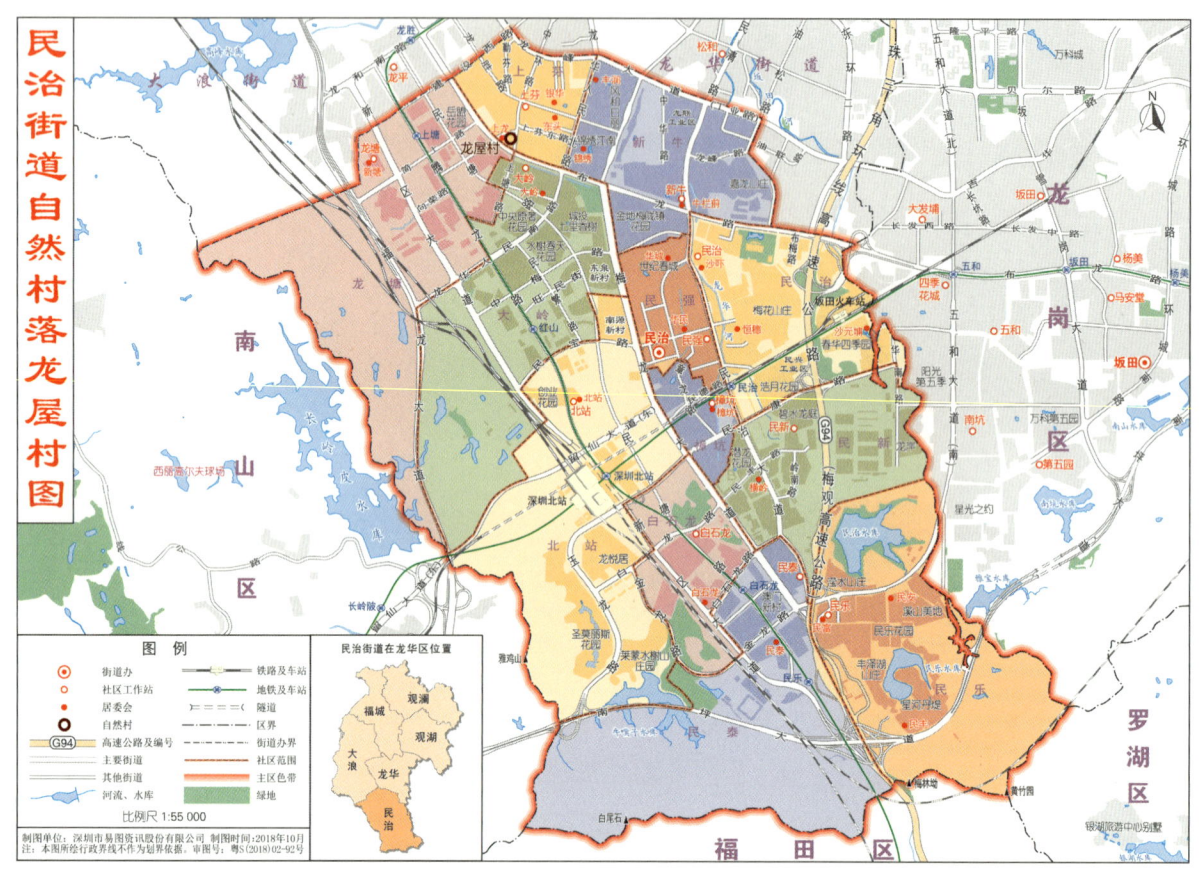

龙屋村位置示意图

龙屋村，位于民治街道西北部，距街道办事处约3千米。相邻自然村有东一村、东二村、西头村。因地处阳台山东边的丘陵地带，故地势相对较高。附近有海拔587米的阳台山。始建于明朝，因詹姓人先到此居住，后龙姓人集中居住于此而形成。该村1992年在原村旁边重建。因上芬一带龙姓人大都聚居于此而得名。曾用名上芬四队。

建村至明万历元年（1573年），属东莞县；明万历元年至清朝，属新安县。1914年，属宝安县。中华人民共和国成立之初，属宝安县民治乡；1958年，属红色公社；1959年，属观澜公社；1961年，属龙华公社；1979年，属深圳市龙华区龙华公社；1981年，属深圳市宝安县龙华公社；1983年，属宝安县龙华区龙胜乡；1986年，属龙华镇龙胜行政村；1989年，属龙华镇上塘行政村；1993年，属深圳市宝安区龙华镇民治行政村；2004年，属龙华街道；2006年，属民治街道；2011年，属深圳市龙华新区民治街道上芬社区。

世居村民为汉族，广府民系，使用粤方言。村民主要为詹、龙2姓。詹姓为该村第一大姓，明

民治街道　上芬社区　龙屋村

◎ 龙屋村村貌（郭顺 摄于2016年）

◎ 龙屋新村（郭顺 摄于2016年）

初从江西波阳（鄱阳）迁至广东东莞篁村，后子孙在篁村北约一千米处立坝头村；明正德年间（1506—1521年）从东莞坝头迁至龙华上芬后，分村迁移至当地。第二大姓为龙姓，宋朝从江西永新迁至广东增城，清朝从增城迁至当地。

2015年末，户籍人口230人，其中男性107人，女性123人；80岁以上16人，最年长者93岁（男）；实际在村人口154人；常年在城镇生活和打工74人；海外留学2人。非户籍外来人口10148人。祖籍该村的香港同胞约100人。祖籍该村的华人华侨约30人，主要居住在印度尼西亚。

传统经济以种植水稻为主，兼种花生、甘蔗、番薯、玉米、胡萝卜、豆角等，农闲时编织竹器。现村集体经营以物业出租为主。村民主要收入来源为房屋出租、工资性收入、集体经济分红等。传统特色节庆食品有春节的大盆菜、煎堆、米饼、糖木瓜、油角、萝卜糕、糖环，清明节的茶果、鸡屎藤粄，端午节的灰水粽等。

布龙路、景龙中环路经过该村。20世纪60年代通电，80年代通自来水，90年代通电话，2001年通互联网，2004年实现全村村道水泥硬底化。村内有上塘公园、健身房、健身器材、星光老人之家、图书室等。

传统民居为广府民居，现存50座，有代表性的是龙屋老村33号民居，砖土墙，木横梁，灰瓦挑脊，里面有阁楼。

现存《龙氏族谱》，龙彪于2013年纂修；《上塘村史》，上塘社区居委会于2005年纂修。《村规民约》于2002年7月制定。

每到清明节、重阳节村民都会举行祭祖活动。龙屋村民一直延续着祖上添丁点灯的习俗。

该村制糖技术形成于二十世纪六七十年代。

代表性人物：

龙耀庭（1953— ），曾任龙华镇委副书记、镇长，宝安区政府副区长。

(资料填写：郭顺；初稿撰写：郭顺；分纂：陈为民)

龙塘社区

简上村

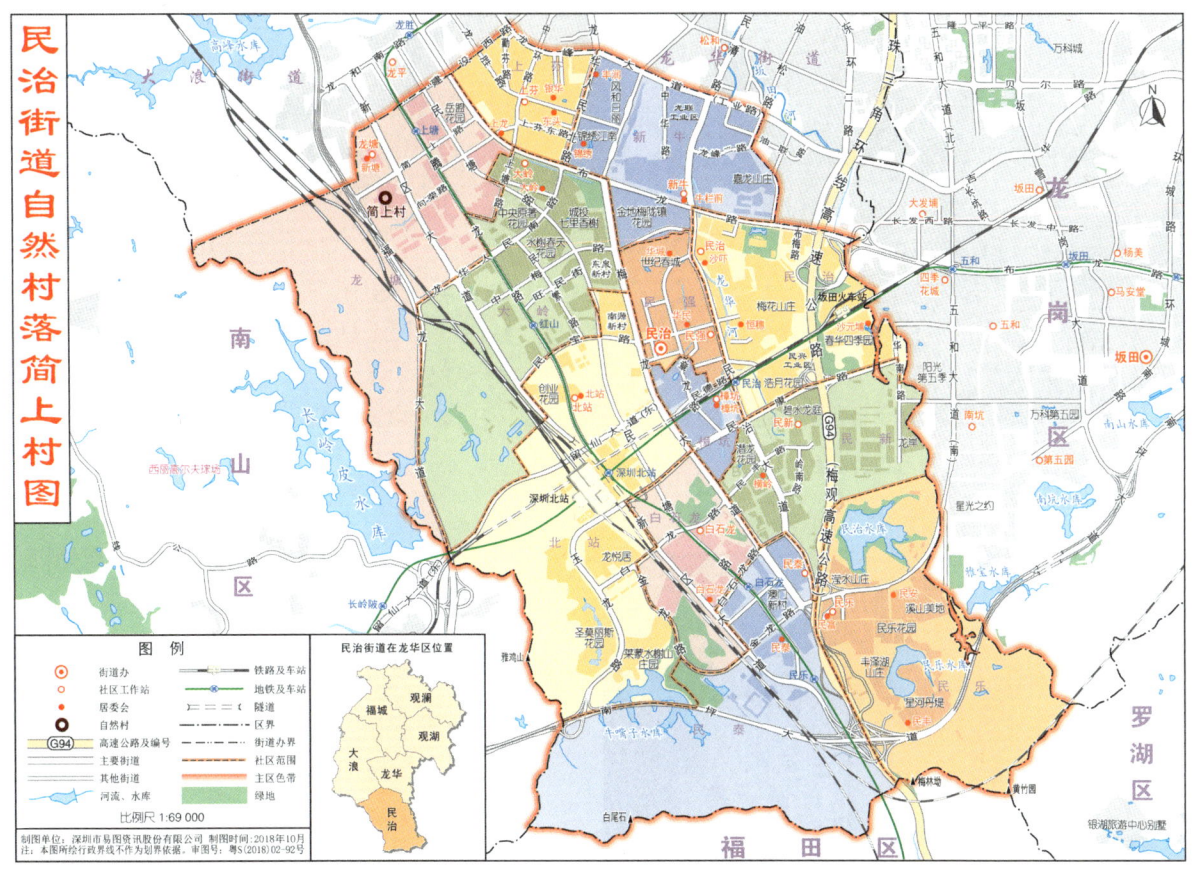

简上村位置示意图

简上村，位于民治街道西北部，距街道办事处约4.2千米。相邻自然村有龙塘村。村落地处阳台山东麓的丘陵地带，原小山众多，现已被推平，地势较高。附近有一高峰水库和海拔587米的阳台山。该村始建于明朝中期，因詹氏先祖在上芬立村后，随着人口增多需要分村，詹氏两兄弟到此立村。1999年整体搬迁至原村附近的现址。因原有一条石头砌成的水渠从村中穿过，当地人称这条渠为"简"而得名简上村。曾用名沙扒岭。

建村至明万历元年（1573年），属东莞县；明万历元年至清朝，属新安县。1914年，属宝安县。中华人民共和国成立之初，属宝安县民治乡；1958年，属红色公社；1959年，属观澜公社；1961年，属龙华公社；1979年，属深圳市龙华区龙华公社；1981年，属深圳市宝安县龙华公社；1983年，属宝安县龙华区龙胜乡；1986年，属龙华镇龙胜行政村；1989年，属龙华镇上塘行政村；1993年，属宝安区龙华镇上塘行政村；2004年，属龙华街道；2006年，属民治街道；2011年，属深圳市龙华新区民治街道龙塘社区。

◎ 简上村村貌（郭顺 摄于2016年）

◎ 广深高铁从村旁经过（郭顺 摄于2016年）

世居村民为汉族，广府民系，使用粤方言。村民主要为詹姓，明洪武三年（1370年）从江西波阳（鄱阳）迁移至广东东莞篁村，明正德元年（1506年）从东莞坝头迁至上芬后又迁至当地。

2015年末，户籍人口142人，其中男性64人，女性78人；80岁以上5人，最年长者98岁（女）；实际在村人口42人；常年在城镇生活和打工98人；海外留学2人。非户籍外来人口14788人。祖籍该村的香港同胞约40人。祖籍该村的华人华侨2人，分别居住在美国、法国。

传统经济以种植水稻为主，兼种甘蔗、番薯、花生、桂圆、沙梨、萝卜、芹菜、花菜、菠菜等。改革开放后建工业区、厂房、村委办公楼，另外入股大浪同富裕工业区。村民主要收入来源为集体经济分红、房屋出租、工资性收入等。传统特色节庆食品有春节的大盆菜、萝卜糕、糖木瓜、糖环，端午节的灰水粽，清明节的茶果、鸡屎藤粄等。

毗邻广深港高速铁路。深圳地铁4号线、福龙路、新区大道、简上路经过该村。20世纪70年代通电，80年代通自来水，90年代实现全村村道水泥硬底化及通电话，2001年通互联网。村内有长城里程幼儿园，2015年在园幼儿500人，教职工78人。有图书室、街心公园、篮球场、乒乓球台、星光老人之家等。

村中存有《上塘村史》，上塘社区居委会于2005年纂修。

重阳节是简上村村民一年一度祭祖拜山的日子。立村的詹氏两兄弟支脉分别祭祖、分食金猪、聚餐。

村中延续着祖上添丁点灯的风俗。民间曾有制糖技艺。

（资料填报：郭顺；初稿撰写：郭顺；分纂：陈为民）

龙塘村

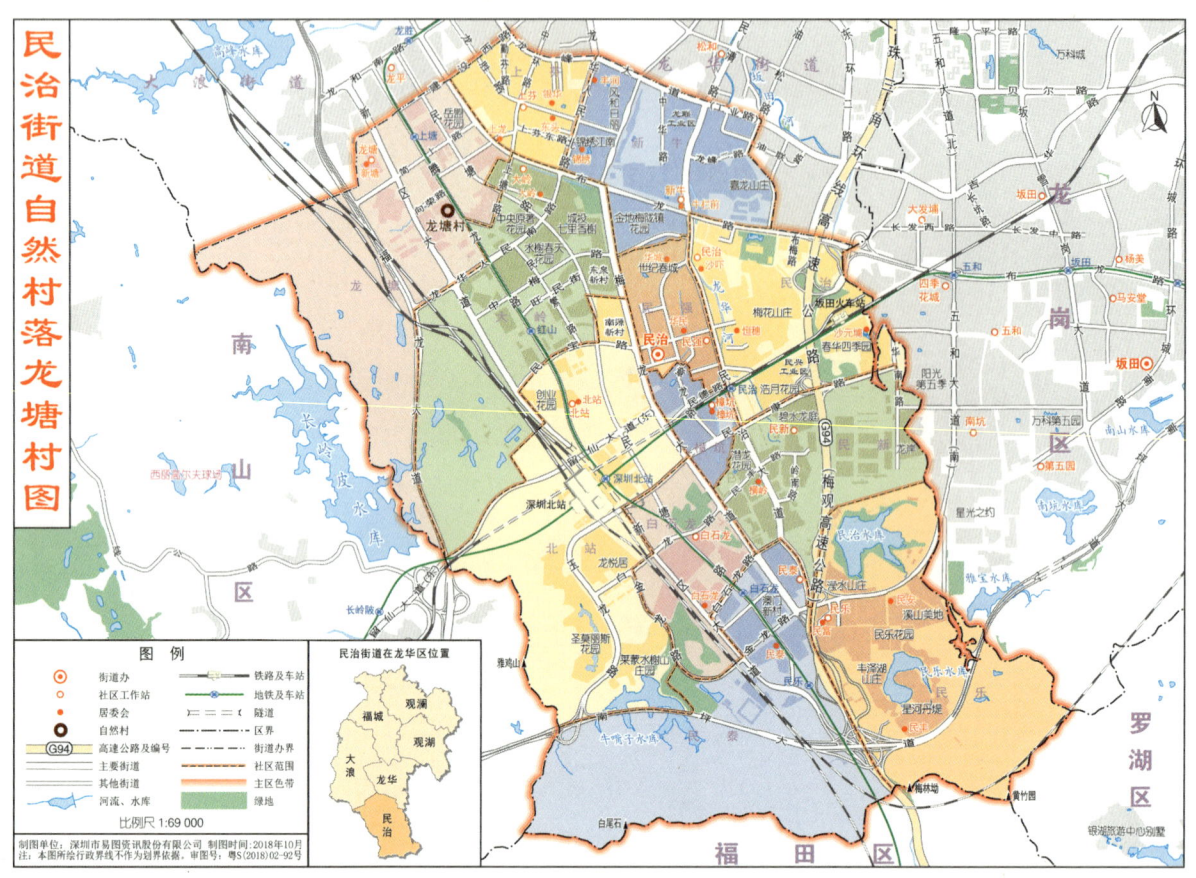

龙塘村位置示意图

龙塘村，位于民治街道西北部，距街道办事处约3.1千米。相邻自然村有简上村、松园仔村。该村地处阳台山东麓丘陵地带，村旁有海拔587米的阳台山。龙塘村始建于明朝中期，廖凤腾携家眷从上芬村到此立村而形成。现村于1992年在原村周边重建。因此地当初有许多大大小小的池塘排起来像一条长龙而得名龙塘村。

建村至明万历元年（1573年），属东莞县；明万历元年至清朝，属新安县。1914年，属宝安县。中华人民共和国成立之初，属宝安县民治乡；1958年，属红色公社；1959年，属观澜公社；1961年，属龙华公社；1979年，属深圳市龙华区龙华公社；1981年，属深圳市宝安县龙华公社；1983年，属宝安县龙华区龙胜乡；1986年，属龙华镇龙胜行政村；1989年，属龙华镇上塘行政村；1993年，属深圳市宝安区龙华镇上塘行政村；2004年，属龙华街道；2006年，属民治街道；2011年，属深圳市龙华新区民治街道龙塘社区。

世居村民为汉族，广府民系，使用粤方言。村民主要为詹姓，明洪武三年（1370年）从江西

◎ 龙塘村村貌（张琴 摄于2016年）

鄱阳迁移至广东东莞篁村，后族人在篁村北约一千米处立新村即坝头村；明正德元年（1506年）从东莞坝头村迁至上芬，后分村至当地。

2015年末，户籍人口126人，其中男性60人，女性66人；80岁以上9人，最年长者100岁（男）；实际在村人口37人；常年在城镇生活和打工85人；海外留学4人。非户籍外来人口17121人。祖籍该村的香港同胞约100人。祖籍该村的华人华侨6人，主要居住在新西兰。

传统经济以种植水稻为主，兼种甘蔗、花生、番薯、龙眼、荔枝、蔬菜等，农闲时编织竹篮、箩筐等器具。改革开放后，陆续建起7栋厂房、商住楼、酒店公寓等物业。村民主要收入来源为房屋出租、工资性收入、集体经济分红等。特色传统（节庆）食品有春节的年糕、米饼、油角、糖环，清明节的艾粄、鸡屎藤粄，农历四月初八（佛诞）和七月十四（鬼节）的手粉，端午节的灰水粽，冬至的萝卜糕等。

毗邻广深港高速铁路，龙华人民路、新区大道、腾龙路、简上路经过该村，深圳地铁4号线设有龙塘站。20世纪60年代通电，80年代通自来水，90年代实现全村村道水泥硬底化及通电话，2001年通互联网。村内有上芬小学，设6个年级39个班，2015年在校学生2059人，教职工120人。有图书室、龙塘社区星光老人之家、龙塘公园、健身器材、村民活动中心、篮球场等。

传统民居为广府民居，现存30座，保存基本完好。老村2号建筑具有代表性，一开间一进，清水砖墙，木横梁，灰瓦平脊，内有阁楼。

◎ 三槐书室（张琴 摄于2016年）

村内现存三槐书室。始建于清朝，2003年重建。占地面积约200平方米。是詹氏宗祠的支系祠堂（俗称阿厅），古时兼作私塾之用。三开间两进一天井格局。清水砖墙、灰瓦覆顶，大门上方立有"三槐书室"匾额，两旁有"龙腾碧海；塘沐艳阳"和"龙腾碧海千秋盛；塘沐艳阳百业兴"楹联，后堂供奉祖宗牌位。现仍作宗祠使用。

现存《上塘村史》，上塘社区居委会于2005年纂修。

清明节是村民一年一度集体祭祖的日子。是日，每家派出代表带上祭品、杯盘等，先去大众山祖宗墓地祭拜，再到"三槐书室"祭拜，最后聚餐。

该村还沿袭除夕夜洗"大吉水"的风俗。

代表性人物：

詹能宽（1932—2006），曾任华南农业大学教授。

（资料填报：张琴；初稿撰写：张琴；分纂：陈为民）

民乐社区

民乐村

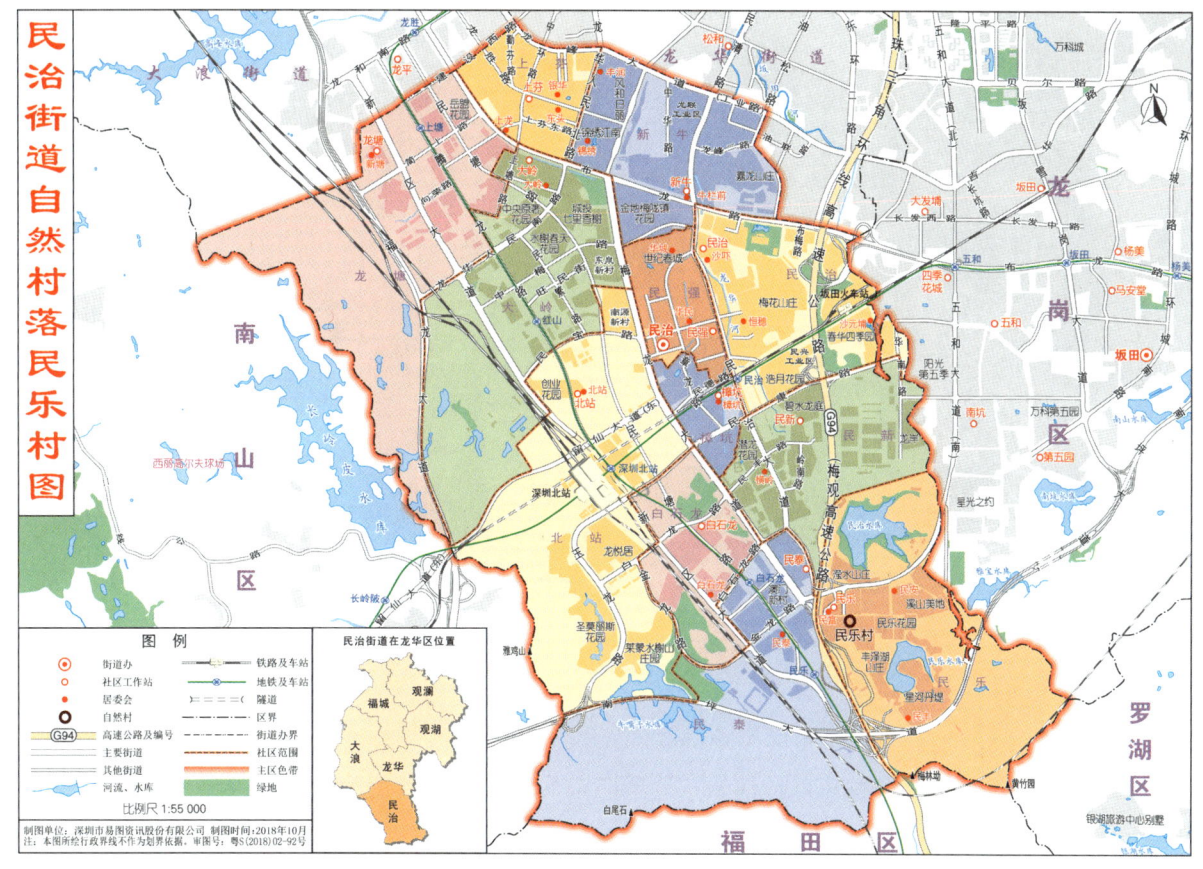

民乐村位置示意图

　　民乐村，位于民治街道南部，距街道办事处约2.8千米。相邻自然村有横岭村、白石龙村。坐落于梅林坳山北麓，向北开扩，近旁有海拔220米梅林坳山，附近有民乐水库、民治水库。

　　始建于明朝，因郑氏兄弟从下梅林分村到此而形成。现村于1991年在原址重建。该村原名李公径。因该村经常发生雷电，加之旧时地处梅林关口，土匪经常出没，使人闻风丧胆而得名"雷公惊"。客家话音同"李公径"。1941年李公径改为民乐。

　　建村至明万历元年（1573年），属东莞县；明万历元年至清朝，属新安县。1914年，属宝安县。中华人民共和国成立之初，属宝安县民治乡；1958年，属红色公社；1959年，属观澜公社；1961年，属龙华公社；1979年，属深圳市龙华区龙华公社；1981年，属深圳市宝安县龙华公社；1983年，属宝安县龙华区民治乡；1986年，属龙华镇民治行政村；1993年，属深圳市宝安区龙华镇民治行政村；2004年，属龙华街道；2006年，属民治街道；2011年，属深圳市龙华新区民治街道民乐社区。

◎ 民乐村村貌（罗爱云 摄于2016年）

世居村民为汉族，客家民系，使用客家方言。该村主要有郑、邹、何、刘4姓。郑姓为该村第一大姓，祖先来自河南荥阳，南宋从福建永定迁至广东下梅林；明朝从下梅林迁至当地。第二大姓为邹姓，明朝从江西吉水迁至广东龙川；清朝从龙川迁至当地。

2015年末，户籍人口224人，其中男性91人，女性133人；80岁以上13人，最年长者93岁（女）；实际在村人口145人；常年在城镇生活和打工75；海外留学4人。非户籍外来人口107903人。祖籍该村的香港同胞97人。祖籍该村的华人华侨1人，居住在新加坡。

传统经济以种植水稻为主，兼种番薯、甘蔗、花生、荔枝、香蕉、蔬菜等。改革开放后，建起民乐市场、商住楼、9栋厂房等。村民主要收入来源为集体经济分红、房屋出租、工资性收入等。自然资源有天门冬、野黄菊、石蟾蜍、石蒜、土茯苓、金银花等中药材。特色传统食品有春节的米饼、油角、糖环，清明节的艾板，端午节的灰水粽，农历七月十四（鬼节）的手粉，冬至的萝卜糕等。

梅观高速G94线、梅板大道经过该村。20世纪60年代通电，80年代通自来水，1992年通电话，90年代实现全村村道水泥硬底化，21世纪初通互联网。村内有书香小学，2015年在校学生1408人，教职工84人；丹堤实验学校，2015年在校学生1300人，教职工98人。有民治滢水幼儿园、丰泽湖幼儿园、滢水二区幼儿园、书香门第幼儿园、远恒佳溪幼儿园、翠岭华庭幼儿园，2015年在园幼儿分别为330人、390人、210人、300人、330人、210人，教职工分别为45人、54人、36人、45

◎ 沙吓伯公庙（罗爱云 摄于2016年）

人、56人、36人。有民乐公园、星光老人之家、篮球场、健身房、健身器材及藏书10000余册的图书室等。

传统民居为客家民居，现已无保存。

村内现存《邹氏族谱》。

重阳节是村民一年一度的祭祖日。村民有除夕夜洗"大吉水"的习俗。

民乐村村民有"不打三春鸟，不砍河边树"的祖训。将一棵大树奉为"沙吓伯公"，并于2005年在树旁建起一个占地面积约10平方米的沙吓伯公庙。农历每月初一、十五，有村民自带香火和纸钱到此祭拜，祈求家人平安。

抗日战争时期，民乐村曾遭日军反复"扫荡"，村庄几乎一片废墟。据说1944年，村里抗日游击队员杀死日本兵，村民估计日军会报复，于是躲到山上，当晚日本兵果然放火烧村，没来得及逃跑的村民被日本兵杀害。

代表性人物：

何九（1917—1942），曾任村抗日自卫队队长，担任秘密情报员和交通员，1942年秋天的一天，日军将前日刚为游击队送完情报回村的何九抓住，对他严刑拷打，要其供出共产党游击队驻地及藏粮的地方，何九宁死不屈，用客家话大骂日军，被日军枪杀；1950年被追认为革命烈士。

（资料填报：罗爱云；初稿撰写：罗爱云；分纂：陈为民）

大岭社区

松仔园村

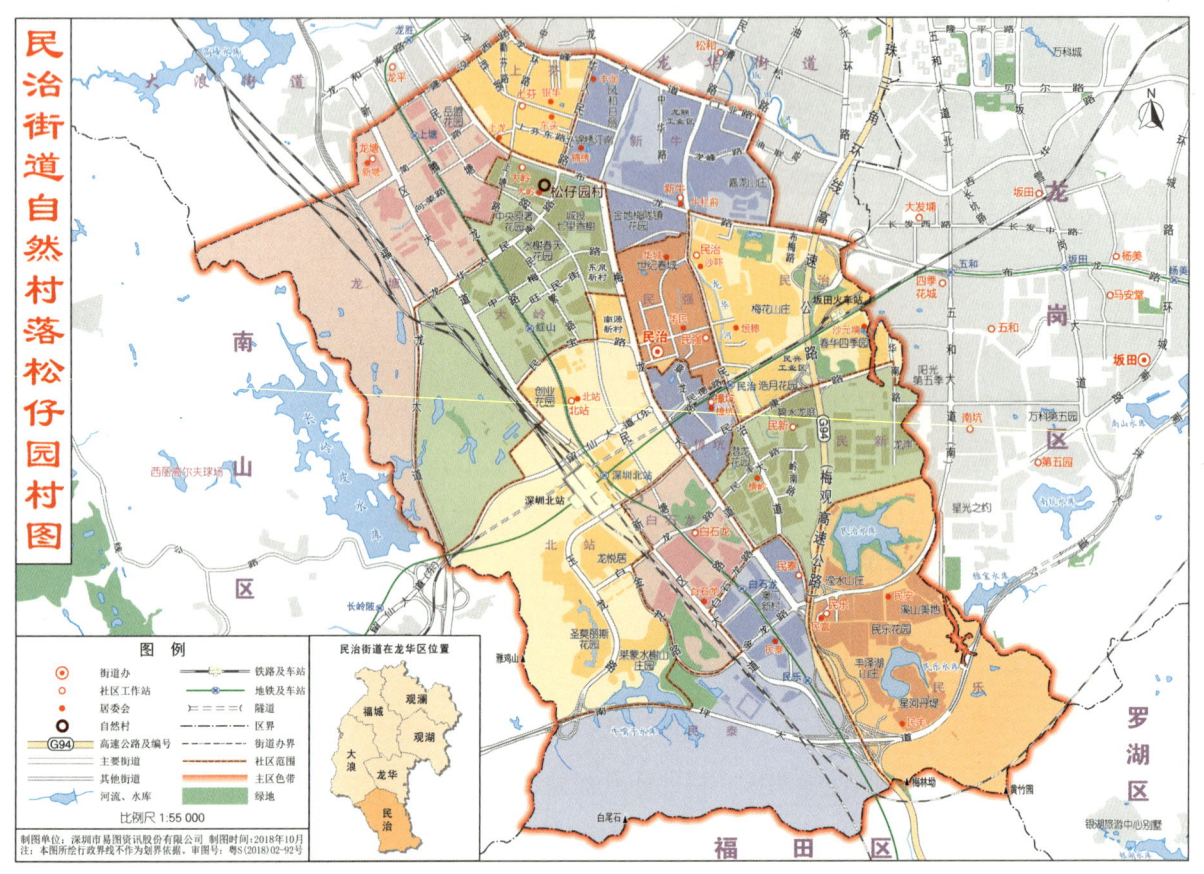

松仔园村位置示意图

松仔园村，位于民治街道西北部，距街道办事处约2.7千米。相邻自然村有牛栏前村、龙塘村。地处阳台山东麓，原来四周小山众多，地势相对低洼。

始建于清朝末期。因刘兴邦、刘彩云兄弟二人来到当地繁衍生息而形成。1992年整体搬迁至原村西南面约100米处的现址。因村中有很多小松树围绕在一棵擎天华盖的大松树周围而得名。曾用名大岭、松子园。

清朝，属新安县。1914年，属宝安县。中华人民共和国成立之初，属宝安县民治乡；1958年，属红色公社；1959年，属观澜公社；1961年，属龙华公社；1979年，属深圳市龙华区龙华公社；1981年，属深圳市宝安县龙华公社；1983年，属宝安县龙华区龙胜乡；1986年，属龙华镇龙胜行政村；1989年，属龙华镇上塘行政村；1993年，属深圳市宝安区龙华镇上塘行政村；2004年，属龙华街道；2006年，属民治街道；2011年，属深圳市龙华新区民治街道大岭社区。

世居村民为汉族，广府民系，使用粤方言。该村村民主要为刘姓，元至正二十六年（1366

◎ 松仔园村村貌（罗爱云 摄于2016年）

◎ 村中一角（罗爱云 摄于2016年）

年）从今东莞莞城一带迁至塘厦东甫围；清顺治四年（1647年），村庄被烧毁迁到观澜河南岸诸佛岭，清朝后期迁至当地。

2015年末，户籍人口85人，其中男性35人，女性50人；80岁以上5人，最年长者94岁（女）；实际在村人口63人；常年在城镇生活和打工20人；海外留学2人。非户籍外来人口21368人。祖籍该村的香港同胞25人。祖籍该村的华人华侨5人，主要分布在荷兰、加拿大等国。

传统经济以种植水稻为主，兼种番薯、玉米、花生、甘蔗、龙眼、蔬菜等。农闲时用竹子或木头做些农用器具或家庭用品等。改革开放后兴建厂房。现村集体经营以物业出租为主。村民主要收入来源为集体经济分红、房屋出租、工资性收入等。特色传统节庆食品有春节的大盆菜、煎堆、油角、糖环、萝卜糕、糖木瓜，清明节的鸡屎藤板，端午节的灰水粽，冬至的茶果等。

布龙路、龙华人民路、民塘路经过该村。20世纪70年代通电，80年代通自来水，90年代通电话，1998年实现全村村道水泥硬底化，2001年通互联网。村内有民顺小学，设6个年级，24个班，2015年在校学生1235人，教职工75人；有幸福风景幼儿园，在园幼儿450人，教职工80人；水榭春天幼儿园，在园幼儿380人，教职工50人；绿景公馆幼儿园，在园幼儿240人，教职工27人。有德

◎ 村办公楼（罗爱云 摄于2016年）

逸公园、篮球场及室内外健身器材。有大岭社区图书馆，藏书2000册。

传统民居为广府民居，现已无存。

每年的清明节、重阳节，村里组织男丁集体到西丽墓园祭拜祖宗。

自2005年起，每年春节村里都组织乡邻宗亲欢聚一起吃团年饭。届时选定农历腊月二十五至二十八的某一天，通知旅居海外的宗亲，邀请邻村干部与村民一起联欢。

代表性人物：

刘日贵，曾担任印度加尔各答华人领事馆领事。20世纪20年代，到印度加尔各答发展。30年代初出资建造"中华楼"，专为到加尔各答谋生的中国人提供栖息地。凡是到加尔各答的中国人，只要能说出刘日贵三个字，便可得到免费食宿。抗日战争后，举家迁往加拿大。

（资料填报：罗爱云；初稿撰写：罗爱云；分纂：陈为民）

新牛社区

牛栏前村

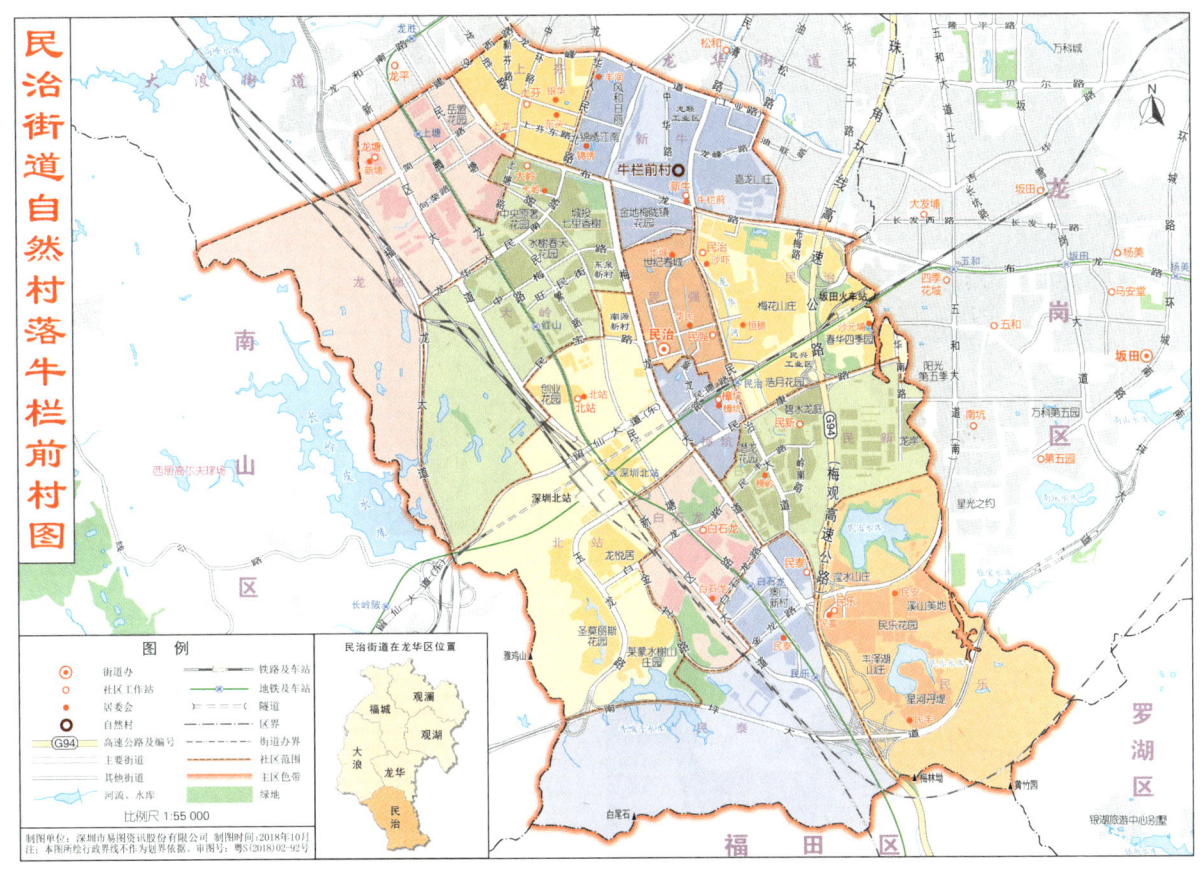

牛栏前村位置示意图

牛栏前村，位于民治街道北部，距街道办事处约2.2千米。相邻自然村有水尾村、沙吓村、龙华街道上油松村。

始建于明末清初。钟氏先祖从广东长乐县铁炉坝迁到此地，创建牛栏前和独荔果两个村。后邓氏先祖从大鹏王母村迁入独荔果，两村合并统称牛栏前。现村于1992年在原址重建。原牛栏前位于望天湖小盆地的北部，周围群山环绕，地势相对较低。因村落建在牛栏的前面而得名牛栏前。

明清时期，属新安县。1914年，属宝安县。中华人民共和国成立之初，属宝安县民治乡；1958年，属红色公社；1959年，属观澜公社；1961年，属龙华公社；1979年，属深圳市龙华区龙华公社；1981年，属深圳市宝安县龙华公社；1983年，属宝安县龙华区民治乡；1986年，属龙华镇民治行政村；1993年，属深圳市宝安区龙华镇民治行政村；2001年7月，属龙华镇牛栏前行政村。2004年，属龙华街道；2006年，属民治街道；2011年，属深圳市龙华新区民治街道新牛社区。

◎ 牛栏前村村貌（郭顺 摄于2016年）

◎ 牛栏前村石牌楼（郭顺 摄于2016年）

世居村民为汉族，客家民系，使用客家方言。村民主要有钟姓、邓姓。钟姓为第一大姓，其先祖是江苏扬州人，元末由福建汀州迁至广东长乐（今五华）；明末清初从长乐铁炉坝迁入当地。邓姓为第二大姓，南宋末年迁入广东大鹏王母村，清朝后期迁入当地。

2015年末，户籍人口197人，其中男性112人，女性85人；80岁以上3人，最年长者91岁（女）；实际在村人口100人；常年在城镇生活和打工83人；海外留学14人。非户籍外来人口36982人。祖籍该村的香港同胞约20人。祖籍该村的华人华侨1408人，主要分布在马来西亚、美国、新加坡、加拿大、英国、新西兰、澳大利亚等国。

传统经济以种植水稻为主，兼种番薯、甘蔗、荔枝、花生、龙眼等。改革开放后，村集体建起6栋工业厂房、写字楼等物业出租，村民也纷纷自建楼房出租。村民主要收入来源为房屋出租、集体经济分红、工资性收入等。特色传统食品有春节的大盆菜、油角、圆龙糕，清明节的鸡屎藤板，佛诞日的手粉，端午节的灰水粽，冬至的茶果等。

布龙路、梅龙大道、民治大道、工业路经过该村。20世纪60年代通电，80年代通自来水，90年代实现全村村道水泥硬底化及通电话，2001年通互联网。村内有牛栏前学校，设9个年级，71个

◎ 牛栏前文化广场、足球场及休闲娱乐场所（郭顺 摄于2016年）

班，2015年在校学生3823人，教职工179人；行知小学，设6个年级，33个班，在校学生1629人，教职工100人。有牛栏前幼儿园，在园幼儿240人，教职工39人；柏克莱幼儿园，在园幼儿360人，教职工51人。有图书室、足球场、篮球场、乒乓球场、台球室、舞蹈室、健身器材、新牛工作站活动中心等。

村内现存《颍川堂钟氏族谱》，钟松华于2003年纂修；《钟氏族谱（提龄系）》，钟达权、钟繁中、钟松华于2007年纂修。有当地历史书籍《创新发展的牛栏前》，丘国荣于2005年纂修；《在和谐中崛起》，丘梓岐于2007年纂修。

一年一度的重阳节集体祭祖是村民传承已久的习俗。

村旁原有棵大榕树，村民尊其为"大王爷"。

牛栏前村民有敲锣鼓的技艺。村里原来有铜锣鼓、舞麒麟等，村民结婚、生子或节庆日子会敲锣打鼓、舞麒麟庆贺。

2003年12月，该村被评为广东省卫生村。

代表性人物：

钟清（1907—），东宝惠边人民抗日游击队骨干分子、神枪手，1941年为游击队筹粮筹款，1942年参加文化名人秘密大营救，加入曾鸿文率领的短枪队负责护送文化名人，曾与曾鸿文一起和占据新界大帽山的土匪头目黄慕容谈判，迫使其离开大帽山，打通营救工作的秘密交通线，圆满完成秘密大营救任务。

张四妹（1924—），有娘家祖传儿科医术，嫁到牛栏前村后，作为赤脚医生，经常为牛栏前及附近村民小儿看病。

（资料填报：郭顺；初稿撰写：郭顺；分纂：陈为民）

大浪街道（办事处）

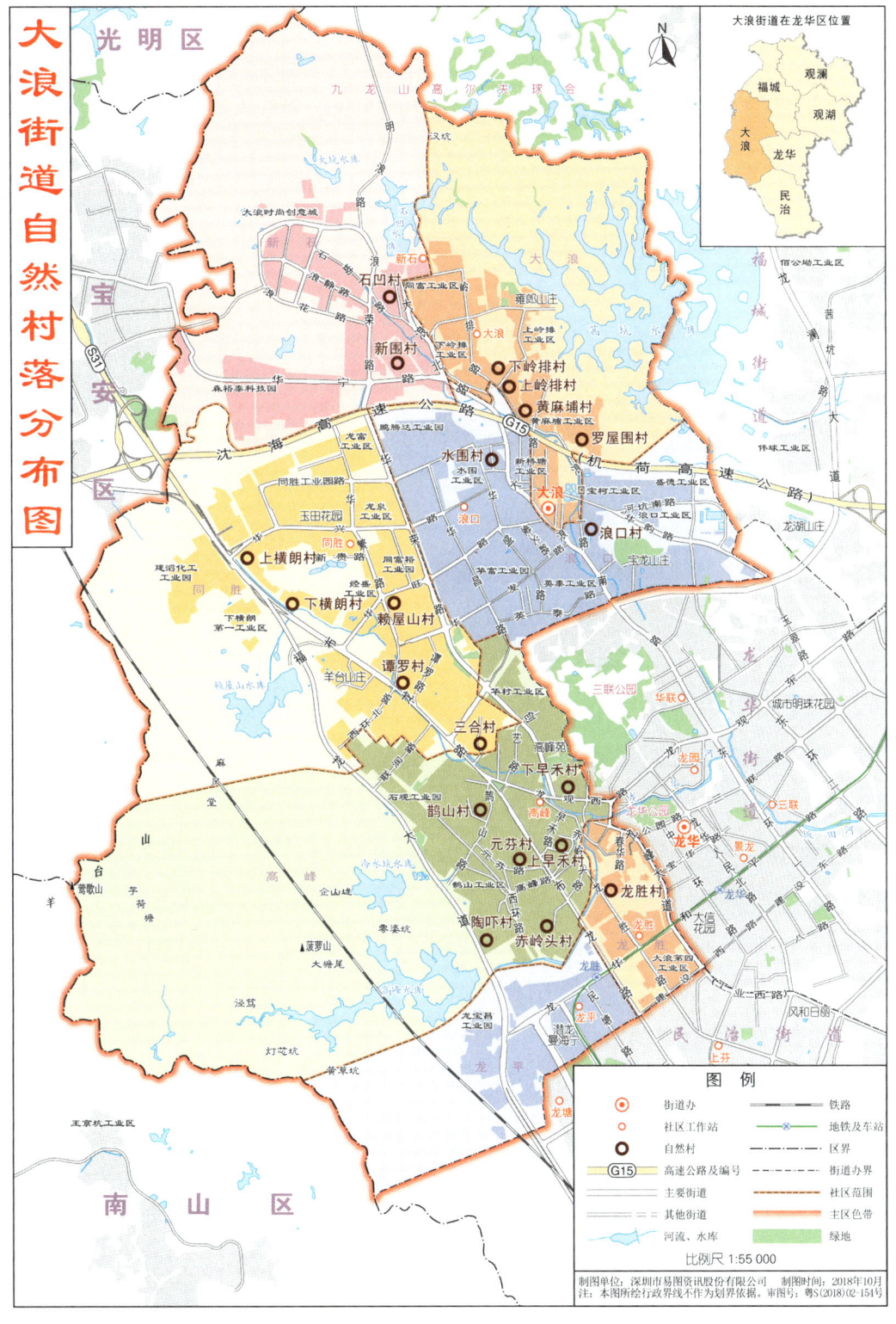

大浪街道（办事处）自然村落分布图

概 述

大浪街道（办事处）位于深圳市龙华新区西部，东接观澜街道（办事处）与龙华街道（办事处），南抵民治街道（办事处）与南山区西丽街道，西靠宝安区石岩街道，北邻光明新区光明街道（办事处），面积37.84平方千米，辖20个社区。2015年末，常住人口30.33万人，户籍人口1.14万人。

大浪地形以山地丘陵为主，大浪河（观澜河的上游）从区域内流过。境内有阳台山森林公园。有大坑、石凹、赖屋山、茜坑、冷水坑、高峰等6座各型水库。年平均气温21.4℃，年平均降雨量1800毫米。

1949年中华人民共和国成立后不久，宝安县要在此地成立一个新的乡，就从"大船坑"和"浪口"两个大村中各取一字，"大浪乡"由此得名。

本地域明清时期属新安县。1914年，属宝安县。中华人民共和国成立之初，属宝安县龙华乡；1958年，属红色公社；1959年，属观澜公社；1961年，属龙华公社；1979年，属深圳市龙华区龙华公社；1981年，属深圳市宝安县龙华公社；1983年，属龙华区；1986年，属龙华镇；1993年，属深圳市宝安区龙华镇；2004年，属龙华街道；2006年，属大浪街道；2011年，属深圳市龙华新区大浪街道（办事处）。

传统经济以农业为主，主要种植水稻、薯类、甘蔗、花生、地瓜、黄豆等。改革开放后，随着城市化进程推进，以传统制造业为主的工业成为大浪经济支柱，大浪确立了"打造时尚硅谷、制定生态大浪"的战略定位，积极推进旧工业区向新型产业转型升级。2015年，规模以上工业企业307家，规模以上工业企业总产值达98.19亿元。

大浪交通便捷，机荷高速、龙大高速、福龙路、深圳地铁4号线、6号线穿过辖区，形成可快速连接外部的便捷通道。

2015年底，大浪街道（办事处）列入普查范围的自然村有20个。世居村民为汉族，其中18个村落属客家民系，2个村落属广府民系。除鹊山村、谭罗村讲粤方言围头话以外，其他村落使用客家方言。当地客家人多从梅县等地迁来。姓氏以谢、杨、彭、吴、戴、郑、黄、钟、林为主。

大浪街道（办事处）现存祠堂11座、炮楼5座、民居1445间。有虔贞学校旧址等区级文物保护单位。虔贞学校始建于清光绪十七年（1891年），重修于1923年，重建于2015年，清光绪十七年瑞士传教士将香港西贡的虔贞学校搬迁到浪口基督教堂［清同治十二年（1873年）建成］隔壁，起初只招收女学生，当地一般称为女子学校，1923年改为虔贞学校，是深圳地区发现的创办最早的女子学校。

传统技艺有舞麒麟。有大船坑舞麒麟、龙胜舞麒麟、赤岭头舞麒麟、浪口舞麒麟等多支队伍。大船坑舞麒麟是始于明末清初时期的一种客家民俗舞蹈表演艺术，有400多年历史，传承20余代，用于客家民间节日喜事庆典、祭奠活动，比较全面、完整地继承保留了其古老的套路和表演技法。舞麒麟表演时间25分钟左右。舞麒麟结束后往往还续有10套拳术和11套持械武术表演。表演过程所配乐器为鼓、铜锣、铜钹、唢呐。进入21世纪，舞麒麟除保留传统套路外亦有创新发展，加入双龙戏水、交叉伴演等新套路，场面更壮观。2008年11月，大船坑麒麟队在广东省第二届"舞麒麟"大赛中获金奖。2011年，大船坑舞麒麟被列入国家级非物质文化遗产名录，项目传承人谢玉球申报为广东省舞麒麟代表性传承人。2013年1月5日，"大船坑麒麟博物馆"在大浪下岭排社区正式建成开馆。

大浪历史人文代表性人物：早禾坑村黄福，参与领导清光绪二十四年（1898年）龙华乌石岗起义、清光绪二十六年（1900年）惠州归善县三洲田起义；赤岭头村何玉山，组织攻打位于南头的新安县衙，迫使清兵投降，并于获胜后出任新安县代县长。

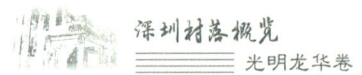

下岭排社区

下岭排村

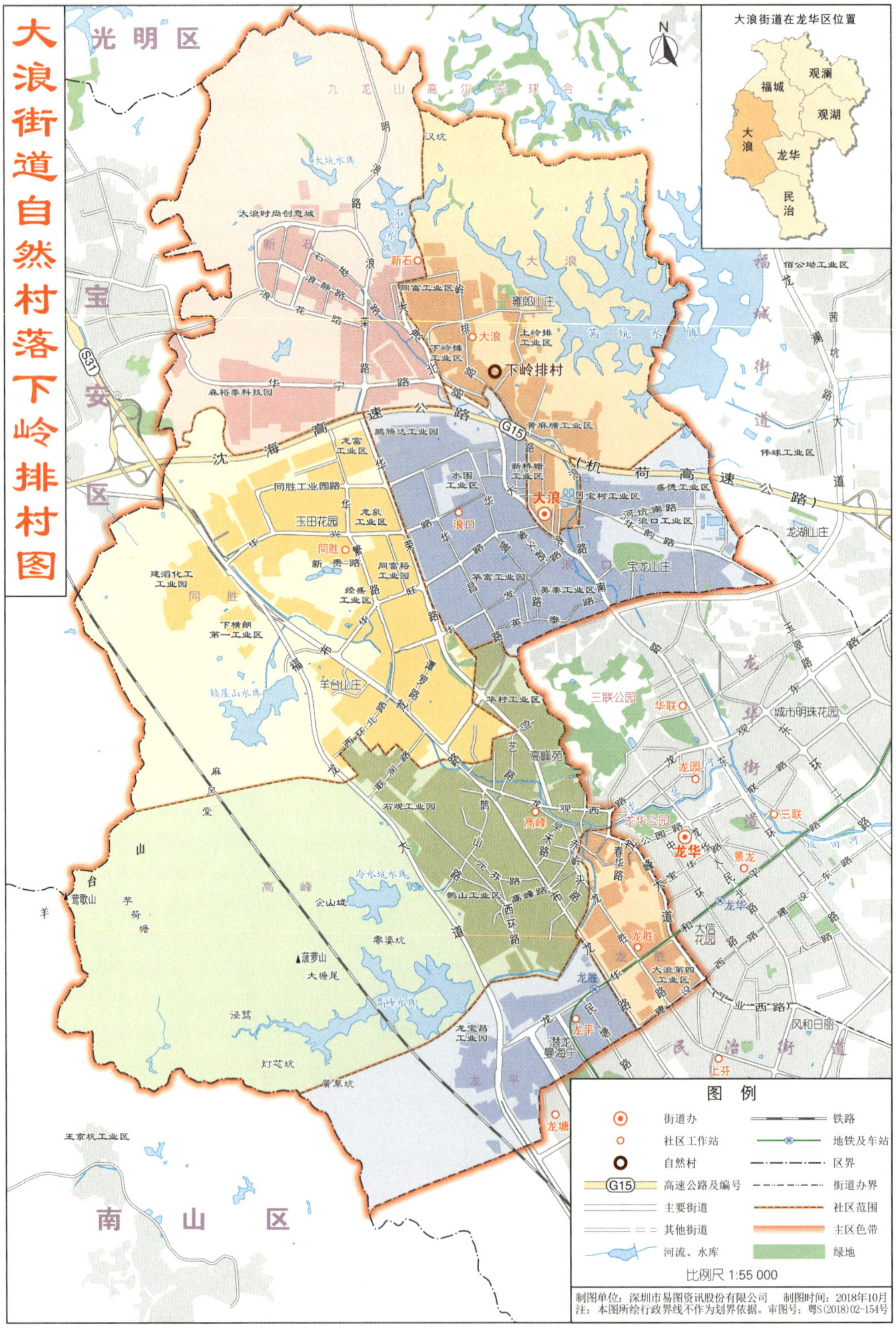

大浪街道自然村落下岭排村图

下岭排村位置示意图

◎ 下岭排村村貌（刘光 摄于2017年）

下岭排村，位于大浪街道北部，距街道办事处约1千米，面积约2.27平方千米。相邻自然村有上岭排村、黄麻埔村、新围村（新围社区）。该村坐落于丘陵地带，有一小山名火山，高30米；有小河名大浪河，流经村西部。附近有茜坑水库，与大浪、龙华、观澜等地各村共同使用，为深圳中北部重要水源地。始建于清朝，因分村而形成。

清朝，属新安县。1914年，属宝安县。中华人民共和国成立之初，属宝安县龙华乡；1958年，属红色公社；1959年，属观澜公社；1961年，属龙华公社；1979年，属深圳市龙华区龙华公社；1981年，属深圳市宝安县龙华公社；1983年，属宝安县龙华区大浪乡；1986年，属龙华镇大浪行政村；1993年，属深圳市宝安区龙华镇；2006年，属大浪街道；2011年，属深圳市龙华新区大浪街道下岭排社区。

世居村民为汉族，客家民系，使用客家方言。村民主要为谢姓。清康熙年间（1662—1722年）从福建宁化县石壁迁移至广东新安龙华乡大船坑岭排围，后分村为上、下岭排村。

2015年末，户籍人口360人，其中男性170人，女性190人；80岁以上14人，最年长者97岁（男）。非户籍外来人口7000余人。祖籍该村的香港同胞9人。祖籍该村的华人华侨3人，居住在越南、新加坡等国。

传统经济为农业生产，现村集体经营主要为厂房出租。村民主要收入来源为集体经济分红、房屋出租。特色传统食品有春节圆笼粄、米饼、油角，清明艾叶粄。地方特产有沙梨、柿子、菠萝、梅仔、荔枝、龙眼等水果。

沈海高速G15线、大浪北路、大浪永乐路、下岭排路经过该村。1960年通电，1976年通电话，1986年通自来水，2000年实现全村村道水泥硬底化，2002年通互联网。有民办睿华幼儿园，2015

◎ 大船坑麒麟舞（谢为民 摄于2011年）

◎ 大浪麒麟博物馆（朱赤 摄于2016年）

年在园幼儿333人，教职工40人。有全民健身路径、麒麟公园、市民公园、社区活动中心及社区图书室，藏书2万册。

传统民居为客家民居，现存约100座。谢氏宗祠，2005年重修，占地面积约40平方米。

大浪麒麟博物馆位于下岭排社区居民活动中心，使用面积400余平方米，向市民免费开放。

村中存有《大船坑谢氏族谱》，谢玉如等于2013年纂修。

舞麒麟民俗形成于明代，距今已有400余年历史。麒麟首先要"开光见青"，然后才能参加表演。其过程为：在月朗星稀的夜晚，子时之后黎明之前，麒麟队员要身着表演服装，不准出声，手持表演道具及锣、鼓、钹、唢呐等乐器整队出发，麒麟在前，左右有持刀叉兵器的护卫，来到预先选择好的古树下，供上香烛，烧香参拜，队中长者将包在麒麟眼睛上的红布揭去，此时锣鼓声大作，鞭炮齐鸣；麒麟"出生"便见到了青青的树叶，长者将采自一棵小树枝头的叶片送给麒麟吃，这就叫"开光见青"，是吉祥的象征。

麒麟舞基本套路共有8段21套。全部表演时间25分钟左右。舞麒麟结束后有"打功夫"环节（武术表演），表演时长与舞麒麟大致相同。最后还有接受赏礼红包等礼仪。在表演过程中所配的乐器主要有鼓、铜锣、铜钹、唢呐。"大船坑舞麒麟"2008年12月被列入宝安区非物质文化遗产名录；2009年1月被列入深圳市非物质文化遗产名录；2009年10月被列入广东省非物质文化遗产名录；2011年5月被列入国家级非物质文化遗产名录。代表性传承人有谢桂新（1940—）、谢志强（1953—）、谢玉球（1963—）、谢燕华（1970—）。

代表性人物：

林元娇，中共党员，龙华陶吓人，嫁入大船坑岭排围；曾在家中以姐妹相称机智地掩护两名女游击队员躲过国民党军队的搜捕；1946年东江纵队北撤后，她收养了一名东江纵队战士的女儿，1953年，在小女孩7岁时将其送回其亲生父母身边；曾担任大船坑接生员，后为生产队妇女队长，很受村民敬重。

（资料填报：古柳清；初稿撰写：古柳清；分纂：朱赤）

上岭排社区

上岭排村

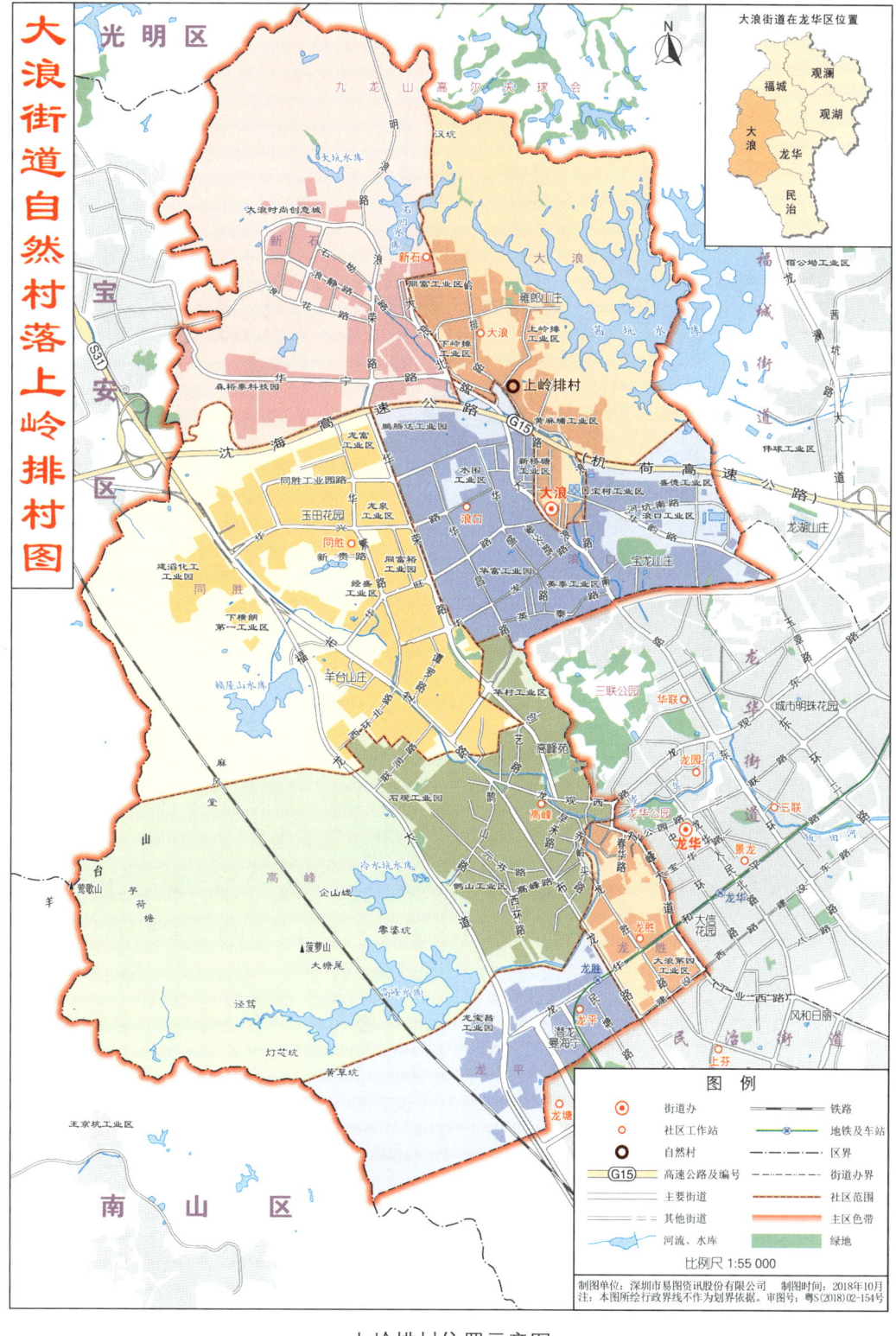

上岭排村位置示意图

◎ 上岭排村一角（朱赤 摄于2018年）

上岭排村，位于大浪街道北部，距街道办事处约1千米，面积约0.8平方千米。相邻自然村有下岭排村、黄麻埔村、新围村（新围社区）。该村坐落于丘陵地带，有一小山名火山，高30米；有小河名大浪河，流经村西部。附近有茜坑水库，与大浪、龙华、观澜等地各村共同使用，为深圳中北部重要水源地。始建于清朝，因分村而形成。因靠山边，先民们建立岭排围村，后因人口增加分为上、下村，而取名上岭排，曾用名岭排围、上高围、顶高围。

清朝，属新安县。1914年，属宝安县。中华人民共和国成立之初，属宝安县龙华乡；1958年，属红色公社；1959年，属观澜公社；1961年，属龙华公社；1979年，属深圳市龙华区龙华公社；1981年，属深圳市宝安县龙华公社；1983年，属宝安县龙华区大浪乡；1986年，属龙华镇大浪行政村；1993年，属深圳市宝安区龙华镇；2006年，属大浪街道；2011年，属深圳市龙华新区大浪街道上岭排社区。

世居村民为汉族，客家民系，使用客家方言。村民主要为谢姓。清康熙年间（1662—1722年）从福建宁化县石壁迁移至广东新安县龙华乡大船坑岭排围，后分村为上、下岭排。

2015年末，户籍人口350人，其中男性170人，女性180人；80岁以上12人，最年长者96岁（女）。非户籍外来人口8600余人。祖籍该村的香港同胞10人。祖籍该村的华人华侨10人，主要分布在马来西亚和加拿大等国。

◎ 社区服务中心（陈家芳 摄于2016年）　　◎ 谢氏宗祠（陈家芳 摄于2016年）

传统经济为农业生产，现村集体经营主要为厂房出租。村民主要收入来源为集体经济分红、房屋出租。特色传统食品有春节圆笼粄、米饼、油角，清明艾叶粄等。

沈海高速G15线、大浪北路、水泰路、沿河路经过该村。1960年通电，1976年通电话，1986年通自来水，2000年实现全村村道水泥硬底化、通互联网。村内有博恒学校，2015年在校学生4000余人；有博恒幼儿园，在园幼儿189人。有篮球场、市民公园、社区活动中心及社区图书室，藏书1000册。

传统民居为客家民居，现存约250座。代表性民居为平排屋。上岭排18栋住宅建于民国时期，由大门开在正面墙体中间的单间房屋横向连续组合成排屋；位于上岭排老村前部，坐北朝南，占地面积92平方米。

谢氏宗祠，始建年代不详，占地面积30平方米。

上岭排百年老井，始建于清康熙年间，相传为大船坑谢氏先祖所建。井口为方形，井深5—6米，宽1.5米；水井呈口小内大形状，井下1米多处有一石砌的似大肚的平台，半径4—5米。抗日战争时期日军入侵（当地俗称"走日本仔"），有村民曾把较为贵重之物藏于井内未被发现。丰年井水满而不溢；旱年井水少而不枯，甘甜清澈。旧时，每年农历七月初七正午时分，村民都到此

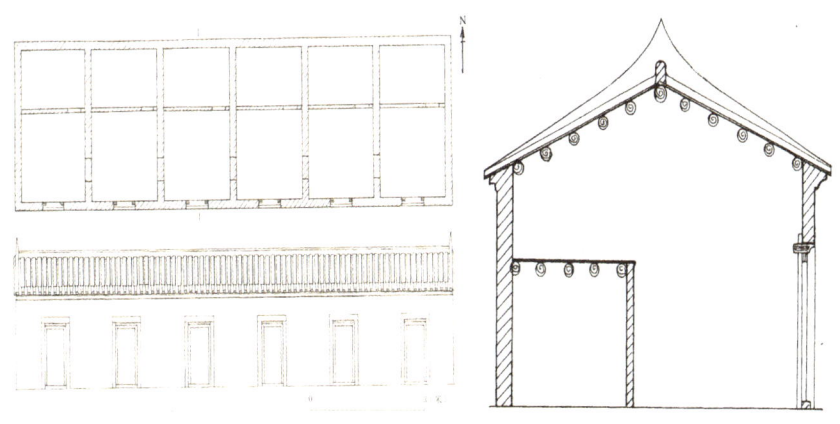

◎ 上岭排18栋住宅平面及正视图、纵剖图

井挑水，用新缸封存起来，称之为"七月七水"，据说保存几年不生虫、不变味。

村中存有《大船坑谢氏族谱》，谢玉如等于2013年纂修。

清明时节，在祠堂举办祭祖活动，全村人参与，仪式较简单。

大船坑麒麟舞民俗见下岭排村。

代表性人物：

刘满娇，1948年参加游击队，先任交通员，后任征粮员；1949年后回村参加农业生产，担任生产队妇女队长；1975年后担任大浪大队妇女主任。

（资料填报：古柳清；初稿撰写：古柳清；分纂：朱赤）

上早禾社区

上早禾村

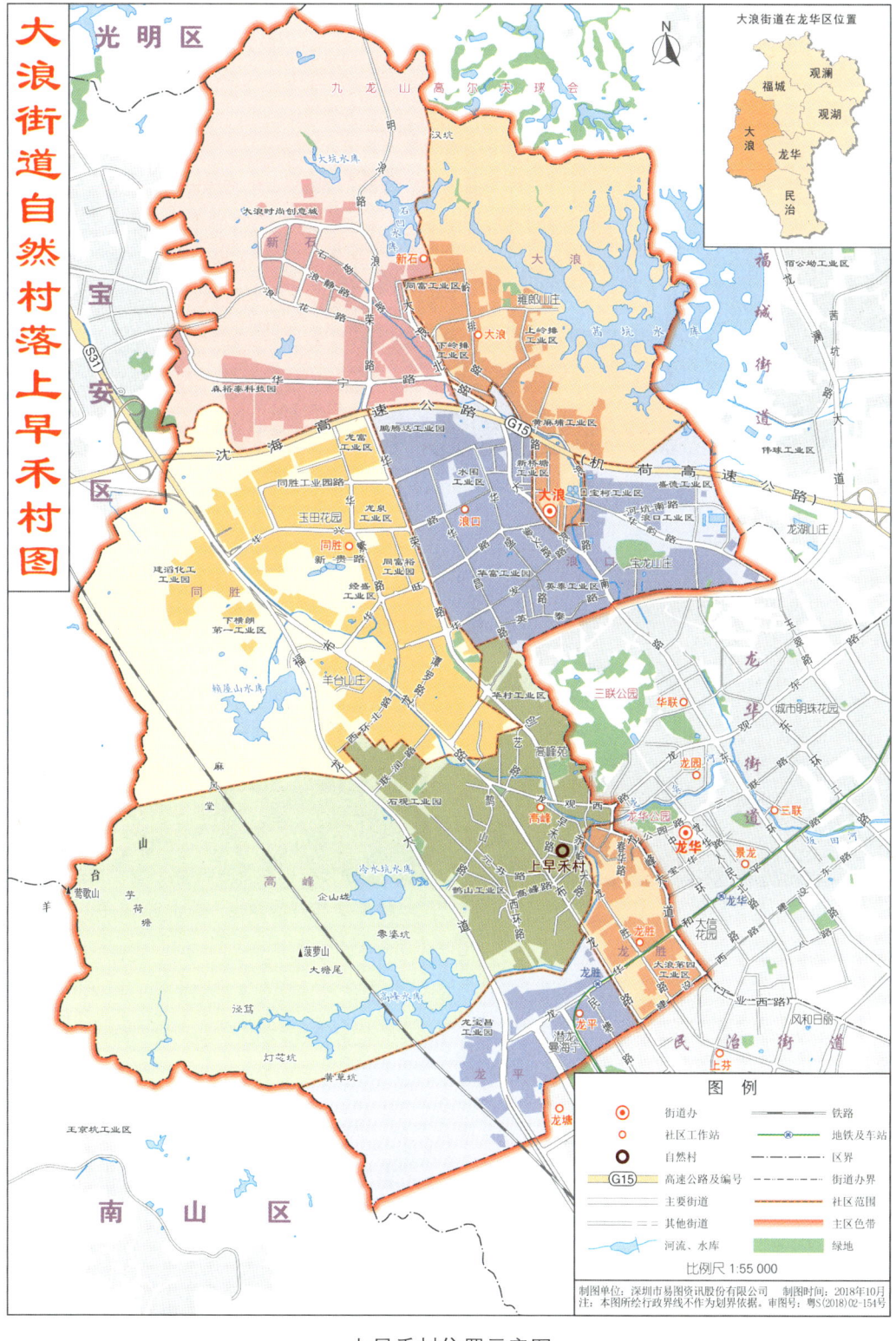

上早禾村位置示意图

◎ 上早禾村一角（陈家芳 摄于2016年）

◎ 彭氏宗祠（陈家芳 摄于2016年）

◎ 育英学校（陈家芳 摄于2016年）

上早禾村，位于大浪街道西南部，距街道办事处约4千米。相邻自然村有下早禾村、元芬村、黄麻埔村、龙胜村。该村坐落于丘陵地带，有一小山名松山排，高30米；有小河名早禾沥，流经村东部。始建于清朝，因分村而形成。

清朝，属新安县。1914年，属宝安县。中华人民共和国成立之初，属宝安县龙华乡；1958年，属红色公社；1959年，属观澜公社；1961年，属龙华公社；1979年，属深圳市龙华区龙华公社；1981年，属深圳市宝安县龙华公社；1983年，属宝安县龙华区龙华乡；1986年，属龙华镇龙华行政村；1993年，属深圳市宝安区龙华镇；2006年，属大浪街道；2011年，属深圳市龙华新区大浪街道上早禾社区。

世居村民为汉族，客家民系，使用客家方言。村民主要为彭姓。

2015年末，户籍人口100人，其中男性55人，女性45人；80岁以上8人，最年长者89岁（男）。非户籍外来人口约9000人。祖籍该村的香港同胞15人。祖籍该村的华人华侨20余人，主要分布在马来西亚。

传统经济为农业生产，现村集体经营主要为厂房出租。村民主要收入来源为集体经济分红、房屋出租。特色传统食品有春节圆笼粄、米饼、油角，清明艾叶粄等。

布龙路、早禾路、龙华路、龙胜路经过该村。有高峰学校、育英学校及幼儿园。有篮球场、社区活动中心，社区图书室藏书500册。

传统民居为客家民居，现存约20座。有两座彭氏宗祠，当年两兄弟前来创业，各建了一个祠堂，2005年重修，占地面积均约40平方米，仍作宗祠使用。

（资料填报：古柳清；初稿撰写：古柳清；分纂：朱赤）

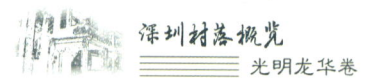

下早禾社区

下早禾村

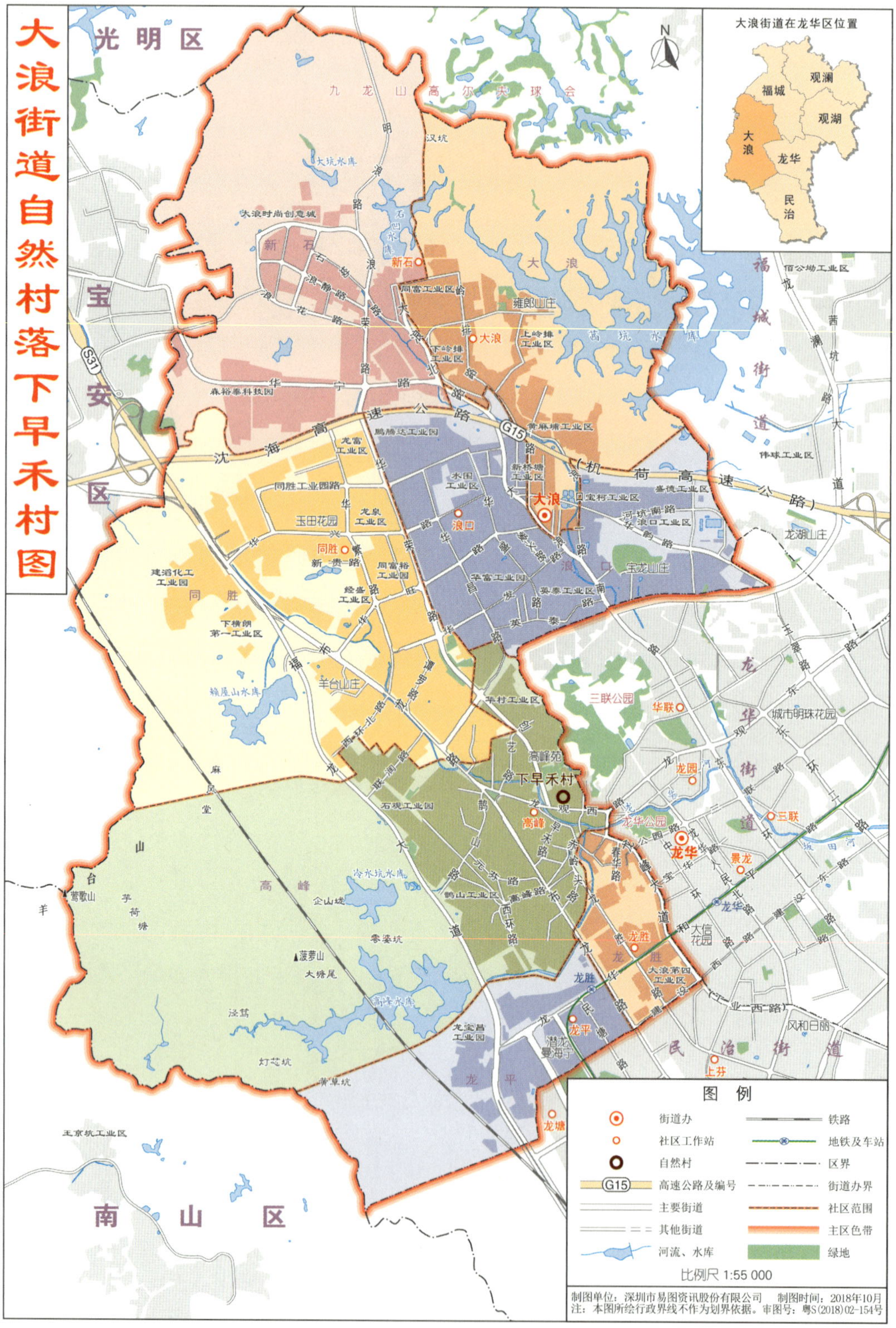

下早禾村位置示意图

◎ 下早禾村村貌（朱赤 摄于2018年）

◎ 传统民居（古柳清 摄于2016年）　◎ 黄氏宗祠（陈家芳 摄于2016年）

下早禾村，位于大浪街道西南部，距街道办事处3.5千米。与上早禾村、元芬村、黄麻埔村、龙胜村相邻。坐落于阳台山下丘陵地带，地势平缓，有一小山名乌石岗，海拔50米；龙华河流经村西。始建于清朝。当时因种水稻早禾产量高，取名早禾坑，后因人口增长分为上、下早禾村。

清朝，属新安县。1914年，属宝安县。中华人民共和国成立之初，属宝安县龙华乡；1958年，属红色公社；1959年，属观澜公社；1961年，属龙华公社；1979年，属深圳市龙华区龙华公社；1981年，属深圳市宝安县龙华公社；1983年，属宝安县龙华区龙华乡；1986年，属龙华镇大浪行政村；1993年，属深圳市宝安区龙华镇；2006年，属大浪街道；2011年，属深圳市龙华新区大浪街道下早禾社区。

世居村民为汉族，客家民系，使用客家方言。村民主要为黄姓，早年从福建迁移至广东东莞

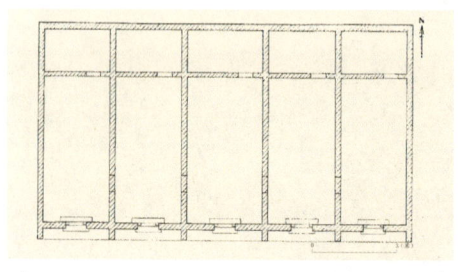

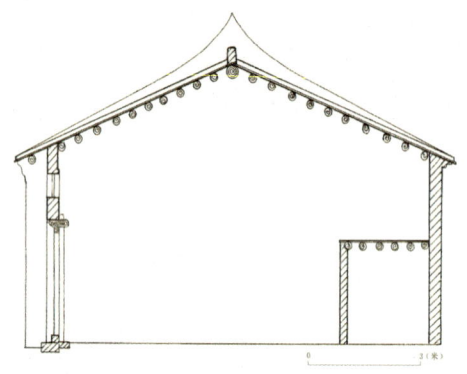

◎ 排屋平面、正面、侧视图（王相峰、陈素敏、程世平绘于2018年）

樟木头，再迁至深圳龙华早禾村，后因人口增长分村为上、下早禾村。

2015年末，户籍人口220人，其中男性122人，女性98人；80岁以上10人，最年长者94岁（女）。非户籍外来人口8600余人。祖籍该村的香港同胞14人。祖籍该村的华人华侨主要居住在马来西亚。归侨1人。

传统经济为农业生产，现村集体经营主要为厂房出租。村民主要收入来源为集体经济分红、房屋出租。特色传统食品有春节圆笼粄、米饼、油角，清明艾叶粄等。

布龙路、龙观大道、早禾路、龙胜路经过该村。1956年通电话，1958年通电，1982年通自来水，1985年实现全村村道水泥硬底化，2000年通互联网。有下早公园、社区活动中心及社区图书室，2015年藏书500册。

传统民居为客家民居，现存约60座。代表性民居为下早禾村A47号民居，民国后期建；坐西北向东南，占地面积158平方米，面阔五间。

黄氏宗祠，始建于清朝中晚期，占地面积约255平方米。三开间两进一天井两廊房布局；硬山顶，正脊平脊两端博古饰，灰瓦覆顶；花岗岩条石砌墙基。仍作宗祠使用。

庚子（1900年）三洲田起义前夕，清光绪二十四年（1898年），洪门组织龙华乌石岗反清起义。受香港洪门总龙头陈少白的委任，义军首领钟水养为龙头将军、黄福为副将、陈义为军师，在新安县龙华的乌石岗发动反清起义，轰动一时。

代表性人物：

黄福（？—1903），又名黄远香，绰号"盲福"，洪门志士；清光绪二十四年，与钟水养一起领导龙华乌石岗起义，高喊"反清灭洋"的口号；清光绪二十六年（1900年）受孙中山之命，与郑士良、黄耀庭回惠州归善县三洲田伺机起义。粤督知悉，派兵包围三洲田；他代行大元帅之职，率300人袭击沙湾兰花庙的清军，后进占横岗，在永湖、崩岗墟等地大破清军，终因军火不继而解散；起义失败后，黄福、黄耀庭等经香港避居新加坡；次年与尤列在新加坡牛车水行医，在尤列带领下在新加坡、吉隆坡等埠创立"中和堂"，继续从事反清革命活动。

（资料填报：古柳清；初稿撰写：古柳清；分纂：朱赤）

黄麻埔社区

黄麻埔村

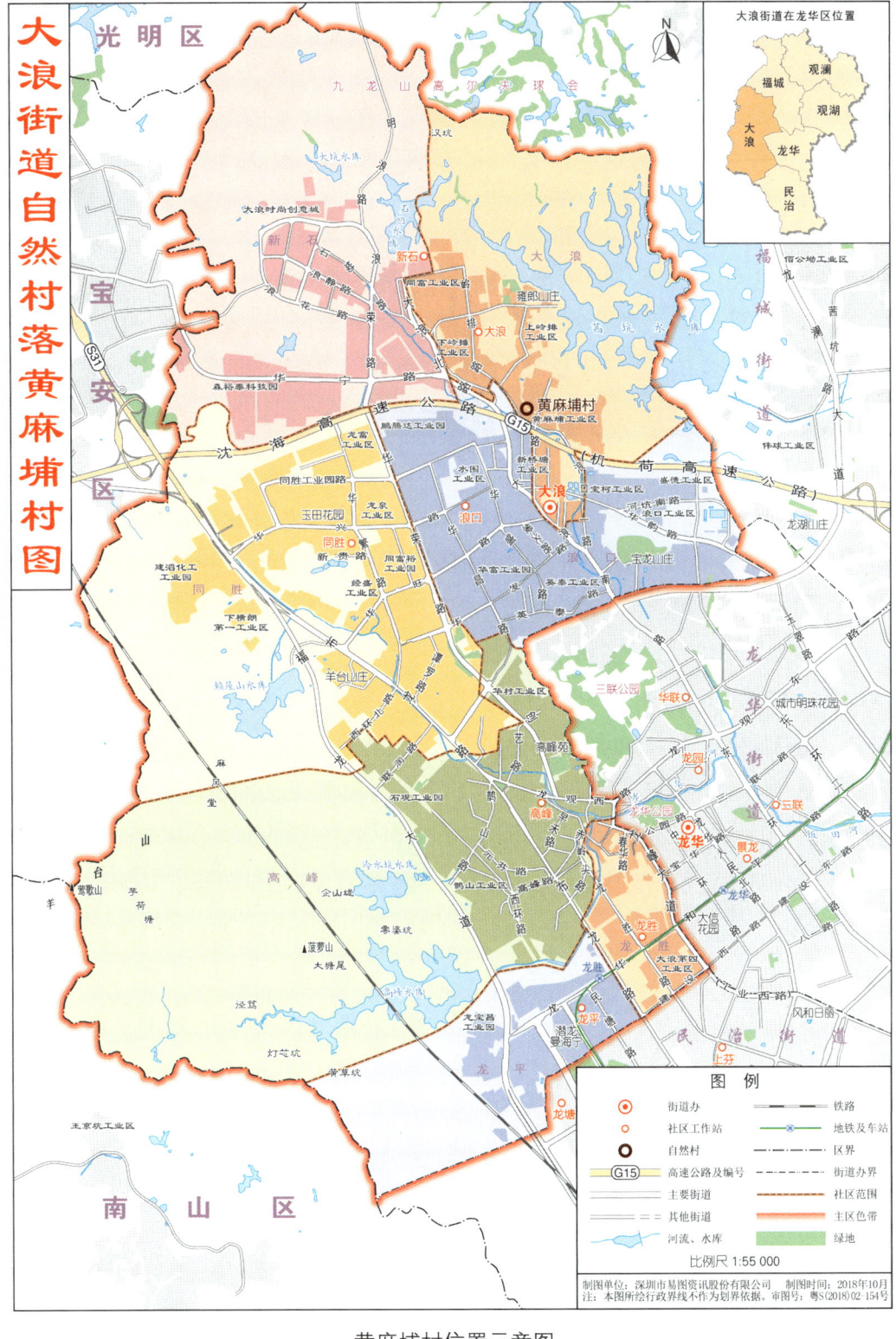

黄麻埔村位置示意图

◎ 黄麻埔村村貌（刘光 摄于2017年）

黄麻埔村，位于大浪街道西北部，距街道办事处约1千米，面积0.71平方千米。相邻自然村有上早禾村、下早禾村、罗屋围村、上岭排村、下岭排村、水围村（水围社区）。曾用名大船坑。该村坐落于丘陵地带，有一小山名毓林山，海拔80米；有一无名小河流经，附近有茜坑水库。始建于清朝，因分村而形成；1980年以前，黄麻埔和罗屋围同为大浪第七生产队；1980年冬从罗屋围分出，设立黄麻埔生产队。1980年于原址重建。

清朝，属新安县。1914年，属宝安县。中华人民共和国成立之初，属宝安县龙华乡；1958年，属红色公社；1959年，属观澜公社；1961年，属龙华公社；1979年，属深圳市龙华区龙华公社；1981年，属深圳市宝安县龙华公社；1983年，属宝安县龙华区龙华乡；1986年，属龙华镇大浪行政村；1993年，属深圳市宝安区龙华镇；2006年，属大浪街道；2011年，属深圳市龙华新区大浪街道黄麻埔社区。

世居村民为汉族，客家民系，使用客家方言。村民主要为郑姓。原住水围，清朝时期从水围迁出，散居于黄麻埔。

2015年末，户籍人口110人，其中男性50人，女性60人；80岁以上3人，最年长者96岁（女）。非户籍外来人口5800余人。祖籍该村的香港同胞4人。

传统经济为农业生产，现村集体经营主要为厂房出租。村民主要收入来源为集体经济分红、房屋出租。特色传统食品有春节圆笼粄、米饼、油角，清明艾叶粄等。

沈海高速G15线、县道X253线洲石路经过该村。1960年通电，1976年通电话，1986年通自来

◎"文武帝宫"匾额（朱赤 摄于2016年）

水，2000年实现全村村道水泥硬底化，2002年通互联网。村里有户外健身器材、毓林公园、社区活动中心及社区图书室（藏书500册）。

传统民居为客家民居，现存约35座。

村中有"文武帝宫"匾额。据村中老人说，清康熙末年，大船坑谢氏三世祖谢文豹（岭排围的创建者），在黄麻埔村（系大船坑6个自然村之一）的蚕蛾地建文武帝宫，三间二进，中间有一天井；大门前有两尊石狮子。正殿横梁上有石刻匾额，上书"文武帝宫"，下设有神台供奉孔子和关公。1934年，文武帝宫改作文升学校，并在旁边加建了几间房屋，1955年改为大石学校，1988年学校停办，旧址改作他用。"文武帝宫"匾额被村民安放在机荷高速公路桥下、美宝路一侧小庙上端。

（资料填报：古柳清；初稿撰写：古柳清；分纂：朱赤）

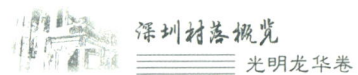

浪口社区

浪口村

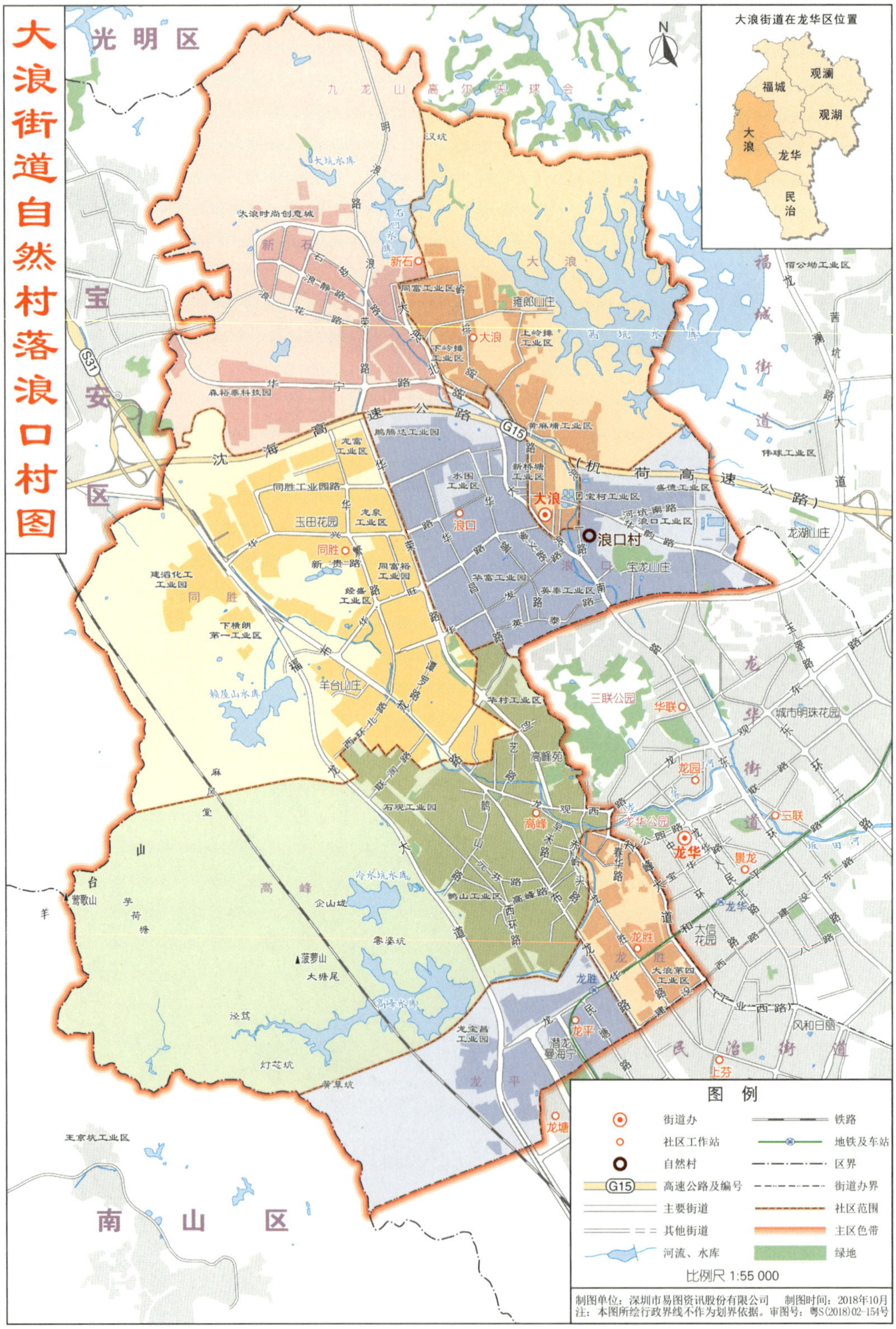

浪口村位置示意图

◎ 浪口村一角（朱赤 摄于2018年）

浪口村，位于大浪街道东部，距街道办事处0.4千米，面积3.6平方千米。相邻自然村有罗屋围村、水围村（水围社区）。该村坐落于丘陵地带，有一小山名背夫山，高30米；大浪河流经村西北部；附近有茜坑水库。

始建于清康熙年间（1662—1722年），吴继旺带着妻子洪氏、外孙刘子风等人从梅州大埔县三河坝迁到浪口开基，在此繁衍生息。客家话"鱼""吴"同音，吴继旺以为鱼即吴也，吴姓居于此如鱼得水，而且前面还有大片土地，是吴家子孙的无穷财富，因此取名为浪口，曾用名"朗口"。

清朝，属新安县。1914年，属宝安县。中华人民共和国成立之初，属宝安县龙华乡；1958年，属红色公社；1959年，属观澜公社；1961年，属龙华公社；1979年，属深圳市龙华区龙华公社；1981年，属深圳市宝安县龙华公社；1983年，属宝安县龙华区大浪乡；1986年，属龙华镇大浪行政村；1993年，属深圳市宝安区龙华镇；2006年，属大浪街道；2011年，属深圳市龙华新区大浪街道浪口社区。

世居村民为汉族，客家民系，使用客家方言。主要有吴、刘2姓。吴氏在宋末元初从福建迁移至广东大埔县三河坝，清康熙年间从大埔县三河坝迁移到当地。吴刘两家血亲渊源，虽为2姓，实为一家，长期共用一座祠堂。

2015年末，户籍人口530人，其中男性260人，女性270人；80岁以上20人，最年长者100岁（女）。非户籍外来人口9.7万人。祖籍该村的香港同胞121人。祖籍该村的华人华侨1人，居住在马来西亚。

传统经济为农业，现村集体经营主要为厂房出租。村民主要收入来源为集体经济分红、房屋

◎ 吴氏宗祠（朱赤 摄于2016年）

◎ 刘氏宗祠（朱赤 摄于2016年）

出租。特色传统食品有春节圆笼粄、米饼、油角，清明艾叶粄等。

大浪南路、沿河路经过该村。20世纪60年代通电，1990年通电话、通自来水，1996年实现全村村道水泥硬底化，2000年通互联网。有新太阳幼儿园，2015年在园幼儿356人，教职工43人。有全民健身路径2个、篮球场1个和浪口公园、社区活动中心。

◎ 虔贞学校（古柳清 摄于2016年）

传统民居为客家民居，现存400多座。代表性民居之一瑞霭楼，建于清朝末年，占地面积47.7平方米，坐北向南，一开间两层建筑，底层正中辟门，匾书"瑞霭"两字，顶有卷云雕饰；二层有两方形窗户，顶部正面有马头墙，硬山式屋面，三合土筑墙，内有木梯；现保存完好。

现存祠堂2座。吴氏祠堂，始建于清乾隆年间（1736—1795年），清光绪三十四年（1908年）重修，2002年重建，占地面积300平方米，为三开间两进一天井布局；清水砖墙，平脊；2002年重建时，加船形脊，上有二龙戏珠雕塑；条石砌墙脚。刘氏宗祠，2005年建成，占地面积300平方米。

有碉楼4座，始建年代估计在清朝末年。

村内有《浪口村史志》，书中录有《浪口村吴氏族谱》与《浪口村刘氏族谱》。

浪口基督教堂，清同治十二年（1873年）建成。

现存虔贞学校旧址，始建于清光绪十七年（1891年），重修于1923年，重建于2015年。2007年10月，被列入深圳市宝安区第四批文物保护单位。清光绪十七年，瑞士传教士将香港西贡的虔贞学校搬迁到该村基督教堂隔壁，开始招生办学。起初只招收该村及附近的女性入学，称为女子学校。1923年改为虔贞学校，从此也开始招收男生。1988年时并入大石小学（现大浪爱义学校的前身）。虔贞女校是深圳地区目前发现的创办时间最早的女子学校。

让村里老人们记忆深刻的，是一位叫吉惠民的瑞士老师，她时年40多岁，身兼教师和医生等职。吉老师曾为村民种痘，预防天花，使浪口人在天花肆虐时得以安然无恙。抗日战争时期，日本军队来到村中，村民全都躲进了学校，吉老师让学生把瑞士国旗挂起来，由于瑞士是中立国，日军看是教会学校，没有进入，村民得以躲过一劫。

代表性人物：

吴博凡（1902—？），黄埔军校第六期学员，1929年任虎门要塞守备团团长，曾任黄埔军校技术教官。

◎ 瑞霭楼（朱赤 摄于2011年）

吴房基（1922—1944），又名吴胜强，早年随父到南洋谋生，后回浪口村；1943年，卖掉其在浪口村的田产，买了一支驳壳枪，带枪参加了广东人民抗日游击队，1944年任班长，在西乡与日军作战时牺牲。

吴友业，曾任龙华乡武工队队长兼龙华乡乡长、宝安县三区区长、华南农学院总务主任。

吴寿康，懂医术，抗日战争胜利后，曾在自己的背夫坑果园内掩护和救治游击队伤病员20多人，伤病员在其悉心照料下，均康复归队。

（资料填报：古柳清；初稿撰写：古柳清；分纂：朱赤）

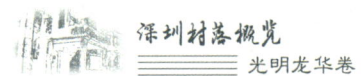

罗屋围社区

罗屋围村

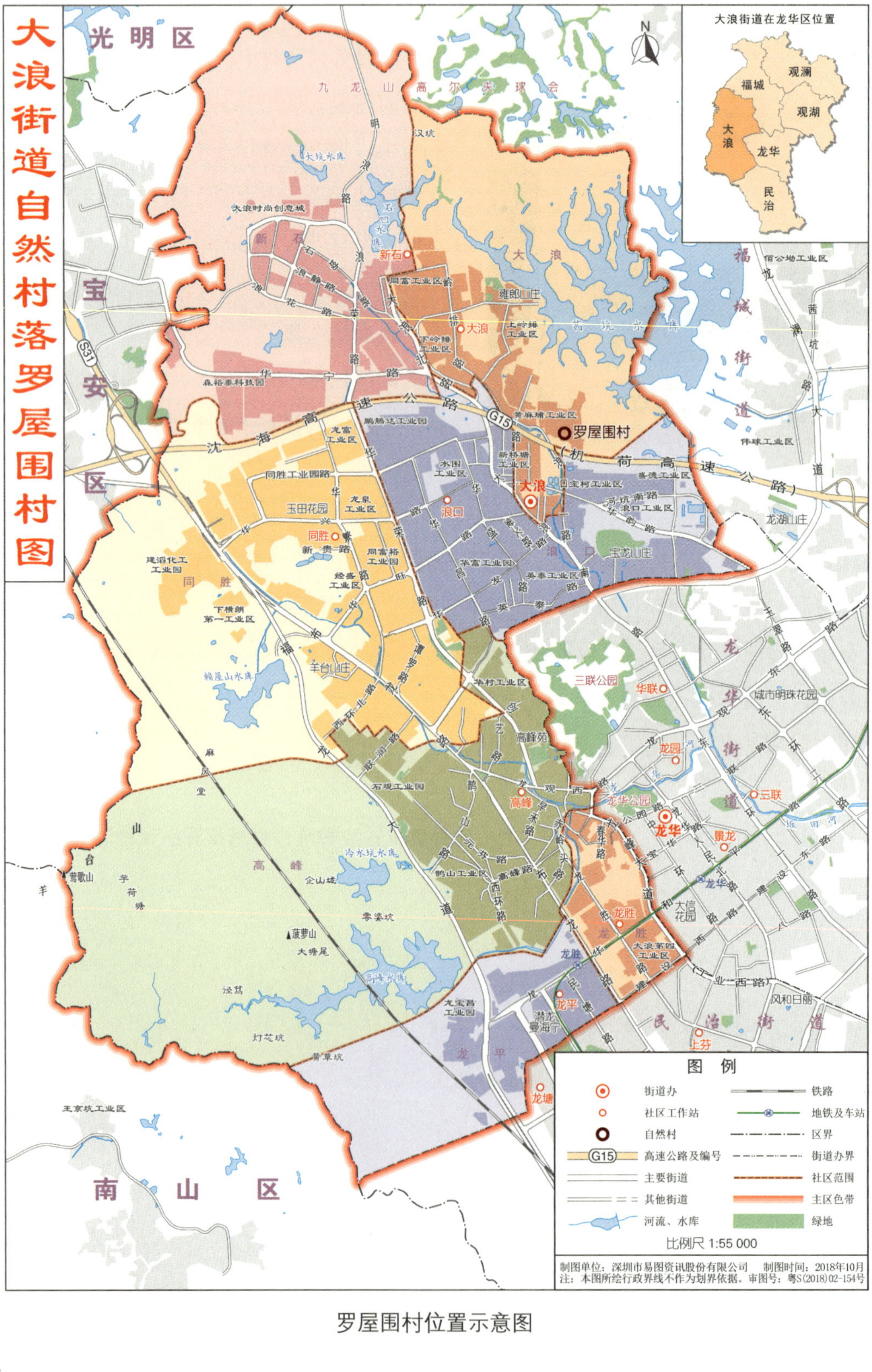

罗屋围村位置示意图

◎ 罗屋围村村貌（陈家芳 摄于2016年）

罗屋围村，位于大浪街道北部，距街道办事处0.7千米，面积0.94平方千米。相邻自然村有黄麻埔村、浪口村、水围村（水围社区）。该村坐落于丘陵地带，有一小山名高排山，海拔50米；有一条无名小河穿村而过；附近有茜坑水库。

罗姓人最初从西乡麻布村迁来，于明正德十年（1515年）建村后以姓氏为村名。罗屋围村原来是罗屋围、荡耙排围、瓦窑吓田心围3个小村的合称，它们分布于大浪河两旁。罗屋围右边隔条山坑是荡耙排围，有几户郑姓人家民国时期从水围迁此建房定居，取"荡耙排"作村名。瓦窑吓之名则因曾吉能、曾吉业兄弟所办的砖瓦窑而来。清朝时曾氏兄弟为便于经营，在砖瓦窑附近建新村，因小村周围均为水田，故称瓦窑吓田心围，简称瓦窑吓。随着人口的繁衍，这三围合为一村。现村于2002年在原址重建。

建村至明万历元年（1573年），属东莞县；明万历元年至清朝，属新安县。1914年，属宝安县。中华人民共和国成立之初，属宝安县龙华乡；1958年，属红色公社；1959年，属观澜公社；1961年，属龙华公社；1979年，属深圳市龙华区龙华公社；1981年，属深圳市宝安县龙华公社；1983年，属宝安县龙华区大浪乡；1986年，属龙华镇大浪行政村；1993年，属深圳市宝安区龙华镇；2006年，属大浪街道；2011年，属深圳市龙华新区大浪街道罗屋围村社区。

世居村民为汉族，客家民系，使用客家方言。第一大姓为罗姓，从福建迁移至广东宝安西乡黄麻埔，后又从黄麻埔迁移至当地。第二大姓为曾姓，从梅州兴宁迁移至宝安沙井，再至此地附近的水围，后从水围迁移至此地。第三大姓为郑姓，从福建迁移到广东再至此地附近的水围，后从水围迁移到此地。

◎ 旧村（陈家芳 摄于2016年）

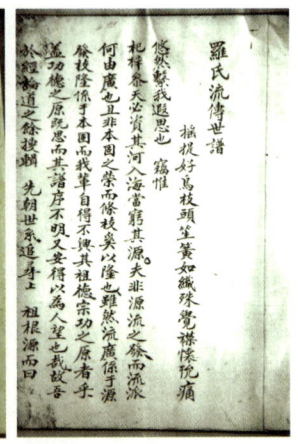
◎ 罗氏族谱（朱赤 摄于2016年）

2015年末，户籍人口168人，其中男性80人，女性88人；80岁以上4人，最年长者100岁（女）。非户籍外来人口8085人。祖籍该村的香港同胞42人。祖籍该村的华人华侨20人，主要分布在马来西亚、新加坡等国。

传统经济为农业和烧制砖瓦。当年砖瓦烧制好后雇人挑到香港落马洲，用船运到港九销售。砖瓦窑1949年后曾归大丰农业合作社、大船坑村经营，为村办企业。1964年大浪大队在新围附近建了一个大砖瓦厂，罗屋围砖瓦窑被弃置。1970年罗屋围生产队再利用这个砖瓦窑在冬季农闲季节烧砖瓦，一年可烧3窑，收入在当时非常可观。1975年，石凹村、上岭排村也先后建了2座砖瓦窑。现村集体经营主要为厂房出租。村民主要收入来源为集体经济分红、房屋出租。特色传统食品有春节圆笼板、米饼、油角，清明艾叶板等。

沈海高速G15线、沿河路经过该村。1960年通电，1986年通自来水，1990年通电话，2000年实现全村村道水泥硬底化，2002年通互联网。村内有罗屋围幼儿园，2015年末在园幼儿360人，教职工32人。有社区图书室，藏书5000册。

传统民居为客家民居，现存20余座。村里有《罗氏族谱》，记录该村罗姓来自福建汀州宁化县石壁洞葛藤村紫源里，明朝迁至广东梅州齐昌县（今兴宁市）；在清乾隆年间罗粤富迁新安县黄田铺黄麻埔，十一世祖罗朝用次子罗彦章，移居龙华大船坑棣树排。谱前有长篇序文，落款为"大清乾隆裔孙发茂字逢昌纂修；大清乾隆裔孙传重修"。又有后人序，落款为"时乾隆四十八年岁次癸卯菊月朔日书。嗣后光绪三十一年五月十八日重书。此篇谱序系载仁先伯祖所作，流传后裔便览，根源不可失也。"此谱存世屡经修纂，清光绪年间为最后一次续修。现由罗屋围村民保存。

代表性人物：

曾永达，又名曾带，曾氏砖瓦窑技术继承人，建窑、烧砖瓦能手，附近砖瓦厂常请其做指导。

（资料填报：古柳清；初稿撰写：古柳清；分纂：朱赤）

石凹社区

石凹村

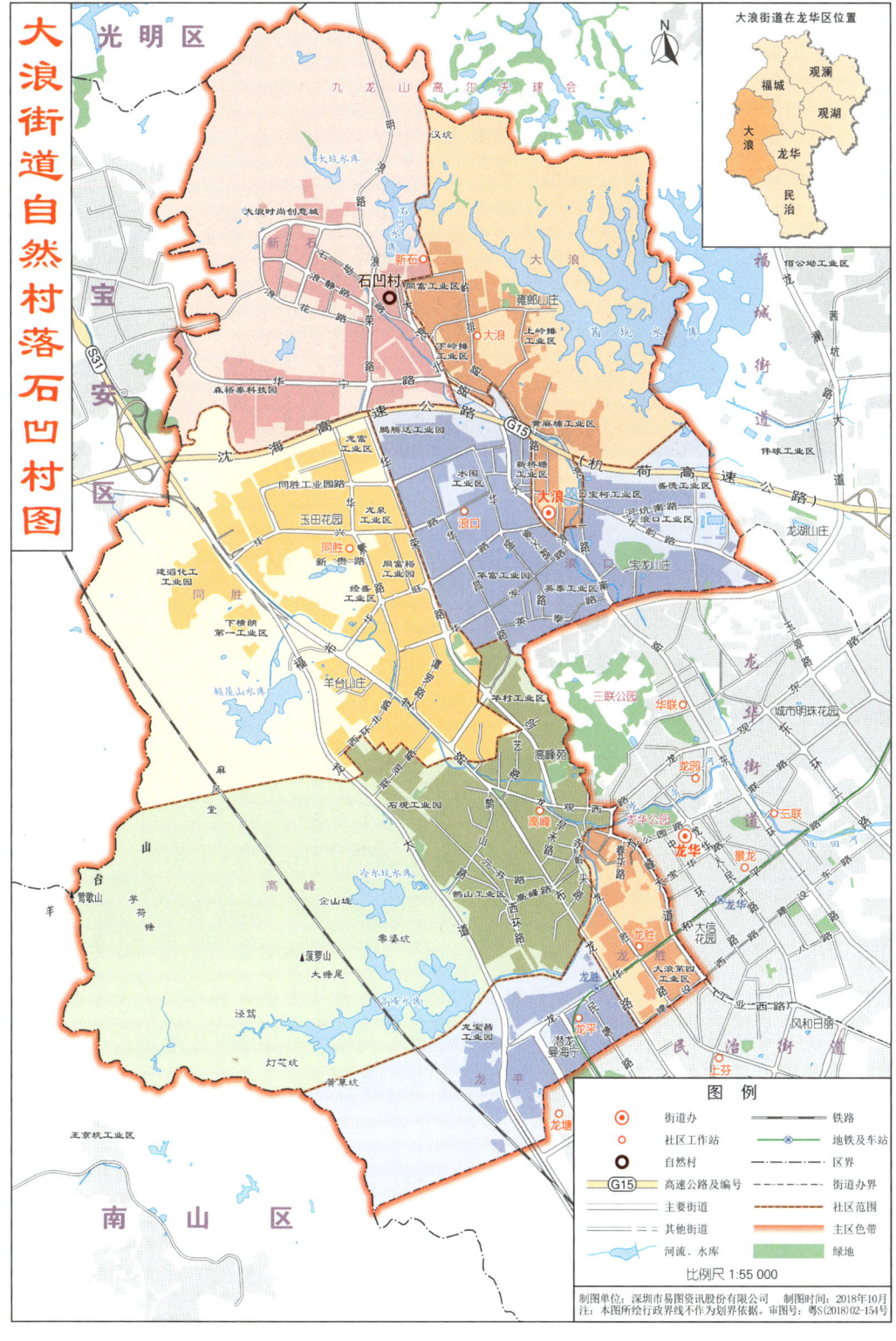

石凹村位置示意图

◎ 石凹村村貌（朱赤 摄于2018年）

　　石凹村，位于大浪街道北部，距街道办事处约2千米，面积4.17平方千米。相邻自然村有新围村（新围社区）。该村坐落于丘陵地带，有一小山名简坑山，海拔80米；大浪河流经村北部。

　　始建于明末清初，因粤东人多地少或因迁界禁海致人口迁徙而形成。原名石坳。早年经大船坑到此地须走山间小路，翻过新围后山的一个山坳，坳有大石，故称石坳。又因石坳建村之处周围是山，中间凹处有块台地，地势稍高，状似"金元宝"，是立基的好选择。先辈们为图好兆头，祈盼四水归池，子孙后代兴旺发达，遂将"坳"改为"凹"。

　　石凹以杨、谢2姓为主，曾分上、下围；杨姓大多居下围，谢姓居上围。现村于二十世纪八九十年代在原地重建。

　　明清时期，属新安县。1914年，属宝安县。中华人民共和国成立之初，属宝安县龙华乡；1958年，属红色公社；1959年，属观澜公社；1961年，属龙华公社；1979年，属深圳市龙华区龙华公社；1981年，属深圳市宝安县龙华公社；1983年，属宝安县龙华区大浪乡；1986年，属龙华镇大浪行政村；1993年，属深圳市宝安区龙华镇；2006年，属大浪街道；2011年，属深圳市龙华新区大浪街道石凹社区。

　　世居村民为汉族，客家民系，使用客家方言。杨氏于清初从广东长乐（今五华）迁至当地。谢氏于清初从福建三明石壁迁移至广东新安（今宝安）龙华大船坑，后从大船坑迁移至当地。

　　2015年末，户籍人口465人，其中男性252人，女性213人；80岁以上18人，最年长者91岁（女）。非户籍外来人口2.17万人。祖籍该村的香港同胞50人。祖籍该村的华人华侨30人，主

◎ 村前石刻（古柳清 摄于2016年）

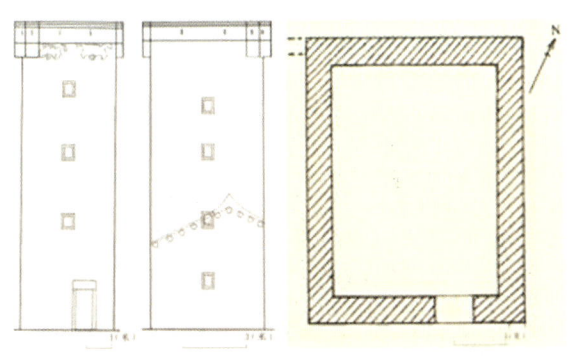
◎ 碉楼立面与平面图（王相峰 绘制于2008年）

要居住在马来西亚。

传统经济为农业生产，现村集体经营主要为厂房出租。村民主要收入来源为集体经济分红、房屋出租。特色传统食品有春节圆笼粄、米饼、油角，清明艾叶粄等。

浪荣路、石凹路经过该村。20世纪60年代通电，80年代通电话，90年代通自来水，2001年通互联网。

村中有小燕子石凹幼儿园。有健身小径、大浪绿道、篮球场、石凹公园、社区服务中心及社区图书室，2015年藏书2000册。

传统民居为客家民居，已无存。现存石凹碉楼，始建于清朝末年。存有立村始祖杨旭清墓碑，立于清嘉庆十二年（1807年），现存于石凹后山。

石凹村中有2棵古榕树，树龄约150年。

《石凹村杨氏族谱》《石凹村谢氏族谱》均由村集体于2015年纂修。

◎ 杨旭清墓碑（古柳清 摄于2016年）

麒麟舞民俗形成于清朝。石凹村是客家人聚居区，舞麒麟是客家的民俗活动。石凹村先民开村立业时，先辈通过舞麒麟强身健体、防身自卫、壮大族群，传承客家人习武精神。新制作的麒麟首先要"开光见青"（见下岭排村大船坑舞麒麟）。

舞麒麟表演全场共分三套：头套、中套、尾套。六段：参拜、走大围、游花园、水仙花、打瞌睡、采青。在三套六段表演中，穿插着多个舞蹈动作，将麒麟的喜、乐、祥、和、疑、惊、醉、睡、灵、动、威、猛表现得淋漓尽致。麒麟表演完后是打功夫（武术表演），有拳术和刀、棍、叉等民间武术表演。舞麒麟表演所使用的乐器有鼓、锣、钹、唢呐，曲有二黄头、十字清、虎门头。

◎ 石凹水库（朱赤 摄于2018年）

1942年初，邹韬奋应邀到石凹村为广东人民抗日游击队华南队举办的军政干部培训班讲课。

1948年11月20日清晨，广东人民解放军江南支队三团等部500余人与国民党广东省保安八团、十五团等部1500余人在石凹村发生激战，最终解放军取胜。

1993年，大浪行政村在石凹村后面的背夫岭修建了一座较大的水库，与简坑水库相连，取名石凹水库，总库容量约200万立方米；修建了石凹自来水厂，日供水量1万立方米。

代表性人物：

张玉娇，曾任石凹妇女会长，抗日战争和解放战争时期，常同当时游击队医院院长梁帼莲一起上山采药，为伤病员治病；1948年国民党军黄文光部袭击石凹交通站，不幸被捕，遭到严刑拷打，始终坚贞不屈，后经多方营救获释。

杨官娇，1945年6月加入广东人民抗日游击队东江纵队，参加抗日战争和解放战争，多次负伤，立过战功；中华人民共和国成立后，加入志愿军参加抗美援朝作战，曾深入敌营，活捉美军士兵。

杨东友（1926—1949），革命烈士，1948年1月参加广东人民解放军，为江南支队三团一大队三虎队战士，次年1月，部队整编为中国人民解放军粤赣湘边纵队，4月在解放陆丰的战斗中牺牲。

（资料填报：古柳清；初稿撰写：古柳清；分纂：朱赤）

水围社区

水围村

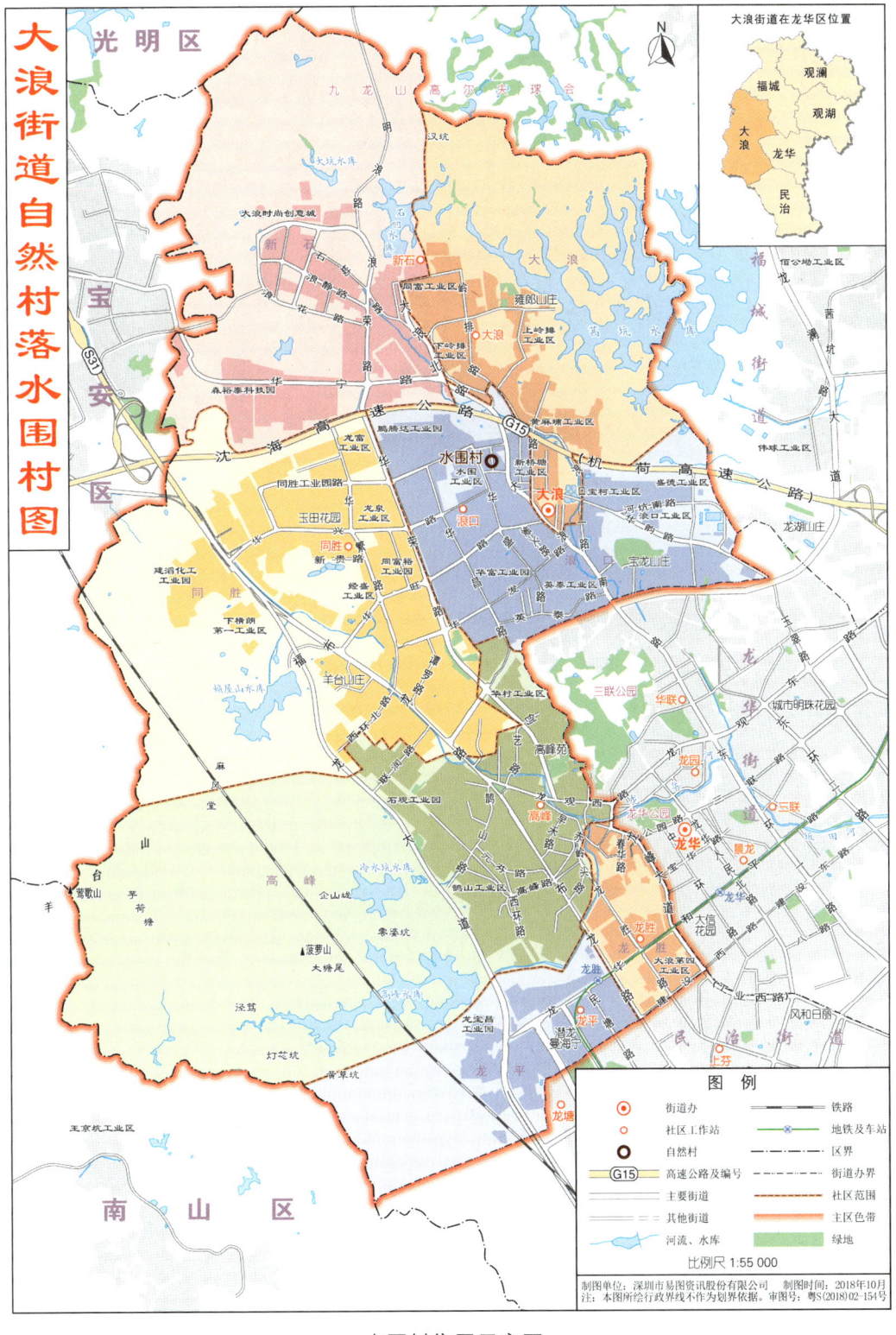

水围村位置示意图

◎ 水围村村貌（刘光 摄于2017年）

水围村，位于大浪街道东北部，距街道办事处0.5千米，面积1.35平方千米。相邻自然村有浪口村、黄麻埔村、罗屋围村。除建围处地势稍高外，四周为洼地。大浪河从石凹流经此地，拐了一个大弯，绕水围半圈后又拐弯向下游流去。有一小山名松山坳，高30米。

该村始建于清朝，又称下围村，由水围和河背两个自然村组成。水围与河背隔小河而毗邻，村前的松山坳脚下，古木参天。村东侧近河处叫"沙吓环"的地方有一座小神庙，庙旁是一个被河水冲刷形成的大深沟，沟里有深水潭。

河背，相对于水围而言，地处围前河沥的背面，几户郑姓人家从水围迁出在此处建村，取名河背。1958年公社化时水围与河背合并为水围生产队。

20世纪50年代，水围是大浪乡政府所在地，以曾氏宗祠为乡公所；1954年"合作化"时是"大船坑合作社"的社址所在，再后为观澜公社、龙华公社大丰大队和大浪大队的大队部所在地；1969年水围为大浪大队第六生产队；改革开放后成立了水围股份合作公司和水围居民委员会。

清朝，属新安县。1914年，属宝安县。中华人民共和国成立之初，属宝安县龙华乡；1958年，属红色公社；1959年，属观澜公社；1961年，属龙华公社；1979年，属深圳市龙华区龙华公社；1981年，属深圳市宝安县龙华公社；1983年，属宝安县龙华区大浪乡；1986年，属龙华镇大浪行政村；1993年，属深圳市宝安区龙华镇；2006年，属大浪街道；2011年，属深圳市龙华新区大浪街道水围社区。

大船坑以水围为中心。相传，始祖谢维春为梅县客家人，为了谋生来到清湖，拜见绅士廖马

◎ 曾氏宗祠（刘光 摄于2008年）

◎ 曾氏宗祠柱础（王相峰、陈素敏、程世平绘于2008年）

留。时值迁海复界之后，廖马留正欲招徕有意到金鸡岭发展之客家人。因阳台山下金鸡岭是丘陵地带，形势如"大船出海"，寓意水涨船高，故取名"大船坑"。谢维春来此创业，谢氏家族从此繁衍兴盛起来。

世居村民有谢、曾、郑、罗、赵、彭6姓，其先祖分别从广东梅县、福建宁化石壁以及宝安县西乡麻布村迁来，他们最初都以水围为立足之地。除罗、赵两姓外，均在水围建有祠堂。此后因人口繁衍，陆续有家族从水围迁出，沿弯弯曲曲的大浪河两岸另建村庄。

世居村民为汉族，客家民系，使用客家方言。2015年末，户籍人口70人，其中男性30人，女性40人；80岁以上12人，最年长者100岁（女）。非户籍外来人口2.86万人。祖籍该村的香港同胞42人。祖籍该村的华人华侨2人，主要居住在马来西亚。

传统经济为农业，现村集体经营主要为厂房出租。村民主要收入来源为集体经济分红、房屋出租。特色传统食品有春节圆笼粄、米饼、油角，清明艾叶粄等。

沈海高速G15线、大浪南路、华霆路、华盛路经过该村。1960年通电，1976年通电话，1986年通自来水，2000年实现全村村道水泥硬底化，2002年通互联网。大船坑原有2棵古老的大樟树，一棵位于瓦窑吓，一棵位于岭排围，为谢姓人家建村之初所种。树干巨大，枝繁叶茂，是大船坑古村的标志。

村里有大浪爱义学校，2015年有90个教学班；有爱义幼儿园。有全民健身路径、篮球场、社区活动中心及社区图书室，藏书1000册。

传统民居为广府民居，因列入旧村改造项目，现已基本无存。

围内各民居，由外而内，行行整齐排列。整个水围只设一北大门，属唯一入围之门。门楼两边，竖以石柱，柱上凿有对应圆孔若干，关门闭户之时，以硬质大圆木横门而过。

水围老村内曾有4座祠堂：郑氏祠堂在西北角，彭氏祠堂在东北角，谢氏祠堂在西南角，曾氏宗祠在老围内后排。

曾氏宗祠，位于水围村（大船坑）老围内后排。建于清光绪二十九年（1903年），民国末期

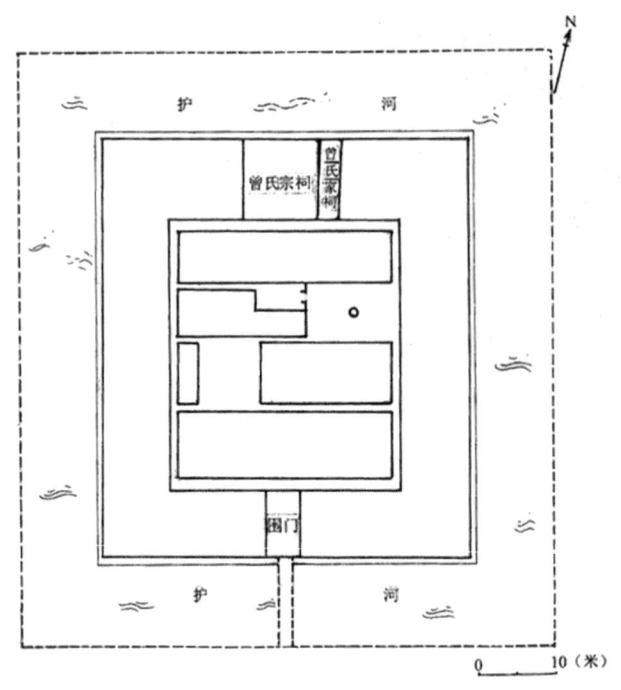

◎ 水围老村平面图（王相峰、陈素敏、程世平绘于2008年）

曾维修。坐西北朝东南，三开间两进。总面阔10米，总进深10.3米，占地面积103平方米。硬山顶，船形屋脊，灰瓦覆顶，瓦口灰塑猪嘴筒，花岗岩条石砌墙脚。由前堂、后堂及廊房组成。前堂内有凹肚式大门，面阔三间，进深2.25米。明、次间墙体承重并设拱券门，花岗岩石门额阳刻"曾氏宗祠"，为清光绪二十九年所题。檐壁上的山水、人物故事壁画已有脱落。民国时期在宗祠东北侧新建曾氏家祠，后人将宗祠头门东南角切去。后堂面阔三间，进深三间。前设四檩廊，后四檩搁墙。前廊以童柱承托梁架及檩条；瘦高截锥童柱，上部收分较少，高浮雕假坐斗；两根圆形金柱，下部为花岗岩石柱，上部为杉木金柱；两次间前檐墙设拱门与廊房相通。堂前带天井、廊房，以花岗岩石条铺砌天井地面，卷棚顶廊房已改成单坡顶廊房。曾氏宗祠是大浪为数不多具有准确建造年代的祠堂。

代表性人物：

曾红娇（1927—），1948年5月参加中国人民解放军粤赣湘边纵队，在三团当卫生员；1950年4月参加解放大铲岛、内伶仃岛战斗，奋不顾身救护伤员，后在蛇口医院、龙华商业站工作。

（资料填报：古柳清；初稿撰写：古柳清；分纂：朱赤）

新围社区

新围村

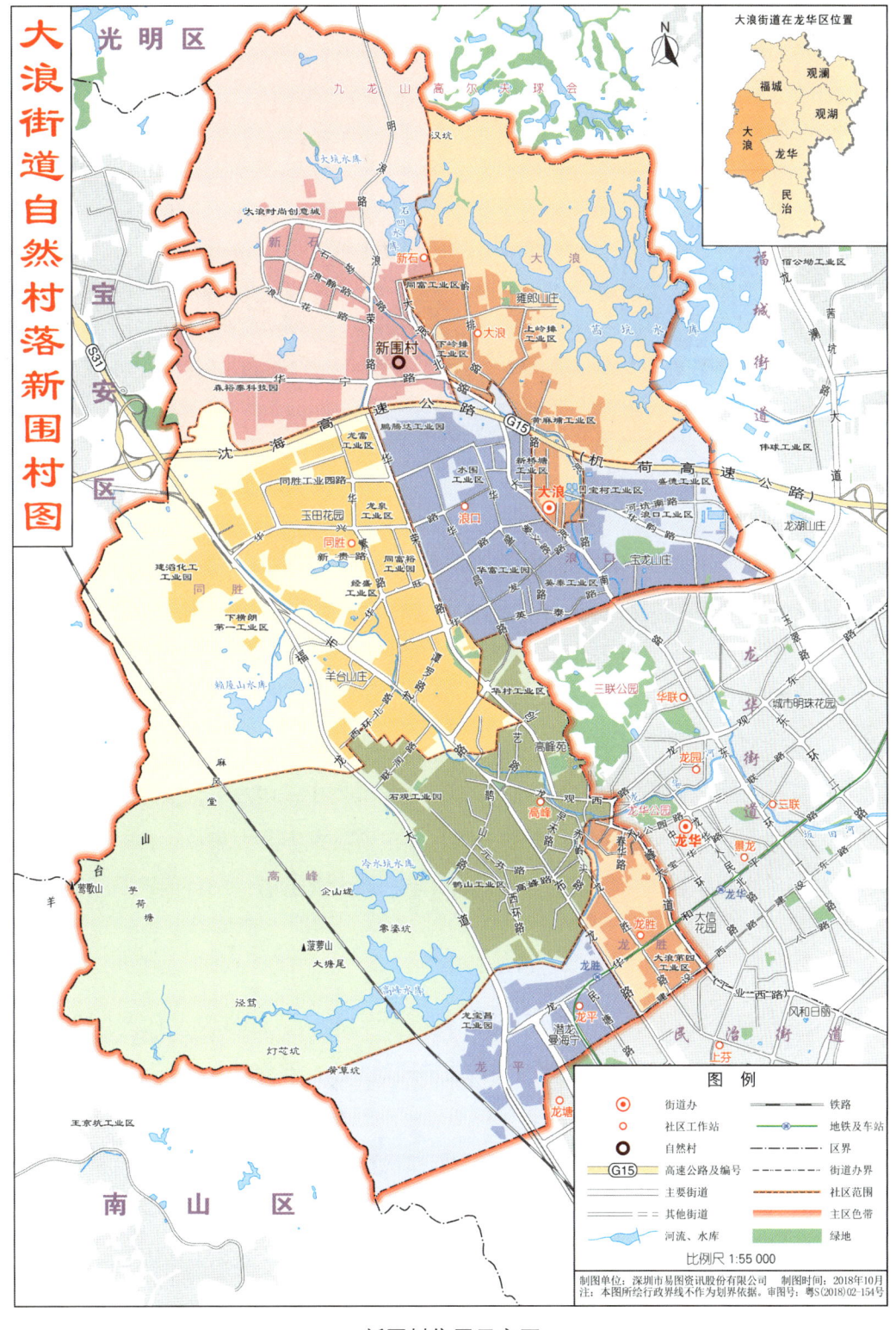

新围村位置示意图

◎ 新围村一角（古柳清 摄于2016年）

新围村，位于大浪街道西北部，距街道办事处1.5千米，面积2.76平方千米。相邻自然村有石凹村、上岭排村、下岭排村。该村坐落于丘陵地带，有一条无名河流过。始建于清乾隆十八年（1753年），因谢文豹一子谢正彩从老围迁出，另建新村而取名新围，曾用名新围仔。现村于1994年在原地重建。

清朝，属新安县。1914年，属宝安县。中华人民共和国成立之初，属宝安县龙华乡；1958年，属红色公社；1959年，属观澜公社；1961年，属龙华公社；1979年，属深圳市龙华区龙华公社；1981年，属深圳市宝安县龙华公社；1983年，属宝安县龙华区大浪乡；1986年，属龙华镇大浪行政村；1993年，属深圳市宝安区龙华镇；2006年，属大浪街道；2011年，属深圳市龙华新区大浪街道新围社区。

世居村民为汉族，客家民系，使用客家方言。

2015年末，户籍人口350人，其中男性183人，女性167人；80岁以上15人，最年长者98岁（女）。非户籍外来人口2.55万人。祖籍该村的香港同胞30人。祖籍该村的华人华侨20人，主要分布在马来西亚、越南等国。

传统经济为农业生产，现村集体经营主要为厂房出租。村民主要收入来源为集体经济分红、房屋出租。特色传统食品有春节圆笼粄、米饼、油角，清明艾叶粄等。

沈海高速G15线、华宁路、浪荣路、大浪北路经过该村。20世纪70年代通电，90年代通自来水、通电话，2002年通互联网。村中有篮球场、足球场，还有新围社区公园、社区活动中心。

◎ 新围村办公楼（朱赤 摄于2016年）

◎ 新围社区公园（古柳清 摄于2016年）

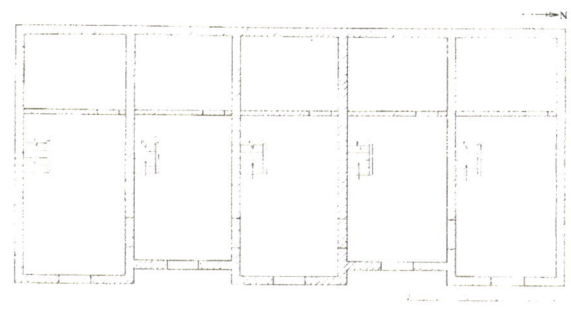
平面图

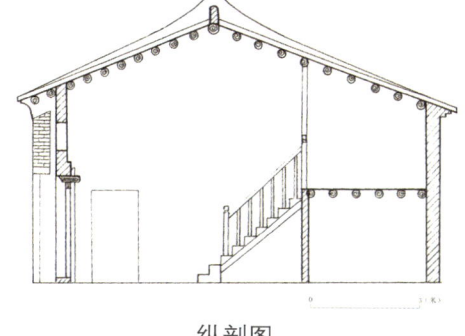
纵剖图

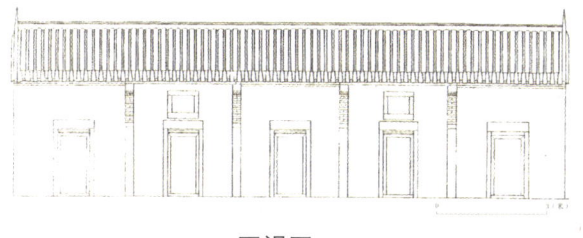
正视图

◎ 新围村227—231号住宅平面图、纵剖图、正视图（王相峰绘于2008年）

◎ 新围村227—231号住宅外貌（刘光 摄于2008年）

传统民居为客家民居，现存约200座。代表性民居新围村227—231号住宅，为内凹斗排屋，位于新围老村后部左侧，系20世纪60年代建筑，坐西朝东，面阔五间19米，进深7.7米，占地面积146.3平方米。

代表性人物：

谢为民（1948—），曾先后任龙岗区大鹏医院、宝安区龙华人民医院、宝安区中医院院长，退休后热心家乡文化建设，参与编撰《大浪村史志》《大船坑谢姓族谱》《龙华史志》等工作。

谢宏（1966—），中国作家协会会员，广东文学院的签约作家，深圳市南山区作家协会副主席，2003年获深圳青年文学奖，2004年获广东省新人新作奖；著有长篇小说《深圳往事》《嘴巴找耳朵》《纹身师》《貌合神离》《青梅竹马》，小说集《温柔与狂暴》《自游人》，诗集《光阴的故事》等。

（资料填报：古柳清；初稿撰写：古柳清；分纂：朱赤）

下横朗社区

下横朗村

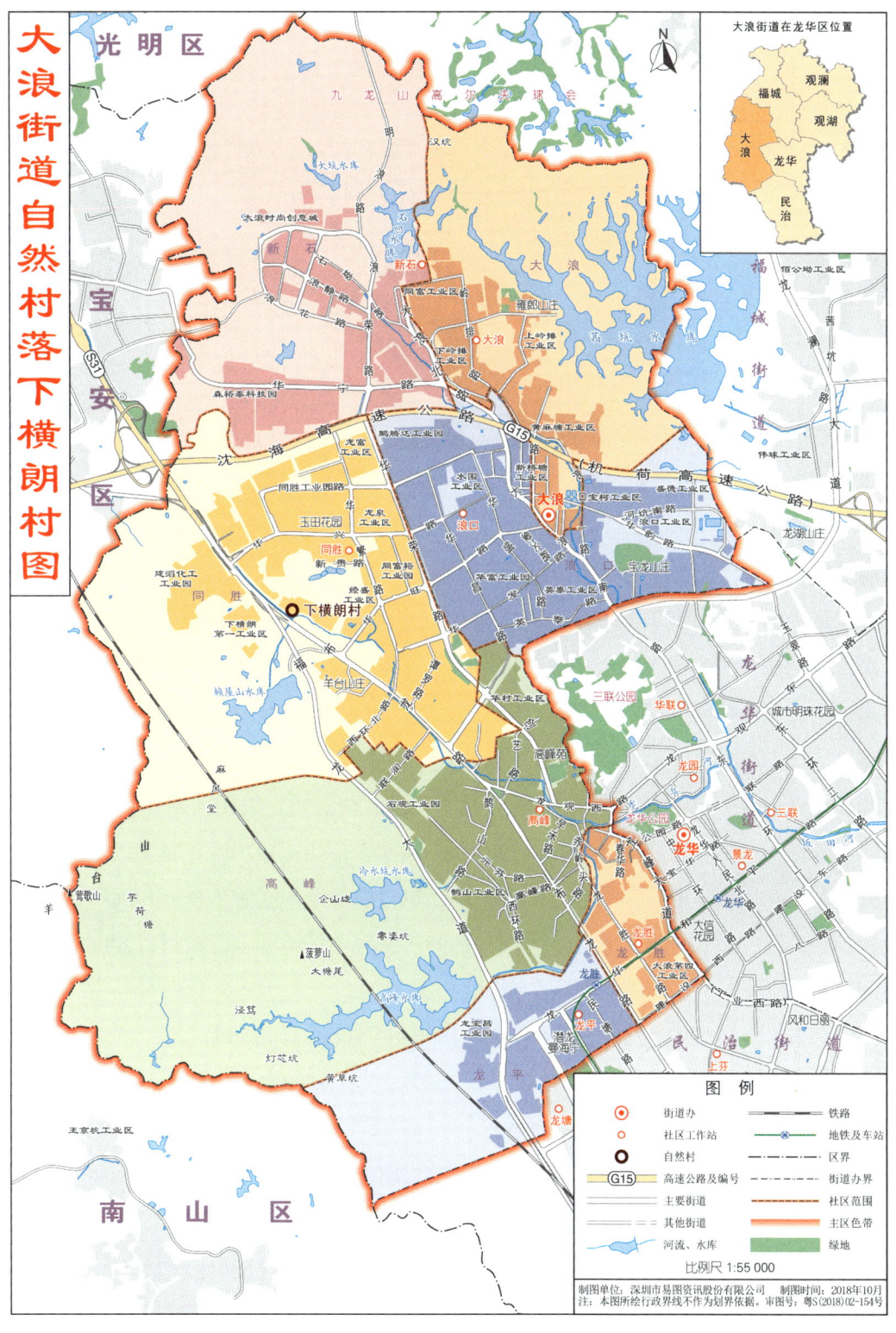

下横朗村位置示意图

◎ 下横朗村村貌（古柳清 摄于2016年）

下横朗村，位于大浪街道西南部，距街道办事处2.5千米，面积0.3平方千米。相邻自然村有上横朗村、赖屋山村。该村坐落于阳台山下，地势较平缓。有小河名榕树沥，流经村南部；附近有赖屋山水库。始建于清康熙年间（1662—1722年），钟姓在此定居。因位于阳台山下，有一山岭挡住去路，乃命名为横朗。在钟姓之后，廖氏进入横朗北部，发展为上横朗村，横朗老村就被称为下横朗。

清朝，属新安县。1914年，属宝安县。中华人民共和国成立之初，属宝安县龙华乡；1958年，属红色公社；1959年，属观澜公社；1961年，属龙华公社；1979年，属深圳市龙华区龙华公社；1981年，属深圳市宝安县龙华公社；1983年，属宝安县龙华区龙华乡；1986年，属龙华镇龙华行政村；1993年，属深圳市宝安区龙华镇；1998年，属龙华镇同胜行政村；2006年，属大浪街道；2011年，属深圳市龙华新区大浪街道下横朗社区。

世居村民为汉族，客家民系，使用客家方言。该村主要为钟、张2姓。

2015年末，户籍人口93人，其中男性53人，女性40人；80岁以上7人，最年长者97岁（女）；实际在村人口80人。祖籍该村的香港同胞42人。

传统经济为农业生产，现村集体经营主要为厂房出租。村民主要收入来源为集体经济分红、房屋出租等。特色传统食品有春节圆笼粄、米饼、油角，清明艾叶粄等。

省道S359线布龙公路经过该村。1983年通自来水，1985年实现全村村道水泥硬底化、通电，1992年通电话，2000年通互联网。有全民健身路径、篮球场，有劳动者广场、阳台山森林公园，

◎ 下横朗学校旧址（刘光 摄于2006年）

◎ 民国时期炭窑外景（刘光 摄于2009年）

有社区活动中心及社区图书室，2015年藏书1000册。

传统民居为客家民居，已无存。

下横朗学校旧址，位于下横朗老村中部，民国时期建筑，坐东北朝西南，面阔三间12.9米，进深11.3米，占地面积145.7平方米。正门两侧原有灰塑仿木隔扇、浮雕如意卷草纹，今无存。

该村有3处古窑址。宋代砖瓦窑址位于村前小溪下200米处，窑口已崩塌，20世纪90年代尚存部分窑膛。填土内有宋代砖瓦。

清代砖瓦窑址位于村中。20世纪90年代尚有开采陶土后形成的水池，称为"碗泥池"，长50米，宽15米。清理后可见有坚硬的窑壁，未见烧造瓷器的痕迹，与周边地区的砖瓦窑形制相同。

民国时期的大型炭窑位于村西南的阳台山北坡山腰处。2009年3月对该炭窑进行发掘清理。该窑址坐西向东，由主窑和附窑组成，主窑内直径2.8米，附窑内直径0.8米，主窑内壁对称设置4个烟道，烟道底部用青砖砌成。其中主窑门左侧烟道与附窑烟道互通，主窑前部和顶部有所残缺。

代表性人物：

钟水养（1864—1901），兴中会会员，早年在美国檀香山活动，曾介绍孙中山加入洪门，后回乡在龙华一带发展三合会，成为当地洪门首领；清光绪二十四年（1898年）发动乌石岗起义，打出"反清灭洋"的口号，清光绪二十六年（1900年）领兵攻陷南头城，并派先头部队赶赴三洲田配合三洲田起义，遭遇清军围剿，起义失败后经香港逃往檀香山继续从事革命活动；后病逝于美国檀香山。钟水养夫妇墓原在阳台山下大肚坳，后因修建福龙路迁葬于大浪龙山墓园。

（资料填报：古柳清；初稿撰写：古柳清；分纂：朱赤）

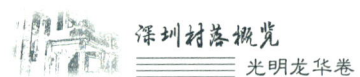

上横朗社区

上横朗村

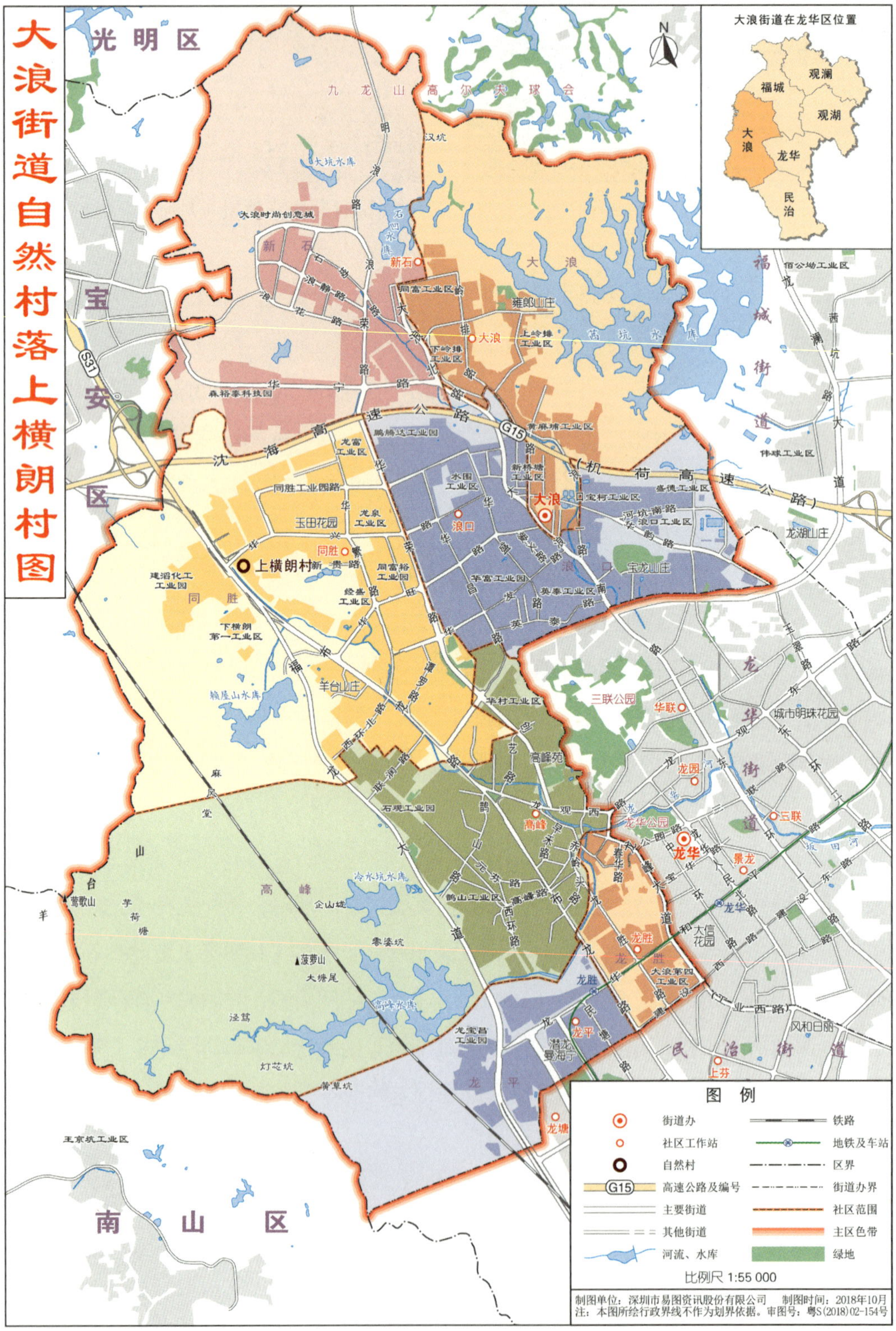

上横朗村位置示意图

大浪街道　上横朗社区　上横朗村

◎ 上横朗村村貌（古柳清 摄于2016年）

上横朗村，位于大浪街道西部，距街道办事处2.5千米，面积0.1平方千米。相邻自然村有下横朗村、赖屋山村。始建于清光绪年间（1875—1908年），因分村而形成。

清朝，属新安县。1914年，属宝安县。中华人民共和国成立之初，属宝安县龙华乡；1958年，属红色公社；1959年，属观澜公社；1961年，属龙华公社；1979年，属深圳市龙华区龙华公社；1981年，属深圳市宝安县龙华公社；1983年，属宝安县龙华区龙华乡；1986年，属龙华镇龙华行政村；1993年，属深圳市宝安区龙华镇；1998年，属龙华镇同胜行政村；2006年，属大浪街道；2011年，属深圳市龙华新区大浪街道上横朗社区。

世居村民为汉族，客家民系，使用客家方言。该村主要为廖、黎、邓、温4大姓。

2015年末，户籍人口500人，其中男性237人，女性263人；80岁以上13人，最年长者95岁（女）；实际在村人口487人。非户籍外来人口18800余人。祖籍该村的香港同胞35人。祖籍该村的华人华侨4人，主要居住在马来西亚。归侨4人。

传统经济为农业生产，现村集体经营主要为厂房出租。村民主要收入来源为集体经济分红、房屋出租。特色传统食品有春节圆笼粄、米饼、油角，清明艾叶粄等。

· 341 ·

◎ 华堂庙遗址（朱赤 摄于2009年）

◎ 西洋楼（刘光 摄于2006年）

省道S359线布龙公路、华兴路、华辉路经过该村。20世纪70年代通电，90年代通自来水、通电话，2002年通互联网。村内有同胜学校，2015年设9个年级，48个班；有幸福花蕾幼儿园。有上横朗篮球场、社区服务中心及社区图书室（藏书2000册）。

传统民居为客家民居。有1座西洋楼，位于上横朗老村西北部，民国时期建筑；坐东北朝西南，面阔8米，进深7.98米，占地面积64平方米，两开间两层建筑，现已无存。有廖氏宗祠、黎姓宗祠各一座，均已废弃。

华堂庙，明末清初修建，位于阳台山半山腰、原华风堂村左侧。面阔三开间二进，进深十几米，庙前有一广场，左侧有一个池塘以及竹林，下临山溪清泉流水；庙内有钟鼓楼，前殿立如来佛金像，左右分别为观世音和关公像；正殿有玉皇大帝、观音菩萨、三清祖师等；偏殿有各村的"土地神"。该庙在1958年"大跃进"时期被拆除，今尚存部分遗迹。

（资料填报：古柳清；初稿撰写：古柳清；分纂：朱赤）

陶吓社区

陶吓村

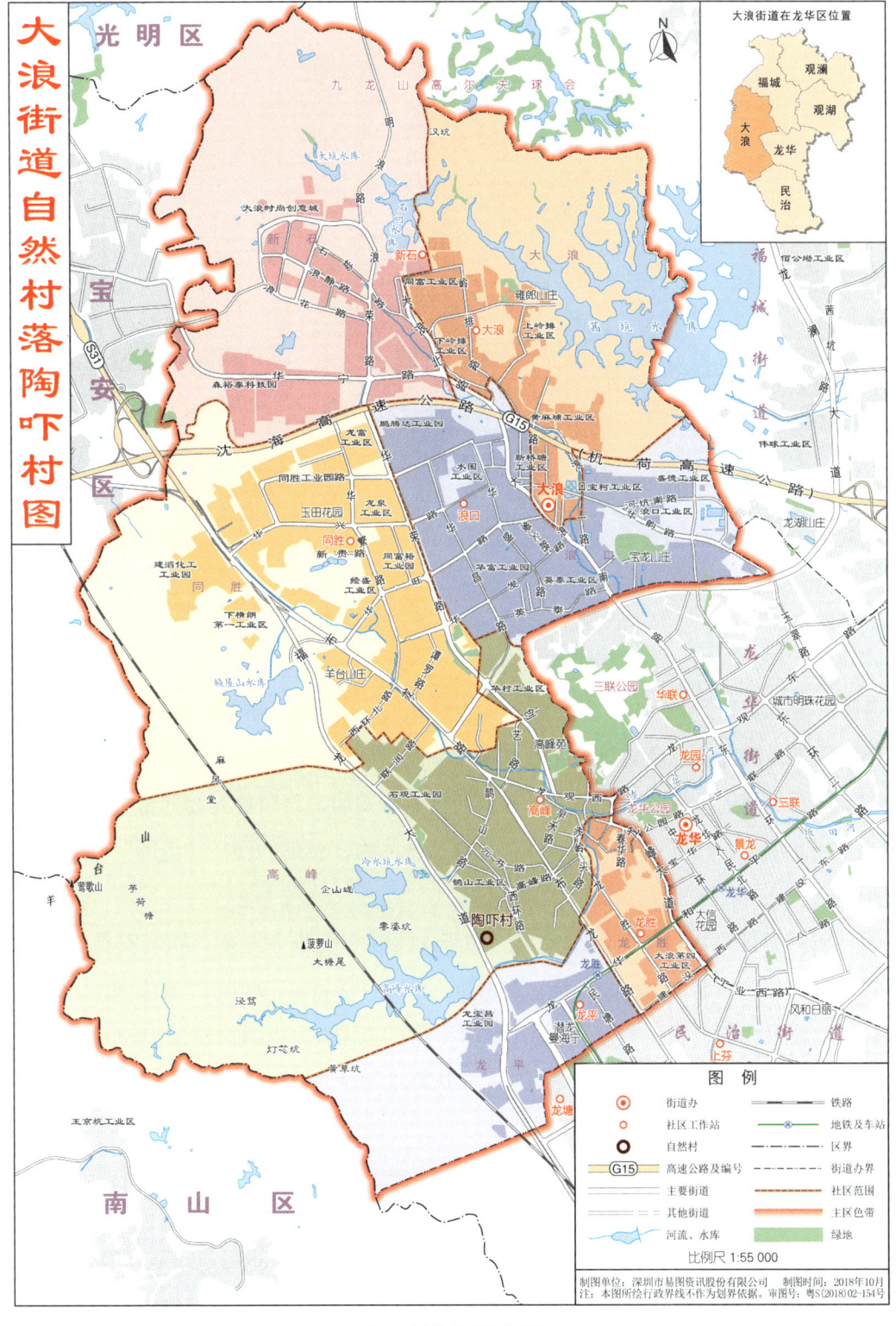

陶吓村位置示意图

◎ 陶吓村一角（朱赤 摄于2018年）

陶吓村，位于大浪街道南部，距街道办事处5千米，面积2.5平方千米。相邻自然村有赤岭头村、元芬村。该村坐落于阳台山坡下，有小河名观沙河；附近有修建于1958年的高峰水库。

始建于清初，林姓先祖懂得烧砖瓦技术，来到龙华清湖金鸡岭一带寻找烧砖瓦泥土，发现该地有适合烧砖瓦的泥土，故在此烧砖瓦，并筑庐于老围安居，当时称其为"窑下"。在清嘉庆年间（1796—1820年），林家兄弟的三弟林礼京赚了一笔钱，兄弟们便在"老围"南边建起房子，叫作"新围仔"。村人亦把新老围统称"陶吓"。

清朝，属新安县。1914年，属宝安县。中华人民共和国成立之初，属宝安县龙华乡；1958年，属红色公社；1959年，属观澜公社；1961年，属龙华公社；1979年，属深圳市龙华区龙华公社；1981年，属深圳市宝安县龙华公社；1983年，属宝安县龙华区龙华乡；1986年，属龙华镇龙华行政村；1993年，属深圳市宝安区龙华镇；2006年，属大浪街道；2011年，属深圳市龙华新区大浪街道陶吓社区。

世居村民为汉族，客家民系，使用客家方言。该村主要为林姓。东晋时从中原迁移至广东梅县平远；清初，从梅州平远迁移至当地。

2015年末，户籍人口428人，其中男性195人，女性233人；80岁以上22人，最年长者92岁（女）。非户籍外来人口2.1万余人。祖籍该村的香港同胞45人。祖籍该村的华人华侨60人，主要

◎ 陶吓老村（刘光 摄于2017年）

◎ 林氏家祠（陈家芳 摄于2016年）

◎ 碉楼（刘光 摄于2008年）

◎ 阳台山森林公园（朱赤 摄于2016年）

分布在马来西亚、新加坡等国。

传统经济为农业和烧砖瓦，现村集体经营主要为厂房出租。村民主要收入来源为集体经济分红、房屋出租。特色传统食品有春节圆笼粄、米饼、油角，清明艾叶粄等。

福龙路、龙美路、陶元路经过该村。20世纪70年代通电，80年代通自来水，90年代通电话，2000年通互联网。有锦华实验学校，内设有幼儿园、小学、初中。有篮球场、健身路径、陶吓公园、阳台山森林公园和广场。有老人活动中心及社区图书室，2015年藏书3000册。

传统民居为客家民居，现存约100座。现存林氏家祠，重修于2013年。村内有碉楼。

存有2007年林琼生纂修的《林氏族谱》。

代表性人物：

林亚森（1927—1945），革命烈士，1942年参加广东人民抗日游击总队，在南雄县战斗中牺牲。

（资料填报：古柳清；初稿撰写：古柳清；分纂：朱赤）

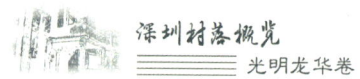

龙胜社区

龙胜村

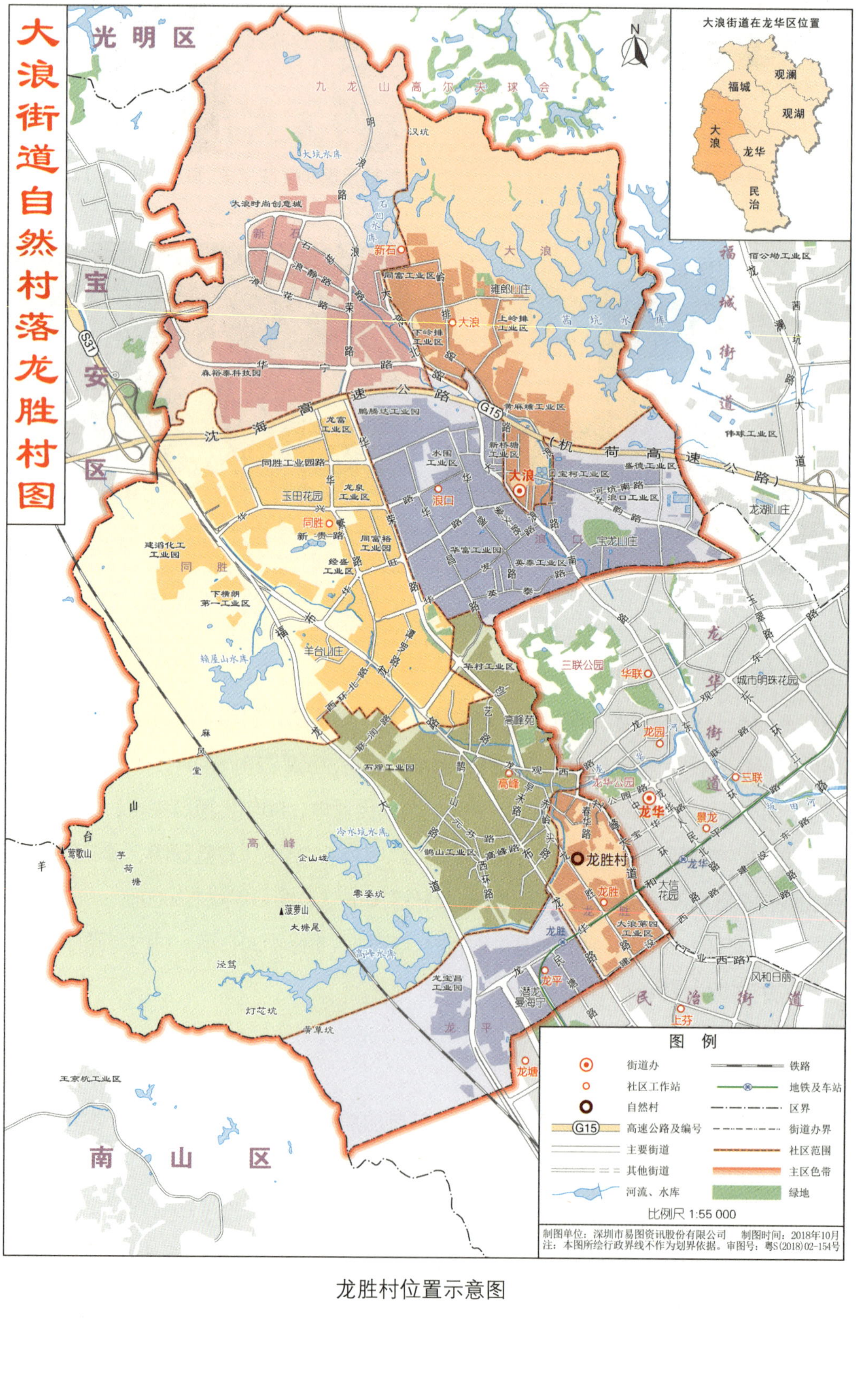

龙胜村位置示意图

◎ 龙胜村一角（陈家芳 摄于2016年）

龙胜村，位于大浪街道南部，距街道办事处约5千米，面积1.5平方千米。相邻自然村有上早禾村、下早禾村、赤岭头村。该村坐落于丘陵地带，有三座小山名石豉窝、龙祖公、猪屎岭，最高海拔96米；有小河名洗衫河，流经村西部。

始建于明嘉靖、万历年间。村民口耳相传，因为村周围有三座小山围绕，形似倒立的炉墩，其最早的村名是"炉盛塘"。由于对面阳台山下有个窑下村（今名陶吓村），认为"炉墩"入"窑"不吉利，遂根据地形似龙，取"有龙助胜"之意，而改称"龙胜堂"。现简称为龙胜。

建村至明万历元年（1573年），属东莞县；明万历元年至清朝，属新安县。1914年，属宝安县。中华人民共和国成立之初，属宝安县龙华乡；1958年，属红色公社；1959年，属观澜公社；1961年，属宝安县龙华公社；1979年，属深圳市龙华区龙华公社；1981年，属深圳市宝安县龙华公社；1983年，属宝安县龙华区龙华乡；1986年，属龙华镇龙华行政村；1993年，属深圳市宝安区龙华镇；2006年，属大浪街道；2011年，属深圳市龙华新区大浪街道龙胜社区。

世居村民为汉族，客家民系，使用客家方言。村民主要有彭姓。最早的《彭氏族谱》记载其先祖为北宋时彭延年（1009—？）第三子彭锐，居广东揭阳；南宋淳熙元年（1174年）彭子顺迁丰顺；龙胜始祖彭华池（1543—？）后由丰顺徙居宝安县龙华。

2015年末，户籍人口1500人，其中男性730人，女性770人；80岁以上25人，最年长者102岁（女）。非户籍外来人口2.7万人。祖籍该村的香港同胞65人。祖籍该村的华人华侨3人，居住在

◎ 龙胜旧村原貌（刘光 摄于2010年）

◎ 彭氏宗祠（朱赤 摄于2016年）

◎ 龙胜公园（陈家芳 摄于2016年）

马来西亚。

传统经济为农业生产，现村集体经营主要为厂房出租。村民主要收入来源为集体经济分红、房屋出租。特色传统食品有春节圆笼粄、米饼、油角，清明艾叶粄，端午咸香粽，十月朝糍粑粄，婚庆小汤圆等。

布龙路、龙胜路、龙华和平路、工业路经过该村。20世纪70年代通电，90年代通自来水、通电话，2002年通互联网。村内有胜华学校和胜华幼儿园。有健身路径、篮球场、龙胜公园、老年人活动中心、青少年活动中心。图书室2015年藏书8000册。

传统民居为客家民居，已无存。现存彭氏宗祠，始建于清代，2000年重修，占地面积205平方米；硬山顶，船形垂脊，正脊为平脊，两端带博古饰，灰瓦覆顶，近年改为琉璃筒瓦剪边。

特色民俗有"正月十五大过年"，龙胜村人过正月十五甚至比过大年初一还隆重。

（资料填报：古柳清；初稿撰写：古柳清；分纂：朱赤）

赤岭头社区

赤岭头村

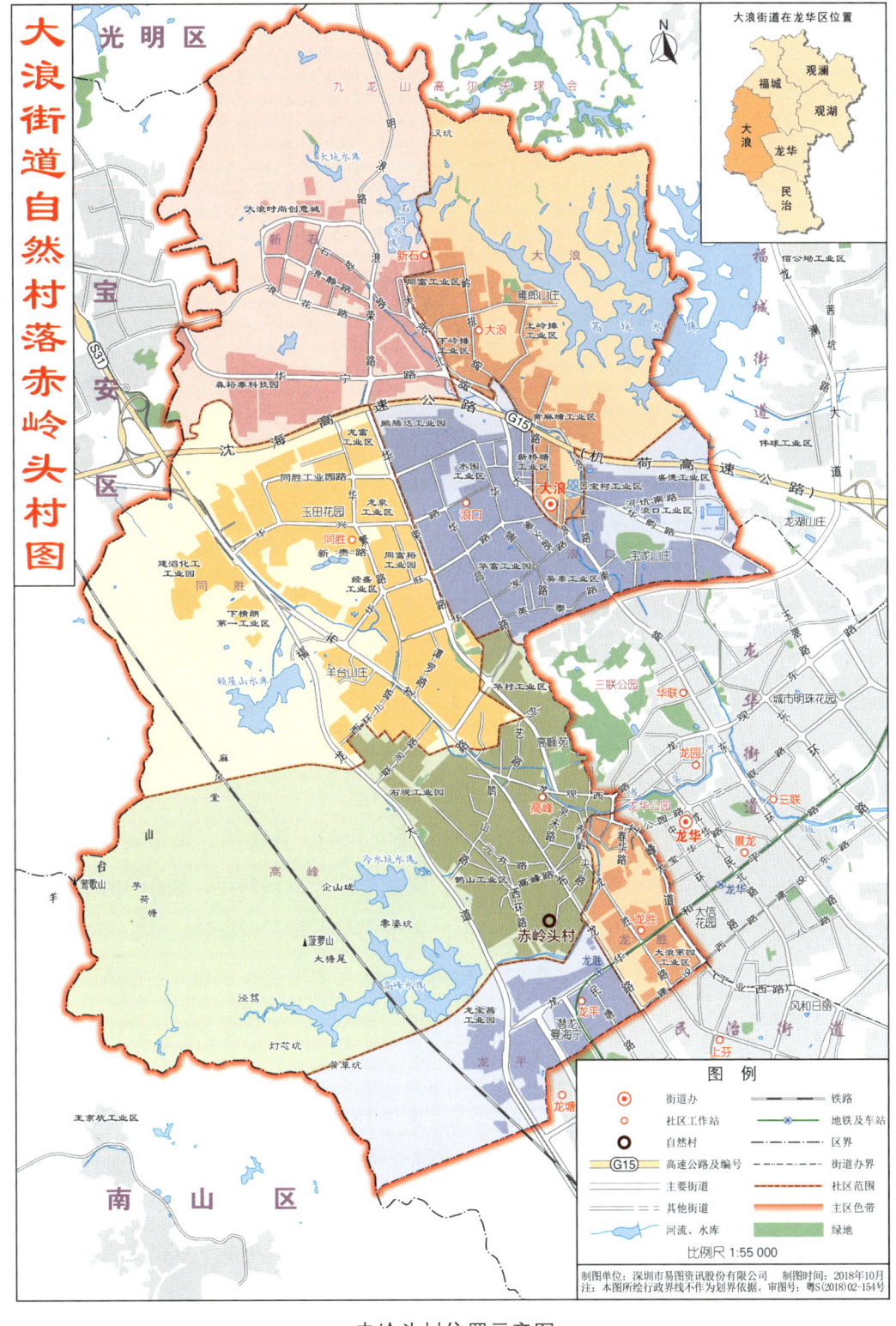

赤岭头村位置示意图

◎ 赤岭头村村貌（朱赤 摄于2018年）

赤岭头村，位于大浪街道南部，距街道办事处约5千米，面积0.8平方千米。相邻自然村有陶吓村、龙胜村。该村坐落于阳台山下的丘陵地带，有一小山名观沙下山，海拔60米；有一小河名门前河，流经村的北边；附近有高峰水库。清顺治年间（1644—1661年）何姓由广东兴宁迁新安县（今宝安）龙华赤岭头而形成。因旧时山上光秃无植被名岩赤岭，后来在岭的一端建屋居住而取名赤岭头。现村于1993年在菩岭建新 村，原地建新二村。

清朝，属新安县。1914年，属宝安县。中华人民共和国成立之初，属宝安县龙华乡；1958年，属红色公社；1959年，属观澜公社；1961年，属龙华公社；1979年，属深圳市龙华区龙华公社；1981年，属深圳市宝安县龙华公社；1983年，属宝安县龙华区龙华乡；1986年，属龙华镇龙华行政村；1993年，属深圳市宝安区龙华镇；2006年，属大浪街道；2011年，属深圳市龙华新区大浪街道赤岭头社区。

世居村民为汉族，客家民系，使用客家方言。

2015年末，户籍人口360人，其中男性172人，女性188人；80岁以上8人，最年长者96岁（2女）；实际在村人口250人。非户籍外来人口2.12万人。祖籍该村的香港同胞60人。祖籍该村的华人华侨22人，主要分布在马来西亚、牙买加等国。

传统经济为农业生产，现村集体经营主要为厂房出租。村民主要收入来源为集体经济分红、房屋出租。特色传统食品有春节圆笼粄、米饼、油角，清明艾叶粄等。

◎ 老村旧貌（刘光 摄于2008年）

◎ 何氏宗祠（陈家芳 摄于2016年）

布龙路经过该村。1983年通自来水，1985年实现全村村道水泥硬底化并通电，1992年通电话，2000年通互联网。有篮球场和社区活动中心；图书室2015年藏书1000册。

何氏宗祠，始建于清朝，2012年重修，占地面积194平方米，硬山顶，船形垂脊，正脊平脊，灰瓦覆顶，三开间两进。

现存有《赤岭头族谱》（残本）。

赤岭头有一个美丽的传说：古代有七位龙华姑娘为求天降甘霖，不畏艰辛到山顶求雨，终于感动上天，普降大雨，七娘峒由此得名。

清乾隆初期，何家有三兄弟，一曰何清，二曰何干，三曰何浓，他们是蕉岭搬来清湖的"水浸仔"。何姓兄弟选定赤岭头建围安居，所以何姓现在就有三房之分。

代表性人物：

何玉山，曾在钟水养组织的洪门会任"白线"（文书）。1911年，在武昌起义后，何玉山和卓凤康等人组织农民武装一百多人攻打南头新安县衙，迫使清兵投降，何玉山任新安县代县长。

（资料填报：古柳清；初稿撰写：古柳清；分纂：朱赤）

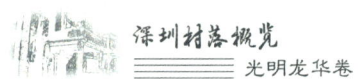

鹊山社区

鹊山村

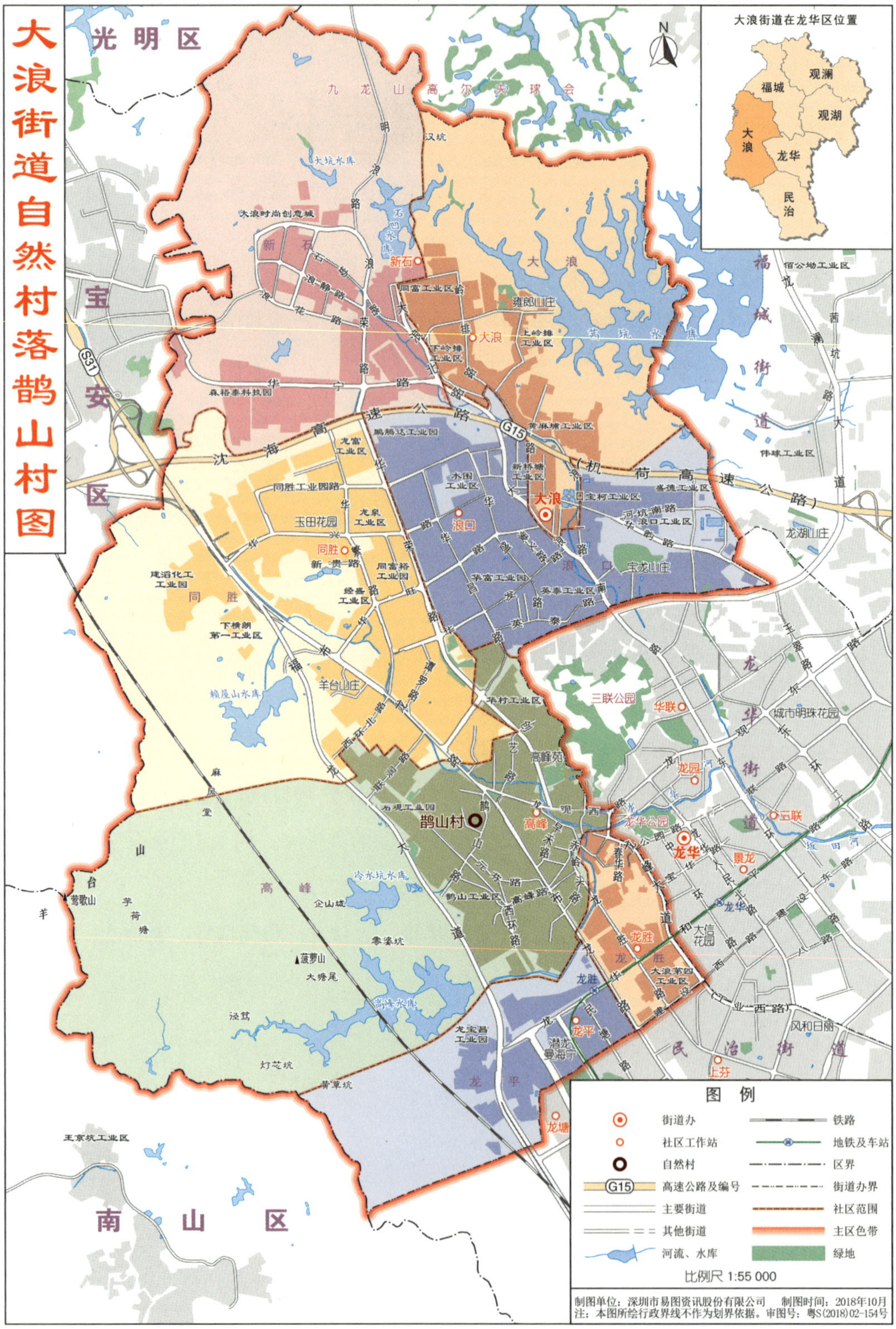

鹊山村位置示意图

◎ 鹊山村一角（朱赤 摄于2018年）

鹊山村，位于大浪街道南部，距街道办事处约3千米，面积0.8平方千米。相邻自然村有元芬村、三合村。该村位于阳台山下的丘陵地带，龙华河流经村内。始建于清道光年间（1821—1850年），曾用名孖龙。

清朝，属新安县。1914年，属宝安县。中华人民共和国成立之初，属宝安县龙华乡；1958年，属红色公社；1959年，属观澜公社；1961年，属龙华公社；1979年，属深圳市龙华区龙华公社；

◎ 传统民居（刘光 摄于2008年）

1981年，属深圳市宝安县龙华公社；1983年，属宝安县龙华区龙华乡；1986年，属龙华镇龙华行政村；1993年，属深圳市宝安区龙华镇；2006年，属大浪街道；2011年，属深圳市龙华新区大浪街道鹊山社区。

世居村民为汉族，广府民系，使用粤方言围头话。村民主要为郑姓。从陕西迁至广东东莞，再至新安龙华元芬，后从元芬迁至该村。

2015年末，户籍人口130人，其中男性60人，女性70人；80岁以上10人，最年长者102岁（女）。非户籍外来人口6700余人。祖籍该村的香港同胞17人。祖籍该村的华人华侨10余人，主要分布在马来西亚、加拿大等国。

传统经济为农业生产,现村集体经营主要为厂房出租。村民主要收入来源为集体经济分红、房屋出租。特色传统食品有春节圆笼粄、米饼、油角,清明艾叶粄等。有鹊山社区广场和老人活动中心。

布龙路经过该村。1983年通自来水,1985年实现全村村道水泥硬底化、通电,1992年通电话,2000年通互联网。

传统民居为广府民居,现存30余座。代表性民居鹊山村A22号住宅,位于鹊山老村中部前排,清代建筑,坐东南朝西北,面阔三间,进深9.5米,占地面积100.7平方米。

该村存有《西丽田寮郑氏族谱》,深圳南山区西丽村郑应光等于2010年纂修。

(资料填报:古柳清;初稿撰写:古柳清;分纂:朱赤)

元芬社区

元芬村

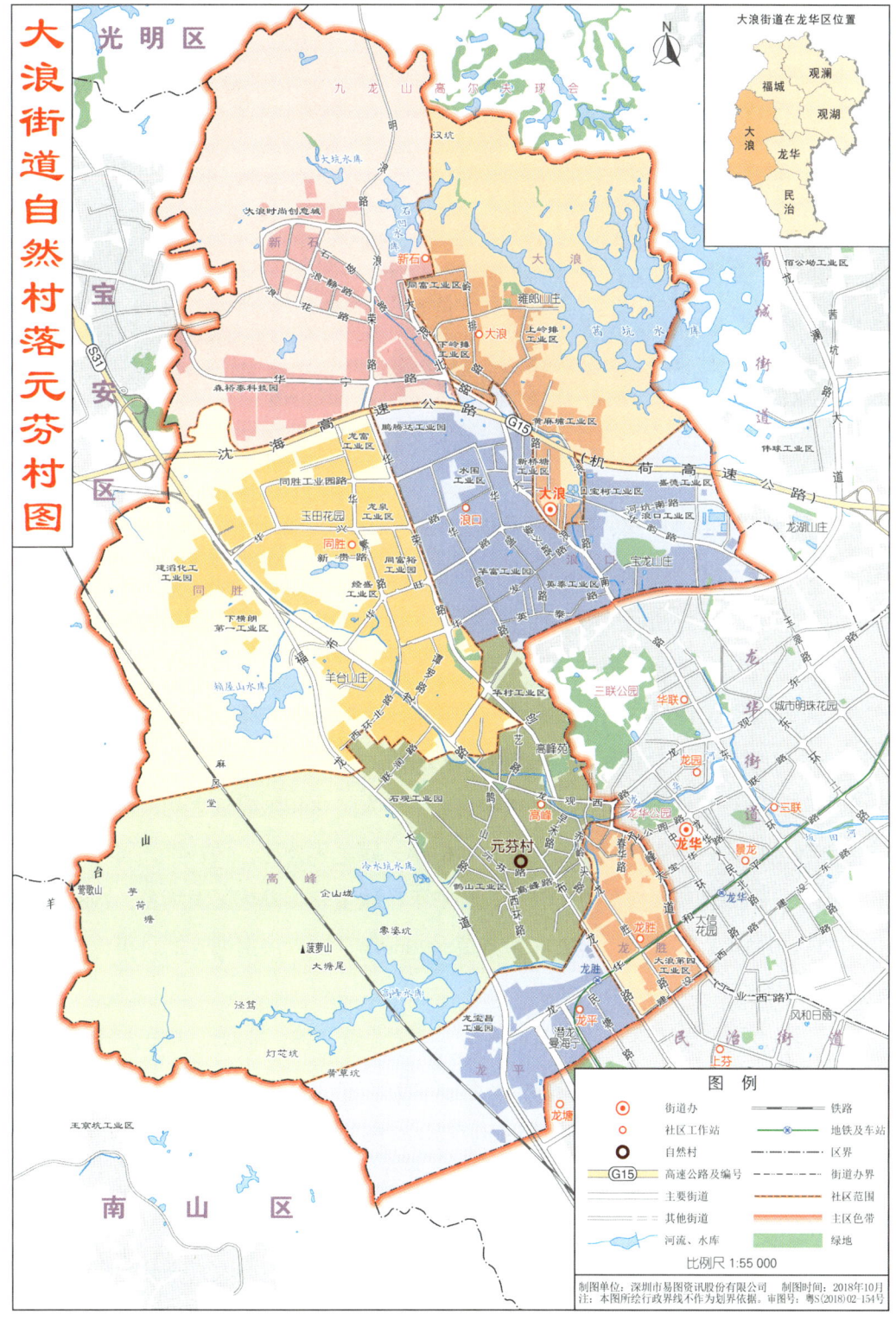

元芬村位置示意图

◎ 元芬村村貌（刘光 摄于2017年）

元芬村，位于大浪街道南部，距街道办事处4.5千米，面积0.5平方千米。相邻自然村有鹊山村、上早禾村、下早禾村、陶吓村。

始建于明末清初。有讲白话（围头话）的瞿姓人在此经营管理沙梨园，住在茅草棚。邻居为林姓客家人，初以烧结瓦为业，故称窑下，后改为陶吓。瞿姓广府人与瓦窑客家工人聊天，工人深夜问他在哪里睡觉时，他用白话（围头话）对答："园䐐（fen）咯！"工人以为是地名，以后在沙梨园下面的村庄就叫作"元芬"了。曾用名缘芬围，之后戴姓人也进入元芬创业。

明末至清朝，属新安县。1914年，属宝安县。中华人民共和国成立之初，属宝安县龙华乡；1958年，属红色公社；1959年，属观澜公社；1961年，属龙华公社；1979年，属深圳市龙华区龙华公社；1981年，属深圳市宝安县龙华公社；1983年，属宝安县龙华区龙华乡；1986年，属龙华镇龙华行政村；1993年，属深圳市宝安区龙华镇；2006年，属大浪街道；2011年，属深圳市龙华新区大浪街道元芬社区。

世居村民为汉族，客家民系，使用客家方言。主要为戴、张、郑3姓。戴氏三十一传孙戴仕道于明代晚期从东莞清溪墟黄麻埔围迁到新安县龙华元芬。

2015年末，户籍人口636人，其中男性300人，女性336人；80岁以上16人，最年长者92岁（男）；实际在村人口508人。非户籍外来人口近2.3万人。祖籍该村的香港同胞26人。祖籍该村的华人华侨10人，主要居住在马来西亚。

传统经济为农业生产，现村集体经营主要为厂房出租。村民主要收入来源为集体经济分红、房屋出租。特色传统食品有春节圆笼粄、米饼、油角，清明艾叶粄等。

◎ 戴氏宗祠（刘光 摄于2017年）

◎ 启明学校楼梯及扶手（刘光 摄于2006年）

布龙路经过该村。有元芬小学和幼儿园；有广场舞活动室、儿童活动室。

传统民居为客家民居，现存约100座。

戴氏宗祠，始建于清朝初期，2007年重修，占地面积90.3平方米；三开间两进一天井布局；硬山顶，船形垂脊，正脊为平脊，两端带博古饰；灰瓦覆顶；花岗岩墙脚及墙裙；由前堂、后堂及两廊房组成。仍作宗祠使用。

有元芬启明学校，位于元芬老村中部戴氏宗祠前排。清代晚期建筑。坐北朝南，面阔三间11米，进深11.2米，占地面积123.2平方米。

村内有《戴氏族谱》。20世纪90年代后期，元芬村退休干部戴官福从早年迁居马来西亚的元芬村戴氏族人处找到的清乾隆年间（1736—1795年）手抄本《戴氏族谱》，复印后带回。戴官福后有续修。现在的《戴氏族谱》包括这两部分。

舞麒麟民俗形成于清朝晚期，每到大年初一，当贺岁鞭炮响起，麒麟队就到各家各户去参门（拜年），祝福新年吉祥。年初一上午，还为全村的村民公开表演一场，此外还为村中的"庆灯""贺元宵"表演，并到外地为同宗表演。

传说缘芬围在700多年前的宋代就已经存在，由于元兵追击宋兵至龙华的阳台山一带，缘芬围村民被迫逃到阳台山上的"咬圆笼"石洞躲藏。抗日战争时期，村民也在"咬圆笼"躲避日军。另一个传说是元芬的特产沙梨，当年在阳台山麓有许多沙梨园。

（资料填报：古柳清；初稿撰写：古柳清；分纂：朱赤）

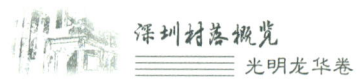

谭罗社区

谭罗村

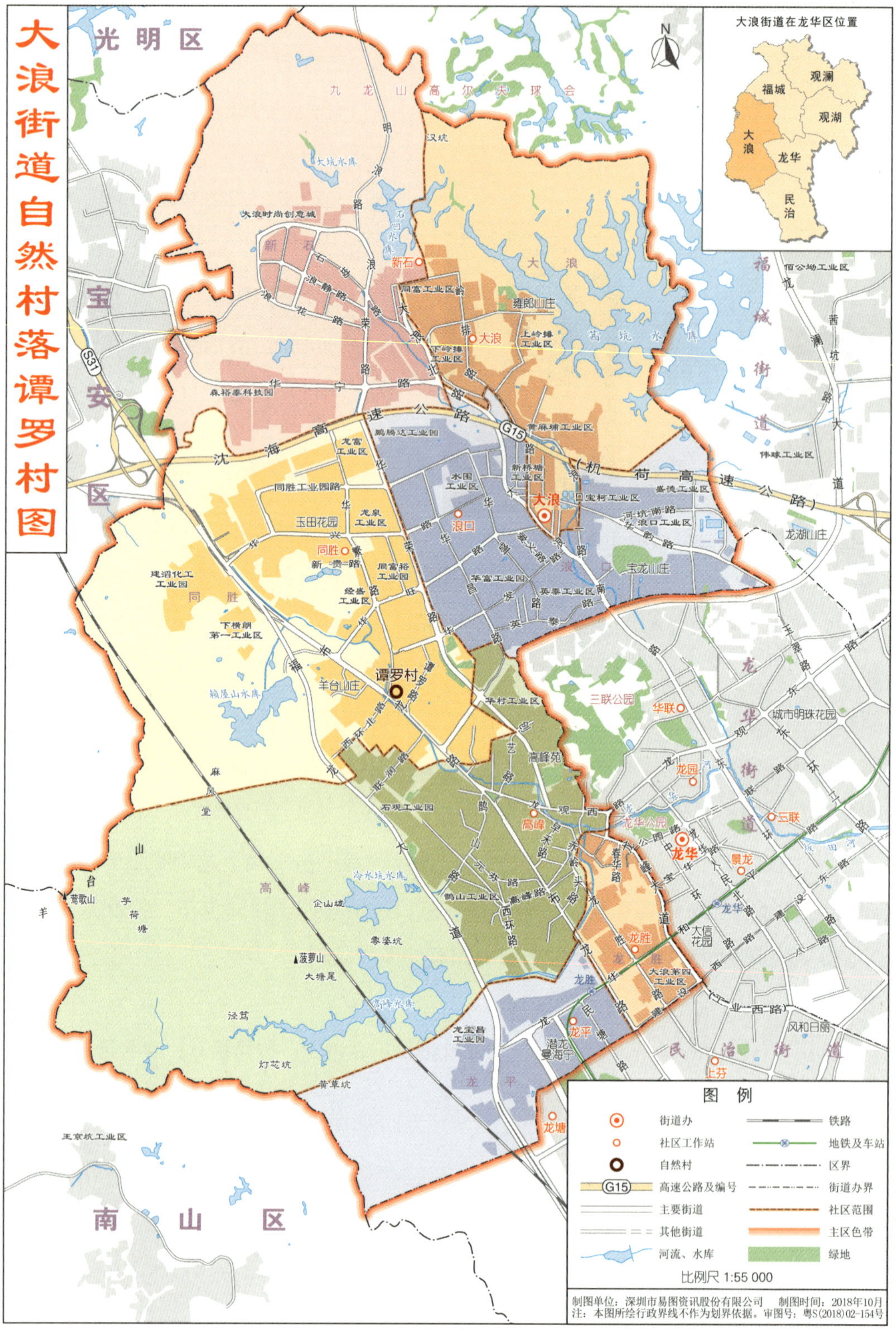

谭罗村位置示意图

◎ 谭罗村一角（陈家芳 摄于2016年）

谭罗村，位于大浪街道西南部，距街道办事处约2千米，面积0.7平方千米。相邻自然村有赖屋山村、三合村。该村坐落于阳台山下丘陵地带，村内有阳台山第二主峰，海拔465米。始建于清朝。

清朝，属新安县。1914年，属宝安县。中华人民共和国成立之初，属宝安县龙华乡；1958年，属红色公社；1959年，属观澜公社；1961年，属宝安县龙华公社；1979年，属深圳市龙华区龙华公社；1981年，属

◎ 村中企业（古柳清 摄于2016年）

深圳市宝安县龙华公社；1983年，属宝安县龙华区龙华乡；1986年，属龙华镇龙华行政村；1993年，属深圳市宝安区龙华镇；1998年，属龙华镇同胜行政村；2006年，属大浪街道；2011年，属深圳市龙华新区大浪街道谭罗社区。

世居村民为汉族，广府民系，使用粤方言围头话。主要为叶姓。

2015年末，户籍人口120人，其中男性55人，女性65人；80岁以上5人，最年长者95岁（女）。非户籍外来人口2.4万余人。祖籍该村的华人华侨5人，主要居住在马来西亚。

传统经济为农业生产，现村集体经营主要为厂房出租。村民主要收入来源为集体经济分红、房屋出租、工资性收入等。特色传统食品有春节圆笼粄、米饼、油角，清明艾叶粄等。

省道S359线布龙公路、华繁路经过该村。1967年通电，1986年通自来水，1990年通电话，1999年实现全村村道水泥硬底化，2002年通互联网。2015年底有尚文小学，有尚文幼儿园、谭罗幼儿园。

（资料填报：古柳清；初稿撰写：古柳清；分纂：朱赤）

三合社区

三合村

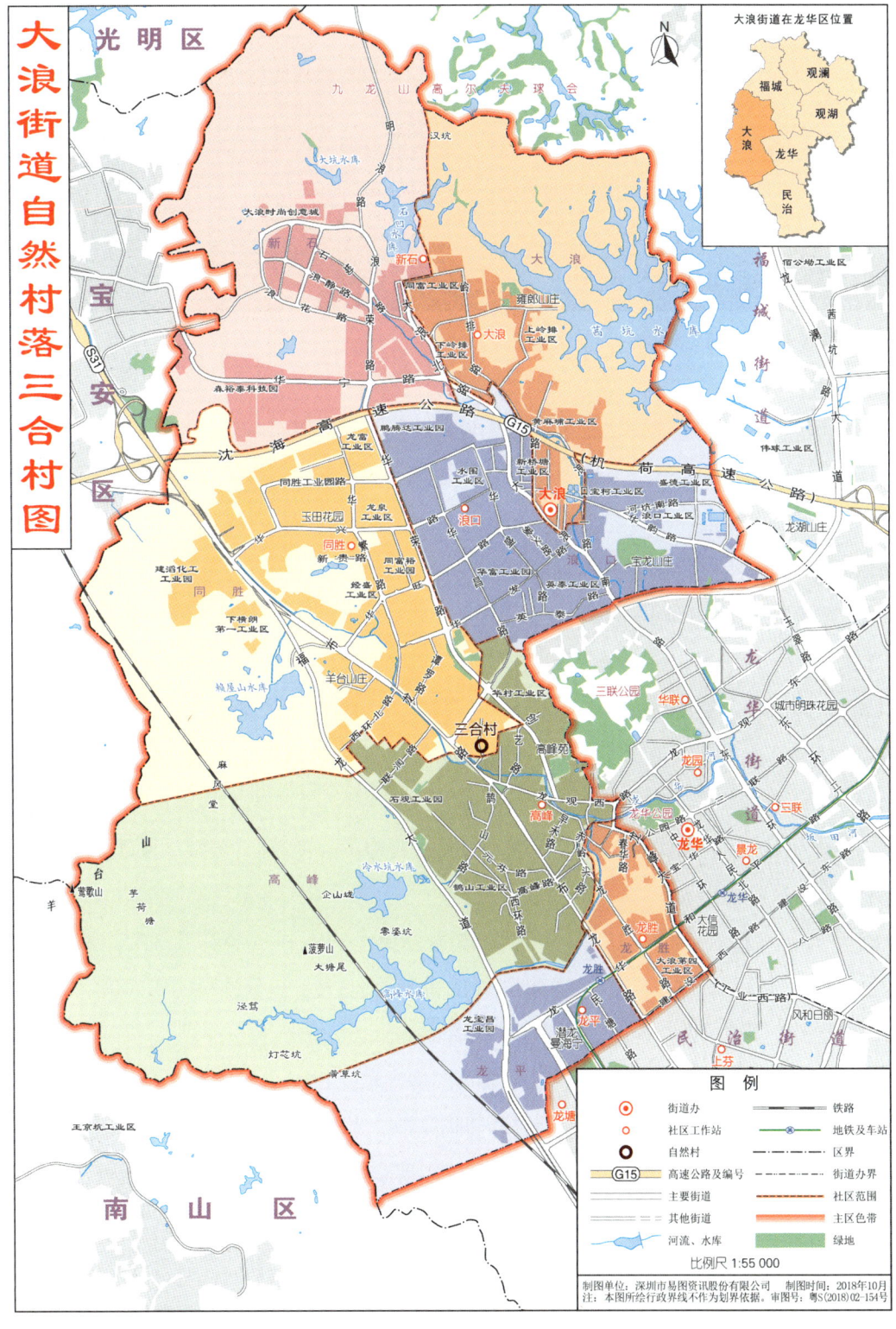

三合村位置示意图

◎ 三合村一角（朱赤 摄于2018年）

三合村，位于大浪街道南部，距街道办事处约3千米，面积0.04平方千米。相邻自然村有谭罗村、鹊山村。该村位于阳台山下丘陵地带，山岭较多，有乌石岗、倒山窝、牛马峰、蛇婆坑、石妹等山。该地原有黄草浪、黄行径、谭罗3个小村，1951年合并称三合村，1957年谭罗村分出，三合村保持原名，其余两村名不再使用。

清朝，属新安县。1914年，属宝安县。中华人民共和国成立之初，属宝安县龙华乡；1958年，属红色公社；1959年，属观澜公社；1961年，属龙华公社；1979年，属深圳市龙华区龙华公社；1981年，属深圳市宝安县龙华公社；1983年，属宝安县龙华区龙华乡；1986年，属龙华镇龙华行政村；1993年，属深圳市宝安区龙华镇；1998年，属龙华镇同胜行政村；2006年，属大浪街道；2011年，属深圳市龙华新区大浪街道三合社区。

世居村民为汉族，客家民系，使用客家方言。主要为黄、钟2姓。黄姓从福建莆田一路逃难到三合。钟姓从河源紫金迁入。

2015年末，户籍人口100人，其中男性45人，女性55人；80岁以上3人，最年长者83岁（女）。非户籍外来人口4.55万余人。祖籍该村的香港同胞3人。祖籍该村的华人华侨4人，主要分布在马来西亚、美国等国。

传统经济为农业生产，现村集体经营主要为厂房出租。村民主要收入来源为集体经济分红、房屋出租、工资性收入等。特色传统食品有春节圆笼粄、米饼、油角，清明艾叶粄等。

华荣路经过该村。1983年通自来水，1985年实现全村村道水泥硬底化、通电，1992年通电话，2000年通互联网。有社区活动中心及社区图书室，2015年藏书1000册。

（资料填报：古柳清；初稿撰写：古柳清；分纂：朱赤）

赖屋山社区

赖屋山村

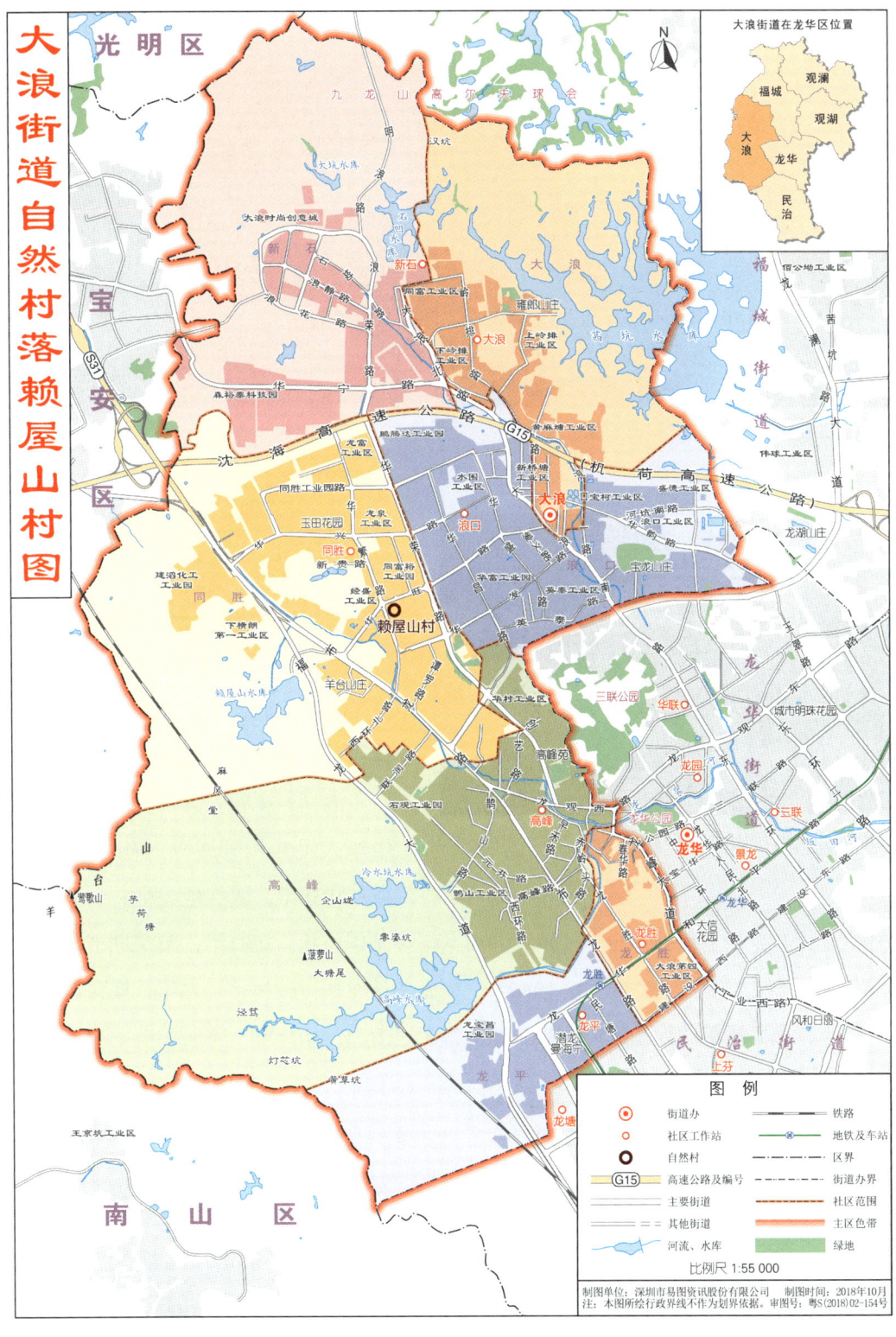

赖屋山村位置示意图

◎ 赖屋山村一角（陈家芳 摄于2016年）

◎ 老村已改造成阳台山森林公园（刘光 摄于2017年）

赖屋山村，位于大浪街道西北部，距街道办事处约2千米，面积约1.5平方千米。相邻自然村有谭罗村、下横朗村、上横朗村。该村坐落在阳台山下丘陵中，以一小山名赖屋山而得名，高20米；有小河名龙华河；附近有赖屋山水库。始建于清朝。

清朝，属新安县。1914年，属宝安县。中华人民共和国成立之初，属宝安县龙华乡；1958年，属红色公社；1959年，属观澜公社；1961年，属龙华公社；1979年，属深圳市龙华区龙华公社；1981年，属深圳市宝安县龙华公社；1983年，属宝安县龙华区龙华乡；1986年，属龙华镇龙华行政村；1993年，属深圳市宝安区龙华镇；1998年，属龙华镇同胜行政村；2006年，属大浪街道；2011年，属深圳市龙华新区大浪街道赖屋山社区。

世居村民为汉族，客家民系，使用客家方言。主要为陈、黄2姓。陈姓从广东长乐（今五华）迁入。黄氏从福建迁入广东梅州，后迁入赖屋山。迁入前已有姓赖的人在此居住过，但后来赖姓因故均迁出，故有一句俗语：赖屋山人不姓赖。

2015年末，户籍人口300人，其中男性162人，女性138人；80岁以上2人，最年长者90岁（女）。非户籍外来人口约2.6万人。祖籍该村的香港同胞35人。祖籍该村的华人华侨8人，主要居住在马来西亚。

传统经济为农业生产，现村集体经营主要为厂房出租。村民主要收入来源为集体经济分红、房屋出租、工资性收入等。特色传统食品有春节圆笼粄、米饼、油角，清明艾叶粄等。

华繁路经过该村。1983年通自来水，1985年实现全村村道水泥硬底化、通电，1992年通电话，2000年通互联网。村内有篮球场、阳台山森林公园和居民活动中心。

（资料填报：古柳清；初稿撰写：古柳清；分纂：朱赤）

观澜街道（办事处）

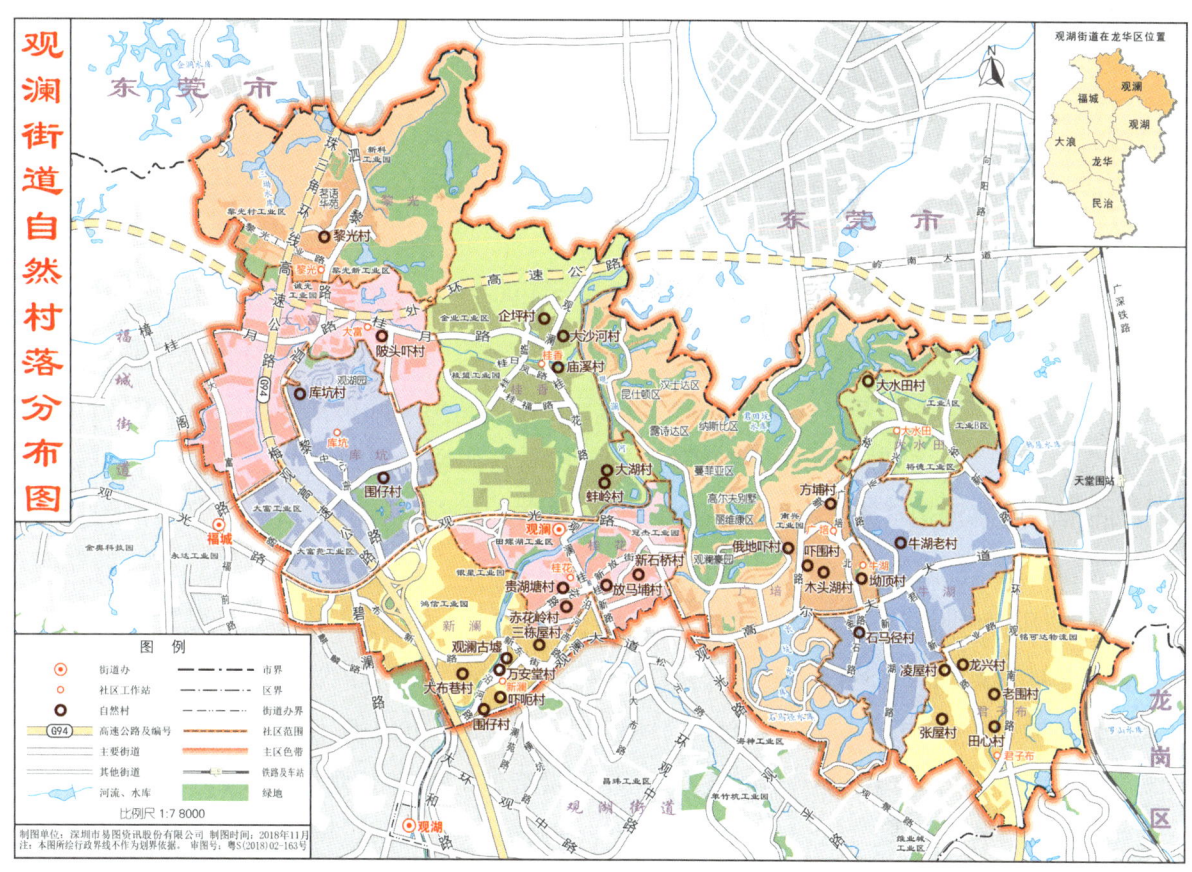

观澜街道（办事处）自然村落分布图

概　述

观澜街道（办事处）位于深圳市龙华新区东北部，东与龙岗区平湖街道接壤，西面和南面与福城街道（办事处）、观湖街道（办事处）相连，北邻东莞市。面积33.7平方千米，辖16个社区。2015年末，常住人口15.46万人，户籍人口1.4万人。

地形以丘陵平原为主，有观澜河、君子布河、白花河等河流。年平均气温22℃，年降雨量1800毫米。

"观澜"作为地名，史料记载最早见于清嘉庆二十四年（1819年）《新安县志》。清乾隆年间，新安和东莞两县人民，集资建设观澜墟。墟里置有公产，用来作为与两县政府沟通的费用。清同治年间设立"同安公局"，专与两县政府打交道。因官员之间相互牵制，老百姓叫此墟为"官难"。后来，一位叫邓坤的人来到这里在河岸看着波澜壮阔、绿水莹莹的河水，流连此地，每日清晨坐在河边"望波观澜"，在这里建观音庙，取名"观澜"，于是"官难"墟也就改名为"观澜"墟，随之被称为观澜。

本地域明清时期属新安县。1914年，属宝安县；1935年，属东莞县。中华人民共和国成立之初，属宝安县观澜乡；1958年，属红色公社；1959年，属观澜公社；1979年，属深圳市龙华区观澜公社；1981年，属深圳市宝安县观澜公社；1983年，属观澜区；1986年，属观澜镇；1993年，属深圳市宝安区观澜镇；2004年，属观澜街道；2011年，属深圳市龙华新区观澜街道（办事处）。

传统经济以农业为主，主要种植水稻、薯类、甘蔗、花生、地瓜、黄豆等。现村集体经营以工业、商贸、服务业为主。现村民主要收入来源有村集体经济分红、房屋出租、工资性收入等。2015年，观澜街道（办事处）经济质量效益实现双提升，规模以上工业总产值306.49亿元，规模以上工业增加值68.07亿元，社会消费品零售总额18.23亿元，全社会固定资产投资完成额97.09亿元。

观澜是深圳市通往东莞、惠州、汕头的重要交通枢纽，观光路、观公路和南环路等多条高标准一级公路纵贯辖区，穿境而过的梅观高速、机荷高速与观澜大道、观光路等互通。

2015年底，观澜列入普查范围的自然村有34个。观澜地区世居居民为汉族，大都属客家民系，使用客家方言。只有大湖村属于广府民系。主要姓氏有陈、黄、沈、何、张、刘、李、杨、曾、林等姓。观澜是深圳地区著名侨乡，海外华人华侨人数多，加上港澳台胞约4万人，分布在世界五大洲60多个国家或地区。

观澜传统民居主要是客家民居，有72座碉楼，其中牛湖村有27座。观澜古墟是深圳"四大名墟"中唯一保存完好且未被商业化开发的传统客家墟市，距今已有400多年历史。观澜古墟街区是珠三角地区客家风格建筑样式的典型，包含有碉楼、骑楼式仓库、木砖结构骑楼老街、干栏式木檐廊建筑等丰富的客家建筑元素。尤其是古墟中卖布街、观澜大街集中展现了骑楼的演变史，是客家建筑史的缩影。文秀公炮楼最早建于清代嘉庆至道光年间（1796—1850年），距今200多年历史。

观澜有省级非物质文化遗产观澜舞麒麟及市级非物质文化遗产观澜客家山歌。观澜客家山歌（传统音乐）传唱至少有150年的历史，流传于观澜街道所有客家人居住的10个社区，是观澜特色文化品牌之一。山歌用当地客家方言传唱，基本格式为四句七言体和五句七言体。其中四句七言体的一、二、四句押韵，五句七言体的一、二、四、五句押韵。主要演唱形式为独唱（个人演唱）、对唱（双唱、一唱一和）及群唱（四人唱、五人唱）、齐唱（多人唱）。

观澜历史人文代表性人物：樟坑径村房运良，非物质文化遗产观澜客家山歌市级传承人；大布巷村黄生，抗日战争时期曾任观澜游击队大队长，抗日战争和解放战争时期，与黄瑞林、黄炳森一起被称为"三条黄"。

新澜社区

万安堂村

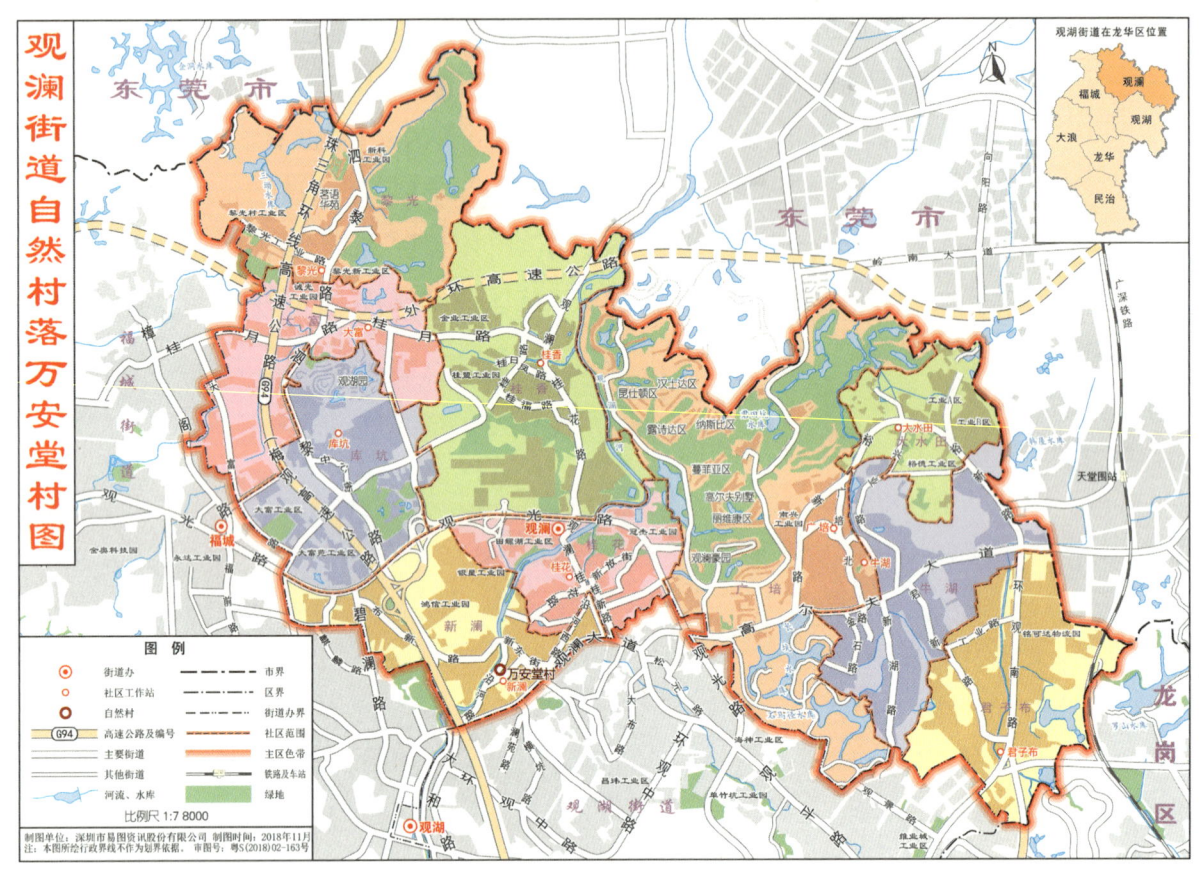

万安堂村位置示意图

万安堂村，位于观澜街道东南部，距街道办事处约2千米。相邻自然村有吓陷村、大布巷村等。观澜河从村后流过。万安堂村地处观澜古墟内。观澜古墟始建于清朝中期，因观澜河运发达而形成，货物运输可达东莞石龙以至珠江三角洲广大地区。20世纪初，墟市在原地重建并扩展至周边地区，总面积6万平方米，核心区2.6万平方米，其中就包含了万安堂村。现观澜古墟房屋已大部分空置。

万安堂王氏始祖王裕龙，清代从梅州满田村一路行医来到观澜，并在观澜古墟附近买地建房。他医术高明，当地人找他看病，一两次就药到病除，其医药店铺名为"万安堂"。随着观澜古墟的商贸集市不断兴旺，店铺周围聚集的王姓人越来越多，就自然形成了一个村。由于"万安堂"的名字好听又吉祥，大家便把这个村称为万安堂村。现村在原地重建。

清朝，属新安县。1914年，属宝安县；1935年，属东莞县第四区观澜乡。中华人民共和国成立之初，属宝安县观澜乡；1958年，属红色公社；1959年，属观澜公社；1979年，属深圳市龙华

◎ 万安堂村村貌（陈章博 摄于2016年）

区观澜公社；1981年，属深圳市宝安县观澜公社；1983年7月，属宝安县观澜区观澜乡；1986年，属观澜镇；1993年，属深圳市宝安区观澜镇；2004年，属观澜街道；2011年，属深圳市龙华新区观澜街道新澜社区。

世居村民为汉族，客家民系，使用客家方言。村中主要有王、巫、陈、张4姓。第一大姓为王姓，清代从梅县松源迁移至当地。第二大姓为张姓，清代从福建迁移至广东长乐（今五华），清末从今五华迁移至当地。第三大姓为巫姓，清代从福建迁移至广东新安马圳，清末从马圳迁移至当地。

2015年末，户籍人口522人，其中男性205人，女性317人；80岁以上46人，最年长者87岁（女）；实际在村人口520人；海外留学2人。非户籍外来人口1998人。祖籍该村的香港同胞133人、澳门同胞8人。祖籍该村的华人华侨160人，分布在亚洲、欧洲、美洲和澳大利亚等多个国家。

传统经济为农业生产和养殖业。现村集体经营主要为厂房出租、房屋租赁。村民主要收入来源为集体经济分红、房屋出租、工资性收入等。特色传统食品有客家酿豆腐、客家茶果。

梅观高速G94线、观澜大道、新澜大街经过该村。1958年通电，1959年通电话，1968年通自来水，1975年实现全村村道水泥硬底化，2002年通互联网。有观澜中心小学，设6个年级，36个班，2015年在校学生2085人，教职工98人。有新澜幼儿园，在园幼儿300人，教职工18人。有篮球场、

◎ 村口牌坊（陈章博 摄于2016年）

◎ 王氏宗祠（陈章博 摄于2016年）

门球场、观澜老街公园和星光老人活动中心。

传统民居为客家民居，现存28座。村中存有王氏宗祠，始建于清道光三十年（1850年），重修年代不详，占地面积100平方米，现仍作宗祠使用。

观澜古墟代表性传统建筑有：

观澜古寺，始建于清代，重修于清光绪十四年（1888年），2012年重建，占地面积2000平方米；有一正殿，两偏殿；古寺正门上方镶嵌着清光绪十四年立的"观澜古寺"石匾，宽177厘米，高68厘米，厚8厘米。

观澜红楼，始建于1923年，因其外观为红色而被当地人称为"红楼"，仿巴洛克式西洋风格，有罗马柱、圆拱形的阳台，民国时期曾经开过酒家，至今门楣上仍保留当年的招牌"公益酒家"四个镂空楷体大字；占地面积67.5平方米，建筑面积270平方米，4层，高约20米；2009年，为配合观澜古墟保护性开发利用，红楼整体建筑向左前方保护性平移43米。

观澜古墟共有13座碉楼。成昌楼，建于民国时期的碉楼，长7.4米，宽5.4米，高20多米，8层，楼东西两面各设一鱼形排水口。

◎ 观澜古寺（陈章博 摄于2016年）

◎ 观澜大街（陈章博 摄于2016年）

◎ 观澜古墟全貌（陈章博 摄于2016年）

观音庙，始建于清光绪十四年，重建于2012年，供奉观音、关帝、财神，每年观音诞当地居民都会前往祭拜，也会邀请浙江、福建两地的普陀山和广东罗浮山各大佛寺住持等高僧参与祭拜活动。

《王姓族谱》，由王氏族人于中华人民共和国成立后修纂，内有"王氏族规"和"王氏家训"；《巫姓族谱》，巫氏族人于中华人民共和国成立后修纂，收录有"巫氏族规"。

该村有家族祭拜活动，时间为春节、清明节、重阳节，也有部分人在中秋节祭拜。

村内有舞麒麟习俗。观澜古墟的舞麒麟习俗形成于清代，至民国时期，万安堂村的舞麒麟习俗也成形。万安堂村历史上的舞麒麟与附近的桂花村、大布巷村、松元厦村、牛湖村、君子布村、樟坑径村的舞麒麟特色相同，格局一致。

村中流行观澜山歌。观澜的客家山歌形成于民国时期至中华人民共和国成立初期，有独唱、对唱、联唱、集体唱、擂台赛等形式。观澜山歌创作者黄木有及山歌歌手沈海强等人收集整理并结集出版了《观澜山歌》，共收集2000余首客家山歌。2008年，观澜客家山歌被列入市级非物质文化遗产名录。

观澜古墟于1948年7月发生火烧成昌楼事件，5位在观澜地区活动的武工队队员被国民党抓捕后囚于楼内，他们坚持斗争，坚贞不屈，最后牺牲。

代表性人物：

李学雄（1959—），祖籍观澜，曾任苏里南华侨华人联合总会会长、苏里南中华会馆常务副会长。

张新良，祖籍观澜，曾任观澜商会副会长，观澜私营企业协会会长，深圳市第二、三、四届人大代表。

（资料填报：沈海强；初稿撰写：谢官福；分纂：黄木有）

围仔村

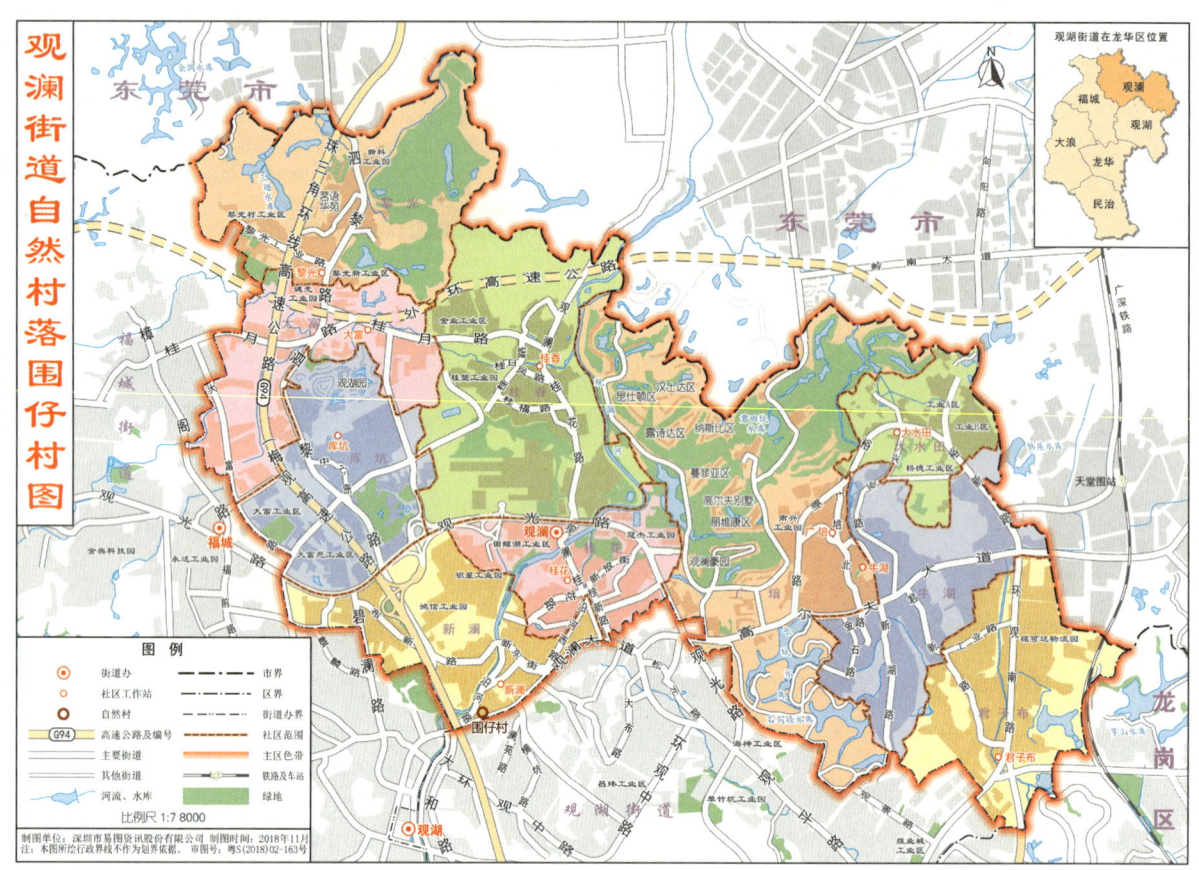

围仔村位置示意图

围仔村，位于观澜街道西北部，距街道办事处约3千米。相邻自然村有吓呃村、大布巷村。该村位于观澜河畔，与大布巷新围隔河相望。村背有鲤鱼山，海拔50米；观澜河从村背流过。围仔村在中华人民共和国成立前称鸡公庙村，土地改革时，工作队提出改名，相对于马圳大村而言，该村较小，因此取名围仔村。

围仔村地处观澜古墟旁，是陈氏族人聚居之地。村落始建于清嘉庆年间（1796—1820年），由马圳村陈景宇长兄立村。现村在原地重建。

清朝，属新安县。1914年，属宝安县；1935年，属东莞县第四区观澜乡。中华人民共和国成立之初，属宝安县观澜乡；1958年，属红色公社；1959年，属观澜公社；1979年，属深圳市龙华区观澜公社；1981年，属深圳市宝安县观澜公社；1983年7月，属宝安县观澜区观澜乡；1986年，属观澜镇；1993年，属深圳市宝安区观澜镇；2004年，属观澜街道；2011年，属深圳市龙华新区观澜街道新澜社区。

◎ 围仔村村貌（陈章博 摄于2016年）

世居村民为汉族，客家民系，使用客家方言。村中主要有陈姓。清康熙年间（1662—1722年）从河南迁移至广东梅县，清嘉庆年间从梅县迁移至当地。

2015年末，户籍人口115人，其中男性55人，女性60人；80岁以上6人，最年长者98岁（女）；实际在村人口110人；常年在城镇生活和打工5人。非户籍外来人口2887人。祖籍该村的香港同胞162人。祖籍该村的华人华侨155人，主要分布在牙买加、美国、英国、加拿大、新加坡、马来西亚等国。

传统经济为农业生产。现村集体主要经营厂房出租、房屋租赁。村民主要收入来源为集体经济分红、房屋出租、工资性收入等。特色传统食品有春节年糕、春节圆笼粄、端午节米粽、中秋月饼。特色工艺品有镰刀，该村产的镰刀锋利、坚挺不弯曲，轻薄有力。

梅观高速G94线、观澜大道、沿河路、新澜大街经过该村。1985年实现全村村道水泥硬底化，1986年通自来水，1988年通电，1990年通电话，2000年通互联网。

传统民居为客家民居，现存21座。有碉楼2座，始建于20世纪30年代。

存有《陈氏族谱》，由陈氏族人于2010年纂修。其中收录有"陈氏族规"和"陈氏家训"。

每年春节，陈氏族人都会举行团聚活动；清明节有祭祀和拜山活动，重阳节也有祭祀活动。

该村特色技艺有"打铁"，形成于民国时期，其特色是将烧至熔化的生铁水补于铁锅漏洞

◎ 村中一角（陈章博 摄于2016年）

◎ 传统民居（陈章博 摄于2016年）

上，把烂锅补好。专制镰刀、铁器家具，由于镰刀锋利且轻薄，广受欢迎。

1927年，乡贤陈魁昌主持建造观澜河第一座钢筋混凝土大桥——利济桥。

1951年1月至3月，以马坜小学学生为主要演员的歌剧《赤叶河》公演成功，接着在宝安县内外巡回演出，远近闻名，歌曲广泛流行。

1957年，观澜河发特大洪水，决堤700米，灾情严重，围仔、吓呃村首当其冲。死伤2人。

代表性人物：

陈义，又名陈伟成，追随孙中山革命，在大水坑上围村组织抗清起义军，指挥消灭清军，赢得胜利；后来到牙买加谋生，并回乡建观澜红楼——公益酒家，成为观澜古墟标志性建筑物。

陈魁昌，观澜利兴钱庄老板。牵头发动社会人士捐资建观澜利济桥，1927年建成，为两岸交通的便利发挥了重要作用。

（资料填报：沈海强；初稿撰写：谢官福；分纂：黄木有）

观澜街道　新澜社区　吓呃村

吓呃村

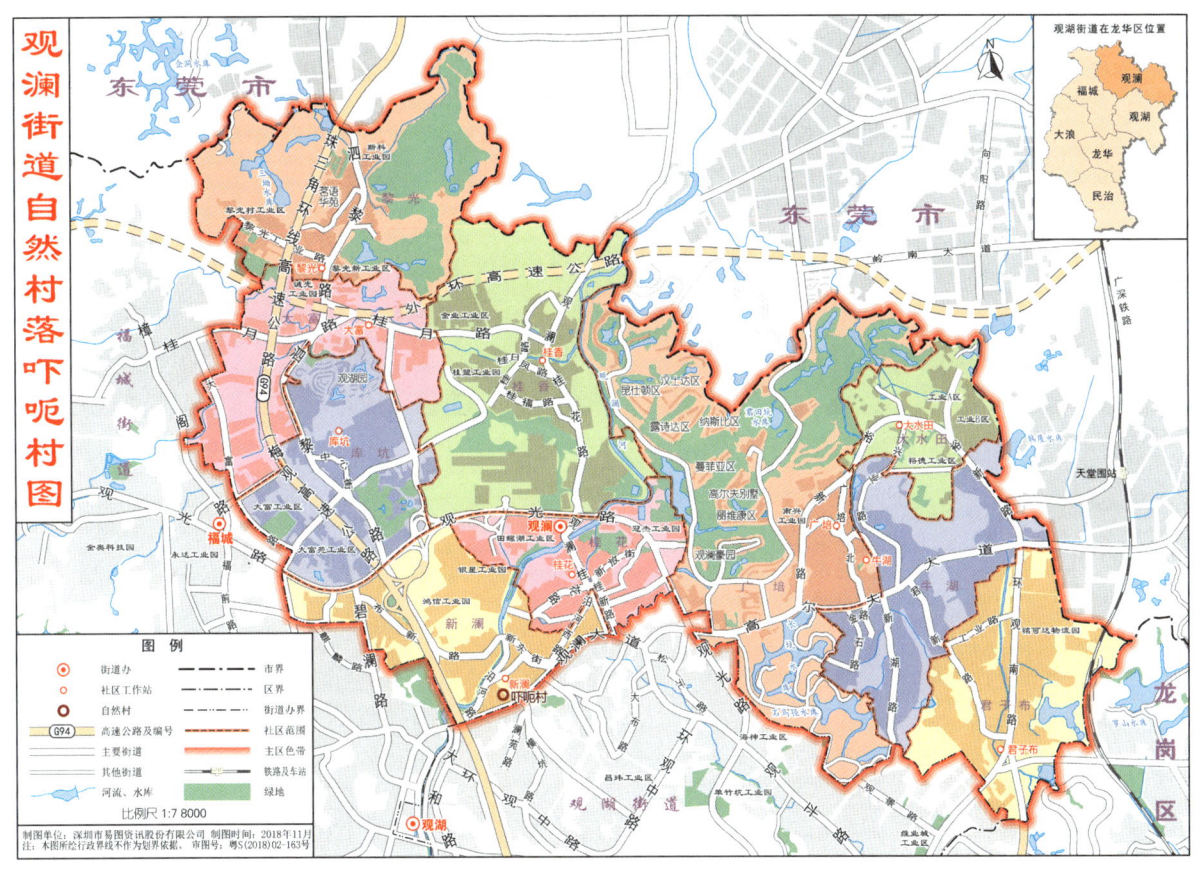

吓呃村位置示意图

吓呃村，位于观澜街道西北部，距街道办事处约3千米。相邻自然村有围仔村（新澜社区）、万安堂村、大布巷村。村落始建于清乾隆十五年（1750年），因陈、张、徐、赖4姓族人聚居在观澜墟镇做生意而形成。该村位于观澜河畔，与大布巷新围隔河相望。村背有鲤鱼山，海拔50米；观澜河从村背面流过。

清朝，属新安县。1914年，属宝安县；1935年，属东莞县第四区观澜乡。中华人民共和国成立之初，属宝安县观澜乡；1958年，属红色公社；1959年，属观澜公社；1979年，属深圳市龙华区观澜公社；1981年，属深圳市宝安县观澜公社；1983年7月，属宝安县观澜区观澜乡；1986年，属观澜镇；1993年，属深圳市宝安区观澜镇；2004年，属观澜街道；2011年，属深圳市龙华新区观澜街道新澜社区。

世居村民为汉族，客家民系，使用客家方言。村中主要有陈、张、徐、赖4姓。第一大姓为陈姓，清康熙年间从河南迁移至广东梅县，清嘉庆年间从梅县迁移至当地。第二大姓为张姓，清代

◎ 吓呃村村貌（陈章博 摄于2016年）

从河南迁移至广东丹竹头村，民国时期从丹竹头村迁移至当地。第三大姓为徐姓，清朝从四川迁移至广东梅州，民国时期从梅县迁移至该地。

2015年末，户籍人口86人，其中男性40人，女性46人；80岁以上3人，最年长者85岁（女）；实际在村人口86人。非户籍外来人口约1000人。祖籍该村的香港同胞68人。祖籍该村的华人华侨115人，主要分布在牙买加、美国、英国。

传统经济为农业生产，种植水稻、蔬菜。现村集体主要经营厂房出租、房屋租赁。村民主要收入来源为集体经济分红、房屋出租、工资性收入等。特色传统食品有春节年糕、圆笼粄、端午节米粽、中秋月饼。特色工艺品有赖燕镰刀，其特点为锋利、坚挺不弯曲，轻薄有力。

梅观高速G94线、观澜大道、新澜大街经过该村。1985年实现全村村道水泥硬底化，1986年通自来水，1988年通电，1990年通电话，2000年通互联网。

村中传统民居为客家民居，现存15座。

存有《陈氏族谱》，由陈氏族人于2010年纂修，编有"陈氏族规""陈氏家训"录于其中。

每年春节，陈氏族人都会举行团聚活动；每年清明节、重阳节，当地居民会举办祭祀活动。

代表性人物：

赖燕、赖燊，打铁师傅，兄弟俩开设打铁铺，制作农具及生活用具，如镰刀、锄头等铁器制品，销售至惠州、东莞、宝安地区，远近闻名。

赖银辉（1966—），摄影师，擅长摄影、书画，其作品多次在省、市参展并获奖。

（资料填报：沈海强；初稿撰写：谢官福；分纂：黄木有）

大布巷村

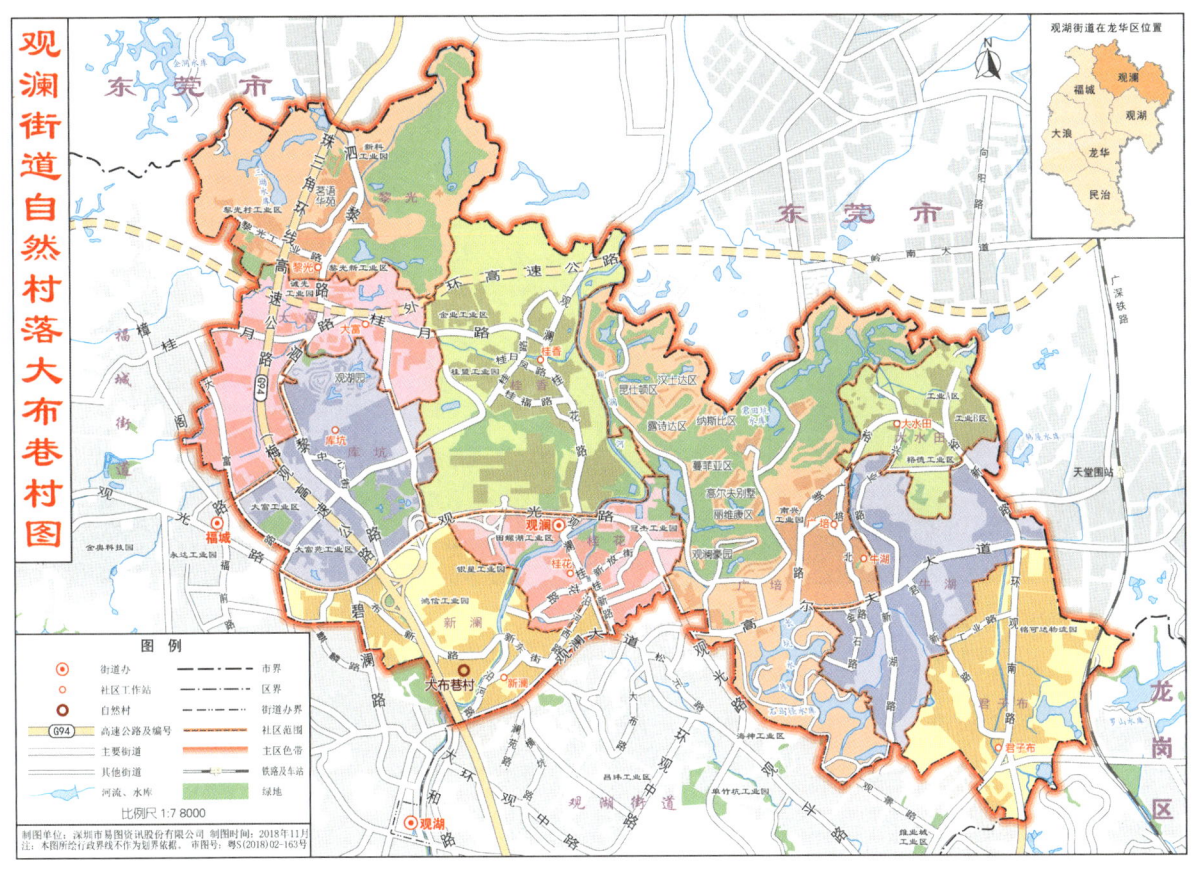

大布巷村位置示意图

大布巷村，位于观澜街道南部，距街道办事处约2千米。相邻自然村有万安堂村、吓呃村、观澜古墟、围仔村（新澜社区）等。村前有一个田段，后面为小山丘；背夫山海拔70米；村东南有观澜河流过，有上围大岭牯山塘。大布巷村含老围、新围、吓围、新围场、瓦窑吓、油榨吓共6个小村。因观澜古墟卖布街生意兴隆，一匹匹布晒到村道上，村落不断发展，聚集了8个姓氏的族群在此地谋生，因"布"成名，因"布"而兴，取名大布巷村。现村于1993年重建。

明清时期，属新安县。1914年，属宝安县；1935年，属东莞县第四区观澜乡。中华人民共和国成立之初，属宝安县观澜乡；1958年，属红色公社；1959年，属观澜公社；1979年，属深圳市龙华区观澜公社；1981年，属深圳市宝安县观澜公社；1983年7月，属宝安县观澜区观澜乡；1986年，属观澜镇；1993年，属深圳市宝安区观澜镇；2004年，属观澜街道；2011年，属深圳市龙华新区观澜街道新澜社区。

世居村民为汉族，客家民系，使用客家方言。村民主要有黄、张、钟、林、杨、戴、邱、郑等

◎ 大布巷村村貌（黄建平 摄于2016年）

8姓。第一大姓为黄姓，明代从福建迁移至广东东莞，明万历年间从东莞樟木头迁移至该地。第二大姓为张姓，清康熙初年从广东长乐（今五华）大田迁移至广东惠东、东莞，后辗转从丹竹头迁移至该地。第三大姓为钟姓，清康熙初年从安徽迁移至广东南雄，后移居宝安梅林，清康熙末年从梅林迁移至该地。

2015年末，户籍人口578人，其中男性270人，女性308人；80岁以上19人，最年长者93岁（女）；实际在村人口578人。非户籍外来人口2万人。祖籍该村的香港同胞280人、澳门同胞28人。祖籍该村的华人华侨2000人，主要分布在欧美、东南亚等地区。归侨25人。

传统经济为农业生产，现村集体主要经营厂房出租、房屋租赁。村民主要收入来源为集体经济分红、房屋出租、工资性收入等。

民和路、沿河路经过该村。1975年通电，1980年通电话，1993年通自来水，1998年实现全村村道水泥硬底化，2006年通互联网。村内有锦明学校，2015年有9个年级，30个班，在校学生1500人，教职工95人；有锦明幼儿园，在园幼儿260人，教职工26人。有观澜足球场、党员服务中心；有大布巷村图书馆，2015年藏书约6000册。

传统民居为客家民居，现存120座。代表性民居有张氏碉楼，建于1939年，占地面积80平方米，有阳台、骑楼，保存现状完好，无人居住。黄氏宗祠，始建于1920年，重建于1998年，占地面积120平方米；大门两侧有书于1920年的楹联"忠诚世德；孝友家声"。敦睦门，始建于清嘉庆六

◎ 张氏碉楼（黄建平 摄于2016年）

◎ 敦睦门（黄建平 摄于2016年）

◎ 维新学校旧址（黄建平 摄于2016年）

◎ 黄氏宗祠（黄建平 摄于2016年）

年（1801年），重修于清光绪二十六年（1900年），为老村入口门楼，8姓人共同出入之所，意为和睦相处。积善门，始建于1930年，客家门楼特色，吓围村钟姓出入的门楼，告诫村人积德行善、与人为善、和睦友好，保存现状良好。

维新学校旧址，建于1920年前后，坐落在大布巷村驼岭山腰。该校当年曾竖起"维才致重，新气家邦"的教育旗帜，成为大布巷村历史文化的重要见证。

《江夏黄氏族谱》，黄照仁、黄木有于2012年纂修。《观澜黄氏历史文化》，由黄木有等人于2011年纂修。有黄氏族规，于北宋时期制定。

该村每年春节、清明节有祭祀或团聚活动。

大布巷舞麒麟，被列入区级非物质文化遗产名录。

1948年春节期间，国民党军队对该村共产党领导的游击队进行疯狂镇压，逮捕村中的游击队员家属以及革命青年，甚至无辜者8人，押至河沙堤枪杀，制造了一起惨案。

1957年、1962年先后发生两场大洪水，村中水浸二三米深，许多瓦砖房倒塌，造成重大损失。

代表性人物：

黄潜（1926—？），广东人民抗日游击队东江纵队战士、革命文学创作人；1942年投身革命，参加过抗日战争和解放战争；1944年参加"夜袭天堂围""平湖破袭战"等抗日活动。中华人民共和国成立后，先后在惠阳地区的白花镇、良井镇担任镇委书记，后任宝安县总工会副主席；退休后一直从事《革命回忆录》的写作。

黄雯（1933—2006），又名黄照仁，1948年到东莞长山口教书并参加革命工作；中华人民共和国成立后，投身教育事业，后被保送至华南师范学院深造；毕业后任广雅中学高中部科组长及学校工会主席；后任观澜中学、宝安中学副校长，为宝安区两届政协委员。

黄生（1928—2003），抗战时期观澜地区游击队大队长，是抗日战争和解放战争中著名的"三条黄"之一。

（资料填报：沈海强；初稿撰写：谢官福；分纂：黄木有）

三栋屋村

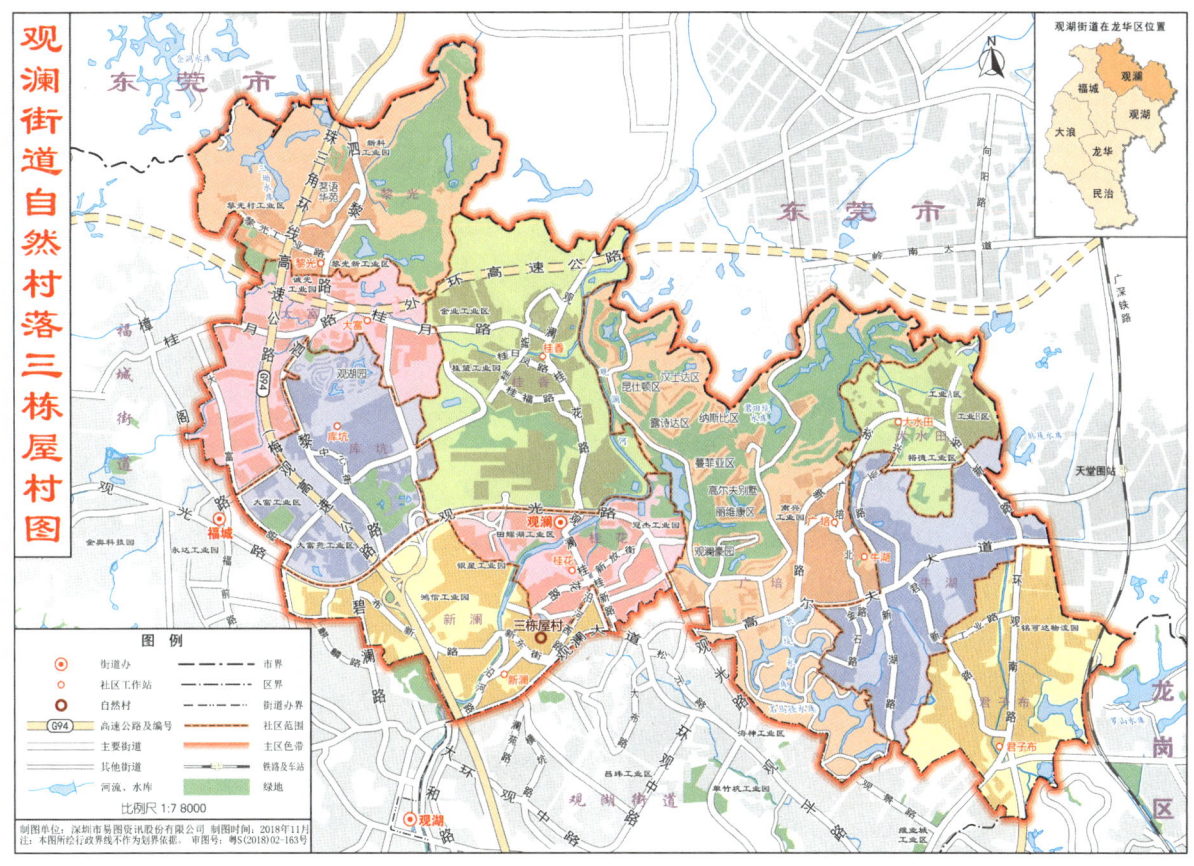

三栋屋村位置示意图

三栋屋村，位于观澜街道南部，距街道办事处约2千米。相邻自然村有观澜古墟、桂花社区赤花岭村、贵湖塘村。三栋屋村包括三栋屋、仲光园、麻园村3个小村。村落始建于清嘉庆十年（1805年），原福田老村沈起凤第三代孙沈肇敏在此建起三栋房屋安居，人们习惯称其为三栋屋村。有细窝仔山、第三工业区公园山，最高海拔100米；小溪河、步行街地下河在村东面。

清朝，属新安县。1914年，属宝安县；1935年，属东莞县第四区观澜乡。中华人民共和国成立之初，属宝安县观澜乡；1958年，属红色公社；1959年，属观澜公社；1979年，属深圳市龙华区观澜公社；1981年，属深圳市宝安县观澜公社；1983年7月，属宝安县观澜区观澜乡；1986年，属观澜镇；1993年，属深圳市宝安区观澜镇；2004年，属观澜街道；2011年，属深圳市龙华新区观澜街道新澜社区。

世居村民为汉族，客家民系，使用客家方言。

2015年末，户籍人口97人，其中男性46人，女性51人；80岁以上9人，最年长者92岁（女）；

◎ 三栋屋村村貌（陈章博 摄于2016年）

◎ 传统民居（陈章博 摄于2016年）

◎ 肇敏家祠（陈章博 摄于2016年）

实际在村人口84人；海外留学13人。非户籍外来人口5000人。祖籍该村的香港同胞200人。祖籍该村的华人华侨400人，主要分布在苏里南、马来西亚、加拿大、牙买加等国。归侨1人。

传统经济为农业生产，少数经商。现村集体主要经营厂房出租、房屋租赁。村民主要收入来源为集体经济分红、房屋出租、工资性收入等。

观澜大道经过该村。1955年通电话，1968年通电，1986年通自来水，1995年实现全村村道水泥硬底化，2006年通互联网。

传统民居为客家民居，现存5座。肇敏家祠，始建于清代，重修于1985年，占地面积100平方米，三开间、三进、两天井、四廊房、三堂形制；门楣有石匾"肇敏家祠"；有楹联"肇居千

◎ 门楼（陈章博 摄于2016年）

载；敏宅万年"。保存现状完好，仍作宗祠使用。三栋屋村门楼，始建于清代，重建于1985年。

村中存有《沈氏族谱》，沈天赐、沈丽清等于2006年纂修。

该村有纪念沈氏始祖沈起凤诞辰的活动。每年农历九月初一为沈起凤诞辰纪念日，沈姓后裔都自觉回来庆贺参拜祖先，丹竹头沈族宗亲会有麒麟队及文艺腰鼓队参加，辅城坳也有长者参加。

该村有客家节日庆贺活动，形成于清代，春节、元宵节、清明节、端午节、鬼节、中秋节、重阳节、十月朝、冬至等九大节日都有传统节庆活动。

民国初期，沈氏族人牵头创办培英学校，地址在现观澜食品站小山岗上，后由哈佛大学毕业生、爱国人士何恩明接手主办，之后纳入观澜中心国民学校。今为观澜中心小学（位于万安堂村）。

代表性人物：

沈其亮，香港律政司副首席检察官，执法严正。

沈秋仁，祖籍三栋屋村，自幼随祖父在苏里南生活，曾担任苏里南卫生部长。

沈宣仁（1931—2004），1963年获美国芝加哥大学博士学位；1986年至1989年在香港中文大学文学院担任院长；1990年，任香港崇基学院院长。

（资料填报：沈海强；初稿撰写：谢官福；分纂：黄木有）

桂花社区

贵湖塘村

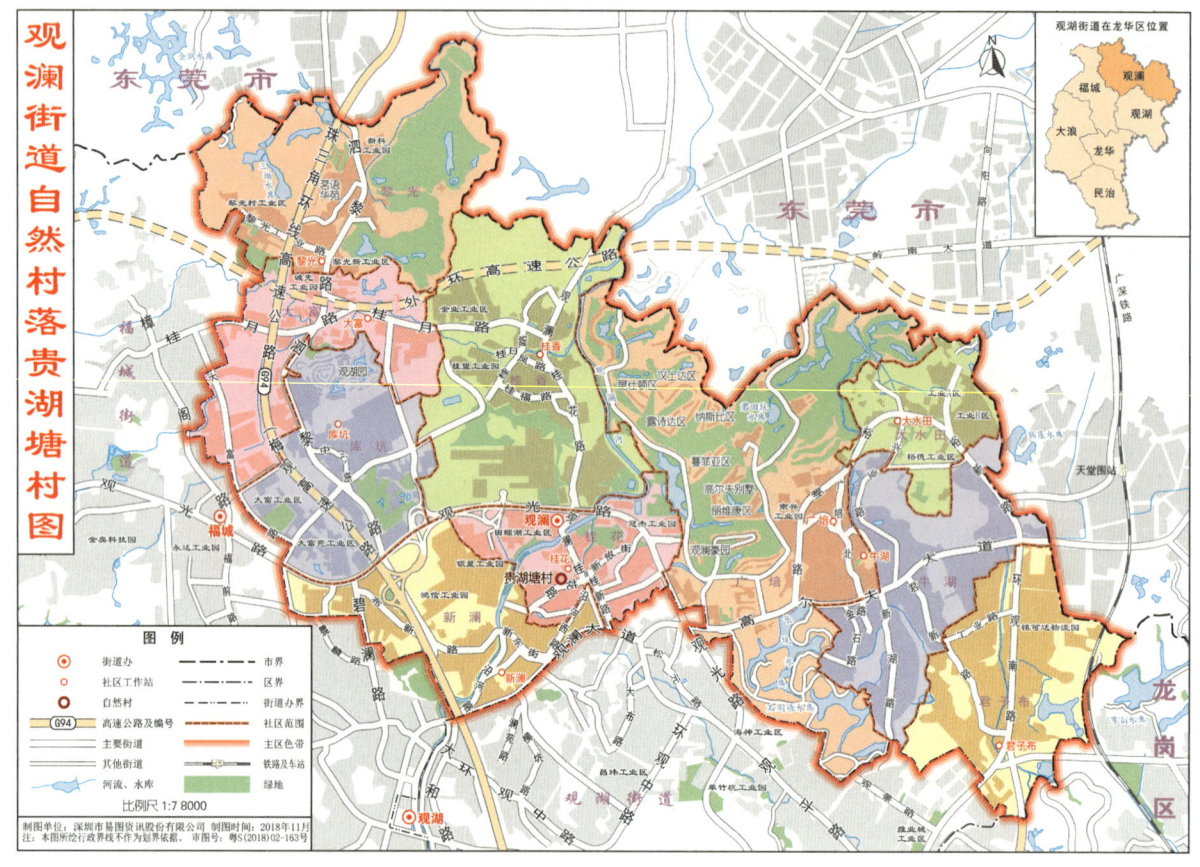

贵湖塘村位置示意图

贵湖塘村，位于观澜街道东南部，距街道办事处约2千米。相邻自然村有赤花岭村、放马埔村、新石桥村、三栋屋村等。清嘉庆年间（1796—1820年），陈氏祖先买得岗头人果园一片用作围场，逐渐建成村落，因门前有一个连接观澜河的大池塘，故取名贵湖塘村。现村于20世纪90年代在周边扩建。

清朝，属新安县。1914年，属宝安县；1935年，属东莞县第四区观澜乡。中华人民共和国成立之初，属宝安县观澜乡；1958年，属红色公社；1959年，属观澜公社；1979年，属深圳市龙华区观澜公社；1981年，属深圳市宝安县观澜公社；1983年7月，属宝安县观澜区桂花乡；1986年，属观澜镇；1993年，属深圳市宝安区观澜镇；2004年，属观澜街道；2011年，属深圳市龙华新区观澜街道桂花社区。

世居村民为汉族，客家民系，使用客家方言。村民主要为陈姓，明正统十四年（1449年）从福建上杭南山迁移至广东长乐（今五华）横陂乡；清乾隆十六年（1751年）从长乐迁移至观澜松

◎ 贵湖塘村村貌（陈章博 摄于2016年）

◎ 村口牌坊（陈章博 摄于2016年）

◎ 贵湖塘村传统民居（陈章博 摄于2016年）

元厦村；清嘉庆二十五年（1820年）由松元厦迁入。

2015年末，户籍人口200人，其中男性120人，女性80人；80岁以上15人，最年长者92岁（男）；实际在村人口200人。非户籍外来人口2000人。祖籍该村的香港同胞500人、台湾同胞30人。祖籍该村的华人华侨300人，主要分布在欧洲、南美洲、非洲、东南亚等地区。

传统经济为农业生产，少数经商。现村集体主要经营厂房出租、房屋租赁。村民主要收入来源为集体经济分红、房屋出租、工资性收入等。特色水果有荔枝、龙眼。特色传统食品有春节圆笼板、端午米糕、中秋月饼。

◎ 九如私塾旧址与碉楼（陈章博 摄于2016年）

桂花路经过该村。1959年通电话，1968年通电，1970年通自来水，2000年实现全村村道水泥硬底化，2001年通互联网。有篮球场、门头吓公园、贵湖塘活动中心。

传统民居为客家民居，现存140座。贵湖塘围屋，占地面积约1万平方米，客家围龙屋布局，前有300米大围墙，后有碉楼守卫，中有民居，开一门于围东南处，门额书"通庆门"；现状完好，无人居住。陈氏宗祠，始建于清朝，重修于2012年，占地面积300平方米；位于贵湖塘村老围第一排正中，三开间三堂式；内有楹联"寿山永峙；兰桂腾芳"，立于清代；2005年被公布为宝安区文物保护单位。有九如私塾旧址，始建于清代。

2010年，陈桂稑、陈蔼香参与编纂《陈氏族谱》。陈氏族规与家训为"克勤克俭，惟耕惟读"。

每年清明，包括旅外、居港陈氏宗亲等100余人举行拜山祭祖活动。

（资料填报：沈海强；初稿撰写：谢官福；分纂：黄木有）

新石桥村

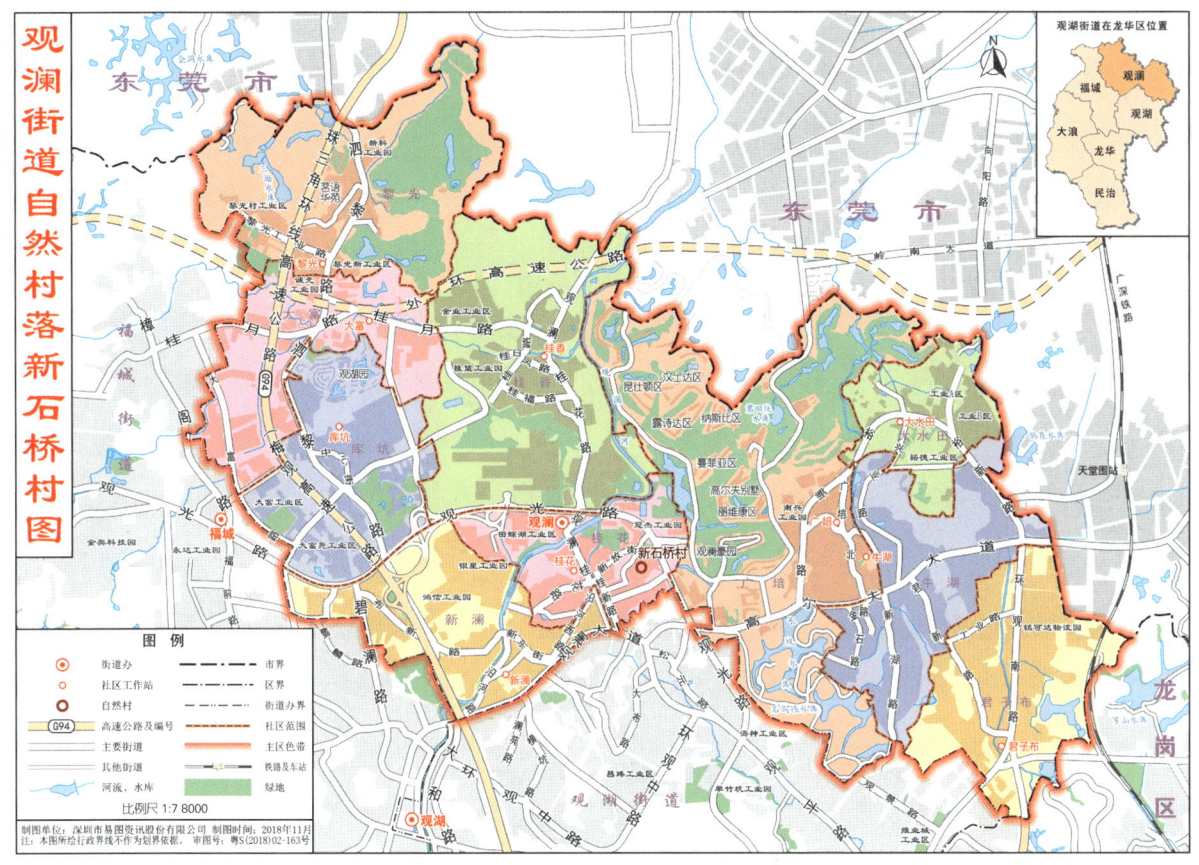

新石桥村位置示意图

新石桥村，位于观澜街道南部，距街道办事处约1千米。相邻自然村有贵湖塘村、放马埔村、蚌岭村等。该村位于观澜河边谷地。有赤花岭山，海拔20米；观澜河、樟坑径河、横坑河从村西流过。始建于清朝，现村于20世纪90年代在原地重建。

在村旁，原有两个叫山寮和烂桥的地方，山寮和烂桥之间有一条小河，属观澜河支流，观塘古道（即观澜到东莞塘厦）经过这条小河，河面有便桥通过，但此桥非常破烂，行人往来危险且十分不方便。后来有一位善心人士筹集资金，新建了一座石桥，该村因此得名新石桥村。

清朝，属新安县。1914年，属宝安县；1935年，属东莞县第四区观澜乡。中华人民共和国成立之初，属宝安县观澜乡；1958年，属红色公社；1959年，属观澜公社；1979年，属深圳市龙华区观澜公社；1981年，属深圳市宝安县观澜公社；1983年7月，属宝安县观澜区桂花乡；1986年，属观澜镇；1993年，属深圳市宝安区观澜镇；2004年，属观澜街道；2011年，属深圳市龙华新区观澜街道桂花社区。

◎ 新石桥村村貌（陈章博 摄于2016年）

世居村民为汉族，客家民系，使用客家方言。主要为陈姓，清朝从广东长乐（今五华）迁移至今广东深圳，后从观澜松元厦迁移至该地。

2015年末，户籍人口123人，其中男性56人，女性67人；最年长者79岁（女）；实际在村人口113人；常年在城镇生活和打工10人。非户籍外来人口9000人。祖籍该村的香港同胞22人。祖籍该村的华人华侨89人，主要分布在加拿大、苏里南、美国、新西兰等国。

传统经济为农业种植和养殖。现村集体主要经营厂房出租、房屋租赁。村民主要收入来源为集体经济分红、房屋出租、工资性收入等。特色水果有荔枝、龙眼、沙梨、柿子等。特色传统食品有春节圆笼粄、端午粽子、中秋月饼、十月糍粑粄、冬至喜粄。

观光路、桂花路经过该村。1959年通电，1960年通自来水，1980年通电话，2000年实现全村村道水泥硬底化，2002年通互联网。

传统民居为客家民居，现存30座。现存陈氏宗祠，始建于清嘉庆二十五年（1820年），现代重修，占地面积120平方米，三开间两进一天井布局；仍作宗祠使用。此宗祠为新石桥村、放马埔村和赤花岭村三村共用。

《陈氏族谱》由陈氏族人于2010年纂修。

在20世纪80年代之前的200多年，观澜墟到东莞县塘厦墟有一条古道相连。古道从观澜墟东门

◎ 传统民居（陈章博 摄于2016年）

◎ 陈氏宗祠（陈章博 摄于2016年）

开始，经贵湖塘村、赤花岭村、放马埔村、新石桥村，翻过高坳（为桂花地界内最高的山）进入塘厦地界，经坪山仔村再到塘厦村，形成观澜通塘厦的要道，简称观塘古道。这条古道后来还与清溪、凤岗等东莞地区连通，成为宝安、东莞经济和人员往来的一条交通要道。东莞塘厦人到观澜（俗称投墟），大多数人都走这条古道。每逢观澜墟日（农历一、四、七），塘厦的农民就提着自己种养的蔬果及家禽到观澜墟出售，再买回自己需要的布匹等物品。20世纪80年代初，古道已无人使用。1994年，此地已全部改建为高尔夫球场。观塘古道已消失，当年的山间小道，如今被荒草覆盖，其余地段已改造成公路，其中村中路段现为桂花路。

（资料填报：沈海强；初稿撰写：谢官福；分纂：黄木有）

放马埔村

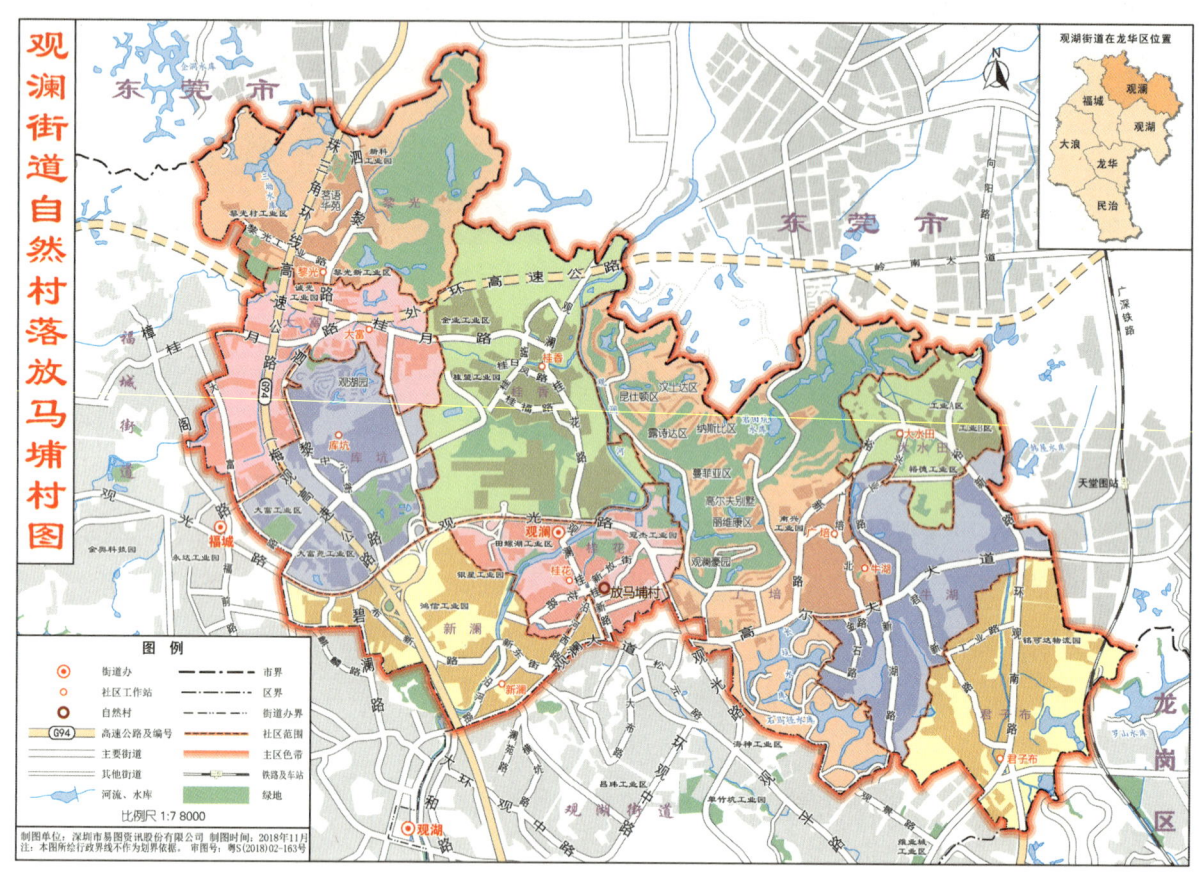

放马埔村位置示意图

放马埔村，位于观澜街道南部，距街道办事处约1千米。相邻自然村有新石桥村、贵湖塘村、赤花岭村等。赤花岭山高20米；观澜河、横坑河从村西流过。

建村初期，村前有一块草地，有七八十亩，与岗头东王村相连。据说当时岗头东王村有人在省城当武官，每当返乡时都带着随从和兵马，他们将马匹放在草地吃草，并练兵、骑马、射箭等，放马埔村因此得名。现村于1990年在原地重建。

清朝，属新安县。1914年，属宝安县；1935年，属东莞县第四区观澜乡。中华人民共和国成立之初，属宝安县观澜乡；1958年，属红色公社；1959年，属观澜公社；1979年，属深圳市龙华区观澜公社；1981年，属深圳市宝安县观澜公社；1983年7月，属宝安县观澜区桂花乡；1986年，属观澜镇；1993年，属深圳市宝安区观澜镇；2004年，属观澜街道；2011年，属深圳市龙华新区观澜街道桂花社区。

世居村民为汉族，客家民系，使用客家方言。村民主要为陈姓，清朝从广东长乐（今五华）

◎ 放马埔村村貌（张观强 摄于2016年）

◎ 碉楼（张观强 摄于2016年）

迁移至今深圳地区，清末从观澜松元厦迁移至当地。

2015年末，户籍人口123人，其中男性52人，女性71人；80岁以上5人，最年长者94岁（女）；实际在村人口123人。非户籍外来人口8000人。祖籍该村的香港同胞90人。祖籍该村的华人华侨94人，主要分布在加拿大、苏里南、美国、新西兰等国。

传统经济为农业和养殖业。现村集体主要经营厂房出租、房屋租赁。村民主要收入来源为集体经济分红、房屋出租、工资性收入等。特色水果有荔枝、龙眼、沙梨等。特色传统食品有春节圆笼粄、端午粽子、中秋月饼、十月糍粑粄、冬至喜粄。

观光路、桂花路经过该村。1959年通电，1960年通自来水，1980年通电话，2000年实现全村村道水泥硬底化，2002年通互联网。

传统民居为客家民居，现存30座。村中六巷有建于民国时期的碉楼2座。

（资料填报：沈海强；初稿撰写：谢官福；分纂：黄木有）

赤花岭村

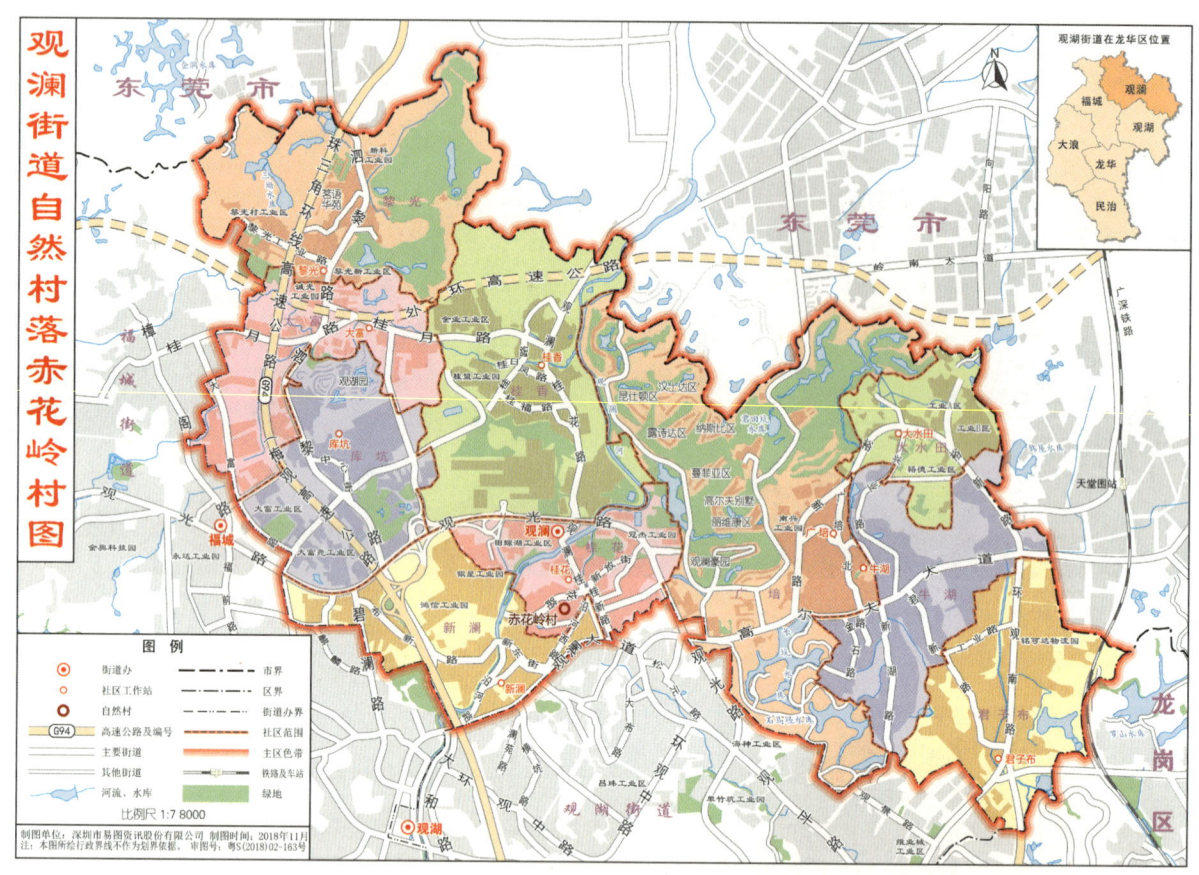

赤花岭村位置示意图

赤花岭村，位于观澜街道南部，距街道办事处约1千米。相邻自然村有贵湖塘村、新石桥村、放马埔村。赤花岭高20米，观澜河从村西流过。始建于清朝，观澜松元厦的陈氏族人迁入而形成。因村后山开满红花而称赤花岭村，是观塘古道必经之地。现村于1990年在原地重建。

清朝，属新安县。1914年，属宝安县；1935年，属东莞县第四区观澜乡。中华人民共和国成立之初，属宝安县观澜乡；1958年，属红色公社；1959年，属观澜公社；1979年，属深圳市龙华区观澜公社；1981年，属深圳市宝安县观澜公社；1983年7月，属宝安县观澜区桂花乡；1986年，属观澜镇；1993年，属深圳市宝安区观澜镇；2004年，属观澜街道；2011年，属深圳市龙华新区观澜街道桂花社区。

世居村民为汉族，客家民系，使用客家方言。村民主要为陈姓。

2015年末，户籍人口157人，其中男性74人，女性83人；80岁以上5人，最年长者94岁（男）；实际在村人口157人。非户籍外来人口约8000人。祖籍该村的香港同胞54人。祖籍该村的

◎ 赤花岭村村貌（张观强 摄于2016年）

◎ 陈氏宗祠（张观强 摄于2016年）

华人华侨72人，主要分布在加拿大、苏里南、美国、新西兰等国。

传统经济为农业和养殖业。现村集体主要经营厂房出租、房屋租赁。村民主要收入来源为集体经济分红、房屋出租、工资性收入等。特色水果有荔枝、龙眼等。特色传统食品有春节圆笼粄、端午粽子、中秋月饼、十月糍粑粄、冬至喜粄。

观光路、桂花路经过该村。1959年通电，1960年通自来水，1980年通电话，2000年实现全村村道水泥硬底化，2002年通互联网。

传统民居为客家民居，现存25座。该村陈姓除共用新石桥村的陈氏宗祠外，在村中还有另一座陈氏宗祠。

《陈氏族谱》由陈姓族人于2010年纂修。

每年陈氏族人均参加振能祖诞大型庆典。还有清明拜山祭祖活动。

（资料填报：沈海强；初稿撰写：谢官福；分纂：黄木有）

庙溪村

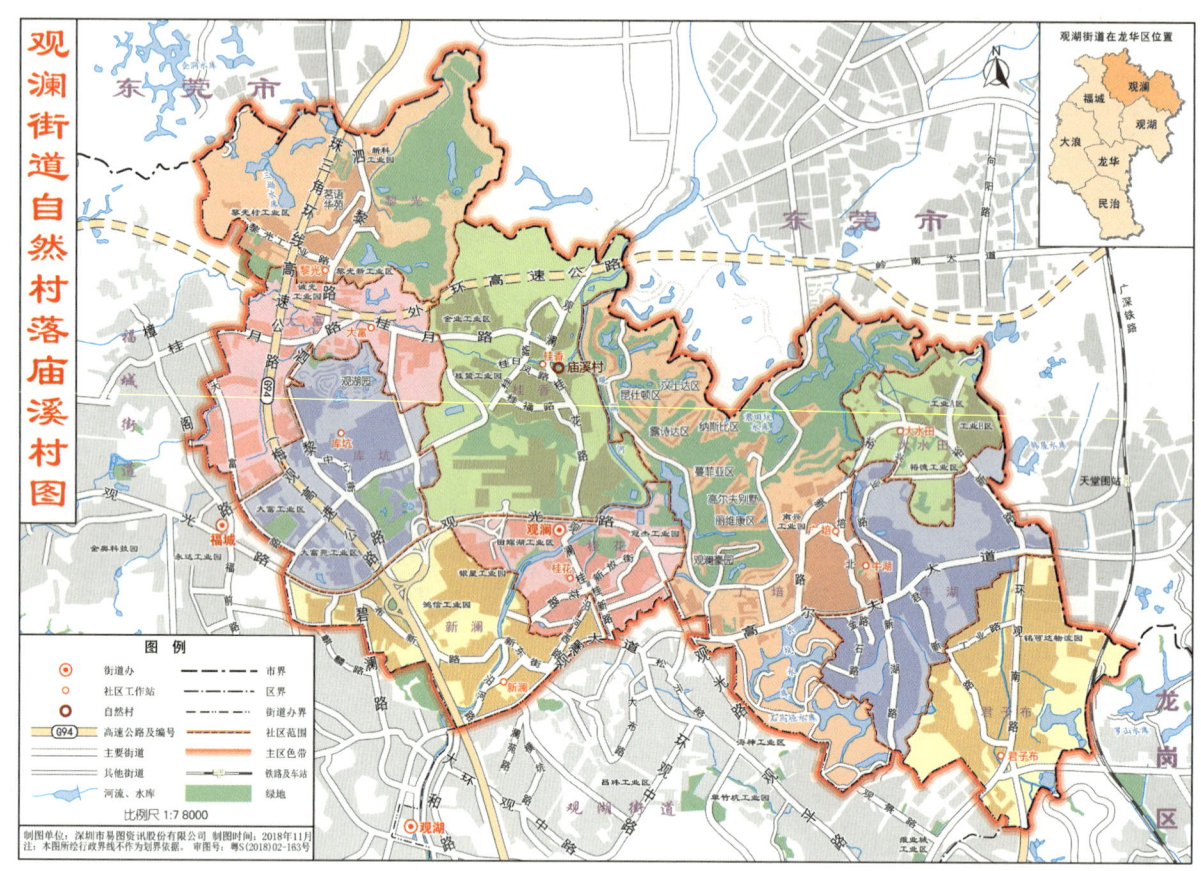

庙溪村位置示意图

庙溪村，位于观澜街道北部，距街道办事处约3千米。相邻自然村有企坪村、大沙河村、大湖村。始建于清末，因村庙旁有溪流而取名庙溪村；曾用名烂庙村。该村地处山区丘陵地带，有庙溪后山、蚌岭山，最高海拔60米；观澜河从村后流过。现村于20世纪90年代在原地重建。

清朝，属新安县。1914年，属宝安县；1935年，属东莞县第四区观澜乡。中华人民共和国成立之初，属宝安县观澜乡；1958年，属红色公社；1959年，属观澜公社；1979年，属深圳市龙华区观澜公社；1981年，属深圳市宝安县观澜公社；1983年7月，属宝安县观澜区桂花乡；1986年，属观澜镇；1993年，属深圳市宝安区观澜镇；2004年，属观澜街道；2011年，属深圳市龙华新区观澜街道桂花社区。

世居村民为汉族，客家民系，使用客家方言。村民主要有陈、何2姓。第一大姓为陈姓，清康熙末年从河南迁移至广东长乐（今五华）；辗转于清朝末年从牛湖迁移至当地。

2015年末，户籍人口320人，其中男性164人，女性156人；80岁以上15人，最年长者93岁

◎ 庙溪村村貌（陈章博 摄于2016年）

（女）；实际在村人口220人；常年在城镇生活和打工100人。非户籍外来人口约1.2万人。祖籍该村的香港同胞93人、澳门同胞1人。祖籍该村的华人华侨29人，主要分布在南美洲及荷兰、加拿大、牙买加、澳大利亚等国。

传统经济为农业和养殖业。现村集体主要经营厂房出租、房屋租赁。村民主要收入来源为集体经济分红、房屋出租、工资性收入等。特色水果有荔枝、龙眼、沙梨、柿子等。特色传统食品有春节圆笼粄、端午粽子、中秋月饼、十月糍粑粄、冬至喜粄。

桂花路经过该村。1972年通自来水，1975年通电，1980年通电话，1998年实现全村村道水泥硬底化，2004年通互联网。

传统民居为客家民居，现存40座。现存陈氏宗祠，始建于清朝末年，占地面积100平方米，现仍作宗祠使用。庙溪陈氏堂号有"德星堂""义门堂"。有客家特色碉楼2座。

2010年重新纂修《陈氏族谱》。庙溪陈氏字辈诗"振俊文华国，高登发桂香。锦添嘉美焕，时泰运初长。上世知前圣，南朝建大芳。开怀韶业就，万代乐安康"。

该村有春节、清明节团聚活动，族人均参加，还有清明拜山祭祖活动。

代表性人物：

陈进安（1921—1945），烈士，1942年参加广东人民抗日游击总队，1945年在罗浮山牺牲。

（资料填报：沈海强；初稿撰写：谢官福；分纂：黄木有）

蚌岭村

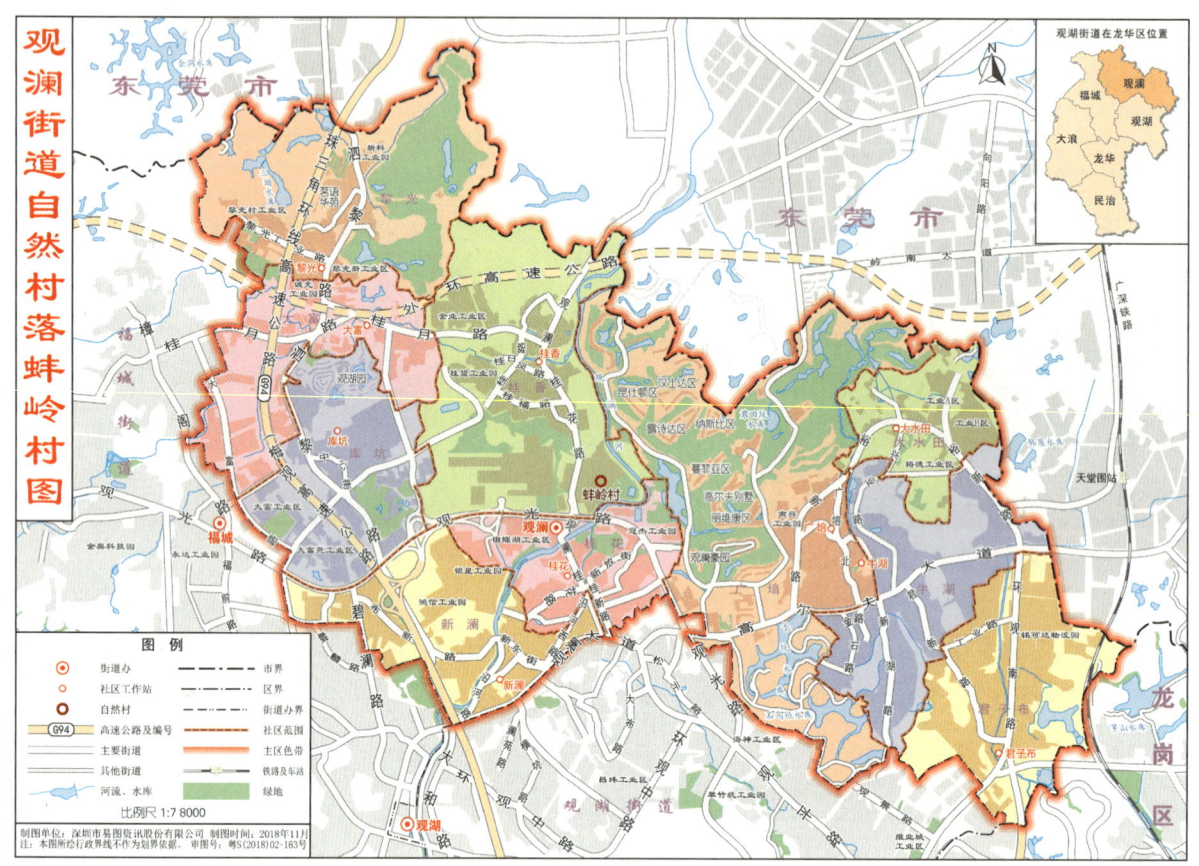

蚌岭村位置示意图

蚌岭村，位于观澜街道北部，距街道办事处约1千米。相邻自然村有大湖村、新石桥村。该村位于山区丘陵地带，有蚌岭山，海拔60米；观澜河从村背面流过。始建于清末，因陈姓族人迁入而形成。因所处的山地地段形似河蚌而取名蚌岭村。现村于20世纪90年代在原地重建。

清朝，属新安县。1914年，属宝安县；1935年，属东莞县第四区观澜乡。中华人民共和国成立之初，属宝安县观澜乡；1958年，属红色公社；1959年，属观澜公社；1979年，属深圳市龙华区观澜公社；1981年，属深圳市宝安县观澜公社；1983年7月，属宝安县观澜区桂花乡；1986年，属观澜镇；1993年，属深圳市宝安区观澜镇；2004年，属观澜街道；2011年，属深圳市龙华新区观澜街道桂花社区。

世居村民为汉族，客家民系，使用客家方言。村民主要为陈姓，清康熙年间（1662—1722年）从河南迁移至广东长乐（今五华）；清朝末年从牛湖迁移至当地。

2015年末，户籍人口98人，其中男性44人，女性54人；80岁以上9人，最年长者98岁（女）；

◎ 蚌岭村村貌（张观强 摄于2016年）

◎ 村中一角（张观强 摄于2016年）

◎ 村中池塘（张观强 摄于2016年）

实际在村人口98人。非户籍外来人口约5000人。祖籍该村的香港同胞53人。祖籍该村的华人华侨117人，主要分布在荷兰、美国、加拿大、牙买加、澳大利亚等国。

传统经济为农业种植和养殖。现村集体主要经营厂房出租、房屋租赁。村民主要收入来源为集体经济分红、房屋出租、工资性收入等。特色水果有柿子、沙梨、荔枝。特色传统食品有春节圆笼粄、端午粽子、中秋月饼、十月糍粑粄、冬至喜粄。

桂花路经过该村。1975年通电，1980年通电话，1998年实现全村村道水泥硬底化，2004年通互联网，2012年通自来水。该村有桂花小学，2015年有6个年级，24个班，在校学生1200人，教职

◎ 碉楼（张观强 摄于2016年）

工70人；有桂花幼儿园，在园幼儿300人，教职工20人。村中有桂花河滨公园、篮球场、村民活动中心。

传统民居为客家民居，现存21座。有客家特色碉楼1座，始建于1925年，占地面积75平方米，高4层，三合土墙体，两面坡顶，平脊，灰瓦覆面。

《陈氏族谱》由陈氏族人于2010年纂修。

每年陈氏族人均参加振能祖诞大型庆典。还有清明拜山祭祖活动。

（资料填报：沈海强；初稿撰写：谢官福；分纂：黄木有）

大沙河村

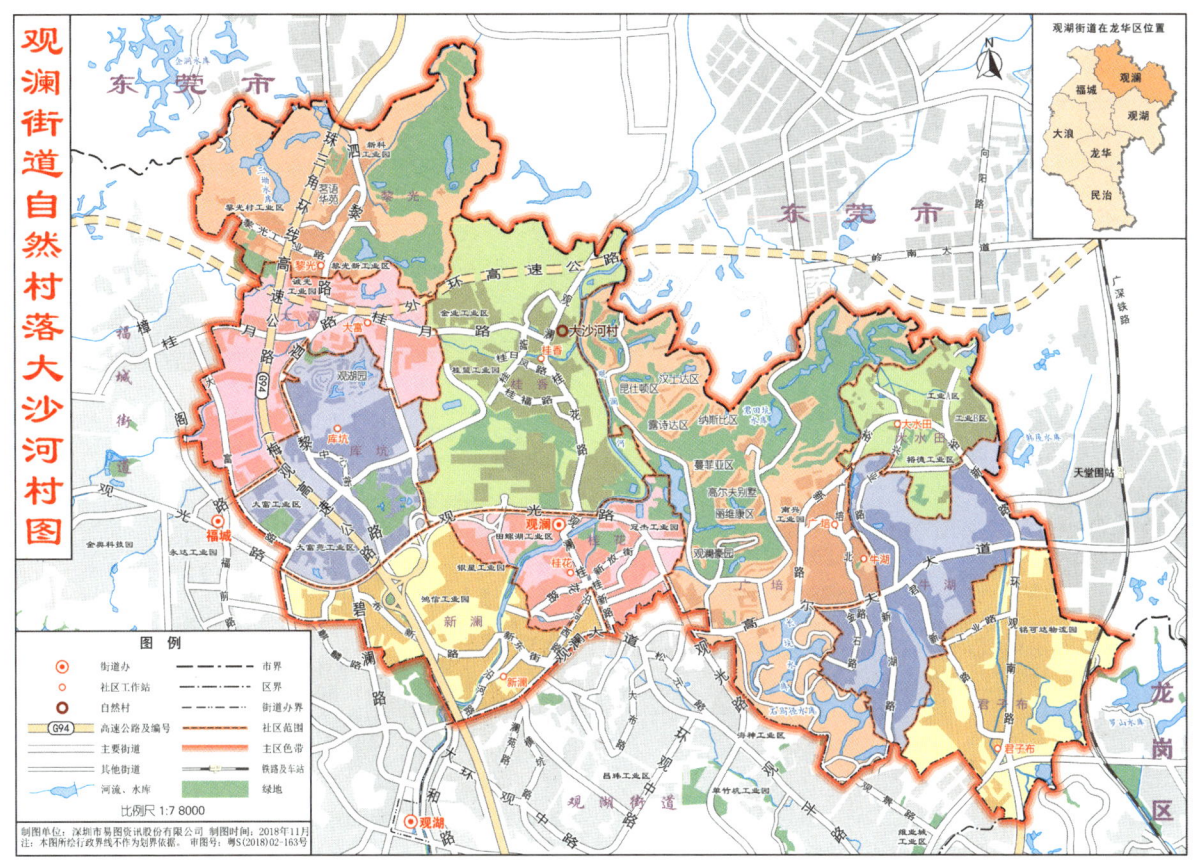

大沙河村位置示意图

大沙河村，位于观澜街道北部，距街道办事处约2千米。相邻自然村有庙溪村、企坪村、东莞沙湖村。有老虎坑、李吊坑山，最高海拔50米；白花洞河、观澜河从村西南流过。始建于清光绪二十六年（1900年），现村于20世纪90年代在原地重建。

清朝，属新安县。1914年，属宝安县；1935年，属东莞县第四区观澜乡。中华人民共和国成立之初，属宝安县观澜乡；1958年，属红色公社；1959年，属观澜公社；1979年，属深圳市龙华区观澜公社；1981年，属深圳市宝安县观澜公社；1983年7月，属宝安县观澜区桂花乡；1986年，属观澜镇；1993年，属深圳市宝安区观澜镇；2004年，属观澜街道；2011年，属深圳市龙华新区观澜街道桂花社区。

世居村民为汉族，客家民系，使用客家方言。村民主要为黄姓，清康熙年间从河南迁移至广东梅县；清乾隆年间（1736—1795年）从梅县迁移至观澜地区；清光绪年间（1875—1908年）定居此地。

◎ 大沙河村村貌（陈章博 摄于2016年）

◎ 传统民居（陈章博 摄于2016年）

◎ 现代民居（陈章博 摄于2016年）

2015年末，户籍人口75人，其中男性35人，女性40人；80岁以上2人，最年长者88岁（男）；实际在村人口75人。非户籍外来人口5500人。祖籍该村的香港同胞27人。祖籍该村的华人华侨250人，主要分布在苏里南、新加坡、美国、荷兰、牙买加、法国、日本、马来西亚等国。

传统经济为农业种植和养殖。现村集体主要经营厂房出租、房屋租赁。村民主要收入来源为集体经济分红、房屋出租、工资性收入等。特色水果有沙梨、柿子、荔枝、龙眼等。特色传统食品有春节圆笼粄、端午粽子、中秋月饼、十月糍粑粄、冬至喜粄。

桂花路经过该村。1957年通电，1969年通自来水，1980年通电话，2000年实现全村村道水泥硬底化及通互联网。村中有篮球场和公园。

传统民居为客家民居，现存9座。该村三巷有建于民国时期的碉楼。存有《黄氏族谱》，由村民于2011年纂修。

（资料填报：沈海强；初稿撰写：谢官福；分纂：黄木有）

企坪村

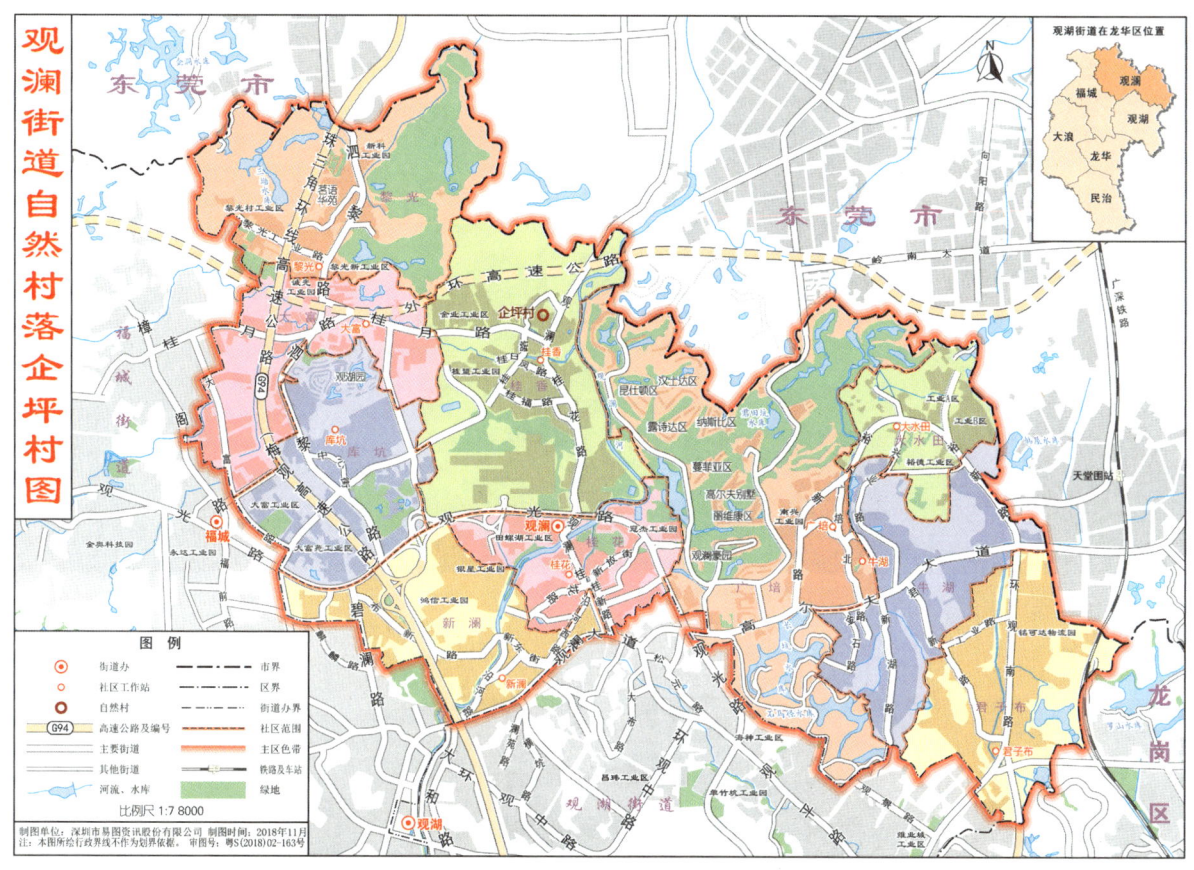

企坪村位置示意图

企坪村，位于观澜街道北部，距街道办事处约2千米。相邻自然村有陂头吓村、大沙河村、庙溪村、东莞沙湖村。有老虎坑、李吊坑山，最高海拔50米；白花洞河、观澜河从村西北面流过。该村始建于清光绪二十六年（1900年），现村于20世纪90年代在原地重建。

清朝，属新安县。1914年，属宝安县；1935年，属东莞县第四区观澜乡。中华人民共和国成立之初，属宝安县观澜乡；1958年，属红色公社；1959年，属观澜公社；1979年，属深圳市龙华区观澜公社；1981年，属深圳市宝安县观澜公社；1983年7月，属宝安县观澜区桂花乡；1986年，属观澜镇；1993年1月，属深圳市宝安区观澜镇；2004年，属观澜街道；2011年，属深圳市龙华新区观澜街道桂花社区。

世居村民为汉族，客家民系，使用客家方言。村民主要为翁姓，清光绪年间从福建迁移至广东潮州，清光绪末年从潮州迁移至当地。

2015年末，户籍人口424人，其中男性208人，女性216人；80岁以上16人，最年长者96岁

◎ 企坪村村貌（张观强 摄于2016年）

◎ 旧门楼（张观强 摄于2016年）

◎ 翁氏宗祠（张观强 摄于2016年）

（女）。非户籍外来人口约1万人。祖籍该村的香港同胞65人。祖籍该村的华人华侨138人，主要分布在苏里南、新加坡、美国、荷兰、牙买加、法国、日本、马来西亚等国。

传统经济为农业和养殖业。现村集体主要经营厂房出租、房屋租赁。村民主要收入来源为集体经济分红、房屋出租、工资性收入等。特色水果有荔枝、龙眼、沙梨、柿子等。特色传统食品有春节圆笼粄、端午粽子、中秋月饼、十月糍粑粄、冬至喜粄。

桂花路经过该村。1957年通电，1969年通自来水，1980年通电话，2000年实现全村村道水泥硬底化并通互联网。

◎ 碉楼（张观强 摄于2016年）

传统民居为客家民居，现存30座。存有翁氏宗祠，始建于清光绪年间，占地面积100平方米，单开间，两进一天井；土、砖、木结构；现仍作宗祠使用。该村六巷、七巷有建于民国时期的2座碉楼。

《翁氏族谱》由族人翁开南于2010年纂修。

企坪村立村始祖翁文韬立下子孙历代字辈表"文君达魁昌，俊发振荣平，武子权威盛，裕亿震华庭，世杰鸿福旺，远航万里辉"。

每年清明节，村中翁氏族人举办祭祀活动。每年春节，翁氏族人举行团聚活动。

（资料填报：沈海强；初稿撰写：谢官福；分纂：黄木有）

大湖村

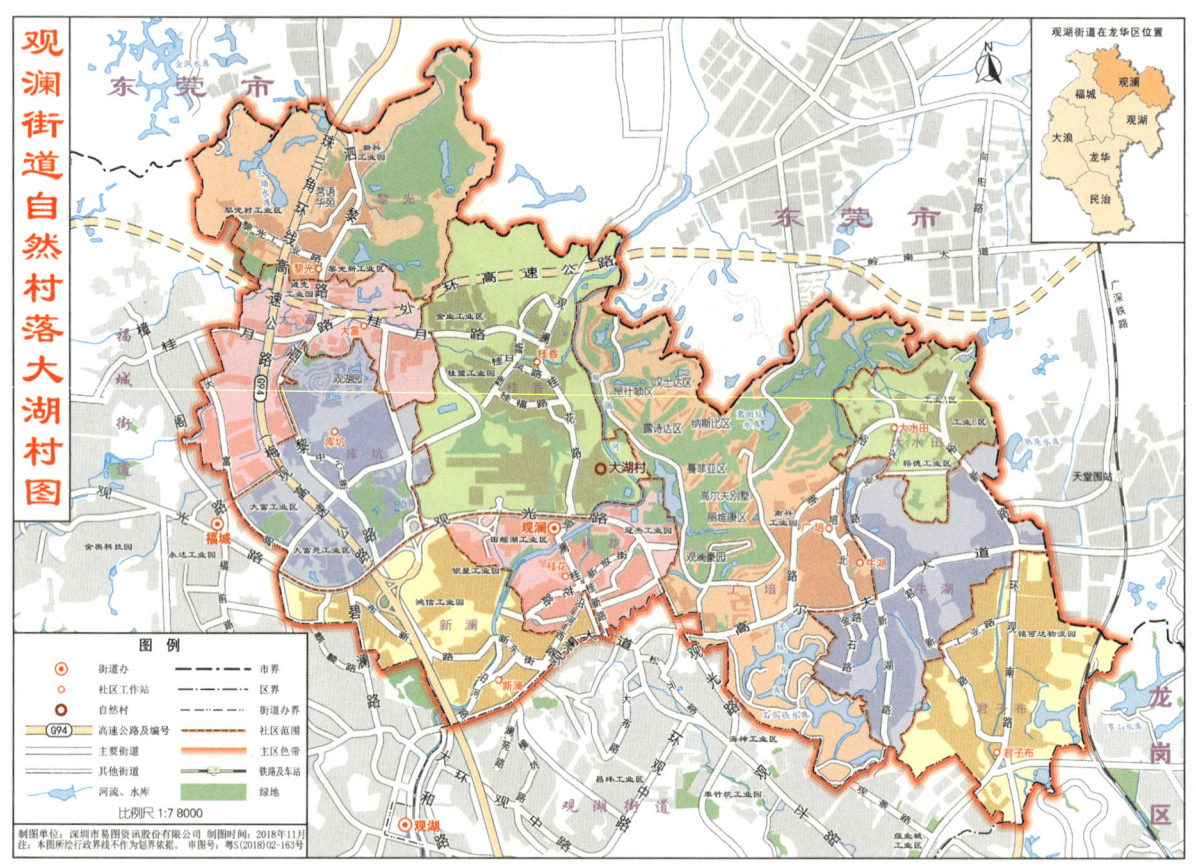

大湖村位置示意图

大湖村，位于观澜街道东北部，距街道办事处约1千米。相邻自然村有蚌岭村、庙溪村。该村始建于明永乐十四年（1416年）。村建在观澜河边，因河水山洪暴发时的冲刷作用，村边形成一个大湖而取名大湖村。现村于20世纪90年代在原地周边重建。

建村至明万历元年（1573年），属东莞县；明万历元年至清朝，属新安县。1914年，属宝安县；1935年，属东莞县第四区观澜乡。中华人民共和国成立之初，属宝安县观澜乡；1958年，属红色公社；1959年，属观澜公社；1979年，属深圳市龙华区观澜公社；1981年，属深圳市宝安县观澜公社；1983年7月，属宝安县观澜区桂花乡；1986年，属观澜镇；1993年，属深圳市宝安区观澜镇；2004年，属观澜街道；2011年，属深圳市龙华新区观澜街道桂花社区。

世居村民为汉族，广府民系，使用粤方言。村民主要为欧姓。南宋德祐元年（1275年）从今江苏南京迁移至广东南海，明永乐十四年从南海县迁移至当地。

2015年末，户籍人口127人，其中男性66人，女性61人；80岁以上3人，最年长者91岁

◎ 大湖村村貌（陈章博 摄于2016年）

◎ 平阳世居（陈章博 摄于2016年）

◎ 欧氏宗祠（陈章博 摄于2016年）

（女）；实际在村人口127人。非户籍外来人口361人。祖籍该村的香港同胞282人。祖籍该村的华人华侨147人，主要分布在英国、印度、马来西亚、德国、加拿大等国。

传统经济为农业种植和养殖。现村集体主要经营厂房出租、房屋租赁。村民主要收入来源为集体经济分红、房屋出租、工资性收入等。特色传统食品有春节圆笼粄、端午粽子、中秋月饼、十月糍粑粄、冬至喜粄。

◎ 碉楼（陈章博 摄于2016年）

观坪大道经过该村。1972年通电，1994年通电话，2000年通自来水，2004年通互联网，2008年实现全村村道水泥硬底化。

传统民居为广府民居，现存27座。代表性民居有平阳世居，建于清末，占地面积90平方米；大门顶部仿悬山，平脊两端加博古饰，两坡屋顶，灰瓦覆盖；保存完好，无人居住。欧氏宗祠，位于围内，正对围门，单开间两进，面阔4.2米，进深10米；仿悬山，平脊，两坡屋顶，灰瓦覆盖。有欧氏碉楼，始建于清代，广府碉楼特色。欧氏门楼，始建于清康熙末年。

欧氏族人于1926年重新纂修《欧氏族谱》。欧氏世表诗："金陵被乱始南园，唯有须昌八代全。一举登州二西滘，三居石壁四陈村。自从棉围移交广，世起唐梁历宋元。支派不拘分久别，文溪桥内祖根源。"

每年清明节、重阳节，当地居民进行祭祖活动。

（资料填报：沈海强；初稿撰写：谢官福；分纂：黄木有）

库坑社区

库坑中心村

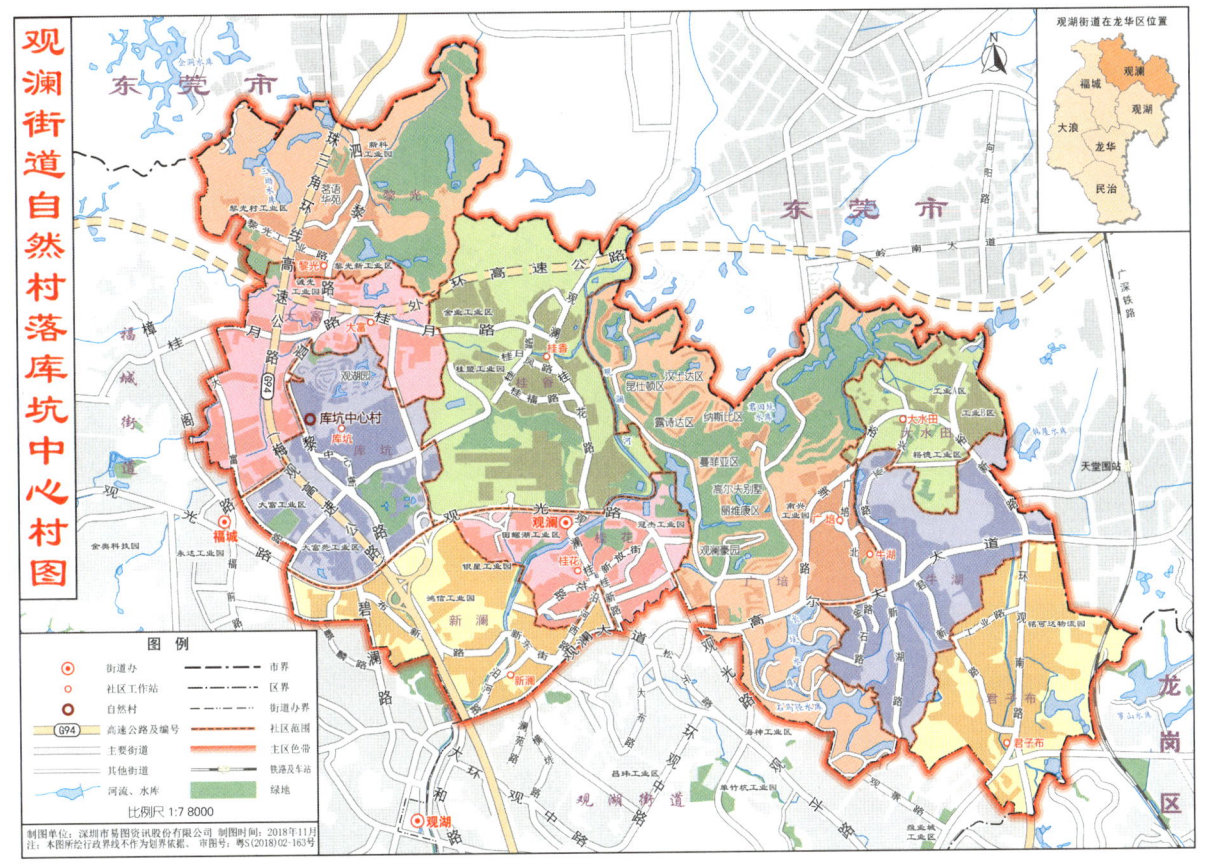

库坑中心村位置示意图

库坑中心村，位于观澜街道北部，距街道办事处约3千米。相邻自然村有围仔村、水围村、凹背围村、陂头吓村。该村地处山区丘陵地带，有笑窝山，海拔200米；庙吓河、新墟河从村北及村西南流过。该村始建于清朝，现村于原地重建。

清朝，属新安县。1914年，属宝安县；1935年，属东莞县第四区观澜乡。中华人民共和国成立之初，属宝安县观澜乡；1958年，属红色公社；1959年，属观澜公社；1979年，属深圳市龙华区观澜公社；1981年，属深圳市宝安县观澜公社；1983年7月，属宝安县观澜区库坑乡；1986年，属观澜镇；1993年，属深圳市宝安区观澜镇；2004年，属观澜街道；2011年，属深圳市龙华新区观澜街道库坑社区。

世居村民为汉族，客家民系，使用客家方言。村民主要有黄、叶、张3姓。第一大姓为黄姓，明嘉靖三十五年（1556年）从河南迁移至广东珠玑巷；清朝辗转从长乐（今五华）迁移至当地。

2015年末，户籍人口187人，其中男性92人，女性95人；80岁以上10人，最年长者90岁

◎ 库坑中心村村貌（陈章博 摄于2016年）

◎ 荣芳碉楼（陈章博 摄于2016年）

（男）；实际在村人口187人。非户籍外来人口约1.2万人。祖籍该村的香港同胞338人。祖籍该村的华人华侨737人，主要分布在美国、加拿大、牙买加、马来西亚、新加坡等国。

传统经济为农业生产、个体商业经营、水产。现村集体主要经营厂房出租、房屋租赁。村民主要收入来源为集体经济分红、房屋出租、工资性收入等。特色传统食品有客家粽子、糍粑、月饼、萝卜粄、圆笼粄。

梅观高速G94线、县道X243线泗黎路经过该村。1966年通电话，1968年通电，1970年通自来水，2000年实现全村村道水泥硬底化，2004年通互联网。

传统民居为客家民居，现存36座。代表性民居霁月楼，建于1926年，占地面积200平方米，保存现状良好，有人居住。有中心村碉楼，始建于1922年，占地面积80平方米，为不可移动文物。荣芳碉楼，始建于1921年（重修于2016年），占地面积80平方米。村中现存黄氏宗祠，始建于清光绪二十八年（1902年），占地面积60平方米，仍作宗祠使用。忠和私塾旧址，始建于1926年。霁月学堂，始建于1916年，大门两侧有楹联"树皆成荫；德必有邻"。

存有《观澜黄氏历史文化》，由黄木有、黄伟良于2011年纂修。

每年清明，村中黄氏族人举行祭祀活动；每年春节，举行团聚活动。

代表性人物：

黄伟雄（1942—），居住在英国，伦敦当地侨领之一，早年前往香港谋生，后移居英伦，从事饮食行业，曾任旅英惠东宝同乡会会长，致力于家乡建设，资助家乡办学校、幼儿园及乡间道路建设。

（资料填报：沈海强；初稿撰写：谢官福；分纂：黄木有）

新围村

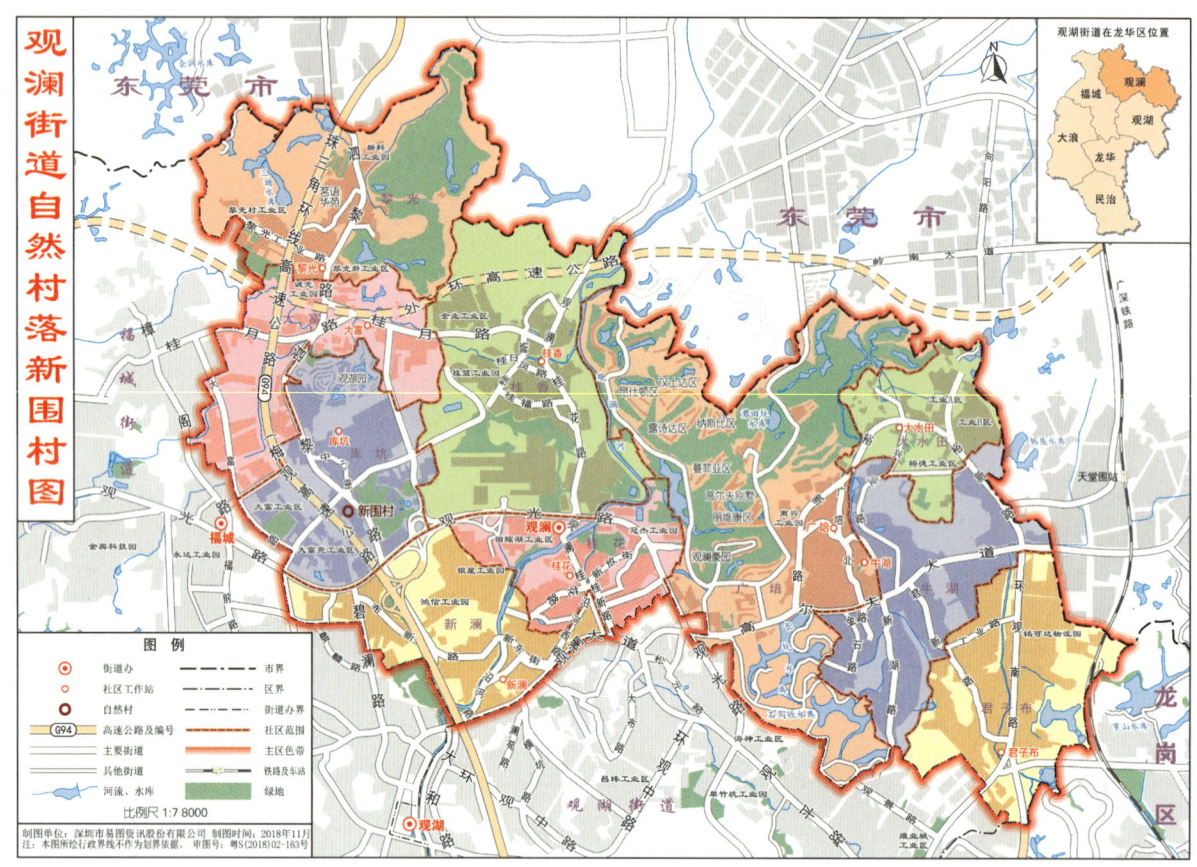

新围村位置示意图

新围村，位于观澜街道北部，距街道办事处约3千米。相邻自然村有陂头吓村、围仔村。该村位于山间丘陵地带，有茶排山，海拔约200米；作角龙溪流从村南面流过；附近有作角龙水塘。村落始建于清朝，现村在原地重建。

清朝，属新安县。1914年，属宝安县；1935年，属东莞县第四区观澜乡。中华人民共和国成立之初，属宝安县观澜乡；1958年，属红色公社；1959年，属观澜公社；1979年，属深圳市龙华区观澜公社；1981年，属深圳市宝安县观澜公社；1983年7月，属宝安县观澜区库坑乡；1986年，属观澜镇；1993年，属深圳市宝安区观澜镇；2004年，属观澜街道；2011年，属深圳市龙华新区观澜街道库坑社区。

世居村民为汉族，客家民系，使用客家方言。村民主要有吴、黄、余3姓。第一大姓为吴姓，第二大姓为黄姓，均于明嘉靖三十五年（1556年）从河南迁移至广东珠玑巷；清朝辗转从长乐（今五华）迁移至当地。

观澜街道　库坑社区　新围村

◎ 新围村村貌（张观强 摄于2016年）

◎ 村中一角（张观强 摄于2016年）

◎ 传统民居（张观强 摄于2016年）

2015年末，户籍人口186人，其中男性94人，女性92人；80岁以上11人，最年长者91岁（男）；实际在村人口186人。非户籍外来人口约3万人。祖籍该村的香港同胞438人。祖籍该村的华人华侨878人，主要分布在美国、加拿大、澳大利亚、马来西亚、英国等国。

传统经济为农业、商业经营、水产。现村集体主要经营厂房出租、房屋租赁。村民主要收入来源为集体经济分红、房屋出租、工资性收入等。特色传统食品有客家粽子、糍粑、月饼、萝卜粄。

梅观高速G94线、县道X243线泗黎路经过该村。1968年通电话，1970年通自来水、通电，2000年实现全村村道水泥硬底化，2004年通互联网。

传统民居为客家民居，现存48座。

黄木有、黄伟良于2011年修纂《观澜黄氏历史文化》。

每年清明节、重阳节，村中有祭祀活动；春节有宗族活动。

代表性人物：

黄炳森，抗日战争、解放战争时期的游击队大队长，是该地抗战时期著名的"三条黄"之一。

周林娇（1927—），曾为广东人民抗日游击队东江纵队战士，任通讯员。

（资料填报：沈海强；初稿撰写：谢官福；分纂：黄木有）

水围村

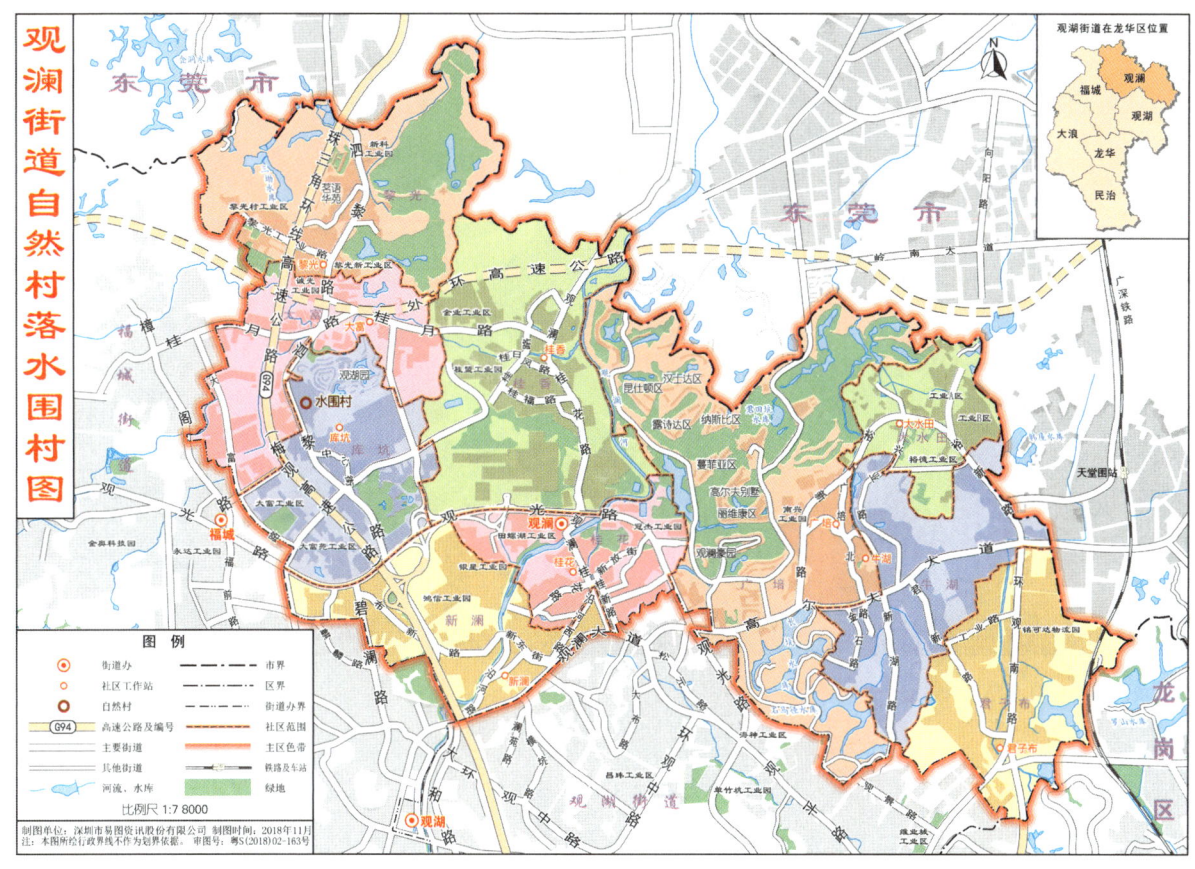

水围村位置示意图

水围村，位于观澜街道北部，距街道办事处约3千米。相邻自然村有库坑中心村、凹背围村、黎光村。该村位于山区丘陵地带，有笑窝山、萝汶山，最高海拔约200米。村落始建于清代，因分村而形成。因村附近有归地水塘、连塘几个小水库以及山塘而得名。

清朝，属新安县。1914年，属宝安县；1935年，属东莞县第四区观澜乡。中华人民共和国成立之初，属宝安县观澜乡；1958年，属红色公社；1959年，属观澜公社；1979年，属深圳市龙华区观澜公社；1981年，属深圳市宝安县观澜公社；1983年7月，属宝安县观澜区库坑乡；1986年，属观澜镇；1993年，属深圳市宝安区观澜镇；2004年，属观澜街道；2011年，属深圳市龙华新区观澜街道库坑社区。

世居村民为汉族，客家民系，使用客家方言。村民主要有杨、宁2姓。第一大姓为杨姓，明嘉靖四十四年（1565年）从河南迁移至广东珠玑巷；清朝从广东长乐（今五华）迁移至当地。第二大姓为宁姓，1963年从信宜迁移至当地。

◎ 水围村村貌（陈章博 摄于2016年）

2015年末，户籍人口224人，其中男性113人，女性111人；80岁以上14人，最年长者90岁（女）；实际在村人口216人；海外留学8人。非户籍外来人口约1.5万人。祖籍该村的香港同胞492人。祖籍该村的华人华侨926人，主要分布在美国、英国、马来西亚、澳大利亚、加拿大等国。

传统经济为水产、农业、个体商业经营。现村集体主要经营厂房出租、房屋租赁。村民主要收入来源为集体经济分红、房屋出租、工资性收入等。特色传统食品有客家粽子、月饼、糍粑板、喜板、萝卜粄。

沈海高速G15线、大浪北路经过该村。1966年通电，1968年通电话，1970年通自来水，2000年实现全村村道水泥硬底化，2004年通互联网。

传统民居为客家民居，现存45座。宗祠2座，均为杨氏宗祠，一座始建于清嘉庆二十一年（1816年），占地面积40平方米。另一座建于1945年，占地面积60平方米。

存有《杨氏族谱》，杨荣新于2013年纂修。

村中有清明节、重阳节拜山祭祀活动。

（资料填报：沈海强；初稿撰写：谢官福；分纂：黄木有）

围仔村

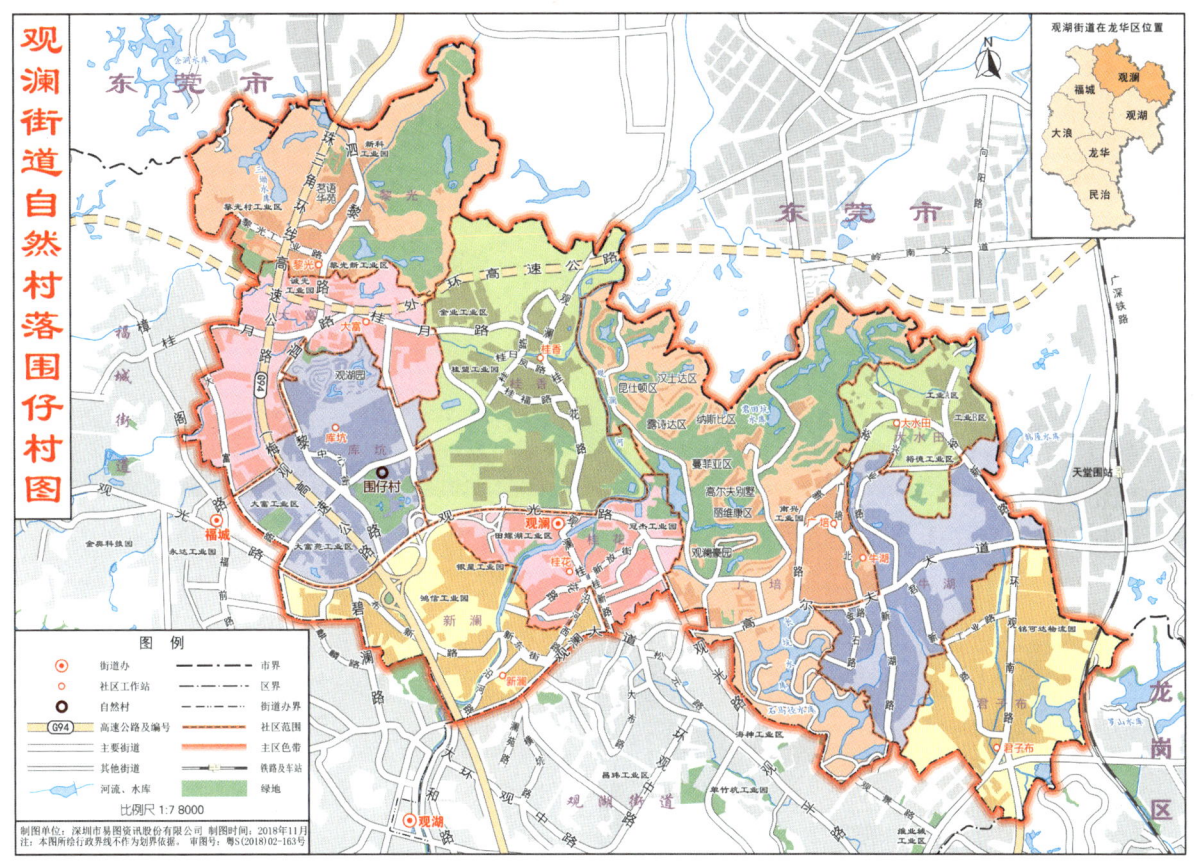

围仔村位置示意图

围仔村，位于观澜街道北部，距街道办事处约3千米。相邻自然村有新围村、库坑中心村。该村地处丘陵地带，有倒松窝山、分水凹、架子山、埋银窝山，海拔约300米；新墟河、庙下河从村北及村西南流过。有倒松窝水塘、长龙坑水塘2座水库。村落始建于清代，现村在原地重建。

清朝，属新安县。1914年，属宝安县；1935年，属东莞县第四区观澜乡。中华人民共和国成立之初，属宝安县观澜乡；1958年，属红色公社；1959年，属观澜公社；1979年，属深圳市龙华区观澜公社；1981年，属深圳市宝安县观澜公社；1983年7月，属宝安县观澜区库坑乡；1986年，属观澜镇；1993年，属深圳市宝安区观澜镇；2004年，属观澜街道；2011年，属深圳市龙华新区观澜街道库坑社区。

世居村民为汉族，客家民系，使用客家方言。村民主要为黄姓，明嘉靖三十五年（1556年）从河南迁移至广东珠玑巷；清朝从广东长乐（今五华）迁移至当地。

2015年末，户籍人口174人，其中男性84人，女性90人；80岁以上9人，最年长者93岁

◎ 围仔村村貌（张观强 摄于2016年）

◎ 传统民居（张观强 摄于2016年）

（女）；实际在村人口174人。非户籍外来人口2.3万人。祖籍该村的香港同胞327人。祖籍该村的华人华侨780人，主要分布在美国、加拿大、澳大利亚、马来西亚、泰国等国。

传统经济为农业、个体商业经营。现村集体主要经营厂房出租、房屋租赁。村民主要收入来源为集体经济分红、房屋出租、工资性收入等。特色传统食品有客家粽子、糍粑、喜粄、圆笼粄。

梅观高速G94线、县道X243线泗黎路、观光路经过该村。1968年通自来水及电话，1970年实现全村村道水泥硬底化，1996年通电，2004年通互联网。

传统民居为客家民居，现存40座。代表性民居有品辉楼，建于1922年，占地面积60平方米，有楹联"品立千重阁；辉登百尺楼"；保存现状良好，有人居住。永源客家民居，始建于1923年，坐落在围仔老村顶高巷，有匾额"永源号"。围仔老村28号旁有建于民国时期的碉楼。

该村存有《观澜黄氏历史文化》，由黄木有、黄伟良于2011年纂修。

每年清明节，村民进行拜山祭祖活动。重阳节有祭祀活动，春节有宗族活动。

（资料填报：沈海强；初稿撰写：谢官福；分纂：黄木有）

凹背围村

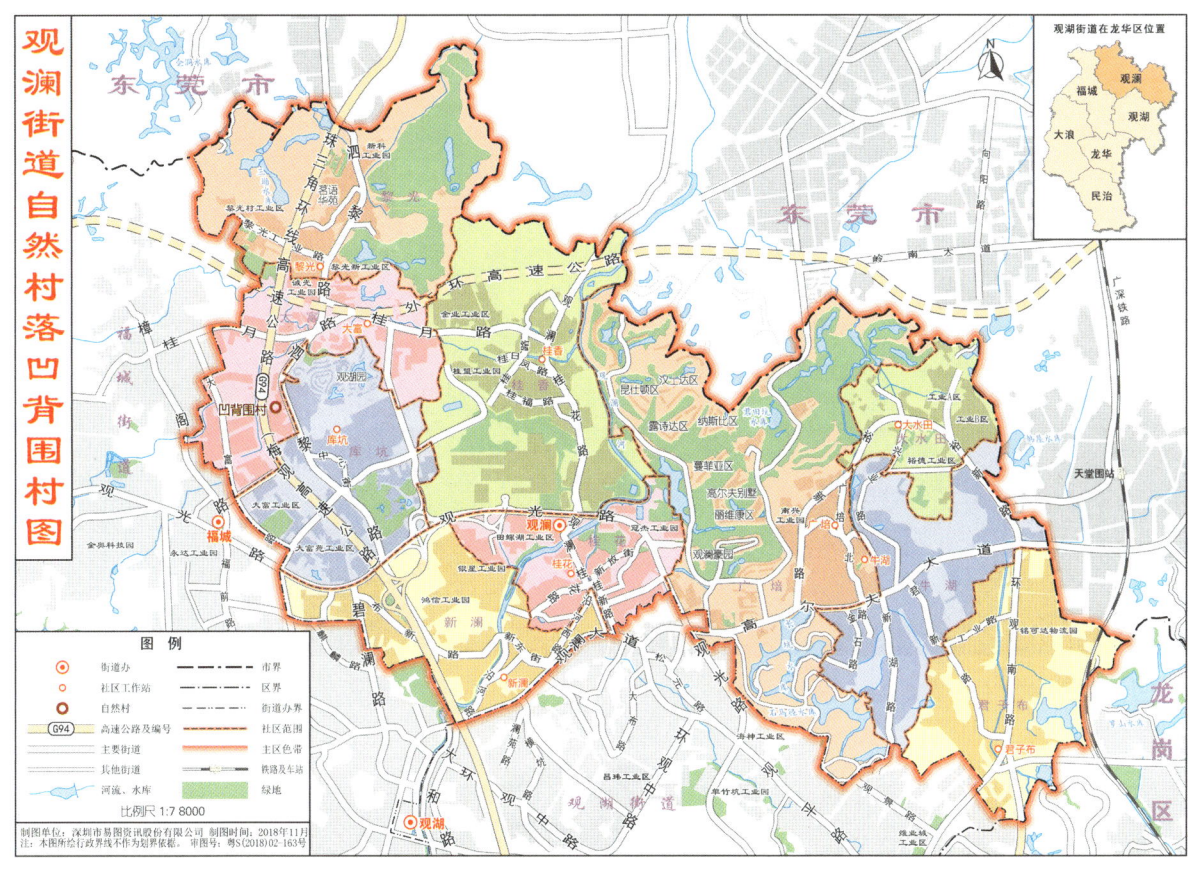

凹背围村位置示意图

凹背围村，位于观澜街道北部，距街道办事处约3千米。相邻自然村有水围村、库坑中心村。该村位于山区丘陵地带，有滑留山，海拔200米；庙吓河从村北面流过。村落始建于清朝，现村在原地重建。

清朝，属新安县。1914年，属宝安县；1935年，属东莞县第四区观澜乡。中华人民共和国成立之初，属宝安县观澜乡；1958年，属红色公社；1959年，属观澜公社；1979年，属深圳市龙华区观澜公社；1981年，属深圳市宝安县观澜公社；1983年7月，属宝安县观澜区库坑乡；1986年，属观澜镇；1993年，属深圳市宝安区观澜镇；2004年，属观澜街道；2011年，属深圳市龙华新区观澜街道库坑社区。

世居村民为汉族，客家民系，使用客家方言。村民主要有杨、容2姓。第一大姓为杨姓，明嘉靖三十五年（1556年）从河南迁移至广东珠玑巷；清代从广东长乐（今五华）迁移至当地。第二大姓为容姓，1963年从广东信宜迁移至当地。

◎ 凹背围村村貌（张观强 摄于2016年）

2015年末，户籍人口104人，其中男性48人，女性56人；80岁以上3人，最年长者89岁（女）；实际在村人口104人。

传统经济为农业、个体商业经营。现村集体主要经营厂房出租、房屋租赁。村民主要收入来源为集体经济分红、房屋出租、工资性收入等。特色传统食品有客家粽子、糍粑、喜粄、圆笼粄。

梅观高速G94线、县道X243线泗黎路经过该村。1966年通电话，1968年通电，1970年通自来水，2000年实现全村村道水泥硬底化，2004年通互联网。

该村有库坑小学，2015年有6个年级，24个班，在校学生1100人，教职工63人；有爱爱幼儿园，在园幼儿330人，教职工42人。有篮球场、库坑公园。还有库坑图书馆，2015年藏书约1万册。

传统民居为客家民居，现存38座。杨氏宗祠，始建于清朝，占地面积186平方米。

存有《杨氏族谱》，由杨荣新于2013年纂修。

（资料填报：沈海强；初稿撰写：谢官福；分纂：黄木有）

陂头吓村

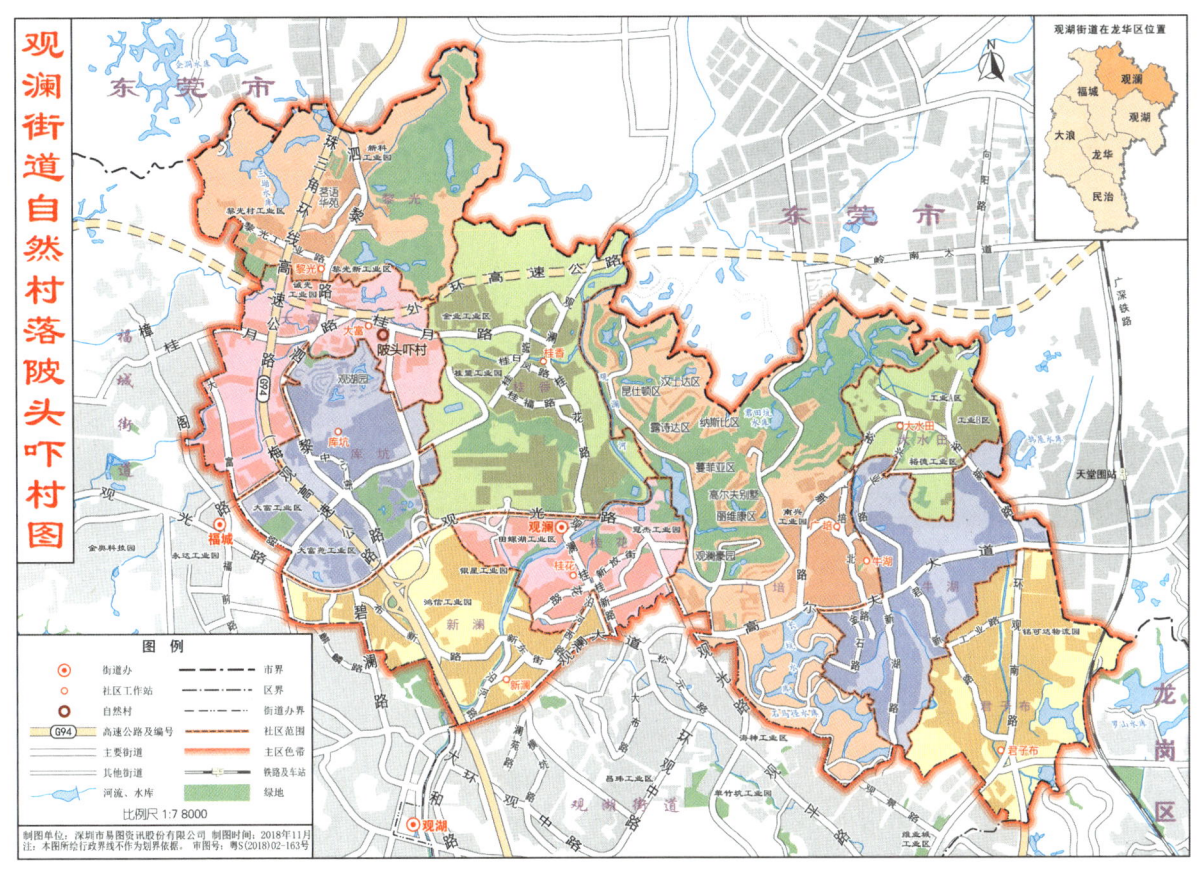

陂头吓村位置示意图

陂头吓村，位于观澜街道北部，距街道办事处约4千米。相邻自然村有库坑中心村、黎光村、企坪村、新围村。村落位于山间谷地，有东心坑山、竹篙见山、滑留山，海拔200米；章阁河、新墟河从村东南流过。有通心坑水塘、莲塘水塘。村落始建于清代，现村于20世纪90年代在原地重建。曾用名陂头下村，别名园墩排村，因谐音改为陂头吓村。

清朝，属新安县。1914年，属宝安县；1935年，属东莞县第四区观澜乡。中华人民共和国成立之初，属宝安县观澜乡；1958年，属红色公社；1959年，属观澜公社；1979年，属深圳市龙华区观澜公社；1981年，属深圳市宝安县观澜公社；1983年7月，属宝安县观澜区库坑乡；1986年，属观澜镇；1993年，属深圳市宝安区观澜镇；2004年，属观澜街道；2011年，属深圳市龙华新区观澜街道库坑社区。

世居村民为汉族，客家民系，使用客家方言。村民主要为黄姓，清初从河南迁移至广东南雄珠玑巷，随后迁入梅州；清康熙后期从梅州迁移至此地。

◎ 陂头吓村村貌（张观强 摄于2016年）

◎ 村办公楼（张观强 摄于2016年）

2015年末，户籍人口235人，其中男性124人，女性111人；80岁以上2人，最年长者92岁（男）；实际在村人口235人。非户籍外来人口约1.2万人。祖籍该村的香港同胞32人、澳门同胞2人。祖籍该村的华人华侨14人，主要分布在新加坡、马来西亚等国。

传统经济为水产、养殖业、农业。现村集体主要经营厂房出租、房屋租赁。村民主要收入来源为集体经济分红、房屋出租、工资性收入等。

县道X243线泗黎路经过该村。1958年通电话，1966年通电，1970年通自来水，2000年实现全村村道水泥硬底化，2004年通互联网。有居民活动中心。

传统民居为客家民居，现存35座。

村中存有黄木有、黄伟良于2011年纂修的《观澜黄氏历史文化》。

每年春节、清明节，村民举行宗族活动。

抗日战争及解放战争时期，村中黄寿生、黄汉强等人带领村中进步青年参加革命。村中许多家庭都是游击队的革命堡垒户。

代表性人物：

刘友添（1921—1948），革命堡垒户，1946年至1948年期间，刘友添家成为游击队员的落脚点和出入点。1948年，刘友添与其丈夫黄观宝及母张氏相继被国民党抓捕，遭受残酷刑讯，刘友添后来被打得重伤至死。

黄炳华（1921—1946），1943年11月自库坑霁月学校毕业后投身革命，参加广东人民抗日游击队东江纵队，1946年11月在沙鱼涌战斗中牺牲。

黄德勤（1926—1946），1943年参加广东人民抗日游击队，任税收员，1946年在东莞税站战斗中牺牲。

（资料填报：沈海强；初稿撰写：谢官福；分纂：黄木有）

黎光社区

黎光村

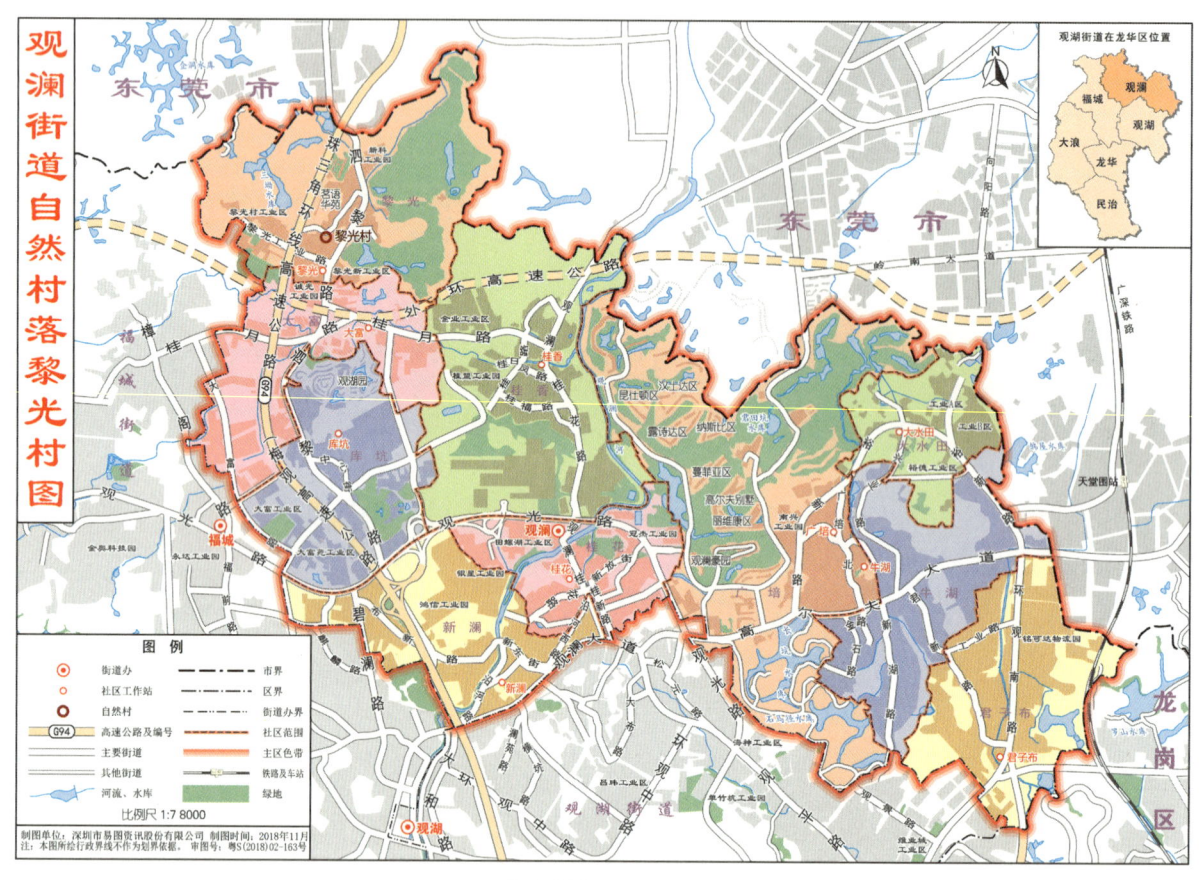

黎光村位置示意图

黎光村，位于观澜街道西北部，距街道办事处约5千米。相邻自然村有陂头吓村、水围村（库坑社区）、东莞大坪村。有木沟柴（又名坳背山），海拔180米；黎光河从村东南流过。附近有三坳水库。该村始建于清道光年间（1821—1850年），曾用名垏岗村、泥岗仔村。中华人民共和国成立后，改名为黎光村。

清朝，属新安县。1914年，属宝安县；1935年，属东莞县第四区观澜乡。中华人民共和国成立之初，属宝安县观澜乡；1958年，属红色公社；1959年，属观澜公社；1979年，属深圳市龙华区观澜公社；1981年，属深圳市宝安县观澜公社；1983年7月，属宝安县观澜区库坑乡；1986年，属观澜镇；1993年，属深圳市宝安区观澜镇；2004年，属观澜街道；2011年，属深圳市龙华新区观澜街道黎光社区。

世居村民为汉族，客家民系，使用客家方言。村民主要为刘姓，清康熙末年从广东兴宁迁丰顺，后辗转惠来、东莞樟木头、新安定居现住地。

◎ 黎光村村貌（张观强 摄于2016年）

◎ 观澜湖高尔夫黎光会所（张观强 摄于2016年）

◎ 碉楼（张观强 摄于2016年）

2015年末，户籍人口453人，其中男性217人，女性236人；80岁以上14人，最年长者99岁（女）；实际在村人口453人。非户籍外来人口约2.1万人。祖籍该村的香港同胞114人。祖籍该村的华人华侨7人，主要分布在美国、苏里南等国。

传统经济为农业，种植水稻、蔬菜，兼有养殖业。现村集体主要经营厂房出租、房屋租赁。村民主要收入来源为集体经济分红、房屋出租、工资性收入等。特色传统食品有炒米饼、米通、圆笼粄、喜粄、粗叶粄、萝卜粄、糍粑粄。

县道X243线泗黎路经过该村。1955年通电话，1980年通电，1992年实现全村村道水泥硬底化，1998年通自来水，2001年通互联网。村内有博蕾幼儿园，2015年在园幼儿182人，教职工28

◎ 黎光老村村貌（张观强 摄于2016年）

人；茗语幼儿园，在园幼儿165人，教职工23人。有篮球场、全民健身路径和黎光公园、黎光社区党群服务活动中心。村中有观澜湖高尔夫黎光会所，位于观澜湖国家5A级景区内，生态环境优美。

传统民居为客家民居，现存15座。存有2座客家碉楼，占地面积各50平方米。刘氏宗祠，始建于民国时期，占地面积约100平方米，因火灾坍塌，只留下遗址。

该村清明节有祭祀活动。

代表性人物：

刘胜贵（1904—1949），1947年4月参加惠东宝人民护乡团，1949年7月在观澜英勇就义，时任军需押运员。

刘惠清（1929—1948），1943年2月参加广东人民抗日游击总队，1948年8月在博罗县作战时牺牲。

（资料填报：沈海强；初稿撰写：谢官福；分纂：黄木有）

牛湖社区

牛湖老村

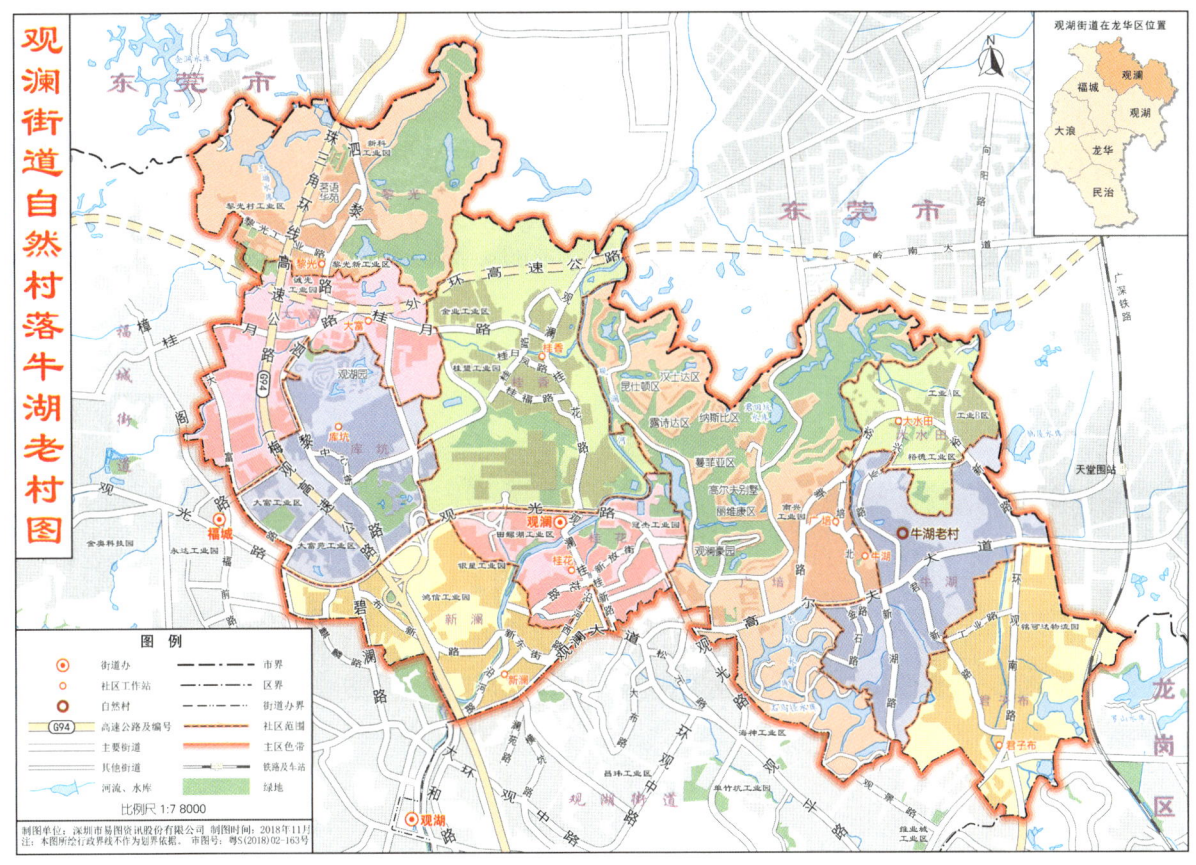

牛湖老村位置示意图

牛湖老村，位于观澜街道东部，距街道办事处约6千米。相邻自然村有坳顶村、石马径村、大水田村。村落位于山区丘陵谷地，有求雨岭山，海拔100米；牛湖河从村东面流过。村落始建于清康熙四十五年（1706年），邓、李、魏姓由广东长乐（今五华）迁来鳌湖安居建村，随后有张、罗、巫姓。后来陈姓迁来，因人多而迟来，所以在附近又建村庄，取名牛湖新村，包括俄地吓村、木头湖村、方埔村（方埔一村、方埔二村）、坳顶村、吓围村等6个自然村落。而原来最早形成的村落改名为牛湖老村，曾用名鳌湖老围，现村于20世纪90年代在原地重建。

清朝，属新安县。1914年，属宝安县；1935年，属东莞县第四区观澜乡。中华人民共和国成立之初，属宝安县观澜乡；1958年，属红色公社；1959年，属观澜公社；1979年，属深圳市龙华区观澜公社；1981年，属深圳市宝安县观澜公社；1983年7月，属宝安县观澜区牛湖乡；1986年，属观澜镇；1993年，属深圳市宝安区观澜镇；2004年，属观澜街道；2011年，属深圳市龙华新区观澜街道牛湖社区。

◎ 牛湖老村村貌（陈章博 摄于2016年）

◎ 邓氏宗祠（陈章博 摄于2016年）

◎ 焕廷家塾（陈章博 摄于2016年）

世居村民为汉族，客家民系，使用客家方言。牛湖最早落居的有邓、李、魏3姓，后有曾、张、罗、巫、陈姓等。第一大姓氏为邓姓，清康熙四十三年（1704年）从河南迁移至江西南丰，约清康熙四十四年（1705年）从江西南丰迁移至当地。第二大姓为李姓，清康熙四十五年从河南迁移至广东省梅州，同年从梅州迁移至当地。第三大姓为魏姓，清康熙四十五年从河南迁移至广东长乐（今五华）；清康熙四十七年（1708年）从长乐迁移至当地。第四大姓为曾姓，元延祐年间（1314—1320年）从江西南丰迁移至广东长乐（今五华）、兴宁；清嘉庆五年（1800年）从长乐、兴宁迁移至当地。

2015年末，户籍人口600人，其中男性310人，女性290人；80岁以上31人，最年长者94岁（女）；实际在村人口600人。非户籍外来人口约7000人。祖籍该村的香港同胞约300人。祖籍该村的华人华侨290人，主要分布在东南亚及欧洲、美洲。

传统经济为农业种植和养殖。现村集体主要经营厂房出租、房屋租赁。村民主要收入来源为集体经济分红、房屋出租、工资性收入等。

高尔夫大道、裕新路经过该村。1970年通电话，1986年通电，1990年实现全村村道水泥硬底化，1998年通自来水，2003年通互联网。该村有牛湖村民活动中心、牛湖图书馆。

◎ 1930年的牛湖村（转载于2016年版《百年观澜文化丛书》）

传统民居为客家民居，现存80座。代表性民居有客家围屋，建于300年前，占地面积3000平方米，属县区级文物，保存现状良好，有人居住。

现存宗祠7座。邓氏宗祠、魏氏宗祠，均始建于清朝，占地面积120平方米，现保存完好，仍作宗祠使用。还有陈氏宗祠、巫氏宗祠、李氏宗祠、罗氏宗祠、张氏宗祠。魏氏焕廷家塾，始建于1921年。牛湖老村门楼，始建于1996年，由华侨李光昌捐建。

村中有《陈氏族谱》《魏氏族谱》。该村每年有清明扫墓活动、春节团聚活动。

清咸丰年间（1851—1861年），村民由于生活艰难以及为逃避抽壮丁，一部分人经香港到国外谋生，形成一个出国潮，主要到牙买加、苏里南以及美国、加拿大、西欧等地，牛湖老村也因此成为华侨之乡。

2013年开始，该村艺术家邓春儒带领来自国内外的几十名艺术家在这里创作、交流、展示，形成了鳌湖艺术村。

代表性人物：

李光昌（1919—），出生于牙买加，祖籍该村，1927年回到家乡启明学校读书，1940年返牙买加，曾任牙买加中华会馆主席；1964年中华人民共和国成立15周年国庆，受国务院邀请登上天安门城楼，得到周恩来等国家领导人的接见。

邓素伟（1940—），和胞弟邓素华在牙买加合作创办华兴百货公司和超级商场；从1984年起，担任多届牙买加中华会馆主席。

邓春儒（1977—），毕业于广州美术学院，深圳鳌湖艺术村发起人，鳌湖美术馆负责人。

（资料填报：沈海强；初稿撰写：谢官福；分纂：黄木有）

坳顶村

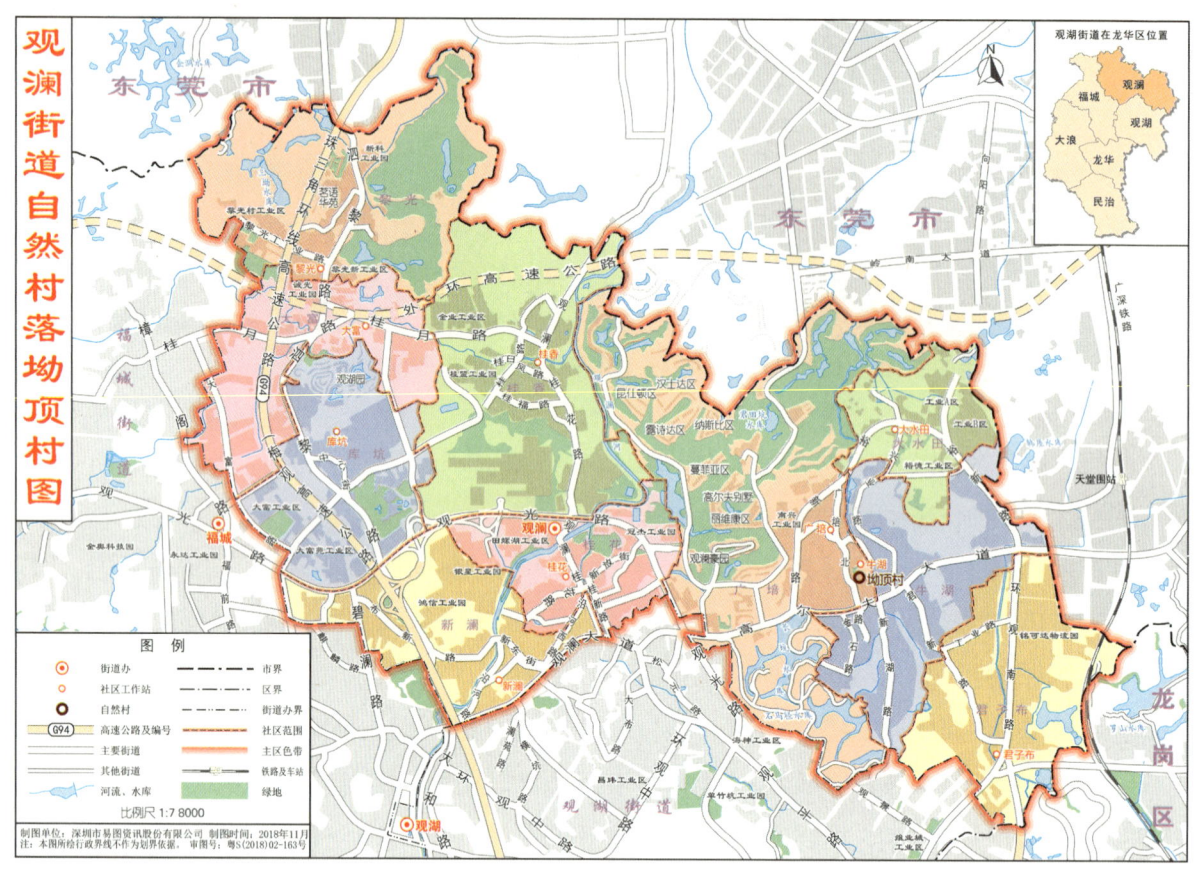

坳顶村位置示意图

坳顶村，位于观澜街道北部，距街道办事处约4千米。相邻自然村有牛湖老村、吓围村、木头湖村、方埔村、石马径村。该村位于丘陵地区，有求水顶山，海拔约200米；猪姆头河从村西面流过。附近有长坑水库，现属观澜湖。该村是牛湖新村6个自然村落之一。据说清康熙四十七年（1708年），陈氏先祖陈振芹携家眷从广东长乐（今五华）迁至新安，先到盐田上坪落居，因该地路远地窄，遂边耕边觅，经近三十载，才相中鳌湖这一地方，率子孙在此落居而形成村落。现村在原地重建。

清朝，属新安县。1914年，属宝安县；1935年，属东莞县第四区观澜乡。中华人民共和国成立之初，属宝安县观澜乡；1958年，属红色公社；1959年，属观澜公社；1979年，属深圳市龙华区观澜公社；1981年，属深圳市宝安县观澜公社；1983年7月，属宝安县观澜区牛湖乡；1986年，属观澜镇；1993年，属深圳市宝安区观澜镇；2004年，属观澜街道；2011年，属深圳市龙华新区观澜街道牛湖社区。

观澜街道 牛湖社区 坳顶村

◎ 坳顶村村貌（陈章博 摄于2016年）

◎ 碉楼（陈章博 摄于2016年）

世居村民为汉族，客家民系，使用客家方言。村民主要为陈姓，清朝从广东长乐（今五华）迁移至广东新安；清乾隆元年（1736年）从新安县盐田上坪村迁移至当地。

2015年末，户籍人口201人，其中男性95人，女性106人；80岁以上3人，最年长者91岁（女）；实际在村人口191人。非户籍外来人口约3200人。祖籍该村的香港同胞83人。祖籍该村的华人华侨104人，主要分布在美国、加拿大、苏里南、牙买加、澳大利亚等国。

传统经济为农业种植和养殖。现村集体主要经营厂房出租、房屋租赁。村民主要收入来源为集体经济分红、房屋出租、工资性收入等。特色传统食品有客家酿豆腐、裹粽子、打糍粑。

高尔夫大道、牛湖路经过该村。1968年通电及通电话，1993年通自来水，1998年实现全村村道水泥硬底化，2000年通互联网。

传统民居为客家民居，现存25座。代表性民居有陈氏碉楼，建于1931年，占地面积70平方米，保存现状完好，有人居住。牛湖新村6个村都是有名的华侨村，二十世纪二三十年代，华侨回乡建房建碉楼共有26座，其中坳顶村就有几座。

启明学校，始建于1924年，20世纪90年代合并至牛湖小学。

该村有《陈姓族谱》，陈氏族人于1938年重修，后于2009年重新纂修。

每年清明节、重阳节，村中陈氏族人举办祭祖活动；每年春节，陈氏族人举行团聚活动。

据《陈氏族谱》记载，传说先祖陈振芹的母亲范妙秀小时候跟随父亲以江湖卖艺卖药为生，是一个身怀武艺的女侠，善使飞镖，百发百中。婚后从夫在地瘠乡贫的落后山村耕种。

代表性人物：

陈伯腾（1936—），华侨，在牙买加经商，支持家乡建设，多次为广培学校重建而在埠外发动捐款。

（资料填报：沈海强；初稿撰写：谢官福；分纂：黄木有）

俄地吓村

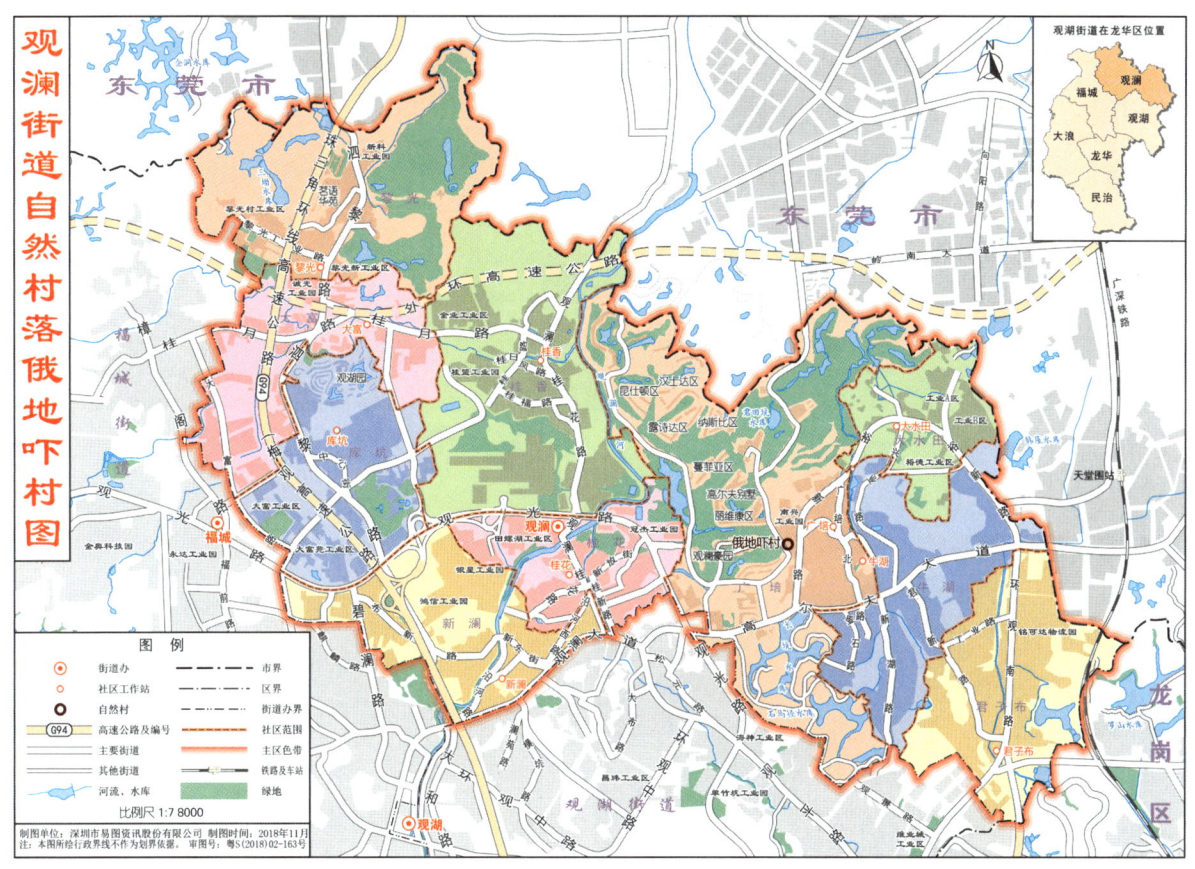

俄地吓村位置示意图

俄地吓村，位于观澜街道北部，距街道办事处约4千米。相邻自然村有吓围村、方埔村。有求水顶山，海拔约200米；猪姆头河从村前流过。附近有长坑水库。俄地吓村是牛湖新村6个自然村落之一。村落始建于清乾隆元年（1736年），因陈氏先祖陈振芹率子孙在此落居而形成。现村在原地重建。

清朝，属新安县。1914年，属宝安县；1935年，属东莞县第四区观澜乡。中华人民共和国成立之初，属宝安县观澜乡；1958年，属红色公社；1959年，属观澜公社；1979年，属深圳市龙华区观澜公社；1981年，属深圳市宝安县观澜公社；1983年7月，属宝安县观澜区牛湖乡；1986年，属观澜镇；1993年，属深圳市宝安区观澜镇；2004年，属观澜街道；2011年，属深圳市龙华新区观澜街道牛湖社区。

世居村民为汉族，客家民系，使用客家方言。村民主要为陈姓，清康熙年间（1662—1722年）从广东长乐（今五华）迁移至广东新安；清乾隆元年（1736年）从新安县盐田上坪村迁移至

◎ 俄地吓村村貌（陈章博 摄于2016年）

◎ 陈氏宗祠（陈章博 摄于2016年）

◎ 陈烟桥故居（陈章博 摄于2016年）

当地。

2015年末，户籍人口191人，其中男性93人，女性98人；80岁以上4人，最年长者93岁（女）；实际在村人口191人。

传统经济为农业。现村集体主要经营厂房出租、房屋租赁。村民主要收入来源为集体经济分红、房屋出租、工资性收入等。特色传统（节庆）食品有客家酿豆腐、粽子、糍粑。

高尔夫大道、裕新路经过该村。1968年通电、通电话，1993年通自来水，1998年实现全村村道水泥硬底化，2000年通互联网。

村中有陈氏宗祠，始建于清代，重修于1987年，占地面积200平方米，客家宗祠特色，仍作宗祠使用。

每年清明节、重阳节，村中陈氏族人举办祭祖活动；每年春节，陈氏族人举行团聚活动。

代表性人物：

陈英豪（1906—1979），牙买加著名爱国侨领，1940年捐款支持祖国抗日并回国参加抗日，任职中央设计院；后在牙买加创办6所侨民学校，并任牙买加议员长达10年；他一生爱国，多次受到国家领导人接见。

陈烟桥（1911—1970），版画家、教育家；1931年考入上海新华美术学校，从事美术木刻创作；后投身鲁迅等人组织的新文化运动，用版画做武器投入抗日反蒋等革命斗争。

（资料填报：沈海强；初稿撰写：谢官福；分纂：黄木有）

木头湖村

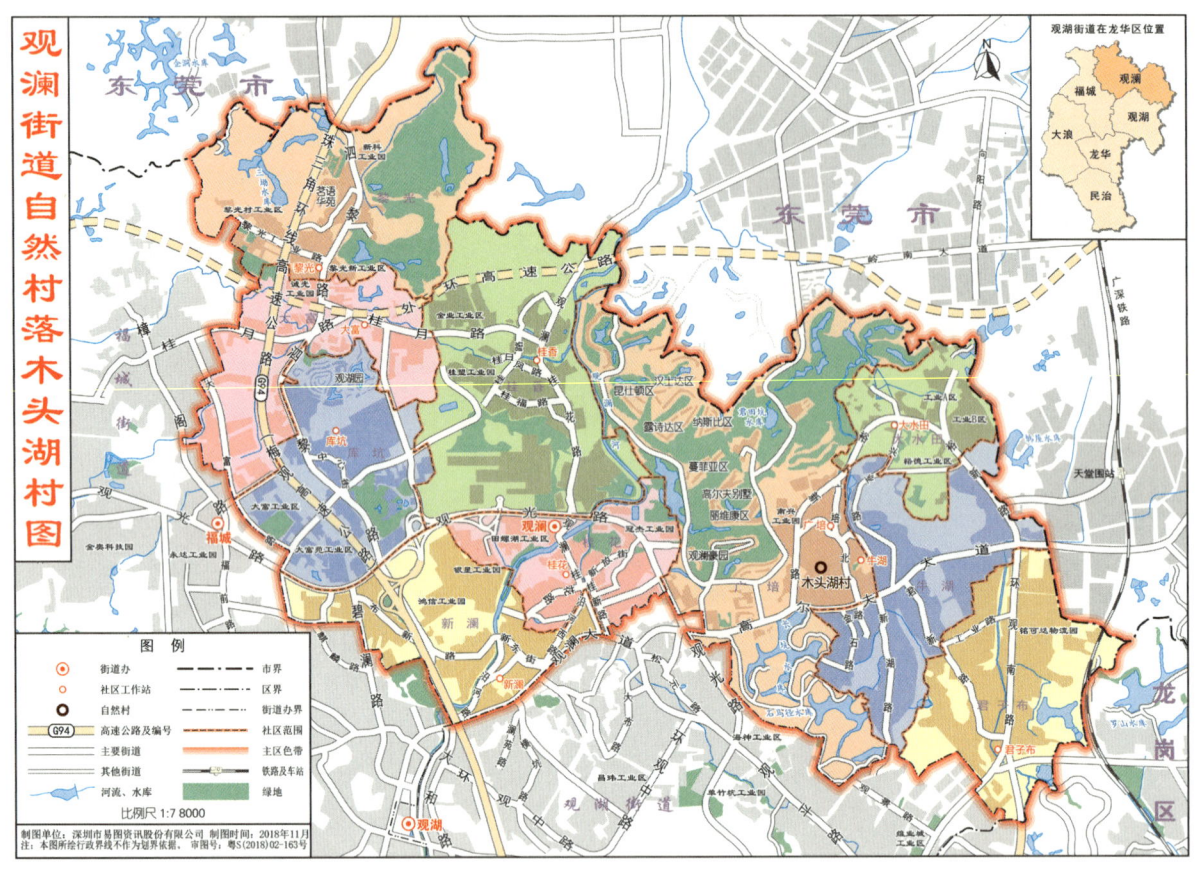

木头湖村位置示意图

木头湖村，位于观澜街道北部，距街道办事处约4千米。相邻自然村有吓围村、坳顶村、石马径村。有求水顶山，海拔约200米；猪姆头河从村西流入石马河；附近有君宁坑水库、长坑水库（现属观澜湖）。木头湖村是牛湖新村6个自然村落之一。村落始建于清乾隆元年（1736年），现村在原地重建。因湖的周围树木茂盛，产出各种木材（头），村落位于湖附近，故名木头湖村。

清朝，属新安县。1914年，属宝安县；1935年，属东莞县第四区观澜乡。中华人民共和国成立之初，属宝安县观澜乡；1958年，属红色公社；1959年，属观澜公社；1979年，属深圳市龙华区观澜公社；1981年，属深圳市宝安县观澜公社；1983年7月，属宝安县观澜区牛湖乡；1986年，属观澜镇；1993年，属深圳市宝安区观澜镇；2004年，属观澜街道；2011年，属深圳市龙华新区观澜街道牛湖社区。

世居村民为汉族，客家民系，使用客家方言。村民主要为陈姓，清朝从广东长乐（今五华）迁移至广东新安，清乾隆元年（1736年）从新安县盐田上坪村迁移至当地。

◎ 木头湖村一角（张观强 摄于2016年）

◎ 广培小学（陈章博 摄于2016年）

2015年末，户籍人口206人，其中男性104人，女性102人；80岁以上7人，最年长者92岁（女）；实际在村人口206人。非户籍外来人口约2800人。祖籍该村的香港同胞59人。祖籍该村的华人华侨100人，主要分布在美国、加拿大、苏里南、牙买加等国。

传统经济为农业种植和养殖。现村集体主要经营厂房出租、房屋租赁。村民主要收入来源为集体经济分红、房屋出租、工资性收入等。特色传统食品有客家酿豆腐、裹粽子、糍粑。

高尔夫大道、广培北路经过该村。1968年通电及通电话，1993年通自来水，1998年实现全村村道水泥硬底化，2000年通互联网。

村内有广培小学，设6个年级24个班，2015年有学生1200人，教职工70人。有广培幼儿园，在园幼儿200人，教职工12人。有篮球场1个。

传统民居为客家民居，现存5座。存有陈氏碉楼，建于1930年，占地面积70平方米。

存有《陈姓族谱》，陈氏族人于2010年纂修。

每年清明节、重阳节，村中陈氏族人举办祭祖活动；每年春节，陈氏族人举行团聚活动。

（资料填报：沈海强；初稿撰写：谢官福；分纂：黄木有）

方埔村

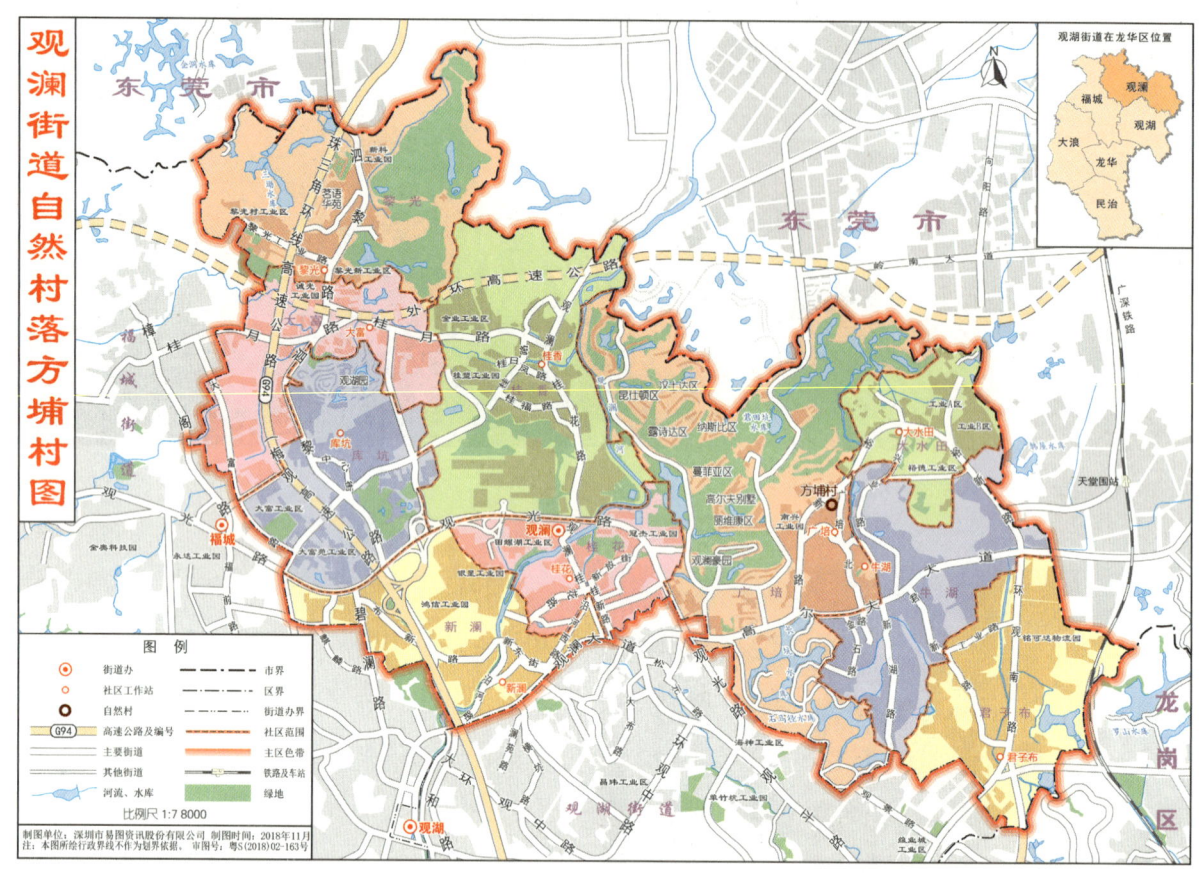

方埔村位置示意图

方埔村，位于观澜街道北部，距街道办事处约4千米。相邻自然村有坳顶村、吓围村、俄地吓村。有求水顶山，海拔约200米；猪姆头河从村西流入东莞塘厦沙湖，和观澜河汇合流入东莞石马河。附近有长坑水库（现属观澜湖）。方埔村是牛湖新村6个自然村落之一，是陈振芹后裔聚居发展之地。

清朝，属新安县。1914年，属宝安县；1935年，属东莞县第四区观澜乡。中华人民共和国成立之初，属宝安县观澜乡；1958年，属红色公社；1959年，属观澜公社；1979年，属深圳市龙华区观澜公社；1981年，属深圳市宝安县观澜公社；1983年7月，属宝安县观澜区牛湖乡；1986年，属观澜镇；1993年，属深圳市宝安区观澜镇；2004年，属观澜街道；2011年，属深圳市龙华新区观澜街道牛湖社区。方埔村包括方一村与方二村。

世居村民为汉族，客家民系，使用客家方言。村民主要为陈姓，清朝从广东长乐（今五华）迁移至广东新安；清乾隆元年（1736年）从新安县盐田上坪村迁移至当地。

观澜街道 牛湖社区 方埔村

◎ 方埔村村貌（陈章博 摄于2016年）

◎ 碉楼（陈章博 摄于2016年）

2015年末，户籍人口175人，其中男性82人，女性93人；80岁以上2人，最年长者94岁（女）；实际在村人口175人。非户籍外来人口约3000人。祖籍该村的香港同胞63人。祖籍该村的华人华侨106人，主要分布在美国、加拿大、苏里南、牙买加等国。

传统经济为农业种植和养殖。现村集体主要经营厂房出租、房屋租赁。村民主要收入来源为集体经济分红、房屋出租、工资性收入等。特色传统食品有客家酿豆腐、裹粽子、糍粑。

广培北路、裕新路经过该村。1968年通电及通电话，1993年通自来水，1998年实现全村村道水泥硬底化，2000年通互联网。

传统民居为客家民居，现存16座。存有陈氏碉楼，建于1932年，占地面积65平方米。有《陈姓族谱》，由陈氏族人于2010年纂修。当地居民每年春节举行团聚活动，清明、重阳祭祖。

（资料填报：沈海强；初稿撰写：谢官福；分纂：黄木有）

吓围村

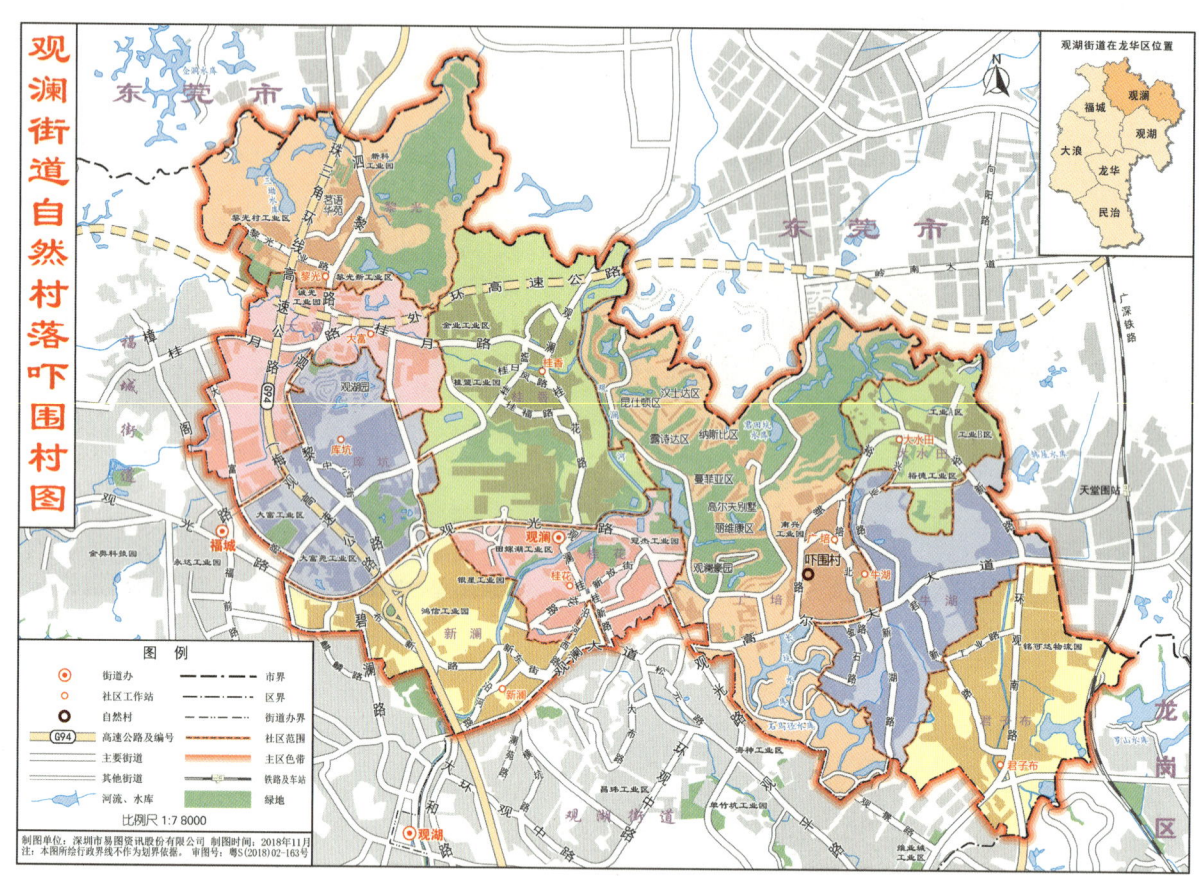

吓围村位置示意图

吓围村，位于观澜街道北部，距街道办事处约4千米。相邻自然村有木头湖村、坳顶村、方埔村、俄地吓村。有求水顶山，海拔约200米；猪姆头河从村西流入东莞塘厦沙湖，和观澜河汇合流入东莞石马河。附近有步狗坑水库（现统称观澜湖）。吓围村是牛湖新村6个自然村落之一。村落始建于清乾隆元年（1736年），因为牛湖新村的6个村中，吓围村的地理位置处于下游，而取名吓围村；曾用名下围村。现村在原地重建。

清朝，属新安县。1914年，属宝安县；1935年，属东莞县第四区观澜乡。中华人民共和国成立之初，属宝安县观澜乡；1958年，属红色公社；1959年，属观澜公社；1979年，属深圳市龙华区观澜公社；1981年，属深圳市宝安县观澜公社；1983年7月，属宝安县观澜区牛湖乡；1986年，属观澜镇；1993年，属深圳市宝安区观澜镇；2004年，属观澜街道；2011年，属深圳市龙华新区观澜街道牛湖社区。

世居村民为汉族，客家民系，使用客家方言。村民主要有陈姓，清朝从广东长乐（今五华）

◎ 吓围村村貌（张观强 摄于2016年）

◎ 传统民居（张观强 摄于2016年）

◎ 陈氏家祠（张观强 摄于2016年）

迁移至广东新安；清乾隆元年（1736年）从新安县盐田上坪村迁移至当地。

2015年末，户籍人口106人，其中男性46人，女性60人；80岁以上5人，最年长者95岁（女）；实际在村人口106人。非户籍外来人口约3000人。祖籍该村的香港同胞31人。祖籍该村的华人华侨100人，主要分布在北美洲、欧洲。

传统经济为农业种植和养殖。现村集体主要经营厂房出租、房屋租赁。村民主要收入来源为集体经济分红、房屋出租、工资性收入等。特色传统食品有客家酿豆腐、裹粽子、糍粑。

高尔夫大道、裕新路经过该村。1968年通电及通电话，1993年通自来水，1998年实现全村村道水泥硬底化，2000年通互联网。

传统民居为客家民居，现存25座。存有陈氏碉楼，建于1930年，占地面积70平方米，保存现状良好，有人居住。陈氏家祠，始建于清朝，占地面积200平方米，有楹联"聚族三千口天下第一；同居五百年世上无双"，书于清代。

有《陈姓族谱》，由陈氏族人于2010年纂修。

当地居民于清明节、重阳节举行祭祀活动。每年春节，陈氏族人举行团聚活动。

（资料填报：沈海强；初稿撰写：谢官福；分纂：黄木有）

石马径村

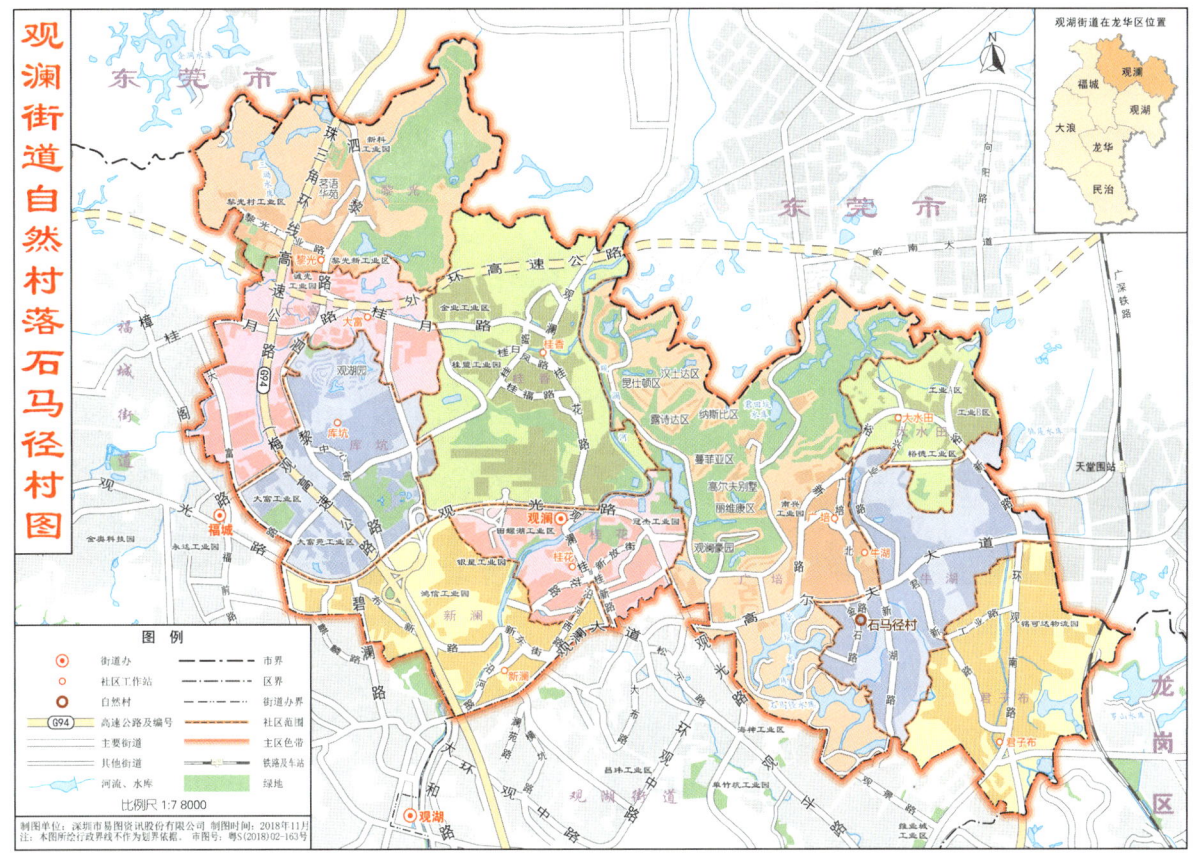

石马径村位置示意图

石马径村，位于观澜街道东南部，距街道办事处约3千米。相邻自然村有牛湖老村、坳顶村、木头湖村、凌屋村。村落位于山区丘陵地带，有石马径山，海拔60米；石马河从村东北流过；附近有石马径水库。村落始建于清康熙五十年（1711年），现村于1990年在原地扩建。含石一村、石二村、石三村3个自然村落。因古时村中有一棵樟树，有一天村民见到一只石马，从樟树中跑出，隐没在村中的山径之中，故取名石马径村。曾用名百马径村。

清朝，属新安县。1914年，属宝安县；1935年，属东莞县第四区观澜乡。中华人民共和国成立之初，属宝安县观澜乡；1958年，属红色公社；1959年，属观澜公社；1979年，属深圳市龙华区观澜公社；1981年，属深圳市宝安县观澜公社；1983年7月，属宝安县观澜区牛湖乡；1986年，属观澜镇；1993年，属深圳市宝安区观澜镇；2004年，属观澜街道；2011年，属深圳市龙华新区观澜街道牛湖社区。

世居村民为汉族，客家民系，使用客家方言。村民主要有陈、黄、李3姓。第一大姓为陈

◎ 石马径村村貌（张观强 摄于2016年）

◎ 石马径二村村貌（张观强 摄于2016年）

姓，元延祐年间（1314—1320年）从河南迁移至广东长乐（今五华）；清康熙四十七年（1708年）从长乐迁移至当地。第二大姓为黄姓，明崇祯年间（1628—1644年）从河南迁移至广东梅县；清康熙后期从梅县迁移至当地。第三大姓为李姓，清康熙初年从河南迁移至广东韶关南雄；清康熙后期从南雄迁移至当地。

2015年末，户籍人口415人，其中男性197人，女性218人；80岁以上15人，最年长者96岁（女）；实际在村人口415人。非户籍外来人口约1.5万人。祖籍该村的香港同胞480人。祖籍该村的华人华侨195人，主要分布在美国、加拿大和欧洲。

传统经济为农业种植和养殖。现村集体主要经营厂房出租、房屋租赁。村民主要收入来源为集体经济分红、房屋出租、工资性收入等。

高尔夫大道、观澜新湖路经过该村。1962年通电，1982年通自来水，1988年通电话，1997年实现全村村道水泥硬底化，2000年通互联网。

◎ 李氏宗祠（张观强 摄于2016年）　　　　　◎ 石三村李氏炮楼（张观强 摄于2016年）

传统民居为客家民居，现存39座。现存李氏宗祠、陈氏家祠，均始建于清朝。现存炮楼5座，其中石一村3座，石二村、石三村各1座，均建于民国时期。石一村、石二村的炮楼由陈氏所建，石三村炮楼由李氏所建。

陈水明于2009年纂修《陈氏族谱》。黄木有、黄伟良于2011年纂修《观澜黄氏历史文化》。

陈姓与黄姓各自于春节、清明节举行祭祀活动。村民每年重阳有登山活动。

（资料填报：沈海强；初稿撰写：谢官福；分纂：黄木有）

君子布社区

老围村

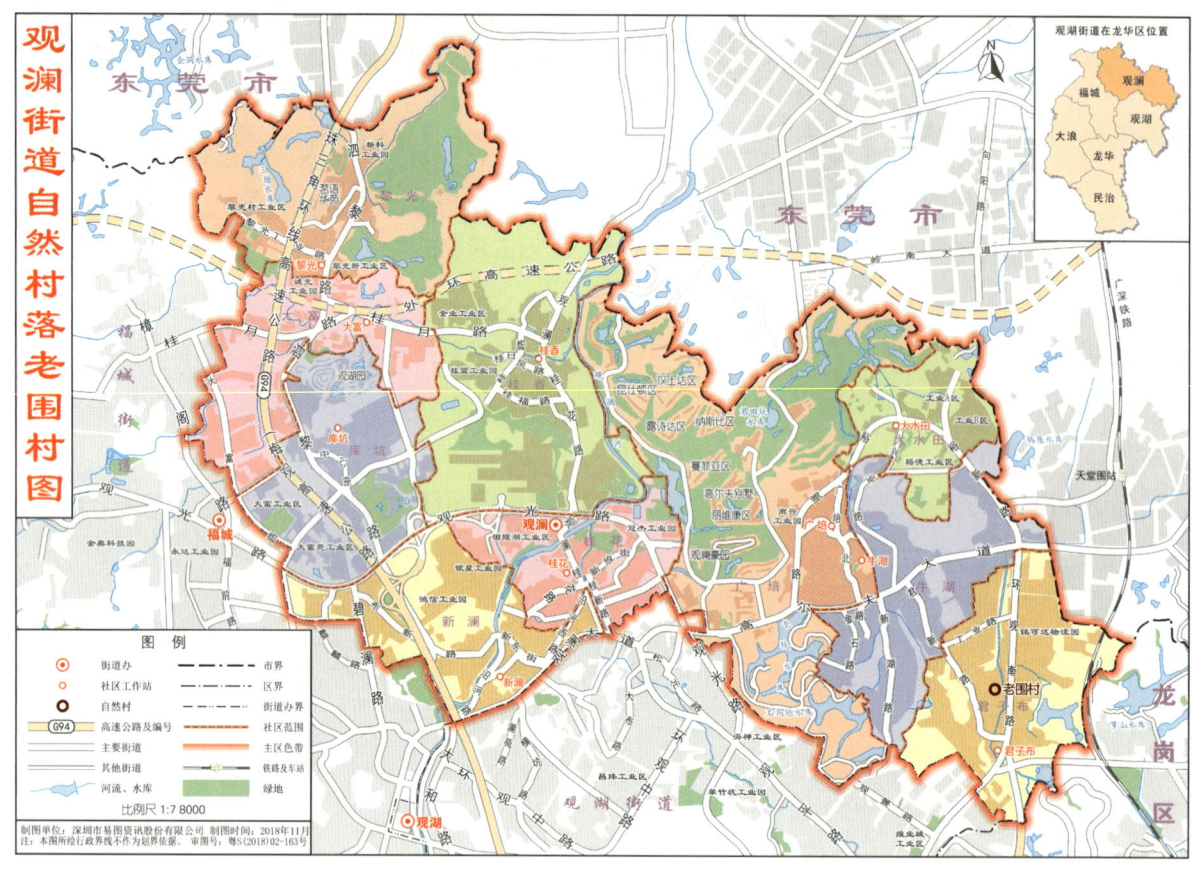

老围村位置示意图

老围村，位于观澜街道东北部，距街道办事处6.2千米。相邻自然村有龙兴村、田心村。该村位于山地丘陵地区，有吓窑山、张屋山、老围岭山，海拔70米；君溪河从村中穿过。村附近有狗公坑水库、烂伴沥水库。现成为深圳市后花园，狗公坑水库建成旅游景点，即山水田园农庄。老围村是君子布村最古老的村落。始建于清朝，现村在原地重建。

清朝，属新安县。1914年，属宝安县；1935年，属东莞县第四区观澜乡。中华人民共和国成立之初，属宝安县观澜乡；1958年，属红色公社；1959年，属观澜公社；1979年，属深圳市龙华区观澜公社；1981年，属深圳市宝安县观澜公社；1983年7月，属宝安县观澜区君子布乡；1986年，属观澜镇；1993年，属深圳市宝安区观澜镇；2004年，属观澜街道；2011年，属深圳市龙华新区观澜街道君子布社区。

世居村民为汉族，客家民系，使用客家方言。村民主要有何、温、洪、王、刘、曹、杨7姓。第一大姓为何姓，第二大姓为温姓，第三大姓为洪姓，均于清朝从河南迁移至今广东梅县；清末

◎ 老围村村貌（陈章博 摄于2016年）

◎ 德风小学（陈章博 摄于2016年）

◎ 何氏宗祠（陈章博 摄于2016年）

从今梅县迁移至当地。刘姓，清朝从福建汀州迁移至今广东梅县；清末从今梅县迁移至当地。

2015年末，户籍人口285人，其中男性129人，女性156人；80岁以上15人，最年长者96岁（女）；实际在村人口285人。非户籍外来人口约9000人。祖籍该村的香港同胞80人。祖籍该村的华人华侨80人，主要分布在荷兰、牙买加等国。归侨5人。

传统经济为农业种植和养殖。现村集体主要经营厂房出租、房屋租赁。村民主要收入来源为集体经济分红、房屋出租、工资性收入等。特色水果有荔枝、龙眼、柿子等。特色传统食品有客家茶果、客家豆腐等。

环观南路、老围直街、多环路经过该村。1958年通电话，1970年通电，1990年通自来水，1999

◎ 碉楼（陈章博 摄于2016年）

年实现全村村道水泥硬底化，2003年通互联网。该村有德风小学，2015年有6个年级，22个班，在校学生1150人，教职工80人；有君子布幼儿园，2015年在园幼儿380人，教职工37人。有运动场、君子布公园、社区服务中心、君子布图书馆，2015年藏书约2000册。

传统民居为客家民居，现存22座。现存何、温、洪、王、刘、曹、杨7座宗祠。何氏宗祠，始建于清光绪二十六年（1900年），占地面积70平方米，现仍作宗祠使用。温氏宗祠，始建于1920年，占地面积60平方米，现仍作宗祠使用。有碉楼1座，始建于1920年。

村民于每年重阳节和清明节举办祭祀活动，春节举办团聚活动。

君子布的由来有一个传说：宋时有一举子，从东莞的天堂围向君子布方向策马而行，未及进村，即远远下马伏地三拜，并嘱书童牵马徒步经过。书童不解，便问其故。举子说："吾观周遭行人举止谦谦，颇有君子之风、布衣豪侠之气。"过后，旁人窃问书童："举子言何？"童子答非所问："此地为君子布。"因此得名。

代表性人物：

杨琪，广东人民抗日游击队东江纵队队员，参加惠东宝游击区地方活动联络点的工作，发动青年参加部队，收集敌伪情报，联络上级党组织，使广九铁路路东和路西部队转移顺利进行；中华人民共和国成立后在广州市黄埔港任职。

（资料填报：沈海强；初稿撰写：谢官福；分纂：黄木有）

田心村

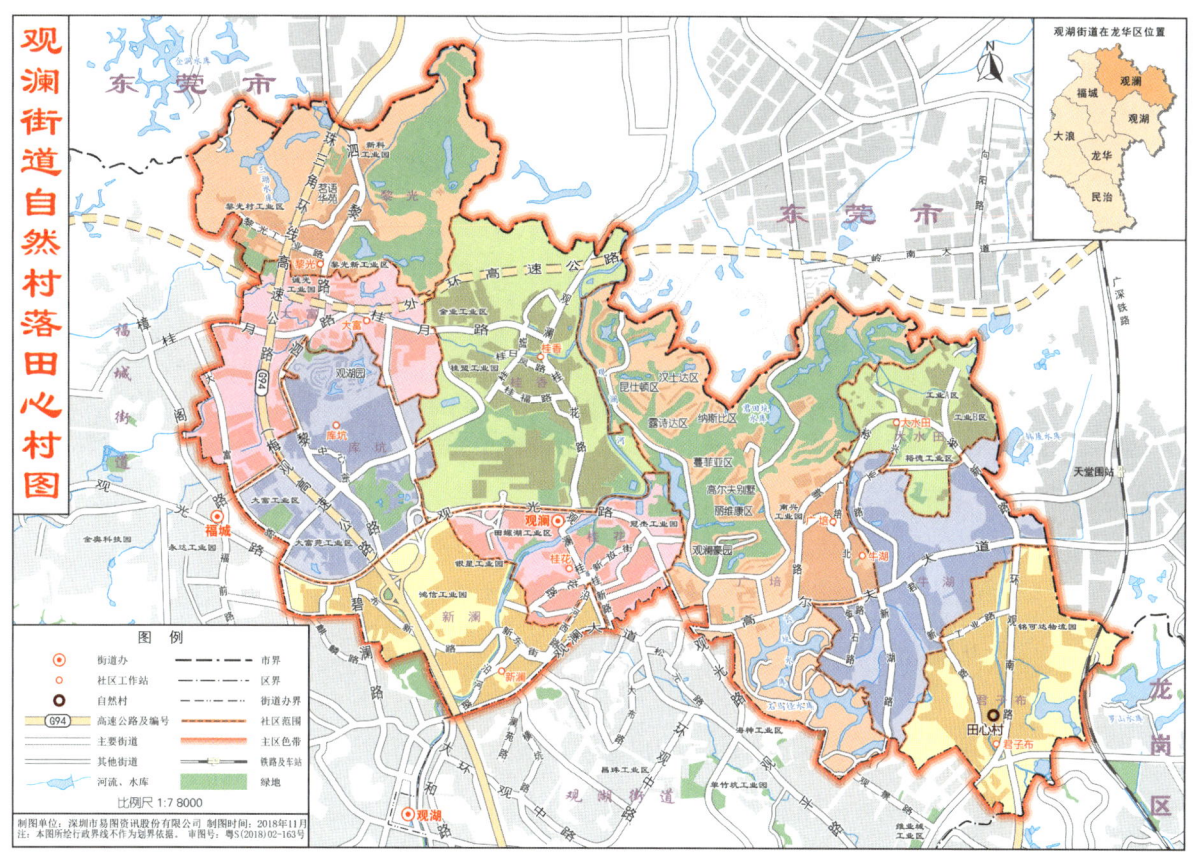

田心村位置示意图

　　田心村，位于观澜街道东北部，距街道办事处6.2千米。相邻自然村有老围村、张屋村。该村位于山地丘陵地区，有吓窑山、张屋山、老围岭山，海拔70米；君溪河从村东面流过；附近有狗公坑水库、烂伴沥水库。始建于清康熙五十年（1711年），因地处田地之中，而称田心村，又名万屋村。于1970年在原地扩建，后又迁至现在田心小区周边，1990年新建住宅小区。

　　清朝，属新安县。1914年，属宝安县；1935年，属东莞县第四区观澜乡。中华人民共和国成立之初，属宝安县观澜乡；1958年，属红色公社；1959年，属观澜公社；1979年，属深圳市龙华区观澜公社；1981年，属深圳市宝安县观澜公社；1983年7月，属宝安县观澜区君子布乡；1986年，属观澜镇；1993年，属深圳市宝安区观澜镇；2004年，属观澜街道；2011年，属深圳市龙华新区观澜街道君子布社区。

　　世居村民为汉族，客家民系，使用客家方言。村民主要为万姓，清康熙三十九年（1700年）从广东长乐（今五华）塘尾角迁移至东莞观澜君子埔（今君子布村），后从君子埔分村至此。

　　2015年末，户籍人口185人，其中男性91人，女性94人；80岁以上5人，最年长者88岁（女）；

◎ 田心村村貌（陈章博 摄于2016年）

实际在村人口178人；常年在城镇生活和打工5人；海外留学2人。非户籍外来人口约1200人。祖籍该村的香港同胞60人、澳门同胞7人。祖籍该村的华人华侨109人，主要分布在荷兰、澳大利亚、牙买加等国。

传统经济以农业为主，兼营手工业。现村集体主要经营厂房出租、房屋租赁。村民主要收入来源为集体经济分红、房屋出租、工资性收入等。特色传统食品有客家茶果、客家酿豆腐等。特色工艺品有当地的窑烧制品缸、钵、盆、瓮、炉等。

环观南路、君新路经过该村。1958年通电话，1970年通电，1990年通自来水，1999年实现全村村道水泥硬底化，2003年通互联网。

传统民居为客家民居，现存28座。

存有《君子布田心万姓族谱（重修）》，于2013年纂修。族谱中收录万姓祖训"创业继承先世德，传家但愿后人贤"。

每年春分时节，君子布田心村万姓子孙拜祭落居先祖万华馀，现改为每年清明时节集体到墓园祭拜，并举办宗亲聚会晚宴。该村有舞麒麟民俗，形成于清朝。

君子布村德风学校建校已逾80周年。当年创建德风学校的是该村的万宝麟。他在外埠游说，回乡与几个自然村的有识之士商议建校事宜，并率先慷慨解囊。万宝麟之子万福荣曾任沙头角中心小学校长。德风学校原楹联为"德业日升苟日升又日升日日升造就最新学问；风归尽善求尽善才尽善尽尽善养成完善文人"。

（资料填报：沈海强；初稿撰写：谢官福；分纂：黄木有）

凌屋村

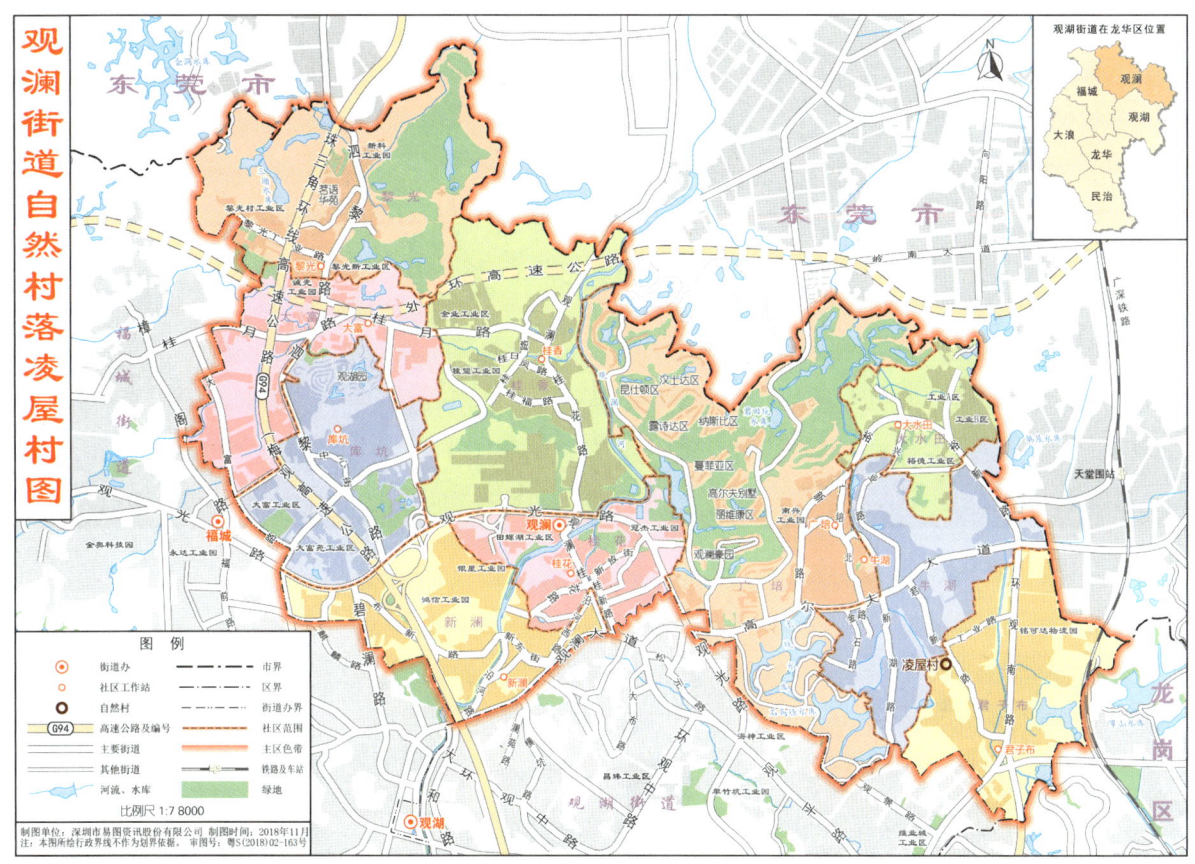

凌屋村位置示意图

凌屋村，位于观澜街道东北部，距街道办事处6.2千米。相邻自然村有龙兴村、张屋村、石马径村。有吓窑山、张屋山、老围岭山，海拔70米；君溪河从村东穿过；附近有狗公坑水库、烂伴沥水库。村落始建于清康熙五十年（1711年），于1970年在原地重建，后又迁至现在小区周边。1990年新建住宅小区。

清朝，属新安县。1914年，属宝安县；1935年，属东莞县第四区观澜乡。中华人民共和国成立之初，属宝安县观澜乡；1958年，属红色公社；1959年，属观澜公社；1979年，属深圳市龙华区观澜公社；1981年，属深圳市宝安县观澜公社；1983年7月，属宝安县观澜区君子布乡；1986年，属观澜镇；1993年，属深圳市宝安区观澜镇；2004年，属观澜街道；2011年，属深圳市龙华新区观澜街道君子布社区。

世居村民为汉族，客家民系，使用客家方言。村民主要有凌、陈2姓。第一大姓为凌姓，清乾隆三十一年（1766年）从大水田迁移至当地。第二大姓为陈姓，清乾隆三十一年从观澜牛湖迁移至

◎ 凌屋村村貌（张观强 摄于2016年）

◎ 碉楼（张观强 摄于2016年）

◎ 凌氏宗祠（张观强 摄于2016年）

当地。

2015年末，户籍人口125人，其中男性50人，女性75人；80岁以上4人，最年长者93岁（女）；实际在村人口125人。非户籍外来人口约4500人。祖籍该村的香港同胞85人。祖籍该村的华人华侨35人，主要分布在牙买加。

传统经济以农业为主，兼营手工业。现村集体主要经营厂房出租、房屋租赁。村民主要收入来源为集体经济分红、房屋出租、工资性收入等。特色传统食品有客家茶果、客家酿豆腐等。

环观南路、龙兴路、君新工业路经过该村。1975年通电话，1980年通电，1995年实现全村村道水泥硬底化，2005年通自来水及通互联网。村内有广培第二幼儿园，2015年在园幼儿180人，教

◎ 村委办公楼（张观强 摄于2016年）

职工20人。

传统民居为客家民居，现存30座，有人居住。有碉楼2座，建于清嘉庆年间（1796—1820年），总占地面积180平方米。凌氏宗祠，始建于清乾隆年间（1736—1795年），占地面积70平方米，现仍作宗祠使用。

村民每年清明节举行祭祀活动。

（资料填报：沈海强；初稿撰写：谢官福；分纂：黄木有）

龙兴村

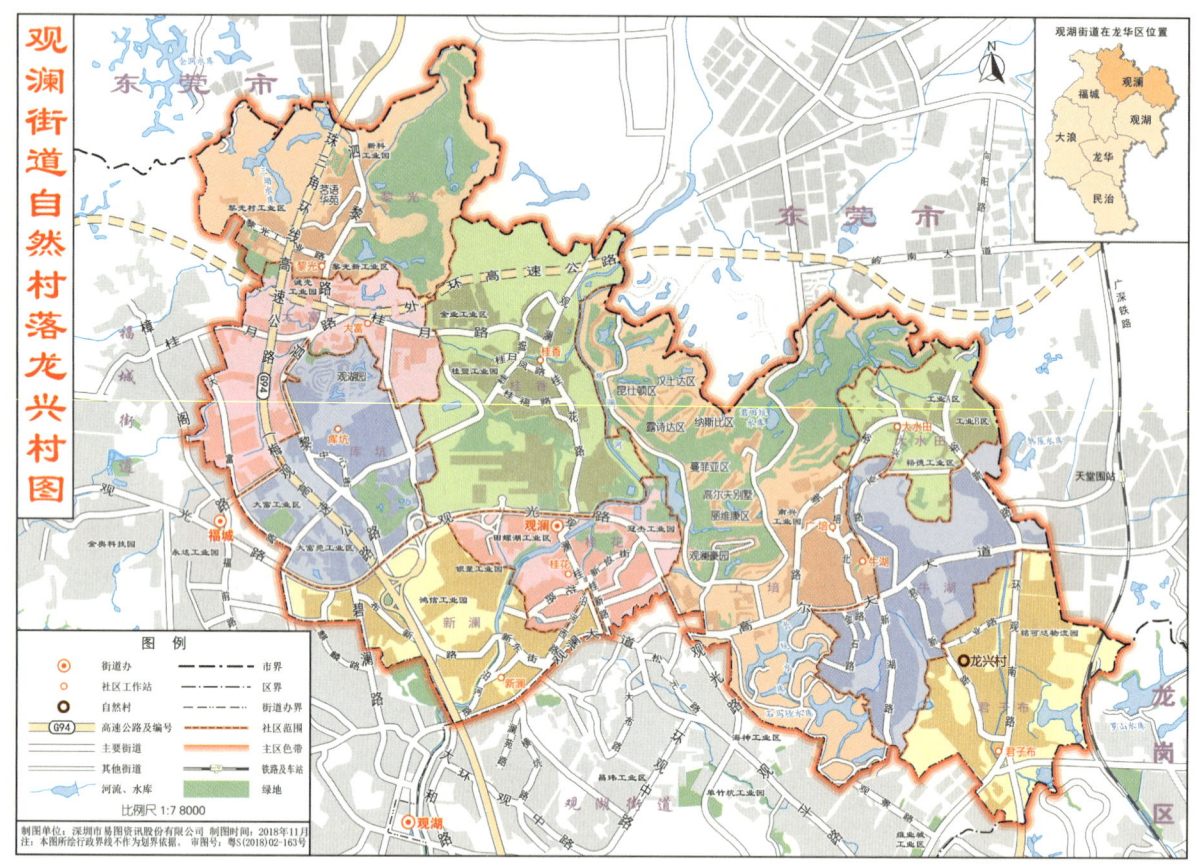

龙兴村位置示意图

龙兴村，位于观澜街道东北部，距街道办事处约5千米。相邻自然村有凌屋村、老围村。有吓窑山、尖岗岭、大窝疆，最高海拔80米；君溪河、下陂头河从村左后方流过；附近有狗公坑水库，即山水田园农庄。

村落始建于清乾隆三十一年（1766年）。原名吓窑村，后改为龙兴村，又名龙兴围。现村于1990年在原地重建。

清朝，属新安县。1914年，属宝安县；1935年，属东莞县第四区观澜乡。中华人民共和国成立之初，属宝安县观澜乡；1958年，属红色公社；1959年，属观澜公社；1979年，属深圳市龙华区观澜公社；1981年，属深圳市宝安县观澜公社；1983年7月，属宝安县观澜区君子布乡；1986年，属观澜镇；1993年，属深圳市宝安区观澜镇；2004年，属观澜街道；2011年，属深圳市龙华新区观澜街道君子布社区。

世居村民为汉族，客家民系，使用客家方言。村民主要有陈、凌2姓。第一大姓为陈姓，清

观澜街道　君子布社区　龙兴村

◎ 龙兴村村貌（张观强 摄于2016年）

◎ 东碉楼（张观强 摄于2016年）

◎ 西碉楼（张观强 摄于2016年）

乾隆二十一年（1756年）迁移至广东长乐（今五华），后辗转鳌湖、君子布迁至当地。第二大姓为凌姓，清朝从河南迁移至广东梅州；清末从君子布迁移至当地。

2015年末，户籍人口102人，其中男性48人，女性54人；80岁以上15人，最年长者99岁（女）；实际在村人口97人；海外留学2人。非户籍外来人口800人。祖籍该村的香港同胞25人、澳门同胞10人。祖籍该村的华人华侨85人，主要分布在荷兰、新加坡等国。

传统经济以农业为主。现村集体主要经营厂房出租、房屋租赁。村民主要收入来源为集体经济分红、房屋出租、工资性收入等。特色传统食品有粽子、客家茶果、喜粄、圆笼粄。

环观南路、龙兴路经过该村。1975年通电话，1980年通电，1995年实现全村村道水泥硬底化，2005年通自来水、通互联网。

传统民居为客家民居，现存15座。代表性民居有正和楼，建于民国时期，占地面积65平方米。村东、村西各有一座建于民国时期的碉楼。

（资料填报：沈海强；初稿撰写：谢官福；分纂：黄木有）

张屋村

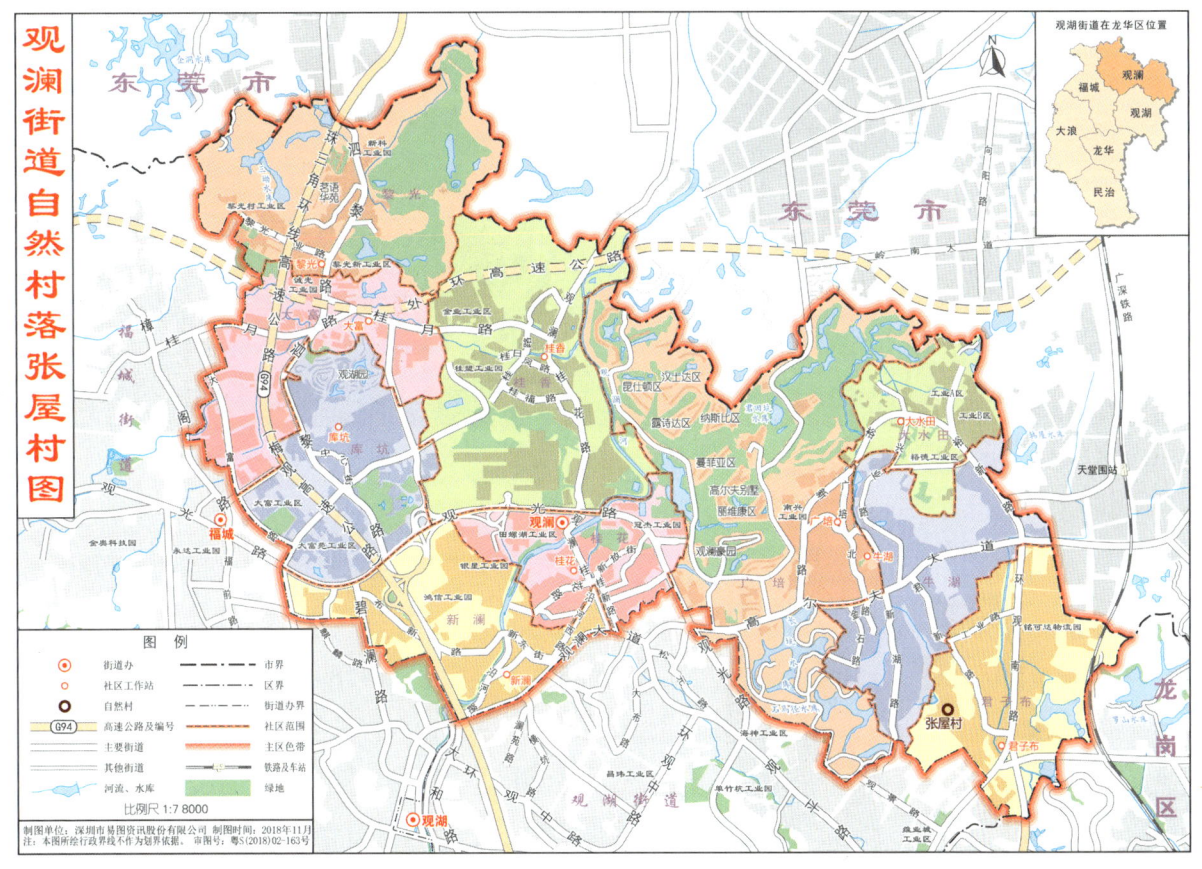

张屋村位置示意图

张屋村，位于观澜街道东北部，距街道办事处约6千米。相邻自然村有凌屋村、田心村。有张屋山、公坑朗山，海拔70米；君溪河从村东流过；附近有烂伴沥水库。张屋村又分为张一村、张二村。

清朝，属新安县。1914年，属宝安县；1935年，属东莞县第四区观澜乡。中华人民共和国成立之初，属宝安县观澜乡；1958年，属红色公社；1959年，属观澜公社；1979年，属深圳市龙华区观澜公社；1981年，属深圳市宝安县观澜公社；1983年7月，属宝安县观澜区君子布乡；1986年，属观澜镇；1993年，属深圳市宝安区观澜镇；2004年，属观澜街道；2011年，属深圳市龙华新区观澜街道君子布社区。

世居村民为汉族，客家民系，使用客家方言。村民主要有张、刘、林3姓。第一大姓为张姓，清康熙后期从江西南昌迁移至广东兴宁，后从兴宁迁移至当地。第二大姓为刘姓，第三大姓为林姓，均于清康熙五十五年（1716年）从河南迁移至广东梅州；清乾隆三十一年（1766年）迁移至

◎ 张屋村村貌（陈章博 摄于2016年）

◎ 碉楼（陈章博 摄于2016年）

当地。原有邹姓族人在该村落定居，后因无嗣而消失。

2015年末，户籍人口180人，其中男性100人，女性80人；80岁以上10人，最年长者92岁（男）；实际在村人口180人。非户籍外来人口约1万人。祖籍该村的香港同胞22人。祖籍该村的华人华侨22人，主要分布在荷兰、牙买加。

传统经济以农业为主。现村集体主要经营厂房出租、房屋租赁。村民主要收入来源为集体经济分红、房屋出租、工资性收入等。

黄背坑路、君新路经过该村。1958年通电话，1970年通电，1990年通自来水，1999年实现全村村道水泥硬底化，2003年通互联网。有黄镜芳客家围屋公园和张屋村民活动中心、党员活动中心。

传统民居为客家民居，代表性民居为张富祖居，建于清同治五年（1866年），占地面积500平方米，保存完好，有人居住。现存张氏宗祠，始建于清朝，重修于1983年，占地面积200平方米，现仍作宗祠使用。

张屋村碉楼，建于民国初期，系张氏族人远渡牙买加务工后回乡购置土地修建。坐西南向东北，面阔4.9米，进深4.5米，高4层。土木结构，外墙三合土夯筑，内为木构楼板、楼梯。

张氏族人于20世纪90年代纂修《张氏族谱》。

该村有舞麒麟民俗，形成于清朝，已被列入区级非物质文化遗产名录，传承人为张贤（已故）、张纪森、张纪安及他们的后裔。有诗描写为"锣鼓铿锵响连天，麒麟献瑞舞蹁跹。技艺超群凭套路，张贤吹笛撩花园。拳棍刀矛花样显，进入高潮众欢腾。张姓麒麟声名远，广东获奖开纪元"。客家山歌，现已列入市级非物质文化遗产名录，张贤被称为客家山歌王，传承人有他的子女张玉荣、张玉新、张玉娣。

代表性人物：

张哲修（1918—1945），菲律宾归国华侨，1943年从菲律宾回国后，参加广东人民抗日游击总队，成为游击队情报员，到广州及日军司令部、广九铁道沿线日军据点收集情报，1945年8月，在增城县三江河战斗中牺牲。

（资料填报：沈海强；初稿撰写：谢官福；分纂：黄木有）

大水田社区

大水田村

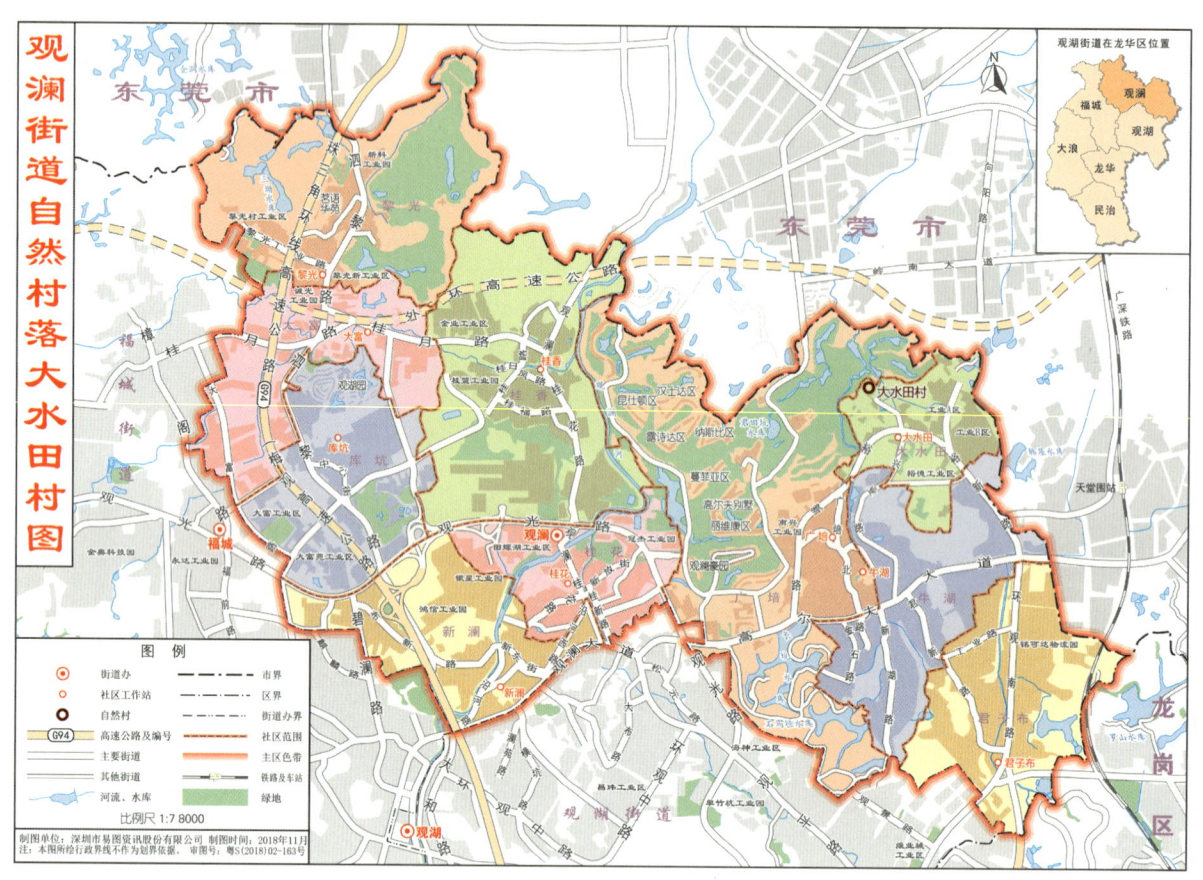

大水田村位置示意图

大水田村，位于观澜街道东北部，距街道办事处8.3千米。相邻自然村有牛湖老村。该村始建于清朝。先期建的居民点叫大水田，后期建的居民点叫新围场，合称为大水田村。

清朝，属新安县。1914年，属宝安县；1935年，属东莞县第四区观澜乡。中华人民共和国成立之初，属宝安县观澜乡；1958年，属红色公社；1959年，属观澜公社；1979年，属深圳市龙华区观澜公社；1981年，属深圳市宝安县观澜公社；1983年7月，属宝安县观澜区牛湖乡；1986年，属观澜镇；1993年，属深圳市宝安区观澜镇；2004年，属观澜街道；2011年，属深圳市龙华新区观澜街道大水田社区。

世居村民为汉族，客家民系，使用客家方言。村民主要有陈、凌2姓。第一大姓为陈姓，清朝中期从牛湖迁移至当地。第二大姓为凌姓，清朝从河北迁移至广东开平；清朝中期从广东开平迁移至当地。

2015年末，户籍人口285人，其中男性122人，女性163人；80岁以上14人，最年长者95岁

◎ 大水田村村貌（陈章博 摄于2016年）

◎ 凌氏宗祠（陈章博 摄于2016年）

◎ 古井（陈章博 摄于2016年）

◎ "龙门世居"门楼（陈章博 摄于2016年）

（女）；实际在村人口224人；海外留学2人。非户籍外来人口11605人。祖籍该村的香港同胞27人。祖籍该村的华人华侨300多人，主要分布在西欧、北美等地。

传统经济为农业种植和养殖。现村集体主要经营厂房出租、房屋租赁。村民主要收入来源为集体经济分红、房屋出租、工资性收入等。

环观南路、裕新路经过该村。1957年通电话，1970年通电，1990年通自来水，1999年实现全村村道水泥硬底化，2000年通互联网。有大水田小公园。

传统民居为客家民居，现存80座。

代表性民居有客家围屋，建于1925年，占地面积8000平方米，共有老屋60座，其中有碉楼2座，宗祠2座，围门有"龙门世居"匾额。

◎ 陈氏宗祠（陈章博 摄于2016年）

村中有水井1口，始建于清朝，内壁呈圆形，用三合土夯筑，井沿呈八边形，用24块麻石围砌三层。

陈氏宗祠，始建于1926年，重修于2010年，占地面积100平方米，仍作宗祠使用。

凌氏宗祠，重修于2010年，占地面积90平方米。

陈氏大水田私塾旧址，建于清朝末年，曾经在此创办广培第一分校；有凌氏厚安家塾，旁边建有碉楼。

该村存有《陈氏族谱》《凌氏族谱》。

2006年5月18日，中国美协、深圳文联和宝安区政府共同签署《关于创建中国观澜版画原创产业基地合作意向书》，在大水田村打造版画村。2007年5月，在第三届深圳文博会期间，中国观澜版画原创产业基地正式挂牌。大水田村由此成为版画村。

代表性人物：

陈顺安（1938—2016），曾任旅英惠东宝同乡会会长，多次赞助修建老人院、宗祠、侨联大厦、篮球场等。

（资料填报：沈海强；初稿撰写：谢官福；分纂：黄木有）

观湖街道（办事处）

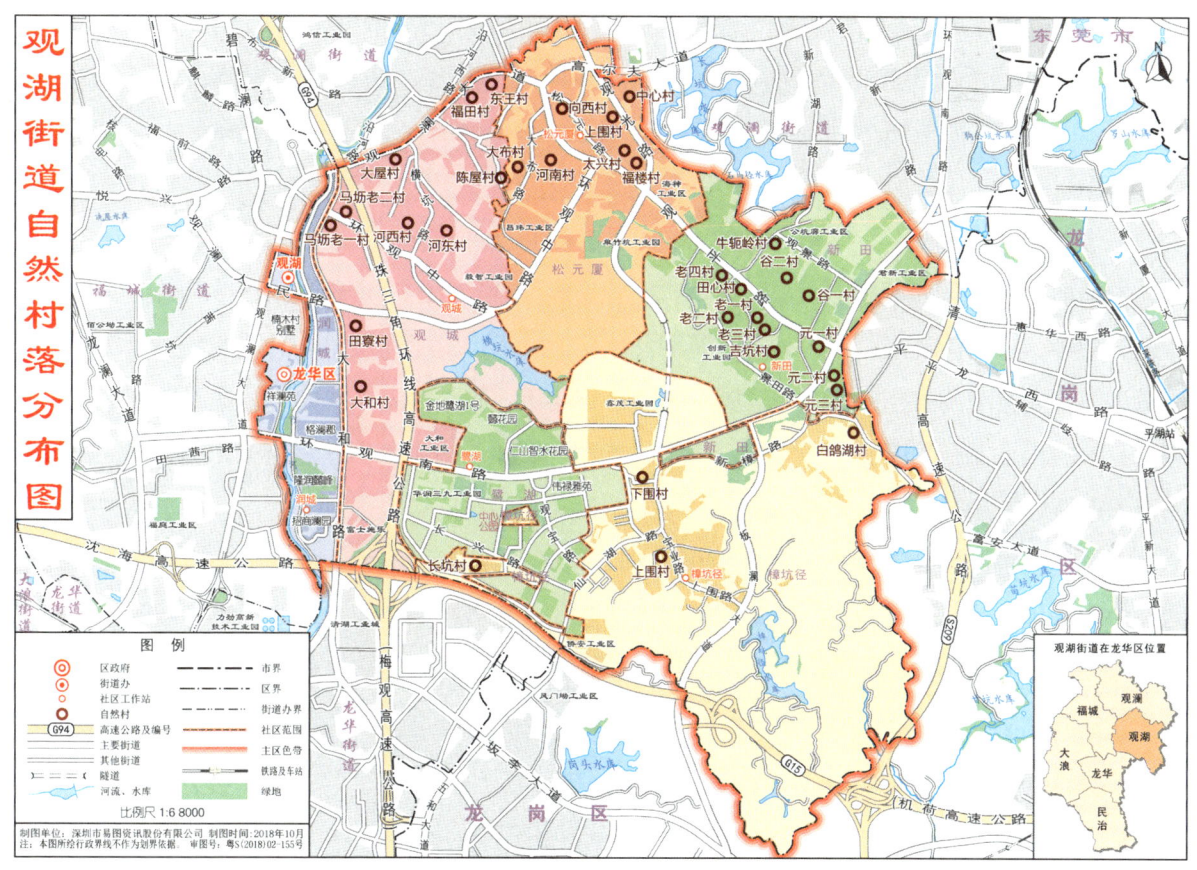

观湖街道（办事处）自然村落分布图

概 述

观湖街道（办事处）位于深圳市龙华区东部。东与龙岗区平湖街道接壤，南邻龙华街道（办事处）及龙岗区坂田街道、布吉街道，西隔观澜河与福城街道（办事处）相望，北与观澜街道（办事处）相连，面积25.91平方千米，辖13个社区。2015年末，常住人口13.88万人，户籍人口1.3万人。

辖区地处丘陵地带，年平均气温22℃，年平均降雨量1800毫米。

本地域明清时期属新安县。1914年，属宝安县。中华人民共和国成立之初，属宝安县观澜乡；1958年，属红色公社；1959年，属观澜公社；1979年，属深圳市龙华区观澜公社；1981年，属深圳市宝安县观澜公社；1983年，属观澜区；1986年，属观澜镇；1993年，属深圳市宝安区观澜镇；2004年，属观澜街道；2011年，属深圳市龙华新区观澜街道（办事处）；2015年，属观湖街道（办事处）。

观湖传统经济以农业为生，主要种植水稻、花生、豆类、薯类、甘蔗等，以养殖鸡、鸭、猪、牛等为辅。改革开放后，开始兴建厂房，引进"三来一补"企业。2004年农村城市化后，原村委改制成立了居委会和股份合作公司，推进了观湖各村落的城市化进程。在兼顾传统历史文化保护的同时，不断发展战略性新兴产业、高新技术产业、科技文化服务产业等，2015年，辖区内工业企业110家，规模以上工业企业总产值306.47亿元。

辖区内交通和基础设施较完善，有观澜大道、五和大道、环观南路等8条主干道，梅观、机荷2条高速公路经过，四通八达。

2015年，观湖列入普查范围的自然村有33个。世居村民为汉族，既有广府民系，也有客家民系。通用方言为客家方言、粤方言，主要姓氏有陈姓、刘姓、黄姓、林姓、曾姓等。明朝末年，陆续有黄姓、张姓自东莞樟木头、五华迁至福楼村、老村等地。清康熙四十二年（1703年），沈姓先人从梅州平远迁至宝安丹竹头，后迁至福田村。清乾隆十六年（1751年），陈姓先人由长乐横陂（今五华县小都栅径里）迁至松元厦。随后有何姓、冼姓、陈姓、廖姓自中山小榄、广州番禺、梅州大埔、长乐（今五华）迁至河西村、元岗村、河东村、马坜老围村等地。观湖是侨乡，华侨大约在清道光三十年（1850年）前后到达马来西亚等东南亚国家或美国、牙买加等南北美洲国家，在清光绪十六年（1890年）前后到达英国等西欧国家。2015年，港澳台同胞及海外侨胞约4500人，华侨主要分布在马来西亚、美国、英国、牙买加、加拿大和印度尼西亚等国家。

在观湖，至今仍随处可见传统民居、碉楼和古树。保存较为完好的古民居约1300座，宗祠、私塾旧址、庙宇等共20座，古井4口，碉楼24座。除河西村、元一村、元二村、元三村为广府民居，其余均为客家民居。观城社区大屋村代表性客家民居鸿禧围建于清代中晚期，2010年被宝安区政府公布为第四批不可移动文物。该围屋平面呈长方形，占地面积2516平方米，由围墙、大门、家塾、角楼、民居几部分组成，整个老围布局严谨、错落有致，体现中国传统的建筑理念，高大的围楼和角楼是老围内居民抵御外人入侵而建的防御设施。松元厦社区陈氏宗祠，保存较为完好，距今已有100多年历史。坐西北朝东南，由上、中、下三堂及两侧横屋组成。

观湖有着丰富多彩的传统民俗，每逢清明节、重阳节或特定的节日，各姓村民或自行、或集体前往墓园或宗祠祭拜祖先，缅怀先人。"舞麒麟""添丁点灯""送七朝""食酱醋汤"等民俗，一直传承至今。樟坑径社区舞麒麟2007年被列入广东省非物质文化遗产名录。清明艾粄、冬至萝卜粄、客家茶果、煎堆和米肠等，是观湖客家村民必备的节日传统喜庆食品。

观湖历史人文代表性人物：松元厦开基始祖陈振能，清乾隆十六年（1751年）携眷由长乐横陂迁居松元厦开基立业；牛轭岭村陈天福，1947年参加惠东宝人民护乡团，1948年在海丰县牺牲；大布村陈玉昌，全国先进爱国企业家，先后引进60多位台商、50多位港商到观澜投资办厂；中心村陈炳林，创作了《小平同志在深圳》巨幅宣传画，立于荔枝公园东南口。

樟坑径社区

上围村

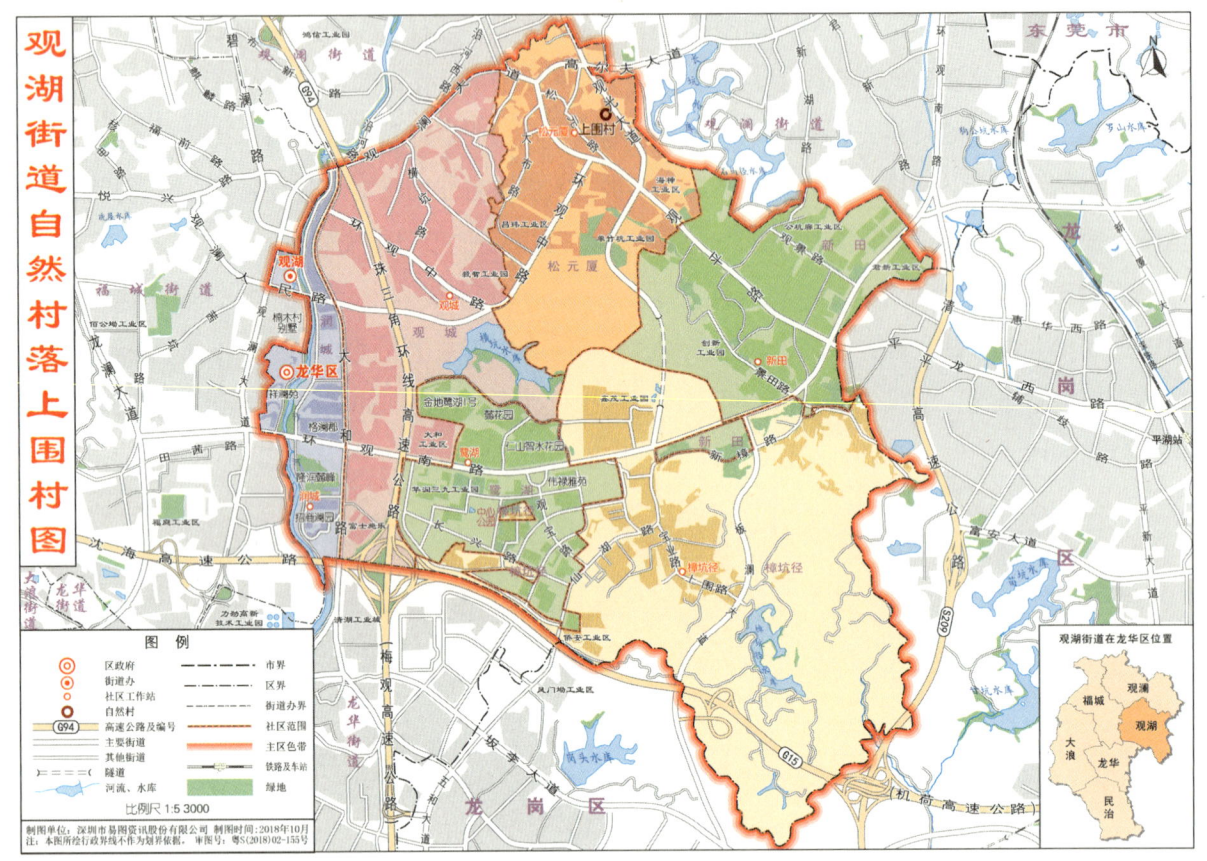

上围村位置示意图

上围村，位于观湖街道东南部，距街道办事处约4.3千米。相邻自然村有下围村、长坑村、白鸽湖村。该村位于深圳北部山区，村东有吕山，南有高山岭山（海拔约470米）；发源于雷公山顶的樟坑径河流经村东，是观澜河的一级支流。始建于清朝。

清朝，属新安县。1914年，属宝安县。中华人民共和国成立之初，属宝安县观澜乡；1958年，属红色公社；1959年，属观澜公社；1979年，属深圳市龙华区观澜公社；1981年，属深圳市宝安县观澜公社；1983年，属宝安县观澜区樟坑径乡；1986年，属观澜镇；1993年，属深圳市宝安区观澜镇；2004年，属观澜街道樟坑径社区；2011年，属深圳市龙华新区观澜街道樟坑径社区；2015年，属龙华新区观湖街道樟坑径社区。

世居村民为汉族，客家民系，使用客家方言。村民有陈、廖、房、林、钟、曾、刘等姓氏。第一大姓为陈姓，其先祖由江西迁至广东长乐（今五华），再由长乐迁至此地。第二大姓为廖姓，其先祖从河南迁移至广东梅县，再从梅县迁至东莞小塘，最后从东莞小塘迁移至当地。第三

◎ 上围村村貌（叶东舒 摄于2016年）

大姓为房姓，其先祖从大埔银江迁至广东东莞凤岗排沙围，再从东莞凤岗排沙围迁移至当地。

2015年末，户籍人口515人，其中男性248人，女性267人；80岁以上15人，最年长者94岁（女）；实际在村人口514人；海外留学1人。非户籍外来人口约2万人。祖籍该村的港澳台同胞约500人。祖籍该村的华人华侨主要分布在马来西亚、美国、英国等国家。归侨约30人。

传统经济以种植业为主，养殖业为辅。20世纪80年代后，村里开始建工厂。2004年农村城市化，成立深圳市上围实业股份有限公司。现村集体主要经营商业、房屋租赁，年收入约1000万元。村民主要收入来源为商业经营、工资性收入、集体经济分红、房屋出租等。特色农产品有石硖龙眼、糯米糍荔枝、米蕉等。特色传统节庆食品有萝卜板、艾板、鸡屎藤粄等。

五和大道、上围路经过该村。1970年通电，1976年通电话，1985年通自来水，1999年通互联网，2000年实现全村村道水泥硬底化。有樟坑径幼儿园，2015年在园幼儿295人，教职工40人。村内有篮球场、健身房、登山公园、上围公园、樟坑径老年活动中心、文化广场。老年活动中心内设社区图书室（藏书约1万册）。

村中存有约100座客家民居、5座碉楼及1座门楼。民居多建于清末民初，也有建于20世纪50—70年代的。旧民居一般为一进三开间，也有一进两开间，墙体以砖石和三合土夯筑，表面粉刷灰沙；门窗和墙脚均用条石砌成；房顶为两面坡，灰瓦覆盖；现大部分保存较完整，少数有些破败。

陈氏碉楼位于上围路南1巷，始建于1935年，由村民陈兆伦所建。碉楼墙体为三合土，主楼高

◎ 20世纪30年代的上围村旧貌（房运良供稿）

◎ 传统客家民居（张嘉玲 摄于2016年）

◎ 陈氏碉楼（张嘉玲 摄于2016年）

◎ 樟坑径麒麟队（樟坑径社区供稿）

约18米，占地面积约200平方米，连8间住宅。房氏门楼（新庆世居门楼）始建于清朝，1990年重修，门楼顶保留始建时留下的灰塑，门楼正中匾额刻有"新庆世居"。现碉楼和门楼均保存完好。

房氏宗祠，始建于清朝，1998年重修，占地面积约40平方米。

樟坑径基督教教堂的创建一说为"1881年，陈超瑞由德国神学院毕业回来创建"；一说为"1869年，陈明秀留学欧洲返国，受牧职在樟坑径开堂。"还有"1881年，莫恩乐牧师在樟坑径设区堂"之说。教堂重建于1995年。

该村存有《房氏族谱》，房氏家族于2008年纂修；有《陈氏族谱》手抄本。

房氏家族每年正月十八吃团年饭；每年清明节在东莞排沙围祭拜祖先，祭祖完后聚餐。

该村从清朝时期开始流行添丁点灯的习俗。

传统技艺有舞麒麟，流行于19世纪初。清道光二十年（1840年），年仅10多岁的陈求东远赴福建南少林拜师学艺，学成归来后，结合自己所学武术，再根据传说中麒麟的特点，创造出樟坑径麒麟舞的基本套路，成为樟坑径舞麒麟的第一代祖师。30多年后，陈求东的得意门生陈雍达、房益华和陈天乐为第二代祖师。民国时期，以廖玉安、张洪元为代表的第三代传承人在原来的基

◎ 房氏宗祠（张嘉玲 摄于2016年）

础上又有了新的发展，樟坑径麒麟队的规模日渐壮大，远近闻名。抗战时期樟坑径停止舞麒麟活动。中华人民共和国成立后又开始兴旺，"文化大革命"时期停止。直到20世纪70年代末房运良回乡组建麒麟队，樟坑径舞麒麟才逐渐恢复并兴盛起来。近年来，樟坑径麒麟队逐渐发展壮大，队员既有当地居民，也有外来务工者。现麒麟队中年纪最大的是81岁的廖添胜，最小的是高中生石学良，2004年，樟坑径麒麟队获得观澜麒麟舞比赛第一名，同年又获得深圳市比赛第二名。2007年被列入广东省非物质文化遗产名录。2012年，该队参加广东省麒麟舞大赛，获得银牌。

抗日战争时期，广东人民抗日游击队在该村建立交通站，主要任务是负责樟坑径交通站至广九路东侧官井头交通站之间军事物资的运送工作。1941年，八路军驻香港办事处主任廖承志将一部电台交给抗日游击队使用，运到樟坑径村后，当地自卫队协同交通站的同志，把电台护送到路东游击队指挥部，为抗日游击队与党中央的通信联系起到重要作用；1944年8月，东江纵队政治部在大鹏举办青年干部训练班，一些从粤北来参加训练的同志，在路经樟坑径时，当地自卫队协同部队交通站为他们引路，使他们安全通过被日军封锁的广九铁路，顺利到达目的地。因此，樟坑径交通站在当时被人们誉为"斩不断，打不烂"的交通站。

代表性人物：

陈安仁（1888—1963），国民党元老，1911年参加孙中山组织的同盟会，后任广州《党魂日报》、香港《大公报》主笔；1923年任国民党南洋群岛特派专员；20年代末30年代初，开始转入学术研究，后任教于上海暨南大学、广州的岭南大学和中山大学。

陈安良（1908—1998），教授；在法医学方面，其《头发分型》博士论文使中国人第一次知名于世界法医学界；1964年所著《法医检验学》是中华人民共和国成立后出版的第一本法医学专业书籍；在疾病控制方面，他为广东省消灭日本血吸虫病和急性肠道传染病等进行了大量研究。

刘成浩（1932— ），英国华侨，参与创建剑桥第一个华人联谊会——剑桥及邻区华人联谊会，任副会长。

房汉佳（1936— ），1968年获美国夏威夷大学教育硕士学位，曾在美国伊利诺依大学教育研究所研究高级教育哲学，专攻"中国教育的发展"论题。

（资料填报：房镜清；初稿撰写：陈影梅；分纂：王婷）

下围村

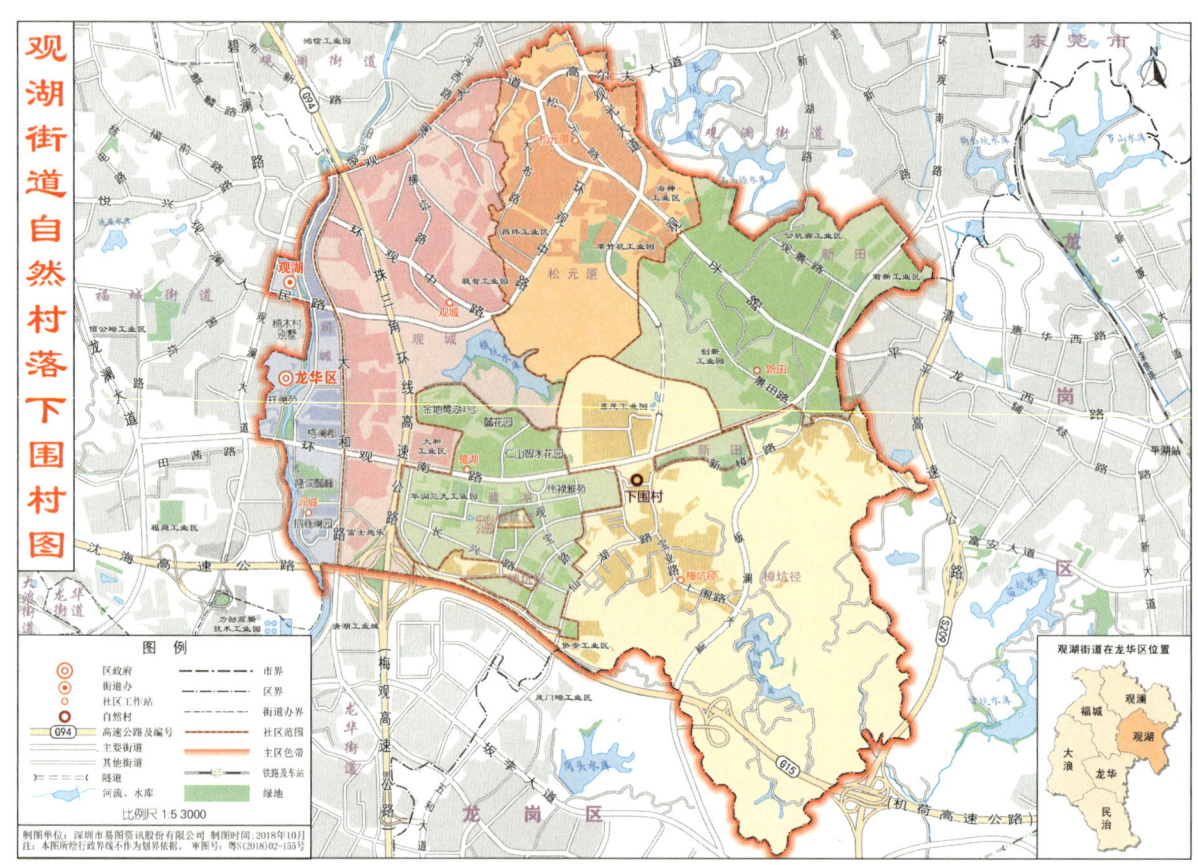

下围村位置示意图

下围村，位于观湖街道东南部，距街道办事处约4.5千米。相邻自然村有上围村、长坑村、白鸽湖村。该村位于深圳北部山区，村后有石陂山（海拔约220米）、虎背山；发源于雷公山顶的樟坑径河从村东部流过。下围村始建于清朝，曾用名"旗南坑""簸箕窝"。

清朝，属新安县。1914年，属宝安县。中华人民共和国成立之初，属宝安县观澜乡；1958年，属红色公社；1959年，属观澜公社；1979年，属深圳市龙华区观澜公社；1981年，属深圳市宝安县观澜公社；1983年，属宝安县观澜区樟坑径乡；1986年，属观澜镇；1993年，属深圳市宝安区观澜镇；2004年，属观澜街道樟坑径社区；2011年，属深圳市龙华新区观澜街道樟坑径社区；2015年，属龙华新区观湖街道樟坑径社区。

世居村民为汉族，客家民系，使用客家方言。村民主要有曾、林、温、刘等姓。第一大姓为曾姓，其先祖由江西迁到广东长乐（今五华）；清朝由广东长乐（今五华）迁移至该地。林姓先祖从福建泰山背迁到樟坑径上围村，后从上围村分迁到此。

◎ 下围村村貌（曾晓东 摄于2016年）

2015年末，户籍人口627人，其中男性323人，女性304人；80岁以上13人，最年长者93岁（女）；实际在村人口627人。非户籍外来人口约3.2万人。祖籍该村的香港同胞126人。祖籍该村的华人华侨32人，主要分布在马来西亚、美国、英国、新加坡、牙买加、荷兰等国。

传统经济以种植业为主，养殖业为辅，主要种植水稻、蔬菜、橘子、龙眼、荔枝等。20世纪80年代后期，开始建厂房、办工厂。2004年成立深圳市下围实业股份合作公司。现村集体经营以厂房出租为主，厂房面积约5万平方米。村民主要收入来源为工资性收入、集体经济分红、房屋出租等。特色农产品有沙梨、菠萝。特色传统节庆食品有艾粄、端午粽子、萝卜粄、鸡屎藤粄、糍粑等。特色工艺品有竹制农具、竹制生活用具等。

环观南路、五和大道经过该村。龙华有轨电车总站位于该村。20世纪60年代通电，1985年通自来水，90年代初通电话，90年代实现全村村道水泥硬底化，1999年通互联网。村内有宝文学校，24个班，2015年在校学生1415人，教职工86人；还有深圳市第八高级中学、龙华区外国语学校；有宝文幼儿园，在园幼儿300人，教职工27人。有篮球场、下围公园、星光老年之家。

现存约20座客家民居。旧民居一般为一进三开间或一进两开间，主要建筑材料为砖、石、木和三合土，房顶为平脊、两面坡、灰瓦覆盖，保存基本完好。老村内有古井1口，因为安全问题，古井现已封闭。

曾公墓碑立于清咸丰四年（1854年），重修于1993年。墓碑上刻有"南显考讳绍光曾公墓"。

◎ 传统民居（曾晓东 摄于2016年）

◎ 曾公墓（曾晓东 摄于2016年）

存有《曾氏宗谱》，由曾氏族人曾运发、曾柏桥于1994—1996年纂修。

从20世纪90年代开始，每年重阳节曾氏子孙会去曾氏墓前拜祭，供品主要有乳猪、纸钱，拜祭完毕到白鸽湖的曾氏宗祠打扫卫生，后回到下围村办公楼门前聚餐。每年中秋节，村民有放孔明灯的习俗。村民用竹子和纸，制作颇具特色的孔明灯。近几年因安全问题，已不允许放飞孔明灯。

该村传统技艺有舞麒麟（详见上围村）。

（资料填报：曾意春；初稿撰写：曾晓东；分纂：王婷）

长坑村

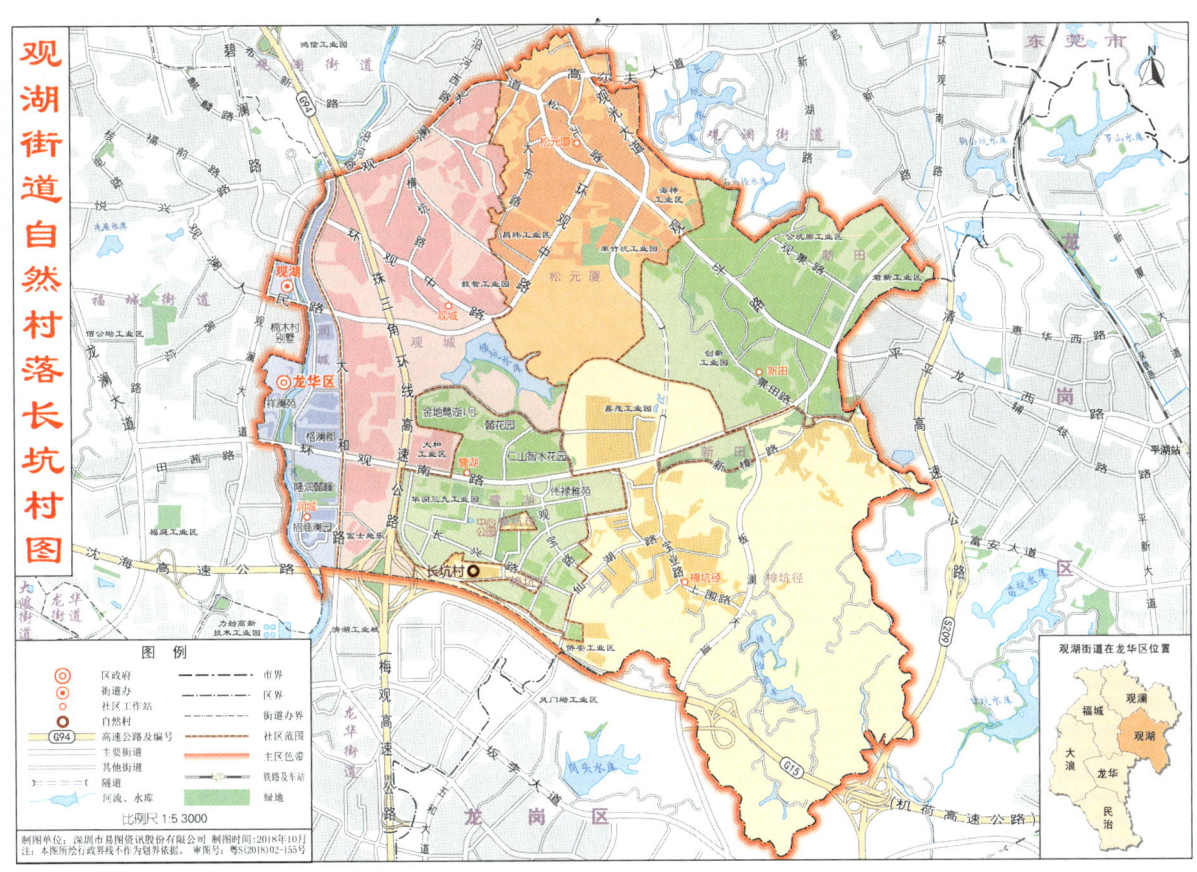

长坑村位置示意图

长坑村，位于观湖街道东南部，距街道办事处约3千米，总面积约9.57万平方米。相邻自然村有上围村、下围村。该村位于深圳北部山区，村南有高山岭山，海拔约320米。清朝有陈姓、房姓、万姓先祖迁入，在此建基立村而形成村落。

清朝，属新安县。1914年，属宝安县。中华人民共和国成立之初，属宝安县观澜乡；1958年，属红色公社；1959年，属观澜公社；1979年，属深圳市龙华区观澜公社；1981年，属深圳市宝安县观澜公社；1983年，属宝安县观澜区樟坑径乡；1986年，属观澜镇；1993年，属宝安区观澜镇；2004年，属观澜街道樟坑径社区；2011年，属深圳市龙华新区观澜街道樟坑径社区；2015年，属龙华新区观湖街道樟坑径社区。

世居村民为汉族，客家民系，使用客家方言。村民有陈姓、房姓和万姓。陈姓先迁入长坑村，后房姓迁入，最后万姓迁入。陈姓祖先由江西迁至广东长乐（今五华）；清朝从长乐（今五华）迁入该地。房姓由大埔银江迁入东莞凤岗，再由东莞凤岗迁入上围村；后部分房姓族人从上

· 473 ·

◎ 长坑村村貌（叶东舒 摄于2016年）

围村迁入下背围居住至20世纪80年代，后因下背围全部拆除开发建厂房，由此下背围村民迁入长坑村居住。

2015年末，户籍人口150人，其中男性65人，女性85人；80岁以上6人，最年长者94岁（男）；实际在村人口150人。非户籍外来人口约800人。祖籍该村的香港同胞约30人。祖籍该村的华人华侨32人，主要分布在马来西亚、美国、英国、澳大利亚等国。

传统经济以农业种养为主，主要种植水稻、花生、甘蔗、番薯、豆类、蔬菜以及果树等；养殖鸡、鸭、猪、牛、鱼等。改革开放后开始办工厂，招商引资。2004年成立深圳市长坑实业股份合作公司。村民主要收入来源为工资性收入、集体经济分红、房屋出租等。

沈海高速G15线、环观南路、五和大道经过该村。60年代通电，1985年通自来水，1990年通电话，90年代末通互联网，2003年实现全村村道水泥硬底化。村内建有中心公园、长坑居民活动中心、长坑图书室、长坑篮球场等。

传统民居为客家民居，现存约40座，建于民国初期或20世纪50—70年代。旧民居一般为一进三开间或一进两开间，主要建筑材料为砖、石、木和三合土；房顶为平脊，两面坡，灰瓦覆盖。保存基本完好。

每年清明节前后，村中各姓家族成员相约祭祖，祭祖后家族成员聚会。房姓族人与上围村房姓一起于每年清明节在东莞排沙围房氏祠堂祭拜祖先，祭祖之后众人聚餐。

该村有添丁点灯的习俗。

传统技艺有舞麒麟（详见上围村）。

代表性人物：

陈国基（1897—1927），又名陈运福，中共党员、农民协会会长，他在樟坑径、君子布、章阁、白花洞等村建立农民协会；1927年12月去塘厦途中被捕，于广州就义。

陈观平（1922—1947），烈士，1937年在坪山参加东宝边区游击大队，在惠阳战斗中牺牲。

房观兴（1926—1949），烈士，1948年参加广东人民解放军江南支队钢铁连突击队；1949年5月在公明楼村战斗中牺牲。

陈义妹（1927—1949），又名陈英，护士，1943年参加广东人民抗日游击总队，1949年3月牺牲。

（资料填报：陈裕球；初稿撰写：陈想忠；分纂：王婷）

白鸽湖村

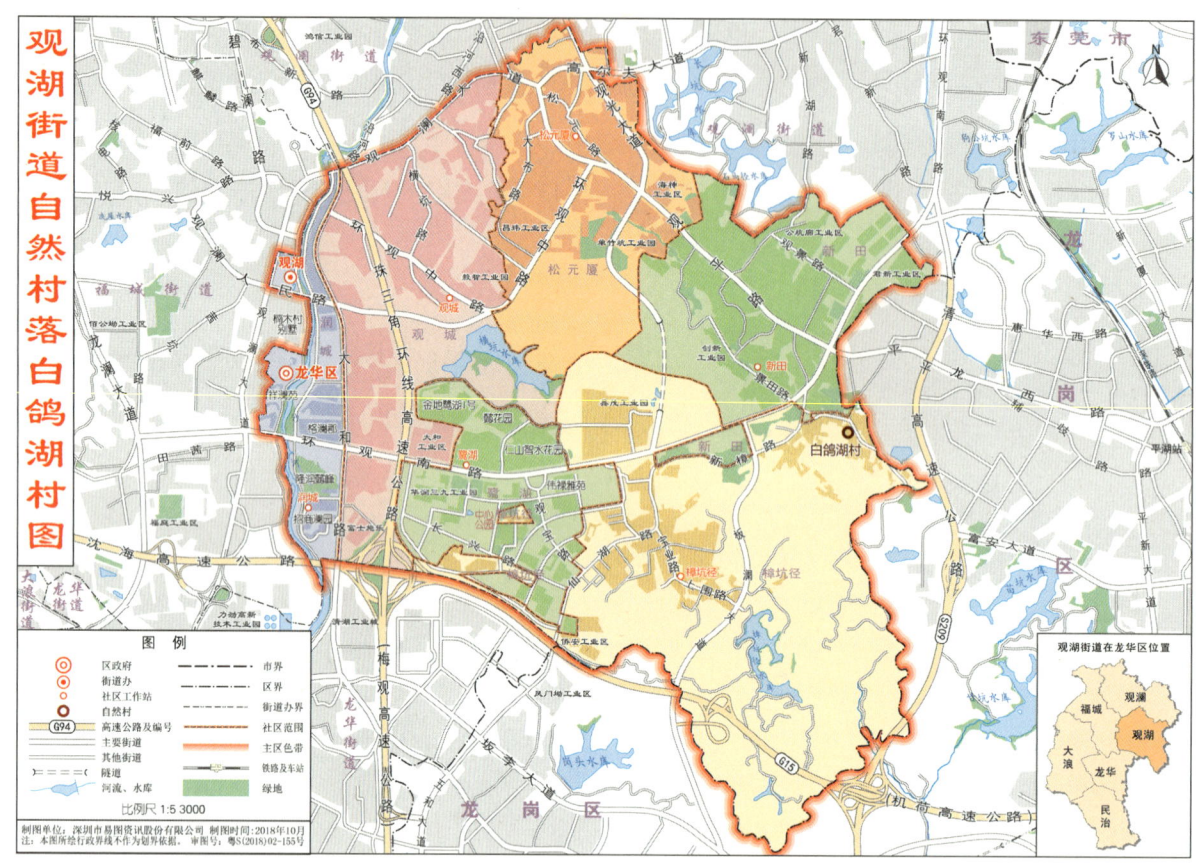

白鸽湖村位置示意图

白鸽湖村，位于观湖街道东南部，距街道办事处约5千米。相邻自然村有上围村、下围村、元三村。该村位于丘陵之间，村南边为山区，主要有牛栏窝山，海拔约200米；村北边为平地，中间有樟坑径河贯穿。始建于清朝，曾氏祖先从广东长乐（今五华）迁至此地而形成。因村前有一湖，原村地形像一只鸽子，一部分村民以养白鸽为生，而取名白鸽湖村。

清朝，属新安县。1914年，属宝安县。中华人民共和国成立之初，属宝安县观澜乡；1958年，属红色公社；1959年，属观澜公社；1979年，属深圳市龙华区观澜公社；1981年，属深圳市宝安县观澜公社；1983年，属宝安县观澜区樟坑径乡；1986年，属观澜镇；1993年，属深圳市宝安区观澜镇；2004年，属观澜街道樟坑径社区；2011年，属深圳市龙华新区观澜街道樟坑径社区；2015年，属龙华新区观湖街道樟坑径社区。

世居村民为汉族，客家民系，使用客家方言。村内主要姓氏有曾、谢、刘、黎四姓。曾姓为第一大姓，早年由江西迁移至广东长乐（今五华）；清朝从长乐迁至此地。

◎ 白鸽湖村一角（张嘉玲 摄于2018年）

◎ 曾氏碉楼（曾伟纯 摄于2016年）　　◎ 谢氏碉楼（曾伟纯 摄于2016年）

2015年末，户籍人口190人，其中男性68人，女性122人；80岁以上4人，最年长者96岁（女）；实际在村人口190人。非户籍外来人口约4100人。祖籍该村的香港同胞约30人。祖籍该村的华人华侨约20人，主要分布在马来西亚、新加坡等国。

传统经济以农业种养为主，主要种植水稻、花生、甘蔗、番薯、豆类、蔬菜和果树等；饲养鸡、鸭、猪、牛、鱼等。2004年成立"白鸽湖股份合作公司"。现村集体经营以商业、工业生

◎ 曾氏家祠（曾晓东 摄于2016年）

产、物业出租为主。村民主要收入来源为工资性收入、集体经济分红、房屋出租等。

白鸽湖路、白鸽湖南一巷、新樟路经过该村。20世纪60年代通电，1987年通电话，1990年实现全村村道水泥硬底化，1991年通自来水，90年代末通互联网。村里建有篮球场、文体公园、白鸽湖老人活动中心等。

现存宗祠3座，分别为曾氏宗祠、曾氏家祠和谢氏宗祠。曾氏宗祠始建于40年代，重修于1985年，占地面积约110平方米，与下围村曾氏族人共同修建使用；有楹联"大学十章能治国；孝经一部可传家"。曾氏家祠始建于50年代，90年代重修，占地面积约80平方米。谢氏宗祠因年久失修已破损，不作宗祠使用。

村内还存有曾氏碉楼、谢氏碉楼，均始建于20世纪30年代。两座碉楼均高约10米，建筑材料使用三合土，每层都有射击孔，现都保存完好。

祭祀活动、族谱、民俗、技艺同下围村。

代表性人物：

刘斌（1926—），曾任深圳市罗湖区区长、沙头角区委书记。

（资料填报：谢志勉；初稿撰写：曾伟纯；分纂：王婷）

松元厦社区

大布村

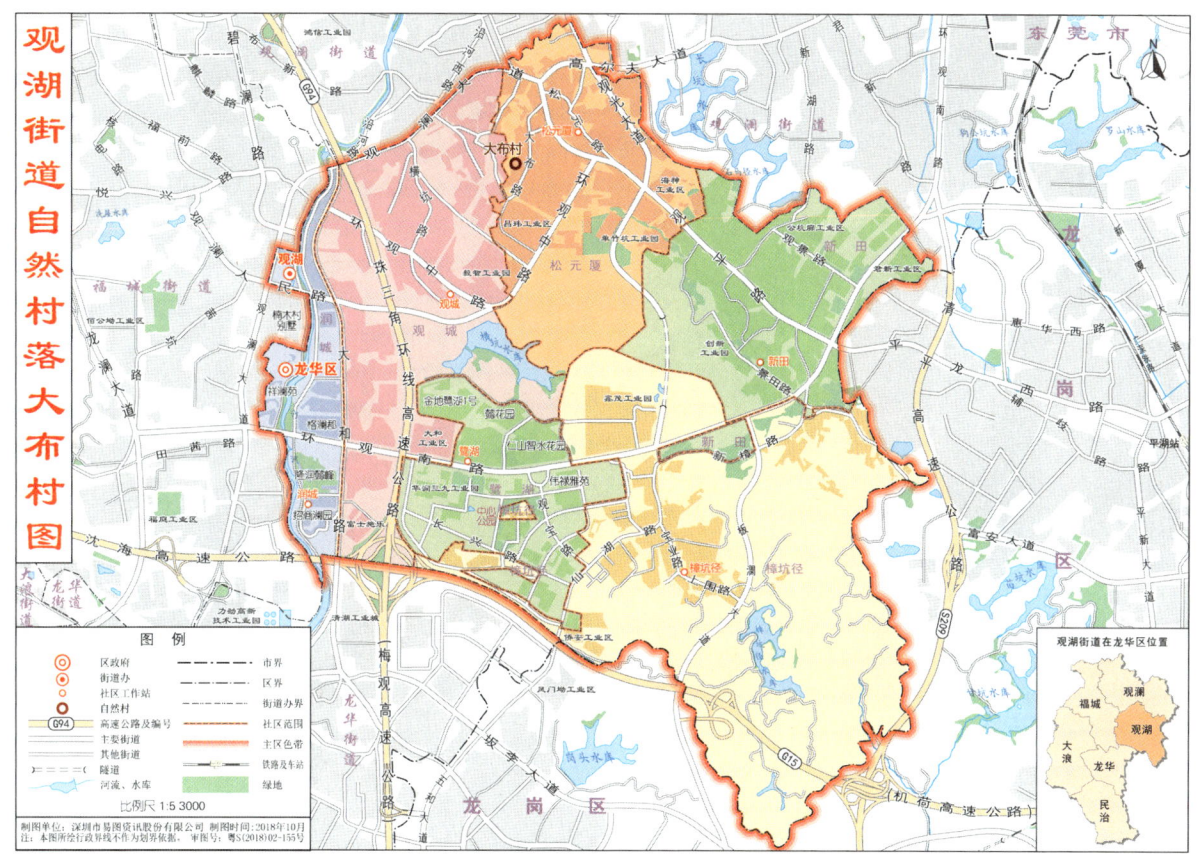

大布村位置示意图

大布村，位于观湖街道东北部，距街道办事处约3千米。相邻自然村有河南村、向西村。该村坐落于深圳中部丘陵地带，樟坑径河流经该村。村落始建于清乾隆十六年（1751年），因开村始祖陈振能携妻子曾氏及子俊儒、俊仕、俊科，由长乐横陂（今五华县小都栅径里）迁居松元厦开基立业。清朝末期，因人口发展较快，松元厦村被分为7个小村，其中之一即为大布村。

清朝，属新安县。1914年，属宝安县。中华人民共和国成立之初，属宝安县观澜乡；1958年，属红色公社；1959年，属观澜公社；1979年，属深圳市龙华区观澜公社；1981年，属深圳市宝安县观澜公社；1983年，属宝安县观澜区松元乡；1986年，属观澜镇；1993年，属深圳市宝安区观澜镇；2004年，属观澜街道松元厦社区；2011年，属深圳市龙华新区观澜街道松元厦社区；2015年，属龙华新区观湖街道松元厦社区。

世居村民为汉族，客家民系，使用客家方言。

2015年末，户籍人口168人，其中男性85人，女性83人；80岁以上6人，最年长者96岁

◎ 大布村村貌（叶东舒 摄于2016年）

（女）。非户籍外来人口约7000人。祖籍该村的香港同胞约60人、澳门同胞5人。祖籍该村的华人华侨27人，主要居住在牙买加、苏里南等国。归侨3人。

传统经济以种植水稻、花生、甘蔗、豆类、薯类和蔬菜等为主，以养殖鸡、鸭、猪等为辅。现村集体经营以房屋出租、物业管理、商业经营为主。村民主要收入来源为商业经营、工资性收入、集体经济分红、房屋出租等。特色传统食品有清明艾粄、冬至萝卜粄、月子黄酒鸡、春节焖鹅等。

省道S359线观平路、大布头路、松元厦大布路经过该村。1964年通电，20世纪70年代通自来水，80年代通电话，90年代实现全村村道水泥硬底化，2000年通互联网。

松元厦社区有篮球场、全民健身广场、街心公园、松元公园、松元厦老人怡园、文化广场、碉楼广场、松元厦图书馆（藏书约6000册）、振能小学、松元幼儿园（2015年在园幼儿300人，教职工36人）等。这些文体设施为社区7个自然村所共用。

大布村传统民居为客家民居，现存约20座，保存较完整，有部分破损，多有人居住。

大布村与松元厦社区其他几个村的陈姓均为同一祖先，共用位于上围村的陈氏宗祠（详见上围村）。

◎ 松元厦文化广场（张嘉玲 摄于2016年）

◎ 传统民居（刘伟红 摄于2016年）

◎ 大布村舞麒麟（摄于2015年，松元厦社区供稿）

◎ 碉楼（刘伟红 摄于2016年）

村内有碉楼2座，均始建于1928年。两座碉楼均高约15米，单层面积约13平方米，每层四面都有射击孔，可以向外瞭望，亦可以射击。

村内有《陈氏族谱》，分别于1996年和2000年续修。2014年由松元厦社区组织编撰《百年振能》，记述了陈氏振能家族办学史。

该村有食姜醋汤的民俗。当家里喜添新生婴儿后，待婴儿满月时，家人会购置猪脚、鸡蛋、醋和姜，制作成姜醋汤，分送给村里的亲戚朋友，寓意祝福新生婴儿健康成长、平平安安。

传统技艺有舞麒麟。每至年节，村民舞麒麟助兴。松元厦麒麟队有队员20多人，近年来应邀在各地表演数十场。

代表性人物：

陈玉生（1923—），出生于牙买加，1952年被分配至雷州半岛徐闻县参加土地改革工作，被评为粤西土改工作模范；1962年返回牙买加，力推中牙外交工作，为祖国的侨务事业作出贡献。

陈玉昌（1951—），全国先进爱国企业家，1985年开始，陈玉昌先后引进60多位台商、50多位港商到观澜投资办厂，为促进当地招商引资工作和外向型经济发展作出贡献；1987年回到松元厦，兴办大型工业园，为家乡引来更多投资商，被授予"全国先进爱国企业家"称号。

（资料填报：陈春贤；初稿撰写：刘伟红；分纂：张嘉玲）

福楼村

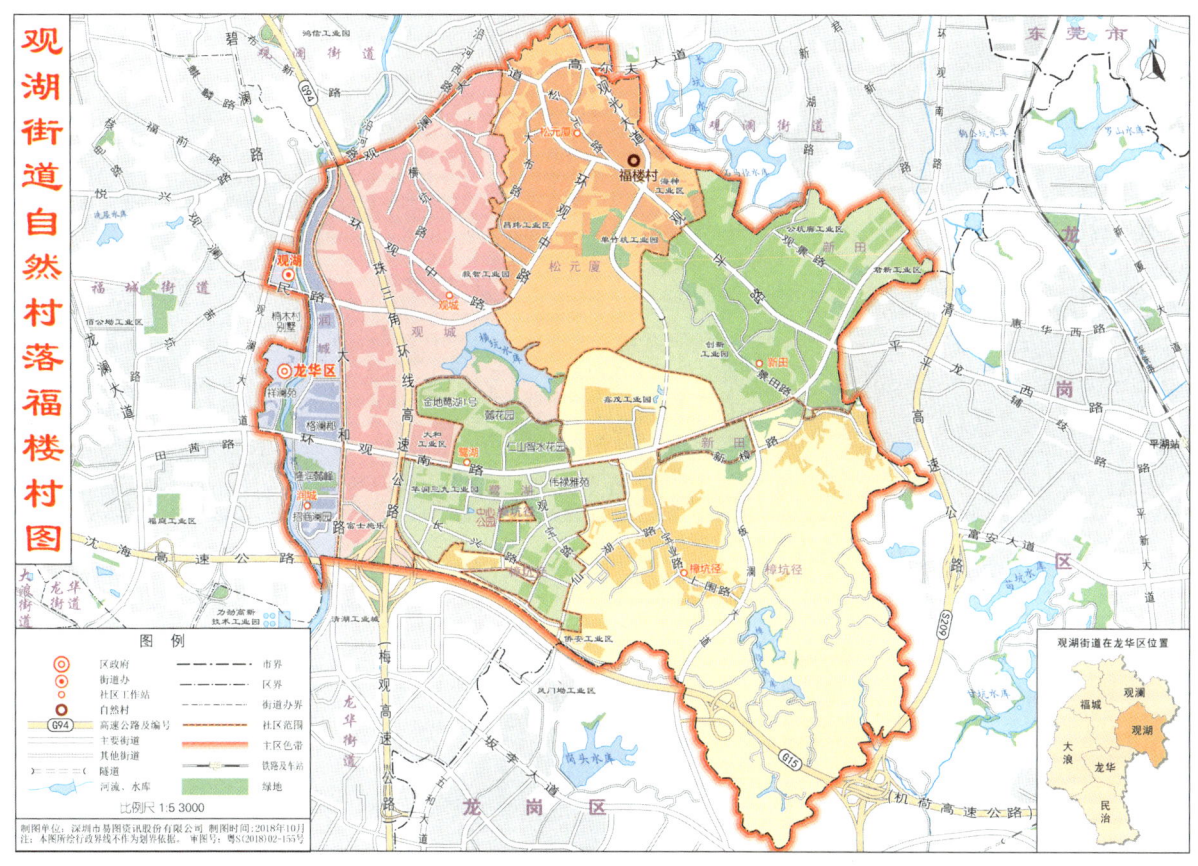

福楼村位置示意图

福楼村，位于观湖街道东北部，距街道办事处约4.7千米。相邻自然村有大兴村。地处丘陵地带，西有石陂山，海拔约100米，东有樟坑径河流过。该村始建于明朝末年，因江夏黄峭山后裔分支在观澜圈地立围而形成。福楼村开村始祖黄氏比松元厦陈振能早落基100多年，最初村名叫圣堂围。当时该地有座大山，黄姓村落在山上，陈姓村庄在山下。后来，山下的陈姓崛起，村庄规模越来越大；而山上的黄氏日渐衰落，零散的几户人家也被树木浓荫遮挡。为了振兴黄氏村落，更名"福楼"，寓意"福"至"楼"兴。

明末至清朝，属新安县。1914年，属宝安县。中华人民共和国成立之初，属宝安县观澜乡；1958年，属红色公社；1959年，属观澜公社；1979年，属深圳市龙华区观澜公社；1981年，属深圳市宝安县观澜公社；1983年，属宝安县观澜区松元乡；1986年，属观澜镇；1993年，属深圳市宝安区观澜镇；2004年，属观澜街道松元厦社区；2011年，属深圳市龙华新区观澜街道松元厦社区；2015年，属龙华新区观湖街道松元厦社区。

◎ 福楼村一角（张嘉玲 摄于2016年）

◎ 客家民居（陈国元 摄于2016年）

◎ 碉楼（陈国元 摄于2016年）

世居村民为汉族，客家民系。与其他的客家民系不同，福楼村村民都讲"坭话"，为深圳的一种地方方言，属于客家话的一种。村民主要有黄姓、陈姓和叶姓。黄姓为第一大姓，从湖北江夏迁移至广东嘉应、潮州、揭阳、大埔、长乐、东莞樟木头等地，再从东莞樟木头迁移至该地。陈姓为松元厦陈振能后代。

2015年末，户籍人口143人，其中男性66人，女性77人；80岁以上1人，103岁（女）；实际在村人口142人；海外留学1人。非户籍外来人口约5000人。

传统经济以编织农具为主，以种植业、食品买卖（主要为米饼买卖）为辅。1986年后，开始

◎ 黄氏宗祠（陈国元 摄于2016年）

建设工业区，招商引资。现时村集体经营以厂房出租为主。村民主要收入来源为房屋出租、商业经营、集体经济分红等。逢年过节，村民便会做打米饼、松糕、煎堆、艾粄、鸡屎藤粄、年糕等具有客家风味的特色传统食品。特色工艺品有竹篾制品、木制品。

省道S359线观平路、观光大道经过该村。20世纪60年代通电，1990年通电话，1992年通自来水，90年代末通互联网，2002年实现全村村道水泥硬底化。村内有松元幼儿园，2015年在园幼儿300人，教职工36人。与其他村共用社区内的体育休闲设施。

村中现存7座客家民居和2座碉楼。客家民居建于清末民初，也有建于20世纪50—70年代。旧民居一般为一进三开间，也有一进两开间的。民居墙体以砖石和三合土夯筑，表面粉刷灰沙，门窗和墙体四角均用条石砌成。房顶为两面坡，灰瓦覆盖。现大部分保存较完整，少数有些破败。碉楼均建于20年代，为陈氏村民所建；每层每面都有射击孔，可以向外瞭望，亦可以射击。

黄氏宗祠，始建于清朝，重建于1998年，重修于2014年，占地面积约400平方米。宗祠四周地面铺设大理石板，外墙为黑色瓦条，进门有红木雕花屏风。宗祠内置神台，木梁柱上有雕塑。宗祠门口刻有对联"圣霭云霞增福泽；堂开紫气永东来"，上方有"黄氏宗祠"四字牌匾。

该村现存有《江夏黄氏族谱》，由黄华安于2015年纂修。

每至重阳节，福楼村黄氏后裔（包括梅林黄氏）集体到黄氏宗祠祭拜祖先，祭拜仪式结束后集体吃大盆菜。福楼村有生小孩后做姜醋汤送左邻右舍品尝的习俗和舞麒麟习俗。

代表性人物：

黄添荣（1938—），曾任空军某飞行团副团长、深圳赛格集团行政管理处处长。

（资料填报：陈国元；初稿撰写：黄华安；分纂：张嘉玲）

河南村

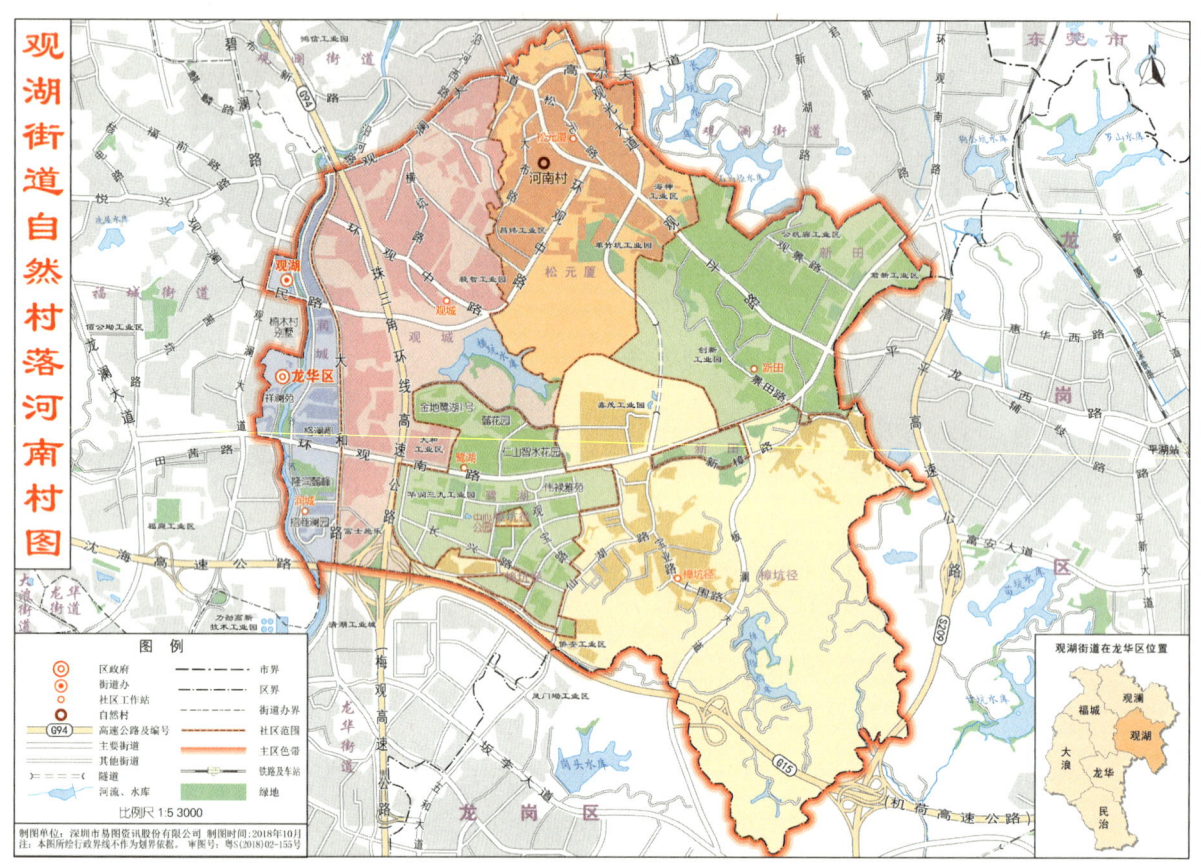

河南村位置示意图

河南村，位于观湖街道东北部，距街道办事处约3千米，相邻自然村有大布村、大兴村、上围村、向西村。河南村陈氏迁徙史同大布村。因位于樟坑径河南面，故取名河南村。该村于2010年搬至现址建河南新村。

清朝，属新安县。1914年，属宝安县。中华人民共和国成立之初，属宝安县观澜乡；1958年，属红色公社；1959年，属观澜公社；1979年，属深圳市龙华区观澜公社；1981年，属深圳市宝安县观澜公社；1983年，属宝安县观澜区松元乡；1986年，属观澜镇；1993年，属深圳市宝安区观澜镇；2004年，属观澜街道松元厦社区；2011年，属深圳市龙华新区观澜街道松元厦社区；2015年，属龙华新区观湖街道松元厦社区。

世居村民为汉族，客家民系，使用客家方言。

2015年末，户籍人口152人，其中男性66人，女性86人；80岁以上6人，最年长者93岁（女）。非户籍外来人口约8000人。祖籍该村的香港同胞约40人。祖籍该村的华人华侨约50人，

观湖街道　松元厦社区　河南村

◎ 河南村村貌（张嘉玲 摄于2016年）

◎ 松元厦碉楼广场（叶东舒 摄于2016年）

◎ 碉楼（张嘉玲 摄于2016年）

主要分布在美国、苏里南等国。

传统经济以种植水稻、花生、豆类、薯类、甘蔗和林果等为主，以养殖鸡、鸭、猪、牛等为辅。改革开放后，村里开始建设工业厂房，出租给外资企业，收取房屋租金和管理费。2004年，村集体成立了股份合作公司。现村集体经营以厂房、商铺出租和物业管理为主。村里有两个工业园。村民主要收入来源为商业经营、工资性收入、集体经济分红、房屋出租等。传统节庆食品有清明艾粄、冬至萝卜粄、月子黄酒鸡、春节焖鹅等。

环观中路、河南新村路经过该村。1964年通电，20世纪70年代通自来水，90年代初通电话，2000年通互联网，2008年实现全村村道水泥硬底化。与其他村共用松元厦社区体育休闲设施。

河南村没有独立的宗祠，陈姓族人与松元厦其他村陈姓共用位于上围村的陈氏宗祠（详见上围村）。有碉楼1座，建于清末民初。碉楼高5层，约15米，单层面积约13平方米，每层每面都有射击孔，可以向外瞭望，亦可以射击。2012—2013年，由于城市更新需要，河南村建造新村，将原河南村的碉楼原物迁移至松元厦碉楼广场，迁移后对碉楼进行了修缮加固。

该村有食姜醋汤的民俗和舞麒麟的技艺（详见大布村）。

代表性人物：

陈守誉（1940— ），深圳威尔电器有限公司总经理，该公司先后获"深圳市高新技术企业""国家高新技术企业""百家优秀国家高新技术企业诚信合作商"等荣誉。

（资料填报：陈小海；初稿撰写：廖月玲；分纂：张嘉玲）

上围村

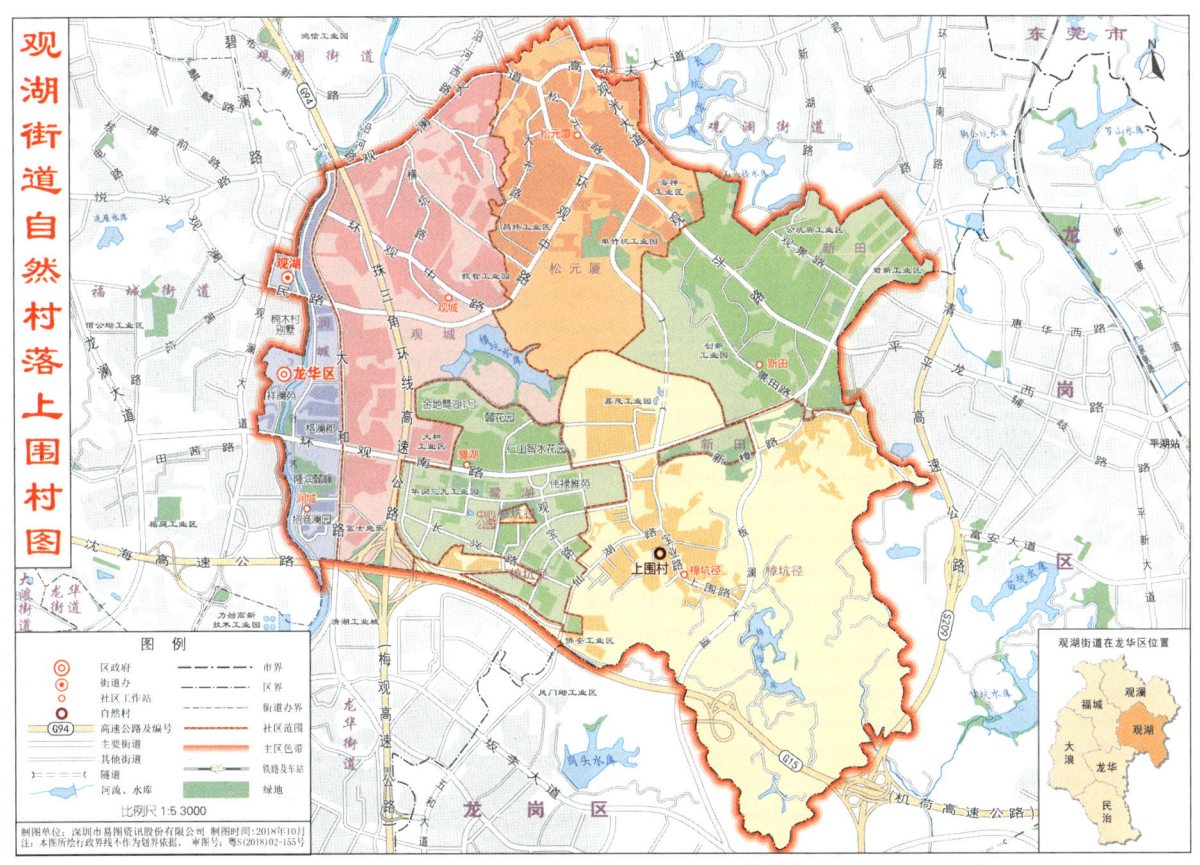

上围村位置示意图

上围村，位于观湖街道东部，距街道办事处约4千米。相邻自然村有向西村、大兴村、中心村、河南村。该村地处丘陵地带，村南面有樟坑径河流过。始建于清乾隆十六年（1751年），开村始祖陈振能与妻曾氏，子陈俊儒、俊仕、俊科由长乐横陂（今五华县小都栅径里），迁居松元厦开基立业。清朝末期，因人口发展较快，松元厦村被分为7个小村，其中之一即为上围村。客家人建房以围屋相称，该村相对其他村落地势较高，又居樟坑径河上游，故取名上围村。

清朝，属新安县。1914年，属宝安县。中华人民共和国成立之初，属宝安县观澜乡；1958年，属红色公社；1959年，属观澜公社；1979年，属深圳市龙华区观澜公社；1981年，属深圳市宝安县观澜公社；1983年，属宝安县观澜区松元乡；1986年，属观澜镇；1993年，属深圳市宝安区观澜镇；2004年，属观澜街道松元厦社区；2011年，属深圳市龙华新区观澜街道松元厦社区；2015年，属龙华新区观湖街道松元厦社区。

世居村民为汉族，客家民系，使用客家方言。

◎ 上围村一角（摄于2019年，观湖街道供稿）

◎ 传统民居（邱学宏 摄于2016年）

◎ 陈氏宗祠（叶东舒 摄于2016年）

2015年末，户籍人口187人，其中男性89人，女性98人；80岁以上5人，最年长者88岁（女）。非户籍外来人口约5000人。祖籍该村的香港同胞63人。祖籍该村的华人华侨42人，主要分布在英国、美国等国。

传统经济以种植水稻、花生、豆类、薯类等农作物为主，养殖鸡、鸭、猪等为辅。现村集体经营以房屋出租、物业管理、商业经营为主。村民主要收入来源为商业经营、工资性收入、集体经济分红、房屋出租等。传统节庆食品有清明艾粄、冬至萝卜粄、月子黄酒鸡、春节焖鹅等。

五和大道、上围路经过该村。20世纪60年代通电，80年代通自来水，80年代末通电话，90年代末通互联网，21世纪初实现全村村道水泥硬底化。与其他村共用松元厦社区的文体设施。

◎ 振能学校旧影（松元厦文体中心供稿）

◎ 舞麒麟（摄于2014年，松元厦文体中心供稿）

上围村现存客家民居约20座，建于20世纪50—70年代，总占地面积约1.5万平方米。旧民居建筑材料一般为砖、石、木和三合土，内用木梁承重，为一进三开间或一进两开间，多数为两面坡的瓦房，也有两层的小楼，楼房为平顶。这些民居保存基本完好，现仍有人居住。

上围村为松元厦陈振能立村之地，陈氏宗祠建在该村。陈氏宗祠始建于清朝，1927年第一次重修，2015年第二次重修，占地面积900平方米。宗祠一开间三进，均刻有木雕对联，祠堂大门由南洋楠木整块制成。大理石墙面均保存完好。现仍作宗祠使用。

观澜中学创办于1914年，是深圳市3所百年老校之一。当时设址松元厦私塾"永修斋"，并定名为"永修小学"；1923年，经村民共同商议，在大布头山边兴建新校舍，为彰祖德，正式改称"振能学校"。观澜周边乃至东莞凤岗、樟木头的求学青年慕名而至，学生达200多人，成为宝安县最负盛名的学校；1931年，振能学校更名为振能代用中心国民学校，此名称一直沿用到1949年底；1946年9月，在振能小学的基础上，振能中学正式诞生。1948—1949年是振能学校鼎盛时期。中华人民共和国成立后振能学校收归国有，把振能中学独立出来，更名为宝安县第三中学，后因位于深圳镇的宝安第二中学更名为深圳中学，原振能中学又从宝安第三中学改名为宝安县第二中学，1959年扩建并再次改名为观澜中学。

上围村有添丁点灯和"姜醋汤"民俗。

该村有舞麒麟活动。陈德华（后名"生鸡义"）前往少林学艺，学成返乡后，组建松元厦麒麟武术队。麒麟队先后培养出齐口沙、陈汉青、陈锦辉、陈官意等技艺传人，第六代传人陈佛生已78岁高龄。松元厦社区重组松元厦麒麟队，现有队员20多人，在各地表演数十场。

每年春分为振祖拜山日，该村陈振能后代祭祖；农历九月二十为振能祖诞，有文艺表演。活动结束后均聚餐吃大盆菜，祖诞时有舞麒麟表演。

松元厦村有"雷打门楼河改道"的传说。

另有"弃置年货买诗书"传说。某年,临近过年时,陈振能用车推着一只肥猪去集市卖,准备用卖猪的钱为全家置办年货。刚进一家布店,就听到有售书之声。原来,有一户官宦人家装了一车旧书在售卖。陈振能如获至宝,毅然以置办年货的钱买了一车书。至今传为美谈。

(资料填报:陈益勋;初稿撰写:邱学宏;分纂:张嘉玲)

太兴村

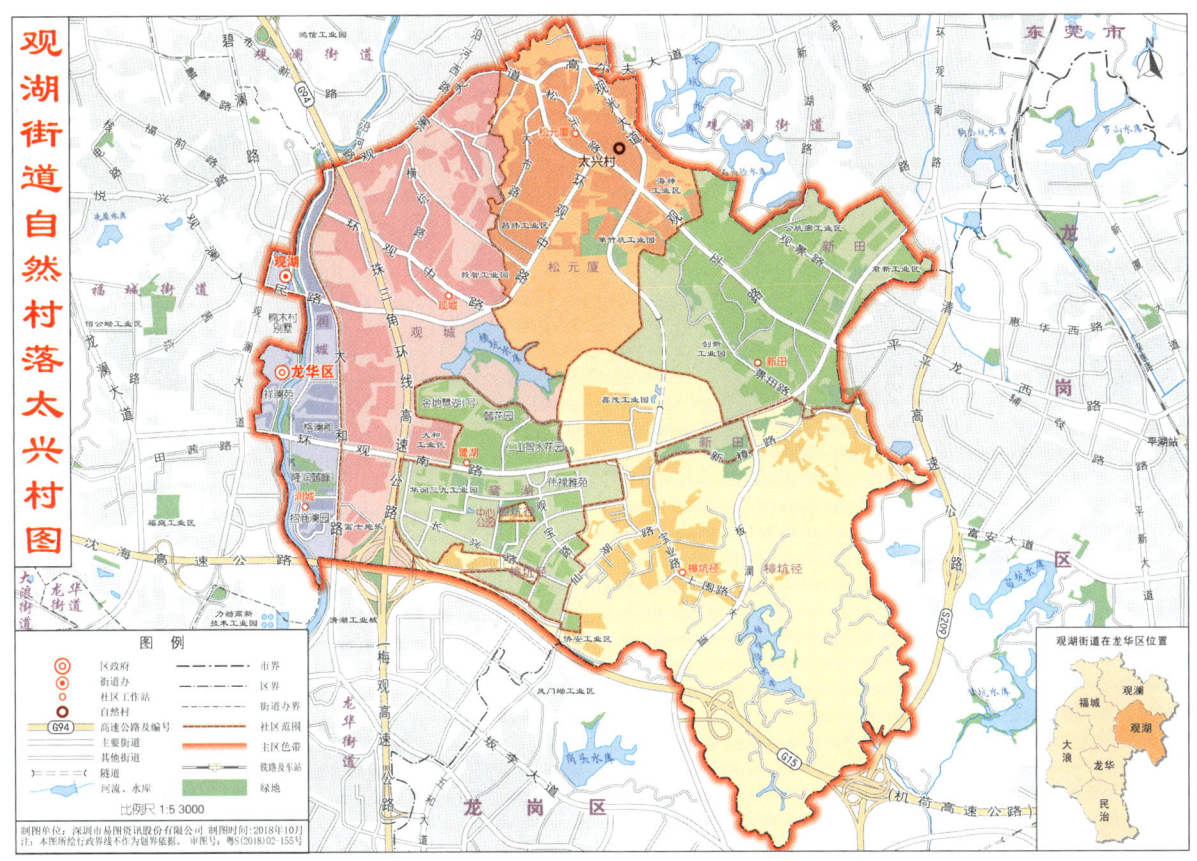

太兴村位置示意图

太兴村,位于观湖街道东部,距街道办事处约4千米。相邻自然村有福楼村、上围村、河南村。该村与松元厦社区其他村陈氏同属陈振能后裔(其建村时间和迁徙历史见上围村)。清朝末期,松元厦村陈氏分为7个小村,其中之一为太兴村。因分村时希望太祖能保佑子孙后代兴旺发达,故取名太兴村。

清朝,属新安县。1914年,属宝安县。中华人民共和国成立之初,属宝安县观澜乡;1958年,属红色公社;1959年,属观澜公社;1979年,属深圳市龙华区观澜公社;1981年,属深圳市宝安县观澜公社;1983年,属宝安县观澜区松元乡;1986年,属观澜镇;1993年,属深圳市宝安区观澜镇;2004年,属观澜街道松元厦社区;2011年,属深圳市龙华新区观澜街道松元厦社区;2015年,属龙华新区观湖街道松元厦社区。

世居村民为汉族,客家民系,使用客家方言。

2015年末,户籍人口66人,其中男性39人,女性27人;80岁以上6人,最年长者94岁(男)。

◎ 太兴村一角（张嘉玲 摄于2018年）

◎ 碉楼（陈俊亮 摄于2016年）

◎ 太兴门楼（陈俊亮 摄于2016年）

非户籍外来人口约8000人。祖籍该村的香港同胞约20人。祖籍该村的华人华侨10人，主要分布在美国、马来西亚、牙买加等国。

传统经济主要种植水稻、花生、甘蔗、黄豆、番薯等农作物，兼种林果等，并养殖鸡、鸭、猪、牛等。1978年改革开放后，村里开始调整产业结构，发展工业经济，建设工业厂房，出租给外资企业，以收取厂房租金和管理费用。现村集体经济以房屋出租、物业管理、商业经营为主。村民主要收入来源为商业经营、工资性收入、集体经济分红、房屋出租等。传统节庆食品有清明艾粄、冬至萝卜粄、月子黄酒鸡、春节焖鹅等。

观光大道、高尔夫大道经过该村。1964年通电，20世纪70年代通自来水，80年代通电话，2000年通互联网，2008年实现全村村道水泥硬底化。

现存客家民居约10座，大部分建于清末和民国时期，也有建于20世纪50—70年代。保存较为完整，有人居住。

该村与松元厦社区其他几个村共用位于上围村的陈氏宗祠。

村里还有1座碉楼和1座太兴门楼。碉楼建于民国时期，高5层，保存较为完好。太兴门楼建于清朝末期，基本外形还在，破损较为严重。

太兴村有食姜醋汤的民俗和舞麒麟的技艺（详见上围村）。

村里流传着"陈振能弃置年货买诗书"的掌故（详见上围村）。

（资料填报：陈俊亮；初稿撰写：陈俊亮；分纂：张嘉玲）

向西村

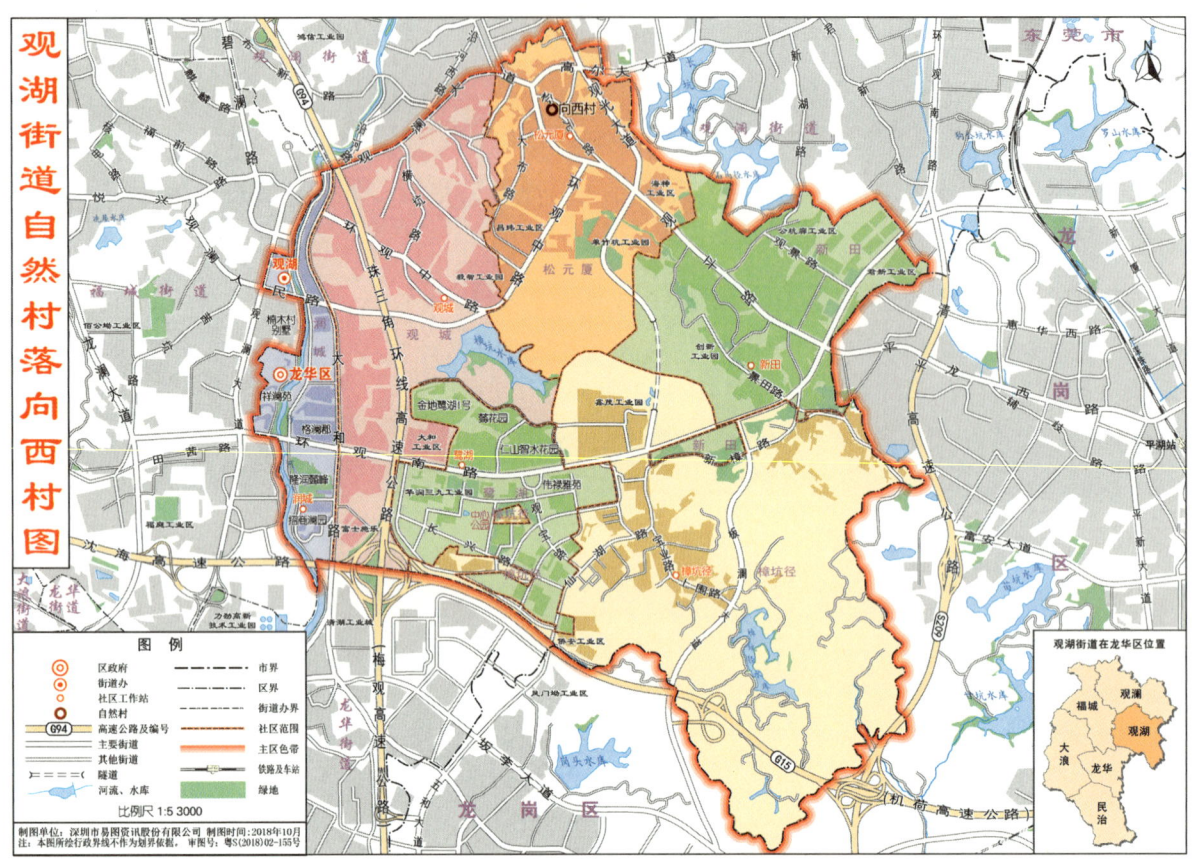

向西村位置示意图

向西村，位于观湖街道东北部，距街道办事处约6千米。相邻自然村有中心村、上围村、大布村、河南村。该村位于丘陵地带，村东面有樟坑径河。该村与松元厦社区其他村陈氏同属陈振能后裔（其建村时间和迁徙历史见上围村）。清朝末期，松元厦村分为7个自然村，其中之一为向西村。因过去村里房屋大门都朝西向或南向，且房屋都位于樟坑径河的西南边，而取名向西村。

清朝，属新安县。1914年，属宝安县。中华人民共和国成立之初，属宝安县观澜乡；1958年，属红色公社；1959年，属观澜公社；1979年，属深圳市龙华区观澜公社；1981年，属深圳市宝安县观澜公社；1983年，属宝安县观澜区松元乡；1986年，属观澜镇；1993年，属深圳市宝安区观澜镇；2004年，属观澜街道松元厦社区；2011年，属深圳市龙华新区观澜街道松元厦社区；2015年，属龙华新区观湖街道松元厦社区。

世居村民为汉族，客家民系，使用客家方言。

2015年末，户籍人口250人，其中男性143人，女性107人；80岁以上15人，最年长者100岁

◎ 向西村一角（张嘉玲 摄于2018年）

◎ 舞麒麟表演（松元厦文体中心供稿）

◎ 向西村碉楼（张嘉玲 摄于2016年）

（男）。非户籍外来人口约3680人。祖籍该村的香港同胞约105人。祖籍该村的华人华侨约100人，主要分布在苏里南、美国、牙买加等国。归侨5人。

传统经济以农业种植为主，养殖鸡、鸭、猪为辅。现村集体经济以房屋出租、物业管理为主。村民主要收入来源为商业经营、集体经济分红、房屋出租等。传统节庆食品有清明艾粄、冬至萝卜粄、月子黄酒鸡、春节焖鹅等。

省道S359线观平路、高尔夫大道经过该村。1964年通电，20世纪70年代通自来水，80年代通电话，21世纪初通互联网，2008年实现全村村道水泥硬底化。与其他村共用松元厦社区的文体休闲设施。

该村与松元厦社区其他几个自然村共用位于上围村的陈氏宗祠。村中有碉楼3座，保存较为完好。碉楼均为5层高，每层每面都有射击孔，可以向外瞭望，亦可以射击。2012—2013年，由于城市更新需要，向西村开始建造新村，将村里的碉楼迁移至社区碉楼广场，迁移后对碉楼进行了修缮加固。

宗族活动、族谱和重要文献同大布村。

向西村有食姜醋汤的民俗和舞麒麟的技艺（详见大布村）。

代表性人物：

陈仁（1929—），先后担任中共广西苍梧县委组织部部长、梧州地委书记，广西壮族自治区人民政府副主席；离休后，担任广西扶贫基金会理事长。

陈万千（1934—），1950年参加中国人民解放军，1960年任上海空二师副中队长，1982年任深圳机场筹建处副主任。

（资料填报：陈国新；初稿撰写：王飞燕；分纂：张嘉玲）

中心村

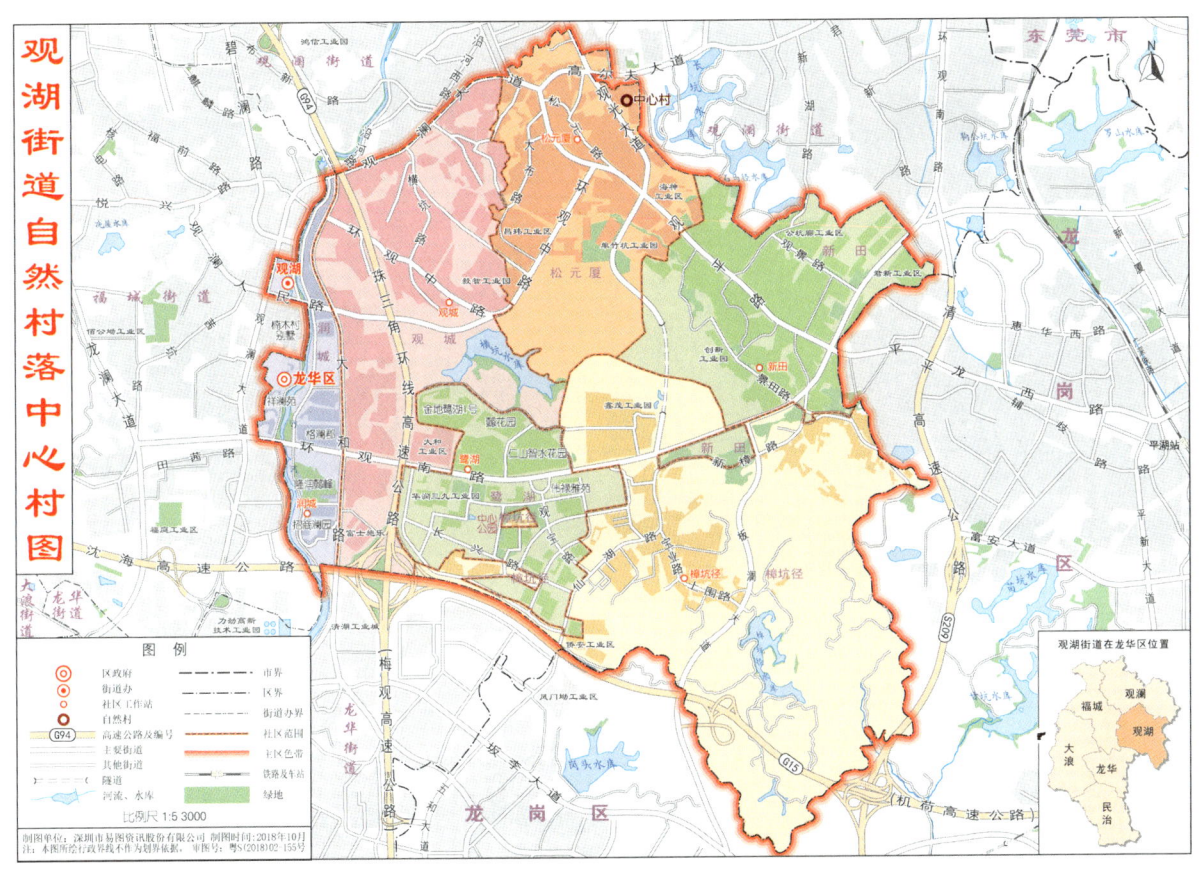

中心村位置示意图

中心村，位于观湖街道东部，距街道办事处约6千米。相邻自然村有向西村、上围村。该村地处丘陵地带，村南面有樟坑径河流过。该村与松元厦社区其他村陈氏同属陈振能后裔（其建村时间和迁徙历史见上围村）。清朝末期，松元厦村分为7个自然村，因该村的地理位置处于松元厦的中心位置，故取名中心村。

清朝，属新安县。1914年，属宝安县。中华人民共和国成立之初，属宝安县观澜乡；1958年，属红色公社；1959年，属观澜公社；1979年，属深圳市龙华区观澜公社；1981年，属深圳市宝安县观澜公社；1983年，属宝安县观澜区松元乡；1986年，属观澜镇；1993年，属深圳市宝安区观澜镇；2004年，属观澜街道松元厦社区；2011年，属深圳市龙华新区观澜街道松元厦社区；2015年，属龙华新区观湖街道松元厦社区。

世居村民为汉族，客家民系，使用客家方言。

2015年末，户籍人口236人，其中男性128人，女性108人；80岁以上18人，最年长者95岁

◎ 中心村一角（陈运波 摄于2016年）

◎ 中心村碉楼（张嘉玲 摄于2016年）

（女）。非户籍外来人口约1.7万人。祖籍该村的香港同胞约60人。祖籍该村的华人华侨约20人，主要分布在巴拿马、加拿大、美国等国家。

传统经济以农业种植为主，养殖业为辅。改革开放以来，通过招商引资，建设工业区，变农业生产为工业经营。现村集体经济以厂房出租、物业管理为主。村民主要收入来源为商业经营、工资性收入、集体经济分红、房屋出租等。

观光大道、高尔夫大道经过该村。20世纪60年代通电，80年代通自来水，80年代末通电话，90年代末通互联网，21世纪初实现全村村道水泥硬底化。与其他村共用松元厦社区的文化体育休闲设施。

现存客家民居11座，有部分破损，现已无人居住。与松元厦社区其他自然村共用位于上围村的陈氏宗祠。碉楼1座，建于20世纪30年代。

中心村有添丁点灯的民俗和舞麒麟的技艺（详见上围村）。

每年春分为振能祖拜山日,陈振能后代祭祖;农历九月二十为振能祖诞辰(祖诞),有文艺表演。活动结束后均聚餐吃大盆菜,祖诞时有舞麒麟表演。

该村有"弃置年货买诗书"的掌故(详见上围村)。

代表性人物:

陈炳林(1941—),画家,深圳职业技术学院客座教授,1992年执笔主创《小平同志在深圳》巨幅宣传画,立于荔枝公园东南口,为深圳重要地标之一。

(资料填报:陈远思;初稿撰写:陈运波;分纂:张嘉玲)

新田社区

谷一村

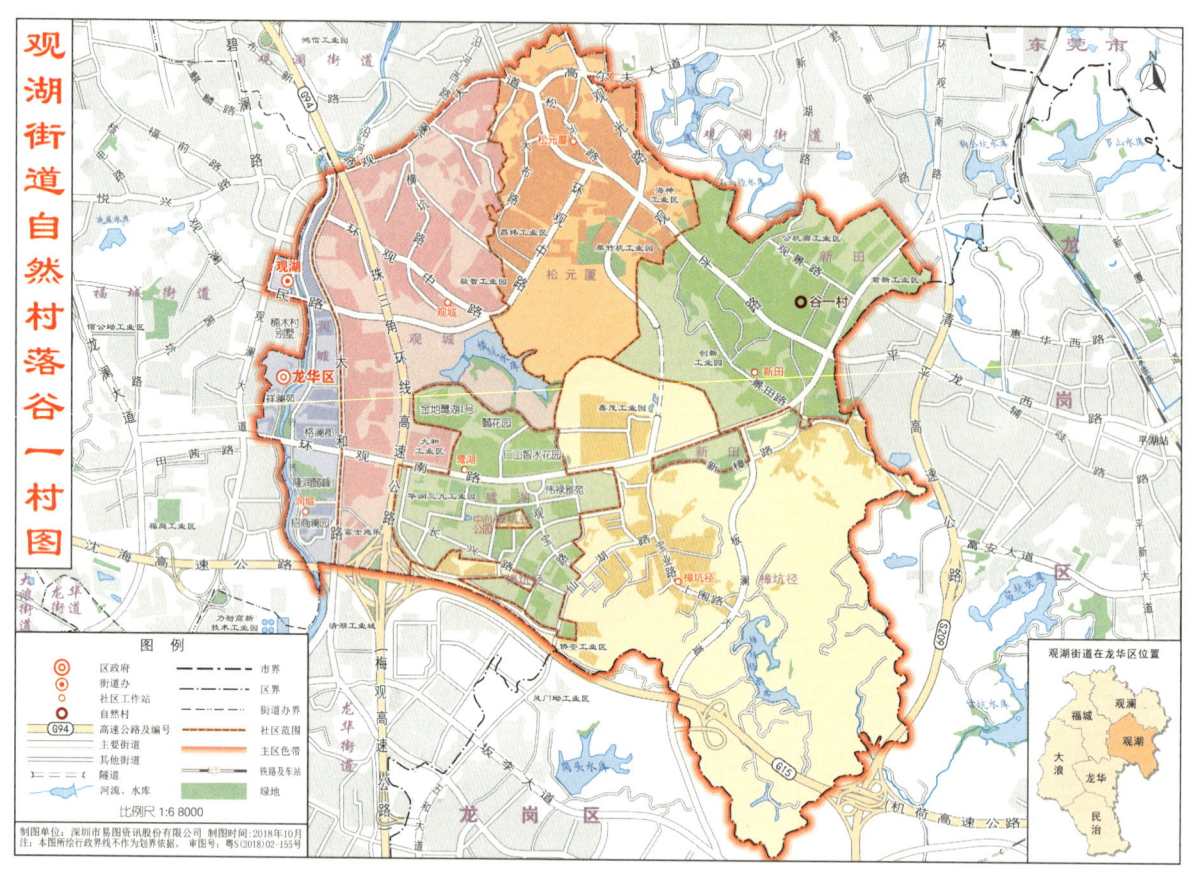

谷一村位置示意图

　　谷一村，位于观湖街道东南部，距街道办事处约4千米。相邻自然村有新田村、谷二村。该村地处丘陵地带。始建于清初，曾属新田谷湖龙村，1979年分出，称为谷一村。

　　清朝，属新安县。1914年，属宝安县。中华人民共和国成立之初，属宝安县观澜乡；1958年，属红色公社；1959年，属观澜公社；1979年，属深圳市龙华区观澜公社；1981年，属深圳市宝安县观澜公社；1983年，属宝安县观澜区新田乡；1986年，属观澜镇；1993年，属深圳市宝安区观澜镇；2004年，属观澜街道新田社区；2011年，属深圳市龙华新区观澜街道新田社区；2015年，属龙华新区观湖街道新田社区。

　　世居村民为汉族，客家民系，使用客家方言。村民均为陈姓。陈氏先从福建迁移至广东长乐（今五华）；清初从长乐迁移至此地定居。

　　2015年末，户籍人口105人，其中男性50人，女性55人；80岁以上3人，最年长者92岁（女）；实际在村人口104人；海外留学1人。非户籍外来人口约1万人。祖籍该村的香港同胞35人。祖籍该

◎ 谷一村一角（张嘉玲 摄于2016年）

村的华人华侨约30人，主要分布在荷兰和法国等国。

传统经济以种植水稻、花生、豆类、薯类、甘蔗和林果等为主，以养殖鸡、鸭、猪、牛等为辅。改革开放后，建设工业厂房，收取房屋租金和管理费。现村集体经营以厂房出租、物业管理为主。村民主要收入来源为工资性收入、集体经济分红、房屋出租等。传统特色食品有客家茶果、粽子、米饼等。

省道S359线观平路经过该村。1968年通电，1985年通自来水，20世纪80年代通电话，1998年通互联网，2005年实现全村村道水泥硬底化。村里有珍珍宝贝幼儿园、金宝宝幼儿园、童话林幼儿园。

传统民居为客家民居，现存约30座。代表性民居为华侨民居，建于1940年，房屋墙体为三合土夯筑而成，外用白灰粉刷，房内用木梁承重，房顶为两面坡，灰瓦覆盖；整体保存较为完好，仍有人居住。存有陈氏碉楼，始建于20年代；碉楼高约18米，每层每面都有射击孔，可以向外瞭望，亦可以射击，现保存完好。

传统婚俗形成于清朝。旧时青年男女到了适婚年龄，父母便会出面说亲，有些男女没见过面都有可能结婚。结婚时，要在村里办酒席，请亲戚朋友喝喜酒。结婚当天，男方家抬着花轿，一路敲锣打鼓到女方家接新娘。接亲时，要把"红米水"沿村路一直洒到新郎家，新娘的花轿要沿着红米水一路行走，称"踏红线"。到新郎家门口时，要"跨火盆"。到了晚上闹洞房。1962年

◎ 传统客家民居（王婷 摄于2016年）

◎ 陈氏碉楼（王婷 摄于2016年）

颁布新婚姻法，婚俗也有很大改变。

代表性人物：

陈梅英，祖籍新田村，1948年10月加入惠东宝游击大队领导下的观澜武工队，与观澜著名的"三条黄"（即黄生、黄瑞林、黄炳森）一起战斗；1949年10月，宝安地区解放，参与宝安税务局的接收工作，并参与各地税务站业务的管理工作。

（资料填报：林礼侃；初稿撰写：陈德航；分纂：张嘉玲）

谷二村

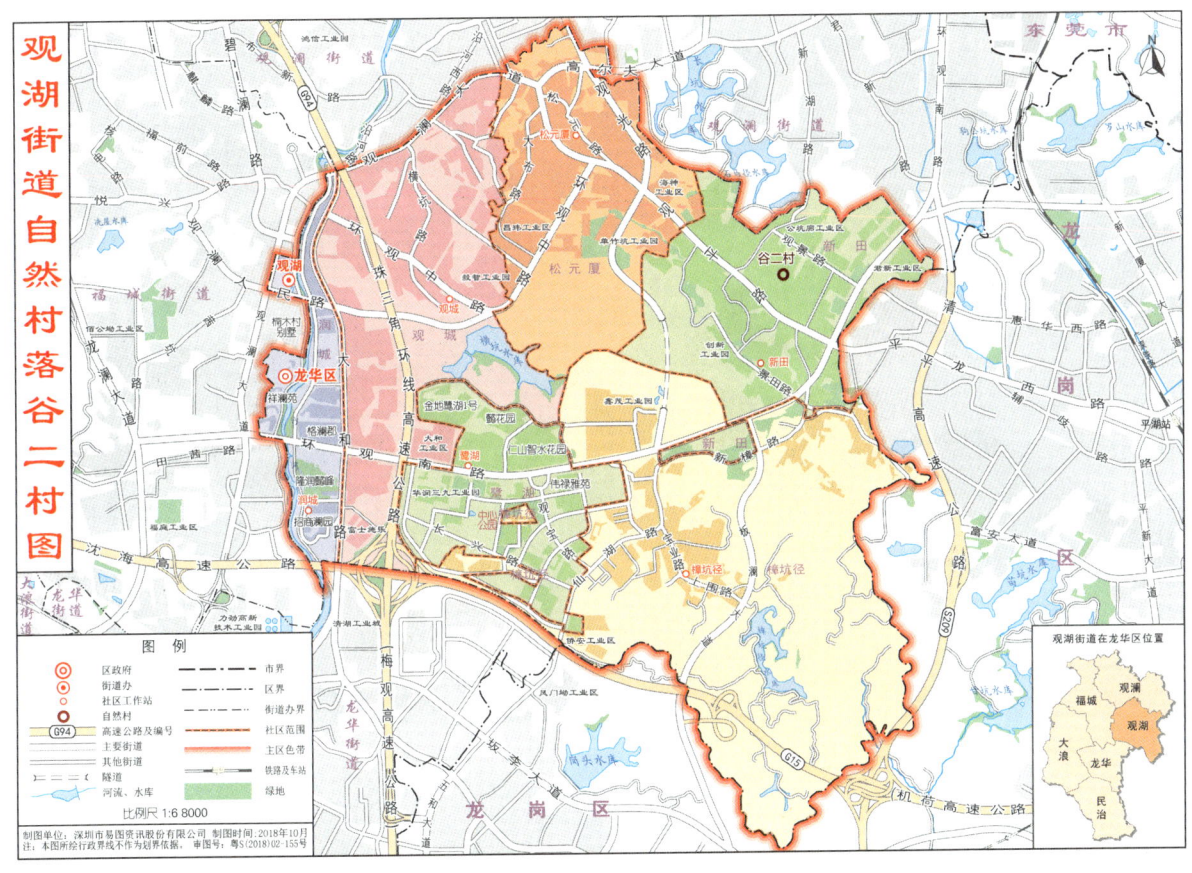

谷二村位置示意图

谷二村，位于观湖街道东南部，距街道办事处约4千米。相邻自然村有谷一村、牛轭岭村、田心村。该村地处丘陵地带；村西有新田河流过。村名由来及陈姓迁徙过程同谷一村。

清朝，属新安县。1914年，属宝安县。中华人民共和国成立之初，属宝安县观澜乡；1958年，属红色公社；1959年，属观澜公社；1979年，属深圳市龙华区观澜公社；1981年，属深圳市宝安县观澜公社；1983年，属宝安县观澜区新田乡；1986年，属观澜镇；1993年，属深圳市宝安区观澜镇；2004年，属观澜街道新田社区；2011年，属深圳市龙华新区观澜街道新田社区；2015年，属龙华新区观湖街道新田社区。

世居村民为汉族，属客家民系，使用客家方言。

2015年末，户籍人口80人，其中男性35人，女性45人；80岁以上2人，最年长者93岁（女）；实际在村人口80人。祖籍该村的香港同胞约20人。祖籍该村的华人华侨约10人，主要分布在荷兰和法国等国。

◎ 谷二村村貌（张嘉玲 摄于2018年）

◎ 传统客家民居（王婷 摄于2016年）

◎ 谷二村所在新田村旧貌（黄华安 摄于1991年）

传统经济以农业为主，主要种植水稻、花生、甘蔗、番薯等，养殖鸡、鸭、鹅、猪等。改革开放后，开始引进"三来一补"企业，建造厂房，收取管理费。现村集体经营以厂房出租、物业管理为主。村民主要收入来源为工资性收入、集体经济分红、房屋出租等。特色传统节庆食品有客家茶果、煎堆等。

省道S359线观平路经过该村。1968年通电，20世纪80年代通自来水及通电话，2005年实现全

◎ 文杨陈公祠（张嘉玲 摄于2016年）

村村道水泥硬底化，21世纪初通互联网。

现存客家民居约20座，部分建于清朝初期，部分建于20世纪50—70年代。旧民居建筑材料一般为砖石和三合土，内用木梁承重，为一进三开间或两开间。多数民居为两面坡的瓦房，少数楼房为平顶。这些民居保存较为完整，部分外表有局部破损，有人居住。

村中有文杨陈公祠，始建于清朝末期，1987年重修，占地面积约250平方米。重修后的宗祠以钢筋混凝土为主要材料，顶部有瓦铺盖，祠堂中间设有天井。后堂设祖先牌位。

每年清明节，谷二村陈氏族人都会带着供品，在陈氏宗祠祭拜祖先，祭拜完毕之后众族亲聚餐。

谷二村传统习俗与谷一村大致相同。

（资料填报：陈国东；初稿撰写：陈丽香；分纂：张嘉玲）

吉坑村

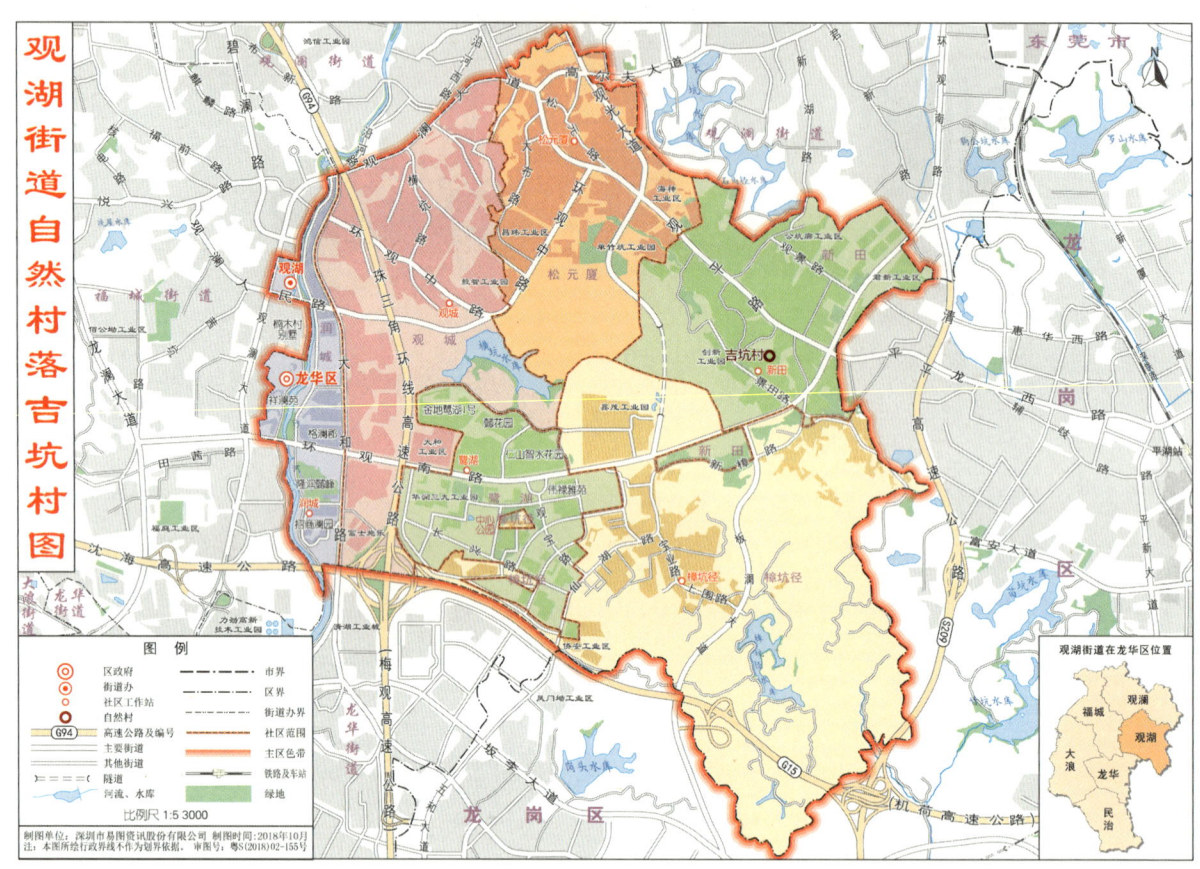

吉坑村位置示意图

吉坑村，位于观湖街道东南部，距街道办事处约4千米。相邻自然村有老三村、元一村、新田村。村后有石陂山，海拔约100米。始建于清朝。因先祖定居之初，此处有一条坑，且此处桔树繁多，硕果累累，"桔"音似"吉"而取名吉坑村。

清朝，属新安县。1914年，属宝安县。中华人民共和国成立之初，属宝安县观澜乡；1958年，属红色公社；1959年，属观澜公社；1979年，属深圳市龙华区观澜公社；1981年，属深圳市宝安县观澜公社；1983年，属宝安县观澜区新田乡；1986年，属观澜镇；1993年，属深圳市宝安区观澜镇；2004年，属观澜街道新田社区；2011年，属深圳市龙华新区观澜街道新田社区；2015年，属龙华新区观湖街道新田社区。

世居村民为汉族，客家民系，使用客家方言。

2015年末，户籍人口204人，其中男性98人，女性106人；80岁以上5人，最年长者86岁（男）；实际在村人口204人。非户籍外来人口约5000人。祖籍该村的香港同胞约30人。祖籍该村

观湖街道 新田社区 吉坑村

◎ 吉坑村村貌（张嘉玲 摄于2016年）

◎ 传统民居（张嘉玲 摄于2016年）

◎ 陈氏宗祠（张嘉玲 摄于2016年）

◎ 和睦门（张嘉玲 摄于2016年）

的华人华侨约20人，主要分布在马来西亚、挪威等国。

传统经济以农业为主，主要种植花生、水稻、甘蔗、番薯等，以养殖鸡、鸭、猪、牛等为辅。改革开放后，村里开始招商引资，建造厂房，出租给外资企业，收取厂房租金与管理费。现村集体经营以厂房出租为主。村民主要收入来源为商业经营、工资性收入、集体经济分红、房屋出租等。特色传统节庆食品有油角、米饼、糍粑、客家茶果等。村内有树龄223年的古樟树，2013年9月被认定为古树加以保护。

省道S359线观平路、环观南路、新樟路经过该村。20世纪60年代末通电，80年代通电话，

◎ 碉楼（张嘉玲 摄于2016年）

1985年通自来水，90年代实现全村村道水泥硬底化，21世纪初通互联网。

传统民居为客家民居，现存约20座，基本完好，部分建于清末民初，部分建于20世纪50—70年代。

现存陈氏宗祠，始建于清朝，于2008年重建。祠堂占地面积约300平方米，其内部建筑结构为三进两堂，始建时屋檐上的精美壁画、木雕在重建时保留下来，仍作宗祠使用。

存有碉楼1座，始建于清朝。吉坑老村村口还存有和睦门，该门楼始建于清朝，朝向东南，砖石结构，前后出檐。

该村有"添丁增口""送七朝"特色民俗。家中新添了小孩后，产妇和新生婴儿都不能出门，即便是六月天。待孩子满月那天，小孩要穿红衣服，要摆"出月酒"，请村里的亲戚朋友吃饭，吃红鸡蛋，吃用糯米酒与猪脚制作的食物——糯米酒酿猪脚。随后，要带着红鸡蛋到祠堂去祭拜祖先，祈求保佑小孩平平安安。而小孩的名字要待其结婚后才能入族谱。这个习俗流传至今。

结婚时，男方到女方家接新娘后，女方家的送亲妇女要陪送新娘到男方家。"七朝"代表着新娘与送亲妇女间的姐妹情谊。送亲妇女负责抬箩筐。到了男方家喝喜酒时，无论送亲妇女人多人少，都坐三围台（指三桌）。1962年后，便不再规定只能由妇女送亲，男性女性都可以。

（资料填报：陈聪伟；初稿撰写：张惠香；分纂：张嘉玲）

老一村

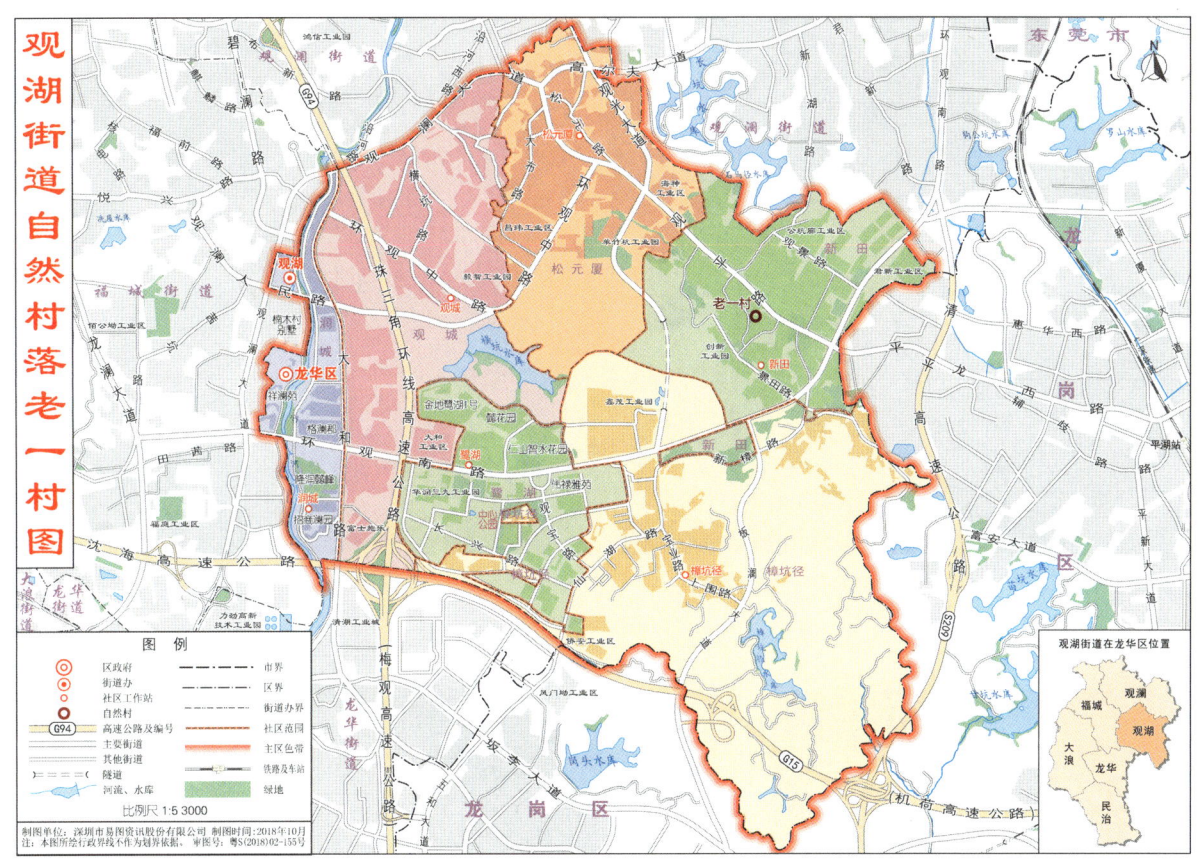

老一村位置示意图

老一村，位于观湖街道东南部，距街道办事处约1.5千米。相邻自然村有老二村、老三村、田心村、谷二村。地处丘陵地带，村旁有石陂山，海拔约100米；村北面有新田河流过。始建于清朝。20世纪70年代，原来的老村分为三个生产队，即老一、老二、老三队，后老二队再分出一个队，称为老四队。1983年，撤销公社，老一队改称老一村。

清朝，属新安县。1914年，属宝安县。中华人民共和国成立之初，属宝安县观澜乡；1958年，属红色公社；1959年，属观澜公社；1979年，属深圳市龙华区观澜公社；1981年，属深圳市宝安县观澜公社；1983年，属宝安县观澜区新田乡；1986年，属观澜镇；1993年，属深圳市宝安区观澜镇；2004年，属观澜街道新田社区；2011年，属深圳市龙华新区观澜街道新田社区；2015年，属龙华新区观澜街道新田社区。

世居村民为汉族，客家民系，使用客家方言。姓氏繁多，有张、刘、钟、李等姓。第一大姓为张姓，先祖从河南迁移至广东长乐（今五华），后迁移到此地。刘姓从河南迁移至广东兴宁，

◎ 老一村村貌（张嘉玲 摄于2016年）

◎ 客家民居（张嘉玲 摄于2016年）

◎ 李氏宗祠（张嘉玲 摄于2016年）

再迁移至此地。钟姓从广东紫金迁移至此地。李姓从福建迁移至广东长乐（今五华），再迁移至此地。

2015年末，户籍人口194人，其中男性80人，女性114人；80岁以上5人，最年长者93岁（女）；实际在村人口194人。非户籍外来人口约1万人。祖籍该村的香港同胞约100人。祖籍该村的华人华侨约50人，主要分布在牙买加。

传统经济以种植水稻、花生、甘蔗等为主，以养殖鸡、鸭、鹅等为辅。现村集体经营以厂房出

◎ "务本堂"牌匾（张嘉玲 摄于2016年）

租、物业管理为主。村民主要收入来源为工资性收入、集体经济分红、房屋出租等。特色农产品有柿子、沙梨。传统特色节庆食品有年糕、茶果等。

省道S359线观平路经过该村。20世纪60年代末通电，80年代通自来水，1990年通电话，1998年通互联网，2009年实现全村村道水泥硬底化。该村有篮球场、石陂山公园。

传统民居为客家民居，现存约80座。旧民居一般为一进三开间或一进两开间布局。主要建筑材料为砖石、木和三合土。房顶为平脊，两面坡，灰瓦覆盖。民居均保存较为完好，部分外表有破损，仍有人居住。

该村与老二村、老三村、老四村的李氏族人共用李氏宗祠，现址在东头门。李氏宗祠始建于清光绪二十三年（1897年），1991年第一次重修，2011年第二次重修，占地面积约300平方米。后堂有"务本堂"牌匾。

每年清明节，李氏后代都会带上供品，集体在李氏祠堂拜祭先祖，祭拜结束后聚餐。

该村有特色婚俗"送七朝"（详见吉坑村）。

代表性人物：

钟宇光（1925—1949），1949年6月参加观澜武工队，同年9月在塘厦被捕牺牲。

（资料填报：钟志敏；初稿撰写：张祥娣；分纂：张嘉玲）

老二村

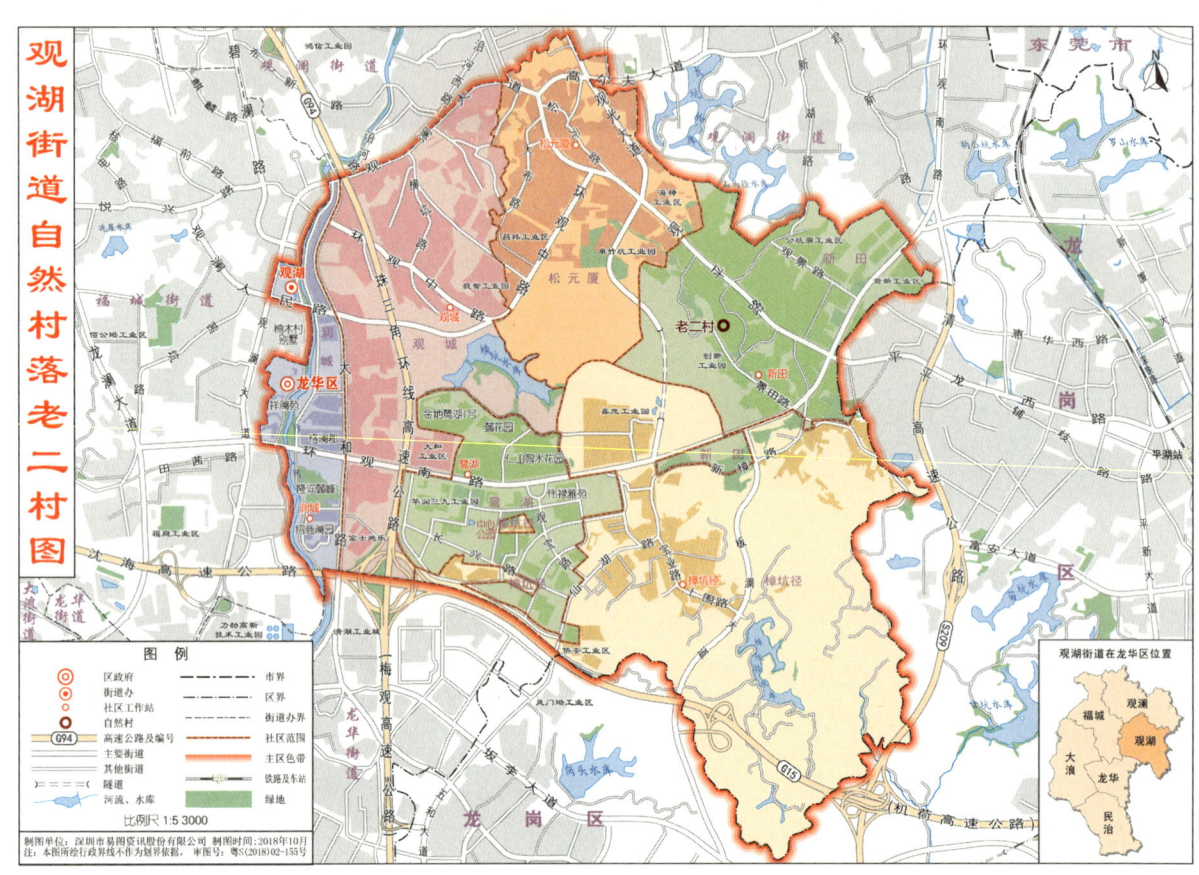

老二村位置示意图

老二村，位于观湖街道东南部，距街道办事处约4千米。相邻自然村有老一村、老三村、田心村。地处丘陵地带，村旁有石陂山，海拔约100米；村北面有新田河流过。始建于清朝。20世纪70年代，原老村分为老一、老二、老三3个生产队。1983年，改称老二村。

清朝，属新安县。1914年，属宝安县。中华人民共和国成立之初，属宝安县观澜乡；1958年，属红色公社；1959年，属观澜公社；1979年，属深圳市龙华区观澜公社；1981年，属深圳市宝安县观澜公社；1983年，属宝安县观澜区新田乡；1986年，属观澜镇；1993年，属深圳市宝安区观澜镇；2004年，属观澜街道新田社区；2011年，属深圳市龙华新区观澜街道新田社区；2015年，属龙华新区观湖街道新田社区。

世居村民为汉族，客家民系，使用客家方言。姓氏繁多，有张、李、刘、钟等姓。第一大姓为张姓，先祖从河南迁移至广东长乐（今五华），后从长乐迁移到此地定居。李姓先祖从福建迁移至广东长乐（今五华），再从长乐迁移至此地。刘姓先祖和钟姓先祖分别从广东兴宁和广东紫

◎ 老二村村貌（张嘉玲 摄于2016年）

◎ 客家民居（张嘉玲 摄于2016年）

金迁移至此地。

2015年末，户籍人口67人，其中男性35人，女性32人；80岁以上3人，最年长者91岁（女）；实际在村人口67人。非户籍外来人口约5000人。祖籍该村的香港同胞约50人。

传统经济以种植水稻、花生、豆类、薯类等农作物为主，以养殖鸡、鸭、猪等为辅。改革开放后，引进"三来一补""三资"企业，开始工业化进程。现村集体经济经营工业、商业。村民主要收入来源为集体经济分红、房屋出租、商业经营、工资性收入等。传统特色食品有粄、茶果、粽子等。

省道 S359线观平路经过该村。20世纪60年代末通电，80年代通自来水，90年代实现全村村道水泥硬底化，1990年通电话，1998年通互联网。

现存客家民居约20座。旧民居建筑材料一般为砖、石、木和三合土，内用木梁承重，为一进三开间或两开间布局，多数为两面坡的瓦房，也有两层的小楼。楼房为平顶。目前这些民居保存较为完整，部分外表有局部破损。村内有古井1口，始建于清朝。

传统结婚习俗自清朝开始流行（详见谷一村）。

（资料填报：李秀田；初稿撰写：张秋芳；分纂：张嘉玲）

老三村

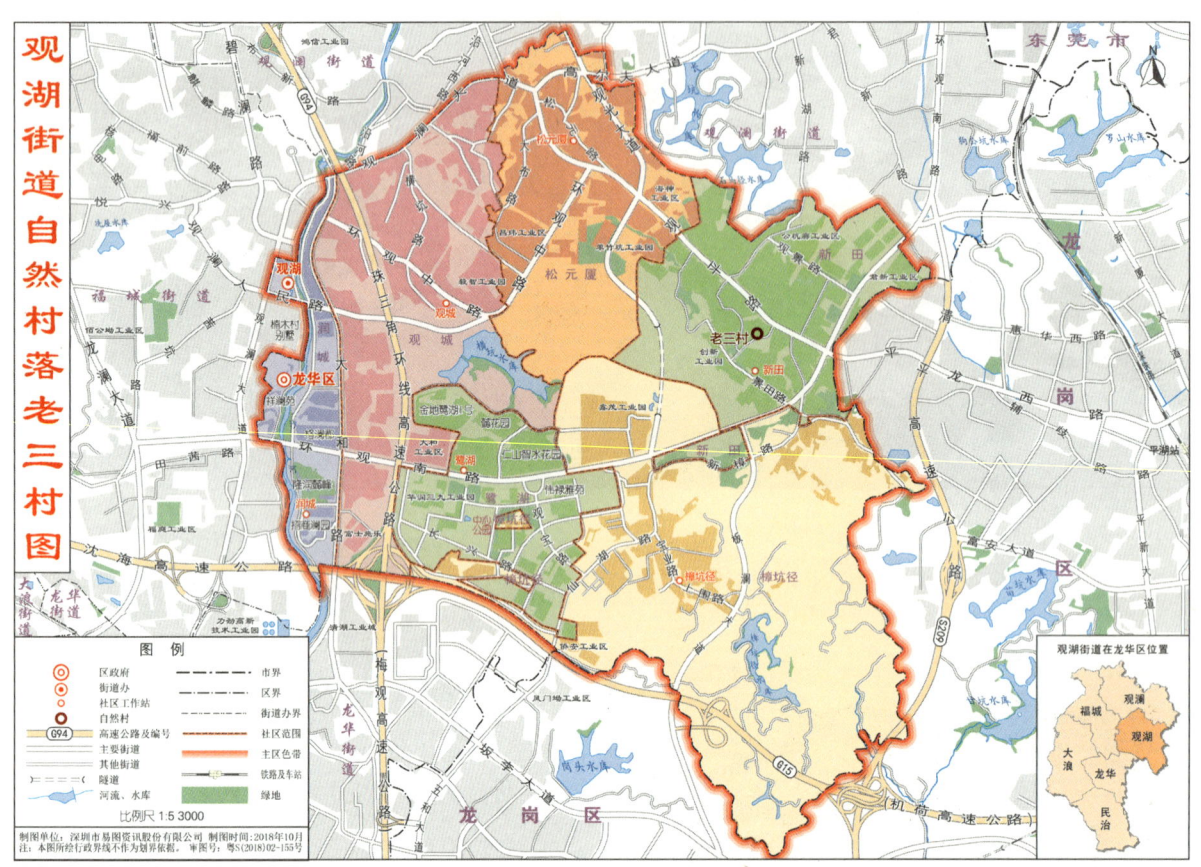

老三村位置示意图

老三村，位于观湖街道东南部，距街道办事处约4千米。相邻自然村有老一村、老二村、吉坑村、新田村。地处丘陵地带，依山傍水，村旁有石陂山，海拔约100米；村中有新樟河流过。始建于清朝，因先祖从广东长乐（今五华）迁移至此，子孙繁衍而形成村落。老三村村名由来同老一村。于1993年从下新田村搬至现址。

清朝，属新安县。1914年，属宝安县。中华人民共和国成立之初，属宝安县观澜乡；1958年，属红色公社；1959年，属观澜公社；1979年，属深圳市龙华区观澜公社；1981年，属深圳市宝安县观澜公社；1983年，属宝安县观澜区新田乡；1986年，属观澜镇；1993年，属深圳市宝安区观澜镇；2004年，属观澜街道新田社区；2011年，属深圳市龙华新区观澜街道新田社区；2015年，属龙华新区观湖街道新田社区。

世居村民为汉族，客家民系，使用客家方言。村民主要有黄、陈、李、钟、刘等姓。第一大姓为黄姓，先祖明清时期从湖北江夏迁至广东长乐（今五华）；清朝从长乐迁移至此地。第二大

◎ 老三村一角（张嘉玲 摄于2016年）

姓为陈姓，于清乾隆十六年（1751年）从广东长乐（今五华）栅径里迁移至惠州，后辗转东莞塘厦、龙岗新山堡迁移至此地；与松元厦陈姓为同宗。李姓与老一村同宗。

2015年末，户籍人口167人，其中男性80人，女性87人；80岁以上6人，最年长者93岁（女）；实际在村人口167人。非户籍外来人口约2800人。祖籍该村的香港同胞约20人。祖籍该村的华人华侨4人，主要分布在巴拿马。

传统经济为农业，以种植水稻、花生、甘蔗、番薯等为主，以养殖猪、牛、羊等为辅。改革开放后，开始招商引资、建造厂房。现村集体经营以厂房出租、物业管理为主。村民主要收入来源为工资性收入、集体经济分红、房屋出租等。特色农产品有柿子、沙梨。

省道S359线观平路经过该村。20世纪60年代末通电，1985年通自来水，1990年通电话，90年代实现全村村道水泥硬底化，1998年通互联网。村里有新田小学，2015年有6个年级，54个班，在校学生2000人，教职工约100人。该村有篮球场、石陂山公园。

现存客家民居约20座，建于清末民初，部分建于20世纪50—70年代。民居建筑材料一般为砖、石、木和三合土，内用木梁承重，为一进三开间或一进两开间布局，多数为两面坡的瓦房，整体保存较为完好，仍有人居住。

村内有《观澜黄氏历史文化》，由黄木有于2011年纂修。

黄氏族规为"孝悌宜敦，乡党宜睦，礼让宜明，廉耻宜砺，习读宜勤，农桑宜生，节俭宜崇，非为宜戒"。黄氏家训为"崇孝悌，睦宗族，和乡邻，明礼让，务本业，端士品，尊师道，

◎ 传统客家民居（林文芳 摄于2016年）

敬祖宗，戒非为，戒异端，尚节俭"。黄氏家规为"忠君效亲，敬史事长，为夫正内，尊师信友，专心习业，安分守法，惜身节用，祀祖保墓，光家固业，睦族和邻，审聚择配，矜寡崇节"。黄氏家教为"敦孝友，肃闺门，豫教诲，勤职业，崇节俭"。

特色民俗有"添丁增口"（详见吉坑村）。

代表性人物：

黄财稳（1930—），农村教师、基层干部，热心慈善事业；1959年在新田和樟坑径大队当文书，在当时农业工具改革热潮中，自制插秧机、自动风柜，后到新田农业中学任教；擅长书法，其作品曾在深圳市展出。

黄天朗（1958—），祖籍老三村的香港著名武术师，文武双全，业余书法家，其正楷书法远近闻名。

黄伟奇（1984—），2002年深圳高考理科状元，其事迹在深圳市多家报刊刊登。

（资料填报：钟剑清；初稿撰写：林文芳；分纂：张嘉玲）

老四村

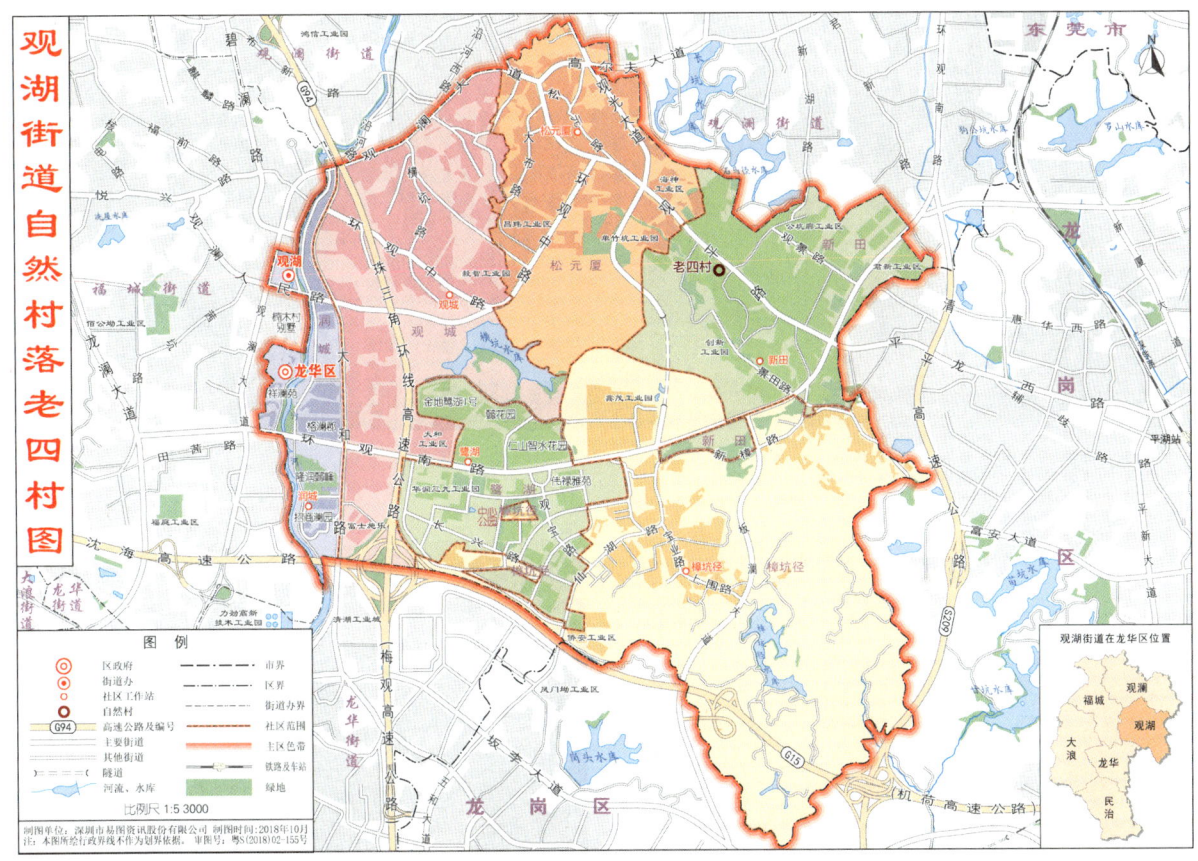

老四村位置示意图

老四村，位于观湖街道东南部，距街道办事处约4千米。相邻自然村有田心村。地处丘陵地带，依山傍水，村旁有石陂山和围岭顶，石陂山海拔约100米；村北面有新田河流过。20世纪70年代，原来的老村分为三个生产队，即老一、老二、老三队；后老二队再分出一个队，即称为老四队；1983年，撤销人民公社，老四队改称老四村。

清朝，属新安县。1914年，属宝安县。中华人民共和国成立之初，属宝安县观澜乡；1958年，属红色公社；1959年，属观澜公社；1979年，属深圳市龙华区观澜公社；1981年，属深圳市宝安县观澜公社；1983年，属宝安县观澜区新田乡；1986年，属观澜镇；1993年，属深圳市宝安区观澜镇；2004年，属观澜街道新田社区；2011年，属深圳市龙华新区观澜街道新田社区；2015年，属龙华新区观湖街道新田社区。

世居村民为汉族，客家民系，使用客家方言。村民主要为刘、李2姓。刘姓先祖从河南迁至广东兴宁，再从广东兴宁迁徙至此地。李姓先祖从福建迁至广东长乐（今五华），再迁移至此地。

◎ 老四村村貌（张嘉玲 摄于2016年）

2015年末，户籍人口63人，其中男性33人，女性30人；80岁及以上1人，80岁（男）；实际在村人口63人。非户籍外来人口约1万人。祖籍该村的香港同胞16人。祖籍该村的华人华侨4人。

传统经济以种植水稻、花生、豆类、薯类等为主，以养殖鸡、鸭、猪等为辅。改革开放后，引进"三来一补""三资"企业，开始工业化进程。

◎ 传统民居群（张嘉玲 摄于2016年）

现村集体经济除出租厂房和商铺外，还经营少量工业、商业。村民主要收入来源为集体经济分红、房屋出租、商业经营、工资性收入等。传统特色食品有年糕、茶果、粽子等。特色农产品有柿子、沙梨。

省道S359线观平路经过该村。20世纪60年代末通电，80年代通自来水，1990年通电话，90年代实现全村村道水泥硬底化，21世纪初通互联网。

现存客家传统民居约20座，建于50—70年代。旧民居建筑材料一般为砖、石、木和三合土，内用木梁承重，为一进三开间或两开间布局，多数为两面坡的瓦房，也有两层的小楼。楼房均为平顶。这些客家民居保存较完整，外表有部分破损，仍有人居住。

该村保存有传统婚俗和丧俗。过去，村中有人去世时，村里的族人会一起帮忙将逝者抬送上山埋葬。送葬前，要准备一个"口粮盅"，里面装上饭和肉，随同逝者一起埋葬。送葬时，送葬者要用红线把白毛巾缝在衣服上，以表哀悼，而且送葬者需哭着去，笑着回。送葬完毕，帮忙的族人和送葬者要一起吃一餐饭，其中有一道必备菜——大块肉煮咸菜，吃饭时，碗碟要放在地上，人们就地而食。

传统婚俗形成于清朝。旧时青年男女到了适婚年龄，父母便会出面说亲，有些男女没见过面都有可能结婚。结婚时，要在村里办酒席，请亲戚朋友喝喜酒。结婚当天，男方家抬着花轿，一路敲锣打鼓到女方家接新娘。接亲时，要把"红米水"沿村路一直洒到新郎家，新娘的花轿要沿着红米水一路行走，称"踏红线"。到新郎家门口时，要"跨火盆"。到了晚上闹洞房。1962年颁布新婚姻法，婚俗也有很大改变。

（资料填报：刘能新；初稿撰写：石家平；分纂：张嘉玲）

牛轭岭村

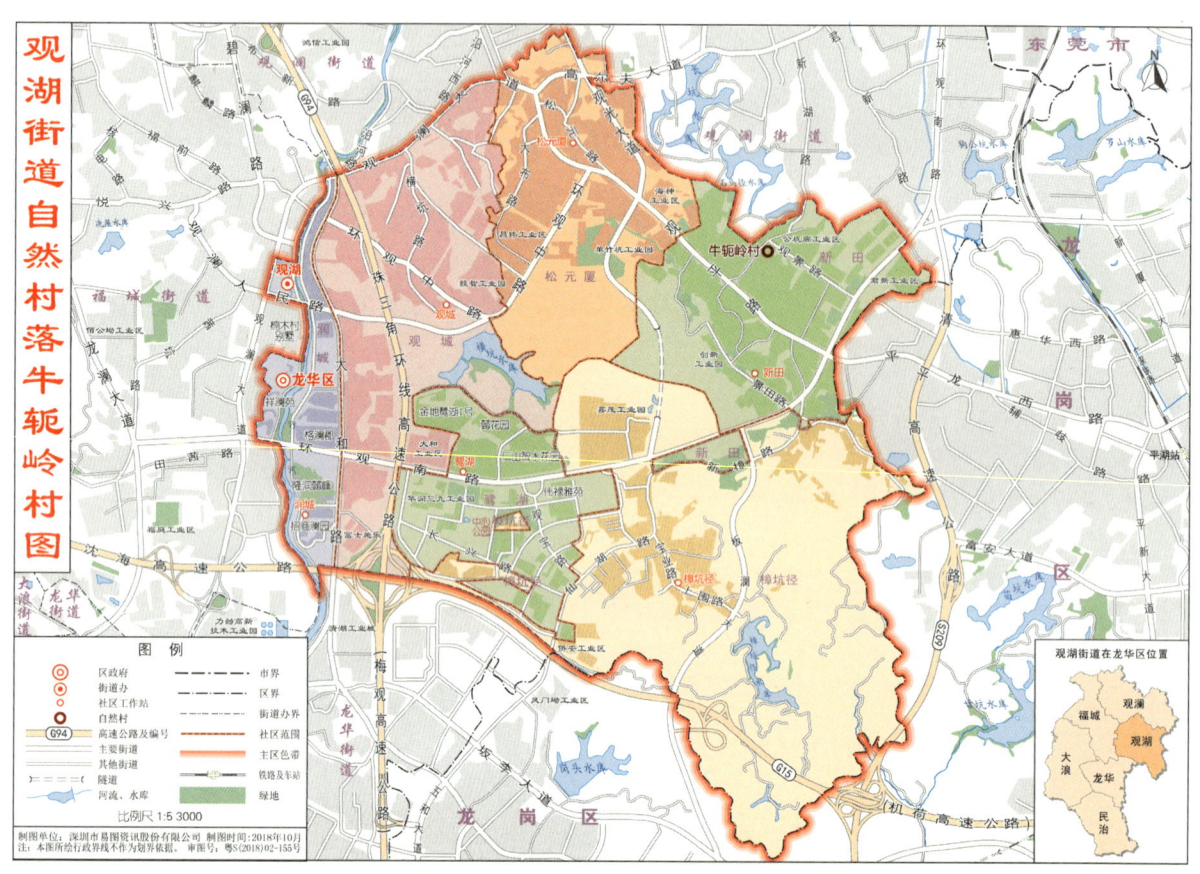

牛轭岭村位置示意图

牛轭岭村，位于观湖街道东南部，距街道办事处约4千米。相邻自然村有谷二村。村落处于深圳中北部的丘陵地带，周边有牛轭岭等山峰；新田河流经村北、村南。始建于清康熙四十七年（1708年）。因村后有座山，山与田地的形状似牛背，村民用客家话称为"牛轭岭"，故取名牛轭岭村。

清朝，属新安县。1914年，属宝安县。中华人民共和国成立之初，属宝安县观澜乡；1958年，属红色公社；1959年，属观澜公社；1979年，属深圳市龙华区观澜公社；1981年，属深圳市宝安县观澜公社；1983年，属宝安县观澜区新田乡；1986年，属宝安县观澜镇；1993年，属深圳市宝安区观澜镇；2004年，属观澜街道新田社区；2011年，属深圳市龙华新区观澜街道新田社区；2015年，属龙华新区观湖街道新田社区。

世居村民为汉族，客家民系，使用客家方言。村民均为陈姓，祖先由福建迁至广东长乐（今五华）；清康熙四十七年从长乐迁入此地。

◎ 牛轭岭村村貌（张嘉玲 摄于2016年）

◎ 古樟树公园（陈启辉 摄于2016年）

◎ 传统客家民居（陈启辉 摄于2016年）

2015年末，户籍人口160人，其中男性76人，女性84人；80岁以上10人，最年长者90岁（男）；实际在村人口160人。非户籍外来人口约1万人。祖籍该村的香港同胞约100人。祖籍该村的华人华侨约30人，多分布在马来西亚。

传统经济以农业为主，主要种植花生、水稻、甘蔗、番薯等，同时养殖鸡、鸭、鹅等。改革开放后，村里开始建造厂房，吸引外商投资，引进"三来一补"企业。现村集体经营以厂房出租为主。村民主要收入来源为房屋出租、商业经营、集体经济分红等。特色传统节庆食品有杏仁饼（客家话称为牛饼）、米肠、茶果等。

省道S359线观平路、观澜新湖路、牛轭岭路经过该村。1968年通电，20世纪80年代通电话、

◎ 陈氏碉楼（陈启辉 摄于2016年）

通自来水，90年代末实现全村村道水泥硬底化，1998年通互联网。村内有嘉湖幼儿园，2015年在园幼儿300人，教职工38人。有篮球场，2015年新建了古樟树公园。公园内有一棵树龄206年的古樟树，为国家三级古树。

村中现存约10座客家民居，部分建于清末民初，部分建于20世纪50—70年代。旧民居一般为一进三开间，也有两开间。墙体以砖、石和三合土夯筑，表面粉刷灰沙。门窗和墙体四角均用条石砌筑，房顶为两面坡，灰瓦覆盖。保存基本完好，仍有人居住。陈氏宗祠，始建于清末，占地面积约250平方米，因年久失修，已损坏。

还存有陈氏碉楼，位于老村内，始建于民国时期，为住宅式碉楼。

陈氏太范妙秀之墓，位于盐田上坪水库旁。2003年3月18日有关部门组织专家赴墓葬现场实地考察，确认该墓具有文物价值，并建议原地保护。

该村宗族活动有一年两祭，即春祭清明、秋祭重阳。每年清明，牛轭岭村与田心村村民会集体到盐田墓园祭拜祖先陈振芹，活动结束后，两村同宗的村民在田心村聚餐。重阳节当天，观澜社区的全体陈氏后代祭拜相公。

该村传统婚俗和丧俗详见谷一村和老四村。

代表性人物：

陈天福（1925—1948），1947年3月参加惠东宝人民护乡团，1948年8月在海丰县罗畲战斗中牺牲。

（资料填报：陈启辉；初稿撰写：梁玉媚；分纂：张嘉玲）

田心村

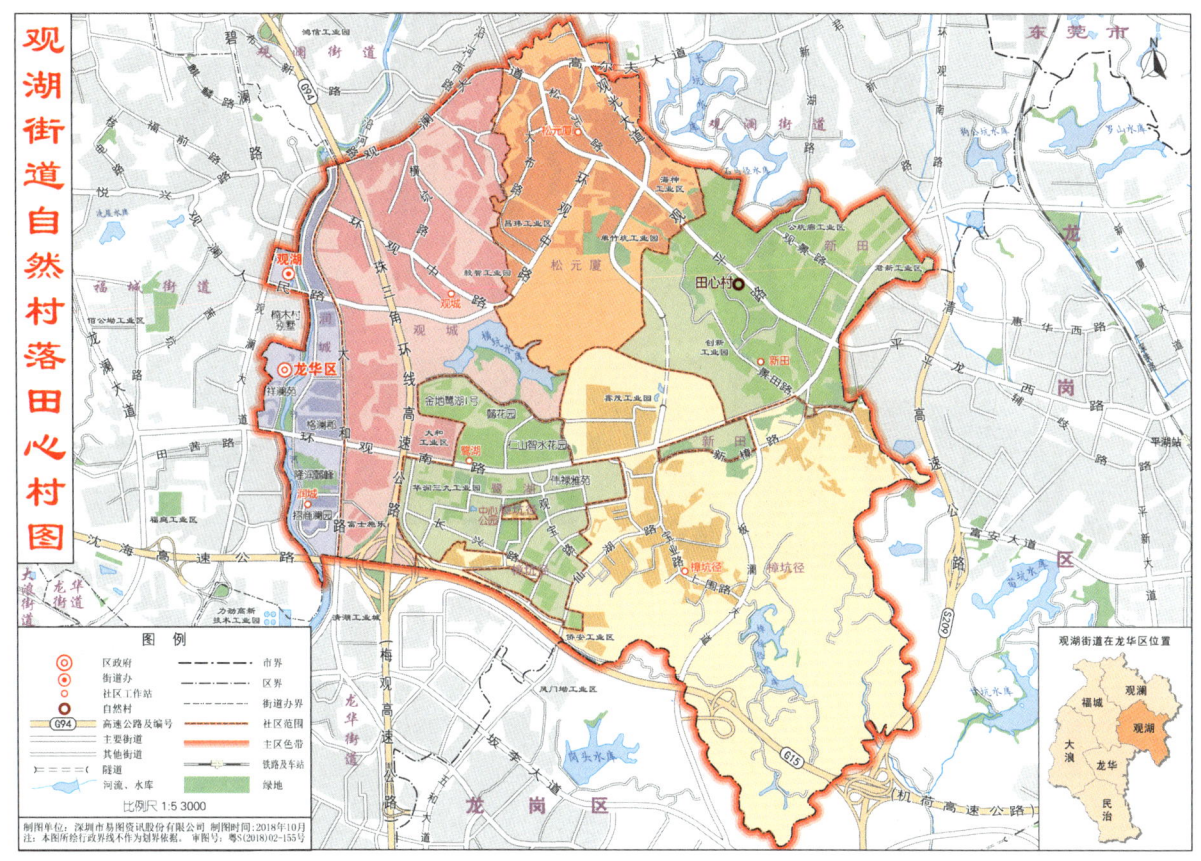

田心村位置示意图

田心村，位于观湖街道东南部，距街道办事处约4千米。相邻自然村有老一村、老二村、老四村、谷二村。该村地处丘陵地带，村西面有石陂山（海拔约100米），有新田河流经村中。始建于清康熙四十七年（1708年），位于田地中心位置而取名田心村。

清朝，属新安县。1914年，属宝安县。中华人民共和国成立之初，属宝安县观澜乡；1958年，属红色公社；1959年，属观澜公社；1979年，属深圳市龙华区观澜公社；1981年，属深圳市宝安县观澜公社；1983年，属宝安县观澜区新田乡；1986年，属观澜镇；1993年，属深圳市宝安区观澜镇；2004年，属观澜街道新田社区；2011年，属深圳市龙华新区观澜街道新田社区；2015年，属龙华新区观湖街道新田社区。

世居村民为汉族，客家民系，使用客家方言。村民均为陈姓，祖先从江西迁移到福建，再迁移到广东长乐（今五华）；清康熙四十七年，从长乐迁移至此地。

2015年末，户籍人口250人，其中男性137人，女性113人；80岁以上10人，最年长者87岁

◎ 田心村一角（张嘉玲 摄于2018年）

◎ 传统民居（陈瑞明 摄于2016年）

（男）；实际在村人口249人；海外留学1人。非户籍外来人口约600人。祖籍该村的香港同胞约50人。祖籍该村的华人华侨约30人，主要分布在马来西亚、新加坡等国。归侨5人。

传统经济以农业为主，主要种植水稻、花生、甘蔗等，养殖鸡、鸭、鹅等。改革开放以后，开始建厂房，招商引资。现村集体经营以厂房出租和物业管理为主。村民主要收入来源为工资性收入、集体经济分红、房屋出租等。传统节庆食品有客家茶果、艾粄等。

省道S359线观平路经过该村。1968年通电，20世纪80年代通自来水及通电话，90年代末实现全村村道水泥硬底化，1998年通互联网。村内有篮球场和田心老人活动中心。

现存客家民居约30座，建于清朝，部分建于20世纪50—70年代。旧民居一般为一进三开间，也有一进两开间。门窗和墙体四角均用条石砌筑，房顶为两面坡，灰瓦覆盖；墙体以砖石和三合土夯筑，表面粉刷灰沙。整体保存较为完好，有部分破损。陈氏宗祠，占地面积约80平方米，已经破败，不作宗祠使用。

田心村祭祀活动同牛轭岭村。

该村有民俗"添丁增口""送七朝"（详见吉坑村）。

代表性人物：

陈子仁（1929—1990），1943年8月在观澜甘坑参加广东人民抗日游击总队，初于惠东宝地区打游击，参加多次战斗；1946年6月，随部队北撤山东，参加过淮海战役和解放广东的战役；中华人民共和国成立后，历任团副政委，河源兵役局书记、局长；1963年转业，历任广宁县物资局局长、广州石化总厂指挥材料组组长（参与广州石化厂筹建）、深圳市政府驻广州办事处支部书记兼负责人、深圳市金属公司经理。

陈智君（1973—），北京大学博士后。

（资料填报：陈瑞明；初稿撰写：叶丽清；分纂：张嘉玲）

元一村

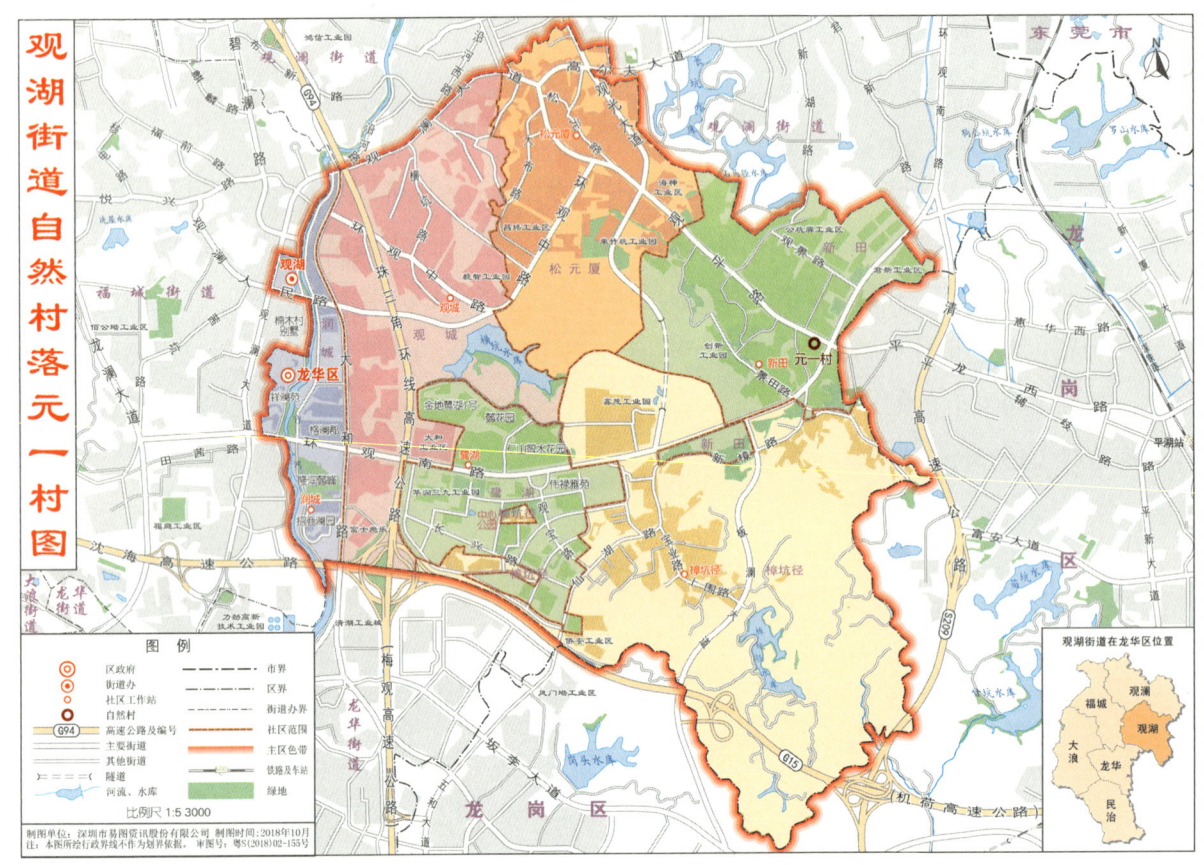

元一村位置示意图

元一村，位于观湖街道东部，距街道办事处约3.5千米。相邻自然村有元二村、吉坑村、新田村。地处丘陵地带。始建于清朝初期。该村四面环水，最初称为水围村；20世纪60年代元岗村和水围村合并，各取其中一字，为元水村。1978年元水村分3个大队，第一队后称元一村，曾用名为上新田村。

清朝，属新安县。1914年，属宝安县。中华人民共和国成立之初，属宝安县观澜乡；1958年，属红色公社；1959年，属观澜公社；1979年，属深圳市龙华区观澜公社；1981年，属深圳市宝安县观澜公社；1983年，属宝安县观澜区新田乡；1986年，属观澜镇；1993年，属深圳市宝安区观澜镇；2004年，属观澜街道新田社区；2011年，属深圳市龙华新区观澜街道新田社区；2015年，属龙华新区观湖街道新田社区。

世居村民为汉族，广府民系，使用粤方言。村民主要为廖姓，其先祖从福建迁徙到广东横岗山仔吓，后迁徙至此地。

◎ 元一村一角（张嘉玲 摄于2016年）

◎ 新田廖氏围屋村旧貌（陈宏新 绘）

◎ 传统民居（张嘉玲 摄于2016年）

2015年末，户籍人口150人，其中男性70人，女性80人；80岁以上8人，最年长者90岁（男）；实际在村人口149人；海外留学1人。非户籍外来人口约5000人。祖籍该村的香港同胞约100人。祖籍该村的华人华侨约30人，主要分布在英国、美国等国。

传统经济以种植水稻为主，兼种番薯、甘蔗、花生。改革开放后，引进"三来一补"企业。现村集体经营以厂房出租、物业管理为主。村民主要收入来源为工资性收入、集体经济分红、房屋出租等。传统食品有焖鸡。村内有树龄140余年的古榕树1棵，2013年被认定为古树名木加以保护。

◎ 新庆门门楼（张嘉玲 摄于2016年）

◎ 百年古榕树（张嘉玲 摄于2016年）

省道S359线观平路、环观南路、新樟路经过该村。1968年通电，20世纪80年代通自来水，80年代末通电话，21世纪初通互联网，2005年实现全村村道水泥硬底化。村内设有篮球场、健身器材和居委会图书室（藏书约1000册）。

现存广府民居约30座、门楼1座。广府民居多建于清末和民国时期，部分建于20世纪50—70年代，保存较为完整，有人居住。"新庆门"门楼，于2006年重修。

村内存有《廖氏族谱》，2012年由廖氏新田村编委会纂修。

每年的重阳节，元一村全体村民集体到墓园扫墓祭祖。祭祖活动结束后聚餐。

（资料填报：廖天明；初稿撰写：陈效娟；分纂：张嘉玲）

元二村

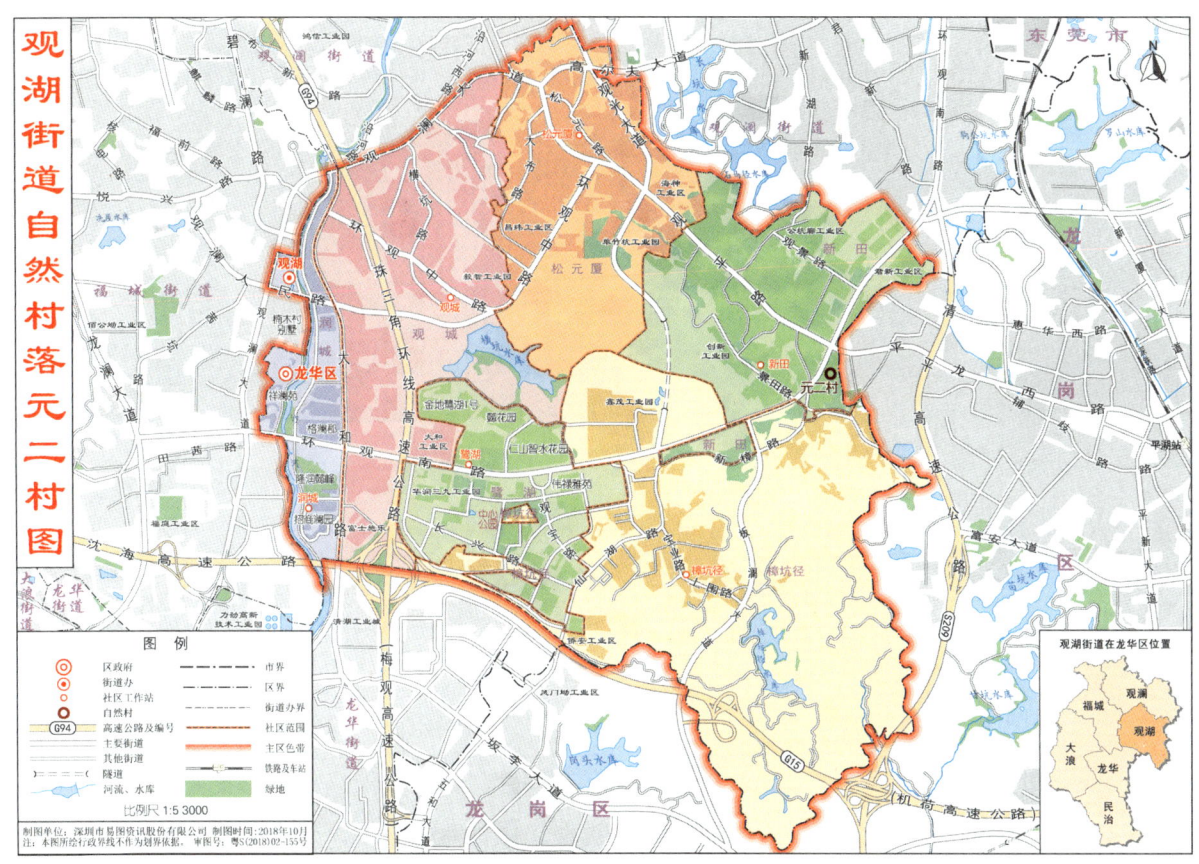

元二村位置示意图

元二村，位于观湖街道东部，距街道办事处约3.5千米。相邻自然村有元一村、元三村。始建于清康熙年间（1662—1722年），冼氏祖先从广州番禺迁至此地立村。村名由来见元一村。

清朝，属新安县。1914年，属宝安县。中华人民共和国成立之初，属宝安县观澜乡；1958年，属红色公社；1959年，属观澜公社；1979年，属深圳市龙华区观澜公社；1981年，属深圳市宝安县观澜公社；1983年，属宝安县观澜区新田乡；1986年，属观澜镇；1993年，属深圳市宝安区观澜镇；2004年，属观澜街道新田社区；2011年，属深圳市龙华新区观澜街道新田社区；2015年，属龙华新区观湖街道新田社区。

世居村民为汉族，广府民系，使用粤方言。该村的姓氏较多，主要为冼姓、夏姓和林姓。第一大姓为冼姓。

2015年末，户籍人口160人，其中男性77人，女性83人；80岁以上8人，最年长者92岁（男）；实际在村人口160人。非户籍外来人口约800人。祖籍该村的香港同胞约100人。

◎ 元二村村貌（张嘉玲 摄于2018年）

◎ 元二村古樟树（张嘉玲 摄于2016年）

传统经济以农业为主，主要种植水稻、马铃薯、果树、蔬菜等。改革开放后，引进"三来一补""三资"企业，开始工业化进程。现村集体经营以厂房出租、物业管理为主，同时有少量工业和商业。村民主要收入来源为集体经济分红、房屋出租、商业经营、工资性收入等。

逢年过节，元二村村民会制作焖鹅、茶果、松糕等食品。松糕是年节和红白喜事常用的食品，可用于祭祀及馈赠亲人，红色的松糕被视为喜庆的象征。松糕的制作过程为，先在米粉浆中掺一些用酒糟做成的"酵种"（小苏打粉），充分发酵后倒入小陶钵中蒸熟。松糕从碗面隆起，像一座尖顶的小山峰，出现的裂缝人们称之为"笑"，喻为喜事降临的征兆。所以，松糕要"越笑越好"。

村中有树龄224年的古樟树1棵，2015年被认定为国家三级古树。

环观南路、新樟路、白鸽湖路经过该村。1968年通电，20世纪80年代通自来水，80年代末通电话，2002年实现全村村道水泥硬底化，21世纪初通互联网。有图书室1间，2015年藏书约500册。

现存广府民居约30座,多建于清末民初,部分建于20世纪50—70年代。民居的墙体建筑材料为砖、石和三合土,表面粉刷灰沙。一般为一进三开间,也有一进两开间。门窗和墙体四角均用条石砌筑,房顶为两面坡,灰瓦覆盖。多数民居保存较为完整,少部分有人居住。

村中存有《冼氏族谱》,2003年由冼润良、冼镇铭、冼富兴编纂。

(资料填报:冼伟君;初稿撰写:冼润余;分纂:张嘉玲)

元三村

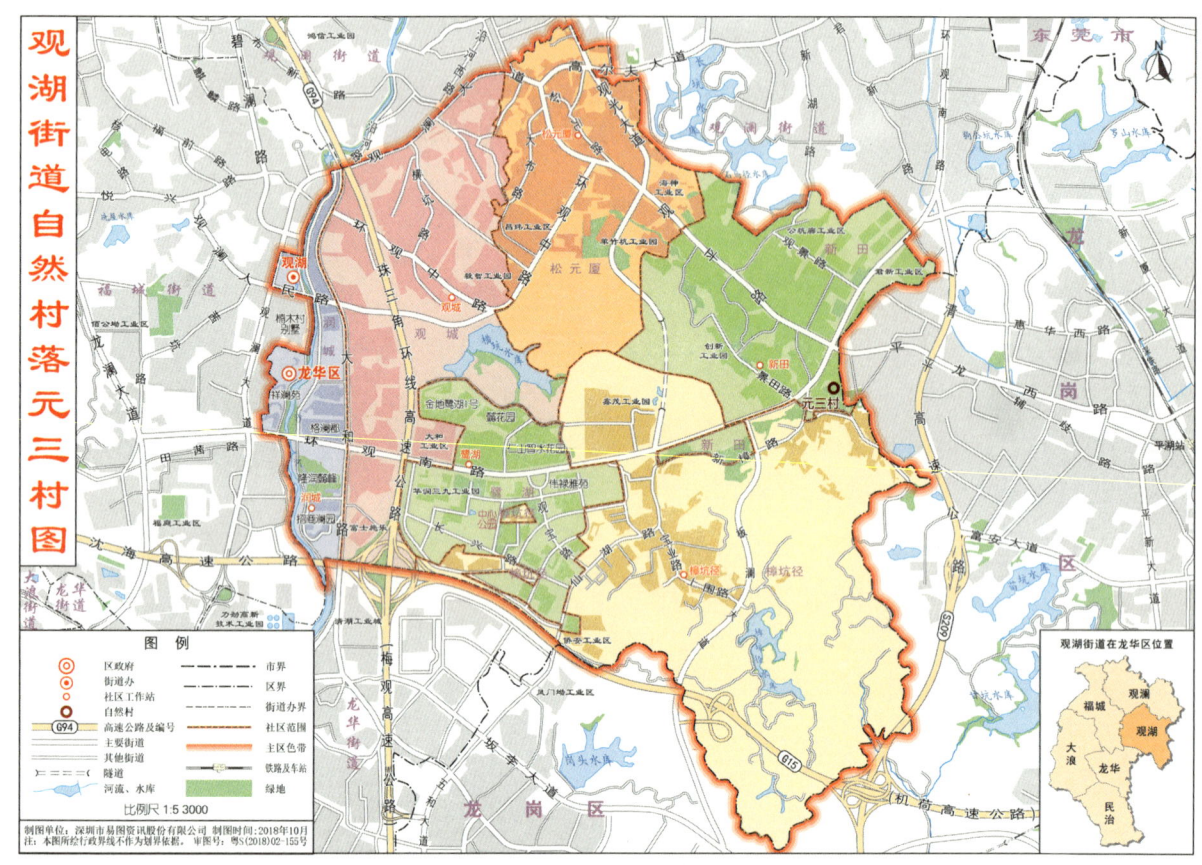

元三村位置示意图

元三村，位于观湖街道东部，距街道办事处约3.5千米。相邻自然村有元二村、白鸽湖村。地处丘陵地带。始建于清康熙年间，因冼氏先祖从广州番禺迁居于此立村。村名由来见元一村。

清朝，属新安县。1914年，属宝安县。中华人民共和国成立之初，属宝安县观澜乡；1958年，属红色公社；1959年，属观澜公社；1979年，属深圳市龙华区观澜公社；1981年，属深圳市宝安县观澜公社；1983年，属宝安县观澜区新田乡；1986年，属观澜镇；1993年，属深圳市宝安区观澜镇；2004年，属观澜街道新田社区；2011年，属深圳市龙华新区观澜街道新田社区；2015年，属龙华新区观湖街道新田社区。

世居村民为汉族，广府民系，使用粤方言。

2015年末，户籍人口145人，其中男性62人，女性83人；80岁以上8人，最年长者85岁（女）；实际在村人口145人。非户籍外来人口约800人。祖籍该村的香港同胞约80人。

传统经济以种植水稻、花生、甘蔗、番薯等农作物为主，兼种植菠萝、荔枝等岭南水果，并

◎元三村一角（张嘉玲 摄于2018年）

◎传统民居群（张嘉玲 摄于2016年）

养殖鸡、鸭、猪等。现村集体经营以厂房出租为主，年租金约120万元。村民主要收入来源为工资性收入、集体经济分红、房屋出租等。传统食品有焖鸡、茶果、松糕、萝卜糕、粽子等。

环观南路经过该村。1968年通电，20世纪80年代通自来水，80年代末通电话，21世纪初通互联网，2010年实现全村村道水泥硬底化。村中有篮球场、新田社区图书室（2015年藏书约500册）。

村内现存约30座广府民居，大部分建于清末和民国时期，部分建于20世纪50—70年代，保存较为完整，部分外表有破损，有人居住。

村中存有《冼氏族谱》，2003年由冼润良、冼镇铭、冼富兴编纂。

（资料填报：冼润堂；初稿撰写：冼建玲；分纂：张嘉玲）

观城社区

陈屋村

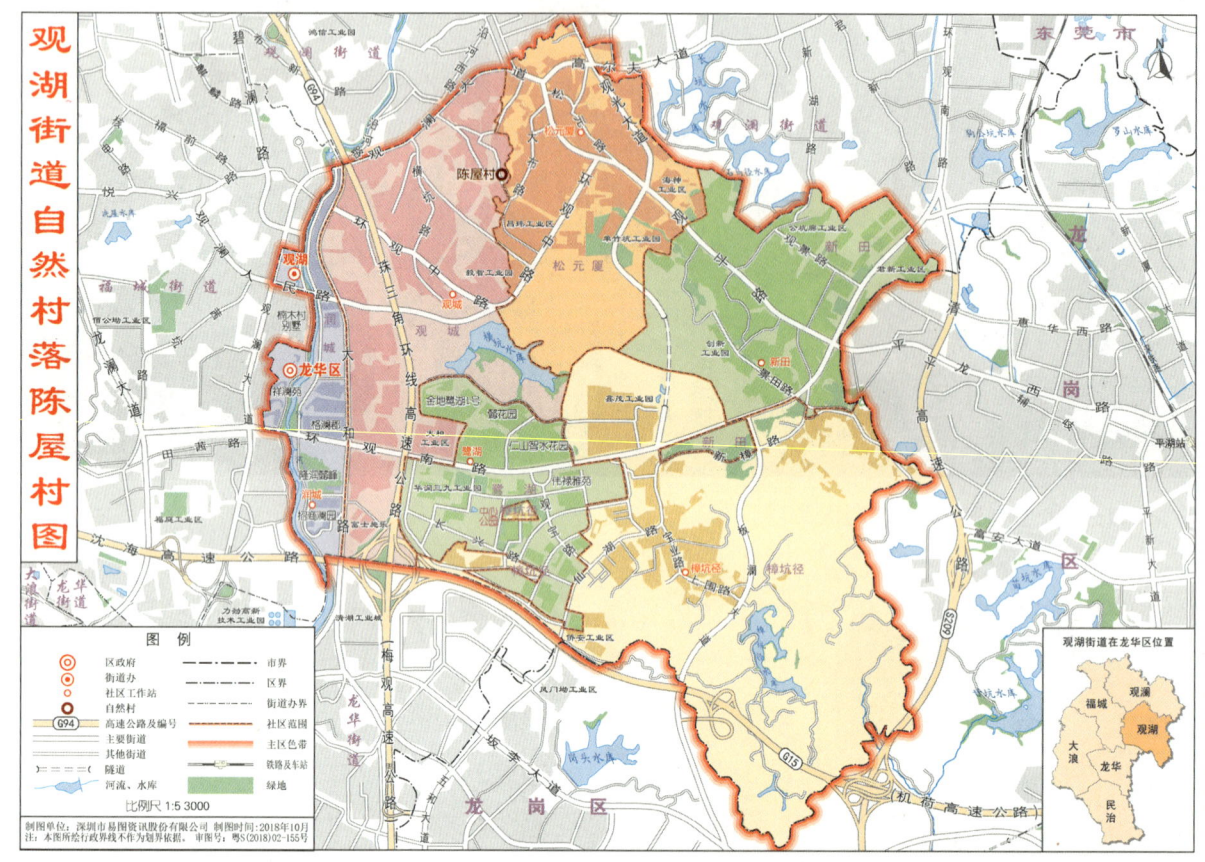

陈屋村位置示意图

陈屋村，位于观湖街道东部，距街道办事处约5千米。相邻自然村有福田村、河东村。该村位于山间谷地，村后有背夫山，高约30米。始建于清朝初期，陈姓祖先从东莞石埗迁此立村。立村之初，村民都为陈姓，故取名陈屋村。1990年在陈屋老村后建新村。

清朝，属新安县。1914年，属宝安县。中华人民共和国成立之初，属宝安县观澜乡；1958年，属红色公社；1959年，属观澜公社；1979年，属深圳市龙华区观澜公社；1981年，属深圳市宝安县观澜公社；1983年，属宝安县观澜区观澜乡；1986年，属观澜镇；1993年，属深圳市宝安区观澜镇；2004年，属观澜街道观城社区；2011年，属深圳市龙华新区观澜街道观城社区；2015年，属龙华新区观湖街道观城社区。

世居村民为汉族，客家民系，使用客家方言。

2015年末，户籍人口180人，其中男性88人，女性92人；80岁以上7人，最年长者100岁（女）。非户籍外来人口约1000人。祖籍该村的香港同胞约100人。祖籍该村的华人华侨约50人，

◎ 陈屋村村貌（张嘉玲 摄于2018年）

◎ 传统客家民居（王婷 摄于2016年）

◎ 永兴门门楼（王婷 摄于2016年）

主要分布在美国、英国、加拿大等国。

传统经济以农业为主，主要种植水稻、花生、薯类等。改革开放后，村里开始招商引资，办工厂、开商店等。现村集体经营以厂房出租为主。村民主要收入来源为工资性收入、集体经济分红、房屋出租等。特色节庆食品有油角、米饼、糍粑、客家茶果等。

省道S359线观澜大道经过该村。20世纪60年代通电，80年代通电话，1983年通自来水，1998年实现全村村道水泥硬底化、通互联网。有篮球场、健身器材等。

传统民居为客家民居，现存约150座。旧村房屋大多建于民国时期，部分建于20世纪50—70年代。旧村房屋格局大部分为一进三开间或两开间，前门有一小院落；房屋墙体建筑材料一般为砖、石、木和三合土，外用白灰粉刷，房内用木梁承重，房顶为两面坡，灰瓦覆盖。80年代中

◎ 陈氏碉楼（王婷 摄于2016年）

期，村民陆续从旧屋中搬出，因旧屋无人管护，现大部分房屋破败，其中保存较好的租给外来务工人员居住。

陈屋村陈氏家族有几个支系，所以村民根据自己的族系建了不同的宗祠、家祠。现存有光祖陈公祠、陈氏家祠。陈氏家祠内有"聚星堂"匾额，并有门联"颍水支分一脉源泉由石埗；莞城源溯九房衍派接江头"。祠堂因年久失修，基本破损，已不作宗祠使用，仅陈氏家祠还有少数村民在此祭拜。

村内有1座保存完好的陈氏碉楼。位于陈屋老村内，主楼有5层，高约18米，占地面积约50平方米，并有副楼1座，占地面积约90平方米。墙体建筑材料使用三合土，射击孔用麻石雕凿，楼顶有灰塑。

陈屋村有1座保存完好的门楼——永兴门，门楼上有对联"永贞永吉；兴仁兴让"。

（资料填报：陈国龙；初稿撰写：陈颂华；分纂：王婷）

大和村

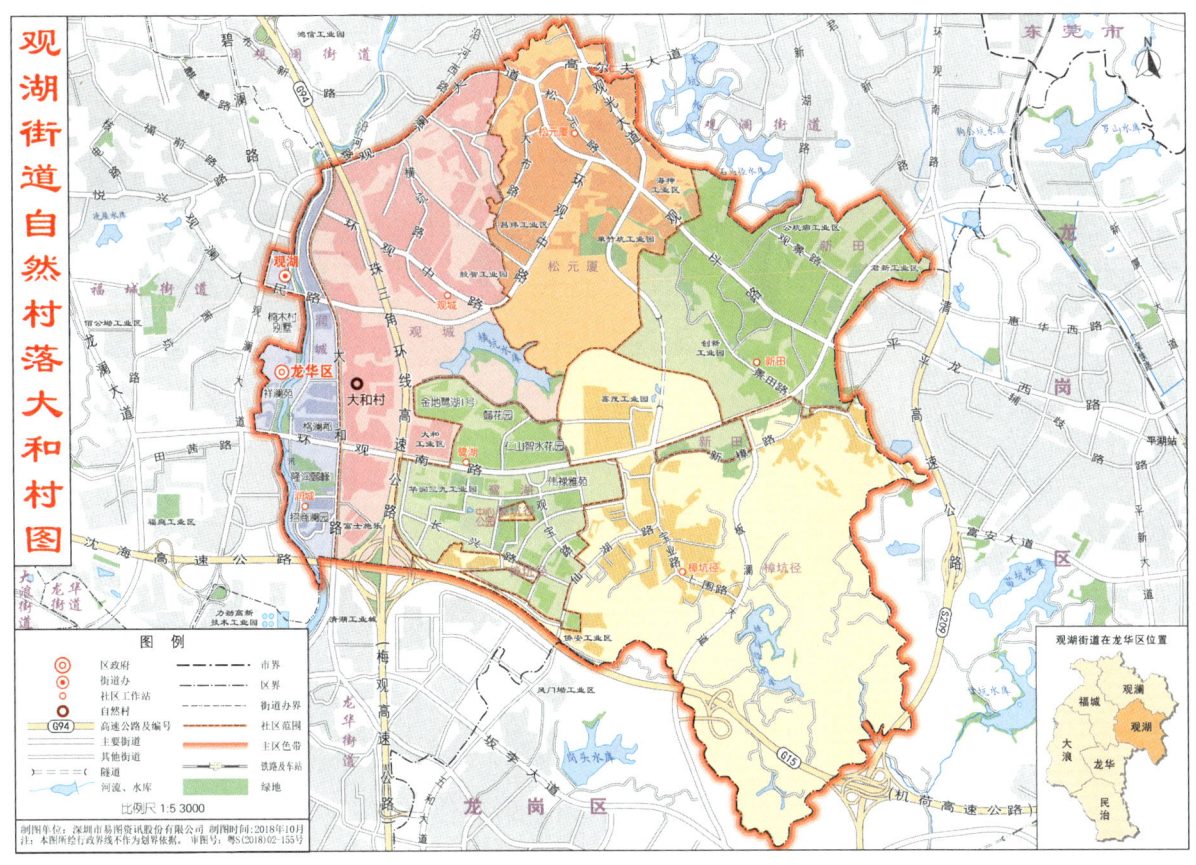

大和村位置示意图

大和村，位于观湖街道东南部，距街道办事处约1.5千米。相邻自然村有田寮村。该村位于山间谷地，村内主要山岭为背夫山、大王岭山、圆岭山；观澜河在村北面，发源于大脑壳山，流经该村河长约2500米。始建于清朝，由邱氏祖先率先迁入，在此立村。曾用名"大窝疆"。

清朝，属新安县。1914年，属宝安县。中华人民共和国成立之初，属宝安县观澜乡；1958年，属红色公社；1959年，属观澜公社；1979年，属深圳市龙华区观澜公社；1981年，属深圳市宝安县观澜公社；1983年，属宝安县观澜区观澜乡；1986年，属观澜镇；1993年，属深圳市宝安区观澜镇；2004年，属观澜街道观城社区；2011年，属深圳市龙华新区观澜街道观城社区；2015年，属龙华新区观湖街道观城社区。

世居村民为汉族，客家民系，使用客家方言。大和村姓氏众多，有陈、邱、李、林、张、刘几大姓氏。第一大姓为陈姓。林姓于20世纪初由东莞塘厦林村迁移至此地。李姓从福建迁入今广东五华，再迁移至此地。

◎ 大和村一角（王婷 摄于2016年）

◎ 传统民居（王婷 摄于2016年）

2015年末，户籍人口726人，其中男性369人，女性357人；80岁以上11人，最年长者97岁（女）。非户籍外来人口约2万人。祖籍该村的香港同胞约200人。祖籍该村的华人华侨约100人，主要分布在马来西亚、英国、牙买加、加拿大等国。归侨3人。

传统经济以农业为主，种植水稻、花生、番薯等，同时养殖鸡、鸭、猪、牛等。改革开放后，开始引进"三来一补""三资"企业，主要生产电子、服装、五金、手袋等劳动密集型产品。现村集体经营以厂房出租为主。村民主要收入来源为商业经营、集体经济分红、房屋出租等。特色传统节庆食品有油角、米饼、糍粑、客家茶果、客家焖鸡等。过去，村民有编织渔网、箩筐等技艺，现已失传。

环观南路、大和路、格澜路经过该村。20世纪60年代末通电，80年代通自来水，1990年通电话，1997年通互联网，2005年实现全村村道水泥硬底化。村内有大和幼儿园，2015年在园幼儿210人，教职工25人。有篮球场、健身路径、大和公园、大和村老人活动中心等。

传统民居为客家民居，现存约40座，大多建于民国时期和20世纪50—70年代。传统民居多为

◎ 邱氏碉楼（王婷 摄于2016年）

一进三开间，一般用砖、石、木和三合土建造，外墙白灰粉刷；房顶为两面坡，灰瓦盖顶。80年代中期，经济快速发展，村民开始新建楼房，逐渐从旧民居搬出。旧民居大多已破旧，少有人居住，其中保存较好的租给外来务工人员居住。

村内存有宗祠2座，为邱氏宗祠和李氏宗祠，均始建于清朝。2座宗祠因年久失修已破败，不再作宗祠使用。另有2座碉楼，为邱氏族人于民国时期所建，碉楼墙体为三合土夯筑，楼高三层，四周设有射击孔；现保存完好。

村中有《深圳观城李姓族谱》，由李春华于2008年编纂。

李氏家族每年重阳节在确头山祭拜始祖，祭拜完毕宗亲一起聚餐。其他姓氏每年清明节自行祭拜各自祖先。

1945年初，一架日军战机在大和村投下3颗炸弹，落在村前田地里（现观澜天虹商场处），炸出3个大坑。

代表性人物：

李永明（1933—），曾任宝安县龙华区公所副区长。

邱官送（1934—），曾任交通部四航局处长。

陈文新（1937—），曾任宝安县观澜区公所区长。

李佛生（1938—），曾任深圳会计师学会会长，高级会计师。

李春华（1939—），曾任中国建设银行深圳市分行处长，高级工程师。

李庆华（1944—），曾任深圳市自来水（集团）有限公司副总经理，曾获中国城镇供水协会颁发的"城市供水行业个人特殊贡献奖"。

邱泽文（1963—），深圳市龙岗区卫生局副局长。

（资料填报：邱远明；初稿撰写：陈启威；分纂：王婷）

大屋村

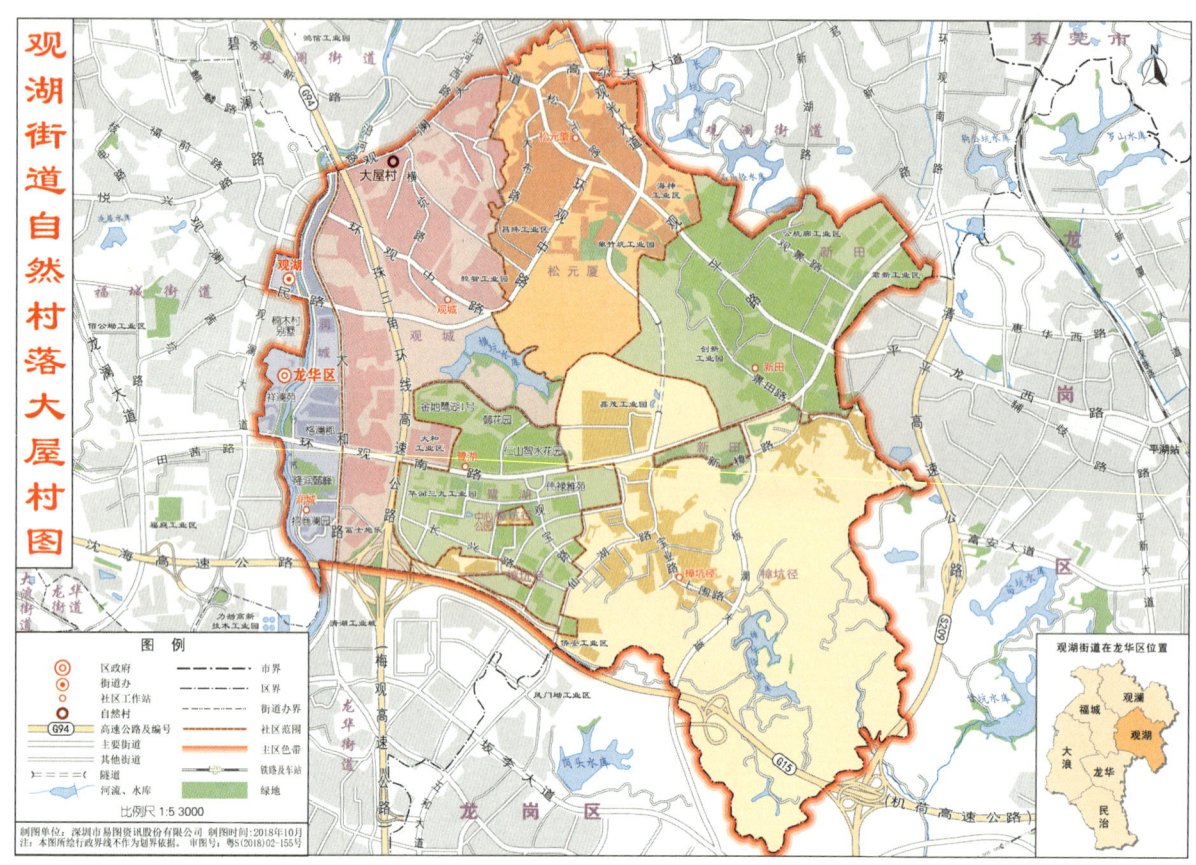

大屋村位置示意图

大屋村，位于观湖街道东部，距街道办事处约2千米。相邻自然村有马坜老二村、河西村。始建于清朝。该村位于深圳中部的山间谷地，村后有果多山，海拔约100米；村北有观澜河流过，流经该村河长约2000米。大屋村陈氏先祖由河南开封迁移至广东长乐（今五华）；清朝初期从长乐迁移至该地立村。

清朝，属新安县。1914年，属宝安县。中华人民共和国成立之初，属宝安县观澜乡；1958年，属红色公社；1959年，属观澜公社；1979年，属深圳市龙华区观澜公社；1981年，属深圳市宝安县观澜公社；1983年，属宝安县观澜区观澜乡；1986年，属观澜镇；1993年，属深圳市宝安区观澜镇；2004年，属观澜街道观城社区；2011年，属深圳市龙华新区观澜街道观城社区；2015年，属龙华新区观湖街道观城社区。

世居村民为汉族，客家民系，使用客家方言。

2015年末，户籍人口108人，其中男性48人，女性60人；80岁以上7人，最年长者96岁

◎ 大屋村一角（陈忠 摄于2016年）

（男）；常年在城镇打工和生活8人；实际在村人口100人。非户籍外来人口约1000人。祖籍该村的香港同胞约120人。祖籍该村的华人华侨约130人，主要分布在马来西亚、印度尼西亚、牙买加等国。

传统经济以种植水稻、花生、甘蔗、豆类和蔬菜等为主，以养殖鸡、鸭、鱼、猪等为辅。20世纪80年代中期，开始招商引资，建设工业区，发展工业。现村集体经营以厂房出租为主。村民主要收入来源为商业经营、工资性收入、集体经济分红、房屋出租等。特色传统节庆食品有油角、米饼、糍粑、客家茶果等。

省道S359线观澜大道经过该村。60年代通电话，1968年通电，1982年通自来水，1998年通互联网，2000年实现全村村道水泥硬底化。

传统民居为客家民居，现存约80座。代表性民居为大屋围，建于清朝中晚期，坐南向北偏西，该围屋平面呈长方形，南北长54.6米，东西宽40米，占地面积2515.5平方米，老围由围墙、大门、家塾、角楼、民居几部分组成；家塾处于老围中心，以它为中轴线，东西两侧各有两排面阔三间的民居，在其两侧又各有一排面阔七间的民居；老围四周以围墙围护，四角各设一角楼，在西墙北端开辟围门；整个老围布局严谨，错落有致；高大的围楼与角楼，是老围内居民为抵御外人入侵而建的防御设施；大屋围现保存完好，2010年被宝安区人民政府列入第四批不可移动文物。

陈氏宗祠，位于大屋围内，占地面积约300平方米，三开间两进一天井。该宗祠曾作为"荫

◎ 传统民居（张嘉玲 摄于2016年）

◎ 古井（张嘉玲 摄于2016年）

◎ "鸿禧"牌坊（张嘉玲 摄于2016年）

◎ 陈氏宗祠"荫圃家塾"（张嘉玲 摄于2016年）

圃家塾"开设学堂，后改作宗祠使用。宗祠大门上有匾额"荫圃家塾"，两边刻有对联"荫传福泽；圃种书香"。土木石结构，三合土夯筑墙体（部分使用少量青砖），麻石墙角，木结构屋架，硬山顶，平屋脊，两面坡，灰瓦覆面。

村内有牌坊，始建于清朝中晚期。牌坊高约3米，门上方刻有"鸿禧"，两边刻有"国恩家庆；人寿年丰"。

在大屋围内的旧民居门前，至今仍有1口保存完好的古井。此井始建于清朝，是以前村民的主要饮用水源，直到现在，古井的水质依然清澈。

每年清明节该村陈氏族人包括同宗香港同胞、海外华人华侨一起在观澜墓园祭拜祖先，祭拜后"太公分猪肉"，众亲聚餐。

（资料填报：陈务生；初稿撰写：陈忠；分纂：王婷）

东王村

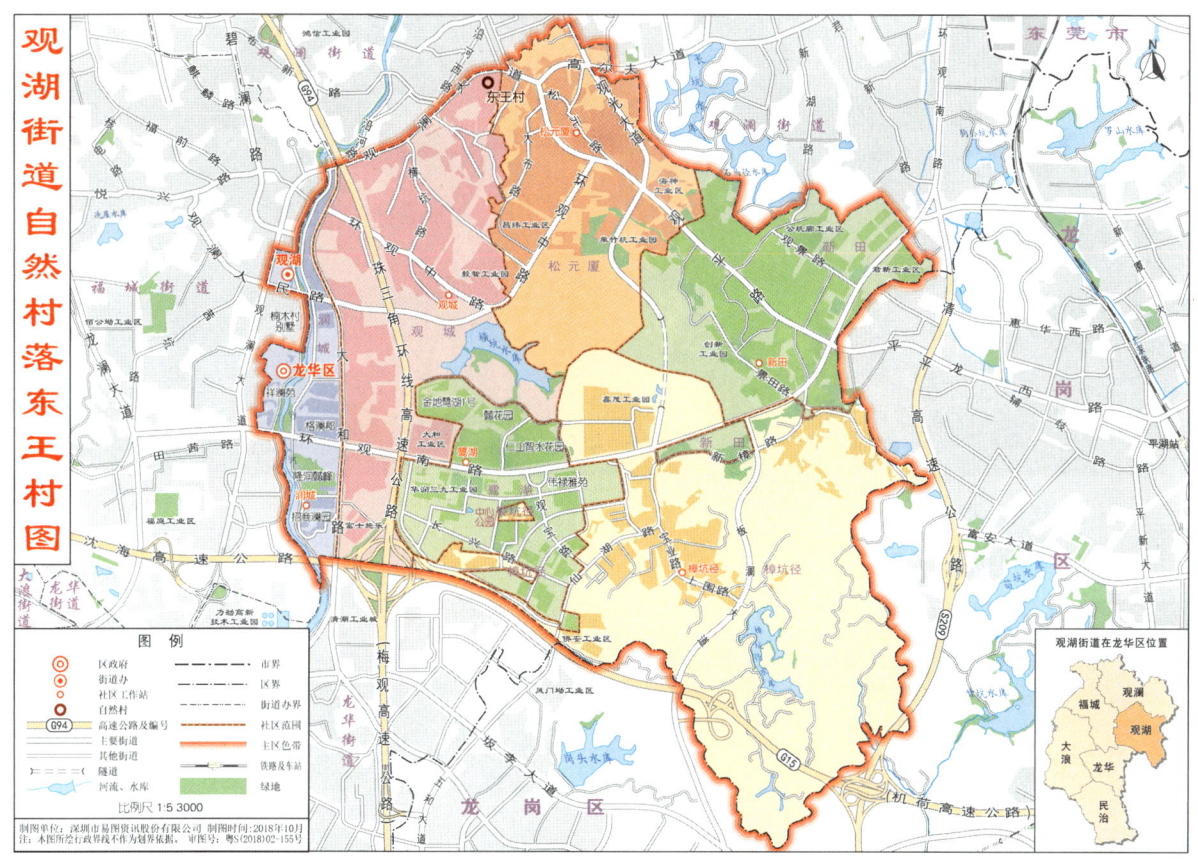

东王村位置示意图

东王村，位于观湖街道东部，距街道办事处约5千米。相邻自然村有福田村。该村位于深圳中部的山间谷地，村东部有观澜河支流，河长约1500米。始建于清朝初期，因王姓祖先从东莞厚街迁此，开基立村而形成。东王村原名为王屋村，因立村时村民全都姓王，而取名王屋。1991年东门村与王屋村合并，各取一字，而名东王村。东王村与福田村、陈屋村以前都属岗头老围村。现村于2000年在旧村后建东王新村。

清朝，属新安县。1914年，属宝安县。中华人民共和国成立之初，属宝安县观澜乡；1958年，属红色公社；1959年，属观澜公社；1979年，属深圳市龙华区观澜公社；1981年，属深圳市宝安县观澜公社；1983年，属宝安县观澜区观澜乡；1986年，属观澜镇；1993年，属深圳市宝安区观澜镇；2004年，属观澜街道观城社区；2011年，属深圳市龙华新区观澜街道观城社区；2015年，属龙华新区观湖街道观城社区。

世居村民为汉族，客家民系，使用客家方言。村内主要为王、陈两大姓。陈姓由东莞石埗迁

◎ 东王村一角（房小娴 摄于2016年）

◎ 东王实验学校（房小娴 摄于2016年）

移至当地。

2015年末，户籍人口220人，其中男性90人，女性130人；80岁以上10人，最年长者89岁（女）。非户籍外来人口约2000人。祖籍该村的香港同胞约120人。

传统经济以农业为主，主要种植水稻、薯类、花生等。改革开放后，引进"三来一补""三资"企业，开始工业化进程。主要生产电子、玩具、服装、手袋等劳动密集型产品。现村集体经营以厂房出租、物业管理为主，还经营少量工业和商业。村民主要收入来源为集体经济分红、房屋出租、商业经营、工资性收入等。

该村村民至今仍保持有制作客家特色传统食品的习俗，清明鸡屎藤粄是其中的一种。清明鸡屎藤粄是用藤本植物"鸡屎藤"为主要原料制作的。每年清明前后，草叶新绿，人们上山将"鸡屎藤"采摘回来，洗干净，晾干，捣碎，拌在糯米粉、黏米粉中，按比例掺上红糖搓匀，放在蒸笼上蒸熟，制作成甜"鸡屎藤粄"，清香可口，风味独特。据当地村民说，吃了清明"鸡屎藤粄"，清毒祛湿，在炎热的夏天，不会生疮疖。"鸡屎藤粄"除供自家食用外，也是馈赠亲友的佳品。

省道S359线观澜大道、东王路经过该村。1968年通电，20世纪80年代通自来水及通电话，

◎"风水楼"门楼（房小娴 摄于2016年）

1998年实现全村村道水泥硬底化、通互联网。

村内有东王实验学校，共6个年级26个班，2015年在校学生1300人，教职工70人；学校位于观澜商业步行街138号，占地总面积约1.28万平方米，建筑面积6800平方米。东王实验学校幼儿园，2015年在园幼儿220人，教职工35人。有篮球场、健身器材、东王新村公园和东王村老人活动中心等。

传统民居为客家民居，建于20世纪20—30年代，老村现存基本完好的民居约120间，有些民居已经破败。村内保存完好的民居多租给外来务工人员居住。

村内有门楼"风水楼"，因年久失修已不使用。有1口保存完好的古井，建于清朝，现因安全原因已封闭。

（资料填报：王添贵；初稿撰写：房小娴；分纂：王婷）

福田村

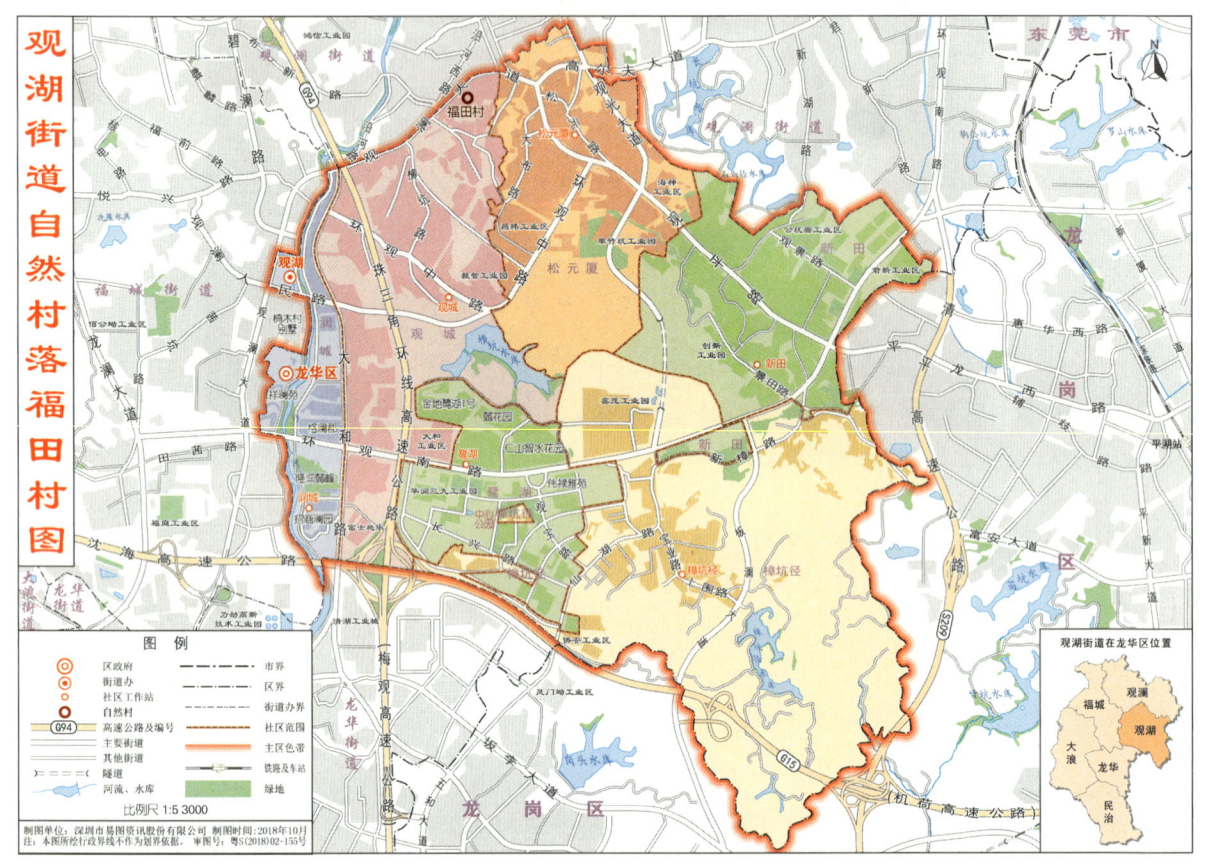

福田村位置示意图

　　福田村，位于观湖街道东部，距街道办事处约5千米。相邻自然村有东王村、陈屋村。因当时村前是一片光秃秃的山岗，用当地方言讲"光秃"音似"岗头"，而取名岗头村。1999年改名福田村。2002年，村民在福田老村后面建起福田新村。

　　清朝，属新安县。1914年，属宝安县。中华人民共和国成立之初，属宝安县观澜乡；1958年，属红色公社；1959年，属观澜公社；1979年，属深圳市龙华区观澜公社；1981年，属深圳市宝安县观澜公社；1983年，属宝安县观澜区观澜乡；1986年，属观澜镇；1993年，属深圳市宝安区观澜镇；2004年，属观澜街道观城社区；2011年，属深圳市龙华新区观澜街道观城社区；2015年，属龙华新区观湖街道观城社区。

　　世居村民为汉族，客家民系，使用客家方言。主要姓氏为沈姓，其先祖从福建迁移至广东梅州平远县，清康熙年间（1662—1722年）从梅州平远迁移至今深圳丹竹头；清康熙四十二年（1703年）从丹竹头迁移至当地。

◎ 福田村一角（张嘉玲 摄于2018年）

2015年末，户籍人口72人，其中男性29人，女性43人；80岁以上1人，96岁（女）；实际在村人口72人。非户籍外来人口约600人。祖籍该村的香港同胞约200人。祖籍该村的华人华侨约300人，主要分布在马来西亚、美国、英国、牙买加、加拿大等国。

传统经济以种植业为主，养殖业为辅。现村集体经营以厂房出租为主，年租金收入180万元左右。村民主要收入来源为商业经营、工资性收入、集体经济分红、房屋出租等。特色传统节庆食品有油角、米饼、糍粑、客家茶果等。

省道S359线观澜大道经过该村。1969年通电，1985年通自来水，20世纪80年代通电话，90年代实现全村村道水泥硬底化，1999年通互联网。村内有篮球场、健身器材等。

传统民居为客家民居，保存完好的传统民居有约20座，多建于30—40年代，少部分建于50—60年代。80年代中期，村民逐渐从旧民居搬出。现旧民居大部分整体破旧，无人居住，少部分保存较好的租给外来务工人员居住。在福田老村祠堂边，有1口保存完好的古井。

现存沈氏宗祠，位于福田村村委办公楼前，占地面积约100平方米，始建于清朝，重修于1987年。祠堂为二进两堂格局，内有为纪念祖先沈起凤设立的起凤堂。村里的族人约定，将祠堂重修喜庆之日，即农历九月初一定为宗祠喜庆日（即祖公诞辰）。每年这一天，沈氏家族以及祖籍该村的香港同胞、海外华人华侨齐聚沈氏祠堂庆祝。当天村里有歌舞表演、麒麟参拜。庆祝仪式完

◎ 原岗头村村貌（转载于《沈氏族谱》）

◎ 古井（王婷 摄于2016年）

◎ 沈氏宗祠（王婷 摄于2016年）

成后，众亲欢聚一堂，吃大盆菜，畅叙乡情，缅怀祖恩。

该村有沈氏族谱手抄本，于1940年抄写。另有一本《沈氏族谱》，编纂于2002年。

民国初年，沈氏族人牵头创办培英学校，地址在现观澜食品站小山岗上，后发展成为观澜中心国民学校以及现今的观澜中心小学（位于万安堂村）。

代表性人物：

沈盘祺（1914—？），马来西亚司法部翻译员，1965年获州元首颁发的ABS勋衔，1983年获马来西亚PSB勋章及马来西亚最高元首颁发的AMN荣衔。

沈盘（1930—1948），革命烈士，1948年参加广东人民解放军江南支队三团一大队，同年10月在龙华石坳战斗中牺牲。

沈仲平（1955—），香港律政司副首席检察官。

（资料填报：沈映柏；初稿撰写：沈春宏；分纂：王婷）

河东村

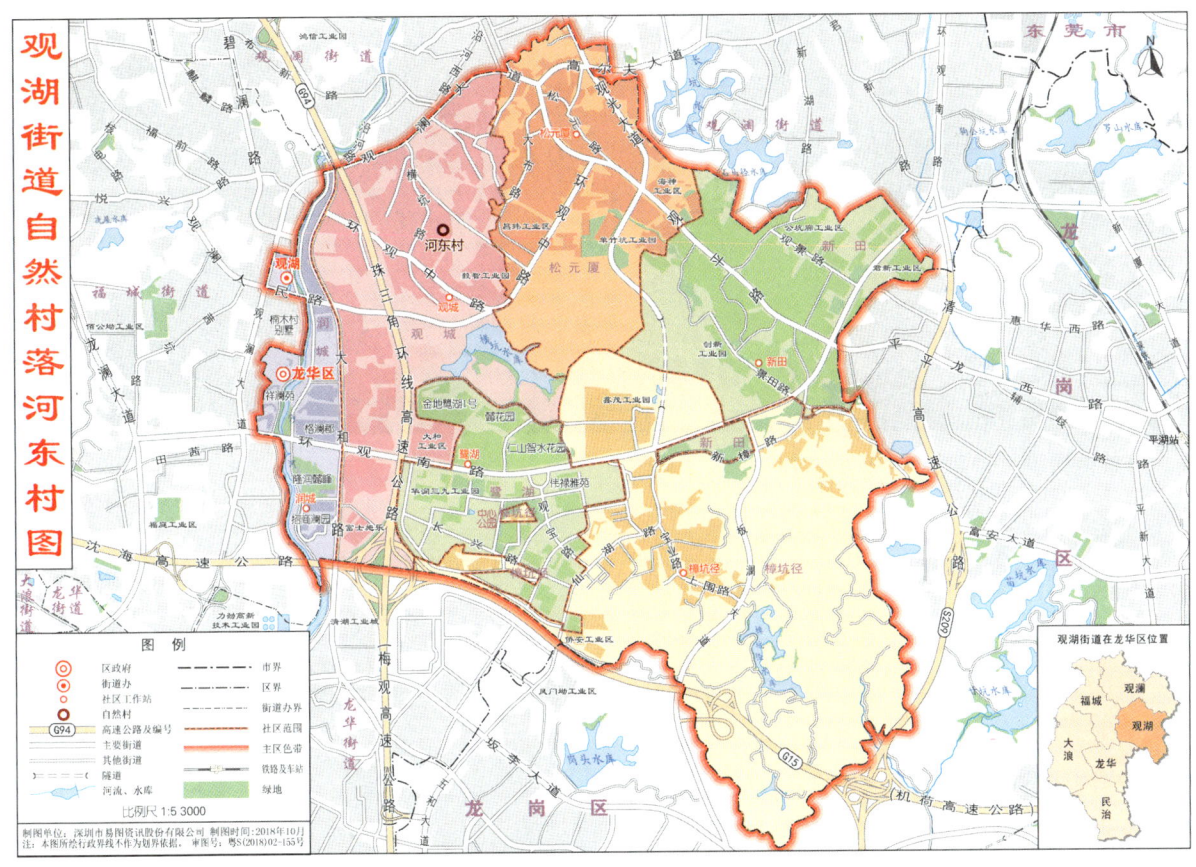

河东村位置示意图

河东村，位于观湖街道东部，距街道办事处约3千米。相邻自然村有河西村、陈屋村。该村位于深圳北部山间谷地，村后有大岭古山，海拔约300米；横坑河流经该村；村东附近有横坑水库。

始建于清朝。以横坑河为界，分东、西两部分，位于东面的村称为河东村，位于西面的村称为河西村。曾用名横坑村。

清朝，属新安县。1914年，属宝安县。中华人民共和国成立之初，属宝安县观澜乡；1958年，属红色公社；1959年，属观澜公社；1979年，属深圳市龙华区观澜公社；1981年，属深圳市宝安县观澜公社；1983年，属宝安县观澜区观澜乡；1986年，属观澜镇；1993年，属深圳市宝安区观澜镇；2004年，属观澜街道观城社区；2011年，属深圳市龙华新区观澜街道观城社区；2015年，属龙华新区观湖街道观城社区。

世居村民为汉族，客家民系，使用客家方言。该村主要为何姓，其先祖由福建迁移至梅县大埔，清代由梅县迁至当地立村。河东村与河西村主要姓氏虽都是何姓，却有不同的何氏祖先。

◎ 河东村村貌（何勇军 摄于2016年）

2015年末，户籍人口270人，其中男性133人，女性137人；80岁以上5人，最年长者93岁（男）；实际在村人口269人；海外留学1人。非户籍外来人口约2万人。祖籍该村的香港同胞约250人。祖籍该村的华人华侨约200人，主要分布在马来西亚、美国、英国、印度尼西亚、加拿大等国。归侨1人。

传统经济以农业为主，主要种植水稻、花生、甘蔗、番薯、豆类、蔬菜和果树等；兼养鸡、鸭、猪、牛、鱼等。改革开放后，村里开始建工厂、招商引资。现村集体经营以厂房出租为主。村民主要收入来源为工资性收入、房屋出租、集体经济分红等。特色农产品有石硖龙眼、糯米糍荔枝等。特色食品有油角、糖丸、萝卜粄、米饼。特色工艺品有手工编制的农具、生活用具等，现已失传。

平安路、横坑路经过该村。1969年通电，1991年通自来水，1992年通电话，1996年实现全村村道水泥硬底化，1998年通互联网。村内有健身路径供村民锻炼，有河东围老年活动中心、河东围图书室。

传统民居为客家民居，现存约100间。旧民居一般为一进三开间或一进两开间。主要建筑材料为砖石、木和三合土。房顶为平脊，两面坡，灰瓦覆盖。20世纪80年代中期，村民逐渐从旧民居搬出，现整体破旧，无人居住。

该村存有2座碉楼，为何氏碉楼和李氏碉楼。何氏碉楼建于1925年，楼高约15米，另有住宅3间，是典型的住宅式碉楼；墙体有灰塑，红黑相间带；外墙有长方形射击孔，楼内有楼梯。李氏碉楼建于1925年。现两座碉楼都基本保存完好。

何氏宗祠，始建于清朝，重修于2008年，占地面积约200平方米；宗祠刻有对联"庐江绵世

◎ 何氏碉楼和旧民居（王婷摄于2016年）

◎ 李氏碉楼（王婷 摄于2016年）

◎ 何氏宗祠（王婷 摄于2016年）

◎ 何氏碉楼外饰（转载于《深圳碉楼探秘》）

◎ 何氏宗祠内牌匾（王婷 摄于2016年）

泽；岭南传家声"；有匾额"庐江堂""武魁"。"武魁"牌匾是太乙乡试及第，赐武进士时，湖南永州府乡梓贺匾。2008年4月，由横坑三大房裔孙重刻。

每年重阳节，何氏家族在何氏宗祠举行集体祭祖活动，活动之后众亲聚餐。村里存有《庐江何氏南岩一脉宗谱：横坑分谱》手抄本。

（资料填报：何德强；初稿撰写：何勇军；分纂：王婷）

河西村

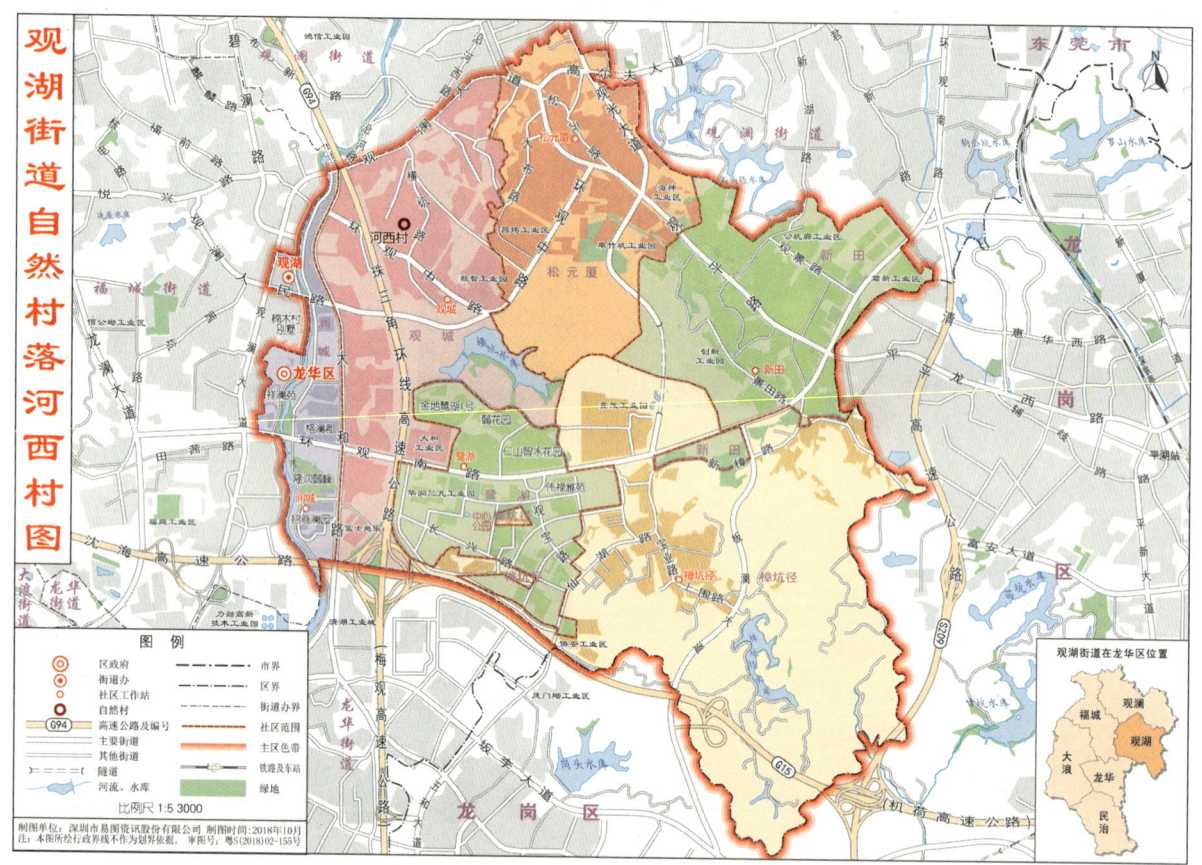

河西村位置示意图

河西村，位于观湖街道东部，距街道办事处约3千米。相邻自然村有河东村、马坜老一村、马坜老二村。该村位于深圳北部山间谷地，村后有大岭古山，海拔约300米；横坑河流经村东面；附近有横坑水库。始建于清朝。村名由来见河东村。

清朝，属新安县。1914年，属宝安县。中华人民共和国成立之初，属宝安县观澜乡；1958年，属红色公社；1959年，属观澜公社；1979年，属深圳市龙华区观澜公社；1981年，属深圳市宝安县观澜公社；1983年，属宝安县观澜区观澜乡；1986年，属观澜镇；1993年，属深圳市宝安区观澜镇；2004年，属观澜街道观城社区；2011年，属深圳市龙华新区观澜街道观城社区；2015年，属龙华新区观湖街道观城社区。

世居村民为汉族，广府民系，使用粤方言。村民主要为何、李、黄、冯4大姓氏，何姓是第一大姓，清朝由广东中山小榄迁移至此地立村。

2015年末，户籍人口246人，其中男性126人，女性120人；80岁以上12人，最年长者95岁

◎ 河西村村貌（冯国华 摄于2016年）

◎ 河西村旧貌（摄于20世纪70年代，河西村供稿）

（男）。非户籍外来人口约2万人。祖籍该村的香港同胞约50人。祖籍该村的华人华侨约150人，主要分布在马来西亚、美国、英国等国。

传统经济以农业为主，主要种植水稻、花生、番薯、果树等；兼养殖鸡、鸭、猪等。改革开放后村里开始建设工业区，招商引资。现村集体经营以厂房出租和物业管理为主。村民主要收入来源为工资性收入、房屋出租、集体经济分红等。

环观中路、横坑路经过该村。20世纪60年代通电，80年代通电话，1986年通自来水，1998年实现全村村道水泥硬底化及通互联网。村里建有健身路径、篮球场等。

传统民居为广府民居，现存约50座。"长安围"围门，位于河西老村内，建于清末民初，朝向东南，砖石结构，面阔一间，进深一间，硬山顶，筒瓦垄，红板瓦覆顶，清水墙，白灰挡檐，花岗岩石框大门，条石墙裙，前后出檐，檐下有墀头，门额左右两侧各有一圆洞。据村中老人讲

◎ 长安围内传统民居（冯国华 摄于2016年）

◎ 长安围围门（冯国华 摄于2016年）

述，"长安围"围门为村老围大门。

旧时，男女青年到适婚年龄，经人介绍，双方见面后若喜欢，便可订婚，并选择吉日成婚。结婚当天，男方家几十人带上猪肉、酒、鸡、鹅等食物，抬着花轿，一路敲锣打鼓到女方家接新娘。到了女方家后，女方家要招待男方宾客吃饭，吃完饭后下午两点多钟，新娘上轿，抬到男方家。到了男方家门，新娘用左手牵着新郎右手走到家门口，这时开始放鞭炮，随后新娘要给男方的亲戚泡茶（称为新娘茶）、准备花生、用火柴给男方长辈点烟。到了夜里十二点，家里人要在床上抛被子，寓意多子多孙。

代表性人物：

黄裕真（1934—），参加过解放海南岛战役和抗美援朝作战；退伍后，分配到深圳镇团委和民政部门工作；工作之余学习中国传统医学，20世纪60—70年代，下乡到渔民村、罗湖村、湖贝村赠医施药；1985—1990年任深圳市园岭街道办事处主任。

（资料填报：钟礼平；初稿撰写：冯国华；分纂：王婷）

马坜老一村

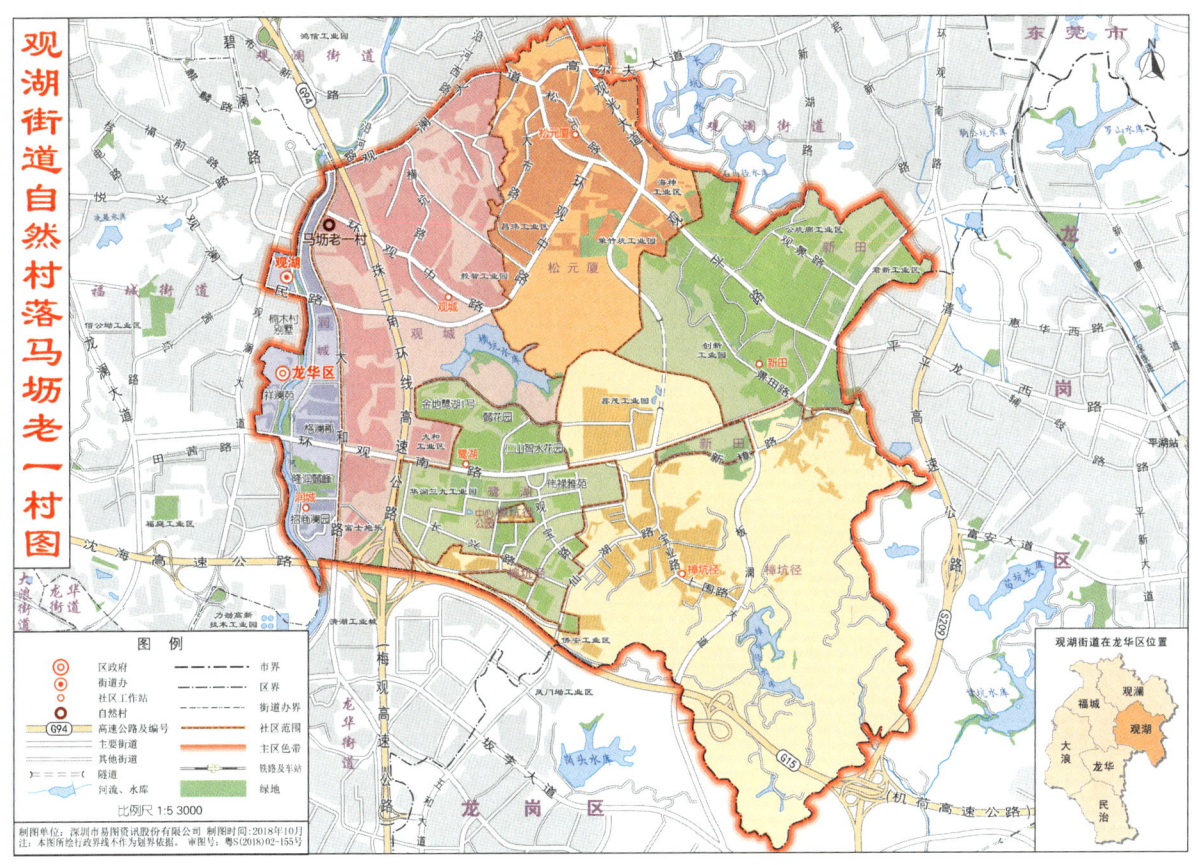

马坜老一村位置示意图

马坜老一村，位于观湖街道东部，距街道办事处约2千米。相邻自然村有河西村、田寮村、马坜老二村。该村位于山间谷地，村后有新排墟山，海拔约60米；观澜河流经村北。始建于清朝初期。

马坜老村有两个生产队，分别为一队、二队；1983年，改队设村，一队就叫马坜老一村，二队就叫马坜老二村，平常村民为了称呼方便，直接称为马一村、马二村。1990年，村民在老村旁建马一新村。

清朝，属新安县。1914年，属宝安县。中华人民共和国成立之初，属宝安县观澜乡；1958年，属红色公社；1959年，属观澜公社；1979年，属深圳市龙华区观澜公社；1981年，属深圳市宝安县观澜公社；1983年，属宝安县观澜区观澜乡；1986年，属宝安县观澜镇；1993年，属深圳市宝安区观澜镇；2004年，属观澜街道观城社区；2011年，属深圳市龙华新区观澜街道观城社区；2015年，属龙华新区观湖街道观城社区。

◎ 马坜老一村村貌（叶东舒 摄于2016年）

世居村民为汉族，客家民系，使用客家方言。该村姓氏众多，主要为陈、黄、廖、钟、曾、巫6大姓氏。村中第一大姓为陈姓，第二大姓为黄姓，均由河南开封迁移至广东长乐（今五华）；清朝从长乐迁至当地。第三大姓为廖姓，从福建迁移至广东梅州；清朝初期从梅州迁移至此地。

2015年末，户籍人口158人，其中男性70人，女性88人；80岁以上2人，最年长者94岁（女）；实际在村人口158人。非户籍外来人口约1600人。祖籍该村的港澳同胞约60人。祖籍该村的华人华侨约120人，主要分布在马来西亚、美国、牙买加、加拿大等国。

传统经济以农业为主，种植水稻、花生、甘蔗、番薯、豆类、蔬菜和果树等；兼养殖鸡、鸭、猪、牛、鱼等。改革开放后村里开始建工厂、招商引资。现村集体主要经营厂房出租、房屋租赁。村民主要收入来源为集体经济分红、房屋出租、工资性收入等。特色农产品有沙梨、甘蔗等。特色传统食品有油角、米饼、糍粑、客家茶果等。

梅观高速G94线、省道S359线观澜大道、大和路经过该村。20世纪60年代通电话，1968年通电，1982年通自来水，1998年通互联网，2000年实现全村村道水泥硬底化。

存有陈氏宗祠，始建于清朝，1986年第一次重修，2009年第二次重修，占地面积约200平方米。

◎ 马坜老村村貌（叶东舒 摄于2016年）　　　　　◎ 陈氏宗祠（张嘉玲 摄于2016年）

每年清明节、重阳节，陈氏家族都会到祠堂祭拜祖先。

永顺门门楼，始建于清朝，1986年重修。门楼牌匾上刻有"永顺门"三字，门两侧刻有对联"永招五福；顺接三多"。

代表性人物：

陈义（1859—1940），兴中会会员、反清义士，早期在檀香山加入孙中山组织的兴中会；清光绪二十二年（1896年）初冬，香港洪门总龙头陈少白任命其为白扇参谋长，成为洪门起义军军师，参与该组织反清作战的军事策划；清光绪二十四年（1898年），参与组织乌石岗起义。

黄炳荣（1920—1946），1943年9月参加广东人民抗日游击总队。

陈发友（1922—1944），烈士，1943年9月参加广东人民抗日游击总队，1944年11月在东莞霄边战斗中牺牲。

廖清平（1929—1944），烈士，1944年2月参加广东人民抗日游击队东江纵队，同年11月在东莞霄边战斗中牺牲。

（资料填报：曾军强；初稿撰写：陈海威；分纂：王婷）

马坜老二村

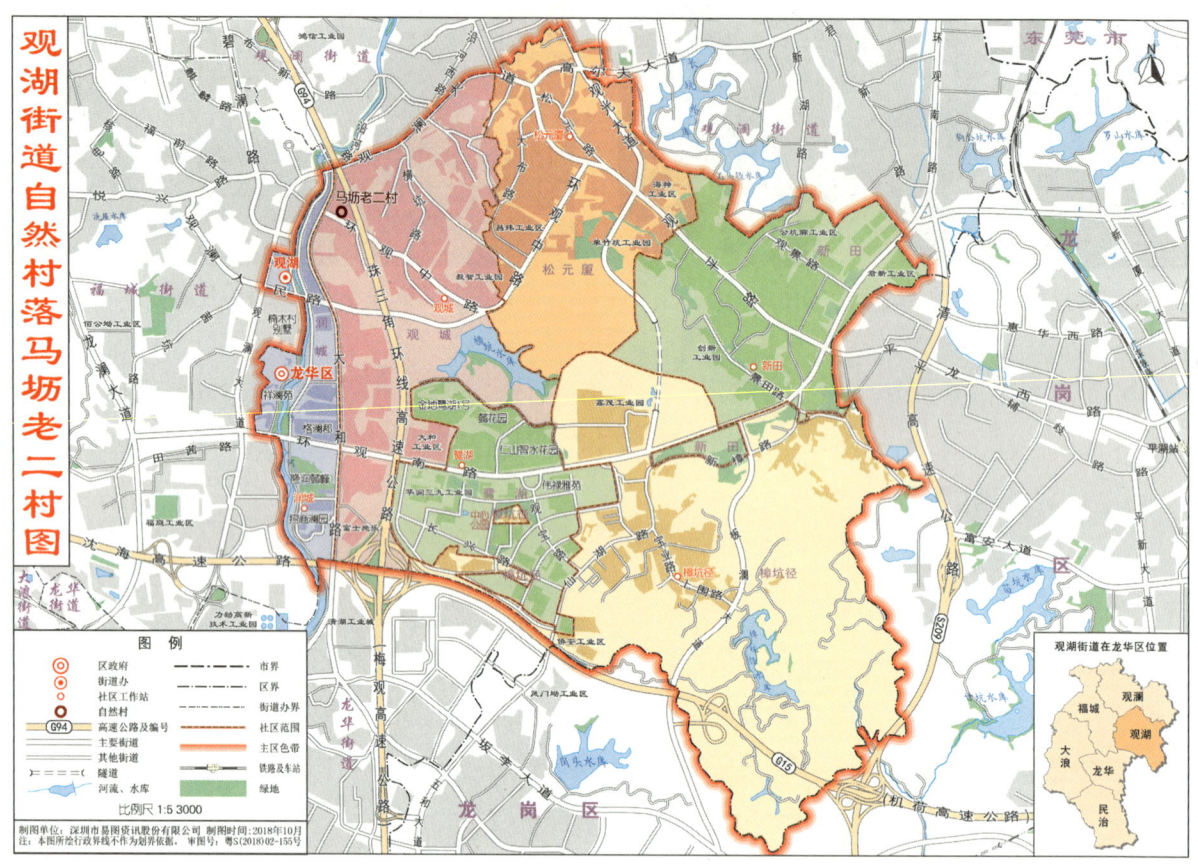

马坜老二村位置示意图

马坜老二村，位于观湖街道东部，距街道办事处约2千米。相邻自然村有河西村、大屋村、马坜老一村。该村位于山间谷地，村后有果多山，海拔约100米。始建于清朝初期，村名由来见马一村。1996年，在老村旁建马二新村。

清朝，属新安县。1914年，属宝安县。中华人民共和国成立之初，属宝安县观澜乡；1958年，属红色公社；1959年，属观澜公社；1979年，属深圳市龙华区观澜公社；1981年，属深圳市宝安县观澜公社；1983年，属宝安县观澜区观澜乡；1986年，属宝安县观澜镇；1993年，属深圳市宝安区观澜镇；2004年，属观澜街道观城社区；2011年，属深圳市龙华新区观澜街道观城社区；2015年，属龙华新区观湖街道观城社区。

世居村民为汉族，客家民系，使用客家方言。村民主要为廖、黄、陈、巫、钟5大姓氏。第一大姓为廖姓，其先祖由福建迁到梅州，清朝时期再由梅州迁移到此地开枝散叶。第二大姓氏为黄姓，先祖从开封迁到广东长乐（今五华）；清朝初期由长乐迁至此地。

观湖街道 观城社区 马坜老二村

◎ 马坜老二村村貌（叶东舒 摄于2016年）

◎ 马坜老二村廖氏碉楼（张嘉玲 摄于2016年）

2015年末，户籍人口130人，其中男性58人，女性72人；80岁以上10人，最年长者89岁（男）；实际在村人口130人。非户籍外来人口约500人。祖籍该村的香港同胞约110人。祖籍该村的华人华侨约80人，主要分布在马来西亚、新加坡、牙买加、加拿大等国。

传统经济以农业为主，主要农作物有水稻、薯类、花生等。改革开放后，招商引资，开始工业化进程。现村集体主要经营厂房出租、房屋租赁。村民主要收入来源为集体经济分红、房屋出租、工资性收入等。特色农产品有龙眼、香蕉等。传统节庆食品有油角、米饼、糍粑、客家茶果等。

梅观高速G94线、省道S359线观澜大道、大和路经过该村。20世纪60年代通电话，1968年通电，1982年通自来水，1998年通互联网，2000年实现全村村道水泥硬底化。

现存大约40座传统客家民居和1座碉楼。传统民居一般为一进三开间或一进两开间，主要建筑材料为砖、石、木和三合土，房顶为平脊，两面坡，灰瓦覆盖。20世纪80年代中期，村民逐渐从传统民居搬出。廖氏碉楼，始建于20世纪20年代，占地面积约120平方米，主体高约20米。

该村现存廖氏宗祠和黄氏宗祠，均已破败，不作宗祠使用。

代表性人物：

廖添胜（1919—1948），烈士，1944年9月参加广东人民抗日游击队东江纵队，1948年8月在龙岗战斗中牺牲。

陈秀云（1921—1946），烈士，1944年9月参加广东人民抗日游击队东江纵队，在南雄战斗中牺牲。

（资料填报：廖镜文；初稿撰写：廖志华；分纂：王婷）

田寮村

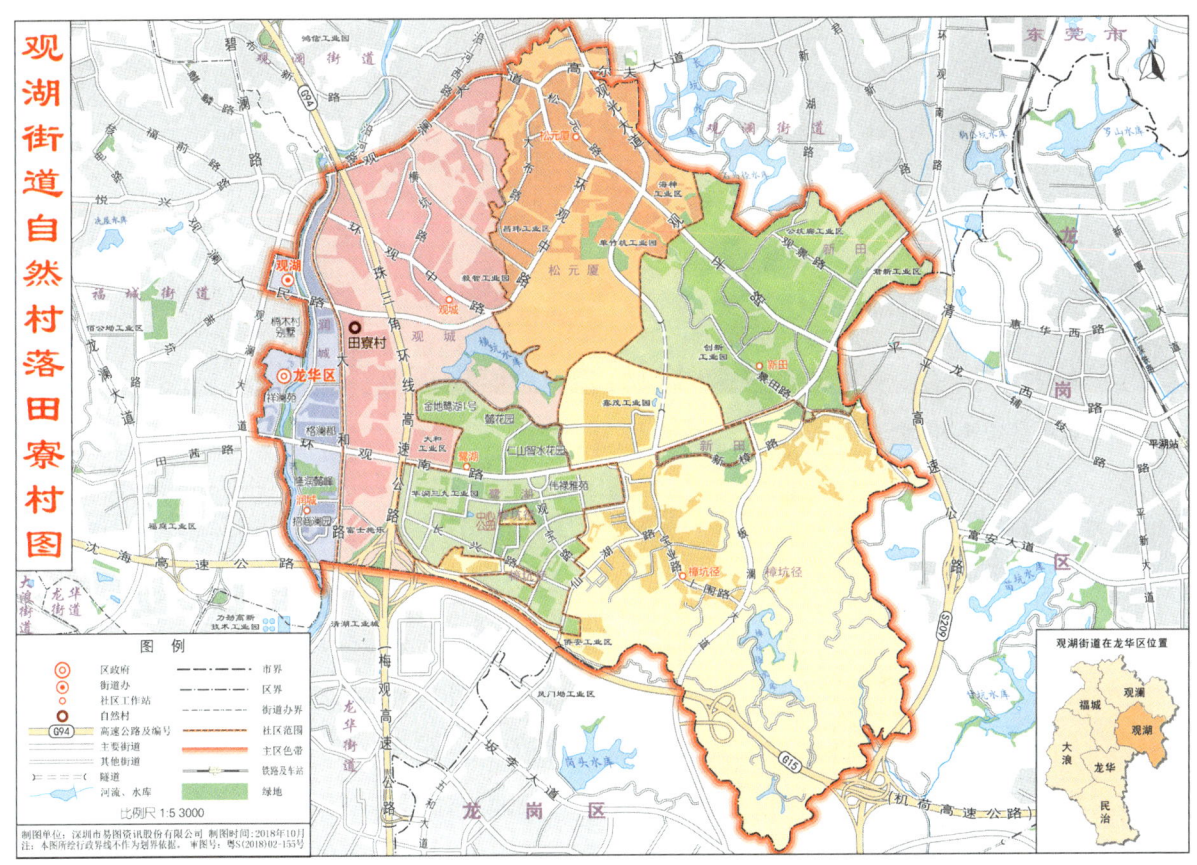

田寮村位置示意图

田寮村，位于观湖街道东南部，距街道办事处约1.5千米。相邻自然村有大和村、马坜老一村。该村位于山间谷地，主要山岭为打狗岭山，海拔约50米；观澜河流经村北。始建于清朝。田寮村村名是因开发聚居于此的先祖姓廖，"廖"与"寮"音同，加之刚立村时，先祖在田边搭建茅屋暂居而得名。

清朝，属新安县。1914年，属宝安县。中华人民共和国成立之初，属宝安县观澜乡；1958年，属红色公社；1959年，属观澜公社；1979年，属深圳市龙华区观澜公社；1981年，属深圳市宝安县观澜公社；1983年，属宝安县观澜区观澜乡；1986年，属宝安县观澜镇；1993年，属深圳市宝安区观澜镇；2004年，属观澜街道观城社区；2011年，属深圳市龙华新区观澜街道观城社区；2015年，属龙华新区观湖街道观城社区。

世居村民为汉族，客家民系，使用客家方言。田寮村廖氏和马坜老围廖氏有共同祖先，后因马坜老围村土地不足，才移居此地。

◎ 田寮村村貌（雷辉 摄于2016年）

◎ 村中一角（王婷 摄于2016年）

2015年末，户籍人口80人，其中男性45人，女性35人；80岁以上4人，最年长者96岁（女）；实际在村人口79人；海外留学1人。非户籍外来人口约2万人。祖籍该村的香港同胞15人。祖籍该村的华人华侨10人，主要分布在马来西亚、英国等国。

传统经济以农业为主，主要种植水稻、薯类、花生等。改革开放后，引进"三来一补""三资"企业，开始工业化进程。现村集体主要经营厂房出租、房屋租赁。村民主要收入来源为集体经济分红、房屋出租、工资性收入等。特色农产品有糯米糍荔枝、石硖龙眼等。特色传统食品有艾粄、粽子、米饼、煎堆等。

梅观高速G94线、大和路、观澜人民路经过该村。1970年通电，20世纪80年代通自来水，1994年通电话，1998年通互联网，2000年实现全村村道水泥硬底化。村内有文峰小学，共24个班，2015年在校学生960人，教职工52人；有曙光幼儿园，在园幼儿240人，教职工25人。村里建有篮球场、健身路径。

因城市更新，田寮村的传统客家民居、宗祠等传统建筑都已拆除，已更新为现代化的围合式住宅小区。

（资料填报：廖镜文；初稿撰写：廖志华；分纂：王婷）

福城街道（办事处）

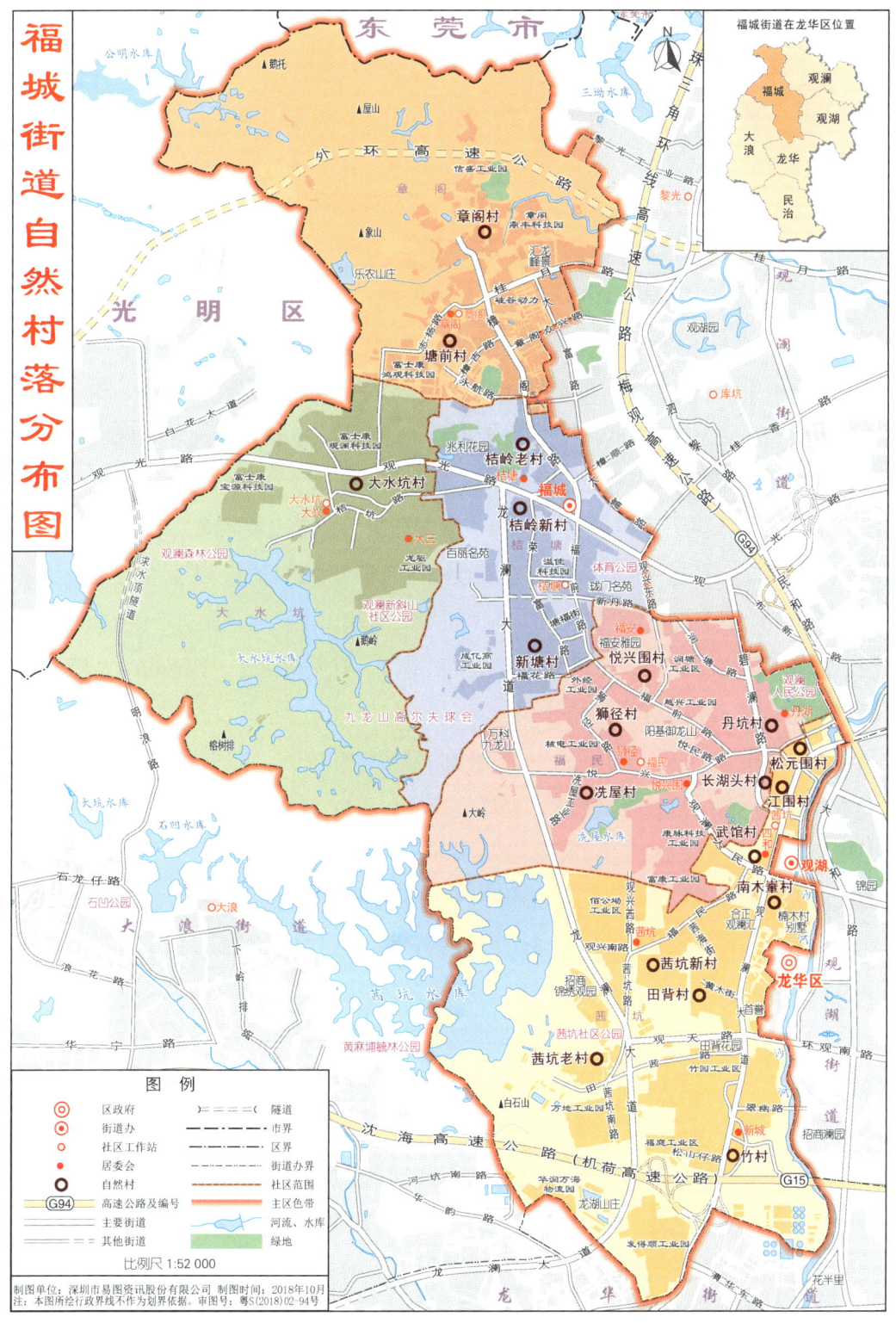

福城街道（办事处）自然村落分布图

概 述

福城街道（办事处）位于深圳市龙华新区西北部，东与观澜街道（办事处）、观湖街道（办事处）相邻，南连龙华街道（办事处），西接光明新区光明街道（办事处）、公明街道（办事处），北与东莞市接壤，面积29.9平方千米，辖10个社区。2015年，常住人口19.64万人，户籍人口约1万人。

地形以山地、丘陵为主，有鹅岭、牛坳岭等山，有观澜河、白花河、大水坑河、丹坑水、茜坑水、清湖水等河流。年平均气温22℃，年平均降雨量1800毫米。

本地域明清时期属新安县。1914年，属宝安县；1935年，属东莞县。中华人民共和国成立之初，属宝安县观澜乡；1958年，属红色公社；1959年，属观澜公社；1979年，属深圳市龙华区观澜公社；1981年，属深圳市宝安县观澜公社；1983年，属观澜区；1986年，属观澜镇；1993年，属深圳市宝安区观澜镇；2004年，属观澜街道；2011年，属深圳市龙华新区观澜街道（办事处）；2015年，属福城街道（办事处）。

传统经济以农业为主，主要种植水稻等。改革开放后，在发展粮食、水果、蔬菜等农业生产的同时，外贸加工业兴起，开始大力兴建工业园区，积极引进外资，工业企业数量迅速增加。2015年，辖区内大中型工业园35个，注册企业1085家，规模以上工业企业总产值870.93亿元。福城交通便捷，有桂月路、观光路、观澜大道组成"三横"，有龙观快速、福前路、泗黎路组成"三纵"，还有梅观、机荷2条高速公路经过。

2015年，福城街道（办事处）列入普查范围的自然村有19个。世居村民为汉族，有广府民系和客家民系。辖区广府民系姓氏以张姓、杨姓、庄姓、唐姓、邓姓、莫姓、罗姓、叶姓为主。客家民系主要有何姓、曾姓、谢姓、黄姓等。

传统民居有广府民居、客家民居。狮径村树杰私塾旧址为区级不可移动文物，始建于1928年。此外还有冼屋村冼纪明碉楼、田背村江氏碉楼等多处不可移动文物。

福城章阁村的"二月二开村节"，狮径村的"开灯节""贺仙节""登山节"，冼屋村的"食山节"，悦兴围村的"分社肉"贺年节展现了广府文化的特色。福城也是"竹织之乡""木屐之乡""水果之乡"，丹坑村、悦兴围村、狮径村的竹织制品和冼屋村的木屐远近闻名。

福城很多村落有红色历史文化印记。章阁村是东宝边区工委成立之地，是东宝惠人民游击队策源地。1944年1月，宝四区民主政权在丹坑村成立（后迁龙华）。

福城历史人文代表性人物：大水坑村何三辰，清朝秀才，受乡党景仰；冼屋村冼根、冼林，1943年一同参加广东人民抗日游击队东江纵队，冼根于1945年在罗浮山牺牲；田背村江绍经，20世纪50年代移居加拿大，任多伦多大学教授。

福民社区

长湖头村

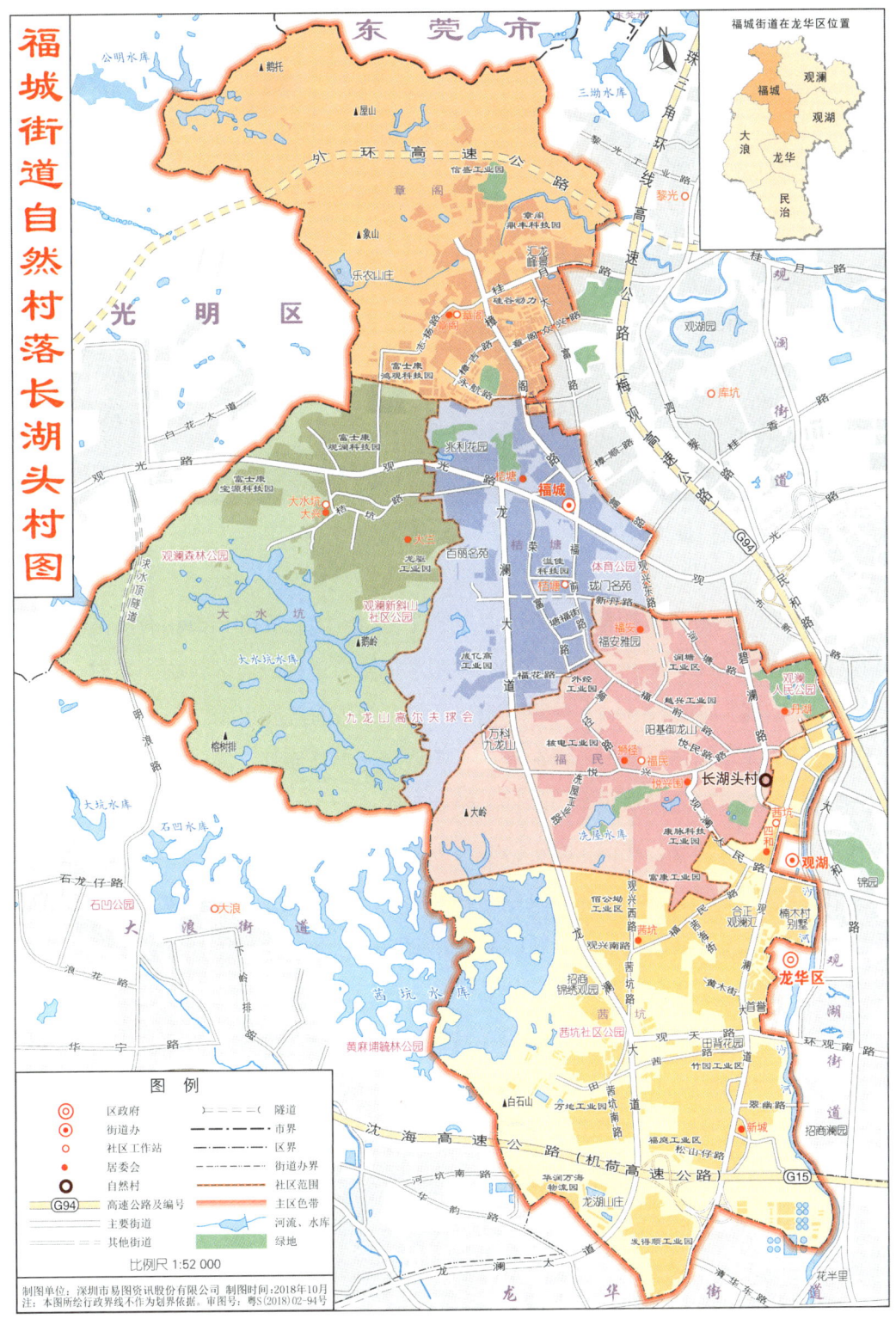

长湖头村位置示意图

◎ 长湖头村村貌（陈章博 摄于2016年）

长湖头村，位于福城街道东南部，距街道办事处约2.8千米。相邻自然村有江围村、丹坑村、松元围村、武馆村。始建于宋朝。现村于1995年搬至福城街道福民社区长湖头东村。村落位于长湖头山北坡，长湖头山海拔约100米，东南方有观澜河，附近有冼屋水库。

宋元至明万历元年（1573年），属东莞县；明万历元年至清朝，属新安县。1914年，属宝安县；1935年，属东莞县第四区观澜乡。中华人民共和国成立之初，属宝安县观澜乡；1958年，属红色公社；1959年，属观澜公社；1979年，属深圳市龙华区观澜公社；1981年，属深圳市宝安县观澜公社；1983年，属宝安县观澜区福民乡；1993年，属深圳市宝安区观澜镇；2004年，属观澜街道福民社区；2011年，属深圳市龙华新区观澜街道福民社区；2015年，属龙华新区福城街道福民社区。

世居村民为汉族，广府民系，使用粤方言。村内第一大姓为张姓，于宋朝迁移至当地。

2015年末，户籍人口166人，其中男性77人，女性89人；80岁以上3人，最年长者87岁（女）；实际在村人口166人。非户籍外来人口200人。祖籍该村的香港同胞150人。祖籍该村的华人华侨10人，主要分布在美国。

传统经济以农业为主，主要种植水稻，兼种甘蔗、花生、木薯。现村集体主要经营厂房出租、房屋租赁。村民主要收入来源为集体经济分红、房屋出租、工资性收入等。特色传统食品有春节年糕、清明节鸡屎藤粉果、端午节裹粽、中秋节月饼。

◎ 城市更新项目（陈章博 摄于2016年）

◎ 张云岫夫妇墓（陈章博 摄于2016年）

省道S359线观澜大道、碧澜路经过该村。1965年通电，1982年通电话，1988年通自来水，1996年通互联网，2006年实现全村村道水泥硬底化。村里有老人活动中心。

该村有2座张氏祖坟，1座建于北宋大观四年（1110年）；另1座为张云岫夫妇墓，建于明成化九年（1473年），为未定级不可移动文物。最古老的碑刻是立于北宋大观四年（1110年）的古墓碑。

该村每年清明节、重阳节有祭祖活动。

代表性人物：

张珠成（1935—），曾任宝安区中医院党委书记、院长，卫生局党委委员。

张成香（1949—），曾任宝安区自来水公司董事长、党总支部书记，宝安区国企监事会主席。

（资料填报：钟运明；初稿撰写：谢官福；分纂：黄木有）

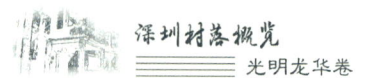

丹坑村

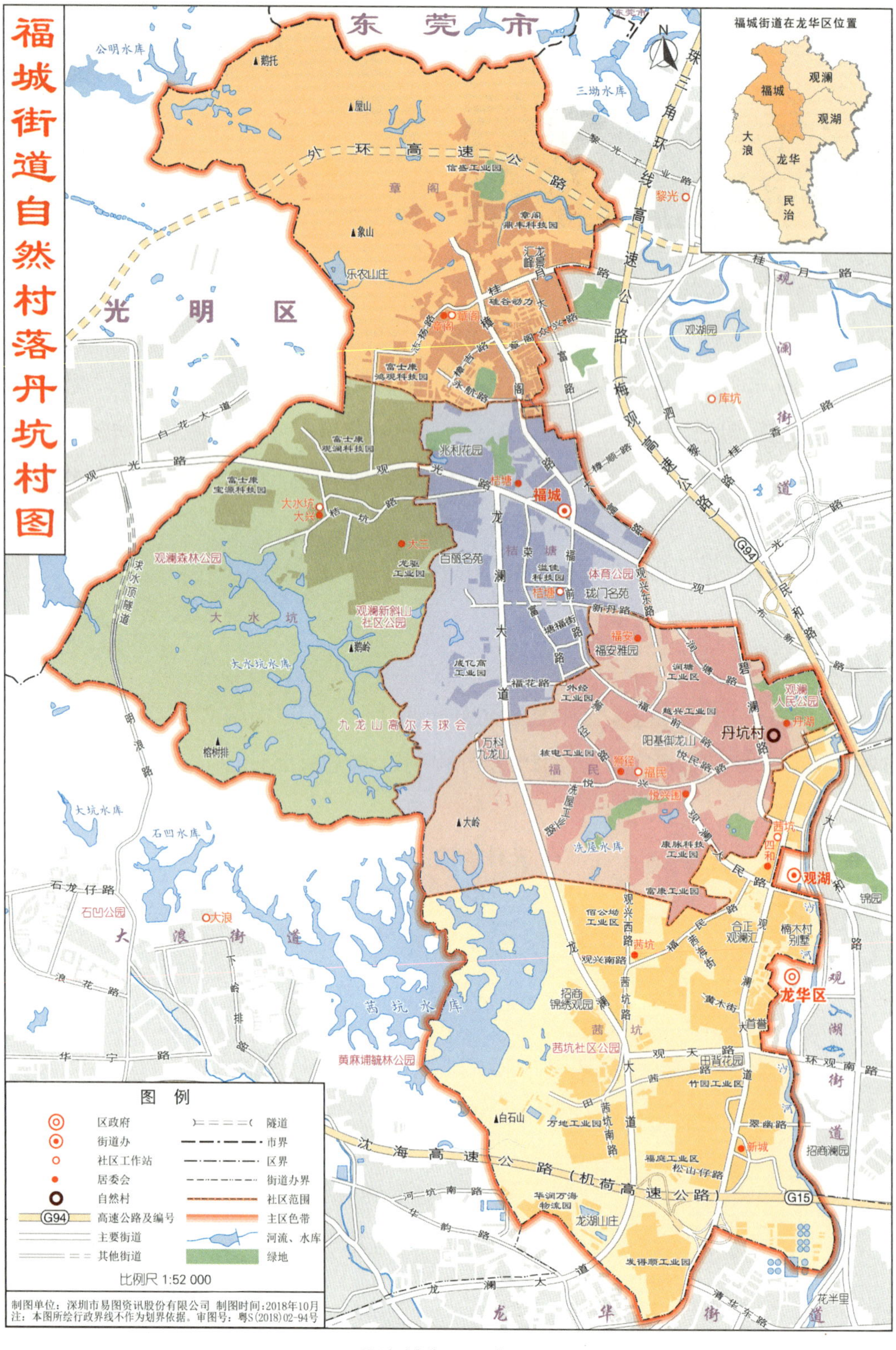

丹坑村位置示意图

◎ 丹坑村村貌（陈章博 摄于2016年）

丹坑村，位于福城街道东南部，距街道办事处约3.5千米。相邻自然村有长湖头村、松元围村。该村始建于明永乐四年（1406年），因地处山坑，上有丹山而取名丹坑村。有麒麟山，海拔78米。观澜河及丹坑河从村东南流过。

建村至明万历元年（1573年），属东莞县；明万历元年至清朝，属新安县。1914年，属宝安县；1935年，属东莞县第四区观澜乡。中华人民共和国成立之初，属宝安县观澜乡；1958年，属红色公社；1959年，属观澜公社；1979年，属深圳市龙华区观澜公社；1981年，属深圳市宝安县观澜公社；1983年，属宝安县观澜区福民乡；1993年，属深圳市宝安区观澜镇；2004年，属观澜街道福民社区；2011年，属深圳市龙华新区观澜街道福民社区；2015年，属龙华新区福城街道福民社区。

世居村民为汉族，广府民系，使用粤方言。村中第一大姓为莫姓，明永乐四年从东莞迁移至当地。第二大姓为罗姓，北宋皇祐二年（1050年）从河南迁移至广东东莞，清康熙四十四年（1705年）从塘厦迁移到当地。

2015年末，户籍人口432人，其中男性212人，女性220人；80岁以上12人，最年长者95岁（男）；实际在村人口429人；海外留学3人。非户籍外来人口1.2万人。祖籍该村的香港同胞265人。祖籍该村的华人华侨115人，主要分布在新加坡、苏里南、马来西亚、泰国、越南。

传统经济为农业生产及建筑业。现村集体主要经营厂房出租、房屋租赁。村民主要收入来源为集体经济分红、房屋出租、工资性收入等。特色传统食品有重阳节大盆菜。

◎ 丹坑村润塘工业区（陈章博 摄于2016年）

◎ 传统民居（陈章博 摄于2016年）

碧澜路经过该村。1965年通电，1978年通自来水，1986年通电话，1998年通互联网，2010年实现全村村道水泥硬底化。有萌迪幼儿园，2015年在园幼儿300人，教职工36人。有篮球场、观澜人民公园和丹坑村民活动中心；有丹坑图书室，2015年藏书6450册。

传统民居为广府民居，现存168座。现存宗祠2座：仰全莫公祠及泽远堂，始建于清朝。1957年大水灾，两户村民因房屋倒塌，无家可归，后将仰全莫公祠借给这两家人居住至今。

现存古井1口，私塾旧址1间。

丹坑莫姓特别重视家谱、族谱的编修保存，编有《深圳丹坑莫氏族谱》，莫树春等于2006年纂修。收录有莫宣卿状元公家训。

2010年该村成立深港莫氏联谊会，组织捐款，救助有困难的宗亲。组织祭拜封开莫宣卿状元、广州白云山莫永昌和东莞莫肖叟的活动。丹坑村在清明节和重阳节均有祭祖活动。清明节分房拜祭，重阳节村里组织村民集体拜公墓，举办千人盆菜宴。

该村地处观澜河畔，地势较低，1957年夏天，连续几天大雨，洪水淹没了几十间房屋，水深2—3米，当时37间泥砖结构房屋由于水浸时间过长，全部倒塌。几十名村民无家可归，由于村民及时撤离，没造成人员伤亡。大片农田被水淹没，当年农作物失收。

20世纪50年代初，丹坑莫家人便办起了自己的夜校，主动开展全民学文化的热潮。由于扫除青壮年文盲成绩突出，曾受到广东省政府的表彰。

代表性人物：

莫友梅，清末民初时期，作为一名在广州学过西医知识的医生，在附近乡镇悬壶济世，颇负盛名。

莫惠明（1910—1973），又名莫明，建筑工程师，20世纪60年代初，他设计、施工建成了可容纳千人的观澜电影院，采用经济、科学的方法建起了横跨观澜河的大布巷大桥。

莫耀荣（1938— ），读高中时获"十项全能优秀运动员"称号，代表惠阳地区参加广东省青年田径运动会，打破了铁饼项目省运会记录；后任龙华中学体育老师，兼任惠阳地区田径队教练，为国家培养、输送国家级运动员2名，省级运动员4名，曾任宝安区文体局办公室主任。

莫抗生（1938—），前香港军事服务团教官，曾任职香港海洋运输公司；其为深圳市华侨国际联会创会会员、深圳市宝安区商联会第二届理事会副会长，连任三届宝安区观澜商会副会长。

莫尚泉（1948—），在观澜文化站工作时，1981年被评为"全国文化站先进工作者"。

莫汉帮（1951—），曾任石岩镇镇长。

（资料填报：钟运明；初稿撰写：谢官福；分纂：黄木有）

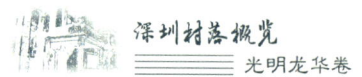

狮径村

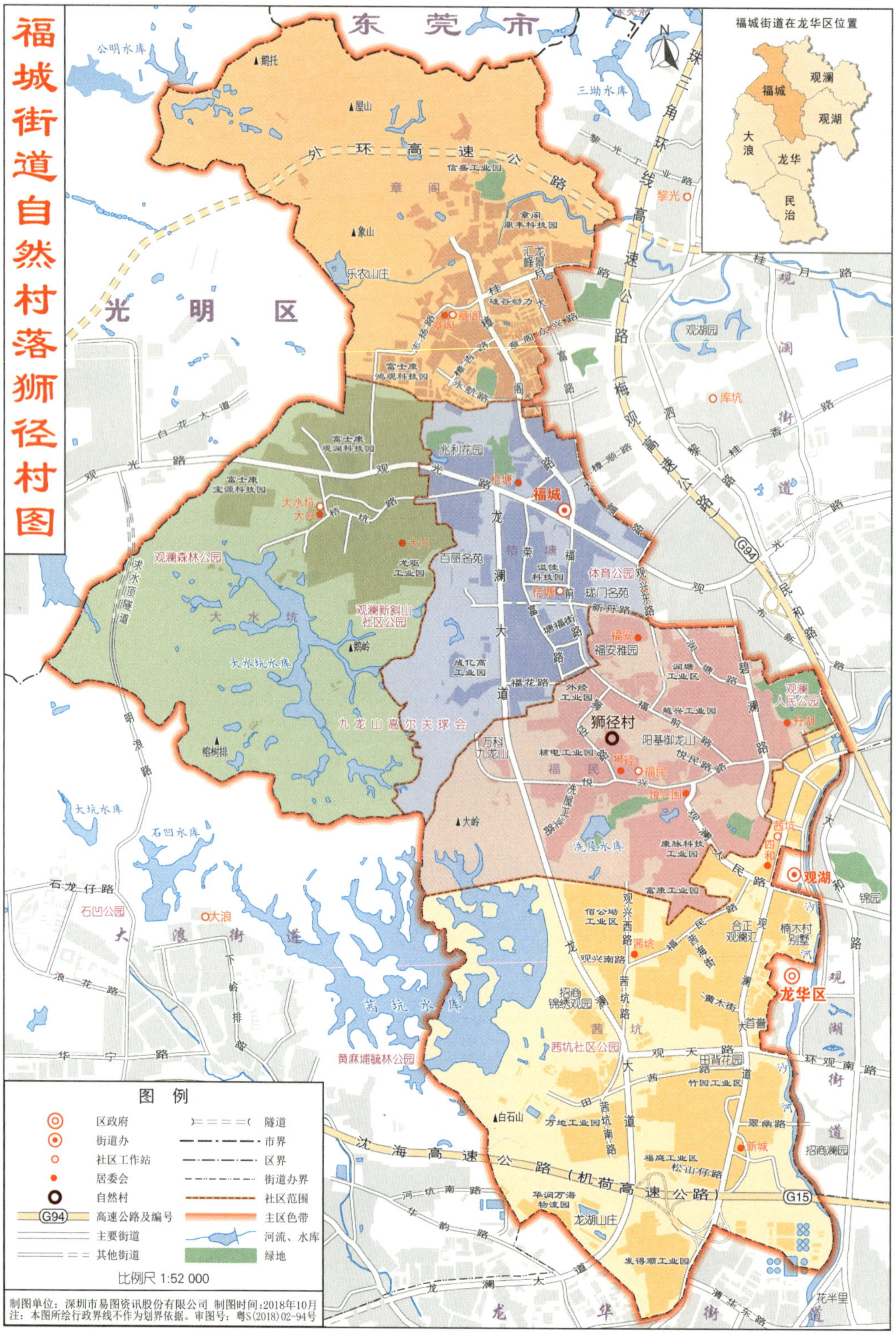

狮径村位置示意图

◎ 狮径村村貌（陈章博 摄于2016年）

狮径村，位于福城街道东南部，距街道办事处约2千米，相邻自然村有冼屋村、悦兴围村。据《庄氏族谱》记载，宋末将领庄敬德三子庄元顺后裔迁居今深圳观澜狮径立村。有牛岭山、大岭、十二栋，狮径河在村的西南面，附近有冼屋水库。

宋元至明万历元年（1573年），属东莞县；明万历元年至清朝，属新安县。1914年，属宝安县；1935年，属东莞县第四区观澜乡。中华人民共和国成立之初，属宝安县观澜乡；1958年，属红色公社；1959年，属观澜公社；1979年，属深圳市龙华区观澜公社；1981年，属深圳市宝安县观澜公社；1983年，属宝安县观澜区福民乡；1993年，属深圳市宝安区观澜镇；2004年，属观澜街道福民社区；2011年，属深圳市龙华新区观澜街道福民社区；2015年，属龙华新区福城街道福民社区。

世居村民为汉族，广府民系，使用粤方言。村民主要有庄姓、唐姓、陈姓。第一大姓为庄姓，早年从福建泉州迁移至广东东莞，宋代从东莞迁移至当地。第二大姓为唐姓，元代从东莞迁移至当地。第三大姓为陈姓，元代从东莞迁移至当地。

2015年末，户籍人口358人，其中男性179人，女性179人；80岁以上有28人，最年长者88岁（女）；实际在村人口358人。非户籍外来人口10523人。祖籍该村的香港同胞118人。祖籍该村的华人华侨2人，居住在英国。

传统经济为手工业，经营竹织品、草鞋、腐竹的制售和木工制作。现村集体主要经营厂房出租、房屋租赁。村民主要收入来源为集体经济分红、房屋出租、工资性收入等。特色农产品有花

◎ 鸿发股份合作公司（陈章博 摄于2016年）

生、甘蔗、蔬菜。特色传统食品有咸菜、猪肉、豆腐；特色工艺品有竹织品、草鞋。

龙澜大道、悦兴路、狮径路经过该村。1975年实现全村村道水泥硬底化，1980年通电话，1984年通自来水，1988年通电，2001年通互联网。有狮径老人活动中心、狮径社区星光老人之家、狮径图书阅览室（2015年藏书2500册）以及康乐设备两套。

传统民居为广府民居，现存80座。存有树杰私塾旧址，始建于1928年，为区级不可移动文物。

庄姓族人重视宗族传承，《庄氏世谱》由庄翰元纂修于清宣统年间（1909—1911年）。流传至今的族规有：敦孝悌以全伦理，敬祖宗以隆祭祀，笃宗亲以息词讼，端品行以励风俗，谨职业以戒非法，恤孤寡以全名节，立书田以兴教学，清国课以省催科。

该村正月十五有开灯活动，清明及重阳节祭拜祖宗，五月初五包粽子，七月初七收藏七姐水，八月十五放孔明灯。每年大年初一早上，村民带上祭品（肉类、水果、纸钱、香烛、鞭炮）到福民庵拜祭，祈求风调雨顺，阖家平安。

（资料填报：钟运明；初稿撰写：谢官福；分纂：黄木有）

悦兴围村

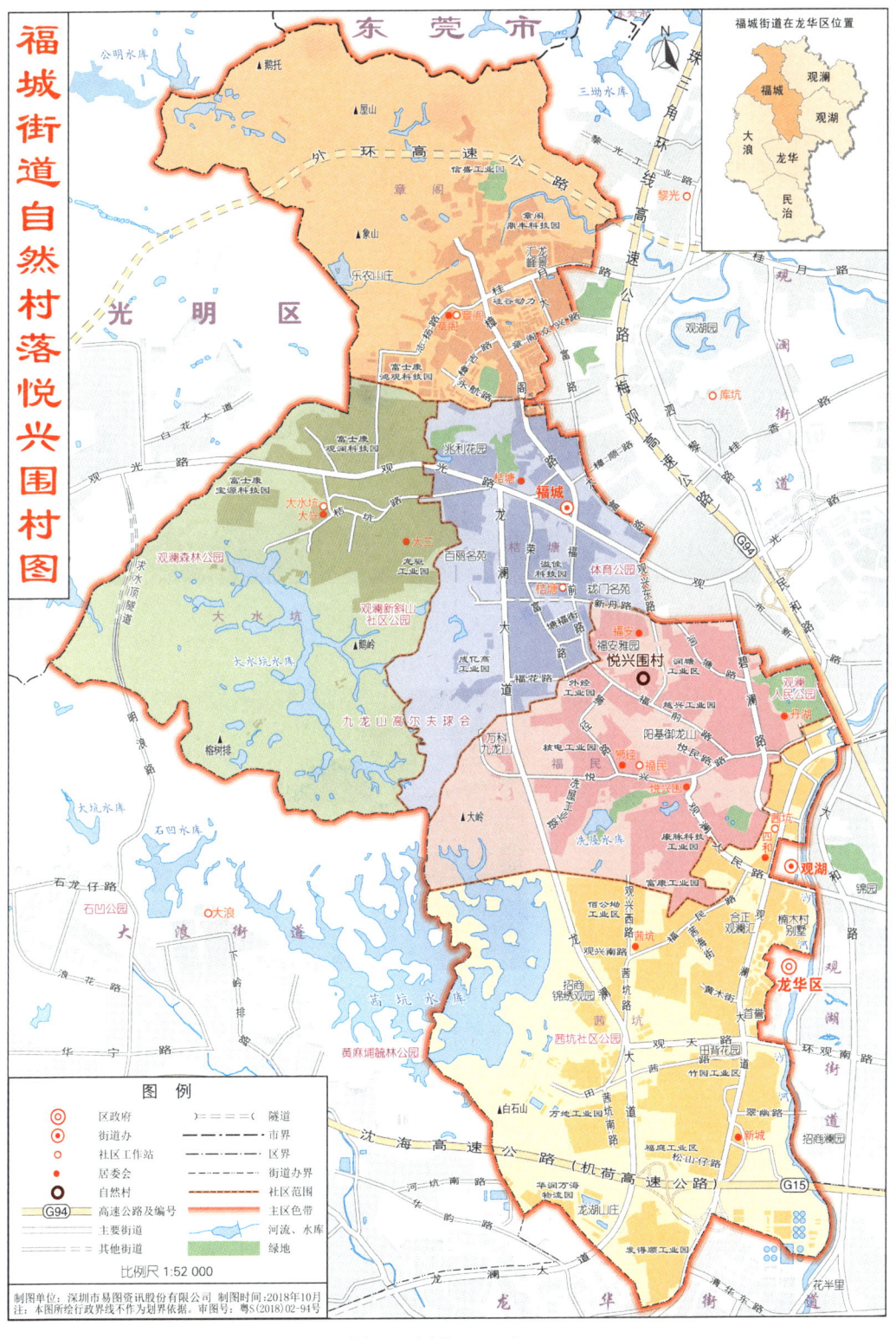

悦兴围村位置示意图

◎ 悦兴围村村貌（陈章博 摄于2016年）

悦兴围村，位于福城街道东南部，距街道办事处约2千米。相邻自然村有狮径村。始建于清朝，曾用名新围村，别名田心围村。现村于1990年搬至悦兴围旧村对面的山地上。主要山岭为牛岭山，海拔约200米；悦兴河从村南流过；附近有洗屋水库。

◎ 村中一角（陈章博 摄于2016年）

清朝，属新安县。1914年，属宝安县；1935年，属东莞县第四区观澜乡。中华人民共和国成立之初，属宝安县观澜乡；1958年，属红色公社；1959年，属观澜公社；1979年，属深圳市龙华区观澜公社；1981年，属深圳市宝安县观澜公社；1983年，属宝安县观澜区福民乡；1993年，属深圳市宝安区观澜镇；2004年，属观澜街道福民社区；2011年，属深圳市龙华新区观澜街道福民社区；2015年，属龙华新区福城街道福民社区。

世居村民为汉族，广府民系，使用粤方言。村民主要有罗姓、杨姓、叶姓。第一大姓为罗

◎ 福悦幼儿园（陈章博 摄于2016年）

姓，清朝时从河南迁移至广东韶关南雄，民国时期从珠江三角洲迁移至当地。第二大姓为杨姓，清朝时从河南迁移至广东韶关南雄，民国时期从凤岗岗头岭迁移至当地。第三大姓为叶姓，清朝时从河南南阳迁移至广东梅州，清末时从梅州迁移至当地。

2015年末，户籍人口542人，其中男性230人，女性312人；80岁以上15人，最年长者96岁（女）；实际在村人口542人。非户籍外来人口约7600人。祖籍该村的香港同胞366人。祖籍该村的华人华侨30人，主要分布在加拿大、英国、荷兰、新加坡、印度尼西亚等国。

传统经济为农业，种植水稻，兼种甘蔗、花生、木薯，并制作竹制品。现村集体主要经营厂房出租、房屋租赁。村民主要收入来源为集体经济分红、房屋出租、工资性收入等。特色传统食品有春节年糕、清明节鸡屎藤粄、端午节裹粽、中秋节月饼。

悦兴路、福前路经过该村。1958年通电话，1965年通电，1990年通自来水，2005年通互联网，2010年实现全村村道水泥硬底化。村内有福悦幼儿园、篮球运动场、健身房、街心公园、老人活动中心以及图书室，藏书约5.7万册。

村内传统民居为广府民居，现存50座。存有罗氏宗祠。

该村每年清明节、重阳节均有祭祖活动。

（资料填报：钟运明；初稿撰写：谢官福；分纂：黄木有）

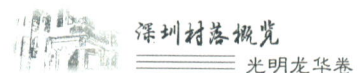

冼屋村

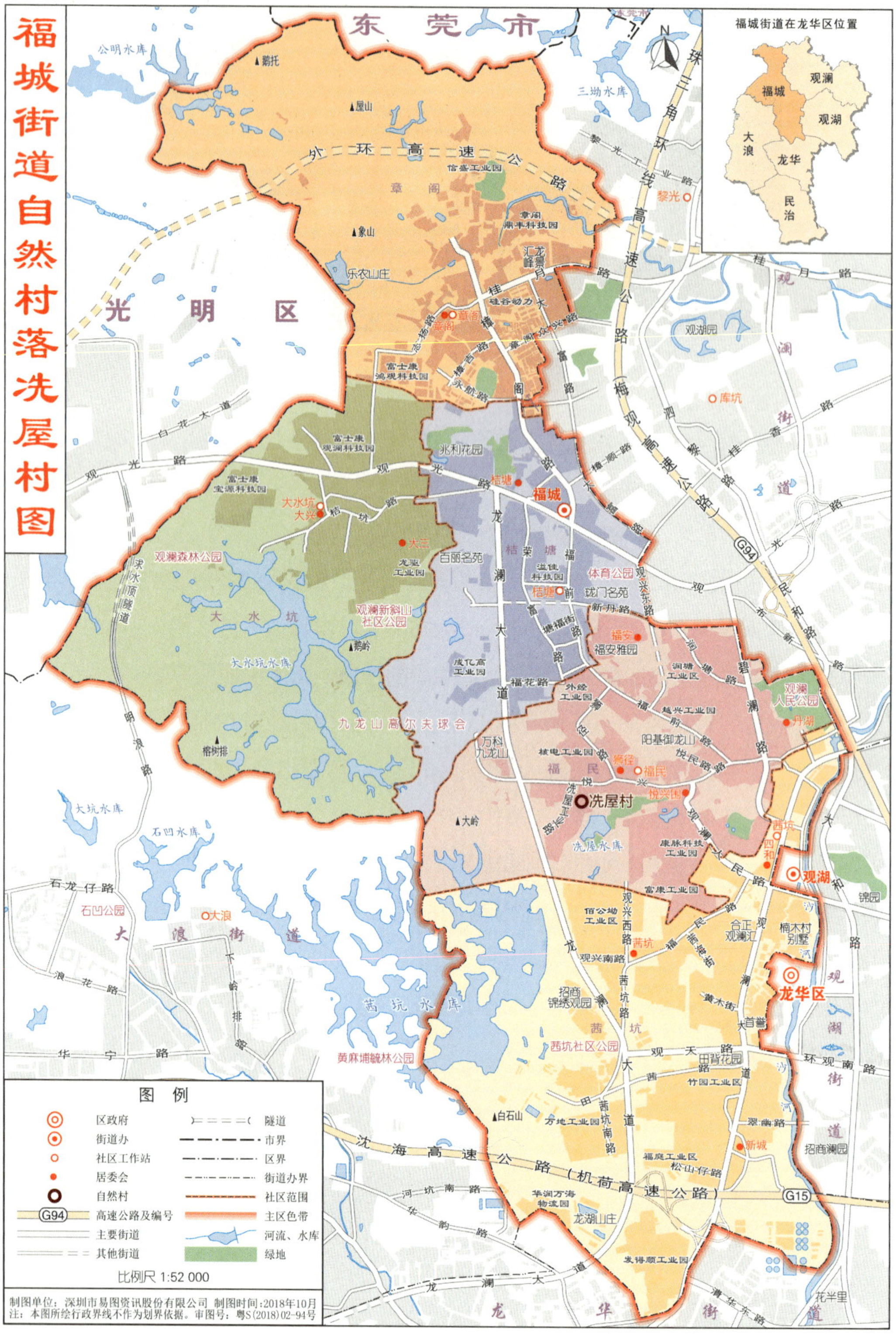

冼屋村位置示意图

◎ 冼屋村村貌（张观强 摄于2016年）

冼屋村，位于福城街道东南部，距街道办事处3千米。相邻自然村有狮径村。该村位于牛岭山、大岭脚下，附近有十二栋等山岭；狮径河从村东流过；有冼屋水库。

明清时期，属新安县。1914年，属宝安县；1935年，属东莞县第四区观澜乡。中华人民共和国成立之初，属宝安县观澜乡；1958年，属红色公社；1959年，属观澜公社；1979年，属深圳市龙华区观澜公社；1981年，属深圳市宝安县观澜公社；1983年，属宝安县观澜区福民乡；1993年，属深圳市宝安区观澜镇；2004年，属观澜街道福民社区；2011年，属深圳市龙华新区观澜街道福民社区；2015年，属龙华新区福城街道福民社区。

世居村民为汉族，广府民系。使用粤方言。冼姓是村里第一大姓，明代后期从东莞迁移至今深圳福民冼屋。

2015年末，户籍人口101人，其中男性47人，女性54人；80岁以上2人，最年长者92岁（女）；实际在村人口101人。非户籍外来人口3926人。祖籍该村的香港同胞37人。祖籍该村的华人华侨8人，主要分布在加拿大、欧洲。

传统经济为手工业，打造石磨、做木屐、竹织。现村集体主要经营厂房出租、房屋租赁。村民主要收入来源为集体经济分红、房屋出租、工资性收入等。特色传统食品有烧全猪。特色工艺品有石磨、木屐、竹织品。

悦兴路经过该村。1969年通电话，1984年通自来水，1988年通电，1995年实现全村村道水泥硬底化，2001年通互联网。有冼屋村活动休闲中心、冼屋图书室，2015年藏书约1500册。

◎ 工业区（张观强 摄于2016年）　　　　　　　　　　◎ 碉楼（张观强 摄于2016年）

传统民居为广府民居，现存20座。不可移动文物有冼纪明碉楼，建于清末，占地面积70平方米。现无人居住，但碉楼整体比较完整。现存冼公宗祠，始建于清代，占地面积70平方米。

村民逢年过节都要拜祭祖先。每年重阳节，冼屋村民集体前去罗浮山革命烈士墓祭拜，以表达对烈士的敬重。每年大年初一早上，每户人家都要杀鸡杀鸭，并带上猪肉、水果、纸钱、香烛、鞭炮前往福民庵祀奉。

该村传统婚俗形成于500多年前。结婚当天，男方要用花轿迎娶新娘，并有器乐队助阵，一路上敲锣打鼓、吹笛子、散香花，奏出喜庆、欢乐的音乐；女方婚前几天，邀请几位姐妹相聚三天三夜，促膝谈心。出嫁前一天晚上十二点前，要有一位伴娘帮她"上头"（梳头）。梳头时一边梳，一边要说"一梳到尾、二梳白发齐眉、三梳儿孙满地"。

代表性人物：

冼根（1919—1945），1943年参加广东人民抗日游击队东江纵队，1945年7月14日，在广东省罗浮山的三棵松防御战中牺牲。

冼林，与冼根一同参加广东人民抗日游击队东江纵队。

冼容寿，中华人民共和国成立前参加粤赣湘边纵队，参加过解放内伶仃岛战斗；中华人民共和国成立后，调往海南工作。

（资料填报：钟运明；初稿撰写：谢官福；分纂：黄木有）

茜坑社区

江围村

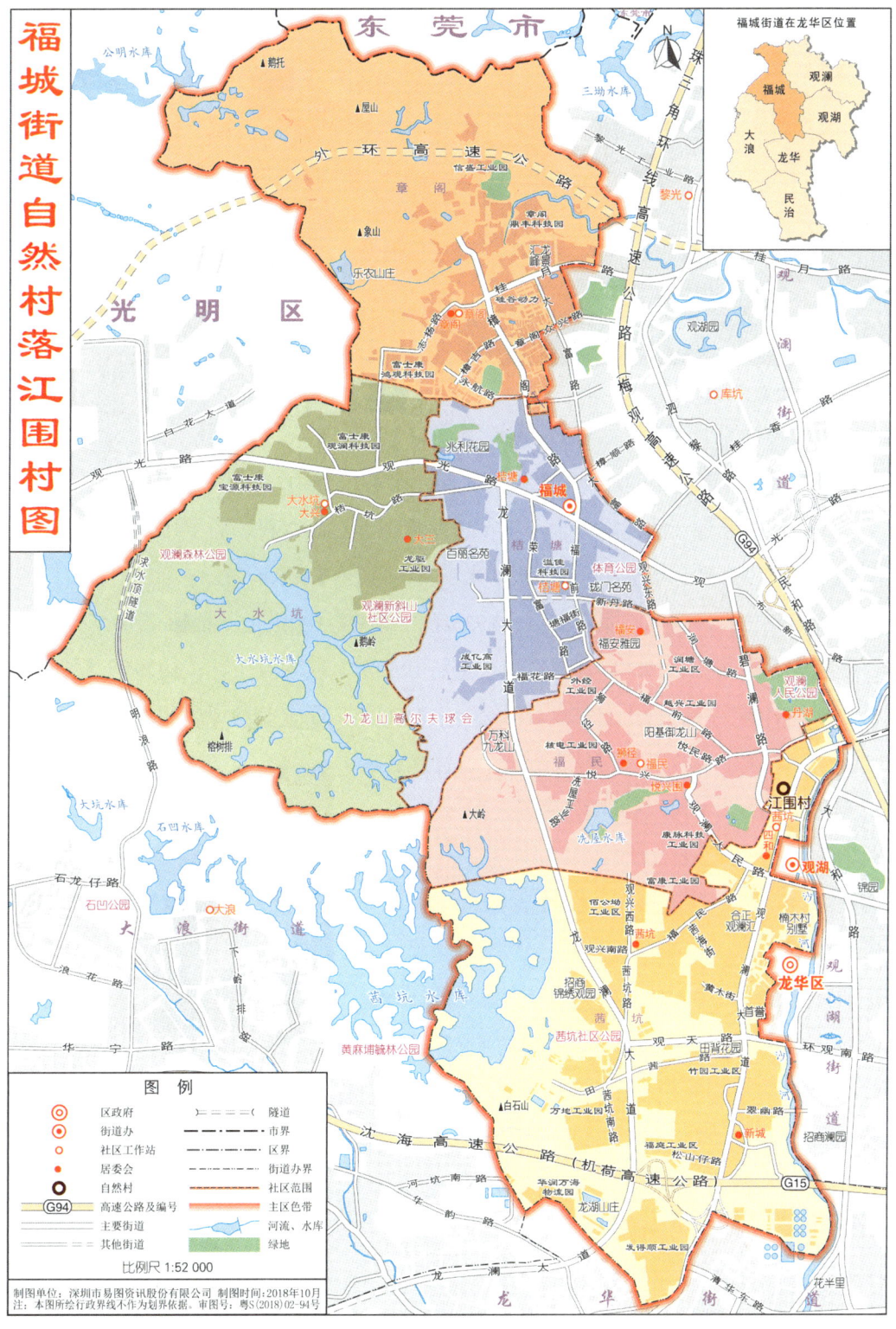

江围村位置示意图

◎ 江围村村貌（陈章博 摄于2016年）

江围村，位于福城街道东南部观澜大道旁，距街道办事处约7千米。相邻自然村有松元围村、武馆村、长湖头村。始建于清乾隆二十一年（1756年），江氏立村。后于1995年搬至现址，20世纪90年代陆续建成。主要山岭为后山，海拔80米；观澜河在村东南流过。

清朝，属新安县。1914年，属宝安县；1935年，属东莞县第四区观澜乡。中华人民共和国成立之初，属宝安县观澜乡；1958年，属红色公社；1959年，属观澜公社；1979年，属深圳市龙华区观澜公社；1981年，属深圳市宝安县观澜公社；1983年，属宝安县观澜区福民乡；1993年，属深圳市宝安区观澜镇；2004年，属观澜街道茜坑社区；2011年，属深圳市龙华新区观澜街道茜坑社区；2015年，属龙华新区福城街道茜坑社区。

世居村民为汉族，客家民系，使用客家方言。江围村历史上有两姓人居住，一为江姓，一为陈姓。江氏祖先约在清乾隆二十一年（1756年）迁徙到该村定居，建房于旧村北面。陈氏祖先约于清乾隆五十一年（1786年）由广东兴宁迁徙到该村定居，建房聚居于旧村南面。1931年，部分陈氏族人迁至松元围村定居。

2015年末，户籍人口92人，其中男性40人，女性52人；80岁以上4人，最年长者92岁（女）；实际在村人口85人；常年在城镇生活和打工7人。非户籍外来人口约1130人。祖籍该村的香港同胞50人。祖籍

◎ 传统民居（陈章博 摄于2016年）

该村的华人华侨15人,主要分布在美国。

传统经济以农业为主,种植水稻、蔬菜、甘蔗、番薯、木薯,兼养猪、鸡、鸭、鹅、鱼等。现村集体经营以物业出租为主,兼营商业。村民主要收入来源为工资性收入、集体经济分红、房屋出租、商业经营等。特色传统食品有炒米饼、米通、圆笼粄、喜粄、粗叶粄、萝卜粄、糍粑粄、鸡屎藤饭、粽子、糖环、油角等。

省道S359线观澜大道、碧澜路经过该村。1950年通电话,1955年通电,1980年通自来水,1997年通互联网,2008年实现全村村道水泥硬底化。

传统民居为客家民居,现存50座。陈氏宗祠,始建于清末,占地面积约100平方米,后因火灾烧至坍塌,已不作宗祠使用。

村内存有《江氏族谱》《陈氏族谱》。

村民在清明节举行祭祀活动。

1957年,江围村被洪水淹没,水深达2米,全村坍塌泥砖屋20余间。

(资料填报:钟运明;初稿撰写:谢官福;分纂:黄木有)

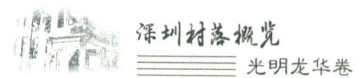

南木㙟村

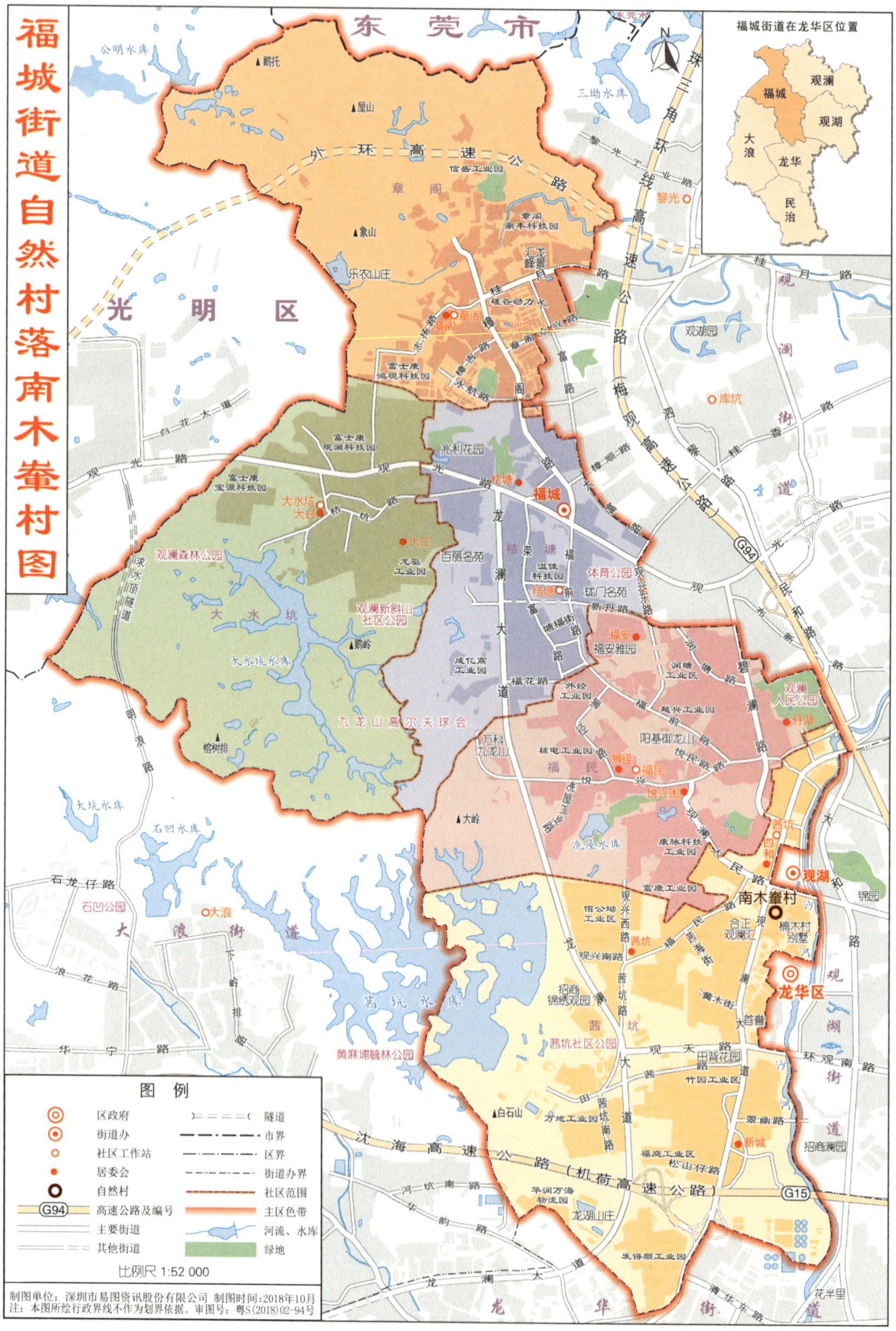

南木㙟村位置示意图

◎ 南木輋村村貌（张观强 摄于2016年）

◎ 传统民居（张观强 摄于2016年）

南木輋村，位于福城街道北部，距街道办事处约5千米。相邻自然村有武馆村、田背村。始建于清乾隆年间。原名四和村，含武馆、松元围、江围、南木輋4个村，后因当地多种楠木，又名楠木村、南木村，后改名南木輋村。曾用名白石咀村。1995年搬至观澜大道旁建新村。主要山岭为深窝山，海拔100米；观澜河在村前流过。

清朝，属新安县。1914年，属宝安县；1935年，属东莞县第四区观澜乡。中华人民共和国成立之初，属宝安县观澜乡；1958年，属红色公社；1959年，属观澜公社；1979年，属深圳市龙华区观澜公社；1981年，属深圳市宝安县观澜公社；1983年，属宝安县观澜区福民乡；1993年，属深圳市宝安区观澜镇；2004年，属观澜街道茜坑社区；2011年，属深圳市龙华新区观澜街道茜坑社区；2015年，属龙华新区福城街道茜坑社区。

世居村民为汉族，客家民系，使用客家方言。村民主要为张姓，其先祖于清朝从潮州迁移至东莞，民国时期从东莞迁移至南木輋村。

2015年末，户籍人口130人，其中男性60人，女性70人；80岁以上13人，最年长者93岁（女）；生活主要依靠农业收入41人；常年在城镇生活和打工15人。非户籍外来人口约3500人。祖籍该村的香港同胞30人。祖籍该村的华人华侨15人，主要分布在马来西亚。

◎ 张育贤老楼（碉楼）（张观强 摄于2016年）

传统经济为农业和养殖业。现村集体主要经营厂房出租、房屋租赁。村民主要收入来源为集体经济分红、房屋出租、工资性收入等。该村有1棵树龄超过100年的古樟树，为区级保护古树。

省道S359线观澜大道、观澜人民路经过该村。1971年通电，1988年通自来水，1991年通电话，2003年实现全村村道水泥硬底化及通互联网。有图书室1间，2015年藏书约1000册。

传统民居为客家民居，现存20座。代表性民居有张育贤老楼（碉楼），建于民国时期，占地面积150平方米，保存状况完好，已闲置。现存张氏宗祠，始建于民国时期，占地面积200平方米，一正间两偏间一天井，目前不再作宗祠使用。

村内存有《南木崨张氏族谱》，由南木崨村张氏第十一世孙张伙明于清代纂修。

（资料填报：钟运明；初稿撰写：谢官福；分纂：黄木有）

武馆村

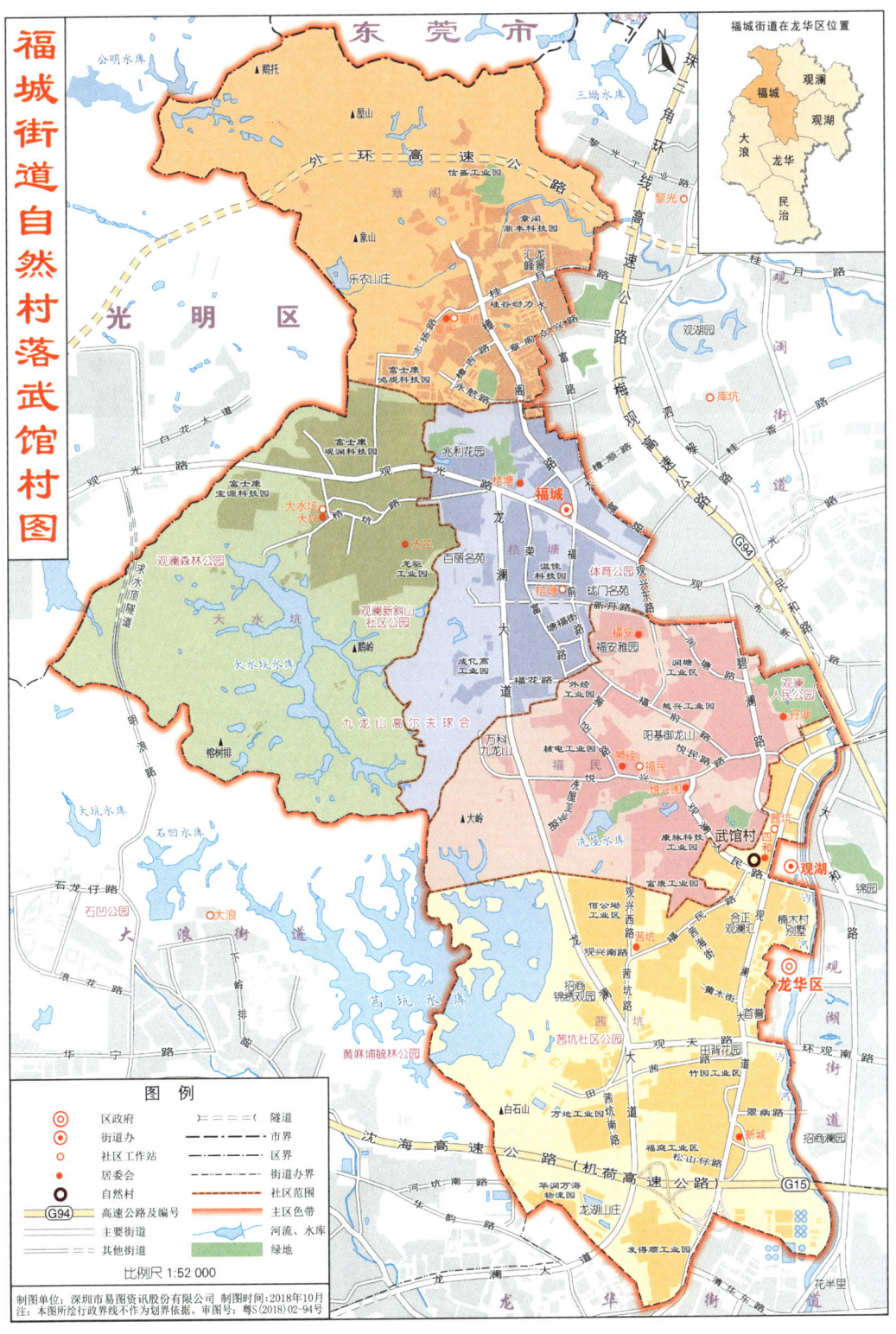

武馆村位置示意图

◎ 武馆村村貌（张观强 摄于2016年）

武馆村，位于福城街道东南部，距街道办事处约3千米。相邻自然村有长湖头村、江围村、南木輋村。村落始建于民国时期，1998年在原地及现在的观澜大道旁建新村。主要山岭为后面山，海拔100米；观澜河从村中流过。

民国时期，属宝安县；1935年，属东莞县第四区观澜乡。中华人民共和国成立之初，属宝安县观澜乡；1958年，属红色公社；1959年，属观澜公社；1979年，属深圳市龙华区观澜公社；1981年，属深圳市宝安县观澜公社；1983年，属宝安县观澜区福民乡；1993年，属深圳市宝安区观澜镇；2004年，属观澜街道茜坑社区；2011年，属深圳市龙华新区观澜街道茜坑社区；2015年，属龙华新区福城街道茜坑社区。

世居村民为汉族，客家民系，使用客家方言。村里第一大姓为黄姓，其先祖于清朝从福建莆田迁移至广东新安库坑，民国时期从库坑迁移至当地。

2015年末，户籍人口85人，其中男性40人，女性45人；80岁以上5人，最年长者103岁（女）；实际在村人口63人。非户籍外来人口约4500人。祖籍该村的香港同胞10人。祖籍该村的华人华侨8人，主要分布在英国。

传统经济以农业为主，种植水稻、瓜、菜，兼养猪、鸡、鸭、鹅、鱼等。现村集体主要经营厂房出租、房屋租赁。村民主要收入来源为集体经济分红、房屋出租、工资性收入等。特色传统食品有粽子、年糕、喜粄、糍粑粄、艾粄、鸡屎藤粄。特色工艺品有竹织品。

省道S359线观澜大道、碧澜路、武馆路经过该村。1950年通电话，1955年通电，1980年通自来水，1997年通互联网，1999年实现全村村道水泥硬底化。有观澜第二小学、福民幼儿园、观澜

◎ 村口牌坊（张观强 摄于2016年）

中心幼儿园、四和图书室等。

该村传统民居为客家民居，现存18座。

村内有《黄氏族谱》，由黄炳林等人于2013年纂修。有清明拜山、端午节划龙舟等民俗活动。

（资料填报：钟运明；初稿撰写：谢官福；分纂：黄木有）

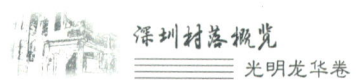

松元围村

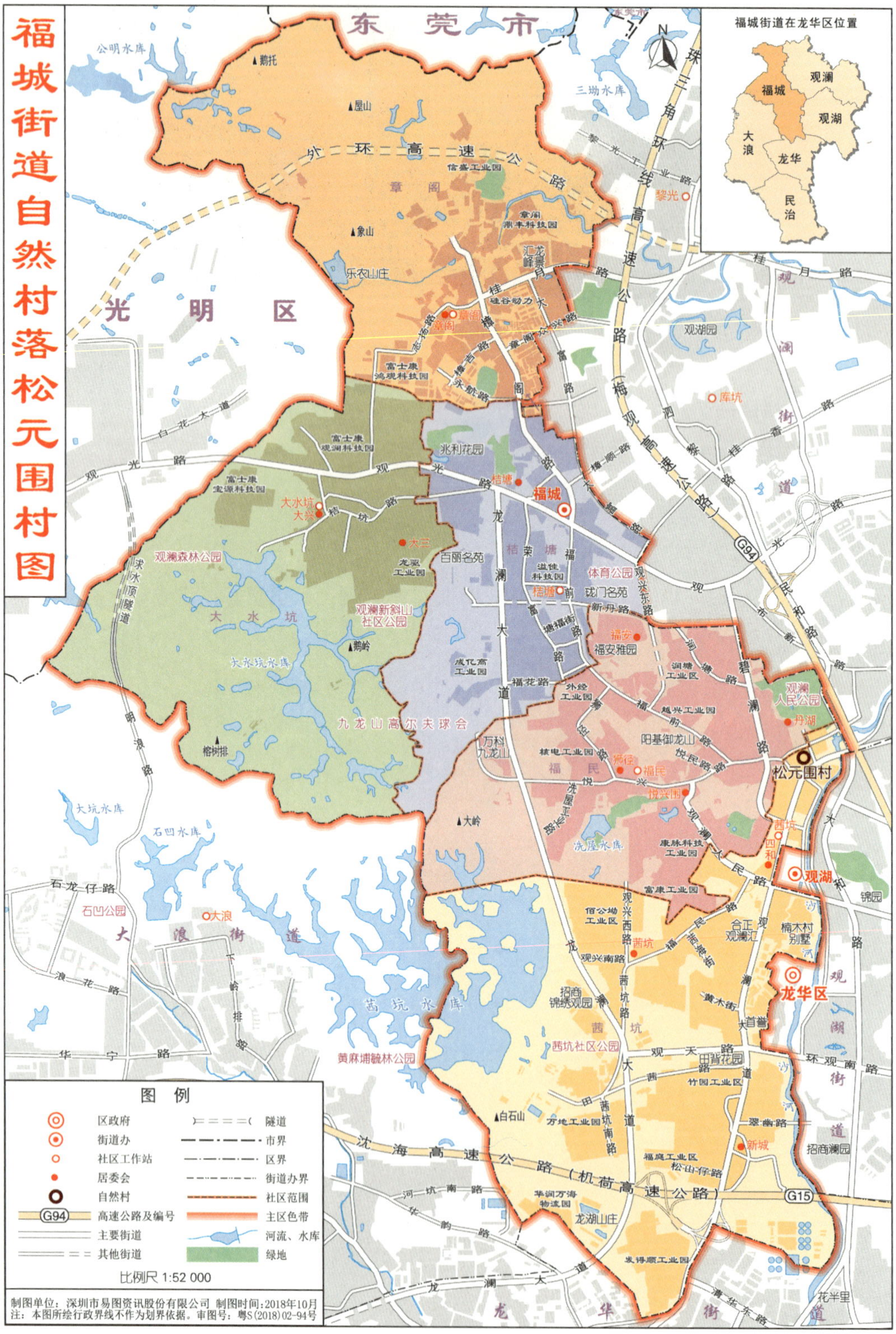

松元围村位置示意图

◎ 松元围村村貌（陈章博 摄于2016年）

◎ 同茂楼大门（陈章博 摄于2016年）

松元围村，位于福城街道东南部，距街道办事处约2.5千米。相邻自然村有江围村、长湖头村、丹坑村。始建于清康熙年间（1662—1722年），因吴大海率领族人南迁至此，落居创业而形成。由于村四面松树多且旺而取名松元围村。现村于1993年重建。主要山岭为筷耙岭，又名对面岭，海拔100米；观澜河从村前流过。

清朝，属新安县。1914年，属宝安县；1935年，属东莞县第四区观澜乡。中华人民共和国成立之初，属宝安县观澜乡；1958年，属红色公社；1959年，属观澜公社；1979年，属深圳市龙华区观澜公社；1981年，属深圳市宝安县观澜公社；1983年，属宝安县观澜区松元乡；1993年，属深圳市宝安区观澜镇；2004年，属观澜街道茜坑社区；2011年，属深圳市龙华新区观澜街道茜坑社区；2015年，属龙华新区福城街道茜坑社区。

世居村民为汉族，客家民系，使用客家方言。村民主要有吴姓、陈姓。第一大姓为吴姓，清康熙年间从河南迁移至广东梅州，300年前辗转从库坑迁移至当地。第二大姓为陈姓，250年前从河南迁移至广东梅州兴宁，后迁至江围，1931年从江围迁移至当地。

2015年末，户籍人口89人，其中男性46人，女性43人；80岁以上5人，最年长者93岁（男）；实际在村人口89人。非户籍外来人口约1800人。祖籍该村的香港同胞63人。祖籍该村的华人华侨

60人，主要分布在荷兰、东南亚等地。

传统经济以农业为主，种植水稻，兼种蔬菜、薯类，并养猪、鸭等。现村集体主要经营厂房出租、房屋租赁。村民主要收入来源为集体经济分红、房屋出租、工资性收入等。特色工艺品有竹织品（祖传手工业）。

省道S359线观澜大道、锦园路、观澜公园路经过该村。1964年通电，1980年通自来水，1994年实现全村村道水泥硬底化，1995年通电话，2001年通互联网。有皓源幼儿园，有藏书约2000册的松元围图书室。

该村传统民居为客家民居。现存有同茂楼，建于1932年，占地面积300平方米，为住宅式碉楼。另有碉楼1座，带七间住宅，保存状况良好，已闲置。

该村每年重阳节举行祭拜活动。

（资料填报：钟运明；初稿撰写：谢官福；分纂：黄木有）

福城街道 茜坑社区 茜坑老村

茜坑老村

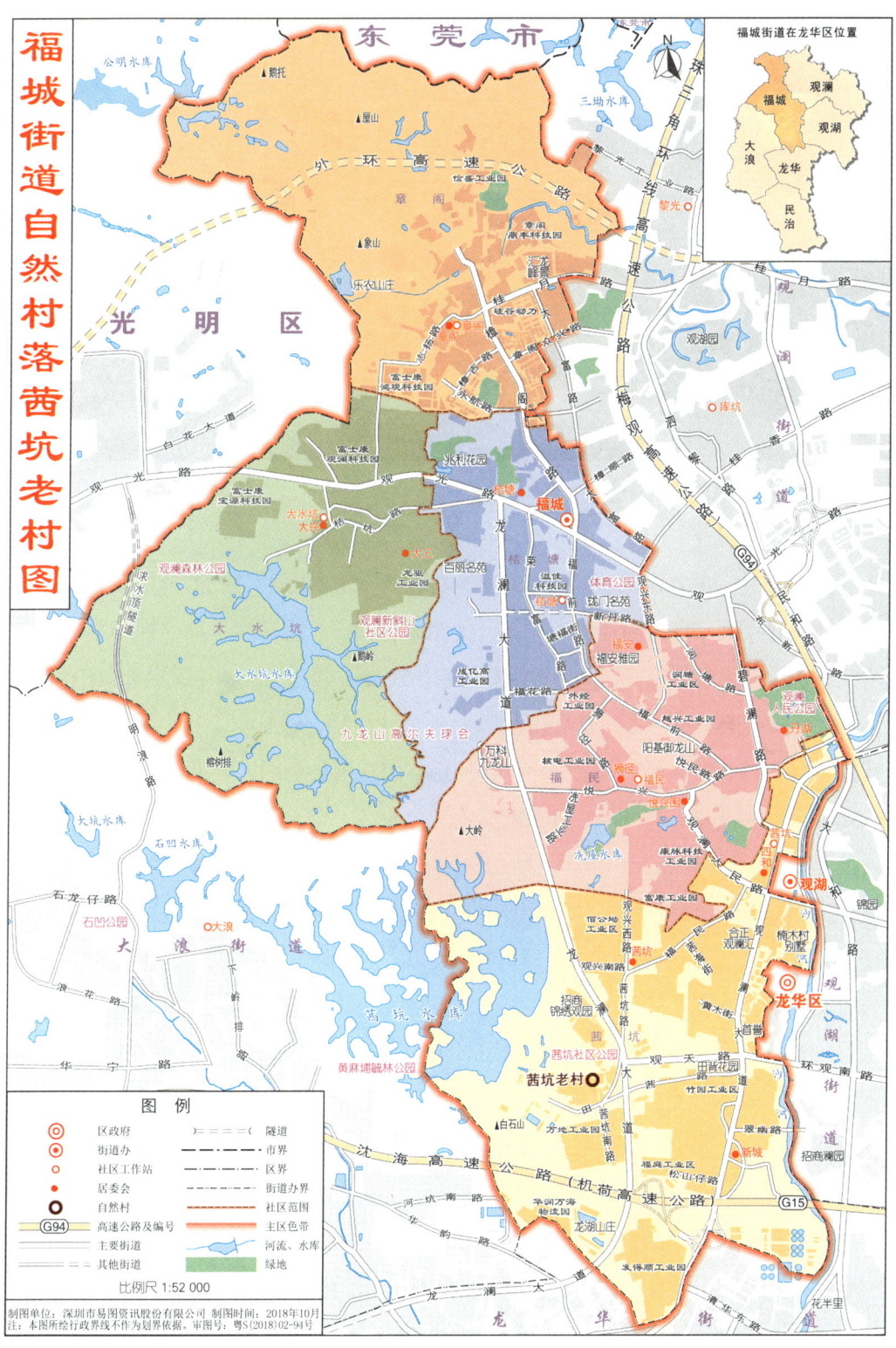

茜坑老村位置示意图

◎ 茜坑老村村貌（陈章博 摄于2016年）

茜坑老村，位于福城街道西部，距街道办事处约7千米。相邻自然村有茜坑新村、田背村、竹村。始建于清雍正年间，茜坑村原来有一条几千米长的梯田，因客家人称"梯田"为"坑田"，故取名茜坑老村。曾用名西岭村，别名茜溪村。村内主要山岭为七娘洞（又名老窝山），海拔200米左右。茜坑河从村南流过，附近有茜坑水库。

清朝，属新安县。1914年，属宝安县；1935年，属东莞县第四区观澜乡。中华人民共和国成立之初，属宝安县观澜乡；1958年，属红色公社；1959年，属观澜公社；1979年，属深圳市龙华区观澜公社；1981年，属深圳市宝安县观澜公社；1983年，属宝安县观澜区福民乡；1993年，属深圳市宝安区观澜镇；2004年，属观澜街道茜坑社区；2011年，属深圳市龙华新区观澜街道茜坑社区；2015年，属龙华新区福城街道茜坑社区。

世居村民为汉族，客家民系，使用客家方言。村民主要有张、彭、刘、邓4姓。第一大姓为张姓，明朝从福建迁移至广东东莞青溪，清雍正十年（1732年）从青溪迁移至当地。第二大姓为彭姓，明朝从江西吉安迁移至广东海丰，清雍正六年（1728年）从海丰迁移至当地。第三大姓为刘姓，明朝从江西吉水迁移至广东东莞青溪，清雍正十年从青溪迁移至当地。

2015年末，户籍人口475人，其中男性223人，女性252人；80岁以上14人，最年长者92岁（女）。非户籍外来人口8754人。祖籍该村的香港同胞437人。祖籍该村的华人华侨38人，主要分布在新加坡、马来西亚、美国、加拿大、牙买加等国。归侨1人。

传统经济为农业。现村集体主要经营厂房出租、房屋租赁。村民主要收入来源为集体经济

◎ 茜坑水库（陈章博 摄于2016年）

◎ 碉楼（陈章博 摄于2016年）

分红、房屋出租、工资性收入等。特色农产品有茜坑绿茶，由横岗西坑炒茶手艺传过来，茶身有一层白粉，特别好看，味清香，茶水清黄绿色。

龙澜大道经过该村。1958年通电话，1997年通自来水，2007年实现全村村道水泥硬底化。

◎ 传统民居（陈章博 摄于2016年）

传统民居为客家民居。现存碉楼1座，建于清末，占地面积45平方米，保存现状完好，无人居住。张氏宗祠，始建于清朝，重修于1997年，占地面积105平方米；有楹联"清河世德；金鉴家风"，书于清朝。

代表性人物：

张培（1930—2007），中国人民解放军某部副团长，在部队期间进入军事院校深造，"文化大革命"期间转业，曾任连平县宣传部部长；深圳建市后，曾任罗湖区教育局局长。

张添平（1936—），小学高级教师，书画爱好者，曾任观澜第二小学校长，美术教师；在省市区县报刊登载参展多幅作品。

（资料填报：钟运明；初稿撰写：谢官福；分纂：黄木有）

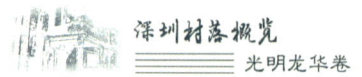

茜坑新村

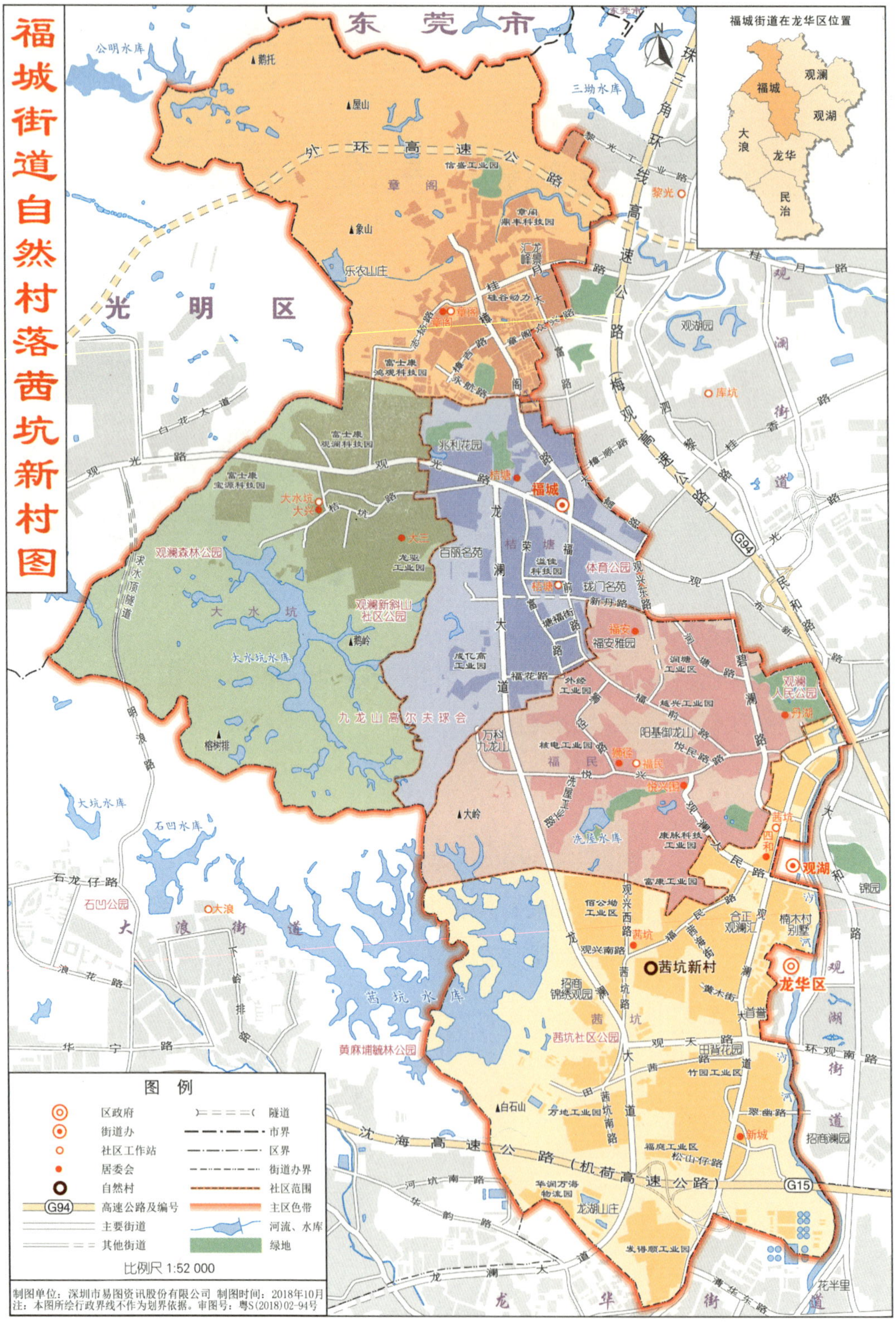

茜坑新村位置示意图

◎ 茜坑新村村貌（陈章博 摄于2016年）

茜坑新村，位于福城街道南部，距街道办事处约3千米。相邻自然村有田背村、竹村、茜坑老村。始建于清乾隆年间。因该村邻近茜坑老村，建村时间比茜坑老村又稍晚一点，故名茜坑新村。地理地貌同茜坑老村。

清朝，属新安县。1914年，属宝安县；1935年，属东莞县第四区观澜乡。中华人民共和国成立之初，属宝安县观澜乡；1958年，属红色公社；1959年，属观澜公社；1979年，属深圳市龙华区观澜公社；1981年，属深圳市宝安县观澜公社；1983年，属宝安县观澜区福民乡；1993年，属深圳市宝安区观澜镇；2004年，属观澜街道茜坑社区；2011年，属深圳市龙华新区观澜街道茜坑社区；2015年，属龙华新区福城街道茜坑社区。

世居村民为汉族，客家民系，使用客家方言。村民主要有陈姓、彭姓。第一大姓为陈氏，清乾隆四十二年（1777年）迁至此地。第二大姓为彭氏，从今五华迁移至此地。

2015年末，户籍人口365人，其中男性200人，女性165人；80岁以上28人，最年长者93岁（女）。祖籍该村的香港同胞200人。祖籍该村的华人华侨40人，主要分布在马来西亚、牙买加、美国、加拿大、英国、荷兰等国。归侨2人。

传统经济为农业、养殖业，制作茜坑绿茶。现村集体主要经营厂房出租、房屋租赁。村民主要收入来源为集体经济分红、房屋出租、工资性收入等。

茜坑路经过该村。1955年通电话，1968年通电，1986年通自来水，1995年实现全村村道水泥硬底化，2006年通互联网。

传统民居为客家民居，现存28座。原有《茜坑陈氏族谱》，于"文化大革命"期间被烧毁。

每年清明节，村民集中拜祭祖先，然后聚餐吃大盆菜。

村中有吹鼓手队，形成于1948年，其中唢呐艺人鸡仔祥吹的唢呐十分吸引人，几千米外都能听得清；特别是在结婚仪式中，新娘起轿前，他的唢呐在前头一吹，便引来无数行人注目。

代表性人物：

陈恭祥，解放战争期间参加惠东宝革命组织，在万启源、周振伦、杨棋等带领下，组织群众协助江南支队进行战斗；为游击队提供、运输物资，收集情报，为惠东宝地区的解放事业作出了贡献。

陈兆琼（1936—），1985年任宝安县统战部副部长，当年10月促成观澜牛湖村的牙买加华侨李光昌、邓素伟、何远光等人回国观光；还促成加拿大多伦多华人协会会长江绍奄、江绍经等，以及英国惠东宝同乡会陈顺安、黄伟雄等华侨商人回家乡投资，兴建了"迎侨新村""仲光园新村"；推动印尼华侨庄启兴父子回到福民家乡投资办起第一间塑胶厂。

（资料填报：钟运明；初稿撰写：谢官福；分纂：黄木有）

福城街道　茜坑社区　田背村

田背村

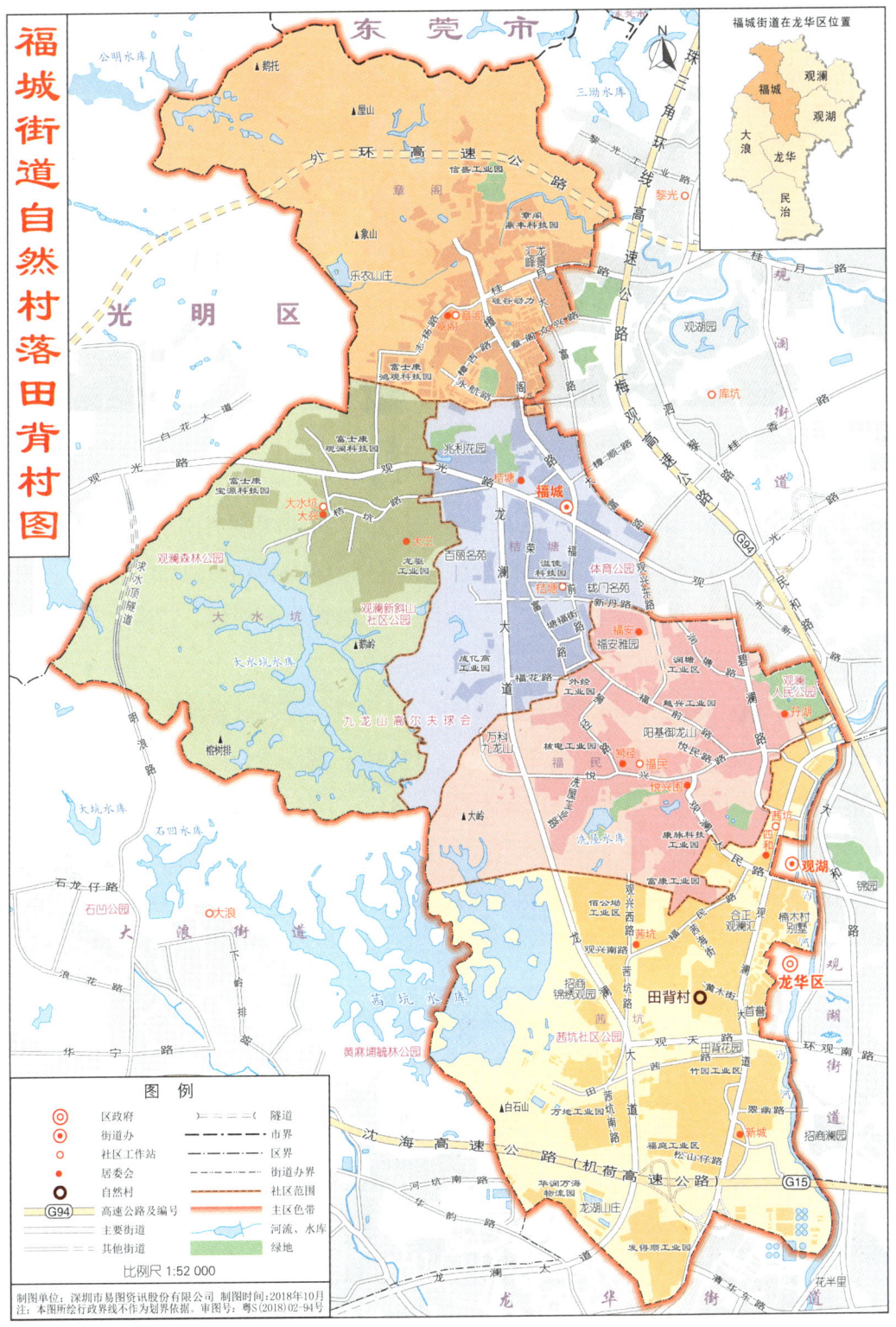

田背村位置示意图

◎ 田背村村貌（张观强 摄于2016年）

田背村，位于福城街道南部，距街道办事处约5千米。相邻自然村有南木輋村、茜坑新村、茜坑老村、竹村。始建于清乾隆二十二年（1757年）。现村于2005年在原村后山新建。因村落建于一片田地背面的小山头而取名田背村。该村主要山岭为黄皮岭、开头岭、石头窝、蹦山、姐婆松山，最高海拔200米；观澜河从村东流过；附近有茜坑水库。

清朝，属新安县。1914年，属宝安县；1935年，属东莞县第四区观澜乡。中华人民共和国成立之初，属宝安县观澜乡；1958年，属红色公社；1959年，属观澜公社；1979年，属深圳市龙华区观澜公社；1981年，属深圳市宝安县观澜公社；1983年，属宝安县观澜区福民乡；1993年，属深圳市宝安区观澜镇；2004年，属观澜街道茜坑社区；2011年，属深圳市龙华新区观澜街道茜坑社区；2015年，属龙华新区福城街道茜坑社区。

世居村民为汉族，客家民系，使用客家方言。村民主要为江姓、周姓。第一大姓为江姓，清康熙十九年（1680年）从河南迁移至广东长乐（今五华）；同年从长乐迁移至当地。第二大姓为周姓，1958年从观澜墟迁入。

◎ 江氏宗祠（张观强 摄于2016年）

2015年末，户籍人口280人，其中男性140人，女性140人；80岁以上15人，最年长者93岁（男）。非户籍外来人口约3000

◎ 江氏碉楼（张观强 摄于2016年）

人。祖籍该村的香港同胞58人。祖籍该村的华人华侨200多人，主要分布在美国、加拿大、英国、东南亚地区。归侨1人。

传统经济为农业和养殖业。现村集体主要经营厂房出租、房屋租赁。村民主要收入来源为集体经济分红、房屋出租、工资性收入等。特色农产品有荔枝、龙眼、黄榄、沙梨、柿子。特色传统食品有客家茶果、豆腐等。特色工艺品有孔明灯、灯笼、风筝。

省道S359线观澜大道经过该村。1955年通电话，1968年通电，1986年通自来水，1990年实现全村村道水泥硬底化，2006年通互联网。

村内现存38座客家民居。不可移动文物有江氏碉楼，占地面积60平方米，保存现状尚好，现无人居住。存有江氏宗祠，始建于清乾隆五十二年（1787年），重建于2013年，占地面积220平方米，现仍作宗祠使用。

1993年在田背村后山规划建设新村，2008年在田背旧村规划建设市政公园。

代表性人物：

江瑞英，早年移居香港，曾任香港东华三院总经理，与祖籍平湖的刘铸伯创建了华商公司，后改称香港中华总商会；中华人民共和国成立后，香港中华总商会成为沟通香港与内地贸易的桥梁。

江绍经，20世纪50年代移居加拿大，在多伦多大学任教授，是加拿大著名侨领、加拿大安省惠东安会馆永久名誉会长、全加华人联合总会（安大略省经略区）理事；1984年6月5日，他以加拿大多伦多华人协会会长的身份，与祖籍横岗的副会长何远光回国观光访问，为以后加拿大多批华侨回国参观访问搭建桥梁。

江绍伦，加拿大多伦多大学教授，国际教育服务中心主任，加拿大安省多元文化委员会主任，香港岭南大学代院长。

（资料填报：钟运明；初稿撰写：谢官福；分纂：黄木有）

竹村

福城街道自然村落竹村图
东莞市
光明区
福城街道在龙华区位置
福城
观澜
观湖
大浪
龙华
民治
福城
观湖
龙华区
竹村
图例
区政府
街道办
社区工作站
居委会
自然村
高速公路及编号
主要街道
其他街道
隧道
市界
区界
街道办界
社区范围
主区色带
河流、水库
绿地
比例尺 1:52 000
制图单位：深圳市易图资讯股份有限公司 制图时间：2018年10月
注：本图所绘行政界线不作为划界依据。审图号：粤S(2018)02-94号

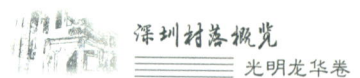

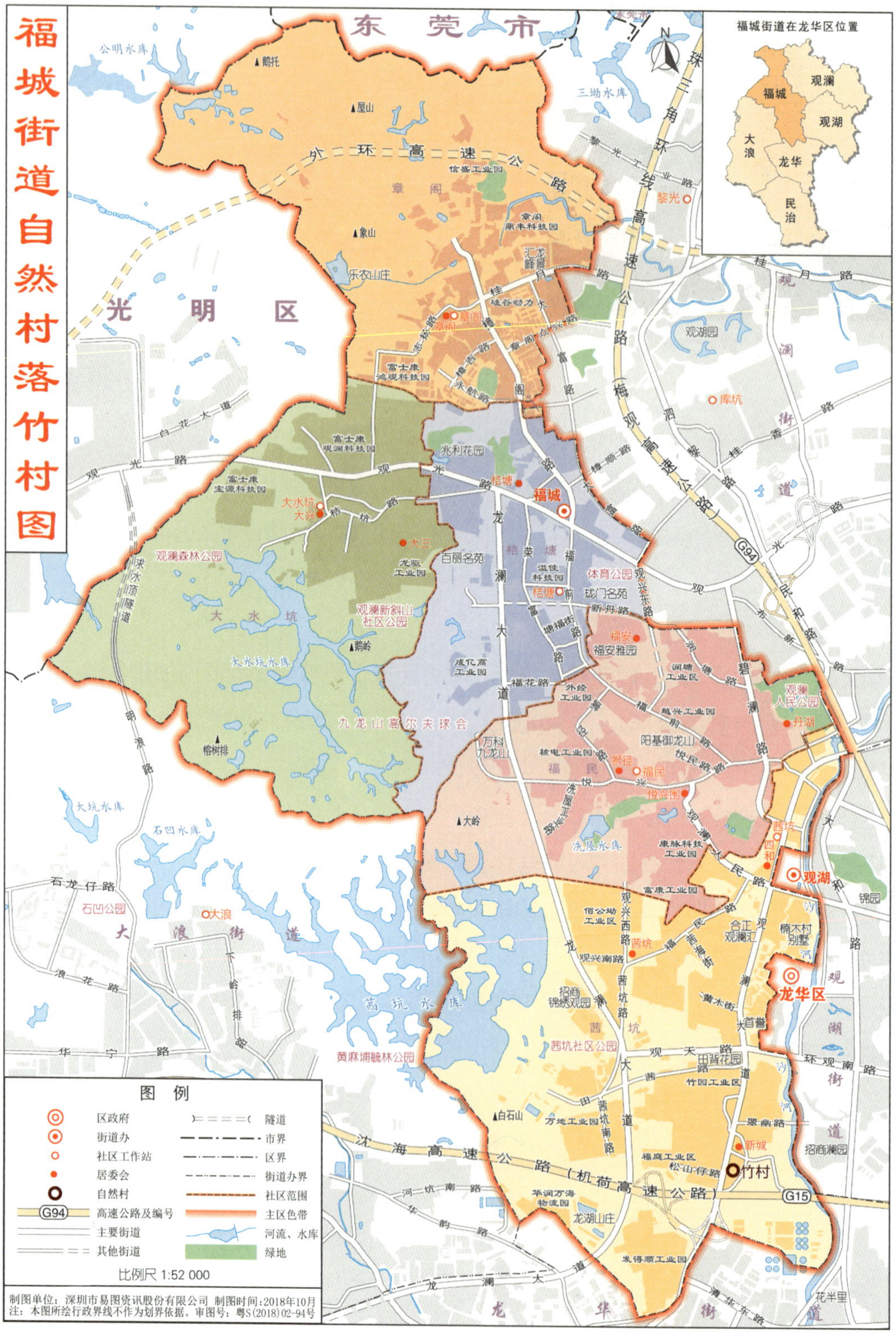

竹村位置示意图

◎ 竹村村貌（张观强 摄于2016年）

竹村，位于福城街道南部，距街道办事处约6千米。相邻自然村有田背村、茜坑新村、茜坑老村。主要山岭为七姐岭山，海拔100米。观澜河从村东南流过；村西北有茜坑水库。始建于明朝初年，因始祖邓金从香港新界莱洞村迁入立村，东临观澜河，岸边竹木成林而取名竹村。曾用名足村，别名庄屋村、邹鲁围村。于1991年在原地扩建新村。现村分为竹村老村，竹村东区、西区。

建村至明万历元年（1573年），属东莞县；明万历元年至清朝，属新安县。1914年，属宝安县；1935年，属东莞县第四区观澜乡。中华人民共和国成立之初，属宝安县观澜乡；1958年，属红色公社；1959年，属观澜公社；1979年，属深圳市龙华区观澜公社；1981年，属深圳市宝安县观澜公社；1983年，属宝安县观澜区福民乡；1993年，属深圳市宝安区观澜镇；2004年，属观澜街道茜坑社区；2011年，属深圳市龙华新区观澜街道茜坑社区；2015年，属龙华新区福城街道茜坑社区。

世居村民为汉族，广府民系，使用粤方言。村民主要为邓姓。

2015年末，户籍人口366人，其中男性160人，女性206人；80岁以上9人，最年长者96岁（男）；实际在村人口346人。非户籍外来人口约1.5万人。祖籍该村的香港同胞65人。祖籍该村的华人华侨25人，主要分布在马来西亚。

传统经济以农业为主，种植水稻、花生、甘蔗、地瓜、木薯、蔬菜、桉树、黄竹及养鱼。现村集体主要经营厂房出租、房屋租赁。村民主要收入来源为集体经济分红、房屋出租、工资性收入等。特色传统食品有炒米饼、煎堆、粽子、茶果、松糕、鸡屎藤粄、油角等。

◎ 竹村旧貌（张观强 翻拍自《观澜史志》）

◎ 邓禔家祠（张观强 摄于2016年）

沈海高速G15线、省道S359线观澜大道、翠幽路经过该村。1965年通电话，1970年通电，1993年实现全村村道水泥硬底化，1995年通自来水，2001年通互联网。该村有博文私立学校，9个年级，42个班，2015年在校学生2300人，教职工125人。有博文私立幼儿园，在园幼儿200人，教职工35人。有竹村西区露天篮球场、观澜河人工湿地公园、竹村西区街心公园、老人活动中心。

传统民居为广府民居，现存16座。邓禔家祠，始建于清朝，重修于清道光二十二年（1842年），占地面积250平方米，已不作宗祠使用。历史上有泰和古墟。

《竹村邓氏家谱》，邓伟国于2002年纂修。邓氏传统家训，于清代制定，出自香港锦田邓氏师俭堂家谱。

每年清明节、重阳节村民均有祭祖活动；家有新添男丁的宗亲，于次年的正月十五或农历五月初五举行开灯仪式。

村中有传统竹织技艺，把竹子砍回来之后，根据自己的需要把竹子剥成竹篾，然后编织成竹篮、鱼篓、簸箕、鸡笼、竹箩、谷围等生活用具。

代表性人物：

邓蘸发（1919—2000），曾任中南军区特派员、蛇口公社党委书记、深圳市糖烟酒公司主任。

邓启良（1936—），曾任广东省军区驻边防干事、蛇口镇党委书记、深圳市南山区人大办公室主任。

（资料填报：钟运明；初稿撰写：谢官福；分纂：黄木有）

章阁社区

章阁村

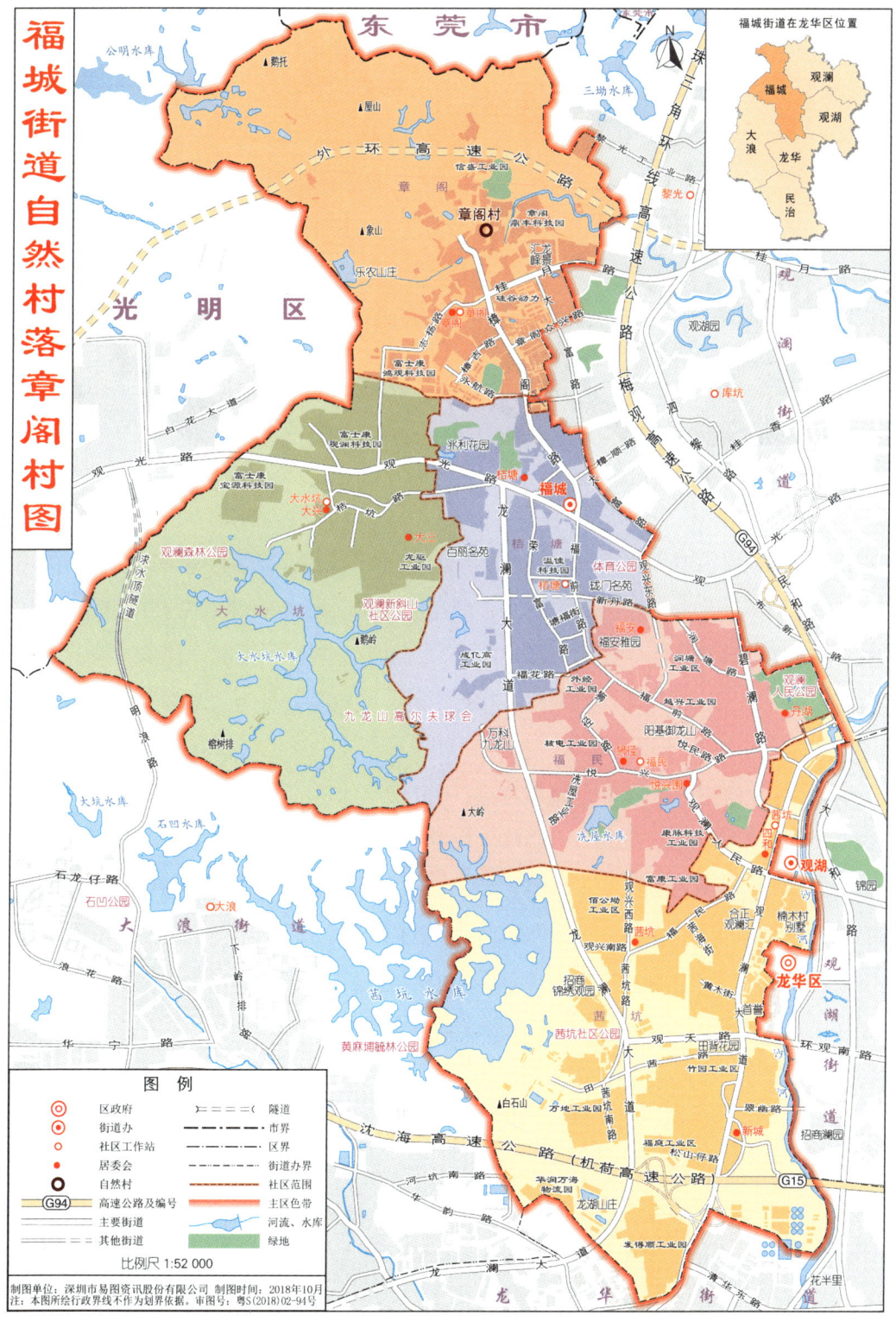

章阁村位置示意图

◎ 章阁村村貌（陈章博 摄于2016年）

章阁村，位于福城街道西北部，距街道办事处约2千米。相邻自然村有塘前村。村内主要山岭为象山、栋旗山、眺望山、企壁山、蟾蜍山，最高的栋旗山海拔600米；白花河流经该村的3千米称为章阁河。始建于南宋末年，江西安福县的杨宋江迁此立村。村后有一座像大象的大山，故最早村名为"象角"。因当地话为广府语系，接近白话，"象角"音为"章阁"，故后来将象角改为章阁。

宋元至明万历元年（1573年），属东莞县；明万历元年至清朝，属新安县。1914年，属宝安县；1935年，属东莞县第四区观澜乡。中华人民共和国成立之初，属宝安县观澜乡；1958年，属红色公社；1959年，属观澜公社；1979年，属深圳市龙华区观澜公社；1981年，属深圳市宝安县观澜公社；1983年，属宝安县观澜区大水坑乡；1993年，属深圳市宝安区观澜镇；2004年，属观澜街道章阁社区；2011年，属深圳市龙华新区观澜街道章阁社区；2015年，属龙华新区福城街道章阁社区。

世居村民为汉族，广府民系，使用粤方言。村民主要有杨姓、黄姓、张姓、潘姓。第一大姓为杨姓，南宋末年，从江西迁移至此地。第二大姓为黄姓，宋代从广州迁移至此地。第三大姓为张氏，宋代从广州迁移至此地。

2015年末，户籍人口468人，其中男性231人，女性237人；80岁以上15人，最年长者98岁（女）；实际在村人口403人；海外留学2人。非户籍外来人口约4.8万人。祖籍该村的香港同胞116人。

◎ 章阁老村（陈章博 摄于2016年）

◎ 碉楼（陈章博 摄于2016年）

传统经济以农业为主，现村集体主要经营厂房出租、房屋租赁。村民主要收入来源为集体经济分红、房屋出租、工资性收入等。位于老围村边的大榕树，据推算已有318年的历史，已列入古树保护名录。

樟阁路经过该村。1954年通电话，1980年通电，1990年通自来水，20世纪90年代通互联网，2000年实现全村村道水泥硬底化。有民办新智学校和国育幼儿园、贝尔特国际幼儿园。有章阁篮球场、章阁新村小区体育路径、章阁老村体育路径、章阁河边体育路径、章阁社区综合服务中心体育路径和章阁城市公园、老人活动中心。

传统民居为广府民居，现存150座。现存杨氏润德公祠，始建于清朝中期，2012年重建，占地面积约300平方米，内有屏风门，中间为天井；后堂正中设有神台、香炉。存古井2口，碉楼2座。

2015年纂修《章阁村杨氏族谱》。

中华人民共和国成立前，每隔3年举行1次重阳祭祖活动，演皮影戏（也叫吊线公仔戏），连续7天7夜，热闹非常。现每年的清明节、重阳节村民举行祭祖活动。每年清明节当天，过去由族长、村长主持，现在由村委组织在祠堂前的大操场上举行杨氏宗亲春祭大典暨联谊会，村民集中吃晚饭，边吃边欣赏节目。村里有章阁粤剧团。

代表性人物：

杨伟明（1908—1946），又名杨齐，1944年参加广东人民抗日游击队东江纵队，经常带领队员在章阁村、白花洞、库坑等游击区活动，1946年12月在惠阳县茨部墟战斗中牺牲。

（资料填报：钟运明；初稿撰写：谢官福；分纂：黄木有）

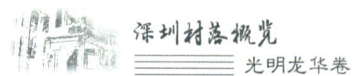

塘前村

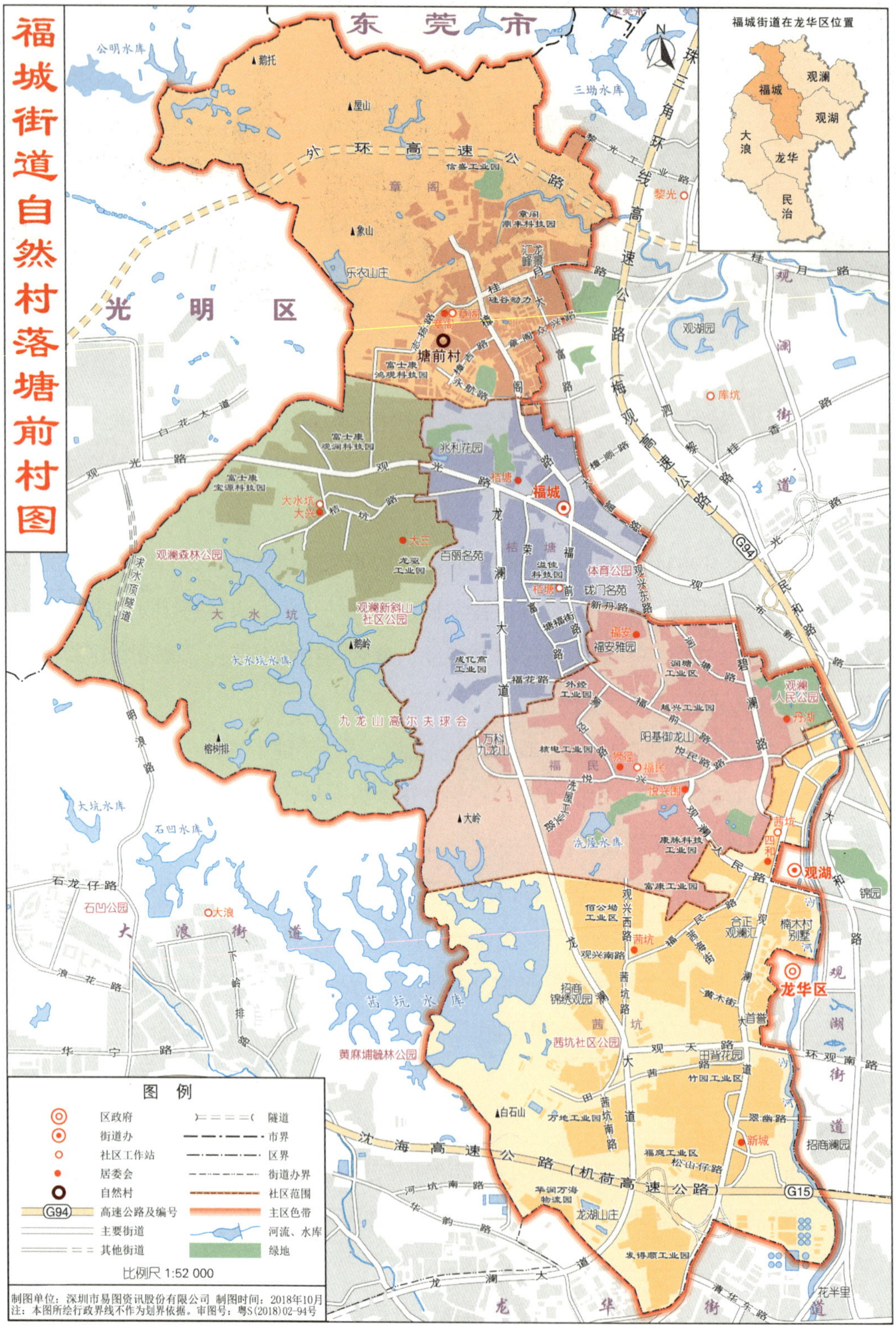

塘前村位置示意图

◎ 塘前村村貌（陈章博 摄于2016年）

塘前村，位于福城街道西北方向，距街道办事处约1千米。相邻自然村有章阁村。章阁村杨氏第十四世分迁于此建村，因村前有一池塘而得名。该村属于章阁大村下的一个村落，坐落于象山脚下。主要山岭为栋旗山、眺望山、企壁山、蟾蜍山和象山，最高的栋旗山海拔600米；章阁河流经村南面。

建村至明万历元年（1573年），属东莞县；明万历元年至清朝，属新安县。1914年，属宝安县；1935年，属东莞县第四区观澜乡。

◎ 背礼园公园（陈章博 摄于2016年）

中华人民共和国成立之初，属宝安县观澜乡；1958年，属红色公社；1959年，属观澜公社；1979年，属深圳市龙华区观澜公社；1981年，属深圳市宝安县观澜公社；1983年，属宝安县观澜区大水坑乡；1993年，属深圳市宝安区观澜镇；2004年，属观澜街道章阁社区；2011年，属深圳市龙华新区观澜街道章阁社区；2015年，属龙华新区福城街道章阁社区。

世居村民为汉族，广府民系，使用粤方言。村民主要为杨姓，南宋末年，从江西迁移至广东东莞县章阁村，后来从章阁村分迁于此。

2015年末，户籍人口321人，其中男性142人，女性179人；80岁以上11人，最年长者90岁

（女）；实际在村人口231人；海外留学1人。非户籍外来人口约4万人。祖籍该村的香港同胞35人。归侨1人。

传统经济以农业为主，现村集体主要经营厂房出租、房屋租赁。村民主要收入来源为集体经济分红、房屋出租、工资性收入等。

樟阁路经过该村。二十世纪五六十年代通电，80年代通电话，90年代通互联网、通自来水，2000年实现全村村道水泥硬底化。文化、教育、体育休闲设施除与章阁村共用的之外，还有篮球场、体育路径、背礼园公园、老人活动中心等。

传统民居、宗祠、碉楼、古井、族谱除与章阁村共有的之外，还有古井1口、碉楼1座，碉楼为不可移动文物。

村民参加章阁社区清明祭祀、重阳祭祖活动。

（资料填报：钟运明；初稿撰写：谢官福；分纂：黄木有）

福城街道 大水坑社区 大水坑村

大水坑社区

大水坑村

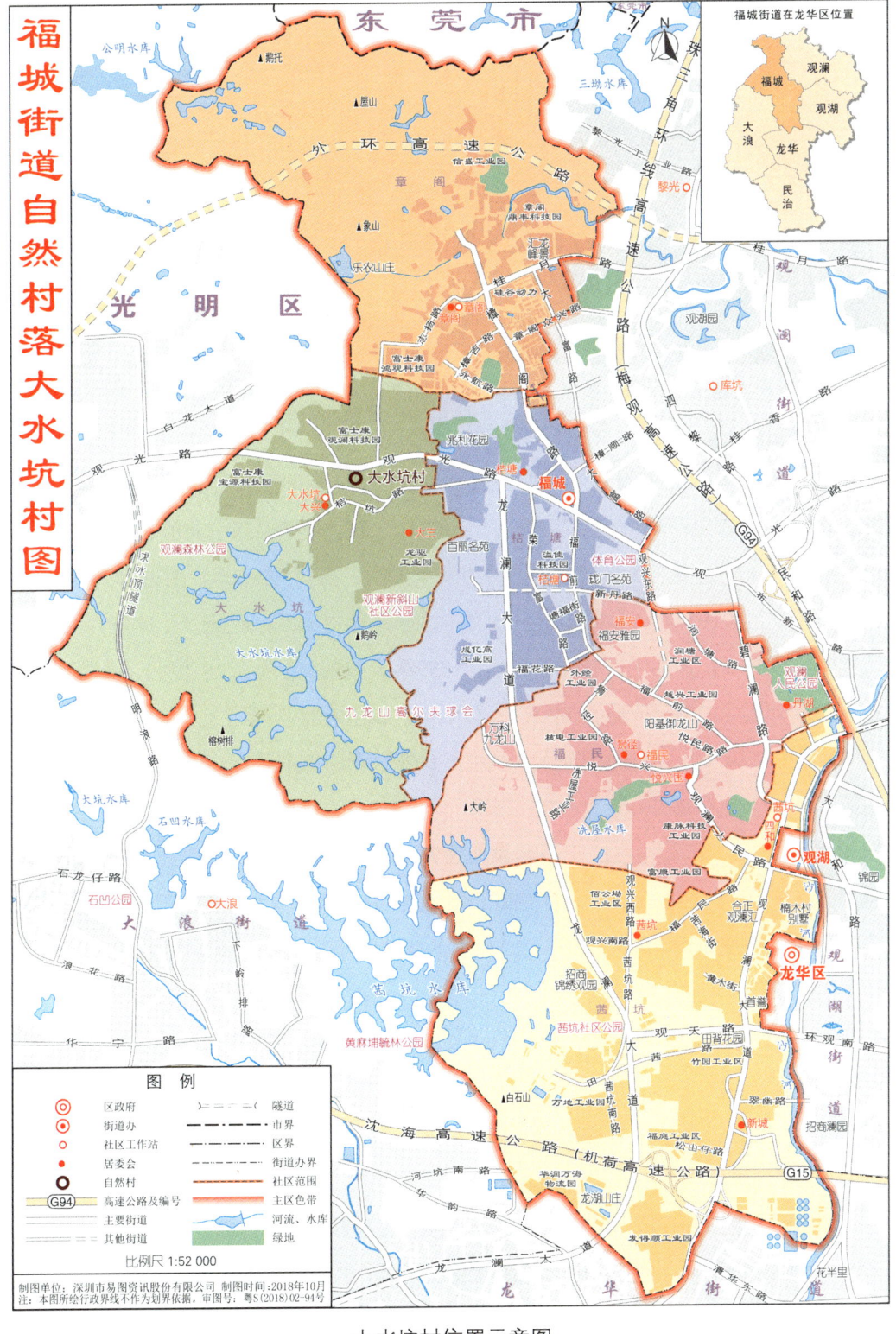

大水坑村位置示意图

◎ 大水坑村村貌（陈章博 摄于2016年）

大水坑村，位于福城街道西北部，距街道办事处约2千米。相邻自然村有桔岭老村、桔岭新村、新塘村、光明街道白花洞村。村落沿山脚而建，一条小河自西向东北流入东莞塘厦，雨天河水泛滥形成一条大水坑而得名。该村主要山岭为求水顶山，海拔约200米。附近有大水坑水库。

清朝，属新安县。1914年，属宝安县；1935年，属东莞县第四区观澜乡。中华人民共和国成立之初，属宝安县观澜乡；1958年，属红色公社；1959年，属观澜公社；1979年，属深圳市龙华区观澜公社；1981年，属深圳市宝安县观澜公社；1983年，属宝安县观澜区大水坑乡；1993年，属深圳市宝安区观澜镇；2004年，属观澜街道大水坑社区；2011年，属深圳市龙华新区观澜街道大水坑社区；2015年，属龙华新区福城街道大水坑社区。

世居村民为汉族，客家民系，使用客家方言。村民主要有何姓、曾姓、张姓、刘姓。第一大姓为何姓，明洪武二年（1369年）从福建汀州迁移至广东兴宁县，清代从兴宁荣山乡迁移至当地。第二大姓为曾姓，南宋祥兴二年（1279年）从福建宁化移至广东梅县、长乐（今五华）等地，辗转于清代从东莞长山口迁移至当地。

2015年，户籍人口320人，其中男性164人，女性156人；80岁以上20人，最年长者94岁（男）；实际在村人口315人；海外留学5人。非户籍外来人口4万人。祖籍该村的香港同胞85人。祖籍该村的华人华侨98人，主要分布在美国、加拿大、苏里南、牙买加等国。

传统经济为农业和养殖业。现村集体主要经营厂房出租、房屋租赁。村民主要收入来源为集体经济分红、房屋出租、工资性收入等。特色传统食品有客家酿豆腐、裹粽子、糍粑。

县道X231线观光路经过该村。1968年通电及通电话，1993年通自来水，1998年实现全村村道水泥硬底化，2000年通互联网。该村有大水坑小学，有幼儿园3所，有篮球场1个。

◎ 大水坑水库（陈章博 摄于2016年）

◎ 何氏宗祠（陈章博 摄于2016年）

◎ 1990年的大水坑一村老围（张观强 翻拍于2000年）

村中现存50座客家民居。不可移动文物有碉楼3座，建于民国，保存现状完好。村内有何氏宗祠，始建于清代，重修于1987年，重建于2012年，占地面积600平方米。

存有何奎光于民国时期纂修的《何氏族谱》。

每年重阳节、清明节，当地居民有祭祀活动。

代表性人物：

何三辰（1855—1941），清朝秀才，为人勤俭，坚忍正直，凡事让人，以道待人，以礼接物，心诚交友，以信处事，受乡党景仰。

曾来（1921—），1946年随广东人民抗日游击队东江纵队北撤后参加过淮海战役；中华人民共和国成立后，曾任观澜武装部部长；获功勋章20多枚，抗日战争胜利70周年纪念章一枚。

何强，曾任广东人民抗日游击队东江纵队飞虎队侦察连连长，为革命脱离家庭，曾迫其父开仓放粮支持游击队，带领村中兄弟参加革命队伍。

（资料填报：钟运明；初稿撰写：谢官福；分纂：黄木有）

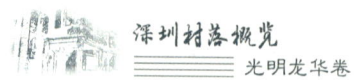

桔岭老村

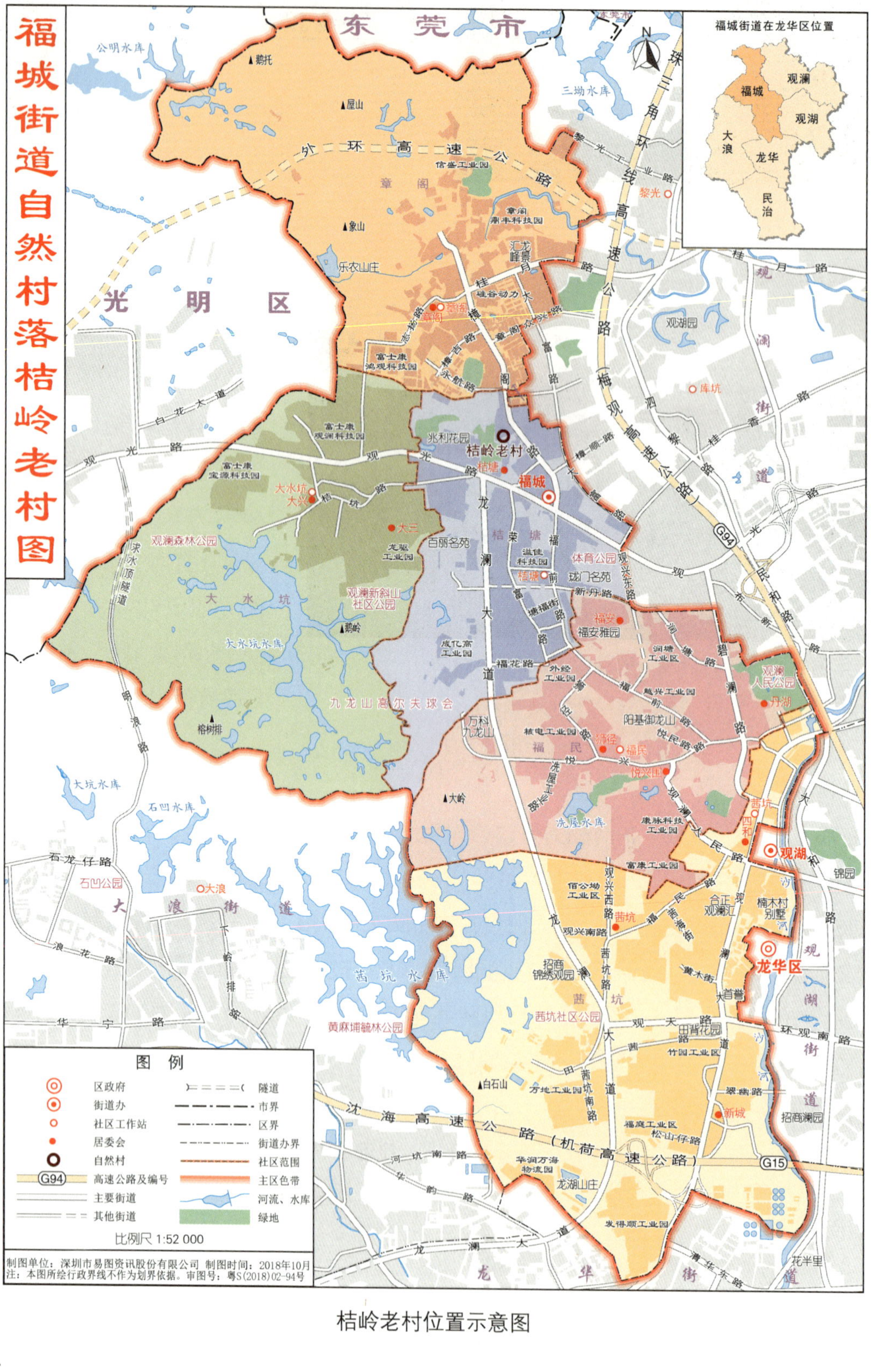

桔岭老村位置示意图

◎ 桔岭老村村貌（陈章博 摄于2016年）

桔岭老村，位于福城街道中心，福城街道办事处设在该村。相邻自然村有桔岭新村、新塘村、大水坑村。村落位于山区丘陵地带，主要山岭为高虎坑山，海拔200米左右；大水坑河从村西北流过。村落始建于清康熙四十九年（1710年）。现村于1991年搬至皇崇岭重建新居。

因先祖落居时，此地可能盛产蕨草，故曾名蕨岭村。后因客家方言蕨岭和结岭读音相近，就理解成山岭联结在一起，叫作结岭村。中华人民共和国成立初期，人们认为村名取木字旁较好，寓意木盛人旺，写成桔岭村。

清朝，属新安县。1914年，属宝安县；1935年，属东莞县第四区观澜乡。中华人民共和国成立之初，属宝安县观澜乡；1958年，属红色公社；1959年，属观澜公社；1979年，属深圳市龙华区观澜公社；1981年，属深圳市宝安县观澜公社；1983年，属宝安县观澜区大水坑乡；1993年，属深圳市宝安区观澜镇；2004年，属观澜街道大水坑社区；2011年，属深圳市龙华新区观澜街道大水坑社区；2015年，属龙华新区福城街道大水坑社区。

世居村民为汉族，客家民系，使用客家方言。村民主要有谢、刘、周3姓。第一大姓为谢姓，清朝初年从福建迁移至广东梅县大埔，清康熙四十九年（1710年）从梅县迁移至当地。第二大姓为刘姓，明朝从江西古水迁移至广东陆丰，清雍正六年（1728年）从陆丰迁移至当地。第三大姓为周姓，清朝从福建迁移至广东白花洞，清光绪十七年（1891年）从白花洞迁移至当地。

2015年末，户籍人口230人，其中男性125人，女性105人；80岁以上28人，最年长者105岁（女）；实际在村人口227人；海外留学3人。非户籍外来人口8560人。祖籍该村的香港同胞51人。

传统经济为农业，现村集体主要经营厂房出租、房屋租赁。村民主要收入来源为集体经济分红、房屋出租、工资性收入等。特色传统食品为客家菜。

县道X231线观光路、樟阁路经过该村。1955年通电话，1968年通电，1994年通自来水，2000年通互联网，2003年实现全村村道水泥硬底化。该村有大水坑小学，6个年级，36个班，2015年底在校学生1800人，教职工85人；有腾飞世纪幼儿园，在园幼儿200人，教职工15人。有篮球场、大舞台、桔岭老人活动中心；有桔岭老村图书室，藏书约3000册。

该村传统民居为客家民居，现存50座，保存现状完好；由政府统一管理，无人居住。

该村有清明祭祖、春节联谊活动。

代表性人物：

谢新才（约1905—?），1930年参加革命工作，为游击队收集情报，参加过抗日战争和解放战争，曾任增城进出口公司总经理。

刘广昌，带头开办桔岭犁头铸造厂，生产农村耕田用的犁头犁壁。

（资料填报：钟运明；初稿撰写：谢官福；分纂：黄木有）

桔岭新村

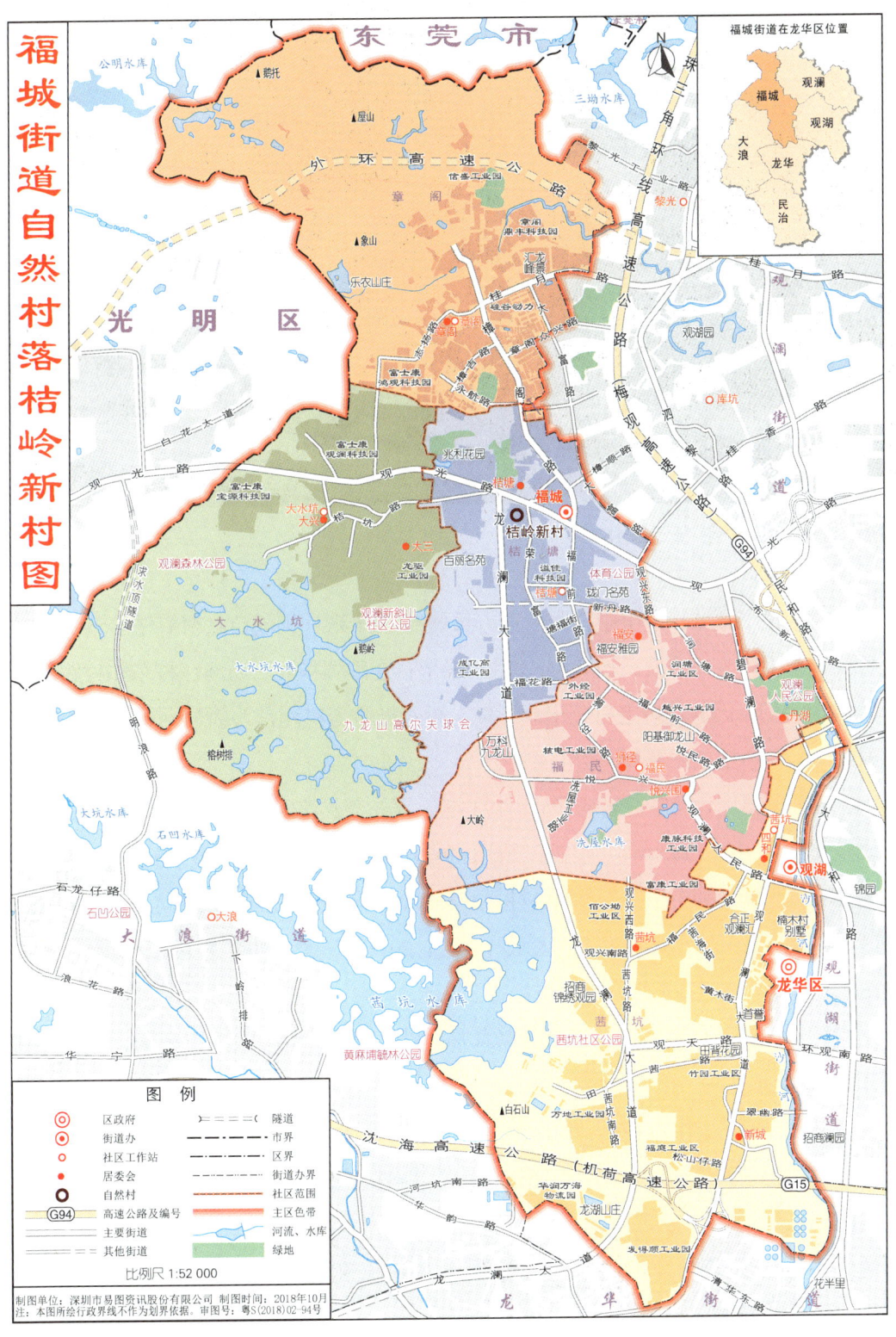

桔岭新村位置示意图

◎ 桔岭新村村貌（陈章博 摄于2016年）

桔岭新村，位于福城街道中心，距街道办事处约0.2千米。相邻自然村有桔岭老村、新塘村、大水坑村。主要山岭为大岭鼓、长窝山，海拔150米；连碑牌和大田坜河在村东和村西；有牛轭径水塘。始建于清朝，因从桔岭老村分出而形成，相对桔岭老村而言为新村而取名桔岭新村。1993年全体村民搬迁到新规划的宅基地凹山背。

清朝，属新安县。1914年，属宝安县；1935年，属东莞县第四区观澜乡。中华人民共和国成立之初，属宝安县观澜乡；1958年，属红色公社；1959年，属观澜公社；1979年，属深圳市龙华区观澜公社；1981年，属深圳市宝安县观澜公社；1983年，属宝安县观澜区大水坑乡；1993年，属深圳市宝安区观澜镇；2004年，属观澜街道大水坑社区；2011年，属深圳市龙华新区观澜街道大水坑社区；2015年，属龙华新区福城街道大水坑社区。

世居村民为汉族，客家民系，使用客家方言。村民皆为谢姓，来源于河南，后迁移到福建，200多年前迁移到此。

2015年末，户籍人口194人，其中男性92人，女性102人；80岁以上9人，最年长者93岁（男）。非户籍外来人口约3000人。祖籍该村的港澳台同胞31人。祖籍该村的华人华侨4人，主要分布在美国。

传统经济为农业。现村集体主要经营厂房出租、房屋租赁。村民主要收入来源为集体经济分红、房屋出租、工资性收入等。

县道X231线观光路、荣富路、龙澜大道经过该村。1964年通电，1970年通电话，1975年通自来水，1980年实现全村村道水泥硬底化，2010年通互联网。有桔新幼儿园、篮球场、体育路径、舞台以及健身器材等。

现存25座传统客家民居。代表性民居谢万达屋，建于1970年，占地面积300平方米，保存基本完整，有人居住。周秋云客家民居，建于1970年，占地面积200平方米，保存完好，有人居住。有不可移动文物碉楼1座，始建于清朝。存有桔岭书堂，始建于清代。宗祠已改建。存3条古巷。原来建有的门楼牌坊已拆除，原有古井1口，已被填埋。

◎ 传统民居（陈章博 摄于2016年）

每年清明节、重阳节，村民有集体祭祖活动。

该村有传统竹织工艺，形成于1965年，当时竹织是生产队一项可观的收入，产品有箩筐、簸箕、竹篮、背箕、笼仔、筲箕、倒箩。

代表性人物：

谢万达（1923—），在游击队活动时期，冒着生命危险从香港挑物资回来支持游击队，送情报、送信。曾打地洞给共产党交通站站长黄连隐蔽居住。

谢强（1932—），中共党员，1947年参加游击队，参加过宝安、东莞、惠阳、五华、海丰、陆丰等地的战斗，在陆丰战斗中受伤，至今耳聋。

（资料填报：钟运明；初稿撰写：谢官福；分纂：黄木有）

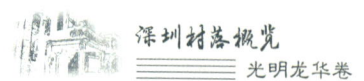

新塘村

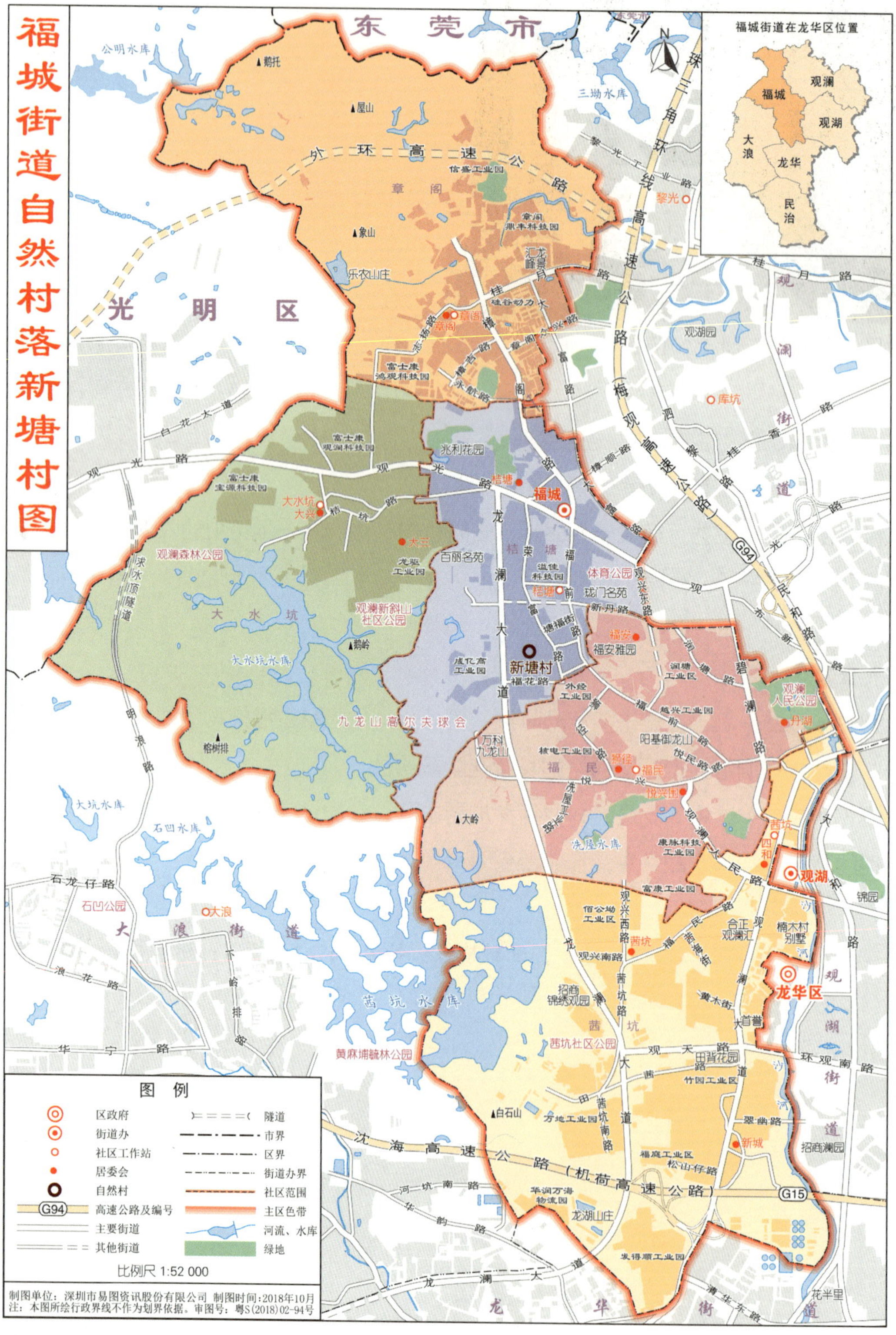

新塘村位置示意图

◎ 新塘村村貌（陈章博 摄于2016年）

新塘村，位于福城街道东南部，距街道办事处约2千米，总面积约2平方千米。相邻自然村有桔岭新村、桔岭老村、大水坑村。该村地处丘陵地带，主要山岭为松岭、黄果岭、菠萝畲、大岭古、三敛坑、和泰地、茶山、园岭仔。村落始建于清朝末年，现村于2006年重建。因村有河塘，而取名新塘村，曾用名上新塘、下新塘。

清朝，属新安县。1914年，属宝安县；1935年，属东莞县第四区观澜乡。中华人民共和国成立之初，属宝安县观澜乡；1958年，属红色公社；1959年，属观澜公社；1979年，属深圳市龙华区观澜公社；1981年，属深圳市宝安县观澜公社；1983年，属宝安县观澜区大水坑乡；1993年，属深圳市宝安区观澜镇；2004年，属观澜街道大水坑社区；2011年，属深圳市龙华新区观澜街道大水坑社区；2015年，属龙华新区福城街道大水坑社区。

世居村民为汉族，客家民系，使用客家方言。村民主要有房姓、廖姓、张姓。房姓从河南迁移至广东梅州大埔，后从梅州大埔迁移至当地。廖姓从河南迁移至广东宝安坪山，后从坪山迁移至当地。张姓从河南迁移至今广东五华，后从今五华迁移至当地。

2015年末，户籍人口138人，其中男性61人；女性77人；80岁以上5人，最年长者89岁（女）。非户籍外来人口约1.3万人。祖籍该村的港澳台同胞15人。祖籍该村的华人华侨300人，主要分布在马来西亚。

传统经济为农业、养殖业。现村集体主要经营厂房出租、房屋租赁。村民主要收入来源为集体经济分红、房屋出租、工资性收入等。特色传统食品有粽子、月饼、萝卜糕、圆笼糕。

◎ 村中一角（陈章博 摄于2016年）

荣福路、龙澜大道经过该村。1968年通电，1999年通电话，2006年实现全村村道水泥硬底化、通自来水，2013年通互联网。有新塘幼儿园，2015年在园幼儿400人，教职工32人。有篮球场、乒乓球室、新塘公园、惠友老人活动中心。有惠友图书室，2015年藏书约5000册。

传统民居为客家民居，现存300座。

中秋节该村有放孔明灯的传统。每年春节前，股份公司都举行盛大年会，组织文艺汇演、聚餐、敬老等活动，弘扬传统文化，凝聚民心。春节期间，各家摆放桔树、菊花。房氏族人每年于清明节期间举行隆重的祭祖活动。

代表性人物：

房祥（1920—2000），1943年从马来西亚回到新塘村参加革命；1956年房祥带领村民组建了新塘村第一个生产合作社；1960年担任新塘村生产队队长或村主任直至1990年；他积极开展手工业、养殖业等副业生产，努力提高全村人生活水平；创办了新塘第一个养鸡场；1984年成为宝安县第一批万元户。

（资料填报：钟运明；初稿撰写：谢官福；分纂：黄木有）